| 초등임용 시험 대비

2023
배재민
개념 서브 500제

상권

총론 및 창의적 체험 활동
통합교과·국어·도덕·사회·영어

1장
총론 및 창의적 체험활동

1절 기출분석 ··· 7
2절 총론 ··· 10
3절 창의적 체험활동 ····································· 31
4절 안전한 생활 ··· 35

2장
통합교과

1절 기출분석 ··· 41
2절 총론 ··· 44
3절 바른 생활 ··· 65
4절 슬기로운 생활 ······································· 70
5절 즐거운 생활 ··· 75

3장
국어

1절 초등 국어 기출분석 ································· 88
2절 중등 국어교육론 기출문항 89 ····················· 94
3절 듣기·말하기 ··· 192
4절 읽기 ··· 212
5절 쓰기 ··· 232
6절 문법 ··· 251
7절 문학 ··· 270

4장 도덕

1절	초등 도덕 기출분석	280
2절	중등 도덕교육론 기출문항 83	285
3절	교육과정	343
4절	동·서양 윤리학	348
5절	도덕 심리학	360
6절	교수·학습	366
7절	수업 모형	369
8절	도덕과 교과용 도서	381

5장 사회

1절	초등 기출분석	390
2절	중등 사회교육론 기출문항 130	400
3절	총론	493
4절	3~4학년 각론	523
5절	지리 각론	554
6절	일반사회 각론	568
7절	역사 각론	583

6장 영어

1절	초등 기출분석	592
2절	중등 영어교육론 기출문항 44	599
3절	영어교육론	638
4절	듣기	714
5절	말하기	725
6절	읽기	737
7절	쓰기	747
8절	평가	756

배재민
개념 서브
500제

1장

총론 및 창의적 체험활동

1절 기출분석

2절 총론

3절 창의적 체험활동

4절 안전한 생활

1장 총론 및 창의적 체험활동

배재민
개념 서브
500제

1절 기출분석

1. 총론 기출분석
2. 창의적 체험활동 기출분석
3. 안전한 생활 기출분석

2절 총론

- 개념 1   2015 개정 초등 교육과정 핵심 질의응답
- 개념 2   교육과정 성격
- 개념 3   교육과정 결정 주체에 따른 교육과정 수준
- 개념 4   추구하는 인간상과 핵심역량
- 개념 5   교육과정 구성 중점
- 개념 6   초등학교 교육 목표
- 개념 7   교육과정 편성·운영 기준
- 개념 8   초등학교 편성·운영 기준
- 개념 9   학교 교육과정 편성·운영 (1) - 기본 사항
- 개념 10 학교 교육과정 편성·운영 (2) - 교수·학습
- 개념 11 학교 교육과정 편성·운영 (3) - 평가
- 개념 12 학교 교육과정 편성·운영 (4)
            - 모든 학생을 위한 교육기회 제공
- 개념 13 학교 교육과정 지원 (1) - 국가 수준의 지원
- 개념 14 학교 교육과정 지원 (2) - 교육청 수준의 지원

3절 창의적 체험활동

- 개념 15 자율활동
- 개념 16 동아리활동
- 개념 17 봉사활동
- 개념 18 진로활동

4절 안전한 생활

- 개념 19 성격 및 목표
- 개념 20 내용 체계
- 개념 21 교수·학습 방향
- 개념 22 평가 방향

1절 기출분석

1 총론 기출분석

1. 학년군	
(1) 설정 이유(13초특, 22)	(1) 학년간 상호연계와 협력을 통해 학교교육과정을 유연하게 편성·운영할 수 있도록 하기 위해
(2) 해당 학년군 교과 내용 이수하기 어려운 경우 교과 내용 선정 방안(17초특)	(2) 타 학년의 교과 내용으로 대체하여 운영
(3) 1~2학년 복식 학급 운영시 교육 내용과 교재 구성 방식(17초특)	(3) ① 교육내용의 학년별 순서 조정 ② 공통주제를 중심으로 교재 재구성
(4) 1~2학년 국어 탄력적 운영 방안(22)	(4) 1학년은 입학초기적응 활동을 고려하여 210시수, 2학년은 234시수로 편성·운영
2. 초등학교 교육 목표 중점 3가지(13초특)	① 기본습관 형성 ② 기초 능력 함양 ③ 바른 인성 함양
3. 시간 배당 기준	(1) 〈개념〉 연간 34주(1학년은 30주)를 기준으로 한 2년간의 수업시수 또는 학년군별로 운영해야 할 각 교과(군)의 연간 시수
(1) 기준수업시수(13초특, 16, 18초특, 18)	〈의의〉 단위 학교에서 교과(군)별 수업 시수의 20%범위 내 증감 운영을 가능하게 하여 학교 교육과정 편성·운영의 자율성을 확보할 수 있다.
(2) 최소수업시수(13초특, 16, 21)	(2) 학년군별 총 수업시간 수와 교과(군) 소계 수업시수로 단위 학교에서는 반드시 그 이상 이수
4. 교과 활동 유의점(13초특)	
(1) 학습의 개별화(13초특)	(1) 각 교과 활동에서는 학습의 개별화가 이루어지도록 한다.
(2) 직접체험활동(13초특)	(2) 발표·토의 활동과 실험, 관찰, 조사, 실측, 수집, 노작, 견학 등
(3) 학년군별 목표에 대한 지도 내용의 순서와 비중, 방법 등을 조정하여 운영할 수 있는 경우 2가지 (13초특)	(3) ① 지역 특수성 ② 계절 및 학교 실정 ③ 학생 요구 ④ 교사 필요
5. 보충 학습 과정 실시 이유(13초특)	학습 결손 방지
6. 학교교육과정 위원회 역할 (13초특, 13, 14, 17초특)	학교장의 교육과정 운영 및 의사결정에 관한 자문
7. 교과용 도서 이외의 교수·학습 자료 사용(13)	교육부장관의 심의를 거칠 필요 없이 교육청이나 학교에서 개발한 것을 사용할 수 있다.
8. 모든 학생을 위한 교육기회 제공	
(1) 다문화 학습자를 위한 한국어 교육과정 운영 (13, 20초특)	(1) 특별 학습 설치·운영, 주당 10시간 내이 한국어 교육과정 운영
9. 교과 교실제(13)	각 교과의 특성에 맞는 다양한 학습이 가능하다.
10. 교육과정 성격	
(1) 다양성 추구(15)	(1) 국가수준의 공통성과 지역, 학교, 개인 수준의 ( )을 동시에 추구하는 교육과정
(2) 초·중등 교육법(19)	(2) 초·중등 교육법 제 23조에 의거하여 고시된 국가 수준 교육과정
11. 기초학습능력	
(1) 수리 능력(16초특, 18)	(1) 2015 개정 교육과정에서는 국어 사용 능력과 (㉠)의 기초가 부족한 학생들을 대상으로 기초 학습 능력 향상을 위한 별도의 프로그램을 편성·운영할 수 있다.
(2) 국어 사용 능력(16초특)	(2) 학교는 각 교과의 기초적, 기본적 요소들이 체계적으로 학습되도록 교육과정을 편성·운영한다. 특히, (①)와/과 (②)의 기초가 부족한 학생들을 대상으로 기초 학습 능력 향상을 위한 별도의 프로그램을 편성·운영할 수 있다.
12. 핵심역량	
(1) 자기관리 역량(17)	(1) 자아정체성과 자신감을 가지고 자신의 삶과 진로에 필요한 기초 능력과 자질을 갖추어 자기주도적으로 살아가는 능력
(2) 지식정보처리 역량	
(3) 창의적 사고 역량	
(4) 심미적 감성 역량	
(5) 의사소통 역량(18초특)	(5) 다양한 상황에서 자신의 생각과 감정을 효과적으로 표현하고 다른 사람의 의견을 경청하며 존중하는 능력
(6) 공동체 역량	

13. 교수·학습 중점	
(1) 학습의 질 개선(18초특)	(1) 핵심 개념을 중심으로 학습 내용을 구조화하고, 학습량을 적정화하여 학습의 질을 개선한다.
14. 교육과정 구성 중점	
(1) 학습의 과정 중시하는 평가 강화(20)	(1) 학습의 과정을 중시하는 평가를 강화하여 학생이 자신의 학습을 성찰하도록 하고, 평가결과를 활용하여 교수·학습의 질을 개선한다.
15. 범교과 학습 주제	
(1) 지도방안(20초특)	(1) 교과와 창의적 체험활동 등 교육 활동 전반에 걸쳐 통합적으로 다루도록 하고, 지역사회 및 가정과 연계하여 지도
16. 교육청 지원 사항	
(1) 지역 자원 목록(16초특)	(1) 학교가 지역 사회의 유관기관과 적극적으로 연계·협력해서 교과, 창의적 체험활동을 내실 있게 운영할 수 있도록 지원하며, 관내 학교가 활용 가능한 지역 자원 목록을 작성하여 제공한다.

2 창의적 체험활동 기출분석

1. 내용영역	
(1) 자율활동 　① 입학 초기 적응 활동(14) 　② 평가 관점(19) 　③ 자치·적응 활동(20초특) 　④ 창의 주제 활동(22)	(1) ① 2015 개정 교육과정에 따라 입학 초기 적응 활동을 창의적 체험활동의 (ⓒ) 영역의 일부로 편성하여 지도할 필요가 있습니다. ② (ⓗ) 영역의 평가 관점 　• 민주적 의사결정의 원리를 이해하고 실천하였는가? 　• 공동체 내에서 자신의 역할에 대한 책임을 다하였는가? 　• 성장 및 환경에 따른 신체적·정신적 변화에 대처하는 능력을 갖추었는가? ④ 〈활동 예시〉 　• 100권 독서하기, 연극놀이, 뮤지컬, 텃밭 가꾸기 　• 주제 탐구형 소집단 공동 연구, 자유 연구, 역사 탐방 프로젝트, 박물관 견학 활동
(2) 동아리 활동 　① 목표(15) 　② 구체적 활동(17) 　③ 부서 개설(21) (3) 봉사활동(14)	(2) ① 다양한 활동에 참여하여 자신의 잠재 능력을 창의적으로 계발·신장하고, 자아실현의 기초를 닦는다. ② (ⓜ)에는 예술·체육활동, 학술문화활동, 실습노작활동, 청소년단체활동 등이 포함됩니다. ③ 학생들의 흥미보다는 교사들이 잘 지도할 수 있는 분야를 우선적으로 반영한 동아리 부서를 다양하게 개설하여 운영하고 싶습니다. → 오답지 (3) 창의적 체험활동은 자율활동, 동아리활동, (㉠), 진로활동 이라는 네 가지 영역으로 이루어져 있지만, 그 중에서도 동아리활동은 정말 내실화가 필요한 듯합니다. 정일제로 운영하다 보니 매번 시간이 모자라 아쉬웠거든요.
(4) 진로 활동 　① 목표(16) 　② 자기 이해 활동(20)	(4) ① 학생들이 자아 정체성을 확립하고 자신의 (ⓒ)을/를 개발하여 지속적으로 발전시키는 것은 창의적 체험활동의 4가지 영역 중에서 (ⓒ) 활동이 추구하는 목표예요. ② 진로활동은 (ⓗ), 진로탐색활동, 진로설계활동 등으로 구성되어 있습니다. 　• 활동 목표 : 긍정적 자아개념을 형성하고 자신의 소질과 적성에 대하여 이해한다. 　• 활동 내용 : 나의 생활 모습 표현하기, 나의 성장 과정 표현하기, 나의 흥미 찾아보기, 나의 적성 찾아보기 등
2. 총괄목표(15)	건전하고 다양한 집단 활동에 자발적으로 참여하여 나눔과 배려를 (ⓒ)함으로써 공동체 의식을 함양한다.
3. 평가 (1) 주안점 – 학교에서 결정(20)	(1) 창의적 체험활동은 내용과 특성을 고려하여 평가의 주안점을 담임교사 재량으로 결정하여 평가한다. → 오답지

3 안전한 생활 기출분석

1. 수업 시수 배당(17초특)	• 1 ~ 2학년 2년간 64시간 이상 배당
2. 운영방법(17초특)	• '안전한 생활'은 독립적으로 가르치거나, '바른 생활', '슬기로운 생활', '즐거운 생활'의 각 영역(대주제) 또는 창의적 체험활동의 영역별 활동과 연계하여 지도할 수 있다.
3. 내용영역 (1) 생활안전(19) (2) 교통안전 (3) 신변안전(18) (4) 재난안전	(1) '안전한 생활'의 ⓒ 신변안전 영역을 운영할 때, 실내 활동 시의 안전 규칙이나 놀이 기구 및 생활 도구의 사용 방법을 사례 중심으로 지도하는 것이 그 방안이 될 것 같아요. → 오답지 (3) '안전한 생활'의 경우 1~2학년군에서는 창의적 체험 활동 시간을 활용해 체험 활동 중심으로 편성·운영하도록 하고 있으며, 생활안전, 교통안전, 신변안전, ② 시설물안전의 4개 영역으로 구성되어 있습니다. → 오답지

2절 총론

개념 01 2015 개정 초등 교육과정 핵심 질의응답

1. 국가 교육과정의 성격과 역할은 무엇인가요?

국가 교육과정은 학교에서 이루어지는 다양한 교육 활동에 대한 공통적이고 일반적인 기준의 역할을 합니다. 이를 기반으로 시·도 교육청에서 교육과정 편성 및 운영에 대한 지침을 만들고, 단위 학교에서는 국가 교육과정과 시·도교육청 수준의 교육과정을 근거로 하여 학교의 특색과 상황에 맞게 자율적으로 학교 교육과정을 편성·운영합니다.

2. 핵심역량의 의미는 무엇인가요?

학교 학습을 통해서 기르고자 하는 미래사회에 요구되는 능력입니다. 모든 학생들에게 학교 교육을 통해서 길러주고자 하는 기본적이고 일반적인 성격을 띠고 있습니다. 또한 핵심역량은 학생들이 학교를 졸업하고 살아가게 될 미래 사회에서 시민으로서 혹은 직업인으로서 성공적인 삶을 사는데 필요한 능력이므로 미래 지향적입니다. 정보기술이 빠른 속도로 발전하고 사회가 점차 복잡해지고 다원화되는 상황에서 학생들이 지식을 소유하는 것에서 벗어나 지식을 활용하고 문제 해결에 적용하는 능력을 길러주고자 하는 것이 기본 방향입니다.

3. 추구하는 인간상과 핵심역량은 어떤 관계가 있나요?

핵심역량은 추구하는 인간상이 갖추어야 할 능력으로서, 교과와 창의적 체험활동을 포함한 학교에서 이루어지는 모든 교육 활동을 통해 길러지는 것으로 볼 수 있습니다. 핵심역량과 추구하는 인간상의 관계는 '자기관리 역량'과 '자주적인 사람'의 경우와 같이 일부 인간상과 일부 핵심역량이 좀 더 밀접한 관계를 맺고는 있지만 일대일 대응관계로 규정하기는 어렵습니다.

4. '바른 인성을 갖춘 창의융합형 인재'는 어떠한 사람을 의미하나요?

바른 인성을 갖춘 창의융합형 인재는 2015 개정 교육과정에서 추구하는 인간상을 바탕으로 설정된 인재상으로, '바른 인성을 가지고 인문학적 상상력과 과학기술 창조력으로 새로운 지식을 창조하고 다양한 지식을 융합하여 새로운 가치를 창출할 수 있는 사람'을 의미합니다. 창의성은 창의융합형 인재의 중심 가치가 되며, 창의적인 사람은 새로운 의미와 가치를 생성할 수 있어야 합니다. 이는 융합적 사고를 필요로 하며 융합은 다양한 지식과 아이디어를 연결하는 능력으로써 통합과 유사한 의미라고 할 수 있습니다. 즉, 창의적인 사람은 융합적 사고를 바탕으로 하여 새로운 의미와 가치를 생성할 수 있어야 합니다. 또한 이러한 활동은 인간과 사회에 이로운 것이어야 하므로 도덕성을 갖추어야 합니다.

5. 왜 인문·사회·과학기술에 대한 기초 소양이 강조되나요?

핵심역량을 기르고 창의융합형 인재를 양성하기 위해서는 한 분야의 전문적인 지식과 기능만을 가르치기 보다는 다양한 분야에서 기초적인 소양을 길러줄 필요가 있습니다. 게다가 오늘날 과학기술의 급속한 발전 속에서 인간소외의 문제나 도덕성 상실의 문제가 대두되고 있습니다. 따라서 인간에 대한 이해, 사회에 대한 이해, 과학기술에 대한 기초적인 이해를 바탕으로 인간과 사회에 대한 안목을 갖추고 사회 발전에 기여하는 책임 있는 시민으로 성장할 수 있도록 하는 것이 중요합니다.

6. 교과 역량은 무엇인가요? 핵심역량과 어떻게 다른가요?

교과 역량은 교과가 기반한 학문의 지식 및 기능을 습득하고 활용함으로써 길러질 수 있는 능력입니다. 역량은 일반 역량과 교과 역량의 차원으로 나누어 생각할 수 있습니다. 핵심역량은 일반 역량에 해당합니다. 일반 역량은 교과 역량을 아우르며 조절하는 총체적인 역할을 하고, 일반 역량은 교과 역량이 제대로 계발되어야 발달될 수 있으므로 일반 역량과 교과 역량은 상호보완적인 관계에 있습니다. 따라서 일반 역량과의 연결성 속에서 교과 역량을 파악하고, 교과 역량들 간의 연결점을 고려하여야 합니다.

7. 역량 함양을 위한 수업은 어떻게 해야 하나요?

학생들이 학습 내용을 다양한 상황 속에서 적용·실천하도록 하며, 지식과 기능을 활용하여 실생활의 문제를 해결하도록 해야 합니다. 또한 학생들이 다양한 방식으로 수업에 적극적으로 참여할 수 있는 기회를 제공하고, 학습자의 필요나 발달 수준에 부합하며, 협력과 탐구 중심의 수업이 이루어질 수 있도록 합니다. 평가의 경우에는 학습의 과정을 중시하는 평가를 강조하고, 평가를 통해 양적인 정보 뿐 아니라 질적인 정보를 제공하여 수업 개선이 이루어져야 합니다.

8. 교과 교육과정에서 핵심 개념, 일반화된 지식, 기능은 각각 무엇을 의미하나요?

2015 개정 교과 교육과정에서는 교과 역량을 함양하는 데 필요한 학습 내용을 핵심 개념, 일반화된 지식, 기능(사고 및 탐구기능)을 중심으로 구조화하였고, 이를 내용 체계에 제시하였습니다. 그리고 이러한 내용 체계를 바탕으로 성취기준을 개발하였습니다.
(1) 핵심 개념이란 교과가 기반하는 학문의 가장 기초적인 개념이나 원리를 포함하는 교과의 근본적인 아이디어입니다. 예를 들어 규칙성, 에너지, 상호작용, 관계, 다양성 등과 같은 개념적인 아이디어일 수도 있지만 표현, 감상, 의사소통, 공감과 같이 기능적 혹은 정의적 내용들도 핵심 개념으로 볼 수 있습니다.
(2) 일반화된 지식은 핵심 개념을 배우기 위해 학생들이 학습해야 될 학교급을 관통하는 핵심적인 원리 및 지식입니다. 일반화된 지식은 구체적인 사실적 지식들을 아우르기 때문에 다양한 상황과 사실들에 보편적이고 일반적으로 적용이 가능합니다.
(3) 기능이란 지식을 습득할 때 활용되는 탐구 및 사고기능이면서, 동시에 학습의 결과로서 학생들이 '할 수 있어야 하는' 능력을 의미합니다.
이와 같이 2015 개정 교과 교육과정의 교과별 교육과정 내용 체계에서는 영역을 대표하는 핵심 개념을 바탕으로 일반화된 지식을 제시하고, 이와 함께 교과 고유의 사고 및 탐구과정을 제시함으로써 교과의 얼개 혹은 구조를 드러내고자 하였습니다.

9. 핵심 개념을 중심으로 교과 교육과정을 구조화한 이유는 무엇인가요?

핵심 개념을 중심으로 교육 내용을 구조화하는 것은 다음과 같은 의미를 지닙니다.
(1) 교과별 세부 학습 내용들의 관련성을 아우르는 큰 그림을 보여줌으로써 내용들 간의 관련성과 그 의미를 깊이 있게 이해하는 것을 돕습니다.
(2) 교과 내 지식과 기능, 교과 내 영역 간, 교과 간 내용의 연결성을 드러내도록 구조화하기 때문에 교과 지식의 통합을 가능하게 하고 학생들의 융합적 사고를 돕습니다. 학습한 내용을 새로운 상황에 적용하고 융합적 사고를 바탕으로 문제를 해결할 수 있기 위해서는 교과의 구조를 파악할 수 있어야 하며 구체적인 세부 학습 내용들은 그러한 구조 속에서 서로 연결되고 관련지어져야 합니다.

10. 교과의 성취기준은 무엇을 의미하나요? 교과 역량과의 관계는 무엇인가요?

(1) 성취기준은 내용 체계(핵심 개념, 일반화된 지식, 내용 요소, 기능)를 바탕으로 개발되었으며, 교과 학습을 통해 학생들이 알아야 하고(지식) 할 수 있어야 하는 것(기능)을 나타냅니다. 학생들이 무엇을 할 수 있어야 하는지 수행의 용어로 표현되며, 교과에 따라 활동을 포함하고 있기도 합니다. (2) 성취기준은 학습 결과로서 교과 학습 후 학생들이 도달해야 할 지점을 의미하며, 평가 기준의 근거가 됩니다.
(3) 역량은 지식, 기능, 태도 및 가치를 통합적으로 적용함으로써 발휘되는 능력이므로 학생들이 성취기준에 도달함으로써 교과 역량을 달성할 수 있도록 하였습니다.

11. 2015 개정 교육과정에서도 수준별 수업이 유지되나요?

(1) 2015 개정 교육과정에서는 학습을 학생 개개인이 의미를 구성해나가는 과정으로 보고 맞춤형 수업을 강조하였습니다. 즉, 학습하는 능력, 속도, 방식 등에는 개인차가 있음을 인정하고 그 다양성을 존중합니다.
(2) 수준별 수업은 학생들의 능력에 따라 교육 내용의 단계나 깊이를 조정한다는 면에서 맞춤형 수업과 취지는 비슷하지만, 맞춤형 수업은 학생의 능력 뿐 아니라 흥미와 선호하는 학습 방식 등 학생들의 다양한 특성을 고려한다는 점에서 수준별 수업을 포괄하는 개념이라고 할 수 있습니다.
(3) 즉, 수준별 수업은 학생 맞춤형 수업의 한 부분으로 이루어질 수 있습니다.

12. 과정을 중시하는 평가란 무엇인가요?

(1) 학습의 결과 뿐 아니라 학습의 과정에서 학생들에게 양적, 질적 피드백을 제공하여 모든 학생들이 성취기준에 도달할 수 있도록 도와주고, 학생들 스스로 자신의 학습을 성찰할 수 있도록 도와주는 평가를 의미합니다.
(2) 학습을 위한 평가, 성찰로서의 평가라는 관점을 반영하여 평가 자체가 교육적인 활동이 됩니다.
(3) 교사는 평가를 수업의 한 부분으로 실시하며, 다양한 평가방법을 활용하고 학생들의 특성을 고려하여 여러 형태의 정보를 수집하고 해석함으로써 수업에 환류가 이루어질 수 있도록 합니다.

13. 계기 교육을 실시하기 전 교수·학습 계획과 학습 자료에 대한 학교장의 사전 승인을 반드시 받아야 하나요?

계기 교육을 실시하기 전에 교과 협의회와 학교 교육과정 위원회를 통해 적정성을 검토받고, 학교장으로부터 교수·학습 계획과 학습 자료에 대한 사전 승인을 받아야 합니다.

14. 범교과 학습 10개 주제에 포함되지 않는 정보통신활용 교육, 보건 교육, 한자 교육도 지도해야 하나요? 정보통신활용 교육, 보건 교육, 한자 교육 외 다른 주제들을 학교 구성원의 요구에 따라 다양하게 설정할 수 있나요?

(1) 정보통신활용 교육, 보건 교육, 한자 교육은 범교과 학습 주제에는 포함되어 있지 않지만, 초등학교 교육과정 편성·운영 기준에 제시되어 있습니다. 따라서 이러한 내용들은 학교에서 체계적으로 계획을 세워 지도해야 합니다.
(2) 다만, 지도 시간 수, 대상, 시기 등은 교육 내용의 특성, 학교 교육 수요자의 요구, 학교의 여건, 학생의 수준, 실태 등을 고려하여 학교에서 자율적으로 결정하여 운영할 수 있습니다.
(3) 아울러 정보통신활용 교육, 보건 교육, 한자 교육 외의 다른 주제들도 학교 구성원의 요구에 따라 다양하게 운영할 수 있습니다. 이때 학교장은 학생들의 학습부담 등을 고려하여야 하며, 학교운영위원회 심의를 거쳐 결정합니다.

15. 초등학교 1~2학년의 '안전한 생활'은 어떻게 편성·운영해야 하나요?

(1) 2015 개정 교육과정에서 초등학교 1~2학년에 신설된 '안전한 생활'은 생활안전, 교통안전, 신변안전, 재난안전의 4개 영역으로 구분되며, 창의적 체험활동에 주어진 시수를 활용하여 체험중심으로 운영합니다.
(2) '안전한 생활'은 독립적으로 가르치거나 관련 교과 또는 창의적 체험활동의 하위 영역별 활동과 연계하여 통합적으로 지도할 수 있습니다.
(3) 특히, 1학년 학생의 경우 창의적 체험활동의 입학초기 적응 활동과 연계하여 학년초부터 학교에서 안전하게 생활할 수 있도록 연계하여 지도해야 합니다.
(4) '안전한 생활'은 체험 및 활동 중심으로 운영할 수 있도록 구성된 교과서를 활용하여 생활 속에서 실천하게 하는 것이 무엇보다 중요하므로 이론 중심의 학습이 아니라 역할극 또는 생활 경험과 연관된 체험 활동을 통해 몸으로 체득할 수 있도록 다양한 체험 중심의 수업 방법을 활용해야 합니다.
(5) '안전한 생활'은 학생들의 심리적 안정감, 타 교과와의 연계 교육 등을 위해 담임교사가 지도하는 것을 원칙으로 하나, 시·도 교육청의 지침과 학교 여건 등에 따라 1,2학년 지도 경험이 있는 전담교사가 지도할 수 있습니다.
(6) 다만, 담임교사가 안전한 생활을 가르칠 경우 5,6학년보다 1,2학년 담임교사의 수업시수가 더 많아질 수 있으므로 1,2학년 담임교사 수업 경감 차원에서 별도의 창의적 체험활동 주제(예, 놀이교육 등)를 전담교사가 지도할 수도 있습니다. 또한 학습 내용에 따라 소방관 등 지역사회 인사를 활용하는 수업을 전개할 수 있습니다.

16. 초등학교 1~2학년 안전한 생활은 1학년이나 2학년 중 집중이수 방법으로 편성·운영 할 수 있나요?

(1) 초등학교 1~2학년은 학년군 체제이므로 안전한 생활을 집중이수 방법으로 편성·운영할 수는 있습니다.
(2) 하지만, 지속적이면서 체계적으로 안전교육을 실시한다는 측면에서 특정 학년 또는 학기에 집중 편성하기보다는 가급적 2년간에 걸쳐 지도하기를 권장합니다.

17. 창의적 체험활동을 학년(군)별로 하나의 영역에만 해당하는 활동으로 구성해도 되나요?

(1) 학교는 학교 급별, 학년(군)별, 학기별로 4개의 영역 중에 1개 이상의 영역을 선택하여 편성·운영할 수 있습니다. (2) 초등학교 1~2학년의 예를 들면, 자율 활동을 중심으로 편성·운영하거나, 자율 활동과 동아리 활동, 봉사 활동 영역으로 편성하여 운영할 수도 있으며, 필요한 경우는 4개 영역 모두 편성할 수도 있습니다.
(3) 즉, 2015 개정 교육과정은 단위 학교가 자율적으로 특색 있는 창의적 체험활동을 편성·운영할 수 있도록 단위 학교의 자율권을 보다 확대하고자 하였습니다.
(4) 다만, 창의적 체험활동의 영역, 활동, 내용 등을 선정할 때에는 학생의 입장에서 초등학교 6개 학년 동안 의미 있는 성장에 초점을 맞춰 프로그램을 설계함으로써 체계적이면서도 지속적인 학습 경험을 제공할 수 있도록 노력해야 합니다.
(5) 또한 창의적 체험활동을 특정 학년이나 학기에 아예 편성되지 않거나, 창의적 체험활동의 시수가 특정 학년이나 학기에 지나치게 적게 편성되는 것은 지양해야 합니다.

18. 교과(군)별 20% 범위 내에서 시수를 증감하여 편성·운영할 때 유의할 점은 무엇입니까?

(1) 국가 교육과정에서는 교육적 필요와 여건에 따라 학교 교육과정 위원회의 자문을 거쳐 교과(군)별 기준 수업 시수의 20% 범위 내에서 자율적으로 증감하여 편성·운영할 수 있도록 하였습니다. 이 때 교과(군)별 20% 범위 내에서 시수를 증감하도록 하였기 때문에 시수 증감은 교과(군) 내에서만 가능하며, 교과(군)에서 시수를 감축하여 창의적 체험활동 시수를 증배하지 않도록 해야 합니다.
(2) 즉, 어느 교과(군)에서 20%를 감축한다면 감축한 분량의 시수를 다른 교과(군)에서 증배하여 '교과(군)'의 '소계' 시수를 확보해야 합니다.
(3) 다만, 체육, 예술(음악/미술) 교과(군)는 기준 수업 시수를 감축하여 편성·운영할 수 없습니다. 따라서 예·체능 교과(군)에 해당하는 체육, 예술(음악/미술) 교과(군)와 창의적 체험활동은 기준 수업 시수 이상을 이수하여야 합니다.
(4) 한편, 초등학교 1~2학년의 즐거운 생활 교과는 예·체능 교과(군)에 해당하지 않으므로 감축하여 편성·운영할 수 있습니다.

19. 교육과정을 편성·운영할 때 시간 배당을 반드시 학년군에 의해 2년간의 시간을 배당해야 하나요?

(1) 2015 개정 교육과정은 2009 개정 교육과정과 마찬가지로 학년군제에 의거하여 '학년군별 총 수업 시간 수'를 이수하도록 시간을 배당하여야 합니다. 따라서 1학년의 경우 다음 학년도에 해당하는 2학년 시간까지 배당하여 '교과(군)'의 '소계' 시간과 '학년군별 총 수업 시간 수'를 확보하여야 합니다.

(2) 2학년의 경우는 이전 학년도에 해당하는 1학년 시간까지 포함하여 시간 운영 계획을 수립하여야 합니다.

 **교육과정 성격**

1 이 교육과정은 초·중등교육법 제23조 제2항에 의거하여 고시한 것으로, 초·중등학교의 교육 목적과 교육 목표를 달성하기 위한 국가 수준의 교육과정이며, 초·중등학교에서 편성·운영하여야 할 학교 교육과정의 공통적이고 일반적인 기준을 제시한 것이다.

2 이 교육과정의 성격은 다음과 같다.

(1) 국가 수준의 공통성과 지역, 학교, 개인 수준의 다양성을 동시에 추구하는 교육과정이다.
(2) 학습자의 자율성과 창의성을 신장하기 위한 학생 중심의 교육과정이다.
(3) 학교와 교육청, 지역사회, 교원·학생·학부모가 함께 실현해 가는 교육과정이다.
(4) 학교 교육 체제를 교육과정 중심으로 구현하기 위한 교육과정이다.
(5) 학교 교육의 질적 수준을 관리하고 개선하기 위한 교육과정이다.

개념 03 교육과정 결정 주체에 따른 교육과정 수준

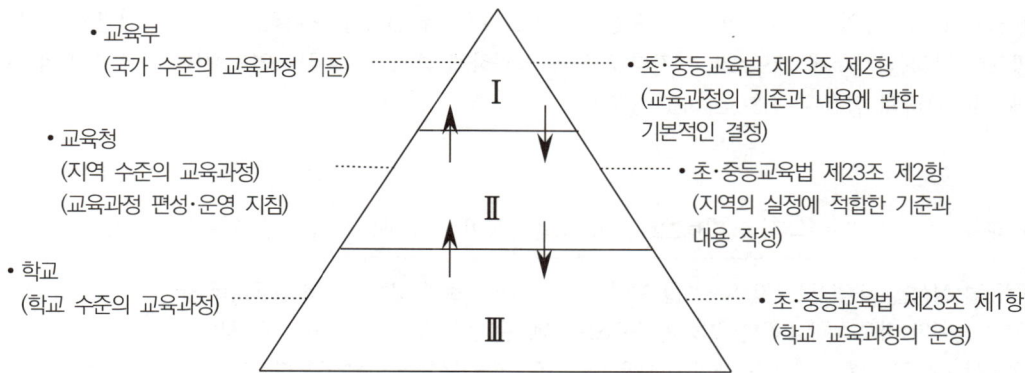

1. **'기준(Ⅰ)'**
   - 국가에서 고시한 교육과정의 공통적, 일반적인 '기준(Ⅰ)'

2. **'지역 수준 교육과정'(Ⅱ)**
   - 이 기준에 따라 지역별로 그 지역의 특성과 역사, 전통, 자연, 산업, 사회, 문화 및 주민·학부모의 요구, 의견 등을 충분히 고려하여 만든 교육청의 '지역 수준 교육과정'(Ⅱ)
   - 특히 (Ⅰ)과 (Ⅱ)는 학교 수준 교육과정과 교사 수준의 교수·학습 계획 수립의 바탕이 되는 기준과 지침인 동시에 그 지원 관리 체제라고 할 수 있다.

3. **'학교 교육과정'(Ⅲ)**
   - 각 학교의 실정 및 학생의 실태, 학교 환경, 교원 실태 등을 고려하여 창출한 '학교 교육과정'(Ⅲ)

 **추구하는 인간상과 핵심역량**

1. 우리나라의 교육은 홍익인간의 이념 아래 모든 국민으로 하여금 인격을 도야하고, 자주적 생활 능력과 민주 시민으로서 필요한 자질을 갖추게 함으로써 인간다운 삶을 영위하게 하고, 민주 국가의 발전과 인류 공영의 이상을 실현하는 데에 이바지하게 함을 목적으로 하고 있다.

2. 이러한 교육 이념과 교육 목적을 바탕으로, 이 교육과정이 추구하는 인간상은 다음과 같다.

   (1) 전인적 성장을 바탕으로 자아정체성을 확립하고 자신의 진로와 삶을 개척하는 자주적인 사람
   (2) 기초 능력의 바탕 위에 다양한 발상과 도전으로 새로운 것을 창출하는 창의적인 사람
   (3) 문화적 소양과 다원적 가치에 대한 이해를 바탕으로 인류 문화를 향유하고 발전시키는 교양 있는 사람
   (4) 공동체 의식을 가지고 세계와 소통하는 민주 시민으로서 배려와 나눔을 실천하는 더불어 사는 사람

3. 이 교육과정이 추구하는 인간상을 구현하기 위해 교과 교육을 포함한 학교 교육 전 과정을 통해 중점적으로 기르고자 하는 핵심역량은 다음과 같다.

   (1) 자아정체성과 자신감을 가지고 자신의 삶과 진로에 필요한 기초 능력과 자질을 갖추어 자기주도적으로 살아갈 수 있는 자기관리 역량
   (2) 문제를 합리적으로 해결하기 위하여 다양한 영역의 지식과 정보를 처리하고 활용할 수 있는 지식정보처리 역량
   (3) 폭넓은 기초 지식을 바탕으로 다양한 전문 분야의 지식, 기술, 경험을 융합적으로 활용하여 새로운 것을 창출하는 창의적 사고 역량
   (4) 인간에 대한 공감적 이해와 문화적 감수성을 바탕으로 삶의 의미와 가치를 발견하고 향유하는 심미적 감성 역량
   (5) 다양한 상황에서 자신의 생각과 감정을 효과적으로 표현하고 다른 사람의 의견을 경청하며 존중하는 의사소통 역량
   (6) 지역·국가·세계 공동체의 구성원에게 요구되는 가치와 태도를 가지고 공동체 발전에 적극적으로 참여하는 공동체 역량

개념 05 교육과정 구성 중점

- 이 교육과정은 우리나라 교육과정이 추구해 온 교육 이념과 인간상을 바탕으로, 미래 사회가 요구하는 핵심역량을 함양하여 바른 인성을 갖춘 창의융합형 인재를 양성하는 데에 중점을 둔다.
이를 위한 교육과정 구성의 중점은 다음과 같다.

  (1) 인문·사회·과학기술 기초 소양을 균형 있게 함양하고, 학생의 적성과 진로에 따른 선택학습을 강화한다.
  (2) 교과의 핵심 개념을 중심으로 학습 내용을 구조화하고 학습량을 적정화하여 학습의 질을 개선한다.
  (3) 교과 특성에 맞는 다양한 학생 참여형 수업을 활성화하여 자기주도적 학습 능력을 기르고 학습의 즐거움을 경험하도록 한다.
  (4) 학습의 과정을 중시하는 평가를 강화하여 학생이 자신의 학습을 성찰하도록 하고, 평가 결과를 활용하여 교수·학습의 질을 개선한다.
  (5) 교과의 교육 목표, 교육 내용, 교수·학습 및 평가의 일관성을 강화한다.

 **초등학교 교육 목표**

- 초등학교 교육은 학생의 일상생활과 학습에 필요한 기본 습관 및 기초 능력을 기르고 바른 인성을 함양하는 데에 중점을 둔다.

  > (1) 자신의 소중함을 알고 건강한 생활 습관을 기르며, 풍부한 학습 경험을 통해 자신의 꿈을 키운다.
  > (2) 학습과 생활에서 문제를 발견하고 해결하는 기초 능력을 기르고, 이를 새롭게 경험할 수 있는 상상력을 키운다.
  > (3) 다양한 문화 활동을 즐기고 자연과 생활 속에서 아름다움과 행복을 느낄 수 있는 심성을 기른다.
  > (4) 규칙과 질서를 지키고 협동정신을 바탕으로 서로 돕고 배려하는 태도를 기른다.

 **교육과정 편성·운영 기준**

1. 초등학교 1학년부터 중학교 3학년까지의 공통 교육과정과 고등학교 1학년부터 3학년까지의 선택 중심 교육과정으로 편성·운영한다.
2. 학년 간 상호 연계와 협력을 통해 학교 교육과정을 유연하게 편성·운영할 수 있도록 학년군을 설정한다.
3. 공통 교육과정의 교과는 교육 목적상의 근접성, 학문 탐구 대상 또는 방법상의 인접성, 생활양식에서의 연관성 등을 고려하여 교과군으로 재분류한다.
4. 학습 부담을 적정화하고 의미 있는 학습 활동이 이루어질 수 있도록 학기당 이수 교과목 수를 조정하여 집중이수를 실시할 수 있다.
5. 창의적 체험활동은 학생의 소질과 잠재력을 계발하고 공동체 의식을 기르는 데에 중점을 둔다.
6. 범교과 학습 주제는 교과와 창의적 체험활동 등 교육 활동 전반에 걸쳐 통합적으로 다루도록 하고, 지역사회 및 가정과 연계하여 지도한다.

> 안전·건강 교육, 인성 교육, 진로 교육, 민주 시민 교육, 인권 교육, 다문화 교육, 통일 교육, 독도 교육, 경제·금융 교육, 환경·지속가능발전 교육

7. 학교는 필요에 따라 계기 교육을 실시할 수 있으며, 이 경우 계기 교육 지침에 따른다.

개념 08 초등학교 편성·운영 기준

1 편제

> 가. 초등학교 교육과정은 교과(군)와 창의적 체험활동으로 편성한다.
> 나. 교과(군)는 국어, 사회/도덕, 수학, 과학/실과, 체육, 예술(음악/미술), 영어로 한다.
>   다만, 1, 2학년의 교과는 국어, 수학, 바른 생활, 슬기로운 생활, 즐거운 생활로 한다.
> 다. 창의적 체험활동은 자율 활동, 동아리 활동, 봉사 활동, 진로 활동으로 한다. 다만, 1, 2학년은 체험 활동 중심의 '안전한 생활'을 포함하여 편성·운영한다.

1 총론 중심의 개정이 이루어졌던 2009 개정 교육과정과 달리 2015 개정 초등학교 교육과정은 기존 교육과정과의 연속성을 고려하여 총론 편제상에서의 변화는 최소화하고 실제적인 운영상의 문제점을 개선하는 방안을 마련하는 데 중점을 두었다. 따라서 2015 개정 초등학교 교육과정은 1, 2학년의 창의적 체험활동 시간에 '안전한 생활'이 포함된 것 이외에는 2009 개정 초등학교 교육과정의 편제와 동일하다.

2 2009 개정 교육과정은 학교 교육과정 편성의 자율성을 강화하고자 교과군과 학년군의 개념을 도입하였다. 2015 개정 교육과정은 2009 개정 교육과정과의 연속성과 안정성을 고려하여 기존의 체제를 유지하되 교과군과 학년군의 의미를 보다 유연하게 적용할 수 있도록 하는 방안을 마련하여 이를 통해 교육과정의 자율적이고 탄력적인 편성·운영이라는 취지가 제대로 실현될 수 있도록 하였다.

3 2015 개정 초등학교 교육과정 편제상에서 주요한 변화는 초등학교 1~2학년 군의 수업 시수를 64시간 증배하여 창의적 체험활동의 시수에 배당하고, 증가된 창의적 체험활동 시간을 활용하여 '안전한 생활'을 별도로 편성·운영하도록 한 점이다.

　① 이것은 국가·사회적 요구를 반영하여 초등학교 저학년 시기부터 체계적인 안전교육을 실시함으로써 학생들에게 안전의식을 내면화시키고자 하는 의지를 표명한 조치라고 할 수 있다.

　② '안전한 생활'은 생활안전, 교통안전, 신변안전, 재난안전의 4개 영역으로 설정되었으며, 일상생활과 재난 상황에서 접하게 되는 위험을 알고 안전하게 생활하는 방법을 익혀 위험을 예방하고 위험 상황에 대처할 수 있는 능력을 기르는 데 중점을 둔다.

　③ 즉, '안전한 생활'은 자연스럽게 안전한 생활 습관과 의식을 형성할 수 있도록 지식보다는 체험 중심 학습으로 운영하여야 한다.

2 시간 배당

구 분		1 ~ 2학년	3 ~ 4학년	5 ~ 6학년
교과(군)	국어	국 어 448	408	408
	사회/도덕		272	272
	수학	수 학 256	272	272
	과학/실과	바른 생활 128	204	340
	체육	슬기로운 생활 192	204	204
	예술(음악/미술)		272	272
	영어	즐거운 생활 384	136	204
	소계	1,408	1,768	1,972
창의적 체험활동		336 안전한 생활 (64)	204	204
학년군별 총 수업시간 수		1,744	1,972	2,176

① 이 표에서 1시간 수업은 40분을 원칙으로 하되, 기후 및 계절, 학생의 발달 정도, 학습 내용의 성격, 학교 실정 등을 고려하여 탄력적으로 편성·운영할 수 있다.
② 학년군 및 교과(군)별 시간 배당은 연간 34주를 기준으로 한 2년간의 기준 수업 시수를 나타낸 것이다.
③ 학년군별 총 수업 시간 수는 최소 수업 시수를 나타낸 것이다.
④ 실과의 수업 시간은 5 ~ 6학년 과학/실과의 수업시수에만 포함된 것이다.

1 시수제 운영 원칙

(1) 초등학교에서 수업은 '시수제'로 운영되며, 1시간 수업은 40분을 원칙으로 한다. 하지만 기후 및 계절, 학생의 발달 정도, 학습 내용의 성격, 학교 실정 등을 고려하여 수업 시간을 융통성 있게 재구성하여 운영할 수 있다.
(2) 또한 학생이 학습을 설계하고 주도적으로 참여하는 수업을 강화하기 위해 블록 타임(70분, 80분, 90분, 120분)으로 구성하여 운영할 수 있다. 이때 학교장은 원칙적으로 40분을 1차시 기준으로 합산한 학년군별 최소 수업 시간보다 줄어들지 않도록 유의해야 한다.

2 수업 시수 이원적 제시

2015 개정 초등학교 교육과정의 시간 배당 기준에 제시된 수업 시수는 2009 개정 교육과정과 마찬가지로 '기준 수업 시수'와 '최소 수업 시수'를 이원적으로 제시하고 있다.

(1) 각 학년 군별 총 수업시간 수와 교과(군) 소계 수업 시수는 '최소 수업 시수'를 의미하며, 학년군 및 교과(군)별 시간 배당은 연간 34주(초등학교 1학년은 30주)를 기준으로 한 2년간의 '기준 수업 시수'를 나타낸다.
　① 예컨대, 3~4학년의 경우 국어 408시간은 20% 범위 내 증감이 가능한 기준 수업 시수이며, 교과(군) 소계 1,768시간과 학년군별 총 수업시간 수인 1,972시간은 최소 수업 시수인 것이다.
　② 즉, 학년군별 총 수업 시간 수와 교과(군) 소계 시수는 '최소 수업 시수'이므로 단위 학교에서는 반드시 그 이상 이수해야 하며, 수업 시수 확보는 학교에서 계획한 시수 이상만큼 운영될 수 있도록 체계적으로 관리하여야 한다.

(2) 이에 비해 '기준 수업 시수'는 학년군별로 운영해야 할 각 교과(군)의 연간 시수로, 이 시수를 기준으로 학교의 특성, 학생·교사·학부모의 요구 및 필요에 따라 수업 시수를 조정하여 운영할 수 있도록 한 것이다.
  ① 이러한 '기준 수업 시수'의 제시는 단위 학교에서 교과(군)별 수업 시수의 20%범위 내 증감 운영을 가능하게 하여 학교 교육과정 편성·운영의 자율성을 확보할 수 있는 기저가 되고 있다.
  ② 다만, 교과(군) 수업 시간 수의 '소계' 이상만큼 이수해야 한다. 어느 교과(군)에서 20%를 감축한다면 감축한 분량을 다른 교과(군)에서 증배하여 교과(군) '소계' 이상을 확보해야 한다.

3   교과군 설정

(1) 교과(군)의 설정으로 과학/실과 교과군이 제시되었는데, 3~4학년군에서는 과학을, 5~6학년군에서는 과학/실과 교과군을 지도하게 된다. 즉, 5~6학년군의 340시간에는 실과의 수업 시수가 포함된 것이다.
(2) 이는 초등학교 고학년 단계의 학생들에게 실습 노작을 할 수 있는 교육 경험을 제공하는 것으로, 단위 학교에서는 교과군 운영 시 교육과정 편성·운영 시수를 고려하여 교과별 시간 배당을 해야 할 것이다.

4   1~2학년 창의적 체험활동과 '안전한 생활'

(1) 1~2학년군에 제시된 창의적 체험활동 수업 시수 336시간에는 '안전한 생활' 64시간이 포함되어 있다. 2015 개정 교육과정은 초등학교 1~2학년군 수업 시수를 64시간(주당 1시간 분량) 증배하되, 추가적인 학습 부담이 생기지 않도록 창의적 체험활동 시간을 활용하여 체험 중심의 '안전한 생활'을 편성·운영하도록 하였다. 초등학교 1~2학년군의 수업 시수 증배는 초등학교 저학년 수업 시수에 관한 국제 비교 연구, 여성의 사회 진출 확대로 인한 초등학교 돌봄 기능 강화에 대한 요구 확산 등을 폭넓게 고려하여 결정이 이루어졌다. 그 결과 초등학교 1~2학년군 창의적 체험활동은 2009 개정 교육과정에서 272시간이었던 것에 비해 '안전한 생활'을 위한 64시간이 증가된 총 336시간으로 제시되었다.
(2) 창의적 체험활동의 학년군별 시간 배당은 연간 34주를 기준으로 한 2년간의 기준 수업 시수를 나타낸 것이지만 1학년의 경우 3월 초 입학 초기 적응활동을 집중 편성할 경우를 대비하여 30주를 기준으로 한다. 이에 따라 '안전한 생활'을 포함한 1, 2학년 창의적 체험활동 시수 편성을 예시하면 1학년 창의적 체험활동은 입학 초기 적응활동 포함 창의적 체험활동 170시간, 안전한 생활 30시간으로, 2학년 창의적 체험활동은 창의적 체험활동 102시간, 안전한 생활 34시간으로 구성할 수 있다.
(3) '안전한 생활' 시수는 창의적 체험활동 하위 영역(자율활동, 동아리활동, 봉사활동, 진로활동)에 포함하지 않고 1,2학년군에서 별도로 64시간 이상 운영할 수 있도록 관리해야 한다. 다만, 안전한 생활 교수·학습 활동은 안전한 생활 단독 수업으로 운영할 수도 있고, 학습 효과를 높이기 위해 관련 교과 또는 창의적 체험활동 하위 영역과 연계하거나 통합하여 블록타임으로 운영할 수도 있다.
  ① 예를 들면, 즐거운 생활 성취기준 '[2즐02-04] 여러 가지 놀이나 게임을 하면서 봄나들이를 즐긴다.'의 교수·학습 활동을 전개하면서, 안전한 생활 성취기준 '[2안01-07] 현장체험학습이나 캠핑 등 야외 활동에서의 위험 요인을 알고 사고를 예방한다.'와 블록타임으로 3~5차시 통합 수업을 전개할 수도 있다. 이는 실제 상황에서 몸으로 체득하는 안전 교육을 실시함으로써 그 효과를 극대화하기 위함이다.
  ② 안전한 생활 영역별 외부 전문가를 초청하거나, 지역 사회 체험 시설 등을 적극적으로 활용하여 학습 효과를 높일 수 있도록 노력하여야 한다.

3 교육과정 편성·운영 기준

1. 학교는 모든 교육 활동을 통해 학생의 기본 생활 습관, 기초 학습 능력, 바른 인성을 함양할 수 있도록 교육과정을 편성·운영한다.
2. 학교는 학년군별로 이수해야 할 교과를 학년별, 학기별로 편성하여 학생과 학부모에게 안내한다.
3. 학교는 각 교과의 기초적, 기본적 요소들이 체계적으로 학습되도록 교육과정을 편성·운영한다.
   특히 국어 사용 능력과 수리 능력의 기초가 부족한 학생들을 대상으로 기초 학습 능력 향상을 위한 별도의 프로그램을 편성·운영할 수 있다.
4. 학교는 학교의 특성, 학생·교사·학부모의 요구 및 필요에 따라 교과(군)별 20% 범위 내에서 시수를 증감하여 편성·운영할 수 있다. 단, 체육, 예술(음악/미술) 교과는 기준 수업 시수를 감축하여 편성·운영할 수 없다.
5. 학교는 교육의 효과를 높이기 위하여 필요한 경우 학년별, 학기별로 교과 집중 이수를 실시할 수 있다.
6. 전입 학생이 특정 교과를 이수하지 못할 경우, 교육청과 학교에서는 보충 학습 과정 등을 통해 학습 결손이 발생하지 않도록 한다.
7. 학년을 달리하는 학생을 대상으로 복식 학급을 편성·운영하는 경우에는 교육 내용의 학년별 순서를 조정하거나 공통 주제를 중심으로 교재를 재구성하여 활용할 수 있다.
8. 학교는 창의적 체험활동의 영역을 학생들의 발달 수준, 학교의 여건 등을 고려하여 학년(군)별로 선택적으로 편성·운영할 수 있다.
9. 학교는 1학년 학생들의 입학 초기 적응 교육을 위해 창의적 체험활동의 시간을 활용하여 자율적으로 입학 초기 적응 프로그램 등을 편성·운영할 수 있다.
10. 정보통신활용 교육, 보건 교육, 한자 교육 등은 관련 교과(군)와 창의적 체험활동 시간을 활용하여 체계적인 지도가 이루어질 수 있도록 한다.

 **학교 교육과정 편성·운영 (1) - 기본 사항**

1 학교는 이 교육과정을 바탕으로 학교 실정에 알맞은 학교 교육과정을 편성·운영한다.
2 학교는 학교 교육과정 편성·운영 계획을 바탕으로 학년(군)별 교육과정 및 교과(목)별 교육과정을 편성할 수 있다.
3 학교 교육과정은 모든 교원이 전문성을 발휘하여 참여하는 민주적인 절차와 과정을 거쳐 편성한다.
4 교육과정의 합리적 편성과 효율적 운영을 위해 교원, 교육과정 전문가, 학부모 등이 참여하는 학교 교육과정 위원회를 구성하여 운영하며, 이 위원회는 학교장의 교육과정 운영 및 의사 결정에 관한 자문의 역할을 담당한다. 단, 특성화 고등학교와 산업수요 맞춤형 고등학교의 경우에는 산업계 인사가 참여할 수 있고, 통합교육이 이루어지는 학교의 경우에는 특수교사가 참여할 것을 권장한다.
5 학교 교육과정을 편성·운영할 때에는 교원의 조직, 학생의 실태, 학부모의 요구, 지역사회의 실정 및 교육 시설·설비 등 교육 여건과 환경을 충분히 반영하도록 노력한다.
6 교과와 창의적 체험활동의 내용 배열은 반드시 학습의 순서를 의미하는 것은 아니므로, 지역의 특수성, 계절 및 학교의 실정과 학생의 요구, 교사의 필요에 따라 각 교과목의 학년군별 목표 달성을 위한 지도 내용의 순서와 비중, 방법 등을 조정하여 운영할 수 있다.
7 학교는 교과와 창의적 체험활동의 효율적인 운영을 위하여 지역사회의 인적, 물적 자원을 계획적으로 활용한다.
8 학교는 학생의 요구, 학교의 실정 및 특색 등을 종합적으로 고려하여 창의적 체험활동의 영역, 활동, 시간 등을 자율적으로 편성·운영할 수 있다.
9 학교는 창의적 체험활동이 실질적 체험학습이 되도록 지역사회의 유관 기관과 연계·협력하여 프로그램을 운영할 수 있다.
10 학교는 학생과 학부모의 요구를 바탕으로 방과후학교 또는 방학 중 프로그램을 개설할 수 있으며, 학생들의 자발적인 참여를 원칙으로 한다.
11 학교는 가정 및 지역과 연계하여 학생이 건전한 생활 태도와 행동 양식을 가지고 학습에 임할 수 있도록 지도한다.
12 학교는 동학년 모임, 교과별 모임, 현장 연구, 자체 연수 등을 통해서 교사들의 교육 활동 개선이 이루어지도록 한다.
13 학교는 학교 교육과정 편성·운영의 적절성과 효과성 등을 자체 평가하여 문제점과 개선점을 추출하고, 다음 학년도의 교육과정 편성·운영에 그 결과를 반영한다.

 **학교 교육과정 편성·운영 (2) - 교수·학습**

1 학교는 교과목별 성취기준에 따라 다음과 같은 사항에 중점을 두고 교수·학습이 이루어지도록 한다.

(1) 교과의 학습은 단편적 지식의 암기를 지양하고 핵심 개념과 일반화된 지식의 심층적 이해에 중점을 둔다.
(2) 각 교과의 핵심 개념과 일반화된 지식 및 기능이 학생의 발달 단계에 따라 그 폭과 깊이를 심화할 수 있도록 수업을 체계적으로 설계한다.
(3) 학생의 융합적 사고를 기를 수 있도록 교과 내, 교과 간 내용 연계성을 고려하여 지도한다.
(4) 실험, 관찰, 조사, 실측, 수집, 노작, 견학 등의 직접 체험 활동이 충분히 이루어지도록 한다.
(5) 개별 학습 활동과 함께 소집단 공동 학습 활동을 통하여 협력적으로 문제를 해결하는 협동학습 경험을 충분히 제공한다.
(6) 학생이 능동적으로 수업에 참여하고 자신의 생각을 표현하는 기회를 가질 수 있도록 토의·토론 학습을 활성화한다.
(7) 학생에게 학습 내용을 실제적 맥락 속에서 적용하고 활용할 수 있는 기회를 충분히 제공한다.
(8) 학생이 스스로 자신의 학습 과정과 학습 전략을 점검하고 개선하며 자기주도적으로 학습할 수 있도록 지도한다.

2 학교는 효과적인 교수·학습 환경 설계를 위해 다음과 같은 사항에 중점을 둔다.

(1) 교사와 학생 간, 학생과 학생 간 상호 신뢰와 협력이 가능한 교수·학습 환경을 제공한다.
(2) 학생의 능력, 적성, 진로를 고려하여 교육 내용과 방법을 다양화하고, 학교의 여건과 학생의 특성에 따라 다양한 학습 집단을 구성하여 학생 맞춤형 수업을 하도록 한다.
(3) 학교는 학습 결손을 보충할 수 있도록 특별 보충 수업을 운영할 수 있으며, 이에 대한 제반 운영 사항은 학교가 자율적으로 결정한다.
(4) 각 교과의 특성에 맞는 다양한 학습이 이루어질 수 있도록 교과 교실제 운영을 활성화한다.
(5) 학교는 교과용 도서 이외에 교육청이나 학교에서 개발한 다양한 교수·학습 자료를 활용할 수 있다.
(6) 실험 실습 및 실기 지도 과정에서 학생의 안전사고를 예방하기 위해 시설 및 기계 기구, 약품, 용구 사용의 안전에 만전을 기한다.

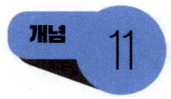 **학교 교육과정 편성·운영 (3) - 평가**

1 평가는 학생의 교육 목표 도달도를 확인하고 교수·학습의 질을 개선하는 데 주안점을 둔다.

> (1) 학교는 학생에게 평가 결과에 대한 적절한 정보 제공과 추수 지도를 통해 학생이 자신의 학습을 지속적으로 성찰하고 개선할 수 있도록 지도한다.
> (2) 학생 평가 결과를 활용하여 수업의 질을 지속적으로 개선한다.

2 학교와 교사는 성취기준에 근거하여 학교에서 중요하게 지도한 내용과 기능을 평가하며 교수·학습과 평가 활동이 일관성 있게 이루어지도록 한다.

> (1) 학생에게 배울 기회를 주지 않은 내용과 기능은 평가하지 않도록 한다.
> (2) 학습의 결과뿐만 아니라 학습의 과정을 평가하여 모든 학생이 교육 목표에 성공적으로 도달할 수 있도록 한다.
> (3) 학교는 학생의 인지적 능력과 정의적 능력에 대한 평가가 균형 있게 이루어질 수 있도록 한다.

3 학교는 교과의 성격과 특성에 적합한 평가 방법을 활용한다.

> (1) 서술형과 논술형 평가 및 수행평가의 비중을 확대한다.
> (2) 정의적, 기능적, 창의적인 면이 특히 중시되는 교과는 타당한 평정 기준과 척도에 따라 평가를 실시한다.
> (3) 실험·실습의 평가는 교과목의 성격을 고려하여 합리적인 세부 평가 기준을 마련하여 실시한다.
> (4) 창의적 체험활동은 내용과 특성을 고려하여 평가의 주안점을 학교에서 결정하여 평가한다.

 **학교 교육과정 편성·운영 (4) - 모든 학생을 위한 교육기회 제공**

1. 교육 활동 전반을 통하여 남녀의 역할, 학력과 직업, 종교, 이전 거주지, 인종, 민족 등에 관한 편견을 가지지 않도록 지도한다.
2. 학습 부진 학생, 장애를 가진 학생, 특정 분야에서 탁월한 재능을 보이는 학생, 귀국 학생, 다문화 가정 학생 등이 학교에서 충실한 학습 경험을 누릴 수 있도록 필요한 지원을 한다.
3. 특수 교육 대상 학생을 위해 특수 학급을 설치·운영하는 경우, 학생의 장애 특성 및 정도를 고려하여 이 교육과정을 조정하여 운영하거나 특수 교육 교육과정 및 교수·학습 자료를 활용할 수 있다.
4. 다문화 가정 학생을 위한 특별 학급을 설치·운영하는 경우, 다문화 가정 학생의 한국어 능력을 고려하여 이 교육과정을 조정하여 운영하거나, 한국어 교육과정 및 교수학습 자료를 활용할 수 있다. 한국어 교육과정은 학교의 특성, 학생·교사·학부모의 요구 및 필요에 따라 주당 10시간 내외에서 운영할 수 있다.
5. 학교가 종교 과목을 개설할 때에는 종교 이외의 과목을 포함, 복수로 과목을 편성하여 학생에게 선택의 기회를 주어야 한다. 다만, 학생의 학교 선택권이 허용되는 종립 학교의 경우 학생·학부모의 동의를 얻어 단수로 개설할 수 있다.

 **학교 교육과정 지원 (1) - 국가 수준의 지원**

- 이 교육과정의 원활한 편성·운영을 위하여 국가 수준에서는 다음과 같이 지원한다.

1 시·도 교육청의 교육과정 지원 활동과 단위 학교의 교육과정 편성·운영 활동이 상호 유기적으로 이루어질 수 있도록 행·재정적 지원을 한다.

2 이 교육과정의 질 관리를 위하여 주기적으로 학업 성취도 평가, 학교와 교육 기관 평가, 교육과정 편성·운영에 관한 평가를 실시하고 그 결과를 교육과정 개선에 활용한다.

> (1) 교과별, 학년(군)별 학업 성취도 평가를 실시하고, 평가 결과는 학력의 질 관리와 교육과정의 적절성 확보 및 개선에 활용한다.
> (2) 학교의 교육과정 편성·운영과 교육청의 교육과정 지원 상황을 파악하기 위하여 학교와 교육청에 대한 평가를 주기적으로 실시한다.
> (3) 교육과정 편성·운영과 지원 체제의 적절성 및 실효성을 평가하기 위한 연구를 수행한다.

3 학교에서 평가 활동이 원활히 이루어질 수 있도록 다양한 방안을 개발하여 학교에 제공한다.

> (1) 교과별로 성취기준에 따른 평가 기준을 개발·보급하여 학교가 교과 교육과정의 목표에 부합되는 평가를 실시할 수 있도록 한다.
> (2) 교과별 평가 활동에 활용할 수 있는 다양한 평가 방법, 절차, 도구 등을 개발하여 학교에 제공한다.

4 특수교육 대상 학생의 교육과정 편성·운영을 위해 관련 교과용 도서와 교수·학습 자료 개발, 평가 등에 필요한 제반 사항을 지원한다.

5 이 교육과정이 교육 현장에 정착될 수 있도록 교육청 수준의 교원 연수와 전국 단위의 교과 연구회 활동을 적극적으로 지원한다.

6 학교 교육과정이 원활히 운영될 수 있도록 학교 시설 및 교원 수급 계획을 마련하여 제시한다.

개념 14 학교 교육과정 지원 (2) - 교육청 수준의 지원

- 이 교육과정의 원활한 편성·운영을 위하여 교육청은 다음과 같은 사항을 지원한다.

1 시·도의 특성과 교육적 요구를 구현하기 위하여 시·도 교육청 교육과정 위원회를 조직하여 운영한다.

> (1) 이 위원회는 교육과정 편성·운영에 관한 조사 연구와 자문 기능을 담당한다.
> (2) 이 위원회에는 교원, 교육 행정가, 교육학 전문가, 교과 교육 전문가, 학부모, 지역사회 인사, 산업체 인사 등이 참여할 수 있다.

2 지역의 특수성, 교육의 실태, 학생·교원·주민의 요구와 필요 등을 반영하여 교육청 단위의 교육 중점을 설정하고, 학교 교육과정 개발을 위한 시·도 교육청 수준 교육과정 편성·운영 지침을 마련하여 안내한다.

3 학교가 새 학년도 시작에 앞서 교육과정 편성·운영에 관한 계획을 수립할 수 있도록 교육과정 편성·운영 자료를 개발·보급하고, 교원의 전보를 적기에 시행한다.

4 교과와 창의적 체험활동에 필요한 교과용 도서의 인정, 개발, 보급을 위해 노력한다.

5 학교가 국가 교육과정에 제시되지 않은 교과목을 설치, 운영할 수 있도록 관련 지침을 학교에 제공하고 학교로 하여금 필요한 사전 절차를 밟도록 지원한다.

6 학교가 지역사회의 유관 기관과 적극적으로 연계·협력해서 교과, 창의적 체험활동을 내실 있게 운영할 수 있도록 지원하며, 관내 학교가 활용할 수 있는 '지역 자원 목록'을 작성하여 제공하는 등 구체적인 지원 방안을 마련한다.

7 학교 교육과정의 효과적 운영을 위하여 학생의 배정, 교원의 수급 및 순회, 학교 간 시설과 설비의 공동 활용, 자료의 공동 개발과 활용에 관하여 학교 간 및 교육지원청 간의 협조 체제를 구축한다.

8 전·입학, 귀국 등에 따라 공통 교육과정의 교과와 고등학교 공통 과목을 이수하지 못한 학생들이 해당 교과를 이수할 수 있도록 다양한 기회를 마련해 주고, 학생들이 지역사회의 공공성 있는 사회 교육 시설을 통해 이수한 과정을 인정해 주는 방안을 마련한다.

9 귀국자 및 다문화 가정 학생의 교육 경험의 특성과 배경을 고려하여 이 교육과정을 이수하는 데 어려움이 없도록 지원한다.

10 특정 분야에서 탁월한 재능을 보이는 학생, 학습 부진 학생, 장애를 가진 학생들을 위한 교육 기회를 마련하고 지원한다.

11 단위 학교의 교육과정 편성·운영을 지원할 수 있도록 교원 연수, 교육과정 컨설팅, 연구학교 운영 및 연구회 활동 지원 등에 대한 계획을 수립하여 시행한다.

> (1) 교원의 학교 교육과정 편성·운영 능력과 교과 및 창의적 체험활동에 대한 지도 능력을 제고하기 위하여 교원에 대한 연수 계획을 수립하여 시행한다.
> (2) 학교 교육과정의 효율적인 편성·운영을 지원하기 위해 교육과정 컨설팅 지원단 등 지원 기구를 운영하며 교육과정 편성·운영을 위한 각종 자료를 개발하여 보급한다.
> (3) 학교 교육과정 편성·운영의 개선과 수업 개선을 위해 연구학교를 운영하고 연구 교사제 및 교과별 연구회 활동 등을 적극적으로 지원한다.

12 학교가 이 교육과정에 근거하여 학교 교육과정을 편성·운영할 수 있도록 다음의 사항을 지원한다.

> (1) 학교 교육과정 편성·운영을 위해서 교육 시설, 설비, 자료 등을 정비하고 확충하는 데 필요한 행·재정적인 지원을 한다.
> (2) 복식 학급 운영 등 소규모 학교의 정상적인 교육과정 운영을 지원하기 위해 교원의 배치, 학생의 교육받을 기회 확충 등에 필요한 행·재정적인 지원을 한다.
> (3) 수준별 수업을 효율적으로 운영하도록 지원하며, 기초학력 향상과 학습 결손 보충이 가능하도록 '특별 보충 수업'을 운영하는 데 필요한 행·재정적인 지원을 한다.
> (4) 지역사회와 학교의 여건에 따라 초등학교 저학년 학생을 학교에서 돌볼 수 있는 기능을 강화하고, 이에 대해 충분한 행·재정적 지원을 한다.
> (5) 개별 학교의 희망과 여건을 반영하여 지역 내 학교 간 개설할 집중 과정을 조정하고, 그 편성·운영을 지원한다. 특히 소수 학생이 지망하는 집중 과정을 개설할 학교를 지정하고, 원활한 교육과정 편성·운영을 위한 행·재정적인 지원을 한다.
> (6) 인문학적 소양 및 통합적 읽기 능력 함양을 위해 독서 활동을 활성화하도록 다양한 지원을 한다.

13 학교 교육과정의 질 관리를 위하여 다음의 사항을 실시한다.

> (1) 학교에 대한 교육과정 운영 지원 실태와 각급 학교의 교육과정 편성·운영 실태를 정기적으로 파악하고, 효과적인 교육과정의 운영과 개선 및 질 관리에 필요한 지원을 한다.
> (2) 학교의 교육과정 편성·운영에 대한 질 관리와 교육과정 편성·운영 체제의 적절성 및 실효성을 높이기 위하여 학업 성취도 평가, 학교 교육과정 평가 등을 실시하고 그 결과를 교육과정 개선에 활용한다.
> (3) 교육청 수준의 학교 교육과정 지원에 대한 자체 평가와 교육과정 운영 지원 실태에 대한 점검을 자율적으로 실시하고 개선 방안을 마련한다.

3절 창의적 체험활동

개념 15 자율활동

영역	활동 목표	활동 내용(예시)
자치·적응활동	성숙한 민주시민으로 살아갈 수 있는 역량을 함양하고, 신체적·정신적 변화에 적응하는 능력을 길러 변화하는 환경에 적극적으로 대처한다.	• 기본생활습관형성활동 : 예절, 준법, 질서 등 • 협의활동 : 학급회의, 전교회의, 모의의회, 토론회, 자치법정 등 • 역할분담활동 : 1인 1역 등 • 친목활동 : 교우 활동, 사제동행 활동 등 • 상담활동 : 학습, 건강, 성격, 교우 관계 상담활동, 또래 상담활동 등
창의주제활동	학교, 학년(군), 학급의 특색 및 학습자의 발달 단계에 맞는 다양하고 창의적인 주제를 선택하여 활동함으로써 창의적 사고 역량을 기른다.	• 학교·학년·학급특색활동 : 100권 독서하기, 줄넘기, 경어 사용하기, 연극놀이, 뮤지컬, 텃밭 가꾸기 등 • 주제선택활동 : 주제 탐구형 소집단 공동 연구, 자유 연구, 프로젝트 학습(역사탐방 프로젝트, 박물관 견학활동) 등

• 학교는 학교 급과 학년(군)의 특성에 따른 교육적 요구를 고려하여 이 표에 제시된 활동 내용 이외의 다양한 활동 내용을 편성·운영할 수 있다.

1. 창의주제활동은 자유학기 및 교과와 연계·통합하여 학교 실정과 지역의 특수성에 적합한 교육프로그램을 개발하여 운영할 수 있다. 특히 주제 탐구, 소집단 공동 연구, 자유 연구, 프로젝트 학습과 관련된 교육 프로그램 등을 개발하여 운영할 수 있다.
2. 초등학교에서는 학생의 입학 초기 학교생활 적응과 학습 격차 해소 등을 위하여 지역의 특색과 학생의 교육적 요구 등을 반영하여 입학 초기 적응활동의 적용 시기와 시수 및 활동 내용을 결정하여 편성·운영한다.
3. 초·중학교에서는 학생들의 발달 단계를 고려하여 사춘기 학생들의 적응을 위한 프로그램을 편성·운영할 것을 권장한다.
4. 초·중학교에서는 교과 및 창의적 체험활동의 운영 과정에서 학생들이 흥미를 가지는 분야에 소집단으로 공동 주제를 설정하고 탐구 과정을 경험할 수 있는 기회를 제공한다.

 **동아리활동**

영역	활동 목표	활동 내용(예시)
예술·체육 활동	자신의 삶을 폭넓고 아름답게 가꿀 수 있는 심미적 감성 역량을 함양하고, 건전한 정신과 튼튼한 신체를 기른다.	• 음악활동 : 성악, 합창, 뮤지컬, 오페라, 오케스트라, 국악, 사물놀이, 밴드, 난타 등 • 미술활동 : 현대 미술, 전통 미술, 회화, 조각, 사진, 애니메이션, 공예, 만화, 벽화, 디자인, 미술관 탐방 등 • 연극·영화활동 : 연극, 영화 평론, 영화 제작, 방송 등 • 체육활동 : 씨름, 태권도, 택견, 전통무술, 구기운동, 수영, 요가, 하이킹, 등산, 자전거, 댄스 등 • 놀이활동 : 보드 게임, 공동체 놀이, 마술, 민속놀이 등
학술 문화 활동	다양한 학술 분야와 문화에 대해 관심을 가지고 체험 위주의 활동을 통하여 지적 탐구력과 문화적 소양을 기른다.	• 인문소양활동 : 문예 창작, 독서, 토론, 우리말 탐구, 외국어 회화, 인문학 연구 등 • 사회과학탐구활동 : 답사, 역사 탐구, 지리 문화 탐구, 다문화 탐구, 인권 탐구 등 • 자연과학탐구활동 : 발명, 지속 가능 발전 연구, 적정 기술 탐구, 농어촌 발전 연구, 생태 환경 탐구 등 • 정보활동 : 컴퓨터, 인터넷, 소프트웨어, 신문 활용 등
실습 노작 활동	일의 소중함과 즐거움을 깨닫고 필요한 기본 기능을 익혀 일상생활에 적용한다.	• 가사활동 : 요리, 수예, 재봉, 꽃꽂이, 제과·제빵 등 • 생산활동 : 재배, 원예, 조경, 반려동물 키우기, 사육 등 • 노작활동 : 목공, 공작, 설계, 제도, 로봇 제작, 조립, 모형 제작, 인테리어, 미용 등 • 창업활동 : 창업 연구 등
청소년 단체 활동	신체를 단련하고 사회 구성원 및 지도자로서의 소양을 함양한다.	• 국가가 공인한 청소년 단체의 활동 등

• 학교는 학교 급과 학년(군)의 특성에 따른 교육적 요구를 고려하여 이 표에 제시된 활동 내용 이외의 다양한 활동 내용을 편성·운영할 수 있다.

1. 학생의 흥미, 특기, 적성 등을 고려하여 미래 사회에 대응할 수 있는 동아리 부서를 다양하게 개설하여 학생의 잠재 능력을 계발·신장하고 자아실현의 기초를 형성한다.
2. 동아리 부서는 학생의 희망을 우선적으로 반영하여 개설하되, 동아리 조직 형태는 단위 학교의 실정에 맞게 학급, 학년(군), 학교 단위로 구성할 수 있다.
3. 동아리 부서별로 각 부서의 성격에 적합한 봉사활동과 진로활동의 요소가 반영될 수 있도록 노력한다.
4. 학생들의 적극적인 참여와 다양한 기회를 마련하기 위해 경연 대회, 전시회, 발표회 등을 운영할 수 있다.

개념 17 봉사활동

영역	활동 목표	활동 내용(예시)
이웃돕기 활동	타인을 이해하고 배려할 수 있는 공동체 역량을 함양한다.	• 친구돕기활동 : 학습이 느린 친구 돕기, 장애 친구 돕기 등 • 지역사회활동 : 불우이웃 돕기, 난민 구호 활동, 복지시설 위문, 재능 기부 등
환경보호 활동	환경을 보호하는 마음과 공공시설을 아끼는 마음을 기른다.	• 환경정화활동 : 깨끗한 환경 만들기, 공공시설물 보호, 문화재 보호, 지역 사회 가꾸기 등 • 자연보호활동 : 식목 활동, 자원 재활용, 저탄소 생활 습관화 등
캠페인 활동	사회 현상에 관심을 갖고 참여함으로써 사회적 역할과 책임을 분담하고 사회 발전에 이바지하는 태도를 기른다.	• 공공질서, 환경 보전, 헌혈, 각종 편견 극복 캠페인 활동 등 • 학교폭력 예방, 안전사고 예방, 성폭력 예방 캠페인 활동 등

• 학교는 학교 급과 학년(군)의 특성에 따른 교육적 요구를 고려하여 이 표에 제시된 활동 내용 이외의 다양한 활동 내용을 편성·운영할 수 있다.

1. 학생이 봉사를 실천하기 이전에 관련 정보를 수집하고 실천 계획을 수립하는 등의 사전 교육을 충분히 실시하여 봉사의 의미와 교육적 가치를 깨닫게 한다.
2. 학생의 봉사활동 결과에 대한 사후 평가는 일상생활 속에서 봉사를 지속적으로 실천할 수 있는 태도를 기르는 데 중점을 둔다.
3. 교외 봉사활동은 가급적 지역 사회 유관 기관과 연계하여 실시한다.
4. 봉사활동은 학교나 지역 사회의 여건을 고려하여 자율활동, 동아리활동, 진로활동 등과 연계하여 실시할 수 있다.
5. 초등학교의 교외 봉사활동은 학생의 발달 수준 등을 고려하여 실시 여부를 결정한다.

개념 18 진로활동

영역	활동 목표	활동 내용(예시)
자기이해 활동	긍정적 자아 개념을 형성하고 자신의 소질과 적성에 대하여 이해한다.	• 강점 증진활동 : 자아 정체성 탐구, 자아 존중감 증진 등 • 자기특성이해활동 : 직업 흥미 탐색, 직업적성탐색 등
진로탐색 활동	일과 직업의 가치, 직업세계의 특성을 이해하여 건강한 직업의식을 함양하고, 자신의 진로와 관련된 교육 및 직업정보를 탐색하고 체험한다.	• 일과 직업이해활동 : 일과 직업의 역할과 중요성 및 다양성 이해, 직업 세계의 변화 탐구, 직업 가치관 확립 등 • 진로정보탐색활동 : 교육 정보 탐색, 진학 정보 탐색, 학교 정보 탐색, 직업 정보 탐색, 자격 및 면허 제도 탐색 등 • 진로체험활동 : 직업인 인터뷰, 직업인 초청 강연, 산업체 방문, 직업 체험관 방문, 인턴, 직업 체험 등
진로설계 활동	자신의 진로를 창의적으로 계획하고 실천한다.	• 계획활동 : 진로 상담, 진로 의사 결정, 학업에 대한 진로 설계, 직업에 대한 진로 설계 등 • 준비활동 : 일상 생활 관리, 진로 목표 설정, 진로 실천 계획 수립, 학업 관리, 구직 활동 등

• 학교는 학교 급과 학년(군)의 특성에 따른 교육적 요구를 고려하여 이 표에 제시된 활동 내용 이외의 다양한 활동 내용을 편성·운영할 수 있다.

1. 학년별 진로활동이 학생들의 발달 단계에 적합하게 이루어질 수 있도록 해당 학교 급의 종합 계획과 이에 근거한 학년별 연간 계획을 수립하여 운영할 것을 권장한다.
2. 학교 급과 학생의 발달 정도에 따라 학생이 자신에 대한 이해, 다양한 일과 직업 세계의 이해 및 가치관의 형성, 진로의 정보 탐색과 체험, 자신의 진로에 대한 계획 및 준비 등을 할 수 있도록 지도한다.
3. 진로 관련 상담활동은 담임교사, 교과담당교사, 동아리담당교사, 진로진학상담교사, 상담교사 등 관련 교원이 협업하여 수행하는 것을 원칙으로 하되, 전문적 소양을 갖춘 학부모 또는 지역 사회 인사 등의 협조를 받을 수 있다.

4절 안전한 생활

개념 19 성격 및 목표

1 창의적 체험활동에 주어진 시수를 활용
(1) '안전한 생활'은 초등학교 1~2학년 학생들이 일상생활과 재난 상황에서 접하게 되는 위험을 알고 안전하게 생활하는 방법을 익혀 위험을 예방하고 위험 상황에 대처할 수 있는 능력을 기르는 데 중점을 둔다.
(2) '안전한 생활'은 창의적 체험활동에 주어진 시수를 활용하여 체험 중심으로 운영할 수 있도록 편성하되, 이 교육과정에서 제시하는 목표, 내용 체계 및 성취기준, 교수·학습 및 평가의 방향을 따른다.

2 핵심 역량
(1) 자기관리 역량 : 일상생활에서 자신의 안전을 위협하는 여러 가지 위험 요소를 알고 위험 상황에 대처하는 행동 수칙을 지켜 안전한 생활을 할 수 있는 능력
(2) 공동체 역량 : 가족과 친구, 주변 사람들의 안전에 관심을 가지고 안전사고를 예방하기 위해 다른 사람을 배려하며 협력할 수 있는 능력
(3) 지식정보처리 역량 : 일상생활에 필요한 안전에 관한 정보와 자료를 이해하고 사고 발생 시 활용할 수 있는 능력

3 안전 기능
(1) '안전한 생활'에서는 위험을 식별하기, 예방하기, 위험 상황에서 벗어나기, 위험 상황을 알리기로 대표되는 기능을 익히는 데 중점을 둔다.
(2) 이를 구현하기 위해 생활안전, 교통안전, 신변안전, 재난안전의 4개 영역으로 구분하였다.
(3) '안전한 생활'은 독립적으로 가르치거나, '바른 생활', '슬기로운 생활', '즐거운 생활'의 각 영역(대주제) 또는 창의적 체험활동의 영역별 활동과 연계하여 지도할 수 있다.

4 목표
• 일상생활 중에 직면하게 되는 위험한 상황에는 어떤 것이 있는지를 알고 대처하는 방법을 익혀 안전하게 생활한다.

(1) 가정·학교·지역사회에서 일어나는 사건과 사고, 재난과 재해로부터 자신을 안전하게 지킨다.
(2) 일상생활에 필요한 안전 규칙과 행동 수칙을 익혀 위험 상황에 대처하며 안전 생활을 실천한다.
(3) 안전하게 생활하는 데 필요한 자기관리 역량, 공동체 역량, 지식정보처리 역량을 기른다.

 **내용 체계**

영역	핵심 개념	일반화된 지식	내용 요소	기능
1. 생활 안전	1.1 학교에서의 안전 생활	안전한 학교생활을 위해 지켜야 할 규칙이 있다.	• 실내 활동 시 안전 규칙 • 학용품 및 도구의 안전한 사용 • 놀이 기구의 안전한 사용	식별하기 예방하기 벗어나기 알리기
	1.2 가정에서의 안전 생활	가정에서 안전을 위해 지켜야 할 수칙이 있다.	• 가정에서의 사고 예방 • 생활 도구의 안전한 사용 • 응급 상황 대처	
	1.3 사회에서의 안전 생활	사회에서 안전을 위해 지켜야 할 수칙이 있다.	• 야외 활동 안전 • 시설물 안전 • 공중위생	
2. 교통 안전	2.1 보행자 안전	안전을 위해 보행자가 지켜야 할 수칙이 있다.	• 신호등과 교통 표지판 • 보행자 수칙 • 골목에서 놀 때의 안전	
	2.2 자전거, 자동차 안전	자전거와 자동차 및 대중교통을 이용할 때 지켜야 할 안전 수칙이 있다.	• 자전거 탈 때의 안전 • 자동차 이용 시 안전 수칙 • 대중교통 이용 시 안전 수칙	
3. 신변 안전	3.1 유괴·미아 사고 예방	유괴 예방법과 미아가 되었을 때의 대처 방법을 안다.	• 낯선 사람의 접근에 대한 대처 방법 • 미아가 되었을 때의 대처 방법	
	3.2 학교폭력/성폭력/가정폭력	학교폭력의 유형은 다양하며 사람들에게 피해를 준다.	• 집단 따돌림의 유형과 예방 • 학교폭력 유형과 예방	
		성폭력/가정폭력의 위험성을 알고 대처할 수 있다.	• 좋은 접촉과 나쁜 접촉 • 가정폭력 발생 시의 도움 요청과 신고	
4. 재난 안전	4.1 화재	화재가 발생하면 안전 수칙에 따라 신속하게 대피한다.	• 화재의 예방 • 화재 발생 시의 대피법	
	4.2 자연 재난	자연 재난 발생 시의 행동 요령을 익혀 생활화한다.	• 지진, 황사, 미세먼지 대처 방법 • 계절의 변화에 따른 자연 재난 발생 시의 대처 방법	

개념 21 교수·학습 방향

1. '안전한 생활'에서는 생활 속의 다양한 위험 요소를 알고 예방하며 위험 상황에 직면했을 때 침착하게 대처할 수 있는 능력을 기르도록 한다. 교수·학습 활동은 안전 수칙과 위험 대처 방법을 반복적으로 체험하여 습관화하는 데 중점을 둔다.
2. '안전한 생활'은 창의적 체험활동의 여러 영역 및 '바른 생활'과, '슬기로운 생활'과, '즐거운 생활'과의 영역(대주제)과 연계하여 지도할 수 있다.
3. '안전한 생활'의 역량인 자기관리 역량, 공동체 역량, 지식정보처리 역량을 향상시킬 수 있도록 하며, 위험으로부터 자기 보호, 위험 대처 능력, 안전 수칙 준수, 사회 안전의식, 안전 관련 정보 이해, 안전 생활 실천에 교수·학습 활동의 초점을 두어 지도한다.
4. '안전한 생활'은 위험 상황을 식별하기, 예방하기, 벗어나기, 알리기 등 안전하게 생활하는데 필요한 기능을 습득할 수 있도록 학습 활동을 계획·조직한다.
5. 5세 누리과정의 신체운동·건강 영역의 안전교육 내용과 연계되도록 지도한다.
6. '안전한 생활'은 생활 속에서 실천하게 하는 것이 무엇보다도 중요하므로 이론 중심의 학습이 아니라 놀이 및 생활 경험과 연관된 체험활동을 통해 몸으로 체득할 수 있도록 수업을 설계한다.
7. '안전한 생활'은 학교에서 배운 안전 수칙과 예방 행동을 일상생활에서 지속적으로 실천하면서 안전하게 생활하는 태도를 형성하도록 지도한다. 특히 학교에서 배운 학습에 그치지 않고 가정과의 연계와 협력을 통해 안전이 생활화 되도록 한다.
8. 학생들의 흥미와 관심을 유발할 수 있도록 다양한 체험 중심의 수업 방법을 활용한다. 즉, 시청각 교육법, 소그룹 토의, 게임 및 놀이, 역할 놀이, 실습, 가상 학습, 사례 발표, 견학 등을 활용하여 직·간접 체험 중심의 학생 참여형 수업이 되도록 한다.
9. 안전과 관련된 문제 상황에 대해 공동으로 문제를 해결하는 협력학습 방법을 활용한다.
10. 초등학교 1~2학년 학생들의 발달 수준에 맞는 구체적인 상황이나 사례 중심으로 수업을 운영하고, 학생들이 쉽게 접하는 방송이나 신문 기사, 인터넷 자료 등을 적극적으로 활용한다.
11. 지역사회와 연계하여 체험 중심으로 학습하게 한다. 지역사회 내의 보건소, 소방서, 교통안전공단, 안전교육관 등을 활용한 직접 체험을 우선하고, 부득이할 경우 역할 놀이, 가상 학습 등의 간접 체험학습을 할 수 있다.

개념 22 평가 방향

1. '안전한 생활'은 지필 평가가 아닌 관찰법, 질문법, 자기 평가, 동료 평가, 수행평가, 체크리스트, 포트폴리오 등 다양한 형태의 질적 평가를 실시한다.
2. '안전한 생활' 역량인 자기관리 역량, 공동체 역량, 지식정보처리 역량의 형성 정도를 종합적으로 평가한다.
3. 학생들이 안전하게 생활하려는 태도 및 기능을 포함하여 평가한다. 특히 학습이 지식으로 끝나지 않고 실천이나 안전 습관으로 이어질 수 있도록 안전 수칙의 실천 정도를 평가한다.
4. 실제 교수·학습 상황에서 평가 장면이나 상황을 설정하여 수업과 평가를 동시에 하며, 평가를 학습 촉진의 계기로 활용한다.
5. 평가는 수업 과정에서 다양한 형태로 실시하며, 그 결과는 매우 잘함, 잘함, 보통과 같이 서열화하지 말고 서술형으로 기록한다.

배재민
개념 서브
500제

2장
통합교과

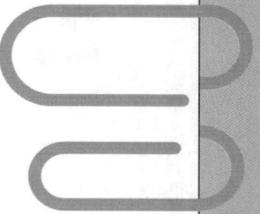

1절 기출분석

2절 총론

3절 바른 생활

4절 슬기로운 생활

5절 즐거운 생활

2장 통합교과

배재민
개념 서브
500제

1절 기출분석

1. 바른 생활
2. 슬기로운 생활
3. 즐거운 생활

2절 총론

- 개념 1   주제별 교과서 개발
- 개념 2   구성 차시 도입
- 개념 3   단원 체제
- 개념 4   주제 학습 모형
- 개념 5   통합 차시 교수·학습 지도
- 개념 6   기본 학습 지도
- 개념 7   기본 학습 도구
- 개념 8   통합교과 조망
- 개념 9   내용 체계

3절 바른 생활

- 개념 10   궁극적 지향점
- 개념 11   실천 활동 중심 교수·학습 모형
- 개념 12   실천 기능
- 개념 13   교수·학습 및 평가 방향

4절 슬기로운 생활

- 개념 14   궁극적 지향점
- 개념 15   탐구 활동 중심 교수·학습 모형
- 개념 16   탐구 기능
- 개념 17   교수·학습 및 평가 방향

5절 즐거운 생활

- 개념 18   궁극적 지향점
- 개념 19   표현 놀이 중심 교수·학습 모형
- 개념 20   표현 놀이 기능
- 개념 21   교수·학습 및 평가 방향
- 개념 22   각론

1절 기출분석

1 바른 생활

1. 주제 학습 (1) 영역(대주제)과 핵심개념(소주제)을 동일하게 설정한 이유(17특수) (2) '주제 만나기' 단계에서 교사와 학생이 하는 활동(17특수)	(1) 수평적 연계성을 갖추고 주제를 중심으로 탈학문적인 교육이 가능하도록 하기 위해서 (2) 그 주제를 왜 배워야 하는지에 대한 이유를 공유한다. ① 사진 읽기 ② 단원 내 차시 살펴보기 ③ 공부 게시판 만들어서 걸기
2. 실천기능 (1) 되돌아보기 (2) 스스로하기 (3) 내면화하기(17, 20) (4) 관계맺기 (5) 습관화하기(21)	(3) ① '약속을 해요' 차시는 학교생활에 필요한 약속과 규칙을 정해서 지키는 것이기에 ( )하기를 함양하는 데 적절합니다. 이 실천 기능을 지도할 때는 학생들이 바른 생활에 필요한 가치들을 마음으로 받아들이도록 하는 것이 중요합니다. ② 추수하는 사람들의 수고에 감사하는 태도를 기른다.(동기 형성 → 가치 공감 → 가치 획득) (5) 학생들이 에너지 절약을 생활 속에서 꾸준히 실천할 수 있도록 (나)와 같은 실천기록표를 활용할 필요가 있습니다. 이 차시의 성취기준의 내용과 실천 기능이 공통적으로 ( )에 해당하기 때문입니다.
3. 내용요소 (1) 공중도덕(18) (2) 나라 사랑(19)	(1) 공공장소의 올바른 이용과 시설물을 바르게 사용하는 습관을 기른다. (2) 통일이 된 우리나라의 모습을 상상해 볼까요?(통일이 된 우리나라)
4. 목표(20)	기본 생활 습관과 기본 학습 습관을 기르는 것, 바른 생활을 실천하는 과정에서 가치와 태도를 ( )하고 다양한 실천기능을 익히는 것, 공동체 의식을 함양하고 자기 관리 능력과 의사 소통 능력을 기르는 것입니다.
5. 교과 역량 (1) 공동체 역량 (2) 자기관리 역량(22) (3) 의사소통 역량	(2) 저는 교수·학습 자료를 통해 말과 행동으로 표현하기 전에 지켜야 할 마음의 약속에 초점을 두어 지도하고자 합니다. 이 차시의 활동 목적이 일상생활을 하는 데 필요한 기본 생활 습관을 형성함으로써 변화하는 사회에 유연하게 적응하며 살아갈 수 있는 능력과 관련을 맺고 있기 때문입니다.

2 슬기로운 생활

1. 탐구 기능
(1) 관찰하기(19)

(1)(3)

교수·학습 활동	유의점	기초 탐구 기능
학교 정원에서 봄이 와서 달라진 점을 살펴본다.	다양한 감각을 활용하여, 겨울과 비교하여 정원의 달라진 점을 찾아본다.	㉠
(방과후 과제로 제시) 봄 날씨의 특징에 대해 알아본다.	주변 어른께 여쭈어보거나, 날씨 관련 책 등을 통해 관련 자료를 찾아본다.	㉡

(2) ① 기준을 정해 구분해 보는 무리 짓기 탐구 기능
　　- 모양, 색깔을 기준으로 여러 가지 낙엽 분류하기
　② 무리 짓기가 잘 드러나도록 활동 내용 작성하기

(2) 무리짓기(17, 22)
(3) 조사하기(19)

단계	활동 내용
탐구 상황 확인하기	• 여름과 겨울에 주변에서 보았던 새들에 대하여 자유롭게 이야기한다.
탐색하기	• 다양한 종류의 새 그림을 살펴본다.
탐구 활동하기	• 새 그림 중 여름에 만날 수 있는 새와 겨울에 만날 수 있는 새를 분류한다.
탐구 결과 정리하기	• 여름과 겨울에 만날 수 있는 새에는 각각 어떤 것들이 있는지 이야기한다.

(4) 상상하기와는 달리 (　)은 자료나 근거를 기초로 생각해 보는 탐구기능이다. 그림, 현상 등의 단서 찾기, 단서와 관련된 질문해보기, 생각한 것 말하기 등을 통해 지도할 수 있다.

(4) 예상하기(20)
(5) 관계망그리기

2. 교과 역량
(1) 창의적 사고 역량
(2) 지식 정보 처리 역량(18)　　(2) 주변에 관심을 갖고 여러 가지 자료를 수집, 분류, 이해할 수 있는 능력
(3) 의사소통 역량

3. 창의적 사고 유발 질문(21)　학생들로부터 궁금한 점이 안 나오면 교사가 질문을 할 수도 있습니다. 예를 들면 뱀의 겨울잠에 대해 (　) 등과 같은 창의적 사고를 유발할 수 있는 질문을 던질 수 있습니다.

3 즐거운 생활

1. 구성 차시 판단 준거 • 우리 반 학생들이 할 수 있는 것인가?(22)	(1) 판단 준거 　• 우리 반 학생들이 하고 싶어 하는 것인가? 　• (　㉠　) 　• 이 단원의 성취기준, 기능, 역량과 관련이 있는가? (2) 화분을 만드는 방법은 여러 가지가 있지만, 구성 차시 판단 준거인 '(㉠)'을 고려하여 1학년 때 학생들이 배운 2가지 방법을 사용하려고 해요.
2. 찰흙으로 화분 만드는 방법 (1) 주물러서 만들기 (2) 말아 올려서 만들기(22)	(1) 찰흙을 공같이 만든 다음, 두 엄지손가락으로 찰흙의 벽을 얇게 늘려서 만드는 방법 (수날법(手捏法), 핀칭 성형, Pinching) (2) 찰흙을 뱀처럼 가늘고 길게 만든 다음, 둥글게 겹쳐 쌓아올리면서 찰흙의 벽을 만드는 방법 (권상법(捲上法), 흙가래 성형, Coiling)
3. 수업모형 (1) 준비하기 (2) 탐색하기(21) (3) 표현 놀이하기 (4) 느낌나누기	(2) 탐색하기 　① 표현 방식 살피기　② 표현 요소 관찰하기　③ 방법 및 절차 정하기
4. 음악적 활동 (1) 말붙임새(19) (2) 순차진행(19) (3) 기본박(4박)(19)	(1) 가락에 말(노랫말)을 붙이는 모양새 　① 노랫말을 읽으며 리듬 익히기 　② '한 계단 오르면' 이나 '엄마 얼굴' 같은 노랫말을 (　)로 읽으면 쉽게 주요 리듬을 익힐 수 있다. 　③ 음의 길이에 맞추어 노랫말 읽기 (2) 그림 악보 '한 계단 오르면', '두 계단 오르면' 부분에서는 노랫말의 의미와 음의 움직임을 활용해서 가락의 (　) 진행을 익힐수 있다. (3) 이 노래에서 리듬 악기를 치며 노래 부를 때는 (　)를 기본박으로 치도록 하면 된다.
5. 교수·학습 지도 및 방향 (1) 통합지도(20, 17) (2) 표현 놀이 　① 해 보는 것 자체가 학습 목적(18) 　② 자연적·설정된 상황에서도 발생(18)	(1) ① 즐거운 생활과는 바른 생활과, 슬기로운 생활과와 영역(대주제)별로 (　)해서 지도한다. 또한 국어과 또는 수학과와도 기능적으로 (　)하여 학습의 효율성을 극대화할 수 있다. 　② 2015 개정 즐거운 생활과 교육과정의 '교수·학습 방향에 즐거운 생활과는 바른 생활과, 슬기로운 생활과와 (　)별로 통합하여 지도하며 국어과 또는 수학과와도 연계하여 지도하도록 제시되어 있습니다.
6. 교과 역량 (1) 심미적 감성 역량(17) (2) 창의적 사고 역량 (3) 의사소통 역량(20)	(1) 심미적 감성 역량은 '일상생활에서 아름다움과 즐거움을 느끼고, 여러 가지 자료와 매체, 도구 등을 사용하여 소리와 이미지, 움직임 등에 대해 다양한 (㉠)을/를 발달시키는 능력'이다. 이 역량은 즐거운 생활 과의 목표 중 하나인 '여러 가지 놀이와 표현 활동을 통해 (㉠)을/를 발달시키고 건강한 신체를 기른다.' 와도 관련 되어 있다. (3) 즐거운 생활과, 바른 생활과, 슬기로운 생활과의 교과 역량들은 교과 특성에 따라 서로 다르게 설정되어 있지만 공통적으로 들어있는 교과 역량도 있다.
7. 목표(17)	여러 가지 놀이와 표현 활동을 통해 (㉠)을/를 발달시키고 건강한 신체를 기른다.

2절 총론

개념 01 주제별 교과서 개발

1 현장 적용
(1) 2009 개정 교육과정에 따른 주제별 교과서가 도입되어 '주제가 있는 초등학교 수업'으로 초등학교 수업 풍경이 바뀌는 중이다.
(2) 초등학교 1, 2학년의 발달적 특성과 생활 경험에 맞는 탈학문적인 생활 세계 관련 주제를 중심으로 세 교과를 통합하여 수업하는 또 하나의 문화가 정착해 가고 있다.
(3) 바른 생활, 슬기로운 생활, 즐거운 생활 교과를 통합한 수업으로 학생들의 학교 수업은 일관성 있고 지속성 있는 유의미한 수업으로 변하고 있다.

2 주제별 교과서 의의
(1) 초등학교 1, 2학년 학생의 발달 단계적 특성과 배움 방식에 맞는다.
  ① 경험의 세계에서 교과의 세계에 입문하게 하려면 교과 분과적으로 접근하기보다는 그들의 삶에서 익숙해져 있는 교과 통합적으로 학습하는 것이 적절하다.
  ② 따라서 주제별 교과서는 주제 적합성을 일차적으로 반영하기 때문에 교과 내용 자체의 위계보다 학생의 보편적인 흥미 위계에 맞춰서 개발하였다.
(2) 주제별 교과서에서는 학교 수업의 구심점을 교과보다 학생에게 두고, 교과 내용의 일관성보다 학생의 학습 일관성을 회복하고자 하였다.
  ① 초등학교 1, 2학년에 주어진 세 교과를 횡적으로 연계하여 하나의 주제를 한 달 동안 계속 학습할 수 있게 하였다. 동시에 국어와 수학에서 배운 교과 내용과 기능들을 주제 학습에서 활용할 수 있어 국어와 수학도 기능적으로 연계·통합할 수 있다.
  ② 이런 점에서 주제별 교과서는 한편으로는 학생의 관점에서 하루 일주일, 한 달 동안의 학교 수업을 보다 일관성 있게 만들어준다. 다른 한편으로는 교과서와 시간표에 의한 학교 학습의 분절 문제를 완화·해소한다.

3 유동적인 교실 시간표 운영
(1) 주제별 교과서로 통합 학습을 하기 위해서는 기존의 교과별 주당 시수에 기초해서 작성한 고정 시간표가 아니라, 월별로 융통성 있게 조정 가능한 유동적인 시간표를 운영할 필요가 있다.
(2) 80분 블록 단위로 하루 2시간 이상의 연속된 시간을 확보하도록 권장한다. 교과를 통합한 통합 학습은 학생이 무언가를 해 보는 체험 및 경험을 위한 활동형 학습이라는 점이 특징이다.
(3) 따라서 학생의 활동과 교류 및 협의 시간을 보장하기 위해서 80분 블록 시간이 필요하다. 교과서에 만들어 놓은 수업은 주로 80분 분량으로 구성하였다. 그렇다고 반드시 연속해야 하는 것은 아니다. 필요하면 연이어 할 수도 있고, 한 차시씩 분리해서 할 수도 있다.

개념 02 구성 차시 도입

1 개선 및 발전

(1) 학생 활동 중심 수업으로의 지향 외에 교사가 수업에 학생을 참여시키는 방안은 다양하지만, 교사의 경험이 그리 다양하지 못하기 때문에 교과서에서 학생이 수업에 참여할 수 있는 방안을 구조적으로 제시하여 이를 일반화해야 한다.

(2) 이에 새 교과서는 차시 수업을 학생 활동 중심으로 전환하도록 한 일반적인 안내와 차시 순서 정하기에 머물렀던 학생의 수업 참여 방식에서 한 발 더 나아가 학생이 원하는 활동을 수업으로 만들어서 할 수 있는 구성 차시를 도입하였다.

(3) 구성 차시는 하위 주제를 기준으로 차시들을 추가할 수 있도록 하였다. 교사는 '주제 만나기'에서 학생이 원하는 활동에 대한 의견을 수렴하여 '주제 학습하기'에서 만나는 구성 차시에 추가할 수 있다.

2 구성 차시 도입의 의의

(1) 구성 차시를 활용하여 교사와 학생은 '교과서가 하나의 자료'임을 실제로 체험 할 수 있다.
   ① 구성 차시는 표준화한 교과서가 갖는 단점을 보완하고자 한 교과서의 재구성을 넘어서서 특정한 학생, 특정한 학교, 특정한 교실, 특정한 상황에서 구현할 수업을 부분적으로 만들 수 있도록 해 준다.
   ② 교사와 학생이 스스로 수업을 만들어서 하는 경험을 통해서 교과서가 하나의 자료임을 실감케 할 수 있고, 나아가서 학교 및 교실 마다 최적화된 다양한 교육과정 자료들을 만들어 내는 능력을 키우도록 도울 것이다.

(2) 구성 차시는 교사가 교과서에 지나치게 의존하는 우리나라의 교육과정 실행 문화를 점진적으로 해소할 수 있다.
   ① 최근에는 교사에게 '교육과정 재구성'을 강권하고 있지만, 대부분의 교사는 '교과서 재구성'으로 대응하고 있다. 즉 교사는 학생에게 맞는 수업을 만드는데 성취기준을 사용하기보다는 교과서에 만들어 놓은 수업을 변형하는 데 그치고 있다. 따라서 대부분의 교사에게는 교과서 재구성을 넘어 성취기준으로 수업을 만드는 연습, 학생이 원하는 것과 성취기준을 동시에 반영하여 각 교실에 최적화된 수업을 스스로 만들어서 하는 연습의 기회가 필요하다.
   ② 교과서 진도 나가기로 고착된 우리나라 교육과정 실행 관행으로 교사와 학생 모두 교육과정 이상의 상상력을 발휘하지 못하고 있다. 이에 새 교과서에서는 주제 학습의 하위 주제마다 구성 차시를 만들어서 추가할 수 있는 구조적인 안내를 하고 있다. 이는 매 단원 구성 차시를 운영하는 과정에서 교사 스스로 교과서에 의존적인 교육과정 실행 문화를 극복하고 교육과정을 학생 중심으로 실행해 보는 연습을 할 수 있도록 도울 것이다. 구성 차시 도입은 국정 교과서가 할 수 있는 기능 중 하나로서 교사 교육 기능을 병행할 수 있다.

(3) 구성 차시는 학교 수업에서 학생을 수동적인 위치에서 능동적인 위치로 전환하여 학생의 참여 정도와 참여 방식의 전환을 도모한다.
   ① 학생이 학교 수업을 좋아하도록 하려면 학생이 원하는 것을, 원하는 방식으로, 원하는 만큼 할 수 있는 길을 만들어야 하는데, 이는 교사와 학생이 스스로 수업을 만들어서 해 보는 경험을 통해서 가능하다. 구성 차시는 이런 경험 기반을 마련하는 데 기여할 것이다.
   ② 최근 우리나라가 국가 수준에서 지향하는 학생 참여형 학교 교육을 보다 확대하게 하는 데 기여할 것이 다. 즉 교사 강의 중심이었던 기존의 학교 수업을 교사와 학생이 직접 계획하고 실행하는 수업으로 진행하여 학교 수업에서 학생의 참여 정도를 확대하고 참여 방식을 다양하게 할 수 있다.

 **단원 체제**

- 바른 생활, 슬기로운 생활, 즐거운 생활의 각 단원 개발은 주제 학습 모형에 의거하여 주제만나기 → 주제 학습하기 → 주제 학습 마무리하기로 전개하였다.

단원 전개	주제 만나기	주제 학습하기		주제 학습 마무리하기
의미	• 학습 주제를 만나서 공유한다. • 학습 주제에 대한 개인적인 경험을 나눈다. • 학습 주제에 대한 동기를 유발한다. • 차시 활동들을 살펴본다. • 차시 수업을 만들어서 추가한다. • 주제 학습을 위한 공부 게시판을 게시한다.	• 활동을 통해서 개념 및 내용 알기로 마무리하도록 구성		• 최고조 활동으로 주제 학습을 마무리한다. • 단원에서 학습한 내용을 종합·성찰한다. • 성취기준을 중심으로 단원에서 학습한 것을 평가한다.
		하기	알기	
		• 주어진 교육 내용 - 경험하기 - 활동하기 - 체험하기	• 경험(활동, 체험)을 통해서 습득한 교과 개념 및 기능 - 정의하기 - 설명하기 - 보여 주기	
내용	• 사진 읽기 • 단원 내 차시 살펴보기 • 공부 게시판 만들어서 걸기	• 바, 슬, 즐 2~3교과를 통합한 표준적인 차시 • 차시 재구성 • 구성 차시		• 최고조 및 마무리 활동 • 단원 학습 성찰 및 종합 • 성취기준에 대한 평가
교수·학습 모형	• 주제 학습 모형	• 바: 실천 활동 중심 지도 • 슬: 탐구 활동 중심 지도 • 즐: 표현 놀이 중심 지도		• 주제 학습 모형
시간	바-슬-즐을 통합한 80분 혹은 120분	바, 슬, 즐 각 40분 2개 교과를 통합한 80분 3개 교과를 통합한 120분		바-슬-즐을 통합한 80분 혹은 120분
쪽수	6쪽 내외	차시별 2쪽 내외		2쪽

※ 바 바른 생활, 슬 슬기로운 생활, 즐 즐거운 생활

개념 04 주제 학습 모형

1 개념

(1) 개념
- 주제 학습은 '경험의 계속적인 성장', '활동을 통한 학습', '학생의 적성과 흥미 존중', '실생활문제 해결력', '적극적인 지식 구성자로서의 학습자' 등의 진보주의 및 구성주의 등을 반영하는 교육의 한 양식이다.

(2) 고려사항

이에 바른 생활, 슬기로운 생활, 즐거운 생활의 주제 학습은 다음을 고려하였다.
① 초등학교 1, 2학년 학생의 발달 단계를 고려할 때, 학습은 친숙하지 않은 것을 친숙하게 만드는 것이다. 이에 그들에게 친숙한 주제를 통해서 교과 내용에 친숙해질 수 있도록 한다.
② 초등학교 1, 2학년 학생의 일상생활 속 경험 세계는 주제 흐름의 배경이다.
③ 초등학교 1, 2학년은 그들에게 친숙한 주제 학습을 통해서 공식적인 교과의 세계에 입문한다.

2 지도 과정

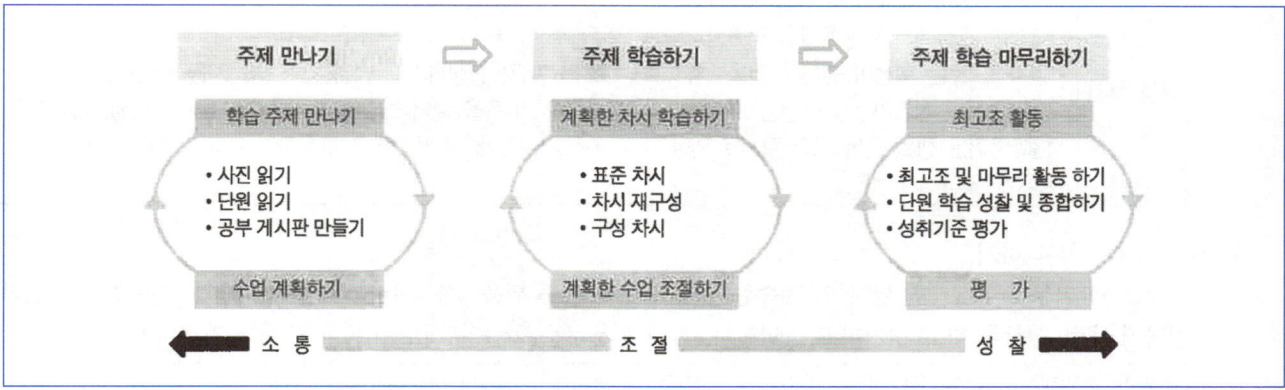

(1) 주제 만나기
① 주제 만나기는 단원을 여는 시간으로 주제에 대한 공유 활동을 통하여 학생 개인 간 경험의 격차를 줄이고, 집단 학습이 가능한 수준으로 주제의 내용을 표준화 하는데 중점을 둔다. 즉, 학생들이 단원의 학습 주제와 연관이 있는 개인적인 경험을 다른 학생들과 자유롭게 이야기하고 공유하는 활동을 하면서 학습 주제에 관심과 흥미를 불러일으키도록 한다. 주제와 관련있는 각자의 경험을 공유하는 활동을 통해서 학습 주제를 공식화하여 집단 학습을 할 수 있게 한다.
② 교과서에는 학습할 주제를 '사진 읽기', '단원 읽기', '공부 게시판 만들기' 세 형태로 만나도록 하고 있다.

사진 읽기	사진 보며 학습 주제와 관련한 경험 나누기 • 사진은 학생들이 일상생활 중에 경험했음 직한 장면을 담고 있다. • 이에 단원에서 학습할 주제에 대한 개인적인 경험들을 이야기하는 데 활용한다. • 이를 통해서 학생에게 학습 주제에 대해 흥미를 유발하고, 학습의욕을 불러 일으킨다.
단원 읽기	단원 내 차시 활동을 살펴보고 교실에 맞게 재구성하기 • 교과서에는 성취기준을 가지고 교사와 학생이 할만한 표준적인 차시들을 만들어 놓았다. • 교과서에 만들어 놓은 차시를 살펴보면서 학교 교실 학생 여건을 고려하여 재구성해 본다. • 학생들이 하고 싶어 하는 것을 반영하여 구성 차시를 준비한다. • 차시 수업을 만들 때 스캠퍼(SCAMPER) 발상법을 활용할 수 있다. 즉 대체하기 (Substitute), 결합하기 (Cornbine), 적용하기(Adapt), 확대 혹은 축소하여 수정하기(Modify, Magnify, Minify), 용도 바꾸기(Put to other use), 제거하기 (Eliminate), 재배치하기(Rearrange)로 새로운 차시를 만들 수 있다.

공부 게시판 만들기	교실에서 할 주제 학습 계획하기 • 학생들이 하고 싶어하는 수업에 대해 이야기하며, 이를 차시로 반영한다 • 이 단원에서 할 차시 활동들을 정하면서 공부 게시판을 교실에 걸어 본다. • 주제 학습 계획하기는 수업을 하나씩 하면서 완성해 가는 방식도 좋고, 처음부터 어느 정도 계획을 세워 놓고 실행하면서 조정해 가는 방식도 좋다.

(2) 주제 학습하기
- 주제 학습하기에서는 교사와 학생은 '공부게시판'에 걸린 차시(Lesson)를 하나씩 해나가며 주제학습을 진행한다.

표준 차시	교과서에 만들어 놓은 차시로 수업하기 • 성취기준을 사용하여 수업을 만들어 놓은 차시이다. • 교과서 개발자, 심의자, 검토자 등 여러 관련자들이 참여하여 내용 검토를 한 차시로 비교적 내용 오류가 없는 차시들이다. • 내용을 구현하면서 구체적인 교실 및 학생을 충분히 고려할 수는 없다.
재구성 차시	교과서의 차시를 재구성하기 • 교사는 자신의 교실, 학생, 학교 및 교실의 여건을 고려하여 교과서의 차시를 재구성한다. • 교과서 차시의 재구성은 차시의 순서, 차시의 활동, 차시에서 사용한 소재 등을 바꿀 수 있다.
구성 차시	교사와 학생이 차시 수업 만들어서 하기 • 교사는 교실에서 학생에게 최적화된 수업을 만들 수 있다. • 일차적으로는 학생이 원하는 것을 반영하고, 교사는 이것이 성취기준 범위 안에 있는지를 판단한다. 교과서에서는 성취기준을 구현한 표준 차시와 구성 차시의 쪽을 열어 놓았다. 각 차시들은 바른 생활, 슬기로운 생활, 즐거운 생활 단독 교과 차시로 만들 수도 있고, 두세 개 교과를 통합 구성하여 보다 시량이 많은 차시도 만들 수 있다.

(3) 주제 학습 마무리하기
- 주제 학습 마무라하기는 한 달 동안 지속한 주제에 대한 학습 뒤풀이를 하는 분위기에서 단원 학습 전체 과정과 결과에 대한 성찰을 하고 평가하고 종합한다. 그리고 새로운 학습 주제로 이동할 태세를 갖춘다.

마무리 활동하기	• 분위기를 최고조로 이끄는 활동을 통해서 단원의 주제 학습을 마무리한다.
단원 학습 성찰하고 종합하기	• 단원에서 한 활동들을 돌아보면서 성찰하고, 성찰한 것을 공유한다. • 단원의 학습을 종합·정리한다.
성취기준 도달 여부 확인	• 단원에서 학습한 성취기준을 학생이 성취했는지 여부를 평가한다. • 평가는 평가할 내용, 평가하는 사람, 평가 시간, 방법 등을 고려하여 다양한 정성 평가 및 정량 평가를 적절히 활용한다.

개념 05 통합차시 교수·학습 지도

1 개념
(1) 통합 차시는 바른 생활, 슬기로운 생활, 즐거운 생활이 서로 유기적으로 연계 가능한 활동을 중심으로 두세 교과를 통합 혹은 융합한 차시이다.
(2) 이들 차시의 교수·학습지도는 교과보다는 단원의 학습주제에 더 집중해서 진행할 수 있으며, 주제 학습 모형을 활용하여 지도할 수 있다.

2 절차

만나요	해 봐요	마무리해요

• 주제 떠올리기
• 주제에서 할 활동 생각하기
• 동기 유발하기
	• 주제에 맞는 활동하기
	  - 실천 활동과 표현 놀이 활동 연계하기
	  - 탐구 활동과 표현 놀이 연계하기
	  - 실천 활동과 탐구 활동 연계하기
		• 느낀 점 이야기하기
		• 학습 내용 요약·정리하기
		• 다음 수업 맞이하기

(1) 만나요
- 주제에 대해 떠올리고, 주제에서 할 활동이나 한 활동에 대한 이야기를 나누며 주제 속 학습활동임을 주지시킨다. 또한 활동에 대한 동기를 갖게 하는 단계이다. 교사는 학생들이 주제 속에서 바른 생활, 슬기로운 생활, 즐거운 생활을 만날 수 있도록 주제에 집중하여 활동을 안내하고, 주제와 관련된 동화나 영상 자료 등을 적극적으로 활용할 수 있다.

(2) 해 봐요
- 구체적으로 활동이 진행되는 단계이다. 이 단계에서는 어느 한 교과에 집중하지 않고, 바른 생활, 슬기로운 생활, 즐거운 생활의 활동을 주제에 맞게 전개해 나간다. 교사는 교과서에 제시된 여러 활동 중에서 차시를 묶어 연속차시 수업으로 함께 다루면 좋을 활동들을 선정하고, 활동 안에서 순서를 달리하거나 다른 활동을 추가하여 주제로 연속된 수업을 진행한다.

(3) 마무리 해요
- 주제 중심 수업을 통해 익힌 것을 정리하고 마무리하는 단계이다. 교사는 학생들이 활동 과정에서 느낀 점을 서로 나누게 하여 주제에 대한 관심과 다음 학습에 대한 흥미를 유발하고, '해봐요'에서 진행한 여러 가지 활동들을 정리하고, 내면화 할 수 있는 기회를 마련한다.

3 적용시 주의점
(1) 주제를 더 강조한다. 교과별 수업 절차에 집중하기보다는 주제 안에서 여러 교과를 자연스럽게 다루는데 초점을 맞춘다.
(2) 한 차시 안에서 수업하기보다는 블록 차시로 배정하여 수업의 호흡을 길게 한다. 각 교과를 한 차시의 수업에 무리하게 넣기보다는 차시의 크기를 키워 각각의 학습 활동들이 주제 안에서 충분히 이루어 질 수 있도록 한다.
(3) 함께 수업하면 좋을 차시들을 선정하되, 무리하게 연결하지 않는다.
(4) 주제 학습 모형을 진행할 때 주제와 관련하여 학생들이 더 하고 싶어 하는 활동이 있다면 추가하여 운영한다.

개념 06 기본 학습 지도

1. 과정 중심으로 학습 목표 진술하기

가. 학습 목표의 종류들
- 행동 목표
- 문제 해결형 목표
- 표현 목표

나. 바른 생활, 슬기로운 생활, 즐거운 생활이 지향하는 학습 목표

초등학교 1, 2학년을 주요 대상으로 하는 바른 생활, 슬기로운 생활, 즐거운 생활은 결과보다는 과정을 중시하는 교육 활동을 하며, 학습 목표는 주로 사용해 온 행동 목표뿐만 아니라, 임무나 과제, 해결해야 할 문제를 제시하는 문제 해결형 목표, 학습 과정 자체를 표현해 주는 표현 목표로 진술한다.

지금까지의 학습 목표는 분명한 대상, 명확한 준거, 구체적인 행위 동사를 사용하는 행동 목표로 진술하는 데 익숙하다. 하지만 행동 목표의 구체성과 명시성은 교수·학습을 지나치게 규제하고 통제하는 면이 있다. 이에 비해 문제 해결형 목표는 행동 목표가 지니는 명시성을 유지하면서 학생이 할 활동을 표현해 주며, 표현 목표는 학생들이 참여하게 될 교육 활동 상황이나 과정 자체를 포괄적으로 진술한다. 따라서 여러 유형의 교수·학습을 더욱 융통성 있게 포괄해 준다. 특히 표현 목표는 학생의 배움을 우선하는 통합 교과의 특성에 잘 맞는다.

행동 목표가 무엇을, 어느 정도 학습(혹은 평가)할 것인가에 대한 명시성을 강점으로 한다면, 표현 목표는 학습 활동, 다룰 문제, 조사할 과제 등 학습 참여의 과정에 더 관심을 가진다는 장점이 있다.

행동 목표가 학습 결과를 강조하지만, 표현 목표는 학습 과정을 중심으로 교수·학습의 실행을 안내하는 것을 강조한다. 예를 들어 그리기 활동의 수업이라면, 행동 목표는 학습 활동의 결과인 그린 그림에, 표현 목표는 그림 그리기 활동 과정에 집중하도록 안내한다. 행동 목표로 평가할 때는 주로 수행 후의 평가로서 학습의 결과인 그린 그림이 얼마나 잘되었는지를(예를 들면, 상·중·하) 평가하는 반면, 표현 목표는 수행 중 평가로 그림 그리기 활동을 하고 있는가, 얼마나 열심히 하는가를 평가한다.

다. 주제별 교과서의 차시 학습 목표 진술

주제별 교과서에 담은 차시 수업들은 차시명과 학습 안내만 제공하고 있다. 교사는 차시의 학습 목표를 진술해야 할 필요가 있을 때, 교과서에 진술한 차시명과 학습 안내 문장 혹은 지도서에 진술해 놓은 성취기준을 살펴서 교사가 적절한 차시 목표를 진술할 수 있다. 이 차시 학습 목표는 교사의 교수 특성이나 학생의 학습 성향에 따라 다른 형태의 목표로 바꾸어 진술하거나 사용할 수 있다.

표현 목표와 행동 목표의 관점

구분	표현 목표	행동 목표
특징	• 행위 과정 자체를 초점으로 한다. • 수행 중 활동에 관심을 둔다. • 포괄적이라 융통성이 있다. • 학습 활동에 따라 목표 설정(활동 중 → 목표 설정)	• 행위 결과를 초점으로 한다. • 수행 후 결과에 관심을 둔다. • 구체적이라 명시적이다. • 목표 설정 후 내용 선정(목표 설정 후 → 활동 및 내용 선정)
진술 용어	• 학생이 학습할 대상 방법을 포괄적이고 일반적인 용어로 표현한다. • 직접 관찰하기 힘든 내재적 용어도 사용한다.(~ 한다.)	• 학생이 학습한 결과를 준거와 함께 구체적 행위 동사로 진술한다. • 관찰, 측정 가능한 외재적 용어를 주로 사용한다.(~할 수 있다.)
예	조사 활동을 통해서 마을 사람들의 직업을 안다.	조사 활동을 통해서 마을 사람들의 직업을 5개 이상 말할 수 있다.
평가	• 학생 개인의 성취 및 만족 정도를 평가한다. • 개인의 학습 경험이 어떤 방향으로 성장했는지에 관심을 둔다. • 교사의 학생에 대한 교육적 판단을 중시한다. • 학습 활동에 참여한 질 평가를 위해 교사의 상황적 판단, 감식안, 비평 등을 활용하는 경향이 있다.	• 목표 달성 여부를 평가한다. • 진술된 표준에 도달했는가의 여부를 평가하는 데 관심을 둔다. • 학생이 습득한 것에 대한 확인을 중시한다. • 사전에 설정한 절대 및 상대적 기준에 도달했는지를 평가하기 위해 보다 객관적인 평가 방안을 활용하는 경향이 있다.

2. 누리과정 및 3~4학년군 교과의 연계

초등학교 3학년부터 등장하는 교과 교육과정은 연계 문제를 학문 구조나 위계에 비춰서 이야기한다. 교과는 그 원천인 학문 자체의 구조적 위계에 따라 학습의 우선순위를 정하기 때문이다. 이 점을 고려한다면 초등학교 3학년 이상 교과 교육과정의 연계 문제는 그렇게 어려운 문제가 아닐 수도 있다. 그러나 누리과정과 바른 생활, 슬기로운 생활, 즐거운 생활 교육과정(이하 '바른 생활, 슬기로운 생활, 즐거운 생활')의 연계 문제나 바른 생활, 슬기로운 생활, 즐거운 생활과 3~4학년 교과군 교육과정(이하 '3~4학년 교과군')의 연계 문제는 좀 더 복잡하다. 이유는 누리과정과 바른 생활, 슬기로운 생활, 즐거운 생활은 '학문적 위계'가 아닌 '주제'를 중심으로 구성하기 때문이다. 이러한 상황에서 바른 생활, 슬기로운 생활, 즐거운 생활은 누리과정 및 3~4학년 교과군과 어떻게 연계되어 있다고 보아야 하는가?

가. 누리과정과의 연계

상식적으로 생각하면, 교육은 유치원에서 시작하여 초등학교로 이행되기 때문에 당연히 누리과정이 기준이 되어야 한다. 하지만 이 문제는 교육학적으로 따져 보아야 할 다소간 복잡한 문제가 있다. 누리과정을 내용과 방법으로 구분하여 살펴볼 때, 내용 면에서는 두 가지 상이한 내용이 혼재해 있다.

하나는 유아들의 생활 능력, 생존 능력을 길러 주는 것과 관련 있는 내용이고, 다른 하나는 후속하는 학문적 지식 함양의 기초를 마련하는 것과 관련 있는 내용이다.

전자의 내용은 교육학적 논의와는 무관할 정도로 당연한 것이다. 그리고 앞서 경험한 것을 바탕으로 점점 더 심화, 확대해야 한다. 이런 점에서는 당연히 누리과정이 기준이 되며, 따라서 바른 생활, 슬기로운 생활, 즐거운 생활에서는 이를 반복하여 강화해야 한다. 그러나 후자에 해당하는 내용은 유아들의 경험 자체에서는 결코 확인할 수 없다.

유아들이 경험하는 모든 내용이 학문적으로 중요성을 가지는 것도 아니다. 유아들의 경험 중에서 어떤 것을 중요시할 것인가 하는 것은 앞으로 유아들이 배우게 될 상위 교육과정을 참고로 결정해야 한다. 원칙적으로 말하면, 대학의 학문적 논의에서 중요하게 취급하는 내용 중에서 반드시 고등학교에서 가르쳐야 할 내용을 압축해서 고등학교 교육과정을 구성하고, 고등학교 교육과정 중에서 반드시 중학교에서 가르쳐야 할 내용을 압축해서 중학교 교육과정에 넣고, 중학교 교육과정 중에서 반드시 초등학교에서 가르쳐야 할 내용을 압축해서 초등학교 교육과정에 넣고, 초등학교 교육과정 중에서 유치원에서 가르쳐야 할 내용을 압축해서 누리과정을 개발해야 한다. 이것이 교육 내용 구성 면에서 살펴본 나선형 교육과정의 원리이다. 이에 바른 생활, 슬기로운 생활, 즐거운

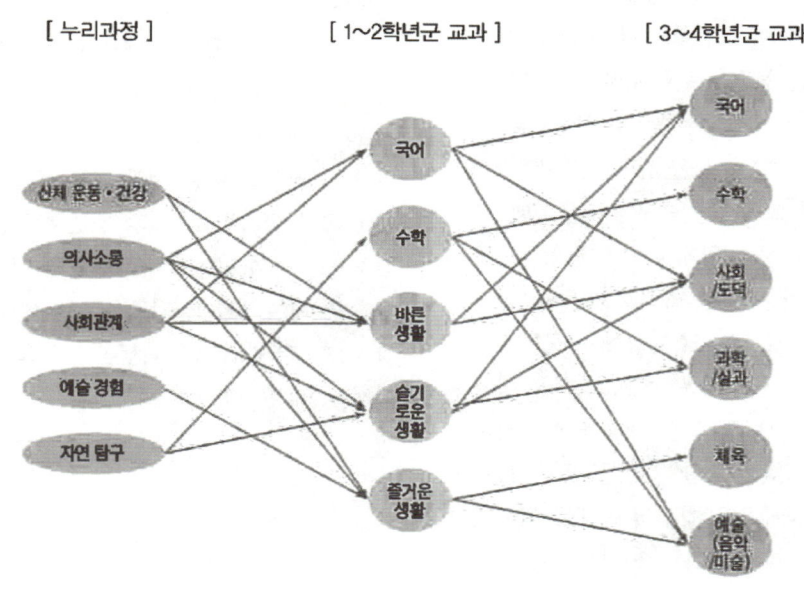

생활의 내용을 기준으로 누리과정을 보아야 하고, 바른 생활, 슬기로운 생활, 즐거운 생활의 내용을 유아들의 수준에 맞게 번안하여 더욱 쉽게 제시해야 할 것이다.

유·초 연계의 문제에 대해 어떤 사람들은 누리과정과 바른 생활, 슬기로운 생활, 즐거운 생활이 동일한 주제를 다룬다는 점을 비판하면서 교육 내용의 '중복'을 문제 삼기도 한다. 하지만 이것은 교육 내용의 의미를 잘못 파악한 결과이다. 주제는 교육 내용 '그 자체'가 아니라 교육 내용의 '자료'이다. 누리과정의 유아든 초등학교 1~2학년의 아동이든 학생들은 아직 어린 단계에 속하기 때문에 이들이 다룰 수 있는 주제는 생활 주제로 한정될 수밖에 없고, 따라서 비록 서로 다른 수준의 교육이기는 하지만 유사한 주제를 사용할 수밖에 없다. 주제를 중복하는 것 자체를 문제 삼을 것이 아니라, 그 동일한 주제를 어떻게, 그리고 얼마나 상이하게 다루는가를 문제 삼아야 한다. 또 누리과정에서 다루는 내용과 바른 생활, 슬기로운 생활, 즐거운 생활에서 다루는 내용을 '일대일(一對一) 대응'으로 연계할 수도 없고, 연계할 필요도 없다. 누리과정과 바른 생활, 슬기로운 생활, 즐거운 생활은 일대일 대응의 연계보다 '다대다(多對多) 대응'의 연계를 맺고 있다고 보아야 한다. 그리고 앞 그림에서 대응을 표시한 화살표 또한 고정적인 것이 아니라 얼마든지 화살표를 더 많이 그릴 수 있다.

나. 3~4학년 교과(군)와의 연계

바른 생활, 슬기로운 생활, 즐거운 생활은 누리과정의 성격과 비슷한 점이 있다. 비록 초등학교 학생이기는 하지만 여전히 생활 능력, 생존 능력을 위한 준비를 계속해야 하기 때문이다. 이 점은 누리과정의 계속이며 강화이다.

그러나 다른 한편으로 바른 생활, 슬기로운 생활, 즐거운 생활은 공식적인 국가 교육과정을 구성하는 교과 교육을 시작한다는 점에서 학문적 위계의 기초에 입문하도록 할 의무가 있다. 비록 바른 생활, 슬기로운 생활, 즐거운 생활이 '주제'를 중심으로 교과의 내용에 접근하기는 하지만, 여전히 바른 생활, 슬기로운 생활, 즐거운 생활에서 다루는 내용은 3~4학년의 교과 내용을 이해하는 데 기초 역할을 수행할 수 있어야 한다. 바른 생활, 슬기로운 생활, 즐거운 생활의 내용을 학생의 이해를 위해서 일상적 경험에 바탕을 둔 일상적 용어를 사용하여 제시한다고 하더라도, 그것은 3~4학년에서 다루는 다양한 사고방식의 성격을 띠어야 한다. 즉, 다양한 주제를 다루는 과정에서 학생은 도덕적, 수학적, 자연 과학적, 사회 과학적, 심미적 등의 사고방식을 경험해야 한다. 이런 경험들이 곧 3~4학년에서 다루는 교과 내용의 기초가 된다. 이것이 곧 바른 생활, 슬기로운 생활, 즐거운 생활에 부과하는 역할이다. 바른 생활, 슬기로운 생활, 즐거운 생활에서 다루는 다양한 주제들을 올바르게 다루기만 하면, 그것들은 이러한 사고방식들을 자연스럽게 습득하도록 해 준다.

그러나 바른 생활, 슬기로운 생활, 즐거운 생활과 3~4학년 교과(군) 또한 일대일 대응으로 연계되는 것은 아니다. (앞의 연계도 참고) 현재 바른 생활, 슬기로운 생활, 즐거운 생활은 비록 세 교과로 나뉘어 있지만 이런 구분은 다소간 임의적인 것으로 이들은 교육 내용의 중복과 누락을 피하기 위하여 편의상 나누어 놓았다고 보아야 할 것이다. 그러므로 이 세 교과를 얼마나 구분 지어 가르치느냐가 중요한 것이 아니라, 이들 세 교과를 하나로 보고 그것을 얼마나 의미 있게 가르치느냐가 중요하다. 따라서 바른 생활, 슬기로운 생활, 즐거운 생활은 그 운영 면에서 교사의 자율성이 그만큼 넓다고 보아야 할 것이다. 한 가지 더 덧붙여 생각할 것은 바른 생활, 슬기로운 생활, 즐거운 생활에서 다루는 다양한 내용은 3~4학년 교과(군)에 다양한 방식으로 기초를 제공한다는 것이다. 현재 3~4학년은 비록 학년은 구분하지만 교육과정은 하나의 군으로 묶여 있기 때문에 바른 생활, 슬기로운 생활, 즐거운 생활에서 배운 내용 중에는 바로 3학년에 연계되는 것도 있고, 내용에 따라서는 3학년 때는 다루지 않기 때문에 학년을 건너뛰어 4학년과 연계되는 것도 있다. 그러므로 바른 생활, 슬기로운 생활, 즐거운 생활은 바로 이어지는 3학년과의 연계도 중요하지만 같은 학년군으로 묶여 있는 4학년과의 연계도 고려해야 할 것이다. 즉, 바른 생활, 슬기로운 생활, 즐거운 생활은 '3학년'과의 연계가 아닌 '3~4학년군'과의 보다 폭넓은 연계를 고려해야 할 것이다.

3. 브레인스토밍과 생각그물

가. 브레인스토밍(발상 모으기)

[브레인스토밍의 개념]

브레인스토밍이란 창의적인 아이디어를 생산하기 위한 학습 도구이자 회의 기법이다. 3인 이상의 사람이 모여서 하나의 주제에 대해서 자유롭게 논의를 전개한다. 특정 시간 동안 제시한 생각들을 모아서 1차, 2차 검토를 통해서 그 주제에 가장 적합한 생각을 다듬어 나가는 일련의 과정이다. 아이디어를 생산하기 위한 효율적이고 대중적인 기법이라고 할 수 있다.

[브레인스토밍의 규칙]
- 창출된 아이디어를 비난하거나 평가해서는 안 된다.
- 아무리 우스꽝스러운 아이디어라도 수용해야 한다.
- 아이디어는 많을수록 좋다.
- 이미 제안된 아이디어로부터 다른 아이디어를 이끌어 낼 수 있도록 한다.

[브레인스토밍의 예시]
- 개인 브레인스토밍: 여러 가지 가을 행사의 종류를 머리에 떠올리며 연습장에 적어 본다.
- 모둠별 브레인스토밍: 끝말잇기처럼 모둠원이 돌아가며 생각나는 것을 말하고 가을 행사를 중심으로 기록한다.
- 학급 전체 브레인스토밍: 학생들이 떠오르는 단어를 말하고 교사는 칠판에 기록한다.

나. 생각그물

[생각그물의 정의]

생각그물은 학습 기법, 정보 관리 기법이라고 말할 수 있다. 구체적으로 생각그물은 마음속에 지도를 그리듯이 글자와 기호와 그림을 사용해 생각을 표현하고 인식하는 방법이다. 생각그물을 활용하는 필기는 단순히 받아 적기만 하는 것이 아니라 머릿속으로 생각하며 창의적으로 공부하는 것을 의미한다. 생각그물은 심상, 즉 이미지와 언어의 연상 작용에 의한 시각적인 노트 작성법이다.

생각그물을 시작할 때에는 주제가 학생들에게 편하게 느껴지는 것이 좋다. 저학년 학생들이 생각그물을 접할 때, 학습에 직접 도입하기 전에 자신의 생각을 마음껏 표현해 보고 그려 볼 수 있는 시간을 갖는 것이 좋다. 한 단어로 쓰는 것보다 생각한 것을 그림이나 상징으로 그려 보게 하는 것도 하나의 방법이 될 수 있다.

[생각그물의 구조]
- 중요하게 생각하는 주제를 중심 이미지에서 구체화한다.
- 주요 가지는 중심 이미지에서 뻗어 나간다.
- 가지들은 결합된 선상에서 핵심 이미지와 핵심어로 구성되어 있다.
- 가지는 마디가 서로 연결되어 있는 구조를 취한다.

[생각그물의 작성 방법]
- 여러 가지 사인펜이나 색연필, 백지를 준비한다.
- 백지를 가로로 길게 펼치고 중심에서부터 그려 전체 공간을 모두 활용하도록 한다.
- 생각하려고 하는 주제에 대한 핵심 이미지를 정한다.
- 가지별로 뻗어 나가되 모든 가지가 연결되도록 한다.
- 가지를 그릇으로 여기고 한 가지에 하나의 단어, 그림만을 올려놓는다.
- 자유롭게 작성하지만 시계 방향으로 돌아가는 것이 좋다.
- 주 가지는 뇌의 기억 용량 한계를 고려하여 7개 이상을 넘기지 않는다.

[생각그물의 작성 단계]
- 중심 이미지 그리기
  - 내용의 핵심을 그림이나 상징 기호로 표현한다.
  - 글의 주제나 제목에 해당한다.
  - 세 가지 정도의 색으로 한눈에 들어오게 표현한다.
- 주 가지 그리기
  - 대분류로 굵은 가지, 팔과 다리에 해당한다.
  - 중심 이미지와 연결된다.
  - 가장 중요한 부분으로 조직적이고 체계적인 사고가 요구된다.
- 부가지 그리기
  - 소분류, 잔가지, 사람의 손가락, 발가락에 해당한다.
  - 주 가지와 연결되며 주 가지보다 자세한 내용이다.
  - 내용이 주 가지의 하위 개념의 내용이어야 한다.
- 세부 가지 그리기
  - 부가지에 연결하여 부가지보다 자세한 내용이다.
  - 가짓수에 제한이 없다.
  - 자유롭고 재미있게 이어 나간다.

4. 체육 교과 교육에 기반을 제공하는 즐거운 생활 활동

가. 움직임 언어

[종류]

기본 움직임	종류
이동 움직임	걷기, 달리기, 도약하기, 미끄러지기 건너뛰기, 뛰기, 한 발 뛰기, 질주하기
비이동 움직임	굽히기, 펴기, 비틀기, 들어올리기 밀기, 당기기, 돌리기, 흔들기
조작 움직임	던지기, 잡기, 차기, 치기

[기본 움직임의 지도]
- 움직임의 탐구는 유도 발견 학습 개념으로 학생을 위한 학습 탐구 준비를 교사가 하되 학생에게 해답을 되도록 주지 않음으로써 탐구 의욕을 자극한다.
- 학생이 다양한 움직임 변형을 하여 움직임의 느낌을 스스로 찾도록 지도한다.

[움직임 표현의 단계]
- 초보 단계: 마음껏 움직이기
- 기본 단계: 목표(지시)에 따라 움직이기
- 진행 단계: 위치, 공간, 시간 변화를 주며 움직이기

나. 몸풀기

몸풀기는 신체 부위의 근육이나, 건, 인대 등을 늘여 주는 운동으로, 근육에 탄력을 주고 관절의 가동 범위를 넓혀 유연성이 붙게 함으로써 모든 신체 놀이의 사고를 방지하기 위한 준비 운동으로 적당하다. 또한 근육과 관절의 긴장을 풀어 주는 정리 운동으로서의 기능도 할 수 있다.

다음 사항에 유의하여 몸풀기를 한다.
- 편안한 자세로 실시하여 근육과 건을 긴장시키지 않는다.
- 매일 실시하면 유연성을 많이 향상할 수 있다.
- 정확한 자세와 주의 사항을 숙지하여 부상을 예방한다.
- 자기 수준에 맞는 동작을 취하여 부상을 예방한다.
- 천천히 움직이고 지속적으로 실시한다.
- 자연스럽게 호흡하면서 몸풀기를 한다.
- 쉬운 동작에서 시작하여 어려운 동작으로 나아간다.
- 전신을 골고루 모두 활용한 몸풀기를 한다.

다. 놀이와 게임

놀이란 유쾌한 감정을 느끼는 신체적·지적 활동으로서 어떤 궁극적 목적을 추구하는 것이 아닌 활동 자체에 만족하는 행위인데, 학습의 효율성을 높이기 위해 학생들이 흥미와 즐거움을 느낄 수 있는 놀이 활동을 수업에 적용할 수 있다.

게임은 놀이의 수준이 한층 향상되고 조직화된 형태로, 경쟁이 가미된 놀이이다. 또한 학생이 학습 활동을 할 때, 일정한 규칙을 갖추고 다른 집단보다 자기의 집단이 조금이라도 더 잘하기 위해 신체적, 정신적으로 종합한 놀이 학습의 한 형태가 게임 학습이다.

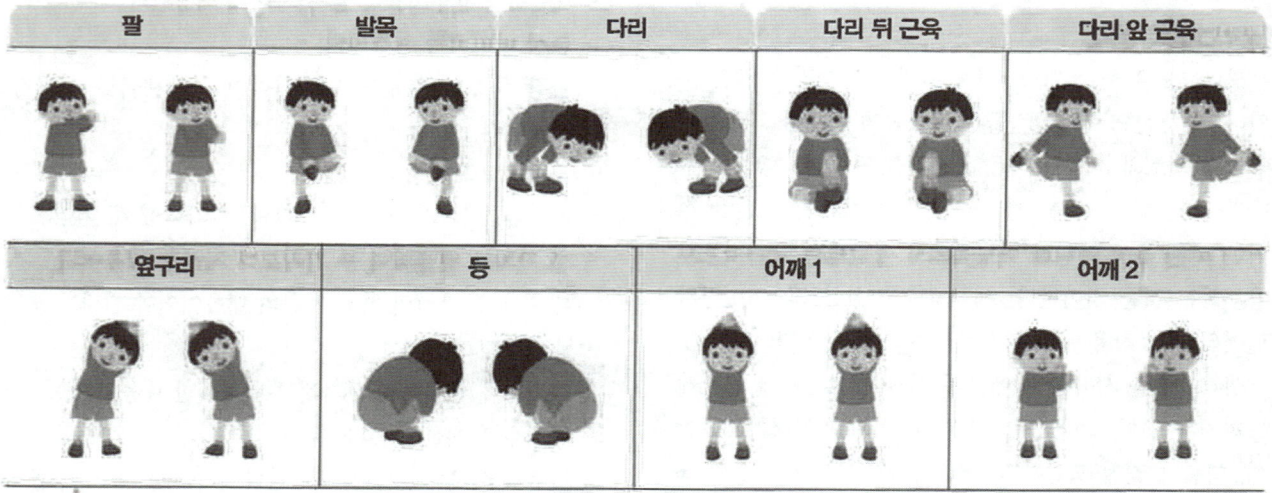

▲ 개인 몸풀기

5. 음악 교과 교육에 기반을 제공하는 즐거운 생활 활동

가. 박과 박자

음악의 흐름에는 규칙적이거나 불규칙한 강약의 반복이 있다. 이 반복되는 강과 약의 한 묶음을 '박자', 박자를 이루는 작은 단위를 '박'이라고 한다. 일정 박을 느껴 보는 활동을 중점적으로 시작한다.

- 왼쪽 가슴에 손을 대고 심장 소리를 느끼게 한다.
- 말굽 소리, 기차 소리, 시계 소리 등 우리 주위에서 들을 수 있는 일정 박을 느껴 보도록 한다.
- 일정 박을 들으며 종을 치듯 좌우로 몸을 흔들어 본다.
- 손뼉치기, 주먹 두드리기, 손가락·손바닥으로 소리내기, 고개 끄덕이기, 무릎 치기 등이나 적절한 타악기를 활용하여 일정 박을 표현해 본다.
- 규칙적, 불규칙적 소리를 들으면서 박을 그려 본다.
  - 규칙적인 박
  - 불규칙적인 박

나. 노래 부르기

특별한 기교나 훈련 없이 음악을 즐길 수 있는 노래 부르기는 어린이들의 마음속 깊이 있는 감정을 표출하는 방법의 하나이다. 노래 부르기 지도에서 가장 중요한 것은 어린이들을 즐겁게 하는 것이며, 어린이들의 마음속에 있는 긴장과 갈등을 해소하고 정신 건강에 도움이 되게 하는 것이다.

[즐거운 생활에 적합한 노래]

즐거운 생활에서 부르는 노래는 주제 적합성을 고려해서 정한다. 주제를 적절하게 표현할 수 있고, 주제 학습에서 하는 여러 활동에 사용할 수 있는 노래가 적절하다.

[어린이 노래 지도 방법]

노래 지도 방법은 전체를 여러 번 들려주는 전체 노래 방법, 노래를 한 번 불러 준 다음 한 번에 한 소절씩 따라 부르게 하여 어려운 절을 반복해서 부르게 하는 구절법, 전체를 들려주고 어려운 부분만 다시 반복하게 하는 결합 방법이 있다. 저학년이 부르는 대부분의 노래는 비교적 짧기 때문에 전체 노래 방법으로 지도하는 것이 좋으며, 어려워하는 부분만 다시 따라 부르게 한다.

다. 리듬 치기와 장단 치기

[기본 리듬]

트라이앵글과 캐스터네츠 / 탬버린과 캐스터네츠 / 심벌즈와 탬버린 / 큰북과 작은북

[기본 장단]

- 자진모리장단: 자진모리는 세 소박을 기본으로 한다.
- 자진모리장단 치기

부호	이름	입장단	손	연주 방법
①	합장단	덩	양손	북편과 채편을 동시에 친다.
○	북편	쿵	왼손	북편을 친다.
│	채편	덕	오른손	채편을 친다.

- 자진모리 기본 장단

①	○	○	│	○
덩	쿵	쿵	덕	쿵

- 자진모리 변형 장단

①	│	○	│	○	│	○	│
덩	덕	쿵	덕	쿵	덕	쿵	덕

- 중중모리장단: 판소리, 산조(散調), 민요 등에 쓰이는 장단으로, 중모리장단보다 빠르고 자진모리장단보다 느린 장단이다. 가장 기본적인 구음은 '덩−덕 쿵−덕 쿵 쿵덕 쿵−쿵'이다.

- 단모리장단(휘모리): 단모리장단은 자진모리장단과 같이 네 박으로 구성되며, 각 박이 이분되는 구조이다. 즉, 단모리는 두 소박을 기본으로, 자진모리는 세 소박을 기본으로 한다.

기호	①	│	○	│	○
구음	덩	덕	덕	쿵	덕	쿵

6. 미술 교과 교육에 기반을 제공하는 즐거운 생활 활동

가. 조형 활동

어린이 조형 표현을 보는 관점은 네 가지로 나뉘는데, 아는 것을 그린다는 인지 발달 이론, 느낀 것을 그린다는 개성 표현 이론, 본 것을 그린다는 지각 발달 이론, 전형적인 이미지를 그린다는 발생 반복적 이론이 있다. 아는 것을 표현하는 활동과 아는 활동이 동시에 이루어지며, 상호 보완적이다.

특징	어린이 조형 표현의 특징
투시적 표현	아동은 보는 것을 그리는 것이 아니라 이미 알고 있는 것을 그리기 때문에 보이지 않는 부분까지도 그린다.
망원 표현	멀리 있는 물체를 그릴 때 실제로는 잘 보이지 않거나 조그맣게 보이지만 그림 속에는 크게 그리는 경우이다.
시간을 무시한 표현	하나의 화면에 다른 시간대에 일어난 여러 일들을 동시에 표현하는 형태이다.
다시점 표현 (전개도식 표현)	한 화면에 좌, 우, 상, 하 등 여러 곳에서 본 모양을 동시에 그리기도 하고 기차를 타고 지나가듯 시점을 이동하면서 그리는 경우이다.
과장과 축소	아동들은 대체로 중요한 것은 확대하거나 과장하고 나머지는 생략한다.
도식화	대부분 어떤 대상마다 도식을 개발하여 그린다. 예를 들어, 사람을 그릴 때에는 머리는 무조건 둥글게, 몸통과 다리는 사각형으로, 눈은 타원형으로, 코는 ㄴ 자로, 눈썹은 인형의 눈썹 같은 식이다.
이야기 전개식 (설명식)	만연체식으로 나열하기도 하고 작은 곳까지 자세하게 설명하듯 그리기도 한다. 공주를 그릴 때 옷의 무늬 하나하나는 물론 눈썹을 추켜세운 모습, 머리카락, 손톱 하나하나까지 그린다.
원근법 무시	대체로 그 물체 자체의 크기에 따라 그 물체가 크면 원근법에 관계없이 크게, 그 물체가 작으면 작게 그린다.
의인화적 표현	생물이건 무생물이건 간에 모든 사물이 사람과 같은 생명이 있다고 보고 모든 사물에 자신과 같은 얼굴을 그려 내는 방법이다.
기저선의 표현	유아기가 끝나는 시점에서 나타나는 첫 번째 표현으로 기저선을 긋고 하늘과 땅을 구분한다.

출처: 한국초등미술학회(1999), "초등미술과 교육", 교육과학사.

나. 작품 감상 활동

작품 감상은 그들의 표현 결과물을 감상하고 서로의 의견을 공유하는 활동이다. 이것은 실물에 의한 감상이며, 학생들이 작가이자 비평가가 되어 서로의 작품을 감상하는 것이므로 자발적인 참여를 유도할 수 있다.

[학생 작품 감상의 의의]
- 감상으로 미적 판단력과 안목, 비평 능력을 향상한다.
- 표현력이 높아지며 후속 표현 활동에 도움이 된다.
- 실제 작품 감상을 하여 작품 애호 태도를 기른다.

[학생 작품 감상의 방향]
- 모든 학생들이 참여·주도하는 활동이어야 한다.
- 작품 및 표현과 연계하여 관점을 갖는 감상을 해야 하고, 학생들이 마음에 드는 작품을 선정한다.
- 교사가 의도를 갖고 차례에 따라 작품을 선정한다.
- 발표하고 싶은 사람들이 제시하는 것으로 선정한다.

출처: 김흥숙·이창림(2005), '초등학교에서 학생 작품 감상에 관한 연구', "미술교육논총" 19(3), 한국미술교육학회, 387~416쪽.

다. 미술 활동을 어려워하는 학생 지도

[똑같은 것만 하는 학생]
어느 특정한 것에 특별한 흥미를 가지고 있거나, 그 밖의 것을 발견하여 살펴보고 상상하는 능력이 없기 때문이다. 관심의 폭을 넓히고 억제된 심리를 풀어 주어야 한다.

[무엇을 어떻게 표현해야 할지 모르는 학생]
생각은 있지만 무엇을 그려야 할지 모른다면 점차 질문을 자세하게 하여 학생의 생각을 좁힐 수 있도록 지도한다.

[자신이 잘 표현하지 못한다고 생각하는 학생]
학생이 작품에 융합되어 자기 동일화를 꾀하려면, 그 경험에 자신감을 갖도록 만드는 것이 필요하다. 이런 학생에게는 공동으로 제작하거나 쉬운 것을 그리게 하여 흥미를 갖게 하고, 칭찬을 많이 하여 열등감을 제거해 준다.

[기교를 중시하는 학생]
특별히 기술 지도를 하지 않아도 사물과 닮게 그린다. 사물의 모양이나 명암 표현을 어른스럽게 했다고 하여 좋은 그림은 아니다. 개성 있는 그림이 되도록 지도한다.

[싫증을 잘 내는 학생]
표현 재료나 기법을 다양하게 바꾸어 주거나, 표현 재료의 색깔, 크기, 모양을 바꿔서 호기심을 가지고 표현 활동을 할 수 있도록 유도한다. 활동 시간도 10~20분 정도로 짧게 하면 보다 쉽게 동기가 유발될 수 있다.

[모방하는 학생]
모방 자체가 목적이 되는 경우 자신의 개성을 잃은 채 다른 사람의 것을 흉내만 내는 데 그칠 수 있다.

출처: 권상구(2001), "아동미술교육", 미진사.

개념 07 기본 학습 도구

1. 연필

[연필 사용법]

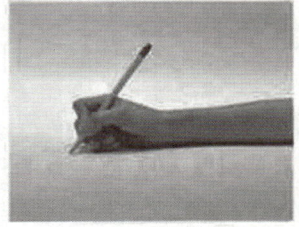
▲ 올바른 자세

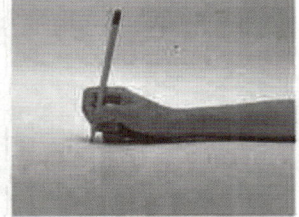
▲ 연필 각도 교정 필요

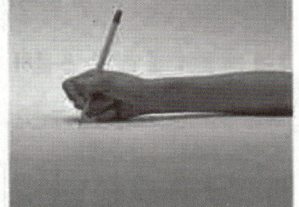
▲ 연필 쥐는 방법 교정 필요

- 연필은 그림과 같이 올바르게 쥐고 60~70°의 각도를 유지하는 것이 좋다.
- 적당한 힘을 주어 글씨가 너무 흐리거나 연필이 부러지지 않도록 한다.
- 사용하지 않는 손은 공책이 움직이지 않도록 잘 눌러 준다.

[연필의 선택과 준비]
- 저학년 학생들은 악력이 약하므로 다소 무르고 진하되 잘 부러지지 않는 심을 선택한다.
- 잘 깎은 연필 서너 자루를 필통에 준비해 두는 것이 좋다.

2. 풀

[올바른 사용]
- 바닥에 종이를 깔고 풀칠한다.
- 가장자리까지 꼼꼼하게 풀칠한다.
- 풀칠한 종이를 정확한 위치에 대고, 손으로 잘 문질러 붙인다.
- 풀을 붙인 종이를 곧바로 만지지 않는다.

[풀의 선택과 관리]
- 저학년의 경우 물 풀은 관리와 사용이 어려우므로 고체형 풀을 사용하는 것이 좋다.
- 사용 후에는 풀이 마르지 않도록 뚜껑을 잘 닫아 둔다.

3. 가위

[가위 사용법]

▲ 가위 잡기

▲ 가위 전해 주기

- 다른 사람에게 가위를 줄 때는 가윗날을 자신 쪽으로, 손잡이를 다른 사람 쪽으로 향하게 한다.
- 가위는 제자리에 두고, 종이를 당기면서 서서히 자른다.
- 복잡한 모양이나 원을 오릴 때는 가위나 몸을 돌리지 말고 가위를 잡지 않은 손으로 종이를 오리는 선에 따라 돌려 가면서 오리는 것이 편리하다.
- 같은 모양을 여러 개 오릴 때는 겹쳐서 종이찍개나 틀 집게로 고정하여 오린다.
- 가윗날 안쪽을 깊이 넣어 오리면 더 쉽게 잘 오릴 수 있다.
- 학생들이 손을 다치지 않도록 가윗날이 날카롭다는 것을 인지시킨다.

[가위의 선택과 관리]
- 플라스틱으로 된 안전 가위는 안전성은 높으나 절삭력이 좋지 못하므로 안전 지도를 잘한 후 쇠로 된 작은 크기의 안전 가위를 사용하도록 한다.
- 손에 맞는 적당한 크기의 가위를 선택한다.
- 왼손잡이인 학생은 왼손용 가위를 사용하도록 하거나 양손 모두 사용할 수 있는 가위를 준비한다.
- 가위에 풀, 물 등의 이물질이 묻으면 즉시 닦아 낸다.

- 크레파스의 다양한 활용 방법은 교사가 실물 화상기를 통해 직접 시범을 보여 주고 학생들이 따라 할 수 있도록 지도하는 것이 효과적이다.

[크레파스의 선택과 관리]
- 저학년 학생에게는 플라스틱 케이스에 담긴 24색 이하의 크레파스가 적당하다.
- 크레파스는 심이 부러지기 쉬우므로 조심스럽게 다루도록 한다.

7. 물감

[물감의 특징]
- 수채 물감은 안료를 녹여 만들며, 사용하는 방법에 따라 불투명 기법과 투명 기법이 있다.
- 물의 농도에 따라 명도 변화가 다양하고 물감의 양에 따라 색깔 변화를 할 수 있다.
- 번짐과 흘림 등의 다양한 기법이 있으며, 다른 표현 재료와 함께 사용하기 용이하다.
- 붓의 굵기에 따라 선의 변화, 터치의 변화가 가능하며 점, 선, 면 등 다양한 표현이 가능하다.
- 물의 농도 조절로 여러 가지 효과를 낼 수 있는 투명 수채화 물감을 사용하는 것이 일반적이다.
- 물감을 사용하면 넓은 면을 쉽게 채색할 수 있기 때문에 저학년 학생들의 경우에는 주로 크레파스로 세밀한 부분을 채색한 후 배경을 칠할 경우에 사용하면 유용하다.

[물감 사용법]
- 저학년의 경우 12~18색 내외의 물감을 사용하는 것이 적합하다.
- 물감을 사용한 후에는 물감이 굳지 않도록 반드시 뚜껑을 잘 닫아 보관하도록 지도한다.

8. 팔레트

[팔레트 사용법]
- 팔레트는 가볍고 물감을 혼색하는 부분이 비교적 넓은 것을 선택하는 것이 좋다.
- 물감을 짜 놓을 경우 색깔을 아무런 기준 없이 짜 놓지 말고 비슷한 색 계열로 짜게 한다.
- 저학년 학생의 경우 밝은 느낌의 색과 어두운 느낌의 색 계열로 짜면 색채 인식 효과를 유도할 수 있다.
- 짜 놓은 물감은 너무 굳기 전에 사용하는 것이 좋으며, 물감과 물의 비율을 적당히 하기 위해 팔레트에서 충분히 섞어 칠하도록 한다.
- 물감 사용 경험이 적은 저학년 학생들에게는 팔레트를 충분히 활용하여 알맞은 양의 물감을 사용할 수 있도록 지도해야 한다.
- 팔레트 사용 후에는 항상 깨끗이 청소하는 습관을 기르도록 지도한다.

9. 붓

[붓 사용법]
붓을 사용할 때 너무 아래나 위를 잡지 말고 적당한 위치에서 잡되, 지나치게 힘을 주지 말고 유연한 자세로 하도록 지도한다.

[붓의 선택과 관리]
- 붓은 둥근 붓(환필)과 납작붓(평필)이 있는데 보통 그림을 그릴 때는 둥근 붓을 사용하도록 하며 구성이나 포스터, 디자인을 할 때는 납작붓을 사용한다.

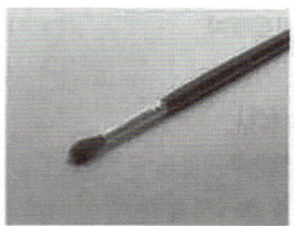

▲ 둥근 붓　　　　　　▲ 납작붓

- 저학년에서는 납작붓보다는 둥근 붓을 사용하며 12~18호 정도의 가급적 큰 것을 준비하는 것이 좋다.
- 수채화 붓을 오랜 시간 물통에 꽂아 두어 붓 끝이 휘어지지 않도록 눕혀 놓고 사용하는 것이 좋다.
- 붓을 다 사용한 후에는 물감을 깨끗하게 씻어 내고, 물기를 없앤 다음 건조하고 붓 말이나 붓 통을 준비하여 붓을 관리하는 습관을 기르도록 지도한다.

10. 찰흙

[찰흙]
- 가소성이 풍부하고 모양을 바꾸기 쉬워 다양한 표현이 가능하다.
- 햇볕이 있는 곳에서는 찰흙이 쉽게 마르므로 그늘진 곳에서 만들기를 하도록 한다.
- 작업 도중에 비닐로 싸 두면 찰흙이 마르지 않게 하면서 작업할 수 있다.
- 작업 중에 찰흙이 마를 경우 손에 물을 묻혀 사용하면 습기를 유지할 수 있다.
- 작업을 하고 남은 찰흙은 뭉쳐 비닐에 싸서 그늘에 두면 다시 사용할 수 있다.
- 완성된 작품은 비닐에 싸서 그늘에서 서서히 말리면 갈라지지 않게 말릴 수 있다.
- 바람이 통하지 않는 곳에서 말리면 잘 깨지지 않는다.
- 찰흙 작품의 두께가 다를 경우 마르는 속도가 달라서 쉽게 깨진다.

[지점토]
- 색이 희고 원료가 종이이다.
- 찰흙보다는 가소성이 적어 힘이 약한 저학년이 사용하기에 힘들 수 있다.
- 찰흙보다 얇게 빚을 수 있어 정교한 작업이 가능하다.
- 햇볕에서 말릴 수 있으며, 마르면 아주 단단해진다.
- 마른 후에 채색이 잘된다.
- 장식품이나 정교한 표현에 적합하다.

[고무찰흙]
- 여러 가지 색으로 표현할 수 있다.
- 값이 찰흙이나 지점토보다 비싸다.
- 기름으로 반죽되어 있어 쉽게 마르지 않는다.
- 색으로 표현하고 싶을 때 찰흙과 지점토의 보조 재료로 쓰면 좋다.

[찰흙의 선택과 활용]
- 요즘은 다양한 색을 갖고 있으며 비교적 접착력이 우수하고 오래 지속되는 클레이가 보편적으로 사용되지만, 일반적인 점토질의 찰흙도 흔히 활용된다.
- 찰흙은 포장된 상태 그대로 밀폐되는 플라스틱 용기나 비닐 봉투에 담아서 그늘진 곳에 보관하면 된다.
- 찰흙을 활용한 수업을 할 때는 토시와 앞치마, 그리고 다양한 찰흙 칼을 함께 사용하면 좋다.

11. 탬버린

[탬버린의 특징]
- 둥근 나무 테의 한쪽에만 가죽을 씌운 북 모양의 원통에 여러 개의 얇은 금속 원반을 단 타악기로, 대리거나 흔들 때 이 원반들이 흔들려 소리가 난다.
- 가죽과 울림통이 얇아서 울림 효과는 거의 없고 금속 원반이 부딪혀 찰랑거리는 소리가 그 특유의 음색이라고 할 수 있다.

[탬버린 연주법]
- 오른손잡이의 경우에는 왼손으로 가볍게 잡는다.(왼손잡이의 경우 오른손으로 쥔다.)
- 탬버린의 북소리와 울림쇠 소리가 잘 연주되도록 악기를 비스듬히 쥐고 가슴 높이로 든다.
- 손가락을 가볍게 구부려 가죽 면 중심부를 가볍게 치며 때로는 주먹이나 손바닥으로 치기도 한다.
- 테 치기는 울림쇠 소리만 필요할 때에 사용하는 방법인데, 탬버린을 수직으로 세우고 주먹으로 테를 가볍게 치는 방법이다.
- 트레몰로는 탬버린을 가볍게 쥐고 울림쇠가 잘 울리게 손목을 좌우로 흔드는 주법이다.

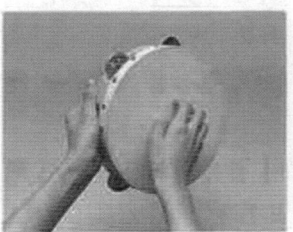
▲ 오른손 주법

▲ 왼손 주법

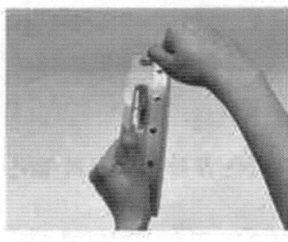
▲ 테 치기

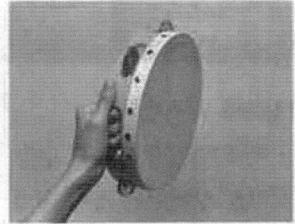
▲ 트레몰로

12. 트라이앵글

[트라이앵글의 특징]
- 높고 맑은 금속음을 내는 트라이앵글은 다른 악기에서는 맛볼 수 없는 여운의 아름다움이 있다.
- 오케스트라에서도 악기 구조의 단순함에 비해 매우 큰 효과를 내는 악기로, 가느다란 쇠막대가 한쪽 모서리가 뚫린 삼각형 모양으로 구부러져 있다.

[트라이앵글 연주법]
- 가늘고 튼튼한 줄로 손가락이 들어갈 정도의 고리를 만들어 악기에 끼운다.
- 줄이 굵으면 둔한 소리가 나므로 줄은 가늘게 한 겹으로 하고 줄의 길이는 너무 길거나 짧지 않게 조절한다.
- 이 줄을 왼손 집게손가락에 끼우고, 엄지손가락과 가운뎃손가락으로 줄을 가볍게 잡아 악기가 돌아가지 않도록 한다.
- 오른손으로 채를 가볍게 쥐고 아름다운 소리가 나도록 밑변의 가운데 부분을 친다.
- 트라이앵글의 트레몰로 주법은 삼각형 안쪽에 채를 대고 왼쪽과 오른쪽으로 빠르게 번갈아 가며 가볍게 모서리를 치는 것이다.

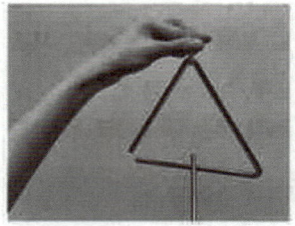
▲ 일반 주법

▲ 트레몰로

13. 캐스터네츠

[캐스터네츠의 특징]
캐스터네츠는 조가비 모양으로 만든 두 짝의 나무나 상아 따위를 끈으로 매어 서로 맞부딪쳐서 소리를 낸다. 단순한 주법으로 소리가 맑고 똑똑 끊어져서 선명하고 정확한 리듬을 연주하기에 알맞다.

[캐스터네츠 연주법]
- 캐스터네츠는 일반적으로 악기를 왼손 손바닥에 가볍게 올려놓는다. 고무줄을 왼손 손가락에 끼워도 좋다.
- 악기의 벌어진 쪽이 자신의 가슴을 향하게 한다.
- 약한 박일 때는 오른손의 집게손가락, 가운뎃손가락을 사용하여 가볍게 연주하고, 센 박일 때는 손뼉 치듯이 친다.
- 긴 음을 낼 때는 연속해서 치는 트레몰로 주법을 사용한다.

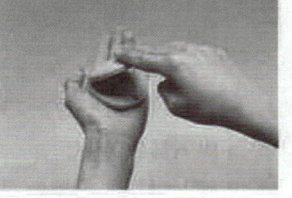
▲ 약한 박   ▲ 센 박

14. 소고

[소고의 기원과 유래]
옛날에는 지금의 북, 소고처럼 일정한 모양새를 갖추고 있었던 것은 아니다. 옛날 우리 농민들이 북을 들고 춤을 추기에는 크고 무거워 차츰 작게 제작을 하기 시작하였다. 처음에는 크기도 모양새도 제각각이어서 그 모양새 중에는 수박처럼 둥근 것도 있었다고 한다.

현재 풍물놀이에서는 북과 소고가 분리되어 사용된다. 소고는 들고 춤추기 쉽게 만들었다 해서 '작은북' 또는 '소고'라고 한다. 크기는 지방마다 차이가 있지만, 대개 지름이 약 20 cm, 높이 4~5 cm이다. 체 테로 만든 통에 개가죽을 양쪽에 대고 개가죽 끈이나 노끈으로 꿰어 만들며, 채는 한 뼘 길이에 손가락만 한 굵기의 나무로 만든다. 소고의 손잡이 역시 현재는 보통 일자로 되어 있는 것을 쓰지만, 예전에는 나무 막대에 삼각형 모형으로 끈을 엮거나 끈으로 고리를 만들어 손목에 걸어서 치기도 하였다.

이처럼 소고는 옛날 일꾼들이 몸에 지니고 다니면서 일할 때에는 일 장단으로, 노래할 때는 노래 장단으로 사용하기도 하였다. 사당패, 선소리패, 농악대들이 주로 연회를 즐기기 위한 목적으로 많이 사용하였다. 하지만 연회에서뿐만 아니라 군사적인 목적으로 지금의 북 모습에 끈이 달린 형태의 북도 쓰였다고 한다. 소고는 인간의 역사 속에 가장 오래된 악기로 추측할 수 있고, 그 쓰임새 역시 다양한 형태가 있었다는 것을 알 수 있다.

[소고의 특징]
- 소고는 농악에 주로 편성되는 타악기이지만 장구나 꽹과리처럼 음악적인 효과보다는 농악에서 소고잡이들이 들고 추는 하나의 소도구적인 역할이 더 강하다.
- 실제 학교 수업에서도 소고는 다양한 신체 활동과 함께 활용되는 사례가 더 많다.

[소고 연주법]
- 소고는 왼손으로 가볍게 잡는다. 이때 집게손가락이 소고의 손잡이 바로 위의 가죽을 받치도록 한다.
- 손가락은 소고 테 쪽으로 가볍게 뻗는다. 소고 채는 오른손으로 끝부분을 가볍게 쥔다.
- 소고 채를 잡고 흔들었을 때 손에서 빠지지 않을 정도로 가볍게 힘을 준다.
- 소고의 앞면은 소고를 잡았을 때 손바닥 쪽의 면을 앞면이라고 하고, 손등 쪽의 면을 뒷면이라고 부른다.
- 동작에 따라 조금씩 달라지지만, 소고 치기의 기본적인 방법은 박수를 치듯이 양손으로 같이 치는 것이다.
- 소고를 잡은 손과 소고 채를 쥔 손이 같은 힘으로 몸의 가운데에서 만나서 소리가 나도록 한다.
- 두 팔을 둥근 느낌으로 벌렸다 소고의 가운데를 손목의 힘을 이용하여 치도록 한다.
- 가끔 소고 채만 움직여서 소고를 치는 경우가 있는데, 그러면 동작을 제대로 할 수 없을 때가 있다.
- 반드시 두 손이 만나서 치도록 하는 것이 좋다. 그래야만 소리도 크고 동작도 바르게 된다.

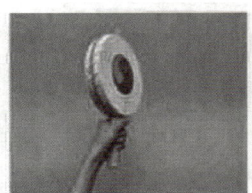
▲ 소고 잡는 법(앞면)

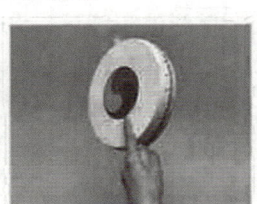
▲ 소고 잡는 법(뒷면)

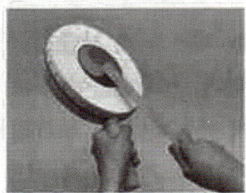
▲ 북면 치기

▲ 테 치기

15. 다양한 리듬 악기

[꽹과리]
- 꽹매기, 광쇠, 깽새기라고도 한다. 작고 둥근 놋쇠 그릇에 붉은 실로 엮은 끈을 꿰어 왼손에 쥐고, 나무로 된 방망이 모양의 채로 친다. 농악, 불교 음악, 무속 음악 등에 쓰이며, 농악에서는 리듬의 주도적 역할을 한다.
- 음색에 따라 소리가 야물고 음이 높은 수꽹과리와 소리가 부드럽고 음이 낮은 암꽹과리가 있는데, 둘이 서로 이야기하듯 가락을 주고받는다.
- 꽹과리가 종묘 제례악에 쓰일 때는 소금(小金)이라는 다른 이름으로 불린다.

[징]
- 금, 금징이라고도 하며 대금(大金)과 같은 악기이다.
- 크고 둥근 놋쇠 그릇에 끈을 달아 끝을 헝겊으로 감은 채로 쳐서 소리를 내는데 웅장하면서도 부드러운 음색을 가졌다.
- 본래 중국 상고 시대부터 사용하였으며, 우리나라에서는 고려 때 사용하였다는 기록이 있으나 확실한 유입 시기는 알려져 있지 않다.
- 처음에는 북과 함께 군중(軍中)에서 신호 악기로 쓰였으나, 오늘날에는 취타, 불교 음악, 종묘 제례악, 무속 음악, 농악 등 매우 광범위하게 쓰이고 있다.
- 징은 특별히 종묘 제례악에 쓰일 때는 대금이라 부른다.

[장구]
- 우리나라 아악과 속악 및 향악에 널리 쓰이는 북을 말한다.
- 고려 때 중국에서 전래되어 처음에는 궁정악에만 사용하다가 나중에는 민간에서도 널리 쓰게 되었다.
- 중국 고대의 북은 통이 굵고 북의 가죽 면도 마구리의 전면만을 겨우 덮어 저음을 냈으나, 후에 통이 마구리보다 가늘고 또 가죽 면도 마구리를 덮고 남아 그 두 끝을 끈으로 결합하여 통에 고정하게 되었고, 그 끈을 조종함으로써 자유롭게 고저음을 낼 수 있게 되었다.
- 통은 오동나무로 만들었고, 두 개의 테에 하나는 말가죽을 매어 오른쪽 마구리에 대고, 하나는 소가죽을 매어 왼쪽 마구리에 대서 붉은 줄로 엮었다.

[북]
- 악기 분류법 중 혁부(革部)에 드는 장구와 갈고(장구와 비슷하나 양쪽 마구리를 말가죽으로 매고 두 개의 채로 치는 것이 다름)를 제외한 정악과 향악에 쓰이는 종류를 지칭한다.
- 예전에는 쇠로 만든 종(鐘)도 쇠북이라 하여 북에 포함하였다.
- 흔히 소나무 여러 조각을 모아 북통을 짜고 양면에 소가죽을 맨 것이 많다.
- 궁중 음악에 쓰는 것은 대부분 못으로 박아 매었고, 민간에서 쓰는 것은 주로 가죽끈을 얽어매었다.
- 궁중 음악에서는 흔히 한 손에 또는 양손에 북채를 들고 치며, 민간 음악에서는 오른편은 채로 치고, 왼편은 손바닥으로 치는 경우가 많다.

▲ 꽹과리 ▲ 징
▲ 장구 ▲ 북

[나무북]
- 우드 블록(wood block)이라고도 하며, 딱딱한 직사각형의 속이 빈 나무 상자의 옆구리 쪽에 긴 구멍이 있는 형태를 하고 있다.
- 속이 빈 나무 덩어리를 단단한 나무 채로 두드려서 연주하는데, '따각따각' 하는 재미있는 소리를 낸다.

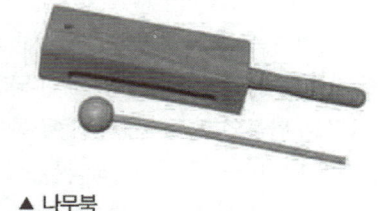

▲ 나무북

[나무관북]
- 틱톡 블록(tictoc block)이라고도 하며 나무로 된 속이 빈 작은 원통형으로 그 크기와 모양이 다양하다.
- 왼손으로 악기를 잡고 오른손으로 막대를 쥔 다음 나무통을 쳐서 소리를 내는데, 나무통의 한쪽에서는 높은 소리가 나고 다른 한쪽에서는 낮은 소리가 난다.

▲ 여러 가지 나무관북

[마라카스]
- 마라카스(maracas)는 라틴 음악에서 많이 쓰이는데, 마라카의 열매를 말려서 그 속에 말린 씨를 넣은 후 흔들어서 소리를 낸다.
- 고음과 저음을 내는 두 개로 된 한 쌍의 악기이며, 이 둘을 양손에 쥐고 가볍게 흔들어 소리를 낸다.
- 센박을 연주할 때에는 양손을 모두 흔들고 약박을 연주할 때에는 한 손만 흔든다.

▲ 마라카스 ▲ 귀로

[귀로]
- 쿠반 귀로(cuban guiro)라고도 하며, 라틴 음악에서 많이 사용하는 원시적인 타악기이다.
- 호리병 모양의 열매를 건조하여 표피에 두툴두툴한 홈을 파서 철사나 막대기 같은 것으로 긁어서 소리를 낸다.

[리듬 막대]
- 리듬 스틱(rhythm stick)이라고도 하며, 한 쌍의 나무로 된 막대기 모양의 악기이다.
- 양손에 쥐고 서로 부딪쳐 소리를 내거나 한 손에 막대기 한 쪽을 쥐고 다른 한 손에 쥔 막대기를 쳐서 소리를 낸다.

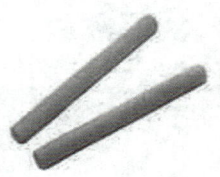

▲ 리듬 막대

개념 08 통합교과 조망

교과	바른 생활	슬기로운 생활	즐거운 생활
도달점	바른 사람	주변에 대한 관심과 이해	건강하고 창의적인 사람
앎	• 기본 생활 습관 • 기본 학습 습관	• 주변의 모습 • 주변의 관계 • 주변의 변화	• 감각

대주제 → 소주제 → 성취기준 / 성취기준 / 성취기준

기능 / 역량	바른 생활	슬기로운 생활	즐거운 생활
기능	• 되돌아보기 • 스스로 하기 • 내면화하기 • 관계 맺기 • 습관화하기	• 관찰하기 • 무리 짓기 • 조사하기 • 예상하기 • 관계망 그리기	• 놀이하기 • 표현하기 • 감상하기
역량	• 자기관리 역량 • 의사소통 역량 • 공동체 역량	• 지식정보처리 역량 • 창의적 사고 역량 • 의사소통 역량	• 창의적 사고 역량 • 심미적 감성 역량 • 의사소통 역량
교수학습 초점	실천 활동 중심	탐구 활동 중심	표현 놀이 중심

개념 09 내용 체계

대주제	핵심 개념 (소주제)	일반화된 지식	내용 요소		
			바른 생활	슬기로운 생활	즐거운 생활
1. 학교	1.1 학교와 친구	학교는 여러 친구와 함께 생활하는 곳이다.	• 학교 생활과 규칙	• 학교 둘러 보기 • 친구 관계	• 친구와의 놀이 • 교실 꾸미기
	1.2 나	나는 몸과 마음으로 이루어져 있다.	• 몸과 마음의 건강	• 몸의 각 부분 알기 • 나의 재능, 흥미 탐색	• 나의 몸, 감각, 느낌 표현 • 나에 대한 공연·전시
2. 봄	2.1 봄맞이	사람들은 봄의 자연 환경에 어울리는 생활을 한다.	• 건강 수칙과 위생	• 봄 날씨와 생활 이해 • 봄철 생활 도구	• 봄 느낌 표현 • 집 꾸미기
	2.2 봄 동산	봄에 볼 수 있는 동식물은 다양하며 봄에 할 수 있는 활동과 놀이가 있다.	• 생명 존중	• 봄 동산 • 식물의 자람	• 동식물 표현 • 봄나들이
3. 가족	3.1 가족과 친척	사람들은 가족과 친척의 관계 속에서 살아간다.	• 가정 예절	• 가족의 특징 • 가족·친척의 관계, 가족 행사	• 가족에 대한 마음 표현 • 가족 활동 행사 표현
	3.2 다양한 가족	가족의 형태는 다양하며, 구성원마다 역할이 있다.	• 배려와 존중	• 다양한 형태의 가족 • 가족 구성원의 역할	• 집의 모습 표현 • 가족 역할 놀이
4. 여름	4.1 여름맞이	사람들은 여름의 자연 환경에 어울리는 생활을 한다.	• 절약	• 여름 날씨와 생활 이해 • 여름철 생활 도구	• 여름 느낌 표현 • 생활 도구 장식·제작
	4.2 여름 생활	여름에 볼 수 있는 동식물은 다양하며 여름에 할 수 있는 활동과 놀이가 있다.	• 여름 생활 및 학습 계획	• 여름 동식물 • 여름방학 동안 하는 일	• 여름 동식물 표현 • 여름철 놀이
5. 마을	5.1 우리 이웃	이웃은 서로의 생활에 영향을 미친다.	• 공중 도덕	• 이웃의 생활 모습 • 공공장소, 시설물	• 이웃 모습과 생활 표현 • 공공장소 시설물 활용 놀이
	5.2 우리 동네	내가 생활하는 동네에는 서로 다른 일을 하는 사람들이 있다.	• 일의 소중함	• 동네에 있는 것들 • 동네 사람들이 하는 일, 직업	• 동네 모습 표현 • 직업 놀이
6. 가을	6.1 가을맞이	사람들은 가을의 자연 환경에 어울리는 생활을 한다.	• 질서	• 가을 날씨와 생활 이해 • 가을의 특징 알기	• 가을의 모습과 느낌 표현 • 가을 놀이
	6.2 가을 모습	명절은 사람들의 생활과 관계가 있다.	• 감사	• 추석, 세시 풍속 • 낙엽, 열매	• 민속놀이 • 낙엽, 열매 표현
7. 나라	7.1 우리나라	우리나라에는 아름다운 전통이 있고 우리나라만의 특별한 상황이 있다.	• 나라 사랑	• 우리나라의 상징과 문화 • 남북한의 생활 모습과 문화	• 우리나라의 상징 표현 • 남북한의 놀이, 통일에 대한 관심 표현
	7.2 다른 나라	각 나라는 독특한 문화를 가지고 있다.	• 타문화 공감	• 다른 나라 문화 • 다른 나라 노래, 춤, 놀이	• 다른 나라의 노래, 춤, 놀이 즐기기 • 문화 작품, 공연 감상
8. 겨울	8.1 겨울맞이	사람들은 겨울의 자연 환경에 어울리는 생활을 한다.	• 나눔과 봉사	• 겨울 날씨와 생활 이해 • 겨울철 생활 도구	• 겨울 느낌 표현 • 놀이 도구 제작
	8.2 겨울나기	사람과 동식물은 겨울 환경에 적응하며 생활한다.	• 동식물 보호 • 겨울 생활 및 학습 계획	• 동식물 탐구 • 겨울에 하는 일	• 동물 흉내 내기 • 겨울철 신체 활동

3절 바른 생활

개념 10 궁극적 지향점

1 목표 및 지향점

일상생활에 필요한 기본 생활 습관과 학습 습관을 길러 공동체의 구성원으로서 기본 소양과 인성을 갖춘 바른 사람으로 성장한다.

가. 가정, 학교, 사회에서 생활하는 데 필요한 기본 생활 습관과 학습에 필요한 기본 학습 습관을 기른다.
나. 바른 생활을 실천하는 과정에서 가치와 태도를 내면화하고, 다양한 실천 기능을 익힌다.
다. 더불어 사는 데 필요한 공동체 의식을 함양하고, 자기 관리 능력과 의사소통 능력을 기른다.

[지향점]
바른 생활이 궁극적으로 지향하는 것은 '바른 사람'이며, 이 '바른 사람'은 실천 활동 속에서 학생들이 기본 생활 습관과 기본 학습 습관의 형성에 필요한 것을 알고, 되돌아보기, 스스로 하기, 내면화하기, 관계 맺기, 습관화하기와 같은 다양한 실천 기능을 할 수 있으며, 공동체 역량, 자기관리 역량, 의사소통 역량을 발휘할 수 있을 때 자연스럽게 형성된다.

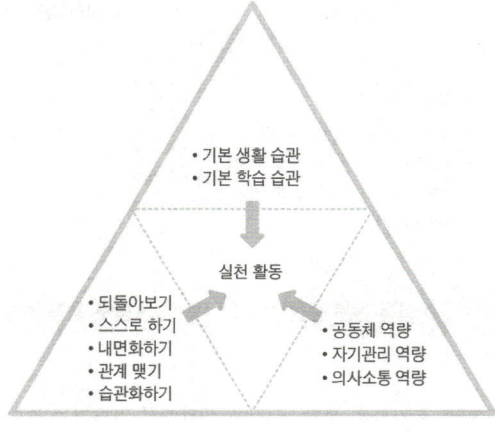

2 내용
(1) 기본 생활 습관
    ① 생활규범 : 질서, 규칙, 예절, 건강, 안전, 절약 등
    ② 더불어 사는 자세 : 이해와 배려, 나눔과 봉사, 감사, (생명) 존중 등
    ③ 정체감 : 자존감(나), 문화 정체성, 한국인 정체성, 통일 정체성 등
(2) 기본 학습 습관
    ① 가정 학습 습관 : 공부 시간 정하기, 숙제 완성하기와 스스로 하기, 준비물 챙기기, 학습도움 요청하기 등
    ② 학교 학습 습관 : 짝·모둠활동하기, 학습자료 관리하기, 질문하기, 바로 앉기, 교사의 말에 경청하기, 주의집중 하기 등

3 실천 활동을 위한 기능
① 되돌아보기 ② 스스로 하기 ③ 내면화하기 ④ 관계 맺기 ⑤ 습관화하기

4 교과 역량

공동체 역량	가족, 학교, 지역사회, 국가의 구성원으로서 요구되는 가치와 태도를 받아들이고 공동체의 일원으로 주변 사람들과 원만한 관계를 형성·유지하고, 상호작용할 수 있는 능력
자기관리 역량	일상생활을 하는 데 필요한 기본 생활 습관 및 기본 학습 습관을 형성함으로써 변화하는 사회에 유연하게 적응하며 살아갈 수 있는 능력
의사소통 역량	가족, 학교, 지역사회 구성원들의 의사를 이해하고 소통하며, 자신의 생각을 알고 상황에 맞게 효과적으로 표현할 수 있는 능력

실천 활동 중심 교수·학습 모형

1단계	학습 문제 인지하기	① 생활 장면에서 학습 상황, 문제 찾아보기 ② 동기 유발하기 ③ 필요성 및 중요성 알기
2단계	바른 행동 알아보기	① 사례, 이야기, 제시 자료를 통해서 바른 행동 찾아보기 ② 구체적인 행동 지침이나 절차 방법 알기 ③ 관련 예절 및 규범 관련 까닭 알기 ④ 기본 학습 습관 알아보기
3단계	바른 행동 해 보기	① 스스로 판단해 보기 ② 바른 판단 연습하기 ③ 직접 하면서 익히기 ④ 모범적인 행동 따라하기
4단계	바른 행동 다짐하기	① 실천 과정 되돌아보기 ② 반성해 보기 ③ 동료 평가 듣기 ④ 바른 생활 다짐하기

(1) 학생 스스로 할 수 있도록 돕는다.
- 교사는 학습자가 당면한 상황을 인지시키고, 스스로 실행 상황을 규명하고, 분석하게 함으로써 실천 방안과 절차를 마련할 수 있도록 지도한다. 그렇다고 하여 교사가 실천 중심 교수·학습 과정 및 상황에서 방관자로 존재한다는 의미는 아니다.

(2) 정형화된 바른 행동을 강요하지 않도록 한다.
- 학생 개개인의 습관화 정도, 의지 정도를 고려하여 보다 나은 실천을 경험하는 데에 초점을 둔다.

(3) 학교 안에서 학습한 것이 학교 밖, 지역사회나 가정과 자연스럽게 연계될 수 있도록 지도한다.
- 학교에서의 교수·학습은 그 특성상 한두 번의 실천으로 제한되어 있다. 이를 극복하기 위해 학교에서의 실천 행위가 학생의 학교 밖 일상생활 공간으로 확대될 수 있도록 지도한다.

 실천 기능

(1) 되돌아보기	(2) 스스로 하기	(3) 내면화하기	(4) 관계 맺기	(5) 습관화하기
초등학교 1, 2학년 학생이 학교 수업과 학교생활 중에 한 일들을 여러 가지 형태로 성찰하도록 지도한다.	초등학교 1, 2학년 학생이 학교 수업과 학교생활 중 해야 할 것을 알고, 스스로 할 수 있도록 지도한다.	초등학교 1, 2학년 학생이 학교생활 중 만나고 당면하는 바른 생활에 필요한 가치들을 마음으로 받아들이도록 지도한다.	초등학교 1, 2학년 학생이 학교생활 중 만나는 사람들과 관계하는 모습이다. 학교에서의 수업과 생활을 함께 하는 급우들, 동급생, 하급생, 상급생, 교사와 그 밖의 학교에서 일하는 사람들, 학교를 방문하는 사람들과 관계하며 생활하는 것을 의미하며, 그 외 학교 밖에서 만나는 사람들과도 어떻게 지내야 하는지 지도한다.	초등학교 1, 2학년 학생이 학교에서 생활하고 학습하기 위해서 좋은 습관을 들이는 것을 의미한다. 이런 좋은 습관을 들이기 위해서는 의식적으로 반복하는 노력을 들여야 한다. 습관화하고자 하는 행동을 완전히 습득하여 어떤 사태에서도 그것이 자동적으로 혹은 무의식중에도 나타날 수 있도록 지도한다.
할 일, 하고 있는 일, 한 일 중 성찰할 대상 정하기	학생이 실천할 일을 스스로 찾도록 하고	동기 형성의 단계 : 바른 생활에 필요한 일상적인 사례 및 사실들 당면하기	협동, 배려, 존중, 감사, 봉사하는 자세와 태도 갖기	의도적인 주의 집중 : 습관으로 형성하고 싶은 행동을 의식하고 의도적으로 주의를 집중한다.
⇩	⇩	⇩	⇩	⇩
수행 결과 생각해 보기, 수행 전략 생각해 보기	그것을 생활 중에 어떻게 실천할지 그 방안을 스스로 만들도록 하고	감수 단계 : 당면한 사례나 사실들에 대해 공감하기(동감하기)	실제로 협동하고, 배려하고, 존중하고, 감사하고, 봉사하기	반복하기 : 습관을 들이고 싶은 행동을 일상생활 중에 유사한 사태에 반복적으로 한다.
⇩	⇩	⇩	⇩	⇩
앞으로의 수행 예상해 보기	실천 여부를 스스로 체크할 수 있도록 지도한다.	획득 단계 : 자신의 삶의 태도나 자세로 반영해 보기	자신의 수행에 대해 사회적으로 성찰하기	자율화된 습관 형성 : 좋은 습관의 형성으로 자율적인 삶을 누린다.

 교수·학습 및 평가 방향

1. 교수·학습 방향

(1) '바른 생활'과는 영역(대주제)을 중심으로 '슬기로운 생활'과와 '즐거운 생활'과를 통합하거나 국어과, 수학과와도 통합하여 주제 중심 학습의 효율성을 높인다.
(2) '바른 생활'과의 교과 역량인 공동체 역량, 자기 관리 역량, 의사소통 역량을 향상시킬 수 있도록 공감 및 배려, 규범과 규칙 준수, 자기 생활 관리, 자기 학습 관리, 상황 파악 능력, 조사 및 발표 능력에 교수·학습 활동의 초점을 두어 지도한다.
(3) '바른 생활'과의 기본 교과 기능인 되돌아보기, 스스로 하기, 내면화하기, 관계 맺기, 습관화하기 등을 통해 '바른 생활'과의 목표를 성취할 수 있도록 학습 활동을 계획한다.
(4) 5세 누리과정의 사회관계, 신체운동건강 등의 내용 영역과 연계하여 지도하고, 초등학교 3학년 도덕과 교육과정의 기본 방향과 연계되도록 수업을 계획한다.
(5) '바른 생활'과는 초등학생의 바른 인성을 함양하도록 지도하는데 역점을 두어 지도한다.
(6) 체크리스트와 반성 활동 등을 통해 기본 습관을 형성하고 자기 관리 능력을 기를 수 있도록 지도한다.
(7) 학생들의 경험을 중심으로 흥미와 참여를 이끌어 내고 의미있는 '바른 생활' 교과 수업을 구성하기 위해서 토의, 발표, 협력학습, 역할 놀이, 체험활동 등의 다양한 교수·학습 방법을 적용한다.
(8) 다양한 시청각 자료, 미디어 자료 등을 활용하여 학생들의 관심과 흥미를 이끈다.
(9) 학생 중심의 교육과정을 운영하기 위해서 학생들의 일상생활에서 학습 소재와 주제를 찾고, 배운 것을 실천할 수 있는 기회를 제공한다. 그 주제를 왜 배워야 하는지에 대한 이유를 함께 공유하는 수업을 설계한다. 서로 이야기를 경청하고 공감할 수 있는 공동체 분위기를 형성한다.

2. 평가 방향

(1) 평가는 교육과정에서 강조하고 있는 교과 역량, 기능, 영역(대주제) 간의 일관성을 유지하는 방향에서 실시하되, 최종적으로는 교과 역량의 획득을 확인할 수 있도록 한다.
(2) 영역(대주제), 핵심 개념(소주제)에서 강조하고 있는 기본 생활 습관이나 예절 및 규범과 관련된 자기 관리 역량, 공동체 역량, 의사소통 역량을 종합적으로 평가한다.
(3) 평가는 수업의 전개 과정 중에 자연스럽게 이루어지게 함으로써 학생들이 평가를 크게 의식하지 않도록 하며, 학생들의 과제에 대한 평가는 결과물 중심이 아니라 실천 중심이 되도록 경험과 활동을 대상으로 평가한다.
(4) 학생들의 평가는 매우 잘함, 잘함, 보통과 같은 서열화보다는 인격적 성장이 어느 정도 이루어졌는지를 기술하는 방식으로 실시한다.
(5) 학생들의 수준과 능력을 고려하여 평가의 기준을 설정하고 평가의 내용에 따라 관찰 평가, 체크 리스트, 자기 평가, 동료 평가, 포트폴리오 평가, 면담 평가 등 다양한 형태의 양적·질적 평가를 실시한다.
(6) 평가는 학생들의 능력에 대한 평가보다는 학생들의 지속적인 실천과 꾸준한 인성 함양에 지향점을 두고 실시한다. 특히 자기 성찰 방식의 수행평가는 일주일 정도 혹은 그 이상 지속적으로 실시함으로써 자신의 행동을 수정할 수 있는 기회를 제공한다.
(7) 바른 생활의 실천을 강조하기 위해서 학교와 가정에서의 생활이 연계되도록 평가한다. 일회적으로 평가하기보다는 평가의 기간을 다소 길게 설정하고 학생들의 실천력을 확인하는 평가를 실시한다.

4절 슬기로운 생활

개념 14 궁극적 지향점

1 목표 및 지향점

주변의 생활 세계에 관해 지속적으로 관심을 가지고 탐구하여 사회 현상과 자연 현상에 대한 이해를 넓힌다.

가. 자신의 주변에서 살아가는 사람들의 생활 모습과 자연의 모습, 주변 현상의 상호 관계와 변화에 관심을 가지고 탐구한다.
나. 주변을 대상으로 탐구 활동을 수행하는 데 필요한 기초적인 탐구 기능을 익힌다.
다. 주변에서 일어나는 현상을 창의융합적으로 생각하고, 자료를 수집·분류·이해하며, 탐구하는 과정에서 다른 사람과 의사소통한다.

[지향점]
슬기로운 생활이 궁극적으로 지향하는 것은 '주변에 대한 관심과 이해'이며, 이것은 탐구 활동 속에서 학생들이 주변의 모습, 주변의 관계, 주변의 변화를 알고, 관찰하기, 무리 짓기, 조사하기, 예상하기, 관계망 그리기와 같은 기초적인 탐구 기능을 할 수 있으며, 창의적 사고 역량, 지식정보처리 역량, 의사소통 역량을 발휘할 수 있을 때에 자연스럽게 형성된다.

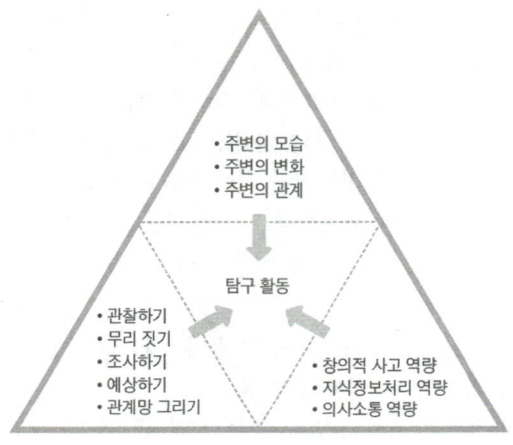

2 내용

(1) 주변의 모습
  ① 주변의 장소 : 집, 학교, 마을, 공공장소, 자연 주변 환경, 국가 등
  ② 주변의 사람들 : 나, 친구, 가족, 이웃, 인물, 외국인 등
  ③ 주변의 생활 : 일상적인 일들, 행사, 역할, 직업, 여러 가지 활동, 주변에서 일어나는 일들
  ④ 주변에 있는 것 : 동물, 식물(나무, 꽃, 작물), 물건, 시설물, 인공물·자연물, 건물 등
(2) 주변의 변화
  ① 시간의 흐름 : 사전/사후, 이전/이후
  ② 성장, 바뀜 등 이해하기
(3) 주변의 관계
  ① 맥락이나 상황 설명하기(파악하기)
  ② 관련성 알기 : 전후, 상관, 인과 관계 알기(관계 짓기, 관계 만들기), 생활 속의 여러 관계, 자연 속의 여러 관계, 환경과 생활, 인간과 동물, 인간과 인간 등

3   탐구 활동을 위한 기능

① 관찰하기   ② 무리 짓기   ③ 조사하기   ④ 예상하기   ⑤ 관계망 그리기

4   교과 역량

창의적 사고 역량	주변에 관심을 갖고 다양한 현상과 관련지어 창의적으로 생각할 수 있는 능력
지식정보처리 역량	주변에 관심을 갖고 여러 가지 자료를 수집, 분류, 이해할 수 있는 능력
의사소통 역량	주변을 탐구하는 과정에서 다른 사람들과 의견을 나누고, 그 결과를 공유할 수 있는 능력

 **탐구 활동 중심 교수·학습 모형**

1단계	탐구 상황 확인하기	① 문제 정의하기, 찾기 ② 탐구 동기 유발하기
2단계	탐색하기	① 배경지식 활성화 ② 자료 및 사례 탐구하기 ③ 탐구 방안 및 절차 만들기
3단계	탐구 활동하기	① 문제 해결점 찾기 ② 공통점 및 차이점 발견하기 ③ 지식 및 원리 찾기
4단계	탐구 결과 정리하기	① 탐구 결과 정리하기 ② 유사한 상황 찾기 ③ 발견한 것 다시 사용하기

(1) 탐구 활동 모형은 주변의 모습, 주변의 변화, 주변의 관계에서 일어나는 현상을 대상으로 구체적인 탐구 상황을 도출하도록 한다.
(2) 탐구 활동은 학생들이 당면하는 일상생활 장면이나 학습을 위해 구조화된 상황 모두에서 실행할 수 있다. 슬기로운 생활과를 통해서 탐구하는 현상은 학생들이 일상적으로 당면하는 상황일 수도 있지만, 가르치기 위한 목적으로 설정된 시나리오 탐구 상황도 가능하다.
(3) 탐구 활동에서 교사는 주변 탐구를 위한 적절한 자료나 맥락을 제공함으로써 학생들이 적극적인 탐구를 통해 학습에 개입할 수 있도록 한다.

탐구 기능

(1) 관찰하기	(2) 무리 짓기	(3) 조사하기	(4) 예상하기	(5) 관계망 그리기
초등학교 1, 2학년 학생들 주변에 있는 사물이나 주변에서 접하는 현상을 오감을 통해서 능동적으로 살펴보고, 그 특징들을 찾아내는 활동이다.	무리 짓기는 주변의 사물과 현상에 대해 수집한 사실과 정보들을 여러 가지 기준으로 구분해 보는 일종의 분류하기, 범주화하기 활동이다. 모종의 방법이나 체계에 따라 대상을 나누고 배열하는 활동으로 사물이나 사건의 동질성, 유사성, 차이점, 상호 연관성 등을 보아야 한다. 예를 들어, 추석에 만나고 싶은 사람, 먹고 싶은 음식, 하고 싶은 놀이로 분류할 수 있다. 슬기로운 생활과에서 하는 분류 기준은 교과 내용이나 개념에 따르기보다 학생들의 흥미와 관심의 양상에 따른다.	조사를 하기 위해서 조사할 과제가 주어진다. 주어진 과제를 해결하기 위해 조사할 대상, 조사할 것, 조사하는 방법과 시간, 장소 등을 정해서 스스로 혹은 협동하여 과제를 해결하는 활동이다.	상상하기와는 달리 예상하기는 자료나 근거를 기초로 생각해 보는 기초 탐구 활동이다.	발상 모으기(브레인스토밍), 브레인라이팅 등의 기법을 사용하여 자유롭게 발산적으로 사고하고, 사고한 결과를 유의미하게 묶어 보는 활동이다.
관찰 대상 인지하기 ⇩ 본 대로, 들은 대로, 느낀 그대로 사실과 정보 모으기 ⇩ 모은 사실 및 정보로 주변 더 자세히 보기	수집한 사실과 정보 나열하기 ⇩ 주어진 기준 혹은 정한 기준에 맞춰서 적절하게 구분하기, 분류하기, 범주화하기 ⇩ 대상 및 현상의 특성 다시 보기 및 설명하기	조사 과제 확인하기 ⇩ 과제에 맞는 조사 대상, 내용, 방법, 시간, 장소 정하기 ⇩ 조사하기 ⇩ 조사한 것 정리하기	예상하기 위해 제목, 그림, 현상 등 단서를 찾는다. ⇩ 단서와 관련된 질문을 해 본다. ⇩ 생각한 것을 말한다.	가능한 관계를 찾는다. (인과 관계, 전후 관계, 상하 관계, 시간별, 장소별 등) ⇩ 선택한 관계의 의미가 드러나도록 연결하거나 범주화한다.

 **교수·학습 및 평가 방향**

1 교수·학습 방향

(1) '슬기로운 생활'과는 '바른 생활'과, '즐거운 생활'과와 영역(대주제)별로 통합하여 지도하며, 국어과, 수학과도 통합하여 주제 중심 학습의 효율성을 높일 수 있도록 노력한다.

(2) '슬기로운 생활'과의 교과 역량인 창의적 사고 역량, 지식정보처리 역량, 의사소통 역량을 향상시킬 수 있도록 창의적 사고력, 통합적 사고력, 탐구 능력, 문제해결능력, 자료이해능력, 도구활용능력, 상황파악능력, 조사 및 발표 능력에 교수·학습 활동의 초점을 두어 지도한다.

(3) '슬기로운 생활'과의 교과 기능인 관찰하기, 무리 짓기, 조사하기, 예상하기, 관계망 그리기 등이 성취될 수 있도록 교수·학습 활동을 계획한다.

(4) 5세 누리과정의 사회관계, 자연탐구 등의 내용 영역과 3학년 이상의 사회과, 과학과 등의 내용 영역과의 연계 지도가 이루어질 수 있도록 한다.

(5) 계획 – 실행 – 평가에 이르는 교수·학습의 전 과정에서 학생의 능동적 참여와 협력적 문제 해결을 유도한다.

(6) 탐구 중심의 교수·학습 지도를 통하여 학생들의 학습 호기심을 촉진하고, 경험 및 체험을 통해 이해하게 한다.

(7) 주변의 모습, 관계, 변화와 관련된 구체적인 탐구 상황을 교수·학습에 적용한다.

(8) 학생 스스로 탐구하는 데 필요한 교구, 자료 등을 사전에 준비하여 제공한다.

(9) '슬기로운 생활'과의 교수·학습에서는 학습 내용에 따라 다양한 교수 방법이 활용될 수 있으므로 개방적인 자세를 취하도록 한다.

2 평가 방향

(1) 실제 수업 중에 평가 상황을 설정하여 평가하고 그 결과를 학생들에게 환류함으로써 평가의 과정이 수업의 촉진제로 작용하도록 한다.

(2) 평가는 포트폴리오, 자기 평가, 동료 평가, 수행평가, 체크리스트, 일화 기록 등 다양한 방법을 활용한다.

(3) 탐구 활동 과정과 결과를 고려하여 기초 탐구 기능과 관련 역량을 평가한다.

(4) 주변의 모습, 관계, 변화에 대한 관심도와 이해도를 고려하여 평가한다.

(5) '슬기로운 생활'과에서는 관찰의 정확성, 탐구의 창의성, 현상의 관계 파악 능력, 변화에 대한 민감성 등을 종합적으로 고려하여 평가한다.

(6) 학생들이 탐구 과정에서 보이는 독창성, 다양성, 기발함 등이 평가에서 배제되지 않도록 개방적인 자세로 평가에 임하도록 한다.

 5절 즐거운 생활

개념 18 궁극적 지향점

1 목표 및 지향점

건강한 몸과 창의적 표현 능력을 길러 일상생활을 즐겁게 영위하고 문화적 소양을 함양한다.

가. 여러 가지 놀이와 표현 활동을 통해 감각을 발달시키고 건강한 신체를 기른다.
나. 활동에 참여하는 과정에서 기초적인 표현 기능을 익힌다.
다. 소리, 이미지, 움직임 등에 대한 심미적 감성 능력을 기르고 창의융합적으로 표현하면서 서로 소통하는 능력을 기른다.

[지향점]
즐거운 생활은 학생이 학교에서 건강하고 창의적인 사람으로 성장하는 것을 추구하며, 여기에 도달하는 데 필요한 내용으로 성취기준을 설정하고, 더불어 표현 놀이를 위한 기능과 역량을 정해 놓고 표현 놀이를 하면서 이들을 교수·학습하도록 하고 있다.

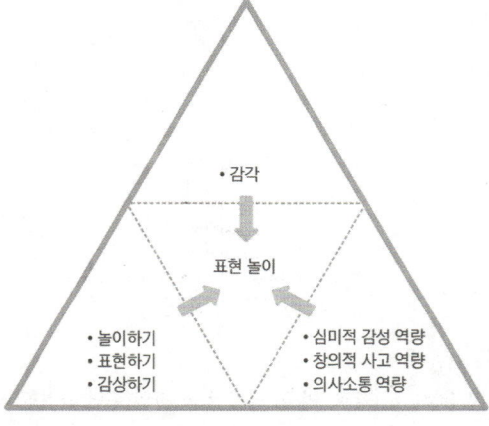

2 내용

• 감각
　① 오감 깨우기 : 시각, 청각, 후각, 미각, 촉각
　② 신체적 감각 : 달리기, 받기, 던지기, 치기, 차기
　③ 대비적 감각 : 큰 느낌/작은 느낌, 빠른 느낌/느린 느낌, 따뜻한 느낌/차가운 느낌, 무거운 느낌/가벼운 느낌, 거친 느낌/매끄러운 느낌 등
　④ 유사한 감각 구분하기 : (유사하지만 구분이 필요한) 매끄러움/부드러움, 따뜻하다/뜨겁다 등
　⑤ 유형 : 흐름 혹은 리듬, 규칙 등

3 표현 놀이를 위한 기능
　① 놀이하기　　② 표현하기　　③ 감상하기

4 교과 역량

심미적 감성 역량	일상생활에서 아름다움과 즐거움을 느끼고, 여러 가지 자료와 매체, 도구 등을 사용하여 소리와 이미지, 움직임 등에 대해 다양한 감각을 발달시키는 능력
창의적 사고 역량	주변의 대상과 현상, 문화 등에 대해 창의적으로 생각하고 소리, 이미지, 움직임 등에 대한 자신의 생각과 느낌을 새롭고 융합적으로 표현할 수 있는 능력
의사소통 역량	소리, 이미지, 움직임 등을 활용하여 자신의 생각과 느낌을 표현하고 타인의 표현을 이해하며 서로 소통할 수 있는 능력

표현 놀이 중심 교수·학습 모형

1단계	준비하기	① 표현 대상 확인하기 ② 표현 자료 준비하기 ③ 방법 및 절차 살피기
2단계	탐색하기	① 표현 방식 살피기 ② 표현 요소 관찰하기 ③ 방법 및 절차 정하기
3단계	표현 놀이하기	① 표현하기 ② 관련 기능 사용하기 ③ 과정 즐기기
4단계	느낌 나누기	① 활동 결과 감상하기 ② 활동 후 느낌 나누기 ③ 활동 후 정리하기

(1) 표현 놀이를 해 보는 것 자체가 학습 목적이다. 활동이 학습의 목표 달성을 위한 주요 수단이 되는 경우도 많지만, 초등학교 1, 2학년 학생에게는 무언가를 위한 학습뿐만 아니라 활동 그 자체로도 유용하고 의미 있는 학습 경험이다.
(2) 표현 놀이를 위한 다양하고 풍부한, 그리고 창의적인 방식을 최대한 허용한다. 이러한 허용은 학생들이 표현 놀이 자체를 즐길 수 있도록 한다.
(3) 표현 놀이의 의미를 강화하기 위해서 활동 후 활동을 준비한다. 활동 과정에서 학생들은 의도하지 않았던 여러 가지 잠재적 학습 결과를 낸다. 활동 후 활동을 통해서 이런 학습 결과에 대한 의미를 공유한다.
(4) 표현 놀이는 자연적인 상황뿐만 아니라 설정된 상황에서도 일어날 수 있다.

개념 20 표현 놀이 기능

(1) 놀이하기	(2) 표현하기	(3) 감상하기
놀이는 초등학교 1, 2학년 학생의 발달 단계에서 그들의 다양한 욕구를 충족시키고, 넘치는 에너지를 발산하는 수단으로 가치가 있다는 인식이 있다. 즉, 놀이는 유용한 교육적 도구로 알려져 왔다. 놀이의 이런 수단적 가치에서 나아가 즐거운 생활과의 놀이는 놀이 자체의 본질, 즉 재미를 목적으로 한 자유로운 활동이다.	자신의 생각, 느낌, 상상한 것을 말이나 글, 몸, 표정으로 표현하고, 공연이나 작품, 표나 그래프, 이미지 등을 통해서 시각적으로 표현하는 활동이다. • 신체로 표현하기 • 말이나 글로 표현하기 • 이미지, 도구, 작품을 통해서 표현하기	초등학교 1, 2학년 학생들은 다양한 조작 활동을 통해서 자신만의 구체적인 작품들을 만들기를 좋아한다. 이렇게 만든 유·무형의 작품들을 감상하는 활동이다. 아울러 감상의 대상은 자연물이나 인공물 등 주변에서 아름다움을 느낄 수 있는 모든 것이 될 수 있다.
놀이 제목, 놀이에 참여하는 사람, 놀이 규칙 등 놀이를 하는 데 필요한 사항들 정하기 ⇩ 놀이하기 ⇩ 놀이 규칙을 바꾸어 가며 놀이하기	생각하고 느낀 것을 표현할 대상, 방식 정하기 ⇩ 표현하기 ⇩ 표현한 것을 말로 설명하기	작품이 나타내고 있는 것 생각하기 ⇩ 생각한 것으로 작품 다시 보기 ⇩ 각자의 감상을 폭넓게 나누기

 **교수·학습 및 평가 방향**

1 교수·학습 방향

(1) '즐거운 생활'과는 '바른 생활'과, '슬기로운 생활'과와 영역(대주제)별로 통합하여 지도하며 국어과 또는 수학과와도 연계하여 학습의 효율성을 극대화할 수 있다.
(2) '즐거운 생활'과의 교수·학습에서는 학생들이 궁극적으로 심미적 감성 역량, 창의적 사고 역량, 의사소통 역량 등의 교과 역량을 함양할 수 있도록 지도한다.
(3) '즐거운 생활'과의 교수·학습에서는 놀이하기, 표현하기, 공연·전시하기, 감상하기 등의 표현 기능을 습득하고 함양할 수 있도록 지도한다.
(4) 5세 누리과정의 신체운동, 건강, 예술 경험 등의 내용 영역과 3학년 이상의 체육과, 음악과, 미술과 등의 내용 영역과 연계가 되도록 지도한다.
(5) '즐거운 생활'과의 교수·학습에서는 일상에서 찾을 수 있는 다양한 소재와 재료를 이용하여 놀이하고 표현하는 활동을 중심으로 지도한다. 즉, 학생들의 생활 소재가 수업 소재로 활용될 수 있도록 하는 데 초점을 둔다.
(6) '즐거운 생활'과의 교수·학습에서는 사람, 대상, 현상 및 문화를 다양하게 표현하면서 몸과 마음이 건강한 사람으로 성장하는 데 초점을 둔다.
(7) 프로젝트 학습, 협력학습, 문제 해결 학습, 탐구 학습, 온라인 활용 학습과 같은 다양한 교수·학습 방법을 활용한다.
(8) 단위 시수의 시량은 융통성 있게 계획하여 탄력적으로 운영한다.
(9) 계획 – 실행 – 평가에 이르는 교수·학습의 전 과정에 학생을 참여시켜 학생의 능동적인 수업 참여를 유도한다.

2 평가 방향

(1) 교육과정에서 강조하고 있는 교과 역량, 기능, 영역(대주제) 간의 일관성을 유지하도록 하며 '즐거운 생활'과의 심미적 감성 역량, 창의적 사고 역량, 의사소통 역량 등의 세 가지 역량을 기를 수 있도록 평가한다.
(2) 학생들의 수준과 능력을 고려하여 교과 내용의 기준을 설정하고 평가의 내용에 따라 동료 평가, 관찰 평가, 면담 평가, 누가기록(체크리스트), 일화 기록, 포트폴리오 등 다양한 평가 방법을 활용한다.
(3) 각 영역(대주제)의 표현 활동에서 학생 개인의 노력과 진보 정도를 평가하기 위해 자기 평가를 활용한다.
(4) 실제 교수·학습 상황에서 '즐거운 생활'과의 기능인 놀이하기, 표현하기, 감상하기를 평가할 수 있는 상황을 설정하여 수업과 평가를 동시에 하며, 평가를 학습 촉진의 계기로 활용한다.

 각론

1 사이좋게 불러요

1. 교과서 안내	① 이 차시에서는 노랫말처럼 우물가의 나무들, 밤하늘의 별들의 모습이 마치 형제와 같이 다정함을 그림으로 표현하였다. ② 곡을 익히기 전, 그림과 노랫말을 연관 지어 이야기를 해 봄으로써 분위기를 살려 부를 수 있다.
2. 관련 성취기준	[2즐03-02] 가족이나 친척이 함께 한 일을 다양한 방법으로 표현한다.
3. 기능	• 표현하기
4. 교과 역량	• 창의적 사고 역량

5. 교수·학습 과정	단계	교수·학습 활동
	준비하기	• 교과서의 삽화를 보고 이야기를 나눈다.
	탐색하기	• 전래 동요의 의미를 알아본다. • 노래를 들으며 콧노래(허밍)와 함께 몸으로 표현한다. • 다 같이 노래를 익힌다.
	표현 놀이하기	• 자진모리 장단을 치며 노래를 부른다. • 노랫말을 바꾸어 부른다. • 바꾼 노랫말을 넣어 노래를 부른다. | 노 | 래 | 하 | 는 | 큰 | 어 | 머 | 니 | | 하 | 하 | 껄 | 껄 | 할 | 아 | 버 | 지 | | 개 | 구 | 쟁 | 이 | 사 | 촌 | 동 | 생 |
	느낌 나누기	• 노랫말을 바꾸어 부른 느낌을 이야기한다.
6. 제재 곡 악보		우리 형제 (전래 동요)

7. 기본 장단의 표현	(1) 자진모리 장단	• 전통 음악 장단의 하나로, 가장 빠른 장단인 휘모리장단 다음으로 빠른 장단이다. ① 자진모리장단 치기 <table><tr><th>기호</th><th>이름</th><th>구음</th><th>손</th><th>연주 방법</th></tr><tr><td>Ⓘ</td><td>합장단</td><td>덩</td><td>양손</td><td>북편과 채편을 동시에 친다.</td></tr><tr><td>○</td><td>북편</td><td>쿵</td><td>왼손</td><td>북편을 친다.</td></tr><tr><td>l</td><td>채편</td><td>덕</td><td>오른손</td><td>채편을 친다.</td></tr></table>② 자진모리 기본 장단 <table><tr><td>Ⓘ</td><td></td><td>○</td><td></td><td>○</td><td>l</td><td>○</td></tr><tr><td>덩</td><td></td><td>쿵</td><td></td><td>쿵</td><td>덕</td><td>쿵</td></tr></table>③ 자진모리 변형 장단 <table><tr><td>Ⓘ</td><td>l</td><td>○</td><td>l</td><td>○</td><td>l</td><td>○</td><td>l</td></tr><tr><td>덩</td><td>덕</td><td>쿵</td><td>덕</td><td>쿵</td><td>덕</td><td>쿵</td><td>덕</td></tr></table>
	(2) 중중모리 장단	① 판소리, 산조(散調), 민요 등에 쓰이는 장단으로 중모리장단보다 빠르고 자진모리장단보다 느린 장단이다. 가장 기본적인 구음은 '덩-덕 쿵-덕 쿵쿵덕 쿵-쿵'이다. ② 3소박 4박 장단의 곡이므로, 한 장단에 네 번씩 손벽을 치거나 무릎을 치면서 기본 박을 익힐 수 있도록 한다.
	(3) 단모리 장단 (휘모리)	① 단모리장단은 자진모리장단과 같이 네 박으로 구성되며 각 박이 이분되는 구조이다. 자진모리 장단이 빨라지면 단모리가 되는 것이지만 구조적으로는 자진모리와 다르다. 즉, 단모리는 두 소박을 기본으로 하는 데 비해 자진모리는 세 소박을 기본으로 한다. ② 단모리장단으로 연주되는 곡에는 '옹헤야', '두꺼비', '이박저박', '달두 달두 밝다', '동아따기 노래' 등이 있다. <table><tr><td>기호</td><td>Ⓘ</td><td></td><td>l</td><td>l</td><td>○</td><td>l</td><td>○</td><td></td></tr><tr><td>구음</td><td>덩</td><td></td><td>덕</td><td>덕</td><td>쿵</td><td>덕</td><td>쿵</td><td></td></tr></table>

2 앞니가 빠졌어요

1. 관련 성취기준	[2즐01-03] 나의 몸을 창의적으로 표현하고, 활발하게 움직일 수 있는 놀이를 한다.	
2. 기능	• 놀이하기	
3. 교수·학습 과정	단계	교수·학습 활동
	준비 하기	• 이를 뺀 경험에 대하여 이야기를 나눈다. • 교과서에 제시된 그림을 보며 이야기를 나눈다.
	탐색 하기	• 음악 녹음 자료나 범창으로 제재 곡을 듣는다. • 노랫말의 뜻을 알아본다. • 제재 곡을 따라 부른다. • 노랫말을 바꾸어 부른다. • 장단에 맞추어 노래를 부른다.
	표현 놀이 하기	• 신문지 공을 만들어 놀이 장소(강당 등)로 이동한다. • 준비 운동을 한다. • 안전한 놀이 방법을 알아본다. • 역할을 나누어 안전하게 공을 던지고 받는 연습을 한다. • '까치야, 까치야' 놀이를 한다.
	느낌 나누기	• 관절을 풀어 주며 정리 운동을 한다. • '앞니 빠진 중강새' 노래 배우기와 '까치야, 까치야' 놀이 활동을 통해 느낀 점을 발표한다. • 내 몸의 작은 변화에도 관심을 갖고 소중하게 생각하는 마음을 갖는다.
4. 제재 곡 악보	앞니 빠진 중강새 (자진모리장단, 전래 동요) 1. 앞니 빠진 중강새 우물가에 가지 마라 2. 윗니 빠진 달강새 골방속에 가지 마라 3. 앞니 빠진 중강새 닭장곁에 가지 마라 붕어새끼 놀란(란)다 잉어새끼 놀란(란)다 빈대한테 뺨맞으라 벼룩이한테 일라 암닭한테 채일라 수닭한테 채일라	
5. 자진모리 장단	① 민요, 판소리, 산조 등에 쓰이는 장단의 하나로 잦은몰이·자진머리라고도 한다. '자주 몰아간다.'라는 뜻으로 진양장단·중모리·중중모리 다음으로 빠른 장단에 속한다. ② 속도는 M.M. ♩=80~110이다. 한 장단은 3분박 4박의 12박자로 되어 있으나, 자진모리를 빠르게 놀아가는 자진 자진모리장단은 한 장단이 $\frac{4}{4}$박자로 변한다.	

3 물가에 사는 친구를 만나요

1. 관련 성취기준	[2슬04-03] 여름에 볼 수 있는 동식물을 살펴보고 그 특징을 탐구한다.	
2. 기능	• 무리 짓기	
3. 교수·학습 과정	단계	교수·학습 활동
	탐구 상황 확인하기	• 물가에 사는 동식물을 관찰해 본 경험을 이야기한다.
	탐색하기	• 교과서를 보면서 여름에 물가나 물속에서 볼 수 있는 동물을 찾아 본다. • 물에 사는 곤충의 특징을 찾아서 발표한다.
	탐구 활동하기	• 물속에 사는 동물의 이름을 확인한다. • 물가에 사는 동물을 무리 지어 본다. • 무리 짓기한 것을 발표한다. • 더 알아보고 싶은 동물을 조사한다.
	탐구 결과 정리하기	• 새롭게 알게 된 점을 이야기한다.
4. 물에 사는 식물	(1) 정수식물	① 얕은 물에서 자라며, 뿌리는 진흙 속에 있고 줄기와 잎의 대부분은 물 위로 뻗어 있는 식물을 통틀어 이르는 말이다. ② 땅속줄기에 통기 조직이 발달되어 있어 뿌리의 호흡을 돕는다. ③ 갈대, 부들, 줄, 연꽃 등이 있다.
	(2) 부엽식물	① 뿌리는 물 밑바닥에 내리고 잎은 수면에 뜨는 식물로 비교적 얕은 연못, 강, 호수, 늪 따위에서 생활한다. ② 수련, 마름, 가래, 순채 등이 있다.
	(3) 침수식물	• 온몸이 물속에 잠겨 있으며 가는 뿌리나 땅속줄기가 물 밑으로 뻗는 수중 식물로 나사말, 검정말, 붕어마름 등이 있다.
	(4) 부유식물	① 물 위나 물속에서 떠다니며 생활하는 식물을 통틀어 이르는 말로, 줄기나 잎이 수면 아래에 있고 뿌리가 없거나 빈약하다. ② 부레옥잠, 개구리밥, 생이가래 등이 있다.
5. 곤충과 거미	(1) 곤충	① 곤충은 곤충강의 절지동물이다. ② 머리, 가슴, 배의 세 부분으로 나뉘며, 가슴에는 세 쌍의 다리와 두 쌍의 날개가 달려 있다.
	(2) 거미	① 거미는 거미강의 절지동물이다. ② 곤충과는 달리 다리가 네 쌍 달려 있고, 몸은 머리가슴과 배 부분으로 구분한다. ③ 또한 거미는 날개가 없으므로 날 수 없다.

물에 사는 식물 그림: 갈대, 부들, 줄, 연꽃, 수련, 부레옥잠, 개구리밥, 나사말, 검정말

4 노랫말에 어울리는 다양한 리듬 악기 표현 방법

노랫말	리듬 악기	표현 방법
살랑살랑살랑	탬버린	트레몰로 주법을 이용하여 가을바람의 모습을 경쾌하게 표현한다.
		테두리에 달려 있는 달랑이를 기본 4박 또는 노랫말에 맞춰 손가락으로 가볍게 친다.
	레인스틱	위아래로 천천히 올렸다 내리며 가을바람 소리를 표현한다.
	트라이앵글	트레몰로 주법을 이용하여 삼각형의 연결된 변 안쪽 각에서 막대를 좌우로 흔들어 바람을 표현한다.
뱅글뱅글뱅글	작은북	바람이 경쾌하게 부는 느낌이므로 8비트의 빠르기로 양손을 번갈아 가며 손목을 이용하여 튕기듯이 연주한다.
	마라카스	마라카스를 수평으로 들고 리듬에 맞추어 양손을 번갈아 가며 위아래로 움직여 연주한다.(♪♪♪♪ ♩♩)
	셰이커	8비트에 맞추어 첫 박은 약하게, 두 번째 박은 강하게 흔들어 준다.(♪♪♪♪♪♪♪♪)
	귀로	다운업 스트로크 주법으로 채를 상하로 움직여 4박에 맞춰 표현한다.
단풍잎 (은행잎)	캐스터네츠	스타카토 주법으로 손바닥에 올려놓고 다른 손의 세 손가락 끝으로 음을 가볍게 끊어 친다.
	우드블록	음이 상대적으로 높낮이가 있으므로 노랫말에 맞추어 단(낮은 쪽 한 번), 풍잎(높은 쪽 두 번)을 위에서 아래로 가볍게 친다.
	심벌즈	노랫말에 맞추어 소리를 끊어서 연주하되, 처음 두 음(단풍)은 약하게 마지막 한 음(잎)은 강하게 연주한다.

5 자진모리장단 치기

배재민
개념 서브
500제

3장

국어

1절 초등 국어 기출분석

2절 중등 국어교육론 기출문항 89

3절 듣기·말하기

4절 읽기

5절 쓰기

6절 문법

7절 문학

3장

국어

배재민
개념 서브
500제

1절 초등 국어 기출분석

1. 듣기·말하기
2. 읽기
3. 쓰기
4. 문법
5. 문학

2절 중등 국어교육론 기출문항 89

3절 듣기·말하기

- 개념 1 내용 체계 해설
- 개념 2 성취 기준과 교수·학습 방법 및 유의 사항
- 개념 3 듣기 유형
- 개념 4 듣기 단계별 전략
- 개념 5 비언어적 의사소통
- 개념 6 화법 요소
- 개념 7 토의 종류
- 개념 8 토의 각론
- 개념 9 토론 종류
- 개념 10 듣기·말하기 평가

4절 읽기

- 개념 11 내용 체계 해설
- 개념 12 성취 기준과 교수·학습 방법 및 유의 사항
- 개념 13 스키마 이론
- 개념 14 읽기 수준
- 개념 15 읽기 전 활동
- 개념 16 읽는 중 활동
- 개념 17 읽은 후 활동
- 개념 18 질문 유형
- 개념 19 요약하기
- 개념 20 읽기 과정별 전략
- 개념 21 논설문 지도
- 개념 22 읽기 평가 방법

5절 쓰기

- 개념 23 내용 체계 해설
- 개념 24 성취 기준과 교수·학습 방법 및 유의 사항
- 개념 25 과정 중심 작문 지도 모형
- 개념 26 장르 중심 작문 지도 모형
- 개념 27 작문 이론의 종류
- 개념 28 과정 중심 글쓰기 지도
- 개념 29 쓰기 교수·학습 원리
- 개념 30 과정별 쓰기 지도 원리와 구체적 전략
- 개념 31 대상을 생각하며 설명하는 글 쓰기

개념 32   쓰기 윤리의 범주
개념 33   쓰기 평가 방법

6절 문법

개념 34   어휘 지도 방법
개념 35   자음 체계
개념 36   모음 체계
개념 37   단어의 관계
개념 38   파생어
개념 39   합성어
개념 40   용언의 활용
개념 41   상황에 따라 다르게 해석되는 낱말
개념 42   높임법
개념 43   문장의 호응

7절 문학

개념 44   인물의 삶을 찾아서
개념 45   서사 문학 지도
개념 46   서정 문학 지도

1절 초등 국어 기출분석

1 듣기·말하기

1. 반대신문식 토론 (1) 입증 책임의 원리(22) (2) 절차(22) (3) 정책논제의 조건(22)	(1) 정책 토론에서는 논제에서 진술한 바를 찬성 측이 주장하게 된다. 찬성 측은 현재 상태의 변화를 주장하는 논제에 대해 입증에 대한 책임을 져야 한다. 이를 토론 이론에서는 '입증책임(the burden of proof)'이라고 한다. (2) 4명의 토론자가 각각 입론 1회·반대 신문 1회·반박 1회, 도합 총 3회의 발언을 하므로 토론 과정에서는 모두 12번의 발언기회가 주어진다.
2. 전략과 기능 (1) 상호교섭하기(22) : 양방향 의사소통 조건 (2) 점검 및 조정하기 : 말차례(18)	(2) 대화 참여자들은 한 번에 한 사람씩 말을 해야 효과적인 표현과 이해가 이루어지고, 한 사람이 말을 끝내면, 다음 사람이 말을 하는 것이 이상적이다. 대화 과정에서 어떤 사람이 대화에 참여하여 실제 말할 기회가 주어졌을 때, 그가 말을 할 수 있는 권리와 그 기회에 이루어진 언어적 표현 결과물을 '말차례(순서교대 turn)'라고 한다.
3. 면담 단계와 질문(18)	① 구체적 사실 질문 ② 생각이나 느낌을 알기 위한 상술 질문 ③ 엄밀한 조사 질문 ④ 앞으로의 계획이나 당부 질문
4. 학급회의 (1) 사회자 역할(17) (2) 의견 제시 주의점(17)	(1) 의견을 제시하고자 하는 학생들을 확인하여 순서대로 이야기할 수 있도록 발언권을 주는 역할 (2) 실천 가능성이 높은 의견을 제시한다.
5. 말하기 의도를 고려한 대화 차이점(16)	청중 설득 vs 정보 획득
6. 듣기 방법 (1) 비판적 듣기(16) (2) 사실적 듣기 (3) 추론적 듣기	(1) 연설을 듣고 자신의 신념이나 가치관에 따라 내용을 분석하고 판단하며 듣는 방법 (2) 화자가 전달하는 내용을 정확하게 이해하기 위한 듣기 방법 (3) 언어적 표현은 물론이고, 언어적 요소에 덧붙여서 의미를 전달하는 준언어적 표현과 몸짓 언어 등의 비언어적 표현들을 단서로 활용하여 그 표현에 함축된 의미를 파악하면서 듣는 방법
7. 평가 방법 (1) 녹화기록법(16)	학습자의 수행 장면을 비디오카메라로 녹화해 둔 뒤 이를 재생해서 보면서 평가하는 방법 〈장점〉 ① 교사가 필요할 때 언제든지 반복 재생 가능하다. ② 학습자의 말하기와 듣기 수행에 대한 전모를 파악할 수 있다. ③ 교사와 학습자가 함께 보면서 학습자의 강점과 약점에 대하여 구체적으로 피드백 가능하다. ④ 교수·학습 자료로도 유용하게 활용 가능하다. 〈단점〉 학습자가 평가 상황임을 인식해 정확한 반응이 나오지 않을 가능성이 있다.
8. 대화 (1) 듣기·말하기 목적(16특수) (2) 직접교수법(16특수) (3) 맞장구치기(14)	(1) ① 정보 전달 ② 설득 ③ 친교 및 정서표현 (2) 활동하기 단계 : ① 안내된 연습하기 ② 독립된 연습하기 (3) 상대와 대화를 이어가기 위한 전략으로 청자 반응에 해당된다. ① 고개를 끄덕인다. ② 나도 그래.
9. 반언어적, 비언어적 요소 (1) 지도 이유(16특수) (2) 해당 예(16특수, 14)	(1) ① 언어적, 비언어적 요소도 의미전달에 영향을 미치기 때문에 ② 청자의 이해를 돕고 청자와 교감을 유지할 수 있기 때문에 〈표현전략〉 ① 언어적 : 표준어와 표준발음 사용, 의미가 정확한 단어와 어법에 맞는 표현 사용 ② 반언어적 : 언어 표현에 덧붙여 의미 전달에 영향을 끼침 ③ 비언어적 : 독립적으로 의미전달에 영향을 끼침
10. 공식적 상황에서 인사말 (1) 특성(13)	① 처음 : ㉠ 시작하는 말 하기 ㉡ 자기소개하기 ② 가운데 : ㉠ 듣는이와 관계 맺기 ㉡ 주요 내용 소개하기 ③ 끝 : 마무리하는 말 하기

2 읽기

1. 요약하기 (1) 글 구조 종류 　① 나열 구조(21) (2) 글 구조를 고려한 요약(21, 09) (3) 읽는 목적에 따른 요약(10) (4) 요약 규칙 　① 삭제 　② 상위어 대체(20) 　③ 선택 　④ 구성 (5) 문단 지도 　① 문장들의 의미 관계 파악 지도(14) 　② 문단 요건과 글 쓰는 방법(10)	(1) ① 먼저, 다음으로, 마지막으로 (2) ① 시간 구조 ② 열거 구조 ③ 비교·대조 구조 ④ 인과 관계 구조 ⑤ 문제·해결 구조 (4) ② 구체적인 낱말들을 일반적인 말로 항목이 나열된 경우 상위어로 대체한다. 　　예 '개, 고양이, 새, 금붕어'→ 반려동물
2. KW(H)L(21) 학생들이 글을 읽기 전에 특정 화제에 대해 알고 있는 것, 알고 싶은 것이 무엇인지 확인할 수 있도록 간단한 틀을 제공	(1) 오글(Ogle, 1987)이 개발한 이 전략은 처음에는 KWL로 불렸다. 주로 설명적인 담화를 읽을 때, 나는 무엇을 아는가(K), 내가 알고 싶은 것은 무엇인가(W), 내가 알게 된 것은 무엇인가(L)를 생각하며 읽는 활동이다. H는 어떻게 정보 수집을 할 것인지를 생각해 보는 과정이다. (2) 이 질문들은 학생들이 다른 글에서도 그들의 질문에 대한 답을 찾도록 동기화하면서 학생들의 배경 지식을 이끌고, 자신의 경험을 관련시켜 주제에 대한 호기심을 자극한다.
3. 전략과 기능 (1) 예측하기(20) (2) 추론하기(20, 17) (3) 내용확인(17, 15) (4) 평가 및 감상(17) (5) 도해 조직자(15)	(1) 연상하기 전략보다 더 구체적으로 책에 관한 사고를 활성화할 수 있는 전략으로 책을 읽기 전에 제목, 삽화 등의 정보로 책에 있는 내용을 추측할 수 있는 활동 　• 연상하기 : 책을 읽기 전에 독자가 책 제목을 보거나 책에 대해 알고 있는 내용을 떠올리는 것 (2) ① '모르겠다, 그냥 무시, 넘어가자' - 정보보류 　② 의복이 몸을 보호하는 수단이라는 말의 다양한 의미 떠올려 보기 　③ 문익점이 목화 재배법을 사람들에게 널리 알리게 된 이유 생각해 보기 　④ 질문을 통해 글쓴이의 관점 파악하기 (3) ① 고려 시대 이전 우리나라의 일반 백성들의 의생활 파악하기 　② 목화 재배로 이전에 비해 달라진 백성들의 의생활 파악하기 　③ 글의 화제나 대상 파악하기 (4) 문익점이 목화씨를 몰래 가지고 온 행동의 옳고 그름 판단해 보기 (5) 설명하는 글 읽기 수업에서 글의 주요어나 내용을 선, 화살표, 공간 배열, 순서도 등을 사용하여 위계적인 다이어그램으로 재현하는 읽기 전략
4. 질문 (1) 사실적 질문(20) (2) 내용 확인 질문(19) (3) 글쓴이 관점 파악 질문(18)	(1) 텍스트에 진술된 정보의 회상에 관한 질문, 빈집 코디네이터의 역할은 무엇일까? (2) 설명하는 대상은 어떤 특징이 있나요? (3) ① 글쓴이는 글의 제목을 왜 이렇게 붙였을까요? 　② 글쓴이가 글에서 알려 주고 있는 내용은 무엇인가요? 　③ 글쓴이의 관점을 잘 나타내는 표현은 무엇인가요?
5. 점진적 책임 이양 원리(19)	수업의 초기에는 수업에서 교사가 주도적인 역할을 하다가, 점차 교사의 역할을 줄여 나가면서 수업의 후반부에는 학습자가 주도적인 역할을 하도록 구성하는 원리
6. 중심 생각 찾기 지도순서(16)	(1) 핵심어 파악하기 → (2) 중심 문장과 뒷받침 문장 찾기 → (3) 문단별 중심 내용 파악하기 → (4) 글의 구조 파악하기 → (5) 글의 중심 생각 정리하기
7. 스키마 이론(15)	읽기는 글 속에 담겨 있는 내용에 독자의 배경지식이나 경험을 활용하여 의미를 구성하는 고도의 지적 행위이다.
8. 과정 중심 읽기 (1) 배경 지식 활성화 전략(14)	(1) 연상하기, '제목을 보고 자신의 경험 떠올려 보기'
9. 읽기 평가 방법 (1) 프로토콜 분석법(14)	(1) ① 학습자의 사고 구술 자료를 분석하여 평가하는 것 　② 학생들이 글을 읽으면서 어떤 전략을 사용했는지, 또 자기 점검이나 조정 같은 초인지적 사고를 했는지를 알 수 있다.

3 쓰기

1. 과정중심 쓰기		
(1) 기능 및 전략		(1) 기능 및 전략
	1) 내용생성 단계 목적(15)	1) ① 아이디어를 생산한다. ② 글을 쓰기 위해 아이디어를 떠올리고 수집한다.
	2) 내용조직 단계 목적(15)	2) ① 생산된 아이디어를 고르고 순서대로 조직한다. ② 많은 아이디어를 적절히 조직하여 응집성과 통일성을 높인다.
	3) 다발짓기(21)	3) 생성한 아이디어를 관련 있는 것끼리 묶는 전략
	4) 내리쓰기(21)	4) 글씨나 어법에 얽매이지 않고 처음부터 끝까지 쓰고자 하는 것을 단번에 쭉 써보는 전략으로 학생들에게 형식보다는 의미에 초점을 두면서 부담 없이 글을 쓰게 한다는 점에서 의의가 있다.
	5) 고쳐쓰기 순서(20, 18특수)	5) 글 전체 수준 → 문단 수준 → 문장과 낱말 수준
	6) 독자와 교류하기(18)	6) 쓴 글을 친구들과 서로 공유하기/발표하기/출판하기
	7) 구두 작문(15)	7) 초고 쓰기 단계에 사용하는 방법 중 하나로서, 짧은시간 내에 할 수 있고 말로 표현하므로 형식에 얽매이기보다는 표현해야 할 내용에 주안점을 둘 수 있다는 장점이 있다. 특히, 미숙한 필자들이 자신의 생각을 글로 전환시킬 때 인지적 어려움을 겪는데, 이 어려움을 극복하는 데 도움을 준다.
(2) 작문 이론(20, 09)		(2) ① 형식주의 작문이론 : 결과 중심 작문 ② 인지주의(구성주의) 작문이론 : 과정 중심 작문 ③ 사회구성주의 작문이론 : 맥락 중심 작문 ④ 장르중심 작문이론 : 책임 이양의 방식으로 수업 진행 (모형화하기 → 교사와 학생이 같이 쓰기 → 학생 혼자 쓰기)
(3) 쓰기 과정의 회귀성(15)		(3) ① 쓰기의 각 과정은 일련의 고정된 순서 속에서 발생하는 것이 아니라 쓰기의 다른 과정으로 돌아갈 수 있다. '회귀적'(되돌아간다)이라는 용어는 기존 작문을 '선조적'(시간 순서 진행)으로 인식하였다는 점과 대비적으로 사용된다. ② 표현하기 활동을 하다가도 얼마든지 다시 계획하기 활동을 할 수도 있다. 그래서 쓰기 과정 전반에 대한 점검하기와 조정하기가 가능하다. ③ 인지구성주의 관점에 의하면 쓰기의 전 과정을 회귀적으로 '조정'하는 과정이 글을 쓰는 학생들의 사고 과정 속에 들어 있기 때문에, 쓰기의 학습 과정에 교사가 개입하여 안내해 주기 어렵다.
(4) 쓰기 전 단계 교수·학습 활동(11)		(4) ① 쓰기 전 : 생각꺼내기(생각 그물 만들기), 생각묶기(다발짓기) ② 쓰는 중 : 초고쓰기(얼른쓰기, 구두작문), 다듬기(돌려읽기) ③ 쓴 후 : 평가하기(잘 된 글 뽑기), 작품화하기(문집만들기, 발표회)
2. 상황 맥락 요소(11)		(1) 언어 사용자 (2) 주제나 목적
3. 쓰기 목적(19)		(1) 정보전달 (2) 설득(19) (3) 친교 및 정서표현
4. 평가 방법		
(1) 총체적 평가		(1) 학생들이 쓴 글을 신속하게 읽고, 전체적인 관점에서 평가하여 글에 대한 단일한 점수를 부여하는 평가 〈장점〉 분절적인 평가 요소로는 설명하기 어려운 한 편의 완성된 글이 가지는 가치를 반영하여 쓰기 능력을 평가할 수 있다 〈단점〉 학생이 자신의 글에서 부족한 부분이 무엇인지를 구체적으로 파악하기 위한 정보를 제공하는 데에는 한계가 있다.
(2) 분석적 평가 장점(19)		(2) 학생이 쓴 글을 여러 가지의 하위 요소로 나누어서 평가하는 것이 교육적으로 더 많은 정보를 제공할 수 있다는 관점에서, 글이 가지는 각각의 요소별로 글을 평가하는 방식 〈장점〉 총체적 평가에서는 발견하기 어려운 각 평가 요소별로 학생들의 강약점을 면밀하게 발견할 수 있어, 구체적인 피드백이 가능하다. 〈단점〉 한 편의 글이 가지는 가치가 각각의 요소에서 받은 점수의 물리적인 총합으로 평가된다는 점에서 많은 비판을 받는다.
5. 쓰기 윤리(18)		타인의 저작권을 침해하지 않으면서 올바르게 자료를 활용하는 방법(6-2 p.284) ① 반드시 만든 사람과 출처를 분명히 밝힌다. ② 올바른 절차를 거친다. ③ 꼭 필요한 부분만 부분적으로 참고한다.
6. 미숙한 필자 특성(17)		다른 사람과 글로 소통하려면 자기중심적인 쓰기에서 벗어나 독자의 흥미나 관심, 입장, 반응 등을 고려하여 글을 써야 한다.

능숙한 필자	미숙한 필자
• 계획하기 단계에 시간을 충분히 할애하고 전략적으로 사고한다. • 초고를 쓰기 전에 자료를 수집하고, 아이디어를 메모하면서 내용을 구상한다. • 브레인스토밍이나 마인드맵을 활용하여 내용을 생성하고 수정의 가능성을 열어 놓고 개요를 작성한다. • 초고는 전 단계에 준비 한 개요와 메모를 바탕으로 글의 흐름에 집중 하여 작성한다. • 고쳐쓰기 단계에 충분한 시간을 할애하며, 실제로 글을 개선한다.	• 계획하기 단계에 시간을 거의 할애하지 않는다. • 초고를 쓰기 전에 자료를 수집하거나 개요를 작성하는 등 전략적으로 사고하기보다는, 막연하게 좋은 아이디어가 떠오르기를 기다린다. • 완벽한 초고를 써야 한다는 부담을 갖고 있어서 글쓰기를 시작 하는데 어려움을 겪고 시간에 쫓기다가 초고를 그냥 제출한다. • 순간순간 떠오르는 생각에 의존해서 글을 쓰고 고쳐쓰기를 거의 하지 않는다.

4 문법

1. 낱말 및 어휘 지도

(1) 유의어(22)	(1) 지도방법 : 의미 차이 확인하기(교차 검증)
(2) 반의어(22)	(2) 지도방법 : 반의어 유형을 고려하여 제시(상보 반의어, 등급 반의어, 관계 반의어)
(3) 어휘망 그리기(22)	(3) 한 어휘 A와 관련된 어휘 B, C, D, E 등만을 고려하는 것이 아니라 B와 관련된 A, C, D, E 등, C과 관련된 A, B, D, E 등을 고려하기 때문에 결국 한 언어에 사용된 모든 어휘가 거미줄처럼 서로 얽혀 있는 모습을 상정하는 낱말 의미 관계 파악 방법
(4) 의미 자질(바탕) 분석법(21)	(4) 낱말의 의미를 변별하는데 바탕이 되는 자질을 중심으로, 해당 어휘가 그 자질을 가지고 있는지 없는지를 '+, −'로 표시하는 방법
(5) 사전에서 낱말 뜻 찾기 단점(13)	(5) ① 기본 어휘에서 파생된 어휘의 의미를 인식하지 못한다. ② 구체적인 상황에서 그 낱말이 어떻게 사용되는지 알지 못하는 경우가 많다.
(6) 인지적 관점 어휘 지도 방법(13)	(6) 〈어휘 지도 방법〉 1. 도구적 관점 : 사전적 뜻 익히기, 문맥을 통한 뜻 익히기 2. 인지적 관점 : 의미 지도 그리기, 의미 구조도 그리기, 의미 자질 분석법
(7) 정확한 낱말을 아는 방법(13특수)	(7) 사전 찾기
(8) 정확한 낱말을 사용하여 글 써야 하는 이유 (13특수)	(8) 자신의 생각을 정확하게 글로 표현할 수 있다.

2. 형태소 분류(22 유아)

(1) 자립 여부에 따라
 ① 자립형태소 : 홀로 자립하여 쓰임
 ② 의존형태소 : 다른 형태소에 의존하여 쓰임
(2) 의미나 기능에 따라
 ① 실질형태소 : 한 어절 안의 중심이 되는 형태소, 구체적 대상이나 동작 표시
 ② 형식형태소 : 실질형태소와 결합되어 말과 말 사이의 문법적 관계를 형식적으로 표시

3. 한글특성

(1) 자음자 제자 원리(20, 12)
(2) 모음자 제자 원리(12)
(3) 자음 발음 분류표(20)
(4) 단모음 체계(19특수)

(1) ① 상형의 원리 ② 가획의 원리
(2) ① 상형의 원리 ② 결합의 원리
(3) 국어의 자음은 5개 조음 위치(① 양순음 ② 치조음 ③ 경구개음 ④ 연구개음 ⑤ 후음)에서 발음된다.

(4)

혀의 높이 \ 혀의 전후 위치	전설 모음		후설 모음	
입술의 모양	평순	원순	평순	원순
고모음(폐모음)	ㅣ	ㅟ	ㅡ	ㅜ
중모음	ㅔ	ㅚ	ㅓ	ㅗ
저모음(개모음)	ㅐ		ㅏ	

4. 문장 성분

(1) 호응 관계(20, 16, 12)
(2) 종류(18특수)

① 주어와 서술어의 호응 : 이 인공위성의 역할은 아득한 우주를 관찰한다(→ 관찰하는 것이다).
② 목적어와 서술어의 호응 : 나는 노래와 춤을 잘 춘다(→ 노래를 잘 부르고 춤을 잘 춘다).
③ 부사어와 서술어의 호응 : 그는 비록 가난하면서(→ 가난할지라도) 희망을 잃지 않았다.
④ 수식어와 피수식어의 호응 : 아름다운 은주의 목소리가(→ 은주의 아름다운 목소리가 / 아름다운 은주, 그녀의 목소리가) 강당에 울려 퍼졌다.

5. 용언의 활용

(1) 규칙 활용
(2) 불규칙 활용(19)
(3) 기본형(19)

〈불규칙 활용〉
(1) 걷다, 걷고, 걸어, 걸으니   (2) 돕다, 돕고, 도와, 도우니
(3) 하다, 하고, 하여, 하나   (4) 푸르다, 푸르고, 푸르러, 푸르니
(5) 빨갛다, 빨갛고, 빨개, 빨가니

(1)과 (2)는 어간의 모습이 바뀐 경우이다. (1)의 경우 모음으로 시작하는 어미 앞에서 'ㄷ'이 'ㄹ'로 바뀌었다. '걷어'가 아니라 '걸어'가 된 것이다. 이와 같은 불규칙을 'ㄷ불규칙'이라고 한다. (2)의 경우 모음으로 시작하는 어미 앞에서 어간의 'ㅂ'이 'ㅗ'나 'ㅜ'로 바뀌었다. '돕아'가 아니라 '도와'가 된 것이다. 이와 같은 불규칙을 'ㅂ불규칙'이라고 한다.
(3)과 (4)는 어미의 모습이 바뀐 경우이다. (3)의 경우 '-아'가 '-여'로 바뀌었다. '하아'가 아니라 '하여'가 된 것이다. 이와 같은 불규칙을 '여 불규칙'이라고 한다. (4)의 경우 '-어'가 '-러'로 바뀌었다. '푸르어'가 아니라 '푸르러'가 되었다. 이와 같은 불규칙을 '러 불규칙'이라고 한다.
(5)의 '빨개'는 어간과 어미의 모습이 함께 바뀐 경우이다. 즉, '빨갛-'에서 'ㅎ'이 탈락되어, '빨가-'가 되고, 다시 어간의 'ㅑ'와 어리 '-아'가 결합하여 '개'로 바뀌었다. 이와 같은 불규칙을 'ㅎ불규칙'이라고 한다.

6. 입문기 문자 지도 (1) 의미 중심 방법의 장점(19특수)	(1) ① 단어나 문장을 하나의 단위로 읽어 나가기 때문에 발음보다는 의미 파악에 초점을 둘 수 있다. ② 제한된 단어, 문장만 지도하여 학습이 쉽다. ③ 실생활에서 익숙한 단어나 문장을 중심으로 지도하므로 학습의 흥미 유발, 지속적 관심을 유지할 수 있다. ④ 문자 읽기에 그치지 않고, 읽은 내용을 생활과 관련시켜 말해 보는 활동을 곁들여 읽기와 말하기 지도를 병행할 수 있다.	
7. 띄어쓰기 원리(18)	의존 명사는 띄어쓰고 조사는 앞말에 붙여쓴다.	
8. 접미사에 의한 파생어(17)	접미사에 의한 파생된 명사	

―꾼	구경꾼, 나무꾼, 낚시꾼, 살림꾼, 일꾼, 지게꾼, 짐꾼, 춤꾼	'―꾼'은 명사에 붙어 '그 일을 잘하는 사람, 어떤 일을 하려고 몰려드는 사람' 등의 의미를 더하여 새로운 명사를 만든다.
―(으)ㅁ	가르침, 걸음, 느낌, 도움, 모임, 믿음, 싸움, 울음, 죽음, 게으름, 괴로움, 귀여움, 기쁨, 슬픔, 아픔, 외로움, 즐거움	'―(으)ㅁ'은 용언 어근에 붙어 그것이 뜻하는 동작이나 상태를 가리키는 명사를 만들기 때문에 어근의 품사를 바꾸어 주는 접미사로 쓰였음을 알 수 있다.

9. 높임법 (1) 상대높임법의 종류, 사용 상황(17, 11)	〈상대높임법 단계〉 ① 괜찮습니다, 선생님. 산책 나온 셈 치십시오. → 하십시오체 ② 이 얘기를 어째서 계속하여야 하는지 모르겠구려 → 하오체 ③ 내가 너무 흥분하였던 것 같네. → 하게체 ④ 가는 대로 편지 보내마. → 해라체 ⑤ 그러면 그렇지. → 해체 ⑥ 어제는 비가 많이 왔지요? → 해요체
10. 관용표현(16)	두 개 이상의 단어가 모여서 새로운 의미를 드러내는 것
11. 한글맞춤법 (1) 준말 원리(16) (2) 오류수정원리(15)	(1) 모음 ㅗ, ㅜ로 끝난 어간에 '-아/-어, -았-/-었-'이 어울려 'ㅘ/ㅝ, 왔/웠'으로 될 적에는 준 대로 적는다. (2) 단일어, 파생어, 합성어는 모두 하나의 낱말로 취급되므로 띄어 쓰지 않는다는 원리가 적용된다. '안되다'는 '안쓰럽다'의 의미로 쓰이면 붙여 쓰고, '되지 않다'는 의미로 쓰이면 띄어 쓴다.
12. 음운현상 (1) 연음현상(14) (2) 구개음화(14) (3) 모음조화(12)	(1) 앞 음절의 받침 뒤에 모음으로 시작하는 조사나 어미 같은 형식 형태소가 이어질 때, 앞의 받침이 뒤 음절의 첫소리로 발음되는 음운 규칙 (2) 한글 맞춤법 제3장 소리에 관한 것-〈제2절 구개음화〉 [제6항] 'ㄷ, ㅌ' 받침 뒤에 종속적 관계를 가진 '―이(―)'나 '―히―'가 올 적에는, 그 'ㄷ, ㅌ'이 'ㅈ, ㅊ'으로 소리나더라도 'ㄷ, ㅌ'으로 적는다. **예** 맏이(○) 마지(X) / 같이(○) 가치(X) / 걷히다(○) 거치다(X) 등 (3) 'ㅏ', 'ㅗ'는 'ㅏ', 'ㅗ'끼리, 'ㅓ', 'ㅜ'는 'ㅓ', 'ㅜ'끼리 어울리려는 현상이다. 이는 그 성질이 비슷한 모음끼리 결합함으로써 발음을 쉽게 하고자 함이다.

5 문학

1. 서사문학
(1) 물활론적 사고(22)
(2) 구성(22)

(3) 입체적 인물(22)
(4) 작품 속 말하는 이(19, 16)
(5) 인물의 심리(19)
(6) 민담 특징(19)
(7) 인물의 마음 파악 지도(18)
(8) 다른 작품과 관련짓기 활동(18)
(9) 작품 주제 찾기(17)
(10) 갈등과 사건전개(15)

(1) 모든 사물이 살아있다고 생각하는 특성
(2) 이야기의 구성 단계 : 학년 수준에 따라 대부분의 작품은 시작(발단)과 중간(전개, 절정)과 끝(하강, 결말)의 3단계, 발단, 전개, 절정, 결말의 4단계, 혹은 발단, 전개, 절정, 위기, 결말의 5단계로 이야기의 흐름을 구분할 수 있음을 지도한다.
(3) 상황이나 환경의 변화에 따라 성격이 변하는 인물
  ⓔ 〈흥부전〉의 '놀부'는 처음에는 악했지만, 나중에는 자신의 죄를 뉘우치고 착하게 변함.

(6) 흥미를 추구하면서 교훈적인 작품이 많다.
(7) 인물의 말과 행동으로 인물의 마음을 알 수 있다.
(8) 주제, 인물, 사건뿐만 아니라 제재와 소재, 배경도 관련지으면 학생들의 문학 작품에 대한 이해도를 높일 수 있다.
(10) 〈전개〉 단계 : 사건이 본격적으로 전개되는 단계로 사건이 복잡하게 얽히고 인물 사이의 갈등이 일어남.

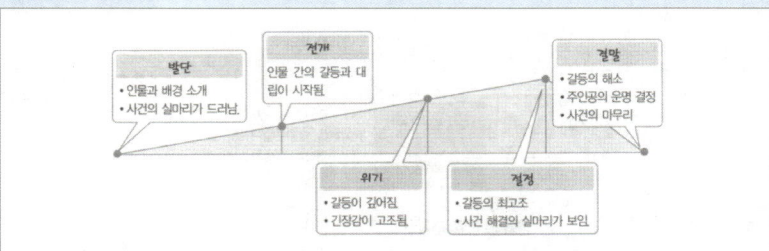

(11) 옛이야기 특성(15)
  ① 내용적 특성
  ② 형식적 특성
(12) 인물 제시 방법
  ① 직접 제시
  ② 간접 제시 효과(13)

(11) ① 교훈성, 비현실성
  ② 구전성, 관용적 표현
(12) ① 작가가 인물의 성격이나 심리를 직접 설명
  ② 인물의 행동이나 버릇, 대화, 겉모습 등을 보여 주어 독자가 인물의 성격이나 심리를 미루어 짐작하도록 하는 방법으로 사건을 실감나고 생생하게 전달한다.

2. 전기문
(1) 특성(13)

(2) 반응 중심 학습
  - 반응 명료화 단계 활동(13)

(1) ① 인물의 삶을 사실에 근거하여 쓴 글이다.
  ② 인물이 살았던 시대 상황이 나타나 있다.
  ③ 인물의 삶과 신념이 나타나 있다.

(2)

단 계	주요 활동(총론)	지도 내용(제시 문항)
반응 준비하기	•동기 유발 •학습 문제 확인 •학습의 필요성 또는 중요성 확인 •배경 지식 활성화	•박두성의 행동을 이해하기 위해 배경 지식을 활성화하도록 지도함.
반응 형성하기	•작품 읽기 •작품에 대한 개인 반응 정리	•박두성이 한 일이나 겪은 일을 파악하여 정리하도록 지도함.
반응 명료화 하기	•작품에 대한 개인 반응 공유 및 상호 작용 •자신의 반응 정교화 및 재정리	•박두성의 삶에 대한 이해를 공유하고, 자신의 반응을 재정리하도록 지도함.
반응 심화하기	•다른 작품과 관련짓기 •일반화하기	•박두성의 삶을 다른 작품에 제시된 인물의 삶과 비교하여 이해하도록 지도함.

3. 서정문학
(1) 은유법(21)

(1) 〈비유〉
① 개념 : 표현하려는 대상(원관념)을 그와 유사한 특성을 지니면서도 그 속성이 좀 더 구체적으로 드러나는 익숙한 대상(보조 관념)에 빗대어 표현하는 방법
② 종류

직유법	보조 관념에 '같이', '처럼', '듯이' 등의 연결어를 붙여 직접 비유하는 방법 (사과 같은 소녀)
은유법	원관념을 연결어 없이 보조 관념에 빗대어 '~은/는 ~이다.'로 표현하는 방법 (소녀는 사과이다.)
의인법	사람이 아닌 것을 마치 사람인 것처럼 표현하는 방법 (사과가 소녀를 바라보네.)

1 듣기·말하기(화법)

01. 다음은 반대 신문식(CEDA 방식) 토론의 절차를 학습하기 위해 정리한 교수·학습 자료이다. 〈보기〉의 학생 질문에 대한 교사의 답변을 완성하려고 할 때 ㉠에 들어갈 말을 쓰시오. 〔14 중등국어〕

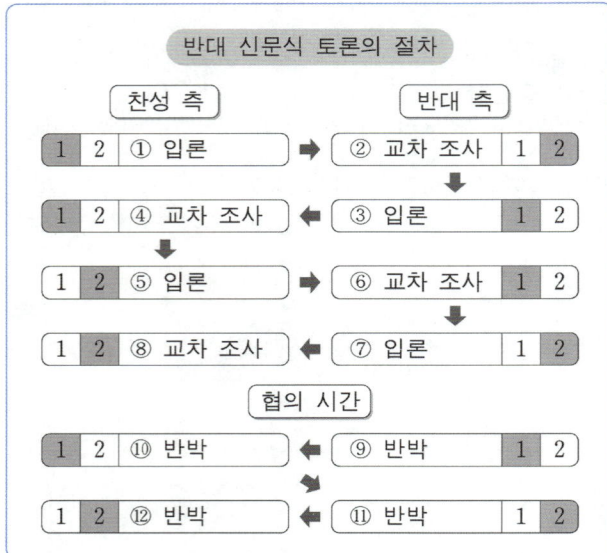

┤보기├
학생 : 반대 신문식 토론의 경우 찬성 측에서 입론을 먼저 시작해서 정해진 순서대로 토론을 하다가, 협의 시간 이후에는 순서를 바꾸어 찬성 측이 마지막으로 반박하게 하는 이유가 있나요?
교사 : 아, 그것은 주로 정책 논제를 다루는 토론에서는 찬성 측이 (㉠) 때문입니다.

◆ **예시 답안**
입증의 부담(입증 책임의 원리)

◆ **해설**
토론에서 찬성측이 마지막으로 반박을 하는 이유는 입증의 부담을 가지기 때문이다. 반대측은 상대방의 주장 중 일부만 논파해도 새로운 주장에 대해 효과적으로 논박한 것이 된다. 하지만 찬성측은 현재의 상태에 대한 변화를 주장하기 때문에 자신의 주장에 대해서 모두 입증해야 한다. 그러므로 이 점에서 반대측보다 불리하기 때문에 찬성측이 협의 시간 이후에 순서를 바꾸어 마지막으로 반박을 하는 것이다.

02. <화법과 작문> 과목을 담당하고 있는 교사가 자기 표현과 사회적 상호 작용에 관한 내용으로 수업을 하였다. <보기 1>은 '자아 개념'을 설명한 후 학습 활동에 활용한 과제이고, <보기 2>는 학생이 쓴 글의 일부이다. <보기 1>과 <보기 2>를 활용하여 '자아 개념'의 의미와 그 특징을 설명하고, 이를 토대로 <보기 2>를 쓴 학생의 대화 능력을 키우기 위해 지도할 수 있는 내용을 서술하시오.

14 중등국어

| 보기 1 |

| 학습 목표 |

대화 방식에 영향을 끼치는 자아를 인식하고 관계 형성에 적절한 방식으로 자기를 표현할 수 있다.

| 과 제 |

다음 중에서 자신이 해당하는 유형을 고려하여 자기 성찰적인 글을 써 보자

구분	대화 방식		자아 개념
	대화 빈도	자아 노출 수준	
유형 1	많음	높음	긍정적
유형 2	많음	낮음	부정적
유형 3	적음	높음	긍정적
유형 4	적음	낮음	부정적

| 보기 2 |

나는 평상시 다른 사람과 대화를 많이 하는 편이지만, 주로 TV 프로그램이나 스포츠와 관련된 이야기에 한정되어 있다. 나는 주변 사람들로부터 스스로에 대해 부정적인 표현을 자주한다는 지적을 받고 있으며, 남들이 나를 이렇게 평가하고 있다는 생각에 갈수록 더 깊이 있는 대화를 피하게 된다. 선생님께서는 다른 사람과 소통하기 위해서는 나를 드러내야 한다고 하셨는데, 나는 어느 정도 수준으로 무엇을 드러내야 할지 잘 모르겠다.

◆ 예시 답안

(1) 자아개념이란 개인이 가지고 있는 능력, 성격, 태도 등 주관적인 자기 자신에 대한 견해를 말한다. <보기 2>에서 학생은 '평소 스스로에 대해 부정적인 표현을 쓴다는 지적과, 남들이 자신을 이렇게 평가한다는 생각에 대화를 피하게 된다'는 부분을 통해 '자아 개념'이란 개인의 내부에 있는 것이지만, 개인의 내부에서 자생한 것이 아니라 타인에게서 자신에 대해 들어온 메시지에 의해 형성된다는 특징이 있다.

◆ 해설

(2) <보기 2>의 학생은 '평상시 다른 사람과 대화를 많이 하는 편이지만, 주로 TV 프로그램이나 스포츠와 관련된 이야기에 한정되어 있다'고 했으므로 '유형 2'에 속하는 학생이다. 그러므로 이 학생에게는 적절한 수준의 자아노출 단계에 대한 지도가 필요하다. 초기에는 학교·직장·직업 등 사회적 차원의 자아를 드러내고, 친해질수록 의견이나 느낌 등 개인적 차원의 자아를 드러낼 수 있는 자아노출 전략을 지도해야 하며 이 자아 노출은 상호 작용적으로 진행된다는 것도 지도가 필요할 것이다.

03. 다음 교수·학습 지도안에서 ㉠, ㉡에 들어갈 말을 순서대로 쓰시오. `15 중등국어`

도입	학습 목표 : 상대방을 존중하며 공손하게 말할 수 있다.	
도입	• 동기 유발 공개수업을 준비하는 교사의 (가), (나) 발화 중에서 어느 것이 더 적절한지 이야기 해보자.	(가) 다음 주에 공개수업이 있는데, 네가 반장이니까 발표 준비를 해라. (나) 다음 주에 공개 수업이 있는데, 네가 발표를 좀 맡아 주면 어떨까?
전개	• 사례 분석 (다)의 대화 상황에서 학생의 발화는 교사를 존중하지 않은 표현으로 이해될 수도 있다. 그렇다면 그 이유는 무엇인지 알아보자.	(다) 학생 : 선생님의 설명은 어려워서 이해가 안 돼요. 알기 쉽게 다시 설명해 주세요. 교사 : 뭐? 이해가 안 된다고? (라) 1) 이 대화에서 학생 발화의 목적은 (㉠)(이)다. 2) 학생의 말이 공손하지 않고, 교사를 존중·배려하지 않은 표현으로 이해될 수 있는 이유는 (㉡) 때문이다. 3) 대화를 할 때에는 상대방이 내 말을 어떻게 받아들일지 생각해 보아야한다.
전개	• 적용 활동 다른 상황에 적용해 보자.	상대방을 존중하지 않은 표현을 사용하여 갈등이 생긴 사례를 찾아서 공손한 표현으로 바꾸어 본다.
정리	•학습 목표 달성 여부를 확인한다.	

• ㉠ : _____
• ㉡ : _____

◆ 예시 답안
㉠ 요청
㉡ 관용의 격률(공손성의 원리)

◆ 해설
1) ㉠ 발화 목적에는 질문, 명령, 요청, 감탄, 약속, 명령, 경고 등이 있다. 이 학생의 발화 목적은 교사에게 설명을 다시 해 달라는 '요청'이라고 볼 수 있다.
2) ㉡ '관용의 격률'은 자신에게 부담이 되는 표현은 최대화하고, 이익을 최소화하라는 것이다. 그러나 (다) 예문에서 '학생'은 못 알아들은 책임을 교사에게 전가하고 있어, 자신의 부담을 최소화하고 있다. 결국 (다) 예문에서 '학생'은 '책임의 전가', '자신의 부담을 최소화'하여 '관용의 격률'을 어기고 있다.

04. 다음은 토론을 하기 전에 한 학생이 한 논제에 대한 쟁점을 분석한 것이다. <쟁점 1>의 찬성 측 주장에 대한 반박 내용과 <쟁점 3>에 들어갈 내용을 서술하시오.　　　　　　　　　　　　15 중등국어

논제	성형 수술은 바람직하다.	
논제의 배경	요즘 언론에는 연예인들의 성형 수술 이야기가 끊이지 않는다. 그런데 외모에 대한 관심이 높아지면서 일반인들도 외모를 아름답게 만들기 위해 성형 수술의 대열에 합류하고 있어 사회적인 쟁점이 되고 있다.	
입장	찬성 측	반대 측
쟁점 분석	<쟁점 1> 성형 수술의 개념을 어떻게 정의할 것인가?	
	성형 수술이란 '상해 또는 선천적 기형으로 인한 인체의 변형이나 미관상 보기 흉한 신체의 부분을 외과적으로 교정시키는 수술'이다. 이처럼 성형 수술은 많은 사람들에게 혜택을 주기 때문에 바람직하다.	
	<쟁점 2> 성형 산업의 발달을 어떤 관점에서 볼 것인가?	
	성형 산업이 발달함에 따라 시술을 받기 위해 우리나라에 오는 외국인 관광객이 많다고 한다. 따라서 성형 수술도 또 하나의 한류이자 외화벌이를 할 수 있는 문화콘텐츠가 될 수 있다.	성형 산업이 얼마나 외화벌이를 하는지는 아직 입증되지 않았을 뿐만 아니라, 오히려 해외에서는 우리나라가 성형 공화국이라는 인식이 확산되고 있어 국가 이미지의 실추가 우려된다.
	<쟁점 3> _____	
	사람들이 아름답다고 생각하는 데는 보편적인 기준이 있게 마련이다. 성형 수술은 외모에 불만을 가진 사람들에게도 아름다운 외모를 가질 수 있는 기회를 주기 때문에 바람직하다.	아름다움은 상대적이고 주관적인 것이다. 그런데 미용 목적의 성형 수술은 획일화된 외적 아름다움만을 강요한다. 성형 수술은 각 개인이 갖고 있는 고유한 아름다움을 훼손하기 때문에 바람직하지 않다.

◆ **예시 답안**

(1) <쟁점 1>에서는 성형 수술에 대한 찬성 측의 정의를 점검하여 필요하다고 판단되면 대체 정의를 내려서 논의를 자신에게 유리한 방향으로 유도해야 한다. 따라서 "성형 수술이란 '외모를 아름답게 만들기 위한 미용 목적으로 신체의 일부분을 교정하는 수술'이다. 이처럼 성형 수술은 의료적 목적보다는 미용의 목적으로 행해지는 경우가 더 많으며, 미에 대한 과도한 욕구로 인한 성형 수술은 바람직하지 않다와 같이 찬성 측 주장에 대해 반박해야 한다.

(2) 또한 <쟁점 3>의 찬성 측과 반대 측의 쟁점 분석 내용을 토대로 '성형을 이용한 아름다움의 추구는 바람직한가?'와 같은 내용이 들어가야 한다.

05. 다음은 연설의 설득 전략에 대한 교사의 설명이다. 괄호 안의 ㉠, ㉡에 해당하는 말을 순서대로 쓰시오.

`16 중등국어`

> 청중을 설득할 때는 논리적으로 입증하는 것도 중요하지만 다른 요인도 적극적으로 고려해야 해요. 1968년에 케네디(R. Kennedy)가 미국의 흑인 거주 지역에서 했던 연설은 이것을 보여 주는 대표적인 예예요. 당시 케네디가 연설을 시작하기 바로 전에 인권 운동가로서 흑인의 큰 지도자였던 킹(M. King) 목사가 백인이 쏜 총에 죽었어요.
> 케네디는 이런 상황에 처한 흑인 청중 앞에서 연설을 해야만 했어요. 케네디는 연설에 앞서 이 소식을 흑인 청중에게 알렸고, 당연히 흑인들은 흥분하기 시작하였죠. 케네디는 킹 목사가 정의를 위해 헌신하였고, 그 정의를 실현하다가 돌아가셨다는 사실을 언급한 다음 이런 내용으로 연설을 이어 갔어요.
>
> "이런 억울한 사태에 대해 흑인 여러분들의 가슴에서 백인에 대한 불신과 증오가 들끓기 시작할 것입니다. 이런 여러분에게 제가 이 한마디만은 꼭 말씀드리고 싶습니다. 저도 여러분과 똑같은 심정이라는 것입니다. 제 가족도 암살을 당했습니다. 그리고 암살범은 백인이었습니다."
>
> 여러분이 그 자리에 있었다면 어떻게 반응했을까요? 킹 목사가 죽은 후 대부분의 흑인 거주 지역에서 큰 폭동이 일어났지만 이 지역은 이 연설 덕분에 큰 폭동이 없었대요.
> 자, 이제 생각해 보세요. 지난 시간에 설득 전략 몇 가지를 배웠지요? 관심 끌기 전략, 일화 제시하기 전략 등……. 그럼, 케네디가 이 부분에서 사용한 전략은 무엇일까요? 음, 자신의 아픈 사연을 제시하여 청중의 관심을 끌려고 했다고 볼 수도 있겠죠. 그러나 이보다 더 중요한 전략이 있어요. 맞아요. (㉠) 전략을 사용했어요. 이것은 아리스토텔레스가 「수사학」에서 강조했던 효과적인 설득의 요인들 가운데 (㉡)에 호소를 한 거예요.

- ㉠ : _____
- ㉡ : _____

◆ **예시 답안**

㉠ 공감대 형성하기 / 감성적 설득

㉡ 감성(파토스)

◆ **해설**

1) 설득의 전략에는 '주장에 대한 타당한 근거를 들어 논리적으로 설득하는 이성적 설득 전략'과 '청중의 욕망이나 자긍심, 동정심, 분노 등의 감정에 호소하여 설득하는 감성적 설득 전략'이 있다. 이 중에서 케네디는 '감성적 설득 전략'을 활용하여 청중을 설득했다.

2) 또한 다섯 번째 문단을 보면 '관심 끌기 전략, 일화 제시하기 전략' 등이 소개되어 있는데, 이는 케네디의 연설 내용을 고려해 볼 때, '공감대 형성하기 전략'을 활용했다고도 볼 수 있다. 세 번째 문단에서 케네디는 '자신의 가족도 암살을 당했고, 이 또한 백인이 범인'임을 밝힘으로써 일화 제시하기 전략과 관심 끌기 전략을 동시에 활용하고 있다. 이를 통해 케네디는 청중의 분노를 자신 또한 충분히 이해한다고 말함으로써 청중과 공감대를 형성하고 있다.

3) 아리스토텔레스는 수사학에서 화법(이 당시의 화법은 주로 설득에 초점이 놓여 있었다.)의 세 가지 요인으로 인성(ethos), 감성(pathos), 이성(logos)의 세 가지를 들고 있다. 이것은 화자의 인격, 감성에의 호소, 이성에의 호소를 가리킨다.

06. 다음은 "규칙에 맞게 회의를 진행할 수 있다."라는 학습 목표에 따라 학생들이 진행한 회의의 의안 심의 과정이다. 의장의 잘못 2가지를 <작성 방법>에 따라 서술하시오.　　　　　　16 중등국어

| 의 장 : '체험 여행을 남원으로 가자.'라는 의안을 상정하겠습니다. 총무는 이 의안에 대해 설명을 해 주세요.
| 총 무 : 이번 6월 15일 여행의 체험 주제는 '고전의 향기'입니다. 그래서 임원 회의에서는 여행지로 몇 곳을 검토한 끝에「춘향전」의 배경인 남원을 선정하여, 이 의안을 학급 회의에 제출했습니다. 남원에서 12일부터 20일까지 '춘향제'가 열려「춘향전」체험을 할 수 있습니다.
| 의 장 : 이제부터 질의응답을 하겠습니다. 궁금한 것들을 질문해 주세요.
| 회원 1 : (발언권을 얻어) 임원 회의에서 어디 어디를 검토해 보았습니까?
| 총 무 : 남원을 비롯해서 안동, 강릉, 그리고 몇 곳을 검토했습니다.
| 회원 2 : (발언권을 얻어) 남원에서「춘향전」체험 말고 다른 것은 없을까요?
| 총 무 : 남원은 추어탕이 유명해서 지역 음식을 체험할 수 있습니다.
| 회원 3 : (발언권을 얻어) 저는 남원에 가는 것을 반대합니다. 작년에 전주에 가지 않았습니까? 이번에는 다른 지역으로 가면 좋겠어요.
| 의 장 : 미안하지만, 지금은 질의응답 시간이니 그 내용은 다음 단계에서 다루겠습니다. 자, 여러분, 궁금한 점을 질문해 주시면 감사하겠습니다.
| 회원 4 : (발언권을 얻어) 저는 남원을 좋아하지만 추어탕은 싫습니다. 다른 음식을 먹고 싶어요. 다른 음식 체험이 가능합니까?
| 의 장 : 단체가 하는 체험이니까 개인적인 질문은 하지 않으면 좋겠습니다. 음…, 궁금한 것이 더 없는 것 같네요. 질의응답을 종결해도 좋습니까?
| 회원들 : 좋습니다.
| 의 장 : 그럼, 이제부터 이 의안을 거수로 표결하겠습니다. 총무는 의사 정족수가 충족되었는지 확인해 주세요.
| 총 무 : 현재 27명 모두가 참석해 있으므로 의사 정족수가 충족되었습니다.
| 의 장 : 그럼 표결하겠습니다. 이 의안에 찬성하는 분은 손을 들어 주세요. 13명입니다. 이제 반대하는 분 손들어 주세요. 11명입니다. 그럼, 기권이 3명이네요. 그래서 '체험 여행을 남원으로 가자.'라는 안은 찬성 13표, 반대 11표, 기권 3표로 부결되었음을 선포합니다. 다음 의안으로 넘어가겠습니다.

┤작성 방법├
(1) 의장이 의안 심의 과정에서 누락한 단계 1가지를 쓸 것.
(2) 의장이 질의응답을 진행하면서 잘못한 점 1가지를 이유와 함께 서술할 것.

◆ 예시 답안
(1) 의장이 의안 심의 과정에서 누락한 단계는 의사 표시 단계이다. 즉, 의장은 의사표시 단계인 토의를 생략하고 의안 설명과 질의응답 후에 바로 결론 단계인 표결과 의안의 가결 단계로 넘어갔다.

(2) 또한, 의장이 질의응답을 진행하면서 잘못한 점은 회원 4의 발언을 개인적 질문으로 간주한 것이다. 회원 4가 다른 음식 체험이 가능하냐고 질문한 것은 회의 주제와 관련 있는 질문이기 때문이다.

◆ 해설
회의의 질의응답 단계와 토론 단계
1) 질의응답(정보교환) 단계는 어디까지나 의문점에 대하여 묻는 것이므로 질문 시간에 찬성하거나 반대하는 의사를 발표해서는 안 된다. 토론(의사 표시) 단계는 설명과 질문을 통해 상정된 안건에 대해 찬성해야겠다거나, 반대해야겠다고 생각한 것을 토론하는 단계이다.
2) 토론의 순서는 대개 반대하는 사람부터 먼저 말하도록 되어 있다. 그리고 나서 의장은 찬성자, 반대자 순으로 공평하게 토론할 수 있도록 회의를 진행해 나가야 한다.

07. 다음은 '의사소통과 대인 관계'를 주제로 한 수업 장면이다. 괄호 안의 ㉠, ㉡에 해당하는 말을 순서대로 쓰시오. `17 중등국어`

> 대인 관계를 긍정적으로 형성하고 발전시키기 위해서는 자기를 적절하게 표현할 수 있어야 합니다.
> 먼저, 화면에 준비한 학생의 대화를 같이 봅시다.
>
> > (종례가 끝나고 교실을 나오며)
> > 성현 : 너 내일 뭐 해? 집도 가까운데 농구할래?
> > 인우 : 나 약속이 있어.
> > 성현 : 약속? 무슨 약속?
> > 인우 : 음, 누나랑 매형이 집에 와서 가족끼리 밥 먹기로 했어.
> > 성현 : 결혼한 누나가 있었어? 나이 차이가 많이 나겠네. 왜 말 안 했어?
> > 인우 : 그걸 굳이 말해야 돼? 너랑 만난 지 겨우 일주일밖에 안됐잖아.
> > 성현 : 난 우리 집 사정이며 내 고민까지 너한테 다 털어놓았는데…. 일주일이면 친해지기에 충분한 시간 아냐? ⎤
> > 인우 : 충분하다고? 사실 나는 아직도 많이 부담스러워. ⎦ [A]
>
> 둘의 대화를 보니, 성현이와 인우는 만난 지 얼마 되지 않은 친구 사이로 보입니다. 그런데 [A]를 보니, 선생님은 이 두 친구가 계속 친해질 수 있을지 걱정이 돼요. 대화에 어떤 문제가 있는지 같이 이야기해 봅시다.
> (학생들의 대답)
> 여러분이 말했듯이, 성현이는 인우에게 집안 사정과 자신의 고민까지 서슴없이 밝힌 데 비해, 인우는 성현이가 개인 사정과 고민을 말해 준 것에 대해 오히려 부담스러워 합니다. 대인 관계 의사소통에서는 이러한 차이를 (㉠)(으)로 설명합니다. 일반적으로 사람들은 대인 관계 초기에 서로를 알아가기 위해 상호 작용을 합니다. 주로 공적 영역에 속하는 사회적 자아를 드러내다가 관계가 발전할수록 점진적으로 개인의 감정, 가치관, 내재된 두려움과 같은 개인적 자아를 드러낸다고 합니다.
> 다시 이 대화를 살펴볼까요? 성현이와 인우는 자아에 대한 정보의 양과 수준 그리고 그 정보를 드러내는 (㉡)이/가 상호 균형을 이루지 못하고 있습니다. 그래서 친밀한 관계를 형성하는 데 어려움을 겪을 수도 있습니다.

• ㉠ : _____
• ㉡ : _____

◆ **예시 답안**

㉠ 자아 노출(자기표현)

㉡ 속도

◆ **해설**

1) ㉠ 인간관계의 발전은 서로에게 자아를 노출하는 정도에 비례한다. 즉, 처음 관계가 형성된 후 사람들은 대화를 통해 자신에 대한 정보를 알림으로써, 자아를 노출하기 시작하는데, 이 노출의 정도가 관계의 깊이를 결정하게 된다는 것이다. 자아 노출의 성격에도 차이가 있다. 보통 초기에는 학교·직장·직업 등 사회적 차원의 자아를 드러내고, 친해질수록 의견이나 느낌 등 개인적 차원의 자아를 드러내게 된다. 이 자아 노출은 상호 작용적으로 진행 된다. 대화에서 성현이와 인우는 서로에게 자아를 노출하고 있다.

2) ㉡ 자아 노출 이론에 의하면 노출의 정도가 관계의 깊이를 결정하지만 여기에는 노출에 따른 위험이 수반된다. 자아를 드러내는 속도가 서로 받아들이기에 적절해야 한다. 어느 정도의 관계가 형성되기 전에 일방적으로 심한 자아 노출을 하게 되면 상대 입장에서는 원하지 않았던 부정적인 정보를 너무 많이 알게 되어 관계를 꺼려할 수도 있고, 자신은 그만큼 노출하지 못하기 때문에 곤란해 할 수도 있다. 이렇게 되면, 둘 사이의 관계는 다른 노력이 없는 한 이 지점에서 고착되는 것이 일반적이다. 그러므로 관계에 따라 노출의 수위도 적절해야 하며, 노출이 진행되는 속도도 서로가 받아들이기에 적절해야 건강한 관계로 발전할 수 있다. 성현이와 인우는 자신의 자아에 대한 정보를 드러내는 속도가 상호 균형을 이루지 못해 친밀한 관계를 형성하는 데 어려움을 겪고 있다.

08. 다음은 "매체에 따른 의사소통의 장애 요인을 점검하여 원활하게 소통할 수 있다."라는 학습 목표를 달성하기 위해 준비한 수업 자료이다. (가)와 (나)를 바탕으로 (다)에서 갈등이 발생한 이유 2가지를 [A]에 주목하여 서술하시오. 17 중등국어

(가)

면대면 대화	온라인 대화
• 음성 언어를 사용함.	• 문자 언어를 음성 언어처럼 사용함.
• 동일한 시·공간에 있어야 함.	• 동일한 시·공간에 있지 않아도 됨.
• 준언어·비언어적 메시지를 직접 전달함.	• 준언어·비언어적 메시지를 이모티콘 등의 기호로 간접 전달하지만 제한적임.

(나)
의사소통은 화자와 청자가 서로 공유한다고 생각하는 의미를 언어를 통로로 하여 상호 작용하는 것이다. 그런데 실제로는 화자가 전달하려는 내용이 의도대로 청자에게 전달되지 않기도 한다. 인간은 메시지를 자신에게 유리한 방향으로 인식하고 해석하려는 경향이 있기 때문이다. 이는 화자가 의도하는 메시지가 그대로 전달되는 것이 아니라 청자에 의해 선택적으로 수용된다는 것을 의미한다.

(다)
도연 : 너 어제는 내가 부탁한 영상 자료를 보여 준다더니 왜 안 된다는 거야?
민수 : 내가 언제 너한테 보여 준다고 말했어?
도연 : 나랑 어제 온라인 대화할 때 보여 준다고 했잖아.
민수 : 언제 그랬어? 보여 주기 곤란하다고 했는데.
도연 : 참 나, 어제 네가 보낸 거 확인시켜 줄까?

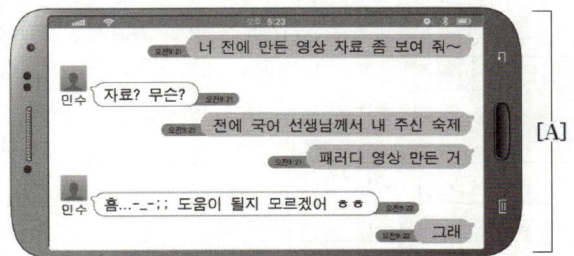
[A]

도연 : 자, 봐. 이게 보여 주겠다는 뜻 아냐?
민수 : 아니, 그건 자료를 주기 곤란하다는 뜻으로 보낸 건데.

◆ 예시 답안
(1) (다)에서 갈등이 발생한 이유는 첫째, (다)는 온라인 대화로서 화자와 청자가 같은 시·공간을 공유하지 않고, 이모티콘 등을 통해 의미를 간접적으로 전달하다 보니, 도연이가 민수의 비언어와 반언어를 직접 확인할 수 없어 의사소통에 장애가 생겼다. (또는 '의사소통 구도에 대한 인식의 차이'를 초래)

(2) 둘째, 도연이는 '영상 자료를 보여주기 어렵다'라는 민수의 의도를 자신에게 유리하게 메시지를 해석하였기 때문이다. 즉 도연이는 민수의 메시지를 자신에게 유리하게 선택적으로 수용하였기 때문에 의사소통에 장애가 생겼다.

◆ 해설
• 매체 변화에 따른 언어 사용 방식의 변화
문자 메시지는 대개 쌍방향으로 의사소통이 이루어져 대화에 가깝다. 하지만 일상 대화에서 중요한 소통 정보인 억양이나 표정 등의 맥락 정보를 확인할 수 없어 소통에 장애가 생길 수 있다. 이러한 제약은 특히 의사소통에서 중요한 메시지인 '긍정' 과 '부정'의 정보가 잘못 전달될 여지가 있다.

09. 다음은 '말하기 불안'에 대처하는 방법을 지도하기 위한 교사 협의회 내용의 일부이다. 괄호 안의 ㉠~㉤에 해당하는 내용을 순서대로 쓰시오. `18 중등국어`

> 김 교사 : 발표 수업에서 말하기 불안을 느끼는 학생들이 많은 것 같아요. 오늘은 말하기 불안에 대처하는 방법에 대해 말씀을 나누겠습니다.
> 이 교사 : 학생들의 말하기 불안과 발표 수행에 대한 연구를 찾아보았더니 〈표〉와 같이 학생들을 4 가지 유형으로 분류하더군요.
>
> 〈표〉 말하기 불안과 발표 수행 수준에 따른 학생 유형
>
> | 발표 수행 수준
말하기 불안 수준 | 미흡 | 우수 |
> | --- | --- | --- |
> | 낮음 | A 유형 | B 유형 |
> | 높음 | C 유형 | D 유형 |
>
> 박 교사 : 흥미롭네요. 각 유형별로 말하기 불안에 대처 하는 효과적인 방법이 있을까요?
> 이 교사 : 네, (㉠) 유형의 경우는 말하기 불안수준이 높지 않으므로 현재의 발표 수행 수준을 유지해 나가면 되겠습니다. (㉡) 유형에 속하는 학생들은 말하기 불안 수준이 높지 않으나 화법 기능(技能)이 부족하므로 말하기 행동에 중점을 둔 접근이 효과가 있을 거라고 생각합니다. 이에 비해 (㉢) 유형의 경우, 말하기 행동에 중점을 둔 접근보다는 말하기 불안을 유발하는 부정적 인식을 극복하게 하거나 말하기 불안 감정을 완화할 수 있도록 해 주는 것이 효과적이겠죠. (㉣) 유형에 속하는 학생들은 이러한 행동적, 인지적, 감정적 접근 방법을 다면적으로 활용해야 할 것 같습니다.
> 김 교사 : C 유형 학생들에게 가장 많은 관심이 필요한 것 같군요 이 학생들을 위한 지도 방법을 추천해 주시겠어요?
> 이 교사 : 말하기 불안을 유발하는 부정적 인식을 극복하게 하는 게 우선 중요하겠죠. 그리고 말하기 불안 감정 자체를 완화하는 훈련도 도움이 되는데, 널리 알려진 방법 중 한 가지는 (㉤)입니다. 심부 근육의 긴장을 이완하게 하고, 특정한 말하기 상황을 떠올리면서 긴장 이완 훈련을 하다가, 점차적으로 긴장의 강도가 높은 말하기 상황을 떠올리면서 긴장 이완 훈련을 하는 것입니다. 말하기 불안 감정을 완화할 수 있는 또 다른 방법으로는 '실제 상황 노출법'이 있습니다. …(하략)…

◆ **예시 답안**

㉠ B ㉡ A
㉢ D ㉣ D
㉤ 체계적 둔감법(체계적 둔감화)

◆ **해설**

1) 다양한 원인에서 비롯되는 말하기 불안을 해소하기 위해서는 다음과 같은 방법을 활용할 수 있다.

> - 우선 말하기 불안을 자연스러운 것으로 받아들이고 자신의 말하기 불안 증상을 구체적으로 분석해 보아야 한다.
> - 철저한 준비와 연습을 통해서 자신감을 가질 필요가 있다.
> - 몸의 긴장을 이완시키는 방법을 이용해서 말하기 불안에 대처하는 것도 좋은 방법이다.
> - 불안을 이길 수 있도록 긍정적인 자기 암시를 할 수도 있다. 성공하는 장면을 그려 본다든가, 부정적인 생각을 긍정적으로 바꾸어 본다든가 하는 것이다.

2) 체계적 둔감화는 불안한 감정과 상반되는 반응이 불안 반응에 대신하여 일어나도록 조건을 만드는 상호억제의 원칙이 이론적 기반이다. 이것은 불안보다 이완을 느끼도록 점진적인 단계를 거치게 설계되었다. 처음에는 '심부 근육 이완 훈련'에 대한 이론적 설명을 듣는다. 그리고 이론적 설명에 따라 긴장 완화 훈련을 한다. 그 다음에는 특정 말하기 상황을 떠올리며 긴장을 이완하는 연습을 하게 된다. 처음에는 긴장감이 덜 한 장면을 떠올리고, 차츰 긴장의 강도가 심한 말하기 상황을 떠올리며 긴장 이완 훈련을 한다.

3) 실제 상황 노출법은 두려워하는 말하기 상황을 직접적으로 경험하게 하는 방법이다. 두려워하는 말하기 상황을 경험했지만, 예상했던 끔찍한 결과는 일어나지 않는다는 사실에 초점을 둔다. 이 방법의 전제는 '실제 두려워하는 대상을 접하였는데도 아무런 해로운 결과가 나타나지 않게 되면 불안 반응은 소멸되며, 연설을 하는데 있어서, 실제 위협적인 것은 아무것도 없다.'는 것이다. 실제 말하기 상황에 학습자를 노출하는 과정은 필요하지만, 극도의 반작용이 있으므로 이 방법을 사용할 때는 학습 대상에 대한 세심한 배려가 필요하다.

10. 다음은 "'잊힐 권리'를 법제화 하여야 한다."라는 논제에 대한 학생 토론의 일부이다. 찬성 측 (1)의 '입론'과 반대 측 (2)의 '반대 신문'에 대한 지도 내용을 <작성 방법>에 따라 쓰시오. 18 중등국어

찬성 측 (1): 찬성 측 입론 시작하겠습니다. '잊힐 권리'란 온라인에서 자기와 관련된 정보의 삭제를 요구할 수 있는 권리를 말합니다. 취업 준비생인 김 모 씨는 과거에 한 사이트에 자신이 올린 게시물을 지우고 싶지만, 해당 게시물에 댓글이 달려 지울 수 있는 방법이 없어 고민이라고 합니다. 자신의 이름을 검색하면 검색 결과에 해당 게시물이 노출되어 취업에 불이익을 받을까 두렵다고 합니다. 취업 준비생을 포함한 많은 사람들이 이러한 문제를 고민하고 있지만 '잊힐 권리'가 인정되지 않고 있어 문제가 심각합니다. 이러한 상황이 계속된다면 개인의 인권에 대한 심각한 침해가 발생할 수 있고 사회적 갈등도 확대될 것입니다. '잊힐 권리'를 법제화하면 법적 구속력이 생기기 때문에 이러한 문제를 해결할 수 있습니다. 자신에 대한 정보나 자신이 작성한 게시물만 삭제하는 것이기 때문에 특별히 어려운 문제가 아니라고 생각합니다. 방송통신위원회에서도 이 문제에 대한 가이드라인을 제시한 바 있고 이에 대한 여론의 지지도가 높기 때문에 '잊힐 권리'의 법제화는 실행 가능성 측면에서도 문제가 없습니다.

반대 측 (2): 반대 신문하겠습니다. ㉠'잊힐 권리'를 보장하는 법으로 이 문제를 실질적으로 해결할 수 있을까요?

찬성 측 (1): 물론입니다. '잊힐 권리'를 법제화하면 원치 않는 게시물을 삭제할 수 있습니다. 따라서 게시물을 삭제하지 못해서 발생할 수 있는 명예 훼손이나 취업 기회 박탈 등 개인이 누려야 할 자유권 침해 문제를 해결할 수 있다고 생각합니다.

반대 측 (2): 이미 관련 법률이 있을 경우에는 법제화가 필요 없겠죠?

찬성 측 (1): 그렇습니다.

반대 측 (2): 「정보통신망 이용촉진 및 정보보호 등에 관한 법률」 제44조의 2에 '정보의 삭제 요청'에 관한 사항이 규정되어 있다는 사실을 알고 계십니까?

찬성 측 (1): 확인해 보지 못했습니다.

반대 측 (2): ㉡저는 '잊힐 권리'보다 '표현할 권리'가 더 중요하다고 생각합니다. '잊힐 권리'가 '표현할 권리'와 충돌한다면 어떤 권리가 우선되어야 한다고 생각하십니까?

찬성 측 (1): 그거야 상황에 따라서 다르겠죠.

… (하략) …

┤작성 방법├

(1) 정책 논제에 대한 토론의 '입론'에서 다루어야 할 필수 쟁점으로는 '문제 쟁점, 해결 쟁점, 이익 쟁점'의 3 가지를 들 수 있다. 이 중에서 찬성 측 입론에 누락된 쟁점 1가지를 밝히고, 그 쟁점에 포함되어야 할 내용을 서술할 것.

(2) ㉠과 ㉡이 반대 신문으로 적절하지 않은 이유를 각각 서술할 것.

◆ 예시 답안

(1) 찬성 측 입론에는 '이익 쟁점'이 누락되었으며, 이 쟁점에 포함되어야 할 내용은 대안의 '부작용과 이익'이다. 따라서 찬성 측은 '잊힐 권리'를 법제화한다면 부작용이 있을 수도 있지만 현 상태의 폐해보다 훨씬 개선되어 이익이 크다는 점을 강조해야 한다.

(2) 반대 신문 ㉠은 찬성 측의 주장을 단순하게 되묻고 (확인) 있다는 점에서 적절하지 않다. 반대 신문은 상대 측 주장의 논리적 오류를 검증(지적)하는 질문을 해야 한다. 반대 신문 ㉡은 자신의 주장을 제시하고 있다는 점에서 적절하지 않다. 반대 신문은 자신의 주장을 제시하는 것이 아니라 상대 측 발언에 대해 질문해야 한다.

11. 다음은 심포지엄의 일부이다. 심포지엄 진행 과정에서 발생한 문제점 해결 방법과 사회자의 역할에 대해 〈작성 방법〉에 따라 서술하시오. `19 중등국어`

사회자: 지금부터 '인간 태도 변화의 원인 탐색'이라는 주제로 심포지엄을 시작하겠습니다. 먼저 한국대학교 정○○ 교수님께서 '행동 학습에 의한 태도 변화'라는 제목으로 발표해 주시겠습니다.
정○○ 교수: (발표한다.)
사회자: 지금까지 정○○ 교수님께서 발표해 주셨습니다. 정○○ 교수님의 발표 내용은 인간의 태도 변화는 행동 학습에 의한 변화로 연합에 의한 변화, 강화에 의한 변화 등으로 이루어진다는 것이었습니다. 다음으로 인간태도연구소 강○○ 박사님께서 '설득에 의한 태도 변화'라는 제목으로 발표해 주시겠습니다.
강○○ 박사: (발표한다.)
사회자: (강○○ 박사의 발표 내용을 요약하고 세 번째 발표자 황○○ 교수를 소개한다.)
… (중략) …
사회자: 세 분의 발표를 들었습니다. 이제 질의·응답 시간을 갖겠습니다. 궁금한 점이 있거나 추가로 보충 설명이 필요한 청중께서는 손을 들어 주십시오. 사회자가 지명하면 1분 이내로 질의하시고, 발표자께서는 3분 이내로 답변하시기 바랍니다.
(청중 1이 손을 든다. 사회자가 지명한다.)
청중 1: 황○○ 교수님께 질문 드리겠습니다. 사람의 태도 변화와 관련한 인지 부조화 이론 발표를 잘 들었습니다. ㉠인지 부조화 이론을 뒷받침하는 사례를 들어 주셨는데, 그 사례들이 오히려 교수님의 설명과 배치되는 것 아닌가요?
황○○ 교수: ㉡제가 제시한 사례가 인지 부조화 이론과 어떻게 연계되는지를 잘못 판단하면서 들으신 것 같습니다. 태도가 변화하는 사례의 내용이 적절한지를 판단하며 들어 주시면 감사하겠습니다. (보충 설명을 한다.)
… (중략) …
사회자: 이제 심포지엄을 마무리할 때가 되었습니다. 지금까지 이루어진 발표 내용을 요약하면, 인간 태도 변화의 원인에 대하여 강○○ 박사님께서 설득에 의한 것을 말씀해 주셨고, 황○○ 교수님께서 인지 부조화 이론과 관련해 발표해 주셨습니다. 오늘 이 자리에 참석해 주신 모든 분께 의미 있는 시간이 되었기를 바랍니다. 이상으로 심포지엄을 모두 마치겠습니다. 감사합니다. [A]

┤작성 방법├
(1) ㉡을 고려할 때 ㉠에서 확인되는 듣기의 문제점을 해결하는데 도움이 되는 구체적인 듣기 방법을 3가지 서술할 것.
(2) [A]에서 사회자의 역할로서 미진한 점을 1가지 서술할 것.

◆ **예시 답안**

내용의 타당성을 판단하며 듣기 위해서는 첫째, 주장과 근거가 연관성이 있는지 판단하며 들어야 한다. 둘째, 근거로부터 주장을 이끌어 내는 과정에 오류가 없는지 판단하며 들어야 한다. 셋째, 근거로부터 주장을 이끌어내는 과정에 영향을 미치는 다른 정보는 없는지 판단하며 들어야 한다.

〈추가 답안〉
- 근거의 타당성, 충분성을 판단하며 들어야 한다.
- 발표자의 발표 요점을 메모하면서 들어야 한다.
- 발표자의 주장과 근거, 사실과 의견을 구분하면서 들어야 한다.

[A]는 심포지엄의 마무리 발언으로 사회자는 모든 발표자의 발표 내용을 정리, 요약하여 그 회합의 의의를 명백히 해야 하지만, 강○○ 박사와 황○○ 교수의 발표 내용만 언급하였을 뿐, 정○○ 교수의 발표 내용은 언급하지 않았다.

12. (가)는 '상대를 배려하며 말할 수 있다.'라는 학습 목표를 성취하기 위한 대화 자료이고, (나)는 차시별 수업 계획의 일부이다. 대화상의 문제점을 <작성 방법>에 따라 서술하시오. `19 중등국어`

(가) 대화 자료
[국어 수업 시간에 수행 명가 발표를 제대로 하지 못한 정후를 중심으로 모둠원들이 대화하고 있다.]
현희 : (속상한 표정으로) 이제 우리 어떡해. 수행 평가 점수에 들어가는데.
태수 : (정후에게 거친 말투로) 야! 한심하다. 한심해. 대체 왜 그래? 멍청하게 중간에 다시 한다고 하면 어떡해?
정후 : (멋쩍은 표정으로) 아이, 내용이 연결 안 되잖아. (작은 목소리로) 어쩌라고…….
민우 : 남자가 여자처럼 앵앵대기는.
유리 : 잘 할 수 있었는데……. 선생님께 다시 발표한다고 말해 볼까? ┐
현희 : 우리 기분도 그런데, 같이 공원이나 갈까?   ┘ [A]
…(하략)…

(나) 차시별 수업 계획

차시	학습 내용

1 차시	◦ 동기 유발 : 대화 예절 관련 동영상 시청
	◦ 말하기의 문제점 파악 1
	  – ㉠ 공손성의 원리(정중어법)
	  – ㉡ 체면 유지 원리(예의 이론)
	◦ 말하기의 문제점 파악 2
	  – ㉢ 협력의 원리
	◦ 말하기의 영향력 이해

2 차시	◦ 1차시의 말하기 문제점 조정 및 해결 방법 탐색
	◦ 배려하는 말하기
	  – '나–전달법', '우리–전달법'
	          …(하략)…

┌ 작성 방법 ├
(1) ㉠을 활용하여 (가)의 '태수'의 말하기 문제점을, ㉡을 활용하여 (가)의 '민우'의 말하기 문제점을 각각 서술할 것
(2) ㉢을 바탕으로 [A]에서 '현희'가 어긴 격률을 쓰고, 이를 통해 현희가 의도한 대화 함축의 의미를 추론하여 서술할 것.

◆ 예시 답안

(1) '태수'는 발표를 마친 '정후'에게 '한심하다. 멍청하게' 라는 표현을 사용하여 상대를 비난하고 있으므로 공손성의 원리 중 '찬동의 격률'을 위배하였다. 또한 '민우'는 '정후'에게 '남자가 여자처럼 앵앵대기는'이라는 인식공격성 표현을 사용하여 '정후'의 체면을 위협, 손상시키고 있으므로 체면 유지의 원리에 어긋난다.

(2) [A]에서 '현희'는 협력의 원리 중 '관련성의 격률'을 어겼다. 이는 의도적으로 관련성의 격률을 어김으로써 '유리'의 '선생님께 다시 발표한다고 말해볼까?'에 대한 제안을 거절한다는 의미가 담겨 있다.

13. (가)는 강연의 결론 부분이고, (나)는 연설의 방법에 대한 설명이다. (나)를 참고하여 (가)에 적용된 연설의 방법을 <작성 방법>에 따라 서술하시오.

20 중등국어

(가)
젊은이가 젊은이다운 건, 이 시대의 진리를 추구하며 미래 지향적인 사고방식을 탐닉할 때 진면목을 보여 줍니다. 현실 사회의 부조리, 부패, 부정, 무질서 등 모든 악습을 일소하고, 쇄신하려면 아니 쇄신할 수 있는 소망 있는 전제가 있다면, 그건 바로 청춘을 누리는 젊음에 있습니다.

…(중략)…

우리에겐 땅도, 돈도, 자연도 넉넉지 않습니다. 이제 우리에게는 무엇이 의지할 근본일까요? 하나밖에 없습니다. 그것은 바로 '인간의 질'입니다. 청춘에 사는 '젊은이의 질'에 있습니다. 사람 수를 말하는 것이 아닙니다.

…(중략)…

우리의 심장인, 우리의 장래를 떠맡는 청춘 여러분! 사랑을 하지 않고는 살 수 없다는 여러분. 여성을 사랑해야 되겠고, 남자도 사랑해야 되겠지만, 민족도 사랑하고, 국가도 사랑하십시오. 운명 공동체인 내 민족이 죽으면 나도 같이 죽으리란 생각을 한다면, 나 하나 잘사는 것은 아무 의미 없다는 것을 내 젊을 때 알았으면 내가 그렇게 했을 것을, 다 늙어 죽어 가며 이를 깨달아 여러분에게 전해 주니 위대한 민족 사회를 위해 살아 주기를 기대하며 다음의 당부를 하고 말을 마치고자 합니다. ㉠ 여러분? 청춘 중의 위대한 청춘, 건실한 청춘, 협동심을 갖춘 청춘, 절도 있는 청춘, 부지런한 청춘, 함께 살며 번영하길 원하는 청춘, 세계에서 제일가는 청춘 중의 청춘이 돼라!

-이태영 변호사의 '언어교양대학' 강연 중 (1974)-

(나)
청중이 듣고 이해하기 좋은 연설을 하기 위해서는 아이디어가 한 자리에서 다음 자리로 자연스럽게 이동해야 한다. 급작스럽게 논의가 바뀌면 사고 연결에 무리가 생기므로 청자가 내용의 논리적 구조를 쉽게 이해하도록 앞의 내용 정리하기, 뒤의 내용 안내하기 등의 기능을 가진 내용 연결 표현을 적절히 사용하는 것이 필요하다.

…(중략)…

연설의 결론은 '종료 신호' '요점 재강조', '결언'으로 구성된다. 결언은 연설의 결론 중의 결론에 해당하는 것으로 더 이상 새로운 아이디어를 소개하거나 지나간 요점을 재강조할 필요는 없고, 청중에게 연설 전체에서 논의했던 모든 것들이 의미를 갖도록 결언 방법을 적절히 사용해야 한다. 결언에서는 유명한 말, 고사성어, 문학 작품, 유머 등을 인용하기, 연설의 내용이 가지는 미래 상황에 대한 의미를 언급하기, 청중을 끌어들이면서 연설을 맺기 등으로 여운을 남기며 마무리한다.

| 작성 방법 |

(1) (나)의 내용 연결 표현 중 쌍방향 의사소통 효과를 유발하는 표현을 (가)에서 찾아 첫 어절과 끝 어절을 쓰고, 그렇게 생각한 이유를 서술할 것

(2) (가)의 ㉠에 사용된 결언 방법을 쓰고, 이 방법에 대하여 설명할 것

◆ 예시 답안

(1) (가)에서 쌍방향 의사소통 효과를 유발하는 내용 연결 표현은 '이제 ~ 근본일까요'이다. 이러한 질문 표현은 '~알아보겠습니다.' 등의 평서형 연결 표현보다 청자를 의사소통 상황 속으로 끌어 들이는 효과가 더욱 강하며, 또한 청자가 화자의 논의에 대해 지속적으로 주목하도록 유도한다는 점에서 쌍방향 대화 효과가 크다.

(2) (가)의 ㉠에 사용된 결언 방법은 '청중을 끌어들이면서 연설을 맺기'이다. 이 결언 방법은 연사가 청중에게 바라는 행동을 명백히 밝히는 것으로, ㉠에서 연사는 자신의 말을 듣고 있는 청중이 '위대하고, 건실하고, 협동심을 갖추고, 절도 있는 청춘' 등이 되기를 바라며, '~청춘이 돼라!'라고 연설을 끝맺음으로써 자신이 바라는 청중의 행동을 명확히 밝히고 있다.

14. (가)는 발표 지도에 대한 교사 간의 대화이고, (나)는 준비된 말하기에 대한 설명이다. (가)와 (나)를 참고하여 괄호 안의 ㉠, ㉡에 해당하는 말을 순서대로 쓰시오. [20 중등국어]

(가)
교사 A : 주제에 맞게 내용을 구성하여 발표를 하는 수행 과제를 준 후 발표를 시켰더니, 학생이 청중을 보지도 않고 발표문만 보며 그대로 읽어요. 그러다 보니 발표를 듣는 학생들의 반응이 별로 좋지 않고 학생의 발표 능력 신장에도 도움이 안 되는 것 같아 고민이에요.

교사 B : 미리 작성한 발표분이나 대본을 그대로 읽는 것도 문제지만, 저는 그것을 암기해서 청중 반응과 상관없이 줄줄 읊어대는 식의 수행도 문제라는 생각이 듭니다.

교사 C : 그러면 학생에게 (㉠)을/를 작성하게 한 후 청중의 반응을 예상하며 연습을 하게 해 보세요. 이것에 기초해 연습을 거듭하다 보면 같은 내용도 여러 가지로 표현해 보게 되어, 실전에서도 발표문을 읽지 않고 청중의 반응을 보면서 자연스럽고 효과적으로 발표를 할 수 있게 됩니다.

(나)
구어 의사소통에는 사전 준비 없이 하는 '즉흥적 말하기'와 말할 내용에 대하여 계획하고 준비를 하는 '준비된 말하기'가 있다. 준비된 말하기를 수행할 때 발표문을 보고 그대로 읽어서는 효과적인 말하기를 하기 어렵다.
준비된 말하기라 하더라도 청중의 반응에 따라 자신의 언어적·비언어적 표현을 조절할 수 있어야 한다. 듣기, 말하기는 화자와 청자가 구어로 의사소통을 하면서 상호 작용하는 것을 넘어 (㉡)을/를 통해 역동적으로 의미를 창조해 가는 과정이다. 청중과 시선을 맞추며 청중의 반응에 따라 말할 내용과 방법을 조절해 가며 역동적으로 의미를 주고받는 것은, 청중의 반응을 무시한 채 준비된 발표문을 일방적으로 낭독하는 것과는 다르다.

- ㉠ : _____
- ㉡ : _____

◆ 예시 답안
㉠ 실행 개요서(표제어 원고)
㉡ 상호교섭

◆ 해설
• 개요서에 의한 연설하기의 효과
1) 연설 중 가장 자연스럽고 청중과 의사소통을 활발하게 할 수 있는 방법은 개요서에 의한 연설이다. 이것은 연설을 준비하는 과정에서나 실행하는 과정 모두에서 완성된 대본을 사용하지 않고 개요서만을 작성한 후 이에 기초하여 연습하고 실행하는 방법 이다.
2) 개요서란 연설의 개요, 즉 주요 아이디어의 세부 내용의 글자만을 간결하게 적어둔 미완성 연설 대본을 가리킨다. 개요서에는 골자만 나오기 때문에 연습할 때마다 표현이 달라질 수밖에 없고 연습을 거듭하다 보면 하나의 골자를 여러 가지로 표현해 보게 된다. 이런 상태에서 실제 연설을 하게 되면 연습해 둔 표현 방식 중 하나가 생각나거나 또 다른 유사한 표현이 쉽게 떠올라 정확한 표현을 기억하려고 노력할 필요가 없다.
3) 개요서는 완성된 대본이 아니기 때문에 연사가 수행 과정에서 청중의 반응이나 상황의 변화에 따라 적절하게 대응할 수 있게 한다. 즉, 개요서를 참고로 하면서 청중과 대화하는 기분으로 살을 덧붙여 나가면서 연설을 할 수 있게 한다.

15. 다음을 읽고, 공감적 듣기의 효과에 대하여 <작성 방법>에 따라 서술하시오. 21 중등국어

(가)
김 교사는 국어 시간에 '상대의 감정에 공감하며 적절하게 반응할 수 있다.'를 학습 목표로 수업을 하고 있다. 학생들에게 학습 활동으로 '최근에 친구와 대화를 하다가 속상했던 상황과 그때 오갔던 말을 적어 보게 한 후 이를 짝과 함께 역할극으로 재연해 보게 하였다 다음은 그중 일부이다.

학생 A : 이번 달에 모둠 발표 과제가 3개나 있어. 나는 모둠으로 해야 하는 과제는 정말 싫어. 모둠 구성원들과 서로 시간 맞춰야 하지, 의견이 다르면 계속 토의해야 하지, 같이 모여서 발표문 써야 하지, 시간도 많이 들고….

학생 B : (고개를 끄덕이며) 맞아, 그렇지.

학생 A : 남의 말은 잘 듣지도 않고 무조건 자기 말만 맞다고 하는 사람이 있으면 다시는 보기 싫을 때도 있어.

학생 B : (상대를 바라보며) 그래도 그게 혼자 하는 것보다 나으니까 선생님께서 하라고 하시는 거잖아.

학생 A : 그렇지만 맡은 부분을 잘 안 해 오는 친구들 때문에 속상할 때도 있고, 모둠으로 평가를 받으니까 비협조적인 사람 몫까지 내가 해야 할 때도 있어. 차라리 과제를 혼자 하는 게 낫다 싶을 때도 있어.

학생 B : ㉠ 불평불만 늘어놓으면 끝도 없잖아. 모둠 과제니까 좀 손해 본다 싶더라도 참고 해야지.

학생 A : 누가 모르니? 그만하자. 너랑 이야기하니까 나만 못난이 같아 더 화가 난다.

(나)
공감적 듣기는 대화에서 상대방의 말을 분석하거나 비판하지 않고 상대방의 관점에서 문제를 이해하며 듣는 방법이다. 공감적 듣기는 크게 소극적 들어 주기와 적극적 들어 주기로 구분한다. 공감적 듣기는 참여자 간에 메시지가 원활하게 소통되게 할 뿐만 아니라 ㉡ 대인 관계적 측면에서도 긍정적인 기능을 한다.

| 작성 방법 |
(1) 공감하며 듣고 반응하기의 맥락으로 볼 때, ㉠의 문제점을 ㉡의 관점에서 2가지 서술할 것.
(2) 학생 B에게 필요한 '적극적 들어 주기' 방법의 명칭을 쓰고, 이 방법을 적용하여 ㉠의 표현을 수정할 것.

◆ 예시 답안
(1) ㉠에서 학생 B는 학생 A의 말을 비판적으로 들으며 말하고 있다. 이러한 비판적 듣기는 대인 관계적 측면에서 의사소통 참여자 간 갈등을 유발할 수 있으며, 대화 참여자 사이의 정서적 친밀감 형성을 방해하여 대인 관계 형성에 부정적인 영향을 미친다.

(2) 학생 B에게 필요한 방법은 '반영하기'이다. 반영하기란 상대방이 한 말의 의미를 재구성하여 피드백해 주는 것이다 반영하기를 적용하여 ㉠을 수정하면 "각자 맡은 부분을 잘 안 해 오는 친구들과 모둠 활동에 비협조적인 친구들 몫까지 네가 해야 해서 많이 힘들고, 속상했겠구나. 그래서 과제를 혼자하는 것이 낫다고 생각했구나."이다.

◆ 해설
공감적 듣기 방법

소극적 들어 주기	집중하기	• 상대를 향해 앉고, 눈을 맞추고, 부드러운 표정을 지으며, 적절한 손짓을 해야 함
	격려하기	• "계속 얘기해봐"와 같은 요청, "네 생각은 어때"와 같은 질문, 침묵을 오래 견뎌주는 것
적극적 들어 주기	요약하기	• 화자의 말을 그대로 요약하여 재진술해 주는 것
	반영하기	• 화자가 한 말의 의미를 재구성해서 피드백해 주는 것

16. ㉠~㉤ 중 '분석적 듣기'의 성격을 가장 잘 보여 주는 것은?

`09 중등국어`

갑 : 우리 아버지는 친구만 왔다 가면 자꾸 질문을 하셔.
을 : 무슨 질문을 하시는데?
갑 : 걔 공부는 잘하냐, 부모님은 뭐 하시는 분이냐, 이런 걸 자꾸 물으시잖아.
을 : ㉠ 어, 우리 어머니도 그러시는데.
갑 : 너희 어머니도? 어, 그럼 나에 대해서도 물어보셨겠네?
을 : 당연하지. ㉡ 사실은 어머니가 물어보셔서 내가 모른 척 했어. 그런데 너 같은 애가 무슨 걱정이야?
갑 : 내가 뭘? ㉢ 부모님은 왜 자꾸 그런 걸 물으시는지 모르겠어.
을 : 글쎄 말이야. 근데, 나도 부모가 되면 똑같이 할 것 같아.
갑 : 무슨 말이야?
을 : ㉣ 왜, 지난번에 싸워서 벌받은 친구 있잖아. 예전엔 안 그랬는데 2학년 때 이상한 친구들을 만나더니 달라졌어. 그러니 부모님 입장에선 자꾸 물어볼 수밖에 없지.
갑 : ㉤ 그걸 친구 탓이라고 하면 안 되지. 우리도 이제 다 컸잖아. 우리 일은 우리가 알아서 하잖아. 그렇지 않아?
을 : 그건 네 말이 맞아.

① ㉠ ② ㉡ ③ ㉢
④ ㉣ ⑤ ㉤

◆ 정답 및 해설

⑤

1) 듣기의 유형은 크게 분석적 듣기, 공감적 듣기, 대화적 듣기 세 가지로 구분할 수 있다. 그 중에서 '분석적 듣기'는 문자 그대로 상대방이 하는 말을 부분으로 쪼개고, 각 부분을 서로 분석, 검토함으로써 상대방의 입장이나 견해를 비판적으로 듣는 방법이다. 다음으로 '공감적 듣기'는 상대방의 의견이나 감정에 공감하면서 (감정이입) 듣는 방법이다. 마지막으로 '대화적 듣기'는 '의미는 대화 참여자가 함께 구성하는 것'이라는 전제 하에 상대방이 이야기를 이어나가도록 격려하거나, 대화가 원활히 진행되도록 상대방 말에 피드백하며 듣는 방법이다. 정리하자면 '분석적 듣기'가 '나'에게 초점이 있다면, '공감적 듣기'는 '상대'에게 초점이 있으며, '대화적 듣기'는 '상대'와 '나' 모두에게 초점이 있다.
2) 이 문제에서 ㉠은 상대의 이야기를 들으며, '자신의 어머니도 그러신다.'라는 개인적 의견을 제시하고 있으므로 공감적 듣기에 해당한다.
3) 반면에 ㉡~㉣은 상대방의 질문에 대해 대답함으로써 대화가 원활히 이루어지도록 진행을 돕고 있으므로 '대화적 듣기'에 해당한다.
4) 반면에 ㉤에서 '갑'은 '을'의 말을 무조건 수용하지 않고, 비판적으로 판단하면서 듣고, 말하고 있으므로 '분석적 듣기'에 해당한다.

17. 학생들이 진행한 회의의 녹취록의 일부이다. ㉠~㉤ 중 회의의 절차에 맞지 않은 것은?　09 중등국어

> 의 장 : 이제 다음 의안인 문화 답사의 장소 문제를 상정하겠습니다. 의견을 말씀해 주십시오 ……. 회원1 말씀하세요.
> ㉠ 회원 1 : 문화 답사를 강진으로 갈 것을 동의(動議)합니다.
> 의 장 : 강진으로 가자는 의견이 나왔습니다. 재청 있습니까?
> ㉡ 회원 2 : 재청합니다.
> 의 장 : 재청이 있으므로 의제로 상정하겠습니다.
> 회원3 : 의장!
> 회원3 : 저는 강진 대신 서울이 좋다고 생각합니다.
> 의 장 : 강진 대신 서울로 가자는 의견이 나왔습니다.
> ㉢ 회원4 : 의장! 그냥 이 사안은 임원 회의에서 결정 해주시죠.
> ㉣ 회원3 : 아닙니다. 이건 우리가 결정할 사안입니다. 제 의견의 취지를 말씀드리겠습니다. 서울에는 훌륭한 유적지들이 많이 있는데도, 서울의 유적지들을 답사한 분들은 거의 없는 것이 현실입니다. 그래서 저는 서울로 답사 가기를 주장합니다.
> 회원1 : 아닙니다. 그런 취지라면 강진에도 다산 초당, 영랑 생가, 청자 도요지 같은 유적지가 많습니다. 그리고 무엇보다도 강진이 서울 보다 답사 비용이 저렴합니다.
> ㉤ 의 장 : 강진과 서울 안이 나왔으므로 두 안을 표결에 부치겠습니다. 서울이 좋다고 생각하시는 분 손들어 주세요. …… 그럼 강진이 좋다고 생각하시는 분 손들어 주세요……
> 서 기 : 강진이 25표, 서울이 20표입니다.
> 의 장 : 잘 알았습니다. 강진이 서울보다 5표가 더 많아서 답사 장소는 강진으로 결정되었음을 선포합니다.

① ㉠, ㉡, ㉤　② ㉠, ㉢, ㉣
③ ㉡, ㉢, ㉣　④ ㉡, ㉣, ㉤
⑤ ㉢, ㉣, ㉤

◆ 정답 및 해설

⑤

1) '회의'의 절차에 맞지 않는 사람은 '㉢회원4'와 '㉣회원3' '㉤의장'이다.
2) ㉠의 경우, 동의한다는 것은 앞에 말한 회원의 말에 찬성한다는 뜻이 아닌 자신의 마음이 움직이고 결정한 것에 대한 발언[같을 '동(同)'이 아닌 움직일 '동(動)']이다. 따라서 자신의 의견을 말한 것(찬성의 뜻이 아닌 안건을 올린다는 의미)이므로 회의의 절차에 어긋나지 않았다.
3) ㉡의 경우 '재청'은 의장에게 발언권을 얻지 않고, 발언할 수 있으므로, 회의 절차에 어긋나지 않는다.
4) 이에 비해, ㉢에서 '회원4'는 의장에게 발언권을 얻지 않고 발언하고 있다. 또한 회의의 회원(참여자)은 적극적인 자세로 회의에 임하여 의안을 심의해야 하는데, '임원 회의에서 결정'해 달라고 하여 소극적인 모습을 보이고 있다.
5) 또한 ㉣에서 '회원3'도 의장에게 발언권을 얻지 않고 발언하고 있으며, 회의 절차와 상관없이 자신의 의견을 발표하고 있다.(통상 '동의'와 '재청' 후에는 의안을 낸 '회원1'이 앞으로 나와 의안에 대한 설명을 하고, 질의응답을 받아야 한다.)
6) 마지막으로 ㉤에서 '의장'은 회의 규칙을 준수하지 않았다. 우선 '동의'와 '재청' 후 '의안 설명 및 질의응답', '토의, 토론' 단계를 거쳐 표결로 이어져야 하는데, '동의'와 '재청' 후 바로 '표결'을 진행하고 있으며, '강진'안과 '서울'안에 대해 표결을 부치는 것도 '일의제(일동의)의 원칙'에서 벗어난다.

18. (가)의 ㉠~㉤ 중 (나)에 나타난 격률로만 묶은 것은?

09 중등국어(모의평가)

(가) 정중 어법은 상대방에게 정중하지 않은 표현은 최소화하고 정중한 표현을 최대화하는 것으로 '공손의 원리'라고도 한다. 정중 어법을 이루는 격률에는 다음과 같은 것들이 있다.
㉠ 요령의 격률 : 상대방에게 부담이 되는 표현은 최소화하고 상대방의 이익을 극대화하라.
㉡ 관용의 격률 : 화자 자신에게 혜택을 주는 표현은 최소화하고 자신에게 부담을 주는 표현은 최대화하라.
㉢ 칭찬의 격률 : 듣는 이에 대한 비방은 최소화하고, 칭찬을 극대화하라.
㉣ 겸양의 격률 : 말하는 이가 자신을 칭찬하는 표현은 최소화하고, 자기를 내세우지 않는 겸손한 표현은 최대화하라.
㉤ 동의의 격률 : 자신의 의견과 다른 사람의 의견 사이의 다른 점을 최소화하고 자신의 의견과 다른 사람의 의견 사이의 일치점을 극대화하라.

(나)
김 부장 : (바라보며) 박 과장, 보고서에 현장 조사가 빠져 있네. 그리고 자료 분석에는 작년 순이익이 반영 안 되어 있고.
박 과장 : 죄송합니다. 사실 이번 주 내내 기획 업무 때문에 바빴습니다. 그리고 작년 결산 보고서는 아직 총무부에서 안 올라와서 어쩔 수 없었습니다.
김 부장 : (고개를 끄덕이며) 총무부에서 협조를 좀 빨리해 줬더라면 좋았을 텐데.
박 과장 : 제가 다시 한 번 내려가 보겠습니다.
김 부장 : 그래, 그게 좋겠네. 시간이 별로 없으니 좀 번거롭더라도 박 과장이 직접 발로 좀 뛰어 주면 좋겠어. 박 과장이 일을 한번 밀어붙이면 시원하게 잘 해내는 사람이잖아. 모레까지는 가능하겠나?
박 과장 : 네. 최선을 다하겠습니다.

① ㉠, ㉡
② ㉠, ㉢
③ ㉡, ㉤
④ ㉢, ㉣
⑤ ㉣, ㉤

◆ 정답 및 해설

②

1) 다음 문제는 (가)에 나타난 정중 어법(공손성의 원리)을 참고하여 (나)에 쓰인 정중 어법의 세부 격률을 찾는 문제이다. 정중 어법이란 상대방에게 정중하지 않은 표현은 최소화하고 정중한 표현은 최대화하는 것으로 그 종류로는 요령, 관용, 칭찬, 겸양의 격률이 있다.

2) (나)의 김 부장 대사 중 '총무부에서 협조를 좀 더 빨리 해 줬더라면 좋았을 텐데.'는 '필요한 자료였다면 자네가 먼저 요청 할 수도 있지 않았나?' 대신 쓰인 표현으로, 김 부장은 박 과장 말에 동의함으로써 박 과장의 부담을 덜어주고 있으므로 요령의 격률을 지킨 예이다.

3) 또한 김 부장 대사 중 '박 과장이 일을 한번 밀어붙이면 시원하게 잘해내는 사람이잖아.'는 칭찬을 극대화하고 비방을 최소화하는 칭찬의 격률을 지킨 예이다.

19. 다음 <자료>를 보고 물음에 답하시오. ㉠~㉤에 대한 설명으로 옳지 않은 것은? 〔10 중등국어〕

<자료>

영희 : 어제 강연 어땠어?
준수 : ㉠ 어젯밤부터 바로 공부하는 방법을 바꿨지…….
영희 : 맞아! 우리한테 꼭 필요한 정보였어. 선배 중에 그런 분이 계시다는 게 자랑스러워. 선배를 보고 있으니까 내 꿈이 실현된 것 같았어. 넌 꿈이 뭐야?
준수 : ㉡ 우리 잘하면 대학까지 그 지겨운 얼굴 쭉 보겠다.
영희 : (놀라며) 설마 너도 자동차 엔지니어니?
준수 : ㉢ 어릴 적부터 만든 모형 자동차만 해도 족히 100개는 되니까, 자동차 엔지니어가 꿈이라고 할 수 있지. 근데, 수학성적이 …….
영희 : (고개를 저으며) ㉣ 수학 못한다고 공대 못 간단 법 있나?
준수 : 그렇지? 그래도 요즘엔 수학에 신경 좀 쓰고 있어. 그런데 그게 해도 해도 밑 빠진 독에 물 붓기야.
영희 : 뭐, 아인슈타인도 수학에서 낙제했다더라. 근데 지금 몇 시니?
준수 : 이런, ㉤ 골목으로 가로질러 가야겠다.
영희 : 이러다 또 벌점 받는 거 아냐?
준수·영희 : 그럴 수는 없지! (서로 경쟁하듯 달린다.)

① ㉠에서 관련성이 낮아 보이는 대화가 자연스럽게 이어지는 것은 대화 참여자가 공유하고 있는 지식과 관련이 있다.
② ㉡은 반어적 표현을 사용하여 대화 참여자 간의 친근한 관계를 보여 준다.
③ ㉢에서는 요구받는 것보다 많은 정보를 제공하여 발화 내용의 진실성을 강조하려는 전략이 사용되었다.
④ ㉣은 '질문'이 아닌 '격려'의 의미를 표현했다는 점에서 발화 의미와 문형의 관계가 고정된 것이 아님을 보여 준다.
⑤ ㉤은 질문의 의도에서 벗어난 답변을 함으로써 잘못된 질문을 교정하는 효과를 지닌다.

◆ **정답 및 해설**

⑤

1) 선택지 ①과 관련해 준수는 의도적으로 관련성의 격률을 어김으로써 대화 함축이 발생하였고, 이는 대화 결속에 기여한다. 대화 함축을 이해하려면 대화 참여자가 동일한 지식이나 경험을 공유해야 한다.
2) 선택지 ②와 관련해 '지겨운 얼굴'이라는 표현은 직설적 표현이 아니라 같은 전공을 택할 가능성이 있는 친구에게 향하는 반어적 표현이다. 물론 이것이 반어적 표현이라는 것은 앞뒤 문맥을 고려해야만 파악할 수 있다.
3) 선택지 ③과 관련해 '어릴 적부터 만든 모형 자동차가 100개는 넘는다'는 내용은 요구 받은 것보다 많은 정보를 제공한 것으로, 양의 격률을 어김으로써 자신의 발화 내용이 진실하다는 것을 강조한 것이다.
4) 선택지 ④와 관련해 ㉣은 표면적으로는 의문문의 형식을 취하고 있지만 발화의 기능은 '격려'라 할 수 있다. 즉 발화 의미와 문형의 관계(발화의 표면적 형식)가 일치하지 않는 간접 발화 행위이다.
5) 선택지 ⑤와 관련해 ㉤은 '수업에 늦을 것 같아 서둘러 가야겠다'는 함축적 의미를 내포하고 있다. 이는 '대화 함축'으로 대화의 결속성에 기여하지, 잘못된 질문을 교정하는 것이 아니다.

20. <자료>는 학생들이 수행한 토론의 일부이다.

〈자료〉

㉠ 흡연을 정부가 규제해야 하는가?

찬성 측 : 의학적인 연구 결과 담배가 몸에 해롭다는 사실은 분명합니다. 흡연자 중에서 폐암에 걸리거나 기관지 계통의 질병으로 고생하는 분이 많습니다. 정부가 나서서 대책을 강구해야 합니다.

반대 측 : 흡연의 부정적인 면만 강조하여 흡연자를 불안하게 해서는 안 됩니다. ㉡ 흡연은 정신 건강에 크게 기여합니다. 제 주변에서도 흡연자 중에 장수하는 사람을 많이 보았습니다. 흡연은 기호의 문제이므로 개인에게 맡길 사안이지 정부가 나설 일이 아닙니다.

찬성 측 : 최근 흡연 인구가 감소하는 추세입니다. 이는 흡연이 건강을 해친다는 것을 사람들이 알게 되었기 때문입니다. 그런데도 젊은 여성층과 청소년의 흡연이 증가하고 있습니다. 이들에 대해서는 정부가 적극적으로 금연 운동을 펼쳐야한다고 봅니다.

반대 측 : ㉢ 지금 찬성 측에서 정부가 개입하면 우리나라 전체의 흡연율이 낮아진다고 말했습니다. 그렇지만 이는 근거 없는 주장입니다. 흡연 문제는 개인이 알아서 선택하게 하는 것이 바람직합니다.

찬성 측 : 개인에게 맡긴다고……

사회자 : ㉣ 잠깐만요. 이 문제는 이 정도로 정리하는 게 좋겠습니다. 다음에는 현실적인 문제점을 짚어 가며 구체적으로 논의해 보겠습니다.

찬성 측 : 흡연자들은 아무 데서나 담배를 피우는 경향이 있습니다. 실내에서 흡연을 하면 비흡연자들은 매우 괴롭습니다. ㉤ 도대체 왜 남에게 피해를 줍니까? 자기만 좋으면 남들은 어떻게 되든 상관없는 겁니까?

㉠~㉤에 대한 지도사항으로 적절한 내용만을 <보기>에서 모두 고른 것은?

10 중등국어

⎡보기⎤
㉠ : 논제의 핵심이 잘 드러나지 않음을 지적하고 "흡연의 정부 규제, 필요한가?"로 수정하도록 지도한다.
㉡ : 개인의 경험을 일반화하여 근거로 제시하였음을 지적하고 객관적 근거에 입각하여 발언하도록 지도한다.
㉢ : 상대방이 말하지 않은 내용을 자의적으로 판단했음을 지적하고 사실적 듣기에 충실하도록 지도한다.
㉣ : 발언 기회를 균등하게 주지 않았음을 지적하고 사회자의 중립적 태도에 대하여 지도한다.
㉤ : 감정적으로 발언하였음을 지적하고 논점에 따라 논리적으로 주장하도록 지도한다.

① ㉠, ㉢ ② ㉡, ㉣
③ ㉠, ㉡, ㉤ ④ ㉡, ㉢, ㉤
⑤ ㉢, ㉣, ㉤

● 정답 및 해설

④

1) ㉠의 내용은 '토론의 논제 제시 방법'에 대한 것이다. 토론의 논제는 뚜렷한 논쟁점을 지녀야 하며 찬·반으로 나뉘는 의제여야 한다. 또한 직접적인 의견 충돌을 확실하게 하기 위해 '토론의 논제'는 진술('-해야 한다'는 정책 형식, '-이다'의 사실 형식으로 표현)의 형태로 해야 한다. 그리고 토론 논제에 사용하는 용어는 명확하게 정의하여 논쟁점을 분명하게 드러내야 하므로 ㉠에서 제시하고 있는 내용처럼 의문문의 형식으로 바꾸어 제시하는 것은 적절하지 않다.

2) ㉣의 내용은 사회자의 역할에 대한 내용이다. ㉣의 내용 중 사회자는 찬성과 반대 각각 두 번씩의 공정한 발언 기회를 부여하였으므로 '발언 기회를 균등하게 제시하지 않았다'는 내용은 적절하지 못한 내용이다. ㉣의 사회자가 범한 잘못은 '찬성 측과 반대 측의 토론이 진행되고 있는 중간 과정에서 이유 없이 토론을 중단시키고 이야기의 방향을 바꾼 것'이다. 사회자는 객관적인 입장에서 토론이 원만히 이루어지도록 공정하게 토론을 진행하고 토론 쟁점을 적절하게 정리하고 제시해 주어야 한다는 바람직한 방향도 제시할 수 있다.

21. 교과서의 학습 활동에 대한 학생의 활동 결과이다. 활동2에서 교사의 수정 지도가 필요한 것은?

〚11 중등국어〛

> 활동 1. 연설에 앞서 청중을 분석해 보자.
>
> 주제: 정보 격차 해소를 위해 저소득층에 대한 인터넷 통신비 지원을 강화해야 한다.
>
> ○ 성별: 남 17명, 여 16명 (같은 반 학생들)
> ○ 연령: 18세 (고등학교 2학년)
> ○ 사전 지식: 인터넷에 대해서는 잘 알고 있겠지만, '정보 격차 해소 정책'에 대해서는 잘 모를 것이다.
> ○ 개인적 관련성: 지원 대상이 아닌 학생들은 연설 내용이 자신과 상관없다고 느껴 연설에 대한 흥미가 적을 것이다.
> ○ 주제에 대한 입장: 주장에 반대하는 친구들도 적지 않을 것이다. 몇 명의 친구에게 물어 보니 절반 정도는 반대 의견을 가지고 있다.
> ○ 관심사와 요구: 대부분이 '정보 격차'에 대한 관심보다는 인터넷 통신비를 어떻게 지원 받을 수 있는지 궁금해 할 것이다.
>
> 활동 2. 활동 1의 청중 분석 결과를 바탕으로 연설 계획에 반영할 내용을 적어 보자.
>
> ㉠ 청중은 고등학생이고 연령이 동일하므로 학생에게 적합한 표현을 사용한다. 한쪽 성에만 익숙한 표현을 쓰지 않도록 유의한다.
> ㉡ 사전 지식이 부족한 학생들이 있으므로, '정보 격차'의 개념과 관련 정책에 대해 설명하는 부분을 연설의 앞부분에 포함시킨다.
> ㉢ 연설 내용이 자신과 직접적으로 관련이 없다고 생각하는 청중에게는 '정보 격차 해소'가 사회 공동체 전부의 문제임을 주장하여 공감을 이끌어 낸다.
> ㉣ 주장에 반대하는 청중이 많으므로 도입부부터 반론을 제기한 후, '정보 격차 해소의 필요성'과 같이 공감대 형성이 용이한 내용으로 논의를 전개해 간다.
> ㉤ 인터넷 통신비 지원 방법을 궁금해 하는 사람이 많으므로 주제에 대한 논의의 초점을 흐리지 않고 통일성을 유지하는 범위 내에서 이를 간략히 소개한다.

① ㉠ ② ㉡ ③ ㉢
④ ㉣ ⑤ ㉤

◆ **정답 및 해설**

④

1) '정보 격차 해소를 위해 저소득층에 대한 인터넷 통신비 지원을 강화해야 한다.'는 주제는 학생의 연설이 설득 연설임을 알 수 있다.
2) 〈활동 1〉의 청중 '성별'을 보면 남학생은 17명, 여학생은 16명임을 알 수 있다. 따라서 '㉠ 청중은 고등학생이고 연령이 동일하므로 학생에게 적합한 표현을 사용한다. 한쪽 성에만 익숙한 표현을 쓰지 않도록 유의한다.'는 적절한 내용이다.
3) 〈활동 1〉의 청중 '사전 지식'을 보면 사전 지식이 부족함을 알 수 있다. 따라서 '㉡사전 지식이 부족한 학생들이 있으므로 '정보 격차'의 개념과 관련 정책에 대해 설명하는 부분을 연설의 앞부분에 포함시킨다.'는 청중의 지식, 경험, 상황을 적절히 고려한 것으로 적절한 내용이다.
4) 〈활동 1〉의 '개인적 관련성'을 보면 개인적 관련성이 부족함을 알 수 있다. 이에 따라 '㉢연설 내용이 자신과 직접적으로 관련이 없다고 생각하는 청중에게는 '정보 격차 해소'가 사회 공동체 전부의 문제임을 주장하여 공감을 이끌어 낸다.'는 연설 주제를 청중과 관련시켜 개인적 관련성을 높여 주고 있는 것으로 적절한 내용이다.
5) 〈활동 1〉의 주제에 대한 입장을 보면 연사의 주장과 반대 입장에 선 청중이 적지 않음을 알 수 있다. '㉣주장에 반대하는 청중이 많으므로 도입부부터 반론을 제기한 후 정보 격차 해소의 필요성과같이 공감대 형성이 용이한 내용으로 논의를 전개해 간다'는 적절하지 않은 내용이다. 연사의 주장과 반대 입장에 선 청중이 많을 경우, 처음부터 반론을 제시하면 오히려 반발을 얻을 수 있다. 그러므로 이런 경우에는 처음에 공감대를 형성하여, 말할 분위기를 조성하고 그 후에 자신의 의견을 조리 있게 발표해야 한다.
6) 〈활동 1〉의 '관심사와 요구'를 보면 청중들은 '통신비 지원 방법'에 대해 궁금해 하고 있다. 이에 따라 '㉤인터넷 통신비 지원 방법을 궁금해 하는 사람이 많으므로 주제에 대한 논의의 초점을 흐리지 않고 통일성을 유지하는 범위 내에서 이를 간략히 소개한다.'는 청중의 관심사와 요구를 수용한 것이므로 적절한 내용이다.

22. <보기>의 상황에서 학생에게 지도할 내용 중 '자아 노출' 이론을 잘못 적용한 것은? 　11 중등국어

─┤보기├────────────────────────────
고등학교에서 국어 과목을 담당하고 있는 송 교사는 오늘 말하기가 인간관계에 미치는 영향에 대해 수업을 하였다. 수업 후, 한 학생이 찾아와 자신의 고민을 털어놓았다.

> "선생님. 말씀 드릴 게 있어요. 화법 수업을 통해 저를 돌아볼 수 있었어요. 의사소통 방식이 인간관계에 그렇게 큰 영향을 미치는지 몰랐어요. 그런데 평소에 고민이 무척 많아요. 다른 사람에게 저에 대해 잘 이야기하지 않아요. 특히 처음 만난 사람에게는요. 상처 받는 것이 두려워요. 그러니까 친구도 마음을 열지 않아요. 그러다 보니 친해지기 힘들고요. 어떤 때는 마음에 맞는 친구이다 싶어 친해지고 싶은 마음에 깊은 속 이야기까지 할 때도 있었어요. 그런데 그 친구는 저를 점점 멀리하더라고요. 친구들은 저와 이야기하는 걸 좋아하지 않는 것 같아요. 저는 말을 잘 못하는 사람인가 봐요. 친구에게 어떻게 다가가야 할까요? 무슨 말부터 어떻게 해야 할까요? 내 마음을 이야기하지 않으면 친해지기 어렵고, 마음속 이야기를 모두 하면 약점을 드러낸 것 같아 창피하기도 하고. 속상해요. 선생님."

──────────────────────────────────

① 의사소통을 통해 관계를 형성하고 유지하고 발전시켜 나갈 때, 자아 노출은 핵심적인 역할을 한다. 이때의 화법 행위는 언어의 관계적 목표와 직결된다.
② 자아 노출을 통해 서로에 대한 불확실성이 감소되고, 서로의 소통 양식에 익숙해짐으로 인해 친밀감이 높아지게 된다. 이러한 자아 노출은 상호 작용적이다.
③ 자아 노출은 관계의 발전에 비례하지만, 위험을 수반하므로 한없이 자신을 드러내는 것이 바람직하지는 않다. 노출의 시기와 정도를 적절히 조절해야 한다.
④ 긍정적 자아 개념을 가진 사람은 적극적으로 자아를 노출하고 타인의 반응을 능동적으로 수용하는 경향이 있다. 그러므로 자아 개념에 대한 명확한 인식이 중요하다.
⑤ 대인 관계 형성 초기에는 개인적 자아를 노출한다. 그리고 관계가 발전할수록 사회적 자아를 노출하면서 노출의 범위를 확대하고 대인 관계의 깊이를 확보한다.

정답 및 해설

⑤

1) 관계의 발전 정도에 따른 적정 수준의 자기 노출이 필요하다. 관계가 발전한다는 것은 서로에 대해 더 많은 것을 알아간다는 것을 의미한다. 서로에 대해 더 많은 것을 알게 될수록 서로를 좀 더 잘 배려할 수 있게 될 것이다. 반면에 오랫동안 만났으면서도 자신을 드러내지 않아 상대를 잘 모른다면 관계가 발전했다고 느껴지지 않을 것이다. 따라서 관계의 발전 정도에 따라 자신의 사회적 자아뿐만 아니라 개인적 자아까지도 적정 수준에서 노출하는 의사소통이 대인 관계 발전에 기여하는 요소이다.
2) 대인 관계 초기에는 사회적 자아를 노출한다. 그리고 관계가 발전할수록 개인적 자아를 노출하면서 노출의 범위를 확대하고 대인 관계의 깊이를 확보한다.
3) <보기>의 학생의 고민 중 '어떤 때는 마음이 맞는 친구이다 싶어 친해지고 싶은 마음에 깊은 속 이야기까지 할 때도 있었어요. 그런데 그 친구는 저를 점점 멀리하더라고요.'에서 알 수 있듯이, 학생은 대인 관계 형성 초기에 개인적 자아를 노출하였고, 그로 인해 친구와 오히려 멀어진 결과를 가져왔다. 자아 노출은 관계의 발전에 비례하지만 위험을 수반하므로 한없이 자신을 드러내는 것이 바람직하지는 않다. 노출의 시기와 정도를 적절히 조절해야 한다.
4) 선택지 ①의 경우 화법 행위는 크게 '언어적 목표'와 '관계적 목표'로 나눌 수 있다. 이 중 '자아노출'은 '관계적 목표'와 관련된다.
5) 선택지 ②의 경우 '불확실성 감소 이론'에 대한 내용이다. 대인 관계 발전에 있어, 상대에 대한 불확실성을 감소시키는 것이 중요하다.
6) 선택지 ③의 경우 대인 관계 발전을 위해서는 자아 노출의 시기(속도)와 정도를 조절해야 한다.
7) 선택지 ④의 경우 긍정적 자아개념을 가진 사람의 특징을 서술한 것이다. 반대로 부정적 자아개념을 가진 사람은 타인의 반응을 소극적으로 받아들이고, 상대를 비관적으로 대한다.
8) 선택지 ⑤의 경우 대인 관계 형성 초기에는 사회적 자아를 노출하고, 대인 관계가 발전할수록 개인적 자아를 노출해야 한다. 이는 선택지 ③의 '노출의 시기와 정도를 조절한다.'와 연관된다.

23. "○○ 제도를 폐지해야 한다."라는 정책 논제에 대해 '입증의 부담' 원칙을 중심으로 반대 신문식 토론의 말하기 전략을 지도하고 있다. 찬성 측 학생에게 지도할 내용으로 가장 적절한 것은?

〔11 중등국어〕

① 토론의 발언 규칙에 따라 입론을 먼저 시작한다는 장점을 살려 입증의 부담을 줄여야 한다. 첫 번째 입론에서는 쟁점의 범위를 한정하기보다는 논제와 관련된 쟁점을 최대한 폭넓게 다루어 논의의 영역을 먼저 확보한다.
② 핵심 개념은 '입증의 부담'을 줄이는 방향으로 다시 정의해야 한다. 교차 조사를 할 때 부정적인 어감이 있는 '폐지'와 같은 어휘는 반대 측에 유리한 느낌을 주므로, 편향적이지 않고 균형성을 강조하는 표현으로 바꾸어 질문한다.
③ 현재 제도에 문제가 있으며 그로 인한 폐해가 크다는 것을 입증해야 한다. 사안의 중대성과 심각성, 문제의 지속성, 제도 폐지 요구 등에 관련된 논거를 사용하여, 현재 상태의 변화 필요성을 주장한다.
④ 정책 논제의 경우 해결 방안의 실행 가능성까지 입증해야 한다. 실행 가능성에 대한 쟁점에서는 반대 측 주장의 일부를 논파해도 성공한 것으로 간주하므로 비교 우위에 있는 하위 쟁점에 초점을 두어 집중적으로 논증한다.
⑤ '입증의 부담'이 있더라도 마지막 반박 단계까지 객관적인 토론 태도를 유지하는 것이 중요하다. 제시한 해결 방안이 사회 전체에 미치는 공익이 크지만 그 부작용이나 역효과로 인한 사회적 비용이 더 클 수 있음도 인정한다.

◆ 정답 및 해설
③

[상황진단 (실태진단, 현 상태 진단)]
1) 선택지 ①의 경우 쟁점의 범위를 폭넓게 다루기보다는 쟁점의 범위를 한정해야 한다. 또한 선택지 안에서 '입증의 부담'을 줄인다는 내용과, '쟁점을 폭넓게 다룬다.'는 내용은 서로 상충된다.
2) 선택지 ②의 경우 '찬성 측'은 '○○ 제도의 폐지'를 주장하므로, 자신 측에 유리하게 '폐지'라는 용어를 사용하여야 한다.
3) 선택지 ③의 경우 입론에서 필수 쟁점을 언급하고 있으므로 적절한 답안이다.
4) 선택지 ④의 경우 '상대 측 주장의 일부만 논파해도 성공한 것'으로 간주되는 것은 반대 측에 해당하는 내용이다.
5) 선택지 ⑤의 경우 찬성 측의 경우 '제시한 해결 방안이 부작용이 있을 수 있지만, 사회에 미치는 이익이 더 큼을 입증'해야 한다.

◆ 참고
[토론자가 논거 수집에 앞서 해야 할 준비 활동]
① 논제 분석(개념 정의하기) : 논제 분석의 핵심 과제는 논제에 포함되어 있는 핵심 개념을 정의하는 것이다. 일반적으로 학교 토론에서 긍정측 토론자는 논제와 관련된 주요 용어의 개념을 정의할 의무를 지닌다. 주요 용어 정의는 양 진영이 주요 용어의 의미에 대한 합의를 통하여 공동의 인식적 기반을 마련하기 위해 반드시 필요하다. 공동의 인식적 기반이 마련되지 않으면 토론을 통한 문제 해결 자체가 불가능해진다.
② 상황 진단(실태 진단, 현 상태 진단) : 긍정측 토론자는 현 상태의 개혁을 주장하는 진영이다. 긍정측 토론자가 현 상태의 개혁을 주장하려면 현 상태가 지니고 있는 본질적인 문제점을 파악하고 있어야 한다. 긍정측은 문제를 제기하는 진영이기 때문에 현 상태의 문제점과 관련된 입증의 부담을 지닌다.
③ 상대방 입장 분석 : 토론은 양 진영이 상반된 입장을 가지고 서로 우열을 가리는 대화 방식이라는 점에서 자신의 입장을 뒷받침하는 논거를 수집하기 전에 상대방의 입장을 확인하는 과정이 필요하다.
④ 전략 선택 : 토론의 양 진영은 토론에서 승리하기 위한 토론 전략을 선택하게 된다. 특히 긍정측 토론자는 토론의 전개 방향을 주도하는 이점을 지니고 있어서 능동적으로 토론 전략을 선택하게 된다. 토론의 전략에 따라 토론에 사용될 논거들이 선택되기 때문에 자료 수집에 앞서 토론 전략의 선택이 우선되어야 한다. 일반적으로 사용되는 전략에는 필요성 전략과 비교 우위 전략이 있다.
⑤ 쟁점도출(필수 쟁점의 도출) : 토론이 성립하기 위해서는 긍정측 토론자가 토론의 전체적인 방향을 좌우하는 핵심적인 요소들을 쟁점으로 주장해야만 한다. (필수) 쟁점이란 (긍정측의) 논제에 내재되어 있기 때문에 반드시 설정해야 하는 쟁점이다.

24. 다음은 '공감적 듣기' 능력을 평가하기 위해 작성한 문항의 초안이다. 물음에 답하시오. 〔12 중등국어〕

[1] 밑줄 친 '순이'의 공감적 듣기와 관련한 설명으로 적절한 것을 〈보기〉에서 모두 고른 것은?

> 창석 : 어제 텔레비전에서 햄버거 이야기 나오는 거 봤어?
> 순이 : 아니, ⓐ (상대방 쪽으로 상체를 약간 기울이며) 무슨 이야기인데?
> 창석 : 햄버거가 미국 음식이잖아. 그런데 원래는 독일 이민자들이 미국으로 가지고 온 거래. (주저하며) 그런데, 음, 좀 엉뚱하게 들릴지 모르겠지만……
> 순이 : ⓑ <u>뭔데? 말해 봐.</u>
> 창석 : 햄버거가 미국 음식이니까. 햄버거는 미국에서 난 재료들로 만들 거 아냐? 그런데 그 햄버거 말이야, 우리 쌀로 겉을 만들고, 속에 넣는 쇠고기와 야채가 우리 것이면 우리 음식이 될 수 있을까?
> 순이 : 아하, ⓒ <u>우리나라에서 생산한 쌀과 고기와 야채로 만들면 햄버거 우리 음식이 될 수 있다는 말이지?</u>
> 창석 : 그래, 맞아.
> 순이 : 그럴 수도 있지. ⓓ <u>그런데 버거가 빵을 의미하잖아. 만약 빵이 없다면 햄버거라고 하기 어렵지 않을까?</u>
> 창석 : 아니, 내 말은 빵이 없다는 게 아니라 그 빵일 밀 대신 쌀로 만든다는 거야.
> 순이 : 그랬구나. ⓔ <u>넌 참 생각이 기발하다.</u>
> 창석 : 그래, 고마워.

보기
A : ⓐ에서는 몸짓언어를 통해 화제에 관심을 드러내고 있다.
B : ⓑ에서는 창석의 말이 끊어지지 않도록 노력하고 있다.
C : ⓒ에서는 창석의 말을 정리하여 이해를 확인하고 있다.
D : ⓓ에서는 질문 형식으로 의견을 개진하여 창석의 부담을 줄이고 있다.
E : ⓔ에서는 칭찬의 말을 하여 우호적인 분위기를 형성하고 있다.

㉠ A, B ㉡ A, C, D
㉢ B, C, E ㉣ A, B, D, E

위 문항을 정교화하기 위해 수정할 내용으로 가장 적절한 것은?

① A와 D가 서로 간섭하지 않도록 수정한다.
② C는 비판적 듣기에 대한 설명이어서 성격이 다르므로 교체한다.
③ E는 설명이 옳지 않으므로 바르게 진술한다.
④ 답이 없으므로 답지 중 하나가 답이 되도록 수정한다.
⑤ 맞장구치기와 비언어적 의사소통에 해당하는 부분에만 밑줄을 친다.

◆ 정답 및 해설

④

공감적 듣기란 상대의 이야기에 대한 판단을 유보하고 상대의 생각을 이해하고 상대의 감정을 공유하며 내가 마치 상대인 것처럼 듣고 이에 대해 적절한 공감의 반응을 하는 상호 작용의 과정이 충실하게 이루어지는 듣기 행위를 의미한다.
① A와 D는 각각 공감적 듣기와 비판적 듣기로, 듣기의 방식이 달라 간섭이 일어나지 않는다.
② C는 공감적 듣기 중 적극적 들어주기에 대한 예문 이다.
③ E는 비아냥거림보다는 진정성 있는 칭찬의 의미를 담고 있는 발언이다. 그러므로 설명이 올바르다.
④ 문항 초안의 정답은 A, B, C, E이다. 그러나 선택지에 'A, B, C, E'가 없으므로 답지 중 하나가 답이 되도록 수정할 필요가 있다.
⑤ 공감적 듣기를 위해서는 상대방의 이야기에 집중 하는 것이 중요한데, 이때 상대방의 이야기를 들으면서 계속 미소를 지으며 고개를 끄덕여주거나 어깨를 으쓱하는 등의 몸짓, 적절한 음성적 반응 등을 통해 상대에게 집중하고 있음을 확인시켜줄 필요가 있다. 이를 통해 볼 때 공감적 듣기의 방법에는 맞장구치기와 비언어적 의사소통 이외에 반언어적 의사소통도 중요한 역할을 하고 있음을 알 수 있다.

25. 밑줄 친 부분은 화자가 대화 과정에서 상대의 생각을 추론하여 발화 의미를 파악한 것이다. 발화 의미를 파악하는 방식이 나머지 넷과 다른 것은?

`13 중등국어`

① 후배 : 이번에도 아들을 낳아서 좀 섭섭했어요.
  선배 : (이 친구가 이번에는 딸 낳기를 기대했구나.) 아들이면 어떻고 딸이면 어때. 건강하면 돼.
② 시어머니 : 어미야, 아범 아직 퇴근 안 했니?
  며느리 : (어머님이 저녁 식사를 기다리시는구나.) 어머님, 시장하시죠? 먼저 차려 드릴까요?
③ 손님 : 여기 지금 좀 덥지 않아요?
  점원 : (더워서 지금 에어컨 켜기를 원하는구나.) 좀 덥죠? 에어컨 켜겠습니다.
④ 아버지 : 지금 몇 시니?
  딸 : (아버지께서 내가 너무 늦어 화가 나셨구나.) 죄송해요. 일찍 빠져나올 수가 없었어요.
⑤ 어머니 : 벌써 일곱 시 지났다.
  아들 : (서두르지 않으면 지각하겠구나.) 네, 지금 나가요.

◆ 정답 및 해설

①

1) 화자의 의도를 직접적 언어 표현으로 나타내는 것을 직접언어행위 또는 직접수행이라고 하고, 언어로 직접 표현하지 않고 상황이나 맥락의 도움을 받아 추론의 과정을 거쳐서 화자의 의도가 간접적으로 드러나게 하는 것을 간접언어행위 또는 간접수행이라고 한다. 직접언어행위는 언어 표현의 형식 의미와 화자의 의도한 의미가 같으므로 의사소통 과정이 간단하지만, 간접언어행위는 직접언어행위에 비해서 몇 단계 더 복잡한 중간단계를 거친다.
2) ①의 대화는 '섭섭하다'는 화자의 감정을 청자에게 직접 서술문 형식으로 표현하여 청자가 화자의 감정을 바로 알아차리도록 한 직접언어행위이다.
3) ②~⑤의 대화는 발화 표현의 형식의미와 화자의 의도한 의미가 일치하지 않는 간접언어행위이다. 발화 형식은 질문이지만 발화 의도는 요청, 명령이다.
4) 간접 언어 행위는 발화의 언어 형식적 의미보다는 발화의 시간과 장소, 화자와 청자의 관계, 화자의 태도, 사회적 관습 등 언어 이외의 의사소통 관련 요소의 작용하는 힘을 빌어 간접적으로 화자의 의도를 전달하고자 할 때 사용되는 복합적 언어행위를 지칭한다. 화법에서 '말해진 것'과 '의도된 것, 실제 수행된 것'이 다른 경우 간접언어행위가 이루어지게 된다. 실제 화법에서 간접언어행위는 화자가 의도한 것뿐 아니라 화자가 의도하지 않은 것까지 맥락과 청자의 해석 차원에서 이루어질 수도 있다. '진술은 서술문으로, 질문은 의문문으로, 요구나 명령은 명령문' 식으로 발화 행위와 발화형식을 항상 일치시키는 것은 아니다.

26. (가), (나)의 조건들을 고려할 때 (다)에서 교사가 학생을 상담하면서 조언한 내용으로 적절하지 않은 것은?

13 중등국어

(가) 상담상황
- 학교 방송 기자가 특집 방송을 앞두고 선생님을 찾아와 조언을 구하는 상황
- 학생은 방송 기자이고, 방송 주제와 관련하여 전교생 대상으로 설문 조사를 하고 분석하는 일에 참여했음. 전교생 대상 생방송이라는 것 때문에 긴장하고 불안해하고 있음.

(나) 학생의 방송 계획
1. 주제 : 아침 식사와 건강
2. 방송 형식 : 대담
3. 방송 내용
 1) 학생들의 아침 식사 실태
 2) 아침 식사를 거르는 이유
 3) 해결 방안

(다)
학생 : 선생님, 저 다음 주 특집 방송이 걱정이 돼서 선생님 도움 받으려고 왔어요. 한번 살펴 봐주세요.

[A] 교사 : '아침 식사와 건강'으로 주제를 선정했는데, 시의적절한 주제라고 생각해. 요즘 학생들이 다이어트 때문에 아침을 안 먹고 다녀서 건강이 나빠져 사회적 문제가 되고 있지. 그리고 방송 내용을 실태, 이유, 해결 방안 순으로 한 것은 주제에 잘 맞는 효과적인 구성이라고 봐.

학생 : 그럼, 대담 형식으로 한 것은 어떻게 생각하세요?

[B] 교사 : 일방적인 정보 전달인 뉴스 보도 형식으로 하지 않고 대담 형식으로 정한 것도 좋아. 학생들이 궁금해 할 것을 진행자가 묻도록 하고 네가 조사한 결과를 바탕으로 대답해 주면 친구들이 더 쉽게 이해할 수 있을 거야.

학생 : 그렇겠네요. 진행 과정을 모두 문장으로 써 왔는데 한번 봐 주세요. 외울 정도로 혼자 연습했는데 어딘지 자연스럽지가 않아요.

[C] 교사 : 실제 방송에서는 상대와 맞춰 가며 상호 작용해야 하고, 듣는 사람들을 고려하면서 말해야 하니까 문장으로 쓴 것을 그대로 하면 이상할 수 있지. 딱딱한 표현들을 자연스러운 대화체로 바꾸면 좋겠어. 또 대담이니까 진행자와 연습해서 호흡을 맞추고, 어조나 목소리의 크기와 말의 속도 등도 점검해 봐서 고치면 훨씬 자연스러워질 거야.

학생 : 선생님, 그런데 방송 날이 다가오니까 점점 불안해져요. 제가 식사와 건강 문제 전문가도 아니고, 전교 학생들, 선생님들 다 듣는다고 생각하니까……

[D] 교사 : 이번에 다루는 주제는 설문 조사부터 결과 분석까지 네가 주도적으로 참여했잖아. 그 주제에 대해서 너보다 잘 알고 있는 사람은 우리 학교에 별로 없어. 그러니까 자신감을 가져. 준비가 잘 되었는데도 긴장하고 불안해하는 것은 듣는 사람들의 부정적 반응을 예상하기 때문이야. 그런데 듣는 사람 모두 우리 학교 학생이고 선생님이니까 실수를 한다고 해도 뭐랄 사람은 없어.

학생 : 네, 선생님. 여러 가지 도움 말씀 주셔서 고맙습니다. 마음이 훨씬 가벼워졌어요.

[E] 교사 : 아, 그리고 또 한 가지. '체계적 둔감화'라는 게 있는데, 이 방법은 불안증을 겪는 사람에게 실제 두려워하는 대상이나 상황을 직접 경험하게 하는 방법이야. 너도 이번 생방송처럼 두려운 일을 여러 번 경험하면 앞으로 생방송을 마음 편하게 할 수 있을 거야.

① A ② B ③ C
④ D ⑤ E

정답 및 해설

⑤

1) 'E'에 제시되어 있는 불안증 극복 방안은 '체계적 둔감화'가 아니라 '실제 상황 노출법'이다.
2) '실제 상황 노출법'은 두려워하는 말하기 상황을 직접적으로 경험하게 하는 방법이다. 두려워하는 말하기 상황을 경험했지만, 예상했던 끔찍한 결과는 일어나지 않는다는 사실에 초점을 둔다. 이 방법의 전제는 '실제 두려워하는 대상을 접하였는데도 아무런 해로운 결과가 나타나지 않게 되면 불안 반응은 소멸되며, 연설을 하는 데 있어서, 실제 위협적인 것은 아무것도 없다.'는 것이다. 실제 말하기 상황에 학습자를 노출하는 과정은 필요하지만, 극도의 반작용이 있으므로 이 방법을 사용할 때는 학습 대상에 대한 세심한 배려가 필요하다.
3) 체계적 둔감화는 두려운 자극에 체계적으로 노출 시켜 '불안' 대신 '이완'을 느끼도록 점진적으로 유도하는 방법이다.
4) 두려움을 적게 느끼는 상황에서부터 두려움을 많이 느끼는 상황의 단계를 개발한 후 각각의 단계에서 두려움을 극복하도록 하면서 궁극적으로 가장두려움을 많이 느끼는 상황을 극복하도록 하는 행동 치료이다. 걱정, 두려움, 언어 불안, 폐쇄공포증, 수학 학습 불안 등과 같은 정서적 행동에 광범위하게 사용되어 왔다. 체계적 둔감법은 공포증, 언어 불안, 수학 학습 불안 등을 제거하는 데 활용되었다.

27. 다음 <말하기 평가 계획>에 대한 동료 교사의 반응으로 적절하지 않은 것은? `13 중등국어`

<말하기 평가 계획>
1. 학습 목표 : 매체를 활용하여 주변 인물을 인상 깊게 소개한다.
2. 평가 방법
   1) 분석적 평가 방법을 적용한다.
   2) 학생의 동료 평가와 자기 평가를 실시한다.
   3) 교사의 관찰 평가도 동시에 진행한다.
   4) 말하기 평가 요소
      ◦ 청자에게 알맞은 대상을 선정했는가?
      ◦ 인물의 특성이 잘 드러나게 내용을 조직했는가?
      ◦ 소개의 시작과 마무리를 인상 깊게 했는가?
      ◦ 청자가 인상 깊게 기억하도록 어휘나 문장 선택에 주의를 기울였는가?
      ◦ 소개 효과와 관계를 고려하면서 시선, 표정, 몸짓 등을 효과적으로 활용했는가?

① 분석적 평가는 학습자의 말하기 수행 능력 요소를 항목화하여 평가할 수 있다.
② 동료 평가와 자기 평가는 말하기 능력에 대한 반성적 성찰의 기회를 제공할 수 있다.
③ 교사 평가와 학생 평가를 실시하여 평가의 주체를 다양화할 수 있다.
④ 학습 목표에 나타난 주요 학습 내용인 매체 활용을 평가 요소로 설정할 필요가 있다.
⑤ 소개하기에서는 비언어적 표현이 중요함에도 불구하고 이와 관련한 평가 요소가 없다.

정답 및 해설

⑤

① 분석적 평가는 학습자의 말하기 수행 능력 요소를 내용, 조직, 표현 등 구성하는 뚜렷한 특성 또는 범주별로 점수를 부여하여 총점을 산출하는 방식으로 이루어진다. 평가할 때는 우선 교수·학습 목표와 직결되는 평가 목표를 설정한 다음 그 목표를 고려하여 분석적 평가의 항목과 평가 척도를 결정하도록 한다.
② 동료 평가는 학습자의 수행에 대하여 동료 학습자가 평가하게 하는 방법이다. 말하기와 듣기가 혼자 이루어질 수 없으며 결국 상대방이나 청중이 있어야 한다는 점에서 화법 평가에서의 동료평가는 학습자의 수행에 대한 청중의 반응으로 볼 수 있다. 결국 학습자의 수행에 대하여 학습자와 같은 눈높이의 청중들이 어떻게 평가하는가를 알 수 있는 것이다. 또 동료평가의 과정은 평가를 받는 학습자뿐만 아니라 평가를 하는 학습자에게 자신의 말하기와 듣기를 반성적으로 돌아보게 하고, 화법 능력에 대하여 인식을 높일 수 있는 좋은 방법이 된다.
③ 자기 평가는 일종의 자기 관찰에 대한 보고이다. 주로 '의사소통의 점검과 조정'에서 많이 활용될 수 있다. 자기 평가는 흔히 일련의 진술문에 대해 대상자가 읽고 답하게 하는 것으로서 질문지법, 척도법, 검사 등이 모두 이에 포함된다. 학습자가 자신의 수행을 객관적으로 돌아보게 하며 향후 말하기와 듣기 수행의 목표를 설정하는 데 유익하다. 교사는 학습자가 자기평가에서 반드시 다루어야 할 평가항목을 미리 제시해 주는 것이 좋다. 학습자 중심의 평가이다.
③ 교사에 의한 평가 뿐만 아니라 상호 평가, 자기 평가 등 학생이 주체가 된 평가를 병행하여 실시할 수 있다.
④ '말하기 평가 계획'의 '1. 학습 목표'를 보면 매체를 활용하여 소개하는 말하기이다. 그렇다면 매체 활용과 관련된 평가 요소도 필요하다. 그러므로 선택지 ④는 적절하다.
⑤ '말하기 평가 계획'의 '2-4)말하기 평가 요소'를 보면 마지막 평가 요소로 '시선, 표정, 몸짓 등을 효과적으로 활용했는가?'가 제시되어 있다. 이는 비언어적 표현을 평가 요소에 포함한 것으로 선택지 ⑤는 적절하지 않다.

2 읽기(독서)

28. 다음 자료는 성취 기준 '글의 특성을 고려하여 효과적으로 읽을 수 있다.'를 구현한 단원의 교수·학습을 안내하는 교사용 지도서의 일부이다. 자료를 보고 2번과 3번의 두 물음에 답하시오. 〔14 중등국어〕

(1) 소단원 1 전체를 구성하는 데 바탕이 된 읽기 교육 접근법을 쓰고,

(2) '읽기 전에'의 (나)에서 활성화하고자 하는 스키마 유형을 쓰시오.

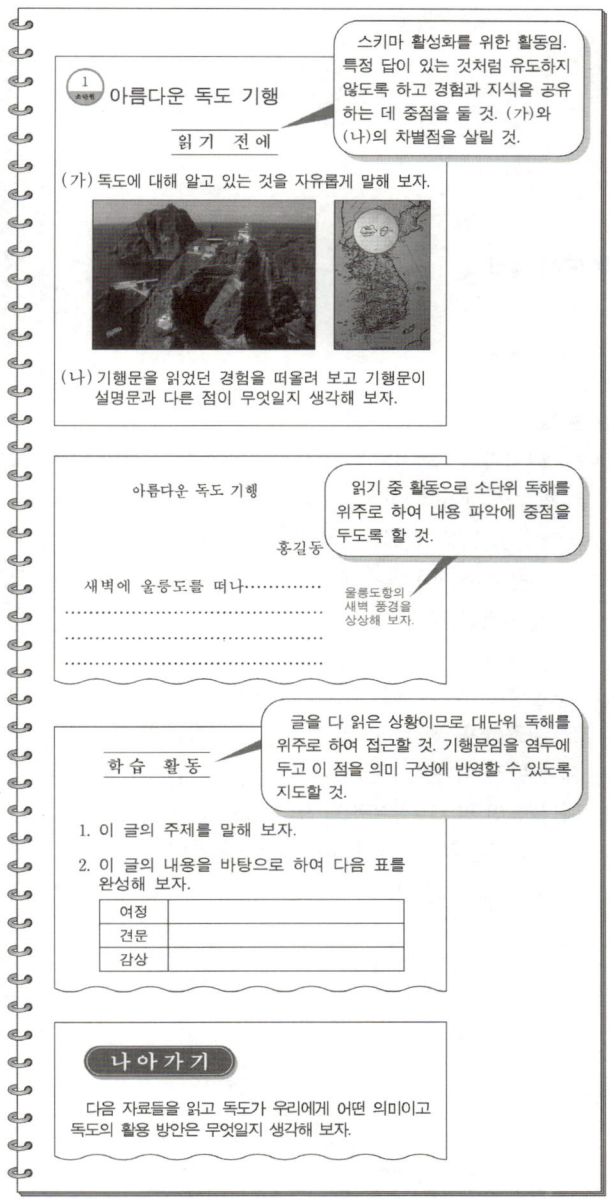

◆ **예시 답안**
(1) 과정 중심 읽기 교육
(2) 구조(형식) 스키마

◆ **해설**
1) 과정 중심 읽기 지도법은 읽기의 과정을 강조하여 지도함으로써 읽기의 각 과정에서 필요한 기능이나 전략을 가르쳐 주는 방법을 말한다. 즉 과정 중심 접근에서는 글을 읽는 과정에서 필요로 하는 전략 또는 기능 하나하나가 교육의 직접적인 대상이 된다.
2) 구조(형식) 스키마는 글이나 이야기가 전개되는 방법, 즉 독자의 이해를 돕기 위하여 필자가 전형적으로 사용하는 담화 구조나 규약에 대한 지식으로서 학자에 따라서는 텍스트적 스키마라고도 한다. 문제의 '읽기 전 활동' 중 (나)를 보면 기행문과 설명문의 다른 점이 무엇인지를 생각해 보게 하고 있다. 이는 기행문과 설명문의 구조 상 차이점을 묻는 것으로 구조(형식) 스키마 회상과 관련이 있다.

29. 다음 '나아가기' 학습과 관련해서 텍스트성 원리와 독서 방법을 설명하고자 한다. <보기>의 ㉠과 ㉡에 들어갈 말을 각각 쓰시오. `14 중등국어`

| 보기 |
- 하나의 대상에 대해 내용과 형식 면에서 비슷하거나 혹은 다르게 쓰인 두 개 이상의 글이 서로에 대해 가지는 관련성을 (㉠)(이)라고 한다.
- 다양한 관점의 자료들을 비교·대조하여 읽고 자신의 관점을 정리하는 독서 방법을 (㉡) 읽기라고 한다.

- ㉠ : _____
- ㉡ : _____

나아가기

다음 자료들을 읽고 독도가 우리에게 어떤 의미이고 독도의 활용 방안은 무엇일지 생각해 보자.

> 본문 읽기를 확장하여 학생들이 새로운 견해를 형성해 보거나 문제 해결 방안을 생각해 보는 독해 활동이 되도록 할 것.

□□신문 20○○년 ○○월 ○○일

독도를 해상 국립공원으로 지정해야

독도 영토 대책 특위 소속 국회의원들이 정부에 독도 해상 국립공원 지정 요청서를 제출했다. 독도에 대한 영토 주권 확립을 위해서는 현재의 천연기념물 지정부터 해제하고 독도와 주변 해역을 국립공원으로 지정해야 한다는 것이다. 국민들 누구나 언제든지 독도를 방문할 수 있도록 하고, 원하면 하룻밤 자고 갈 수 있는 휴양지로 개발하자는 것이다.

20○○년 ○○월 ○○일 **○○신문**

독도 자연 훼손해서는 안 돼

독도는 우리나라 동쪽 끝이며, 일제 침략으로부터 조국을 되찾은 상징적인 섬이라는 점에서 여느 섬과 다르다. 천연기념물로 지정하여 어느 곳보다 자연환경이 잘 보존되어 있으며, 우리 경찰이 24시간 철통 경비를 하고 있는 우리의 자랑스런 섬이다. 이 섬을 사람들이 자유롭게 오가게 하고, 관광 수입도 올리게 하자는 취지에서 국립공원으로 지정하자는 주장이 있으나 독도를 개발해서는 안 된다.

독도 주민

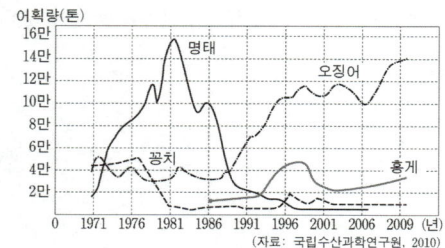
독도의 주요 어종 어획량

◆ 예시 답안

㉠ 상호 텍스트성
㉡ 주제 통합적

◆ 해설

1) ㉠ '나아가기'를 보면 독도와 관련된 신문 기사와 사진, 그래프가 제시되어 있다. 이 자료들은 '소단원 1'의 주제이자 화제인 '독도'와 관련된 자료들이다. 이는 동일한 화제에 대해 내용이나 형식면에서 비슷하거나 서로 다르게 쓰인 글로써, 이러한 자료들이 서로에 대해 가지는 관련성을 '상호 텍스트성'이라 한다.

2) 또한 하나의 주제를 중심으로 다양한 관점의 자료들을 비교·대조하여 읽고 자신의 관점을 정리하는 독서 방법을 주제 통합적 읽기라고 한다. 주제 통합적 읽기는 어떤 주제에 대하여 편협하고 불완전한 이해에서 균형 있고 깊이 있는 이해에 도달할 수 있게 하며, 다양한 분야나 관점의, 풍부한 독서 경험을 할 수 있다는 장점이 있다.

30. 다음은 '능동적으로 읽기' 단원의 제재와 수업 계획이다. 읽기 과정의 '상호작용 모형'에 근거하여 '수업 계획'에 나타난 문제점을 비판하고, <보기>의 ㉠에 들어갈 내용을 서술하시오. `15 중등국어`

교과서의 읽기 제재

2. 능동적으로 읽기

위험, 확률과 가치

홍○○

전문가들은 일반인들이 위험을 정확하게 평가하지 못한다고 간주한다. 스키장에서 스키를 타는 것이 핵 발전소 주변에 사는 것보다 훨씬 위험한데 핵 발전소만 끔찍하다고 생각하는 것이다. 전문가들은 핵 발전이 화력 발전보다 안전하며, 핵 때문에 죽을 확률이 벌똥별에 맞아 죽을 확률보다도 낮다고 주장한다. 따라서 이들은 일반인들의 핵 공포가 비합리적이고, 핵 폐기장을 거부하는 주민의 목소리는 님비(NIMBY)식의 이기주의로 간주한다.

실제로 사람들이 위험을 인식하는 데에는 주관적인 것이 많다. 계산을 해 보면 비행기와 자동차의 위험이 대략 비슷해도, 비행기를 훨씬 더 위험하다고 생각하는 것도 그렇다. 그렇지만 이러한 느낌이 단순히 주관적이고 비합리적일까? 지난 수십 년간 외국의 사례 조사에 따르면, 일반인들은 위험을 확률로 평가하는 것이 아니라 불확실성, 재앙의 정도, 통제 가능성, 형평성, 후속 세대에 미칠 영향 등을 고려해서 총체적으로 지각한다. 핵 발전소와 핵 폐기장은 이러한 총체적 관점에서 보면 가장 위험한 것이다.

··· (중략) ···

결론적으로 말해 핵 폐기장 부지 선정 문제의 해결은 확률적 논리만으로는 불가능하다. 서로 다른 가치 체계를 지닌 두 당사자 간의 이해와 검토를 바탕으로 꾸준하게 노력해야 할 문제인 것이다.

수업 계획

수업 전개	교수·학습 활동
1) 낱말 풀이	교사가 제재의 각 문장을 소리 내어 읽으며, 어려운 낱말의 의미를 설명함. (예) '간주', '핵 폐기장', '님비(NIMBY)'
2) 문단 정리	교사가 각 문단의 핵심 문장을 확인함. (예) 1문단: 전문가들은 일반인들이 위험을 정확하게 평가하지 못한다고 간주한다. 2문단: ……
3) 글의 구조 파악	교사가 글의 구조도를 제시함.
4) 글의 주제 확인	교사가 마지막 문단에 이 글의 주제가 제시되어 있음을 설명함.

┌보기┐

수업 계획 수정안

수업 전개	교수·학습 활동
1) 읽기 목적의 설정과 확인	교사와 학생이 읽기 목적(추론하며 읽기)을 확인함.
2) 독해 과정을 조절하며 읽기	학생이 자신의 독해 과정을 조절하면서, 추론적 독해를 수행함.
3) 읽는 상황 관찰	교사는 학생들이 추론적 독해 활동을 적절하게 수행하고 있는지 관찰함.
4) 독해 지도	교사가 ㉠ (예) 질문 활용: 이 글의 내용은 무엇인가? 제목의 '위험', '확률', '가치'는 무엇을 의미할까?
5) 읽기 기능 지도	교사가 직접 교수법을 활용하여 추론하기 기능을 지도함.

◆ **예시 답안**

상호작용 모형이란 독서를 글과 독자가 서로 영향을 주고받는 상호작용 행위로 설명하는 모형으로, 글 해석에 초점을 둔 상향식 모형과, 독자의 배경지식에 초점을 하향식 모형의 특성이 동시에 드러난 모형이다.

이러한 상호작용 모형에 근거할 때 '수업 계획'의 문제점은 독서의 의미 구성을 '낱말 이해, 문단 이해, 글의 주제 파악' 순으로 파악하는 상향식 모형에만 근거해 수업을 계획했다는 것이다.

<보기>의 수업 계획 수정안은 DRTA를 적용했다.

㉠에는 교사가 학생들이 스스로 예측한 내용이나 설정된 목적이 맞는지에 대해 근거를 들어 말할 수 있도록 질문하고 학생들이 대답하도록 하는 활동이 들어가야 한다.

31. 박 교사는 학생들의 읽기 능력 진단 평가를 실시하였다. <자료 1>은 박 교사가 사용한 평가지의 일부이고, <자료 2>는 결과를 기록한 것이다. 괄호 안의 ㉠, ㉡에 해당하는 말을 순서대로 쓰시오.

16 중등국어

<자료 1>
읽기 능력 진단 평가

1학년 3 반 이름: 김영희

※ [1~3] 제시된 문단에서 (1)~(3)의 문장이 얼마나 중요한지 ✓표를 하시오.

1. (1) 사람에게 이익을 주는 곤충을 익충, 해를 주는 곤충을 해충이라 한다. (2) 하지만 곤충에 익충, 해충의 구별이 원래부터 있지는 않다. (3) 그들이 사람에게 이익을 주는지 해를 주는지에 따라 붙인 말이기 때문이다.

2. (1) 배추흰나비는 배추를 갉아 먹어 피해를 주지만 꽃가루를 날라 줘 도움을 준다. (2) 벼메뚜기는 벼 잎을 갉아 먹어 해가 되지만, 식용으로 파는 사람에게는 이익이 된다. (3) 이와 같이 곤충 자체에는 익충, 해충의 구별이 있지 않다.

3. (1) 곤충은 발생 단계에 따라 이익을 주기도 하고 해를 끼치기도 한다. (2) 배추흰나비는 애벌레 시기에는 배추를 갉아 먹어 피해를 주지만 어른벌레가 되면 꽃가루를 날라 줘 도움을 준다. (3) 따라서 곤충 자체에는 익충, 해충의 구별이 있지 않다.

※ [4~6] 다음 글을 읽고 빈칸에 알맞은 말을 쓰시오.

<자료 2>
읽기 능력 진단 평가 결과

○ 대상: 1학년 3 반 김영희   (2015년 ○○월 ○○일)

문항 번호	평가 방법	진단 결과	지도 방향
1~3	(㉠)	(㉡)이/가 무엇인지 잘 모름. 무조건 앞에 있는 것을 '높음'으로 하는 경향이 있음.	예를 들어 개념을 이해시킴. (㉡)은/는 문단 내의 위치로 결정되는 것이 아님을 강조.
4~6	빈칸 메우기		

- ㉠: _____
- ㉡: _____

◆ 예시 답안
㉠ 중요도 평정
㉡ 중심 문장

◆ 해설
1) '중요도 평정법'은 일정한 글의 의미 단위를 대상으로 중요한 정도를 판단하는 것이다. 즉 학생에게 '4~6'단계 척도의 중요도 평가표를 제시하고, 글을 읽으면서 문단을 이루는 문장별로 중요도를 판단하게 하는 방법이다. <자료 1>에 제시된 평가 방법은 '중요도 평정법'이다.
2) '중심 문장'이란 필자가 글에서 말하고자 하는 중심 생각을 나타낸 문장을 말한다. 중심 문장은 문단의 처음에 있는 경우, 끝에 있는 경우, 처음과 끝에 있는 경우, 글에 직접적으로 진술되어 있지 않은 경우 등으로 나누어 볼 수 있다.

32. 다음에서 김 교사는 글을 읽을 때 일어나는 사고 과정을 학생들에게 시범 보이고 있다. 김 교사가 ㉠~㉣을 통해 지도하고자 하는 내용을 <작성 방법>에 따라 서술하시오. 〖16 중등국어〗

| 작성 방법 |

(1) ㉠, ㉢에서 김 교사가 무엇을 단서로 하여 어떤 전략을 사용하고 있는지 서술할 것.
(2) ㉡, ㉣에서 공통으로 나타나는 읽기 전략이 무엇인지 쓰고, 이 전략의 읽기 교육적 의의를 서술할 것.

- (1) : _____
- (2) : _____

김 교사 : 여러분, 지난 시간에 읽기란 글과 독자의 만남이라고 배웠어요. 그리고 능숙하게 읽기 위해서는 읽기 전략을 활용하고 자신의 읽기 과정도 살필 필요가 있다는 것을 알게 되었어요. 이제 선생님이 글을 읽으면서, 밑줄 그은 부분을 어떻게 읽고 있는지 시범 보일 테니 여러분도 함께 생각해 보세요.

> 20세기 중반 이후 인류는 우주 개발이라는 역사상 가장 큰 개발을 진행하고 있다. 이에는 막대한 예산이 필요하다. 그런데 지금 지구는 가난과 질병, 전쟁과 환경 파괴에 시달리고 있다. 인류가 매년 수백 억 달러의 비용을 우주에 쏟아 부을 가치가 있는지 논란이 된다. 이에 대해 우주 개발의 정당성을 외치는 몇 가지 주장들이 있다. (㉠'이에 대해', '몇 가지'가 있다고 하니 이제부터 그런 주장이 하나씩 차례차례 나오겠구나. 이런 말을 하면 보통 그렇게 나오던걸.)
> 첫째, '우리의 관심을 지구에 한정한다는 것은 인류의 숭고한 정신을 가두는 것'이라는 호킹의 주장이다. (㉡아, 그 유명한 천체물리학자! 요즘 이 사람 영화가 나왔다던데 보러 갈까? 시험도 끝났는데…. 아, 그런데 내가 지금 무슨 생각하는 거야. 글 읽다 말고. 다시 읽자. 음….) 지동설, 진화론, 상대성 이론, 양자 역학 같은 과학적 성과들은 인류의 문명뿐만 아니라 정신적 패러다임의 변화에 지대한 영향을 끼쳤다. 우주는 어떻게 탄생하였고 어떻게 변하고 있는가? 생명은 어떻게 시작되었는가? 지구 밖에도 생명체는 있는가? 이러한 의문에 대한 답을 구하기 위해 우리는 우주로 나아가야 한다.
> 둘째, 우주 개발의 노력에 따르는 부수적인 기술 파급 효과를 고려해야 한다는 것이다. 실제로 우주 왕복선 프로그램을 통해 산업계에 이전된 새로운 기술이 100여 가지나 된다고 한다. 예를 들어, 인공 심장, 바이오 리액터, 신분 확인 시스템, 비행 추적 시스템 등이 대표적이다.
> 지금까지 두 가지 대표적인 주장들을 살펴봤다. (㉢'지금까지'라고 하니 이제 슬슬 끝날 모양이야. 이러면 보통 요약 같은 게 오던데.) 이 주장들을 종합해 보면 우주 개발은 인류에게 정신적·물질적 차원에서 많은 가치를 제공하고 있다고 할 수 있다. 근래 인류는 우주의 시초를 밝히게 되었고, 우주의 끄트머리를 바라볼 수 있게 되었으며, 우주 공간에 인류의 거주지를 만들 수 있게 되었다. 우주 개발을 '해야 할 것이냐, 말아야 할 것이냐'는 이제 더 이상 문제가 아닐지 모른다. 우리가 다루어야 할 문제는 우주 개발을 '어떻게 해야 할 것이냐'일 것이다. (㉣그래, 이게 현명한 거 같아. 다시 한 번 읽으면서 놓친 내용은 없는지 살펴봐야겠어.)

◆ **예시 답안**

(1) ㉠에서는 '이에 대해', '몇 가지', ㉢에서는 '지금까지' 라는 담화 표지어를 단서로 하여 필자의 주장과 마무리 단계의 글 요약이 이어질 것임을 예측하는 예측하기 전략을 사용하고 있다.(글 구조 예측도 가능)

(2) ㉡, ㉣에서 공통으로 나타나는 읽기 전략은 상위인지 전략이다. 이 전략은 학생들이 글을 읽으면서 자신의 읽기 과정을 계속적으로 점검, 조정하게 함으로써 읽기 능력을 효과적으로 기를 수 있다는 교육적 의의가 있다.

◆ **해설**

1) 독자는 자신의 배경지식과 경험, 글의 정보, 읽기 맥락을 바탕으로 글의 내용을 예측하며 글을 읽을 수 있다.
2) 글의 정보에는 제목, 소제목, 표지, 삽화, 도표 등이 있으며 읽기 맥락에는 글의 흐름(내적 읽기 맥락), 글의 사회적 맥락(외적 읽기 맥락)이 있다.
3) 읽기를 수행하는 전 과정을 되짚어 보거나 읽기의 과정에서 의식적으로 읽기를 조절하는 등의 노력과 같이 읽기의 방법을 점검하고 조정하는 것을 상위인지 전략이라 한다.

33. 김 교사는 "글에 나타난 표현 의도를 파악할 수 있다."를 학습 목표로 (가) 제재에 대한 (나) 학습 활동지를 제작하였다. 김 교사의 학습 활동 구성 방식을 <작성 방법>에 따라 서술하시오. `16 중등국어`

┌─ **작성 방법** ──────────────────────┐
(1) (나)에서 활동 2와 구별되는 활동 1의 학습 활동으로서의 성격을 쓰고, 활동 1이 필요한 이유를 서술할 것.
(2) (나)의 활동 2-1에서 활동 2-2로 가는 구성 방식을 독해 수준과 관련지어 설명할 것. 단, 단순한 것에서 복잡한 것, 쉬운 것에서 어려운 것, 포괄적인 것에서 상세한 것 등 교과 일반적인 구성 원리는 제외할 것.
└──────────────────────────────────┘

(가)

보존된 유산과 사라진 유산

○○○

① 우리는 어떤 의미에서든 과거를 토대로 하여 살아간다. 긍정적이든 부정적이든 오늘에 영향을 미치는 지난 시대의 유·무형의 모든 삶의 흔적이 곧 '**유산**'이다. 그 가운데서도 '**문화유산**'이란 후대에 계승될 만한 가치를 지닌 전대의 문화적 소산을 가리킨다.

② 1968년 이집트. 람세스 2세의 거대 신전 아부심벨이 다시 그 밑줄을 드러냈다. 댐 건설로 수몰 위기에 처한 아부심벨 구출 작전은 실로 **거대한 과업**이었다. 세계 50여 개국이 지원하고 1천여 명의 기술자들이 5년여의 싸움 끝에 완공한 이 과업에는 총 4천만 달러가 소요되었다. 그 규모와 아름다움으로 최고의 성전으로 꼽히는 아부심벨을 구하기 위한 유네스코의 청원 운동이 마침내 결실을 맺는 순간이었다.

③ 1995년 8월 15일 광복 50주년 서울. 국립 중앙 박물관 건물이 순식간에 사라져 버렸다. 식민지 시대 일본이 경복궁 앞에 지어 이용하던 조선 총독부 건물이었다. 광복 후 주한 미군의 군정청으로, 정부 수립 후 행정 관청으로, 국립 중앙 박물관으로 사용되어 왔다. 그러나 이 건물은 민족의 이름으로 폭파, 철거되었다. 식민지 시대를 거쳐 분단의 역사를 아프게 목도해 온 중앙청. **현대 한국의 신산한 삶**을 <u>몸소</u> 증언하였던 이 유산은 국립 중앙 박물관으로 10여 년을 더 <u>버티다가</u> 결국 우리의 기억 속으로 영영 묻히고 말았다.

④ 결국 아부심벨은 보존해야 할 문화유산이었고, 중앙청은 지워야 할 치욕의 유산이었던 것이다. 아부심벨이 있던 수몰 지역에는 200여 고대 문명의 유적지가 산재해 있었고, 그 가운데 구출된 것은 몇 안 되는 <u>스타 유물들</u>이었다. 아부심벨은 **어떤 대가**를 치르고라도 구해야 할 **아름답고 영광스러운** 유산이 되었다. 반면에 중앙청은 식민지 시대의 치욕적 증거라는 상징성 때문에 지워진 유산이 되었다. 식민지 과거의 청산이라는 명분으로 철거가 이루어졌으나 이는 <u>초라한</u> 과거와의 대면을 회피하고 망각하고자 한 것은 아니었는가.

(나)

학습 활동

1. 이 글의 전체 내용을 파악해 보자.
　(1) 이 글의 주요 내용을 말해 보자.
　(2) 다음을 중심으로 각 문단의 내용을 정리해 보자.

①	'유산'과 '문화유산'의 차이는?
②	'거대한 과업'이 뜻하는 것은?
③	'현대 한국의 신산한 삶'이 뜻하는 것은?
④	'어떤 대가'가 뜻하는 것은?

2. 글에 나타난 표현의 의도를 중심으로 다음 활동을 해 보자.
2-1. 이 글에 쓰인 표현의 의도를 생각해 보자.
　(1) 다음 표현이 사용된 이유를 대상과 관련지어 생각해 보자.

표현	대상
• 위용 • 스타 유물들 • 아름답고 영광스러운	아부심벨
• 몸소 • 버티다가 • 초라한	국립 중앙 박물관

　(2) 글쓴이가 각각의 대상에 대해 이러한 표현을 사용한 의도를 생각해 보자.

2-2. 이 글에 사용된 표현이 글쓴이의 의도를 드러내는 데 효과적이었는지 판단해 보자.
　(1) ②, ④에서 아부심벨에 대해 사용된 표현이 효과적이었는지 생각해 보자.
　(2) ③, ④에서 국립 중앙 박물관에 대해 사용된 표현이 효과적이었는지 생각해 보자.

◆ **예시 답안**

(1) <활동 2>는 필자의 의도를 파악하기 위한 '추론적 독해' 활동과 표현의 효과를 판단하는 '비판적 독해' 활동이다. 이와 달리 <활동 1>은 글의 주요 내용을 파악하거나 문단별 내용을 정리하는 '사실적 독해' 활동이다. 이러한 사실적 독해 활동은 추론·비판·감상·창의적 독해로 나아가기 위한 기초이자 밑바탕으로, 사실적 독해가 제대로 이루어져야 상위 수준의 독해 활동으로 나아갈 수 있다.

(2) 또한 <활동 2>는 추론적 독해에서 비판적 독해로 나아가는 방식으로 구성되어있다. 즉 <활동 2-1>의 '표현에 드러난 필자의 의도를 파악'하는 추론적 독해 활동에서 <활동 2-2>의 '해당 표현의 효과를 평가'하는 비판적 독해 활동으로 나아간 것이다.

34. 다음은 읽기 텍스트 선정을 위한 대화이다. 괄호 안의 ㉠, ㉡에 해당하는 말을 순서대로 쓰시오.

17 중등국어

김 교사 : 선생님, 제가 이번 학기 방과 후 수업에서 읽기 부진학생 2명의 지도를 맡게 되었어요. 그런데 이 학생들에게 적합한 읽기 테스트를 어떻게 선정해야 할지 좀 막막하네요.

박 교사 : 저도 읽기 수업에서 학생들에게 적합한 읽기 텍스트를 선정하는 것이 늘 고민거리입니다. 선생님이 이번에 수업하실 학생들의 수준은 어느 정도라고 짐작하세요?

김 교사 : 저의 판단으로는 대략 또래 학생들보다 2년 정도 읽기 발달 수준이 낮은 것 같습니다. 제가 책을 찾아보니 어휘 수준, 문장 복잡도를 중심으로 텍스트의 이독성을 계산해서 특정 학년에 맞는 텍스트를 선정하는 방법이 있던데 그 방법을 활용하면 어떨까요?

박 교사 : 이독성 공식에만 의존하면 (㉠) 요인 이외의 다른 요인은 거의 고려하지 않는다는 점에서 문제가 있어요.

김 교사 : 아, 독자의 배경 지식과 같은 요인도 고려해야 한다는 거죠?

박 교사 : 독자의 배경 지식도 중요한 요인이죠. 독자 요인에서는 그런 인지적인 특성 이외에 흥미나 읽기 효능감 같은 정의적인 특성도 중요합니다. 그리고 또 한 가지 고려할 것은 상황 요인입니다. 예를 들어, 읽기의 목적이 무엇인지, 독서 환경은 어떠한지 등도 살펴볼 필요가 있지요 .

김 교사 : 독서 환경에 대해서는 저도 들어 본 적이 있어요. 저는 독서 환경 중에서도 (㉡) 환경이 중요하다고 생각합니다. 부모와의 대화 빈도, 부모의 독서 행위, 가정 내 읽을거리의 양과 질 등이 여기에 해당되지요.

• ㉠ : _____
• ㉡ : _____

◆ **예시 답안**

㉠ 글(텍스트)

㉡ 가정 문식성(가정 문해)

◆ **해설**

1) 독서 요인에는 독자 요인, 글 요인, 상황 요인이 있다. 그 중 박 교사의 대사에 나타난 '이독성'은 글(Text) 요인과 관련이 있다. 이 이독성은 최근에 강조되는 용어로 '난이도'를 대체하는 용어이기도 하다. 결론적으로 '이독성'이란 '글이 얼마나 읽기 쉬운지를 나타내는, 읽기 쉬움 정도'를 뜻한다.

2) 독서 상황(환경) 요인은 다시 '교실 환경 요인'과 '가정 환경 요인'으로 구분할 수 있다. 이 중 '가정 환경 요인'은 다시 '가정 구성원 요인'과 '가정 문식 환경 요인'으로 구분할 수 있다. 이와 관련하여 김 교사의 대사에 나타난 '부모와의 대화 빈도, 부모의 독서 행위, 가정 내 읽을거리의 양과 질' 등은 '가정 문식 환경 요인'에 속한다.

3) 참고로 '가정 구성원 요인'은 '가정 구성원의 독서 태도나 선호도, 독서에 대한 인식' 등을 뜻한다. 이러한 가정 구성원의 독서 태도 등이 학생에게 영향을 끼친다는 것이다.

35. 김 교사는 요약하기 규칙을 적용하여 요약문을 만들고 이를 발표하기에 활용하는 통합 수업을 진행하였다. <보기 1>은 김 교사가 마련한 학습지이고, <보기 2>는 한 학생이 제출한 학습지의 일부이다. 김 교사의 수업과 관련하여 <작성 방법>에 따라 논술하시오. 〔18 중등국어〕

┤보기 1├

2학년 ___반 _____

※ 다음 글을 읽고 요약하기 활동을 해 보자.

화폐와 경제생활

① 화폐는 재화의 교환을 용이하게 하기 위해 생겨났다. 그러나 화폐의 출현은 인간의 경제생활에 '가치의 축적'이라는 예기치 않은 현상을 초래했다. 즉, 화폐를 사용하기 시작하면서 가치를 축적하는 것이 쉬워진 것이다.

② 소, 돼지, 양이나 물고기, 조개 같은 것들은 일정한 시간 내에 처리하지 않으면 곧 부패하여 가치가 없어지기 때문에 옛날에는 이러한 것을 아무리 많이 획득하여도 오랫동안 축적해 둘 수 없었다. 또 비교적 쉽게 부패하지 않는 쌀, 보리, 밀, 수수와 같은 것도 축적해 두기 위해서는 우선 적합한 공간이 마련되어야 했다. 그리고 공간이 아무리 넓고 커도 축적할 수 있는 총량에 한계가 있었다. 그뿐만 아니라 적합한 공간을 마련하여 많이 축적해 둔다고 해도 그 소유자는 외부의 사람들로부터 약탈을 막아야 하는 어려움이 있었다.

③ 수렵 채취의 시대에는 그때그때 획득한 재화를 2~3일

〈학습 활동〉

1. 다음 표를 완성하시오.

구분	요약문	비고
①		50자 내외
②		150자 내외
③		150자 내외
④		150자 내외
⑤		50자 내외

2. 1을 바탕으로 다음 표를 완성하시오.

구분	요약문	비고
처음 ①		50자 내외
중간 ②③④		300자 내외
끝 ⑤		50자 내외

3. 2를 바탕으로 윗글의 내용을 요약하시오. (250자 내외)

4. 1~3에서 요약한 내용을 활용하여 〈말하기 상황〉에 알맞게 발표하여 보자.

〈말하기 상황〉
◦ 화제 : 화폐와 경제생활
◦ 목적 : 핵심 정보를 이해하기 쉽게 설명하기
◦ 청중 : 화제에 대한 관심도가 낮고 배경 지식이 부족한 학급 친구들

┤보기 2├

② 화폐가 생기기 전에는 재화를 축적하는 데 여러 가지 한계가 있었다. 육류나 어패류는 일정한 시간 내에 처리하지 않으면 부패하여 가치가 없어지기 때문에 오랫동안 축적해 둘 수 없었다. 쉽게 부패하지 않는 곡물도 축적해 두려면 공간을 마련해야 하고, 총량에 한계도 있고, 약탈을 막아야 하는 어려움이 있었다.

┤작성 방법├

(1) 서론과 결론은 생략하고, 본론은 세 문단으로 구성하여 쓸 것. 본론의 1문단은 김 교사가 요약하기 활동을 학습 활동 1~3과 같이 구성한 의도를 글의 구성단위를 중심으로 서술할 것.
(2) 본론의 2문단은 요약 규칙 중 '일반화(대치) 규칙'과 '재구성 규칙'에 대해 각각 설명하고, 〈보기 2〉의 요약문에서 두 규칙이 적용된 양상을 구체적으로 분석하여 쓸 것.
(3) 본론의 3문단은 학습 활동 4에서 청중 특성을 고려한 '도입부'의 내용 구성에 대한 지도 내용을 2가지 쓸 것.

• (1) : _____

• (2) : _____

• (3) : _____

◆ **예시 답안**

(1) 〈학습 활동 1〉은 문단 단위의 글을 읽고, 중심 문장을 요약하는 활동이다. 〈학습 활동 2〉는 앞선 문단 단위 요약을 바탕으로 내용상 같은 위계의 문단끼리 묶어, 글의 구조(짜임)에 따른 중심 내용을 요약하는 활동이다. 〈학습 활동 3〉은 앞선 문단 단위의 요약과 글의 구조 중심의 요약을 바탕으로 하여 글 전체를 대상으로 중심 내용을 요약하는 활동이다. 김 교사가 이와 같이 〈학습 활동〉을 구성한 이유는 〈보기 1〉과 같은 한편의 글을 요약하기기 위해서는 문단 단위의 짧은 글부터 충분히 요약 연습을 한 후 점차 큰 단위인 글 전체 수준의 요약으로 나아가야 하기 때문이다. 이는 보다 체계적이고 위계적으로 요약하는 능력을 기를 수 있다.

(2) 요약하기 규칙 중 '일반화(대치) 규칙'이란 구체적인 낱말들을 좀 더 일반적인 낱말로 대치하는 것으로 즉 하위 개념들을 이를 포괄하는 상위 개념으로 일반화 대치하는 규칙을 말한다. '재구성 규칙'이란 알맞은 중심 문장이 글 속에 명시적으로 없을 때 글의 의미를 포괄하는 중심 문장을 새롭게 구성하는 규칙을 말한다. 〈보기 2〉 요약문에 적용된 '일반화(대치) 규칙'은 다음과 같다. 〈보기 2〉의 두 번째 문장 '육류나 어패류는 ~ 수 없었다.'에서 '육류나 어패류'는 〈보기 1〉 ②문단의 첫 번째 문장 중 '소, 돼지, 양이나 물고기, 조개'를 상위어로 일반화시킨 것이다. 또한 〈보기 2〉의 세 번째 문장 '쉽게 부패하지 않는 곡물도~어려움이 있었다.'에서 '곡물'도 〈보기 1〉 ②문단의 두 번째 문장 중 '쌀, 보리, 밀, 수수'를 상위어로 일반화시킨 것이다. 다음으로 〈보기 2〉 요약문에 적용된 '재구성 규칙'은 다음과 같다. 〈보기 2〉의 첫 번째 문장 '화폐가 ~ 있었다.'는 〈보기 1〉 ②문단에 명시적으로 드러나지 않은 중심 문장을 새롭게 재구성한 것이다.

(3) 〈학습 활동 4〉에 나타난 청중의 특성은 화제에 대한 관심도가 낮고, 배경지식이 부족한 학급 친구들이다. 이러한 청중의 특성을 고려한 발표 도입부는 다음과 같다. 첫째, 청중이 화제에 대해 관심도가 낮을 경우 최신 이슈나 시각 자료 등을 활용하여 흥미를 유발하거나 말할 내용을 청중과 관련시켜 설명해야 한다. 둘째, 배경지식이 부족한 경우 도입부에서 주제나 사안에 대한 배경 지식을 사전에 미리 제공하여야 한다.

36. 박 교사는 학생들의 읽기 능력을 신장시키기 위해 다음과 같이 수업하였다. 괄호 안의 ㉠, ㉡에 해당하는 말을 순서대로 쓰되, 각각 한 단어로 쓰시오.

〔18 중등국어〕

> 글을 읽을 때 우리는 나름의 의미를 구성하게 되지요. 오늘은 이 점에 대해 살펴보려고 해요. 먼저 다음 글을 읽어 보세요.
>
> > 오늘날 한국은 개인주의 시대에 진입한 것으로 보인다. 앞으로는 갈수록 개인주의가 심화될 것이다. 이러한 시대에 홀로 제 운명을 감당하며 살 수는 없다. 그래서 어떤 이들은 불확실한 미래에 대처할 수 있는 가장 효과적인 방법으로 돈을 확보하는 데 관심을 쏟기도 한다. 한편으로는 지역 공동체나 국가가 제공하는 보장 제도가 점차 탄탄해지고 있으니 미래에 개인이 감당해야 할 불안이 줄어들 것으로 낙관하는 사람들도 있다.
> > 인간은 빵만으로 살 수 있는 존재가 아니다. 공동 연대가 꼭 개개인의 생존을 위해서만 요구되는 것도 아니다. 삶의 가치를 확인하기 위해서라도 개체라는 생물학적 단위를 넘어설 필요가 있다. 가족은 사회적·경제적 책임을 함께 나누고 실질적인 도움과 정신적 위안을 주고받는다. 지역 공동체, 국가도 이 역할을 할 수 있지만 혈족만큼 기대할 수 없다. 개인주의 시대에 진정으로 기댈 수 있는 공동체는 가족밖에 없다.
>
> 다들 읽었나요? 같은 글을 읽었지만 각자 구성한 의미는 다를 거예요. 선생님이 이 글을 읽고 의미를 구성한 예를 준비해 봤어요.
>
> > 예1 필자는 가족을 혈족으로만 생각하는 한계가 있다. 혈족은 대부분 개인의 의지와 관계없이 맺어지기 때문에 수동적인 면이 있다. 공동 연대는 상대에게 기대기 전에 내가 나서서 기꺼이 책임을 지는 적극성을 요한다. 그렇기 때문에 공동 연대의 기반을 가족보다는 가족 너머의 애정 공동체로 접근하는 것이 바람직할 것이다.
> >
> > 예2 우리가 종국에 돌아가 기댈 공동체는 가족이다. 가족은 가장 안전한 울타리이다. 울타리는 나를 감싸주기도 하지만 그 밖을 신경 쓰지 않게 해 주기도 한다. 그래서 울타리 안에 있으면 울타리 밖의 외부 세계의 굴레로부터 벗어날 수 있는 자유가 생긴다. 우리가 가족에게로 돌아가 기대는 것은 사회적·경제적 책임을 나누고 도움과 위안을 주고받는 일이면서 외부 세계의 굴레로부터 벗어나 자유를 얻는 일이 될 것이다.
>
> 예1 에서는 개인주의 시대에 공동 연대와 책임의 문제를 가족이 아니라 가족 너머의 애정 공동체로 접근해 가자는 대안을 밝히고 있습니다. 가족에 대한 필자의 관점을 비판하며 읽은 것이 바탕이 되었지요. 예2 에도 새로운 의미 구성이 나타나 있어요. 가족이 개인의 자유를 만들어 준다는 거죠. 이 경우는 글의 의미를 수용하면서도 그 의미를 (㉠)함으로써 새로운 의미 구성을 하고 있어요. 예1 , 예2 와 같이 글을 읽고 필자의 생각에 대하여 대안을 제시하거나 새로운 의미를 구성하는 읽기를
> '(㉡) 읽기'라고 합니다.

- ㉠ : _____
- ㉡ : _____

◆ 예시 답안
㉠ 보완/재구성
㉡ 창의적(창조적)

◆ 해설
1) 창의적 독해는 글에 제시된 글쓴이의 생각과 독자 자신의 생각을 종합하여 새로운 의미를 만들어 내는 것을 말한다.
2) 독자는 글의 내용과 글쓴이의 생각을 재구성하거나 새로운 관점에서 바라봄으로써 글쓴이가 제시하지 않은 새로운 의미를 형성할 수 있다. 이를 위해서는 글의 화제, 주제, 관점 등을 면밀하게 살펴보고 파악한 후 내용을 재조직하여 독자 자신만의 생각을 논리적으로 재구성해야 한다.
3) 창의적인 독자는 글의 내용과 글쓴이의 생각을 그대로 수용하기보다는 글의 내용과 글쓴이의 생각 중에서 미흡한 부분을 보완하고, 글쓴이의 생각을 넘어서는 새로운 생각을 하며 글을 읽는다.

37. 다음은 독서 지도 방법에 대한 설명이다. 괄호 안의 ㉠에 들어갈 수 있는 방법 1가지를 쓰고, ㉡에 해당하는 말을 쓰시오. `19 중등국어`

독서는 독자 개인의 경험과 배경 지식을 활용하여 의미를 구성하는 활동으로 인식되어 왔다. 일반적으로 의미 구성의 주체는 개별 독자로 전제되는데, 이는 독서가 사적인 활동으로 인식되기 때문이다. 그러나 최근 협동 학습의 원리를 반영하여 독자들이 글에 대한 이해와 반응을 서로 교류할 수 있게 하는 독서 지도 방법이 확산되고 있다. 이러한 방법으로는 (㉠) 등이 있는데, 이 독서 지도 방법들은 독자들 간 의미 경쟁을 통해 내용을 명료하게 파악하게 하고, 합리적인 의미로 내면화할 수 있게 해준다. 또한 새로운 생각을 얻거나 입장의 변화를 가져오게 할 수 있는 장점도 있다. 그리하여 개별 독자의 독서는 개인 차원에 머무르지 않고 확장 되어 소통하는 효과를 낳는다. 이때 글의 의미는 (㉡) 차원에서 재구성되며 독자 공동체에서 공유되고 소통된다. 이로써 독자는 개인 차원의 독서에서와는 다른 새로운 주체로서의 독자로 성장할 수 있다.

- ㉠ : _____
- ㉡ : _____

◆ 예시 답안
㉠ 독서토론
㉡ 사회적

◆ 해설
• 독서 토론 모형을 활용한 독서 지도

1) 독서는 독자의 개인 경험과 배경지식을 활용하여 의미를 구성하는 활동이다. 일반적으로 의미 구성의 주체는 독자 개인으로 전제되는데, 이는 독서가 일반적으로 개인적이고 사적인 활동으로 인식되어 왔기 때문이다. 그러나 최근 협동학습의 원리를 반영하여 공동체가 독서 문제를 해결하기 위해 함께 노력하고 글에 대한 이해와 반응을 서로 교류하여 개인적 차원의 의미들을 사회적 차원의 의미로 확장할 수 있도록 하는 사회적 의미 구성 활동으로서의 독서 활동이 점차 교육적으로 확대되고 있다.

2) 사회적 의미 구성 활동으로서의 독서 지도 방안은 독서 토론, 독서 클럽, 독서 워크숍 등이 대표적이다. 〈중략〉 현재 독자가 개인적으로 구성한 의미는 독자들 간의 의미 경쟁 과정을 통해 더 타당하고 합리적인 의미로 내면화될 수 있다. 이러한 이유로 그동안 독서교육에서 대화, 토의, 토론 등에 기반한 독서지도가 중요한 지도 방안으로 다루어져 왔다.

38. 다음은 '글에 사용된 다양한 논증 방법을 파악하며 읽는다.'라는 성취 기준을 바탕으로 구성한 수업 자료이다. 교수·학습 활동에 대해 <작성 방법>에 따라 서술하시오. 〖19 중등국어〗

<교사의 메모>

▶ 어떻게 수업을 구성할까?
- 학습 목표 설정: 교육과정 성취 기준을 주장의 타당성을 판단하는 데까지 확장
- 학생들이 자발적으로 참여할 수 있는 방법 구안
  - 읽기 전 '질문하기'는 본문을 읽기 전에 이 글에 대한 궁금한 점을 질문하는 활동으로 구성
  - [내용 학습]은 학생들이 읽은 글의 내용을 자신의 입장에서 자유롭게 정리하도록 구성
  - [목표 학습]은 학습 목표를 달성할 수 있는 활동을 구성하여 제시

■ 학습 목표: 글에 사용된 다양한 논증 방법을 파악하며 주장의 타당성을 판단할 수 있다.

■ 질문하기

본문을 훑어본 뒤, 이 글의 제목이나 핵심적인 단어를 활용하여 질문을 만들어 봅시다.
-
-
[A]

■ 글 읽기

디지털 치매, 걱정할 일 아니다

(가) 최근 '디지털 치매', 또는 '아이티(IT) 건망증'으로 걱정하는 사람들이 많다. 전화번호가 휴대 전화에 저장돼 있어 외우고 있는 전화번호가 거의 없고, 계산기가 없으면 암산은커녕 간단한 계산조차 하지 못한다. 이러한 문제는 분명 우려할 만한 일이다. 하지만 이 현상을 단지 '좋다, 나쁘다'의 차원에서만 보는 것은 적절하지 않다. 왜냐하면 이것은 인류 사회의 노동 환경 변화와 연관된 복잡한 현상이기 때문이다.

(나) 우리는 먼저 기술 의존이 인간 진화의 자연스러운 양상이라는 점을 인정해야 한다. 프랑스 철학자 미셸 셰르는 디지털 치매 또한 인류 진화 과정의 한 단면으로 보아야 하며, 인류의 진화의 역사를 돌아볼 때 상실하는 능력이 있으면 동시에 얻게 되는 능력이 있는 것처럼 디지털 치매 또한 두려워할 필요가 없다고 주장한다.

(다) 인간의 역사에서 그 예를 생각해 보자. 인류는 직립 원인으로 진화하는 과정에서 손을 도구로 사용하면서 그 이전까지 먹이나 물건을 무는 데 쓰였던 입의 기능이 퇴화한 반면 입은 말하는 기능을 획득했다. 또 문자와 인쇄술이 발명되면서 호메로스의 서사시를 암송할 수준의

기억력을 상실했지만, 기억의 압박에서 해방되어 새로운 지식 생산과 같은 일에 능력을 활용할 수 있게 되었다. 그렇다면 이와 마찬가지로 오늘날의 디지털 기술 역시 인간의 기억력, 계산력 등의 약화를 가져온 대신 그보다 창조적인 능력을 향상시킬 것으로 볼 수 있을 것이다.

(라) 세상은 훨씬 복잡해졌고, 제공되는 정보의 양은 많아졌다. 상대해야 하는 사람의 수도 많아졌고, 발달된 정보 통신 기술 때문에 이들을 실시간으로 상대해야 하는 환경이 조성되었다.

… (하략) …

■ 학습 활동

[내용 학습]

1. 이 글을 읽기 전에 각자 질문했던 사항에 답하면서 내용을 정리해 봅시다.

질문 1	_____
답	_____
질문 2	_____
답	_____

[목표 학습]

1. 이 글에 나타난 주장과 근거를 정리해 봅시다.
   - 주장:
   - 근거:
2. 이 글의 논증 방법을 파악해 봅시다. ……………… ㉠
3. 글쓴이의 주장이 타당한지 평가해 봅시다.

■ 자기 점검하기

	점검 내용	그렇다	그렇지 않다
지식	• (㉡)		
수행	• 글에 사용된 논증 방법을 파악할 수 있게 되었다. • 논증 방법을 바탕으로 주장의 타당성을 평가할 수 있게 되었다.		
태도	• 글을 읽을 때 논증 방법을 파악하며 읽는 습관의 중요성을 깨닫게 되었다.		

┤작성 방법├

(1) [A] 활동이 학습 과정에서 담당하는 기능을 2가지 설명할 것.
(2) ㉠의 활동과 관련하여, (다)의 논증 방법을 밝히고 그렇게 판단한 이유를 서술할 것.
(3) '자기 점검하기'의 ㉡에 들어갈 점검 항목을 1가지 서술할 것.

- (1) : _____
  _____
  _____
  _____

- (2) : _____
  _____
  _____
  _____

- (3) : _____
  _____

◆ **예시 답안**

(1) 읽기 전의 '질문하기 전략'은 학생 스스로 질문을 만들면서 읽기 목적을 설정하게 하여, 질문에 대한 답을 찾거나, 학생 스스로 능동적으로 글을 읽게 함으로써 글을 읽는 목적에서 벗어나지 않게 하는 기능을 한다. 또한 글의 제목이나 핵심적인 단어를 활용하여 질문을 만들면서 글과 관련된 학생의 배경지식을 활성화 하고, 글에 대한 호기심을 자극하는 기능을 한다.

(2) (다)에 사용된 논증 방법은 '유추'이다. 즉 글쓴이는 인류의 진화 과정과 문자와 인쇄술의 발명 과정에서 상실한 것과 얻은 것을 소개한 후 이와 유사한 상황으로 유추하여 '디지털 기술의 발전으로 인간의 기억력과 계산력은 약화된 반면, 창조적인 능력은 향상되었다.'라는 주장을 펼치고 있다.

(3) ⓒ에 들어갈 점검 항목으로는 '논증 방법의 유형과 특징을 파악하게 되었다'이다.

39. (가)와 (나)는 비판적 읽기 수업에서 사용된 읽기 자료와 교수·학습 자료이고, (다)는 학생들의 대화 내용이다. <작성 방법>에 따라 교수·학습 활동을 분석하시오. [20 중등국어]

(가) 읽기 자료

인문학은 왜 필요한가

현대화의 필수 요건인 첨단 과학과 기술은 어떤 점에서 인간성의 상실을 야기하는 것인가? 우선 검증 가능한 진리를 얻기 위해 실험을 반복하는 자연 과학은 우리로 하여금 자신의 개성을 포기할 것을 요구한다. 자연 과학은 계산 가능성과 예측 가능성을 중시한다. 만약 연구자의 개성과 주관적인 가치관이 개입한다면, 실험의 결과는 모든 사람이 인정할 수 있는 결과를 도출할 수 없을 것이다.

자신의 역사적 배경을 포기하기를 강요하는 자연 과학적 태도가 사회에 만연하게 된다면 인간은 점점 더 개성 있는 인격에서, 교체될 수 있는 단순한 구성원으로 전락하게 된다. 만약 전통적 세계가 객관적이고 합리적인 지식으로 대체되는 것이 현대화라고 한다면, 현대화는 필연적으로 획일화와 표준화의 방향으로 진행될 수밖에 없다.

자연 과학으로 인해 훼손된 삶은 보상을 요구하며, 이러한 보상의 문화적 제도가 바로 인문학이다. 자연 과학의 기술 문명에 의한 삶의 훼손은 대체로 세 가지 방향에서 진행되고 있다. 첫째, 우리의 삶이 엮어 내는 구체적인 이야기들이 합리화를 강요하는 현대화로 훼손된다. 사회는 합리성, 객관성을 요구하면서 개인의 구체적인 이야기에는 관심을 갖지 않는다. 그렇지만 우리는 우리의 정체성을 위해서도 우리 자신의 고유한 이야기를 가져야 한다. 우리 사회가 한편으로는 과학과 기술을 통해 계몽되고 미신을 타파하는 탈(脫)마법화의 과정을 걷지만, 다른 한편으로는 예술과 문화를 통해 새로운 신화와 이야기를 만들어 내는 까닭이 여기에 있다.

기술 문명에 의한 두 번째 훼손은 인간의 자연성 상실이다. 우리의 세계는 점차 자연적인 환경을 상실하고 인공 세계로 변하고 있다. 그 어떤 시대도 현대만큼 자연 세계를 파괴하지 않았지만, 현대처럼 자연 세계를 보존한 시대도 없다. 이처럼 현대화는 보존할 만한 가치에 대한 성찰을 요구함으로써 인문학을 더욱더 불가피하게 만든다.

끝으로 현대화는 전통의 의미를 박탈함으로써 우리가 나아가야 할 규범적 방향을 불투명하게 만든다. 개발과 관련하여 논란을 일으키는 문제들은 경제성과 효율성만으로는 결정할 수 없는 문제들이다. 그것은 인간다운 삶에 관한 성찰과 규범적 방향을 요구한다.

우리가 빈곤과 재해로부터 벗어날 수 있도록 도와주는 것이 자연 과학과 기술이라고 한다면, 현대화 과정에서 야기되는 인간성 상실을 견뎌낼 수 있도록 도와주는 것은 인문학이다. 우리 사회가 과학과 기술로 현대화되면 될수록 인문학이 더욱더 필요하게 되는 까닭이 여기에 있다.

(나) 교수·학습 자료

[활동 1] 다음 표를 활용하여 '인문학은 왜 필요한가'의 내용을 정리해 봅시다.

현대화의 특성	• 첨단 과학, 자연 과학 기술의 발전 • •
	• 우리의 삶이 엮어 내는 이야기 훼손 • •
인문학의 역할	• 우리 자신의 고유한 이야기 회복 • •

[활동 2] 글쓴이의 주장을 '문제 – 해결 방안' 방식으로 작성해 봅시다.

• ㉠

(다) 학생들의 대화 내용

학생 A : 나는 글을 읽으면서 인문학의 필요성에 대해서 다시 생각하게 되었어. 너희들은 이 글을 어떻게 읽었는지 궁금해.

학생 B : 나는 현대화 방향을 '획일화'와 '표준화'로 설명한 것이 적절한지 의문이 들었어. 우리 주변만 보더라도 삶의 보편성과 다양성이 존재하잖아. 그렇다면 현대화의 방향을 이렇게 두 가지로만 설명하는 것은 무리가 아닐까?

학생 C : 글쓴이는 인문학에 대해서 긍정적인 시각을 갖고 있는 것으로 보여. 글에서 이런 주장이 반복되는 것이 문제를 해결하기 위한 방안을 강조하는 의도라고 이해되기는 하지만, 그래도 필자가 한쪽 관점으로 너무 치우쳤다고 생각해. [A]

학생 A : 너희들 이야기를 들으면서 많은 생각을 하게 되었어. 나는 필자의 주장이 옳다고만 생각했는데, 그렇지 않을 수도 있다는 것을 알게 되었어.

작성 방법

(1) (가)와 (나)를 바탕으로, ㉠에 들어갈 내용을 쓰고, [활동1]이 읽기 전략으로 어떤 의의가 있는지 서술할 것.

(2) (다)의 [A]에서 학생 B, 학생 C가 사용한 비판적 읽기의 준거를 쓰고, 각 준거에 대해 설명할 것.

• (1) : _____

• (2) : _____

◆ **예시 답안**

(1) ㉠에는 "자연 과학의 기술 문명은 인간의 삶을 훼손(인간성 상실)시키는 문제점이 있다. 이러한 인간성 상실은 '인문학'을 통해 해결 가능하다."가 들어간다. '활동 1'에서는 '도해 조직자(내용 구조도)' 전략이 사용되었다. 이 전략은 글의 내용을 좀 더 쉽게 이해, 기억할 수 있도록 도와준다. 〈추가 답안〉 부분과 부분간의 관계 파악을 통해 글의 내용을 한눈에 파악할 수 있도록 도와준다.

(2) ⓐ에서 학생 B가 사용한 비판적 읽기 준거는 '타당성'이다. '타당성'이란 필자의 주장이 합리적이고 수용 가능한지, 주장에 대한 근거가 적절한지를 판단하는 것이다. 학생 B는 현대화의 방향을 '획일화'와 '표준화'로만 설명한 것에 무리가 있다고 판단하고 있다.
또한 학생 C가 사용한 준거는 '공정성'이다. '공정성'이란 글의 내용이 어느 한 쪽으로 치우쳤는가를 판단하는 것이다. 학생 C는 글쓴이가 인문학에 대한 긍정적 시각 측면에만 치우쳐 생각하고 있다고 판단하고 있다.

40. (가)는 '자발적 독서' 수업 계획안이고, (나)는 '자발적 독서' 관련 안내 자료이다. (나)를 참고하여 (가)의 개선 방안을 <작성 방법>에 따라 서술하시오.

`20 중등국어`

작성 방법
(1) Ⓐ에 근거하여 2차시 수업의 문제점을 2가지 서술할 것.
(2) Ⓑ에 근거하여 4차시 수업의 보완점을 2가지 서술할 것

(가) '자발적 독서' 수업 계획안

차시	단계	교수·학습 내용
1	수업 안내	• 수업의 전체 진행 과정 소개 • 학생들의 역할 및 수행 과제 안내
2	도서 선정	• 학년 수준에 맞는 도서 목록 제공 • 학교에서 정한 '이 달의 책' 한 권을 함께 읽을 책으로 선정
3	책 읽기	• 도서관에서 책 읽기
4	읽기 활동	• 문단별 주제 및 세부 내용 파악하기 • 문단 간 연결 관계 파악하기 • 글 전체 내용 요약하기
5	생각 나누기	• 읽은 책 내용 중 주제를 정하여 이야기하기 • 각 모둠별로 이야기한 내용 발표하기
6	글쓰기	• 이야기한 주제로 글쓰기
7	정리 하기	• 자신이 쓴 글 발표하기 • 자신의 '자발적 독서' 과정 점검하기

(나) '자발적 독서' 관련 안내 자료

자발적 독서의 목표는 학생들로 하여금 지속적인 독서 활동을 통해 바람직한 독서 습관을 기르고 평생 독자로서의 소양을 갖추도록 하는 것이다. 많은 연구자들은 자발적 독서를 위한 중요한 방법으로 자기 선택 독서와 거시적 독서를 강조하고 있다.

자기 선택 독서는 '자율성' 요인과 밀접하게 관련 되어 있다. 독서 상황에서 학생들에게 자율성을 제공하기 위해서는 학생들이 선택을 할 수 있는 기회를 보장해 주어야 한다. 학생들은 실제 독서 과정에서 다양한 선택의 기회를 통해 자신의 수준을 가늠하고, 호기심, 취향, 관심사 등과 관련하여 내재적 동기를 작동시킨다. 그리고 이러한 내재적 동기의 발현과 충족의 지속적 누적은 학생 독자의 자발적 독서 경향을 강화한다. [A]

한편 자발적 독서의 지도는 미시적 독서 방법이 아닌 거시적 독서 측면에서의 계획과 실천을 강조 한다. 거시적 독서에서는 글에 대한 세부적 이해나 사실적 이해보다는 확산적 이해를 강조한다. 즉 글에 대한 정확한 의미에만 그치는 것을 지양하고 글 에 새로운 의미를 부여하는 활동, 글이 주는 즐거움과 감동을 내면화하고 누리는 활동 등을 권장한다. 이와 같은 거시적 독서 방법의 지도를 통해 자발적 독서가 확대될 필요가 있다. [B]

• (1) : ____

• (2) : ____

◆ 예시 답안

(1) Ⓐ에 근거할 때 2차시 수업의 문제점은 첫째, 학생 개개인마다 독서 수준이 다름에도 일괄적으로 '학년 수준에 맞는 독서 목록'을 제공하였다는 것이다.(독서 수준뿐만 아니라 관심사, 취향, 흥미를 고려하여 책을 선정하게 해야 한다) 둘째, 학생이 스스로 책을 선택하는 자율성을 부여하지 않고, 학교에서 정한 '이 달의 책'을 읽게 했다는 것이다.

(2) 4차시 수업은 내용 이해에만 치중하고 있다. 이에 대한 보완점은 첫째, 책을 읽으면서 필자의 생각을 보완, 대체할 방안을 생각하거나, 글을 새로운 측면으로 접근해 보게 함으로써 새로운 의미를 창조하도록 활동(창의적 독해)을 보완한다. 둘째, 책을 읽으면서 감동 받은 부분을 찾고, 이유를 정리하면서 글의 의미를 내면화 하는 활동(감상적 독해)을 보완해야 한다.

41. (나)는 SQ3R의 방법으로 (가)를 읽은 후 이루어진 교사와 학생의 대화이다. 읽기 방법에 대해 <작성 방법>에 따라 서술하시오. 　21 중등국어

(가) 읽기 자료

사서(四書)를 어떻게 읽을 것인가

　유교는 동아시아의 사회와 문화를 형성하는 데 주도적인 역할을 해 왔다. 이러한 유교 이론의 원천이 바로 사서이다. 그 속에는 중국인, 나아가 고전을 통해 생활의 지혜와 인생, 자연과 사물을 음미하고 성찰했던 동아시아인들의 사유 양식, 철학·종교에 관한 지식 및 정보가 풍부하게 들어 있다.

　특히 사서는 대학, 논어, 맹자, 중용의 네 권의 책이 하나의 완결된 유교 지식 체계를 제시한다는 점에서 이채롭다. 주희는 사서를 대학, 논어, 맹자, 중용의 순서로 읽을 것을 주장했다. 그러면, 그는 왜 대학을 처음에 두었을까?

　대학은 유학의 학문적 목적과 정치의 근본을 밝힌 책으로, 유학의 기본 취지와 실천 강령을 가장 체계적으로 밝혀 빼어난 유교 입문서로 평가받고 있다. 이런 이유로 집을 짓기 위해 먼저 기초를 탄탄하게 닦아야 하는 것처럼, 대학에 대한 확실한 이해가 있어야 다양한 경전의 내용을 각각의 조목으로 구분하여 이해할 수 있다는 것이다.

　대학 다음에는 논어를 읽게 하였다. 논어는 공자와 그 제자들의 언행이 담긴 어록이다. 공자와 그 제자들이 유교의 이상인 대학의 도를 어떻게 실천했는가를 살펴볼 수 있는, 이른바 유교 이론의 구체적인 실천이 생생하게 담긴 자료집이다.

　맹자가 세 번째가 된 것은, 맹자는 논어에 나타난 공자의 가르침을 계승 확장하는 형태로 설명하고 있기 때문이다. 주희는 대학을 읽고 학문적 지향점을 찾은 후에 논어, 맹자를 읽으면 그 내용이 쉽게 이해된다고 하였다.

　그런 후에 중용을 읽으면 된다고 하였다. 중용은 인간과 사물의 근저에 있는 추상적 원리를 제시하고 있기에, 다른 경전을 먼저 읽고 이것을 맨 마지막에 읽어야 마땅하다고 판단한 것이다. 대학이 인간과 사물을 정면에서 바라보도록 한 것이라면, 중용은 그 이면을 성찰하도록 한 것이라 할 수 있겠다.

(나) 교사와 학생의 대화

교사 : 지난 시간에는 ⊙KWL 방법을 이용하여 글을 읽어 보았 지요. 오늘은 ⓒSQ3R 방법을 활용하여 '사서(四書)를 어떻게 읽을 것인가'라는 글을 읽어 보았는데, 어땠어요? SQ3R 방법을 사용한 과정을 한번 이야기해 볼까요?

학생 : 선생님, 저는 글을 본격적으로 읽기 전에 이 글이 어떤 내용인지를 간단하게 살펴보았어요. 제목과 대략적인 내용을 살펴보았는데요, 사서를 읽는 방법을 설명한 글이라는 생각이 들었어요. 그리고 제목이나 대강 살펴본 내용을 보면서 궁금한 점들을 떠올려 보았어요.

교사 : 어떤 점들이 궁금했지요?

학생 : 사서는 어떤 순서로 읽어야 하지? 이 순서를 따라야 하는 이유는 무엇일까? 이런 점이 궁금했어요. 그런 다음 글을 읽기 시작했어요.

교사 : 글은 어떻게 읽었어요?

학생 : 글을 읽으면서 질문에 대한 답을 찾으려고 했어요. 각 단락의 핵심어와 중심 내용이 무엇인지 파악하며 글을 읽었어요.

교사 : 글을 다 읽고 난 뒤에는 어떤 활동을 했나요?

학생 : 되새기기 활동을 수행하였어요. 글을 읽기 전에 만든 질문 말고 이 글을 이해하는 데 필요한 질문을 몇 [A] 가지 더 만들어 보았어요.

교사 : 그 다음에는 무엇을 했나요?

학생 : ┌─────────────────┐
　　　│　　　　　　ⓒ　　　　　　│
　　　└─────────────────┘

교사 : 자, 그럼 질문 하나 더 할게요. 지금까지 수행한 읽기 활동을 들어 보니 보완해야 할 활동이 있네요. 이에 대해서 다시 한번 얘기 나눠 볼까요?

┌─ **작성 방법** ─┐
(1) ⊙, ⓒ의 공통점을 방법적 측면에서 2가지 제시할 것.
(2) [A]를 볼 때, 교사가 지도할 내용 1가지를 쓰고, ⓒ에서 학생이 수행해야 할 활동 1가지를 제시할 것.

• (1) : _____

• (2) : _____

◆ **예시 답안**

(1) ㉠, ㉡의 공통점은 첫째, 글을 읽기 전에 훑어본 내용 또는 알고 싶은 점을 바탕으로 질문을 만들고, 질문에 대한 답을 찾으며 글을 읽는 것이다(배경지식 활성화).
둘째, 글을 읽으면서 찾은 질문에 대한 답이나 새롭게 알게 된 정보를 정리하는 것이다.

(2) [A]에서 되새기기(확인하기) 활동은 중요한 부분을 중심으로 글을 다시 확인해 보면서, 글을 읽으면서 얻었던 답과 정보를 다시 떠올려 보거나, 구두로 자신이 정리한 질문에 대한 답과 비교해 보도록 지도한다.
㉢에서 학생이 수행해야 할 활동은 '재검토하기(점검하기)'로 이해가 잘 되지 않는 부분을 다시 읽어 보거나 자신이 이해한 내용이 적절한지 점검해 보도록 한다.

◆ **해설**

- SQ3R 모형(독서 교육론, 이순영 외, 사회 평론)

절차	교수·학습 활동
훑어보기 (Survey)	• 제목 중심으로 훑어보기 • 주제어 중심으로 훑어보기 • 텍스트의 핵심 내용을 예측하기
질문하기 (Question)	• 주어진 문제가 무엇인지 파악하기 • 읽기의 목적과 의도를 분명히 하여 질문 만들기
읽기 (Read)	• 텍스트의 각 부분의 의미를 연결하며 읽기 • 텍스트의 전체 내용을 파악하며 읽기
확인하기 (Recite)	• 중요한 내용을 자신의 말로 표현해 보기 • 독자의 의도와 목적에 따라 텍스트 내용 파악하기
재검토하기 (Review)	• 이해가 잘 되지 않는 부분은 다시 읽기 • 자신이 이해한 내용이 적절한지 평가하며 다시 읽기

42. 다음을 읽고, 괄호 안의 ㉠, ㉡에 들어갈 말을 쓰시오.

21 중등국어

(가) 독해 과정에 대한 실험
연구자들은 '집'이라고 제목 붙여진 글을 두 집단의 학생들에게 읽게 하였다. 이 글은 도둑이 관심을 가질 만한 정보와 집을 사려는 사람이 관심을 가질 만한 정보를 함께 포함하고 있으며, 그 정보의 수도 비슷하다.
A집단에게는 도둑의 입장에서, B집단에게는 집을 사려는 사람의 입장에서 이 글을 읽게 하였다. 실험 결과, A집단의 독자들은 차고에 있는 좋은 자전거, 외따로 떨어져 있는 집의 위치 등의 정보를 많이 기억하였고, B 집단의 독자들은 지붕이 썩어 햇빛이 새어 들고 지하실에 습기가 많다는 등의 정보를 많이 기억하였다.
또 다른 연구에서는 실험에 참여한 학생들에게 "철수는 부모님과 함께 패스트푸드 가게에 갔다. 가게에서 햄버거도 먹고 아이스크림도 먹었다."라는 글을 읽게 한 후 "철수는 왜 줄을 서서 기다렸는가?"라고 물었을 때 학생들은 글에 포함되지 않았던 내용을 채워 넣으며 답을 했다.

(나) 독서 교육에 주는 시사점
이상의 연구들은 독해 과정에 영향을 미치는 (㉠)의 기능을 밝혀내었다는 점에서 그 의미를 찾을 수 있다.
특히, 첫 번째 연구에서는 (㉠)이/가 정보의 선택과 기억에 영향을 미친다는 점을 밝혀내었다. 그리고 두 번째 연구에서는 독자가 의미 구성을 하는 과정에서 글에 제시된 정보를 기반으로 생략되거나 감추어진 내용을 채워 나가는 (㉡)을/를 한다는 점을 밝혀내었다.

- ㉠ : _____
- ㉡ : _____

◆ **예시 답안**
㉠ 스키마
㉡ 추론(추론적 독해)

◆ **해설**
- 스키마의 기능 (읽기 교육의 원리와 방법, 이경화, 박이정)

(1) 글 속의 정보와 독자의 지식과의 통합 기능

개념	새로운 정보를 기존의 정보와 연결시켜 받아들여 정보를 일관성 있는 형태로 재구성함
대표 실험	'세탁기 사용'에 대한 글 실험
실험 내용	집단1 제목 언급 X → 글 이해, 기억 x
	집단2 제목 언급 O → 글 이해, 기억 O
시사점	의미 구성이란 단순히 글로부터 내용을 받아들이는 것이 아니라 독자의 배경지식을 글에 반영하여 형성하는 것

(2) 낱말의 의미 선택 기능

개념	자신의 관점에 따라 글 속에서 단어의 의미를 선별적으로 선택함
대표 실험	2가지 관점으로 이해될 수 있는 글의 이해(죄수의 감옥 탈출 vs 레슬링 목조르기)
실험 내용	집단1 체육전공 실험자 → 레슬링 의미로 이해
	집단2 비 체육전공 실험자 → 죄수의 의미로 이해
시사점	독자들은 자신들의 관점에 따라 낱말의 의미를 선택함

(3) 정보의 선별적 기억 기능

개념	독자의 입장에 따라 글 속의 정보를 선별적으로 기억함
대표 실험	2가지 관점에서 기억할 만한 정보가 포함된 글 이해 (도둑 입장 vs 집 사려는 사람 입장)
실험 내용	집단1 도둑 입장 → 도둑이 관심 가질 만한 정보를 많이 기억
	집단2 집 사려는 사람 입장 → 집 사려는 사람이 관심 가질 만한 정보 기억
시사점	독자들이 취하는 입장에 따라 글 이해와 회상이 달라짐

(4) 다음 내용 예측 기능

개념	글을 읽어가면서 다음 내용이 무엇일지 예측하면서 읽음
시사점	독자의 기존 배경지식이 낱말의 의미를 신속하게 선택하고, 글 예측을 가능하게 하여 글 내용 이해에 도움을 줌

43. 학습 독서를 지도하기 위해 '글 구조 활용하기 전략을 사용하여 내용을 종합하고 정리할 수 있다.'를 학습 목표로 수업을 진행하고자 한다. (가)는 수업 자료로 사용할 '한국지리' 교과서의 글들이고, (나)는 활동지이다. 글 구조 활용하기 전략에 대하여 <작성 방법>에 따라 서술하시오. 〔22 중등국어〕

(가) '한국지리' 교과서의 글

특수 지형 : 화산 지형과 카르스트 지형

❖ 학습 목표 : 화산 지형과 카르스트 지형을 이해할 수 있다.

<화산 지형>

　화산 지형은 지하 깊은 곳의 마그마와 가스가 지각의 틈을 통해 지표로 분출하여 형성된다. 우리나라의 화산 지형은 백두산을 비롯하여 제주도, 울릉도, 독도 등에 분포한다. 화산 지형은 지표로 분출한 마그마의 점성과 폭발 형태 등에 따라 화산, 칼데라, 용암 동굴 등 다양한 모습으로 나타난다. 화산 지형은 형태가 매우 독특하며 경치가 뛰어나 관광 자원으로 활용되는 경우가 많다. 화산 지형은 제주도의 경우만 보더라도 기반암이 물 빠짐이 쉬운 현무암으로, 벼농사에 불리하여 대부분의 경지가 밭농사에 이용된다.

<카르스트 지형>

　독특한 형태를 띠는 카르스트 지형은 석회암의 주성분인 탄산 칼슘이 빗물이나 지하수에 용식되어 형성된다. 카르스트 지형은 석회암이 분포하는 지역에서만 볼 수 있는데, 대표적인 곳으로 강원도 삼척, 충청북도 단양 등을 들 수 있다. 카르스트 지형에는 지표가 우묵하게 파인 돌리네와 이곳에서 용식 작용이 더욱 진행되어 발달된 우발라, 지표 아래에 형성되는 석회 동굴 등이 있다. 카르스트 지형은 경관이 독특하여 관광 자원으로 많이 활용되는데, 삼척의 환선굴, 단양의 고수 동굴 등이 대표적이다. 카르스트 지형의 석회암 지대 토양은 물 빠짐이 쉬워서 논농사보다는 밭농사에 주로 이용된다.

(나) 활동지

※ 오늘의 과제 : 글 구조 활용하기 전략을 사용하여 교과서 내용을 종합하고 정리하기

1. 두 글을 읽고 각각의 구조를 파악해 보자.

2. 아래 밑줄 친 곳에 알맞은 말을 채우며 교과서 글의 내용을 종합 정리해 보자. 그리고 이때 전체적으로 활용한 구조가 무엇인지 말해 보자.

<종합 정리>

특수 지형 : 화산 지형과 카르스트 지형

(1) 차이점
- _____
  - 화산 지형 : 지하 깊은 곳의 마그마와 가스가 지각의 틈을 통해 지표로 분출하여 생김.
    (백두산, 제주도, 울릉도, 독도 등에 분포)
  - 카르스트 지형 : _____
    _____
    (강원도 삼척, 충청북도 단양 등에 분포)

- 종류
  - 화산 지형 : 화산, 칼데라, 용암 동굴
    (_____)
  - 카르스트 지형 : 돌리네, 우발라, 석회 동굴
    (지표에 발달할 때와 지하에 발달할 때로 나뉨.)

(2) _____
- 지형 활용 : 경관이 독특하여 관광 자원으로 활용됨.
  (제주도, 삼척 환선굴, 단양 고수 동굴 등)
- _____ : 기반암의 성질 때문에 벼농사보다는 밭농사로 이용됨.

3. <종합 정리>를 보며 친구와 짝을 지어 '화산 지형과 카르스트 지형'에 대해 이야기해 보자. 그리고 이 구조를 활용함으로써 어떤 점이 좋았는지 이야기해 보자.

┤**작성 방법**├
(1) (가)의 <화산 지형> 글 전체에 나타난 '설명적 글의 구조 유형'이 무엇인지를 쓰고, 그 특성을 설명할 것.
(2) (나)의 <종합 정리>에 전체적으로 활용된 '설명적 글의 구조 유형'이 무엇인지를 쓰고, 그 장점을 서술할 것.

- (1) : _____
  _____
  _____
  _____

- (2) : _____
  _____
  _____
  _____
  _____

◆ 예시 답안

(1) 〈화산 지형〉에 사용된 글 구조는 '수집 구조'이다. '화산 지형'이라는 공통 개념을 중심으로 '화산 지형의 형성 과정, 국내 분포, 하위 유형, 활용도'를 나열하고 있다. 이러한 '수집 구조'는 특정 대상에 대한 다양한 정보를 나열하거나 특정 대상을 유형에 따라 분류하여 효과적으로 설명할 수 있다.(또는 수집 구조의 의미 관계는 상호 독립적으로 연결되어 구성력이 약해지기 쉽다.)

(2) 〈종합 정리〉에 활용된 글 구조는 '비교 대조 구조'이다. 화산 지형과 카르스트 지형의 공통점과 차이점을 중심으로 내용을 정리하고 있다. 이러한 '비교 대조 구조'는 하나의 대상을 또 다른 대상과 비교, 대조함으로써 각각의 개별 대상을 명확히 이해할 수 있고, 또 대상 간의 유기적 연관성과 차이도 파악할 수 있다는 장점이 있다.

◆ 참고

1. 수집 구조
- 수집 구조는 정보들 사이에 선행되는 내용 요소와 후행되는 내용 요소가 독립적으로 전개되는 방식이다. 이 유형은 의미를 묶어 주는 공통 개념을 중심으로 이에 관한 개념이나 생각을 나열하는 것이다. 이러한 수집 구조는 의미 관계가 상호 독립적으로 연결되다 보니 개념 간의 의미적 연결 관계를 나타내는 구성력이 약해지기 쉽다. 수집 구조를 나타내는 담화 표지어로는 '첫째', '둘째', '셋째' 등이 있다.

2. 비교·대조 구조
- 비교·대조 구조는 정보들 간의 유사점과 차이점을 바탕으로 선행 요소와 후행 요소를 구성한다. 둘 이상의 화제를 각각의 특성별로 비교·대조할 수 있고, 화제별로 여러 사항을 종합하여 비교·대조할 수도 있다. 비교·대조를 나타내는 담화 표지어로는 '이와 달리', '반면에', '한편' 등이 있다.

44. 다음은 어떤 학생의 주제 파악하기 능력에 대한 포트폴리오 평가의 일부이다. 주제 파악하기 지도에 대하여 <작성 방법>에 따라 서술하시오.

[22 중등국어]

(가) 진단 평가

김○○ (2021. 03. 10.)

※ 다음 글을 읽고 주제가 무엇인지 쓰시오.

　세계 각국의 주요 도시들은 오래전부터 걷기 좋은 도시를 조성하고자 노력해 왔다. 가령, 자동차를 생활필수품으로 여기는 미국에서조차 걷기 좋은 도시를 만들기 위해 도시 설계를 운전자 중심에서 보행자 중심으로 변화시키는 추세이다. 비만의 위험성이 부각되고 걷기의 운동 효과가 주목받으면서부터는 공공 기관에서 지역의 보행 환경에 관한 데이터를 수집하여 주민에게 다양한 정보를 제공해 주기도 한다.

(공공 기관에서 지역의 보행 환경에 관한 데이터를 수집하여 주민에게 다양한 정보를 제공해 주기도 한다.)

(나) 수업 일지

○ 1차(2021. 03. 10.): 오늘 진단 평가 결과를 보니 이 학생을 지켜봐야겠다는 생각이 들었음. 직접 평가를 통해 이렇게 일지를 작성해 두면, 나중에 질적 평가를 하는 데 도움이 될 것임.
○ 2차(2021. 03. 17.): 주제 파악하기 과제를 하는데 글을 읽고는 별 고민 없이 아무 구절이나 가져다 쓰는 듯함. 과제를 제대로 수행하지 못함.
○ 3차(2021. 03. 24.): 진단 평가에서와 같은 유형의 글을 가지고 주제 문장 찾기를 지도함. 요구된 과제를 제대로 수행하였음을 확인함.
　첫 문장부터 순서대로 읽어 가다 중간에 멈춤. 다시 돌아와 처음부터 다시 읽음. 다음 부분으로 읽기를 이어가면서 나름대로 중요하다고 생각되는 곳들에 밑줄을 그음. 중요한 내용인지 아닌지를 따지는 것 같았음. 끝까지 다 읽고는 밑줄 그은 문장을 살핌. 잠시 생각해 보더니 그중 한 문장에 체크 표시를 함. 그리고 그 문장을 주제로 말함. [A]
○ 4차(2021. 03. 31.): 이번에는 주제 문장이 나타나지 않은 글을 주고 주제 파악하기 활동을 하게 함. 지난번과 달리 어떻게 해야 할지를 모르고 당황해 함. 글을 읽다가 멈추고 다시 읽기를 몇 번 반복하다가 그냥 다음 문제로 넘어가 버림. 다음에 형식 평가 방식으로 다시 확인해 보아야겠음.

(다) 형성 평가

김○○ (2021. 04. 07.)

※ [1~3] 오늘 배운 내용을 생각하며 다음을 읽고 물음에 답해 보자.

　때로는 이해하기 힘든 다른 문화권의 관행도 환경에 효과적으로 적응하기 위해 고안해 낸 현명한 행동으로 이해할 필요가 있다. 인류학자 마빈 해리스는 인도인이 암소를 숭배하고, 이슬람교도가 돼지고기를 피하는 금기를 환경에 따른 합리적 행위로 해석하고 있다. 피상적으로 보면 종교적 금기로만 이해되겠지만 그 이면에는 효과적으로 소를 이용하고 더운 기후에서 우려되는 질병을 피하는 등의 지혜가 깔려 있다는 것이다.

1. 위 글의 주제는 무엇인가?
(이해하기 힘든 다른 문화권의 관행도 환경에 효과적으로 적응하기 위한 현명한 행동으로 이해할 필요가 있다.)

　브라질이나 아르헨티나에서는 주먹을 쥐고 이마에 갖다 대는 행동을 조심해야 한다. 이 행동은 상대방을 무시하는 의미로 받아들여지기 쉽기 때문이다. 대부분의 나라에서 V 표시는 승리 또는 평화의 의미로 여겨진다. 하지만 영국 문화권 나라들에서는 부정적인 의미로 사용되기도 한다. 물론 손톱이 밖으로 보이게 해야 이 뜻으로 사용된다. 우리에게는 별 의미 없는 행동이지만 인도나 파키스탄에서 엄지를 무는 제스처는 상대방의 온 가족을 한꺼번에 욕하는 표현이 된다. 몇몇 나라에서 팔짱을 끼는 행위는 무엇을 생각하는 중이거나 기분이 조금 언짢다는 것으로 생각된다. 하지만 핀란드와 아이슬란드에서 팔짱을 끼면 건방지고 오만하게 생각될 수 있다.

2. 위 글은 무엇에 관한 것인가?
(브라질과 아르헨티나　　　　　　　　　　　)

3. 위 글에서 말하고자 하는 중심 내용은 무엇인가?
(브라질이나 아르헨티나에서는 주먹을 쥐고 이마에 갖다 대는 행동을 조심해야 한다.)

┤작성 방법├
(1) (나)의 [A]에서 사용된 평가 방법을 쓰고, 그 특징을 설명할 것.
(2) (다)의 2번, 3번 문항의 결과와 관련하여 이 학생에게 추가적으로 지도해야 할 구체적인 읽기 지도 사항 2가지를 쓸 것.

- (1) : _____
- (2) : _____

◆ **예시 답안**

(1) [A]에서 사용된 평가 방법은 '관찰법'이다. 교사는 학생이 글을 읽으며 주제를 도출하는 과정을 관찰하고 있다. 이러한 관찰법은 교사가 학생의 독서 행위에 대한 다양한 정보를 파악할 수 있어, 유의미하면서도 구체적인 피드백을 제공해 줄 수 있다는 특징이 있다.

(2) 첫째, 2번 문항과 관련하여 '글의 핵심어, 중심 화제'를 올바로 파악하도록 지도해야 한다. 글의 핵심어, 중심 화제를 파악할 때에는 제목을 참고하거나 글 속에서 반복 사용되는 단어를 찾아보도록 지도한다.
둘째, 3번 문항과 관련하여 중심 문장은 글 속(문단 내) 위치로 결정되는 것이 아니며, 글 속에 중심 문장이 명확히 없을 때에는 주요 내용을 바탕으로 새롭게 중심 문장을 재구성해야 함을 지도해야 한다.

◆ **참고**

관찰법

개념	교사가 학생을 계속적으로 주시 관찰함으로써 개별 학생의 언어 사용 능력을 종합적으로 평가하는 것
평가 영역	학생의 단어 재인, 읽기, 구두 유창성, 독서 태도와 관심을 파악하는데 유용
특징	• 개개인을 보다 세밀히 관찰할 수 있음 • 관찰이 신빙성을 갖추기 위하여, 관찰 누계표를 만들어 활용
장점	• 각 학생의 독서 능력에 대한 구체적이고도 다양한 정보를 얻을 수 있음 • 지속적으로 이루어지므로 학생의 장단점을 정확히 파악함 • 학생들에게 언어에 대한 흥미와 자신감을 불어넣어 줄 수 있고, 언어 사용과정에 적절히 조언해 줄 수 있음
단점	• 관찰하는 교사의 훈련이 부족하면 변별력과 객관성이 떨어질 수 있음 • 운영의 묘미를 살리지 못하면 교사와 학생에게 공연한 부담을 줄 수 있음

45. 다음 교수·학습 상황에서 교사가 사용한 질문 ①~③의 유형상 차이를 설명하고, 추가해야 할 질문 유형과 그 이유를 쓰시오. 　07 중등국어

| 학습 목표 | 독해 과정에 사용하는 전략을 익혀 능동적으로 글을 읽을 수 있다. |

[독해 자료]
역사가와 역사관의 관계는 여행가와 지도의 관계에 비유될 수 있다. 역사가는 믿을 만한 지도를 손에 들고 과거란 큰 도시를 찾아드는 여행가와 같다. 여행가에게 좋은 길잡이가 되는 지도가 있다면 복잡한 거리를 이리저리 헤매지 않고 목적지에 갈 수 있을 것이다.
역사가의 지도는 무엇인가? 그것은 많은 사실 속에서 역사적 의미를 가려낼 수 있게 하는 문제의식이다. 또한 그것은 어느 시대를 역사적 전후 관계에 따라 전체를 파악할 수 있게 하는 하나의 관점이다. 역사가의 사명은 바로 이러한 문제의식과 관점을 확실하게 세워서 사회와 인간 생활을 정확하게 이해하는 데 있다.
그러면 직업적 역사가의 사관은 어떻게 형성되는가? 역사가의 사관은 무엇보다도 정직한 마음을 가지는 데서 형성될 수 있다. 근대 사학의 시조 랑케는 역사가의 정직을 강조하면서 '일어났던 그대로' 사실을 재구성하라고 말하였다. 이것이 역사가의 정직이다. 역사가는 극작가가 아니다. 역사가에게는 미리 정해 놓은 플롯도 필요 없고 거기에 맞추어 인물을 배역하거나 이야기의 줄거리를 윤색할 필요도 없다.
우리는 역사가의 정직과 더불어 역사가의 사관 형성에 도움이 되는 또 하나의 덕성을 스토아 철학자들의 태도에서 배울 수 있다.

[수업 상황]
① 교사 : 역사가와 역사관의 관계를 무엇에 비유했나요?
　　학생 : 여행가와 지도에 비유했어요.
② 교사 : 왜 그렇게 비유했나요?
　　학생 : 역사가에게 역사관은 과거를 연구하는 데 좋은 길잡이 역할을 하기 때문이에요.
③ 교사 : 역사가의 사관 형성에 도움이 되는 또 하나의 덕성은 무엇일 것 같나요?
　　학생 : 아마 금욕주의일 것 같아요.

◆ 예시 답안

• 교사의 질문 ①~③의 유형상 차이점
①은 사실적 이해에 관련된 질문 유형이고, ②와 ③은 추론적 이해와 관련된 질문이다.

• 추가해야 할 질문 유형과 그 이유
- 비판적 이해·감상적 이해를 위한 질문이 필요하다.
- 능동적 읽기를 위해서는 독자가 자신의 배경 지식을 바탕으로 글의 내용과 관점을 비판적으로 이해하고, 감상하는 과정이 필요하다.

46. 다음에서 학생이 사용한 읽기 전략 세 가지를 쓰시오.

08 중등국어

◆ **예시 답안**
- 자신의 상황과 연결하며 읽기
- 스스로 질문을 제기하고 답을 찾으며 읽기
- 배경지식을 토대로 행간의 의미(생략된 내용) 추론하며 읽기

- 예 중요한 곳에 밑줄을 긋거나 메모하면서 읽기
- _____
- _____
- _____

47. 위 글을 읽고 다음과 같은 '읽기 후 활동'을 계획했다. 이 활동 계획에 적용된 독서 원리로 가장 적절한 것은?

 09 중등국어

〈제시 글〉

동양의 독서와 기록 문화에 대한 글

「책방의 풍경 소리」 (○○○/○○ 출판사에서 발췌)

〈활동1〉
ㄱ. 본문에 제시된 서양의 독서관을 〈제시 글〉에 나타난 동양의 독서관과 비교해 보자.
ㄴ. 본문의 주된 전개 방식을 〈제시 글〉의 전개 방식이나 구조와 비교해 보자.
ㄷ. "적어도 현대의 교양인이라면 서재에 꽂아 둘 만한 책이다."에 드러난 표현의 효과를 살펴보고, 〈제시 글〉에서 유사한 표현을 찾아보자.

〈활동2〉
동서양의 독서관을 비교·대조하는 설명문을 써 보자.

---

① 주제와 형식면에서 상호텍스트성을 지닌 다양한 글을 읽는다.
② 독서의 목적에 따라 필요한 정보들을 찾아 전략적으로 읽는다.
③ 학습자의 독서 발달 단계에 따라 개별적인 접근법으로 읽는다.
④ 다른 교과의 학습에 도움이 되는 주제 중심의 텍스트를 읽는다.
⑤ 정전에서 벗어나 자신에게 맞는 텍스트를 스스로 선택하여 읽는다.

◆ **정답 및 해설**

①

1) 하나의 대상에 대해 내용과 형식면에서 비슷하거나 혹은 다르게 쓰인 두 개 이상의 글이 서로에 대해 가지는 관련성을 '상호텍스트성'이라 한다.
2) '제시 글'과 관련하여 〈활동 1〉을 보면 ㄱ은 내용과 관점을 비교하고 있고, ㄴ은 형식을 비교하고 있으며, ㄷ은 유사한 표현을 찾도록 지도하고 있다. 이를 바탕으로 〈활동 2〉에서 동서양의 독서 관을 비교하는 '비교·대조'의 글을 쓰도록 지도하고 있다. 이러한 〈활동 1~2〉를 종합하여 볼 때, 읽기 후 활동은 '상호텍스트성'을 바탕으로 한 활동임을 알 수 있다. 그러므로 선택지 ①이 적절하다.

48~49. 글 구조 파악을 학습 내용으로 하여 수업을 계획하였다. 물음에 답하시오. `09 중등국어(모의평가)`

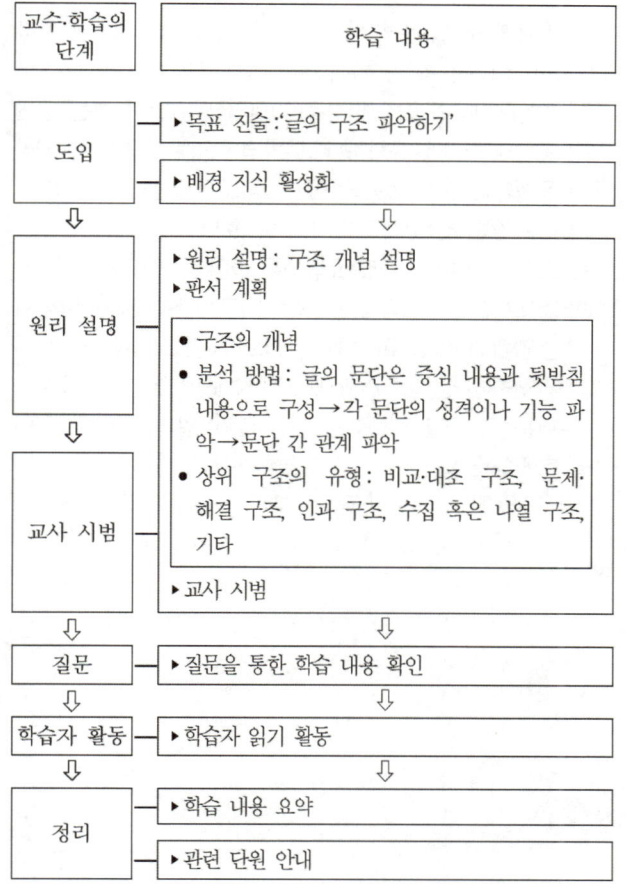

48. 이 수업을 효과적으로 실행하기 위한 교수·학습 방안으로 적절하지 <u>않은</u> 것은?

① 도입 단계에서 형식 스키마를 활성화한다. 형식 스키마 활성화는 글의 구조 학습이라는 학습 목표를 달성하는데 효과적이다.
② 원리 설명 단계에서 학습 내용에 대한 설명 외에도 글의 구조와 관련된 개념들을 설명한다. '도해 조직자', '유형', '전개 방식' 등은 글의 구조를 이해하는 도구가 된다.
③ 교사 시범 단계에서 사고 구술법을 활용하여 설명한다. 이는 문단 간의 관계 파악 과정과 같이 겉으로 드러나지 않는 사고 과정의 절차를 명시적으로 드러낼 수 있다.
④ 질문 단계에서 사고 중심 직접 읽기 활동(DRTA)을 적용한다. 글의 구조만 파악하는 기능 수업이 되지 않도록 글의 내용에 대한 '질문-예측'의 추론 활동을 수행한다.
⑤ 학습자 활동 단계에서 수행평가를 활용한다. 포트 폴리오법이나 관찰법과 같은 평가 방법을 활용하면 교수·학습 상황과 평가 상황을 통합할 수 있다.

◆ **정답 및 해설**

④

직접 교수법의 질문하기 단계는 앞서 배운 기능이나 전략을 학생이 제대로 이해했는지 이해 여부를 확인 하게 위해 질문을 하는 단계이다. 그러므로 DRTA 모형을 적용한다는 설명은 적절하지 않다. <u>DRTA 모형은 학생 스스로 질문하기 전략과 예측하기 전략을 활용하여 능동적으로 글을 읽도록 지도하는 독서 지도 모형 중 하나이다.</u>

49. 이 수업 내용을 바탕으로 할 때, 다음 글의 상위 구조 유형으로 글을 쓰기에 가장 적절한 중심 내용은?

> 일본의 식문화는 나열하는 도시락 문화이다. 고체와 액체를 구별하고 가능한 한 양념도 적게 하여 있는 그대로의 형태를 나열한다. 그래서 생것, 회 등이 많다. 그러나 한국은 섞는 것이고 비비는 것이기에 탕이 되고 국이 된다.
> 이러한 나열하고 비비는 차이 때문에 일식에서는 목기를 쓰는 것이 편리하지만 한식에서는 목기가 불리하다. 따라서 한국에서는 자기가 많이 사용된다. 자기는 여름에는 좋으나 따뜻하게 음식을 보존하는 데는 불리하다. 이에 따라 한국에서는 겨울용으로 놋그릇을 사용한다. 말하자면 한국에서는 겨울용과 여름용의 이중 구조를 가지고 있지만, 일본에서는 이러한 번거로움이 없다.

① 독서 자료를 선정할 때에는 독자의 인지 발달 수준과 흥미를 고려해야 한다.
② 독서 부진의 요인에는 지적, 생리적, 교육적, 문화적, 정서적 요인 등이 있다.
③ 임상적 독서와 발달적 독서는, 진단 및 교정의 절차는 유사하나 그 방법이 다르다.
④ 독자로서의 신념이 읽기 행동에 영향을 미치고, 그 행동은 읽기 태도에 영향을 준다.
⑤ 독서 부진은 기능 중심 교육과 의미 중심 교육을 균형 있게 결합하여 지도할 때 개선될 수 있다.

◆ **정답 및 해설**

③

1) 제시 글의 구조를 파악하여, 같은 구조로 활용하기에 가장 적절한 내용을 찾는 것이다. 보기의 글의 구조는 '비교와 대조'이다. 이때 ③이 임상적 독서와 발달적 독서는 진단 및 교정의 절차는 유사하나 그 방법이 다르다고 하여 '임상적 독서와 발달적 독서'의 공통점과 차이점을 제시하고 있으므로 같은 글의 구조라 할 수 있다.

2) 참고로 비교·대조 구조는 정보들 간의 유사점과 차이점을 바탕으로 선행 요소와 후행 요소를 구성한다. 둘 이상의 화제를 각각의 특성별로 비교·대조할 수 있고, 화제별로 여러 사항을 종합하여 비교·대조할 수도 있다. 비교·대조를 나타내는 담화 표지어로는 '이와 달리, 반면에, 한편' 등이 있다.

50. 읽기 교육의 변화 양상과 강조점이 바르게 연결되지 않은 것은?

09 중등국어(모의평가)

	읽기 교육의 변화양상		강조점
①	내용의 암송이나 정확한 낭독보다는 읽기 중의 이해와 묵독에 관심을 두었다.	→	읽기는 텍스트에 대한 독자의 의미 구성 과정이다.
②	글과 같은 언어적 요인뿐 아니라, 교사와 학습자, 읽기 목적과 과제 등의 다양한 요인을 고려하게 되었다.	→	읽기는 정보 처리 과정이자 독자의 사회화 과정이다.
③	수업 도구나 학습지 등 읽기 자료의 활용보다는 학생 자신의 읽기 전략 개발과 점검에 강조점을 두었다.	→	읽기는 독서과정을 통제하고 조절하는 상위 인지 능력이 중요하다.
④	읽은 후에 중심 내용을 회상하는 학습 외에 추론이나 질문 생성 등 읽기 중 전략에도 주목하게 되었다.	→	읽기능력은 읽기의 결과보다 읽기의 과정을 중시함으로써 신장된다.
⑤	질문 외에는 별다른 교수 방법이 없었으나, 점차 교사의 안내와 학생의 독립적인 활동을 통해 보다 구체적이고 직접적으로 읽기를 지도하게 되었다.	→	읽기능력은 체계적인 절차와 방법을 갖춘 지도를 통해 신장된다.

◆ 정답 및 해설

②

1) 다음은 읽기 교육의 변화 양상에 따른 강조점이 올바르게 제시되었는지를 묻는 문제이다.
2) 선택지 ②의 경우 '글(언어적 요인)'을 강조하는 '객관주의'에서 '교사와 학습자, 읽기 목적, 과제' 등의 맥락을 강조하는 '인지 구성주의'로의 변화가 나타나 있다. 즉 선택지 ② 강조점에는 '인지 구성주의' 관점의 내용이 제시되어야 한다.
3) 선택지 ②의 '강조점'을 보면 '정보 처리 과정', '사회화 과정'이 제시되어 있다. 이 중 '사회화 과정'은 타인과의 상호작용을 통해 의미가 구성됨을 설명하는 것으로 '사회 구성주의' 관점의 내용이다. 그러므로 선택지 ②는 적절하지 못하다.

51. 글의 이해 과정을 설명하는 하향식 모형의 관점에서 볼 때, 다음 '학습 활동'들이 공통적으로 지니는 읽기 교육적 의의로 가장 적절한 것은?

10 중등국어

읽기 전	[학습 활동] • '절대 영도'가 무슨 말일지 생각해 보자. • 온도를 어느 정도까지 낮출 수 있을지 생각해 보자.
읽기	(…) 그러나 온도를 계속 내리면 마지막에는 압력이 완전히 사려져 버린다. 그 온도를 절대 영도라 한다. 그보다 더 추울 수 없는 가장 낮은 온도이다. 열역학 법칙에 의하면 절대 영도에는 결코 도달할 수 없다. 온도를 절대 영도까지 내리려면 열을 저온에서 빼앗아 고온으로 보내는 일을 엄청나게 해야 한다. 그 일은 온도가 내려갈수록 점점 더 어려워진다. 특히 (……)
읽은 후	[학습 활동] • 문맥을 통해 '열역학 법칙'의 내용을 짐작해 보자. • 글을 읽기 전에 알고 있던 내용과 읽은 후 새로 알게 된 내용을 써 보자.

① 정보 처리가 자동적으로 이루어지면 해독보다 의미 구성에 주의가 집중될 수 있음을 설명해 준다.
② 읽기가 문장의 이해로부터 상위 단계인 문단의 이해로 진행되는 연속적 과정임을 뒷받침해 준다.
③ 내용을 추측하거나 읽은 내용을 자신이 알고 있는 사실과 관련짓는 것이 중요함을 말해 준다.
④ 글에서 전달하려는 정보에 초점을 두고 있어 글의 내용 파악이 중요함을 알려 준다.
⑤ 낱말 뜻의 정확한 이해가 내용 이해에 필수적임을 보여 준다.

◆ **정답 및 해설**

③

1) 이 문제의 선택지 ①~⑤는 독서 과정 모형인 상향식 모형, 하향식 모형, 상호 작용식 모형에 대한 설명이다. 이 중 하향식 모형은 독서에서의 의미 파악은 글에 대한 독자의 가정이나 추측에서 시작된다고 설명하고 있다. 또한 하향식 모형에서는 의미의 원천을 글보다는 독자로 인식하고 있기 때문에 독서 과정에서 독자의 역할이 매우 강조되고 있다.

2) 위의 자료 중 '읽기 전' 단계의 [학습 활동]은 독자의 가정과 추측을 통해 독자의 배경지식을 활성화 하는 내용이 제시되어 있다. 그리고 '읽기' 단계에서는 '읽기 전' 단계에서 가정하고 추측한 내용이 맞는지 확인하면서 글을 읽을 것이다. 마지막으로 '읽기 후' 단계의 [학습 활동]은 '절대 영도'를 바탕으로 '열역학 법칙'에 대해 짐작해 보게 하고 있으며, 읽기 전에 알고 있던 내용과 글을 읽은 후 새롭게 알게 된 내용을 정리하게 하고 있다. 이러한 활동을 종합해 볼 때 하향식 모형에 근거한 수업임을 알 수 있다. 그러므로 선택지 ③이 적절하다.

3) 선택지 ②, ④, ⑤번은 상향식 모형에 대한 설명이다.

52. 다음 글의 읽기를 돕기 위한 질문 계획으로 가장 적절한 것은?

〔10 중등국어〕

○○일보

죽음의 아랄 해에 희망의 물이 차오른다

㉠

아랄 해에 ㉡물과 함께 희망이 돌아오고 있다.

1960년대 이후 소련은 아랄 해로 흘러드는 강줄기를 돌려 면화 농업용 관개용수로 썼다. 그 결과 중앙아시아의 값싼 면화가 공급됐지만 아랄 해는 서서히 죽어 갔다. 수량의 90%가 줄었고, 호수 바닥은 소금 사막으로 변했다. 이에 어획량이 급감하여 관련된 일자리가 사라져 주민들은 마을을 떠났다.

물이 줄어 바닥이 드러나면서 아랄 해는 우즈베키스탄 쪽의 남아랄 해와 카자흐스탄 쪽의 북아랄 해로 나누어졌다. ㉢우즈베키스탄은 면화 산업을 유지하고 호수 바닥에서 가스와 석유를 개발하겠다며 아랄 해 재생 노력을 사실상 포기했다.

현재, 남아랄 해는 계속 수량이 줄어들고 있는 반면 북아랄 해는 수량이 늘고 있다. 해법은 간단했다. 말라붙은 북아랄 해로 인근 강물이 흘러가도록 유도한 것이다. 이를 위해 카자흐스탄은 코크아랄 댐을 세웠다. 1분이면 걸어서 건널 수 있는 작은 댐이었지만 효과는 극적이었다. 물의 염도가 떨어지고 물고기가 늘면서 어획량이 1년 만에 100배로 늘었다.

항구 도시 아랄스크로 다시 돌아온 어부 알렉산드르 단첸코는 "아랄 해에 물이 없을 땐 사막 한가운데 ㉣프라이팬 위에 사는 기분이었지만 지금은 남쪽에서 쾌적하고 시원한 바람이 불어온다."라며 좋아했다. ㉤이곳으로 진입하는 도로에는 '좋은 소식: 바다가 돌아왔다'고 적힌 입간판이 들어섰다.

-이○○ 기자 lee@000.co.kr

① 내용을 비판하며 읽도록 하기 위해 "㉠에 들어갈 말은 무엇인가?"라는 질문을 제시한다.
② 글의 부분적 내용들을 서로 관련지어 이해하도록 하기 위해 "㉡은 무엇을 뜻하는가?"라는 질문을 제시한다.
③ 글의 개요를 파악하며 읽도록 하기 위해 ㉢과 관련하여 "우즈베키스탄의 결정은 잘한 일인가?"라는 질문을 제시한다.
④ 글의 중심 내용을 파악하도록 하기 위해 "㉣이라고 말한 이유는 무엇인가?"라는 질문을 제시한다.
⑤ 자신의 읽기 과정을 점검하도록 하기 위해 "㉤으로 기사를 마무리한 이유는 무엇인가?"라는 질문을 제시한다.

◆ **정답 및 해설**

②

1) '읽기 전-중-후 과정의 전략과 '기사문에 대한 지식'이 연결된 문제이다. 기사문은 주로 표제, 부제, 전문(前文), 본문으로 구성되며, 필요에 따라 해설이 덧붙기도 한다. 표제는 기사 내용 전체를 간결하게 나타내는 제목인데, 부제를 붙여서 내용을 보충하기도 한다. 전문은 기사의 구체적인 내용을 서술하는 본문에 앞서 그 내용을 육하원칙에 따라 요약한 것이다. 그리고 해설은 본문 뒤에 기사에 대한 참고 사항이나 설명을 덧붙인 것이다. 그러나 문제의 지문으로 제시된 기사문에는 전문이나 해설 등이 제대로 나타나지 않았다.

2) 문제의 기사문은 '아랄 해에 물과 함께 희망이 돌아오고 있다.'로 시작한다. 그러나 '물과 함께 희망이 돌아오고 있다'라는 구절의 의미를 파악하기 위해서는 기사문 전체를 읽고, 내용들을 서로 연결시켜 이해해야 가능하다. 그러므로 '㉡은 무엇을 뜻하는가?'라는 질문을 생성한 후 질문을 해결하기 위해 글을 읽도록 하는 활동은 적절하다.

53. 읽기 이론에 영향을 미친 인식론을 중심으로 읽기 지도의 관점을 정리한 내용으로 적절한 것은?

`11 중등국어`

인식론 구분	객관주의	구성주의	
		인지 구성주의	사회 구성주의
① 의미관	글에 대한 반응으로서 독자의 의미 구성	글 속에 내재된 필자의 의미 발견	의미에 대한 구성원 간의 객관적 합의
② 읽기 변인	언어적 요인과 수사 구조	해석 공동체의 읽기 관습과 규범	독서 행위의 심리적 과정
③ 교수 원리	의미 중심	대화 중심	전략 중심
④ 교수법의 예	총체적 언어	직접 교수법	토론 학습법
⑤ 지도의 강조점	해독 중심의 텍스트 분석	추론 중심의 인지 전략	상호 작용을 통한 맥락 이해

◆ 정답 및 해설

⑤

인식론 구분	객관주의	구성주의	
		인지 구성주의	사회 구성주의
① 의미관	글 속에 내재된 필자의 의미 발견	글에 대한 반응으로서 독자의 의미 구성	의미에 대한 구성원 간의 객관적 합의
② 읽기 변인	언어적 요인과 수사 구조	독서 행위의 심리적 과정	해석 공동체의 읽기 관습과 규범
③ 교수 원리	기능 중심	전략 중심	대화 중심
④ 교수법의 예	직접 교수법	직접 교수법 총체적 교수법	토론 학습법
⑤ 지도의 강조점	해독 중심의 텍스트 분석	추론 중심의 인지 전략	상호 작용을 통한 맥락 이해

54. 다음은 읽기 지도 접근 방법의 대표적인 두 유형을 역사적 변천을 고려하여 대비해 놓은 것이다. 각 항목의 내용으로 옳은 것은? `12 중등국어`

항목 \ 유형	기능 중심 읽기 지도	전략 중심 읽기 지도
① 관련 모형	• 상호 작용식 모형	• 상향식 모형
② 기능이나 전략의 예	• 질문만들기, 예측하기, 정교화하기, 글 구조 활용하기	• 바렛의 축어적 재인 및 회상, 재조직, 추론, 평가, 감상
③ 주요 독해 지도 방법	• 분절적 지도	• 통합적 지도
④ 작용 및 특성	• 읽기 과제와 독해 기능, 읽기 수업 모형과 상위 인지 학습의 긴밀한 관계	• 위계화된 하위전략의 독립적, 자동적 처리 과정
⑤ 관점	• 구성주의적 관점	• 행동주의적 관점

◆ 정답 및 해설

③

③번을 제외한 나머지는 기능 중심 읽기 지도와 전략 중심 읽기 지도가 서로 반대로 정리되어 있다.

• 기능 중심 읽기 지도에서 '기능'이란 무엇을 수행할 수 있는 능력 요소이다. 그러나 그것의 실체를 보여 주기도 어렵고 설명하기도 어렵다. 따라서 이런 기능을 가르치는 방법은 따라해 보거나 많이 연습해 보게 하는 모방과 반복의 원리를 적용하는 것이다. 이는 행동주의 심리학에서 효과적인 학습 원리로 검증한 전통적인 지도법이다. 이러한 점에서 기능 중심 읽기 지도는 '결과 중심 접근법'과 같은 선상에서 설명이 가능하다.

• 그에 비해 전략 중심 읽기 지도에서 '전략'이란 무엇을 수행하는 과정이나 절차, 방법으로 설명할 수 있다. 이러한 전략은 사람에 따라 상황에 따라 다르게 구체화 되어 실현될 수 있고 또 한 가지 전략만이 아니라 여러 가지 전략이 복합적으로 활용될 수도 있다. 이렇게 전략은 여러 가지 여건을 고려하여 구성되고 적용 되는데, 이런 전략의 활용을 위해서는 초인지의 작용이 수반되어야 한다는 특징을 지닌다. 이러한 점에서 전략 중심 읽기 지도법은 '과정 중심 접근법'과 같은 선상에서 설명이 가능하다.

• 결과 중심 접근에서는 주제를 제시하고 한 편의 글을 쓰게 한 다음, 다 쓴 글에서 잘못된 점을 지적해 주는 활동이 주류를 이룬다. 대체로 정확성을 강조하고, 문법이나 수사학적 기법을 강조한다. 또한 결과 중심 접근은 모방을 강조하는 경우가 많다. 모범적인 글을 제시하고, 반복적인 연습을 통해 이를 자기 것으로 만들게 하는 방법이 주류를 이룬다. 여기에서 교사는 주로 점검자 또는 평가자의 입장을 취한다. 그만큼 교사는 소극적인 입장에 서게 된다.

• 이에 비해 과정 중심 접근은 쓰기 과정, 즉 아이디어를 생성하고 조직, 표현, 수정 또는 교정하는 일련의 과정을 강조한다. 과정 중심 접근에서는 쓰기 행위를 일종의 문제 해결 행위로 간주한다. 그래서 일련의 과정에서 학생들 각자가 문제를 접하고 이를 효과적으로 해결해 나가게 하는데 초점을 둔다. 일련의 쓰기 과정에서 회귀성을 강조하여 필요한 경우에는 얼마든지 되돌아갈 수 있도록 한다. 친구들이나 교사와 협의를 하기도 하고, 협동을 통해 공동 작품을 완성해 가기도 한다. 교사는 결과 중심 접근에서처럼 평가자가 아니라 '참여자'로서 일련의 쓰기 과정에 역동적으로 개입하여 그들을 적절히 안내해 줌으로써 학생들의 글쓰기 활동을 촉진한다.

55. 다음은 "독서 전략을 활용하여 능동적으로 글을 읽을 수 있다."라는 학습 목표로 현시적 교수법을 적용하여 구성한 교수·학습 지도안이다. 현시적 교수법의 단계와 교수·학습 활동을 고려할 때, 밑줄 친 ㉠~㉣ 중에서 적절한 것을 고른 것은? 〔13 중등국어〕

학습 단계	학습 형태	교수·학습 활동
설명 하기	전체 학습	○ 배경 지식 활성화 : 제재 글과 관련된 동영상을 본다. ○ 전략 소개 : SQ3R 전략의 단계별 주요 활동을 설명한다. • 개관하기 : 제목, 부제, 삽화, 그림, 표 등을 살펴보기 • 질문하기 : 어떤 내용인지, 제목은 어떤 뜻을 내포하고 있는지 등과 같은 질문하기 • ㉠ 읽기 : 제기한 질문을 확인하며 훑어 읽기 • 되새기기 : 중요한 내용을 다시 말해 보기 • 검토하기 : 잘못 읽은 부분은 없는지, 제기한 질문이 타당한지 등을 점검하기
시범 보이기	전체 학습	○ ㉡ 시범 보이기 : SQ3R를 적용하는 과정을 사고 구술법을 통해 보여 준다. ○ 전략을 이해했는지 질문하여 확인한다.
교사 유도 연습	모둠 학습	○ 학생은 교사의 도움을 받아 전략을 연습한다. ○ ㉢ 교사는 돌아다니면서 적절한 피드백을 제공한다.
㉣ 협동 학습	모둠 학습	○ SQ3R를 적용하여 제재 글을 읽는다. ○ 읽은 내용을 정리하여 친구들과 비교해 본다.
적용 하기	개별 학습	○ SQ3R를 또 다른 글에 적용해 본다. ○ 학습 활동을 정리한다.

① ㉠, ㉡
② ㉠, ㉢
③ ㉡, ㉢
④ ㉡, ㉣
⑤ ㉢, ㉣

◆ **정답 및 해설**

③

1) SQ3R의 '읽기' 단계에서는 글을 읽으면서 독자 자신이 제기한 질문에 대한 해답을 찾는다. 그리고 필요하다면 새로운 질문을 제기할 수도 있다. 즉 '읽기' 단계에서는 자신이 만든 질문에 대한 답을 찾으면서 글을 읽어야 하기 때문에 훑어 읽는 것이 아니라 꼼꼼하게 읽어야 한다. (㉠)

2) 현시적 교수법의 시범 단계에서 교사는 단순히 어떤 기능이나 전략이 있다고 소개할 뿐만이 아니라 그것이 무엇이며, 왜 필요하며, 언제, 어떻게 사용 하는지를 시범을 통해 보여주거나 직접 설명해 준다. (㉡)

3) 교사 유도 연습 단계에서는 학생들 혼자서 그 기능이나 전략을 익히기 위한 연습을 하게 하는 것이 아니라 교사가 안내해 주고 적절한 피드백을 주면서 점진적으로 자기 스스로 학습해 나가게 한다. (㉢)

4) 현시적 교수법의 단계는 '시범보이기(설명하기 포함) - 교사유도 연습 - 강화 - 학생 독립 연습 - 적용'이다. 따라서 ㉣에는 '강화와 학생 독립 연습' 단계가 들어가야 한다. (㉣)

56. 다음은 텍스트 이해에 대한 세 가지 이론을 항목에 따라 정리한 것이다. 각 항목의 내용으로 적절하지 않은 것은?

13 중등국어

항목\이론	텍스트 중심이론	독자 중심이론	사회·문화 중심이론
① 의미관	여러 가능한 의미	하나의 옳은 해석	의미의 맥락적 구성
② 텍스트	분석 대상	감상 대상	협의 대상
③ 강조 요인	언어	심리	상황
④ 지도 중점	꼼꼼히 읽기	적극적인 반응 격려	독서 토의
⑤ 관련 이론	신비평	독자 반응 이론	사회 언어학

◆ 정답 및 해설

①

1) 텍스트 중심 이론에서 의미는 글에 있다고 보며, 독자가 글 속에 있는 의미를 발견하고 수용하는 것이 독서라고 생각한다.
2) 독자중심 이론에서 의미는 독자에게 있으며(독자가 능동적으로 구성) 독자의 목적이나 지식에 따라 글의 의미를 재구성할 수 있다고 보았다. 이를 바탕으로 선택지 ①을 보면 텍스트 중심 이론과 독자 중심 이론의 '여러 가능한 의미'와 '하나의 옳은 해석'의 항목의 내용이 서로 바뀌었다.

3 쓰기(작문)

57. 다음 자료는 수업 참관 보고서의 일부이다. 수석 교사가 박 교사의 작문 수업 (3시간)을 참관한 후 작성한 내용으로 보아, ㉠과 ㉡에 들어갈 작문 이론을 각각 쓰시오. `14 중등국어`

수업 참관 보고서

담당 : 박 ○○ 선생님
기간 : 2013년 5월 13일 ~17일
대상 : 3학년 5반 국어 수업

선생님의 수업은 모범적인 글을 쓰는 데 필요한 지식을 제공하는 1차시, 글쓰기 과정을 조정하고 통제할 수 있는 기능이나 전략을 익히는 2차시, 워크숍 중심의 협동작문을 시도하는 3차시로 구성되었습니다. 하나의 대단원을 재구성하여 형식주의, (㉠), (㉡) 작문 이론들을 반영하려고 노력한 점이 좋았습니다. 차시별로 개선해야 할 점을 간단히 정리하면 아래와 같습니다.

- 아래 -

① 1차시 수업 : 지나치게 모범 예문을 모방하는 측면을 강조하였습니다. 예문도 학생들의 수준에 맞지 않았습니다.
② 2차시 수업 : 글쓰기 전략과 관련된 교사의 주도적인 설명이 너무 많았습니다. 학생들도 사고 구술을 할 수 있도록 유도하면 좋겠습니다.
③ 3차시 수업 : 모둠별로 교사가 제공한 피드백이 모둠 활동의 성격에 맞지 않았습니다. 의미 협상을 통한 상호 작용에 중점을 둔 피드백이 필요합니다.

○○중학교 수석 교사
홍길동

• ㉠ : _____
• ㉡ : _____

◆ **예시 답안**
㉠ 인지주의
㉡ 사회 구성주의

◆ **해설**
1) 인지주의 작문 이론은 작문 행위를 고정된 단계로 보지 않고 필자가 작문 과정에서 조절하고 통제해야 하는 몇 가지 하위 과정들의 집합으로 본다. 이 이론은 쓰기를 작문 과제 환경과 필자의 장기 기억 그리고 작문 과정이라는 세 가지 요인으로 설명하고 있다. 즉 쓰기는 필자의 장기 기억과 작문 과제 환경 속에서 계획하고, 작성하기, 재고하기, 조절하기 등의 역동적인 의미 구성 과정을 통해서 이루어지는 일련의 문제 해결 행위요, 사고 과정이라는 것이다. 그러므로 글쓰기 과정을 조정하고 통제할 수 있는 기능이나 전략을 익히는 2차시는 인지주의 작문 이론이다.

2) 사회구성주의 작문 이론에서는 쓰기를 담화 공동체 구성원들과의 상호작용을 통한 의미 구성 과정으로 본다. 필자는 사회·문화적 상황 맥락 안에서 담화 공동체 구성원들과 상호작용을 하면서 글을 쓰는 존재이며 이러한 필자가 생성해 낸 글을 필자 개인이 생성한 결과라기보다는 담화 공동체 안에서 교사나 동료와의 의미 협상을 통한 상호작용의 결과라고 본다. 그러므로 워크숍 중심의 협동 작문을 시도하는 3차시는 사회 구성주의 작문 이론이다.

58. <보기 1>은 학생별 작문 매체에 따른 평가 결과이고, <보기 2>는 학생 3명의 작문 과정을 정리한 그래프이다. 학생 A와 B의 차이, 학생 B와 C의 차이를 각각 설명한 후에 이를 토대로 학생 A에게 지도할 수 있는 내용을 서술하시오. ⟨14 중등국어⟩

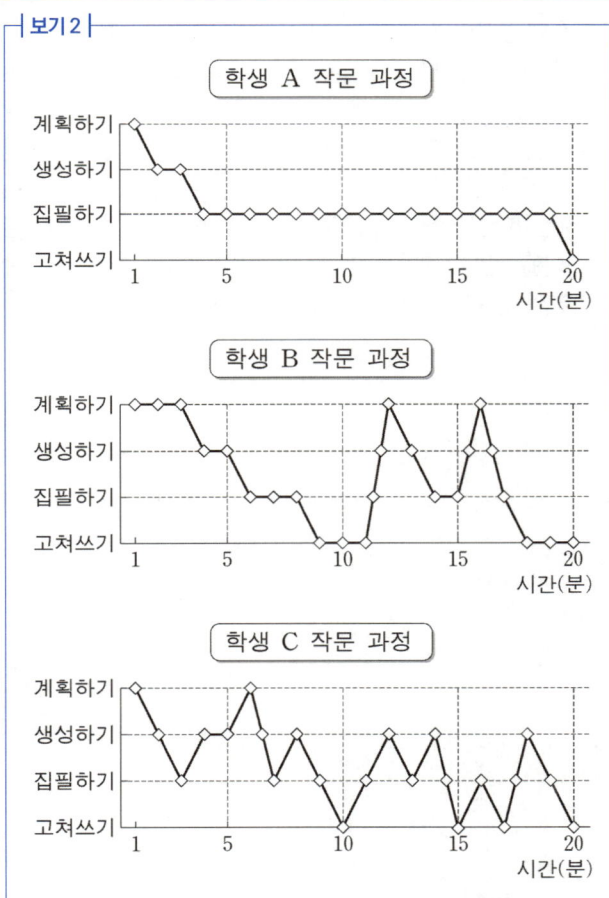

◆ 예시 답안

(1) 학생 A는 작문의 과정을 선조적으로 파악하고 있는 데 비해, 학생 B는 작문의 과정을 작문의 과정을 회귀적으로 파악하고 있다. 즉 학생 A는 계획하기, 생성하기, 고쳐 쓰기 단계보다 집필하기 단계에 대부분의 시간을 할애하고 있으며, 작문을 선조적으로 진행하고 있다. 이에 반해 학생 B는 모든 쓰기 단계에 시간을 적절히 분배·활용하고 있으며, 작문 과정을 회귀적으로 진행하고 있다.

(2) 학생 B와 학생 C를 비교해 봤을 때 학생 B는 원고지 쓰기, 그리고 학생 C는 워드 프로세서 작문이라는 조건에서 작문을 수행했다. 학생 B와 학생 C는 모두 작문의 과정을 회귀적 과정으로 파악하고 있지만 학생 C의 경우 워드 프로세서라는 도구를 이용하여 학생 B에 비해 작문 과정에서 회귀과정이 더 활발하게 일어나고 있음을 확인할 수 있다. 따라서 학생 A에게 지도할 수 있는 내용은 '작문의 과정이 선조적이지 않고 회귀적이라는 것'과 '자신의 글쓰기 수준을 정확히 파악하여 작문의 회귀적 과정이 잘 이루어질 수 있는 매체를 활용하는 것'이다.

59. <보기 1>은 청자나 독자의 이해를 돕기 위해 자료를 재구성하여 정보를 전달하는 수업에 활용한 자료이고, <보기 2>는 그 수업에서 한 학생이 작성한 글이다. (1) 먼저 시각 자료의 활용 측면에서 학생 글의 장점을 근거와 함께 설명하고, (2) 자료 해석의 오류를 구체적으로 지적한 후 이를 바로잡기 위한 내용을 서술하시오.   14 중등국어

┤보기 1├

질문 다음 용기들은 컵일까요, 사발일까요?

응답 결과(2개 학급)

조건	'컵'이라고 한 응답률(%)					'사발'이라고 한 응답률(%)				
	①번	②번	③번	④번	⑤번	①번	②번	③번	④번	⑤번
빈 상태	100	80	60	20	0	0	20	40	80	100
수프	30	20	10	5	3	70	80	90	95	97
커피	97	95	90	80	70	3	5	10	20	30

┤보기 2├

컵과 사발의 개념을 정확하게 정의할 수 있을까? 보통 밑면적이 좁은 것을 컵이라고 하고 넓은 것을 사발이라고 생각할 수 있는데, 이 둘을 명확하게 구분할 수 있는 방법은 없다. 도표를 보면 ①번을 컵이라고 생각하는 사람은 100%이지만, ⑤번을 컵이라고 생각하는 사람은 없음을 알 수 있다. 마찬가지로 ⑤번을 사발이라고 생각하는 사람은 100%이지만, ①번을 사발이라고 생각하는 사람은 없다. 이러한 현상을 알기 쉽게 선 그래프로 표현하면 다음과 같다.

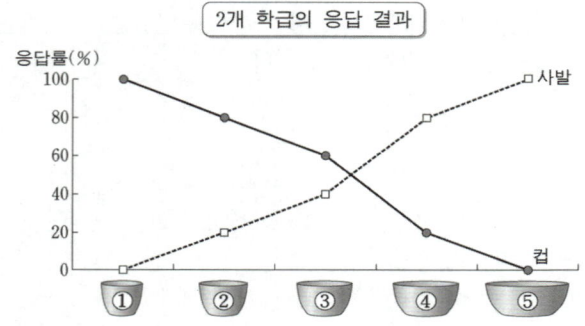

위 그래프를 보면 대체로 ③번과 ④번 용기 사이에서 컵과 사발의 의미가 구분됨을 알 수 있다. 이러한 경향은 용기에 무엇을 담았는지에 따라 약간의 차이가 있을 수 있지만, 그것이 컵과 사발의 경계가 모호하다는 결론에는 영향을 주지 않는다.

◆ 예시 답안

(1) 학생의 '시각 자료 활용 측면의 장점'은 주어진 자료인 질문과 응답 결과의 도표를 선 그래프로 재구성함으로써 독자가 그 의미를 쉽게 파악할 수 있도록 했다는 것이다.

(2) 그러나 학생의 자료 해석이 잘못된 부분은 '컵과 사발의 경계가 모호하다는 결론 부분'이다. 도표에서 보듯이 컵과 사발의 경계는 내용물(수프와 커피)의 차이에 따라서 명확하게 구분이 가능하다. 학생은 응답 결과의 조건 중 '빈 상태'인 ①과 ⑤만을 해석하여 ①을 모두 컵, ⑤를 모두 사발로 결론짓는 오류를 범했다. 이 학생에게는 조건 중 '빈 상태'만 고려할 것이 아니라 '수프, 커피'가 담긴 상태인 조건을 모두 고려하여 해석할 필요가 있다는 것을 지도할 필요가 있다. 따라서 용기에 무엇을 담았는지가 컵과 사발의 경계 개념에 영향을 미치는데, 그 내용물에 따라 컵과 사발의 경계가 명확하다는 결론에 이를 수 있음을 지도해야 한다.

60. 다음은 한 학생이 자신의 글쓰기 문제와 관련된 고민을 적은 글이다. 학생의 글을 읽고, 교사의 지도 방향을 적은 <보기>의 (   ) 안에 공통으로 들어갈 말을 쓰시오.　　　　　　　　　　　　15 중등국어

> 나는 내 글쓰기 능력에 대해 판단을 하기 힘들다. 학교에서 내주는 많은 글쓰기 과제에서 어떤 때는 글을 잘 쓴다고 칭찬을 받다가도, 다른 때는 또 글을 잘 못 쓴다는 평가를 받기도 한다. 지난달에 자서전 쓰기를 했을 때 국어 선생님께서는 내 글에 대해 자서전이 요구하는 삶에 대한 기록과 성찰이 뛰어나다는 칭찬을 해 주셨다. 또 글의 구성과 표현 방법이 자서전에 잘 맞는다는 평가도 받았다. 그런데 얼마 전에 보고서 쓰기 과제를 제출했는데 내가 기대했던 것보다 낮은 점수를 받았다. 선생님께 그 이유를 여쭈어 보니, 보고서에 필수적으로 요구되는 조사 목적과 조사 방법에 대한 설명이 빠졌다고 하셨다. 또 내가 사용한 문장은 비유적 표현이 많아서 보고서에는 적절하지 않다는 설명도 듣게 되었다. 이런 일 때문에 나는 내 글쓰기 능력이 괜찮은 편인지, 부족한 편인지 잘 모르겠다.

보기
이 학생의 문제는 (　　)와/과 깊은 관련이 있다. 이 학생은 기본적인 글쓰기 능력은 있지만 (　　)에 따라 달라지는 텍스트의 규범적 형식과 내용을 파악하는 능력이 부족하다. 즉 자서전 쓰기에서는 텍스트의 규범에 맞춰 쓰기를 수행하였지만, 보고서 쓰기에서는 필요한 내용을 누락하거나 비유와 같은 어울리지 않는 표현 방식을 사용하는 등의 문제점을 나타내었다. 따라서 이 학생의 글쓰기 능력을 향상시키기 위해서는 (　　) 중심의 쓰기 지도가 필요하다.

◆ **예시 답안**
장르

◆ **해설**
1) 작문 이론별 강조점을 살펴보면 형식주의 작문이론은 '글(텍스트)' 요인을 강조하고, 인지 구성주의 작문 이론은 '필자' 요인을 강조한다. 또한 사회 구성주의 작문이론은 '담화 공동체와 맥락'을 중시한다. 즉 구성주의가 대두되면서 작문 행위에서의 강조점이 변화하였고, 이러한 영향이 작문 교육에도 미쳤음을 알 수 있다. 그러나 구성주의 입장은 작문의 과정을 지나치게 중요시한 나머지 텍스트 자체에는 소홀한 경향을 보였다. 이에 다시 텍스트 요인을 강조하면서 과정과 결과의 균형을 강조한 이론이 장르 중심 교육과정이라고 볼 수 있다.

2) '장르'라는 명칭은 주로 문학 이론에서 쓰이던 용어이다. 그러나 문학에서 쓰이던 용어가 일상생활로 확대되어 쓰이면서, '장르'라는 명칭의 개념도 확장되었다. 즉 장르 중심 교육과정에서 말하는 장르란 '반복되는 상황에 대한 수사학적 반응'으로 규정하고 있다.

61. 다음의 (가)는 윤 교사가 만든 학습지의 일부이고, (나)는 학습지를 화제로 동료 교사와 나눈 대화이다. 괄호 안의 ㉠, ㉡에 해당하는 말을 순서대로 쓰시오.

16 중등국어

(가)
- 활동 목표: 쓰기 과제에 따라 설명하는 글을 쓴다.
- 활동 1: 다음 쓰기 과제 중에서 한 가지를 골라 보자.
  - 돈 들이지 않고 재미있게 노는 방법
  - 알아 두면 좋을 효과적인 시간 관리 방법
- 활동 2: 선택한 쓰기 과제의 쓰기 상황을 분석해 보자.

쓰기 상황	· 글의 주제	
	· 글의 목적	
	· 글의 유형	
	· 필자의 입장	
	· 매체의 유형	

- 활동 3: 분석 결과를 고려하여 글을 쓰는 데 필요한 내용을 마련해 보자.
  (1) 조사가 필요한 내용에는 무엇이 있는지 말해 보자.
  (2) 여러 가지 자료를 조사하여 내용을 다양하게 마련해 보자.
- 활동 4: … (하략) …

(나)
윤 교사: 장 선생님, 제가 만든 학습지에서 보완해야 할 점이 있을까요?
장 교사: 아침에 살펴보았는데 '활동 2'의 쓰기 상황 분석에서 (㉠)이/가 누락되었더군요. 중요한 요소인데…….
윤 교사: 아, 그런가요? 자세히 좀 알려 주세요.
장 교사: 이것을 고려하지 않으면, 학생들은 강조할 내용은 무엇인지, 내용을 어떤 순서로 제시할 것인지를 결정하기가 어려울 거예요. 필자 중심의 글을 쓰지 않게 하려면 이를 보완하는 것이 좋겠어요.
윤 교사: 네, 그렇겠네요. 다른 것도 있나요?
장 교사: '활동 3'에서 내용 생성 방법을 자료 조사로만 한정한 것이 좀 아쉬워요. 자료 조사가 필요해도 우선은 학생의 (㉡)을/를 활용하도록 하는 게 좋겠어요. 이것은 가장 빠르면서도 효과적으로 내용에 접근하는 방법이거든요. 작문의 인지 과정 모형에서도 이것을 중시하더군요.
윤 교사: 이론적으로도 그렇다는 말씀인가요?
장 교사: 그럼요. 작문의 인지 과정 모형에서는 이것을 필자의 머릿속에 저장되어 있는 기억의 총체로 설명한답니다. 그러니까 학생들에게도 이것을 활용하게 할 필요가 있어요.
윤 교사: 검토해 주셔서 감사합니다. 내일 수업하기 전에 꼭 보완해 볼게요.

- ㉠ : _____
- ㉡ : _____

◆ 예시 답안

㉠ 예상 독자
㉡ 배경 지식(스키마)

◆ 해설

- 필자는 글을 쓸 때 작문의 목적, 주제, 독자 등과 같은 작문 상황을 잘 분석해야 좋은 글을 쓸 수 있다. 이 중에서 독자를 분석할 때에는 예상 독자가 처해 있는 구체적 환경, 글의 주제와 예상 독자의 관계, 예상 독자와 필자의 관계, 필자가 작성한 글과 예상 독자의 관계를 분석해 보아야 한다.

- 내용을 생성할 때는 자신의 배경 지식을 일차적으로 활용해야 한다. (가)의 〈활동 3〉과 같이 자료 조사를 통해 내용을 마련할 수도 있지만, 작문과 관련된 배경 지식을 떠올려보고 이를 활용하는 것이 중요하다. 필자의 경험에 축적된 배경 지식은 작문 내용의 주요 원천이라고 할 수 있다. 그래서 유능한 필자들은 배경 지식으로부터 내용을 생성하기 위한 여러 가지 전략을 적용한다. 작문을 계획할 때는 작문에 필요한 배경 지식을 마련하고, 배경 지식으로부터 내용을 생성할 수 있는 방안에 대해 미리 생각해 보아야 한다.

62. 서 교사는 "모범문의 내용 전개 과정을 모방하여 성찰하는 글을 쓸 수 있다."라는 학습 목표로 수업을 실시하였다. 다음을 읽고 이 수업에 대해 〈작성 방법〉에 따라 서술하시오.　　16 중등국어

(가) 모범문 분석

모범문	내용 전개 과정
행랑채가 퇴락하여 지탱할 수 없게끔 된 것이 세 칸이었다. 나는 마지못하여 이를 모두 수리하였다. 그중의 두 칸은 앞서 장마에 비가 샌 지가 오래되었으나, 나는 그것을 알면서도 이럴까 저럴까 망설이다가 손을 대지 못했던 것이고, 나머지 한 칸은 비를 한 번 맞고 샜던 것이라 서둘러 기와를 갈았던 것이다. 그런데 이번에 수리하려고 보니, 비가 샌 지 오래된 것은 그 서까래, 추녀, 기둥, 들보가 모두 썩어서 못 쓰게 되었던 까닭으로 수리비가 엄청나게 들었고, 한 번밖에 비를 맞지 않았던 한 칸의 재목들은 완전하여 다시 쓸 수 있었던 까닭으로 그 비용이 많이 들지 않았다.	1문단에서는 생활 체험을 끌어들이고 있음.
나는 이에 느낀 것이 있었다. 사람의 몸도 마찬가지라는 사실이다. 잘못을 알고서도 바로 고치지 않으면 곧 그 자신이 나쁘게 되는 것이 마치 나무가 썩어서 못 쓰게 되는 것과 같으며, 잘못을 알고 고치기를 꺼리지 않으면 해(害)를 받지 않고 다시 착한 사람이 될 수 있으니, 저 집의 재목처럼 말끔하게 다시 쓸 수 있는 것이다.	2문단에서는 개인적 차원에서 성찰한 내용을 쓰고 있음.
그뿐만 아니라 나라의 정치도 이와 같다. 백성을 좀먹는 무리들을 내버려 두었다가는 백성들이 도탄에 빠지고 나라가 위태롭게 된다. 그런 뒤에 급히 바로잡으려 하면 이미 썩어 버린 재목처럼 때는 늦은 것이다. 어찌 삼가지 않겠는가. 　　　　　　　　－이규보, 「이옥설(理屋說)」	3문단에서는 사회적 차원을 다루어 성찰의 범위를 넓히고 있음.

(나) 학생 글

얼마 전에 큰 마음먹고 다이어트를 시작했었다. 빨리 남들처럼 멋진 몸매를 갖고 싶어서 운동으로 차근차근 가꾸라는 충고를 무시하고 센 방법을 썼다. 하루에 한 끼씩만 먹고 배가 고파도 꾹꾹 참으며 견뎠다. 그러다 그만 한꺼번에 너무 많이 먹어서 배탈이 나 버렸다. 지금도 그때 생각을 하면 아찔하다.

이에 느낀 것이 있었다. TV에서 일본이 과학 분야의 노벨상을 탔다는 뉴스를 들었다. 우리나라 사람들은 부러워하면서 우리도 빨리 과학 분야의 노벨상을 받아야 한다고 목소리를 높였다. 그러려면 국가적으로 차근차근 준비해야 한다. 서두른다고 되는 것은 아니다.

다이어트 실패 후 내 몸무게는 이전으로 돌아왔다. 아니 더 찌고 있다는 게 진실이다. 그래서 주위 사람들에게 괜히 짜증만 내고, 나 자신에게도 자꾸자꾸 화가 난다. 내 마음은 짜증, 실망, 불만뿐이다.

┃작성 방법┃
(1) 이 수업의 바탕이 된 작문 이론을 쓸 것.
(2) 학습 목표를 고려하여 (나)에 나타난 문제점을 구성과 내용(성찰)의 측면에서 1가지씩 제시하고,
(3) 그 개선 방안을 각각 서술할 것.

- (1) : _____
- (2) : _____
- (3) : _____

◆ **예시 답안**

(1) 이 수업은 (가)의 내용 전개 과정을 모방하여 글을 쓰는 방식으로 진행되었으므로 형식주의 작문 이론을 바탕으로 한 것이다.(형식주의 작문 이론은 규범 문법의 준수와 모범적 텍스트의 모방, 그리고 어법상의 정확성을 강조한다.)

(2) 학습 목표를 고려했을 때 (나)는 다음과 같은 문제점이 있다. 첫째 구성상 (가)의 내용 전개 과정을 따르지 않았다는 점을 지적할 수 있다. (가)는 '생활 체험-개인적 차원의 성찰-사회적 차원의 성찰 구조' 즉 '유추와 확정'의 구조로 내용이 전개되고 있는데, (나)는 '생활체험 -사회적 성찰- 생활 체험의 결과'의 과정으로 내용이 전개 되고 있다. 따라서 서 교사는 학생에게 (가)와 같이 '유추와 확대'의 구조를 적용하여 글의 전개 방식을 수정하도록 지도해야 한다.

(3) 둘째, 내용상 2단락은 '개인적 차원'의 성찰 내용이 제시되어야 하는데, 이것이 누락되었다. 그리하여 2 단락에 '개인적 차원'의 성찰 내용을 추가하고, (나)에 제시된 3단락의 내용은 삭제하도록 지도한다.

63. (가)는 김 교사가 작성한 교단 일기이고, (나)는 유 교사, (다)는 최 교사가 사용했던 쓰기 평가 도구이다. 세 교사가 선택한 쓰기 평가 방법에 대해 <작성 방법>에 따라 서술하시오. `16 중등국어`

(가) 김 교사의 교단 일기

지난 2주 동안 "쟁점이 있는 문제에 대해 설득적인 글을 쓸 수 있다."라는 목표로 수업을 했는데, 학생들이 열심히 참여해서 기분이 참 좋았어. 학생들이 열심히 참여했지만 여전히 숙달하지 못해서 어려워하는 모습을 보였어. 그래, 이번 쓰기 평가에서는 학생들이 지도 내용 중에서 무엇을 숙달했고 무엇을 더 연습해야 하는지를 확인해 봐야겠다. 평가를 통해서 그 내용을 확인하고, 다음 수업에 반영해야겠어.
이번 평가에서는 유 선생님을 따라해 보는 것은 어떨까? 써보라고 평가 도구를 주기도 했고, 사실 편리하기도 한데……. 아니야, 그래도 ㉠ 이 도구를 활용한 유 선생님의 평가 방법은 쓰기 능력 평가의 관점에서 보면 문제가 있어. 어려움이 좀 있겠지만 학생들에게 ㉡ 직접 쓰게 하고 그 글을 평가하는 것이 좋을 듯해. 나 혼자 평가해야 해서 시간이 걸릴 수 있으니 서두르자. 마침 최 선생님께서도 먼저 쓰셨던 평가 도구를 활용해 보라고 주셨잖아. 그럼, 이제 한번 사용해 보자.

(나) 유 교사의 평가 도구

※ [1~20] 다음 물음에 가장 적절한 답을 고르시오.
1. 주장의 설득력을 뒷받침하는 핵심 요소로 적절한 것은?
  ① 합리적 근거 ……   ⑤ 필자의 취미
        … (중략) …
20. '전문가의 견해'는 어떤 근거 유형에 속하는가?
  ① 사실 논거 ……   ⑤ 의견 논거

(다) 최 교사의 평가 도구
• 쓰기 과제 : 고등학교에서는 학생의 의견을 존중하여 과목을 선택해야 한다.
• 채점 기준표

등급	특성
우수	• 글의 내용, 조직, 표현이 전반적으로 우수하여 설득력이 높음.
보통	• 글의 내용, 조직, 표현이 다소 부족하여 설득력이 보통임.
부족	• 글의 내용, 조직, 표현이 전반적으로 부족하여 설득력이 낮음.

작성 방법
(1) ㉡에 비추어 볼 때 쓰기 능력 평가로서 ㉠이 안고 있는 문제가 무엇인지 서술할 것.
(2) (다)를 단서로 하여 최 교사가 학생 글을 평가하기 위해 선택한 평가 방법이 무엇인지 쓸 것.
(3) 최 교사의 학생 글 평가 방법이 어떤 점에서 김 교사에게 적절하지 않은지를 (가)에 나타난 김 교사의 평가 의도를 바탕으로 하여 서술할 것.

• (1) : _____
• (2) : _____
• (3) : _____

◆ **예시 답안**

(1) ㉠, ㉡에서 알 수 있는 평가 방법은 각각 간접 평가(선다형 평가)와 직접 평가이다. 직접 평가(㉡) 비추어 볼 때, 간접 평가(㉠)는 학생들의 작문 능력과 태도를 간접적으로 평가하여 학생들이 실제 작문을 잘 할 수 있는지의 여부를 확인하기가 어렵다는 문제가 있다.(타당성이 떨어진다.)

(2) 그리고 최 교사가 사용한 평가 방법은 총체적 평가 방법이다. 이 평가 방법은 학생의 글을 전체적이고 통합적인 관점에서 평가하는 방법이다.

(3) (가)에서 김 교사는 평가를 통해 학생들이 무엇을 숙달했고, 무엇을 연습해야 하는지를 확인하고, 이를 다음 수업에 반영하고자 한다. 그러므로 학생에 대한 구체적인 정보를 필요로 한다. 그러나 총체적 평가 방법으로는 학생에 대한 구체적인 정보를 얻을 수 없어 김 교사에게 적절하지 않다.

64. 다음은 '작문에서 의미는 어디에 있는가'라는 주제로 열린 국어 교사 협의회 회의록의 일부이다. 괄호 안의 ㉠, ㉡에 해당하는 말을 순서대로 쓰시오.

〔17 중등국어〕

수석 교사 : 오늘은 '작문에서 의미는 어디에 있는가'라는 주제로 논의를 하겠습니다. 오늘 논의를 통해 효과적인 작문 수업 방법론이 모색되기를 기대합니다. 먼저, 김 선생님께서 말씀해 주실까요?

김 교사 : 의미는 당연히 글에 있지요. 대개의 일상 산문의 경우, 의미가 명료하게 드러난 글이 좋은 글입니다. 어떻게 하면 이런 글을 쓸 수 있을까요? 어법을 준수하고, 수사적 원리를 잘 지키는 것입니다.

수석 교사 : 네, 이 선생님께서는 어떻게 생각하십니까?

이 교사 : 저는 수사적 원리가 보편적이 아니라 상대적이라고 생각합니다. 의미는 구성주의 또는 인지주의 작문 이론가들이 주요 분석 대상으로 삼는 (㉠)(이)나, 김 선생님께서 강조하시는 글에 있는 것이 아닙니다. 의미는 담화 공동체 구성원 간의 상호 작용을 통해 구성됩니다. 그런데 담화 공동체마다 공유하고 있는 사회적 지식, 신념, 감수성이 다르고 이것이 글 구성 전략, 표현 전략의 차이를 낳습니다. 즉, 담화 관습은 공동체마다 다릅니다.

수석 교사 : 담화 관습이 지닌 보편성과 특수성의 차이로 이해되는데요. 그럼, 이 선생님은 어떤 방법으로 작문 지도를 하십니까?

이 교사 : 저는 작문 수업에서 학습자 간 대화를 촉진하는 협동 작문 활동이나 동료 평가 활동을 많이 합니다. 이러한 수업을 통해서 학생들은 자신이 속한 공동체가 공유하고 있는 상식과 글쓰기 방식을 익히게 될 것이라고 기대하고 있습니다.

수석 교사 : 제가 그동안 쭉 지켜본 바에 따르면, 최 선생님께서도 작문 교육에서 대화가 중요하다는 말씀을 여러 번 한 것으로 기억합니다. 최 선생님께서도 이 선생님의 생각과 같습니까?

최 교사 : 제가 수업에서 대화를 강조하는 것은 담화 공동체의 글쓰기 방식을 익히는 것보다 작문 과정에 관여하는 요인들과의 대화적 교섭을 중시하기 때문입니다. 필자는 작문 과정에서 끊임없이 (㉡)을/를 의식합니다. 여기서 공저자의 개념이 생겨난 것이지요.

수석 교사 : 그렇군요. 각자 작문을 바라보는 인식에는 차이가 있는 것 같지만, 작문 수업 층위로 내려오면 서로의 견해가 공존할 수 있다고 생각합니다.

- ㉠ : _____
- ㉡ : _____

◆ **예시 답안**

㉠ 개별적인 쓰기(작문) 행위
㉡ 독자

◆ **해설**

1) 구성주의 작문 이론에서는 개별적 작문 행위를 분석의 대상으로 삼으며, 텍스트의 개념을 필자의 계획과 목적과 사고를 언어로 번역하는 것으로 규정한다. 이 이론에서는 필자를 수사론적 문제 해결자로, 독자를 능동적이고 목표 지향적인 해석자로 본다. 또한 텍스트를 통한 의미 구성 능력은 개인의 목적 의식과 사고 능력의 계발을 통하여 신장되는 것으로 설명한다. 이 교사는 구성주의 또는 인지주의 작문 이론가들이 주요 분석 대상으로 삼는 개별적 작문 행위를 언급하고 있다.

2) 대화주의 작문 이론에서는 텍스트의 의미를 구성하는 과정은 특정의 사회적·문화적 맥락에서 담화 당사자들(필자와 독자) 사이에서 역동적이고 한시적으로 이루어지는 협상의 과정이라고 본다. 또한 텍스트의 의미는 텍스트나 사용자에게 있는 것이 아니라 사용자 사이의 상호작용 현상 속에 내재한다고 본다. 이러한 대화주의 작문 이론에서는 담화 행위로서의 텍스트를 분석의 대상으로 삼으며, 텍스트의 개념을 정통적인 언어 사용자 사이의 기호론적 매개체로 규정한다. 이 이론에서는 필자와 독자 모두를 정통적인 언어 사용자로 본다. 또한 텍스트를 통한 의미 구성능력은 상호 교호성의 계발을 통하여 신장되는 것으로 설명하여, 상호 교호성의 계발은 필자와 독자의 협상과 상호작용으로 인하여 가능한 것으로 본다. 최 교사는 이러한 대화주의 작문 이론의 관점에서 필자가 작문 과정에서 끊임없이 독자를 의식한다는 점을 언급하고 있다.

65. (가)는 김 교사가 채택한 교과서의 쓰기 단원이고, (나)는 김 교사가 이를 재구성한 것이다. (나)의 재구성 방법에 대하여 <작성 방법>에 따라 서술하시오.

`17 중등국어`

□ 학습 목표 : 목적, 독자를 고려하여 쓰기 과정을 점검하며 글을 쓸 수 있다.

(가) 재구성 전

단원 전개	소단원 1	소단원 2	소단원 3
학습 목표	목적, 독자에 따른 쓰기 과정 점검 방법을 이해한다.	점검 방법을 활용하여 설명문을 쓸 수 있다.	점검 방법을 활용하여 논설문을 쓸 수 있다.
학습 활동	1. 목적에 따른 점검 방법 이해하기 2. 독자에 따른 점검 방법 이해하기 ↓ 3. 목적에 따른 점검 방법 적용하기 ↓ 4. 독자에 따른 점검 방법 적용하기	1. 계획하기 ↓ 2. 생성·조직하기 ↓ 3. 작성하기 ↓ 4. 고쳐 쓰기	(생략)

(나) 재구성 후

단원 전개	소단원 1	소단원 2	소단원 3
학습 목표	목적, 독자에 따른 쓰기 과정 점검 방법을 이해한다.	점검 방법을 활용하여 설명문을 쓸 수 있다.	점검 방법을 활용하여 논설문을 쓸 수 있다.
학습 활동	1. A 필자의 점검 활동 (프로토콜) 분석하기 ↓ 2. B 필자의 점검 활동 (프로토콜) 분석하기 ↓ 3. 목적에 따른 점검 방법 정리하기 4. 독자에 따른 점검 방법 정리하기	1. 계획하기 ↕ 2. 생성·조직하기 ↕ 3. 작성하기 ↕ 4. 고쳐 쓰기 ┃ 조정하기	(생략)

┤작성 방법├
(1) (가)의 '소단원 1' 학습 활동과 (나)의 '소단원 1' 학습 활동의 차이를, 학습 활동의 전개 순서와 관련지어 서술할 것.
(2) 김 교사가 (가)의 '소단원 2' 학습 활동을 (나)의 '소단원 2' 학습 활동과 같이 재구성하면서 적용한 쓰기 과정의 원리를 쓰고, 그 원리를 설명할 것.

• (1) : _____
• (2) : _____

◆ **예시 답안**

(1) (가) '소단원1'의 학습 활동은 학습 목표를 달성하는데 필요한 원리를 먼저 학습하고, 그것을 각 상황에 적용하는 방식인 연역적 성격의 교수·학습 방법을 사용하고 있다. 반면, (나) '소단원 1'의 학습 활동 1, 2에서는 A, B 필자의 점검 활동(프로토콜) 분석을 통해 3, 4라는 결론(지식)을 도출하는 귀납적 성격의 교수·학습 방법을 사용하고 있다.

(2) 김 교사는 (가)의 '소단원2' 학습 활동을 각 단계에 따라 선조적인 과정으로 조직했다. 그러나 재구성 과정을 거쳐, (나)의 '소단원2' 학습 활동은 필자의 사고를 중시하는 인지주의 작문이론에 근거해 회귀적인 과정으로 조직했다. 회귀적 과정이란 실제 쓰기 과정에서 그 단계가 순환하는 것을 말한다. 즉, '계획하기, 생성·조직하기, 작성하기, 고쳐쓰기'의 쓰기 과정을 포함하며, '조정하기'라는 개념을 추가하여 쓰기의 회귀성을 강조했다.

66. (가)는 김 교사가 작성한 쓰기 평가 계획이고, (나)는 학생이 작성한 글이다. (나)의 문제점을 <작성 방법>에 따라 서술하시오. `17 중등국어`

(가) 평가 계획		
1. 평가 범위	학습 목표	◦ 적절한 근거를 들어 주장하는 글을 쓸 수 있다.
	주요 학습 내용	◦ 근거의 요건 - 신뢰성 - 타당성 - 공정성
2. 평가 방법		◦ 분석적 평가
3. 평가 과제		◦ 문항 : 적절한 근거를 들어 주장하는 글을 쓰시오. ◦ 작성 시 유의사항 - '근거의 요건'을 충족할 것.
4. 피드백 내용		◦ 글 층위에서 보이는 학생 글의 장단점

(나) 학생 글

우리가 앉아 있는 교실은 우리를 가르치시는 선생님들이 앉아 계셨던 교실의 풍경과는 많이 다르다. 학급당 인원이 거의 절반 수준으로 줄어들었고 에어컨이 설치되어 있으며, 대형 모니터도 걸려 있다. 그러나 그때나 지금이나 변함이 없는 것은 학생들이 교과서와 노트만을 책상 위에 펼쳐 놓고 있다는 것이다. 스마트폰은 요즘 거의 모든 사람들의 생활필수품 이다. 그런데 우리 교실에서는 스마트폰 사용이 금지되어 있다. 청소년들이 미래 사회의 주역으로 성장해 가는 교실에서 그 편리한 문명의 이기가 금지된다는 것은 납득되지 않는다.

스마트폰을 교실에서 사용하면 훨씬 더 높은 수업 효과를 거둘 수 있다 스마트폰을 통해 우리는 유용한 지식과 정보를 얻을 수 있다. 스마트폰이 교과서보다 훨씬 더 방대한 정보와 최신의 지식을 제공해 주는 것이다. 나는 스마트폰으로 음악을 듣고 영화를 보면서 심리적 안정을 얻는다. 이를 보더라도 교과서와 함께 스마트폰을 사용하면 수업의 효과가 클 것임을 알 수 있다.

또한 스마트폰은 학생들이 학습 활동을 편리하게 수행할 수 있도록 돕는다. 얼마 전 텔레비전에서 어떤 교양 프로그램을 본 적이 있다. 역사와 철학에 매우 해박한 것으로 정명이 나 있는 한 원로 정치인이 그 프로그램에 출연하여, 스마트폰을 사용하면 학생들의 과제 수행이 수월해지고 수업에 대한 집중력도 높아질 수 있다는 견해를 밝혔다. 이를 통해 볼 때, 스마트폰을 학습 상황에서 사용한다면 학습의 편의성이 높아질 것이다.

스마트폰의 미덕은 여기에만 머무르지 않는다. 그 미덕을 모조리 교실에서 수용하기는 어렵다 하더라도, 앞에서 말한 장점들을 고려하면 교실에서 스마트폰 사용을 금지하는 것은 사회적인 낭비라 할 수 있다.

┤작성 방법├

◦ (가)의 '1. 평가 범위'와 '3. 평가 과제'를 참조하여, (나)의 3문단과 4문단 각각에서 주장의 근거가 부적절한 이유를 구체적으로 설명할 것.

◦ _____

◆ **예시 답안**

(1) 3문단의 근거는 '타당성'이 부족하다. 3문단에서는 '스마트폰을 교실에서 사용하면 훨씬 더 높은 수업 효과를 거둘 수 있다'는 주장을 하기 위해 '나는 스마트폰으로 음악을 듣고 영화를 보면서 심리적 안정을 얻는다'는 근거를 제시하고 있다. 이 근거는 주장과의 관련성이 적어 타당성이 부족하다.

(2) 4문단의 근거는 '신뢰성'이 부족하다. 4문단에서는 '스마트폰은 학생들이 학습 활동을 편리하게 수행할 수 있도록 돕는다'는 주장을 하기 위해 전문가의 견해를 근거로 들고 있다. 그러나 스마트폰과 관련이 없는 역사, 철학 분야에 해박한 정치인의 견해를 인용하였다. 이 근거는 인정할 수 없는 권위를 인용했다는 점에서 신뢰성이 부족하다.

(3) 마지막으로 3, 4문단의 근거는 모두 '스마트폰의 장점'만을 제시해 한쪽으로 치우쳐져 있어 공평하지 못하다는 점에서 '공정성'이 부족하다. 따라서 '스마트폰의 단점, 폐해'와 같은 다른 관점이 포함되어야 공정성을 유지할 수 있다.

67. 다음은 '쓰기 지도'를 주제로 하여 진행한 교사 협의회 내용의 일부이다. 괄호 안의 ㉠, ㉡ 각각에 공통으로 해당하는 말을 순서대로 쓰시오.

[18 중등국어]

> 박 교사 : 얼마 전에 "여정, 견문, 감상이 드러나는 기행문을 쓸 수 있다."라는 학습 목표로 글쓰기 수업을 했습니다. 그런데 학생들이 글쓰기를 많이 어려워하더라고요.
>
> 김 교사 : 학생들이 글쓰기를 어려워하는 데는 여러 원인이 있어요. 인지주의 작문 이론가들에 따르면 필자는 글을 쓰는 과정에서 여러 가지 문제에 부딪히는데, 능숙한 필자는 이러한 문제를 해결하기 위한 구체적 방법인 (㉠)을/를 적절하게 사용하지만, 미숙한 필자는 그렇지 못하기 때문에 글을 쓰는 데 어려움을 겪는다고 해요. 그래서 미숙한 필자에게는 쓰기에 대한 지식뿐만 아니라, 다양한 (㉠)을/를 익히게 하고, 그것을 적재적소에 활용할 수 있도록 지도하는 것이 필요하지요. 이때 쓰기 과정을 단계별로 구분하여 지도하는 것도 좋습니다.
>
> 박 교사 : 그래서 쓰기를 문제 해결 과정이라고 하는 군요. 그럼 내용 조직하기 단계에서 우리 학생들이 활용할 만한 것이 있을까요?
>
> 김 교사 : 내용 생성하기를 마친 후 조직하기 단계에서는 쓸 내용을 체계화하는 방법을 추천합니다. 흔히 글의 뼈대를 만드는 일이라고 하는데, (㉡) 쓰기를 하면 글의 전개방향과 전체 내용을 한눈에 알 수 있어서 글을 일목요연하게 쓰는 데 도움이 되지요. 다만 학생들은 한 번 (㉡)을/를 쓴 후에는 그것을 확정된 것으로 생각하는 경우가 있는데, 쓰기 과정에서 얼마든지 수정될 수 있다는 점을 안내할 필요가 있어요.

- ㉠ : _____
- ㉡ : _____

◆ 예시 답안

㉠ 전략
㉡ 개요

◆ 해설

글쓰기를 일련의 목표 지향적인 문제 해결 과정으로 전제하는 문제 해결적 접근 방법에서는 글쓰기 과정에 필요한 사고 방법 또는 문제 해결 방법들만 익혀서 활용할 수 있다면 누구나 일정 수준 이상의 글쓰기 능력을 갖게 된다고 본다. 이러한 '문제 해결 과정 중심의 작문 지도'의 핵심은 학습자로 하여금 자신의 글쓰기 과정에 대한 인식을 바탕으로 자신이 사용하는 글쓰기 방법을 점검하고, 능숙한 필자들이 사용하는 더욱 효율적인 글쓰기 방법을 전략화하여 실제 글쓰기 국면에서 적용할 수 있는 힘을 갖게 해 주는 것이라 할 수 있다.

조직하기 단계에서 개요(얼개) 짜기 활동은 전통적으로 해 왔던 것으로 글의 뼈대를 만드는 활동이다. 개요는 글의 전체적인 흐름을 말해 주는 것으로 조직적인 글을 쓰는 데 매우 필요한 활동이다. 개요를 짜는 활동은 초고를 쓰는 데에도 필요하지만 그 자체로도 중요한데, 이는 조직적인 사고를 기르는 데 도움이 된다. 개요를 작성할 때에는 그냥 서론, 본론, 결론으로 하지 말고 글 구조 이론을 참고하여 자기가 쓸 글의 구조에 따라 개요를 작성하는 방식을 달리하면 초고를 훨씬 더 쉽게 써 내려 갈 수 있다.

68. (가)는 김 교사가 세운 수업 계획이고, (나)는 수업 계획에 대해 동료 교사와 나눈 대화의 일부이다. 김 교사의 쓰기 지도에 대해 〈작성 방법〉에 따라 서술하시오.

`18 중등국어`

(가)
- 학습 목표 : 주변의 문제를 해결하기 위한 글을 쓸 수 있다.
- 쓰기 과제 : 우리 학교에서 시급하게 해결해야 하는 문제를 찾고 그것을 해결할 수 있는 글을 써 봅시다. 읽을 사람이 누구인지, 어떤 유형의 글을 써야 하는지 친구들과 협의하여 글을 씁니다.
- 평가 계획 : 포트폴리오 평가(2차)
- 수업 단계 및 교수·학습 활동(90분)

수업 단계	교수·학습 활동	
도입	- 전시 학습 확인 및 동기 유발 - 학습 목표 확인	
미니레슨 (간이수업)	- 문제 해결을 위한 글쓰기의 특성 설명하기 - 문제 상황과 해결 방안 제시하는 방법 안내하기	
계획하기	쓰기 맥락 분석하기	교사 + 동료 + 자기 협의 하기
내용 생성 및 조직하기	- 해결해야 할 문제 조사하기 - 문제 해결 방안 마련하기 - 내용 조직하기	
글 쓰기	- 초고 쓰기 - 피드백 반영하여 재고 쓰기	
공유하기	- 완성된 글을 작은 책이나 게시물로 만들기	
정리	- 쓰기 워크숍 활동 정리	

(나)
윤 교사 : 김 선생님, 지난번 쓰기 워크숍 잘 마치셨나요?
김 교사 : 예, 잘 마치기는 했는데 쓰기 워크숍이 익숙하지 않아 좀 어려웠어요. 2회차 수업 계획인데, 한번 살펴봐 주시겠어요?
윤 교사 : 그럴게요. 그런데 처음에 쓰기 워크숍을 계획하시게 된 특별한 이유라도 있나요?
김 교사 : 지난 여름에 교사 연수를 받기 전까지 ㉠쓰기는 필자 개인의 의미 구성 과정이라고 생각했어요. 그런데 교사 연수를 받으면서 쓰기에 대한 제 관점이 편협했다는 것을 깨달았지요.
윤 교사 : 그랬군요. 쓰기 워크숍에 대한 학생들의 반응은 어땠나요?
김 교사 : 학생들의 반응은 좋았어요. 자신이 완성한 글을 들고 뿌듯해하는 학생들을 보니 저도 기분이 좋더라고요. 그런데 공유하기 단계에서 어떤 활동을 더 추가해야 할지 고민이에요.
윤 교사 : 쓰기 워크숍은 '실제적 쓰기', 다른 말로 하면 '진정한 쓰기'를 지향하니까 ㉡공유하기 단계에서 자신이 쓴 글을 학교 신문에 투고하거나 학교 홈페이지 게시판에 올리는 활동을 하면 좋겠어요. 그런데 평가는 어떻게 하실 계획인가요?
김 교사 : 지난번에 1차 포트폴리오 평가를 했고, 이번에 2차 포트폴리오 평가를 할 예정이에요. ㉢예전에는 완성된 글만을 대상으로 해서 일회적으로 평가했는데, 포트폴리오 평가를 하면서 이를 보완할 수 있을 것 같아요.
윤 교사 : 다행이네요. 그럼 이제 교수·학습 활동을 구체적으로 살펴볼까요? …(하략)…

┤ 작성 방법 ├
(1) ㉠과 대비되는 관점에서 쓰기 워크숍의 의의를 서술할 것.
(2) 쓰기 워크숍이 '실제적 쓰기(authentic writing)'를 지향한다고 할 때, 김 교사가 제시한 쓰기 과제와 ㉡의 활동이 적절한 이유를 각각 서술할 것.
(3) ㉢을 고려할 때 김 교사의 쓰기 워크숍 수업에서 포트폴리오 평가가 갖는 장점 2가지를 서술할 것.

◆ 예시 답안

(1) 쓰기 워크숍은 타인과 상호작용을 통해 실제적 맥락 안에서 작문 행위를 수행하는 것으로, 쓰기 워크숍은 타인과의 상호작용을 통해 의미를 구성하도록 돕는 교수·학습 방법으로써의 의의가 있다.

(2) 김 교사가 제시한 쓰기 과제는 학교에 관련된 '실제적 쓰기 목적'과 '실제적 독자'를 고려한 것이므로 '실제적 쓰기'를 지향하는 쓰기 워크숍에 적절하다. 그리고 ㉡은 학생들이 '실제적 독자'를 가장 효과적으로 만날 수 있는 활동이므로 '실제적 쓰기'에 적절하다고 할 수 있다.

> '실제적 쓰기'란 '실제적 쓰기 목적'과 '실제적 독자'가 설정된 쓰기 활동을 의미한다.

(3) 김 교사의 포트폴리오는 완성된 글을 대상으로 하는 결과 평가뿐만 아니라 과정 평가도 가능(지속적 평가가 가능)하다는 것이 장점이다. 따라서 학습자의 발달적 수행(학습자의 변화·발전 정도)을 파악할 수 있다는 것 역시 장점으로 꼽을 수 있다.

69. (가)는 학생이 쓴 기사문에서 쓰기 지식을 분석한 자료의 일부이고, (나)는 학생 글을 분석한 후 교사의 생각을 적은 글의 일부이다. 괄호 안의 ㉠, ㉡에 해당하는 말을 순서대로 쓰시오. `19 중등국어`

(가)

제출 과제	저작권, 알고 계십니까?	제출자	윤○○

쓰기 지식	분석	판단
(㉠)	• 저작물과 저작권의 개념, 저작물의 조건과 종류, 저작권의 특징, 저작권을 위반한 사례 등을 다양하게 제시함. • 독서 경험뿐만 아니라 관련 서적, 전문가 의견, 시민 인터뷰 자료 등을 활용하여 독자에게 다양한 정보를 줌.	저작권에 대한 필자의 (㉠)이/가 풍부함.
장르 지식	• 저작권에 대한 기획 보도 기사문으로 분량이 많음에도 불구하고, 부제와 전문을 넣지 않아 정보를 효율적으로 전달하지 못함. • 사실과 의견을 명확하게 구분하지 않음.	기사문에 대한 필자의 장르 지식이 부족함.

(나)
윤○○의 글을 분석하면서 의외로 장르 지식이 부족하다는 생각이 들었다. 장르 지식은 특정 유형의 글과 관련해 담화 공동체에서 반복적으로 형성되어 온언어적, 구조적 특징을 아는 지식으로, 담화공동체의 (㉡)을/를 고려하는 것과 관련이 있다. 학생들은 다양한 유형의 글을 쓰고 담화 공동체 안에서 소통을 하면서 (㉡)을/를 익히게 되는데, 윤○○은 담화 공동체에서 형성된 기사문에 대한 일종의 약속이나 규칙을 고려하지 않았다고 할 수 있다. 담화 공동체의 (㉡)이/가 지닌 규범성은 변화할 수도 있지만, 글을 쓰는 방법에 영향을 미칠 뿐만 아니라 쓰기 능력을 판단하는 기준이 될 수 있다. 그러므로 학생들에게 구체적인 장르 지식을 가르치고 이를 고려해 글을 쓰도록 지도해야겠다.

- ㉠ : _____
- ㉡ : _____

◆ 예시 답안

㉠ 내용 지식
㉡ 담화 관습

70. (가)는 교과 간 통합 수업을 위한 계획의 일부이고, (나)는 학생들이 쓴 실험 보고서 초안의 일부이다. 실험 보고서 쓰기의 지도 방안을 <작성 방법>에 따라 서술하시오. 〔19 중등국어〕

(가) 수업 계획

○ 학습 목표
- 절차와 결과가 드러나게 보고서를 쓸 수 있다. (국어)
- 액체에 따라 열팽창 정도가 다름을 알 수 있다. (과학)

○ 쓰기 과제: 액체의 열팽창에 관한 실험을 하고 보고서를 쓴다.
○ 교수·학습 활동 및 유의점

차시	교수·학습 활동	유의점
1	• 보고하는 글의 특성 이해하기 - 보고하는 글의 소통 맥락 알기 - 보고하는 글의 구성 요소와 표현 알기 • 보고서 쓰기(1) - 쓰기 과제 분석하고 실험 계획하기	• 수필, 논설문 등과 비교하여 보고서의 특성을 파악하게 한다.
2	• 실험하기 - 실험 준비하기 - 모둠별 실험하기 - 실험 과정과 결과 정리하기 • 결과 분석하고 토의하기	• 실험 과정과 결과를 기록하게 한다.
3	• 보고서 쓰기(2) - 글의 목적을 고려하여 절차와 결과가 드러나는 실험 보고서 쓰기 • 실험 보고서 발표하기	• 실험 보고서를 쓸 때 ㉠학습 작문(학습을 위한 글쓰기)이 이루어지게 한다.

(나) 학생들이 쓴 실험 보고서 초안

온도 변화에 따른 액체의 팽창

모둠 이름: 힘내라 모둠
모둠원: 유○○, 권○○, 정○○

1. 실험 동기 및 목적

며칠 전 동생이 음료수를 마시다가 음료수가 가득 차 있지 않다고 속상해한 적이 있었다. 그것을 본 언니는 온도가 올라가 액체가 팽창하면 유리병이 깨질 수도 있기 때문이라고 말해 주었다. 그때 궁금한 점이 생겼다. 모든 액체는 동일하게 팽창할까? 그렇지 않다면 어떤 액체가 얼마나 많이 팽창할까? 우리 모둠은 이러한 궁금증을 풀기 위해 실험을 해 보기로 했다.

2. 실험 계획
(1) 실험 시간 및 장소: 2018년 ○월 ○일, 과학 실험실
(2) 실험 대상: 콩기름, 물, 에탄올
(3) 실험 준비물: 콩기름, 물, 에탄올 각 300mL, 유리병 3개, 유리관 3개, 고무 찰흙 3개, 자 1개, 수조 1개, 송곳 1개, 뜨거운 물 3L, 병뚜껑 3개

(4) 실험 과정
① 병뚜껑의 중앙에 유리관이 들어갈 수 있는 작은 구멍을 뚫는다.
② 구멍에 유리관을 끼우고 고무 찰흙으로 액체가 새지 않도록 막는다.
③ 빈 유리병 3개에 각각 콩기름, 물, 에탄올을 가득 채우고, 공기가 들어가지 않도록 주의하여 뚜껑을 닫는다.
④ 뜨거운 물이 담긴 수조에 유리병 3개를 넣는다.
⑤ 유리관 속 액체의 높이가 더 이상 변하지 않을 때 높이를 잰다. [사진]

3. 실험 결과 및 토의

㉡유리관 속 액체의 높이에서 상당한 차이가 있었는데, 에탄올과 콩기름이 물보다 높은 편이었다. 실험 결과를 우리가 배웠던 내용과 연결해 보니 액체마다 분자의 크기나 결합 상태가 달라서 콩기름, 물, 에탄올의 열팽창 정도가 달랐던 것이다. 우리 모둠에서는 액체의 열팽창의 예로 체온을 잴 때 사용하는 수은 온도계를 찾을 수 있었다. 우유가 가득 찬 병을 뜨거운 물에 넣으면 우유가 넘치는 것도 액체의 열팽창과 관련이 있다는 것을 알게 되었다.

4. 결론
액체에 따라 열팽창의 정도가 다르다.
… (하략) …

┤작성 방법├
(1) 이 수업에서 ㉠이 지니는 의의를 국어 교과와 과학 교과로 구분하여 각각 서술할 것.
(2) 실험 보고서의 특성을 고려하여, ㉡과 같이 기술하는 것이 적절하지 않은 이유를 쓰고 수정 지도 방안을 서술할 것.

◆ **예시 답안**

(1) 이 문제에서의 '학습 작문'은 국어 교과와 과학 교과의 통합 수업에서 보고서 쓰기 활동을 통해 학습자의 학습 능력을 향상시키는데 목적을 둔 쓰기 활동을 말한다. 이를 고려할 때, 국어 교과 측면에서는 보고서의 소통 맥락, 구성요소와 표현 요소에 대해 학습하게 된다. 즉 '보고서'에 필요한 장르 지식을 학습하여 학습 능력을 신장시키는데 의의가 있다. 또한 과학 교과측면에서는 액체의 열팽창과 관련된 실험을 통해 학생이 실험 과정과 방법, 실험 결과에 대한 지식을 습득함으로써 문제 해결 능력을 신장시킨다는 의의가 있다.

(2) 보고서는 객관성과 정확성1을 기조로 삼는다. 이를 고려할 때, ㉡에서 '상당한', '편이었다'라는 모호한 표현은 적절하지 못하다. 이러한 지도 방안으로는 실험 내용을 기술할 때는 명확한 의미의 단어를 사용하여 객관적이고, 정확하게 표현하도록 지도한다.

71. 다음은 비평문 쓰기 단원의 평가 계획에 대해 두 교사가 나눈 대화의 일부이다. 주요 특질 평가(주요 특성 평가)와 사고 구술 평가의 장점을 <작성 방법>에 따라 서술하시오. `19 중등국어`

김 교사 : 이 선생님, 제가 비평문 쓰기 단원을 가르치기 전에 평가 계획을 세웠는데, 검토해 주시겠어요?
이 교사 : 예, 그럴게요.

[평가 계획]
- 평가 목표 : 시사적인 현안이나 쟁점에 대해 비평하는 글을 쓸 수 있는지를 평가한다.
- 평가 중점 : 인지적 요소와 정의적 요소를 두루 평가한다.
- 평가 방법

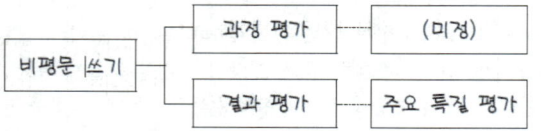

- 평가 도구
  - 쓰기 과제
   세계 곳곳에서 다양한 이유로 난민이 발생하고 있으며 난민 수용 여부에 대한 찬반 논의가 있습니다. 이 문제에 대해 자신의 관점을 수립하고 주장이나 견해가 명료하게 드러나는 비평문을 씁니다. 이때 자신이 선택하지 않은 관점의 문제점을 근거를 들어 비판합니다.
  - 평가 기준
    1. 난민 수용 여부에 대해 자신의 관점을 수립하였는가?
    2. 자신의 관점에 따른 주장이나 견해를 명료하게 제시하였는가?
    3. 상대 관점의 문제점을 근거를 들어 비판하였는가?

이 교사 : 비평문 쓰기 단원을 지도하면서 과정 평가와 결과 평가를 모두 활용하실 계획이네요.
김 교사 : 예, 그렇게 하려고요. 아직 과정 평가는 확정하지 못했고, 결과 평가로는 주요 특질 평가를 하려고 해요. 이전에 총체적 평가를 해 봤는데, 좀 더 ㉠ 과제 지향적인 평가를 해 보고 싶어서요.
이 교사 : 그렇군요. 그럼 과정 평가로 사고 구술을 활용하시는 건 어떤가요? 사고 구술은 평가하는 데 시간과 노력이 많이 들고 학생들이 사고 구술에 익숙해질 때까지 충분히 연습해야 한다는 단점이 있지만, 평가 중점을 고려한다면 의미가 있겠어요.
김 교사 : 아, 그런가요? 사고 구술로 인지적 요소를 평가하는 건 알겠는데, 정의적 요소도 평가할 수 있나요?
이 교사 : 예, 그럼요. 제가 이따가 제 수업에서 수집한 ㉡ 정의적 요소가 드러나는 사고 구술 자료를 보여 드릴게요.

김 교사 : 아, 고맙습니다. 과정 평가 방법으로 사고 구술을 추천하시니 꼭 해 봐야겠어요. 그런데 제가 만든 평가 도구는 어떤가요?
이 교사 : 주요 특질 평가에 사용하실 평가 도구네요. 음, 쓰기 과제의 맥락을 좀 더 구체화하고, 평가 기준을 제시하기 전에 평가해야 할 주요 특질을 먼저 제시해주면 좋겠어요. 또 쓰기 수행의 수준을 설명하는 평가 척도를 평가 기준에 설정해 놓으면 평가하기가 더 수월하지요.

| 작성 방법 |
(1) 주요 특질 평가를 ㉠이라고 볼 수 있는 이유를 서술하되, 주요 특질 평가의 장점을 포함할 것.
(2) 과정 평가로서 사고 구술 평가의 장점을 서술하고, '쓰기 과제'를 수행할 때 예상되는 ㉡의 예를 제시할 것.

◆ 예시 답안
(1) '주요 특질 평가'는 쓰기 과제로 제시된 글에 대해서 독특한 성질의 분석에 초점을 두고 평가하는 작문 평가 방법이다. 즉 쓰기 과제로 제시된 '비평문'의 형식적 내용적 요소를 학습하게 하고, 이를 평가하는 것으로, 쓰기 과제의 주요 장르적 특질(성질)에 부합하는 평가 방법이다. 이러한 '주요 특질 평가'는 학습자로 하여금 '장르적 지식'을 학습하게 하고, 학생의 쓰기 과제에 대한 자세한 정보를 제공한다는 장점이 있다.

(2) 사고 구술 평가는 학생이 작문을 시행하는 동안 학생의 머릿속에서 일어나는 다양한 사고 과정을 면밀히 보여준다는 장점이 있다. 또한 학생이 '비평문 쓰기'를 수행하면서, '관점 수립이 어렵네. 나는 글을 못 쓰는 것 같아.', '이러한 근거는 나의 주장을 뒷받침하기에 적합해. 잘하고 있어. 글쓰기가 점점 자신 있는 걸' 등과 같은 학생의 쓰기 불안, 쓰기 효능감에 대한 정보가 사고 구술을 통해 드러날 때 정의적 요소로서 평가가 가능하다.

72. 다음은 '글쓰기의 형식적 규범과 창의적 글쓰기'라는 주제로 국어 교사들이 논의한 내용의 일부이다. 괄호 안의 ㉠, ㉡에 해당하는 말을 순서대로 쓰시오.

[20 중등국어]

교사 A : 많은 선생님들이 쓰기 수업 시간에 글의 구조, 서술 및 표현 방식 등과 관련된 쓰기 규범을 강조하는데, 이러한 쓰기 규범이 창의적 글쓰기를 방해한다고 말하는 학생들이 있습니다. 오늘은 '글쓰기의 형식적 규범과 창의적 글쓰기'라는 주제로 바람직한 작문 교육 방안에 대해 논의해 보면 좋겠습니다.

교사 B : 저는 순서의 문제라고 생각합니다. 학생 필자에게는 규범에 맞는 글쓰기 학습이 먼저고, 창의적 글쓰기는 이후 기대할 수 있다고 봅니다. 그런 의미에서 저는 (㉠) 작문 이론과 사회 구성주의 작문 이론에 공감합니다. 신비평과 전통 수사학의 영향을 받은 (㉠) 작문 이론에서는 객관적인 쓰기 규범과 원리의 습득을 중시합니다. 한편 사회 구성주의 작문 이론은 쓰기를 사회적 행위로 해석하면서, 공동체 구성원 간의 대화를 통한 쓰기 규범의 내면화와 전수를 중요한 작문 교육 원리로 내세우고 있습니다.

교사 C : 창의적 글쓰기는 대개 기존의 글쓰기 규범을 벗어난 지점에서 가능해진다고 봅니다. 새로운 글쓰기의 시도가 독자와의 소통을 어렵게 한다고 볼 수도 있지만, 한편으로는 독자의 인식 지평을 넓히고 독자의 새로운 심미적 감수성을 일깨울 수 있다고 봅니다. 저는 학생들에게도 이러한 새로운 글쓰기에 대한 기대를 품고 교육을 했으면 좋겠습니다.

교사 D : 중요한 것은 글쓰기의 목적이 아닐까요? 필자의 의도나 목적을 지금의 글쓰기 규범이 잘 담아낼 수 있다면, 현행 규범을 충실히 따르면 됩니다. 그러나 필자의 새로운 인식과 감각을 담아낼 수 없고, 독자 역시 변화에 대한 욕망이 충만하다면, 새로운 글쓰기 방식을 시도해 봐야 하지 않을까요?

교사 A : 세 분의 말씀을 들어 보니, 쓰기 규범의 준수와 창의적 글쓰기는 반드시 대립 관계에 있는 것은 아닌 것 같습니다. 중요한 것은 글쓰기의 목적, 독자의 요구, 주제에 대한 필자와 독자의 생각 등과 같은 (㉡)을/를 고려하고 이를 글쓰기에 반영하려는 태도인 것 같습니다. (㉡)와/과 관련된 다양한 질문을 던지고 이에 대한 답을 탐색하는 과정에서 쓰기 규범의 준수 여부는 자연스럽게 결정된다고 봐야 할 것 같습니다.

- ㉠ : _____
- ㉡ : _____

◆ 예시 답안
㉠ 형식주의
㉡ 작문 상황 맥락(작문 상황 구성 요소)

◆ 해설
- 형식주의 작문 이론(작문교육론, 박영목, 역락)

1) 1960년대 이전까지의 작문 이론은 형식주의적 성향을 띠고 있었다. 문학 분야에서 신비평 이론이 성행하던 이 시기에 있어서의 작문 이론은 규범 문법과 수사론적 규칙을 강조하였으며, 작문 교육은 모범적인 텍스트의 모방을 중시하고, 표현의 과정에서 어법상의 오류를 범하지 않도록 하는 데 지도의 초점을 두었다.

2) 이 시기에 이루어진 작문 교육의 전형적인 모습을 기술하면 다음과 같다. 첫째, 지도 교사는 학생들로 하여금 표준적인 어법에 따라 단어를 결합하여 정확하고 유연한 문장을 만들도록 한다. 둘째, 문장과 문장을 결합하여 명료하고 통일성이 있으며 체계적으로 조직된 단락을 만들도록 한다. 이 시기에 있어서 위와 같은 방법이 가장 효과적인 작문 교육 방법이라는 믿음을 가졌던 배경 내지 이유는, 어떠한 텍스트든지 일원적이고 영속적인 의미를 지니고 있다는 텍스트의 의미에 관한 신비평 이론의 전제 때문이라고 할 수 있다.

73. (가)는 국어 교과서 단원의 일부이고, (나)는 교사가 교과서 재구성을 위해 단원을 분석한 내용이다. 국어 교과서 재구성 방안을 <작성 방법>에 따라 서술하시오. 〔20 중등국어〕

(가)

학습 목표

독자에 대한 분석을 바탕으로 적절한 내용을 선정하여 설명하는 글을 쓸 수 있다.

학습 활동

1. 쓰기 목적, 주제, 예상 독자에 대해 알아보자.
   ◦ 쓰기 목적 : 정보 전달
   ◦ 쓰기 주제 : 환경 보호를 위한 실천 방안
   ◦ 예상 독자 : 같은 반 친구

2. 다음 항목에 따라 독자를 분석해 보자.

분석 항목	분석 요소	분석 결과
요구	◦ 독자가 내 글에서 기대하는 바는 무엇인가?	
태도	◦ 독자는 주제에 대해 어떤 입장을 가지고 있는가?	

3. 브레인스토밍 전략을 사용하여 쓸 내용을 마련해 보자.

4. 3에서 생성한 내용을 바탕으로, 내용 조직 전략을 사용하여 쓸 내용을 정리해 보자.

5. 1~4의 활동을 바탕으로 설명하는 글을 써 보자.

제목 : _____

(나)

① 독자 분석 항목으로 요구, 태도를 설정한 것은 타당하다고 본다. 그러나 독자에게 제공하고자 하는 정보의 유형과 범위를 판단하고 독자의 지속적 읽기를 유인하는 효과적인 글쓰기 전략을 마련하기 위해서는, 제시된 독자 분석 항목 외에 2가지를 추가할 필요가 있다.

② 과정 중심 접근법에 근거하여 단원을 잘 구성하였다고 생각한다. 또한 특정 쓰기 전략의 습득에만 그치지 않고, 한 편의 글을 완성하도록 학습 활동을 구성한 것도 의미가 있다. ㉠ 그러나 학습 활동 4의 경우, 학생들이 활동을 수행하는 데 필요한 구체적인 안내가 필요할 것으로 보인다. 책임 이양 원리에 따라 교사가 먼저 몇 가지 내용 조직 전략에 대해 설명하고 시범을 보인 후, 학생들이 이 전략을 적용하여 내용을 조직하도록 해야겠다.

작성 방법

(1) (나)의 ①에 근거하여 '학습 활동 2'의 독자 분석표에 추가해야 할 분석 항목 2가지와 각각에 해당하는 분석 요소를 1가지씩 서술할 것.

(2) (나)의 ㉠에서 교사가 상정하고 있는 교수·학습 모형을 쓰고, 쓸 내용을 조직하는 데 도움이 되는 전략을 3가지 서술할 것.

• (1) : _____

• (2) : _____

◆ **예시 답안**

(1) 독자 분석표에 추가해야 할 항목은 첫째, '관심사'이다. 이에 대한 분석 요소로는 '독자가 쓰기 주제와 관련하여 관심 있어 하는 바는 무엇인가?'이다. 둘째, '사전지식'이다. 이에 대한 분석 요소로는 '독자가 글의 주제와 관련한 충분한 배경지식을 가지고 있는가?'이다.

〈추가 답안〉
◦ 개인적 관련성 – '독자는 쓰기 주제가 자신과 관련이 있다고 생각하는가?'

(2) (나)의 ㉠에서 설명한 모형은 '직접 교수법(현시적 교수법)'이다. 또한 쓸 내용을 조직하는 데 도움이 되는 전략에는 '개요짜기', '다발짓기', '마인드맵' 전략이 있다. '개요짜기'는 글의 뼈대를 만드는 활동이며, '다발짓기'는 생성한 아이디어를 관련 있는 것끼리 묶는 활동이고, '마인드맵'은 중심 개념으로부터 관련된 아이디어를 시각적으로 표시해 나가는 활동이다.

◆ **해설**

• 과정 중심 쓰기 지도법

〈조직하기 단계의 전략〉

1) 첫째, 다발짓기를 들 수 있다. 이는 생성한 아이디어를 관련 있는 것끼리 묶는 활동이다.
2) 둘째, 일종의 마인드맵과 같은 활동을 할 수 있다. 생각 그물 만들기라는 용어를 사용하기도 한다. 마인드맵은 중심 개념에서부터 관련된 아이디어를 시각적으로 표시해 나가는 활동이다.
3) 셋째, 얼개짜기 또는 개요 작성 활동을 할 수 있다. 얼개(개요) 짜기는 전통적으로 해 왔던 것으로 글의 뼈대를 만드는 활동이다.
4) 넷째, 협의하기 활동이다. 협의하기는 글을 쓰기 전에 친구, 교사와 대화를 나눔으로써 자신의 생각을 좀 더 정교화하는 활동이다.

• 플라워(Flower)의 독자 분석 요소

요소	분석 초점	분석 목적
지식	• 독자가 알 필요가 있는 지식은 무엇인가? • 당신이 전달하고자 하는 주요 아이디어는 무엇인가? • 독자는 주제를 이해하는 데 필요한 충분한 배경지식을 가지고 있는가?	독자를 저자의 위로 옮기기 위해서
태도	• 주제에 대한 당신의 태도는 어떠한가? • 주제에 대한 독자의 태도는 어떠한가?	독자를 저자의 위치로 옮기기 위해서
요구	• 당신의 글쓰기 목적은 무엇인가? • 독자가 요구하는 바는 무엇인가?	독자의 요구에 맞게 저자의 아이디어를 재조직, 변형하기 위해서

74. (가)는 교사가 작성한 평가 계획의 일부이고, (나)는 학생이 쓴 글이다. 교사의 평가 계획에서 보완할 점과 학생이 쓴 글에 대한 피드백 내용을 <작성 방법>에 따라 서술하시오. [20 중등국어]

(가) 평가 계획

I. 평가 내용

1. 학습 목표 : 다양한 자료에서 내용을 선정하여 통일성을 갖춘 글을 쓴다.
2. 주요 학습 내용
 ① 통일성의 개념 이해하기
 ② 다양한 자료에서 내용 선정하기
 ③ 통일성을 갖춘 글을 쓰기
 ④ 통일성을 유지하며 글을 쓰려는 태도 갖기

II. 평가 요소별 평가 방법

평가 요소	평가 도구	평가 주체
통일성의 개념 이해하기	선택형 평가	교사
다양한 자료에서 내용 선정하기	분석적 평가	교사, 동료
통일성을 갖춘 글 쓰기	분석적 평가	교사, 동료
글쓰기 태도	관찰 평가	교사

III. 평가 중점 및 유의점

1. 지식, 기능, 태도를 균형 있게 평가한다.
2. 완성된 글뿐 아니라 쓰기 과정도 함께 평가한다.
3. 자기 평가뿐 아니라 상호 평가도 적극적으로 활용한다.
4. 학습 내용, 평가 요소와 일치하도록 채점 기준표를 작성한다.

IV. '분석적 평가'를 위한 채점 기준표

평가 범주	평가 요소	평가 척도				
		매우 좋음	좋음	보통	나쁨	매우 나쁨
내용	다양한 자료에서 내용을 선정하였는가?					
	내용이 정확한 사실에 근거하고 있는가?					
	내용이 새롭고 풍부한가?					
조직	글의 구조가 글의 중심 내용을 잘 드러내고 있는가?					
	문단 수준에서 통일성을 유지하고 있는가?					
표현	어법을 준수하고 있는가?					
	어휘 선정 및 사용이 적절한가?					
	장르에 적합한 문체를 사용하고 있는가?					

(나) 학생이 쓴 글

사물에 쌓인 기억

① 며칠 전 어느 신문에서 한국 시장이 마케팅의 시험 무대로 떠오르고 있다는 기사를 읽었다. 우리나라 소비자들이 유행에 민감하고 특히 고급 소비재를 수용하는 속도가 빨라서 한국 시장에서 먼저 제품에 대한 반응을 알아본 뒤 세계 시장의 문을 두드리는 사례가 늘어 가고 있다는 것이다.

② 신문 기사는 중립적이었지만, 독자로서 이 글을 읽는 내 마음은 이중적이었다. 우리가 줄곧 외쳐 온 세계화가 어느 정도 성공했다는 증거를 거기서 읽을 수도 있을 것 같아서 안심이 되었고, 세계의 소비 시장에서 적지 않은 자리를 우리가 주도하고 있다는 사실에 마음이 흐뭇했다.

③ 한국이 특별히 유행에 민감한 나라라는 것은 모든 것이 가장 빨리 낡아 버리는 나라가 우리나라라는 뜻도 된다. 학기 초나 생일 때 요란을 떨며 샀던 소중한 물건들은 손때가 묻기도 전에 돈을 들여 처리해야 할 쓰레기 더미로 전락한다. 물건들 속에 소중하고 따뜻한 기억이 쌓이지 못하는 것은 슬픈 일이다.

④ 이런 슬픔이 유행을 부르는 것은 아닐까? 사람의 마음속에 세상과 만나 온 흔적이 남지 않고, 삶이 따뜻한 기억으로 채워지지 못하면 우리의 삶은 공허해지고 삭막해진다. 이렇게 삶이 충만함을 잃으니, 자연스럽게 밖에서 생산된 새로운 물건과 유행에 집착하게 된다.

⑤ 우리가 사물을 바라보며 마음의 깊은 곳에 그 기억을 간직할 때에만 사물도 그 깊은 내면을 열어 보일 것이다. 사물을 대하는 이러한 자세는 나와 세상을 함께 길들이려는 따뜻한 마음일 것이다. 오늘은 내 옆의 오래된 물건에 눈을 돌려 보자. 그리고 그 물건에 쌓인 기억을 떠올리며 깊은 눈으로 바라보자.

┌ 작성 방법 ┐

(1) 'I. 평가 내용' 중 '2. 주요 학습 내용'의 ③과 'III. 평가 중점 및 유의점'의 '4'에 근거하여 교사가 작성한 채점 기준표의 '조직'에서 보완할 점을 서술할 것(단, '통일성의 개념'과 '통일성의 적용 범위'를 포함하여 쓸 것).

(2) (나)에 대한 피드백 내용을 구성하되, 문단 ②가 통일성이 부족한 이유를 지적하고, 수정 방안을 서술할 것(단, 부족한 이유와 수정 방안을 서술할 때는 문단 ②의 내용을 인용할 것).

• (1) : _____

• (2) : _____

◆ **예시 답안**

(1) '통일성'이란 글의 주제와 세부 내용간의 유기적 연결을 의미한다. 즉 글 전체 수준과 글 문단 수준에서 각각 주제와 관련성이 떨어지는 문단이나 문장이 없는지 살펴봐야 한다. 그러나 교사가 작성한 'Ⅳ. 채점 기준표'의 조직 범주에는 글 문단 수준의 평가 요소만 제시되어 있다. 그러므로 글 전체 수준의 평가 요소인 '글 전체 수준에서 통일성을 유지하고 있는가?'를 보완하여야 한다.

(2) (나)의 전체 주제는 '사물에 대한 따뜻한 기억의 부재로 인한 유행의 집착과 극복의 자세'이다. 즉 필자는 우리나라 사람들의 유행의 민감성에 대해 부정적인 견해를 가지고 있다. 그러나 ②문단의 경우는 '안심이 되었고', '마음이 흐뭇했다'라는 표현을 통해 유행의 민감성을 긍정적으로 보아, 글 전체 주제에 비춰볼 때 통일성이 떨어진다. 그러므로 ②문단에 제시된 '내 마음은 이중적이었다.'라는 표현에 따라 유행의 민감성에 대한 긍정적 측면뿐만 아니라, 부정적(우려) 측면의 내용도 포함·추가하여야 한다.

75. 다음을 읽고, 수행 평가 계획에 대해 <작성 방법>에 따라 서술하시오.　21 중등국어

교사 A: 1학기 <화법과 작문> 수행 평가 계획의 초안을 준비해 보았는데, 보완할 점에 대해 협의해 보면 좋겠습니다.

> **수행 평가 계획**
> 1. 쓰기 과제
>   현안을 분석하고 쟁점을 중심으로 한 건의문을 써 보자.
> 2. 평가 방법 및 결과 활용
>   ① 분석적 평가 방법 적용
>   ② 우수, 보통, 미흡의 3등급으로 평가
>   ③ 평가 요소별 피드백 제공
> 3. 건의문 평가 범주 및 평가 요소
>
> | 평가 범주 | 평가 요소 |
> |---|---|
> | 내용 | • 문제 상황을 제시했는가?
• 해결 방안을 제시했는가? |
> | 조직 | • 건의문 구성 형식에 알맞게 글을 조직했는가?
• … (생략) … |
> | 표현 | • 격식과 예의를 갖추어 정중하게 표현했는가?
• … (생략) … |

교사 B: 평가 계획을 작성하느라 수고하셨네요. 근데, 수행 평가 계획에는 결과 평가만 계획되어 있는데 ㉠과정 평가도 실시하면 어떨까요?

교사 A: 좋습니다. 저는 결과 평가만 계획했는데, 결과 평가와 과정 평가를 균형 있게 다루는 것이 더 바람직하겠네요. 그렇다면, 학생 자신이 건의문을 작성하는 과정에서 떠올린 사고를 기록하도록 하는 과정 평가를 추가하기로 하지요. [A]

교사 B: 네. 그럼 다음으로 평가 요소에 대해서 논의해 보죠. 내용 범주에 대한 평가 요소를 조금 보완하면 좋겠습니다. 건의문은 현안 분석을 하여 도출된 쟁점을 바탕으로 내용을 구성하는 특징이 있지요. 내용 범주와 관련하여 문제 상황 쟁점의 경우에 독자가 문제 상황의 심각성을 공감할 수 있도록 문제 상황 쟁점을 제시했는지에 근거하여 평가해야 한다고 봅니다. 따라서 ㉡"문제 상황을 제시했는가?"의 평가 요소도 수정하면 좋겠습니다. [B]

교사 A: 그렇지요. 해결 방안 쟁점에 관련된 평가 요소도 마찬가지일 것 같습니다. 건의문은 공동체의 문제 상황을 해결하는 데 영향을 미치는 대상을 설득하는 목적으로 쓰는 글이지요. 이에 그 대상이 해결 방안을 긍정적으로 수용할 수 있도록 하는 해결 방안의 요건이 함께 제시될 필요가 있습니다. 해결 방안 쟁점의 평가 요소는 "해결 방안을 통해 얻을 수 있는 ㉢이익이나 기대 효과를 해결 방안과 함께 제시했는가?"라고 수정할 수 있겠습니다.

작성 방법

(1) [A]의 맥락에서 ㉠의 교육적 의의를 서술하고, ㉠의 구체적 방법 2가지를 제시할 것.
(2) [B]의 맥락에서 ㉡을 수정하고, ㉢이 평가 요소에 포함되어야 할 이유를 서술할 것.

• (1) : _____

• (2) : _____

◆ **예시 답안**

(1) 과정 평가는 학생의 쓰기 수행에 대한 다양한 정보를 수집할 수 있어 과정 평가를 결과 평가와 보완적으로 시행할 경우 학생의 작문 능력을 정확하여 진단하여 개선 방안을 찾을 수 있다는 의의가 있다. 과정 평가 방법에는 포트폴리오 평가와 프로토콜 분석법(사고 구술)이 있다.(반성적 쓰기도 해당)

(2) ㉡을 수정하면 "문제 상황의 심각성을 부각시키기 위해 문제와 관련된 통계자료, 연구 결과, 다양한 사례, 증언 등을 근거로 제시하였는가?"이다. 또한 해결 방안이 실행되어 독자가 얻을 수 있는 이익과 기대 효과를 함께 제시할 경우 독자를 효과적으로 설득하여 독자가 해결방안을 긍정적으로 수용하게 하므로(글쓰기 목적 달성) 평가 요소에 포함되어야 한다.

76. (가)는 '매체 특성에 맞게 표현하기' 단원에 대한 쓰기 수업 계획의 일부이고, (나)는 교사의 수업 성찰 일지이다. (가)의 '교수·학습 활동 및 유의점'과 관련하여 <작성 방법>에 따라 서술하시오. 21 중등국어

(가) 수업 계획

○ 학습 목표: 영상이나 인터넷 등의 매체 특성을 고려하여 생각이나 느낌, 경험을 표현할 수 있다.

○ 학습 활동: 학교생활에 관한 문제를 바탕으로 공익 광고를 영상으로 제작하고 학교 홈페이지 게시판에 공유해 보자.

○ 교수·학습 활동 및 유의점

차시	교수·학습 활동	유의점
1	• 광고 제작의 과정과 방법 이해하기 - 광고 제작의 과정 알기 - 영상 언어의 구성 요소 설명하기 - 기획안과 스토리보드 설명하기 • 모둠별로 공익 광고 기획하기 - 기획 의도를 설정한 후 기획안 작성하기 - 기획안을 바탕으로 스토리보드 작성하기	• 영상 언어는 매체 언어로서 ㉠복합 양식적 특성이 있음을 이해하고, 이를 고려하며 스토리보드를 작성하도록 지도한다. • 모둠 내 협의와 ㉡다른 모둠과의 협의를 통해 기획안과 스토리보드를 작성한다.
2	• 공익 광고 촬영하기 - 청각적 요소와 시각적 요소에 대해 설명하기 - 카메라로 영상 촬영하기	• 영상 언어의 복합 양식적 특성을 고려하며 촬영하도록 지도한다. • 기획안과 스토리보드를 바탕으로 촬영한다.

(나) 수업 성찰 일지

공익 광고 영상을 제작하는 쓰기 수업을 준비하는 것은 전통적인 쓰기 수업만 담당해 왔던 나에게 큰 도전과도 같았다. 글로 자신의 생각을 표현하는 전통적인 글쓰기와, 영상 언어로 자신의 생각을 표현하는 공익 광고 영상 제작은 표현 과정과 표현 방법의 측면에서 큰 차이가 있기 때문이다.

공익 광고는 촬영하기와 편집하기라는 표현의 과정을 거친다. 전통적인 글쓰기의 경우 필자는 다양한 수사적 표현 방법을 활용하여 자신의 생각을 표현한다. 반면에 공익 광고의 생산자는 카메라를 통해 영상 언어로 생각을 표현한다. 나는 2차시의 촬영하기 수업에서 ㉢영상 언어의 시각적 요소를 표현하려면 카메라의 어떤 요소들을 조절하며 촬영해야 하는지, 청각적 요소를 어떻게 녹음해야 하는지 예를 들어 설명했다.

전통적인 글쓰기 수업에서와 마찬가지로 나는 이 수업에서 학생 간의 상호작용과 대화를 매우 강조했다. 이 수업에서도 글의 의미는 필자와 독자 간의 대화를 통한 사회적 상호작용에 의해 구성된다고 보는 작문 이론을 적용할 수 있다는 생각이 들었기 때문이다. 이 작문 이론에 따르면 글을 쓴다는 것은 필자와 독자 간의 능동적인 의미 협상의 과정에 해당한다. 나는

이 이론을 반영하여 광고 영상은 글에, 생산자는 필자에, 수용자는 독자에 대응시킨 뒤에 모둠 간 협의를 실시하였다.

┤작성 방법├

(1) ㉠이 의미하는 바를 서술하고, ㉢에서 교사가 들 수 있는 구체적인 예시 1가지를 서술할 것.

(2) (나)에 근거할 때, 교사가 수업에 적용하고자 하는 작문 이론이 무엇인지 제시하고, 이 이론의 관점에서 ㉡의 활동이 지닌 의의를 '다른 모둠'의 역할을 중심으로 서술할 것.

◆ **예시 답안**

(1) '복합 양식적 특성'이란 하나의 매체에서 문자, 소리(음성), 이미지, 동영상 등 여러 양식이 복합적으로 결합되어 의미를 전달한다는 것이다. ㉢의 예시로는 '카메라와 대상 간의 거리 조절하기', '카메라의 각도 조절하기' 등이 있다.

(2) 교사가 수업에 적용하고자 하는 작문 이론은 대화주의 작문 이론이다. (가)에서 '다른 모둠'은 '독자'의 역할을 수행하면서 독자 자신의 요구와 기대를 제시하므로, 필자는 '다른 모둠과의 협의'를 통해 독자의 요구나 기대를 글에 반영할 수 있고, 쓰기가 사회적 행위임을 인식하게 한다는 의의가 있다.

◆ **해설**

• 대화주의 작문 이론(작문 교육론, 박영목, 역락)

분석 대상	담화 행위로서의 텍스트
텍스트 개념	정통적인 언어 사용자 사이의 기호론적 매개체
필자	정통적인 언어 사용자
독자	정통적인 언어 사용자
텍스트 생산 능력 (의미 구성 능력)	상호 교호성의 계발을 통하여 신장 (상호 교호성의 계발은 필자와 독자의 협상과 상호작용으로 인하여 가능한 것으로 본다)

77. (가), (나)를 읽고, 괄호 안의 ㉠, ㉡에 해당하는 말을 쓰시오.　　　　　　　　　　[21 중등국어]

(가) 학생들의 고쳐쓰기 활동 분석 결과

학습 활동	다양한 정보를 활용하여 정보를 전달하는 글을 쓴 후 자신이 쓴 글을 고쳐 써 보자.
분석 결과	• 수업의 도입 단계에서 진단 평가를 실시한 결과, 고쳐쓰기의 일반 원리인 추가, 삭제, 대치, 재구성에 대한 학생들의 이해는 매우 높은 수준이었음. • 고쳐쓰기 학습 활동의 결과, 단어나 문장 수준에서 맞춤법이나 띄어쓰기 오류에 대한 고쳐쓰기 빈도가 가장 높았음.

(나) 교사 간 대화

교사A : 얼마 전에 고쳐쓰기와 관련한 글쓰기 수업을 했습니다. 학습 활동을 분석한 결과에 따르면 학생들은 고쳐쓰기 일반 원리에 대한 지식은 충분했지만 실제 적용하는 데에서는 부족한 양상이 나타났습니다. 이 분석 결과를 반영해서 고쳐쓰기 수업을 다시 계획해야 할 것 같습니다.

교사B : 그렇군요. 우선 학생들에게 고쳐쓰기의 목적이 단순히 글의 잘못된 점을 찾는 것이 아니라 (㉠)이/가 이해하기 쉽게 글을 개선하는 데 있음을 이해하도록 지도해야 한다고 봅니다. 예컨대, 정보 전달의 글을 쓸 때는 글의 내용에 대한 이해와 기억이 용이하도록 글이 구성되었는지를 고려하여 고쳐 쓰도록 지도해야 하는 것이죠.

교사A : 맞습니다. (㉠)을/를 고려하여 고쳐쓰기를 지도한다는 것은 쓰기 맥락 혹은 수사적 맥락을 고려하며 고쳐쓰기를 하는 활동과 관련하여 지도할 수 있을 것 같습니다. 수사적 맥락을 고려하여 글을 쓰는 것은 고쳐쓰기 과정뿐 아니라 글쓰기의 전 과정에 걸쳐 이루어져야하는 것이지요.

교사B : 아시겠지만 그것은 인지주의 작문 이론에서 강조하는 (㉡)와/과 관련이 있습니다. 쓰기에 대한 (㉡) 수준이 높은 필자일수록 자신의 쓰기 과정에 대한 점검과 조정에 능동적으로 참여합니다. 이러한 필자는 능숙한 필자입니다. 능숙한 필자는 수사적 맥락을 고려하여 자신의 쓰기 과정을 점검하고 조정하기 때문에 쓰기 과정에서 나타나는 여러 문제들을 해결해 갈 수 있고 그 결과로 쓰기 수행의 질도 높일 수 있는 것이지요.

• ㉠ : _____
• ㉡ : _____

◆ 예시 답안

㉠ 예상 독자

㉡ 상위인지(초인지)

◆ 해설

• 필자의 종류

능숙한 필자	미숙한 필자
• 계획하기 단계에 시간을 충분히 할애하고 전략적으로 사고한다. • 초고를 쓰기 전에 자료를 수집하고, 아이디어를 메모하면서 내용을 구상한다. • 브레인스토밍이나 마인드맵을 활용하여 내용을 생성하고 수정의 가능성을 열어 놓고 개요를 작성한다. • 초고는 전 단계에 준비 한 개요와 메모를 바탕으로 글의 흐름에 집중 하여 작성한다. • 고쳐쓰기 단계에 충분한 시간을 할애하며, 실제로 글을 개선한다.	• 계획하기 단계에 시간을 거의 할애하지 않는다. • 초고를 쓰기 전에 자료를 수집하거나 개요를 작성하는 등 전략적으로 사고하기보다는, 막연하게 좋은 아이디어가 떠오르기를 기다린다. • 완벽한 초고를 써야 한다는 부담을 갖고 있어서 글쓰기를 시작하는데 어려움을 겪고 시간에 쫓기다가 초고를 그냥 제출한다. • 순간순간 떠오르는 생각에 의존해서 글을 쓰고 고쳐쓰기를 거의 하지 않는다.

78. 다음은 논설문 쓰기 수업을 마친 후 학생이 쓴 성찰 일지이다. ㉠, ㉡에 해당하는 말을 순서대로 쓰시오. 〔22 중등국어〕

> 드디어 논설문을 완성했다. 나의 주장은 '게임 중독을 질병으로 분류해야 한다.'였는데, 생각보다 많은 친구들이 나와는 상반된 주장을 하였다. 그 친구들을 논리적으로 설득하는 것, 그것이 논설문을 쓴 목적이었다.
> 서론에서는 게임 중독을 질병 코드로 지정하고 관리하겠다고 한, 세계보건기구(WHO)의 발표 내용을 인용하여 독자의 주의를 끌었다. 본론에서는 일상생활을 제대로 할 수 없을 정도로 게임에 빠져 있는 사람들이 증가하고 있다는 점, 질병으로 분류할 경우 예방 조치가 가능하고 적절한 치료를 제공할 수 있다는 점을 논거로 제시하였다. 글을 쓰면서 가장 신경 쓴 것은 (㉠) 논거의 적절성을 판단하는 일이었다. 전문가 인터뷰 내용이나 해당 분야의 권위 있는 학자의 말과 같은 (㉠) 논거도, 글에 활용하기 위해서는 신뢰성, 타당성, 공정성과 같은 요건을 갖추고 있어야 하기 때문이다. 결론에서는 속담을 활용하여, 게임 중독을 질병으로 분류해야 한다는 것을 다시 한 번 강조하였다.
> 초고를 쓴 후에는 고쳐 쓰기 전략 중 (㉡) 전략을 사용하였다. (㉡) 전략은 단번에 글을 처음부터 끝까지 읽으며 수정할 부분을 발견하는 전략이다. 선생님께서는 이 전략을 사용하면 글을 전체적으로 볼 수 있고, 지엽적인 부분만 수정하는 것을 줄일 수 있다고 하셨다. 이 전략을 사용하면서 전체적인 내용과 구조의 적절성에 주목하였는데, 첨가할 내용이나 삭제할 내용을 생각하는 데 도움이 되었다. 글을 쓰기 전에는 독자에게 최대한 많은 자료를 보여 주고 주장을 반복하면 된다고 생각했는데, 그것보다는 타당하고 믿을 만한 논거를 제시하는 일이 더 중요하다는 것을 깨달았다. 논설문을 쓰는 과정이 힘들긴 했지만 뿌듯한 경험이었다.

- ㉠ : _____
- ㉡ : _____

◆ 예시 답안
㉠ 의견
㉡ 훑어 읽기

◆ 참고
1. 주장하는 글쓰기 논거 유형

> 〈논거의 종류〉
> ① 사실 논거, 통계 수치, 여론 조사 결과 등
> → 정확하고 신뢰성이 높은 자료를 인용하여야 논거가 무너지지 않음.
> ② 의견 논거 : 정설화된 연구 논리를 인용하는 것 등
> → 의견을 제시한 사람이 얼마나 권위가 있는 사람인가에 따라 설득력이 결정됨.

2. 논거 유형

사실적 증거 자료	통계, 사례, 실례
정황적 증거 자료	간접 증거(범죄 현장에 남아있는 지문)
의견 증거 자료	전문가의 의견, 관찰자의 증언

3. 훑어 읽기

개념	완성한 글을 처음부터 끝까지 단숨에 읽으며 고쳐 쓸 부분을 발견하는 전략
초점	• 일반적으로 학생들은 고쳐 쓰기를 수행할 때 맞춤법이나 띄어쓰기와 같은 지엽적인 문제를 고치는 데에만 집중하고, 내용이나 구성상의 문제는 간과하는 경향이 있음 • 훑어 읽기는 글을 전체적으로 파악하게 함으로써 학생들이 글의 주요한 문제에 먼저 집중하고, 점차적으로 세부적인 문제에 관심을 갖도록 유도함
유의점	• 일회적으로 실시하기 보다는 여러 번 실시하는 것이 좋음 • 글 전체 수준 > 문단 수준 > 문장·어휘 수준에서 고쳐 쓸 부분을 발견하고 글을 고쳐 씀

79. (가)는 설명하는 글 쓰기 수업을 구상한 내용이고, (나)는 수업 후 교사 협의회에서 나눈 대화이다. (가)와 (나)를 읽고, 쓰기 수업에 대해 <작성 방법>에 따라 서술하시오. [22 중등국어]

(가)
- 학습 목표 : 대상의 특성에 맞는 설명 방법을 사용하여 글을 쓸 수 있다.
- 쓰기 과제 : 세계의 문화유산을 조사하여 학급 친구들에게 설명하는 글 쓰기
- 교수·학습 및 평가 계획

학습 단계	교수·학습 활동		평가 활동
도입	설명 방법의 특징 확인하기		–
전개	쓰기 과정	계획하기 [모둠별 협의]	• 쓰기 맥락 분석하기	교사는 학생들의 쓰기 수행에 대해 체크리스트를 활용하여 기록한다. • ㉠ _____
		내용 생성하기	• 주제와 독자를 고려하여 내용 선정하기	
		내용 조직하기	• 통일성을 고려하여 문장 개요 짜기	
		표현하기	• 설명 방법 활용하여 글쓰기	
		고쳐쓰기 [모둠별 협의]	• 초고 수정하기	㉡ 학생은 완성된 글을 친구들과 돌려 읽고 평가 기준표를 활용하여 피드백한다.
		공유하기	• 학급 누리집에 게시하기	
정리			

- 교수·학습의 중점
  - 지엽적인 쓰기 지식에 치중하기보다는 한 편의 글을 완성하도록 하는 데 중점을 둔다.
  - '다면적 피드백의 원리'를 바탕으로 협동 작문이 이루어지도록 한다.
- 평가의 중점
  - 평가의 주체를 교사, 학생 자신, 친구들로 다양화한다.
  - '통합성의 원리'를 바탕으로 교수·학습 과정과 평가 과정이 분리되지 않고 통합되도록 한다.

(나)
교사 A : 이번 수업은 쓰기 과정에 따라 한 편의 글을 쓰도록 하는 데 초점을 두었습니다. 수업 전에 구상한 대로 학생들이 협동 작문을 할 수 있도록 하였으며, 평가 주체를 다양화하여 학생의 쓰기 수행에 대한 정보를 풍부하게 얻을 수 있도록 하였습니다.

교사 B : 선생님 수업 잘 보았습니다. 글을 쓰다가 막힌 학생들에게 여러 번 질문을 하시면서 스스로 해결하게 도와주시는 모습이 인상적이었습니다. 그런데 선생님께서 협동 작문을 말씀하셨는데, 협동 작문은 모둠의 구성원 모두가 한 편의 글을 공동으로 창작해야 하는 것 아닌가요? 제가 보기에는 협동 작문이 이루어지지 않은 것 같은데, 어떻게 된 것인지 궁금합니다.

교사 A : 아, 선생님께서는 협동 작문에 대해 좁게 생각하고 계시는군요. ㉢ _____

⊢ 작성 방법 ⊢
(1) (가)의 '평가의 중점'을 참고하여 ㉠에 들어갈 내용을 쓰고, 쓰기 평가의 원리 중 '통합성의 원리'가 '고쳐쓰기' 단계에서 ㉡을 통해 구현되었다고 판단할 수 있는 이유를 서술할 것.
(2) '교사 B'가 협동 작문을 정확하게 이해할 수 있도록 ㉢에 들어갈 내용을 쓰되, (가)의 '교수·학습 및 평가 계획'에서 그에 대한 근거를 찾아 포함할 것.

- _____
- _____

◆ **예시 답안**
(1) ㉠에는 '학생에게 자기 점검표를 제시하여 학생 스스로 자신의 글쓰기 과정을 점검해 보도록 한다(자기 평가를 실시하게 한다).'가 들어가야 한다. 또한 ㉡에서는 돌려 읽기를 통한 동료 평가를 통해 동료 글에 대한 피드백을 제공하고, 이를 활용하여 글을 고쳐 쓰도록 하므로 교수·학습 과정 속에 평가 과정이 통합되어 있어 통합성의 원리가 구현되었다.

(2) ㉢에는 "협동 작문이란 개별 필자가 고립감이나 소외감에서 벗어나 타인과 상호작용을 통해 주어진 문제를 협동적으로 해결하도록 하는 작문 활동으로, 그 하위 유형은 공동 창작, 상호작용에 기반한 개인별 글쓰기 등 다양하다. 협동 작문은 개별 필자 혼자의 글쓰기가 아니라 타인과의 상호작용을 통한 글쓰기, 즉 협의, 공유, 선택과정에 초점을 둔 글쓰기로, '교수·학습 및 평가 계획'을 보면 글쓰기 과정에서 상호작용을 활발히 유도하기 위해 '모둠별 협의', '공유하기'를 포함하여 수업을 계획하였다가 들어가야 한다.

80. (가)는 학생의 작문 노트이고, (나)는 교사가 학생의 글을 분석한 자료이다. ㉠, ㉡에 해당하는 말을 순서대로 쓰시오. `22 중등국어`

(가) [쓰기 계획]
- 작문 목적 : 청색 기술에 대한 정보 제공
- 예상 독자 : 청색 기술을 알지 못하는 반 친구들
- 전달 매체 : 학급 문집

[초고]

[A] 최근 녹색 기술의 한계를 보완할 수 있는 친환경 기술로 청색 기술이 주목받고 있다. 청색 기술은 벨기에 환경 운동가 군터 파울리가 쓴 「청색 경제」라는 책에서 처음 등장한 용어이다.

우리가 흔히 '찍찍이'라고 부르는 벨크로는 청색 기술이 적용된 대표적인 예이다. 벨크로는 국화과 식물인 도꼬마리 씨앗의 갈고리 모양 돌기를 본뜬 것으로, 양면에 있는 고리들이 서로 맞물리면서 달라붙는 특성을 도꼬마리에서 빌려 온 것이다. 물총새에서 영감을 얻은 일본의 신칸센 열차도 청색 기술이 적용된 예이다. 신칸센 열차의 속도가 빨라질 때 발생하는 소음을 최소화하기 위해, 물총새의 부리 모양을 본떠 열차의 앞부분을 디자인했다고 합니다. 청색 기술을 적용한 또 다른 예로는 아프리카 흰개미 집을 응용한 자연 냉방 건물, 모기 침의 돌기를 흉내 낸 무통 주사기 등이 있습니다.

(나)
베레이터(C. Bereiter)가 구분한 쓰기 능력 발달 단계를 참고할 때, 이 학생은 아직 의사소통적 쓰기 단계에 도달하지 못했다고 판단할 수 있다. 의사소통적 쓰기 단계는 그 이전 단계인 (㉠) 쓰기 단계의 기능에 사회적 인지 기능이 통합된 것인데, 학생의 글을 살펴보면 이 학생은 맞춤법이나 문법 규칙에는 익숙한 것으로 보이나 독자를 고려하고 있지 못함을 알 수 있다. 의사소통적 쓰기 단계에 도달하지 못한 필자는 독자도 자신과 같은 배경지식을 가지고 글을 읽을 것이라고 생각하여 자신이 이미 알고 있는 정보를 생략하는 특성을 보인다. 이 학생 역시 그러한데, 독자를 고려할 때 [A]에서 청색 기술의 (㉡)을/를 설명하여 독자의 이해를 도와야 함에도 불구하고 이를 생략하고 있다. 이는 이 학생이 아직 자기중심적 글쓰기에서 벗어나지 못했음을 보여준다. 또한 '해라'체와 '하십시오'체의 혼용으로도 독자를 명확하게 인식하지 못하고 있다는 것을 확인할 수 있다.

- ㉠ : _____
- ㉡ : _____

◆ **예시 답안**
㉠ 언어 수행적
㉡ 개념(개념 정의)

◆ **참고**
- 칼 베레이터(Carl Bereiter) 작문 능력 발달 단계

단계	내용
연상적 쓰기	• 필자는 마음 속에 떠오른 생각들을 순서대로 기록하는 쓰기를 수행함 • 계획적으로 정보를 처리하기보다는 자료에 이끌려 쓰기를 수행함 • 독자를 고려하지 않는 필자 중심의 쓰기를 함 • 필자는 즉각적인 생각의 흐름을 끌어낼 수 있는 주제는 쉽게 쓰지만, 쓸 거리가 떨어지면 쓰기를 멈추거나 주제와 관련 없는 내용을 씀
수행적 (언어 수행적) 쓰기	• 연상적 쓰기에 어법, 문제, 장르 관습 측면에서의 능숙성이 더해져 나타나는 단계 • 필자는 맞춤법이나 구두법, 특정한 표현의 활용이나 회피에 대해 특별한 주의를 기울이지 않고도 쓰기를 자동적으로 수행할 수 있음
의사 소통적 쓰기	• 수행적 쓰기에 사회적 인지가 통합된 것으로 예상 독자의 요구를 의도적으로 고려하는 특성을 나타냄 • 필자는 자신의 생각을 글로 옮기는 것에 그치지 않고, 독자를 고려하여 메시지가 잘 전달될 수 있도록 함
통합적 쓰기	• 예상독자의 입장을 고려하면서 필자 스스로 독자의 입장이 되어 자신의 글을 비판적으로 평가할 수 있는 단계 • 필자는 자신이 독자가 되어 자기 글을 비판적으로 평가하고, 그 결과를 피드백 함으로써 자신의 글을 개선할 수 있음
인식적 쓰기	• 통합적 쓰기에 반성적 사고가 더해질 때 나타남 • 필자는 자신의 지식이나 쓰기 과정 등에 대한 반성적 사고를 통해 글을 씀으로써 새로운 인식을 창조할 수 있게 됨 • 쓰기 발달의 정점에 해당함

81. 인지주의 작문 모형에 따른 작품 특성과 작문 활동의 예로 바르게 짝지어진 것은? `09 중등국어`

	작문의 특성	작문 활동의 예
①	회귀적 과정	주제와 관련된 자료를 모은 뒤 개요를 마련하고 개요에 따라 초고를 작성한다. 초고를 작성한 후 표기나 표현을 수정하여 글을 완성한다.
②	생성적 과정	독자와의 실제 대화를 통해 주요 내용을 생성하고 이 내용으로 초고를 작성한다. 초고에 대해 친구의 소감을 듣고 그 결과를 반영하여 글을 완성한다.
③	선조적 과정	주요 내용을 조직하여 체계화된 개요를 작성한다. 이 개요를 바탕으로 초고를 작성하되 새로운 내용이 떠오르면 그것을 반영하여 개요를 수정한다.
④	의미 구성 과정	쓰기 과제를 직관적으로 파악하고 주제를 체계화하여 정확한 단어로 표현한다. 퇴고를 거쳐 단어를 수정하여 글을 완성한다.
⑤	문제 해결 과정	주제와 관련된 내용을 마련할 때 전략을 활용한다. 경험을 떠올리기 위해 연상 전략을 활용하고 책에서 내용을 모으기 위해 메모 전략을 활용한다.

◆ **정답 및 해설**

⑤

인지주의 작문 모형에서의 작문 특성과 작문 활동을 찾는 것이다. 인지주의 작문 이론은 작문 행위를 고정된 단계로 보지 않고, 필자가 작문의 과정에서 조정하고 통제해야 하는 몇 가지 하위 과정들의 집합으로 본다.

인지적 과정 모형에서는 이 과정을 계획하기, 작성하기, 재고하기, 조정하기로 설정하고 있다. 이 중 조정하기 과정은 그때그때의 상황에 따라 계획하기, 작성하기, 재고하기 등 필요한 과정을 수행하도록 한다. 즉, 계획하기, 작성하기, 재고하기가 선조적으로 일어나는 것이 아니라 거의 동시적이며 상호 작용적으로 이루어진다.

계획하기에서 작성하기로 나아가기도 하고, 작성하면서 계획하기도 하며, 작성하면서 재고하며 다시 계획하기로 넘어가기도 한다. 이와 같이 작문의 과정은 선조적이 아니라 회귀적(回歸的)인 과정이다.

①은 회귀적 과정인데, 활동은 형식주의의 '선조적 과정'이므로 적절하지 않다(③의 내용과 교차하여 진술 했으므로 ③의 '선조적 과정' 또한 잘못되었다). ②의 활동은 사회구성주의 작문이론과 대화주의 작문이론과 관련된 내용이다. 사회 구성주의와 대화주의를 구분하는 입장으로 선택지 ②의 활동을 접근해 볼 때 명확한 구분점을 찾을 수 없다. 두 이론 모두에 해당한다. ④는 쓰기 과제를 직관적으로 파악하고 주제를 체계화해서 정확한 단어로 표현하는 것은 인지주의의 회귀적 과정을 부정하는 관점이므로 인지주의에서 강조하는 '의미 구성 과정'으로 볼 수 없다.

82. <자료>는 학생이 쓴 일기의 일부이다. '국어 선생님'이 중시하는 작문 이론의 관점에 가장 잘 부합하는 것은?　　　　　　　　　　10 중등국어

〈자료〉
오늘 국어 선생님께서 모범문을 모방해서 설득적인 글을 쓰게 하셨다. 나는 모범문의 틀을 따라서 학교급식에 학생들이 좋아하는 반찬을 많이 만들어 달라는 글을 썼다. 평소에도 선생님께서는 모범적인 글을 읽는 것을 강조하신다. 그렇게 하면 글의 여러 요소를 활용할 수 있어서 글을 잘 쓴다고 하신다. 마음에 드는 부분을 외우는 것도 좋은 방법이라고 하셔서 오늘은 나도 글에서 본 것을 모방해서 써 보았다. 그렇게 썼더니 글쓰기가 좀 쉬워진 것 같다.

① 글의 의미가 대화나 협상에 의해 구성된다는 점에 주목하여 작문의 의사소통 기능을 강조한다.
② 작문 관습, 예상 독자, 글이 수용되는 조건 등 필자를 둘러싼 사회·문화적 맥락을 강조한다.
③ 정확한 단어, 문장, 수사 규칙을 사용하여 문법적으로 오류가 없는 글쓰기를 강조한다.
④ 작문 과정에 영향을 미치는 배경 지식, 전략 등의 인지적 활동을 강조한다.
⑤ 쓰기 흥미, 쓰기 효능감 등의 정의 요인이나 태도 요인을 강조한다.

◆ 정답 및 해설

③

1) 위의 <자료>에서 제시한 국어 교사의 쓰기 지도 방법은 '형식주의 작문이론'에서 중시하는 교수·학습 방법이다. '형식주의 작문이론'은 객관화된 지식, 언어 및 장르 규칙 등을 강조하는 이론이다. 또한 작문 상황에서 규범 문법과 수사론적 규칙을 강조하며, 작문 지도 상황에서는 모범적인 텍스트의 모방을 중시하고 표현의 과정에서 어법상의 오류를 범하지 않도록 하는 데 지도의 초점을 둔다. 이러한 형식주의 작문이론의 관점에 가장 잘 부합하는 지도 방법은 선택지 ③의 내용이다.

2) ①번 '글의 의미가 대화나 협상에 의해 구성된다는 점에 주목하여 작문의 의사소통 기능을 강조한다.'는 대화주의 작문 이론과 관계있는 내용이다.

3) ②번 '작문 관습, 예상 독자, 글이 수용되는 조건 등 필자를 둘러싼 사회·문화적 맥락을 강조한 다.'는 사회 구성주의적 작문 이론의 특성을 지니고 있다.

4) ④번 '작문 과정에 영향을 미치는 배경 지식, 전략 등의 인지적 활동을 강조한다.'는 인지주의 작문 이론과 관련이 있다.

5) ⑤번 '쓰기 흥미, 쓰기 효능감 등의 정의 요인이나 태도 요인을 강조한다.'는 쓰기 정의적 요인과 관련된 부분이다. 초기 인지주의 관점은 필자의 인지 과정만을 강조한다는 비판을 받아왔다. 이에 대한 성찰로 필자의 정의적 요인도 강조하기 시작했으며, 사회 구성주의 입장에서 본격적으로 고려하게 된다.

83. 작문의 과정 평가 방법인 '관찰법'과 '사고 구술법'이 모두 적용된 것은? `10 중등국어`

① 학생이 쓴 글은 주장이 명료하게 드러나고 근거가 적절하게 제시되어 논리적이고 설득력이 높다.
② 학습지 여백에 쓸 내용을 정리하여 메모했지만, 참고한 자료가 적절하지 않아 주제와 거리가 먼 내용이 많이 포함되었다.
③ 쓰기 과정에 몰입하려고 노력했으나 작문 과제를 어려워하여 쓰기 수행이 자주 중단되고 글을 쓰는 자세도 종종 흐트러진다.
④ 쓰기를 처음 배울 때에는 한정된 어휘가 글에 반복적으로 쓰였으나 개인 사전 만들기 활동에 참여하면서 구사하는 어휘가 다양해졌다.
⑤ 글을 쓰는 동안 여러 가지 쓰기 전략의 효과를 스스로 점검하고 있으나 상위 인지가 활성화되지 않아 점검 과정의 적절성이 부족하다.

◆ **정답 및 해설**

③

관찰법은 학생을 이해하고 평가하기 위한 가장 보편적인 방법 중의 하나로서, 학생들의 일상생활이나 특정 언어 활동의 과정을 집중적으로 관찰하면서 평가하는 방법이다. 개별 학생이나 집단 단위로 관찰하며, 주로 인위적인 상황보다는 자연적인 상황에서 관찰한다. 객관적이고 정확한 관찰을 하기 위해서는 관찰 대상을 있는 그대로 기술하는 일화기록법이나 체크리스트나 평정 척도 등을 이용하기도 하고, 경우에 따라서는 비디오 녹화를 한 후 분석하기도 한다.

사고 구술법은 학생들이 읽기나 쓰기 행위를 하는 동안에 사고한 것을 모두 말해 보게 한 후, 글을 쓰는 과정에서 사용하는 전략과 의미 형성의 양상을 알아보는 방법이다.

선택지 ③의 '쓰기 과정에 몰입하려고 노력했다.'는 사고 구술법을 통해 알 수 있는 결과이고, '작문 과제를 어려워하여 쓰기 수행이 자주 중단된다.'와 '글을 쓰는 자세도 종종 흐트러진다.'는 '관찰법'으로 알 수 있는 결과이다.

84. 인지주의 작문이론에서 중시하는 상위 인지의 기능에 대한 설명으로 적절하지 않은 것은?

11 중등국어

① 표상된 의미를 문자로 표현할 때 작문 관습에 관한 구체적인 지식과 정보를 제공하여 작문 관습의 가치와 의의를 수립한다.
② 글 작성을 마친 후 고쳐 쓰기 단계로 넘어가기 전에 작문 계획을 다시 확인하여 목적을 고려한 고쳐 쓰기가 이루어지게 한다.
③ 작문 과제가 어려운 정도, 그 과제를 해결하는 데 걸리는 시간, 의미 구성 방법의 효과를 평가하여 작문 과정의 진행을 돕는다.
④ 장기 기억에서 내용을 떠올릴 때에 적용한 전략의 효과를 판단하고 수정하여 글의 주제에 부합하는 내용을 마련하도록 돕는다.
⑤ 현재 작성하고 있는 글의 내용과 표현이 적절한지를 필자 스스로 묻고 점검하게 하여 목적에 부합하는 글의 완성을 지원한다.

◆ **정답 및 해설**

①

① 표상된 의미를 문자로 표현할 때 작문 관습에 관한 구체적인 지식과 정보를 제공하여 작문 관습의 가치와 의의를 수립한다.
→ 사회 구성주의 작문 이론에 대한 설명이다. 사회 구성주의 작문 이론에서는 '작문'이 개인만의 행위가 아니며, 사회·문화적인 공동체와의 상호작용이라고 보았다. 즉 개인은 자신이 속한 사회·문화적 공동체가 언어를 사용하는 방식, 담화 관습에 익숙해져야 글을 쓸 수 있다고 보았다.

② 글 작성을 마친 후 고쳐 쓰기 단계로 넘어가기 전에 작문 계획을 다시 확인하여 목적을 고려한 고쳐 쓰기가 이루어지게 한다.
→ 인지적 과정 모형은 계획하기, 작성하기, 재고하기, 조정하기로 설정하고 있다. 이 중 조정하기 과정은 그때그때의 상황에 따라 계획하기, 작성하기, 재고하기 등 필요한 과정을 수행하도록 한다. 즉, 계획하기, 작성하기, 재고하기가 선조적으로 일어나는 것이 아니라 거의 동시적이며 상호 작용적으로 이루어진다. 즉, 계획하기에서 작성하기로 나아가기도 하고, 작성하면서 계획하기도 하며, 작성하면서 재고하며 다시 계획하기로 넘어가기도 한다. 이와 같이 작문의 과정은 선조적이 아니라 회귀적 과정이다.

③ 작문 과제가 어려운 정도, 그 과제를 해결하는 데 걸리는 시간, 의미 구성 방법의 효과를 평가하여 작문 과정의 진행을 돕는다.
→ Emig은 작문 교육의 문제와 관련하여 표현 결과로서의 텍스트보다는 텍스트를 생산하는 과정에 지도의 초점을 두어야 한다고 주장하고 표현의 과정을 밝히기 위한 실증적 연구의 중요성을 강조하였다.

④ 장기 기억에서 내용을 떠올릴 때에 적용한 전략의 효과를 판단하고 수정하여 글의 주제에 부합하는 내용을 마련하도록 돕는다.
→ 구성주의 작문 이론에 의하면 언어는 인간의 경험을 조직하고 형상화함으로써 그 경험에 의미를 부여한다. 이렇게 생성된 의미는 심리적 표상 혹은 인지 도식으로서 인간의 두뇌 속에 저장되어 지각, 이해, 기억 등에 정신 작용을 조정하며 나아가서는 새로운 의미를 구성하는 작용을 활성화한다.

⑤ 현재 작성하고 있는 글의 내용과 표현이 적절한지를 필자 스스로 묻고 점검하게 하여 목적에 부합하는 글의 완성을 지원한다.
→ 구성주의 작문 이론에서는 개별적 작문 행위를 분석의 대상으로 삼으며, 텍스트의 개념을 필자의 계획과 목적과 사고를 언어로 번역하는 것으로 규정한다. 이 이론에서는 필자를 수사론적 문제 해결자로 독자를 능동적이고 목표 지향적인 해석자로 본다. 또 텍스트를 통한 의미 구성 능력은 개인의 목적의식과 사고 능력의 계발을 통하여 신장되는 것으로 설명한다.

85. <자료>는 '능숙한 필자'와 '미숙한 필자'의 일반적인 특성을 작문 이론의 관점에서 정리한 것이다. '능숙한 필자'의 예에 가장 잘 부합하는 것은?

〔11 중등국어〕

〈자료〉

미숙한 필자는 글을 쓸 때 계획 단계에 시간을 거의 할애하지 않는다. 작문 과제를 받으면 곧바로 쓰려고 하는 경향이 많다. 그러나 능숙한 필자는 계획 단계에서 많은 노력을 기울이며, 목표 의식을 가지고 적합한 내용을 찾기 위해 사고를 전개한다. 막연히 좋은 생각이 떠오를 때까지 기다리는 미숙한 필자와 대조적이다. 또한 능숙한 필자는 작문 상황의 분석 결과를 적용하며 자신이 다루어야 할 중심 내용에 초점을 두고 초고를 작성한다. 고쳐 쓰기를 염두에 두고 초고를 작성하다 보니 형식의 완결이 다소 느슨하기는 하나, 주제에서 벗어난 내용이 매우 적다. 이에 비해 미숙한 필자는 초고를 문법적으로 완벽하게 써야 한다는 생각에 문장을 만드는 과정에 많은 노력을 기울이며, 초고를 작성하더라도 내용이 끊기는 부분이 많고 주제와 다른 내용이 많이 포함되어 있다. 그럼에도 불구하고 미숙한 필자는 글을 꼼꼼히 고쳐 쓰지 않으며, 불완전한 초고를 완성본으로 삼는 예가 많다.

이에 비해 능숙한 필자는 계획 단계에 할애한 것만큼 고쳐 쓰기 단계에 시간을 투자한다. 글을 고쳐 쓸 때 내용을 보충하거나 수정하며 형식적 완결성을 높이기 위해 노력을 기울인다.

① 계획 단계에서 작문 상황을 분석한 후 여러 자료를 참조하면서 형식이 완결된 초고를 작성하여 글을 완성한다.
② 머리에 떠올리거나 메모한 대략적인 내용을 초고에 표현한 후 내용을 더 보충하고 구체화면서 글을 고쳐 쓴다.
③ 목표에 적합한 내용을 가능한 한 많이 글에 반영하기 위하여 주제와 관련이 부족해도 초고에 포함시켜 완성한다.
④ 사전을 참조하여 어법을 꼼꼼히 따져가며 초고의 문장을 작성하고, 초고를 수정할 때 내용을 충실하게 보완한다.
⑤ 작문 과제를 받았을 때 다양한 아이디어를 반영하기 위해 곧바로 초고를 집필한 후 충분한 시간을 들여 글을 고쳐 쓴다.

◆ **정답 및 해설**

②

능숙한 필자와 미숙한 필자의 차이는 교정하기에서 명확히 드러난다.

[능숙한 필자]
능숙한 필자들은 미숙한 필자들에 비해 재고 및 조정에 의미를 부여한다. 또 능숙한 필자들은 초고는 당연히 다시 써야 한다고 생각한다. 이들은 초고를 단지 완성된 글을 쓰기 위해 여러 아이디어들을 시도해 보고 발전시키는 데 이용할 수 있는 도약대 정도로 생각한다. 더욱이 이들은 단순히 단어나 문장 정도를 고치는 것이 아니라 단락, 논의, 또는 글 전체의 층위의 요점을 확대시키고 재조직하고, 변화시키는 것을 고쳐 쓰기의 목표라고 생각한다. 이들의 관심사는 글의 주요 내용이며, 글의 조직과 전체 글의 효과이다.

[미숙한 필자]
미숙한 필자들은 글을 읽어 나가다가 틀린 글자를 고쳐 쓰고, 잘못된 부분을 바로잡는 데 열중한다. 교정의 대부분은 전체적인 문장, 문단, 글의 최상위 수준의 아이디어보다는 개별적인 단어나 구절에 초점을 맞추고 있다.

능숙한 필자	미숙한 필자
• 계획하기 단계에 시간을 충분히 할애하고 전략적으로 사고한다. • 초고를 쓰기 전에 자료를 수집하고, 아이디어를 메모하면서 내용을 구상한다. • 브레인스토밍이나 마인드맵을 활용하여 내용을 생성하고 수정의 가능성을 열어 놓고 개요를 작성한다. • 초고는 전 단계에 준비 한 개요와 메모를 바탕으로 글의 흐름에 집중 하여 작성한다. • 고쳐쓰기 단계에 충분한 시간을 할애하며, 실제로 글을 개선한다.	• 계획하기 단계에 시간을 거의 할애하지 않는다. • 초고를 쓰기 전에 자료를 수집하거나 개요를 작성하는 등 전략적으로 사고하기보다는, 막연하게 좋은 아이디어가 떠오르기를 기다린다. • 완벽한 초고를 써야 한다는 부담을 갖고 있어서 글쓰기를 시작하는데 어려움을 겪고 시간에 쫓기다가 초고를 그냥 제출한다. • 순간순간 떠오르는 생각에 의존해서 글을 쓰고 고쳐쓰기를 거의 하지 않는다.

86. 사회 구성주의 작문 이론에 근거하여 학생들이 작문에서 겪는 어려움을 설명하고 해결 방안을 제시하고자 한다. <자료>로부터 가장 적절한 사례를 선정하고자 할 때, 이에 해당하는 것은?

12 중등국어

〈자료〉

㉠ 민영 : 저는 개요를 짜고 일단 글을 시작하기는 하지만, 시작만 할 뿐 초고를 완성하지 못합니다. 글의 첫 부분은 쉽게 써 가지만 정작 중요한 본론에서는 처음 짠 개요의 내용을 어떻게 풀어 나가야 할지 막막하기만 합니다.

㉡ 상수 : 저는 중학교 때, 시나 수필을 잘 쓴다는 칭찬을 많이 받았습니다. 제 글을 읽고 난 후 선생님이나 친구들이 보인 흐뭇한 표정이 지금도 떠오릅니다. 그런데 고등학교에 와서 작문과 관련된 지식을 많이 배웠는데 이것이 제 작문에 무슨 도움이 되는지 모르겠습니다. 도리어 작문에 대한 흥미만 잃어버렸습니다.

㉢ 수진 : 저는 쟁점을 다루는 글을 쓰는 것이 어렵습니다. 생각이 창의적이기는 하지만 상식에 맞지 않고 일반적인 담화 관습도 어기고 있다는 평가를 받습니다. 다른 사람들이 어떤 생각을 가지고 있는지, 무엇을 중시하는지, 어떻게 해야 그들을 이해시키고 납득시킬 수 있는지 모르겠습니다.

㉣ 미희 : 생각을 말로 표현하는 것과 글로 표현하는 것은 아주 다른 것 같습니다. 제가 구상한 내용을 친구에게 말로 표현할 때는 편한데, 글로 조직해서 표현하는 것은 어렵습니다. 작문을 하는 동안에 제 머릿속에서 무슨 일이 벌어지고 있는지 궁금합니다.

㉤ 문길 : 저는 외국에서 오래 살다 와서 그런지 맞춤법, 띄어쓰기 등 어법에 맞게 쓰는 것이 너무 어렵습니다. 주제와 관련된 이런저런 자료도 많이 읽고, 생각도 깊게 하는 편인데, 정작 어법이나 형식에 맞게 써야 한다는 부담감 때문에 생각이 막혀 버립니다.

① ㉠
② ㉡
③ ㉢
④ ㉣
⑤ ㉤

정답 및 해설

③

㉠ 인지주의 작문 이론으로 설명 가능한 사례이다. 인지주의 작문 이론은 작문 행위를 고정된 단계로 보지 않고, 필자가 작문의 과정에서 조정하고 통제해야 하는 몇 가지 하위 과정들의 집합으로 보고 있기 때문이다. 인지적 과정 모형에서는 작문의 과정을 계획하기, 작성하기, 재고하기, 조정하기로 설정하고 있다. 이 중 조정하기 과정은 그때그때의 상황에 따라 계획하기, 작성하기, 재고하기 등 필요한 과정을 수행 하도록 한다. 즉, 계획하기, 작성하기, 재고하기가 선조적으로 일어나는 것이 아니라 거의 동시적이며 상호 작용적으로 이루어진다고 보는 것이다. 개요를 활용하여 본문을 잘 쓰지 못하는 민영이의 사례는 인지주의 작문 이론의 사례로 적절하다.

㉡ 형식주의 작문 이론에서는 객관화된 지식, 언어 및 장르 규칙 등을 강조한다. 형식주의 작문 이론의 글쓰기 교육에서는 작문 과정에서 일어나는 학생들의 사고는 큰 의미를 가지지 못한다. 지식에만 매몰되어 작문에 대한 흥미를 잃어버린 상수의 사례는 형식주의 작문 이론의 사례로 적절하다.

㉢ 사회 구성주의 작문 이론에서는 쓰기를 담화 공동체의 구성원들과의 상호 작용을 통한 의미 구성 과정으로 본다. 필자는 사회·문화적 상황 맥락 안에서 담화 공동체 구성원들과 상호 작용을 하면서 글을 쓰는 존재이며 이러한 필자가 생성해 낸 글은 필자 개인이 생성한 결과라기보다는 담화 공동체 안에서 교사나 동료와의 의미 협상을 통한 상호 작용의 결과라고 본다. 타인들과의 의미협상을 통한 상호작용에 어려움을 겪는 수진이의 사례는 사회 구성주의 작문 이론의 사례로 적절하다.

㉣ 미희의 사례는 인지주의 작문 이론으로 설명 가능한 사례이다. 인지주의 작문 이론은 글을 쓸 때 작자의 머릿속에 일어나는 인지적 과정과 글을 쓰는 동안에 이루어지는 구성의 과정에 초점을 두는 이론이기 때문이다. 인지주의 작문 이론에서는 필자가 작문 행위를 하는 동안에 행하게 되는 주요한 사고 과정인 '작문 과정'으로 계획하기, 작성하기, 재고하기, 조정하기 단계로 구분하고 이를 회귀적인 과정으로 본다.

㉤ 문길이의 사례는 형식주의 작문 이론으로 설명 가능하다. 형식주의 작문이론은 규범문법의 준수와 모범적 텍스트의 모방, 그리고 어법상의 정확성을 강조하는 이론이기 때문이다. 형식주의 작문이론의 글쓰기 교육은 객관적인 지식을 강조하기 때문에 맞춤법, 띄어쓰기 등 어법에 관련된 지식을 배우기에 적합하다.

87. 철수는 '부모님께 학교를 소개하는 글'을 쓰고 있다. <자료>는 교사가 사고 구술과 자료철을 통해서 수집한 것이다. <자료>에 근거할 때 철수가 작문 과정에서 사용하고 있는 작문 전략만을 <보기>에서 있는 대로 고른 것은? 〔12 중등국어〕

〈자료〉

부모님께 학교를 소개하는 글이라……. 선생님은 왜 이런 작문 과제를 주셨을까? 학교 홍보, 우리들에게 학교에 대한 애정을 갖도록 하기 위해서, 부모님의 관심 촉구……. 무엇에 대해서 쓸까? 내가 잘 알고 있는 내용에 대해서 써야겠지? 그런데 부모님은 내 글에서 무엇을 기대하실까? 부모님은 공부 외에 내가 학교에서 어떤 활동을 하는지에 대해서는 잘 모르실 거고 많이 궁금해 하실 거야. 소개하는 글이라……. 소개할 내용에 들어갈 내용은 학교의 현황, 프로그램, 내 경험……. 이런 내용이라면 일반적인 소개 글이 적합할 것 같은데. 아니, 너무 딱딱할 것 같아. 편지도 괜찮을 것 같은데……. 자, 일단 무슨 내용을 담을지 생각나는 대로 적어 보자.

  학교 프로그램, 활동 내용, 학교 역사, 교육 연구, 경험, 느낌, 교육 방침, 독서 클럽

음, 쓸 내용은 정리가 된 것 같고, 그럼, 대충 한 번 써 보자.

  어머니, 아버지. 저 철수예요. 우리 학교는 일제 강점기 3·1 운동 직후에 세워졌습니다. 지역 주민들이 모두 나서서 조금씩 돈을 모아 세웠습니다. 설립 초기에는 (중략) 학교의 교육 방침은 (중략) 저는 학교에서 운영하는 독서 클럽, 교육 연구 프로그램에 참여하고 있습니다. 독서 클럽은 1주일에 두 번 모여 책에 대해서 토론합니다. 교육 연구는 1년에 두 번 합니다. 교과에서 배운 내용을 연극으로 구성하여 발표합니다. 독서 클럽을 하면서 저는 세상에는 참 다양한 삶의 방식이 있고 (중략) 이만 줄이겠습니다.

자, 어디 한번 크게 소리 내어 읽어 보자. 어머니, 아버지……. 이만 줄이겠습니다. 학교 역사나 교육 방침이 너무 장황한 것 같고……. 내 경험을 기술한 내용은 이제 완성된 글로 다시 써 보자.

┌ 보기 ┐
ㄱ. 글 공유하기   ㄴ. 초고 쓰기
ㄷ. 자기 평가하기   ㄹ. 독자 분석하기
ㅁ. 다발 짓기   ㅂ. 글 유형 고려하기

① ㄱ, ㄴ, ㄷ
② ㄷ, ㄹ, ㅁ
③ ㄹ, ㅁ, ㅂ
④ ㄴ, ㄷ, ㄹ, ㅂ
⑤ ㄷ, ㄹ, ㅁ, ㅂ

◆ **정답 및 해설**

④

◆ **문항 분석**

〈자료〉에서 〈보기〉의 전략이 나타난 부분

ㄴ. 초고 쓰기 : 음, 쓸 내용은 정리가 된 것 같고. 그럼, 대충 한번 써 보자.

ㄷ. 자기 평가하기 : 학교 역사나 교육 방침이 너무 장황한 것 같고……. 내 경험을 기술한 내용은…….

ㄹ. 독자 분석하기 : 그런데 부모님은 내 글에서 무엇을 기대하실까? 부모님은 공부 외에 내가 학교에서 어떤 활동을 하는지에 대해서는 잘 모르실 거고 많이 궁금해 하실 거야.

ㅂ. 글 유형 고려하기 : 소개하는 글이라 소개할 내용에 들어갈 내용은 학교의 현황, 프로그램, 내 경험……. 이런 내용이라면 일반적인 소개 글이 적합할 것 같은데. 아니, 너무 딱딱할 것 같아. 편지도 괜찮을 것 같은데…….

ㄱ. 글 공유하기와 ㅁ. 다발 짓기는 〈자료〉에 나타나 있지 않다.

◆ **참고**

ㄱ. 글 공유하기 : 과정 중심 접근에서는 협동적인 쓰기, 또는 다른 사람과의 상담, 협의 등을 강조하는데, 이를 통해서 다른 사람의 장·단점을 알게 되므로 서로 쓰기 행위를 북돋아 주거나 때로는 잘못을 지적해 주는 등, 서로 배우고 가르치는 활동을 할 수 있다. 글을 공유하는 활동은 학생들로 하여금 아이디어는 계속 개발될 수 있다는 것, 나만의 생각은 그릇될 수 있다는 것 등에 대한 인식을 심어줄 수 있다는 점에서 긍정적인 교육적 효과를 가지게 된다.

ㄴ. 초고 쓰기 : 표현하기는 아이디어를 생성하고 조직한 것을 바탕으로 하여 초고를 쓰는 활동이다. 종래의 표현하기 지도에서 가장 문제가 되었던 것은 초고를 쓸 때 완벽하게 쓰도록 한 것이었다. 처음부터 완벽하게 써야 한다는 부담을 가지게 되면, 학생들은 글쓰기를 더 어렵게 생각하고 이것이 글쓰기를 싫어하게 하는 하나의 요인으로 작용한다. 따라서 초고는 초고로서 받아들여서 초고를 쓸 때에는 의미에 초점을 두어 전체적인 흐름을 잡도록 하는 것이 중요하다.

ㄷ. 자기 평가하기 : 글쓰기의 과정은 곧 자기 조절의 과정이라고 할 수 있다. 글쓰기를 의미 구성의 과정으로 정의할 때, 이 의미 구성의 과정에는 필연적으로 자기의 인지 행위를 점검하고 통제하는 초인지적 행위가 필요한데, 이것이 곧 자기 조정의 전략이다. 자기 평가는 어떤 아이디어가 적절한 것인지, 여기에 이것을 넣으면 되는지, 이것을 이런 식으로 표현하는 것이 적절한지 등에 대해 판단하는 행위로, 체크리스트를 만들어 이러한 행위를 했으면 체크를 해보게 하는 것도 방법이 된다.

㉣ 독자 분석하기 : 글을 쓰는 과정에서 가장 먼저 이루어지는 활동은 계획하기이다. 계획하기는 글쓰기 과제를 분석하고, 글을 쓰는 목적이 무엇인지, 내가 쓴 글을 읽을 독자는 누구인지 등을 생각하는 일련의 활동을 말한다. 예상 독자를 분석하는 활동은 필자로 하여금 단순히 자신이 아는 것을 표현하는 데 그치지 않고, 자신의 지식을 활용하여 독자가 필요로 하는 것이 무엇인지에 따라 글의 내용을 조정하거나 변형할 수 있기 때문에 글을 쓰기 이전에 수행되는 것이 좋다.

㉤ 다발 짓기 : 글을 쓰기 위해 많은 아이디어를 생성 했다고 하더라도 그것을 적절히 조직하지 못하면 도움이 되지 않는다. 아이디어들간의 관계를 파악할 수 있게 하는 데 도움이 되는 활동이 조직하기이다. 아이디어들 간의 관계를 파악하게 하는 데 가장 좋은 방법은 그것들을 시각화해 보는 것인데, 예를 들어 다발 짓기나 생각 그물 만들기, 얼개 짜기(개요 작성) 등을 이용할 수 있다. 이 중 다발 짓기는 생성한 아이디어를 관련 있는 것끼리 묶는 활동이다. 생각 그물 만들기는 중심 개념에서부터 관련된 아이디어를 시각적으로 표시해 나가는 활동이다. 얼개 짜기(개요 작성)는 글의 뼈대를 만드는 활동을 말한다. 이렇듯 다양한 방법으로 생성해 낸 아이디어를 시각화해 보게 하면 글의 전체 구조를 좀 더 쉽게 이해할 수 있고, 초고를 쓸 때 실질적인 도움을 받을 수 있다.

㉥ 글 유형 고려하기 : 글 구조 이론은 한 마디로 글의 조직 방식에 관한 이론이다. 글 구조 이론에서는 흔히 글의 유형을 크게 두 가지로 나누는데, 설명적인 글과 서사적인 글이 그것이다. 글쓴이가 쓰고자 하는 글의 구조에 따라 개요 작성 방식을 달리해야 하며, 글쓰는 전략을 선택해야 하기 때문에 글 유형을 고려하여 글쓰기를 시작하는 것이 매우 중요하다.

88. 작문 관점에 따른 독자관을 기술한 것으로 적절하지 않은 것은? `13 중등국어`

① 형식주의 관점에서는 글이 초점화 되고, 필자와 독자의 이미지는 체계적이고 지속적으로 지워진다. 글은 그 자체로 온전한 의미를 전달하는 객관적이고 자율적인 실체이기 때문에 독자는 글의 의미를 수신하는 수동적인 존재가 된다. 필자의 의미구성 능력은 모범문의 모방에 있다는 관점에 설 때, 독자의 자리는 좁고 위상은 미미하다.

② 인지주의 관점에서는 필자의 장기 기억 속에 저장된 독자에 대한 지식이 작문에 영향을 미치는 것으로 설명하며, 독자를 능동적이고 목표 지향적인 해석자로 정의한다. 글의 의미는 글, 필자, 독자가 상호 작용하는 상황에 있기 때문에, 필자의 의미 구성 능력을 신장시키기 위해서는 상황 민감성을 높일 필요가 있다.

③ 사회구성주의 관점에서는 독자를 담화 공동체의 사회화된 구성원으로 보며, 이때의 독자는 담화 공동체의 신념, 가치, 해석 전략을 공유하고 있는 사람이다. 필자는 작문 과정에서 작문의 내용, 구성, 표현 등에 대해 공동체 구성원과 대화하고 협상하면서 의미를 구성한다.

④ 대화주의 관점에서 독자는 필자를 향해 말을 걸어오고, 무엇인가를 요구하면서 작문 전반에 걸쳐 지속적으로 영향을 미치는 능동적인 존재로 이해된다. 필자와 독자 간의 교호 작용을 '대화'로 설명하는 방식은 문어의 구어성에 주목한 것으로 볼 수 있는데, 이런 관점에 서면 독자는 필자와 함께 공저자의 지위를 얻는다.

⑤ 수사학은 연설 장르에 대한 관심에서 시작되었다는 사실에서 알 수 있듯이 논증 행위의 전 과정에서 독자(청중)를 중심에 놓는다. 모든 수사적 상황에는 독자가 있으며, 필자의 논증 행위의 성공 여부는 독자의 공감과 동의에 달려 있다. 필자가 예상 독자의 보편적 특성과 자질을 고려할 때, 더 넓고 강한 공감과 동의를 얻을 수 있다.

◆ 정답 및 해설

②

- 선택지 ②와 관련하여 '상황민감성'을 높여야 하는 것은 사회구성주의 작문이론이다.
② 인지주의 작문 이론은 쓰기 과정을 조절하고 통제할 수 있는 기능이나 전략을 쓰기의 주된 내용으로 삼는다. 그러나 쓰기를 개인에 한정된 문제로만 인식한 나머지 쓰기가 이루어지는 구체적인 사회·문화적 상황이나 맥락을 간과하고 있다는 단점이 있다.

	필자	독자	의미 구성 능력
형식주의	의미의 전달자	수동적인 수신자	계속적, 체계적인 모방과 연습
인지 구성주의	수사론적 문제 해결자	능동적, 목표지향적 해석자	개인의 목적 의식과 사고능력의 계발을 통한 신장
사회 구성주의	담화 공동체 사회화된 구성원	해석 공동체 사회화된 구성원	건전한 상식의 계발을 통한 신장
대화주의	정통적인 언어 사용자	정통적인 언어 사용자	상호 교호성의 계발을 통한 신장

89. <자료>는 박 교사가 작문 수업 계획을 세우기 위하여 수업과 관련된 요인을 분석한 것이다. <자료>에 근거하여 박 교사가 세운 작문 수업 계획으로 적절한 것을 <보기>에서 고른 것은? `12 중등국어`

〈자료〉

【내용 요인】
- 성취 기준 : 문제 해결 방안이나 요구 사항을 담아 건의 하는 글을 쓴다.
- 내용 요소 : 성취 기준에 도달하기 위하여 '지식', '기능', '맥락' 범주에서 고르게 선정한다.

【교수자 요인】
- 작문 교수 관점 : 언어 통합적 관점

【학습자 요인】
- 작문 능력의 잠재적 발달 수준 : 국어의 어법이나 표현 규칙에 어느 정도 익숙해진 수준(베레이터의 '언어 수행적 쓰기 기능' 단계)
- 작문 흥미와 동기 : 낮은 편이다.

【환경 요인】
- 교실 공간 구조 : 모둠 학습이 가능하다.
- 학습 분위기 : 우호적이며 협력적이다.

보기
㉠ 자신이 쓴 글이나 사용한 작문 전략을 스스로 비판적으로 평가하고 이를 바탕으로 더 좋은 글을 쓰도록 지도한다.
㉡ 작문을 계획하고, 쓴 글을 고쳐 쓰는 과정에서 동료 간의 협의하기 활동을 강조하며, 이때 협의할 항목과 내용을 담은 점검표를 활용하도록 한다.
㉢ 자신의 능력이나 관심 등을 고려하여 주제를 스스로 정하도록 격려하며, 작문 활동에 면담하기, 역할 놀이하기 등을 적극적으로 도입한다.
㉣ 학습 내용 요소는 건의하는 글 분석하기, 문제 상황 설정하기, 명료하지 않은 표현 고쳐 쓰기로 한다.

① ㉠, ㉡
② ㉠, ㉢
③ ㉡, ㉢
④ ㉡, ㉣
⑤ ㉢, ㉣

정답 및 해설

- 작문(글쓰기) 지도 방법을 나누는 방식 중의 하나는 결과 중심의 방법과 과정 중심의 방법이다. 결과 중심 접근법은 결과 자체를 강조하여 모범적인 글을 제시하고 모방하게 하거나 다 쓴 글에 대해 논평해 주는 방식을 통해 글쓰기 능력을 키우고자 하는 것이다.
- 이에 비해 과정 중심 접근법은 일련의 글쓰기 과정을 강조하는 것으로, 아이디어를 생산하고 조직, 표현, 고치는 각각의 과정에서 학생들이 필요로 하는 기능이나 전략을 직접 가르침으로써 학생들의 글쓰기 능력을 기르고자 하는 방식이다.

〈Bereiter(1980)의 쓰기 발달의 위계적 구분〉
① 단순 연상적 쓰기 기능 : 필자가 자신의 머릿속에 떠오르는 생각을 그대로 문자로 옮기는 글쓰기 기능
② 언어수행적 쓰기 기능 : 국어의 어법, 규칙, 관습에 익숙해짐으로써 도달할 수 있는 수준의 기능으로서 특정 단어의 철자, 구두점, 표현, 문맥에 맞지 않는 표현의 회피 등과 같은 표현 행위가 자동적으로 이루어지는 단계
③ 의사소통적 쓰기 기능 : 독자를 고려하여 글을 쓸 수 있는 기능
④ 통합적 쓰기 기능 : 필자가 쓰기의 과정에서 예상 되는 독자의 입장을 고려함과 동시에 필자 자신이 독자가 되어 독자의 입장을 반영할 수 있는 기능
⑤ 인식적 쓰기 기능 : 정보의 저장, 인출, 처리 및 조정, 재고 및 교정의 복잡한 사고과정을 통해 창의적인 글쓰기가 가능한 단계

교사가 세운 작문 수업 계획은 결과 중심 접근과 과정 중심 접근 중 과정 중심 접근 계획이다. ㉠, ㉣은 결과 중심 접근이고, ㉡, ㉢은 과정중심 접근이므로 답은 ③번이 된다.
㉠ <자료>에서 학생은 '언어 수행적 쓰기 기능' 단계의 쓰기 능력을 가지고 있다. 그러나 <보기>에 제시된 ㉠은 '인식적 쓰기 기능' 단계에 해당하는 내용이다.
㉡ 친구들이나 교사와 협의를 하기도 하고, 협동을 통해 공동 작품을 완성해 가기도 한다는 것은 과정 중심 접근에 해당한다. 또한 <자료>의 [환경 요인] 중 교실 공간 구조에서 모둠 학습이 가능하다는 점과 학습 분위기가 우호적이라는 점을 고려해서 답으로 고를 수 있다.
㉢ 학생들이 자신의 능력이나 관심 등을 고려하여 주제를 스스로 정하도록 격려하고 작문 활동에 면담하기나 역할 놀이하기 등을 적극적으로 도입하는 것은 학습자의 작문 흥미와 동기를 높이기 위한 방법으로 적절하다.
㉣ 제시된 학습 내용 요소는 지식, 맥락, 기능으로 고르게 선정하였지만, 텍스트의 객관적인 요소만 강조한다는 점에서 결과 중심 쓰기와 관련이 있다. <자료>에 제시된 '언어 통합적 관점'은 과정 중심 쓰기와 관련이 있다.

3절 듣기·말하기

개념 01 내용 체계 해설

핵심 개념	일반화된 지식	학년(군)별 내용 요소			기능
		1~2학년	3~4학년	5~6학년	
▶ 듣기·말하기의 본질	듣기·말하기는 화자와 청자가 구어로 상호 교섭하며 의미를 공유하는 과정이다.			• 구어 의사소통	① 맥락 이해·활용하기 ② 청자 분석하기 ③ 내용 생성하기 ④ 내용 조직하기 ⑤ 자료·매체 활용하기 ⑥ 표현·전달하기 ⑦ 내용 확인하기 ⑧ 추론하기 ⑨ 평가·감상하기 ⑩ 경청·공감하기 ⑪ 상호 교섭하기 ⑫ 점검·조정하기
▶ 목적에 따른 담화의 유형 • 정보 전달 • 설득 • 친교·정서 표현 ▶ 듣기·말하기와 매체	의사소통의 목적, 상황, 매체 등에 따라 다양한 담화 유형이 있으며, 유형에 따라 듣기와 말하기의 방법이 다르다.	• 인사말 • 대화[감정표현]	• 대화[즐거움] • 회의	• 토의[의견조정] • 토론[절차와 규칙, 근거] • 발표[매체활용]	
▶ 듣기·말하기의 구성 요소 • 화자·청자·맥락 ▶ 듣기·말하기의 과정 ▶ 듣기·말하기의 전략 • 표현 전략 • 상위 인지 전략	화자와 청자는 의사소통의 목적과 상황, 매체에 따라 적절한 전략과 방법을 사용하여 듣기·말하기 과정에서의 문제를 해결하며 소통한다.	• 일의 순서 • 자신 있게 말하기 • 집중하며 듣기	• 인과 관계 • 표정, 몸짓, 말투 • 요약하며 듣기	• 체계적 내용 구성 • 추론하며 듣기	
▶ 듣기·말하기의 태도 • 듣기·말하기의 윤리 • 공감적 소통의 생활화	듣기·말하기의 가치를 인식하고 공감·협력하며 소통할 때 듣기·말하기를 효과적으로 수행할 수 있다.	• 바르고 고운 말 사용	• 예의를 지켜 듣고 말하기	• 공감하며 듣기	

> **배재민 만점 전략** 듣기·말하기 내용 체계 해설

1. 목적에 따른 담화 유형

(1) 정보 전달	매체를 활용한 발표
(2) 설득	토론
(3) 친교·정서표현	인사말, 대화(감정표현, 즐거움)

2. 구성요소
   (1) 화자
       말하는 이(전문성, 성격, 도덕성)가 누구냐에 따라 말의 영향력이 달라짐
   (2) 청자
       같은 내용이라도 듣는 이의 나이, 지적 수준, 가치관, 화자와의 관계 등에 따라 이해 정도가 달라짐
   (3) 맥락
       말하기와 듣기가 이루어지는 시간, 장소등

3. 전략
   (1) 표현 전략
       √ 언어적 표현, 반언어적 표현, 비언어적 표현 등
   (2) 상위 인지 전략
       √ 점검 활동, 조정 활동 등
       ① 발화의 실제 의미 점검
          실제 상황에서 말을 할 때 문법적 정확성보다 더 중요한 것은 발화 차원에서 그 발화의 실제 의미는 무엇이고 그 발화 행위가 적절한가 하는 점이다. 예를 들어, '우리 집에 진돗개 두 마리가 있다'라는 발화는 진돗개를 좋아하는 사람에게는 자랑의 행위로, 개를 무서워하는 사람에게는 위협하는 행위로 받아들여진다.

          > – '다른 사람을 내 몸처럼 사랑한다.'는 말이 무슨 의미입니까?
          > – 오늘 제가 여러분에게 아주 중요한 정보를 하나 알려드리겠습니다.
          > √ 언어는 언어 자체나 언어 현상을 설명하는 데도 사용된다. 언어나 언어행위 자체를 언급하는 행위를 '메타언어 행위'라 한다. 전달 행위에서 보면, 새로운 내용 전달 기능은 없지만, 화자와 청자의 의사소통 과정을 순조롭게 하는 행위라는 점에서 중요하다.

       ② 말차례(순서교대 turn) 점검
          대화 과정에서 어떤 사람이 대화에 참여하여 실제 말할 기회가 주어졌을 때, 그가 말을 할 수 있는 권리와 그 기회에 이루어진 언어적 표현 결과물을 '말차례(순서교대 turn)'라고 한다. 화법 전개 과정에는 순서교대를 지배하는 규칙이 있다. 발화에서 대화 참여자들끼리 적절하게 말차례가 바뀌는 시점이 있는데 이를 말차례 '교체적정지점'이라고 한다. 이상적인 말차례의 교대는 현재 화자의 순서 전환 의도와 청자의 예측이 일치하는 것인데, 화자의 의도와 청자의 예측이 가능하도록 하는 것은 언어적, 비언어적 장치들이다.

4. 맥락 이해·활용하기
   (1) 맥락의 개념
   맥락은 화법이 이루어지고 있는 배경 장면을 가리킨다. 화법의 맥락은 듣기와 말하기 전반에 관련하여 말할 내용의 생산과 수용에 영향을 미친다. 의사소통 참여자가 서너 명일 때와 수십 명일 때를 비교해 보면, 말의 내용, 목소리 크기, 전달 방법, 비언어적 표현, 시청각 보조 활용, 화자와 청자 간 상호 작용 등 실제로 이루어질 의사소통의 양상은 매우 다르다는 것을 짐작할 수 있다.

   (2) 맥락의 종류

상황 맥락	사회·문화적 맥락
- 담화가 이루어지는 시간적·공간적 상황 - 담화와 글의 수용·생산에 직접 개입하는 맥락으로, 언어 사용자(화자·필자, 청자·독자), 주제, 목적 등의 요소를 포함한다. 이 외에 시간, 공간, 인적·물적 환경 등도 상황 맥락의 구성 요소가 될 수 있다.	- 담화가 이루어지는 사회·문화적 배경 - 담화와 글의 수용, 생산 활동에 간접적으로 작용하는 맥락으로 역사적·사회적 상황, 이데올로기, 공동체의 가치·신념 등의 요소를 포함한다.

   (3) 맥락이 의미 해석에 영향을 주는 요소
   √ 상황 맥락

① 화자와 청자 : 화자와 청자의 관계 및 화제에 대한 지식수준이나 관심 정도, 심리적 태도 등에 따라 담화의 의미가 다르게 전달됨.	② 의도와 목적 : 화자의 의도나 목적에 따라 같은 언어 표현이라도 다양한 의미로 해석될 수 있음.
예 •음식점 주인과 손님의 관계 •치과 의사와 환자의 관계	예 •궁금증 해소의 의도　　•질책의 의도

   √ 사회·문화적 맥락

지역	• 같은 언어 안에서도 지역적인 차이에 의해 말이 달라지기도 하는데, 이를 '지역 방언'이라고 함. 예 표준어 '부추'에 해당하는 말이 지역에 따라 '솔, 정구지' 등으로 표현됨.

5. 청자 분석하기
   √ 청자 지향적인 행위　√ 분석해야 할 다섯 가지 핵심 요인
   (1) 담화는 청자와 더불어 하는 것이지 화자의 일방적인 전달 행위가 아니다. 담화는 '청자 지향적인 행위'이다. 따라서 모든 담화는 청자를 고려하여, 담화 수행 이전에 청자를 분석하여 담화 운영 전략을 세워야 하며, 또 담화 수행 중에는 청자의 반응을 계속 관찰하고 해석하여 청자의 반응에 따라 전략을 역동적으로 수정해 가야 한다.
   (2) 청자 분석은 의사소통 상대를 면밀히 분석하여 말할 내용을 효과적으로 생성·조직하고 자신의 표현과 전달 방식을 조정하는 데 필요한 **필수적인 화법 능력**이다. 청자의 특성 중 분석해야 할 다섯 가지 핵심 요인은 청자의 요구, 지적 수준, 주제에 대한 사전 지식, 주제 관련 입장, 개인적 관련성이다.

6. 내용 생성
   √ 의사소통의 목적　　√ 의사소통 참여자의 특성　　√ 배경 지식 활성화
   (1) 말할 내용을 생성할 때는 의사소통의 목적이 무엇인가를 고려하는 것이 무엇보다 중요하다. 의사소통의 목적에 따라 말하기의 내용, 방법, 절차, 전략 등이 결정되기 때문이다.

(2) 내용 생성에서 고려해야 할 또 다른 요인은 의사소통 참여자의 특성이다. 화자는 자신의 입장, 여건, 구체적인 상황 맥락(발화 상황, 목적, 청중)을 고려한다. 청중에 대해서는 수준과 지식 정도, 요구와 기대, 태도 등을 철저히 고려한다.

(3) 내용 생성에서는 화자 자신의 배경 지식을 활성화하고 주제와 관련한 자료를 찾고 정리하거나 브레인스토밍, 전문가와의 협의 등의 방법을 활용한다.

7. 내용 조직하기

√ 도입   √ 전개   √ 정리

내용을 조직하는 방법은 담화 유형, 화제 특성, 말하기 상황에 따라 달라진다. 일반적으로,

(1) 도입 – 흥미로운 사례, 일화, 최근 사건, 유머 등을 통해 청중의 주의를 끌고 흥미와 관심을 유발하여 청중과의 우호적인 관계를 수립함으로 청중이 화자의 이야기를 듣고자 하는 자세를 갖도록 해야 한다.

(2) 전개
  ① 자연적 조직 방법 : 시간적 순서(사건 경위 설명), 공간적 순서(사물의 구조)
  ② 논리적 조직 방법 : 비교와 대조, 예시, 논증, 원인과 결과에 따른 조직 방법

(3) 결론 – 분명하고, 명쾌하고 간결하게 끝낼 것.
  ① 정보전달
    - 앞에서 다루었던 내용의 핵심을 간단히 다시 정리하고 요약하여 강조
  ② 설득
    - 청중의 신념을 독려하고 실천을 강조하는 내용을 중심으로 구성

8. 표현·전달하기

√ 목적, 대상, 상황에 따라 시선, 표정, 몸짓 등을 적절히 조절하라

사람들은 의사소통 과정에서 언어적 표현보다 시선, 표정, 몸짓 등의 비언어적 표현을 더 신뢰하는 경향이 있다. 다른 사람의 몸짓언어를 관찰하고 해석함으로써 말로 드러나지 않은 이면의 메시지를 파악할 수 있는 능력은 자신이 표출하는 몸짓을 객관화해서 인식하고 의사소통의 목적, 대상, 상황에 맞게 조절할 수 있는 바탕이 된다.

9. 내용 확인하기

사실적 듣기로 말하는 이가 전달하는 내용을 정확하게 이해하기 위해 듣는 것으로 수업 시간에 교사가 어떤 원리에 대해서 설명하는 것을 듣는 것이 대표적이다.

10. 추론하기

추론적 듣기란, 언어적 표현은 물론이고, 언어적 요소에 덧붙여서 의미를 전달하는 준언어적 표현과 몸짓언어 등의 비언어적 표현들을 단서로 활용하여 그 표현에 함축된 의미를 파악하면서 듣는 방법을 말한다.

11. 평가·감상하기

(1) 평가하기, 비판적 듣기

비판적 듣기란 청자 자신의 입장이나 관점을 견지하면서, 단순히 들은 정보를 이해하고 수용하는 데 그치지 않고 상대방의 입장이나 견해에 대해 평가하고 판단하면서 듣는 데 그 목적이 있다. 이때 '비판적'이란 말은 들은 내용을 확인하고 그 내용에 대해 신뢰성, 타당성, 공정성 등을 판단하고 평가하면서 듣는다는 것이다.

(2) 감상적 듣기

즐거움을 얻고 스트레스를 해소하기 위하여 듣는 것

12. 경청·공감하기

    √ 공감적 듣기   √ 너 중심 듣기

    (1) 공감적 듣기란 내 입장에서 상대방의 말을 분석하거나 비판하는 데 목적이 있는 것이 아니라 감정을 이입하여 상대방의 생각이나 감정을 이해하려는 데 그 목적을 두는 '너 중심 듣기'이다.

    (2) 공감적 듣기는 상대방의 입장에서 감정을 이입해서 들으면서 화자의 심리 상태를 파악하고 이에 기초하여 반응을 보이는 것이다.

13. 상호·교섭하기

    √ 의미 구성 과정   √ 관계적 성격의 바탕

    화법의 상호교섭적 성격이란, 화법은 참여자들이 각각 의미를 전달하는 언어 행위가 아니라 어떤 주제를 중심으로 상호교섭을 통해 의미를 구성해 가는 과정임을 가리킨다. 화법은 축구 경기와 같이 한 사람의 움직임이 다른 사람의 움직임에 영향을 끼치는 게임과 같다. 즉, 상호교섭이란 상대에게 내가 무엇을 하느냐를 알리는 것에 초점이 있는 것이 아니라 서로 더불어 무엇을 하느냐에 초점이 있다.

14. 점검·조정하기

    √ 말차례 점검

    대화 참여자들은 한 번에 한 사람씩 말을 해야 효과적인 표현과 이해가 이루어지고, 한 사람이 말을 끝내면, 다음 사람이 말을 하는 것이 이상적이다. 대화 과정에서 어떤 사람이 대화에 참여하여 실제 말할 기회가 주어졌을 때, 그가 말을 할 수 있는 권리와 그 기회에 이루어진 언어적 표현 결과물을 '말차례(순서교대 turn)'라고 한다.

 **개념 02** 성취 기준과 교수·학습 방법 및 유의 사항

1 1~2학년군

1 성취 기준

① [2국01-01] 상황에 어울리는 인사말을 주고받는다.

> 이 성취기준은 생활 속에서 상황에 맞는 인사말을 주고받음으로써 타인과 원만한 관계를 형성하는 능력을 기르기 위해 설정하였다. 학교생활에 적응할 때에도 자연스러운 인사말이 필요하고, 집을 나서거나 집으로 돌아올 때, 사람을 만나거나 헤어질 때, 처음 만나는 사람끼리 자기소개를 할 때, 상대방에게 고마운 마음을 드러낼 때 등 상황에 따라 주고받는 인사말이 다르다. 학습자가 처할 수 있는 여러 상황별로 어울리는 인사말을 이해하고 연습하는 데 중점을 둔다.

② [2국01-02] 일이 일어난 순서를 고려하며 듣고 말한다.
③ [2국01-03] 자신의 감정을 표현하며 대화를 나눈다.

> 이 성취기준은 대화를 나눌 때 자신의 감정을 적절하게 표현함으로써 타인과의 관계를 유지하고 발전시키는 능력을 기르기 위해 설정하였다. 자신의 감정을 이해하고 상황에 적절하게 감정을 표현하는 것은 자기를 이해하고 대인 관계를 형성하는 데 도움이 된다는 점을 알도록 하고, 기쁨, 슬픔, 사랑, 미움 등 다양한 종류의 감정을 자연스럽게 표현하도록 하는 데 중점을 둔다.

④ [2국01-04] 듣는 이를 바라보며 바른 자세로 자신 있게 말한다.
⑤ [2국01-05] 말하는 이와 말의 내용에 집중하며 듣는다.

> 이 성취기준은 바른 듣기 방법과 태도를 배우고 연습함으로써 말하는 이를 존중하고 말의 내용을 정확하게 이해하는 능력을 기르기 위해 설정하였다. 말하는 이와 말의 내용에 주의를 집중하여 듣는 것은 내용을 이해하기 위해서 필요할 뿐 아니라, 상대를 배려하며 듣는 태도의 문제이며 언어 예절과도 관계가 있다. 눈 맞춤, 고개 끄덕임 등의 반응을 보임으로써 상대방의 말에 집중하며 듣고 있음을 상대가 알도록 하는 데 중점을 둔다.

⑥ [2국01-06] 바르고 고운 말을 사용하여 말하는 태도를 지닌다.

2 교수·학습 방법 및 유의 사항

① 일상생활에서 자연스럽게 이루어지는 대화 상황이나 학교에서 이루어지는 교사 및 또래 집단과의 상호 작용 상황을 선정하여 듣기·말하기 활동이 이루어지도록 한다.
② 듣기 활동을 지도할 때에는 학습자의 흥미와 관심을 고려하여 이야기 구조가 있는 담화를 선정하고 교사가 직접 이야기해 주거나 시청각 매체를 활용하는 등 다양한 방법을 활용할 수 있다.
③ 말하기 활동을 지도할 때에는 학습자가 겪은 일, 읽거나 보거나 들은 이야기를 말하게 하되, 저학년의 특성을 고려하여 교사가 대화를 주도하면서 학습자가 자연스럽게 말하기 활동에 참여하게 한다.
④ 인사말을 지도할 때에는 학습자가 경험할 수 있는 여러 상황을 제시하여 연습하게 하고 생활 속에서 인사말을 자연스럽게 주고 받도록 지속적으로 지도한다.
⑤ 감정을 표현하는 말하기를 지도할 때에는 자신의 감정을 직접 표현하거나 역할극 등을 활용하여 다양하게 표현해 보게 한다.
⑥ 바른 자세로 말하기를 지도할 때에는 말하기 자세와 관련된 매체 자료를 활용하여 바른 자세, 자신 있게 말하기의 특징을 파악하도록 한다.
⑦ 집중하며 듣기를 지도할 때에는 듣는 이의 반응에 따라 말하는 이의 기분이 어떻게 다른지 말해 보는 활동을 활용한다.
⑧ 어법에 맞는 고운 말의 사용은 해당 성취기준의 학습 시간 외에도 일상생활 속에서 지속적으로 관심을 기울이도록 지도한다.

2 3~4학년군

1 성취 기준

① [4국01-01] 대화의 즐거움을 알고 대화를 나눈다.

> 이 성취기준은 자신의 생각과 느낌, 경험을 다른 사람과 공유하면서 대화의 즐거움을 깨닫고 능동적으로 대인 의사소통에 참여하는 태도를 기르기 위해 설정하였다. 대화에서 상대가 나의 말을 귀담아 듣고 흥미를 보이며, 서로 말의 내용과 감정을 공유하는 과정에서 대화의 즐거움을 느끼게 하는 데 중점을 둔다. 거창하거나 대단한 경험이 아닌 소박하고 친숙한 일상의 경험도 화제로 활용하게 하며, 경험과 함께 감정도 나눌 수 있도록 지도한다.

② [4국01-02] 회의에서 의견을 적극적으로 교환한다.

> 이 성취기준은 의견을 조율하고 타당한 합의안을 선택하는 의사 결정의 기초 능력을 기르기 위해 설정하였다. 학습자가 겪을 수 있는 일상적 문제 중에서 회의 주제를 채택하고, 적절한 근거를 들어 의견을 제안하고 다른 사람의 의견을 경청하며 자신의 의견과 다른 사람의 의견을 비교하도록 한다. 직접 회의를 수행해 보며 회의가 일정한 절차와 방법에 따라 진행됨을 경험하고 회의에 능동적으로 참여하도록 한다.

③ [4국01-03] 원인과 결과의 관계를 고려하며 듣고 말한다.
④ [4국01-04] 적절한 표정, 몸짓, 말투로 말한다.
⑤ [4국01-05] 내용을 요약하며 듣는다.
⑥ [4국01-06] 예의를 지키며 듣고 말하는 태도를 지닌다.

2 교수·학습 방법 및 유의 사항

① 일상생활이나 학교생활에서 자연스럽게 이루어지는 대화 상황을 선정하여 듣기·말하기 활동이 이루어지도록 한다.
② 듣기 활동을 지도할 때에는 학습자의 인지적 이해 수준을 고려하여 인과 관계 구조가 있는 담화를 선정하고 교사가 직접 이야기해 주거나 시청각 매체를 활용하는 등 다양한 방법을 활용할 수 있다.
③ 회의에서 의견 교환하기를 지도할 때에는 학급 회의를 열게 하여 배운 내용을 적용할 수 있도록 하고, 공식적 말하기에 대한 긍정적 학습 경험을 가지도록 격려한다.
④ 원인·결과를 고려하며 듣기를 지도할 때에는 인과 관계의 담화 표지로 '그래서, 결국, 왜냐하면, 결과적으로, ~(으)니까, ~ 때문에, ~의 원인은' 등을 사용할 수 있음을 알려 준다.
⑤ 원인·결과를 고려하며 말하기를 지도할 때에는 학습자가 일상 경험을 바탕으로 하여 인과 관계 구조로 내용을 구성하여 발표하도록 하고, 이를 요약하며 듣기와 연계하여 지도할 수 있다.
⑥ 적절한 표정·몸짓·말투로 말하기를 지도할 때에는 부탁, 수락, 거절, 사과, 감사, 제안 같은 다양한 목적의 대화 상황에서 언어적 표현을 보강하는 표정, 몸짓, 말투를 선택해서 말해 보도록 지도한다.
⑦ 예의를 지켜 말하기를 지도할 때에는 나이가 많은 사람과의 의사소통 상황에 국한된 것으로 오해하지 않도록 하고, 문자 메시지를 주고받거나 인터넷상에서 의사소통할 때 다른 사람의 기분과 입장을 배려할 수 있도록 매체 언어 예절을 포함하여 지도한다.

3 5~6학년군

1 성취 기준

① [6국01-01] 구어 의사소통의 특성을 바탕으로 하여 듣기·말하기 활동을 한다.

> 이 성취기준은 문어 의사소통과 구분되는 구어 의사소통으로서 듣기·말하기의 특성을 이해하고 듣기·말하기를 하는 능력을 갖추기 위해 설정하였다. 구어 의사소통은 화자와 청자가 언어적·준언어적·비언어적 표현을 통해서 쌍방향적으로 소통하며 의미를 구성하는 과정인데, 순간적이고 일회적이므로 신중함과 주의 집중이 요구된다. 구어 의사소통에서 말하기와 듣기는 순차적으로 이루어지는 것이라기보다 동시적으로 이루어지며 의사소통에 참여하는 사람들이 서로 의논하고 절충하며 의미를 재구성하게 된다. 구어 의사소통은 상대방과 더불어 소통하면서 서로 관계를 형성하고 유지하며 발전시키는 데도 중요한 역할을 한다. 듣기·말하기 활동 시 이와 같은 구어 의사소통의 특성을 고려하도록 한다.

② [6국01-02] 의견을 제시하고 함께 조정하며 토의한다.
③ [6국01-03] 절차와 규칙을 지키고 근거를 제시하며 토론한다.

> 이 성취기준은 토론의 일반적 절차와 규칙에 대한 이해를 바탕으로 하여 토론에서 타당한 근거를 들며 논리적으로 주장을 펼치는 능력을 기르기 위해 설정하였다. 토론의 구성원은 사회자, 토론자, 판정관, 청중이며, 토론자는 찬성 측과 반대 측으로 나누어 논제에 대한 자신의 주장을 펼친다. 이때 토론의 단계와 정해진 시간을 지키고 타당한 근거를 들어 주장하며 토론에 참여하도록 하는 데 중점을 둔다.

④ [6국01-04] 자료를 정리하여 말할 내용을 체계적으로 구성한다.
⑤ [6국01-05] 매체 자료를 활용하여 내용을 효과적으로 발표한다.

> 이 성취기준은 매체의 특성에 따라 그림, 표, 그래프, 사진, 동영상 등 말할 내용을 구체적으로 형상화하거나 요약적으로 보여 주는 자료를 보조 자료로 활용하여 발표하는 능력을 기르기 위해 설정하였다. 화자의 생각을 형상화한 매체 자료를 보조 자료로 활용하면 청자의 흥미를 유발하고 정보를 효과적으로 전달할 수 있으며 설득력을 높일 수 있다. 말하기의 목적과 대상, 말할 내용의 특성에 알맞은 매체와 매체 자료를 활용하여 발표 내용을 구성하고 발표를 해 보도록 한다.

⑥ [6국01-06] 드러나지 않거나 생략된 내용을 추론하며 듣는다.
⑦ [6국01-07] 상대가 처한 상황을 이해하고 공감하며 듣는 태도를 지닌다.

2 교수·학습 방법 및 유의 사항

① 구어 의사소통의 특성을 지도할 때에는 순서 교대가 있는 대면 의사소통 상황을 제시하고, 제시된 자료에서 학습자 스스로 자신의 경험을 활용하여 구어 의사소통의 특성을 찾아내도록 한다.
② 구어 의사소통의 특성을 지도할 때에는 대화에 실패했던 경험이나 오해를 불러일으킨 경험 등을 이야기하게 하고 이를 학습에 활용하도록 한다.
③ 발표, 토의, 토론 등 각각의 공식적 담화 상황의 특성에 초점을 맞추어 학습자가 공식적 말하기에 자신감을 가지도록 학습자의 수행에 대해 격려하고 칭찬하며 긍정적인 피드백을 한다.
④ 매체 자료의 활용에 대해 지도할 때에는 매체 자료를 양적으로 많이 활용하는 것보다 발표할 내용과 발표를 듣는 대상의 특성, 발표 상황을 고려하여 적절한 자료를 알맞게 활용하게 하여 발표의 효과를 높이도록 한다.
⑤ 토의에 대해 지도할 때에는 학습자가 적극적으로 의견을 제시하도록 격려하되, 소수의 학습자가 발언권을 독점하지 않도록 유의한다.
⑥ 토론에 대해 지도할 때에는 논제에 대한 입장을 정하고 주장을 뒷받침할 만한 논리적 근거를 찾아 상대방을 설득하는 방법을 익히도록 한다. 상대방의 의견을 존중하며 듣고 이를 통해 자기 주장의 문제점을 점검하면서 합리적으로 토론해 가는 과정을 익히도록 지도한다.
⑦ 추론하며 듣기를 지도할 때에는 드러나지 않은 화자의 의도나 관점을 생각하며 듣게 하거나 생략된 내용을 짐작하며 듣도록 지도한다.

 **듣기 유형**

1 의미 수용 과정으로서의 듣기
(1) 개념
① 우리가 교육의 대상으로 삼고 있는 의미 수용 과정으로서의 듣기는 단순히 외부에서 들려오는 물리적인 소리를 수동적으로 지각하는 활동이라기보다는 주의를 기울여 소리를 지각하고, 자신이 알고 있는 배경지식과 관련하여 들은 정보를 조직화하고, 표현에 함축되어 있는 의미를 해석하고, 그 적절성을 평가하는 매우 능동적이고 적극적인 인지 과정이다.
② <u>듣기란, 들려오는 모든 정보를 있는 그대로 다 수용하는 것이 아니라 편향적으로 특정 정보만을 선택적으로 지각해서 자신의 경험이나 지식과 관련지어 의미를 재구성하는 일련의 인지적 과정이라 할 수 있다.</u>

(2) 드비토(Devito: 2007)의 듣기의 과정 다섯 단계
① 주의를 집중하면서 언어적 메시지와 비언어적 메시지를 수신하기
② 상대방 화자의 관점에서 발화의 의도와 핵심을 파악하기
③ 중요한 내용을 기억하기
④ 이해한 내용을 사실과 추론으로 구분하고, 편견 없이 객관적으로 판단하면서 듣기
⑤ 적절하게 반응을 보이기

2 추론적 듣기
- 추론적 듣기란, 언어적 표현은 물론이고, 언어적 요소에 덧붙여서 의미를 전달하는 준언어적 표현과 몸짓언어 등의 비언어적 표현들을 단서로 활용하여 그 표현에 함축된 의미를 파악하면서 듣는 방법을 말한다. 이러한 비언어적 표현들은 무의식의 언어인 까닭에 언어적 메시지 이면에 숨겨진 화자의 심리를 그대로 노출한다는 특징과 언어적 표현을 보완, 대치, 강조하는 역할을 지니고 있다.

3 비판적 듣기
(1) 개념
- 비판적 듣기란 청자 자신의 입장이나 관점을 견지하면서, 단순히 들은 정보를 이해하고 수용하는 데 그치지 않고 상대방의 입장이나 견해에 대해 평가하고 판단하면서 듣는 데 그 목적이 있다. 이때 '비판적'이란 말은 들은 내용을 확인하고 그 내용에 대해 신뢰성, 타당성, 공정성 등을 판단하고 평가하면서 듣는다는 것이다.
① 내용의 신뢰성
정보나 자료의 출처가 믿을 만한 것인지에 대한 것이다. 출처가 불확실하거나 정확하지 않은 정보 또는 인정할 수 없는 권위에 기대어 어떤 말을 인용했을 경우, 그 내용을 신뢰하기는 어려울 것이다.
② 내용의 타당성
그 말이 전후 맥락에서 자료나 근거로부터 결론을 이끌어 내는 방식이 합리적인지, 현실이나 삶의 이치에 부합되는지 등을 따짐으로써 평가할 수 있다.
③ 내용의 공정성
말의 내용이나 주장이 공평하고 정의로운가 하는 것이다.

(2) 의의
- 비판적 듣기의 의의는 메시지 이면에 함축된 여러 가지 아이디어들을 면밀히 분석하고 비판적으로 평가하는 합리적인 과정을 강조함으로써 청자로 하여금 성급한 판단이나 왜곡된 이해를 피하고 보다 신중하게 반응할 수 있게 해 준다는 것이다.

4 공감적 듣기

(1) 개념
- 공감적 듣기란 내 입장에서 상대방의 말을 분석하거나 비판하는 데 목적이 있는 것이 아니라 감정을 이입하여 상대방의 생각이나 감정을 이해하려는 데 그 목적을 두는 '너 중심 듣기'이다. 공감적 듣기는 일단 일체의 판단을 유보하고 상대방 관점에서 문제를 바라볼 수 있을 때 가능해진다.

(2) 종류

소극적 들어주기	① 상대방에게 관심 표명, 화자가 계속 이야기를 이어갈 수 있도록 격려하기 ② 그래서? 그런데? 그러게 말이야, 그렇고 말고, 저런, 쯧쯧, 정말 잘 됐다, 어머 정말? 등
적극적 들어주기	① 청자가 객관적인 관점에서 문제에 접근할 수 있도록 화자의 말을 요약, 정리해주고 반영해주는 역할을 통해 화자 스스로 문제를 해결할 수 있도록 도와주는 것이다. ② 아들 : 엄마, 오늘 학원 안 가면 안 돼요? 엄마 : 우리 아들이 몸이 안 좋은 모양이구나.

개념 04 듣기 단계별 전략

단계	교육 내용	전략
듣기 전	배경지식 활성화	듣기 전 그림 보기
	듣기 목적 확인	정확히 듣고 전달하기
	내용 예측	차례대로 그림 놓기
	질문	질문 사항 읽기
듣기 중	정보 확인	빈칸 메우기, 순서 바로잡기
	내용 이해	스키마와 새로운 정보 연결 짓기
듣기 후	비판 및 감상	정보의 적합성과 타당성 판단하기
	수용	메모를 쓰기 활동에 활용하기
	전이	새로운 예시 찾아내기

개념 05 비언어적 의사소통

종류	기능
1. 보강	① 비언어적 메시지는 언어적 메시지에 수반되어 나타나서 의미를 보강하거나 명료하게 한다. ② '사랑한다'는 말 + 간절한 눈빛과 진정성 있는 목소리=마음 전달
2. 모순	① 비언어적 메시지가 언어적 메시지의 의미와 모순이 되는 의미를 전달할 수 있다. ② '그래 차분하게 이야기 해 봐' + 시계를 들여다보거나 출입구를 자주 돌아봄
3. 반복	① 제스처나 몸짓을 통해 언어적 메시지가 반복될 수 있다. 언어적 메시지 없이 비언어적 메시지만 가지고도 동일한 의미 전달 가능. ② '이 방에서 나가!' + 손가락으로 문을 가리킴
4. 대체	① 비언어적 메시지가 언어적 메시지를 대신하는 경우이다. ② '이쪽으로 오라'라는 말 대신 손짓, 눈을 흘겨보는 것 등
5. 강조	① 비언어적 메시지는 언어적 메시지의 의미를 강조하기도 한다. 말을 하다가 중간에 약간 뜸을 들이는 것은 다음에 이어지는 말이 더 중요함을 나타낸다. ② '정말 반갑다' + 악수한 손을 꽉 쥐고 위아래로 흔드는 경우
6. 화맥 조절	상대가 말을 하는 동안 고개를 끄덕거린다든지, 관심을 표명하는 행위는 의사소통의 흐름을 조절하는 기능이다.

 **화법 요소**

1 화자 : 일관성 원리

(1) 두 사람이 상반된 말을 하였다. 정치적인 의도가 없다고 전제한다면, 누구의 판단을 따르겠는가?

> 가. "미국의 정부 조직은 21세기의 요구에 대응하여 대대적인 변화를 하여야 합니다."
> —미국 국무장관 콜린파월의 말
> 나. "미국 정부 조직은 곧 다가올 미래를 예측해 볼 때 대대적으로 변화할 필요가 없습니다."
> —미국의 스릴러 소설작가 스테판킹의 말

- 대부분 스릴러 소설작가의 말보다 미국 정부 조직의 핵심 일원이면서 대통령과 함께 일하는 국무장관의 말이 더 옳다고 생각할 것이다. 어떤 말이든 화자의 영향을 받게 된다. 전달자에 대한 호감은 전달 내용에 대한 호감으로 작용하는 일관성 원리가 작용하기 때문이다.

(2) 우리 사회에서 좋은 화자란 화자의 됨됨이와 관련되기도 한다. 공자에 나오는 이야기이다. 제나라 경공이 공자에게 정치를 잘하기 위한 비결을 물었을 때 공자는 '임금이 임금답고, 신하는 신하답고, 아버지는 아버지답고, 자식은 자식다워야 한다.(君君臣臣父父子子)'고 대답하였다. 이런 원리는 화법에도 통한다. 자신의 역할에 온전한 화자의 말은 그 영향력이 크기 때문이다. 예를 들어, 학생들에게 존경을 받는 교사와 그렇지 못한 교사의 의사소통은 그 효과가 다를 수밖에 없다. 밖에서는 아무리 훌륭한 교사라고 할지라도 자식에게 아버지다움을 상실하게 되면, 그 아버지의 말은 자식들에게 큰 영향력을 행사하지 못한다. 아버지다움, 교사다움, 학생다움 등과 같이 '다움'을 갖추는 것이 좋은 화자의 요건 중 하나이다.

2 청자 : 청자 지향적인 행위, 청자 분석

(1) 음주 운전이라는 화제로 발표를 하기 위해 계획하는 두 학생의 이야기

> (가) 이 화제에 대한 통계 자료가 엄청 많아서 딱 몇 개만 골라내기가 어렵네. 통계 자료가 엄청 더 나올거야. 이 자료들을 시간 안에 발표할 수 있도록 잘 정리해야 하지만 내가 엄청난 양의 이 연구 자료들을 모두 인용하게 되면 사람들은 이 화제가 중요한 화제라는 것을 알게 되고, 내가 준비를 잘 잘했구나하고 생각할 거야.
> (나) 맞아, 이 화제에는 자료가 많아 그렇지만 청중은 대부분 학생이고 대부분 음주 운전 가능성이 높은 이들이야. 통계 자료를 들이대도 자기에게는 그런 일이 일어나지 않을 거라 생각해서 자료를 무시할거야. 자료는 간단히 언급한 다음에 작년에 캠퍼스에서 발생했던 끔찍한 음주 운전 사건에 대해 집중적으로 이야기해야지. 할 수 있으면 그 사건이 자신들과 연관이 있다는 것을 알게 해서, 내 발표가 자신들에 관한 이야기라는 것을 깨닫게 하고 싶어.

→ (가)의 내용이 충실하고 체계적일지 모른다. 그러나 (가)보다는 청중을 고려한 (나) 발표가 더 설득력이 있을 것이다.

(2) 담화는 청자와 더불어 하는 것이지 화자의 일방적인 전달 행위가 아니다. 담화는 청자 지향적인 행위이다. 따라서 모든 담화는 청자를 고려하여, 담화 수행 이전에 청자를 분석하여 담화 운영 전략을 세워야 하며, 또 담화 수행 중에는 청자의 반응을 계속 관찰하고 해석하여 청자의 반응에 따라 그 전략을 역동적으로 수정해 가야 한다. 사회가 자기중심적으로 흐를수록 청자를 존중하고 배려하는 화법 능력을 교육하는 것이 중요한 의미를 갖는다.

(3) 청자 분석은 대화와 같이 역동성이 강조되는 담화 유형뿐만 아니라 연설과 같이 비교적 화자 중심적인 담화유형에서도 중요하다. 청자가 듣지 않는 연설은 아무도 듣지 않는 라디오 방송과 마찬가지가 되기 때문이다.

3   메시지 : 소통

(1) 화법의 의사소통은 크게 언어적 의사소통과 비언어적 소통으로 나뉘는데, 언어적 의사소통은 음성 언어를 의미의 매체로 활용하는 반면 비언어적 의사소통은 다양한 의미의 매체를 활용한다.

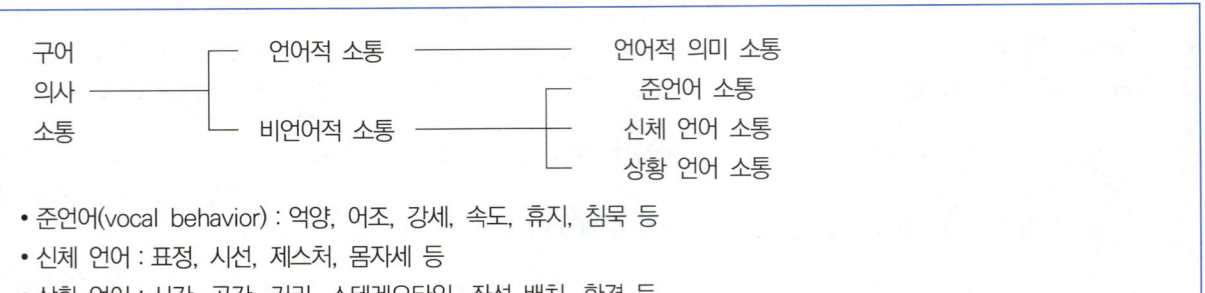

- 준언어(vocal behavior) : 억양, 어조, 강세, 속도, 휴지, 침묵 등
- 신체 언어 : 표정, 시선, 제스처, 몸자세 등
- 상황 언어 : 시간, 공간, 거리, 스테레오타입, 좌석 배치, 환경 등

① 화법의 성격에서 보듯이 화법을 통해 소통되는 메시지는 언어적 메시지 외에 화법 참여자들의 정체성과 서로 간의 관계와 관련된 메시지도 포함된다.

② 구어 소통을 하다 보면 상대가 어떤 사람인지 알 수 있다 이것이 정체성 메시지이다. 예를 들어, "제 아버지는 술을 잘 마십니다."라고 말하는 경우와 "제 아버님은 약주를 즐기십니다."라고 말하는 경우 비록 그 언어적 메시지는 같지만 이 메시지를 통해 말하는 아들이 아버지를 어떤 관계로 인식하는지 알 수 있다. 이것이 관계 메시지이다.

(2) 언어와 비언어의 관계

① 준언어를 포함한 비언어적 메시지와 언어적 메시지의 관계는 보완, 대체, 모순으로 크게 구분해 볼 수 있다.

② 이를 의미 일치 여부와 언어적 메시지와 함께 사용하는지의 여부를 두 축으로 하여 제시하면 다음과 같다.

	언어적 메시지와 함께 사용	언어적 메시지 없이 따로 사용
의미 일치	보완	대체
의미 불일치	모순	

③ 사례 : 언어적 메시지와 비언어적 메시지의 관계

> 오늘은 친구들과 동창회를 하는 날이다. 모임 장소에는 재우가 먼저 나와 있었다. 반가운 마음에 "얼마만이야? 재우야. 정말 반갑다."라고 하면서 ⓒ 손에 힘을 주어 악수를 하였다. 마침 준호가 와서 오늘 몇 명이나 오냐고 물었다. 나는 그냥 ⓒ 손가락으로 넷을 펴보였다. 함께 신나게 학교 다닐 때 이야기를 하고 있는데 재우가 먼저 돌아가고 준호와 둘이서 이야기를 나누었다. 얼마 지나지 않아 준호가 조바심을 내는 듯했다. 그래서 내가 시간 없느냐고 물었다. 준호는 ⓒ 초조하게 시계를 들여다보며 "괜찮아, 얘기해 봐."라고 말했다. 그래서 조금 서운했지만 다음에 연락하기로 하고 헤어졌다.

- ⓒ, 보완 : 언어적 메시지와 함께 쓰여 의미가 일치
- ⓒ, 대체 : 언어적 메시지 없이 비언어적 메시지만으로 의미가 표현
- ⓒ, 모순 : 의미가 일치하지 않음

4   장면 : 엿듣기 효과

① 담화의 수사적 상황과 구분하여 장면은 담화가 이루어지고 있는 배경을 주로 가리킨다.

② 장면은 시공간 및 사회·문화적 맥락으로 구체화된다. 같은 말일지라도 어떤 장면에서 행해지느냐에 따라 의미가 달라지기도 하고 영향력이 달라지기도 한다. 수업이 빨리 끝나기를 바라는 장면에서 "5분 남았네."라고 말하는 것의 의미가 수업이 흥미로워 계속되기를 원하는 장면에서 "5분 남았네."라고 하는 말의 의미가 같을 수 없다.

③ 또 화자가 직접적인 의도를 가지고 하는 말보다는 의도 없이 하는 말을 더 신뢰하는 경향이 있다. 다시 말해, 엿듣는 장면에서 들은 말을 직접 들은 말보다 더 믿을 수 있다는 것이다. 이른바 '엿듣기 효과'이다.

개념 07 토의 종류

토의유형 변별항목	패널토의 (배심토의)	심포지엄	포럼	(일반) 회의
① 토의 주제의 성격	다양한 결론이 예상되는 시사 문제	주로 학술적인 담론의 성격을 띤 주제	처음부터 청중이 참여 가능한 정책안이나 개발안	회원의 복지, 규칙, 친목 등의 문제
② 핵심 발언권 (인원수)	집단의 대표자(배심원 4~8명 정도)	사전에 토의 주제를 배당 받은 발표자(3~5 명 정도)	청중(지역 주민, 지역주민 대표), 정책입안자, 개발업자	회원 모두
③ 토의 진행 과정 (의사소통 방식)	배심원끼리 상호간 직접 토의	개별적인 발표나 강연	청중과 담당자 간의 직접 토의	회원끼리 상호간 직접 토의
④ 토의 목적 (문제 해결안의 채택 관련)	문제-해결 (서로 다른 의견을 조정하는 안 채택)	문제에 대한 이해(특별한 결론 도출이 없음)	문제-해결(공동의 이익과 복지에 도달하는 안 채택)	의사결정(해결안과 실행 계획까지 결정)
⑤ 사회자의 역할	이견(異見)을 조정하는 안 도출해내기	발표 내용 요약하고 정리하기	청중과 발표자의 이해관계(利害關係) 조정하기	회의 규칙에 따라 회의 진행하기
⑥ 청중의 역할	포럼보다 소극적임(발표 뒤 의견 개진하기)	패널보다 소극적임(궁금한 점 질문하기)	매우 적극적임(공격적으로 질문함)	적극적인 편임(의견 개진하고 듣기)
⑦ 기타 (시간, 규칙 등)	진행 순서 등이 일반적으로 고정되어 있음	발표 시간이 정해져 있음. 자료집이 비치되어 있음	청중으로 인해 진행 방식과 구조가 결정되기도 함	회칙이 별도로 존재함

 **토의 각론**

	토의 절차	토의 방법	
① 토의 절차와 방법	(1) 토의 주제 정하기	• 토의하고 싶은 주제를 자유롭게 이야기하기 • 토의 주제 결정하기	• 토의 주제로 알맞은지 판단하기
	↓		
	(2) 의견 마련하기	• 토의 주제에 맞게 자신의 의견 쓰기	• 그 의견이 좋은 까닭 쓰기
	↓		
	(3) 의견 모으기	• 친구들과 의견 주고받기 • 의견이 알맞은지 판단할 기준 세우기	• 각 의견의 장단점 찾기 • 기준에 따라 의견이 알맞은지 판단하기
	↓		
	(4) 의견 결정하기	• 기준에 따라 가장 알맞은 의견으로 결정하기	

② 토의 주제의 유형	(1) 인식의 문제	잘 알지 못했던 문제에 대해 알아보는 주제로서 '국어 훼손 현상은 어떤 것이 있는가'를 예로 들 수 있다.
	(2) 가치의 문제	하나의 가치에 대해 깊이 생각해 볼 기회를 제공하거나 둘 이상의 가치가 대립할 때 가치 판단 능력의 향상을 도와줄 수 있는 주제이다. '좋은 친구란 무엇인가'의 주제를 예로 들 수 있다.
	(3) 행동의 문제	실질적이고 다양한 해결 방안을 모색하기 위한 주제로서 '쓰레기를 줄이는 방법에는 어떤 것이 있을까'가 가장 대표적인 유형의 토의 주제라고 할 수 있다.

③ 토의 주제 정하는 방법	(1) 토의 주제를 정하려면 무엇부터 시작하면 좋은가?	토의하고 싶은 주제를 자유롭게 이야기한다.
	(2) 여러 가지 주제가 제시된 다음에는 무엇을 해야 하는가?	이 주제들이 토의하기에 알맞은지 판단해야 한다.
	(3) 토의 주제로 알맞은지 어떻게 판단할 수 있는가?	① 우리 모두와 관련이 있는 주제인지 살펴본다. 토의는 여러 사람의 의견을 모아 공동체의 문제를 더 나은 방향으로 해결하는 말하기이기 때문이다. ② 해결 방법을 찾을 수 있는 주제인지 살펴본다. 학생 처지에서 해결할 수 없는 토의 주제라면 학생이 활발하게 참여하기 어렵기 때문이다. ③ 우리가 변화를 이끌어 낼 수 있는 주제인지 살펴본다. 토의를 하여 우리 주변의 문제를 좋은 방향으로 해결해야 하기 때문이다.

④ 의견 마련할 때 생각할 점	① 토의 주제에 맞는 의견인지 생각한다. ② 알맞은 주장과 근거를 들었는지 생각한다. ③ 실천할 수 있는 의견인지 생각한다.

⑤ 의견을 모을 때 지켜야 할 점	① 알맞은 까닭을 들어 자신의 주장을 말한다. ② 다른 사람의 의견을 존중하며 듣는다. ③ 다른 사람의 의견을 끝까지 듣고 자신의 의견을 말한다. ④ 토의 주제와 관련된 이야기를 한다.

⑥ 의견 모으는 방법	(1) 의견 주고 받기	• 『국어』 192쪽 4번의 (2)에서 주고받은 의견을 찾아본다. – 학교 이름으로 삼행시 짓기 대회를 하면 좋겠다. / 학교 역사 찾기 행사를 하면 좋겠다.	
	(2) 의견의 장단점 찾기	① 삼행시 짓기 대회의 장단점을 찾아본다. • 대회를 하면 학생들의 관심을 높일 수 있는 장점은 있지만 삼행시 내용이 학교와 상관없을 수도 있다. ② 학교 역사 찾기 행사의 장단점을 찾아본다. • 학생들의 관심이 낮을 수 있지만 학교 옛 사진 찾기나 연대표 만들기처럼 흥미로운 활동을 마련할 수 있다.	
	(3) 의견이 알맞은지 살펴보는 기준 세우기	① 의견이 알맞은지 판단한다는 것은 무슨 뜻인가?	– 의견이 기준에 따라 알맞은지 또는 의견이 이치에 맞는지 살펴보는 것을 말한다.
		② 의견이 알맞은지 알려면 어떻게 하면 좋은가?	– 의견을 살펴볼 수 있는 기준을 세워 본다.
		③ 개교기념일을 뜻깊게 보내는 방법을 결정하는 데 필요한 판단 기준은 무엇인가?	– 토의 주제에 맞는 내용인지 살펴본다. / 알맞은 주장과 근거를 들었는지 살펴본다. / 실천할 수 있는지 살펴본다.

7 의견 결정하는 방법	① 토의에서 의견을 결정하는 방법은 무엇인가?	- 토의 주제에 맞는 의견을 결정한다. / 알맞은 주장과 근거를 든 의견을 결정한다. / 실천할 수 있는 의견을 결정한다.
	② 토의에서는 한 가지 의견만 정해야 하는가?	- 좋은 의견이 많으면 여러 가지 의견을 정할 수 있다.
	③ 소수 의견은 어떻게 하면 좋은가?	- 소수 의견이라도 도움이 된다면 얼마든지 받아들일 수 있다.

8 토의에서 의견 표현 기법	• 토의 참여자는 자신의 생각을 토의 담화 표현법에 맞게 표현할 수 있어야 한다. 상대의 견해를 무조건 비판하기보다 해결 방안을 함께 찾을 수 있도록 하는 건설적인 비판 방법을 사용할 수 있어야 한다.	
	(1) 의견 표현 기법	• 저는 ~라고 생각합니다. 왜냐하면 ~기 때문입니다.
	(2) 비판 기법	① 생각은 좋지만 실행상 문제가 있을 것 같습니다. ② 좀 더 구체화한다면 정말 좋은 방안이 될 수 있을 것 같습니다. ③ 그것을 이렇게 구체화하면 어떻겠습니까? ④ 우리가 바라는 해결책은 아닌 것 같습니다.

9 토의·토론에서 교사의 역할	(1) 관리자	교사는 수업을 계획하고 조정해 나간다. 특히 토의·토론 수업은 교사가 많은 부분을 학생에게 위임하기 때문에 정교한 관리가 필요하다.
	(2) 안내자	토의·토론 수업은 종류도 많고 학생들이 많은 역할을 떠맡게 된다. 그러므로 상세하고 친절한 안내가 사전에 이루어져야 한다.
	(3) 촉진자	교사는 학생들이 토의·토론에 적극 참여하도록 촉진하는 역할을 한다. 교사의 격려는 학생들의 참여도를 높이는 가장 큰 원인이다.
	(4) 요약 정리자	교사는 토의·토론 수업 과정이 진행되거나 끝날 때 과정과 결론에 대해 요약하며 정리하는 역할을 담당한다.
	(5) 평가자	학생들도 토의·토론 과정에 대해 평가할 기회를 가지는 것이 좋지만 궁극적인 평가자는 교사이다.

10 토의 학습의 평가	① 토의 학습에 대한 평가는 자신의 의견을 똑똑하게 이야기하고 다른 의견에 대해서도 응답을 적절히 할 수 있는가 ② 학생의 주체성이나 집단의식, 문제의식과 같은 것이 적절히 내면화될 수 있는가 ③ 교사의 지도 조언이 적절하여 공동 사고에 의한 결론이 나올 수 있는가 ④ 이 방법을 통하여 듣기·말하기 등 언어 기능이 뚜렷이 향상되었는가 ⑤ 토의 학습에 임하는 학생들의 태도가 진지하고 남을 존중하는 자세가 갖추어져 있는가 등의 관점에서 학생 개개인 및 토의 수업 자체에 대한 평가를 해 볼 수 있다.

1. 고전적 토론

(1) 개념
- 고전적 토론은 '전통적 토론'이라고도 한다. 어떤 논제에 대해서 찬성 측 2명, 반대 측 2명이 각각 한 조가 되어 토론을 하게 된다. 토론 참여자는 한 번씩 입론과 반론의 기회를 갖게 되며 다음과 같이 8번의 순서로 진행된다. 입론과 반론 후에는 배심원 또는 청자가 거수나 투표로 평결하게 된다.

(2) 절차

	찬성 측		반대 측	
	제1찬성자	제2찬성자	제1반대자	제2반대자
입론	① 입론		② 입론	
		③ 입론		④ 입론
반론	⑥ 반론		⑤ 반론	
		⑧ 반론		⑦ 반론

2. 직파식 토론

(1) 절차
- 직파식 토론은 어떤 논제에 대하여 찬성 측과 반대 측이 상대편을 논파하는 방식으로 이루어지는 토론이다. 이것의 입론 부분은 전통적 토론과 같으나, 반론 부분이 다르다. 이것의 반론은 제1 찬성자의 반론과 변호 → 제2 반대자의 공박과 변호 → 제2 찬성자의 반박과 변호 → 제1 반대자의 논박과 변호의 순으로 진행된다.

	찬성 측		반대 측	
	제1찬성자	제2찬성자	제1반대자	제2반대자
입론	① 발제와 입론		② 공탁과 입론	
		③ 반박과 입론		④ 논박과 입론
반론	⑤ 반론과 변호			⑥ 공박과 변호
		⑦ 반박과 변호	⑧ 논박과 변호	

(2) 심판
- 직파식 토론에서는 심판이 토론을 언제나 중단시킬 수 있다. 이것은 직파식 토론이 논제를 중심으로 논쟁적 주제들을 하나씩 밝혀 가는 과정이기 때문이다. 다시 말해서 심판은 결론이 나왔다고 생각되면 어느 순간에라도 토론을 끝낼 수 있는 것이다. 이때 토론자들에게는 심판의 지시와 판정에 따를 의무가 있다.

3 반대 신문식 토론(CEDA 토론)

(1) 개념
- 반대 신문식 토론(the cross examination debate)은 어떤 논제에 대해 찬성 측과 반대 측이 상대방에게 질문을 하여 상대방의 논지를 반박함으로써 승부를 가리는 것이다. 이것은 고전적 토론의 입론 단계에서 바로 앞 토론자에 대한 반대 신문을 추가한 것으로, 질문에 해당하는 '반대 신문(cross examination)'이 특징적이므로 반대 신문 방식이라고 불리기도 한다.

(2) 절차
- 논제를 긍정하거나 부정하는 각 팀은 2인으로 구성되며, 토론자 각 개인은 입론, 반대 신문, 반박의 세 번의 발언 기회를 갖는다. 각 팀은 토론 중 숙의시간을 사용할 수 있다. 발언의 성격과 순서는 다음과 같다.

찬성 측		반대 측	
토론자1	토론자2	토론자1	토론자2
① 입론(8분)			② 반대 신문(3분)
④ 반대 신문(3분)		③ 입론(8분)	
	⑤ 입론(8분)	⑥ 반대 신문(3분)	
	⑧ 반대 신문(3분)		⑦ 입론(8분)
⑩ 반박(5분)		⑨ 반박(5분)	
	⑫ 반박(5분)		⑪ 반박(5분)

(3) 특징 : 정책 논제에 대해 토론하며 반대 신문이 중요하다.

① 각각 찬성 측 첫 번째, 두 번째 토론자와 반대 측 첫 번째, 두 번째 토론자의 역할을 맡는다. 즉 현재 상태의 정책적 변화를 주장하는 찬성 측과 이를 반대하는 반대 측이 2 : 2로 입론, 반대 신문, 반박의 발언을 개인별 1회씩 하게 된다. 4명의 토론자가 각각 입론 1회, 반대 신문 1회, 반박 1회, 도합 3회의 발언을 하므로 토론 과정에는 모두 12번의 발언 기회가 있다.
대학생 토론의 경우 입론을 8분간 하는 것이 원칙이나 초·중등 학생 등 입문자의 경우에는 2~5분 정도로 줄여서 할 수 있다. 반대 신문은 2~3분 정도로 정해서 한다.

② 찬성 측은 문제, 해결 방안, 이익/비용 등 필수 쟁점에 대해 모두 입증해야 하므로 여러 쟁점 중 하나의 쟁점만 효과적으로 반박해도 승리하는 반대 측에 비해 입증 책임이 크다. 교육토론의 경우 사회자는 토론자의 발언을 일일이 정리하는 것이 아니라 대개 시간을 관리하고 진행 순서를 알리는 역할을 한다.

- 쟁점 : 찬반 의견이 나뉘는 지점 / 찬반 양측이 맞대결 하는 세부 주장
- 필수 쟁점 : 입론 단계에서 반드시 다루어야 할 쟁점
- 입증 책임 : 자신이 주장을 근거를 들어 증명해야 하는 책임

③ 첫 번째 발언은 반드시 찬성 측에서 시작한다. 반박이 시작되는 아홉 번째 단계에서는 반대 측이 먼저 발언을 시작하여 마지막 열두 번째는 찬성 측의 발언으로 한 라운드의 토론을 마친다. 찬성 측이 먼저 토론을 시작하는 이유는 논제가 현재 상태의 변화를 주장하기 때문이다. 변화에 대한 주장이 없는 상태에서 반대 주장을 먼저 하는 것이 성립하지 않는다. 이로 인해 현재 상태의 변화를 주장하는 찬성 측의 부담이 반대 측보다 상대적으로 크다. 토론의 마지막 발언은 청중에게 영향력이 큰데 부담으로 인한 균형을 맞추기 위해 찬성 측에게 마지막 발언 기회를 부여하게 된다.

4 칼 포퍼식 토론

(1) 개념

① 칼 포퍼식 토론은 칼 포퍼의 비판적 합리주의(Critical Rationalism)에 기반하여 실수의 계속적인 교정을 통해 학습이 이루어진다는 전제를 가지고 있다. 주로 고등학생들에게 비판적 사고력, 자기표현 능력, 다른 의견에 대한 관용적 표현 등의 자세를 길러주기 위해 1994년에 협회가 설립되어 토론이 시행되고 있다.

② CEDA 토론과는 달리 찬성과 반대 측의 부담이 균등한 논제가 선정된다. CEDA 토론의 경우 반대 측이 상대방의 논리적 부당성만 입증해도 승리하는 반면 칼 포퍼식 토론에서는 양측 모두 주장의 논리적 정당성을 입증해야 하므로 양측에게 입증 책임이 균등하게 적용되는 것이 특징이다. 즉 양측 모두 상대방의 입론을 적극적으로 반박하지 않으면 상대방의 주장을 인정하는 것으로 간주되므로, 상대 주장에 대한 반박이 다른 토론 유형에 비해 상대적으로 중시된다.

(2) 절차

① 세 명이 한 팀이 되어 각 팀이 입론 1회(6분), 반대 신문 2회(3분×2회=6분), 반박 2회(5분×2회=10분)를 한다. CEDA 토론이 2회의 입론과 1회의 반박을 하는 것과는 달리 입론보다 반박 횟수가 더 많은 것이 특징이다. 또한 다른 토론 형식과는 달리 마지막 반박의 순서에서 찬성 측이 먼저 반박을 한다. 입증 책임이 찬성 측에게만 부과되지 않고 양측에 균등하게 부과되기 때문에 특별히 찬성 측에게 유리하게 발언 순서를 정하지 않아도 되기 때문이다. 반박 시간에도 반대 신문이 허용되며, 마지막 반박을 제외하고는 매 발언 때마다 반대 신문을 하는 것도 다른 토론과는 다른 특징이다.

찬성 측			반대 측		
토론자1	토론자2	토론자3	토론자1	토론자2	토론자3
① 입론(6분)					② 반대 신문(3분)
		④ 반대 신문(3분)	③ 입론(6분)		
	⑤ 반박(5분)		⑥ 반대 신문(3분)		
⑧ 반대 신문(3분)				⑦ 반박(5분)	
		⑨ 반박(5분)			
					⑩ 반박(5분)

② 세 명이 한 팀이므로 서로 간의 협력과 팀워크가 중시된다. 특히 입론이 1회이기 때문에 세 명이 함께 입론을 철저히 구성해야 한다. 1, 3번 토론자의 발언 기회가 두 번씩인 것에 비해 2번 토론자의 발언 기회는 1회이다. 칼 포퍼식 토론에서는 많은 것을 주장하기보다 상대방 주장에 대한 철저한 검증과 효과적인 반박이 중요하다.

 듣기·말하기 평가

1 분석적 평가

① 분석적 평가는 평가 내용을 구성하고 있는 대표적인 요소들 각각에 대하여 평가하고 이를 종합하여 측정하는 방법이다. 화법에서 학습자의 담화 수행 능력을 평가하고자 할 때 담화 수행에 대하여 종합적으로는 측정하는 총체적 평가의 경우 교사의 주관적, 인상적 평가가 되기 쉬우며, 학습자의 수행 능력 정도에 대한 종합적인 정보만을 제공한다.

② 이에 반하여 분석적 평가는 평가하고자 하는 담화수행 능력을 구성하는 하위 요소들에 대하여 각각 평가하므로 총체적 평가에 비하여 객관성을 확보하기가 쉬우며 학습자의 수행 능력에 대하여 구체적인 정보를 줄 수 있다. 평가 결과가 교수·학습에 피드백되는 경우를 생각해 보면 학습자의 담화 수행 능력에 대한 좀 더 구체적인 정보를 주는 분석적 평가가 종합적 평가보다 더 유용하다. 화법 평가에서 어떠한 담화 수행에 대하여 분석적 평가를 할 때는 그 담화 능력을 구성하는 요소들을 평가의 범주로 설정한다.

③ 예를 들어 학습자에게 주어진 시간 동안 특정 화제에 대하여 발표를 하게 한 뒤 이를 평가할 때 분석적 평가를 위한 평가 기준을 다음과 같이 마련할 수 있다.
- 화제 선택, 언어적 표현, 비언어적 표현, 태도

〈장점〉
① 총체적 평가에 비해 학습자에 대한 구체적인 정보를 획득할 수 있다.
② 평가의 객관성을 확보하기 쉽다.
〈단점〉
평가 시간이 오래 걸린다.

2 녹화기록법

- 녹화 기록법이란 학습자의 수행 장면을 비디오카메라로 녹화해 둔 뒤 이를 재생해서 보면서 평가하는 방법이다

〈장점〉
① 교사가 필요할 때 언제든지 반복 재생 가능하다.
② 학습자의 말하기와 듣기 수행에 대한 전모를 파악할 수 있다.
③ 교사와 학습자가 함께 보면서 학습자의 강점과 약점에 대하여 구체적으로 피드백 가능하다.
④ 교수·학습 자료로도 유용하게 활용 가능하다.
〈단점〉
학습자가 평가 상황임을 인식해 정확한 반응이 나오지 않을 가능성이 있다.

3 사고 구술

① 사고 구술 평가는 과정 평가로서 매우 중요한 도구이다. 학생들이 '말하기'를 실행하기 전에 '말하기'에 대해 준비하는 과정을 사고 구술하게 할 수 있기 때문이다. 예를 들어, 작문에서 '협조적 계획하기'의 방법을 원용하여 학생들로 하여금 상대와 함께 계획하는 과정을 녹음하여 진단 평가할 수 있다. 스스로 연설에 대한 준비 과정을 독화로서 녹음하도록 하여 평가할 수도 있다.

② 사고 구술 평가는 듣기 평가에서도 활용할 수 있다. 주어진 자료를 주고 그 자료를 보고 들으면서 떠오르는 생각을 녹음하게 함으로써 평가에 필요한 자료를 얻을 수도 있을 것이다.

〈장점〉
① 학습자 스스로 자신의 화법 능력과 태도를 점검하는 데 유용하다(반성적으로 성찰 가능).
② 사고구술을 통해 자신이 활용한 듣기 말하기 전략을 파악, 평가할 수 있다.
〈단점〉
① 사고구술을 시행하기에 많은 노력과 준비가 필요하다(사전에 훈련을 받아야 함).
② 저학년에는 적용하기 힘들다.

4절 읽기

개념 11 내용 체계 해설

핵심 개념	일반화된 지식	학년(군)별 내용 요소			기능
		1~2학년	3~4학년	5~6학년	
▶ 읽기의 본질	읽기는 읽기 과정에서의 문제를 해결하며 의미를 구성하고 사회적으로 소통하는 행위이다.			• 의미 구성 과정	① 맥락 이해하기 ② 몰입하기 ③ 내용 확인하기 ④ 추론하기 ⑤ 비판하기 ⑥ 성찰·공감하기 ⑦ 통합·적용하기 ⑧ 독서 경험 공유하기 ⑨ 점검·조정하기
▶ 목적에 따른 글의 유형 • 정보 전달 • 설득 • 친교·정서 표현 ▶ 읽기와 매체	의사소통의 목적, 매체 등에 따라 다양한 글 유형이 있으며, 유형에 따라 읽기의 방법이 다르다.	• 글자, 낱말, 문장, 짧은 글	• 정보 전달, 설득, 친교 및 정서 표현 • 친숙한 화제	• 정보 전달, 설득, 친교 및 정서 표현 • 사회·문화적 화제 • 글과 매체	
▶ 읽기의 구성 요소 • 독자·글·맥락 ▶ 읽기의 과정 ▶ 읽기의 방법 • 사실적 이해 • 추론적 이해 • 비판적 이해 • 창의적 이해 • 읽기 과정의 점검	독자는 배경지식을 활용하며 읽기 목적과 상황, 글 유형에 따라 적절한 읽기 방법을 활용하여 능동적으로 글을 읽는다.	• 소리 내어 읽기 • 띄어 읽기 • 내용 확인 • 인물의 처지·마음 짐작하기	• 중심 생각 파악 • 내용 간추리기 • 추론하며 읽기 • 사실과 의견의 구별	• 내용 요약 [글의 구조] • 주장이나 주제 파악 • 내용의 타당성 평가 • 표현의 적절성 평가 • 매체 읽기 방법의 적용	
▶ 읽기의 태도 • 읽기 흥미 • 읽기의 생활화	읽기의 가치를 인식하고 자발적 읽기를 생활화할 때 읽기를 효과적으로 수행할 수 있다.	• 읽기에 대한 흥미	• 경험과 느낌 나누기	• 읽기 습관 점검하기	

배재민 만점 전략 | 읽기 내용 체계 해설

1. 목적에 따른 글의 유형
   (1) 정보 전달
      - 독자에게 어떤 지식이나 정보를 알려주는 데 목적을 둔 정보를 전달하는 글은 정보의 정확성과 객관성을 바탕으로 한다.
   (2) 설득
      - 독자를 설득하는 데 목적을 두는 설득하는 글은 필자의 주장을 밝히고 이해시켜 그 글을 읽는 독자가 필자의 주장에 동의하도록 하는데 관심을 갖는다.
   (3) 친교 및 정서표현
      - 친교 및 정서표현의 글은 필자가 글을 읽는 독자와 교류하거나 자신의 감정을 표현하는 데 주된 목적을 두고 서술한 글이다.

2. 읽기 구성 요소
   (1) 독자
      √ 하향식 모형에서 강조
      독자의 스키마, 가정이나 예측과 같은 상위 차원의 자원이 글 이해에 영향을 미친다고 보는 입장
   (2) 글
      √ 상향식 모형에서 강조
      의미 구성이 작은 언어 단위로부터 점차 큰 언어 단위로 올라가면서 이루어 진다고 보는 입장.
   (3) 맥락
      ① 사회 문화적 맥락
         - 독자와 글과 필자를 지배하고 있으면서 모든 읽기에서 거의 고정적으로 작용하는 맥락
      ② 상호텍스트적 맥락
         - 글의 내용이나 형식과 직접적으로 관련되는 맥락
         - 상호텍스트란 서로 연관되어 있는 글이나 사태라는 뜻으로 글은 내용적인 면과 형식적인 면에서 다른 것과 연관될 수 있다.
         - 글을 쓴 필자의 특성에 대한 내용도 중요한 상호 텍스트적 맥락이 된다. 필자가 이전에 썼던 글, 필자의 가치관이나 지적 세계, 필자의 직업 성향, 필자가 이 글을 쓴 동기, 필자가 처한 상황 등은 글을 뒷받침하는 또 하나의 중요한 맥락이다.
      ③ 상황 조건적 맥락
         - 독해 장면마다 매우 민감하고 가변적으로 적용되는 물리적이고 심리적인 상황

3. 읽기 과정
   √ 읽기 과정은 읽기 전, 읽기 중, 읽기 후 활동으로 연결되고 각 활동별 전략이 강조된다.

4. 읽기 방법

기능	초등학교 1~2학년	초등학교 3~4학년	초등학교 5~6학년	중학교 1~3학년	고등학교 1학년
낭독	소리 내어 읽기 →				
	띄어 읽기 →				
사실적 이해	중요한 내용 확인하기	중심 생각 파악하기	유형에 따른 대강 간추리기	목적에 따른 내용 요약하기	→
추론적 이해		짐작하기	생략된 내용 추론하기	내용 예측하기	→
비판적 이해		사실과 의견 판단하기	주장의 타당성 표현의 적절성 판단하기	표현 방식 및 의도 평가하기	필자의 관점, 표현 방법 적절성 평가하기
창의적 이해				동일한 화제의 다양한 글 통합하기	문제 해결 및 대안 제시하기
상위 인지			읽기 전략 적용하기	읽기 과정의 점검과 조정하기	다양한 읽기 전략 적용하기

(1) 사실적 읽기, 내용 확인하기
  - 글에 명시적으로 드러난 내용을 정확하게 파악하는 것
(2) 추론적 읽기, 추론하기
  ① 글에 드러나지 않은 정보를 예측하여 필자의 의도나 글의 목적, 숨겨진 주제, 생략된 내용을 추측하며 읽는방법
  ② 글에 표면적으로 드러난 정보를 바탕으로 하여 직접적으로 드러나지 않은 정보를 추측하거나 글쓴이가 생략하거나 함축한 내용을 보충하고 파악하면서 글을 읽는 것으로, 글의 의미를 심화하여 이해하는 과정
  ③ 대표적인 것은 생략된 내용을 미루어 짐작하는 것, 책을 읽기 전에 제목이나 내용을 보고 책 내용을 상상하는 것, 모르는 낱말의 뜻을 유추하는 것 등이 모두 포함된다.
(3) 비판적 읽기, 비판하기
  ① 필자의 관점, 내용, 표현 방법, 의도나 신념을 파악하며 읽는 것
  ② 글쓴이의 생각을 그대로 수용하는 것이 아니라 글쓴이의 생각에 수긍하거나 반박할 부분을 찾아 평가하는 과정
  ③ 글에 드러난 관점이나 내용, 글에 쓰인 표현 방법,필자의 숨겨진 의도나 사회·문화적 이념을 비판하며 읽는 방법
(4) 창의적 읽기
  ① 글에서 자신과 사회의 문제를 해결하는 방법이나 필자의 생각에 대한 대안을 찾으며 읽는 것
  ② 글에 제시된 정보를 이해하고 이를 바탕으로 내용을 추측·비판하는 수준을 넘어서서 지문에서 주어진 상황과 조건에 맞게 자료를 변형하거나 새로운 정보를 표현해 봄으로써 사고를 확장하는 읽기
(5) 읽기 과정의 점검
  ① 글을 읽는 과정에서 의식적으로 주의를 집중하고, 자신의 읽기 과정을 평가하는 것
  ② 내용을 이해하고 있는지를 스스로 질문하며 파악함.
    • 글을 읽다가 이해되지 않는 부분은 사전을 찾아보거나 맥락을 활용하여 파악하는 등의 여러 가지 방법을 사용하여 해결해 봄.
    • 글 자체가 어렵다면 조금 더 쉬운 글로 바꾸어 읽거나 참고 서적을 찾아 관련 분야에 대한 이해를 넓힘.
  ③ 태도나 정신적 상태 등이 책을 읽기에 효율적인지 점검함.
    여러 가지 외부 상황으로 인해 독서에 집중할 수 없다면 잠시 마음을 안정시키거나 독서 자세를 고침.
  ④ 앞으로 어떻게 문제를 풀어갈 것인지 그 절차와 방법에 대한 계획을 세우거나, 문제 해결 과정이나 방법이 적절한지를 점검하고 조절하거나, 사고의 결과가 기대하는 바대로 이루어졌는지 평가하는 것 등이 상위인지 활동에 해당한다.

5. 성찰·공감하기
   √ 감상적 읽기(공감, 감동)
   글에서 공감하거나 감동적인 부분을 찾고 이를 바탕으로 글이 주는 즐거움과 깨달음을 수용한다.

6. 독서 경험 공유하기
   √ 2015 개정 교육과정의 '독서 단원' 중 독서 후 단계에서 책 내용을 간추리고 생각을 나누는 활동이 이에 해당된다.

7. 점검·조정하기
   √ 초인지
   인지 또는 사고를 점검하여 조정하는 정신 작용을 말한다. 수행해야 할 문제나 과제가 있을 때 이에 대해 계획하고 적절한 전략을 선택, 사용하고 수행 과정을 점검, 통제하고 결과를 반성, 평가하는 사고 기능으로 전체를 조망하면서 지식이나 기능, 전략 등을 점검하고 조절한다.
   읽기에서 초인지는 자기 발견적이고 자기 주도적인 읽기 능력의 향상을 가능하게 한다. 유능한 독자들은 읽기 전략을 많이 알고 있을 뿐만 아니라 글을 읽을 때 초인지가 매우 적극적으로 작동한다고 한다.
   (1) 필요성
   - 읽기 과정에서 발생하는 문제들을 해결함으로써 읽기 목적을 달성하기 위해
   (2) 점검하기
   - 스스로에게 질문을 던지고 답하므로써 자신의 읽기가 원활하게 이루어지고 있는지를 점검
   - 나의 읽기 목적은 무엇인가? 글의 중심 내용을 잘 파악하며 읽고 있는가?
   (3) 조절하기
   - 점검 활동을 통해 문제점을 발견했다면 그것을 해결할 수 있는 적절한 방법으로 읽기 과정을 조절해야 함

문제점	조절 방법
글이 복잡하여 중심 내용 파악이 어려움	글의 내용을 표나 그림으로 정리함
피로 때문에 집중력이 떨어짐	잠시 읽기 활동을 멈추고 쉼

개념 12 성취 기준과 교수·학습 방법 및 유의 사항

1 1~2학년군

1 성취 기준

① [2국02-01] 글자, 낱말, 문장을 소리 내어 읽는다.
② [2국02-02] 문장과 글을 알맞게 띄어 읽는다.

> 이 성취기준은 알맞게 띄어 읽기를 통해 글의 내용을 파악하는 능력을 기르기 위해 설정하였다. 띄어 읽기를 할 때에는 어절, 문장 부호 다음, 주어부와 서술어부 등을 단위로 하여 띄어 읽을 수 있는데, 이들 용어를 노출시키지 않도록 주의한다. 쉬는 지점과 쉼의 길이에 유의하여 알맞게 띄어 읽도록 하는 데 중점을 둔다.

③ [2국02-03] 글을 읽고 주요 내용을 확인한다.
④ [2국02-04] 글을 읽고 인물의 처지와 마음을 짐작한다.

> 이 성취기준은 글에 등장하는 인물의 심리를 상상하고 이에 공감하는 능력을 기르기 위해 설정하였다. 등장인물이 어떤 처지와 상황에 있는지, 혹은 어떤 마음인지를 짐작해 보는 활동에 주안점을 둔다. 이를 위해서는 글의 내용을 확인하고, 등장인물의 마음을 자신의 경험과 비교하는 활동을 해 보는 것이 좋다. 이러한 과정을 통해 타인에 대한 공감 능력을 기름으로써 실제 주변 인물에 대한 이해를 높일 수 있다.

⑤ [2국02-05] 읽기에 흥미를 가지고 즐겨 읽는 태도를 지닌다.

2 교수·학습 방법 및 유의 사항

① 학교 안내판, 학급 게시판, 광고지 등 주변에서 접할 수 있는 읽기 자료를 보고 학습자 스스로 읽기를 시도해 보도록 한다. 예컨대, 글자, 낱말, 문장을 소리 내어 읽기를 지도할 때에는 낱자의 형태, 소리, 이름 등을 읽기보다는 '자동차'의 '자'와 같이 학습자가 익숙한 낱말 속에서 글자의 형태와 소리를 익히도록 한다.
② 띄어 읽기를 지도할 때에는 다 같이 읽기보다는 혼자 읽기를 하도록 하여 기계적으로 띄어 읽기를 하지 않도록 한다. 여러 단위에서 띄어 읽기가 가능하므로 특정 띄어 읽기 방법을 강요하지 않으며 의미가 통할 수 있는 수준에서 띄어 읽도록 지도한다.
③ 글을 읽고 내용 확인하기를 지도할 때에는 '무엇이 어떠하다.', '누가 무엇을 하였다.'와 같은 수준에서 내용을 파악하도록 지도한다.
④ 글을 읽고 인물의 처지와 마음 짐작하기를 지도할 때에는 그렇게 짐작한 까닭을 말해 보게 함으로써 인물의 처지나 마음을 바르게 짐작하였는지를 살펴본다. 또한 인물의 처지나 마음을 표현할 때에는 '기분이 좋다, 기분이 나쁘다'와 같은 표현을 이용하기보다는 '신나다, 즐겁다, 설레다, 창피하다, 기죽다, 답답하다'와 같이 감정을 표현하는 다양한 어휘를 사용하여 표현할 수 있도록 지도한다.
⑤ 이 시기는 읽기에 흥미를 가질 뿐 아니라 기본적인 읽기 능력을 갖추도록 하는 데 매우 중요한 시기이므로 글자, 낱말, 문장을 소리 내어 능숙하게 읽을 수 있도록 교과 시간 외에도 지속적으로 관심을 가지고 읽기를 독려한다.

2 3~4학년군

1 성취 기준

① [4국02-01] 문단과 글의 중심 생각을 파악한다.
② [4국02-02] 글의 유형을 고려하여 대강의 내용을 간추린다.
③ [4국02-03] 글에서 낱말의 의미나 생략된 내용을 짐작한다.

> 이 성취기준은 중요한 낱말의 의미나 글에서 생략된 내용을 문맥을 통해 짐작하여 추측하며 읽는 능력을 기르기 위해 설정하였다. 글의 전체적인 흐름이나 글에서 빠진 세부 내용을 추측하거나, 이어질 내용을 예측하거나, 인물의 마음이나 상황을 상상하거나, 사건의 전후를 추론하거나, 낱말의 의미 등을 짐작하면서 내용을 이해하도록 지도한다. 이때 문맥이나 읽는 이의 배경지식을 이용하여 짐작할 수 있도록 지도한다.

④ [4국02-04] 글을 읽고 사실과 의견을 구별한다.

> 이 성취기준은 사실과 의견을 구별하고 이를 바탕으로 하여 글의 내용을 평가하며 읽는 능력을 기르기 위해 설정하였다. 사실과 의견 구별하기를 지도할 때에는 '~라고 생각한다.', '~해야 한다.'와 같이 문장 표현을 중심으로 사실과 의견을 구분하는 데서 더 나아가, 실제 있었던 일이나 이미 알려진 지식 등을 토대로 사실과 의견을 구별하여 판단할 수 있도록 지도한다.

⑤ [4국02-05] 읽기 경험과 느낌을 다른 사람과 나누는 태도를 지닌다.

2 교수·학습 방법 및 유의 사항

① 글의 중심 생각 파악하기를 지도할 때에는 중심 낱말을 찾고 그것을 바탕으로 하여 문단에서 중심 문장과 뒷받침 문장을 파악한 후 이를 토대로 한 편의 글에서 중심 내용을 간추려 글쓴이가 글에서 드러내고자 하는 중심 생각을 파악하도록 한다. 문단의 중심 생각이 명시적으로 드러나지 않는 글은 학습자가 재구성하여 표현하도록 지도한다. 중심 문장을 찾을 때 두괄식, 미괄식 등 문단 구성의 유형을 먼저 가르치지 않도록 유의한다.

② 글의 유형을 고려하여 대강의 내용을 간추릴 때에는 글의 목적에 따라 대강의 내용을 간추리는 방법이 다름을 파악하도록 한다. 예를 들어, 정보 전달을 목적으로 하는 글일 때에는 다루고 있는 중심 화제(소재)가 무엇인지를 파악하여 이를 설명하는 중심 문장을 선별하는 것이 중요하고, 설득을 목적으로 하는 글일 때에는 주장과 그것을 지지하는 근거가 무엇인지를 선별하는 것이 중요하다. 이와 같이 글의 유형을 고려하여 글 내용을 간추리도록 한다.

③ 읽기 경험과 느낌을 다른 사람과 나눌 때에는 동일한 글에 대한 경험과 반응을 공유할 수도 있고, 생각의 차이를 발견하고 이를 이해하는 과정을 다룰 수도 있다. 서로 얼굴을 맞대고 읽기 경험을 나눌 수도 있지만, 인터넷 매체를 활용하여 의견을 나눌 수도 있다. 또한 자신의 마음을 표현하는 글 쓰기, 문학 작품을 듣거나 읽거나 보고 떠오른 느낌과 생각을 다양한 방법으로 표현하기, 재미나 감동을 느끼며 작품을 즐겨 감상하는 태도 지니기 등 쓰기나 문학 영역과 연계하여 지도할 수 있다.

3 5~6학년군

1 성취 기준

① [6국02-01] 읽기는 배경지식을 활용하여 의미를 구성하는 과정임을 이해하고 글을 읽는다.

② [6국02-02] 글의 구조를 고려하여 글 전체의 내용을 요약한다.

> 이 성취기준은 읽은 내용을 글의 구조를 고려하여 자신의 언어로 요약하는 능력을 기르기 위해 설정하였다. 요약하기는 단순히 글의 분량을 줄이는 것이 아니라, 주요 내용을 뽑아 이를 중심으로 간추려 정리하는 것이다. 이때 '머리말–본문–맺음말', '서론–본론–결론', '발단–전개–위기–절정–결말' 등 글의 형식상 구조를 고려하여 요약하는 것이 적절하다. 이 성취기준에서는 한 편의 글을 요약하는 것은 물론, 다양한 매체에서 타 교과 학습과 관련된 글을 찾아 읽고 이를 요약하는 활동을 함으로써 다른 교과의 읽기 활동도 자연스럽게 다루도록 한다.

③ [6국02-03] 글을 읽고 글쓴이가 말하고자 하는 주장이나 주제를 파악한다.

④ [6국02-04] 글을 읽고 내용의 타당성과 표현의 적절성을 판단한다.

⑤ [6국02-05] 매체에 따른 다양한 읽기 방법을 이해하고 적절하게 적용하며 읽는다.

> 이 성취기준은 매체의 유형을 고려하여 적절한 읽기 방법을 선택하고 효과적으로 읽는 능력을 기르기 위해 설정하였다. 예컨대, 애니메이션이나 영화와 같은 매체 자료는 인물의 표정이나 몸짓, 목소리의 변화, 음악 등이 내용을 파악하는 데 중요한 요소가 되며, 인터넷에 실린 기사문을 읽을 때에는 글을 읽는 것은 물론 사진, 동영상 등도 함께 이해해야 하는 경우가 많고, 경우에 따라서는 댓글도 내용을 파악하는 데 중요한 요소가 된다. 이 성취기준에서는 문자뿐 아니라 그림, 표, 그래프, 사진, 동영상 등의 매체가 내용을 전달하는 데 중요한 역할을 한다는 것을 알고, 이러한 매체의 유형에 따라 내용을 어떻게 파악하는 것이 효과적인지를 생각하여, 그에 맞는 적절한 읽기 방법을 찾아 적용하며 읽도록 하는 데 중점을 둔다.

⑥ [6국02-06] 자신의 읽기 습관을 점검하며 스스로 글을 찾아 읽는 태도를 지닌다.

2 교수·학습 방법 및 유의 사항

① 읽기가 글의 내용을 바탕으로 하여 배경지식을 활용하여 의미를 구성하는 과정임을 지도할 때에는 글을 읽으면서 떠올린 생각이 의미 구성에 어떠한 영향을 주는지를 살펴보고 이를 바탕으로 하여 읽기의 의미 구성 과정을 이해하도록 한다.

② 요약하기를 지도할 때에는 요약하기 방법을 이해하도록 하고, 글에서 중심 문장을 그대로 옮기기보다는 자신의 말로 재구성하도록 지도한다.

③ 내용의 타당성과 표현의 적절성을 판단하는 방법을 지도할 때에는 글에 나타난 주장이나 내용이 편견에 치우치지 않고 타당한지, 글쓴이가 자신의 생각을 드러내기 위해 사용한 표현이 적절한지를 평가하도록 지도한다.

④ 학습자가 글에 대한 질문을 만들고, 함께 답을 찾아가는 대화로 수업이 진행될 수 있도록 한다.

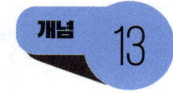 **개념 13** 스키마 이론

1 개념

① 독자의 머리는 아무 것도 없는 빈 상자가 아니다. 독자의 머리에는 많은 지식이 저장되어 있으며, 이들 지식은 글을 이해하는 데에 영향을 미친다. 독자가 가지고 있는 지식, 즉 스키마는 독자가 새로운 정보를 이해하고자 할 때, 즉 입력시킬 때에, 혹은 이미 저장된 정보를 불러낼 때에 영향을 미친다.

② 스키마 이론의 기본 가정은 텍스트는 그 자체로 의미를 전달하지 않는다는 것이다. 곧 텍스트는 청자나 독자들에게 자신이 이전에 습득한 지식으로부터 의도된 의미를 인출하도록 하는 자극제일 뿐이다.

③ 스키마 이론의 입장에서 볼 때, 읽기의 본질은 독자의 지식과 텍스트적 정보 사이의 상호작용에 있으며, 의미란 독자에 의해 구성되는 것으로 본다.

④ 스키마란 기억 속에 저장된 지식을 말하며, 우리의 관심은 이러한 지식이 새로운 정보를 해석하는 데에 어떤 역할을 하며, 어떻게 기존 지식의 일부분이 되도록, 즉 통합되도록 하느냐에 관심을 가진다.

⑤ 텍스트가 이해되었다는 것은 어떤 새로운 정보가 기억 속에 새로운 자리를 마련하였거나 기존의 정보에 수용되었음을 말하는 것이다. 이는 곧 새로운 정보와 구 정보와의 상호 작용을 뜻한다.

2 기능

① 글 속의 정보와 독자의 지식을 통합하는 일
② 글 속에서 낱말의 정확한 의미를 선택하도록 돕는 일
③ 정보를 선별적으로 기억하도록 하는 일
④ 어떤 메시지가 전개될 것인지를 예측할 수 있도록 하는 일

3 배경지식 활성화 전략

〈1〉 연상하기	• 제목이나 교사가 제시한 자료에 기초하여 학생 자신이 이미 알고 있는 것을 브레인스토밍 하고, 그것을 바탕으로 하여 가장 흥미 있는 것을 골라 그에 대한 질문과 답을 기록한다.
〈2〉 예측하기	• 책을 읽기 전에 읽을 책의 제목, 사진, 기타 정보를 대하면서 읽기를 멈추고 책에 있는 내용을 추측하는 것을 말한다.
〈3〉 미리 보기	• 책을 읽기 전에 책의 앞면과 뒷면, 제목, 저자의 이름, 책의 두께 등을 미리 살펴본다.
〈4〉 KWL	• 학생이 글을 읽기 전에 화제에 대하여 알고 있는 것, 알고 싶은 것, 글을 다 읽고 난 뒤에 알게 된 것을 자기 점검을 하면서 읽을 수 있도록 해 주는 읽기 전략이다.
〈5〉 질문하기	• 질문하기는 읽기 전, 중, 후에 모두 유용한 전략인데, 특히 읽기 전 질문은 관련 배경지식을 활성화하도록 해 주고, 읽기 목적을 세울 수 있게 해 준다.
〈6〉 구조 파악하기	• 글쓴이가 사용한 구조 유형에 따라 독자가 글을 읽어 나가는 활동이다. • 글 구조에 관심을 가지고 글을 읽게 되면 글 전체를 개요하는 능력이 생긴다.
〈7〉 설문 조사	• 설문 조사는 학생들의 가치, 태도, 견해 또는 관련된 경험을 검토하여 보는 데 유용하다. • 교사는 수업에서 강조하고 싶은 주제, 정보, 주요 사건을 확인하고, 그러한 주제들과 학생들의 견해, 태도, 과거 경험들을 관련짓도록 일련의 질문을 만든다.

 읽기 수준

1. 사실적 읽기		① 글에 명시적으로 제시된 개념이나 정보를 문자 그대로 이해하는 정도를 말한다. 글을 읽고 그 내용을 이해하기 위해서는 먼저 그 글에 무엇이 쓰여 있는지를 알아야 한다. ② 사실적 이해 활동으로는 세부 내용 파악하기, 중심 내용 파악하기, 글 속에 제시된 사건과 행동의 인과 관계 파악하기 등이 있다. ③ 사실적 이해 수준은 전체 글 내용 파악을 위한 기초라는 점에서 매우 중요하다.	
2. 추론적 읽기	(1) 개념	① 필자는 한정된 지면 등의 이유로 글에 모든 내용을 기록하지 않는다. 필자는 독자가 어느 정도의 지식을 가지고 있을 것이라고 생각하고 내용을 생략해 글을 쓴다. 따라서 독자는 글의 의미를 효과적으로 구성하기 위해 필자가 명시적으로 제시하지 않은 내용을 파악할 수 있어야 한다. ② 독자는 자신의 배경지식을 활용해 생략된 정보를 보완해 가며 글을 읽는다. ③ 이처럼 글의 명시적인 정보를 활용해 글에서 생략된 내용을 보완해 가며 읽는 독해 전략이 추론하기[inferring]이다. ④ <u>추론에는 여러 가지가 있다. 글 속에 드러나지 않은 정보를 미루어 짐작하는 것도 추론이고, 책을 읽기 전에 제목이나 그림을 보고 책 내용을 짐작하거나 이어질 뒷이야기를 짐작해 보는 것도 추론이며, 잘 모르는 낱말의 뜻을 유추하는 것도 추론이다. 학생들의 읽기 생활에서 가장 중요한 추론은 낱말의 뜻 추론하기와 글에 드러나지 않은 정보 추론하기 및 제목이나 그림을 보고 책 내용 추론하기이다.</u>	
	(2) 중요성	① 추론하기 전략은 독자가 그 내용을 자세히 알아보고자 하는 탐색 과정의 하나이다. 독자는 글에서 실마리를 발견하고 머릿속에 있는 정보를 이용해 이것들을 결합한다. 우리는 필자가 암시는 했지만 직접 드러내지 않은 것을 추론으로 이해하게 된다. ② 능숙한 독자는 글을 읽으면서 계속 추론해 나간다. 주어진 글을 정확하고도 깊이 있게 읽기 위해서는 행간의 의미를 파악할 수 있어야 하는데, 이러한 능력이 바로 추론 능력이다. 명시적으로 제시되지 않더라도 앞뒤 상황을 고려해 그 글의 의미를 추론해 낼 수 있어야 한다. ③ 독자는 글에 쓰인 것과 자신의 경험과 생각들을 결합해 추론함으로써 글 내용을 더 풍부하고 깊이 있게 이해할 수 있다.	
	(3) 정보 글 추론 vs 문학 글 추론 공통점과 차이점	① 추론적 읽기는 글에 명시적으로 나타나지 않은 내용을 독자의 배경지식을 활용하여 이해하는 읽기 기능이다. 독자가 의미를 구성하는 과정은 글의 내용을 그대로 기억하는 것이 아니라 독자에게 의미가 있는 부분을 선택하여 구성하는 과정이다. 이러한 의미 구성 과정에서 추론적 읽기는 글에 나타나지 않은 내용과 관련된 배경지식을 연결하는 사고 기능이다. ② 글을 읽는 과정에서 생략된 내용을 파악하는 추론적 읽기는 글을 깊이 있게 이해하는 데 중요한 기능이다. 그런데 학생들이 정보 글과 문학 글을 읽는 과정에서 활용하는 추론적 읽기는 공통점도 있지만, 차이점이 있기 때문에 지도할 때 주의해야 한다.	
		문학 글의 추론적 읽기	㉠ 목적-결과, 원인-결과의 관계를 중심으로 지도해야 한다. 이야기에 등장하는 인물이 어떤 목적을 가지고 있는지 확인하여 생략된 말, 행동, 사건을 추론하는 것을 지도할 수 있다. ㉡ 그리고 사건의 원인을 생각하면서 결과를 연결하며 추론하고, 반대로 결과를 보면서 원인을 연결하며 추론할 수 있다.
		정보 글의 추론적 읽기	㉠ 사건의 인과 구조보다는 학생들이 알고 있는 지식을 활용하는 방법을 중심으로 지도해야 한다. ㉡ 정보 글에서는 학생들의 배경지식과 정보 글에 제시된 지식을 연결하는 추론이 중요하다. ㉢ 그런데 학생들은 이 과정에서 오정보, 오개념을 만들 수 있다. 그렇기 때문에 오정보, 오개념을 줄이고 정보 글의 의도와 목적을 파악할 수 있도록 지도해야 한다.
3. 비판적 읽기		① 글의 내용, 구조, 필자의 동기나 태도, 관점 등에 대해 신뢰성과 타당성을 판단·평가하는 정도를 말한다. ② 비판적 이해 활동으로는 글 내용의 정확성에 대해 평가하기, 사회·문화적 척도에 비추어 글 내용이나 표현의 타당성 평가하기 등이 있다.	
4. 감상적 읽기		① 필자가 사용한 문예적인 기법이나 형식, 글 내용에 대한 독자의 반응을 말한다. ② 감상적 이해 활동으로는 주제나 글 구성에 대한 정의적 반응하기, 인물, 사건, 배경에 대한 정의적 반응하기, 심상 활동하기 등이 있다	

5. 훑어 읽기와 자세히 읽기	(1) 훑어 읽기와 자세히 읽기	1) 훑어 읽기	① 통독이라고도 한다. 필요한 내용이 있는지 찾거나 짧은 시간 안에 중요한 내용을 찾을 때 훑어 읽기를 한다. ② 전체나 부분을 읽을 때 필요한 내용이 있는지 찾는 것이 중요한데 그러려면 중요한 낱말이나 필요한 내용을 계속 생각해야 한다. ③ 필요한 부분을 찾고 나서는 그 부분을 자세히 읽어 내용을 이해하는 과정을 거쳐야 한다.	
		2) 자세히 읽기	① 정독이라고도 한다. 주어진 글로 다른 자료를 만들 때나 내용을 정확하게 이해하고 싶을 때에는 글을 자세히 읽어야 한다. ② 자세히 읽으면 전체 내용을 바르게 이해하고, 글 내용을 발췌, 요약, 변형, 축약할 수 있다. ③ 모르는 것을 알고 싶거나 아는 것이 정확한지 확인할 때 자세히 읽기를 한다. ④ 자세히 읽을 때에는 낱말을 다 따져 가며 정확히 읽고 잘못 이해하는 부분이 없어야 한다.	
	(2) 읽기 방법 시범 보이기	1) 훑어 읽기		2) 자세히 읽기
		자신이 필요한 내용을 찾으려고 글을 읽을 때에는 중요한 부분을 훑어 읽을 수 있습니다. 『국어』 284~285쪽에서 읽은 것처럼 중요한 내용만 빨리 훑어 읽으며 필요한 내용을 찾을 수 있습니다. 파란 색으로 밑줄 그은 부분처럼 글을 훑어 읽으면 필요한 내용을 빨리 찾을 수 있습니다.		『국어』 288~289쪽처럼 대상을 자세히 알려 주려고 글을 읽을 때에는 내용을 자세히 읽고 정리해야 합니다. 중요한 부분에 밑줄을 그으며 글 내용을 자세히 읽은 뒤 읽은 내용을 분류해 내용을 간추리면 글 내용을 자세히 알 수 있습니다.
	(3) 학습자 활동	1) 훑어 읽기		2) 자세히 읽기
		① 규빈이가 이 글을 읽은 까닭은 무엇인가? (고려청자를 조사해 발표하기 위해서이다.) ② 글을 훑어 읽으려고 어떻게 했는지 말해 본다. (중요한 낱말을 찾아 읽었다.) ③ 훑어 읽으면 글을 어떻게 이해할 수 있는지 말해 본다. (필요한 내용만 빨리 이해할 수 있다.) ④ 규빈이처럼 훑어 읽기를 해 본 경험을 말해 봅시다. (도서관에서 글을 찾으며 필요한 내용만 빨리 찾아 읽은 적이 있다.)		① 읽은 내용을 바탕으로 하여 글 내용을 요약해 본다. | 빛깔 | 맑고 은은한 푸른 녹색, 비취옥 색을 닮아 '비색'이라 고 함. | | 상감 기법 | 그릇 바깥쪽에 조각칼로 무늬를 새긴 다음, 검은색이나 흰색의 흙을 메운 뒤 무늬가 드러나도록 바깥쪽을 매끄럽게 다듬는 기법 | | 사용 | 대접, 접시, 잔, 항아리, 병, 찻잔, 상자, 베개, 기와 따위 | | 우수성 | 유려한 곡선, 아름다운 무늬, 고려인들의 독창성과 뛰어난 기술력 | ② 자세히 읽기 방법을 설명해 본다. (읽는 목적을 생각한다. → 글 내용을 자세히 살펴보며 꼼꼼히 읽는다. → 설명하는 내용에서 틀린 부분은 없는지 생각한다. → 필요한 정보에 집중하며 읽는다.)

 **읽기 전 활동**

〈목적〉
- 글의 화제나 개념에 대한 배경지식을 조성하고 활성화하기 위해
- 글을 읽기 전에 글의 화제나 개념에 대한 학생들의 느낌이나 반응을 이끌어 내기 위해
- 등장인물과 더욱 일체감을 가지도록 학생들을 도와주기 위해
- 읽기 목적을 분명히 하기 위해
- 학생들의 호기심을 자극하고 읽고 싶은 동기를 유발하기 위해

〈전략〉

1. 예측하기	① 예측하기는 글에 대한 능동적인 자세와 동기 유발, 스키마의 활성화에 매우 효과적인 과정이다. 책을 읽기 전에 읽을 책 제목, 사진, 기타 정보를 대하면서 읽기를 멈추고 책에 있는 내용을 추측하는 것을 말한다. ② 주로 제목이나 글의 첫 부분을 중심으로 예측하고 그 내용을 토대로 글 전체를 몇 부분으로 나누어 예측을 진행하면서 수정하고 보완하는 과정을 거치게 된다. ③ 읽기 전 예상하기 활동은 독자들이 주제에 대해 사전 지식과 경험을 활성화하도록 해 준다. 그리고 읽는 과정에서도 끊임없이 예상하기가 진행된다. 예상한 근거를 생각하며 읽고, 읽은 후에는 처음에 예상한 것과 실제 이야기에서 일어난 것을 서로 비교해 본다.
2. 미리 보기	① 미리 보기는 책을 읽기 전에 책의 앞뒷면, 제목, 저자 이름, 책 두께 등을 미리 살펴보는 것으로, 제목이나 그림을 보고 글의 단락을 인지한 뒤 각 단락의 첫 문장과 마지막 문장을 읽고, 글 속에 있는 이름이나 수, 날짜, 눈에 띄는 단어들을 주목해 보는 과정이다. ② 이것은 글의 종류나 제재, 글의 이독성, 글 조직에 대한 정보를 파악하는 데 중요한 역할을 한다.
3. 연상하기	① 연상하기는 주로 제목을 보거나 교사가 제시한 자료에 기초해 학생 자신이 이미 알고 있는 것을 브레인스토밍하고, 그것을 토대로 학생이 가장 흥미 있는 것을 골라 그에 대한 질문과 답을 기록하게 하는 과정이다. ② 그후 글을 읽으면서 그 자료의 빈 곳에 정보를 채워 가는 방식으로 읽기를 진행하게 한다. ③ 글을 읽지 않은 상태에서 글에 나오는 핵심 단어나 중요 구절 또는 주제와 관련된 다른 자료를 제시해 학생들이 그에 대한 브레인스토밍을 하도록 유도하기도 한다.
4. KW(H)L 표	① KW(H)L 표는 학생들이 글을 읽기 전에 특정 화제에 대해 알고 있는 것, 알고 싶은 것이 무엇인지 확인할 수있도록 간단한 틀을 제공해 준다. ② 오글(Ogle, 1987)이 개발한 이 전략은 처음에는 KWL로 불렸다. 주로 설명적인 담화를 읽을 때, 나는 무엇을 아는가(K), 내가 알고 싶은 것은 무엇인가(W), 내가 알게 된 것은 무엇인가 (L)를 생각하며 읽는 활동이다. ③ 이 질문들은 학생들이 다른 글에서도 그들의 질문에 대한 답을 찾도록 동기화 하면서 학생들의 배경지식을 이끌고, 자신의 경험을 관련시켜 주제에 대한 호기심을 자극한다. ④ H는 어떻게 정보 수집을 할 것인지를 생각해 보는 과정이다.
5. 설문 조사 / 질문표	① 설문 조사 / 질문표는 학생들의 가치, 태도, 견해 또는 관련된 경험을 검토해 보는 데 유용하다. ② 교사는 먼저 수업에서 강조하고 싶은 주제, 정보, 주요 사건을 확인한다. 그리고 그러한 주제들과 학생들의 견해, 태도, 과거 경험들을 관련짓도록 일련의 질문을 만든다. ③ 이 활동의 목적은 정답을 도출하는 것이 아니라 학생들의 태도와 경험을 선택한 주제와 관련시키도록 학생들의 사고를 촉진하는 것이다.
6. 읽는 목적 설정하기	① 책을 읽는 목적을 분명히 정하게 하는 것이 중요하다. 상황에 따라 읽는 목적은 다를 수밖에 없다. 읽는 글의 종류에 따라서도 그 글을 읽는 목적이 달라지고, 읽을 수 있는 시간에 따라서도 목적이 달라진다. ② 목적을 정해야 한다는 것은 그 책을 읽고 난 뒤에 무엇을 얻을 것인지를 분명히 정해야 한다는 말이기도 하다. 목적을 분명히 정할 때 읽는 과정에 집중하게 되고 처음 설정한 목적에 가까운 결과를 얻을 수 있다. ③ 또 읽기 목적과 관련해서 읽기 계획을 세우게 하는 것도 중요하다. 학생들은 자기 나름대로 계획을 세우는 방법을 터득하고 배운 것을 일련의 독서 과정에 효과적으로 활용할 수 있게 된다.

개념 16 읽는 중 활동

〈목적〉
- 학생들의 독해를 촉진하기 위해
- 학생들에게 글의 생각, 사건, 인물에 반응하도록 하기 위해
- 작품에서 가장 의미 있다고 생각하는 것을 찾게 하기 위해
- 학생들의 주의를 특정 주제, 쟁점, 인물에 맞추기 위해
- 효과적인 언어 사용에 관심을 가지게 하기 위해

〈전략〉

1. 구조를 생각하며 읽기	① 글을 읽는 과정에서는 글의 전체적인 구조를 파악하며 읽도록 하는 것이 중요하다. 글을 읽어 가는 과정에서 구조를 파악하게 함으로써 보다 쉽고 체계적으로 글을 이해할 수 있다. 또 글의 구조를 파악하며 읽게 되면 글 내용을 보다 많이 회상할 수 있고, 부분과 부분의 관계를 보다 쉽게 파악하며 전체 줄거리를 보다 잘 요약할 수 있다. 전체적인 관계를 잘 파악하게 되어 생략된 내용을 보다 쉽게 추론할 수 있으며 특히 주제 파악이 용이하다. ② 구조 인식하기는 필자가 사용한 구조 유형에 따라 독자가 읽어 나가는 활동이다. 글의 구조에 관심을 가지고 읽게 되면 글 전체를 개요하는 능력이 생긴다. ③ 글의 구조를 파악하기 위한 방법으로 여러 가지 전략이 소개 되고 있다. 그 가운데 대표적인 것이 도해 조직자 전략이다. 도해 조직자는 글을 학습하는 과정에서 사용할 수 있는 시각적 도구로서 특히 글의 구조를 잘 반영하며 아이디어의 위계적 조직을 보여 준다.
2. 질문하기	① 읽기는 어떠한 종류의 질문을 제기하고 이 질문(물음)에 대해 답을 찾아 나가는 과정이다. 이렇게 보면 읽기 능력의 중요한 구성 요소 가운데 하나는 구체적인 질문을 할 수 있는 능력이며, 활자화된 글에서 이들 질문에 대한 답을 어떻게, 어디에서 얻을 수 있는지를 아는 능력이다. ② 질문의 양과 질문의 수준은 글의 종류나 글을 읽는 시간, 독자 수준에 따라 달라진다. 글을 읽기 전에 적절한 질문을 제기하는 것도 필요하지만, 글을 읽는 동안에 계속적으로 이들 질문을 유지하고 질문에 대한 답을 찾게 하는 것이 훨씬 중요하다. 글을 읽어 나가는 과정에서 제기한 질문에 문제가 있다고 판단되면 질문을 수정하거나 아예 다른 질문으로 대체하게 하는 것이 필요하다.
3. 추론하기	① 작가는 많은 사실을 독자가 이미 알고 있다고 가정하고 글을 쓰기 때문에 독자는 글을 읽으면서 이러한 사실을 알고 생략된 내용을 추론할 수 있어야 한다. ② 능숙한 독자는 글을 읽으면서 계속적으로 추론해 나간다. 주어진 글을 정확하고도 깊이 있게 읽기 위해서는 행간의 의미를 파악할 수 있어야 한다. 명시적으로 제시되지 않더라도 앞뒤 상황을 고려해 그 글의 의미를 추론해 낼 수 있어야 한다. ③ 추론의 종류로는 인물이나 장소·배경에 대한 추론, 문장 간의 생략된 내용 추론, 단어의 의미 추론, 이어질 내용의 추론 등이 있다. ④ 어떤 종류의 추론이 필요한지는 글의 종류나 글을 읽는 목적에 따라 달라진다. 추론을 위한 추론이 아닌 꼭 필요한 추론이 되도록 하고 항상 추론의 근거가 있어야 한다.
4. 심상 떠올리기	① 학생들은 글을 읽으면서 머릿속으로 그 글과 관련된 장면이나 어떤 사실을 떠올릴 수 있다. 이런 연상을 하는 데에는 그 글과 관련된 학생들의 배경 경험(지식)이 중요한 역할을 한다. ② 특히 소설을 읽는 중에 연상하기는 뚜렷이 나타나는데, 소설의 어떤 장면을 보고 다른 책에서 보았던 것을 떠올리는 일, 소설의 어떤 부분을 자신의 삶과 관련지어 보는 일, 소설의 주인공을 따라 여행하는 일 등이 모두 연상과 관련된 것이다. 이러한 연상으로 학생들은 보다 풍부한 읽기를 할 수 있게 된다.
5. 협의하기	① 글을 읽어 나가는 과정에서 잘 이해가 되지 않는 부분, 좀 더 깊이 이해할 필요가 있는 부분, 다른 사람에게 꼭 알려 주고 싶은 부분 등을 협의하게 할 수도 있다. ② 협의는 교사와 학생 간에 이루어질 수도 있지만, 대부분의 경우 학생들 사이에서 이루어진다. 전체 학생이 같은 글을 읽고 협의할 주제를 몇 개 찾은 다음, 글을 읽어 가는 과정에서 그 부분에 이르렀을 때 친구와 협의를 해 보게 한다. 그리고 책을 다 읽은 뒤에 협의한 결과를 이야기해 보게 한다. ③ 이러한 협의하기로 다른 사람의 생각을 들을 수 있어 시야를 넓히고 자신의 편견을 바로 잡을 수 있으며, 읽기 활동에 활력을 제공하고 글의 내용을 보다 깊이 있게 이해하고 감상하게 된다.
6. 메모하기	① 글을 읽어 나가면서 적절히 표시를 하면 주어진 글을 좀 더 체계적으로 이해할 가능성이 높다. ② 중요한 내용에 밑줄을 긋거나 괄호를 하면서 글을 읽으면 중요한 내용이 한눈에 들어오기 때문에 전체의 주제와 내용을 파악하는 데 유용하다. 또는 그 글의 내용과 관련해 떠오르는 생각을 여백에 간단히 표기하거나 의미 지도를 그리는 방법도 사용할 수 있다. ③ 다양한 방법을 학생들에게 소개하되, 각자의 방식대로 해 나가게 하는 것이 좋다.
7. 점검하기	① 점검하기는 초인지의 개념에서 나온 것으로 자신의 인지 활동에 대한 통제와 조절을 의미한다. ② 능숙한 독자는 글을 읽어 나가는 과정에서 계속적으로 자신의 인지 과정을 통제하게 된다. 내가 잘못 읽은 부분은 없었는가? 내 편견은 작용하지 않았는가? 내가 사용한 읽기 전략이 이 상황에 적합한가? 내 장점은 무엇이고 내 단점은 무엇인가? 이 글과 관련해 어떤 종류의 배경지식을 끌어오면 좋은가? 읽기 상황(목적, 시간 등)에 비추어 볼때 읽는 속도는 적합한가? ③ 능숙한 독자들은 글을 읽어 나가면서 이러한 유형의 질문을 계속 제기한다. 교사는 학생들이 이러한 질문을 제기할 수 있도록 적절한 도움을 준다. 이를 위한 방법으로 각자 어떤 종류의 점검을 할지 점검표 형태로 만들어 두고 각각의 글을 읽을 때 점검했는지 표시해 보게 할 수 있다.

 **읽은 후 활동**

〈목적〉
- 책 속 아이디어, 주제 그리고 중요 쟁점 등을 더 깊이 생각하도록 하기 위해
- 아이디어를 더 잘 분석하고 종합할 수 있도록 하기 위해
- 개인적인 반응을 촉진하고 책에 담긴 아이디어, 주제, 중요 쟁점 사이의 관련성을 파악할 수 있도록 하기 위해
- 읽은 내용 이외의 영역으로까지 이해를 확장하기 위해
- 정보를 잘 조직할 수 있도록 하기 위해

〈전략〉

1. 의미 지도 그리기	① 의미 지도는 흔히 도해 조직자나 선행 조직자, 생각그물[mind map]과 유사한 것으로, 읽은 내용을 간단히 그림 형태로 나타내 보게 하는 것이다. 어떤 종류로 그릴 것인지는 글의 종류나 글의 구조에 따라 차이가 있다. ② 예를 들어 열거 구조는 기차 모양을 만든 다음 순서대로 나열하고, 문제 해결 구조는 중심 개념을 중간에 배치하고 나머지는 방사선 형태로 배치한다. 또 인과 구조로 되어 있는 글은 네모 안에 원인을 그린 다음 네모 아래에 세모를 몇 개 만들어 여기에 결과에 해당하는 내용을 넣게 할 수 있다. ③ 중요한 것은 의미 지도를 그리는 과정에서 이야기 전체 흐름을 체계적으로 파악하고 중요한 내용과 중요하지 않은 내용을 구별하며, 이야기 전체 내용을 요약하는 과정에서 읽은 글을 보다 깊이 있게 이해하는 것이다.
2. 다른 장르로 바꾸기	① 주어진 글을 보다 깊이 있게 이해하기 위한 방법에는 여러 가지가 있을 수 있지만 다른 장르로 바꾸어 보는 것도 하나의 방법이다. ② 이러한 활동은 읽고 쓰고 말하고 듣는 활동이 통합적으로 이루어진다는 점에서 의미가 있으며, 학생들은 이런 활동에 흥미를 느끼며 적극적으로 참여하게 된다는 점에서 나름대로 의의가 있다. ③ 이야기의 구성 요소를 바꾸어 보는 활동을 하며 이야기를 다른 각도에서 볼 수 있고 이 과정에서 창의적인 사고가 촉발될 수 있다. 이야기의 구성 요소는 크게 세 가지이다. 인물, 배경, 사건이 그것이다. 이야기를 구성하는 요소를 바꾸는 활동을 해 보면 창의적인 아이디어가 나올 수 있다.
3. 토의하기	① 글을 읽은 뒤에 작가나 구체적인 어떤 내용에 대해 토의를 해 보는 것도 좋은 방법이다. ② 토의를 하게 할 때 중요한 것은 토의거리를 제공하는 것이다. 토의거리가 학생들에게 흥미가 없고 뻔한 내용이면 학생들은 이 활동에 적극적으로 참여하지 않는다. ③ 토의를 진행할 때 몇몇 학생의 독주를 막으려고 서로 돌아가며 발표하거나 주도 학생을 사회자 위치에 놓는 방법, 소집단 내에서 각자에게 하위 주제로 나누어 제시하는 방법, 함께하지 않으면 안 되는 주제를 주는 방법, 소집단 구성원 수를 2~3명으로 하는 방법 등을 사용할 수 있다. ④ 책을 읽고 난 뒤에 독서 토론회를 하는 것이 바람직하다.
4. 비판적으로 읽기	① 다른 사람의 말을 듣거나 글을 읽는 행위는 전달하는 사람의 생각이나 느낌을 있는 그대로 받아들이는 것이 아니다. 주어진 내용을 나름대로 분석·비판·종합하는 활동이 필요하다. ② 모든 내용을 그렇게 볼 필요는 없지만 비판적으로 보는 태도와 능력이 필요하다. 그런데 비판하기라고 하면 '삐딱하게 보기'를 생각하기 쉬운데 꼭 그런 것은 아니다. 비판하기는 결점을 찾아내는 활동이 아니다. 무조건적인 비판을 말하는 것이 아니며, 자신의 선입견이나 편견에 사로잡힌 비판은 바람직하지 않다. 나름의 근거를 가지고 내용을 '판단'할 수 있는 능력이 중요하다. ③ 지도 내용에는 선입견이나 편견 파악하기, 광고 기법 평가하기, 논리의 오류 찾기, 주관적인 감정이 담긴 언어 구별하기, 평가 기준을 정하고 그에 따라 평가하기 등이 포함된다.
5. 창의적으로 읽기	① 읽은 글의 내용에 대한 감상을 심화하기 위해 보다 창조적인 활동을 할 수 있다. 서로 다른 장르로 만들어 본다거나 독후감을 쓰는 방법 등이 일반적이다. ② 이보다 어려운 것으로는 다른 결말 맺기, 이 글을 토대로 다른 이야기 짓기 등이 있고, 동일 작가가 쓴 다른 책을 읽도록 권장하는 것도 한 방법이다. ③ 창의적으로 읽으려면 문제를 다른 각도에서 보는 태도와 능력이 중요한데, 처음에는 아주 쉬운 것부터 시작하고 점차 어려운 과제를 주어 여기에서 다양한 각도로 볼 수 있다는 것을 보여 준다.

개념 18 질문 유형

1. 질문 주체에 따른 유형	① 교사 주도 질문 : 교과서에 이미 제시되었거나 교사가 제시하는 질문 ② 학습자 주도 질문 : 학습자가 제재를 읽고 난 뒤 또는 활동을 한 뒤 만드는 질문
2. 질문 대상에 따른 유형	① 교사의 학습자 대상 질문 : 교사가 학습자에게 묻는 질문 ② 학습자의 자기 점검 질문 : 학습자가 스스로에게 묻고 답하는 질문 ③ 학습자의 상호 질문 : 짝끼리 또는 모둠끼리 서로 묻고 답하는 질문
3. 사고 수준에 따른 유형	① 사실적 질문 : 주어진 자료 또는 상황에서 답을 찾을 수 있는 질문 ② 추론적 질문 : 자료 또는 상황에서 주어진 단서로 답을 재구성해야 하는 질문 ③ 비판적(감상적) 질문 : 자료 또는 상황을 학습자가 비판적·감상적으로 해석하고 자신의 배경지식이나 경험을 활용해 답을 구성해야 하는 질문
4. 존슨과 피어슨의 질문 유형	존슨과 피어슨(Johnson & Pearson, 1978)은 읽기란 역동적인 작용으로 독자는 글자의 해석뿐만 아니라 배경지식에 따른 이해와 많은 추론을 하게 된다고 했다. 이러한 관점에서 텍스트에 표현된 정보와 독자의 기존 지식에서 나온 정보 사이의 관계를 살펴보면 다음과 같은 세 가지 종류의 질문으로 범주화된다. 이 분류 방법은 질문과 답의 특성을 설명함으로써 그 답이 어디에 기초해 얻어질 수 있는지를 밝힌 것이다. ① 명시적 질문[TE, textually explicit question] : 답이 글에 제시되어 있는 경우의 질문으로, 주로 글의 세부 내용을 파악하려고 제시한다. ② 암시적 질문[TI, textually implicit question] : 답이 글에 있으나 독자에게 문장과 단락을 통합해 답을 구할 것을 요구한다. 즉 텍스트에 있는 정보를 적용해 답을 구하는 유형이다. 텍스트의 내용을 예측하거나 암시적인 내용을 찾으려고 제시한다. ③ 함축적 질문[SI, scriptally implicit question] : 독자에게 자신의 배경지식을 활용해 텍스트의 틈을 메울 것을 요구하는 질문이다. 즉 글에 없는 정보를 적용해 추론하거나 상상하려고 제시한다.
5. 래피얼의 QAR [질문 유형] 전략	래피얼(Raphael, 1982)은 초인지적 관점에서 학생들의 독해를 향상하는 하나의 전략으로 QAR[질문 유형, Question Answer Relation]를 개발했다. 그는 존슨과 피어슨이 제시한 질문 분류 방법을 근거로 질문의 분류를 더욱 쉽게 명명해 제시했다. 질문과 응답의 관계에 따라 학습자는 다음의 질문을 생성하는 훈련을 할 수 있다. ① '바로 거기에[right there]' 질문 : 이 질문은 답이 글 속에 분명히 명시되어 있어서 글 속 문장을 거의 그대로 옮기면 답이 된다. ② '생각하고 찾기[think and search]' 질문 : 이 질문은 글 속의 여러 내용을 파악하고 그들 사이의 관계를 명확히 이해해야만 답할 수 있는 질문이다. 그러므로 학생들은 글 속의 여러 사실을 바탕으로 하여 관계를 파악하고 추론해야 답할 수 있다. ③ '내 힘으로[on my own]' 질문 : 이 질문은 독자, 즉 학생의 배경지식이나 경험을 기억하거나 거기에 더하여 추론해야만 답할 수 있는 질문이다.

 요약하기

1 들은 내용 간추리기	(1) 듣는 목적을 생각한다.	일요일에 춘천으로 나들이 갈 수 있는지 확인하며 들어야겠어.
	(2) 아는 내용이나 경험을 떠올린다.	작년 이맘때는 봄이었는데도 추웠던 것 같아.
	(3) 들은 내용을 어떻게 할지 생각한다.	나에게 필요한 내용을 써 놔야겠어.
2 빠르게 쓰기	\<blockquote\>빠르게 쓰기 활동은 배경지식을 활성화하며, 자신의 기존 지식과 경험을 반추하게 함으로써 개인적인 반응을 이끌어 낸다. 또 다른 친구들의 경험과 지식으로부터 학습이 일어나는 효과도 가져온다. 나아가서 모든 학생의 경험과 지식이 중요하고 가치롭다는 것도 인정하게 된다. 이 활동에 참여하는 학생들의 배경이 다양할수록 경험의 내용이 풍부해지고, 나누는 정보도 다양해진다.\</blockquote\> ① 동기 유발에서 활용한 빠르게 쓰기 활동은 이 수업의 시범 보이기와 활동하기 단계에서 교사와 학생의 생각 구술 방법으로 사용하도록 제시했다. ② 생각 구술은 글을 읽거나 쓸 때 떠오르는 생각을 말로 표현하는 것으로, 교사의 사고 과정을 시범 보일 때 활용할 수 있다.	
3 설명하는 글의 내용 간추리기 과정	① 글을 읽고 내용 파악하기 • 글을 읽으며 중심 낱말 찾기 ② 문단 나누기 ③ 문단별 중심 문장 찾기 • 다른 내용을 포함하거나 가장 중요한 문장을 찾아 밑줄 긋기 ④ 중심 문장을 연결해 글의 내용 간추리기 • 이어 주는 말을 활용해 자연스럽게 문장 연결하기 • 자신의 생각을 덧붙여 글의 전체 내용 간추리기	
4 요약하기	① 요약하기는 읽은 내용에 대한 기억이나 회상을 말한다. 중요한 점은 이러한 내용이 독자가 자신의 방식으로 재구성한 것이어야 한다는 점이다. 또 요약하기는 독자가 글을 이해하기 위해 사용하는 전략을 인식할 수 있게 해 준다. 요약하기 활동은 글을 읽은 다음에 글 전체의 내용을 제대로 파악하는지 판단하게 해 주므로 평가 방법으로도 사용된다. ② 브라운과 데이(Brown & Day, 1983)가 제시한 요약하기 규칙은 다음과 같다(Irwin, 1991).	

	삭제	중요하지 않거나 중복되는 정보는 삭제한다.
	상위어 대체	구체적인 낱말들은 더 일반적인 말로 대체한다. 항목이 나열될 경우 상위어로 대치한다.
	선택	중심 문장이 명시적으로 주어졌을 때 그 주제 문장을 선택한다.
	구성	중심 문장이 명시적으로 주어져 있지 않을 때 스스로 만들어 본다.

5 글의 내용을 간추리는 방법	(1) 문단의 중심 문장 찾기	문단을 구별할 수 있어야 한다. 문단에서 가장 중요한 문장을 찾아야 한다. 중요한 문장은 문단의 앞이나 뒤에 나온다.
	(2) 문장을 이어 주는 말 찾기	여러 가지를 나열하는 말, 비교나 대조를 하는 말, 원인과 결과를 이어 주는 말 등을 적절하게 사용해야 한다.
	(3) 글의 내용 간추리기	원래의 글보다 단순해져야 한다. 새로운 글을 쓴다는 생각으로 표현 방법을 궁리해야 한다.
6 이야기의 흐름에 따라 내용을 간추리면 좋은 점	① 전체 이야기보다 짧아서 듣는 사람이 빨리 이해할 수 있다. ② 중요한 내용이 무엇인지 쉽게 알 수 있다.	
7 이야기의 내용을 간추릴 때 고려할 점	(1) 이야기의 내용 간추려 쓰기의 순서	① 이야기 읽기　② 어려운 낱말 뜻 알기 ③ 인물, 배경 알기　④ 사건이 일어난 차례 알기 ⑤ 내용 간추려 쓰기
	(2) 이야기의 내용을 간추리는 방법	① 인물의 마음 알아보기　② 사건이 일어난 배경 알아보기 ③ 어떤 사건이 일어났는지 알아보기

읽기 과정별 전략

① 읽기 전 활동이 지니는 의의와 읽기 전략	읽기 전 독자는 자신의 스키마를 활성화하고, 읽는 과정에서 글과 적극적으로 상호 작용 하기 위한 준비가 필요하다. 이 준비는 독자의 사고를 활성화할 수 있는 활동으로 다음과 같은 전략들을 익혀 사용함으로써 이룰 수 있다.	
	(1) 연상하기	책을 읽기 전에 독자가 책 제목을 보거나 책에 대해 알고 있는 내용을 떠올리며 독자 사고를 활성화할 수 있다. 다만 연상하기 전략은 글 내용과 긴밀도가 낮아 다른 전략과 함께 적용해야 한다.
	(2) 예측하기	이는 연상하기 전략보다 더 구체적으로 책에 관한 사고를 활성화할 수 있는 전략이다. 책을 읽기 전에 제목, 삽화 등의 정보로 책에 있는 내용을 추측할 수 있는 활동이다. 이로써 독자는 읽을 책의 종류와 책에서 알게 될 점을 예측해 얼마나 주의 깊게 읽을지 결정하게 된다. 읽기에 대한 능동적인 자세와 동기 유발에 효과적이며 스키마를 활성화할 수 있는 중요한 과정이다.
	(3) 미리 보기	책을 읽기 전에 책의 앞표지, 뒤표지, 제목, 머리말, 작가 등을 살펴보며 책 정보를 미리 찾는 전략이다. 이 전략에서 독자는 이미 알고 있는 정보와 책에서 얻은 정보를 연관시켜 필요한 정보를 얻는다. 독자는 이 전략을 적용해 여러 책 중 필요한 것을 선택해 읽을 수 있다. 미리 보기 전략은 독자의 사고를 활성화하고, 능동적으로 책을 읽게 하여 독서 흥미를 유발한다.
② 읽기 중 활동이 지니는 의의와 읽기 전략	읽기 중 전략은 읽기의 핵심이다. 읽는 중에 이해를 중심으로 하는 대부분의 읽기 목표가 달성된다.	
	(1) 중심 생각 찾기	필자가 말하고자 하는 바, 중심 생각을 찾는 것은 글을 이해하는 방법이다. 글의 중요한 핵심어를 기반으로 제목을 찾을 수 있다.
	(2) 글 구조 파악하기	글의 개요를 파악해 전체 구조를 한눈에 파악하는 능력으로 대표적인 전략은 그래픽 조직자이다. 벤 다이어그램, 시간 순서도, 이야기 그물, 인물 분석표, 의미망 등이 있다.
	(3) 추론하기	작가가 글을 쓸 때 모든 정보를 담을 수 없으므로 글 속에는 적절한 간격이 있다. 즉 글의 내용 전개에서 전후 맥락이나 독자의 사전 경험과 지식으로 그 간격을 채우는 이해 과정이 필요하며 이를 추론이라고 한다.
③ 읽기 후 활동이 지니는 의의와 읽기 전략	읽은 후 그 내용을 독자의 것으로 삼아 새로운 사고로 나아갈 전략으로 읽은 내용 정리하기, 다양한 사고 활동이 있다.	
	(1) 요약하기	글을 읽은 후 내용 전체를 제대로 파악하는지 판단하는 데 자료로 활용하는 전략이다. 주로 독해의 결과를 파악하는 수단으로 사용해 왔다. 초등학생 수준에서 책 한 권을 읽고 요약할 경우 차례나 차례 소제목의 도움을 받을 수 있다.
	(2) 비판적으로 읽기	읽기로써 독자가 올바르게 사고할 수 있도록 돕는 전략이다. 책 내용과 독자의 생각을 관련시키는 방법으로 제목, 제재, 독자의 관점, 글의 구성, 내용을 비판적으로 바라볼 수 있다. 비판적으로 읽게 도움을 주는 방법으로 다양한 관점을 제시하고 토의나 토론을 하는 방법이 있다.

 논설문 지도

1 특성

(1) 개념		① 논설문은 독자가 공감할 수 있도록 어떤 사실이나 현상, 가치 등에 대해 자신의 주장을 논리적으로 쓴 글이다. ② 따라서 필자는 주장에 대한 객관적이면서도 구체적인 정보를 바탕으로 하여 독자가 충분히 수용할 수 있도록 독자의 지적 수준에 맞게 정확하면서도 명료하게 글을 써야 한다.
(2) 특성	1) 논설문은 논리적인 글이다.	① 자신이 주장하는 바를 독자에게 효과적으로 이해시키려면 자신의 주장을 뒷받침하는 내용을 논리적으로 조직해야 한다. ② 연역법이나 귀납법 등의 논증 방법이 자주 사용되는 것은 이 방법들이 주장을 적절히 뒷받침하는 데 효과적이기 때문이다.
	2) 논설문은 독창적인 글이다.	① 다른 사람들이 일반적으로 생각하는 내용을 가지고 진부한 표현을 사용해 논설문을 쓴다면 독자를 설득하기 어렵다. ② 필자가 독창적인 생각을 독특한 표현으로 드러내야 논설문의 설득력을 높일 수 있으므로, 필자는 자신만의 생각과 목소리를 가질 수 있도록 노력해야 한다.
	3) 논설문은 명확한 글이다.	① 논설문에서 명확하지 않은 개념이나 표현을 사용하면 독자를 합리적으로 설득하기 어렵다. ② 불분명한 표현으로 말미암아 독자가 개념이나 표현을 오해한다면 의도하지 않은 반응을 가져올 수 있다. ③ 논란이 있는 문제나 대립이 격한 문제를 다룰 때에는 특히 명확한 개념과 표현의 사용에 주의해야 한다.
(3) 작성 방법	1) 자신의 의견이나 관점을 명확히 세워야 한다.	① 논설문은 설득을 위한 글로 필자가 자신의 주장을 독자에게 이해시키고 더 나아가 그 주장대로 따르게 하는 데 목적이 있다. ② 따라서 주장하는 의견이나 관점이 무엇이며 어떠한지를 명료하게 설정하고 이를 효과적으로 표현해야 글을 쓴 목적을 달성할 수 있다. ③ 의견이나 관점을 정할 때에는 관련 자료를 수집해 비교·분석하는 것이 효과적이다. ④ 정보가 제한되면 의견이나 관점이 올바르고 타당한지를 판단하기 어려우며 독자를 설득하기도 어렵기 때문이다.
	2) 주장을 뒷받침하는 타당한 논거를 제시해야 한다.	① 논설문에서 필자는 독자에 대한 설득을 의도하면서 자신의 주장을 내세우지만 이 설득이 저절로 이루어지는 것은 아니다. ② 주장을 효과적으로 드러내려면 이를 논리적으로 뒷받침할 수 있는 타당한 논거를 제시해야 한다. ③ 논거가 정확하고 풍부할수록 주장의 설득력은 더 강해진다.
	3) 설득력 있는 표현 전략을 활용해 글을 써야 한다.	① 설득의 목적을 달성하려면 필자의 주장과 이에 대한 타당한 논거를 바탕으로 삼아 설득력 있는 표현 전략을 활용해 글을 써야 한다. ② 글의 내용, 예상 독자의 배경지식 등을 고려해 적절한 표현 전략을 활용하는 것이 중요하다.
	4) 짜임새 있게 글의 내용을 구성해야 한다.	① 자신의 주장을 논리적으로 펼치려면 단계적이고 짜임새 있게 자신의 생각을 펼쳐야 한다. ② 일반적으로 논설문은 '서론-본론-결론'의 3단으로 구성된다.

서론	어떤 문제 상황을 예상 독자에게 제시하고 현재 문제 상황의 실태를 보여 주며 이를 예상 독자에게 환기한다.
본론	문제 상황에 대한 주장을 명확히 세우고 논리적인 근거를 제시해 예상 독자를 설득하도록 한다.
결론	본론에서 제시한 내용을 요약하거나 부족한 부분에 대한 전망 등을 통해 주장을 강조하도록 한다.

2 내용의 타당성과 적절성 판단하기

(1) 판단 방법	① 근거가 주장과 관련 있는지 살펴본다. ② 근거가 주장을 뒷받침하는지 살펴본다. ③ 주관적인 표현, 모호한 표현, 단정하는 표현을 쓰지 않았는지 살펴본다.	
(2) 논설문 표현의 문제점과 개선 방안	논설문에서 〈보기 1〉와 같은 표현을 쓰면 무엇이 문제인지 써 본다.	① <u>나는</u> 자전거 타기보다 걷기를 더 <u>좋아한다</u>. 그래서 걷기는 좋은 운동이다. ② <u>내 생각에</u> 급식 시간에 음식을 남기는 것은 괜찮은 <u>것 같다</u>. [문제점] '나는 ~을/를 좋아한다.'와 같은 주관적인 표현으로는 다른 사람을 논리적으로 설득하기 어렵다.
	논설문에서 〈보기 2〉와 같은 표현을 쓰면 무엇이 문제인지 써 본다.	① <u>적당히</u> 먹어야 건강에 좋다. ② 운동회는 우리 학교 전통이니까 <u>하면 좋겠지만, 재미는 없을 것이다</u>. [문제점] 모호한 표현을 사용하면 자신이 말하려는 내용을 다른 사람에게 명확하게 전달할 수 없다.
	논설문에서 〈보기 3〉과 같은 표현을 쓰면 무엇이 문제인지 생각해 보고, 논설문에 알맞은 표현으로 바꾸어 본다.	① 건강하려면 <u>반드시</u> 밖으로 나가 걸어야 한다. → 건강하려면 밖으로 나가 걸읍시다. ② 국립 공원에 <u>절대로</u> 케이블카를 설치해서는 안 된다. → 국립 공원에 케이블카를 설치해서는 안 된다.

 **읽기 평가 방법**

1 오독 분석법

(1) 오독 분석법(誤讀 分析法, reading miscue analysis)은 아동에게 주어진 글을 읽히면서 잘못 읽은 것은 무엇이며, 또 그 원인은 무엇인지를 밝힘으로 그 아동의 읽기 능력을 분석, 평가하는 방법이다.

(2) 오독 분석법은 독서 발달 단계 중 독서 입문기나 기초 기능기에 해당하는 초등학교 저학년 학생의 독서 평가에 적용할만한 것으로, 독서 과정에서 잘못 읽는 부분을 분석하여 그 학생의 독서 상태를 평가하는 것이다. 학생이 읽을 때 무엇을 잘못 읽는지, 무엇을 삽입하여 읽는지 등을 표시함으로써 학생이 추측하는 것이 무엇이며, 의미 구성을 하며 읽는지를 알 수 있는 방법이다.

(3) 장점

> ㉠ 그 아동의 읽기 과정에 대한 구체적인 정보를 제공해 준다는 점이다. 즉, 그 아동이 읽기에서 어떤 강점과 약점을 지니는지를 알 수 있게 해 주고, 또한 의미를 구성하는 과정에서 어떤 문제를 지니고 있는지를 보여 준다.
> ㉡ 그 아동의 언어에 대한 지식과 태도, 신념 등에 대한 정보를 제공해 준다. 따라서 본 평가 방법은 읽은 후의 결과보다 읽어 가는 과정을 주로 살펴서 읽기 능력을 보다 효율적으로 평가할 수 있게 하는 데 특징이 있다.

(4) 단점

> ㉠ 교사와 아동이 일대일로 해야 하기 때문에 시간이 많이 걸리고 평가의 객관성도 문제가 될 수 있다.
> ㉡ 또한 이 방법은 아동이 보여준 오독을 분석함에 있어서 교사의 전문성이 요구된다는 점에서 한계를 지니고 있다.

2 포트폴리오

(1) 포트폴리오(portfolio, 간이총평법, 읽기 활동철)란 원래는 작은 서류 가방이나 그림책을 의미한다. 학습자의 독서 능력 성취에 관한 종합적인 수행(performance)의 기록을 파일로 정리할 수 있고 이것을 학기 동안이나 주로 학기 말에 종합하여 성적을 반영하는 방법이다.

(2) 포트폴리오에는 읽은 책의 목록이나 그 책을 읽고 느낀 점, 낙서, 초고, 완성된 글, 동료의 비평, 토의 내용, 그림으로 표현한 것 등 학생들의 언어 발달 상황을 보여주는 것이 모두 포함된다.

(3) 장점

> ① 개인의 독서 능력 발달에 대한 발달적 정보를 종합적으로 파악할 수 있게 해준다. 교사는 개별 학생의 포트폴리오를 봄으로써 그 학생의 구체적인 독서 발달 상태를 파악할 수 있어 개별화된 독서 지도를 할 수 있다.
> ② 평가 상황과 교수 학습 상황이 통합되어 있다는 점이다. 그래서 포트폴리오를 생태학적(ecological) 평가 방법이라고도 한다. 이 방법은 교수 학습과 평가가 통합되어 있고, 그 자체가 하나의 의미있는 교수 학습 활동으로, 평가 과정에서 교사와 학생간의 상호작용이 풍부히 이루어진다.
> ③ 또한 학생들간의 상호작용에 대해서도 관심을 가지게 되어 과정 중심의 평가를 가능하게 한다는 점에서 의의가 크다(결과 평가, 과정 평가 동시 가능).
> ④ 타당도가 높다

3 프로토콜 분석법

(1) 프로토콜 분석법(protocol analysis)은 1970년대 후반과 1980년대 들어 읽기와 쓰기 연구에서 가장 많이 활용되는 방법의 하나이다. 독자는 글을 소리 내어 읽으면서 그 순간순간 머릿속에 떠오르는 생각도 함께 소리 낸다. 다시 말하면 글도 소리 내고, 이 글로부터 이어지는 생각도 소리 내는 것이다. 이 자료가 바로 프로토콜(protocol)이다. <u>프로토콜이란 피험자가 자신의 사고 행위를 구술(口述)한 것을 모아놓은 언어 자료를 말한다. 즉 사고 구술 자료를 프로토콜이라고 한다.</u> 연구자는 이 자료를 분석하여 어떤 글에서 어떤 의미가 형성되는지를 알아낼 수 있다. 이 방법은 글을 다 읽고 그 의미를 머릿속에서 재정리한 후 인출하는 회상과는 다르다.

(2) 장점

> ① 의미가 형성되는 과정의 모습을 생생하게 드러내준다는 면에서 이해 과정에 대한 연구 방법으로도 좋은 방법이다(의미 표현과 형성의 과정을 직접적으로 추적, 평가할 수 있음)
> ② 독서 과정에서의 연상이나 추론 양상을 파악하는 데에도 유용하다.
> ③ 읽기 영역뿐만 아니라 적절히 구성만 한다면 말하거나 듣기, 쓰기 영역과 관련하여 이 방법을 사용할 수도 있다.

(3) 단점

> ① 아동들이 이 방법에 익숙해져 있어야 하고 교사 역시 여기에 대한 전문적인 지식을 가지고 있어야 한다는 점에서 난점을 지닌다.
> ② 피험자의 사고 구술 훈련(think aloud)이 선행되어야 하는데, 저학년에서는 어려움이 따른다.
> ③ 실험자의 개입과 그에 따른 피험자들의 실험 상황에 대한 과도한 인식으로 말미암아 '자연스러운 흐름을 방해'한다는 점을 들 수 있다.

5절 쓰기

개념 23 내용 체계 해설

핵심 개념	일반화된 지식	학년(군)별 내용 요소			기능
		1~2학년	3~4학년	5~6학년	
▶ 쓰기의 본질	쓰기는 쓰기 과정에서의 문제를 해결하며 의미를 구성하고 사회적으로 소통하는 행위이다.			• 의미 구성 과정	① 맥락 이해하기 ② 독자 분석하기 ③ 아이디어 생산하기 ④ 글 구성하기 ⑤ 자료·매체 활용하기 ⑥ 표현하기 ⑦ 고쳐쓰기 ⑧ 독자와 교류하기 ⑨ 점검·조정하기

▶ 목적에 따른 글의 유형
• 정보 전달
• 설득
• 친교·정서 표현
▶ 쓰기와 매체
	의사소통의 목적, 매체 등에 따라 다양한 글 유형이 있으며, 유형에 따라 쓰기의 초점과 방법이 다르다.	• 주변 소재에 대한 글
		• 겪은 일을 표현하는 글
			• 의견을 표현하는 글
			• 마음을 표현하는 글
				• 설명하는 글
				  [목적과 대상, 형식과 자료]
				• 주장하는 글
				  [적절한 근거와 표현]
				• 체험에 대한 감상을 표현한 글	

▶ 쓰기의 구성 요소 • 필자·글·맥락 ▶ 쓰기의 과정 ▶ 쓰기의 전략 • 과정별 전략 • 상위 인지 전략	필자는 다양한 쓰기 맥락에서 쓰기 과정에 따라 적절한 전략을 사용하여 글을 쓴다.	• 글자 쓰기 • 문장 쓰기	• 문단 쓰기 • 시간의 흐름에 따른 조직 • 독자 고려	• 목적·주제를 고려한 내용과 매체 선정	
▶ 쓰기의 태도 • 쓰기 흥미 • 쓰기 윤리 • 쓰기의 생활화	쓰기의 가치를 인식하고 쓰기 윤리를 지키며 즐겨 쓸 때 쓰기를 효과적으로 수행할 수 있다.	• 쓰기에 대한 흥미	• 쓰기에 대한 자신감	• 독자의 존중과 배려	

배재민 만점 전략 쓰기 내용 체계 해설

1. 목적에 따른 담화 유형

(1) 정보 전달	– 설명하는 글(목적과 대상의 특성, 형식과 자료) – 보고하는 글
(2) 설득	– 의견을 표현하는 글 – 주장하는 글(적절한 근거와 표현, 타당한 근거와 추론)
(3) 친교·정서표현	– 겪은 일을 표현하는 글 – 마음을 표현하는 글 – 체험에 대한 감상을 표현한 글 – 감동이나 즐거움을 주는 글

2. 쓰기의 과정

√ 쓰기 행위의 내재적 특성 : 회귀적 수행의 반복

쓰기 과정은 일반적으로 '계획하기 – 내용 생성하기 – 내용 조직하기 – 표현하기 – 고쳐쓰기'의 5단계로 설명된다. 그러나 쓰기에 완성되는 선조적인 행위로 파악되어서는 안 된다. 쓰기의 실제를 관찰해 보면, 필자는 쓰기 과정에서 자신의 글을 평가하고 쓰기 행위를 점검·조정하며 수정하는 작업을 수행한다. 이처럼 쓰기 행위는 순차적으로 선조적으로 이루어지는 것이 아니라 회귀적이고 반복적인 과정을 거치기 마련이며 이를 통해 점진적으로 완성된 글의 형태에 접근해 가게 된다. 쓰기는 필자가 자신이 바라는 것을 글로 표현하기 위해 회귀적 수행을 반복하며 처음에 가졌던 아이디어를 보다 구체화하고 정교화한다는 특성을 지닌다.

3. 맥락 이해하기

(1) 상황 맥락

작문은 구체적이고 일정한 상황 안에서 이루어지는 의미 구성 행위이다. 따라서 작문이 이루어지는 상황 맥락에 대한 이해 없이는 필자의 의도, 전달하고자 하는 바를 효과적으로 표현할 수 없다. <u>작문의 상황 맥락 요인에는 예상 독자, 글의 주제, 글의 목적 등이 있다.</u>

(2) 사회·문화적 맥락

작문은 필자 개인을 둘러싼 지엽적인 환경의 영향만을 받고 이루어지는 개인 차원의 의무 구성이 아니다. 이미 글을 통해 소통해야 하는 독자가 있으며, 그 독자는 개인을 넘어서 동료 집단, 사회 등으로 그 규모가 다양하게 존재한다. 이러한 담화 공동체로서 형성된 규범과 관습을 가지고 있다. 여기에는 역사적·사회적 상황, 이데올로기, 공동체의 가치·신념 등의 요소가 포함된다. <u>예컨대 학교 친구에게 글을 쓸 때는 또래 집단의 공동 가치나 신념을 고려해야 한다. 그렇지 않으면 그 글은 독자와 효과적으로 소통하기 어렵다.</u>

4. 독자 분석하기

(1) 독자가 누구인지 설정하고 독자의 특성(나이, 지적 수준, 화제에 대한 흥미 및 친밀도, 주제에 대한 입장)을 분석해야 한다.

(2) 흔히 예상 독자는 글의 내용 전개가 어떻게 될 것 인지를 예측하고 기대하면서 글을 읽는다. 두 사물의 공통점을 다루는 내용이 나왔다면, 독자는 이제 차이점이 나올 것이라고 기대하고 예측할 것이다.

5. 아이디어 생산하기

글을 쓰기 위하여 다양한 아이디어를 떠올리고 관련 자료를 수집하는 활동이다.

6. 글 구성하기
많은 아이디어를 적절히 조직하여 통일성과 응집성을 높이는 활동이다.

> (1) 통일성 : 글의 여러 내용이 하나의 주제로 긴밀하게 연결되어야 한다는 것
>   → 글 전체의 주제를 직접 뒷받침하는 내용을 세부 내용으로 선정해야 한다.
> (2) 응집성 : 글의 여러 문장은 문법적으로 긴밀하게 연결되어야 한다는 것
>   → 내용들이 표면적으로 긴밀하게 연결될 수 있도록 지시 표현이나 접속 표현을 적절하게 사용해야 한다.

7. 표현하기
(1) 말로 쓰기(구두 작문) 전략

필자가 생성하고 조직한 내용을 문자 언어로 표현하기 전에 일단 말로 표현해 보는 전략이다. 말로 쓰기는 내용 조직하기 과정에서 생성한 다발짓기나 개요짜기의 결과물을 보면서 하는 것이 일반적이다. 여러 사람 앞에서 발표하는 형식, 파트너를 정해 쓸 내용을 서로에게 설명해주는 형식, 혼자 독백하듯이 내용을 전개하는 형식으로 할 수 있다.

(2) 내리 쓰기(얼른 쓰기, 빨리 쓰기, 자유 쓰기) 전략

쓰고자 하는 내용을 글의 형식과 어법에 구애받지 않고 신속하게 써 내려가는 전략이다. 자기 검열 없이 빠른 시간 내에 필자가 쓰고자 하는 내용을 한 편의 글로 완성하는 데 있다. 그래서 <u>일정한 시간을 정해 놓고 글을 쓰되 글을 전개하는 과정 에서 막히는 부분이 있으면 해당 부분은 공백으로 남겨 놓거나 "?"의 표시를 한 뒤 다음 내용으로 넘어간다.</u>
처음부터 완벽한 글을 쓰려는 부담 때문에 글을 쓰다 중도에 포기하거나 좌절하는 필자들에게 효과적이다. 내리쓰기 전략은 이러한 필자들이 초고를 일단 완성한다는 목표에 집중할 수 있게 한다. 내리 쓰기 전략을 통해 초고를 완성하여 성취감을 느낀 뒤 고쳐쓰기 과정을 통해 글의 완성도를 높이는 것이 좋다.

8. 고쳐쓰기
√ 초고를 쓴 다음에 내용과 형식을 고치는 활동이다.

(1) 고쳐쓰기를 할 때는 글에 나타난 거시적인 문제부터 살피고 점차 미시적인 문제를 살피는 방식으로 체계적으로 나아가야 한다. 즉, 글 → 문단 → 문장 → 단어 수준으로 한다.
(2) 고쳐쓰기를 할 때는 첨가, 삭제, 대체, 재배열의 방법을 사용한다.
(3) 고쳐쓰기를 할 때는 필자의 자기중심성에서 벗어나는 것이 중요하다. 이를 위해 초고 완성 후 자신의 글을 객관적으로 바라볼 수 있는 최소한의 시간을 가진 뒤 글을 점검하는 것이 좋다. 또한 타인에게 글을 보여준 뒤 글의 문제를 점검받는 것도 효과적이다.

> √ 필자의 자기중심성
> 필자가 독자의 관점이나 입장을 고려하지 않고 독자 역시 자신과 같은 시각에서 글을 읽을 것이라고 오해하는 특성

9. 독자와 교류하기
– 대표적 활동으로는 쓴 글을 친구들과 서로 공유하기/발표하기/출판하기 등이 있다.

10. 점검·조정하기

    일련의 글쓰기 과정 전체에서 자기가 제대로 하고 있는지 계속적으로 점검하고 통제하고 조절하여 나가는 것

11. 쓰기 윤리

    √ 지켜야 할 규범

    올바르게 인용하기, 사실에 근거하여 기술하기, 언어 예절을 지키며 글 쓰기

12. 쓰기 기능과 국어 교과 역량

성취 기준	기능 항목	국어 교과 역량
(1) 읽는 이를 고려(흥미, 관심, 입장, 반응)하며 자신의 마음을 표현하는 글을 쓴다. (2) 독자를 존중하고 배려하며 글을 쓰는 태도를 지닌다.	① 독자 분석하기 ② 독자와 교류하기	• 공동체·대인관계 역량 – 공동체의 가치와 공동체 구성원의 다양성을 존중하고 상호 협력하며 관계를 맺고 갈등을 조정하는 능력
(1) 인상 깊었던 일이나 겪은 일에 대한 생각이나 느낌을 쓴다. (2) 적절한 근거와 알맞은 표현을 사용하여 주장하는 글을 쓴다. (주관적·단정적·모호한 표현 지양)	① 글 구성하기 ② 표현하기	• 비판적·창의적 사고역량 – 다양한 상황이나 자료, 담화, 글을 주체적인 관점에서 해석하고 평가하여 새롭고 독창적인 의미를 부여하거나 만드는 능력
• 목적이나 주제에 따라 알맞은 내용과 매체를 선정하여 글을 쓴다.	자료·매체 활용하기	• 자료·정보 활용 역량 – 필요한 자료나 정보를 수집, 분석, 평가하고 이를 효과적으로 활용하여 의사를 결정하거나 문제를 해결하는 능력
• 쓰기에 자신감을 갖고 자신의 글을 적극적으로 나누는 태도를 지닌다. (자신의 글 점검 기회)	점검·조정하기	• 자기 성찰·계발 역량 – 삶의 가치와 의미를 끊임없이 반성하고 탐색하며 변화하는 사회에서 필요한 재능과 자질을 계발하고 관리하는 능력

 **성취 기준과 교수·학습 방법 및 유의 사항**

1 1~2학년군

1 성취 기준

① [2국03-01] 글자를 바르게 쓴다.

> 이 성취기준은 바른 자세로 글자를 정확하게 쓰는 습관을 기르기 위해 설정하였다. 바른 자세로 글씨 쓰기에는 바르게 앉아 쓰기, 연필 바르게 잡기, 낱자의 모양이나 간격 등을 고려하여 글씨 바르게 쓰기가 포함된다. 글자를 정확하게 쓰기 위해서는 짜임과 필순에 맞게 낱자를 쓰게 한다. 글자의 복잡성 정도를 고려하여 처음에는 받침이 없는 간단한 글자부터 시작하여 점차 받침이 있는 복잡한 글자를 쓸 수 있게 한다.

② [2국03-02] 자신의 생각을 문장으로 표현한다.

> 이 성취기준은 문장 구성 능력을 기르기 위해 설정하였다. 문장은 글을 구성하는 기본이다. 글을 잘 쓰려면 먼저 자신의 생각을 정확하게 문장으로 표현할 수 있어야 한다. 한두 문장으로 짤막하게 자신의 생각이나 느낌을 표현하되, 마침표, 물음표, 느낌표 등의 문장 부호를 사용하여 자신의 생각을 문장으로 정확하게 구성하는 기본 능력을 기르도록 지도한다. 또한 꾸며 주는 말을 넣어 자신의 생각과 느낌을 구체적으로 표현하도록 지도한다.

③ [2국03-03] 주변의 사람이나 사물에 대해 짧은 글을 쓴다.

> 이 성취기준은 자신의 주변에서 소재를 찾아 글로 표현하는 능력을 기르기 위해 설정하였다. 자신의 주변에 있는 사람이나 사물에 관심을 가지고 그 특징이 드러나도록 짧은 글로 나타내 보게 한다.

④ [2국03-04] 인상 깊었던 일이나 겪은 일에 대한 생각이나 느낌을 쓴다.
⑤ [2국03-05] 쓰기에 흥미를 가지고 즐겨 쓰는 태도를 지닌다.

2 교수·학습 방법 및 유의 사항

① 가장 기본적인 글자, 낱말, 문장을 바르고 정확하게 쓰게 하는 데 주안점을 두되, 학습자가 생활 속에서 흔히 접하는 것을 중심으로 반복해서 학습하도록 한다.
② 글자 바르게 쓰기를 지도할 때에는 학습자의 발달 단계와 수준을 고려하여 기본적인 낱말과 문장을 제시하여 글씨 쓰기를 연습하도록 한다. 학습자의 수준을 넘는 낱말이나 문장을 제시하면 쓰기를 어려워할 수 있으므로 적절한 수준의 낱말이나 문장을 제시하여 쓰기에 흥미를 갖도록 지도한다. 특히 읽기 능력에 비해 쓰기 능력의 발달이 늦다는 점을 고려한다.
③ 받아쓰기는 글자를 정확하게 쓰는 데 도움이 될 수 있으나, 학습자가 부담을 갖게 되면 국어 활동에 자신감을 잃을 수도 있으므로 신중하게 활용한다. 너무 어려운 글자를 받아쓰게 하여 국어에 대한 흥미가 떨어지지 않도록 유의하며 요소 중심으로(예 된소리되기 현상이 나타나는 낱말) 지도한다.
④ 기초 한글 학습이 부족한 학습자를 위해서는 문자 학습에 흥미를 느낄 수 있도록 놀이 중심, 활동 중심으로 교수·학습을 진행한다.
⑤ 주변 사람이나 사물에 대한 짧은 글 쓰기를 지도할 때에는 학습자 자신의 주변에 어떤 사람이 있는지, 생활하면서 어떤 사물을 접하게 되는지를 먼저 생각해 보도록 한 다음, 서너 문장의 짧은 글로 표현하도록 한다.
⑥ 인상 깊었던 일이나 겪은 일을 쓸 때에는 한 편의 글이 갖추어야 하는 형식적인 측면을 지나치게 강조하지 말고 자신의 생각을 자유롭게 표현하도록 하는 데 중점을 둔다.
⑦ 쓰기를 처음 시작하는 단계이므로 쓰기에 흥미와 자신감을 가지도록 격려하고, 최대한 활동 중심, 놀이 중심의 수업이 되도록 한다.

2 3~4학년군

1 성취 기준

① [4국03-01] 중심 문장과 뒷받침 문장을 갖추어 문단을 쓴다.
② [4국03-02] 시간의 흐름에 따라 사건이나 행동이 드러나게 글을 쓴다.
③ [4국03-03] 관심 있는 주제에 대해 자신의 의견이 드러나게 글을 쓴다.

> 이 성취기준은 어떤 대상이나 사실에 대해 자신의 의견을 밝히는 글을 쓰는 과정에서 생각을 구체화·명료화·정교화하여 제시하는 능력을 기르기 위해 설정하였다. 주변 현상에 대해 관심 갖기의 중요성을 일깨우고, 주장이 무엇이고 주장을 할 때에는 어떤 점에 주의해야 하는지를 기초적인 수준에서 다루도록 한다. 그리고 주장을 뒷받침하는 근거를 들어 자신의 의견이 뚜렷하게 드러나는 주장하는 글을 쓰게 한다.

④ [4국03-04] 읽는 이를 고려하며 자신의 마음을 표현하는 글을 쓴다.

> 이 성취기준은 읽는 이의 흥미나 관심, 입장, 반응 등을 고려하여 글을 쓰는 자세를 기르기 위해 설정하였다. 글은 글쓴이와 읽는 이가 만나는 공간이다. 글을 통해 다른 사람과 소통하려면 읽는 이의 흥미나 관심, 입장, 반응 등을 고려하여 글을 써야 한다. 친구, 부모님, 선생님, 이웃 등 주위 사람을 대상으로 하여 고마움, 미안함, 기쁨, 슬픔, 사랑, 우정, 고민 등 자신의 정서와 감정을 표현하는 글을 쓰는 경험을 통해 읽는 이를 고려하여 쓸 내용을 마련하거나 적절한 표현을 할 수 있는 능력을 기르도록 한다.

⑤ [4국03-05] 쓰기에 자신감을 갖고 자신의 글을 적극적으로 나누는 태도를 지닌다.

2 교수·학습 방법 및 유의 사항

① 쓰기 과제를 부여할 때에는 실제로 학습자의 삶과 직결되는 쓰기를 경험하게 한다. 자신의 생활을 바탕으로 하여 글을 쓸 상황을 구체적으로 설정하고, 그 상황에서 주제나 목적, 읽는 이 등을 고려하여 글을 써 보도록 지도한다.
② 문단 쓰기를 지도할 때에는 중심이 되는 내용과 이를 부연해 주거나 뒷받침해 주는 내용을 잘 조직하여 문단 자체의 완성도를 높이도록 지도한다.
③ 시간의 흐름에 따라 사건이나 행동이 드러나는 글 쓰기를 지도할 때, 보통 수준의 학습자에게는 자신이 경험한 사건이나 행동을 시간 순서대로 써 보게 할 수 있고, 심화 수준의 학습자에게는 창작성을 감안하여 일부 내용을 꾸며 쓰게 할 수 있다.
④ 서사적인 글 쓰기를 지도할 때에는 본격적인 이야기 창작 능력을 기르는 것이 목적이 아니므로 지나치게 높은 수준의 창작성을 요구하지 않도록 한다.
⑤ 관심 있는 주제에 대해 자신의 의견을 쓰게 할 때에는 읽기 영역의 사실과 의견 구별하기 활동과 연계하여, 관심 있는 주제에 관한 객관적 사실과 이에 대한 자신의 의견을 구별하여 정리한 후 이를 글로 써 보게 할 수도 있다. 또는 듣기·말하기 영역의 인과 관계를 고려한 말하기 활동과 연계하여, 특정한 상황의 원인과 결과 그리고 그에 대한 자신의 의견을 글로 정리해서 발표하고 청중의 반응을 반영하여 보완하는 글을 써 보게 할 수도 있다.
⑥ 의견이 드러나는 글 쓰기는 엄격한 형식을 갖추거나 지나치게 타당성이 높은 근거를 들도록 하기보다는 주변의 현상에 관심을 갖고 이에 대해 자유로운 형식으로 주장을 펼 수 있도록 지도한다.
⑦ 읽는 이를 고려하여 쓰기를 지도할 때에는 처음에는 학습자가 잘 알거나 친숙한 사람을 읽는 이로 삼아 글을 쓰도록 하고, 학년이 올라감에 따라 점차 잘 알지 못하거나 친숙하지 않은 이를 읽는 이로 삼아 글을 쓰도록 한다.
⑧ 글을 쓰고 난 후 자신의 글을 다른 학습자와 나누어 보는 활동을 통해 쓰기에 대한 자신감을 갖고 자신의 글을 점검하는 기회를 갖도록 한다. 또한 다른 학습자들의 반응이나 비평을 반영하여 자신의 글을 보완하는 노력을 해 보도록 독려한다. 짝 활동을 할 수도 있고 게시판이나 인터넷을 활용하여 다수가 참여하는 활동을 할 수도 있다.

3 5~6학년군

1 성취 기준

① [6국03-01] 쓰기는 절차에 따라 의미를 구성하고 표현하는 과정임을 이해하고 글을 쓴다.
② [6국03-02] 목적이나 주제에 따라 알맞은 내용과 매체를 선정하여 글을 쓴다.

> 이 성취기준은 글을 쓰기 전에 글을 쓰는 목적, 주제 등과 관련된 문제를 탐색하고 쓰는 자세를 기르기 위해 설정하였다. 글의 목적, 주제 등을 고려하는 것은 글의 내용을 마련하는 과정에 영향을 미친다. 글을 쓸 때 글의 목적이나 주제를 고려해야 하는 이유를 이해하고, 글의 목적이나 주제를 정한 다음 그것에 따라 내용을 생성하고 선정하는 방법을 익힌 후 글을 쓸 수 있도록 한다. 또한 글의 목적이나 주제에 따라 선정할 수 있는 매체가 달라질 수 있음을 이해하도록 한다. 예컨대 친교를 목적으로 글을 쓸 때에는 편지나 전자 우편을 이용할 수 있고, 단체에 정보를 제공할 때에는 인터넷 게시판을 이용할 수 있으며, 간단한 정보를 전달할 때에는 문자 메시지를 이용할 수도 있다.

③ [6국03-03] 목적이나 대상에 따라 알맞은 형식과 자료를 사용하여 설명하는 글을 쓴다.
④ [6국03-04] 적절한 근거와 알맞은 표현을 사용하여 주장하는 글을 쓴다.

> 이 성취기준은 주장하는 글 쓰기의 능력을 기르기 위해 설정하였다. 주장하는 글 쓰기의 중요성과 특성, 주장하는 글의 조직 방식, 주장하는 글의 특징에 따른 표현 방법에 대해 학습하게 한다. 특히 주장과 근거의 개념, 주장과 근거의 관계 등을 알고 이를 적절히 활용할 수 있게 한다. 그리고 주장하는 글을 쓸 때 알맞은 표현에 관심을 갖게 하며 특히 주관적 표현이나 단정적인 표현, 모호한 표현 등을 사용하지 않도록 한다.

⑤ [6국03-05] 체험한 일에 대한 감상이 드러나게 글을 쓴다.
⑥ [6국03-06] 독자를 존중하고 배려하며 글을 쓰는 태도를 지닌다.

> 이 성취기준은 읽는 이를 존중하고 배려하며 글을 쓰는 자세를 기르기 위해 설정하였다. 편지나 문자 메시지를 받고 감동했던 경험, 불쾌했던 경험에 대해 이야기해 보고, 또래나 자신의 주변 사람을 정하고 그 사람의 상황과 처지를 이해하여 적절하게 조언하는 글을 쓰게 한다. 격식에 맞지 않는 표현이나 속어, 비어 등 부정적인 표현이 드러난 글을 제시하여 적절하게 고쳐 써 볼 수도 있다. 긍정적인 언어 표현의 효과에 대해 이해하고, 타인에게 상처를 주는 언어 표현에 대해 비판할 줄 알며 타인을 존중하고 배려하며 글을 쓰는 태도를 기르는 데 중점을 두도록 한다.

2 교수·학습 방법 및 유의 사항

① 쓰기의 절차를 지도할 때에는 글 한 편을 완성하도록 강조하면서 쓰기가 계획하기, 내용 생성하기, 내용 조직하기, 초고 쓰기, 고쳐쓰기의 과정을 요구한다는 점을 이해하도록 하되, 이러한 일련의 쓰기 과정이 엄격하게 구별되거나 분절적인 것이 아니라는 점에 유의한다. 특히 내용 생성하기 단계에서는 브레인스토밍, 마인드맵 등의 방법을 통해 글을 쓰기 위한 내용을 생성하는 전략이나 기능을 익히도록 하는 데 중점을 둔다. 고쳐쓰기 단계에서는 띄어쓰기와 맞춤법을 포함하여 지도하되, 창의성이나 유창성을 저해하지 않도록 유의한다.

② 글의 목적이나 주제에 따라 내용과 매체를 선정하여 쓰기를 지도할 때에는 다양한 예시 글을 제시하고 학습자가 스스로 글을 분석하여 내용 선정 시 고려해야 할 점, 내용 선정 방법 등을 찾아내도록 안내한다. 이때 제시한 글이 단순히 모방을 위한 예가 되지 않도록 유의한다.

③ 설명하는 글 쓰기를 지도할 때에는 내용 마련을 위한 자료 수집 과정에서 전문적인 자료보다는 학습자가 쉽게 구할 수 있는 자료를 활용하도록 한다. 특히 목적이나 대상에 알맞은 사진이나 도표, 동영상 등의 자료를 적절히 찾을 수 있도록 안내한다. 시각 자료를 포함한 글, 구체적인 예를 제시한 글이나 비교·대조 형태로 내용을 조직한 글 등을 제시하여 목적이나 대상에 따른 형식의 중요성을 이해하도록 한다.

④ 체험한 일에 대한 쓰기를 지도할 때에는 직접 여행했던 경험을 제재로 기행문을 쓰거나 미술관이나 박물관 등을 견학하고 자신이 인상 깊게 보고 느낀 점을 표현하도록 한다. 책, 영화, 음악 등을 보고 들은 경험을 바탕으로 하여 감상문을 쓸 수도 있다. 단, 학습자의 다양한 체험을 이끌어 내어 글로 쓰게 하되, 사회적 위화감을 불러일으킬 수 있는 체험은 다루지 않도록 유의한다.

⑤ 국어과의 다른 영역과 통합적으로 교수·학습을 진행할 수 있다. 예를 들어 글의 주제나 목적에 따른 쓰기를 지도할 때에는 읽기 영역에서 글의 주제가 무엇인지를 파악하고 내용 중에서 주제에 벗어난 것은 없는지를 분석해 보게 할 수도 있다. 독자를 존중하고 배려하며 쓰기는 듣기·말하기 영역의 언어 예절과 비교해 보게 하는 활동을 통해 지도할 수도 있다.

 **과정 중심 작문 지도 모형**

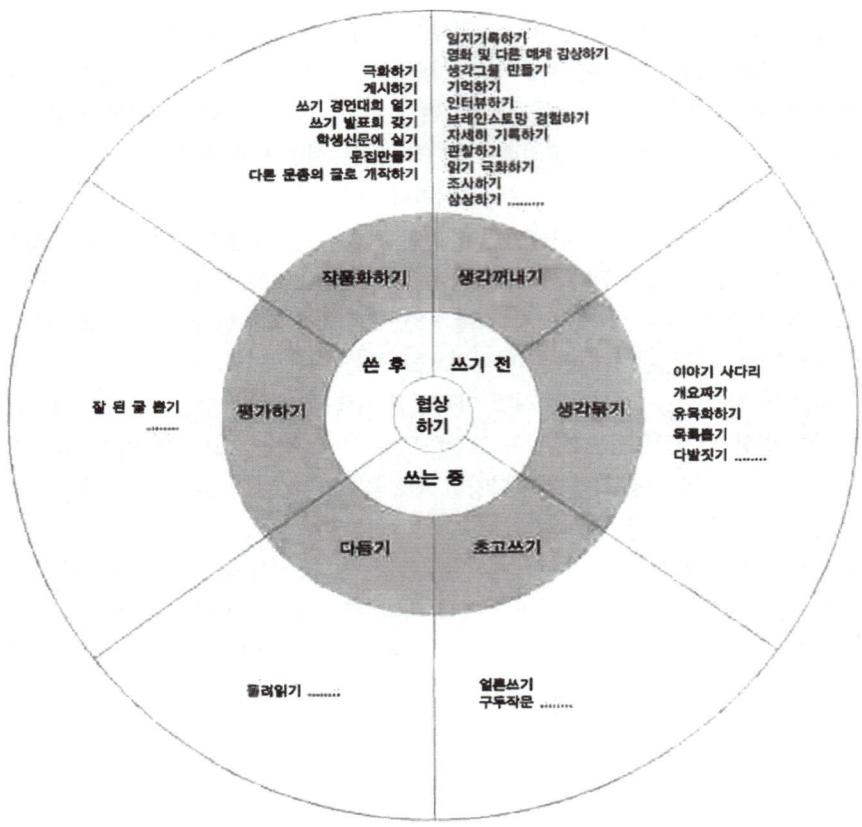

1. 문제 해결 모형	① 과정 중심 작문 연구의 발전을 이끈 Flower & Hayes(1981)는 작문의 인지적 과정이 계획하기(planning), 작성하기(translating), 검토하기(reviewing)의 세 부분으로 이루어진다고 설명하였다. ② 그리고 각 과정들은 위계적이며 회귀적 특성을 갖는다고 하면서 쓰기를 문제 해결의 과정으로 파악하였다. ③ 그들은 전문 작가의 쓰기 과정을 분석한 결과, 쓰기라는 문제를 해결하는 필자의 사고 과정을 모형화하여 제시하였는데 이것이 '문제 해결 모형'이다.
2. 회귀성	① 이러한 관점에서 과정 중심 작문 교수·학습은 작문의 회귀성을 강조한다. 작문 과정이 회귀성을 갖는다는 것은 필자가 지금까지 한 작문 수행과 결과물을 계속 점검하면서 부족한 부분을 수정할 수 있을 뿐만 아니라, 이미 수정한 결과에 대해서도 계속 검토하여 문제를 발견하고, 이를 해결하기 위해 다양한 전략적 행동을 선택한다. ② 나아가 그 선택에 대해서도 다시 평가함으로써 이후 더 나은 선택을 할 수 있다. 이처럼 글쓰기를 통해 지금까지 써 놓은 부분과 앞으로 쓰게 될 부분을 스스로 인식하고 조정하는 상위인지 활동을 통해 학생은 독립적이고 자기 주도적인 필자로 성장할 수 있다. ③ 과정 중심 작문 지도 모형에서는 학생들이 실제 작문 과정에서 이전 과정으로 회귀할 수 있다는 것을 이해하고, 다양한 방식으로 이전 과정을 확인하여 수정 보완하는 전략을 제시하고 있다.

개념 26 장르 중심 작문 지도 모형

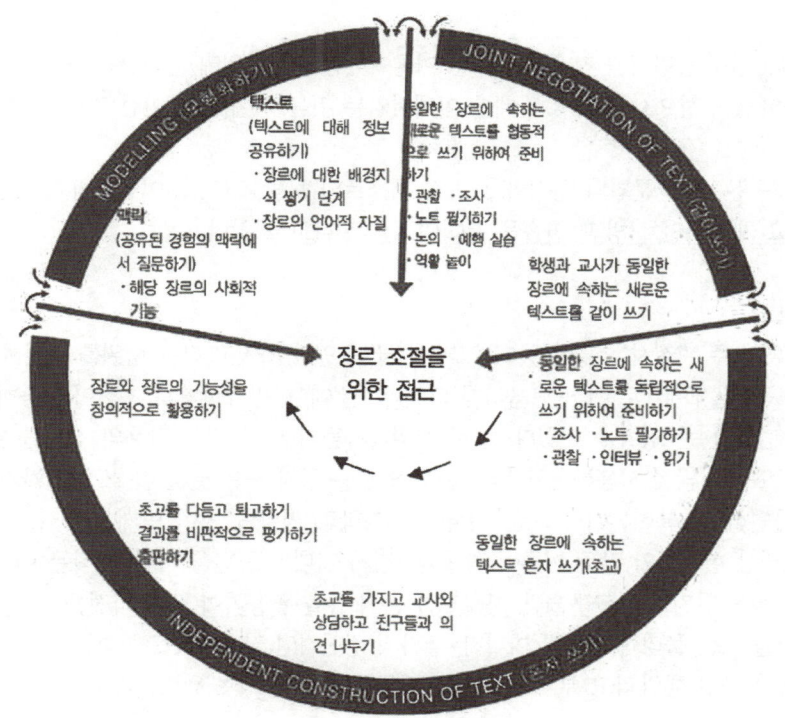

1. 맥락과 텍스트 모형화하기	교수·학습의 목표가 되는 핵심 장르를 모델로 제시하고, 이러한 장르가 어떠한 사회적 맥락 안에서 활용되고 소통되는지, 그 원형적인 구성 요소는 무엇인지, 특징적인 언어 구조와 표현들에는 어떠한 것들이 있는지를 제공함으로써 학습자로 하여금 해당 장르에 대한 원형적 틀과 형식적 표지 등을 인식할 수 있게 한다.
2. 교사와 학생이 같이 쓰기	새로운 글을 쓸 수 있도록 학습자를 준비시키는 단계로 교사와 학생이 함께 맥락적 요소와 장르의 구조 및 특징 등에 대한 지식을 공유하면서 글을 쓰는 훈련을 하도록 한다.
3. 학생 혼자 쓰기	학습자가 이전 단계에서 내재화한 지식을 바탕으로 교사의 지원 없이 자기 주도적으로 텍스트를 생산하는 단계이다.

 **작문 이론의 종류**

1 형식주의
(1) 1940년대부터 1960년대 중반까지 지배적인 작문 이론이었던 형식주의에 의하면, 글쓰기를 가르친다는 것은 텍스트 구성 요소를 분석하고 구성요소 사이의 관계를 이해시키는 것을 의미했다. 이런 경향을 '결과 중심 작문 교육'으로 설명할 수 있다.
(2) 결과 중심 작문 교육은 규범 문법의 준수와 모범적 텍스트의 모방, 그리고 어법상의 정확성을 강조하였다. 글쓰기 능력은 계속적이고 체계적인 모방과 연습을 통하여 신장된다고 보았다.

2 인지주의(구성주의)
(1) 형식주의 작문 이론의 주 관심사는 '글'이었다. 그러나 '글' 요인만 가지고 작문 행위를 설명하기에는 한계가 있었으므로, 글을 쓴 주체, 즉 '필자'에게로 관심을 옮기게 되었다. '글'에서 '필자'에게로 초점이 이동하게 된 배경에는, 심리학 분야의 패러다임 변화가 큰 영향을 미쳤다. 인지 심리학자들이 인간 정신 작용의 신비를 밝히는 실험에서 쓰기와 읽기 행위를 실험 도구로 많이 사용하면서부터, 글을 잘 읽는 독자 또는 글을 잘 쓰는 필자가 어떤 사고 작용을 하는지 관찰하였다. 자연히 독서 이론이나 작문 이론이 심리학의 영향을 많이 받게 되었다.
(2) 인지 심리학은 사실상 현대적인 작문 이론이 정립되기까지 지대한 공헌을 하였다. 작문 이론가들은 필자 개인의 의미 구성 과정에 관심을 가지고 사고구술법, 프로토콜 분석 등을 활용하여 쓰기 과정을 연구하기 시작하였다. 이때부터 작문 행위란 글을 쓰는 물리적 행위뿐 아니라, 필자의 정신적인 작용까지 포함하는 용어가 되었다. 작문이나 독서를 일반적으로 '의미 구성 행위'라고 부르게 되었고 작문을 의미 구성 행위로 설명하는 관점을 '구성주의 작문 이론'으로 부르게 되었다.
(3) 인지주의 작문 이론은 쓰기 과정을 사고 과정으로 보는 관점에서 글쓰기가 문제 해결 과정과 동일하다고 보았다. 일상생활에서 접할 수 있는 여행 계획 세우기와 비교해 보면 글쓰기와 문제 해결 과정이 공통점을 지닌다는 점을 알 수 있다. 여행이라는 목표를 달성하기 위해 계획을 세울 때 여러 가지 문제들에 봉착하게 된다. 여행 목적지를 결정하는 문제, 비용을 마련하는 문제, 여정을 짜는 문제 등 해결해야 할 일련의 문제들이 있는 것이다. 이것들을 해결하면서 여행 계획이 세워지듯이, 글쓰기도 그 과정 속에 해결해야 할 문제들이 내재되어 있다. 이때 당면한 문제를 해결하기 위해 의도적으로 선택된 최선을 방법을 뜻하는 전략(strategy)이라는 개념이 새롭게 등장한다.

3 사회구성주의
(1) 현재 구성주의에서 인간의 사고를 이해하는 방식은 두 가지로 나뉜다. Piaget와 같이 개인의 인지에 관심을 가지는 관점을 '인지주의' 라고 한다면 사회 문화적 공동체의 사고에 관심을 가지는 관점을 '사회구성주의'라고 할 수 있다.
(2) 구성주의에서 사회적 관점을 처음 제안한 Vygotsky는 개인의 고유한 사고는 존재하지 않는다고 본다. 표면적으로는 개인이 생각한 것이라도, 이는 그 개인이 속한 사회 문화적 공동체의 공통적 사고가 내면화된 것이다. Vygotsky는 학습이 담화 공동체 구성원과의 언어적 상호작용에 의해 일어난다고 보았다. 사회구성주의 이론에서는 교육 방식을 설명하는 중요한 개념으로 '근접 발달 영역'을 제안하였다. 근접 발달 영역이란 개인의 실제적 발달 수준과 잠재적 발달 수준 사이의 영역을 가리킨다. 교육이란 학습자를 잠재적 발달 수준까지 끌어올리는 것인데, 이때 교육이 이루어지는 가장 효과적인 영역이 근접 발달 영역이라는 것이다. 그리고 이 이론에서는 자신보다 우월한 공동체 구성원과의 언어적 상호작용이 개인을 발전시키는 가장 효과적인 방법이라고 본다.
(3) 사회구성주의 작문 이론에 따르면, 필자는 개별적으로 쓰기를 하는 것이 아니라, 의미를 구성하는 과정에 제약을 가하는 언어 공동체의 일원으로서 쓰기를 하는 것이다. 예를 들어, 대학생 A가 '작문 교육'이라는 강의를 듣고 보고서를 작성하는 상황을 가정해 보자. 이때 A는 작문교육을 연구하는 담화 공동체의 일원으로서 글을 써야 한다. 작문 교육 연구와 관련하여 주로 사용하는 용어, 보고서 작성 방식에 익숙해져야만 글을 쓸 수 있다. 또 자신의 보고서를 읽을 독자 역시 그 담화 공동체의 일원인 교수 혹은 동료 학생들이라는 것을 염두에 두어야 한다. A가 '작문 교육'

강의를 통해 담화 공동체의 구성원들과 이야기를 많이 나누고, 보고서를 여러 번 쓸수록, 그는 더 이상적인 담화 공동체의 일원이 되어갈 것이다. 즉, 사회구성주의 관점에서 작문을 학습하는 목적은 담화 공동체의 규범과 관습을 익히는 것인데, 이는 구성원들간의 대화에 참여함으로써 습득할 수 있다. <u>사회구성주의 관점에서 언어의 발달은 곧 사회와 공동체에 입문하는 것을 의미한다.</u>

(4) 사회구성주의 작문 이론이 현재 작문 교육에 영향을 미치고 있는 지점을 여러 군데에서 확인할 수 있다. 가장 두드러지는 영향은 국어과 교육과정이 작문을 사회적 행위로 정의하기 시작했다는 점이다. 이러한 시각에서 사회구성주의 이론은 기존의 쓰기 교실에 변화를 가져왔다. 학습자는 문식성 공동체가 가지고 있는 쓰기의 전략과 지식을 자신의 것으로 내면화해야 하는데, 이 공동체의 구성원은 교사와 또래집단이다. <u>사회구성주의 쓰기 이론은 교사와 또래집단 간의 상호작용을 강조한다.</u> 사고란 개인의 정신 활동의 결과물이 아니라 '내면화된 대화'라는 레프 비고츠키(Lev Vygotzky)의 관점을 받아들여 담화 공동체 구성원들과 나누는 대화의 과정을 중시하였다. 이를 쓰기 교실에서 구현하는 방법으로 소집단 워크숍 활동이 대두되었다. 쓰기가 이루어지는 환경을 하나의 담화 공동체로 창출함으로써 그 속에서 담화 공동체의 사유 방식과 담화 규범을 익히도록 하는 것이다.

4 표현주의

(1) 형식주의, 구성주의에 바탕을 둔 작문 이론은 한편으로 지나치게 이론에 골몰한 나머지 작문 행위를 설명하는 요인에서 글을 쓰는 필자를 소외시키기도 했다. 필자는 복잡한 이론을 고려하면서 쓰는 것은 아니며, 항상 실용적인 목적에 의해 글을 쓰는 것도 아니다. 단지 글을 쓰는 것이 즐거워서, 글을 쓰는 것으로 다양한 욕구를 충족시키기 때문이기도 하다. <u>글쓰기가 오로지 필자의 개인적 표현이라는 점에 집중하는 것이 바로 표현주의 작문 이론이다.</u>

(2) <u>표현주의 작문 이론은 '개인을 찾아 떠나기(이재기, 2005 : 86)'라는 말로 상징적으로 표현할 수 있다.</u>

(3) 표현주의 쓰기 이론가(expressivist)들은 쓰기 행위의 목적은 필자 자신의 자아 성숙에 있다고 본다. 그러기 위해서는 학생 필자, 즉 학습자가 글을 쓸 때 교사는 최소한의 역할만 해야 한다고 한다. 학습자 스스로 진정으로 쓰기 원하는 것은 무엇인지 깨닫도록 조언하는 것이 교사의 역할이라는 것이다.

(4) 이러한 표현주의적 관점은 국내에서도 찾아볼 수 있다. 이오덕, 이호철 그리고 '글쓰기 교육 연구회'가 대표적인 예라고 할 수 있다. 이들은 기존의 작문 교육이 학습자의 개성과 창의성을 말살하고 있다고 비판하면서 쓰기에서 무엇보다 중시해야 할 것은 학습자의 '생활 경험'이라고 주장한다. 즉 자기의 눈으로 자기의 생활을 솔직하게 기술하는 것을 무엇보다 강조한다. 이들은 학습자들이 쓰기를 싫어하는 이유는 그들의 실제 경험과 관련이 없는 추상적이고, 모호한 글감을 제시하고 강제적으로 쓰도록 강요하기 때문이라고 말한다. 그리고 형식과 관습에 얽매인 글쓰기 교육은 아동의 자발성, 솔직함을 빼앗아가고 있다고 지적한다(이재기, 2005 : 89).

5 대화주의

(1) 대화주의 작문 이론은 문학 이론가인 Bakhtin의 대화주의(Dialogism)에 기반하고 있다. 바흐친은 의미가 개인의 의식 속에 내재하는 것이 아니라 언어 사용의 맥락에 의하여 결정되고, 다른 사람의 언어와 상호작용함으로써 활성화된다고 하였다.

(2) 대화주의 작문 이론가들의 의미 구성에 관한 이론을 요약하면 다음과 같다.

> ① 텍스트의 의미를 구성하는 과정은 특정한 사회적, 문화적 맥락에서 담화당사자들간에 역동적이고 한시적으로 이루어지는 협상의 과정이다.
> ② 텍스트의 의미는 텍스트나 사용자에게 있는 것이 아니라 사용자 사이의 상호작용 속에 존재한다.
> ③ 텍스트는 언어 사용자 자신과 다른 사람, 인지 작용과 언어 맥락, 개인과 사회의 상호작용을 기호학적 측면에서 중재하는 기능을 갖으며 상황을 반영하는 것이 아니라 상황 그 자체이다.

 **과정 중심 글쓰기 지도**

1. 계획하기	① 계획하기는 글을 쓰기 전에 글을 쓸 준비를 하는 활동을 말한다. ② 이 단계에서는 먼저 긴장을 풀도록 한 뒤, 글을 쓰는 목적과 주제, 그리고 글을 읽을 독자가 누구인지를 설정하고, 제시된 조건은 무엇인지 생각하며, 글의 형태를 고려하도록 한다.
2. 내용 생성하기	① 글을 쓰기 위하여 아이디어를 떠올리고 수집하는 활동이다. ② 방법으로는 얼른 떠올리기(브레인스토밍), 열거하기, 이야기 나누기, 읽기, 드라마 활동하기, 명상하기, 경험하기, 저널 쓰기 등이 있다.
3. 내용 조직하기	① 많은 아이디어를 적절히 조직하여 응집성과 통일성을 높이는 활동이다. ② 방법으로는 다발 짓기, 생각 그물 만들기, 얼개(개요) 짜기, 협의하기 등이 있다.
4. 표현하기	① 앞의 단계를 거쳐 초고를 쓰는 활동이다. 처음부터 완벽하게 쓰려고 하기보다는 고치는 과정을 통하여 글을 쓰도록 하며 내용 생성이나 조직을 염두에 두도록 한다. ② 방법으로는 말로 쓰기, 내리쓰기, 문장 쓰기, 전략 활용하기, 의미 지도 그리기 등이 있다.
5. 수정하기	① 초고를 쓴 다음에 내용과 형식을 고치는 활동으로 종래에는 수정의 중요성을 크게 인식하지 못하였으나 글을 쓰는 것은 계속적인 수정의 과정임을 인지해야 한다. ② 수정은 크게 첨가, 삭제, 대체, 이동, 재배열의 다섯 가지 형태로 이루어진다. ③ 지도 방법으로는 훑어 읽기, 평가하기, 돌려 읽기, 비평 집단 운영하기, 청문회 활동 철자 및 맞춤법 게임, 출판하기 등이 있다.
6. 조정하기	• 자기 조정 전략은 글쓰기의 전 과정에서 다루어지며 자기 평가 전략, 자기 기록 전략, 자기 질문 전략, 자기 교수 전략, 자기 강화 전략 등이 있다.

 **쓰기 교수·학습 원리**

1. 다양한 접점에서의 글쓰기 경험 원리	의사소통적 글쓰기부터 개인적 글쓰기에 이르기까지 다양한 글쓰기를 경험하면서 성숙한 필자로 성장해 나간다.
2. 과정과 결과의 균형성 원리	쓰기 교육의 궁극적인 목적이 좋은 글을 쓸 수 있는 힘을 가지게 하는 것이라면 결과물로서의 글도 과정만큼이나 중요하다.
3. 단계적 책임 이양 원리	바람직한 쓰기 교육은 수업에서 주도권이 교사에게서 학습자에게 점차 이양되는 단계적 책임 이양이 일어나도록 해야 한다.
4. 다면적 피드백 원리	다면적 피드백 원리란 일련의 쓰기 교수·학습 과정에서 학습자가 교사나 동료 학습자들로부터 적극적인 비계 지원을 경험할 수 있게 하는 것을 의미한다.

 **과정별 쓰기 지도 원리와 구체적 전략**

1. 계획하기

(1) 계획하기는 말 그대로 글 쓰기 전에 글 쓸 준비를 하는 활동을 말한다. 글쓰기 과제를 분석하고, 글을 쓰는 목적이 무엇인지, 내가 쓴 글을 읽을 독자는 누구인지 등을 생각하는 활동이다. 일반적으로 미숙한 필자는 곧바로 글을 쓰는 경향이 있으나, 능숙한 필자는 비교적 계획하는 데 시간을 많이 가진다.

(2) 계획하기 지도를 할 때에는 우선 계획하기의 중요성을 일깨워 줄 필요가 있다. 계획하기의 중요성을 일깨우려면 계획하기를 제대로 하지 않았을 때와 하였을 때를 비교하는 것이 좋다. 그리고 교사가 실제로 계획하기를 어떻게 하는지 구체적인 예를 보여 주거나 사고 구술법을 통하여 교사가 계획하는 과정을 시범으로 보여 줄 필요가 있다.

(3) 계획하기 능력을 증진하기 위하여 글의 주제, 목적, 독자, 글쓰기 상황 등을 면밀히 분석하여 보는 것이 필요하다. 이를 위하여 이 항목을 포함한 점검표를 만들어 둔 다음에 스스로 점검하여 보는 활동 등을 자주 하는 것이 좋다.

2. 내용 생성하기 지도

(1) 내용 생성하기는 글을 쓰기 위하여 아이디어를 떠올리고 수집하는 활동이다. 글쓰기를 가장 단순하게 정의하면 자신의 생각이나 감정을 문자로 표현하는 행위이다. 여기에서 가장 중요한 것은 내가 가지고 있는 생각이나 감정을 충분히 끌어내는 일이다. 그런데 종래의 결과 중심의 글쓰기 지도에서는 내용 생성하기 활동을 그리 강조하지 않았다.

(2) 내용 생성을 잘하도록 하기 위해서는 여러 차례의 훈련이 필요하다. 쉽고 재미있는 주제를 택하여 내용을 생성하는 활동을 해 본다. 예를 들어, 소풍이나 가을, 운동회 등과 같이 학생들이 일상생활에서 흔히 접할 수 있고 쉽게 떠올릴 수 있는 것부터 시작한다. 그런 다음 점차적으로 깊이와 폭을 넓혀 나가면서 글쓰기에서 아이디어를 생성하는 활동의 중요성을 일깨우고, 실제로 아이디어를 생성할 수 있는 능력을 기를 수 있도록 한다.

(3) 전략

브레인스토밍	즉 자유롭게 떠올리기(brainstorming)를 지도할 수 있는데, 이는 내용 생성을 위하여 가장 보편적으로 사용하고 있는 방법이다. 이는 즉흥적으로 주제에 대하여 자기의 머릿속에 있는 아이디어를 떠올리는 활동이다.
열거하기 (listing)	주제나 범주에 따라 관련 있는 내용을 나열하는 것을 말한다. 예를 들어, 유럽, 아시아, 아프리카 등으로 나눈 뒤에 그 대륙에 속한 나라를 찾아보게 하는 활동이 여기에 해당된다.
이야기 나누기	다른 사람과 이야기를 주고받는 것이다. 이 과정에서 자기가 미처 생각해 내지 못한 아이디어를 얻을 수 있다.
경험하기	아이디어를 생성하기 위하여 직접 글의 주제와 관련된 활동을 해 보는 것을 말한다. 이 과정에서 글쓰기에 필요한 내용을 생성하도록 하는 것을 말한다.
기타	㉠ 이 밖에도 관련 자료 읽어 보기, 드라마 활동 해 보기, 명상하기 등의 활동을 할 수도 있다. 그리고 글의 주제와 관련된 이미지를 간단히 그려 보거나 만화나 그래픽 형태로 표현하여 보는 그리기 활동을 할 수 있고 크리스마스트리나 모빌과 같은 것을 만들어 보는 활동을 할 수도 있다. ㉡ 또는 비디오나 텔레비전을 보면서 아이디어를 떠올릴 수 있고, 어떤 사물에 대하여 집중해서 관찰하는 활동을 할 수 있다. 이 활동들은 비교적 시간이 많이 걸리지만 학생들에게 글쓰기에 대한 부담을 줄이고 아이디어를 생성하게 하는 데 도움이 된다는 점에서 권장할 필요가 있다.

3. 내용 조직하기 지도

(1) 우리 속담에 "구슬이 서 말이라도 꿰어야 보배"라는 말이 있다. 아무리 많은 아이디어를 생성하였다고 하더라도 그것을 적절히 조직하지 못하면 허사이다. 학생들에게 일련의 과정을 거쳐 글을 써 보게 하면 아이디어를 많이 생성하는데, 이것을 어떻게 조직하여야 할지 난감해하는 경우를 흔히 볼 수 있다. 학생들이 쓴 글을 보면 조직적이지 못하고 개개의 사실을 이리저리 나열하여 놓은 것이 많은데, 이것은 아이디어를 조직하는 능력이 부족하여 그렇다. 이런 학생들에게는 글의 주제나 목적, 독자 등을 고려하여 생성된 내용을 적절히 조절하는 것을 집중적으로 가르쳐 주어야 한다.

(2) 전략

다발짓기 (clustering)	내용 조직 능력을 길러 주기 위하여 우선 다발짓기(clustering)를 가르쳐 줄 수 있다. 다발짓기는 생성한 아이디어를 관련 있는 것끼리 묶는 활동이다.
생각 그물 만들기 (mind mapping)	중심 개념에서부터 관련된 아이디어를 시각적으로 표시하여 나가는 활동이다. 흔히 알고 있는 마인드맵(mind map)과 궤를 같이한다. 이는 아이디어들 간의 관계를 파악하는 데에도 도움이 되며, 좀 더 많은 아이디어를 생성하는 데 도움이 된다. 그리고 다발짓기와 마찬가지로 어휘력이나 일반적인 사고력을 확장하는 데 도움이 된다.
얼개짜기 (outlining)	전통적으로 해 왔던 것으로 글의 뼈대를 만드는 활동이다. 얼개는 글의 전체적인 흐름을 말하여 주는 것으로 조직적인 글을 쓰는 데 매우 필요한 활동이다. 얼개를 짜는 활동은 초고를 쓰는 데에도 필요하지만 그 자체로도 중요하며, 이는 조직적인 사고를 기르는 데 도움이 된다. 이때, 설명하는 글이나 서사적인 글은 각각 일정한 짜임을 가지고 있는데, 그것을 인식하면서 얼개를 짜면 좀 더 쉽게 얼개를 짤 수 있다.
협의하기 (conferen-cing)	글을 쓰기 전에 친구나 교사와 대화를 나눔으로써 자신의 생각을 좀 더 정교화하는 활동이다. 물론 여기에서는 내용 조직 단계에서 할 만한 전략으로 소개하였지만 아이디어를 생성하는 단계에서부터 수정하는 전체 단계에서 협의하기를 할 수 있다. 협의를 통하여 학생들은 다양한 아이디어를 접하고 자신의 생각을 정교화하며, 사회적 구성주의에서 말하는 집단의 담화 방식에 익숙해지게 된다.

4. 표현하기 지도

(1) 표현하기는 앞에서 아이디어를 생성하고 조직한 것을 바탕으로 하여 초고를 쓰는 활동이다. 글쓰기란 결국 문자 형태로 나타나야 하는 것이기 때문에 표현하기는 글쓰기 활동의 핵심이라고 할 수 있다.

(2) 학생들은 흔히 초고를 쓸 때에 '완벽하게' 써야 한다는 부담을 가지고 있는데, 이것이 글쓰기는 어려운 것으로 생각하거나 글쓰기를 싫어하게 하는 하나의 요인으로 작용한다. 어디까지나 초고는 초고로써 큰 부담 없이 쓰도록 강조한다. 그리고 초고를 쓸 때에는 글씨나 맞춤법 등과 같은 기계적인 요소(mechanical elements)에 치중하지 않도록 한다.

(3) 전략

구두 작문 또는 말로 쓰기 (oral composition)	표현 능력을 증진하기 위하여 구두 작문 또는 말로 쓰기(oral composition) 활동을 할 수 있다. 이는 초고를 실제로 쓰기 전에 먼저 쓸 내용을 말로 해 보게 하는 것이다. 이렇게 하면 부담이 적고, 쓸 내용을 개관하여 보는 데 도움이 된다.
내리쓰기 (free writing)	글씨나 맞춤법 등에 얽매이지 않고 쓰고자 하는 것을 처음부터 끝까지 쭉 내리쓰는 것을 말한다. 사람에 따라서는 자유 쓰기, 얼른 쓰기 등으로 부르기도 한다. 내리쓰기를 하면 부담도 줄이고 전체적인 흐름도 알 수 있다. 그리고 내리쓰기는 기계적인 요소보다는 내용에 초점을 두게 한다는 점에서도 의미가 있다.
관계 짓기	초고를 쓰기 직전이나 초고를 쓰는 과정에서 내용 간에 관련 있는 것끼리 관계를 지어 보게 하는 것이다. 실제로 시각적으로 관계를 지어 보게 할 수도 있다.

5. 수정하기 지도

(1) 고쳐쓰기 또는 수정하기는 주로 초고를 쓴 다음에 내용과 형식을 고치는 활동을 말한다. 종래에는 수정(또는 교정)의 중요성을 크게 인식하지 못하였으나, 글을 쓰는 것은 어떤 의미에서 계속적인 수정 활동이라고 말할 수 있다. 그만큼 글을 잘 쓰기 위하여 초고를 적절히 수정할 수 있는 능력이 필요하다.

(2) 수정의 수준 문제를 생각하여 보면, 일반적으로 단어 수준의 수정, 구나 절 수준, 문장, 문단, 글 전체 수준의 수정으로 나누어 볼 수 있다. 전체적으로 볼 때, 상위 수준에서 하위 수준으로 수정을 하게 하는 것이 좋다.

(3) 전략

훑어 읽기 (survey)	초고를 수정하는 능력을 증진하기 위하여 한 번 훑어 읽게(survey) 하는 것이 좋다. 훑어 읽기를 하면 글을 전체적으로 파악하게 되는데, 훑어 읽기를 하면서 첨가할 내용이나 삭제할 내용 등을 생각하여 보는 것이 좋다.
평가하기	자기가 쓴 초고를 되돌아보게 하는 활동이다. 크게 자기 평가와 동료 평가로 나누어 볼 수 있다. 평가를 할 때에는 글의 주제와 목적, 독자 등을 충분히 고려하여야 한다.
돌려 읽기 (reading around)	돌려 읽기도 평가하기와 비슷한 것인데, 말 그대로 서로 쓴 글을 돌려 읽고 도움을 얻는 활동이다. 이 과정에서 학생들은 자기가 미처 생각하지 못하였던 점을 깨닫게 되고 좀 더 나은 글을 쓰는 데 도움이 되는 아이디어를 얻을 수 있다.

6. 조정하기

(1) 조정하기는 일련의 글쓰기 과정 전체에서 자기가 제대로 하고 있는지 계속적으로 점검하고 통제하고 조절하여 나가는 것을 말한다. 자신의 인지 과정에 대한 점검 또는 조절 능력을 가지고 있고, 실제로 글쓰기 과정에서 조정을 잘하는 학생이 그만큼 글을 잘 쓸 가능성이 높다.

(2) 글쓰기 능력이 부족한 학생들은 자기 조정 능력이 무엇이며 왜 필요한지, 그리고 어떻게 하면 자기 조정 전략을 쉽게 익히고 제대로 사용할 수 있는지 잘 모른다. 교사가 명시적으로 전략의 개념과 중요성, 사용 방법 등을 설명하고 실제로 시범을 보임으로써 사용에 대한 감을 가지도록 한다.

(3) 전략

자기 평가	조정하기 능력을 증진하기 위해서는 우선 자기 평가 활동을 하는 것이 좋다. 이 전략은 글을 써 나가는 과정에서 자기 스스로 평가하는 것을 말한다. 자기 평가는 어떤 아이디어가 적절한 것인지, 여기에 이것을 넣으면 되는지, 이것을 이런 식으로 표현하는 것이 적절한지 등에 대하여 판단하는 행위이다.
자기 기록	글을 써 나가면서 생각난 것을 간단히 메모하거나 표시하여 가는 것을 말한다. 물론 여기에서 기록하여야 할 내용은 자신의 인지 과정을 점검하고 통제하는 요소에 초점을 둔 것이다.
자기 질문	자기 스스로에게 질문을 던지고 답하는 활동이다. 이렇게 질문 생성 전략은 학생들이 쓰기 과정에서 일련의 질문을 제기함으로써 자신의 인지 과정을 조절, 통제하는 것을 말한다.
자기 교수	자신을 가르치는 행위를 말한다. 글을 써 나가면서 '그래. 잘했어. 나는 역시 아이디어가 있어. 그런데 이건 아니야. 내가 왜 이러지?'와 같은 생각을 계속 해 나가면서 자신의 인지 과정을 점검하고 통제하는 것을 말한다. 자기가 잘했을 때에도 자기 교수를 할 수 있지만, 자신의 행동에 문제가 있을 때에 이를 바르게 해 나가는 과정에서 자기 교수를 많이 하게 하는 것이 좋다.

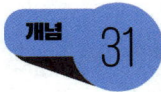 대상을 생각하며 설명하는 글 쓰기

1. 지도 강조점	① 설명하는 글을 쓸 때에는 읽는 사람이 알고 싶어 할만한 내용을, 알맞은 자료를 수집해 이해하기 쉽게 설명할 수 있도록 안내한다. ② 글을 쓸 때 필요한 자료를 수집할 수 있도록 앞 차시 수업은 컴퓨터실 또는 도서실에서 진행하는 것이 효과적이다. ③ 설명하는 글에는 확실하지 않은 정보나 추측하는 말, 주장하는 말이 들어가지 않아야 함을 학생들이 생각해 볼 수 있도록 한다. ④ 설명문에서 객관성에 어긋나는 표현	
	자신의 의견이나 주장이 드러난 경우	봄에는 씨를 뿌리며 옷은 여름과 겨울의 중간 정도로 입습니다. …… 겨울에는 날씨가 추워져 눈이 내립니다. <u>우리 모두 이런 멋있는 사계절을 보호합시다.</u>
	추측, 짐작의 표현을 사용한 경우	여름에는 사람들이 더위를 이겨 내려고 해수욕장이나 바닷가로 피서를 많이 간다. 그래서 이런 무더운 여름날에 해수욕장이나 바닷가에 가면 사람이 너무 많아서 피서를 제대로 보내지 <u>못할 것이다.</u>
2. 글의 짜임(구조) 파악하기 전략 : 그래픽 조직자	① 글은 글쓴이의 개요에 따라 구성된 것이다. 글을 이해하는 과정은 바로 그 개요를 포착하는 것이기도 하다. ② 글 전체 조직에 관심을 가지면 글의 세부 사항에 몰입하지 않게 되고, 글 전체를 한눈으로 보는 능력이 생긴다. ③ <u>글의 구조를 쉽게 파악하기 위한 대표적인 전략은 그래픽 조직자(글의 짜임에 알맞은 그림)이다.</u> 대개 벤 다이어그램, 시간 순서도, 중심 아이디어표, 이야기 그물, 인물 분석표, 비교·대조표, 의미망 등이 포함된다. ④ 그래픽 조직자를 만드는 데 학생 간의 차이가 발생하는데, 이것은 관점·태도·분석 및 해석의 차이를 보이는 것이다.	
3. 설명문 쓰기 지도 원리	1) 글쓰기 자체를 꺼려 하는 학생이 많기도 하지만 설명문은 그중에서도 학생들이 특히 쓰기 어려워하는 글 유형이다.	① 그 때문에 교과서의 딱딱한 예시 글만으로 설명문을 지도한다면 학생들의 흥미를 끌기 어렵다. ② 교과서 외에도 각종 안내문, 신문 기사, 제품 설명서 등 실생활에서 흔히 접할 수 있고 실용적인 설명문, 중에서도 초등학생이 관심을 가질 만한 것으로 지도하는 것이 좋다. ③ 이는 설명문 쓰기 과제를 제시할 때도 마찬가지다. 초등학생들이 흥미와 관심을 가지고 있고 배경지식을 충분히 활용할 수 있는 주제여야 쓸 내용을 풍부히 생성해 낼 수 있기 때문이다.
	2) 그러나 필자의 배경지식이 풍부한 주제라 하더라도 정보성이 높은 설명문을 쓰기 위해서는 글쓰기 이전에 자료 수집 활동을 선행해야 한다.	① 백과사전이나 인터넷, 관련 서적 등을 통해 주제와 관련된 다양한 자료를 수집·정선하고 자신이 쓸 글에 맞게 변형하는 작업을 해야 한다. ② 요즘은 초등학생들도 인터넷 정보 검색 능력이 뛰어나 자료 수집에는 어려움을 겪지 않지만 그 자료를 자신의 글에 맞게 변형하는 데는 서툴다. 그 때문에 설명문 쓰기 과제를 내 주면 인터넷에서 관련 자료를 그대로 복사해 오는 학생이 많다. ③ <u>따라서 관련 자료를 충분히 수집하되 그 내용을 충분히 소화하여 자신의 말로 설명문을 써야 함을 강조해야 한다.</u>
	3) 설명문 쓰기 과제를 제시할 때 또 하나 주의할 점은 그 글을 읽을 독자를 분명히 밝혀 주어야 한다는 것이다.	① 같은 주제로 글을 쓰더라도 독자가 누군가에 따라 글의 세부 내용이 달라진다. ② 필자는 독자의 배경지식을 감안하여 글을 쓰기 때문이다. 예를 들어 학교에서 있었던 일을 설명한다고 할 때, 같은 반 친구에게 얘기하는 것과 부모님에게 얘기하는 것은 다를 수밖에 없다. ③ 따라서 설명문 쓰기 과제에서는 독자가 누구인지 분명히 밝혀져 있어야 한다.

 쓰기 윤리의 범주

1. 정직하게 쓰기	① 정직하게 쓰기는 문학적인 글을 포함하는 모든 글쓰기에서 두루 다루어질 수 있는 쓰기 윤리 교육의 가장 핵심적인 범주이다. ② 정직하게 쓰기를 어기는 대표적인 것으로 표절을 들 수 있다. 표절은 일반적으로 다른 사람의 작품을 몰래 가져다 쓰는 행위이다.
2. 진실하게 쓰기	① 쓰기의 중요한 기능 중의 하나는 쓰기를 통해 자신을 성찰하고 주변의 세계를 이해할 수 있다는 점이다. ② 일기나 수필, 수기 등의 글에서 이러한 기능이 부각된다.
3. 사실대로 쓰기	• 실험이나 관찰, 조사 등으로 이루어지는 연구에서 그 과정이나 결과를 조작해 자신에게 유리하게 쓰는 경우, 자신에게 불리한 연구 결과 또는 자신의 가설과 일치하지 않는 결과 등을 의도적으로 누락하는 것은 윤리적인 쓰기라고 할 수 없다.

33 쓰기 평가 방법

1 총체적 평가법

(1) 개념
   ① 총체적 평가(holistic assessment)는 '부분의 합이 전체가 될 수 없다'는 관점에서 글을 전체적인 관점에서 바라보는 방법이다.
   ② 총체적 평가에서는 학생이 쓴 글에 대하여 감점 요인을 요소별로 구별하는 것이 아니라, 학생들이 쓴 글을 신속하게 읽고, 전체적인 관점에서 평가하여 글에 대한 단일한 점수를 부여한다는 점에서 작문 평가에 대한 고도의 전문성이 요구된다.

(2) 예시

쓰기 과제	평가 기준	주석
자신이 경험한 일 중에서 가장 기억에 남는 일 한 가지 쓰기	표현적인 글의 특성을 잘 나타내었고, 일반적인 쓰기 기능도 뛰어남	상황이나 장면을 구체적으로 잘 묘사하고 있으며, 왜 그 사건이 자신에게 중요한지를 잘 나타내었다. 그리고 당시의 상황, 장면, 사람들을 독자들이 잘 알도록 서술하고 있으며, 어법의 실수가 거의 없다.

(3) 장점
   ① 분절적인 평가 요소로는 설명하기 어려운 한 편의 완성된 글이 가지는 가치를 반영하여 쓰기 능력을 평가할 수 있다는 장점이 있다.
   ② 또한 총체적 평가 방식은 분석적 평가 방식보다 빠른 속도로 평가할 수 있다는 점에서 효율적이라는 장점이 있다.

(4) 단점
   반면에 총체적 평가 방식은 학생이 자신의 글에서 부족한 부분이 무엇인지를 구체적으로 파악하기 위한 정보를 제공하는 데에는 한계가 있다.

2 분석적 평가법

(1) 개념
   - 분석적 평가(analytic assessment)는 학생이 쓴 글을 여러 가지의 하위 요소로 나누어서 평가하는 것이 교육적으로 더 많은 정보를 제공할 수 있다는 관점에서, 글이 가지는 각각의 요소별로 글을 평가하는 방식이다.

(2) 예시

쓰기 과제		평가 기준
자신이 겪은 일을 생각이나 느낌이 잘 드러나게 쓰기	내용	주제 및 소재 선정이 적절하고 자신의 생각과 느낌이 잘 드러나 있는가?
	조직	처음, 중간, 끝이 분명하고 글의 흐름이 자연스럽고 문단 구분이 잘 되었는가?
	표현	문체 및 어휘 사용이 개성 있고 상황이나 장면을 부각시키는 묘사가 구체적인가?
	맞춤법	맞춤법이나 어법에 맞고 글씨를 바르게 썼는가?

(3) 장점
   분석적 평가를 활용하면 총체적 평가에서는 발견하기 어려운 각 평가 요소별로 학생들의 강약점을 면밀하게 발견할 수 있어, 구체적인 피드백이 가능하다는 장점이 있다.

(4) 단점
   ① 반면에 분석적 평가는 자세한 채점 기준에 의해서 평가가 이루어져야 하므로 시간과 노력이 많이 소요된다.
   ② 한 편의 글이 가지는 가치가 각각의 요소에서 받은 점수의 물리적인 총합으로 평가된다는 점에서 많은 비판을 받는다.

3 주요 특성 평가법

① 좋은 작품의 특성이나 요소를 중심으로 하는 평가방법이다.

② 주요 특성 평가를 지지하는 연구자들은 질 좋은 작품의 특성이나 요소가 작품 형식이나 청자의 영향을 많이 받는다고 믿기 때문에 작품의 질을 평가할 때에도 구체적 과제 상황에 알맞은 평가 기준을 사용한다고 생각한다.

③ 이때 사용되는 주요 특성 평가 지침에는 특정 쓰기 과제나 작품 유형, 작품의 장르적 특성에 부합되는 텍스트 내용이나 형식적 특징, 장르 특성을 반영한 평가 척도, 평가 수준별 작품 표본, 각 표본에 대한 평가 예시 자료 등이 반영된다.

④ 주요 특성 평가는 1980년대에 첫 선을 보인 이후 후속 연구자에 의해 20여 회에 걸쳐 수정·보완되는 과정을 거쳤고, 최근에는 6가지 정도로 압축되었다. 이것을 6가지 주요 특성 평가법이라고 한다.

⑤ 여기에는 내용, 조직, 목소리, 낱말, 문장의 유창성, 관습(띄어쓰기와 맞춤법)의 여섯 가지가 있다. 최근에는 프레젠테이션 요소를 추가한 6+1 쓰기 주요 특성 평가법도 등장하였다.

6절 문법

개념 34 어휘 지도 방법

1 국어 사전 찾기를 통한 지도

개념 및 지도 방법	장·단점
① '사전적인 뜻 익히기' 방법은 모르는 어휘의 뜻을 알고 싶을 때 사전을 활용하는 방식으로, 가정이나 학교 현장에서 많이 사용하는 방법이다. ② 뜻을 모르는 낱말에 직면하였을 때 그 뜻을 알기 위하여 일반적으로 사용하는 방법은 국어사전을 활용하는 것이다. ③ 어려운 낱말을 조사하거나 비슷한말, 반대말, 동형어, 다의어 등을 찾아보고 익히는 데 효과적이다. ④ 실제 지도에 있어서도 교사는 학생들이 글을 읽고 낯선 낱말을 만나면 사전에서 그 낱말의 의미를 찾아보도록 지도한다.	① 이 방법은 그 낱말의 기본적인 의미를 정확히 이해하게 하는 데 유용하다. ② 그러나 이런 방법으로 어휘를 학습하다 보면 기본 어휘에서 파생된 어휘의 의미를 인식하지 못하고, 구체적인 상황에서 그 낱말이 어떻게 사용되는지 알지 못하는 경우가 많다.

2 문맥이나 상황 등 맥락 활용 지도

<table>
<tr><th rowspan="5">개념 및
지도 방법</th><th>개념</th><td colspan="3">• 글을 읽거나 이야기를 들으면서 어려운 낱말을 확인하도록 한 뒤에 그 앞뒤 맥락을 통하여 그 낱말의 뜻을 파악하게 하는 것인데, 글을 읽을 때나 이야기를 들을 때에 여러 가지 맥락적 단서를 활용하여 낱말의 뜻을 파악하고 글이나 담화의 의미를 구성하는 방법을 말한다.</td></tr>
<tr><th rowspan="3">지도의 예</th><th>기본적인 뜻으로 쓰인 경우</th><th colspan="2">번져 나간 뜻으로 쓰인 경우</th></tr>
<tr><td rowspan="2">수돗가에서 <u>손</u>을 씻다.</td><td>예문</td><td>예문의 뜻</td></tr>
<tr><td>• <u>손</u>이 모자라다.
• 우리 <u>손</u>으로 해야 한다.
• 남의 <u>손</u>에 넘어갔다.</td><td>→ 일할 사람이 모자라다.
→ 우리 힘으로 해야 한다.
→ 남의 소유가 되었다.</td></tr>
<tr><td colspan="4">• 위의 예를 보면 모두 '손'이라는 낱말을 쓰고 있지만 그 의미는 문맥에 따라 달라짐을 알 수 있다. 이 경우 그 의미를 나타내는 다른 말로 바꾸어 봄으로써 분명하게 구별할 수 있다.</td></tr>
<tr><th>장·단점</th><td colspan="4">① 이러한 방법은 동음이의어나 다의어, 의미상의 미묘한 차이가 나는 낱말의 뜻을 익히게 하는 데도 유용하다.
② 구체적인 방법으로 문장에 빈칸을 두어 알맞은 말을 넣게 하는 방법, 책을 많이 읽게 하여 무의식중에 자연스럽게 어휘력을 확장하게 하는 것 등도 생각하여 볼 수 있다.
③ 맥락을 활용한 낱말의 의미 지도는 그 낱말이 사용되는 상황을 파악하게 하는 데 유용하다.
④ 따라서, 실제적인 국어 사용 상황에 전이가 용이하다.
⑤ 실제로 글과 담화를 많이 접하게 되기 때문에 어휘뿐만 아니라 문장 구성, 어법 등도 익힐 수 있다는 부수적인 효과도 기대할 수 있다.
⑥ 그러나 이 방법이 많은 양의 새로운 낱말을 익히게 하는 데에는 부적절하다.
⑦ 담화나 글에 낯선 낱말이 많이 포함되어 있으면 단서로 활용할 수 있는 맥락 자체가 파악되지 않기 때문이다.
⑧ 이 방법은 읽게 되는 글이나 듣게 되는 담화에 나타나는 대부분의 낱말을 이해하고 있는 학생들에게 적용할 수 있다.</td></tr>
</table>

3　의미 관계 비교를 통한 지도

개념	① 이 방법은 어떤 형태로든 의미 관계로 맺어지는 낱말들을 체계적으로 이해하도록 함으로써 어휘력을 신장하기 위한 지도 방법이다. ② 초등학생들이 쉽게 인식하는 의미 관계는 반의 관계, 유의 관계, 상하 관계 등이다. ③ 의미적으로 공통점이나 차이점을 가지고 있거나 그 뜻의 넓이에서 차이가 나는 일련의 낱말들은 그 의미 바탕을 비교함으로써 낱말들의 의미를 분명히 구별하여 이해할 수 있다. ④ 구체적인 방법에는 의미 바탕 분석법과 의미 구조도 그리기 방법이 있다.
종류	**(1) 의미 바탕 분석법** 개념: 낱말의 의미를 구별할 수 있는 의미의 바탕을 제시한 뒤에 제시한 의미 바탕과 관련이 있는지 없는지를 분별하는 방법으로, 낱말들 사이의 명확한 의미 관계 분석과 개념 파악을 하는 데 유용하다. 지도의 예: | 낱말 \ 의미 바탕	오래되다	유정물
---	---	---
늙다	+	+
낡다	+	−	 **(2) 의미 구조도 그리기** ① 지도 대상이 되는 낱말과 다른 낱말과의 의미상의 차이점과 유사점을 도식화하여 그 의미와 용법을 깨닫게 하는 방법으로, 의미가 유사한 몇몇 낱말의 의미 변별을 통하여 정확히 각각의 의미를 이해시키는 방법이다. ② 위계 구조에 따라 도식화할 수도 있고, 순차 구조로 할 수도 있고, 원이나 그래프 등의 형태로 제시할 수도 있다. [어떤 물건을 몸에 부착하다] [+전체]: [옷]-입다, [외투]-걸치다 [−전체]: [머리]-쓰다, [목]-매다, [허리]-띠다, [손]-끼다, [발]-신다

4　의미 지도 그리기를 통한 지도

개념	① '의미 지도 그리기'의 방법은 하나의 주제를 중심으로 이와 관련되는 어휘나 사실을 열거하고 범주화하는 것이다. ② 이 방법은 어휘들 간의 관련성을 통하여 각 어휘의 뜻을 파악하게 한다. ③ 어휘들 간의 관련성을 비교·검토하는 것은 곧, 자신의 사전 지식을 이끌어 내어 새로운 지식과 만나는 과정으로 새로운 개념을 획득하는 과정이다.
'사과'에 대한 의미 지도의 예	① 먼저, 공부할 중심 낱말이나 주제를 제시한다. 그 다음에 의미 지도를 그리는 순서를 말하여 주고 영역을 만든다. 또는 학생들 각자가 자신의 학습장에 스스로 영역을 만들어 범주화하면서 의미 지도를 그리게 할 수도 있다. ② 아니면 이들 영역을 먼저 제시하지 않고 주제와 관련된 어휘를 전부 나열하게 한 뒤에 이들 어휘들을 몇 개의 영역으로 나누어 보게 할 수도 있다. 이어 주제와 관련된 자신의 경험이나 어휘 등을 자유롭게 말하여 보게 한다. 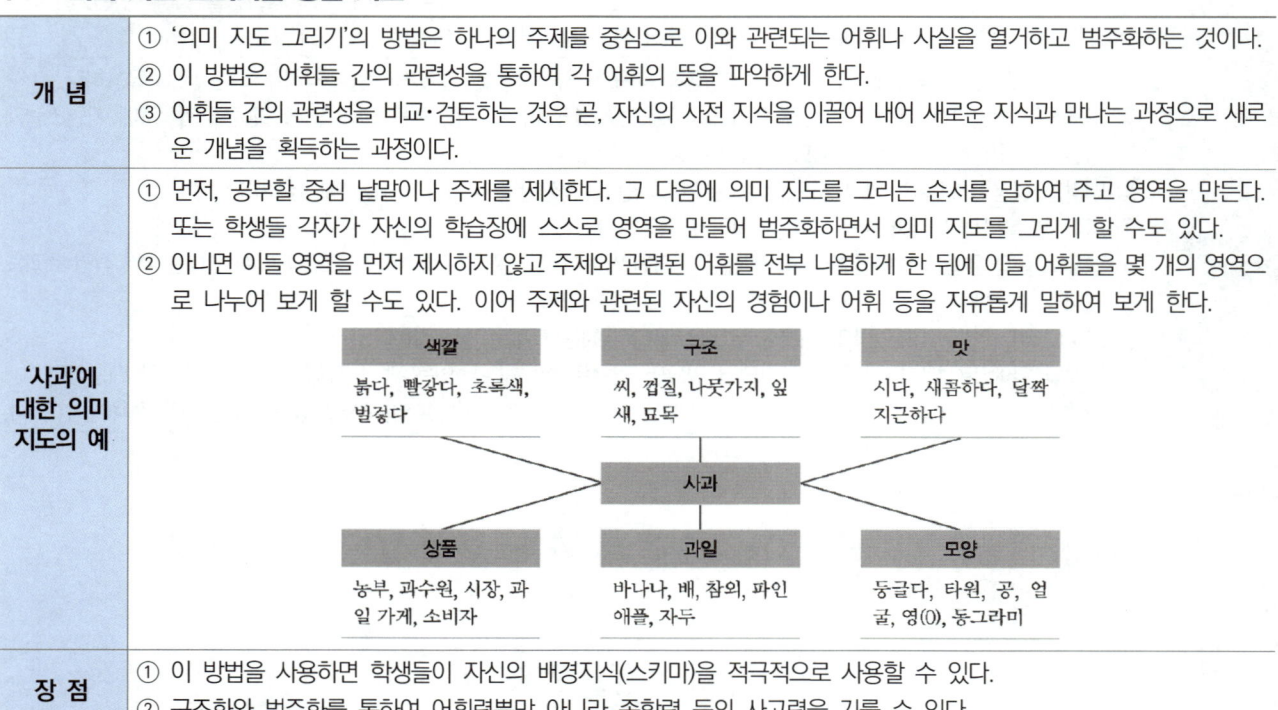 색깔: 붉다, 빨갛다, 초록색, 빨겋다 / 구조: 씨, 껍질, 나뭇가지, 잎새, 묘목 / 맛: 시다, 새콤하다, 달짝지근하다 / 상품: 농부, 과수원, 시장, 과일 가게, 소비자 / 과일: 바나나, 배, 참외, 파인애플, 자두 / 모양: 둥글다, 타원, 공, 얼굴, 영(0), 동그라미
장점	① 이 방법을 사용하면 학생들이 자신의 배경지식(스키마)을 적극적으로 사용할 수 있다. ② 구조화와 범주화를 통하여 어휘력뿐만 아니라 종합력 등의 사고력을 기를 수 있다.

5 낱말 구조 분석을 통한 지도

개념 및 장점	① 낱말의 구조 분석을 통한 어휘 지도는 접두사, 접미사와 어근의 분석, 낱말의 어원 등을 통하여 낱말의 이해와 생성을 지도하는 것을 말한다. ② 이 방식은 낱말 전체의 의미 파악뿐만 아니라 같은 접사나 어근을 가진 낱말을 접하였을 때 그 의미를 쉽게 추측하게 하고, 새로운 낱말을 만드는 학습으로 발전시킬 수 있다는 장점이 있다.		
지도의 실제	낱말 벽	① 낱말 벽은 큰 종이를 교실의 빈 벽에 붙여 놓고 몇 개의 빈칸으로 나눈 뒤에 기준이 되는 것(접두사, 접미사, 어근 등)을 각 부분에 붙이고 학생들로 하여금 각 칸에 들어갈 낱말들을 적어 보도록 하는 것이다. ② 이 활동을 통하여 학생들은 같은 구조의 낱말이나 같은 어근의 낱말들을 학습하게 된다.		
	낱말 정렬	① 낱말 정렬은 구조적 차이를 알 수 있는 낱말들을 제시하고 낱말을 정렬하는 방법이다. ② 낱말을 정렬하는 것은 열린 유형과 닫힌 유형 두 가지가 있다.		
		열린 유형	닫힌 유형
		• 다음 낱말들을 기준을 정하여 분류해 보자. 　낮잠, 풋고추, 손수건, 풋사과, 책가방, 손발, 부채질, 가위질, 바느질 – 풋고추, 풋사과 : '풋-'이 붙은 낱말 – 부채질, 가위질, 바느질 : '-질'이 붙은 낱말 – 낮잠, 손수건, 책가방, 손발 : '풋-'이나 '-질'이 붙지 않은 낱말	• 다음 낱말들을 합성어와 파생어로 분류하여 보자. 　낮잠, 풋고추, 손수건, 풋사과, 책가방, 손발, 부채질, 가위질, 바느질 – 합성어 : 낮잠, 손수건, 책가방, 손발 – 파생어 : 풋고추, 풋사과, 부채질, 가위질, 바느질

6 말놀이를 통한 지도

개념	① 말놀이란 말을 주고받으며 즐기는 놀이의 한 형태로, 최근 많은 연구에서 제시하고 있는 학습 전략이면서 학생들의 흥미도가 높은 방법 가운데 하나이다. ② 학생은 말놀이 형태의 언어적 상호 작용을 통하여 언어 자체뿐만 아니라 언어에 대한 감각, 다양한 의미 관계를 익히고 언어를 통한 사실 세계를 이해할 수 있다.		
말놀이 학습 유형	형태	유형	내용
	연결형	소리가 같은 말 찾기	• 음소, 음절, 낱말의 언어 형식이 부분적으로 동일한 말로 이어 나가는 말놀이
		낱말 찾기	• 주어진 조건이나 상황에 맞게 낱말들을 연상하여 이어나가는 말놀이
		말 잇기	• 앞 문장을 사용하여 다음 문장을 이어 나가는 말놀이
	문답형	수수께끼	• 어떤 사물의 본질이나 속성을 비유하거나 빗대어서 그 말의 뜻을 알아맞히는 말놀이
		스무고개	• 어떤 사물을 모르는 상태에서 질문을 계속하여 그 사물을 알아맞히는 말놀이
		익은말 찾기	• 관용어나 속담, 격언과 관련된 문제를 제시하면 답을 알아맞히는 말놀이
	전달형	말 전하기	• 말을 그대로 전달하여 내용을 재확인하는 말놀이

개념 35 자음 체계

자음은 공기의 흐름이 어디에서 방해를 받고(조음 위치), 어떻게 방해를 받는지(조음 방법)에 따라 나뉨.

조음 방법			조음 위치	입술소리 (양순음)	잇몸소리 (치조음)	센입천장소리 (경구개음)	여린입천장소리 (연구개음)	목청소리 (후음)
안울림 소리 (무성음)	파열음	예사소리		ㅂ	ㄷ		ㄱ	
		된소리		ㅃ	ㄸ		ㄲ	
		거센소리		ㅍ	ㅌ		ㅋ	
	마찰음	예사소리			ㅅ			ㅎ
		된소리			ㅆ			
	파찰음	예사소리				ㅈ		
		된소리				ㅉ		
		거센소리				ㅊ		
울림소리 (유성음)	비음			ㅁ	ㄴ		ㅇ	
	유음				ㄹ			

[조음 위치]
- 입술소리: 두 입술이 맞닿아 나는 소리
- 잇몸소리: 혀끝과 윗잇몸이 맞닿아 나는 소리
- 센입천장소리: 혓바닥이 센입천장에 닿아서 나는 소리
- 여린입천장소리: 혓바닥 뒷부분과 여린입천장 사이에서 나는 소리
- 목청소리: 목청 사이에서 만들어지는 소리

[조음 방법]
- 파열음: 허파에서 나오는 공기를 일단 막았다가 터뜨리면서 내는 소리
- 마찰음: 입 안이나 목청 사이의 통로를 좁히고 공기를 그 좁은 틈 사이로 내보내어 마찰을 일으키면서 내는 소리
- 파찰음: 막았다가 서서히 터뜨리면서 마찰을 일으켜 내는 소리
- 비음: 입 안의 통로를 막고 코로 공기를 내보내면서 내는 소리
- 유음: 혀끝을 잇몸에 가볍게 대었다가 떼거나, 잇몸에 댄 채 공기를 그 양옆으로 흘려보내면서 내는 소리

---

① 비음화: 단어를 발음할 때 무성음이 유성음과 만나면 유성음화되는 현상. 조음 방법이 변화하는 것
  ㅂ (ㄴ, ㅁ 앞에서) → [ㅁ]   예) 잡는다 → [잠는다]
  ㄷ (ㄴ, ㅁ 앞에서) → [ㄴ]   예) 받는다 → [반는다]
  ㄱ (ㄴ, ㅁ 앞에서) → [ㅇ]   예) 막는다 → [망는다]
② 유음화: 비음 'ㄴ'이 유음 'ㄹ'을 만나면 유음으로 바뀌는 현상. 조음 방법이 변화하는 것
  예) 신라 → [실라]
③ 구개음화: 받침 'ㄷ, ㅌ'이 'ㅣ' 모음 계열의 형식 형태소와 결합하면 구개음인 'ㅈ, ㅊ'이 되는 현상. 조음 위치, 조음 방법이 모두 변화하는 것
  예) 같이 → [가치] / 미닫이 → [미다지]

모음 체계

(1) 단모음
　① 개념: 발음하는 도중에 입술 모양이나 혀의 위치가 고정되어 움직이지 않는 모음
　② 체계: 'ㅏ, ㅐ, ㅓ, ㅔ, ㅗ, ㅚ, ㅜ, ㅟ, ㅡ, ㅣ'로 모두 10개. 이는 혀의 앞뒤 위치, 혀의 높낮이, 입술 모양 등에 따라 다음과 같이 구분됨.

혀의 앞뒤 위치 　　　　　　입술 모양 혀의 높낮이	전설 모음		후설 모음	
	평순 모음	원순 모음	평순 모음	원순 모음
고모음(폐모음)	ㅣ	ㅟ	ㅡ	ㅜ
중모음(반개모음, 반폐모음)	ㅔ	ㅚ	ㅓ	ㅗ
저모음(개모음)	ㅐ		ㅏ	

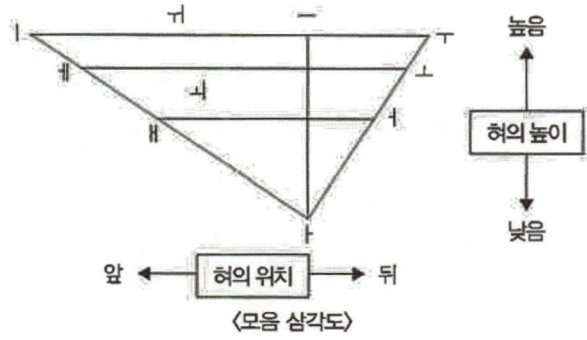

〈모음 삼각도〉

[혀의 앞뒤 위치]
　• 전설 모음: 발음할 때 혀의 최고점이 앞쪽에 놓이는 모음
　• 후설 모음: 발음할 때 혀의 최고점이 뒤쪽에 놓이는 모음
→ 예를 들어, 'ㅔ'를 발음하다가 'ㅓ'를 발음해 보면 혀의 최고점이 확 뒤로 넘어가는 것을 느낄 수 있음.

[혀의 높낮이]
　• 고모음: 혀의 높이가 높음.
　• 중모음: 혀의 높이가 중간임.
　• 저모음: 혀의 높이가 낮음.
→ 예를 들어, 'ㅣ', 'ㅔ', 'ㅐ'를 순서대로 발음해 보면 입이 점점 벌어지는 것을 느낄 수 있음. 이렇게 입이 벌어질수록 혀의 높이는 낮아짐.

[입술 모양]
　• 평순 모음: 입술을 오므리지 않고 평평하게 하고 발음
　• 원순 모음: 입술을 동그랗게 오므리고 발음

(2) 이중 모음
① 개념: 발음하는 도중에 입술 모양이나 혀의 위치가 달라지는 모음
② 체계: '반모음 + 단모음' 또는 '단모음 + 반모음'의 구성으로 모두 11개
※ 반모음: 발음할 때 공기 흐름의 방해를 받지 않아 모음에 가깝지만, 홀로 발음되지 못하고 반드시 다른 모음에 붙어야 발음될 수 있다는 점에서는 자음과 비슷하기 때문에 중간적 존재로 보며, 독립된 음운이 아닌 것으로 취급함. j-계와 w-계로 나뉨.

j-계 이중 모음	ㅑ, ㅕ, ㅛ, ㅠ, ㅒ, ㅖ, ㅢ
w-계 이중 모음	ㅘ, ㅙ, ㅝ, ㅞ

→ 상향 이중 모음: 반모음(j) + 단모음 / 반모음(w) + 단모음
→ 하향 이중 모음: 단모음 + 반모음(j). 이는 'ㅢ' 하나뿐임.

개념 37 단어의 관계

1. 유의 관계: 소리는 다르지만 의미가 비슷한 관계

고유어 – 한자어 – 외래어	[예] 가락 – 율동 – 리듬
일상 – 높임	[예] 밥 – 진지, 나이 – 춘추
유사 감각	[예] 노랗다 – 노르스름하다

유의 관계
- 두 개 이상의 단어가 공통적인 의미 성분을 가질 때 유의 관계가 성립함.
  [예] '윗옷'과 '상의'는 공통적으로 [+옷], [+위]라는 의미 성분을 가지고 있다는 점에서 유의어라고 할 수 있음.
- 한 단어와 유의 관계를 이루는 단어는 여러 개일 수 있는데, 문맥에 따라 각기 다른 단어가 유의 관계를 이루기도 함. 특히 고유어의 경우 문맥에 따라 유의 관계를 이루는 한자어들이 다를 수 있음.
  [예] ┌ 막다 – 방어(防禦)하다, 금지(禁止)하다, 억제(抑制)하다
       └ 마음먹다 – 작심(作心)하다, 의도(意圖)하다, 계획(計劃)하다

2. 반의 관계: 두 단어가 여러 공통 의미 요소를 가지고 있으면서 다만 하나의 의미 요소가 다른 관계. 서로 다른 의미 요소가 두 개 이상이면 반의어가 아니라 서로 무관한 단어임.

(1) 상보(모순) 반의어: 상호 배타적 대립 관계로 양분되는 단어의 쌍
    [예] 금속 – 비금속, 남자 – 여자, 출석 – 결석

(2) 등급(정도) 반의어: 두 단어 사이에 등급성이 있어서 중간 단계가 있으면서 대립되는 단어의 쌍
    [예] 길다 – 짧다, 쉽다 – 어렵다, 덥다 – 춥다

(3) 방향(대칭) 반의어: 관계나 이동의 측면에서 대립되는 단어의 쌍
    [예] 형 – 아우, 오른쪽 – 왼쪽, 가다 – 오다

반의 관계
- 두 개 이상의 단어가 공통적인 의미 성분을 지니면서 여러 의미 성분 중 하나만 반대될 때 반의 관계가 성립함.
  [예] ┌ 총각: [+인간], [+남성], [+성년], [–기혼] ┐
       └ 아저씨: [+인간], [+남성], [+성년], [+기혼] ┘ 반의 관계 성립
- 반의어는 의미 성분의 차이에 따라 달라지는 경우도 있음.
  [예] ┌ 서다(어떤 곳에서 다른 곳으로 가던 대상이 어느 한 곳에서 멈추다.) ↔ (버스가) 가다
       └ 서다(나라나 기관 따위가 처음으로 이루어지다.) ↔ (나라가) 망하다

3. 상하 관계: 단어의 의미적 계층 구조에서, 한쪽이 의미상 다른 쪽(하의어)을 포섭하거나 다른 쪽(상의어)에 포섭되는 관계. 상의어일수록 일반적이고 포괄적인 의미를, 하의어일수록 개별적이고 한정적인 의미를 가짐.

> **상하 관계와 대용 표현**
> 상하 관계에 있는 단어를 활용해 대용 표현으로 사용하기도 한다. 그런데 이때 앞에 나온 말의 상위어로 앞에 나온 말을 대신하는 경우는 있어도 그 반대의 경우는 성립하지 않는다.
> 예 강에는 유람선이 떠 있었다. 배 안에는 관광객들이 타고 있었다.
>   → 유람선: 하위어, 배: 상위어이자 대용 표현

4. 부분 – 전체 관계: 한 단어가 다른 단어의 부분이 되는 관계
예 바퀴 – 자동차 / 분침 – 시계

> **부분 – 전체 관계**
> '부분 – 전체' 관계에 있는 단어가 상하 관계에 있는 단어와 구별되는 특징은 하위어는 상위어라고 할 수 있지만 부분어는 전체어라고 할 수 없다는 것이다.
> 예 '개나리(하위어)'는 '꽃(상위어)'이라고 할 수 있는 반면, '단추(부분어)'는 '옷(전체어)'이라고 할 수 없음.

 **파생어**

어근의 앞이나 뒤에 파생 접사가 붙어서 만들어진 단어. 어근의 앞에 붙는 파생 접사가 접두사, 뒤에 붙는 것이 접미사

1. 접두사로 파생된 단어: 접두사는 특정한 뜻을 더하거나 강조하며 새로운 말을 만들어 내지만, 대부분 어근의 품사를 바꾸지는 못함. 의미를 한정하므로 이때 사용된 접사는 한정적 접사임.

(1) 명사 앞에 붙는 접두사(접두사+명사)

접두사	의미	예	비고
강-	호된, 매우 센	강추위, 강타자	
개-	1) 야생의 2) 질이 떨어지는 3) 쓸데없는	1) 개나리 2) 개떡 3) 개수작	'개구멍'은 합성어
군-	1) 쓸데없는 2) 가외의	1) 군소리, 군살 2) 군식구	'군밤'은 합성어
날-	1) 생것의 2) 아직 익지 않은 3) 아주 지독한	1) 날고기 2) 날김치 3) 날강도	'날짐승'은 합성어
대-	큰, 위대한, 훌륭한, 범위가 넓은	대보름, 대기록, 대성공	
덧-	본래 있는 위에 더, 거듭된, 겹쳐	덧니, 덧신	
돌-	1) 야생의 2) 질이 떨어지는	1) 돌미나리 2) 돌배, 돌감	
들-	야생으로 자라는	들깨, 들국화, 들장미	
맨-	오직 그것뿐인, 다른 것이 섞이지 않은	맨몸, 맨발, 맨주먹	
맏-	같은 항렬 등에서 손위로서 첫째인	맏아들, 맏며느리, 맏손자, 맏이	
민-	꾸미거나 달린 것이 없는	민얼굴, 민머리, 민소매	
선-	1) 익숙하지 않고 서툰 2) 충분치 않은	1) 선무당 2) 선잠	
시(媤)-	시집의, 시가의	시부모, 시동생, 시삼촌	
참-	진짜의, 품질이 우수한	참사랑, 참뜻, 참흙	
풋-	1) 덜 익은 2) 미숙한 3) 깊지 않은	1) 풋사과 2) 풋사랑 3) 풋잠	
헛-	보람 없는	헛고생, 헛농사, 헛수고	
홀-	짝이 없고 하나뿐	홀아비, 홀어미, 홀몸	
홑-	하나로 된, 한 겹으로 된, 혼자인	홑이불, 홑바지, 홑몸	

(2) 용언 앞에 붙는 접두사(접두사+용언)

접두사	의미	예
늦-	때가 늦게	늦되다
덧-	거듭, 겹쳐서	덧대다, 덧붙이다
되-	도리어, 도로, 다시	되넘겨짚다, 되찾다, 되새기다
뒤-	1) 몹시, 마구 2) 반대로, 뒤집어	1) 뒤끓다 2) 뒤바꾸다
드-	정도가 한층 높게	드높다, 드날리다
들-	몹시, 마구	들끓다, 들볶다, 들쑤시다
짓-	마구, 함부로, 몹시	짓누르다, 짓밟다
치-	위로	치솟다, 치닫다
새-	빛깔이 짙고 선명하게	새하얗다, 새빨갛다
헛-	보람 없이, 잘못	헛살다, 헛디디다

2. 접미사로 파생된 단어: 접미사는 의미 제한과 품사 파생 기능을 가지고 있음.

(1) 한정적 접사: 어근에 접사가 붙지만 본래의 품사를 유지함. 소수의 어근과 결합하여 분포가 한정됨.

접미사	의미	예
-꾼	어떤 일을 전문적으로 하는 사람, 또는 어떤 일을 습관적으로 하는 사람	소리꾼, 사냥꾼, 노름꾼
	어떤 일 때문에 모인 사람	구경꾼
-님	높임의 접미사	선생님
-보	그것을 특징으로 지닌 사람	꾀보, 잠보, 싸움보
-장이	전문적 기술을 가진 사람	수선장이, 땜장이
-쟁이	그것의 속성을 많이 가진 사람	멋쟁이, 심술쟁이, 욕심쟁이
	그것을 직업으로 하는 사람	관상쟁이, 점쟁이
-다랗다	정도가 꽤 뚜렷함.	커다랗다, 굵다랗다, 높다랗다
-이-, -히-, -리-, -기-	사동과 피동	먹이다, 남기다, 먹히다
-질	그 도구로 하는 일 또는 직업, 노릇과 짓(때론 비하의 의미를 지님)	낚시질, 톱질, 도둑질, 순사질, 노름질

(2) 지배적 접사: 어근에 접사가 붙어 본래의 품사를 바꾸는 지배적 역할

> **지배적 접미사의 기능**
> 접두사는 어근의 품사를 바꾸는 경우가 극히 드물지만, 접미사는 어근의 품사를 바꾸는 경우가 많음. 이렇게 어근의 품사를 바꾸는 접미사를 '지배적 접사'라고 함.
> 예) 먹-(동사의 어근) + -이(접미사) ┐
>   넓-(형용사의 어근) + -이(접미사) ┘ → '먹-'과 '넓-'은 용언의 어간이 단어 형성의 재료인 어근으로 쓰인 것

① 명사화 접미사

접미사	예	접미사	예
-음	웃음, 얼음, 걸음, 믿음	-게*	집게
-기	말하기, 쓰기, 보기, 뛰기	-애*	마개(막- + -애)
-이	놀이, 벌이, 높이, 깊이, 넓이	-엄*	무덤(묻- + -엄), 주검(죽- + -엄)
-개	덮개, 지우개	-웅*	마중(맞- + -웅)

* 어원 분석

> • -ㅁ/-음, -기: 명사화 접미사(명사 파생 접사)와 명사형 어미의 구분
>
> | ① 서술성을 확인한다. | ② 수식어를 확인한다. |
>
> 예) ┌ 아침에 하는 달리기는 건강에 매우 좋다. → 명사화 접미사(명사 파생 접사)
>   └ 난 모임에 늦지 않으려고 더 빨리 달리기 시작했다. → 명사형 어미
>
> • 어근의 원형을 밝히어 적는 경우와 어근의 원형을 밝히어 적지 않고 소리 나는 대로 적는 경우 구분
>
> | 어근의 원형을 확인한다. |
>
> | 어근의 원형을 밝히어 적는 경우 | 어근의 원형을 밝히어 적지 않고 소리 나는 대로 적는 경우 |
> |---|---|
> | 웃음(웃- + -음) 멋쟁이(멋- + -쟁이) | 마개(막- + -애) 나머지(남- + -어지) |
> | 오뚝이(오뚝- + -이) 지우개(지우- + -개) | 무덤(묻- + -엄) 마중(맞- + -웅) |
> | 각 형태소가 지닌 뜻이 분명히 드러나도록 하기 위해 그 본 모양을 밝혀 어법에 맞도록 적음. | • 단어의 의미가 어근이나 어간의 본뜻과 멀어진 경우
• 현대 국어에서 새로운 단어를 만들지 못하는 접사 |

② 동사화 접미사

접미사	예
-하다	운동하다, 공부하다, 구경하다
-이-, -히-, -가-, -리-, -우-, -구-, -추-	높이다, 낮추다, 좁히다 (사동과 피동 표현을 이루면서 품사까지 바꾼 경우)
-이다	반짝이다, 글썽이다, 훌쩍이다

-이다
동사화 접미사인지, 서술격 조사인지 확인하기 위해서는 '-이다' 앞에 오는 것이 체언인지 따져 본다.
예 ┌ 동사화 접미사: 끄덕이다 / 망설이다 / 반짝이다 / 속삭이다 / 움직이다
　　　→ 동작 또는 상태를 나타내는 일부 어근 뒤에 붙음.
　　└ 서술격 조사: 책이다 / 학생이다 / 양심적이다
　　　→ 체언 뒤에 붙음.

③ 형용사화 접미사

접미사	예
-하다	가난하다, 순수하다, 울퉁불퉁하다, 반듯반듯하다
-스럽다	자랑스럽다, 걱정스럽다, 복스럽다
-답다	정답다, 참답다, 꽃답다
-롭다	향기롭다, 평화롭다, 자유롭다, 새롭다

-하다
동사화 접미사인지 형용사화 접미사인지 확인하기 위해서는 '-ㄴ-/-는-'을 붙여 본다.
예 ┌ 동사화 접미사: 공부하다 → 공부한다 (O)
　　└ 형용사화 접미사: 가난하다 → 가난한다 (X)

④ 부사화 접미사

접미사	예
-이	많이, 높이, 깊이, 반듯이, 깨끗이
-히	급히, 꾸준히, 넉넉히, 똑똑히

-이: 명사화 접미사(명사 파생 접사)와 부사화 접미사(부사 파생 접사)의 구분

① 조사와의 결합 여부를 확인한다.　　　　② 수식어를 확인한다.

예 ┌ 바위산의 높이는 100미터에 달했다. → 명사화 접미사(명사 파생 접사)
　　└ 나무가 매우 높이 자랐다. → 부사화 접미사(부사 파생 접사)

 **합성어**

- 어근과 어근을 직접 합쳐 만든 단어
  예 손발 → 손(어근) + 발(어근), 높푸르다 → 높-(어근) + 푸르-(어근) + -다
- 단어 형성 방법에 따라 통사적 합성어와 비통사적 합성어, 단어 형성 시 의미의 결합 양상에 따라 대등 관계, 수식 관계, 융합 관계로 나눌 수 있음.

1. 단어의 형성 방법에 따른 분류

(1) **통사적 합성어**: 통사론적인 시각에서 볼 때 문장에서의 구(句)나 절(節)의 구성 방식과 일치하는 통사적 방식으로 두 어근 또는 단어가 복합된 단어

- '관형어 + 명사' 구성 　　　　　　　　　　예 첫사랑, 딴생각, 지난달, 굳은살
- '명사 + 명사' 구성 　　　　　　　　　　　예 밤낮, 집안, 눈물, 위아래, 안팎, 남녀노소
- '부사어 + 용언' 구성 　　　　　　　　　　예 마주치다 ← 마주 + 치다
- '부사 + 부사' 구성 　　　　　　　　　　　예 곧잘, 더욱더, 또다시
- '체언 + 서술어' 구성 　　　　　　　　　　예 힘들다 ← 힘 + (이) + 들다
  　주목　조사가 생략되어 만들어진 구성으로, 통사적 합성어로 간주함. 　목매다 ← 목 + (을) + 매다
  　　　　　　　　　　　　　　　　　　　　　　　앞서다 ← 앞 + (에) + 서다
- '용언의 어간 + 어미 + 용언의 어간' 구성 　예 스며들다 ← 스미- + -어 + 들- + -다

(2) **비통사적 합성어**: 일반적인 우리말의 통사적 구성 방법과 어긋나는 비통사적인 방식으로, 두 어근 또는 단어가 복합된 단어

- '용언의 어간 + 체언' 구성 　　　　　　　　예 접칼, 검버섯, 덮밥
  　주목　용언과 체언이 연결될 때 관형사형 어미 '-ㄴ, -은'이 생략된 경우
- '용언의 어간 + 용언' 구성 　　　　　　　　예 오가다, 뛰놀다, 높푸르다, 오르내리다
  　주목　용언과 용언이 연결될 때 보조적 연결 어미 '-어, -아, -게, -지, -고'가 생략된 경우
- '부사 + 체언' 구성 　　　　　　　　　　　예 딱성냥, 산들바람, 척척박사

2. 의미의 결합 양상에 따른 분류

(1) **대등 관계(대등 합성어)**: 두 단어나 어근이 본래의 의미를 가지고 대등한 자격으로 연결된 말
　예 오가다, 높푸르다

(2) **수식 관계(종속 합성어)**: 두 단어나 어근이 본래의 의미를 가지되, 하나가 다른 것을 수식하는 형태로 연결된 말
　예 돌다리(돌로 된 다리, 결국엔 다리), 소나무(솔 가득한 나무, 결국엔 나무), 손수건(손을 닦는 수건), 뛰어가다(뛰어서 가다)

(3) **융합 관계(융합 합성어)**: 두 단어나 어근의 뜻이 없어지고 새로운 의미를 갖게 된 말
　예 밤낮(→ 늘), 춘추(→ 나이), 피땀(→ 노력)

 **용언의 활용**

용언 어간에 어미가 결합하는 것을 용언의 활용이라고 함.

> **용언의 특징**
> (1) 용언에는 기본형이 있다.
>
> (2) 용언은 어미의 활용을 통해 단어의 형태가 변화할 수 있다.
>
> (3) 활용된 용언에서 어디까지 어간이고, 어디까지 어미인지 판단해야 한다면, '-다, -고, -니'를 붙여 본다.
>   ① 변화하지 않는 부분 → 어간   ② 변화하는 부분 → 어미
>
> (4) 용언의 활용 양상이 규칙적인지 불규칙적인지 판단해야 한다면, '-아/-어'를 붙여 본다.

(1) 어미의 분류와 활용 양상

어미의 분류			어미의 활용 양상	예
선어말 어미	주체 높임 선어말 어미		-(으)시-	가시다
	공손 선어말 어미		-(으)옵-	가시옵고
	시제 선어말 어미	과거 시제	-았-/-었-	갔다
		회상 시제	-더-	가더라
		현재 시제	-는-/-ㄴ-	간다
		미래 시제(추측)	-겠-	가겠다
어말 어미	종결 어미	평서형	-(ㄴ)다, -ㅂ니다	가다
		감탄형	-구나, -군	가는구나
		의문형	-니, -(느)냐, -ㅂ니까	가니
		명령형	-아라/-어라, -ㅂ시오	가라
		청유형	-자, -ㅂ시다	가자
	연결 어미	문장 연결	대등적	-고, -며, -나, -지만, -면서, -든지	내가 가고 그녀가 오다
			종속적	-서, -면, -니, -(으)니까	내가 가면 그녀가 운다
		용언 연결	보조적	-아/-어, -게, -지, -고	가고 싶다
	전성 어미	명사형	-ㅁ, -기	학교에 가기가 즐겁다
		관형사형	-ㄴ, -는, -ㄹ, -를, -던	앞으로 갈 길이 멀다
		부사형	-게, -도록	우리가 학교에 가도록 도와주자

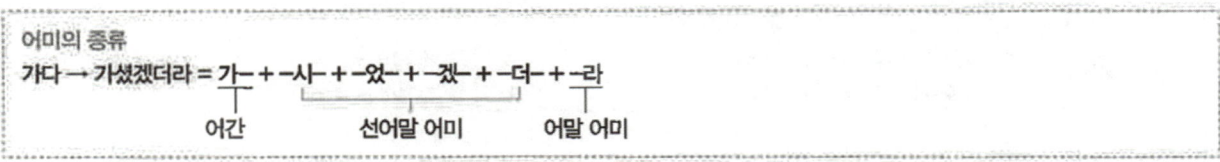

(2) 용언의 활용 양상

[규칙 활용]

어간과 어미가 결합할 때 모습이 바뀌지 않거나 바뀌어도 일반적인 음운 규칙으로 설명할 수 있는 것

① 'ㄹ' 탈락: 어간의 'ㄹ'이 뒤의 'ㄴ, ㅂ, ㅅ, -오' 앞에서 탈락함.
 예 울-+-는 → 우는, 놀-+-니 → 노니
② 'ㅡ' 탈락: 어간의 'ㅡ'가 뒤의 '모음 어미' 앞에서 탈락함.
 예 치르-+-어 → 치러, 쓰-+-어 → 써, 잠그-+-아 → 잠가

[불규칙 활용]

보편적 음운 규칙으로 설명할 수 없는 형태 변화를 하는 활용. 활용할 때 어간이나 어미의 기본 형태가 달라짐. '-아/-어'를 붙이면 활용 양상을 확인할 수 있음.

• 어간이 바뀌는 불규칙(떨어져 나가거나 변화가 일어난 부분을 이름으로 함.)

	불규칙 활용	규칙 활용
'ㅅ' 불규칙	짓다(짓-+-어 → 지어) 붓다(부어) 낫다(나아)	벗다(벗어) 솟다(솟아) 빼앗다(빼앗아)
'ㄷ' 불규칙	듣다(듣-+-어 → 들어) 묻다[ask](물어) 걷다[walk](걸어)	돋다(돋아) 묻다[bury](묻어) 걷다[roll up](걷어)
'ㅂ' 불규칙	돕다(돕-+-아 → 도와. 'ㅂ'은 모음 어미 앞에서 '오/우'로 변함. 도-+-오-+-아 → 도와) 눕다(누워)	뽑다(뽑아) 잡다(잡아)
'르' 불규칙	이르다[tell, early](이르-+-어 → 일러) 부르다(불러) 흐르다(흘러)	치르다(치르-+-어 → 치러: 'ㅡ' 탈락은 규칙임.)
'우' 불규칙	푸다(푸-+-어 → 퍼)	주다(주-+-어 → 줘)

• 어미가 바뀌는 불규칙(변한 것을 이름으로 함.)

	불규칙 활용	규칙 활용
'여' 불규칙	하다(하-+-어 → 하여)	막다(막아)
'러' 불규칙	이르다[arrive at](이르-+-어 → 이르러)	들르다(들르-+-어 → 들러. 'ㅡ' 탈락은 규칙임.)

• 어간과 어미가 모두 바뀌는 불규칙

	불규칙 활용	규칙 활용
'ㅎ' 불규칙	파랗다(파랗-+-아 → 파래) 노랗다(노랗-+-아 → 노래)	좋다(좋아) 놓다(놓아)

규칙 활용과 불규칙 활용

규칙 활용과 불규칙 활용은 어간에 '-고', '-지', '-(으)니', '-아/-어', '-아서/-어서', '-아라/-어라' 등의 어미가 붙었을 때 변화의 유형을 살펴 판단한다. 이때 어간이나 어미가 일정한 모습을 보이면 규칙 활용, 다른 모습을 보이면 불규칙 활용에 해당한다.

(1) 규칙 활용
① 가물다 가물- + -니 → 가무니
어간이 'ㄹ'로 끝날 때 'ㄴ, ㅂ, ㅅ'으로 시작하는 어미나 어미 '-오', '-ㄹ' 등이 이어지면 어간의 끝 'ㄹ'이 탈락하거나 'ㄹ' 중 하나가 나타나지 않는 경우 → 'ㄹ' 탈락
② 들르다 들르- + -어서 → 들러서
어간이 'ㅡ'로 끝날 때 일부 모음으로 시작하는 어미가 이어지면 어간의 끝 'ㅡ'가 탈락하는 경우 → 'ㅡ' 탈락

(2) 불규칙 활용
① 오르다 오르- + -아 → 올라
어간이 '르'로 끝나는 일부 용언에서 모음으로 시작하는 어미가 이어질 때, 어간의 '르'가 'ㄹㄹ' 형태로 변하는 경우(어간이 변하는 경우) → '르' 불규칙
② 누르다 누르- + -어 → 누르러
어간이 '르'로 끝나는 일부 용언에서 어간 뒤 어미 '-어'가 '-러'로 변하는 경우(어미가 변하는 경우) → '러' 불규칙

---

(1) 서술어의 자릿수
- 닮다, 비슷하다, 향하다, 적합하다: 부사어를 필요로 하는 대표적인 두 자리 서술어
- 주다, 빌리다, 두다, 넣다, 삼다: 목적어와 부사어를 필요로 하는 대표적인 세 자리 서술어

(2) 높임을 실현하는 특수 어휘
- 계시다, 주무시다, 잡수시다: 주체 높임을 실현하는 특수 어휘
- 모시다, 뵙다, 여쭈다, 드리다: 객체 높임을 실현하는 특수 어휘

(3) 불규칙 활용 용언
- 돕다: 어간 'ㅂ'이 '오/우'로 바뀌는 불규칙 활용
- 이르다[tell, early], 흐르다: 어간 '르'가 'ㄹㄹ'로 바뀌는 불규칙 활용
- 하다: 어미가 바뀌는 '여' 불규칙 활용
- 이르다[arrive at], 푸르다: 어미가 바뀌는 '러' 불규칙 활용
- 파랗다: 어간과 어미가 바뀌는 'ㅎ' 불규칙 활용

개념 41 상황에 따라 다르게 해석되는 낱말

1. 동형어와 다의어의 개념

2. '다리'의 여러 가지 뜻을 알아봅시다.

(1) 그림을 보고 '다리'의 뜻이 어떻게 다른지 써 보세요.

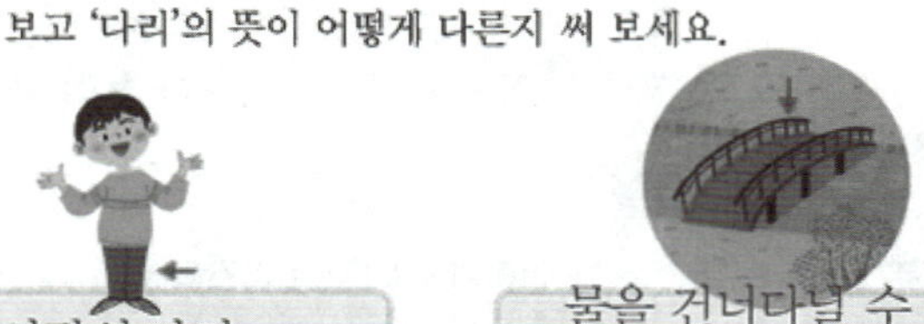

예시 답안: 사람의 다리 / 물을 건너다닐 수 있도록 만든 다리

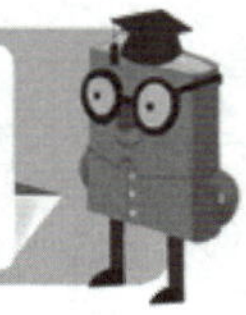

신체 부위인 다리와 두 곳을 잇는 다리는 형태가 같을 뿐이지 서로 다른 낱말이에요. 이처럼 형태는 같지만 뜻이 서로 다른 낱말을 **형태가 같은 낱말** 또는 **동형어**라고 해요.

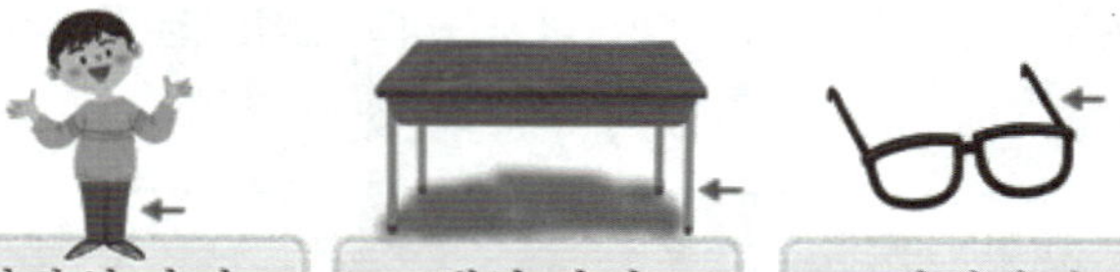

예시 답안: 사람의 다리 / 책상 다리 / 안경다리

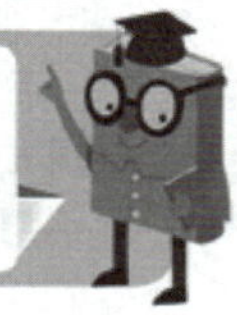

사람이나 동물의 몸통 아래에 붙어 몸을 받치는 '다리'가 물건에 사용될 수 있어요. 이처럼 한 낱말이 여러 가지 뜻을 가진 경우에 그 낱말을 **다의어**라고 해요.

(2) 국어사전을 보고 동형어와 다의어의 차이를 알아보세요.

- **다의어**: 한 낱말에 여러 가지 뜻을 제시한다.
- **동형어**: 예시 답안: 서로 다른 낱말이므로 구분해 제시한다.

2. 동형어와 다의어 지도

1) 공통점	2) 차이점	3) 구분 방법	4) 생긴 까닭
동형어인 낱말과 다의어인 낱말은 모두 글자 형태가 같다.	동형어인 낱말은 뜻이 서로 관련이 없지만 다의어의 뜻은 서로 관련이 있다.	국어 사전을 찾아보면 동형어는 서로 다른 낱말이므로 구분해 제시하고 다의어는 한 낱말에 여러 가지 뜻을 제시한다.	① 낱말 하나를 비슷한 상황에 사용하다 보니 다의어가 되었다. ② 동형어나 다의어가 없다면 낱말이 너무 많아서 힘들기 때문이다. ③ 다의어는 본디 뜻과 관련 있는 부분이 조금씩 바뀌면서 만들어졌다.

개념 42 높임법

화자가 어떤 대상에 대하여 그 대상의 높고 낮음에 따라 대우하는 의도(또는 태도)를 언어적으로 나타낸 것

1. 주체 높임
(1) 높임의 대상: 문장의 주체, 곧 주어를 높임.

(2) 실현 방법
① 주체 높임 선어말 어미 '-(으)시-' [예] 그분이 그릇을 깨뜨리셨다. (깨뜨리- + -시- + -었- + -다)
② 주격 조사 '께서' [예] 어머니께서 돌아오셨다.
③ 특수 어휘(말씀, 진지, 연세, 계시다, 주무시다, 잡수시다 등)

> '계시다', '주무시다'에서 '시'는 선어말 어미가 아니다. '잡수시다'는 '잡수다'에 선어말 어미 '-시-'가 결합된 것이라는 견해가 있지만 평가원은 '잡수시다'를 특수 어휘를 이용한 높임이라고 출제했다. 이때 '잡수다'는 '먹다'의 높임말로, '잡수다'와 '잡수시다'는 모두 사용 가능하다.
> [예] 할아버지께서 집에 계신다.

(3) 높임의 종류
① 직접 높임: 문장의 주체를 직접 높임. [예] 교장 선생님께서 오셨습니다.
② 간접 높임: 높임 대상의 신체의 일부분이나 소유물, 가족 등을 간접적으로 높임.
　　[예] 교장 선생님의 말씀이 있으시겠습니다.

> '있다'의 높임 표현
> • 동사로 '머물다'의 뜻인 경우: '계시다'
> • 형용사로 '존재하는 상태'를 의미하는 경우: '있으시다'

※ 압존법(壓尊法): 주체가 화자보다는 높지만 청자보다 낮은 지위에 있는 경우에는 주체를 높이지 않음.
　　[예] 할아버지, 아버지가 아직 안 왔어요.

2. 객체 높임
(1) 높임의 대상: 문장의 객체, 곧 목적어나 부사어를 높임.

(2) 실현 방법: 주로 특수 어휘(모시다, 뵙다, 여쭈다, 드리다 등)로 표현되며 조사 '께'와 함께 나타나기도 함.
　　[예] 이 문제는 선생님께 여쭤 보는 게 낫겠다.

> '모시다'를 선어말 어미 '-시-'가 결합한 단어로 착각하면 안 된다. 원래 단어의 형태가 '모시다'이다. 그리고 '뵈다 / 뵙다', '여쭈다 / 여쭙다'는 복수 표준어이기 때문에 두 경우 모두 맞는 표현이라는 것에 유의해야 한다. 즉 '뵈고 / 뵙고', '여쭈어(여쭤) / 여쭈워'와 같은 활용 형태가 모두 맞는 표현인 것이다.

3. 상대 높임

(1) 높임의 대상: 말을 듣는 상대, 곧 청자를 높이거나 낮춤.

(2) 실현 방법

① 보조사 '요'   예 정식이가 단이에게 **빵을 줘요**.

② 상대 높임은 종결 어미로 실현되는데, 어떤 종결 어미가 결합되느냐에 따라 상대 높임의 등급이 결정됨.

- 격식체: 공식적이고 화자가 청자와 다소 거리를 두어 예의를 갖추는 상황에서 쓰이는 상대 높임 표현. '하십시오체, 하오체, 하게체, 해라체'가 이에 해당함.

하십시오체	예 그가 그녀에게 마음을 줍니다.
하오체	예 (남편이 아내에게) 먼저 자오. 오늘 좀 늦을 것 같소.
하게체	예 (장인이 사위에게) 자네, 이리 와 앉게.
해라체	예 이리 와서 앉아라.

- 비격식체: 사적이고 화자가 청자와 가까우며 친밀감을 나타내는 상황에서 쓰이는 상대 높임 표현. '해요체, 해체'가 이에 해당함.

해요체	예 우리 내일 만나요.
해체	예 우리 내일 만나.

※ 상대 높임에 따른 종결 어미 체계

구분	격식체				비격식체	
	해라체	하게체	하오체	하십시오체	해체	해요체
평서문	-다	-네	-오	-ㅂ니다	-어, -지	-어요, -지요
의문문	-(느)냐	-(는)가	-오	-ㅂ니까	-어, -지	-어요, -지요
명령문	-어라	-게	-오	-ㅂ시오	-어, -지	-어요, -지요
청유문	-자	-세	-ㅂ시다	-시지요	-어, -지	-어요, -지요
감탄문	-(는)구나	-(는)구먼	-(는)구려		-어, -지	-어요, -지요

③ 상대 높임법은 겸양의 의미를 지니는 어휘를 통해 실현되기도 함.

예 선생님, 제 말씀 좀 들어 보세요.

→ '나'를 낮추어 표현한 '제'와 자신의 '말'을 낮추어 표현한 '말씀'은 화자를 낮춤으로써 상대를 높이는 효과가 있음. 이때 주의해야 할 것이 '말씀'인데, '말씀'은 상대의 말을 높일 때와, 자신의 말을 낮출 때 모두 사용하는 특수한 어휘임.

개념 43 문장의 호응

1. 주어와 서술어의 호응: 주어에 호응되는 서술어가 와야 함.
  예 내가 하고 싶은 말은 언제나 최선을 다해라.
   → 내가 하고 싶은 말은 언제나 최선을 다하라는 것이다.

2. 목적어와 서술어의 호응: 각각의 목적어에 호응되는 서술어가 있어야 함.
  예 이 배는 사람이나 짐을 싣고 하루에 한 번 운행한다.
   → 이 배는 사람을 태우거나 짐을 싣고 하루에 한 번 운행한다.

3. 부사어와 서술어의 호응: 특정한 부사어는 특정한 서술어와 호응함.
  예 이 장면은 연출된 것이니 반드시 따라하지 마세요.
   → 이 장면은 연출된 것이니 절대로 따라하지 마세요.

4. 문장 성분 갖추기
  (1) 주어의 부당한 생략: 서술어가 필요로 하는 주어가 생략되지 않아야 함.
    예 우리는 타인을 존중하고, 나와 평등하다는 생각을 지녀야 한다.
     → 우리는 타인을 존중하고, 타인이 나와 평등하다는 생각을 지녀야 한다.

  (2) 목적어의 부당한 생략: 서술어가 필요로 하는 목적어가 생략되지 않아야 함.
    예 선생님께서는 우리를 많이 아끼셨고, 우리 또한 존경했다.
     → 선생님께서는 우리를 많이 아끼셨고, 우리 또한 선생님을 존경했다.

  (3) 부사어의 부당한 생략: 서술어가 필요로 하는 필수 부사어가 생략되지 않아야 함.
    예 그는 양말을 벗고 바위에 앉아서 발을 넣었다.
     → 그는 양말을 벗고 바위에 앉아서 물에 발을 넣었다.

7절 문학

개념 44 인물의 삶을 찾아서(6-1)

① 지도 유의점		① 인물은 이야기의 구성 요소 가운데 하나로, 그를 둘러싼 사회·문화적 배경에 영향을 받는다. 따라서 인물이 처한 사회·문화적 배경을 알고 인물을 이해하도록 지도한다. ② 인물이 추구하는 가치는 인물이 처한 상황을 바탕으로 하여 인물의 말이나 행동을 중심으로 파악하도록 지도한다. ③ 사람이 추구하는 가치가 다양하듯 작품 속 인물이 추구하는 가치도 다양하다. 작품 속 인물이 추구하는 가치가 옳거나 그르다는 식의 이분법적인 접근을 지양하고 삶의 다양한 모습을 이해할 수 있도록 지도한다. ④ 인물이 추구하는 가치와 자신의 삶을 비교하는 과정에서 바람직하다고 생각하는 가치를 내면화할 수 있도록 지도한다.
② 인물이 추구하는 가치 파악하기 : 제재글— 「제게 12척의 배가 있으니」	(1) 지도 강조점	① 인물이 자신이 처한 환경을 극복하려고 어떤 노력을 했는지를 중점적으로 살펴본다. 인물이 처한 상황에는 사회·문화적 배경이 포함된다. ② 인물이 추구하는 가치가 추상적이고 수 있으므로 인물의 말이나 행동에 대한 자신의 생각이나 느낌을 중심으로 인물이 추구하는 가치를 정리하도록 한다.
	(2) 인물이 추구하는 가치를 파악하는 방법	**인물이 처한 상황 / 인물의 말이나 행동** 수군을 포기하고 육군으로 싸우라는 나라의 명을 받은 상황 / • 임금님께 글을 올림. • 12척의 배가 있으니 죽을힘을 다해 싸운다면 이길 수 있을 거라고 말함. 일본군과 울돌목에서 싸우는 상황 / • 배와 군사들을 많이 보이게 하려고 미리 작전을 짜고 물살을 이용해 적선을 공격함. • 죽으려 하면 살고, 살려 하면 죽으니 죽기를 각오하고 싸워야 한다고 말함. 아들 면의 죽음 / • 이를 악묾. • 이제는 끝내야만 한다고 생각함. ★ 이야기에서 인물이 처한 상황에 따라 인물이 어떤 일을 선택하고 실천하는 것은 인물의 말과 행동으로 알 수 있다. ① 인물이 처한 상황을 떠올려 본다. ② 인물이 처한 상황에서 인물이 한 말과 행동을 알아본다. ③ 인물이 처한 상황에서 그렇게 말하고 행동한 까닭을 생각해 본다.
③ 인물들이 추구하는 다양한 가치 비교하기 : 제재글— 「버들이를 사랑한 죄」	(1) 지도 강조점	① 이야기의 구성 요소인 인물, 사건, 배경을 중심으로 작품 전체를 이해하고 인물이 추구하는 가치를 파악하도록 한다. ② 동일한 상황 속에 있는 인물들의 말과 행동을 서로 비교함으로써 삶의 다양한 모습을 이해할 수 있게 한다. ③ 인물이 추구하는 가치와 자신의 생각을 비교하면서 바람직하다고 생각하는 가치를 내면화 할 수 있도록 한다.
	(2) 가치 비교하기	**예시 답안** 인물의 말: • "버들이는 착한 여자라 그럴 리가 없어." • "버들이를 탓하지는 마." / • "위독하신 어머니께 샘물을 좀 더 드리고 싶으니 샘가에 오두막을 짓고 살겠어." • "도깨비가 제일 무서워하는 게 뭐야?" 인물의 행동: • 버들이에게 기와집을 만들어 주려고 돈을 만들고 부자들의 보물도 훔쳤다. • 땅속의 샘물줄기를 기와집 뒤란으로 흐르도록 해 주었다. / • 점점 더 샘물을 쉽게 얻을 수 있는 방법을 원했다. • 기와집 담에 말 피를 뿌리고 대문에 말 머리를 올려놓았다. ↓ ↓ 인물이 추구하는 가치: 진심을 담아 상대를 대하는 것을 추구한다. / 믿음과 사랑을 추구한다. / 현실적인 이익을 추구한다. / 효를 추구한다. 「버들이를 사랑한 죄」는 몽당깨비가 미미에게 자신이 겪은 일을 들려주는 방식으로 이야기가 진행돼요. 따라서 인물들이 추구하는 가치를 파악하려면 몽당깨비가 들려주는 이야기에서 인물들이 한 말과 행동을 찾아봐야 해요.

 **서사 문학 지도**

❶ 소설이란
현실에서 있음 직한 일을 작가가 상상하여 꾸며 쓴 산문 문학

허구성	사실이 아닌, 작가가 상상하여 꾸며 낸 이야기임
서사성	인물, 사건, 배경을 갖추고 일정한 시간의 흐름에 따라 사건이 전개됨
진실성	꾸며 낸 이야기지만, 인생의 진실과 삶의 참된 모습을 추구함
예술성	언어를 통해 예술적인 아름다움과 감동을 전함
모방성	허구의 문학이지만, 현실 세계를 모방하고 반영함

❷ 소설의 요소

주제		작가가 작품을 통해 말하고자 하는 중심 생각
구성	인물	작가의 상상력으로 창조되어 작품 속에 등장하는 사람
	사건	등장인물이 겪거나 벌이는 일과 행동
	배경	사건이 일어나는 시간과 장소
문체		작가의 개성이 드러나는 문장 표현 방식

❸ 인물의 유형

역할에 따라	주동 인물	사건을 이끌어 가는 중심 인물 예 '춘향전'의 춘향
	반동 인물	주동 인물과 대립하는 인물 예 '춘향전'의 변 사또
대표성에 따라	전형적 인물	특정 집단이나 계층을 대표하는 인물 예 열녀(절개가 굳은 여자)를 대표하는 '춘향전'의 춘향
	개성적 인물	한 개인만의 고유한 특성이 뚜렷하게 드러나는 인물 예 하인이지만 양반들의 약점을 놀리기도 하는 '춘향전'의 방자
성격 변화에 따라	평면적 인물	처음부터 끝까지 성격이 변화하지 않는 인물 예 끝까지 권력을 추구하는 '우리들의 일그러진 영웅'의 엄석대
	입체적 인물	사건이 전개됨에 따라 성격이 변화하는 인물 예 처음에는 엄석대의 부당한 권력에 맞서지만, 점차 그에게 순응해 가는 '우리들의 일그러진 영웅'의 한병태

❹ 인물의 제시 방법

직접적 제시 (말하기)	서술자가 등장인물의 성격이나 심리를 직접 설명해 주는 방식 예 경호네 내외간이 모두 억척스럽고 성실한 일꾼이었다.
간접적 제시 (보여 주기)	인물의 행동, 대화, 외양 묘사 등을 통해 독자에게 인물의 성격과 심리를 짐작하게 하는 방식 예 경호 엄마는 100원짜리 꼬마 손님한테도 일일이 뻥튀기 한 줌씩을 선물로 주었다.

❺ 소설의 시점

1인칭 시점	1인칭 주인공 시점	작품 속의 주인공인 '나'가 자신의 이야기를 직접 서술함
	1인칭 관찰자 시점	작품 속의 주변 인물인 '나'가 주인공의 행동 및 사건을 관찰하는 입장에서 서술함
3인칭 시점	3인칭 관찰자 시점	작품 밖의 서술자가 객관적인 입장에서 인물들의 행동과 사건을 관찰하여 서술함
	전지적 작가 시점	작품 밖의 서술자가 모든 것을 아는 입장에서 사건의 속사정과 인물들의 심리까지 서술함

❻ 갈등의 양상

외적 갈등	개인 ↔ 개인	인물 사이의 성격이나 가치관이 대립하여 발생하는 갈등 例 '춘향전'에서 춘향과 변 사또 사이의 갈등
	개인 ↔ 사회	인물이 그가 속한 사회의 관습이나 제도로 인해 겪는 갈등 例 '홍길동전'에서 홍길동이 적서 차별이라는 사회 제도에 부딪쳐 생기는 갈등
	개인 ↔ 자연	인물이 자연재해를 겪거나 자연에 도전하면서 겪는 갈등 例 헤밍웨이의 '노인과 바다'에서 노인과 자연 간의 갈등
	개인 ↔ 운명	인물이 자신에게 주어진 운명 때문에 겪는 갈등 例 김동리의 '역마'에서 성기가 역마살이라는 타고난 운명 때문에 겪는 갈등
내적 갈등		한 인물의 마음속에서 일어나는 심리적 갈등 例 이은성의 '소설 동의보감'에서 허준이 병자를 치료할 것인가, 과거를 보기 위해 떠날 것인가를 놓고 겪는 갈등

❼ 소설의 구성 방식

사건의 진행 순서에 따라	평면적 구성	시건을 시간의 흐름에 따라 일어난 순서대로 구성하는 방식. 추보식 구성이라고도 함
	입체적 구성	시간의 순서를 바꾸어 사건을 구성하는 방식. 역순행적 구성이라고도 함
포함된 이야기 수에 따라	단일 구성	하나의 작품에 하나의 이야기만 전개되는 구성 방식
	액자식 구성	하나의 이야기(외부 이야기) 속에 또 다른 이야기(내부 이야기)를 포함시켜 사건을 구성하는 방식

❽ 소설의 구성 단계

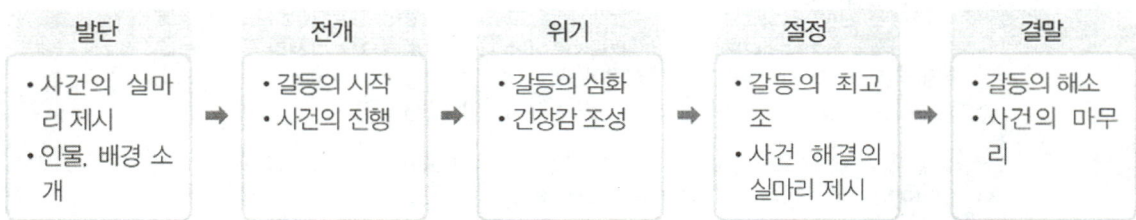

개념 46 서정 문학 지도

1 시란
마음속에 떠오르는 생각이나 감정을 운율이 있는 언어로 압축하여 표현한 글

2 시의 화자
시 속에서 말하는 이로, 시인이 자신의 생각과 정서를 효과적으로 전달하기 위해 설정한 인물이나 사물

상황	화자가 처해 있는 시간적·공간적·심리적 상황 등을 말함
정서	화자가 어떤 상황을 접했을 때 일어나는 기쁨, 슬픔, 노여움, 괴로움 등의 모든 감정과 마음속에 일어나는 생각을 말함
태도	화자가 대상이나 상황에 대해 보이는 대응 방식으로, 외적으로 표현되는 모습을 말함. 화자의 정서와 관련이 있고, 주로 어조를 통해 드러남

3 시의 운율
시를 읽을 때 느껴지는 말의 가락으로, 시의 음악성을 드러냄

내재율	겉으로는 규칙성이 뚜렷하게 드러나지 않으나 시의 내면에서 은근하게 느껴지는 운율. 주로 자유시나 산문시에서 볼 수 있음
외형률	겉으로 규칙적인 리듬이 뚜렷하게 드러나는 운율. 주로 시조와 같은 정형시에서 볼 수 있음

4 시의 심상(이미지)
시어에 의해 머릿속에 떠오르는 감각적인 형상

시각적 심상	눈을 통해 색채, 명암, 모양, 움직임 등을 보는 듯한 느낌의 심상 예 들길은 마을에 들자 붉어지고
청각적 심상	귀를 통해 소리를 듣는 듯한 느낌의 심상 예 뒷문 밖에는 갈잎의 노래
후각적 심상	코를 통해 냄새를 맡는 것 같은 느낌의 심상 예 꽃 피는 사월이면 진달래 향기
미각적 심상	혀를 통해 맛을 느낄 수 있는 심상 예 메마른 입술에 쓰디쓰다
촉각적 심상	피부에 닿는 듯한 느낌의 심상 예 스산히 몰고 가는 찬바람
공감각적 심상	하나의 감각이 다른 감각으로 옮겨져 둘 이상의 감각이 어우러진 심상 예 푸른 휘파람 소리(청각의 시각화)

❺ 시상 전개 방식

시인의 생각을 일정한 질서나 규칙에 따라 배열하는 것

시간의 흐름	'과거 – 현재 – 미래', '봄 – 여름 – 가을 – 겨울' 등 시간의 흐름에 따라 내용을 전개하는 방식
공간의 이동	'먼 곳 → 가까운 곳', '위 → 아래' 등 장소의 이동이나 시선의 이동에 따라 전개하는 방식
수미상관	시의 처음과 끝에 동일하거나 유사한 시구를 배치하여 의미를 강조하고, 시적 형태의 안정감을 추구하는 방식
선경후정	앞부분에서는 사물이나 풍경을, 뒷부분에서는 화자의 정서를 나타내는 방식

❻ 비유하기

표현하고자 하는 대상을 다른 대상에 빗대어 표현하는 방법. 이때 표현하고자 하는 대상을 '원관념', 빗대어 표현하기 위해 사용한 대상을 '보조 관념'이라고 함

직유법	'~듯이, ~같은, ~처럼'의 말을 사용하여 원관념과 보조 관념을 직접 연결시키는 것 예 옥 같은 / 물에
은유법	'무엇은 무엇이다'의 형식으로 원관념과 보조 관념을 암시적으로 연결시키는 것 예 내 마음은 호수요.
의인법	사람이 아닌 것을 사람처럼 표현하는 것 예 샘물이 혼자서 / 웃으며 간다.

❼ 강조하기

특정 부분을 강조하여 자신의 생각이나 감정을 더욱 인상적으로 표현하는 방법

반복법	같거나 비슷한 단어나 구절, 문장을 반복하는 것 예 꽃이 피네 / 꽃이 피네 / 갈 봄 여름 없이 / 꽃이 피네
영탄법	슬픔, 기쁨, 감동 등의 벅찬 감정을 감탄사, 감탄형 어미 등을 통해 강하게 또는 간절하게 나타내는 것 예 산산이 부서진 이름이여! / 허공 중에 헤어진 이름이여!

❽ 변화주기

문장에 변화를 주어 단조로움을 없애고 신선함을 주는 표현 방법

반어법	표현하려는 원래의 뜻과 반대로 말함으로써 문장에 변화를 주는 것 예 먼 훗날 당신이 찾으시면 / 그때에 내 말이 잊었노라
역설법	겉으로는 명백히 의미가 모순되고 이치에 맞지 않는 듯하지만 그 속에 진실을 담아 표현하는 것 예 아아, 님은 갔지마는 나는 님을 보내지 아니하였습니다.
설의법	누구나 아는 사실을 의문문의 형식으로 표현하는 것. 독자 스스로 판단하게 하여 독자의 공감을 얻어냄 예 가난하다고 해서 사랑을 모르겠는가
도치법	정상적인 문장 성분의 어순을 바꾸어서 변화를 주는 것 예 아아 누구던가 / 이렇게 슬프고도 애달픈 마음을 / 맨 처음 공중에 달 줄을 안 그는

MEMO

배재민
개념 서브
500제

4장

도덕

1절 초등 도덕 기출분석

2절 중등 도덕교육론 기출문항 83

3절 교육과정

4절 동·서양 윤리학

5절 도덕 심리학

6절 교수·학습

7절 수업 모형

8절 도덕과 교과용 도서

4장

도덕

배재민
개념 서브
500제

1절 초등 도덕 기출분석

1. 교육과정
2. 동양윤리학(유가사상)
3. 서양윤리학
4. 도덕 심리학과 교육론
5. 6수업 과정·절차 및 수업모형

2절 중등 도덕교육론 기출문항 83

3절 교육과정

- 개념 1 도덕 교과 역량과 기능
- 개념 2 내용 체계
- 개념 3 교수·학습 방향
- 개념 4 평가 방향
- 개념 5 평가 방법

4절 동·서양 윤리학

- 개념 6   유가 사상
- 개념 7   소크라테스와 플라톤
- 개념 8   아리스토텔레스
- 개념 9   칸트
- 개념 10 뒤르켐
- 개념 11 듀이
- 개념 12 프랑케나
- 개념 13 피터스

5절 도덕 심리학

- 개념 14 정신분석 심리학
- 개념 15 행동주의 심리학
- 개념 16 인지발달론적 심리학
- 개념 17 배려와 책임의 심리학
- 개념 18 길리건 도덕성 발달단계

6절 교수·학습

- 개념 19 학습지도 원리
- 개념 20 도덕과 수업의 기본적 과정·절차
- 개념 21 4단계 심층화 모델과 6수업 과정·절차

7절 수업 모형

개념 22 역할놀이 수업 모형
개념 23 개념 분석 수업 모형
개념 24 가치분석 수업 모형
개념 25 가치 갈등 해결 수업 모형
개념 26 가치 명료화 수업 모형
개념 27 합리적 의사 결정 수업 모형
개념 28 집단 탐구 수업 모형
개념 29 도덕적 토론 수업 모형
개념 30 도덕 이야기 수업 모형
개념 31 경험 학습 수업 모형

8절 도덕과 교과용 도서

개념 32 기본형 단원 전개 과정에서 도덕적 모범 학습과 행동 실천 기회의 증대
개념 33 6교재 유형
개념 34 기본형 단원
개념 35 자율형 단원

1절 초등 도덕 기출분석

1 교육과정

1. 학습지도원리(21) : 통합성	- 생명의 소중함을 알고 애착을 가지며 실천하는, 인지와 정서와 행동의 세 측면을 조화롭게 형성하기 위한 노력이 중요하다.
2. 교과 역량 　(1) 도덕적 정서 능력(20)	(1) 도덕성을 전제로 자신 및 타인의 감정을 인식하고 보살펴 줄 수 있는 것이며, 이와 관련된 기능으로 '도덕적 민감성 갖기, 공감 능력 기르기, 다양성 수용하기'가 있다.
3. 초등 교과서 단원 구성 　(1) 기본형 　(2) 자율형(20)	(1) 기본형 　① 기본형 단원은 학년 당 6개로 구성되어 있고 3~6학년 모두 동일한 체제와 구성 방식으로 되어 있어 구성의 통일성과 수업의 용이성 면에서는 장점인 반면, 구성이 획일적이고 경직되어 있다는 것은 단점이다. 　② 기본형 단원은 가치·덕목 중심이다. 여기서 가치·덕목 중심이란 2015 개정 도덕과 교육과정 초등 내용 체계표에 설정되어 있는 가치·덕목을 집중적으로 추구한다는 의미이다. (2) 자율형 　① 기본형의 단점을 보완하기 위해 기본형 단원의 획일화된 구성 방식에서 탈피하여 교사와 학생들이 스스로 함께 만들어 나가는 도덕 수업을 시도해 보도록 하고 있다. 　② 가치덕목들의 통합과 심화를 추구하게 된다. 여기서 통합이란 종래의 가치덕목들을 별개의 것으로 다루어 한 단원에서 오직 하나의 가치·덕목만을 다루어 오던 방식에서 벗어나 한 개의 단원에서 여러 가지 가치·덕목들을 통합적으로 추구하면서 학습하도록 하는 것이다.
4. 내용 체계 　(1) 주제(18) 　　- 참된 아름다움 　(2) 주제(17) 　　- 이웃간의 도리와 예절, 해당 내용 영역과 가치·덕목 　(3) 주제(15) 　　- 친구 사이의 우정과 예절 　(4) 가치 관계 확장법(15, 13특수) 　(5) 가치 덕목(14) 　　- 감정, 내 안의 소중한 친구 　(6) 자연·초월과의 관계 주안점(10)	 (4) 가치 관계 확장법 　- 도덕과는 내용 영역을 '가치 관계 확장법'에 의해 설정된 각 내용 영역별로 성취하고 도달해야 할 것들이 무엇인지를 명확하게 보여 주는 방식으로 나타내었다. (6) 자신과 자연 및 초월과의 관계에 대해 올바르게 이해하고 자연과 생명에 대한 외경심을 함양하며, 도덕적인 삶을 위해 성찰하는 태도를 갖도록 한다.
5. 평가 　(1) 자기보고법(18) 　(2) 상호 주관성(13)	(1) 자기보고법 　- 학생의 내면의 움직임과 가치·태도의 양상(도덕적 심정)을 파악하기 위해서는 학습 활동지에 자신의 생각이나 의견을 답하게 하는 평가 방법 (2) 상호 주관성 　- 평가 주체에 대상, 평가 주체들 간에 평가 활동에 대한 진정한 의사소통을 통하여 평가에 대한 공유된 관점을 갖는 것, 평가 문항에 대한 배점 기준표를 제시하여 상호 주관성이 확보된 가운데 평가가 이루어 질 수 있도록 한다.
6. 목표요소 　(1) 인지적·정의적·행동적 요소(13특수) 　(2) 정의적·인지적 측면(12) 　(3) 정의적 측면(10)	(1) ㉠ 따돌림을 당하는 친구의 감정과 정서를 학급 학생들이 느낄 수 있도록 한다. 　　→ 정의적 요소(도덕적 감정·정서) 　㉡ 학급 학생들이 서로에게 존중하고 배려하는 말과 행동을 한 가지씩 해 보도록 한다. 　　→ 행동적 요소(도덕적 실천과 습관) 　㉢ 친구들 간에 배려해야 할 필요성과 실천 방법을 알고, 이에 대한 판단력을 기르도록 한다. 　　→ 인지적 요소(도덕적 사고력과 판단력) (2) ① 정의적 측면 : 도덕적 감정·정서와 열정·의지 등의 도덕적 심정을 강조한다. 　② 인지적 측면 : 기본적인 도덕적 사고력과 판단력을 강조한다. (3) 공감 능력, 감정이입적 경험

2 동양윤리학(유가사상)

1. 공자	(1) 소인vs군자(21)	(1) ① 군자는 의로움에 밝고 소인은 이로움에 밝다. ② 군자는 경을 통하여 내면적으로 성숙하고, 의를 통하여 외면적으로 완성하는 동시에, 안인과 안백성으로 국가사회에 이바지함으로써 수기치인의 도를 실천하고 실현한다.
2. 맹자	(1) 사양지심(22)	〈사성의 단〉 ① 측은지심 : 남을 불쌍하게 여기는 타고난 착한 마음 ② 수오지심 : ㉠ 자기 자신의 옳지 못함을 부끄러워하고 남의 옳지 못함을 미워하는 것 　　　　　　㉡ 자신의 잘못을 부끄러워하며 고개를 숙인 모습 ③ 사양지심 : ㉠ 겸손하여 남에게 사양할 줄 아는 마음 　　　　　　㉡ 버스나 지하철에서 노약자나 어린 아이들에게 자리 양보하는 행동 ④ 시비지심 : ㉠ 옳음과 그름을 가릴 줄 아는 마음 　　　　　　㉡ 사람을 해치는 것과 불쌍한 사람을 돕는 것 중에 어떤 것이 옳은 일인지 아는 것

3 서양윤리학

1. 소크라테스	(1) 문답법(14)	(1) ① 문답법은 교사와 학생들 사이에서 또는 학생들 상호 간에 질문하고 이에 응답하면서 가치를 탐구하고 도덕적 문제의 해결을 추구하는 방법이다. ② 「논어」에 나타난 공자와 제자들 사이의 문답이나 소크라테스의 산파법이 대표적이다. ③ 장점 : 학생들의 문제의식과 자발적인 사고 활동을 자극하여 수업에 활기를 준다. ④ 소크라테스 대화법 : 반어법과 산파술 　- 반어법을 사용하여 무지를 자각하게 하였고 산파술로서 무지의 자각에서 출발하여 진리를 파악하게 함
2. 아리스토텔레스	(1) 행복(19) (2) 중용(19)	(1) ① 인간이 궁극적으로 추구하는 최고선 ② 덕이란 원래 '아레테'에서 온 말로 인간을 포함한 모든 존재가 기능 면에서 탁월성을 발휘하는 상태 (2) 두려움이 과도할 경우에는 비겁하게 되고, 부족한 경우에는 무모하게 된다. 두려움에 관해서 중용은 용기이다.
3. 칸트	(1) 정언명령(16)	(1) ① 실천 이성이 명령하는 인간 행동과 사회적 삶의 최고의 도덕 법칙 ② 칸트(I. Kant)의 도덕 법칙 : 도덕 판단을 인간의 이성적 능력에 의한 자율적인 사고 과정으로 보았다. 그에 의하면 실천 이성이 명령하는 인간 행동과 사회적 삶의 최고의 도덕 법칙은 정언명령이며, 이 중 인간 존엄성을 고양시키고 인간을 수단이 아닌 목적으로 대우하는 것이 하나의 중요한 명령이다.

4 도덕 심리학과 교육론

1. 정신분석학적 도덕 심리학
(1) 프로이트(S. Freud) 초자아(Super Ego)
  ① 양심(17)
  ② 자아이상
	(1) ① 양심
	    - 우리에게 하지 말아야 할 것을 일러 주고 그러한 요구를 어겼을 때 죄책감과 수치심을 가지게 하는 것
	  ② 자아이상
	    - 도덕적 완성에 대한 열망과 도덕적 가치를 실현할때 긍지와 자부심을 가지게 하는 것에 의해 수행되는 것

2. 행동주의 도덕 심리학
(1) 반두라 사회학습이론(18)
 	
(2) 도덕 사회화론(13)
	(1) ① 교수·학습 활동 : ㉠ 아름다운 삶의 감동적인 사례 제시하기
	                        ㉡ 감동적인 사례에 담긴 의미 파악하기
	  ② 교육적 효과 : ㉠ 학생들이 감동적인 사례를 통해 아름다운 삶을 모방할 수 있다.
	               ㉡ 관찰, 모방, 동일시를 통해 도덕적 행동을 촉진한다.
	(2) ① 학생들에게 '관포지교' 이야기를 통해 감동을 주고, 좋은 친구가 되려는 마음을 길러준다.
	  ② 중점 : 내용
	  ③ 목표 : 품성

3. 인지발달론적 도덕 심리학
(1) 피아제
  ① 타율적 도덕성(17)
 	
  ② 자율적 도덕성
 	
(2) 콜버그
 1) 도덕성 발달단계
  ① 6단계(16)
 	
  ② 3단계(13)
 	
  ③ 2단계(09)
 	
 2) 도덕성 발달론(13)
	(1) ① 타율적 도덕성
	    - ㉠ '나쁜 행동을 했을 경우에 도덕 규칙이 자연에 내재되어 있어서 하늘이 벌을 줄 것이라는 믿음에 근거하는 경향
	      ㉡ 규칙을 절대시하고 도덕적 책임의 근거를 행위의 결과에서 찾으며 권위에 복종하는 도덕적 사고
	  ② 자율적 도덕성
	    - 규칙의 상대성을 인정하고 도덕적 책임의 근거를 행위자의 의도에서 찾으려는 도덕적 사고
	(2) 콜버그
	1) 도덕성 발달단계
	  ① 6단계
	    ㉠ 보편적 도덕 원리에 대한 확신으로서의 도덕성
	    ㉡ 인간 존엄성을 고양시키고 인간을 수단이 아닌 목적으로 대우하는 것이 특징
	    ㉢ 사회의 법과 질서를 준수할 뿐 아니라 스스로 선택한 양심의 결정을 도덕 판단의 기준으로 삼는다.
	  ② 3단계
	    ㉠ 대인 관계 조화를 위한 도덕성
	    ㉡ 학생 : "내가 만약 민지라면 가희의 이름을 말할 거야. 그렇지 않으면 나도 가희랑 함께 훔친 사람으로 의심 받아 피해를 볼 수 있거든." 이것보다 한 단계 위의 특징
	  ③ 2단계
	    ㉠ 욕구 충족을 위한 도덕성
	    ㉡ 자신의 욕구 충족을 위해 도덕적 행동을 하며 받은 만큼 돌려줘야 한다고 생각하고 일종의 교환 관계로 인간 관계를 이해
	2) 도덕성 발달론
	  ① 중점 : 형식
	  ② 목표 : 도덕적 사고력과 판단력

4. 배려와 책임의 도덕 심리학 (1) 길리건(20) (2) 나딩스	(1) ① '타인과의 관계' 영역 지도 적합 ② 상호 연계성의 인간관계를 중요시하였으며 정의(justice)와 권리(right)의 도덕 외에 배려와 책임의 도덕이 존재 한다고 보았고 이를 바탕으로 정의 지향적 도덕성과 배려 지향적 도덕성은 상호 보완적으로 접근되어야 함을 강조

5 6수업 과정·절차 및 수업모형

1. 6수업 과정·절차
(1) 인지적 접근
  1) 지식 이해 중심(10)
  2) 가치 판단 중심
    ① 주된 활동(19)
    ② 도덕적 추론의 논증 방식(15)
(2) 정의적 접근
  1) 모범 감화 중심(12)
  2) 가치 심화 중심
(3) 행동적 접근
  1) 실천 체험 중심
  2) 실습 실연 중심(22)

(1) 2) 가치 판단 중심
  ① 주된 활동
    - ㉠ 옳고 좋은 것을 잘 헤아려 바르게 선택한다. ㉡ 합리적 의사 결정 학습
  ② 도덕적 추론의 논증 방식
    ㉠ 귀납 : '친구 간에 갈등이 생겼을 때 대화를 통해 해결한 사례들이 많았음을 근거로 하여, 친구 간의 갈등 해결을 위해서는 대화가 중요하다'고 결론을 도출
    ㉡ 연역 : '사람들은 서로 존중해야 한다'는 상위의 원리로부터 '친구 간에 서로 피해를 주지 말아야 한다'는 구체적인 행동준거를 도출
(3) 2) 실습 실연 중심
  - 도덕적 행동을 직접적인 훈련을 통해 익히고, 가상의 상황을 설정하여 올바른 행동을 실제로 해 보면서 익히는 특징

2. 수업모형
(1) 역할놀이
  1) vs 역할극(17,10)
  2) '시연' 단계 다음 활동과 이유(13특수)
  3) 참여적 관찰자로서의 청중의 준비(13특수)
  4) 2단계에서 적절하지 않은 활동과 근거(10)

(2) 개념 분석
  1) 원형(14)
    - 소크라테스의 대화법
  2) 4단계 발문(14, 11)
  3) 2, 3, 4단계 핵심 활동(14, 11)

(3) 가치 분석
  1) 새 사례 검사
  2) 포함 관계 검사(16)
  3) 역할 교환 검사(22)
  4) 보편적 결과 검사(22,12)

(4) 가치 갈등 해결
  1) 법리적 모형(16)
  2) 2단계 핵심 활동(14)
(5) 가치 명료화

(6) 합리적 의사결정
  1) 자기 입장의 설정 및 정당화(15)
(7) 집단 탐구

(1) 1) vs 역할극

	역할극 장점	역할놀이 장점
차이점	극본에 따라 충실하게 시연함으로써 모범적인 행동을 익힐 수 있다.	해당 인물을 통해 보다 쉽게 감정 이입을 할 수 있기 때문에 태도 변화, 가치 내면화에 효과적이다.
공통점	실제 상황과 비슷한 경험을 제공함으로써 학생들의 참여와 흥미를 높일 수 있다.	

  2) 토론 및 평가, 서로의 견해를 주고 받으면서 보다 심층적으로 반추해 보는 과정을 통해 자신의 생각을 명료하게 인식하고 심화시키고 정착시킬 수 있기 때문

(2) 2) 4단계 발문
  - 4단계 : 그 단계 개념과 관련된 개념 분석, 절제와 관련된 개념에는 어떤 것들이 있나요?
  3) 2, 3, 4단계 핵심 활동
  - 도덕 개념의 의미를 보다 명료화하기

(3) ★ 가치 원리 검사 : 문제 사태에서 가치 판단의 합리성과 보편화 가능성을 검토하는데 도움을 제공하는 활동
  2) 경수가 심판을 맡은 축구 경기에서 친구인 민호가 반칙을 했다. 이때 경수는 "친구끼리는 서로 도와주어야 한다."는 가치 원리에 따라 민호의 반칙을 눈감아 주었다. 이 가치 원리는 "모든 사람을 공정하게 대해야 한다."는 일반적인 가치 원리로부터 타당하게 도출될 수 있는가?
  3) 입장을 바꾸어 생각해 본다.
  4) 모든 사람이 그 가치 원리에 따라 행동할 경우 보편적으로 나타날 결과를 받아들일 수 있는가?

(4) 1) 법리적 모형
  ① 재판관처럼 학생들이 복합적이고 논쟁적인 문제의 해결을 강조하는 법리적 모형에 기초
  ② 도덕적 문제와 관련된 여러 가지 사실 관계와 상황적 특성의 분석
  2) 2단계 핵심 활동
  - 관련 규범 확인 및 의미 파악 : 갈등 사태에 내재된 용어, 개념의 의미를 명백히 할 필요가 있다.

(6) 1) 자기 입장의 설정 및 정당화
  - 학생들은 자기 입장의 정당성을 주장하기 위해 여러 가지 논리와 증거를 제시하고 이를 논의한다.
    ① 귀납 추론 : 논의가 되는 문제상황을 해결한 여러 사례들로부터 일반적인 해결 방법을 추론하는 방식
    ② 연역 추론 : 사고와 판단의 타당한 이유 혹은 근거를 제시하면서 상위의 도덕 원리로부터 구체적인 행위 규범을 추론하는 방식

(8) 도덕적 토론
  1) 상황 제시 조건(21)
  2) 수업 모형의 원리
    ① 인지적 불균형(09)
    ② 상호작용주의(09)
  3) 도입 단계 질문
    ① 상황을 복잡하게 하기(13)
    ② 왜라는 질문하기(09)
  4) 심화 단계 질문
    ① 역할 바꾸어 보기(09)

(9) 도덕 이야기
  1) 자신의 도덕적 경험 발표와 공유(18)
(10) 경험 학습
(11) 배려 모형
  1) 2단계 명칭과 교사 발문(09모의)
  2) 교사 역할(09모의)
  3) 가치 갈등 모형 대신 적용한 수업의 의의와 한계(09모의)

(8) 1) 상황 제시 조건
    ① 학생들의 생활 경험을 반영하고 그들의 이해 능력에 맞는 것이어야 한다.
    ② 가치 탐구가 제대로 이루어지기 위해서는 규범 간의 갈등을 내포하고 있어야 한다.
  3) 도입 단계 질문
    ① 상황을 복잡하게 하기
      - 박 교사는 "가희가 인형을 사려고 어머니한테 돈을 받았는데, 학교에서 잃어버렸다는구나."라고 말할 계획이다.
    ② 왜라는 질문하기
      - 동일한 입장을 표명하면서도 지지 이유는 다를 수 있음을 배우게 되기 때문에 중요하다.
  4) 심화 단계 질문
    ① 역할 바꾸어 보기
      - 학생들은 다른 사람의 입장에서 그 문제 사태에 접근할 수 있기 때문에 중요하다.
(9) 1) 자신의 도덕적 경험 발표와 공유
      - 가치 규범과 바람직한 삶의 문제에 관한 자기 연관성을 높여 가치의 내면화를 도모하는 데 효과적
(11) 1) 2단계 명칭과 교사 발문
    ① 자신의 감정을 살피고 상대방의 감정을 공감하기
    ② 철수가 둘 중 어떤 행동을 선택했을 때 다른 사람의 입장이 되면 어떤 기분이 들겠니?

2절 중등 도덕교육론 기출문항 83

1 유가 윤리 사상

01. 다음 글에서 ㉠~㉢에 들어갈 말을 쓰고, '극기복례(克己復禮)'에서 '기(己)'가 의미하는 것이 무엇인지를 쓰시오. 〔08 중등윤리〕

> 안연이 '인(仁)'에 대해서 물었다. 공자는 "극기복례(克己復禮)가 '인'이다. 하루라도 극기복례를 하면 온 세상이 '인'으로 돌아가게 될 것이다. '인'을 행함이 자기로부터 비롯되는 것이지 남으로부터 비롯되는 것이겠는가!"라고 대답하였다. 이에 안연이 "'인'을 실현할 수 있는 세목이 무엇인지를 가르쳐주십시오."라고 하자, 공자는 "예(禮)가 아니면 보지 마라, (㉠), (㉡), (㉢)."고 하였다. (『論語』, 『顔淵』)

- ㉠ : _____
- ㉡ : _____
- ㉢ : _____

◆ **출제 영역**
공자 윤리 사상

◆ **예시 답안**
㉠ : 예가 아니거든 듣지 마라
㉡ : 예가 아니거든 말하지 마라
㉢ : 예가 아니거든 움직이지 마라
'기(己)'란 절제하고 극복해야 할 대상인 사리사욕의 주체로서의 자기를 의미한다.

◆ **개념 해설**
극기복례
- '극기복례'의 의미 : 예를 통한 사욕의 주체인 자기의 극복
- 극기복례의 세목 : 극기복례의 실천 방법으로, 본심의 덕을 온전하게 간직하기 위해 사욕을 버리고 인욕을 극복함으로써, 시, 청, 언, 동을 예에 합당하도록 하는 실천 방법

02. 다음을 주장한 사상가가 양·묵의 윤리 사상에 대항하기 위해 확립한 도덕 규범을 모두 제시하고, 그러한 도덕 규범의 특징을 인(仁)의 실천과 관련지어 설명하시오.　　　　　　　　　　`07 중등윤리`

> 양씨는 위아(爲我)를 취하여 털 하나를 뽑아 천하를 이롭게 한다고 할지라도 하지 않는다. 묵씨는 겸애(兼愛)를 취하여 머리끝에서 발꿈치까지 다 닳아 없어질지라도 천하를 이롭게 하는 일이라면 감행한다. 양씨의 위아는 임금이 없는 것과 같고, 묵씨의 겸애는 부모가 없는 것과 같다. 임금이 없고 부모가 없으니 금수(禽獸)와 같다.

◆ **출제 영역**
맹자 윤리 사상

◆ **예시 답안**
- 규범 : 부자유친, 군신유의, 부부유별, 장유유서, 붕우유신의 오륜
- 특징 : 오륜은 사람에 대한 따뜻하고 포용적인 사랑인 인을 부자, 군신, 부부, 장유, 붕우라는 사회의 여러 관계 속에서 실천할 때 요구되는 구체적인 인륜의 실천 덕목이다.

◆ **개념 해설**
1. 인륜의 실천 덕목으로서 오륜
요(堯)의 시대에는 천하가 평안하지 못했소. 홍수가 횡류하여 천하에 범람하고, 초목이 창무하고 금수가 번식하고 오곡이 여물지 못하고, 금수가 사람을 위협하고, 들짐승과 날짐승의 발자국의 흔적이 중국에 어지럽게 나 있었소. … (중략) … 이에 후직이 백성들에게 심고 거둠을 가르쳐 오곡을 심고 가꾸게 했소. 오곡이 익자 백성이 이를 배불리 먹고 잘 육성되었소. 그러나 백성이 배불리 먹고 따스하게 입고 편하게 지내기만 하고 가르침을 받지 못하게 되면 금수에 가깝게 되오. 성인(聖人)은 이를 근심하여 설로 하여금 사도를 맡아 인륜을 가르치게 했소. 이에 부자유친(父子有親), 군신유의(君臣有義), 부부유별(夫婦有別), 장유유서(長幼有序), 붕우유신(朋友有信)이 나타나게 되었소.

2. 맹자의 인성론 : 성선설
① 천명지위성

> 자신의 마음을 다 발휘한 사람은 자신의 본성을 알게 되고, 본성을 알면 하늘을 알게 된다. 자신의 마음을 보존하고 본성을 배양하는 것이 곧 하늘을 섬기는 방법이다. 단명과 장수에 상관하지 않고 오직 수신함으로써 천명을 기다리는 것이 곧 안심입명(安心立命)의 방법이다.

② 성선
인간의 본성은 선천적이고 보편적인 인의예지의 도덕성이다. 인이란 사람을 사랑하는 마음씨로서, 그것의 근본은 친친이다. 의란 인간 행위의 표준으로서, 경장이 그것의 근본이다. 예란 인과 의를 절도에 맞게 하는 것이고, 지란 인과 의를 알아서 버리지 않는 것이다.

③ 성선의 증거 : 사단, 양지·양능
- 사단 : 인간이 가진 보편적이고 선천적인 도덕적 감정 혹은 도덕심으로서, 인간의 선한 본성인 사덕의 단

측은지심	타인의 고통에 대한 동정심(不忍之心), 타인의 불행을 남의 일 같지 않게 느끼는 마음
수오지심	자신과 타인이 올바름에서 벗어나는 것을 용납하지 않는 마음 혹은 올바름을 지향하는 마음, 사익 추구에서 벗어나 사회적 올바름을 실천할 수 있는 내적인 동기
사양지심	자신을 앞세우지 않고 상대방을 공경하는 마음
시비지심	옳고 그름을 잘 판단하고, 그러한 판단을 유지하는 마음

- 양지, 양능

> 사람이 배우지 않고도 할 수 있는 일을 양능이라 하며, 생각하지 않고서도 아는 것을 양지라 한다. 어려서 손을 잡고 가는 아이가 그 부모를 사랑할 줄 모르는 이가 없으며, 그 장성함에 미쳐서는 그 형을 공경할 줄 모르는 이가 없다.

03. 갑, 을은 동양 윤리 사상가들이다. ( ) 안에 들어갈 용어를 쓰고, ㉠에 대한 을의 견해를 갑의 입장에서 비판하시오.　　　　　　　　　　19 중등윤리

갑	무릇 예의(禮義)라는 것은 성인(聖人)의 ( )에 의해 생겨나는 것이지, 사람의 성(性)에서 생겨나는 것이 아니다. 그러므로 옹기장이가 진흙을 쳐서 질그릇을 만드는데, 질그릇은 옹기장이의 ( )에서 생겨나는 것이지 사람의 성으로부터 생겨나는 것이 아니다. 또 목수가 나무를 깎아 그릇을 만드는데, 그릇은 목수의 ( )에 의해 생겨나는 것이지 사람의 성으로부터 생겨나는 것이 아니다.
을	우산(牛山)의 나무가 일찍이 아름다웠는데, 큰 나라 성 밖에 있기 때문에 사람들이 도끼로 자꾸만 베어내니, 어찌 아름답게 될 수 있겠는가? 밤마다 자라고 비와 이슬이 적시어 주므로 싹이 나오지 않는 것은 아니지만, 소와 양떼가 또 쫓아가서 뜯어먹는 까닭에 저렇게 맨숭맨숭하게 된 것이다. 사람들은 그 산을 보고 원래부터 산에 나무라고는 없는 것처럼 여기나, 그것이 어찌 우산의 성(性)이겠는가? ㉠ 사람의 성(性)도 이와 같다.

◆ **출제 영역**
맹자와 순자의 인성론

◆ **예시 답안**
( )는 위(인위적인 노력)이다.
을은 사람의 성을 사덕을 본질로 하는 선성으로 본다. 갑에 의하면, 이는 성과 위를 구분하지 못해 생겨난 잘못된 입장이다. 성이란 자연히 타고난 바 그대로의 것이기 때문에, 배움과 같은 후천적인 노력을 통해 형성된 것은 성이 아니다. 그런데 을이 선성의 본질로 간주하는 사덕은 후천적 노력을 통해 우리가 갖게 되는 것이므로, 그것을 성이라 해서는 안 된다.

◆ **개념 해설**
1. 성악선위

순자에 의하면, 인간의 본성이란 자연히 생긴 것(生之所以然者謂之性)이다. 따라서 교육과 인위에 의해 후천적으로 형성된 모든 것은 인간의 본성에 속하지 않는다. 그런데 인간에게 자연히 생긴 것은 자기 보존과 밀접히 연관되어 있는 것으로서, 자기만의 이익을 탐하는 호리(好利), 질투하고 미워하는 질오(嫉惡), 소리와 여색을 좋아하는 이목지욕(耳目之慾)의 성정(性情)이 그것이다. 따라서 이것만을 인간의 본성이다. 이러한 인간의 본성은 그것이 가진 자기중심적인 성향으로 인해 억제되지 않고 행위로 발현될 경우 필연적으로 사회적으로 악한 결과를 낳게 된다. 순자는 인간의 본성으로부터 기인하는 이러한 악한 결과를 고려하여 인간의 본성을 악하다고 주장하였다. 그렇다면 인간의 선함은 본성으로부터 나온 것이 아니다. 그것은 후천적인 노력의 결과물이다.

2. 맹자의 성선설에 대한 순자의 비판
① 첫 번째 비판
자연히 생겨난 것만이 성이다. 따라서 후천적이고 인위적인 노력을 통해 획득된 것은 성에 속하지 않는다.
맹자가 인성의 본질로 본 사덕은 후천적이고 인위적인 노력의 산물이다. 따라서 인성에 대한 맹자의 입장은 성과 위를 구분하지 못해 나온 잘못된 입장이다.
② 두 번째 비판
맹자는 사람의 본성은 선한 것이고, 악은 그러한 본성을 잃기 때문에 생겨난다고 주장한다. 순자는 이러한 맹자의 주장에 반대한다. 순자에 의하면, 후천적인 요인으로 인해 잃어버리는 것은 본성일 수 없다. 왜냐하면 본성은 존재의 본질이기 때문이다. 이러한 관점에서 순자는 인간의 악의 근원에 대해 맹자와는 다른 입장을 취한다. 그에 의하면, 인간이 악해지는 이유는 본성을 잃었기 때문이 아니라 오히려 악한 본성을 있는 그대로 방치했기 때문이다.
③ 세 번째 비판
인간의 본성이 선하다면 성왕과 스승의 교화나 예의는 있을 필요가 없다. 그런데 성왕과 스승의 교화와 예의는 실제로 존재한다. 따라서 인성은 악하다.

04. 맹자와 순자가 인간 본성에 관한 이론을 제시한 목적을 선진 유학의 이론 체계 속에서 설명하고, 이들이 주장하는 도덕 규범의 기원을 비교하여 서술하시오.

`06 중등윤리`

- 인간의 본성은 선하다. 마음을 보존하고 확충하여 본래의 인간성을 실현시킨다(存心養性). - 맹자 -
- 인간의 본성은 악하다. 옛 성현의 가르침에 따라 끊임없이 갈고 닦아 본성을 변화시켜 선하게 만든다(化性起僞). - 순자 -

◆ 출제 영역

맹자와 순자의 인성론

◆ 예시 답안

선진 유학 사상가들은 사회 혼란의 근원을 도덕성의 타락으로 보고, 그러한 타락의 원인을 해명하고, 원인을 제거해 줄 방법을 발견하기 위해 인성의 문제를 다루었다. 이러한 선진 유학의 사상적 맥락 속에서 맹자와 순자는 도덕성의 함양을 통해 사회 혼란의 극복이라는 공통의 목적 하에 인성론을 전개하였다. 맹자는 사덕을 본질로 하는 인간의 선한 본성을 인간이 마땅히 실천해야 할 도덕규범의 기원으로 간주하였다. 반면에 순자는 인간의 악성을 교화하여 평화로운 사회를 확립하고자 예의법도를 제정한 성인의 위를 도덕규범의 근원으로 보았다.

◆ 개념 해설

화성기위(化性起僞)

① 순자의 도덕 교육은 본성을 변화시켜서 도덕인을 만드는 '화성기위' 개념으로 설명 될 수 있다.
② '화성기위'는 자기 성찰을 통한 수양의 과정이며, 사회가 요청하는 이상적인 인간이 되기 위한 자기 변화의 과정이다. 도덕 교육의 필요성과 목적으로서의 '화성' 그리고 도덕 교육의 내용과 방법으로서의 '기위'로 구분할 수 있다.
③ 비록, 표면적으로는 맹자와 순자가 서로 상반된 인간관을 친지한 것으로 이해할 수 있으나, 궁극적인 목표를 사회가 요청하는 이상적인 인간상인 성인에 두었고 또 인간 누구나가 성인이 될 수 있다고 본 점에서 유사성을 발견할 수 있다.

05. 다음 글을 읽고, 순자(荀子)의 인성 교육 방안을 사회 질서 회복과 관련하여 서술하시오.

`05 중등윤리`

- 사람에게 예(禮)가 없으면 생존할 수 없고, 도모하는 일에 예가 없으면 성공할 수 없으며, 국가에 예가 없으면 사회의 안정을 이룰 수 없다.
- 덕을 헤아려 지위의 순서를 정하고, 능력을 헤아려 관직을 맡겨야 한다.

◆ 출제 영역

순자 윤리 사상

◆ 예시 답안

순자는 사회 혼란은 인간의 악한 본성이 그대로 방치됨으로써 발생한다고 보았다. 따라서 그는 악한 인성의 교화를 사회 질서 회복을 위한 관건으로 간주하였다. 그에 의하면, 악한 인성의 교화는 성인이 제정한 예(禮)를 통해 이루어진다. 그래서 순자는 예를 배워 통달하고, 그것을 지속적으로 실천하여 예와 일체가 되는 것을 인성 교육의 목적으로 설정하고, 예를 자세히 배워 통달하는 학과 배워 알게 된 것을 실천함으로써 예를 체득하는 수신을 그러한 목적을 성취하기 위한 인성 교육의 방안으로 제시하였다.

06. (가)는 중국 선진 시대 어느 사상가의 주장이다. 이 사상가가 (나)의 편지를 쓴다고 가정할 때, (   ) 안에 들어갈 용어를 쓰시오.   15 중등윤리

(가)	하늘의 운행에는 일정함이 있으니, 이 일정함은 요(堯) 임금을 존립하게 하는 것도 아니고, 걸(桀)왕을 망하게 하는 것도 아니다. … (중략) … 하늘의 직무라는 것은 작위[爲]를 가하지 않아도 이루어지고, 추구하지 않아도 얻어지는 것을 가리킨다. 하늘의 직무가 비록 심원하다 하더라도 올바른 사람은 거기에 대해 생각을 더하지 않고, 그것이 비록 위대하다고 하더라도 능력을 더 보태려 하지 않으며, 그것이 비록 빈틈이 없다고 하더라도 더 살피지 않는다. 이것을 가리켜 사람은 하늘과 직무를 두고 다투지 않는다고 하는 것이다.
(나)	그리운 벗에게. 그동안 잘 있었는가? 선(善)한 것을 분별하는 법도가 있다네. 그것으로써 기운을 다스리고 양생을 한다면 오래 살았다는 팽조(彭祖)보다도 더 오래 살 수 있을 것이네. 또한 그것으로써 몸을 닦고 스스로 노력하면 요임금이나 우임금처럼 될 수 있으며, 뜻대로 잘될 때도 처신을 잘할 수 있고 곤경에 처했을 때도 유리할 것이라고 생각하네. ( )이/가 바로 그 법도라네. …(하략)…

◆ 출제 영역
순자 윤리 사상

◆ 예시 답안
예

◆ 개념 해설
예(禮)의 성격
• 성인의 작위에 의해 형성된 외적인 행위 규범으로서, 사회에서 인간의 행위를 규제하는 기능을 하는 사회 생활의 최고 규범
• 인간의 성정을 절제하고 욕망을 억제하여 교화하는 기능 수행
• 모든 덕의 근본
• 몸을 바르게 하고 마음을 기르는 수양의 기준
• 사회적 기능
  ① 사람들이 가진 욕구를 만족시켜 주는 기능 수행
  ② 무절제한 욕구 추구를 제한하고 조절함으로서 사회적 혼란 방지
  ③ 자질과 능력에 따라 사회적 구분을 확립함으로써 질서 있고 조화로운 사회 형성

2 서양윤리

07. 다음은 서양 윤리 사상가의 어떤 개념에 대한 설명이다. ( )에 해당하는 것을 '동굴의 비유'를 나타낸 <그림>에서 모두 고른 것은?　09 중등윤리

> 예를 들어 아름다운 꽃, 아름다운 그림, 아름다운 조각은 여러 면에서 다르지만, 그래도 저마다 아름답죠. 그런데 이것들은 저마다 아름다운 사물일지는 모르지만 어느 것도 아름다움 자체는 아닙니다. 그는 아름다움 자체는 따로 있으며, 아름다움 자체를 '미(美)의 (　　)'(이)라고 했습니다.

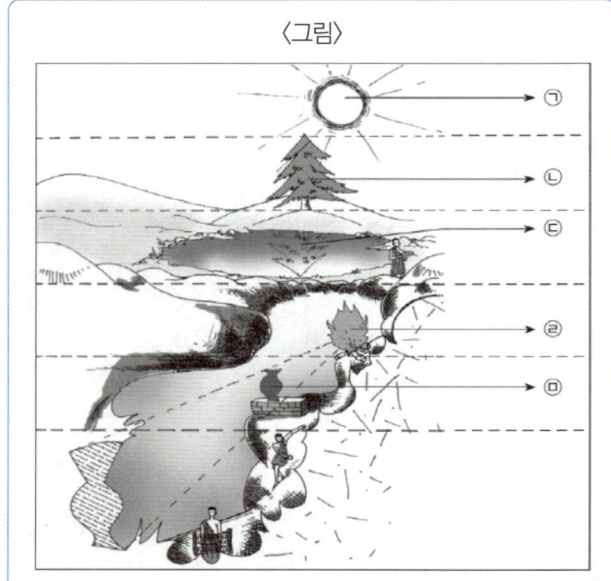

① ㉠, ㉡　② ㉠, ㉢　③ ㉣, ㉤
④ ㉠, ㉡, ㉢　⑤ ㉢, ㉣, ㉤

◆ 출제 영역
플라톤의 이데아론

◆ 정답
①

◆ 오답 수정

오답	수정
㉢	이데아가 아니라 추론적 사고의 대상인 수학적인 것들
㉣	가시적 세계에 존재하는 이데아 세계의 태양의 모방물
㉤	가시적 세계에 존재하는 실물

◆ 개념 해설
동굴의 비유에 나타난 상징 해석

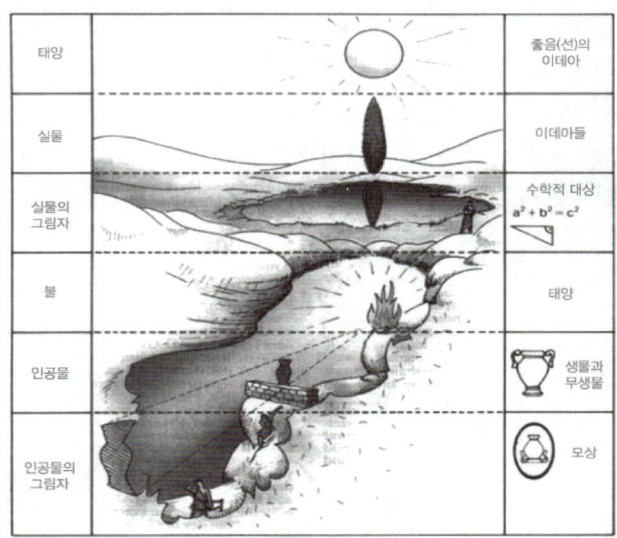

08. 다음은 '윤리와 사상' 수업에서 사용된 자료이다. 이 자료의 내용을 주장하는 서양 윤리 사상가의 관점으로 옳은 것은?　　　　　12 중등윤리

> 서양 윤리 사상의 이해를 위한 고전 자료
>
> 시민들은 저마다 타고난 성향에 따라 한 가지 일에 개개인이 배치되어야 한다. 이는 각자가 자신의 한 가지 일에 종사함으로써 각자가 여럿 아닌 한 사람으로 되도록 하고, 또한 바로 이런 식으로 해서 나라 전체가 자연적으로 여럿 아닌 한 나라로 되도록 하기 위해서이다. … (중략) … 이 점은, 즉 실상 이 나라가 정의로운 것이 그 안에 있는 세 부류가 저마다 자신의 일을 함에 의해서였음은 확실하다.

① 절제를 통치자와 피치자 모두에 관계되는 덕으로 본다.
② 격정과 기개를 욕구적인 부분과 같은 성질의 것으로 본다.
③ 감정과 욕구를 제거한 이성적 삶을 정의로운 것으로 본다.
④ 모든 시민은 덕의 함양을 통해 철인치자가 될 수 있다고 본다.
⑤ 정의를 그 자체로는 수고스러우나 그 결과가 좋은 것으로 본다.

◆ 출제 영역
플라톤의 덕론

◆ 정답
①

◆ 오답 수정

오답	수정
② 격정과 기개를 욕구적인 부분과 같은 성질의 것으로 본다.	② 격정과 기개를 욕구적인 부분과 구분되는 영혼의 한 부분으로 본다.
③ 감정과 욕구를 제거한 이성적 삶을 정의로운 것으로 본다.	③ 이성에 의해 감정과 욕구가 적절하게 규제된 삶을 정의로운 것으로 본다.
④ 모든 시민은 덕의 함양을 통해 철인치자가 될 수 있다고 본다.	④ 배움을 사랑하고 진리를 쉽게 배울 수 있는 천성을 타고난 소수의 사람만이 덕의 함양을 통해 철인치자가 될 수 있다고 본다.
⑤ 정의를 그 자체로는 수고스러우나 그 결과가 좋은 것으로 본다.	⑤ 정의를 그 자체로도 좋고, 그 결과도 좋은 것으로 본다.

◆ 개념 해설
1. '사주덕'의 성격
① 지혜
- 보편적인 도덕적 진리를 파악하고, 인간에게 참으로 좋은 것이 무엇인지 헤아려 올바른 판단을 내릴 수 있는 이성의 힘(능력)
- 영혼의 다른 부분인 기개적인 부분과 욕구하는 부분뿐 아니라 전체 영혼을 위해 참으로 좋은 것이 무엇인지 헤아리는 이성의 힘(능력)

② 용기
- 기개적인 부분의 덕으로서, 기개와 지혜와 결합하여 형성된 혼합된 덕. 즉, 기개가 육체적인 욕망에 빠지지 않고 이성을 따를 때 얻게 되는 덕
- 두려워할 것과 두려워하지 않을 것들에 관한 바르고 준법적인 소신의 지속적인 보전과 그런 능력

③ 절제
- 영혼의 어느 한 부분에 속하는 덕이 아니라 모든 부분이 갖추어야 할 전체의 덕
- 개인에 있어서나 국가에 있어서나 성향에 있어서 한결 나은 쪽과 한결 못한 쪽 사이에 어느 쪽이 지배할 것인지에 대한 합의 혹은 의견의 일치

④ 올바름(정의)
- 각자가 각자의 할 일을 하고, 다른 사람의 일을 넘보지 않는 것
- 영혼의 각 부분이 자신의 기능에 따른 역할을 훌륭하게 수행하고, 나아가 각 부분이 조화를 이루어 하나의 전체적인 기능을 훌륭하게 수행하고 있는 상태를 이루고 유지하는 영혼의 힘(능력)

2. 철인치자 사상
철인, 즉 지혜로운 사람이란 도덕과 정치의 본이 되는 이데아에 대한 참된 이성적 지식을 소유한 사람으로서, 그러한 지식을 통해 자신과 국가를 이끌어 나갈 수 있는 사람이다. 그와 같은 사람은 배움을 사랑하고 진리를 쉽게 배울 수 있는 천성을 타고난 사람이다. 플라톤에 의하면, 소수의 사람만이 그러한 성향을 가지고 태어나고, 그것은 양육과 교육을 통해 개발된다.

09. 다음은 서양 고대 정치 사상에 대한 어느 학생의 필기 내용이다. ( ) 안에 들어갈 용어를 쓰시오.

- '항해사의 비유'와 '크고 힘센 동물의 사육사 비유'를 통해 민주주의를 비판함.
- 정의로운 국가에서는 실재의 참된 본성에 대한 지식을 지닌 사람이 통치함.
- 통치자는 구성원들의 타고난 자질에 따라 계급을 분류하고 유지함.
- 통치자에게는 국가의 이익을 위해 적이나 시민에게 거짓말하는 것을 허용함.
- ( ) 정치가 실현되어 지식과 권력이 결합되지 않는 한, 국가와 인류에게 '나쁜 일'이 지속됨.

- _____

◆ **출제 영역**
플라톤의 정치사상

◆ **예시 답안**
철인(최선자)

◆ **개념 해설**
'철인치자 사상'과 '최선자 정체'의 의미

- 철인치자 사상 : 보편적이고 영원불변하는 개인과 국가의 선, 이상국가의 본질에 대한 지식을 소유한 지혜로운 사람만이 정치 권력을 독점하여 통치해야 한다는 플라톤의 사상
- 최선자 정체 : 보편적이고 영원변하는 국가의 선에 대한 지식을 소유한 사람(철인, 지혜로운 사람)이 정치 권력을 독점하여 행사하고, 국가의 다른 부분이 그러한 사람의 지배를 받아들이는 최선의 정치 체제

10. (가), (나)는 서양 고대 윤리 사상가들의 주장이다. <작성 방법>에 따라 서술하시오. `20 중등윤리`

(가)	• 훌륭함은 선천적으로 있게 된 것도 아니며 저절로 있게 된 것도 아니다. 그것은 가르쳐질 수도 있으며 마음 씀으로 해서 있게 된다. 훌륭함은 가르쳐질 수 있다는 것을 설화와 논변으로 내가 말했을 뿐만 아니라, 아테네인들도 그리 믿고 있다. • 지혜, 절제, 용기, 정의, 그리고 경건함은 모두 훌륭함의 부분들이다. 이것들 중 넷은 서로 상당히 비슷하지만, (㉠)은/는 이것들 모두와 아주 다르다.
(나)	• 교육이란 일부 사람들이 선전하고 주장하는 그런 것이 아니다. 그들은 보지 못하는 눈에 시력을 넣어주듯 지식 없는 영혼에 지식을 넣어줄 수 있다고 주장한다. 그러나 지식에 도달하기 위해서는 영혼을 생성의 세계에서 실재의 세계로 전환해야 한다. • 기개의 덕인 (㉠)은/는 (㉡)에 대해 올바른 의견을 보전하는 것이다. 이는 옷의 광채가 아무리 세탁해도 없어지지 않는 것과 같다.

┤작성 방법├
(1) 괄호 안의 ㉠에 해당하는 용어와 괄호 안의 ㉡에 해당하는 내용을 순서대로 쓸 것.
(2) (나)의 윤리적 입장에서 (가)의 윤리적 입장의 논리적 모순을 드러내는 논변을 서술할 것.

• (1) _____
• (2) _____

◆ **출제 영역**
소크라테스와 플라톤의 윤리사상

◆ **예시 답안**
(1) ㉠은 용기이고, ㉡은 '두려워할 것과 두려워하지 않을 것'이다.
(2) 용기가 지혜, 절제, 정의, 경건함과는 아주 다르다는 것은 용기는 무지이고 무절제이며, 부정이고 불경이라는 말이다. 그렇다면 용기는 훌륭함의 부분일 수 없다.

◆ **개념 해설**
소크라테스의 지덕일치설과 덕의 단일성
1. 지덕일치설
• '덕'의 성격
덕이란 각자가 가진 고유한 기능을 잘 발휘하여 그 기능과 관련된 일을 훌륭하게(탁월하게) 해낼 수 있는 능력이다. 인간의 덕이란 인간의 고유한 기능인 이성의 기능을 완전히 발휘하여 그와 관련된 일, 즉 인간으로서 최선의 삶을 누리기 위해 요구되는 것에 대한 참된 앎을 파악하는 일을 훌륭하게 해 낼 수 있는 능력이다. 따라서 덕 있는 상태는 이성을 완전하게 사용하여 최선의 삶을 영위하는 데 필요한 참된 이성적 지식 혹은 기술을 소유한 상태로서, 이 상태가 인간에게 있어서 최선의 상태이다.

2. 덕의 단일성
소크라테스는 '모든 덕은 하나'라고 주장한다. 그의 이 주장은 각각 독특한 성격을 지닌 개별적인 덕들의 공통 본질은 지식이라는 관점에 근거해 있다. 그에 의하면, 덕들은 다양한 문제 상황에서 서로 다른 것으로 나타나지만, 그것들은 근본적으로 최선의 인간의 삶의 영위와 관련한 참된 이성적 지식에 근거한다는 점에서 하나이다. 즉, 모든 개별적인 덕들은 지식의 개별적 표현에 불과한 것으로서 본질적으로 지식이라는 동일한 영역에 속하는 것이다.

11. 다음 갑, 을은 서양 고대 윤리 사상가들이다. ( ) 안에 들어갈 용어를 쓰고, 밑줄 친 ㉠, ㉡, ㉢의 올바른 관계에 관한 을의 주장을 서술하시오.

18 중등윤리

갑	여러분은 나를 법정에 고소했지만, 내가 한 일이란 여러분에게 육체나 재산을 우선하여 고려하지 말고 가능한 한 최선을 다하여 영혼의 상태에 주의를 기울이라고 설득한 것이었습니다. …(중략)… 무엇이 옳은지를 아는 사람은 옳은 일을 행하고, 그것을 모르는 사람은 그른 일을 행하지요. 그러므로 덕은 오직 하나만 존재하는데, 그것은 바로 ( )입니다.
을	인간의 영혼은 ㉠ 이성적 부분, ㉡ 기개적 부분, ㉢ 욕망적 부분으로 나누어져 있습니다. …(중략)… 이런 인간의 상황을 두 마리의 말을 모는 마부로 비유할 수 있습니다. 한 마리는 선하기 때문에 채찍질할 필요 없이 몇 마디의 경고만으로 몰 수 있지만, 다른 한 마리는 건방지고 뻔뻔스러워 채찍질을 가해야 합니다. 마부는 이 두 말을 잘 다루어야 합니다.

• _____

◆ **출제 영역**
소크라테스와 플라톤의 윤리사상

◆ **예시 답안**
( )는 지식(지혜)이다.
을에 의하면, 이성적 부분이 기개적 부분과 욕망적 부분을 인도하고 지시하며, 두 부분은 이성적 부분의 지도하에서 자신의 고유한 기능에 따른 일을 훌륭히 수행함으로써, 세 부분이 조화를 이루어 인간의 전체적인 훌륭함을 실현하는 것이 세 부분의 올바른 관계이다.

12. 다음은 어느 서양 고대 윤리 사상가의 주장이다. 이 사상가가 밑줄 친 ㉠과 ㉡에 해당하는 탁월성이 어떻게 형성된다고 주장했는지 서술하시오.

14 중등윤리

> 행복은 완전한 탁월성에 따르는 영혼의 어떤 활동이다. 영혼은 이성이 없는 부분과 이성을 가지고 있는 부분으로 나뉜다. 이성이 없는 부분은 다시 식물적인 것과 ㉠ 욕구적인 것으로 나뉜다. 이 중 후자는 이성의 말을 들을 수 있고 설복될 수 있는 한에서는 이성을 나누어 가지고 있다. 그렇다면 이성을 가지고 있는 부분 또한 다시 둘로 구분된다. 그 하나는 아버지의 말을 듣듯 그렇게 이성을 듣고 따를 수 있는 것이며, 다른 하나는 ㉡ 일차적인 의미에서 이성을 자체 안에 가지고 있는 것이다. 탁월성 또한 이러한 차이에 따라 나뉜다.

• _____

◆ **출제 영역**
아리스토텔레스의 덕론

◆ **예시 답안**
욕구적인 부분의 탁월성인 품성의 탁월성은 습관(반복적 활동을 통한 습관화)에 의해 형성되고, 일차적인 의미에서 이성을 자체 안에 가지고 있는 부분의 탁월성인 지적인 탁월성은 주로 가르침(교육)에 의해 형성된다.

13. 다음은 서양 고대 윤리 사상가의 주장이다. ( ) 안에 들어갈 용어를 쓰고, ㉠에 근거하여 밑줄 친 절제의 탁월성을 설명하시오. `19 중등윤리`

> 탁월성에서 비롯된 행위는 행위자가 첫째로 알아야 하고, 둘째로 합리적 (　)에 의거해서 행위하되 그 행위 자체 때문에 (　)을/를 해야 하며, 셋째로 확고하고도 결코 흔들리지 않는 상태에서 행해야만 하는 것이다. 그러므로 정의로운 사람이나 절제있는 사람은 단순히 그런 행위를 하는 사람이 아니고, 정의로운 사람들이나 절제 있는 사람들이 행하는 방식으로 행하는 사람이다. …(중략)… 따라서 탁월성은 합리적 (　)와/과 결부된 품성상태로, 우리와의 관계에서 성립하는 ㉠<u>중용</u>에 의존한다. 이 중용은 이성에 의해, 즉 실천적 지혜를 가진 사람이 규정하는 방식으로 규정된 것이다.

* _____
  _____
  _____
  _____
  _____

◆ **출제 영역**
아리스토텔레스의 덕론

◆ **예시 답안**
(　)는 선택이다.
<u>중용이란 품성의 탁월성의 종차(본질)로서, 감정과 행위가 상황에 따라 지나치지도 모자라지도 않은 알맞은(마땅한) 상태, 즉 지나침에 따른 악덕과 모자람에 따른 악덕 사이의 중간으로서, 모든 품성의 탁월성의 본질이다. 따라서 절제란 즐거움과 고통이라는 감정과 관련하여 지나침의 악덕인 무절제와 모자람의 악덕인 목석같음을 배제하고 그것의 중간을 선택하는 품성의 탁월성이다.</u>

◆ **개념 해설**
1. '합리적 선택'의 성격
합리적 선택이란 이성적 숙고를 동반하는 자발적 행위로서, 우리의 지성과 힘으로 행할 수 있는 것, 우리의 행위에 의해 성취 가능한 것, 비결정적인 것, 목적의 성취를 위한 수단을 대상으로 하는 숙고적 욕구(사유적 욕구, 욕구적 지성)이다.

2. 중용의 성격
중용이란 품성의 탁월성의 종차(본질)로서, 감정과 행위가 상황에 따라 지나치지도 모자라지도 않은 알맞은(마땅한) 상태, 즉 지나침에 따른 악덕과 모자람에 따른 악덕 사이의 중간을 말한다. 이러한 중간은 구체적이고 특수한 상황들이 가진 차이를 반영하여 마땅한 방식으로 선택되는 우리와의 관계에서의 중간으로서, 그것은 주어진 상황에 비추어 올바른 이성의 판단에 따라 선택되는 것이기 때문에 중용을 실현하기 위해서는 심사숙고하여 중간을 선택하는 능력인 실천적 지혜를 갖춘 올바른 이성의 작용이 필요하다.

3. '절제'의 성격
즐거움과 고통에 관련해서 — 그것들 전부에 맞다는 이야기는 아니고, 특히 고통과 관련해서 덜 그렇기는 하지만 — 중용은 절제이고, 지나침은 무절제이다. 즐거움과 관련해 모자란 사람은 그렇게 많지 않다. 따라서 이러한 사람들은 이름조차 가지고 있지 않은데, '목석같은 사람'이라고 해 두자.

4. 품성의 탁월성의 목록

	관련 감정-행위	지나침	중용	모자람
감정 영역	두려움과 대담함	무모	용기	비겁
	즐거움과 고통	무절제	절제	목석 같음
	분노	성마름	온화	화낼 줄 모름
외적인 좋음	재물(보통)	낭비	자유인다움 (관후)	인색
	재물 (큰 규모)	품위 없음	통이 큼 (관후)	좀스러움
	명예(보통)	명예욕	이름 없음	명예에 대한 무관심
	명예 (큰 규모)	허영심	포부의 큼	포부의 작음 (소심함)
사회적 삶	진실	허풍	진실성	자기 비하
	즐거움 (놀이)	저급의 익살	재치	촌스러움
	즐거움 (일상)	아첨	친애	뿌루퉁함
탁월성이 아닌 감정	부끄러움	숫기 없음	부끄러워할 줄 앎	파렴치
	이웃의 상황을 보고 생겨나는 고통과 즐거움	시샘	의분	심술

14. (B)에서 밑줄 친 (다) 부분을 해결하기 위해서 아리스토텔레스가 우리에게 갖추기를 요구한 덕(혹은 능력)을 쓰시오. `04 중등윤리`

> (A) 아리스토텔레스 등의 덕 개념을 현행 윤리 이론에 맞추어, 또 응용 윤리학의 실천적 과제에 맞추어 적용시키고자 시도한 윤리 이론으로서 덕 윤리가 있다. 덕 윤리의 가장 큰 특징은, 그것이 행위에 주목하기보다 (가) ___에 주목한다는 점일 것이다. 또 하나의 특징은, 기존의 규칙 윤리학이 대체로 행위가 타당한 규칙들에 일치하는지 여부에 의해 행위를 '옳거나 그른' 것으로, 혹은 '해도 되거나 하면 안 되는' 것으로 평가하는 데 반해, 덕 윤리학은 (나) ___ 등의 용어를 사용하여 평가하는 경향이 있다는 것이다.
>
> (B) 아리스토텔레스에 의하면, '덕'은 본성적으로 우리에게 갖추어져 있는 것이 아니라 계속적인 실천을 통해 형성된 습관의 산물이다. 예컨대 용기 있는 행동을 거듭함으로써 용기 있는 사람이 되는 것이다. 여기서 아리스토텔레스는 중용을 이야기한다. 중용이란, 지나침과 모자람의 중간이다. 예를 들자면 만용과 비겁 사이의 중용이 곧 용기이다. 그러나 (다) <u>구체적인 경우를 만나서 과연 어떻게 행동하는 것이 참으로 용기 있는 것인지를 알아내는 것은 쉬운 일이 아니다.</u>

• _____

◆ **출제 영역**
아리스토텔레스의 덕론

◆ **예시 답안**
<u>실천적 지혜</u>

15. 다음은 아리스토텔레스의 『니코마코스 윤리학』에서 인용한 구절이다. ㉠, ㉡에 들어갈 말을 쓰고, ㉠과 ㉡의 역할을 인간의 선택 행위와 관련지어 각각 1줄 이내로 설명하시오. `08 중등윤리`

> • (㉠)은(는) 본성적으로 우리 속에 생기는 것도 아니요, 본성에 반하여 우리 속에 생기는 것도 아니다. 오히려 우리가 본성적으로 그것을 받아들이도록 되어 있으며, 또한 그것은 습관에 의하여 완전하게 되는 것이다.
> • (㉡)은(는) 다른 방식으로도 존재할 수 있는 것과 관련되며, 인간적인 선(善)에 관해서 참된 이치에 따라 행동할 수 있는 상태를 말한다.

• _____

◆ **출제 영역**
아리스토텔레스의 덕론

◆ **예시 답안**
<u>㉠은 품성의 탁월성이고 ㉡은 실천적 지혜이다.</u>
<u>인간이 선택 행위를 할 때 품성의 탁월성은 사람으로 하여금 항상 좋음(선)을 목적으로 욕구하도록 하는 역할을 하고, 실천적 지혜는 그러한 목적을 달성할 수 있는 최선의 수단을 심사숙고하여 선택하게 하는 역할을 한다.</u>

16. 다음은 서양 고대 윤리 사상가의 주장이다. ( ) 안에 공통으로 들어갈 개념을 설명하고, 중용과 관련하여 그 역할을 제시한 다음, 밑줄 친 ㉠에서 이 사상가가 주장하는 소크라테스의 옳은 점과 잘못된 점을 서술하시오.　　　15 중등윤리

> 의견을 갖는 영혼의 부분에는 영리함(deinotés)과 ( ), 두 종류가 있다. 이와 마찬가지로 품성적 부분에도 자연적 탁월성과 엄밀한 의미의 탁월성, 두 종류가 있다. 이들 중 (엄밀한 의미의 탁월성)은 ( ) 없이는 생겨나지 않는다. 바로 이런 까닭에 어떤 사람들은 모든 탁월성이 ( )(이)라고 주장하였다. 이와 관련하여 ㉠ <u>소크라테스 역시 한편으로는 옳았지만, 다른 한편으로는 잘못을 저질렀던 것이다.</u>

- _____

◆ **출제 영역**
아리스토텔레스의 덕론

◆ **예시 답안**
<u>실천적 지혜란 인간으로서 전체적으로 잘 사는 것 관련해서 참으로 좋은 것과 나쁜 것(유익한 것과 해로운것)이 무엇인지 잘 숙고하여 행위를 산출하는 이성을 동반한 참된 실천적 품성상태이다.</u>
<u>중용과 관련하여 그것은 구체적인 도덕적 문제 상황에서 마땅히 그래야 할 목적, 방법, 시간 등을 숙고하여 올바른 행동과 감정이 무엇인지 결정하는 역할을 수행한다.</u>
<u>모든 품성의 탁월성(도덕적 덕)이 실천적 지혜, 즉 올바른 이성 없이는 있을 수 없다고 본 점에서 소크라테스는 옳았지만, 그가 모든 품성의 탁월성을 실천적 지혜와 동일시한 점은 잘못이다.</u>

17. 다음은 서양 고대 윤리 사상가의 주장이다. ( ) 안에 공통으로 들어갈 용어를 쓰고, 밑줄 친 ㉠을 서술하시오.　　　17 중등윤리

> 덕들 가운데 어떤 것들을 사유의 덕이라 부르고, 다른 어떤 것들을 품성의 덕이라고 부른다. 철학적 지혜, 이해력은 사유의 덕이라 부르고, 너그러움과 용기는 품성의 덕이라고 부른다. …(중략)… 올바르게 판단하는 사람이 어떻게 잘못된 행동을 할 수 있을까? 나는 올바른 지식을 가진 사람이 제대로 판단하더라도 ( ) 때문에 잘못된 행동을 할 수 있다고 본다. 그러나 어느 철학자는 지식을 가진 사람이라면 그렇게 행동할 수 없다고 주장했다. 어떤 사람 속에 지식이 자리 잡고 있는데 무엇인가가 지식을 지배하며 지식을 마치 노예처럼 끌고 다니는 것은 말도 안 되는 일이라는 것이다. 따라서 그 철학자에 따르면 ( )(이)라는 것은 없다. 즉 최선의 것을 파악하면서 최선의 것에 어긋나는 행동을 하는 사람은 아무도 없고, 만약 누군가가 잘못된 행동을 한다면 ㉠ <u>그 이유는 다음과 같다는 것이다.</u> …(중략)… 그러나 나는 그 철학자의 견해가 관찰된 사실들에 맞지 않는다고 생각한다.

- _____

◆ **출제 영역**
소크라테스와 아리스토텔레스의 윤리사상

◆ **예시 답안**
<u>( )에 들어갈 용어는 '자제력 없음'이다.</u>
<u>'그 이유'란 '무엇이 최선의 것인지에 대한 무지'이다.</u>

18. 밑줄 친 (가)의 견해가 갖는 약점이 무엇인지를 쓰고, 밑줄 친 (나)와 관련하여 아리스토텔레스가 주장하는 중용의 의미와 중용적인 삶을 살기 위해 필요한 요소에 대해 쓰시오.   03 중등윤리

> 준호 : 덕은 선과 행복을 효과적으로 산출한다. 선(좋은 것)이 무엇인지를 아는 사람은 필연적으로 그것을 추구할 것이다. 왜냐하면 (가) <u>누구든지 알면서 고의적으로 악을 행하는 사람은 없기</u> 때문이다.
> 유미 : 도덕적인 덕은 중용의 상태를 말한다. 그러나 (나) <u>어떤 일에서 중용을 발견한다는 것은 항상 어렵다.</u> 예를 들면, 누구나 원의 중심을 발견할 수 있는 것이 아니라, 다만 그것을 아는 사람만이 할 수 있기 때문이다.
> 경수 : 인간은 고통, 슬픔보다는 쾌락, 기쁨을 선호하는 것이 일반적인 경향이다. 그러므로 인간 각자는 자신에게 쾌락과 기쁨을 가져다 주는 행위를 해야 한다.
> 지연 : 가치는 사유작용이 아닌 가치 감정이라는 지향적 작용에 의해 파악되는 객관적인 것으로서, (다) <u>위계적 서열</u>을 지닌다.

◆ **출제 영역**
소크라테스와 아리스토텔레스의 윤리사상

◆ **예시 답안**
<u>(가)의 견해는 올바른 행위의 이치에 대한 참된 이성적 지식을 가지고 있지만 마음 약함이나 성급함으로 인해 분노와 욕망과 같은 감정에 굴복 당하여 자신이 지닌 지식에 반하여 행위하는 현상에 대한 적합한 설명을 제공해 주지 못하는 약점을 지닌다.
중용이란 감정과 행위가 상황에 따라 지나치지도 모자라지도 않은 알맞은(마땅한) 상태, 즉 지나침에 따른 악덕과 모자람에 따른 악덕 사이의 중간을 말한다.
중용적 삶을 살기 위해서는 심사숙고하여 올바른 선택을 할 수 있는 올바른 이성의 능력, 즉 실천적 지혜를 필요로 한다.</u>

19. 그림은 서양 윤리 사상 고전의 일부이다. 이 고전에 나타난 저술 목적으로 가장 적절한 것은?   12 중등윤리

> 여기서 나의 의도는 단지 경험적일 수 있으며 그래서 인간학에 속하는 모든 것을 완전히 씻어 버린, 순수 도덕철학을 수립하는 것이다. 왜냐하면 그러한 도덕철학이 있어야만 한다는 것은, 의무와 윤리적 법칙들의 통상적인 이념으로부터 저절로 밝혀지고 있기 때문이다. …(중략)… 그러니까 책무의 근거는 인간의 자연본성이나 인간이 놓여 있는 세계 내의 정황에서 찾아서는 안 되고, 오로지 순수 이성의 개념들 안에서만 선험적으로 찾아야 한다.

① 흄의 회의주의를 극복하기 위해
② 완벽한 도덕기하학을 수립하기 위해
③ 의무론에 토대를 둔 도덕교육론을 확립하기 위해
④ 현실에 바탕을 둔 보편적 도덕법칙을 확립하기 위해
⑤ 모든 이성적 존재가 준수해야 할 도덕법칙을 확립하기 위해

◆ **출제 영역**
칸트의 윤리 사상

◆ **정답**
⑤

20. 다음 갑, 을은 서양 근대 윤리 사상가들이다. 갑의 관점에서 ( ) 안에 공통으로 들어갈 개념을 활용하여 '선의지' 개념을 정의하고, '선의지'와 ( ) 안의 개념을 모두 적용하여 을의 밑줄 친 견해를 비판하시오.

16 중등윤리

갑 : 선의지는 우리 행위의 전체적 가치를 평가하는 데 있어서 언제나 맨 앞에 놓여 있다. 그것은 그 밖의 모든 가치의 조건이 되는 것이다. 이 선의지라는 개념을 발전시키기 위해서 ( ) 개념을 다룰 필요가 있다. ( ) 개념은 주관적인 제한과 방해를 받기는 하지만 그래도 선의지의 개념을 함유하고 있다. 그러나 이 제한과 방해는 그 선의지의 개념을 은폐하여 알아볼 수 없도록 만드는 것이 아니라, 오히려 대조를 통해 선의지 개념을 두드러지게 하고, 더 밝고 빛나게 해준다.

을 : 우리가 하는 행위의 99%는 의무감과는 다른 동기에서 비롯되지만, 그 행위가 의무 규칙과 상충되지 않는 한 그런 행위는 옳은 것이라고 할 수 있다. 의무감과 같은 동기를 통해 어떤 행위를 하는 사람의 가치를 판별할 수는 있어도, 그 행위의 도덕적 가치를 판별할 수는 없다. 동기와 그 행위의 도덕성은 아무 상관이 없다. …(중략)… 물에 빠진 동료를 구해 주는 행위는 그 동기가 의무에서였건 아니면 그런 수고를 통해 보상을 받으리라는 희망에서였건 그것과 상관없이 도덕적으로 옳다.

◆ 출제 영역
칸트의 윤리사상

◆ 예시 답안
선의지란 어떠한 다른 의도도 없이 단적으로 어떤 행위가 옳다는 바로 그 이유만으로 그 행위를 의욕하는 의지, 즉 실천이성에 의해 입법된 도덕법칙에 대한 존경심으로부터 말미암은 행위의 필연성인 의무만을 의욕하는 의지이다.
행위의 결과는 인간의 자율적 통제의 대상이 되지 못하는 것으로서, 수많은 외적 변수와 우연에 의해 결정되는 것이다. 그리고 동일한 행위로부터 다양한 결과가 나올 수 있다. 따라서 행위의 결과는 행위의 도덕성에 대한 보편타당한 도덕판단의 기준이 될 수 없다. 선이라는 가치는 오직 내적인 의지에서만 발견될 뿐이다. 구체적으로 오직 의무에 의해서만 규정된 의지인 선의지가 도덕적 가치의 근원이다. 따라서 동기와 그 행위의 도덕성 사이의 관련성을 부정하는 을의 입장은 잘못이다.

◆ 개념 해설
1. '선의지'의 성격
- 그것의 선함이 어떠한 상황에서도 훼손될 수 없는 보편적이고 필연적인 선으로서, 다른 것들을 선한 것으로 만드는 그 자체로 선한 것, 즉 그 밖의 모든 가치의 조건이 되는 선
- 오로지 의욕함으로 말미암아, 다시 말해 그 자체로 선한 것. 즉, 다른 무엇 때문이 아니라 자기 자신 안에 절대적 가치를 갖는 그 자체로 선한 무조건적인 선
- 어떠한 다른 의도도 없이 단적으로 어떤 행위가 옳다는 바로 그 이유만으로 그 행위를 의욕하는 의지, 즉 오직 실천이성에 의해 확립된 의무만을 의욕하는 의지

2. '의무'의 성격
법칙에 대한 존경으로부터 말미암은 행위의 필연성, 즉 도덕법칙에 대한 존경에서 비롯된 필연적 행위를 '의무'라 한다.

3. 결과주의 윤리설 비판
행위의 결과는 인간의 자율적 통제의 대상이 되지 못하는 것으로서, 수많은 외적 변수와 우연에 의해 결정되는 것이다. 그리고 동일한 행위로부터 다양한 결과가 나올 수 있다. 따라서 행위의 결과는 행위의 도덕성에 대한 보편타당한 도덕판단의 기준이 될 수 없다.

21. 다음은 어느 근대 서양 윤리 사상가가 쓴 글의 일부이다. (가)에 들어갈 개념에 대한 정의로 옳은 것은?

`13 중등윤리`

> 정언명령은 오로지 "그 준칙이 보편적 법칙이 될 것을, 그 준칙을 통해 네가 동시에 의욕할 수 있는, 오직 그런 준칙에 따라서만 행위하라."는 것이다. 이제 (가)의 모든 명령이 이 유일한 정언 명령에서 도출될 수 있다면, 비록 우리가 사람들이 (가)라고/이라고 부르는 것이 공허한 개념이 아닌가하는 문제는 미결로 남겨두더라도, 적어도 그 개념으로써 무엇을 생각하고, 무엇을 말하려 하는가는 제시할 수 있다. …(중략)… 만약 (가)이/가 우리의 행위들에 대해 의미를 갖고, 실제적인 법칙 수립의 힘을 가져야 한다면, 이 (가)은/는 오로지 정언 명령에서만 — 결코 가언 명령에서가 아니라 — 표현될 수 있다.

① 법칙에 대한 존경으로부터 말미암은 행위의 필연성이다.
② 자신의 행위를 스스로 계몽하는 정신에 대한 지식이다.
③ 우리의 감각적인 본성이 요구하는 것이다.
④ 모든 이성적 존재자의 의지의 속성이다.
⑤ 의욕의 주관적 원리이다.

◆ **출제 영역**
칸트의 윤리사상

◆ **정답**
①

◆ **오답 수정**

오답	수정
② 자신의 행위를 스스로 계몽하는 정신에 대한 지식이다.	
③ 우리의 감각적인 본성이 요구하는 것이다.	③ 우리의 실천이성이 요구하는 것이다.
④ 모든 이성적 존재자의 의지의 속성이다.	④ 모든 이성적 존재자의 의지의 객관적 규정 근거이다.
⑤ 의욕의 주관적 원리이다.	⑤ 의욕의 객관적 원리이다.

22. 다음 주장을 한 서양 윤리 사상사가 진정한 도덕적 가치를 갖는 행위로 본 것은?

`09 중등윤리`

> • 이 세계에서 또는 이 세계 밖에서까지라도 아무런 제한 없이 선하다고 생각될 수 있는 것은 오로지 선의지뿐이다.
> • 선의지는 그것이 생기게 하는 것이나 성취한 것으로 말미암아 선한 것이 아니라 오로지 그 의욕함으로 말미암아 선한 것이다.

① 의무에 맞는 행위
② 도덕감에 맞는 행위
③ 이타성에 따르는 행위
④ 의무로부터 나온 행위
⑤ 절대정신으로부터 나온 행위

◆ **출제 영역**
칸트의 윤리사상

◆ **정답**
④

◆ **개념 해설**
의무로부터 말미암은 행위와 의무에 맞는 행위의 성격

의무에 맞는 행위	의무 이외에 다른 동기에서 비롯된 행위 중 우연히 의무와 부합하는 행위로서, 도덕적 가치를 가지지 않는 행위
의무로부터 말미암은 행위	오직 의무만을 따르고자 하는 내적 동기에서 비롯된 행위로서, 도덕적 가치를 가지는 유일한 종류의 행위

23.
다음은 서양 근대 윤리 사상가의 주장이다. ( ) 안에 공통으로 들어갈 용어를 쓰시오. **18 중등윤리**

- 도덕 법칙과 그 원칙들은 경험적인 것이 들어 있는 다른 모든 것들과 본질적으로 구별된다. 도덕 철학은 완전히 순수한 부분에만 근거를 두며, 이성적 존재인 인간에게 선험적으로만 법칙을 준다. …(중략)… 인간 그 자체는 갖가지 ( )에 영향을 받아서 ― 그 법칙을 실행하는 것이 순수한 실천적 이성이라는 이념으로서의 인간에게는 가능하다 해도 ― 그 법칙을 자신의 생활 태도에 구체적으로 실현하는 것이 쉽지는 않기 때문이다.
- 참된 도덕적 가치를 실행할 수 있는 길은 타인에 대한 지독한 무관심을 떨쳐 버리고 아무런 ( ) 없이, 단지 그것이 '의무이기 때문에' 행위를 하는 것이다. …(중략)… 그러므로 비교할 수 없을 정도로 가장 높은 도덕적 가치는 바로 여기에서, 즉 ( ) 때문이 아니라 오직 '의무이기 때문에' 자선을 베푼다는 사실에서 시작되는 것이다.

• _____

◆ **출제 영역**
칸트의 윤리사상

◆ **예시 답안**
(자연적) 경향성

◆ **개념 해설**
'경향성'의 의미
'욕구 능력의 감각에 대한 의존성'을 경향성이라 한다.

24.
다음은 칸트(I. Kant)의 윤리 사상에 대한 설명이다. ㉠에 들어갈 말과 ㉡에 해당하는 것 2가지를 쓰시오. **08 중등윤리**

도덕적 행동은 선의지의 지배를 받아야 하며, 의무 의식에서 나와야 한다. 의무란 도덕 법칙을 존중하는 것이고, 도덕 법칙에 대한 존중은 (㉠) 이성을 통해 이루어진다. 그리고 의무는 ㉡ 완전한 의무와 불완전한 의무로 구분된다.

• _____
  _____
  _____

◆ **출제 영역**
칸트의 윤리사상

◆ **예시 답안**
㉠은 '순수 실천'이다.
자살 금지의 의무와 타인에 대한 거짓 약속 금지의 의무가 ㉡에 해당한다.

◆ **개념 해설**
선의지와 순수 실천 이성
순수 실천 이성이란 목적이나 의도와 관련된 일체의 경향성으로부터 독립하여 도덕법칙을 수립하고, 이를 통해 의지를 직접적으로 규정하여 선의지를 창출하는 의지이다.

25. 다음은 서양 근대 윤리 사상가의 주장이다. <작성 방법>에 따라 서술하시오. `22 중등윤리`

- 자기 자신의 (㉠)을/를 확보하는 일은 적어도 간접적으로는 의무이다. 왜냐하면 자기 처지에 만족하지 못해서 많은 걱정에 휩싸이고 욕구를 채우지 못하면, 의무를 어기고 싶은 유혹에 쉽게 빠질 수 있기 때문이다. 의무에 주목하지 않더라도, 모든 인간은 이미 자기 안에 (㉠)에 대한 아주 강하고 깊은 경향성을 갖고 있다.
- 나는 나의 행위가 일으킨 결과에 대해 경향성을 가질 수는 있지만, 결코 존경심을 가질 수는 없다. 왜냐하면 그것은 그 행위를 일으킨 나의 (㉡)의 한낱 결과이지 활동이 아니기 때문이다. 오직 나의 (㉡)을/를 결정하는 순전한 법칙 그 자체만이 존경심의 대상이 될 수 있다. 인간의 (㉡)은/는 자유로워야 한다. 그래야만 인간의 실천이성이 활동할 수 있다.
- 곤경에서 빠져나올 다른 방도가 없을 때는 누구든 진실하지 못한 약속을 해도 좋다고 나 자신에게 기꺼이 말할 수 있을까? 그렇게 말한다면, 나는 비록 거짓말을 할 수는 있지만, ㉢ 거짓말하는 것이 보편적 법칙이 되기를 바랄 수는 없다는 것을 곧 깨닫는다.
- 어떤 사람은 여러모로 쓸모 있는 재능을 가지고 태어났지만, 그 재능을 계발하는 데 힘쓰기보다는 편안한 환경에서 쾌락에 몰두한다. 그는 이렇게 타고난 재능을 묵혀 두는 것을 자신의 준칙으로 삼는다. 그러나 그가 만약 이성적 존재자라면, ㉣ 결코 자신의 준칙이 보편적 자연법칙이 되기를 바랄 수는 없다.

┤ 작성 방법 ├
(1) 괄호 안의 ㉠, ㉡에 해당하는 용어를 순서대로 쓸 것.
(2) 밑줄 친 ㉢의 이유를 서술할 것.
(3) 밑줄 친 ㉣의 이유를 서술할 것.

- (1) _____
- (2) _____
- (3) _____

◆ **출제 영역**
칸트의 윤리사상

◆ **예시 답안**
(1) ㉠은 행복, ㉡은 의지이다.
(2) 거짓말하는 것이 보편적 법칙이 되기를 바랄 수는 없는 이유는 모든 사람이 거짓 약속의 준칙에 따라 행동하게 되면, 그것은 약속 및 사람들이 그와 함께 갖는 목적 자체를 불가능하게 만들 것이기 때문이다.
(3) 자기 개발 포기를 요구하는 준칙이 보편적 자연법칙이 되기를 바랄 수는 없는 이유는 그러한 준칙은 필연적으로 자신의 능력의 발전을 의욕하는 이성적 존재자의 의지에 반하기 때문이다.

26. 다음 밑줄 친 (가)로 가장 적절한 것은?

10 중등윤리

과목 : 윤리와 사상 (수행 평가 질문지)	
제목 : (가)의 원칙 적용하기	
사례 : 갑은 친구에게 줄 선물을 사러 서점에 왔다. 친구가 읽고 싶어 하던 책을 사려고 하는데 돈이 부족하여 살 수가 없었다. 고민하던 중에 마침 서점에 사람도 별로 없고 직원은 누군가와 통화하느라 바빠 보이자, 그 책을 가방에 몰래 집어넣고 싶은 유혹에 빠졌다.	
〈과제〉 위의 사례를 읽고 아래의 질문들에 답하시오. 　　 질문 1. 갑이 하고자 하는 행위의 준칙은 무엇인가? 　　 질문 2. 모든 사람들이 이 준칙을 받아들일 수 있는가?	

① 공감　　② 중용　　③ 모순율
④ 이중결과　⑤ 정언명법

◆ **출제 영역**
칸트의 윤리사상

◆ **정답**
⑤

27. (가)는 서양 근대 윤리 사상가의 주장이고, (나)는 도덕 교사가 (가)에 대해 정리한 내용이다. <작성 방법>에 따라 서술하시오.

21 중등윤리

(가)

　거짓 약속을 하면 타인에 대한 필연적이거나 당연한 의무를 위반하게 된다. 거짓 약속은 거짓말의 하나이다. 거짓말이 타인에게 유해해야만 비난받을 만한 것은 아니다. 왜냐하면 거짓말이 타인에게 권리를 언제나 침해하는 것은 아니기 때문이다. 거짓말의 원인은 한낱 경솔일 수도 있고, 선량함일 수도 있으며, 실로 심지어는 거짓말을 통해 실제로 선한 목적이 의도될 수도 있다.

(나)

- 진실한 약속, 자선은 인간의 의무로서 정언 명령으로부터 도출된다. 거짓 약속은 예외적으로도 허용될 수 없다. 한편, 자선은 타인에 대한 (㉠) 의무이다. 자선 의무의 준수를 항상 강요할 수는 없기 때문이다.
- "바랄 만한 유일한 것은 행복이다."라고 주장하는 근대 사상가에 따르면, '거짓 약속을 하더라도, (㉡)하면 칭찬받을 이유가 있다.' 이러한 주장에 대한 (가) 사상가의 입장은 다음과 같다. 어떤 행위가 의무를 이행하는 것인지 위반하는 것인지의 여부는 ㉢정언 명령에서 확인해야 한다. 의무를 이행해야 하는 까닭은 오직 그것이 우리의 의무이기 때문이다. 거짓 약속의 도덕성에 대한 (가) 사상가의 입장은 '거짓 약속의 도덕성과 행복은 서로 무관하다.'라는 것이다.
- '칭찬', '비난' 등의 일상 개념을 사용해 굳이 우리가 표현해 보자면, ㉣타인을 즐겁게 하더라도 비난받을 만한 행위가 있고, 그렇게 하지 않더라도 칭찬받을 만한 행위도 있다.

┤작성 방법├
(1) 괄호 안의 ㉠에 해당하는 용어를 쓸 것.
(2) 괄호 안의 ㉡에 해당하는 내용을 쓸 것.
(3) 밑줄 친 ㉢의 정식 중 목적의 정식을 쓰고, 이를 활용하여 특정 자선 행위가 밑줄 친 ㉣의 경우일 수 있는 이유를 서술할 것.

◆ **출제 영역**
칸트의 윤리사상

◆ **예시 답안**
(1) ㉠은 '불완전한'이다.
(2) ㉡은 '그것이 공리의 증대라는 선한 목적을 달성'이다. "네가 너 자신의 인격에서나 다른 모든 사람의 인격에서 인간성을 항상 동시에 목적으로 대하고, 결코 한낱 수단으로 대하지 않도록, 그렇게 행위하라."가 목적의 정식이다.
(3) 이 정식에 의하면, 특정 자선 행위가 목적 그 자체인 타인의 인간성을 촉진하고자 하는 동기에서 비롯된 행위가 아니라, 자기 만족의 실현 등과 같이 타인을 자신의 목적 실현을 위한 수단으로 삼는 행위일 경우, 그것이 비록 타인을 즐겁게 하더라도 비난받을만한 행위가 된다.

28. 다음은 서양 근대 윤리 사상가의 주장이다. <작성 방법>에 따라 서술하시오. `19 중등윤리`

> 인간과 모든 이성적 존재자는 이런저런 의지의 임의적 사용을 위한 한낱 수단으로서 실존하는 것이 아니라 ㉠ 목적 그 자체로 실존한다. …(중략)… 이성적 존재자는 그 자신의 자연본성상 목적의 왕국에서 법칙을 수립하는 자로, 모든 자연법칙들에 대해 자유롭고, 오로지 자신이 스스로 세운 법칙에만 복종하도록 정해져 있다. 왜냐하면 이성적 존재자는 법칙이 그에게 정해 주는 가치 이외에는 아무런 가치도 가지지 않기 때문이다. 그러나 모든 가치를 규정하는 법칙 수립자 자신은, 즉 이성적 존재자는 바로 그 때문에 ㉡ 존엄성을, 다시 말해 무조건적인 가치, 비교될 수 없는 가치를 가져야만 한다. 오직 (   )(이)라는 단어만이 법칙 자체와 그 법칙을 수립하는 이성적 존재자에 대해 내려야 하는 평가를 알맞게 나타낸다.

┌ 작성 방법 ┐
(1) (   ) 안에 들어갈 용어를 쓸 것.
(2) 밑줄 친 ㉠, ㉡을 활용하여 다른 사람에게 거짓 약속을 하려는 행위가 도덕 법칙을 위반하는 이유를 서술할 것.

- (1) _____
- (2) _____

◆ **출제 영역**
칸트의 정언명령

◆ **예시 답안**
(1) (   )는 존경이다.
(2) 자신의 이익을 위해 타인에게 거짓 약속을 하려는 행위는 목적 그 자체로서 존엄성을 지닌 타인의 인간성을 목적이 아니라 한낱 자신의 이익 실현을 위한 수단으로 이용하려고 하는 것이기 때문에, 그러한 행위는 자신과 타인의 인격에 있어서 인간성을 한낱 수단으로 대하지 말고 항상 동시에 목적으로 간주할 것을 요구하는 도덕법칙을 위반하는 것이다.

29. ㉠과 ㉡의 의미를 각각 쓰고, ㉢의 이유에 대해 칸트가 어떻게 설명하는지 구체적으로 서술하시오. `07 중등윤리`

> 하나의 윤리 사상은 다양한 측면에서 그 특징을 규정할 수 있는데, 칸트의 윤리 사상은 인지주의, 의무론, ㉠ 보편주의, ㉡ 형식주의라는 특징을 지니고 있다. 칸트는 자신의 윤리 사상을 구체적 사례를 통해 설명하면서 ㉢ 어려운 처지에 있는 사람을 돕지 않는 것은 도덕 규칙이 될 수 없다고 보았다.

◆ **출제 영역**
칸트의 윤리사상

◆ **예시 답안**
㉠ 보편주의란 의지를 규정하는 의무의 보편화 가능성에 대한 요구, 즉 의무는 모든 이성적 존재가 수용할 수 있는 보편성을 지녀야 함을 주장하는 윤리학적 입장이다.
㉡ 형식주의란 의무가 지닌 보편성과 필연성이라는 순수실천이성의 형식적 원리만이 의지를 규정하는 원리가 되어야 함을 주장하는 윤리학적 입장이다.
㉢ 어려운 처지에 있는 사람을 돕지 않는 것이 도덕 규칙이 될 수 없는 이유는 어려운 처지에 있는 사람을 돕지 않고자 의욕하는 것은 타인의 도움을 필요로 하는 이성적 존재자의 의지와 모순되기 때문이다. 따라서 자선 거부의 준칙은 보편적 자연법칙의 정식을 위반한 것으로, 우리의 의무가 될 수 없다. (곤경에 빠진 타인에 대해 자선을 베풀지 않는 행위, 즉 적극적으로 타인의 행복에 기여하지 않는 행위는 목적 그 자체인 인간성에 단지 소극적으로 합치할 뿐, 적극적으로 합치하는 행위는 아니다. 왜냐하면 타인의 행복과 그것을 달성하기 위해 필요한 것들은 또한 내가 목적으로 존속하기 위해 필요한 것들이기도 하기 때문이다.)

30. 다음 글을 읽고 물음에 답하시오. `03 중등윤리`

> 갑 : 선거에서 다수결 원칙에 의해서 최다득표를 한 사람이 공직에 취임하는 것은 공정한 절차라고 할 수 있지.
> 을 : 물론이야. 하지만 그러기 위해서는 다수결 원칙이 합리적이고 공정해야 할거야.
> 병 : 다수결 원칙에도 문제가 있을 수 있지 않을까?
> 정 : 나는 아무리 선거 규칙이 공정하고 합리적이라고 해도 항상 정직하고 유능한 후보자가 승리하는 것은 아니라고 생각해.

30-1. '갑'이 주장하는 선거 민주주의의 절차적 공정성은 롤스(J. Rawls)가 설명한 '절차적 정의' 가운데 어떤 것에 해당하는가? 또 그 특성을 설명하시오.

30-2. '정'이 주장하는 선거 민주주의의 특성은 롤스가 설명한 '절차적 정의' 가운데 어떤 것에 해당하는가? 또 그 특성을 설명하시오

◆ **출제 영역**
롤스의 정치사상

◆ **예시 답안**
30-1.
① 절차적 정의 : 순수 절차적 정의
② 특성 : 분배 절차에 선행하여 올바른 분배가 무엇인지에 대한 객관적이고 독립적 기준이 존재하지 않지만, 공정한 절차가 존재하는 경우에 도달하는 정의, 즉 절차의 공정성이 결과의 정의로움을 보장함으로써 도달하게 되는 정의

30-2.
① 절차적 정의 : 불완전 절차적 정의
② 특성 : 분배 절차에 선행하여 올바른 분배가 무엇인지에 대한 객관적이고 독립적 기준이 존재하지만, 올바른 분배 결과를 보장할 만한 절차가 없는 경우에 기대할 수 있는 최선의 정의

31. 다음은 서양 사회 사상가의 주장이다. ( ) 안에 들어갈 말을 쓰고, '제1원칙이 제2원칙보다 우선한다'는 것의 의미를 서술하시오.　17 중등윤리

> 제1원칙: 각자는 모든 사람의 유사한 자유 체계와 양립할 수 있는 평등한 기본적 자유의 가장 광범위한 전체 체계에 대해 평등한 권리를 가져야 한다.
> 제2원칙: 사회적·경제적 불평등은 다음 두 가지, 즉
> 　　(a) 그것이 정의로운 저축 원칙과 양립하면서 최소 수혜자에게 최대 이득이 되고,
> 　　(b) ( )의 조건 아래 모든 사람들에게 개방된 직책과 직위가 결부되게끔 편성되어야 한다.

◆ **출제 영역**
롤스의 정치사상

◆ **예시 답안**
( )에 들어갈 말은 '공정한 기회 균등'이다.
'제1원칙이 제2원칙보다 우선한다'라는 것은 제1원칙이 요구하는 평등한 기본적 자유에 대한 침해가 보다 큰 사회적·경제적 이득에 의하여 정당화되거나 보상될 수 없다는 것을 의미한다.(사회의 기본 구조는 정의의 제1원칙이 요구하는 평등한 자유에 위배되지 않는 조건 하에서 부와 권력의 불평등을 배정해야 한다는 것, 달리 말해서 제1원칙에 명시된 시민의 기본적 자유는 오직 자유 그 자체만을 위해서만 제한될 수 있을 뿐 결코 사회적·경제적 이익의 증대를 위해 제한되어서는 안 된다는 것을 의미한다.)

32. 다음은 현대 사회 사상가의 주장이다. ( ) 안에 들어갈 용어와 그 의미를 쓰고, 이 사상가가 제시하는 밑줄 친 ㉠의 한계를 1가지 서술하시오.　18 중등윤리

> 이제 원초적 입장에서 채택되리라고 생각되는 정의의 두 원칙을 잠정적인 형식으로 진술하고자 한다. 두 원칙에 대한 진술은 다음과 같다.
> 　첫째, … (중략) …
> 　둘째, 사회적·경제적 불평등은 다음 두 조건을 만족시키도록 조정되어야 한다.
> 　　a. 그 불평등이 모든 사람에게 이익이 되리라는 것이 합당하게 기대되고,
> 　　b. 그 불평등이 모든 사람에게 개방된 직위와 직책에 결부되어야 한다.
> "모든 사람에게 이익이 된다."와 "모든 사람에게 개방된다."라는 구절은 애매한 것이기 때문에, 제2원칙의 두 부분은 각각 두 가지 의미를 갖게 된다. 이들 의미는 상호 독립적인 까닭에 결국 이 원칙은 네 가지 가능한 의미를 갖게 된다. 이를 표로 나타내 보면 다음과 같다.

'평등하게 개방'		'모든 사람의 이익'	
		효율성의 원칙	( )
	재능에 따라 직책과 직위가 결정된다는 식의 평등	자연적 자유 체제	자연적 귀족주의
	공정한 기회 균등으로서의 평등	㉠ 자유주의적 평등	민주주의적 평등

◆ **출제 영역**
롤스의 정치사상

◆ **예시 답안**
( )는 차등의 원칙이다. 차등의 원칙이란 만약 두 사람의 처지를 모두 더 낫게 해 줄 별다른 분배 방식이 없다면 평등하게 분배하는 것이 더 바람직하다는 요구를 담고 있는 원칙(사회적 재화의 차등 분배는 오직 사회의 최소수혜자에게 최대 이익이 될 때 정당화된다는 요구를 담고 있는 원칙)이다.
자유주의적 평등은 천부적 능력과 재능과 같은 도덕적으로 자의적인 천부적 자산에 의해 부나 소득의 분배가 결정된다는 한계점을 지닌다.

33. 다음은 현대 사회 사상가의 주장이다. ( ) 안에 들어갈 용어를 쓰시오. `20 중등윤리`

> 거의 정의로운 사회, 즉 대체로 질서 정연한 사회에서 (   )은/는 법령이나 행정적인 명령에 대한 직접적인 불순종이다. 이것은 반드시 공적인 정치관에 기초하는 것은 아니며, 또한 반드시 공중의 광장에서 행해져야 하는 것도 아니다. (   )은/는 다수자의 정의감에 호소해야만 정당화되는 것도 아니고, 법체계 내에서 다른 절차들을 거쳐야만 정당화되는 것도 아니다. (   )은/는 법질서와 상반되는 종교적 원리나 혹은 다른 어떤 원리에도 기초할 수 있다. 그 전형적인 사례로는 부정한 납세의 거부, 초기 기독교인들이 이교 국가가 규정하는 경배 행위를 거부한 것 등이 있다.

- _____

◆ **출제 영역**
롤즈의 정의론

◆ **예시 답안**
양심적 거부

◆ **개념 해설**
- '양심적 거부'의 정의
 양심적 거부는 어느 정도 직접적인 법령이나 행정적인 명령에 대한 불순종이다. 그것이 거부인 이유는 하나의 명령이 우리에게 주어졌으며 상황의 성격에 따라서 그 명령에 우리가 응하는지의 여부가 당국에 명시적으로 알려지는 것이기 때문이다.
- 양심적 거부와 시민불복종의 차이
 양심적 거부는 다수자의 정의감에 호소하는 청원의 형식으로 표현되지 않는다.
 양심적 거부는 반드시 정치적 원칙에 그 바탕을 두는 것은 아니며 그것은 법질서와 상반되는 종교적 원리나 혹은 다른 어떤 원리에 기초할 수도 있다.
- 양심적 거부의 정당화
 양심적 거부는 헌법의 기초이자 헌법 해석의 지침이 되는 정의론과 동일한 정의론에 근거할 때 정당화된다.

3 도덕심리학과 도덕교육론

34. 다음을 주장하고 있는 도덕심리학자의 견해로 적절한 것을 <보기>에서 모두 고른 것은?

`10 중등윤리`

- 인성은 원초아(id), 자아, 초자아로 구성된다.
- 인성은 구강기-항문기-남근기-잠복기-성기기 순서로 발달해 간다.
- 남근기에 부모와의 동일시를 통해서 형성되는 초자아는 양심과 자아이상(ego-ideal)으로 구성된다.

보기

ㄱ. 5~6세 이전에 양육 받은 경험이 인성 발달 과정에서 중요한 역할을 한다.
ㄴ. 욕구의 과잉 충족뿐만 아니라 욕구의 심각한 좌절도 정상적인 인성 발달을 방해한다.
ㄷ. 초자아는 현실 원리에 따라 원초아와 외부 세계의 요구를 절충하여 욕구를 지연하고 좌절을 감내하도록 도와준다.
ㄹ. 죄책감은 자기 자신이 누군가에게 손해나 상처를 주었다는 것을 스스로 인식할 때 느끼는 인간 관계적 고통을 통해 형성된다.

① ㄱ, ㄴ   ② ㄱ, ㄹ   ③ ㄷ, ㄹ
④ ㄱ, ㄴ, ㄷ   ⑤ ㄴ, ㄷ, ㄹ

◆ **출제 영역**
프로이트의 도덕심리학

◆ **정답**
①

◆ **오답 수정**

오답	수정
ㄷ. 초자아는 현실 원리에 따라 원초아와 외부 세계의 요구를 절충하여 욕구를 지연하고 좌절을 감내하도록 도와준다.	ㄷ. 자아는 현실 원리에 따라 원초아와 외부 세계의 요구를 절충하여 욕구를 지연하고 좌절을 감내하도록 도와준다.
ㄹ. 죄책감은 자기 자신이 누군가에게 손해나 상처를 주었다는 것을 스스로 인식할 때 느끼는 인간 관계적 고통을 통해 형성된다.	ㄹ. 죄책감은 초자아를 갖춘 개인이 초자아가 부과하는 도덕적 규범을 위반할 경우 발생한다.

◆ **개념 해설**
인성의 세 구성 요소의 특징

1. 원초아의 특징
① 무의식에 자리해 있는 생득적·본능적·원초적 욕구와 충동의 총체로서, 정신 에너지의 저장소이자 정신에너지가 분출되는 인성의 한 요소
② 내·외적 자극으로 인해 발생하는 긴장의 해소와 생득적·본능적·원초적 욕구의 즉각적인 충족을 활동 목표로 삼는 인성의 한 요소로서, 본능적인 욕구와 충동의 즉각적 충족을 추구하는 쾌락 원리에 따라 활동

2. 자아의 특징
① 의식적이고 합리적인 인성의 요소
② 현실 원리에 따라 작용 : 물리적·사회적 환경의 특성을 명확히 지각하고 환경이 부과하는 기회와 제한 내에서 원초아의 요구를 만족시키는 현실적인 방법을 제공하거나 발생한 욕구를 만족시키는 실제적인 대상이 나타날 때까지 원초아로부터 나오는 에너지의 방출을 지연시키는 기능 수행
③ 유아에게 초보적인 도덕감, 즉 사회적 관계를 규율하는 규칙과 인습에 대한 인식과 더불어 그러한 사회적 관습을 위반하는 것에 대해 부과되는 처벌에 대한 인식을 부여하는 인성의 요소

3. 초자아의 특징
① 최초에 부모에 의하여, 이후에 교사나 그 밖의 권위 있는 인물에 의하여 부과된 도덕적 가치들과 억제적·구속적·금지적 기준들을 내면화함으로써 형성되는 것으로서, 무의식 속에서 작동하는 인성의 도덕적 부분, 도덕적 명령이 분출되는 인성의 요소
② 초자아를 구성하는 두 하위 체계 : 자아이상과 양심
③ 기능
- 사회적으로 비난받을 만한 원초아의 충동을 완벽하게 제지
- 자아가 합리적 고려보다는 도덕적 고려를 하도록 강요
- 생각, 말, 행위에 있어서 절대적 완벽함을 추구하도록 인도
※ 죄책감의 본질 : 초자아를 갖춘 개인이 초자아가 부과하는 도덕적 규준을 위반할 경우 발생하는 도덕적 정서

35. 다음 글에서 ㉠과 ㉡에 들어갈 알맞은 말을 쓰시오.

`08 중등윤리`

- 스키너(B. F. Skinner)가 환경 결정론의 관점에서 인간 행동의 내적 요인을 부정하는 데 비해, 반두라(A. Bandura)는 인간, 환경, 행동 사이의 상호 결정론적 관점에서 인간의 내적 요인인 (㉠)의 역할을 인정한다.
- 관찰과 모델링에 의한 학습과정에서 학습자의 (㉡)은(는) 과제를 성공적으로 수행할 수 있게 하고, 인내력을 강화시키며, 도덕적 표준을 위반하게 하려는 압력에 저항하게 해 준다.

- ㉠ : _____
- ㉡ : _____

◆ **출제 영역**
반두라의 사회학습이론

◆ **예시 답안**
㉠은 인지이고, ㉡은 자아효능감이다.

◆ **개념 해설**
자아 효능감
자아효능감이란 인지적·사회적·정서적·행동적 하위 기능들이 수많은 목적을 달성하기 위해 조직화되고 효과적으로 잘 배합되어 나타나는 생성적인 능력으로서, 특정한 상황에서 바람직한 효과를 산출하는 행동을 성공적으로 수행할 수 있다는 자신의 행동 능력에 대한 개인의 믿음이다. 이러한 자아효능감에 대한 판단은 과제 선택, 노력과 인내의 수준, 수행의 수준에 영향을 미치며, 자아효능감이 강한 사람일수록 인내력이 더욱 강하고 도덕적 표준을 위반하려는 압력에 더욱 잘 저항한다.

36. 다음은 어느 서양 도덕 교육 이론가의 주장이다. ( ) 안에 공통으로 들어갈 개념을 쓰시오.

`14 중등윤리`

- 환경이 개인의 성격이나 행동을 만드는 것이 아니다. 인간의 발달은 아래 그림처럼 개인, 환경, 행동 모두가 각각 서로 양 방향으로 영향을 미치는 상호작용으로 나타난다.

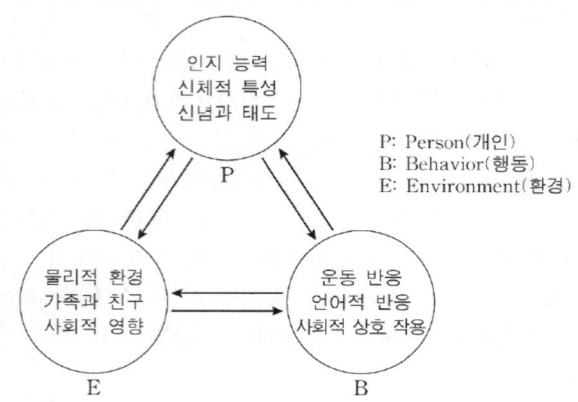

P: Person(개인)
B: Behavior(행동)
E: Environment(환경)

- 도덕적 자아의 발달 과정에서 개개인은 행위에 대한 지침이나 그 행위를 금지하는 것으로 기능하는 옳고 그름의 기준을 채택한다. 이러한 ( )의 과정에서 사람들은 자신의 행동과 그 행동이 일어나는 조건을 검토하고, 자신의 도덕적 기준에 의거하여 그 행동과 조건을 평가하며, 환경을 파악하고 결과를 고려하여 행동한다. …(중략)… 개인의 ( )이/가 선택적으로 활성화되고 해로운 행위로부터 이탈되는 메커니즘의 유형에는 도덕적 정당화, 완곡한 언어의 사용, 유리한 비교, 책임 소재의 이동, 책임감의 분산, 결과의 무시와 왜곡, 비인간화, 비난의 전가 등이 있다.

◆ 출제 영역
반두라의 사회학습이론

◆ 예시 답안
자기 규제(자기 제재)

◆ 개념 해설
자기 규제 메커니즘
1. 자기 규제(조절) 메커니즘의 성격
자기 규제 메커니즘이란 성인들에 의해 표현된 가치들을 내면화함으로써 가지게 된 도덕적 기준에 의거하여 자신의 행동과 조건을 평가하고, 환경을 파악하며, 결과를 고려하여 자신의 행동을 조절하는 내적 구조이다.

2. 자기 규제 방식
도덕적 기준의 준수에 따른 내적 자기 보상인 자기 존중감과 도덕적 기준의 위반에 따른 내적 자기 처벌 혹은 자기 제재인 자기 비판적 반응이라는 두 도덕적 정서를 통한 자기 규제 → 도덕적 인간은 자기 존중감 때문에 도덕적 행위를 하며, 자기 비판적 감정을 유발할 것이기 때문에 비도덕적 행위를 삼감

3. 자기 제재의 역할

> 왜 우리는 자신을 처벌하는 것일까? 반두라에 의하면, 자신의 행위 기준을 위반한 행위는 예기되는 공포와 자기비난을 불러일으켜서 그 사람이 처벌받을 때까지 지속된다. 그러나 처벌은 위반과 그에 따른 사회적 반향에 대한 고통을 종식시키며, 타인의 승인을 회복시키는 경향이 있다. 따라서 자기처벌적 반응은 사고에 의해서 생겨난 고통을 경감시키고, 외부적 처벌을 완화시켜주기 때문에 지속된다. 비난받을 만한 의도적 행위에 대해 자신을 비판하고 경시함으로써 사람들은 과거의 행동에 대해 더 이상 고통을 주지 않는다.(위반 → 내적 고통 → 처벌 → 고통의 경감)

37. 다음 주장을 한 도덕 심리학자의 관점에서 볼 때, 학생의 도덕성 발달을 위해 가장 중요한 것은?

`09 중등윤리`

> 협동에 의한 자율성만큼 완전한 자율성이란 있을 수 없다. 이런 견지에서 볼 때, 도덕성은 여전히 사회적인 것이다. 그러나 사회는 하나의 완전한 전체 또는 하나의 완전히 실현된 가치들의 체계로서 간주될 수 없다. 선(善)이라는 도덕성은 점차적으로 발달하는 것이며, 사회와의 관련 속에서 하나의 이상적인 평형을 구성해 가는 것이다. 즉, 강제에 근거하고 있던 거짓되고 불완전한 기존의 평형으로부터 협동에 근거한 평형으로 발달하는 것이다.

① 모델링
② 강화와 처벌
③ 자유방임적 훈육
④ 다양한 실천 기회
⑤ 동료 간 상호 작용

◆ 출제 영역
피아제의 인지발달론

◆ 정답
⑤

◆ 개념 해설
도덕교육의 방법
첫째, 권위주의 교수 방법과 순수하게 개별적인 교수 방법은 모두 도덕교육의 방법으로 부적절하므로 사용해서는 안 된다. 또한 명백한 교수, 교화, 조건화와 같은 방법들도 학생들의 도덕성 발달을 위한 방법으로 부적절하다.
둘째, 또래 집단 사이에 협동을 조장하기 위한 다양한 기회들, 그리고 지나치게 권위적인 문화나 부모의 부재라는 두 가지 조건이 충족되는 곳에서 아동들은 강제적 도덕성으로부터 협동적 도덕성으로 발달해 간다. 따라서 아동의 도덕 발달을 위한 도덕교육에 있어서 성인이나 교사는 지나치게 권위에 의존해서는 안 되며, 아동을 스스로 생각할 수 있는 존재로 간주함으로써 아동의 사고 활동을 촉진할 수 있도록 도와주어야 한다. 즉, 교사는 성인 권위의 상징이나 아동의 친구가 아니라 교사가 가르치고자 하는 내용의 의미를 학생 스스로 발견하도록 이끌어 주는 나이가 많은 협조자가 되어야 한다.
셋째, 아동의 도덕성 발달을 촉진하기 위해서는 교사와 학생 사이의 상호작용만이 아니라 아동 상호간의 협동과 책임을 조장할 수 있는 프로그램을 제공해 주어야 한다. 즉, 학교와 교사는 학생들이 또래 집단 내에서 함께 일하거나 또래 집단 활동을 촉진하기 위한 자치 활동들에 참여하도록 권장해야 한다.

38. 다음 대화를 읽고 물음에 답하시오. `04 중등윤리`

> (갑): 나는 도덕성 발달을 위해서 도덕성의 소극적 측면인 양심과 적극적 측면인 자아 이상을 잘 발달시키는 일이 중요하다고 생각합니다. 양심은 죄책감과 연결되어 악한 행동을 하는 것을 방지하고, 자아 이상은 선한 일과 옳은 일을 찾아 실천하도록 하는 데 도움을 줍니다.
> (을): 도덕성 발달을 위한 교육은 학생들의 인지적 도덕성에 중점을 두고 실시되어야 한다고 생각합니다.
> (병): 나는 인간 본성이 본래 백지와 같은 것이어서, 도덕성도 여타 학습과 마찬가지로 자극과 반응의 결합에 의해 형성된다고 생각합니다. 적절한 강화 전략들을 사용하여 학생들이 도덕적 행동을 학습해 나가도록 이끌어야 한다고 생각합니다.
> (정):

38-1. (을)의 주장을 대표하는 피아제(J. Piaget)의 도덕성 발달의 단계를 쓰고, 콜버그(L. Kohlberg)의 도덕성 발달의 3수준을 쓰시오.

38-2. (병)의 주장을 하는 이론들이 가지는 문제점을 2가지만 각각 30자 이내로 쓰시오.

38-3. (정)은 사회학습 이론가인 반듀라(A. Bandura)의 입장에 서 있다. 빈칸에 들어갈 내용을 70자 이내로 쓰시오.

◆ **출제 영역**
피아제와 콜버그의 인지발달론, 스키너의 조작적 조건화 이론, 반두라의 사회학습이론

◆ **예시 답안**

<u>38-1.</u>
① 피아제의 도덕성 발달의 단계 : 전 도덕 단계, 강제적(타율적) 도덕성 단계, 협동적(자율적) 도덕성 단계
② 콜버그의 도덕성 발달의 3수준 : 인습 이전 수준, 인습 수준, 인습 이후 수준

<u>38-2.</u>
① 도덕적 주체로서의 학생의 자율성과 능동성을 완전히 무시한다.
② 어떤 사회가 가진 도덕의 정당성을 문제 삼지 않고 무비판적으로 수용한다.

<u>38-3.</u>
도덕적 행동의 학습은 직접적 경험뿐만 아니라 타인의 행동에 대한 관찰을 통해서도 일어나므로, 직접적 강화 이외에 관찰학습을 적극적으로 활용해야 한다.

39. 다음 대화를 읽고 물음에 답하시오. `04 중등윤리`

> 준호 : 동수야, 너 컴퓨터 샀다면서?
> 동수 : 그래, 중고 컴퓨터를 샀는데, 컴퓨터 운영 프로그램이 설치되어 있지 않아. 너 혹시 운영 프로그램 CD를 가지고 있니?
> 준호 : 그래, 가지고 있어. 필요하면 내가 빌려 줄께.
> 동수 : 고마워. 넌 역시 좋은 친구야.
> (동수가 떠난 후)
> 미희 : 준호야, 운영 프로그램 CD를 다른 사람에게 빌려주는 것은 불법이야.
> 준호 : 나도 알아. 하지만 친한 친구끼리 빌려주지 않으면 다른 친구들이 나를 나쁜 친구라고 생각해서 따돌리지 않을까?

39-1. 콜버그(L. Kohlberg)의 도덕발달이론에 의하면 준호의 도덕적 추론 능력은 몇 단계에 해당하는지 쓰고, 그렇게 생각한 이유는 무엇인지 30자 이내로 쓰시오.

- _____

39-2. 콜버그의 이론에 근거하여 준호의 도덕적 추론 능력을 향상시키려고 한다. 친구들이 준호에게 할 수 있는 조언은 어떤 내용인지 60자 이내로 쓰시오.

- _____

◆ **출제 영역**
콜버그

◆ **예시 답안**

39-1.
준호는 3단계에 속한다. 왜냐하면 준호는 자신의 친구의 기대를 충족시켜 그에게 즐거움을 주고 그로부터 승인을 얻고자 하는 동기에서 행동했기 때문이다.

39-2.
사회의 법과 의무가 지닌 권위를 존중하고, 사회 질서의 유지를 위해 그것을 지키는 것이 옳은 행위이다.

40. 다음 가상 대화의 ( ) 안에 들어갈 용어를 쓰시오.
`17 중등윤리`

> 도덕 교사 : 학교에서 학생들의 도덕성을 단계적으로 발달시킬 수 있는 적절한 방법이 있나요?
> 도덕 교육 이론가 : 네, 학생들의 도덕성은 3수준 6단계에 따라 발달합니다. 학생들의 도덕성을 단계적으로 발달시키는 데 학생들 개인의 인지 구조 발달이 중요하지만, 도덕적 환경 조성의 중요성도 간과할 수 없습니다. 왜냐하면 학생들의 도덕성 발달에 있어 학교 환경의 역할과 잠재력은 매우 크기 때문입니다.
> 도덕 교사 : 그러면 학교의 도덕적 환경을 고려한 접근법을 알고 싶습니다.
> 도덕 교육 이론가 : 그와 관련한 접근법으로는 ( ) 접근법이 있습니다. 이 접근법은 학생들 개인의 도덕적 추론 능력을 발달시키면서 동시에 일상생활에서의 실천에도 관심을 기울입니다. 이를 위해서 이 접근법은 공정함과 도덕성에 초점을 맞춘 개방적인 토론을 장려하고, 보다 높은 단계의 추론을 접하게 함으로써 인지적인 갈등을 자극합니다. 또한 규칙 제정과 적용에 대한 공적인 참여를 권장할 뿐만 아니라 높은 단계에서의 집단적 유대를 강조합니다.

• _____

◆ **출제 영역**
콜버그의 정의공동체 접근법

◆ **예시 답안**
<u>정의공동체</u>

41. 도덕성 발달을 설명하는 어떤 여성 도덕심리학자의 주장이다. ㉠, ㉡에 들어갈 도덕 개념을 쓰고, 이 주장에 대한 콜버그(L. Kohlberg)의 반론을 2가지만 제시하시오.
`07 중등윤리`

> 우리는 수백 년에 걸쳐서 남성들의 목소리를 들어 왔고 그들의 경험을 토대로 형성된 발달 이론에 주목해 왔다. 그런데 요즘 들어 여성들이 그 동안 침묵해 왔다는 사실에 새롭게 주목하게 되었을 뿐만 아니라, 남성들이 무슨 말을 해도 우리가 쉽게 이해하기 어렵다는 사실도 함께 깨닫게 되었다. 인간의 도덕성 발달을 이해하는 데에 여성의 경험을 포함하면 인간관계에 대한 새로운 관점을 얻을 수 있다. 이러한 관점을 통해 정체감의 개념을 상호 연결의 경험을 포함하는 것으로 확대할 수 있고, 도덕적 범주도 인간관계에서 발생하는 폭력을 배제한다는 전제에서 (㉠)과(와) (㉡)을(를) 포괄하도록 확장할 수 있다.

• _____

◆ **출제 영역**
콜버그의 도덕성 발달이론과 길리건의 배려 윤리

◆ **예시 답안**
• <u>개념 : ㉠ 책임감 ㉡ 보살핌(배려)</u>
• <u>반론</u>
<u>① 정의는 배려의 필수조건이지만 그 역은 성립하지 않는다.</u>
<u>② 정의와 배려는 다른 두 도덕적 정향으로 존재하는 것이 아니라 최상의 도덕성 발달 단계인 6단계에서 통합된다.</u>

42. 다음은 도덕심리학자 갑, 을의 관점을 비교한 표이다. 밑줄 친 ㉠~㉣에 관한 설명으로 옳은 것을 <보기>에서 고른 것은?
    11 중등윤리

구분	갑	을
근본적인 도덕명령	배려	㉠ _____
자아관	㉡ _____	개별적 자아
도덕성의 요소	관계, 동정심, 조화 등	㉢ _____
도덕 발달 수준/단계	㉣ 3수준 2과도기	3수준 6단계

┌ 보기 ┐
ㄱ. ㉠은 도덕영역에서 최고의 가치이며, 각 단계별 도덕 판단의 형식이나 사고 구조와 관계한다.
ㄴ. ㉡은 인간관계의 맥락에서 형성되며 발달 초기에 공정성과 보편화 가능성을 지향한다.
ㄷ. ㉢의 도덕성을 가진 사람은 도덕적 문제를 귀납적 사고를 통해 해결하고자 한다.
ㄹ. ㉣의 세 번째 수준은 비폭력의 도덕성이다.

① ㄱ, ㄴ   ② ㄱ, ㄷ   ③ ㄱ, ㄹ
④ ㄴ, ㄷ   ⑤ ㄷ, ㄹ

◆ 출제 영역
콜버그의 도덕성 발달이론과 길리건의 배려 윤리

◆ 정답
③

◆ 오답 수정

오답	수정
ㄴ. ㉡은 인간관계의 맥락에서 형성되며 발달 초기에 공정성과 보편화 가능성을 지향한다.	ㄴ. ㉡은 인간관계의 맥락에서 형성되며 타인에 대한 따뜻한 배려와 책임을 지향한다.
ㄷ. ㉢의 도덕성을 가진 사람은 도덕적 문제를 귀납적 사고를 통해 해결하고자 한다.	ㄷ. ㉢의 도덕성을 가진 사람은 도덕적 문제를 연역적 사고를 통해 해결하고자 한다.

◆ 개념 해설
여성의 도덕적 추론 발달 단계

발달 단계	특징
수준1 개인적 이익(생존) 지향	• 이 수준에서 여성들은 실용적으로, 그리고 자기중심적으로 자기 이익과 생존에 집착한다. 요컨대 자기 자신을 돌보는 것에만 몰두한다. • 이 수준에서 여성들은 도덕성을 사회가 무력한 주체에게 부과한 제재들을 준수하는 것으로 본다. • 이 수준에서는 자기중심적이고 실용적 관점에서 도덕 문제를 해결하려고 한다. 즉, 다른 사람에 대한 고려가 결여된 가운데 자신에게 최상의 것이 무엇인가에 의해 최종적인 결정이 이루어진다.
과도기1 이기심에서 책임감으로	과도기 1에서 여성은 그녀가 원하는 것(이기심)과 그녀가 해야만 하는 것(책임감)의 차이를 인식하기 시작한다. 즉, 다른 사람과의 관계를 인식하고 무엇이 자신뿐만 아니라 다른 사람에 대해서도 책임 있는 선택인지 생각하기 시작한다.
수준 2 선과 타인에 대한 책임감의 동일시 (자기 희생으로서의 선 지향)	• 이 수준에서 여성은 사회가 관습적으로 기대하는 여성적 미덕에 대해 생각한다. 이같은 관습적인 여성적 미덕은 여성 자신이 원하는 것을 다른 사람이 원하는 바를 위해 희생하게 만든다. • 이 수준에서 여성은 자신을 돌보는 것은 타인에게 해가 될 수 있고 비판의 대상이 되거나 버림받을 가능성이 있다고 생각되기 때문에 위험한 것으로 판단한다. • 이 수준에서 여성은 이기심으로부터 타인에 대한 관심, 타인에 대한 중요한 책임감, 그리고 자기희생의 능력을 발달시켜 간다. • 도덕성과 자아 가치는 타인들을 보호하고 타인들에 대해 따뜻하게 배려하는 능력과 결합된다. • 이 수준에서 여성은 선을 자기희생 혹은 타인들을 기쁘게 하거나 타인들에게 따뜻한 배려를 해주는 것과 동일시한다. 어떤 문제가 모든 사람들의 최상의 이해관계 안에서 해결될 수 없을 때, 여성들은 그 문제를 타인에 대한 따뜻한 배배려와 책임감의 견지에서 재정의하기 위하여 그녀 자신들의 선호들을 희생한다.
과도기 2 동조에서 새로운 내적 판단으로 (착함에서 진실로)	• 과도기 2에서 여성은 다른 사람의 욕구뿐만 아니라 자기 자신의 욕구도 고려한다. • 과도기 2에서 책임감의 개념은 자기 자신의 욕구와 이해관계를 포괄할 수 있도록 확대된다. 즉, 여성은 다른 사람에 대해 책임짐으로써 '착하게' 되기를 원하지만, 자기 자신에게 책임짐으로써 '정직하게' 되고자 한다. • 과도기 2의 핵심은 선에 대한 새로운 개념화 — 자아의 인정과 결정을 위한 책임감의 수용이 외적인 관계보다는 자신의 내부로 향하려는 움직임 — 을 향한 변화에 있다.

수준 3 자아와 타인 사이의 역동성에 초점을 둠 (비폭력의 도덕성 지향)	• 이 수준에서 여성은 더 이상 자신을 무력하거나 복종적인 존재로 여기지 않고, 의사결정 과정에 있어서 적극적이고 동등하게 참여하는 타당한 참여자로 간주한다. • 자기 자신과 타인 모두에게 최선이 될 수 있는 방법을 모색한다. • 타인은 물론 자신에 대한 책임의 중요성을 인식하고 자신과 타인 모두에게 상처를 주지 않는 방안을 모색한다. • 이 수준에서의 도덕적 기초는 비폭력에 대한 확약과 모든 관련된 사람들에게 고통을 최소화하려는 의무이다. 이 수준에서 따뜻한 배려는 하나의 보편적 의무가 된다.

43. 다음은 현대 도덕 교육론자의 주장이다. <작성 방법>에 따라 서술하시오. 20 중등윤리

타인을 도덕적으로 만나는 배려 관계는 우리가 의식적으로나 무의식적으로 좋은 것이라고 인지하는 인간적 조건과 동일시된다. 이러한 (㉠) 배려는 모성적 배려처럼 다른 사람을 배려하고자하는 성향으로부터 동기화된 것이다. 우리에게 도덕적 동기를 제공해 주는 것은 배려를 향한 우리의 동경과 열망이다. 우리가 배려하는 자로서 응답하기를 원하지 않을 때, 우리는 윤리적 이상에서 배려하고 배려를 받은 일련의 기억들에 의존하여, 원래 '나의 (㉡)'을/를 유지하기 위해 필요한 것을 불러일으킨다. 칸트의 윤리학과 달리, 배려 윤리에서 '나의 (㉡)'은/는 배려적 문제 상황에 직면했을 때 일어나고, 진정한 배려 관계는 진지한 대화를 통해 진행된다. 이러한 도덕적 대화에서 이루어지는 ㉢ 대인 관계적 추론(interpersonal reasoning)은 분석적 추론과 그 성격이 다르다.

┤작성 방법├
(1) 괄호 안의 ㉠, ㉡에 해당하는 용어를 순서대로 쓸 것.
(2) 밑줄 친 ㉢의 특성을 서술할 것.

◆ **출제 영역**
나딩스의 배려 윤리

◆ **예시 답안**
(1) ㉠은 자연적, ㉡은 당위이다.
(2) 대인 관계적 추론은 대화의 상대자에게 깊은 관심을 기울인다는 점에서, 그리고 고정된 하나의 목표를 지니지 않는다는 점에서 분석적 추론과 구별되며, 토론에서 승리하는 것이 목적이 아니라 서로 만족을 줄 수 있는 방식으로 함께 활동한다는 사실 자체를 중요시한다는 점에서 대립 토의와 구별된다.

44. (가)를 주장한 학자가 도덕교육에서 특정한 덕목을 가르치는 방법에 반대하는 이유를 2가지만 제시하고, (나)를 주장한 학자가 도덕교육의 방법으로 제시한 대화의 본질을 '형식'과 '내용'의 측면에서 각각 설명하시오.　　　　　　　　　　07 중등윤리

> (가) 도덕교육에서 특정한 덕목을 가르치려는 시도는 그릇된 것이다. 도덕교육은 본래 도덕 철학자인 아동들이 자율적인 도덕 행위자가 될 수 있도록 딜레마 토론 방식을 통하여 도덕적 추론의 단계를 발달시키는 데 중점을 두어야 한다.
> (나) 배려윤리 관점에서 도덕교육은 네 가지의 기본적인 구성 요소들을 갖고 있다. 모델링(modeling), 대화, 실천, 확증(confirmation)이 바로 그것이다.

◆ **출제 영역**
콜버그와 나딩스의 도덕교육론

◆ **예시 답안**
- 이유
① 덕의 목록들을 선정하는 데 있어서 자의성(덕목 선정을 위한 선정위원회 구성에 있어서의 자의성, 위원회 성원들의 합의와 일관성에 있어서의 자의성)이 존재한다.
② 덕의 습득으로 이루어진다는 인격 특성은 일관된 인성 특성을 나타내는 것이 아니라 단순한 평가적 명명에 불과하다. (덕이라는 단어는 문화적 기준에 따라서 상대적이며, 심리학적으로 모호하고 윤리적으로 상대적이다.)
- 본질
  - 형식 : 대화 상대자에게 중점을 두고 대화 상대자와 그들 사이의 관계에 관하여 깊은 관심을 나타내는 것
  - 내용 : 도덕적 문제들을 아주 개방적인 방식으로 토의하는 것

45. 콜버그(L. Kohlberg)의 도덕 이론과 구별되는 나딩스(N. Noddings) 도덕 이론의 '특징'을 쓰고, 아래 글을 읽고 우리 도덕 교육의 문제를 개선하는 데 적용할 수 있는 나딩스의 '교육 방법'을 쓰시오.　　　　　　　　　　03 중등윤리

> - 오늘날 도덕과 교육은 도덕적 지식의 전수에 치중하고 있어 생명력이 없는 교육이라고 비판 받고 있다.
> - 아리스토텔레스는 인간이 정의로운 행동을 함으로써 정의로운 인간이 될 수 있다고 역설하였다.

◆ **출제 영역**
나딩스의 배려 윤리와 도덕교육론

◆ **예시 답안**
① 특징 : 나딩스의 배려윤리는 보편적인 추상적 원리와 그것에 근거한 추론이 아니라 구체적인 상황에서의 타인에 대한 배려와 그것을 유지하기 위한 헌신을 중시하는 윤리이다. 이처럼 배려윤리는 도덕적 삶의 구체성, 현실성, 상황성, 실천성을 중시하는 성격을 지닌다.
② 교육 방법 : 교사와 학교는 봉사 활동 등 학생들이 배려를 실천할 수 있는 다양한 기회를 제공해야 한다.

46. 갑은 현대 도덕 심리학자이고, 을은 현대 도덕교육 이론가이다. <작성 방법>에 따라 서술하시오.

`22 중등윤리`

갑	공감은 다섯 가지 다양한 방식에 의해 발생한다. 공감은 우선 동작 모방과 구심적인 피드백, 고전적 조건화, 피해자 또는 그의 상황으로부터 나오는 단서와 자신의 고통스러운 과거 경험과의 직접적인 연상에 의해 발생한다. 아동기에 이러한 ㉠ 모방, 조건화, 직접적인 연상은 특히 얼굴을 마주하는 상황에서 공감을 불러일으키는 데 결정적 역할을 한다. 또한 이 세 가지는 일생 동안 잠재적인 차원에서 발생하는 공감의 토대가 된다. ㉡ 나머지 두 가지 공감 발생 양식은 (㉢)와/과 역할채택이다. 특히, 역할채택에서는 피해자가 어떻게 느끼는지 혹은 피해자의 상황에서 자기가 어떻게 느낄 것인지를 상상한다.
을	배려를 할 때 배려하는 사람은 두 가지 의식 상태가 필요하다. 하나는 전념인데, 이는 배려하는 사람이 배려받는 사람에 대해 진심으로 보고, 듣고, 느끼고, 이해하는 것이다. 다른 하나는 (㉣)인데, 이는 배려하는 사람의 동기 에너지가 배려가 필요한 사람을 향해 나가는 것이다. 그리고 배려가 이루어질 때, ㉤ 배려를 받는 사람도 배려받고 있다는 것을 인정하고 반응을 보여야 한다. 그래야 배려하는 사람과 배려받는 사람이 모두 참여하는 진정한 만남이 형성되어 배려가 완성된다. 만일 어느 한쪽이라도 이러한 측면을 무시하게 되면 서로의 감정이 합치되지 않아 진정한 배려가 이루어질 수 없다.

┤작성 방법├
(1) 괄호 안의 ㉢, ㉣에 해당하는 용어를 순서대로 쓸 것.
(2) 공감이 발생하는 과정에서 밑줄 친 ㉡과 구분되는 밑줄 친 ㉠의 특징 1가지를 서술할 것.
(3) 배려의 완성을 위해 밑줄 친 ㉤이 필요한 이유를 서술할 것.

- (1) _____
- (2) _____
- (3) _____

◆ **출제 영역**
호프만의 공감이론과 나딩스의 배려 윤리

◆ **예시 답안**
(1) 매개된 연상, 동기적 전치
(2) ㉡과 달리 ㉠은 비자발적이고 자동적인 방식을 공감적 반응을 야기한다는 특징을 지닌다.
(3) 배려자의 배려 행위를 보람 있는 행위로 만들어 주고, 배려자가 지속적으로 배려 행위를 할 수 있도록 하기 위해 ㉤이 필요하다.

47. 갑, 을은 도덕 심리학자들이다. <작성 방법>에 따라 서술하시오.　　　　　　　　　　　21 중등윤리

갑	도덕성 4구성 요소 모델에서 도덕 행동은 네 가지 심리적 과정을 수반한다. 그 중 도덕적 민감성은 어떤 행동이 가능하고, 그러한 행동에 의해 누가 그리고 무엇이 영향을 받으며, 그 행동에 참여한 일행이 그 행동의 결과에 대해서 어떻게 반응하는지를 감각적으로 인식하고 추론하는 능력이다. 이처럼 상황적 정보에 민감하게 반응하고, 가능한 다양한 행동을 구성하기 위해서는 (㉠)와/과 (㉡)의 상호 연결이 필요하다. 상황적 정보를 인식하는 데 필요한 결정적인 능력은 공감이다.
을	공감적 (㉠)은/는 (㉡) 발달에 의해 중재된다. 신생아와 영아는 자신과 다른 사람을 구별하지 못하기 때문에 다른 사람의 고통 반응을 자신의 고통으로 경험한다. 유아는 자신과 다른 사람의 (㉠) 반응을 구별할 수 있기 때문에 다른 사람을 위로할 수는 있지만, 자신이 위로받았던 방법으로 다른 사람을 위로한다. 아동은 다른 사람의 주관적 경험을 더 정확하게 추론할 수 있게 되면서, 상황에 더 적절히 반응할 수 있게 된다. 청소년은 (㉡) 능력이 더 발달하게 되면서, 이제 ㉢ 더 다양한 대상의 고통을 느낄 수 있고, 그 대상이 속해 있는 다양한 상황과 조건을 볼 수 있다.

┌─ 작성 방법 ─────────────────────┐
(1) 괄호 안의 ㉠, ㉡에 해당하는 용어를 순서대로 쓸 것.
(2) 밑줄 친 ㉢에 해당하는 발달 단계를 쓰고, 그 단계로의 발달을 위해 필요한 추론 능력을 서술할 것.
└──────────────────────────┘

- (1) _____
- (2) _____
　　　_____
　　　_____
　　　_____

◆ 출제 영역
레스트와 호프만의 도덕심리학

◆ 예시 답안
(1) 정서, 인지
(2) ㉢에 해당하는 발달 단계는 타인의 삶의 조건에 대한 공감 단계이다. 이 단계로의 발달을 위해 필요한 추론 능력은 다른 사람의 삶의 조건에 대한 복잡한 추론 능력이다.

48. 밑줄 친 ㉠~㉢에 대한 설명으로 옳은 것만을 <보기>에서 모두 고른 것은?   `11 중등윤리`

> 비고츠키(L. Vygotsky)에 따르면 인간의 정신기능은 사회적 맥락과 분리될 수 없으며, 언어와 대화를 매개로 하여 발달한다. 그는 ㉠ 근접발달영역(Zone of Proximal Development)의 개념을 제안한 바 있으며, ㉡ 태편(M. Tappan)은 이 개념을 도덕 교육에 적용한 대표적인 학자이다. 태편에 따르면 학생들은 도덕적 경험을 이야기로 표현하고, 그것에 의미를 부여할 때 도덕적 이야기에 대한 ㉢ 저자 의식(authorship)을 지니게 된다.

― 보기 ―
ㄱ. ㉠은 독자적으로 문제를 해결할 수 있는 학생의 실제적 발달 수준과 교사 등의 안내를 통해 도달할 수 있는 잠재적 발달 수준 간의 간격을 의미한다.
ㄴ. ㉡은 인격교육론적 관점과 인지발달론적 관점을 조화시키고자 한다.
ㄷ. ㉢은 보편적이고 추상적인 도덕원칙을 중시한다.
ㄹ. ㉢을 통해 학생은 자신의 도덕적 권위와 책임감을 증진시킨다.

① ㄱ, ㄴ ② ㄱ, ㄷ ③ ㄷ, ㄹ
④ ㄱ, ㄴ, ㄹ ⑤ ㄴ, ㄷ, ㄹ

◆ **정답**
④

◆ **오답 수정**

오답	수정
ㄷ. ㉢은 보편적이고 추상적인 도덕원칙을 중시한다.	ㄷ. ㉢은 실제 삶의 도덕적 경험을 표현하고 의미를 부여하는 것을 중시한다.

◆ **개념 해설**
1. 비고츠키의 '근접발달영역' 개념의 의미
근접발달영역이란 아동 혼자의 힘으로 문제를 해결할 수 있는 실질적인 발달 수준과 성인의 지도나 유능한 또래와의 협력을 통해 해결할 수 있는 잠재적인 발달 수준 간의 간격을 말한다.

2. 사회적 구성주의의 근거한 태편의 도덕교육 접근법의 성격
① 인지발달론에서 강조되는 도덕성 발달과 인격교육론에서 중시되는 교육의 조화
② 근접발달영역에서의 안내된 참여 강조. 안내된 참여란 학생이 자신이 속한 사회의 성숙한 구성원이 되는 데 필요한 기능과 가치를 학습하도록 좋은 조건과 상호작용을 지원하고, 조건과 상호작용 속에서 배려하고 돕는 사람과 학생이 공동 노력한다는 의미를 가진 용어이다. 이러한 안내된 참여와 그 속에서의 상호작용 또는 도덕적 대화를 통해 학생이 그들보다 유능한 사람의 도움을 받으면서 그 사회·문화 속의 지식과 기능과 가치들을 내면화하게 된다.
③ 구성주의적 도덕교육 방법으로서의 내러티브의 활용을 강조. 내러티브의 특징은 다음과 같다.
  첫째, 우리는 삶 속에서 어떤 도덕적 선택과 결정을 하고 그것에 의미를 부여할 때 기본적으로 이야기로 말하기 때문에, 이야기는 도덕적 경험과 도덕성 발달 양자 모두를 이해하는 데 매우 중요한 수단이 된다.
  둘째, 도덕적 선택과 결정에 대한 이야기 속에는 인지적, 정의적, 행동적 측면들이 통일적으로 구현되어 있다.
  셋째, 자기의 이야기를 말하는 것은 주체로서의 권위를 갖게 해주고, 자신의 이야기 속에 의미와 가치 그리고 형식적 일관성을 부여하게 해주는 한편 도덕 학습 내지 도덕화를 가능하게 해 준다. 넷째, 자신들의 도덕적 경험을 이야기로 구성하여 나타내는 과정에서 도덕 학습이 이루어지고, 자기 이야기와 경험의 주체가 되어 도덕성의 발달이 일어난다.
④ 저자의식으로서의 도덕적 권위의 세 기능
  첫째, 자신의 도덕적 관점을 분명하게 표현하고 인지할 수 있게 한다.
  둘째, 도덕적 문제나 갈등에 직면하여 개인이 생각하고, 느끼고, 행동하는 것에 대한 존중과 권한을 부여한다.
  셋째, 자신의 도덕적 행위에 대한 책임감을 가지게 한다.

49. 다음은 도덕교육을 바라보는 두 관점이다. 이 관점들과 부합하는 도덕교육 이론을 각각 제시한 후, 두 이론 사이의 공통점을 2가지만 서술하시오.

06 중등윤리

(가) 도덕성의 핵심 요소는 인간에 대한 관심과 배려이다. 그 인간의 범주에는 타인이 우선 포함되지만 자기 자신도 포함된다. 성숙한 도덕성은 자신과 타인을 균형 있게 배려하는 것을 의미한다. 이러한 수준 높은 도덕성을 함양하기 위해서는 다른 사람과의 따뜻한 대화를 경험할 수 있어야 하고 실제로 타인을 위해 봉사하는 실천의 기회를 가져보아야 한다.

(나) 배우고 가르치는 일은 늘 사회적 맥락과 관련되어 있다. 도덕교육의 경우에도 도덕적 기능과 행동 성향이 한 개인의 내적 영역에 자리잡기 위해서는 언어와 담화 형식에 의해 매개되는 사회적 상호작용이 필요하다.

◆ **출제 영역**
배려 윤리와 사회적 구성주의 도덕교육론

◆ **예시 답안**
(가)에 부합하는 도덕교육론은 배려윤리교육론이고, (나)에 부합하는 도덕교육론은 사회적 구성주의 도덕교육론이다. 두 도덕교육론은 모두 교사에 의한 도덕적 지식, 도덕적 가치·규범의 직접적 전수에 반대하고, 내러티브 혹은 도덕적 대화를 도덕교육의 방법으로 중시한다.

4 교육과정

50. 다음은 도덕 교사들 간의 대화이다. (　) 안에 들어갈 용어를 쓰시오.　　　　　　　　　18 중등윤리

저는 사회의 도덕적 위기를 극복하기 위해서는 학교의 역할과 책임이 막중하다고 봅니다. 학생들에게는 도덕적 귀감이나 역할 모델이 중요하고, 교사의 설교적인 수업도 어느 정도 필요하다고 생각해요. 또한 학생들은 학교의 긍정적인 도덕적 풍토 속에서 도덕적 행동을 실천할 기회를 더 많이 가져야 하죠.

선생님께서는 미국의 교육 운동이자, 덕목을 중시하는 도덕 교육 이론이기도 한 (　　　)에 대해 말씀하시는군요. 이것은 문화적 전수를 중시하는 전통주의적 접근, 도덕적 환경을 중시하는 공동체주의적 접근, 포괄적 방법을 중시하는 통합적 접근이라는 세 가지 유형으로 구분할 수 있습니다.

◆ **예시 답안**
인격교육론

51. (가)는 어느 도덕 교육 이론가의 주장이고, (나)는 중학교 도덕과 교육과정에 제시된 내용 요소의 일부이다. (나)의 ⓒ을 활성화하기 위한 방법을 (가)의 ⊙과 관련하여 1가지만 제시하시오.

(가)	• 학교와 교실이 배려의 공동체로 느껴질 때, 아동들은 좋은 인격을 계발할 수 있다. • 아동 발달 프로젝트(Child Development Project)를 통해 학생들이 좋은 인격에 필요한 기능과 이해를 학습하도록 돕고, 배려하는 공동체를 만들기 위해 다음과 같은 4가지 우선적 과제를 제시한다. 배려하는 공동체를 만들기 위한 4가지 우선적 과제 배려하는 관계를 촉진하는 것 인간적인 가치를 가르치는 것 ⊙ 도덕적 이해를 향상시키는 것
(나)	이웃에 대한 배려와 상호 협동 공동체 속에서 함께 살아가는 사람들을 배려하고 이들과 더불어 화목하게 살아가는 지혜를 추구하며, 이웃을 배려하는 실천 방법을 익힌다. 이를 위해 이웃을 배려하고 봉사하며 타인과 더불어 살아가면서 상호 협동하기 위한 구체적인 방법과 사례를 열거한다. ① 다양한 이웃들과 나의 관계 ② 배려와 ⓒ 봉사활동 ③ 상호 협동 정신의 실천 　　－2015 개정 교육과정에 따른 도덕과 교육과정

◆ **출제 영역**
왓슨의 공동체주의적 인격교육론

◆ **예시 답안**
지역 사회 사회적 약자의 삶의 모습을 담은 자료를 활용하여 타인 배려의 중요성에 대해 수업하고, 그것을 토대로 그들을 위해 무엇을 할 것인지 학생들 스스로 논의하여 결정하게 한 후, 논의 결과를 실천으로 옮길 수 있는 기회를 제공한다.

52.
(가)는 현대 도덕교육 이론가의 주장이고, (나)는 현대 도덕교육이론에 대한 설명이다. 괄호 안의 ㉠, ㉡에 해당하는 용어를 순서대로 쓰시오.

22 중등윤리

(가)	통합적 인격교육에서 인격이란 도덕적 지식, 도덕적 감정, 도덕적 행동이 습관화된 것이다. 또한 인격에는 단순히 옳은 일을 행하는 것만이 아니라 자신에게 최선을 다하는 것도 포함된다. 즉, 인격은 서로 분리될 수 없는 도덕적 인격과 (㉠)을/를 포함한다. 전자는 관계 지향적이며 윤리적 행동을 위해 필요하고, 후자는 숙달 지향적이며 자신의 잠재력을 실현하는 데 필요하다.
(나)	도덕교육의 목표와 방법 등에 대한 논쟁은 종종 두 가지 윤리적 관점 간의 강조점과 도덕성을 정의하는 방식, 도덕적 인간을 규정하는 것 등의 차이에서 발생한다. (㉡)은/는 행위 그 자체보다는 행위자의 특성에 주목하며, 개인을 자신에게나 사회에 필요한 덕목들을 습득하여 실천해야 할 책임이 있는 존재로 본다. 반면 규칙 윤리는 행위에 초점을 두며, 개인이란 타인들이 옳은 행위를 통해 존중해야 하는 권리의 소유자로 본다.

◆ **출제 영역**
리코나의 통합적 인격교육론과 덕윤리학

◆ **예시 답안**
수행적 인격, 덕윤리학

53.
다음은 김 교사의 수업 운영에 대한 설명이다. 밑줄 친 ㉠~㉢에 대하여 쓰시오.

08 중등윤리

김 교사는 도덕 교과서의 '함께 하기'를 활용하여 모둠별 협동학습을 실시한다. 그는 모둠을 구성할 때 ㉠ 비고츠키(L. Vygotsky)의 근접발달영역(ZPD)의 원리를 적용한다.
또한, 김 교사는 '함께 하기'를 활용한 협동학습으로 학생들의 연대감 형성을 돕고자 한다. 그는, 협동학습이 ㉡ 리코나(T. Lickona)가 강조하는 2가지 핵심적 가치(이른바 2Rs)를 발달시키는 데 효과적이라고 본다.
김 교사는 '함께 하기'에서 여러 가지 수업 기법을 적용한다. 지난 주에는 ㉢ 학생들에게 도덕적 논쟁을 야기할 만한 제시문을 읽고 물음에 따라 스스로 써보기, 미완성의 문장 완성하기, 우선 순위 결정하기 등을 지도하였다.

- ㉠ :
- ㉡ :
- ㉢ :

◆ **출제 영역**
비고츠키, 리코나, 가치명료화

◆ **예시 답안**
- ㉠ 비고츠키의 근접발달영역의 의미 : 아동 혼자의 힘으로 문제를 해결할 수 있는 실질적인 발달 수준과 성인의 지도나 유능한 또래와의 협력을 통해 해결할 수 있는 잠재적인 발달 수준간의 간격
- ㉡에서 말하는 가치 2가지 : 존중, 책임
- ㉢의 기법을 주로 활용하는 수업 모형의 원리 약술하기 : 가치명료화 수업 모형은 가치는 본질적으로 개인적 경향성이나 선호가 표현된 것이므로, 개인들이 스스로 가치를 결정하는 것이지 외적인 요인들이 가치를 결정하는 것이 아니라는 원리에 근거하여 학습자 스스로가 심사숙고하여 선택한 가치를 존중하여, 서로 간에 공적으로 확언해 보고, 각자가 선택한 가치를 실천함으로써 스스로의 가치를 명료화 하는 것을 특징으로 한다.

54. 다음 윤리이론에 근거한 도덕교육 접근 방안의 특징으로 가장 적절한 것은? 11 중등윤리

- 무엇을 해야 하는지 보다는 어떤 사람이 되어야 하는지에 일차적인 관심을 두고, 행위보다 행위자에 초점을 맞춘다.
- 행위의 '옳음'이나 '해야 함'에 근거하는 의무판단보다 성품의 '선함'이나 '칭찬할 만함'에 근거하는 덕성판단을 중시한다.

① 높은 수준의 도덕적 추론능력을 함양하고 도덕적 갈등 사태를 해결하는 데 일차적인 중점을 둔다.
② 도덕적 영역을 개인적인 선호나 사회적 인습으로부터 구분하여 이해하도록 하는 데 관심을 기울인다.
③ 도덕성의 인지적, 정의적, 행동적 영역이 상호작용하는 가운데 도덕성이 총체적으로 형성되도록 하는 것을 강조한다.
④ 습관을 형성하거나 정서를 함양하는 문제보다 도덕원리나 법칙을 정립하고 이를 개별 상황에 적용하는 문제를 더 중시한다.
⑤ 공동체의 삶과 전통에서 벗어나 행위자 자신의 자율적 선택을 통해 도덕적 결정을 내리도록 하는 데 근본적인 관심을 둔다.

◆ **출제 영역**
덕 교육적 접근법

◆ **정답**
③

◆ **오답 수정**

오답	수정
① 높은 수준의 도덕적 추론능력을 함양하고 도덕적 갈등 사태를 해결하는 데 일차적인 중점을 둔다.	① 선을 알고, 선을 열망하며, 선을 행할 수 있는 통합적인 인격 형성에 중점을 둔다.
② 도덕적 영역을 개인적인 선호나 사회적 인습으로부터 구분하여 이해하도록 하는 데 관심을 기울인다.	② 도덕의 영역과 삶의 다른 영역들 사이에 상관성을 이해하도록 하는 데 관심을 기울인다.
④ 습관을 형성하거나 정서를 함양하는 문제보다 도덕원리나 법칙을 정립하고 이를 개별 상황에 적용하는 문제를 더 중시한다.	④ 도덕적 이성뿐만 아니라 도덕적 습관 및 도덕적 감정을 함양하는 것을 도덕교육의 과제로 강조한다.
⑤ 공동체의 삶과 전통에서 벗어나 행위자 자신의 자율적 선택을 통해 도덕적 결정을 내리도록 하는 데 근본적인 관심을 둔다.	⑤ 덕의 함양과 도덕공동체와의 상관성에 대한 관심을 촉구함으로써 도덕 생활의 기반 및 이상으로서의 도덕공동체에 대한 관심을 함양한다.

◆ **개념 해설**
'덕 교육적 접근법'의 성격
① '덕 교육적 접근법'의 개념
덕 교육적 접근법이란 사람의 인격이 덕으로 구성된다는 관점에 기초하여 학생들로 하여금 필요한 도덕적 덕을 조화롭게 형성·발달시켜 가도록 돕는 데 중점을 두고 도덕교육에 임하는 입장을 말한다. 따라서 이 입장에서 도덕교육의 역할은 학생들의 바람직한 인격의 형성을 돕는 것인데, 인격은 여러 도덕적 덕의 발달을 바탕으로 이루어지는 것이므로, 결국 도덕교육의 본질적 역할은 덕을 조화롭게 형성·발달시켜 유덕한 인격을 함양하는 것이라 하겠다.
② '덕 교육적 접근법'의 도덕교육적 시사점
- 덕 교육적 접근법의 견지에서 볼 때, 인격 내지 도덕성의 세 가지 요소인 선을 아는 것, 선을 열망하는 것, 선을 행하는 것은 분리된 영역 속에서 기능하는 것이 아니라 모든 방식에서 서로 영향을 주고 받으며 기능하는 것이다. 따라서 덕 교육적 접근법은 인지·정의·행동을 향상시키기 위한 별도의 교육방법을 마련하고 그 결과를 각각 별도로 평가하는 것은 타당하지 않음을 우리에게 알려준다.
- 덕 교육적 접근법은 도덕교육의 방향이 행동 중심에서 행위자 중심으로 전환되어야 함을 시사한다.
- 덕 교육적 접근법은 덕의 함양과 도덕공동체와의 상관성에 대한 관심을 촉구함으로써 도덕 생활의 기반 및 이상으로서의 도덕공동체에 대한 관심을 촉구한다.
- 덕 개념의 부활은 자아와 타인의 균형성을 정립해 준다. 그 동안 도덕적 행동은 마치 남을 위한 행동만을 의미하는 것으로 잘못 규정되어 왔으며, 그 결과 자아와 타인의 불균형성이 제기되었다. 즉, 타인에 대한 의무만이 배타적으로 강조될 뿐 자신에 대한 의무는 소홀하게 여겨졌었다. 덕 개념의 부활은 타인의 복리를 위한 행동 못지 않게 자신의 복리를 위한 행동을 강조함으로써, 우리로 하여금 도덕 생활의 실상을 보다 현실적으로 파악할 수 있게 해 준다.

55. 다음은 교사 (갑)과 (을)의 대화이다. 밑줄 친 ㉮, ㉯가 설명하고 있는 현대 서구 도덕 교육 이론 2가지의 명칭과 각각의 핵심 특징을 서술하시오.

◆ 05 중등윤리

> (갑) : 큰일이에요. 요즘 공공질서를 지키려는 의식이 아주 땅에 떨어져 버렸어요.
> (을) : 그래요. 그런 면에서 도덕 교육의 역할이 더 중요해졌어요.
> (갑) : 그렇지만 방법이 없잖아요. 도덕 교육이 무얼 할 수 있겠어요? 교육이 할 수 있는 일이 얼마나 되겠어요?
> (을) : 저는 그렇지 않다고 생각합니다. 아무리 그래도 교육에 희망을 걸어야겠지요. 저는 이번 기회에 학습 방법을 달리 해보려고 합니다. 학생들이 함께 어울려 활동하는 과정을 중시하는 협동 학습, 프로젝트 학습, 토의·토론 학습 등의 방법을 써보려 해요. 학생들이 이런 방법을 통해 ㉮ 남을 인정할 줄 알고 그들에 대한 책임감을 느껴 타인과의 관계를 소중히 여기게 되고, 또 ㉯ 훌륭한 성품을 체득하여 발휘하게 되면 다른 사람과 더불어 잘 살아가는 법을 익힐 수 있지 않겠어요? 그러면 세상은 달라지지 않겠습니까?

◆ 출제 영역
배려 윤리, 덕 교육론

◆ 예시 답안
㉮는 배려윤리교육론이고 ㉯는 덕교육론이다. 배려윤리교육론은 배려 관계와 배려하고자 하는 열망을 유지하고 증진시키는 데 필요한 태도와 기능을 발달시키는 것을 도덕교육의 목표로 중시한다. 덕교육론은 인격이 덕으로 구성된다는 관점에서 기초하여 학생들로 하여금 필요한 덕을 조화롭게 형성·발달시켜 유덕한 인격을 갖추도록 하는 것을 도덕교육의 본질적 역할로 간주한다.

56. (가)에 근거하여 교사가 도덕과 수업에서 통합적 접근을 시도할 때 중시해야 할 사항을 3가지 제시하고, ㉠과 ㉡에 들어갈 말을 쓰시오.

◆ 06 중등윤리

> (가) 최근의 덕 윤리학에서는 덕을 인지적 영역, 정의적 영역, 행동적 영역을 포괄하는 총체적인 개념으로 이해하고 있다.
> (나) 도덕과 교사는 통합적인 교수·학습 방법의 하나로서 봉사활동 학습을 활용할 수 있다. 봉사활동 학습의 절차로 퍼트만(C. Fertman)은 '준비 → 봉사 → (㉠) → (㉡)'의 네 단계를 제시하였다.

◆ 출제 영역
덕 교육론과 봉사활동학습

◆ 예시 답안
• (가)에 근거하여 통합적 접근을 시도할 때 중시해야 할 사항
① 도덕적 습관화의 형성, 도덕적 실천 동기 및 실천 능력의 함양, 그리고 이에 바탕을 둔 높은 수준의 도덕적 사고력의 함양을 통한 자율적이고 통합적인 인격인의 양성을 도덕교육의 목표로 중시해야 한다.
② 도덕적 판단력과 같은 인지적 측면 발달뿐만 아니라 도덕적 민감성과 열정성, 도덕적 가치·규범의 내면화 등 정의적 특성의 계발과 도덕적 가치·규범의 실천 및 습관 형성에 모두 도움이 되는 도덕교육 방법의 개발과 활용을 중시해야 한다.
③ 도덕과 평가 방법과 관련하여 환원주의 평가 방식을 지양하는 가운데, 통합적 도덕성에 대한 평가를 위해 매우 유용한 방법인 수행평가를 중시하여 활용해야 한다.
• 봉사활동 학습의 절차 : ㉠ 반성, ㉡ 축하

57. ㉠, ㉡에 들어갈 도덕성의 구성 요소를 쓰고, (가)의 관점에 대한 피아제의 반론을 2가지만 제시하시오. `07 중등윤리`

> (가) 뒤르켐(E. Durkheim)에 따르면 도덕적으로 행동한다는 것은 규범을 준수하는 일이다. 즉, 자신에게 주어진 공동체의 규범을 수용하고, 그것에 맞게 행동하는 것이 바로 도덕적 행동이다. 이러한 관점에서 그는 도덕성의 구성 요소를 집단에 대한 애착, (㉠), (㉡)의 세 가지로 제시하면서, 교사가 자신의 도덕적 가치들에 대해 권위와 열정을 갖고 말과 행동의 일관성을 추구하는 통합적 인성 체계를 가져야 한다고 강조했다.
>
> (나) 피아제(J. Piaget)는 좀 더 나이가 든 아동의 일반적인 도덕적 관점은 협동 혹은 상호성의 도덕성으로 특징지어진다고 말한다. 이러한 도덕적 협동과 상호 의존 시기의 등장은 개인이 이미 만들어진 도덕 원칙과 협약에 단순히 찬동하거나 순응하는 것이 아니라, 도덕적 문제에서 이성적인 자기 입법이 가능한 더욱 성숙한 단계로 접어들었다는 표시이기도 하다.

◆ **출제 영역**
뒤르켐

◆ **예시 답안**
- 요소 : ㉠ 규율정신 ㉡ 자율성
- 반론
① 참된 자율성은 협동과 상호존중에 근거해 형성되는 것이지 성인의 강요에 의한 사회 규범에 대한 일방적 존중으로부터 생겨나는 것이 아니다.
② 교사가 사회 규범 혹은 사회의 도덕적 가치를 자신의 권위에 의거하여 학생들에게 가르치고 따르게 하는 것은 학생들을 타율적 도덕성의 단계에 고착시킴으로써 성숙한 도덕성 발달을 저해한다.

58. 갑, 을은 현대 도덕교육 이론가들이다. <작성 방법>에 따라 서술하시오. `22 중등윤리`

갑	도덕은 행위를 미리 정한 규칙의 체계로서 사회에 의해 형성된다. 사회의 존속과 발전을 위해 국가는 학생들이 도덕 규칙을 일관성 있게 준수하는 태도를 갖도록 교육해야 한다. 곧 학교는 학생들이 도덕규칙의 (㉠)을/를 존경하며 그것의 명령을 따르려는 마음가짐을 계발하는 데 중점을 두어야 한다. 또한, 도덕교육을 담당하는 교사는 규율과 금지의 대변자, 본보기로서 도덕적 (㉠)을/를 가져야 하고, 도덕 규칙에 대한 설명과 함께 도덕교육의 한 방법으로 ㉡ 벌을 적절하게 사용할 수 있어야 한다.
을	아동은 환경과 상호작용하며 자신을 구성해 가는 능동적 존재이다. 따라서 학교는 학생들이 동화, 조절, 평형 등의 과정을 통해 경험을 재구조화하고 도덕규칙을 스스로 구성해 갈 수 있도록 교육해야 한다. 학교는 아동이 협력적 성향을 계발할 수 있는 도덕 경험을 제공해야 하고, 특히 도덕교사는 친구들과 상호작용하며 협력하는 경험을 제공해야 한다. 이를 통해 아동은 다른 사람의 역할이나 견해를 고려하지 않고 자기의 생각을 고집하는 (㉢)을/를 점차 극복해 간다.

┤ 작성 방법 ├
(1) 괄호 안의 ㉠, ㉢에 해당하는 용어를 순서대로 쓸 것.
(2) 갑의 입장에서 밑줄 친 ㉡의 본래적 역할을 서술할 것.
(3) 괄호 안 ㉠의 도덕교육적 한계를 을의 도덕성 발달의 관점에서 1가지를 서술할 것.

◆ **출제 영역**
피아제, 뒤르켐

◆ **예시 답안**
(1) 권위, 자기 중심성
(2) 갑에 의하면, 학생들로 하여금 도덕규칙에 대한 존경심과 그것에 대한 권위감의 유지할 수 있도록 하는 것이 벌의 본래적 역할이다.
(3) 을의 도덕성 발달의 관점에서 볼 때, 도덕규칙의 권위에 대한 일방적 존중을 요구하는 것은 학생들을 타율적 도덕성 단계에 고착시켜 자율적 도덕성의 함양을 방해하는 한계를 지닌다.

59. (가)는 도덕과 수업 계획이고, (나)는 이 계획에 의한 도덕 수업의 한 장면이다. 이 수업을 진행할 때 교사가 고려해야 할 사항을 소집단 편성 및 평가로 나누어 각각 1가지씩 밝히고, (나)의 수업 담화(Classroom Discourse)에서 찾을 수 있는 긍정적 요소를 2가지만 쓰시오.　07 중등윤리

(가)
- 수업 단원 : 현대 사회의 변화 추세
- 수업 형태 : 소집단 탐구(한 학급 36명을 6개 소집단으로 편성), 집단별 주제 탐구 및 결과 발표
- 평가 방법 : 소집단별 활동 내용과 최종 보고서로 수행 평가

(나)
교　사 : 이 모둠은 다원화 사회에 대해 이야기하고 있네요. 여러분이 지금까지 함께 토의한 내용이 어떤 것들인지 궁금하군요.
학생 1 : 다원화 사회라는 것이 거창한 것인 줄 알았는데, 모둠원들과 함께 토의해 보니 우리들의 일상적 모습인 것 같아요. 웰빙, 느림의 철학 등 이런 유행어들도 다원화 사회 속에서 나온 것이죠.
학생 2 : 맞아요, 공원에서 팔을 힘차게 흔들며 걷는 사람들의 행동 뭐, 그런 것도 해당되겠네요.
모둠원 일동 : (웃음)
교　사 : 다원화라는 것이 여러분에게 꽤나 익숙하게 느껴지는 모양이군요. 그런데 운동하는 사람들과 다원화가 어떻게 연결되지요.
학생 2 : 음…… 그러니까, 물질적이고 양적인 것보다 이제 '삶의 질'을 다양하게 추구하는 사람들이 늘어났음을 보여 주는 현실적 증거지요.
학생 3 : 하지만 다원화 사회라는 것이 항상 좋은 것만은 아닌 것 같아요. "너도 옳다, 나도 옳다." 식으로 흘러 판단 기준이 없어져 버리는 것 아니에요?
교　사 : 가치의 기준을 선택하는 일이 기본적으로 개인에게 맡겨져 있어 극단적 가치 상대주의에 빠질 수 있다는 이야기군요.
학생 3 : 맞아요, 선생님! 모든 사람들의 가치와 행위가 받아들여진다면, 그것은 어떤 것도 좋다는 이야기가 아니고 무엇이겠어요?

◆ **출제 영역**
집단탐구 협동학습

◆ **예시 답안**
- 고려해야 할 사항
  - 소집단 편성 측면 : 다양한 재능과 특성을 가진 이질적인 학생들로 구성하고, 소외되는 학생이 없으면서도 협동이 잘 이루어질 수 있는 양질의 집단이 되도록 소집단을 편성해야 한다.
  - 평가 측면 : 평가를 통해 더욱 훌륭한 탐구를 하는 데 필요한 능력과 자질을 기를 수 있도록 해야 한다.
- 교사 수업 담화의 긍정적 요소
① 학생들이 소집단 탐구 활동을 통해 얻은 결과를 정련화·일반화하고, 그것을 내면화할 수 있는 기회를 제공한다.
② 탐구 활동 결과의 문제와 부족한 점을 수정·보완하고 탐구 주제와 관련하여 새로운 문제 의식과 관점을 가질 수 있는 기회를 제공한다.

60. 다음은 도덕수업에서 활용할 수 있는 교육 방법에 관한 설명이다. ( ) 안에 들어갈 용어를 쓰시오.
　　　　　　　　　　　　　　　　　　　19 중등윤리

- ( )은/는 경쟁학습구조와 개별학습구조의 인지적 한계를 극복하기 위한 대안으로 등장하였고, 학습자 간 긍정적 상호 의존성, 개별적 책무성 등을 중요시 한다.
- 나딩스(N. Noddings)는 배려 교육 방법 중 배려의 실천을 위해 봉사활동과 더불어 ( )을/를 강조한다. ( )은/는 아이들로 하여금 함께하는 활동을 통해 서로 배울 수 있도록 격려함으로써 배려의 윤리를 발달시키는 유용한 교수학습 방법이다. 교사는 이것의 목적이 서로를 도와주기 위한 것임을 학생들에게 분명히 인식시킴으로써 배려를 실천하는 계기로 삼을 수 있다.
- 리코나(T. Lickona)에 따르면, ( )은/는 학생들에게 서로를 돕는 것이 좋은 일이라는 것을 가르칠 뿐만 아니라, 학생들 간에 서로를 알게 하고, 배려하며, 소속감을 느끼게 해 주는 교수학습이론이다. 또한 이것은 교실의 도덕적 분위기를 조성하는 데 도움이 되며, 혼자 하는 것보다는 함께 하는 것이 더 많은 것을 할 수 있게 해 준다는 사실을 깨우쳐 준다.

◆ 예시 답안
협동학습

61. (가)는 도덕성 발달 이론가의 글이고, (나)는 도덕적 딜레마 상황이다. <작성 방법>에 따라 서술하시오.
　　　　　　　　　　　　　　　　　　　20 중등윤리

(가)	가역적인 도덕 판단에 이를 수 있는 과정을 '이상적인 (㉠)'(이)라고 부른다. 6단계의 도덕 판단은 모든 행위자들이 황금률에 따른다는 가정 아래 각 행위자의 주장을 (㉠) 하는 것에 기초를 둔다. 또한 '이상적인 (㉠)'은/는 인간 존중과 공정으로서의 정의의 자세를 필요로 하는 궁극적인 의사 결정 절차이기도 하다.
(나)	케이트의 부모는 백혈병에 걸린 케이트를 치료하기 위해 맞춤형 아기인 안나를 낳았다. 이로 인해 안나는 어릴 때부터 줄기세포, 골수 등을 케이트에게 주었고, 10대가 된 이후 자신에게 벌어지고 있는 일에 대해 고민하게 된다. 지금 안나는 언니 케이트에게 부정적 영향을 주더라도, 자신의 몸에 관한 권리를 되찾기 위해 부모님을 상대로 소송을 할지 고민 중이다.

┤작성 방법├
(1) 괄호 안의 ㉠에 공통으로 해당하는 용어를 쓸 것.
(2) '이상적인 (㉠)'을/를 (나) 상황에 어떻게 적용해야 할지 (가)를 참고하여 서술할 것.

◆ 예시 답안
(1) ㉠은 역할채택이다.
(2) 안나로 하여금 케이트와 그의 부모의 관점에서 자신의 관점을 반성적으로 검토하도록 함으로써 자신이 처해 있는 도덕적 갈등 상황의 여러 측면을 고찰해 보도록 하고, 상이한 관점을 인간 존중과 정의의 원리라는 도덕원리에 근거하여 조정·통합하여 그가 처해 있는 도덕적 문제 상황에서 보편적으로 정당화될 수 있는 가장 적합한 결론에 이르도록 한다.

62. 다음은 샤프텔 부부(F. Shaftel & G. Shaftel)가 개발한 역할놀이 수업 모형을 활용한 도덕 수업의 단계이다. <작성 방법>에 따라 서술하시오.

　　　　　　　　　　　　　　　　　21 중등윤리

단계	수업 활동 및 유의점
역할놀이 준비	• 도덕적 문제 상황 준비하기 – 학생들의 일상 경험과 쉽게 연계되고, (㉠)이/가 제시되지 않은 개방적인 문제 상황 구성하기
역할놀이 시연자 선정	• 학생들의 다양한 성격을 고려한 참여 유도 발문 준비하기
무대 설치	• 소도구, 이름표, 사진 등 역할놀이에 필요한 준비물 확인하기
관찰자의 준비	• 주의 집중과 경청의 자세를 갖추기 – 무심한 방관자 또는 지나친 간섭자가 되지 않기 – 시연자의 역할을 평가할 수 있는 기준을 제시하기
역할놀이 시연	• 역할놀이 취지나 방향에 맞지 않는 상황에 대한 대처 방안 준비하기
토론 및 평가	• 역할놀이 시연자의 소감 발표하기 • 시연자의 역할놀이에 대해 ㉡ 관찰자의 토론 및 평가 유도하기
(㉢)	• 토론을 활용하여 관찰자 중심으로 역할교환 활동하기
경험의 공유와 일반화	• 역할놀이를 통해 발견된 도덕 행동과 태도의 유형 정리하기

┤작성 방법├
(1) 괄호 안의 ㉠, ㉢에 해당하는 용어를 순서대로 쓸 것.
(2) 밑줄 친 ㉡에 포함되어야 하는 내용을 2가지 서술할 것.

◆ 예시 답안
(1) 결말, 재연
(2) 관찰자의 토론 및 평가에는 시연자의 행동에 대한 평가 결과와 자신의 견해, 더 좋은 행동 유형 및 대안이 포함되어야 한다.

63. 다음은 도덕과 수업의 한 사례를 보여주고 있다. 글을 읽고 물음에 답하시오. `04 중등윤리`

교사 : 아는 어른을 길에서 만나면 공손히 인사 드리는 것이 예의입니다. 여러분이 사는 동네에 괴팍한 아저씨 한 분이 계신데, 그 아저씨는 길에서 인사해도 받아주시지 않습니다. 여러분들은 그러한 상황에서 어떻게 행동할 것인지 생각해 봅시다.
교사 : 누가 나와서 아저씨와 그 동네 사는 철수라는 아이가 되어 행동해 보기로 합시다. 여기 아저씨 모자와 이름표, 철수의 이름표가 있습니다.
학생 : (정수와 인숙이가 손을 든다.)
교사 : 정수는 아저씨 역할을, 인숙이는 철수 역할을 맡기로 합시다. 앉아 있는 여러분들은 정수와 인숙이의 행동을 주의 깊게 살펴보고 나중에 이야기해 보도록 합시다.
학생 : (정수와 인숙이는 각자 자신들이 생각한 바대로 시연한다.)
교사 : 앞의 친구들이 잘 시연해 주었습니다. 아저씨 역할을 한 정수와 철수 역할을 한 인숙이는 왜 그렇게 행동했는지 발표해 봅시다. 그리고, 참관한 다른 친구들은 아저씨와 철수의 행동에 대해 어떻게 생각하는지 발표해 봅시다.
학생 : (자유롭게 발표한다.)
교사 :
교사 :
학생 :
교사 : 여러분들은 오늘 수업을 통해 무엇을 새롭게 배웠거나 알게 되었습니까? 받아들일 수 있는 주장과 견해는 무엇이고 받아들일 수 없는 것은 무엇입니까?
(이하 생략)

63-1. 위와 같은 수업 방식으로 진행되는 대표적인 도덕과 교수·학습 모형의 장점을 2가지만 각각 30자 이내로 쓰시오.

•＿＿＿＿＿＿＿＿＿＿＿＿＿＿＿＿＿＿＿＿
＿＿＿＿＿＿＿＿＿＿＿＿＿＿＿＿＿＿＿＿＿
＿＿＿＿＿＿＿＿＿＿＿＿＿＿＿＿＿＿＿＿＿

63-2. 위 빈칸 부분에 해당하는 도덕과 수업 모형 단계의 이름을 쓰고, 그 단계가 왜 중요한지 그 이유를 2가지만 30자 이내로 쓰시오.

•＿＿＿＿＿＿＿＿＿＿＿＿＿＿＿＿＿＿＿＿
＿＿＿＿＿＿＿＿＿＿＿＿＿＿＿＿＿＿＿＿＿

◆ **출제 영역**
역할놀이 수업모형

◆ **예시 답안**
63-1.
① 자신과 타인의 감정, 태도, 가치, 인식에 대한 통찰력 발달시킨다.
② 도덕적 가치 문제의 해결에 대한 다양한 접근 방식의 체득할 수 있다.

63-2.
① 수업 단계명 : 재연
② 수업 단계의 중요성 : 도덕 문제에 연루되어 있는 다양한 측면에 대한 심화된 이해를 부여하고, 문제 해결을 위한 다양한 방식이 존재함을 깨닫게 함으로써 새로운 통찰력을 얻게 한다는 점에서 재연은 중요하다.

64. 다음 물음에 답하시오. `02 중등윤리`

64-1. 도덕적 딜레마 토론 수업의 장점과 단점에 대하여 쓰시오.

64-2. 교사가 도덕성 발달 단계론에 입각하여 도덕적 딜레마 토론 수업을 진행할 경우, 인접 단계를 강조(일명 "+1 전략"이라고도 함)해야 할 이유를 쓰시오.

◆ **예시 답안**

64-1.
- 장점 : 도덕 딜레마 토론 수업 모형은 반성적 사고의 과정을 통해 자신의 삶의 준거를 도덕적 관점에서 정립할 수 있도록 해 준다.
- 단점 : 도덕성의 인지적 측면을 발달시키는 데에는 유용하지만 정의적이고 행동적인 측면을 발달시키는 데는 한계가 있다.

64-2.
인접 단계를 강조해야 하는 이유는 학생들이 그들의 현 수준보다 한 단계 높은 도덕적 추론과 접촉하게 되면, 그들의 도덕적 추론에 비평형이 발생하게 되고, 이를 통해 학생들은 다음 단계에 나타나는 도덕적 태세를 취하도록 동기화됨으로써 그들의 도덕성 발달이 촉진되기 때문이다.

65. [가]는 고등학교 1학년(10학년) 『도덕』 교과서에 실린 사례이다. 이를 토대로 [나]와 같이 수업하였다.

`05 중등윤리`

[가]
사회 조직이나 제도는 인간의 도덕적 판단력을 약화시키기도 한다. 예를 들어, 관료제는 복잡한 인간의 일을 세분화하고, 그 나누어진 업무 안에서의 책임과 권한을 분명히 규정함으로써 일을 능률적으로 처리할 수 있게 한다. 그러나 관료제는 책임을 회피하는 빌미를 제공할 수 있다.
제2차 세계 대전 당시 유대 인의 학살에 관여했던 나치 정권의 한 관료는, 자신의 죄가 열차 운행이 효율적으로 이루어지도록 관리한 것뿐이라고 변명하였다. 그 열차가 가스실로 향하는 유대인을 태우는지, 또는 목재를 운반하는지를 결정하는 것은 자신의 권한 밖이었다는 것이다.

[나]
교사 : 여러분은 이 나치 관료의 행위가 정당했다고 생각하나요? 누가 대답해 볼까요?
민수 : 저는 그 관료의 행위는 정당했다고 생각합니다.
교사 : 그렇게 생각한 이유를 말해 보세요.
민수 : 그 관료는 다만 규칙에 따랐을 뿐입니다. 규칙과 명령을 어기는 것은 나쁜 짓입니다. 유대 인을 학살하라고 명령한 사람이 나쁘지, 단지 명령에 따라 행동한 관료는 죄가 없습니다.
교사 : 일리 있는 대답입니다. 그런데 열차에 실린 유대인들이 가스실로 보내져 죽음을 맞이하리라는 사실을 그 관료가 알았다고 합시다. 게다가, 그 관료의 이웃에 살았던 절친한 유대인 친구도 포함되어 있다는 사실도 알았다고 합시다. 그럴 경우, 관료는 어떻게 행동해야 했을까요?
민수 : 글쎄요. 잘 모르겠습니다…….
교사 : 한 번 더 생각해 봅시다. 만약 민수와 민수 가족이 열차에 실려가야 할 유대인이라고 가정해 봅시다. 그 때도 민수는 그 관료의 행동이 정당하다고 생각할까요?
민수 : 만약 제가 그 열차에 실려 있다면 상황은 달라지겠지요…….
교사 :
교사 : 지금까지 여러분은 관료의 행동에 대한 두 가지 다른 관점을 알아 보았습니다. 하나는…….

65-1. 콜버그(L. Kohlberg)의 '딜레마 토론 수업 모형'을 적용하여 [나]와 같이 수업 하려고 한다. 이 수업 모형의 장점을 살리기 위해 수업 준비 및 진행 시 교사가 유의해야 할 사항을 3가지만 서술하시오.

-

65-2. [나]의 빈칸은 토론을 심화시키는 단계 가운데 '인접 수준의 논의를 부각시키는 과정' [플러스(+) 1 전략]에 해당한다. 이 과정의 핵심 특징을 반영하여 만들 수 있는 발문을 쓰시오.

-

◆ **예시 답안**

65-1.
- 교사는 학생들의 발달 수준에 적합하고 지적인 도전감을 불러일으킬 수 있는 도덕적 딜레마를 활용해야 한다.
- 교사는 수업 진행시 교사의 권위에 의거한 교화가 발생하지 않도록 유의해야 한다.
- 교사는 상대주의의 발생 가능성을 제거하기 위해 학생들이 동료나 부모의 의견을 구하는 등 계속적인 탐구 활동을 할 수 있도록 자극해 주어야 한다.

65-2.
유대인들 중 몇 명의 유대인이 관료의 가족의 평생에 걸친 절친한 친구들이라서 그의 가족이 관료가 유대인을 운반하는 일을 바라지 않는다고 가정해 봅시다. 이러한 가족의 기대를 무시하고 유대인을 운반한 관료의 행동을 어떻게 판단해야 할까요?

66. 다음은 도덕과 수업 모형에 관해 도덕 교사 갑, 을이 나눈 대화이다. <작성 방법>에 따라 서술하시오.

20 중등윤리

> 갑 : 도덕적 딜레마 토론 수업 모형을 도덕 수업에 효과적으로 적용하기 위해서는 먼저 ㉠ 가상적딜레마를 활용한 문제 사태를 적절히 제시해야 합니다.
> 을 : 맞아요. 저는 도덕적 딜레마를 제시한 후, 학생들이 각자 어떤 입장을 갖고 있는지 그리고 그 근거가 무엇인지를 질문합니다. 학생들의 답변을 듣고 난 후, 저는 다시 ㉡ 상황을 복잡하게 하는 질문을 합니다.

┤작성 방법├
(1) 밑줄 친 ㉠을 선정할 때 유의해야 할 점을 2가지 쓸 것.
(2) 밑줄 친 ㉡을 사용해야 하는 이유를 2가지 쓸 것.

•
_____
_____
_____
_____

◆ **출제 영역**
콜버그

◆ **예시 답안**
(1) ㉠을 선정할 때 유의 사항은 다음과 같다. 첫째, 학생들의 발달 수준에 맞는 내용을 지닌 문제 사태를 선정한다. 둘째, 문제의 해결책에 대해 학생들이 너무 쉽게 동의할 가능성이 없는 문제 사태를 선정한다.(너무 개인화되었거나 연령에 적합하지 않아 학생들에게 지나친 정서적 부담을 줄 가능성이 없는 문제 사태를 선정한다.)

(2) ㉡을 사용해야 하는 이유는 다음과 같다. 첫째, 도덕 문제의 여러 측면을 탐색하면서 다각도로 생각해 보도록 하기 위해서이다. 둘째, 도덕 딜레마에 내재하는 문제의 복잡성과 인지적 갈등을 강화하기 위해서이다. (학생들이 도덕 문제에의 직면을 회피하는 것을 방지하기 위해서이다.)

67. 다음은 수업 모형에 대한 도덕 교사들 간의 대화이다. ( ) 안의 ㉠에 공통으로 들어갈 용어를 쓰고, ㉡에 들어갈 적절한 내용을 서술하시오.

18 중등윤리

> 갑 : 이 수업 모형은 원래 개인이 무엇을 소중히 할지에 대해 결정하는 것을 돕고자 만들어졌죠. 이 수업 모형에 따르면, 학생들은 어떤 외부적인 가치를 주입받는 것을 피하고 자신의 가치를 명확하게 밝히기 위해 (㉠), 존중, 행위라는 3가지 과정을 거치게 돼요.
> 을 : 하지만 이 모형은 (㉡)(라)는 점에서 비판을 받았죠.
> 갑 : 네, 맞아요. 그래서 커션바움(H. Kirschenbaum)은 그러한 비판을 수용하여 이 모형의 3가지 과정을 사고, 느낌, (㉠), 소통, 행위의 5가지 과정으로 확장했어요.

• ㉠ : _____
• ㉡ : _____

◆ **출제 영역**
가치명료화 수업모형

◆ **예시 답안**
㉠은 선택이다.
㉡에 들어갈 내용은 '가치를 개인의 선호로 간주하고, 그러한 개인의 선호를 무비판적으로 정당화함으로써 도덕적 상대주의를 조장한다'이다.

68. 다음은 김 교사의 수업 운영에 대한 설명이다. 밑줄 친 ㉠~㉢에 대하여 쓰시오. `08 중등윤리`

김 교사는 도덕 교과서의 '함께 하기'를 활용하여 모둠별 협동학습을 실시한다. 그는 모둠을 구성할 때 ㉠ <u>비고츠키(L. Vygotsky)의 근접발달영역(ZPD)</u>의 원리를 적용한다.
또한, 김 교사는 '함께 하기'를 활용한 협동학습으로 학생들의 연대감 형성을 돕고자 한다. 그는, 협동학습이 ㉡ <u>리코나(T. Lickona)가 강조하는 2가지 핵심적 가치(이른바 2Rs)</u>를 발달시키는 데 효과적이라고 본다.
김 교사는 '함께 하기'에서 여러 가지 수업 기법을 적용한다. 지난 주에는 ㉢ <u>학생들에게 도덕적 논쟁을 야기할 만한 제시문을 읽고 물음에 따라 스스로 써보기, 미완성의 문장 완성하기, 우선 순위 결정하기 등을 지도하였다.</u>

- ㉠ :
- ㉡ :
- ㉢ :

◆ 예시 답안
- ㉠ 비고츠키의 근접발달영역의 의미 : 아동 혼자의 힘으로 문제를 해결할 수 있는 실질적인 발달 수준과 성인의 지도나 유능한 또래와의 협력을 통해 해결할 수 있는 잠재적인 발달 수준간의 간격
- ㉡에서 말하는 가치 2가지 : 존중, 책임
- ㉢의 기법을 주로 활용하는 수업 모형의 원리 약술하기 : 가치명료화 수업 모형은 가치는 본질적으로 개인적 경향성이나 선호가 표현된 것이므로, 개인들이 스스로 가치를 결정하는 것이지 외적인 요인들이 가치를 결정하는 것이 아니라는 원리에 근거하여 학습자 스스로가 심사숙고하여 선택한 가치를 존중하여, 서로 간에 공적으로 확언해 보고, 각자가 선택한 가치를 실천함으로써 스스로의 가치를 명료화 하는 것을 특징으로 한다.

69. 다음 대화에 나오는 '가치 갈등 수업 모형'과 '가치명료화 수업 모형'의 공통점을 4가지만 쓰시오. `05 중등윤리`

(갑) : 가치 갈등 수업 모형에서는, 교사가 학생들에게 어떤 규범을 강요 또는 주입하지 않도록 유의할 필요가 있지요.
(을) : 가치명료화 수업 모형은 자기의 가치에 대한 분명한 인식과 합당한 의사결정, 그것에 대한 긍지를 바탕으로 자기 주도적 삶을 영위해 나갈 수 있는 학생들의 능력을 강조하지요.

◆ 예시 답안
① 특정한 가치의 내용보다 가치를 도출하는 과정을 중시한다.
② 학습자들 사이의 상호작용과 학습자들의 능동적 탐구를 중시하는 학습자 중심 수업 모형이다.
③ 학생들의 가치에 대한 이해를 돕고, 가치를 올바로 선택하고 판단하는 능력을 길러 준다.
④ 지식과 행동이 일치될 수 있는 경향성을 높여 준다.

70.
다음은 도덕 교육 이론가의 글이다. ㉠에 들어갈 용어를 쓰고, 밑줄 친 ㉡에서 실행할 중심적인 교수·학습 활동을 서술하시오. `17 중등윤리`

> 많은 사람들이 가치 결정을 할 때 항상 엄밀하게 생각하는 것은 아니다. 하지만 개인이 '어떻게 하면 자신의 가치 결정을 정당화할 수 있을까?'에 대해 답을 탐색하는 일은 중요하다. 이러한 가치 결정의 정당화에 도움을 주는 교수학습 모형은 (㉠) 모형이다. 이 모형은 가치의 정당성을 중요시하며 논리적 사고를 통해 가치를 탐색하도록 학생들을 도와주려는 의도를 가지고 있다. 따라서 교사는 학생들이 먼저 가치 문제를 확인하고 명료화 하며 관련된 사실들을 수집하고, 이어서 사실들의 진위를 평가하여 그것들의 관련성을 명료화함으로써 잠정적 가치 결정을 내릴 수 있도록 한다. 최종적인 단계에서는 학생들이 ㉡ 자기가 내린 가치 결정을 검토하도록 돕는다.

◆ **출제 영역**
가치 분석 모형

◆ **예시 답안**
㉠에 들어갈 용어는 '가치 분석'이다.
새 사례 검사, 포함 관계 검사, 역할 교환 검사, 보편적 결과 검사를 통해 판단자가 자신이 내린 가치 결정에 사용한 가치 원리를 수용할 수 있는 검토한다.

71.
(A)의 준서와 (B)의 경찰관이 사용한 도덕 판단의 원리 검사 이름을 쓰시오. `04 중등윤리`

> (A) 준서 : 너는 요즘 학생들이 담배를 피우는 것에 대해 어떻게 생각하니?
> 종민 : 왜 학생들이 담배를 피우면 안 되는 지 이해가 안 돼. 누구나 자기가 원하는 것을 할 수 있잖아?
> 준서 : 자기가 원하는 것은 어떠한 것이라도 할 수 있다는 말이구나. 하지만, 좋아하는 것이라고 해서 학생들에게 모두 허용될 수는 없잖아? 자기가 좋다고 해서, 학생들이 몸에 나쁜 본드를 흡입하는 것도 허용되어야 한다고 생각하는 거니?
> (B) 경찰관 : (신호 위반 차량을 세운 다음) 운전 면허증 좀 보여 주실까요?
> 운전자 : 한 번만 봐주십시오. 제가 옆 사람과 이야기하다가 그만 신호를 보지 못했습니다.
> 경찰관 : 안 돼요. 당신을 봐준다면 당신과 같은 사정으로 교통 법규를 위반한 모든 사람을 다 봐줘야 하는데, 그렇게 한다면 교통 질서가 어떻게 되겠습니까?

◆ **출제 영역**
가치 원리 검사

◆ **예시 답안**
① 준서 : 새 사례 검사
② 경찰관 : 보편적 결과 검사

72. 다음 중 (가)는 가치 분석 이론에 관한 것이고, (나)는 가치 분석 이론을 수업에 적용한 것이다. ㉠과 관련된 오류, ㉡에 들어갈 주장, ㉢과 ㉣에 해당하는 도덕 원리 검사의 명칭을 각각 쓰시오.

〔08 중등윤리〕

◆ **출제 영역**
가치 분석 모형

◆ **예시 답안**
- ㉠과 관련된 오류 : 자연주의의 오류
- ㉡에 들어갈 주장 : Y의 속성을 가진 것은 좋다.
- ㉢검사의 명칭 : 역할 교환 검사
- ㉣검사의 명칭 : 포함관계 검사

(가) 'X는 좋다.'고 주장하는 사람이 그 주장의 근거로서 'X는 Y의 속성을 가지고 있다.'는 것을 제시한다면, 그는 X와 관련된 사실을 'X는 좋다.'는 가치 판단의 정당화 근거로 내세우는 것이다. 그러나 이러한 주장은 ㉠ 사실로부터 가치를 직접 이끌어내는 논리적 오류를 범하고 있다. 그렇다면 'X는 좋다.'는 주장이 논리적 오류를 범하지 않기 위해서는 'X는 Y의 속성을 가지고 있다.'는 사실 판단과 함께 '(㉡)'는 주장이 가치 기준으로 제시될 필요가 있다.

(나) 수업 단원 : 중학교 3학년 〈도덕 문제와 도덕 판단〉

교사 : 오늘은 도덕 판단 검사 중에서 '도덕 원리 검사'에 대해 알아봅시다. 반 대항 축구 경기를 예로 들어 생각해 봅시다. 여러분 중에 축구 경기에서 승리하기 위해서는 규칙을 어겨도 괜찮다고 생각하는 학생이 있나요?

철수 : 저요, 우리 반이 승리하기 위해서는 규칙을 어기는 것도 괜찮다고 생각해요.

영희 : 선생님, 규칙을 위반해서까지 이기는 것은 결코 옳지 않다고 생각해요.

교사 : 영희야, 철수의 도덕 판단이 잘못되었다는 것을 어떻게 알 수 있을까?

영희 : ㉢ 다른 팀이 규칙을 위반했기 때문에 우리 팀이 진다면, 그러한 패배를 받아들일 수 없어요.

교사 : 영희 말이 맞아! 그런데 규칙을 어겨서 승리하는 것이 잘못이라는 또 다른 이유가 있지 않을까?

철수 : 예, 있어요. ㉣ 운동 선수는 경기 규칙을 준수하고, 페어플레이를 해야 하기 때문이죠.

73. 다음은 도덕수업에서 활용할 수 있는 수업모형에 관한 설명이다. <작성 방법>에 따라 서술하시오.

`19 중등윤리`

> 도덕수업은 한 사회의 주요한 가치·덕목들을 직접 전수하는 전통적인 교화식 수업이나 개인의 가치를 명료화할 수 있도록 돕는 가치명료화 수업을 넘어, 가치를 탐구하는 수업으로 나아갈 필요가 있다. 교화식 수업은 가치의 원천을 한 사회의 전통에 두고, 가치명료화 수업은 가치의 원천을 개인의 선택에 둔다는 점에서 차이가 있다. 하지만 이러한 두 유형의 수업은 그것이 전제하고 있는 가치의 원천에 대한 인식과 관련해서 ㉠ 공통된 문제점을 가지고 있다. 가치탐구 수업의 한 모형인 쿰즈(J. R.Coombs) 등이 개발한 가치분석 수업모형은 이러한 문제를 해결하는 방법 중 하나이다.
> 쿰즈 등의 가치분석 수업모형은 6단계 교수전략으로 구성된다. 학생들은 6단계의 과정을 수행함으로써 가치갈등이 가치 문제의 불명확성, 용어의 불명확성, (   ), 잠정적 가치판단의 불일치, 가치원리의 불일치 등에서 발생하는 것임을 파악할 수 있다. 하지만 가치분석 수업모형은 가치갈등 문제를 분석하기 위한 논리적, 인지적 절차들을 제공한다는 장점이 있음에도 불구하고, ㉡ 도덕성의 통합적 발달이라는 측면에서 약점을 가지고 있다.

┌ 작성 방법 ┐
(1) (   ) 안에 들어갈 내용을 쓸 것.
(2) ㉠을 서술할 것.
(3) ㉡의 2가지를 서술할 것.

◆ **출제 영역**
가치 분석 모형

◆ **예시 답안**
(1) (   )는 판단의 증거가 되는 사실적 주장의 진실성 및 타당성과 관련한 불일치이다.
(2) 교화식 수업은 가치의 원천을 한 사회에 두고, 가치명료화 수업은 가치의 원천을 개인의 선택에 두고 있기 때문에 두 수업은 모두 가치 상대주의를 유발한다는 문제점을 지닌다.
(3) ㉡은 다음과 같다. 첫째, 자신이 내린 가치판단의 논리적 정당화에만 관심을 두는 가치 분석 수업 모형은 판단에 따라 실천할 수 있는 행동 성향을 기르는데 부적절하다는 약점을 지닌다. 둘째, 가치 분석 과정에서 도덕적 정서의 작동 방식에 관심을 두지 않는 가치 분석 수업 모형은 도덕적 삶의 영위를 위해 요구되는 도덕적 정서를 함양할 수 있는 방법을 제시하고 있지 않다는 약점을 지닌다.

74. 다음 글의 (   ) 안에 공통으로 들어갈 말을 쓰시오.

`15 중등윤리`

> "도덕과 정치에 대하여 합리적 근거를 제공하려던 계몽주의 기획(Enlightenment Project)의 가장 큰 오류는, 인간에 대한 목적론적 개념과 맥락적 이해를 거부하는 데 있다. 도덕적 행동은 의식적으로 원리를 고수하는 것이 아니라, 선의 실현을 목표로 덕을 실천하는 것이다. … (중략) … 우리 인간은 본래 (   )을/를 하는 동물이며, (   )을/를 토대로 삶을 이해하기 때문에, (   ) 형식은 다른 사람의 삶과 행위를 이해하는 데 적절한 것이다." 이러한 매킨타이어(A. MacIntyre)의 견해에 따라서 도덕 수업을 할 경우, 교사는 학생들에게 (   )을/를 통해 실제 자신의 도덕적 경험을 표현하는 기회를 자주 부여하여야 한다. 학생들은 그런 기회를 통해 작가 의식과 자신의 행동에 대한 높은 수준의 책임감을 가질 수 있다.

◆ **출제 영역**
내러티브(서사)

◆ **예시 답안**
이야기(서사)

◆ **개념 해설**
매킨타이어는 인간은 본질적으로 이야기를 말하는 동물이요, 이야기를 통해 인간 삶과 행위를 이해하고 의사소통하며 의미부여와 그 이해를 공유하는 한편, 역사와 공동체 속에서 자신의 정체성을 형성해 가는 존재로 본다. 또한 그는 인간은 이야기를 통해서만 인간과 행위와 사회를 이해할 수 있고, 또 그것을 통해서만이 덕에 관한 교육을 실행할 수 있다고 주장한다.

75. (가)는 2015 개정 도덕과 교육과정의 내용이고, (나)는 어느 도덕교사의 수업 개요이다. <작성 방법>에 따라 서술하시오. `15 중등윤리`

(가)	고등학교 도덕과 일반 선택 과목인 '생활과 윤리'는 … (중략) … 학생들이 현대 사회의 삶에서 발생하는 윤리적 문제와 쟁점들을 (㉠)의 관점에서 탐구하고 성찰함으로써 보다 도덕적인 사회를 만드는 데 필요한 도덕적 실천성향을 지향하는 '윤리함'에 중점을 둔다(교육부 고시 제2015-74호).
(나)	○ 교육과정 내용요소 (4) 과학과 윤리 : 지속가능한 발전을 위한 윤리는 무엇일까? ① 자연을 바라보는 동서양의 관점 ② 환경 문제에 대한 윤리적 쟁점 ○ 성취기준 … (중략) … ○ 수업모형 개요 내러티브 접근법은 도덕적 가치와 규범에 관한 학생들의 이해를 심화하고, 도덕적 실천 동기를 증진시킬 수 있다. 그뿐만 아니라 길리간(C. Gilligan)에 따르면, 이 접근법은 학생이 자신의 도덕적 경험을 이야기하는 (㉡) 과정을 통해 자신의 도덕적 관점과 행위에 대한 책임감을 향상시키는 도덕교육적 기회를 제공한다. 그리고 (㉡) 과정에는 자신의 도덕적 경험에 관한 수필쓰기, 일기쓰기, 성찰적 글쓰기 등의 방법이 있다. ○ 교수·학습과정 교훈적인 도덕적 이야기 제시 ⇩ 도덕적 이야기 전개 과정과 내포된 도덕적 가치 파악 ⇩ 이야기 속 등장인물 입장 채택 및 공감 ⇩ 도덕적 가치와 관련된 자신의 경험 회상 및 성찰 ⇩ 자신의 경험을 이야기로 구성하기 활동 〈성찰적 글쓰기〉 ○ 묘사하기 - 자신의 도덕적 경험을 서술한다. ○ 분석하기 - (㉢) ○ 표현하기 - (㉣)

┤작성 방법├
(1) 괄호 안의 ㉠, ㉡에 해당하는 용어를 순서대로 쓸 것.
(2) 괄호 안의 ㉢, ㉣에 해당하는 학생활동을 순서대로 서술할 것.

- (1) _____
- (2) _____
  _____
  _____
  _____

◆ **출제 영역**
이야기 수업 모형

◆ **예시 답안**
(1) 실천윤리학, 저작
(2) 자신의 도덕적 경험의 원인과 근거를 추론하여 도덕적 현상을 분석한다. 자신의 가치관을 기준으로 도덕적 실천 의지를 표현한다.

76. 다음 대화를 읽고, 밑줄 친 (갑)의 물음에 대한 답을 (을)과 (병)이 지적한 것을 제외하고 3가지만 쓰시오.　　　　　　　　　　　　　05 중등윤리

> (갑) : 도덕·윤리과 평가가 객관식 평가 문항 중심의 양적 평가 위주로 이루어질 경우, 어떤 문제점이 있을까요?
> (을) : 객관식 평가 문항의 수준이 낮을 경우, 학생들의 학습 동기를 유발하는데 한계가 있지요.
> (병) : 평가에서 출제될 만한 것에 중점을 두고 학습할 경우, 교육 평가 행위가 교수-학습의 형태까지도 변화시키게 되지요.

◆ **예시 답안**
- 학생들의 도덕성 내지 도덕 학습의 성취도를 적절하고도 심층적으로 측정할 수 없다.
- 학생들에게 다양한 가치에 대한 합리적 판단 및 자율적 선택의 기회를 제공하기보다는 오히려 이분법적인 사고를 촉진시키는 경향을 심어줄 수 있다.
- 도덕적 사고력 및 판단력과 같은 합리적이고 자율적인 도덕성에 본질적 요소를 이루는 고등사고 능력을 키워주는데 한계가 있다.
- 학생들이 '학습을 위하여 무엇이 중요한 것인가'라는 것보다 '출제자가 시험 문제로 쉽게 출제할 만한 것이 무엇인가?'라는 데에 중점을 도덕교육에 임할 가능성을 높인다.

77. 도덕과 평가에서 '면접법'을 활용할 때, 평가 영역과 관련하여 교사가 유의할 사항을 3가지만 서술하시오.　　　　　　　　　　　　　05 중등윤리

◆ **예시 답안**
- 학생들의 도덕적 성장, 변화와 관련하여 무엇을 알아내고 어떤 점을 성취하려 하는지 면접의 목적을 분명하게 설정해야 한다.
- 면접 전에 면접 대상인 학생의 도덕성 발달 수준, 성품, 특성, 배경 등에 관해 사전 예비 지식을 파악하고 있어야 한다.
- 면접을 통해 학생으로부터 얻은 정보는 그 학생의 누가 기록부나 면접지에 충실히 기록하여 학생의 도덕적 성장을 위한 교육 자료로 활용할 수 있어야 한다.

78. 도덕과의 평가는 그 목적에 알맞은 방법을 다양하게 활용하는 것이 좋다. 최근 많이 활용되고 있는 수행평가 방법의 하나인 포트폴리오(portfolio)의 의미와 기대되는 효과에 대하여 서술하시오.

`02 중등윤리`

◆ **예시 답안**

① 의미 : 학생이 직접 쓰거나 만든 작품을 누적적이면서도 체계적으로 모아 둔 개별별 작품집 혹은 서류철을 이용한 평가 방법이다.

② 효과 : 학생들은 자기 자신의 변화과정, 자신의 강점과 약점, 성실성 여부, 잠재 가능 등을 스스로 인식할 수 있고, 교사는 학생들의 과거와 현재의 상태, 그리고 미래의 발전 방향을 쉽게 파악하여 조언할 수 있다.

79. 다음은 도덕 수업에 관한 대화이다. ( ) 안에 공통으로 들어갈 말을 쓰시오.

`15 중등윤리`

갑 : 중학교 학생들에게 '친구 관계와 도덕'을 가르칠 때, 가까운 사이에서 지켜야 할 예절, 함께하는 협동, 상호 간의 존중, 친구 간의 책임, 정의로운 태도라는 가치·덕목들을 주로 가르쳐야 할 것 같아요.

을 : 아주 좋은 생각입니다. 하지만 그러한 가치·덕목 이외에 ( )(이)라는 가치·덕목도 '친구 관계와 도덕'을 가르칠 때 고려해야 합니다.

갑 : 왜 그런가요?

을 : 친구 사이에도 ( )(이)라는 가치·덕목이 필요하기 때문입니다. 그것은 상호 의존에 근거한 심리적 안정감을 제공하여 갈등을 평화적으로 해결하는 데 많은 도움을 줄 수 있습니다. 또한 국가교육과정에 따르면, 모든 영역을 포괄하는 전체 지향 '주요 가치·덕목'에 ( )이/가 포함되어 있습니다.

◆ **예시 답안**

배려

80. 다음은 중학교 '도덕' 교과 교육과정의 변천에 대한 대화이다. ( ) 안에 들어갈 용어를 쓰고, 밑줄 친 ⓐ를 교사가 활용할 경우 유의해야 할 사항을 2가지 서술하시오.   17 중등윤리

[중학교 '도덕' 교과 교육과정의 변천 과정]

| 교육과정 시기 | ㉠ 2007 개정 교육과정 (교육인적자원부 고시 제2007-79호) | → | ㉡ 2009 개정 교육과정 (교육과학기술부 고시 제2011-361호) | → | ㉢ 2015 개정 교육과정 (교육부 고시 제2015-74호) |

㉠, ㉡, ㉢에서 '도덕' 교과의 내용 영역은 '생활 영역 확대'가 아니라 '( )'을/를 중심으로 설정되었지요.

네, 또한 ㉢에 제시된 '교수·학습 방향'에는 ⓐ프로젝트 접근을 실시할 경우, '도덕' 교과의 다양한 교수·학습 방법과 접목하여 활용하도록 안내하고 있죠.

◆ 예시 답안
( )에 들어갈 용어는 가치 관계 확장법이다.
프로젝트 접근을 활용할 경우 교사는 학교와 학습이 삶에서 갖는 의미를 강조하고, 학습자의 능동적 참여와 몰입 촉진, 공동체 정신과 민주시민 자질과 기능 습득, 자아실현과 의미 있는 삶의 추구를 중시하는 프로젝트형 접근을 학습 목표 및 내용을 고려하여 적절히 활용한다. 둘째, 교사는 학생들이 자기 주도적으로 도덕적 탐구에 참여하도록 한다. 이러한 참여적 활동을 통해 도덕적으로 의미를 구성하고 반성적 자기 성찰을 할 수 있도록 지도한다.

81. 다음 글의 ( ) 안에 들어갈 용어를 쓰시오.   18 중등윤리

- 2015 개정 교육과정에 따른 도덕과 교육과정에서는 교육과정 총론에서 추구하는 핵심 역량의 바탕 아래, 도덕과의 고유한 특성을 반영하여 다음과 같이 6가지 교과 역량을 설정하였다.

2015 개정 교육과정 (교육부 고시 제2015-80호) [별책 1]		2015 개정 교육과정에 따른 도덕과 교육과정 (교육부 고시 제2015-74호) [별책 6]
자기관리 역량	자기 존중 및 관리 능력	자신을 존중하고 사랑하는 토대 위에서 자주적인 삶을 살고 자신의 욕구나 감정을 조절하며 이겨낼 수 있는 능력
지식정보처리 역량	윤리적 성찰 및 실천 성향	일상 세계에서 자신의 삶을 윤리적으로 성찰하는 토대 위에서 도덕적 가치와 규범을 지속적으로 실천할 수 있는 성향
창의적 사고 역량	( )	일상의 문제를 도덕적으로 인식하고 도덕적 판단 및 추론의 탐구 과정을 거쳐 타당한 근거를 가지고 옳고 그름을 분별할 수 있는 능력
심미적 감성 역량	도덕적 정서 능력	도덕성을 전제로 자신 및 타인의 감정을 인식하고 배려할 수 있는 능력
의사소통 역량	도덕적 대인 관계 능력	의사소통 과정에서 타인의 도덕적 요구 인식 및 수용과 이상적인 의사소통 공동체를 지향하면서 타인과 더불어 살아갈 수 있는 능력
공동체 역량	도덕적 공동체 의식	도덕규범과 정서 및 유대감을 근간으로 자신이 속한 다양한 공동체의 구성원으로서의 소속감을 갖고 살아갈 수 있는 의식

◆ 예시 답안
도덕적 사고 능력

82. 다음은 도덕과 교육과정에 관한 대화이다. ㉠에 들어갈 용어를 쓰시오. `19 중등윤리`

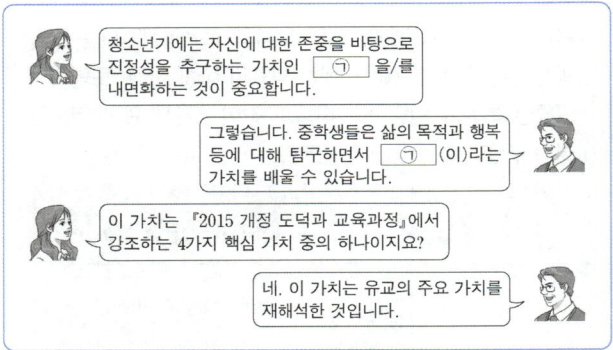

- _____

◆ **예시 답안**
성실

◆ **개념 해설**
4가지 핵심 가치

자신과의 관계	성실
2. 타인과의 관계	배려
3. 사회공동체 관계	정의
4. 자연·초월과의 관계	책임

83. (가)는 2015 개정 도덕과 교육과정의 내용이고, (나)는 건강한 삶을 위한 자기 점검표의 일부이다. <작성 방법>에 따라 서술하시오. `20 중등윤리`

(가)	도덕과는 학교가 인성교육의 중심축 역할을 해내야 한다는 시대적 요청을 적극적으로 수용하여 바람직한 인성의 핵심인 도덕성 발달뿐만 아니라, 학생들의 (㉠)·(㉡) 건강을 제고함으로써 인성교육의 핵심 교과로서의 역할을 수행한다. 이와 관련하여 중학교 '도덕'에서는 '자신과의 관계' 영역에 '도덕적 보건 능력'(㉢ <u>회복탄력성 키우기, 건강한 마음 가꾸기</u>)을 주요 기능으로 포함하고 있다.

		(㉠) 건강	(㉡) 건강
(나)	1	나는 나를 긍정적으로 바라본다.	나는 남의 말을 주의 깊게 들어주는 편이다.
	2	나는 내 인생에서 즐거웠던 일들을 쉽게 떠올릴 수 있다.	나는 정직하고 개방적이어서 다른 사람들과 잘 어울린다.
	3	나는 어떤 일을 지나치게 걱정하거나 의심하지 않는다.	나는 다른 사람에게 상처를 주거나 이기적으로 행동하지 않는다.
	…(하략)…		

┤작성 방법├
(1) 괄호 안의 ㉠, ㉡에 해당하는 단어를 순서대로 쓸 것.
(2) (나)의 점검표를 참고하여 ㉢의 역할을 '㉠ 건강'과 '㉡ 건강' 가꾸기의 관점에서 각각 서술할 것.

- _____

◆ **예시 답안**
(1) ㉠은 정서적, ㉡은 사회적이다.
(2) 정서적 건강 가꾸기의 관점에서 회복탄력성은 학생들로 하여금 그들이 직면하는 정서적인 역경을 건강하고 생산적인 방식으로 다룰 수 있도록 하여 자신의 정서를 잘 이해하고, 적절히 표현하며, 바르게 관리하는 상태를 이룰 수 있도록 해 준다.
(3) 사회적 건강 가꾸기의 관점에서 회복탄력성은 가정과 학교, 또래 및 지역사회 차원에서 다른 사람과 긍정적이고 친사회적이며 서로 존중하는 관계를 형성하여 좋은 인간관계를 유지할 수 있도록 하는 역할을 한다.

3절 교육과정

개념 01 도덕 교과 역량과 기능

종류	개념	기능
(1) 자기 존중 및 관리 능력	자신을 존중하고 사랑하는 토대 위에서 자주적인 삶을 살고 자신의 욕구나 감정을 조절하며 이겨낼 수 있는 능력	○ 도덕적 자아정체성 ① 자기인식 및 존중하기 ② 자기감정 조절하기 ③ 자기감정 표현하기
(2) 도덕적 사고 능력	일상의 문제를 도덕적으로 인식하고 도덕적 판단 및 추론의 탐구 과정을 거쳐 타당한 근거를 가지고 옳고 그름을 분별할 수 있는 능력	○ 도덕적 판단 능력 ① 도덕적 가치·덕목 이해하기 ② 올바른 의사결정하기 ③ 행위 결과 도덕적으로 상상하기
(3) 도덕적 대인 관계 능력	의사소통 과정에서 타인의 도덕적 요구 인식 및 수용과 이상적인 의사소통 공동체를 지향하면서 타인과 더불어 살아갈 수 있는 능력	① 경청·도덕적 대화하기 ② 타인 입장 이해·인정하기 ③ 약속 지키기 ④ 감사하기
(4) 도덕적 정서 능력	도덕성을 전제로 자신 및 타인의 감정을 인식하고 배려할 수 있는 능력	① 도덕적 민감성 갖기 ② 공감 능력 기르기 ③ 다양성 수용하기
(5) 도덕적 공동체 의식	도덕규범과 정서 및 유대감을 근간으로 자신이 속한 다양한 공동체의 구성원으로서의 소속감을 갖고 살아갈 수 있는 능력	① 관점 채택하기 ② 공익에 기여하기 ③ 봉사하기
(6) 윤리적 성찰 및 실천성향	일상 세계에서 자신의 삶을 윤리적으로 성찰하는 토대 위에서 도덕적 가치와 규범을 지속적으로 실천할 수 있는 능력	○ 윤리적 성찰 능력 ① 심미적 감수성 기르기 ② 자연과 유대감 갖기 ③ 반성과 마음 다스리기 ○ 실천 능력 ① 실천 의지 기르기 ② 책임감 있게 행동하기

 내용 체계

영역	핵심 가치	일반화된 지식	내용 요소 3~4학년군	내용 요소 5~6학년군	기능
자신과의 관계	성실	인간으로서 바르게 살아가기 위해 자신에게 거짓 없이 정성을 다하고 인내하며, 스스로 자신의 욕구를 다스린다.	• 도덕시간에는 무엇을 배울까? (근면, 정직) • 왜 아껴 써야 할까? (시간 관리와 절약) • 왜 최선을 다해야 할까? (인내)	• 어떻게 하면 감정을 잘 조절할 수 있을까? (감정표현과 충동조절) • 자주적인 삶이란 무엇일까? (자주, 자율) • 정직한 삶은 어떤 삶일까? (정직한 삶)	○ 도덕적 자아정체성 • 자기인식 및 존중하기 • 자기감정 조절하기 • 자기감정 표현하기 ○ 도덕적 습관화 • 생활계획 수립하기 • 모범사례 반복하기 • 유혹 이겨내기
타인과의 관계	배려	가족 및 주변 사람들과 더불어 살아가기 위해 서로 존중하고 예절을 지키며 봉사와 협동을 실천한다.	• 가족의 행복을 위해 무엇을 해야 할까? (효, 우애) • 친구와 사이좋게 지내기 위해 어떻게 해야 할까? (우정) • 예절이 없다면 어떻게 될까? (예절) • 함께하면 무엇이 좋을까? (협동)	• 사이버 공간에서 지켜야 할 것은 무엇일까? (사이버 예절, 준법) • 서로 생각이 다를 때 어떻게 해야 할까? (공감, 존중) • 우리는 남을 왜 도와야 할까? (봉사)	○ 도덕적 대인관계능력 • 경청·도덕적 대화하기 • 타인 입장 이해·인정하기 • 약속 지키기 • 감사하기 ○ 도덕적 정서 능력 • 도덕적 민감성 갖기 • 공감 능력 기르기 • 다양성 수용하기
사회· 공동체와의 관계	정의	공정한 사회를 만들기 위해 법을 지키고 인권을 존중하며, 바람직한 통일관과 인류애를 지닌다.	• 나는 공공장소에서 어떻게 해야 할까? (공익, 준법) • 나와 다르다고 차별해도 될까? (공정성, 존중) • 통일은 왜 필요할까? (통일의지, 애국심)	• 우리는 서로의 권리를 왜 존중해야 할까? (인권존중) • 공정한 사회를 위해 무엇을 해야 할까? (공정성) • 통일로 가는 바람직한 길은 무엇일까? (통일의지) • 전 세계 사람들과 어떻게 살아갈까? (존중, 인류애)	○ 공동체의식 • 관점 채택하기 • 공익에 기여하기 • 봉사하기 ○ 도덕적 판단 능력 • 도덕적 가치·덕목 이해하기 • 올바른 의사결정하기 • 행위 결과 도덕적으로 상상하기
자연· 초월과의 관계	책임	인간으로서 도덕적 책임을 다하기 위해 인간의 생명과 자연, 참된 아름다움과 도덕적 삶을 사랑하고, 긍정적인 삶의 자세를 가진다.	• 생명은 왜 소중할까? (생명 존중, 자연애) • 아름답게 살아가는 사람들의 모습은 어떠할까? (아름다움에 대한 사랑)	• 어려움을 겪을 때 긍정적 태도가 왜 필요할까? (자아 존중, 긍정적 태도) • 나는 올바르게 살아가고 있을까? (윤리적 성찰)	○ 실천 능력 • 실천 의지 기르기 • 책임감 있게 행동하기 ○ 윤리적 성찰 능력 • 심미적 감수성 기르기 • 자연과 유대감 갖기 • 반성과 마음 다스리기

 **교수·학습 방향**

1. 현대 사회와 일상생활에서 학생들이 직면하는 도덕 문제와 현상을 도덕적인 옳고 그름의 관점에서 탐구하고 성찰하며, 바람직한 행동을 의욕하고 실천할 수 있는 적합한 방법을 활용하도록 지도한다. 특히 학생들이 배우는 도덕적 가치·덕목이나 기본적 예절 및 규칙이 지적 인식에만 머무르지 않고 정서적 공감, 민감성, 열정, 실천 기능 습득을 통해 습관화될 수 있도록 다양한 방법을 적용한다.

2. 도덕 수업을 통해 도달하고자 하는 인격 또는 도덕성의 3가지 주요 요소(도덕적 지식, 판단력과 같은 인지적 요소, 도덕적 감정, 의지, 태도와 같은 정의적 요소, 도덕적 실천 기능 및 습관과 같은 행동적 요소)가 조화롭게 통합적으로 발달할 수 있도록 지도한다. 또한 교과 역량인 자기 존중 및 관리 능력, 도덕적 사고 능력, 도덕적 대인관계 능력, 도덕적 정서 능력, 도덕적 공동체 의식, 윤리적 성찰 및 실천 성향 등이 함양될 수 있도록 4개의 가치관계 영역에 적합한 다양한 교수·학습 방법을 선택하여 적용한다.

3. 학생들의 발달 단계와 수준 및 도덕 수업에의 흥미 등을 고려하고, 학생들의 구체적인 도덕적 경험과 연결될 수 있는 학습 목표, 탐구 주제 및 활동 내용을 구성하여 학습하게 함으로써 학생들의 자기주도적인 도덕적 사고력과 판단력, 도덕적 민감성, 실천 기능을 함양하도록 한다.

4. 도덕 수업의 목표, 학습 내용, 수업 상황, 물리적 환경, 멀티미디어 기기, 학습 자료, 영상 자료 등 교수·학습에 영향을 미치는 변인들을 고려하여 강의, 탐구, 토론, 도덕 각오를 글로 쓰기, 자신의 도덕적 가치 공언하기, 행위 결과를 도덕적으로 상상하기, 내러티브를 통한 또래 간 도덕적 경험 교류하기, 웹 자료 활용, 역할놀이, 협동학습, 봉사 학습, 프로젝트 학습, 갈등 해결 학습, 사회정서 학습, 실천·체험 등 다양한 교수·학습 방법을 융통성 있게 활용한다. 특히 학습자의 개인차를 고려하여 다양한 학습 집단을 구성하고 구성원들이 서로 상호작용 할 수 있도록 협력 체제를 구축하여 함께 참여하는 공동의 탐구 기회와 실천 기회를 제공한다.

5. 학습자들이 모범 사례를 본받아 자율적으로 도덕적 가치·덕목을 실천할 수 있도록 다양한 도덕적 모범을 제시하고, 도덕 수업 시간에 배운 도덕적 옳음이 생활 속에서 지속적으로 실천되고 지지받을 수 있도록 학생들이 정의로운 학급 공동체의 분위기 속에서 민주적이고 도덕적 관계를 형성하도록 한다.

6. 학습자들이 속한 지역의 특성이나 시의성을 고려하여 다양한 계기 자료들을 적절히 재구성하여 활용하되, 특정 지역, 집단, 문화, 이념, 종교 등에 편향되지 않은 객관적인 입장을 유지하도록 한다.

7. 학습내용과 방법을 고려한 가정, 지역 공동체와의 연계 프로그램(학부모 또는 지역 자원 및 인사를 도덕 수업의 참여시키기, 지역 사회의 기관들을 도덕 교육의 학습장으로 이용하기 등)을 통해 학생들의 도덕적 실천을 강화함으로써 도덕 수업의 실효성을 제고한다.

 **평가 방향**

1. 도덕 수업을 통해 도달하고자 하는 도덕성의 인지적, 정의적, 행동적 요소에 대해 통합적으로 평가한다. 특히 이 3요소들 각각이 학습되고 발달되었는지의 여부를 적절히 평가할 뿐만 아니라 이 3요소들의 조화로운 발달을 통합적으로 평가할 수 있도록 한다.
   ① 인지적 요소에서는 도덕적 가치·덕목의 의미에 대한 이해, 도덕적 사고력과 판단력, 가치 판단의 합리성 등을 평가한다.
   ② 정의적 요소에서는 도덕적 감정의 적절한 절제력과 표현력, 도덕적 민감성과 열정성 등을 평가한다.
   ③ 행동적 요소에서는 도덕적 가치·덕목과 예절 및 준법에 대한 행위 기능과 실천의 습관화 등을 평가한다.

2. 평가 목표와 내용 특성, 학생 개인의 인지, 정서, 도덕성 발달 정도와 도덕 학습의 성취 수준 등을 면밀히 분석하여 이에 적합한 평가 방법을 활용함으로써 학생들의 도덕성 및 인성을 발달시키는 데 기여할 수 있도록 한다. 특히 평가 방법과 기법 및 도구를 사용할 때에는 그것의 주된 용도와 장·단점을 살펴 가장 적합한 것을 선택하여 활용하도록 한다. 문항을 제작하면서 동시에 채점 기준을 만들되, 도덕과의 특성을 반영하여 도덕적 지식과 판단력, 도덕적 민감성, 도덕적 문제에 대한 창의적이고 타당한 문제 해결 방안 모색, 도덕적 실천 의지와 실천 기능 등이 포함되도록 한다.

3. 다양하고 창의적인 평가 방법과 기법 및 도구를 적절히 활용하여 객관적이고도 신뢰성 있는 평가를 실시한다. 선택형과 서술형을 포함한 지필 평가, 행동 관찰, 자기 평가, 구술·논술 평가, 포트폴리오, 토론 및 발표에 대한 평가, 상호 평가 등 다양한 방법을 활용하여 도덕성과 인성을 종합적으로 평가하도록 한다.

4. 평가 내용과 방법이 교육 내용과 일치하도록 한다. 평가 내용과 방법은 도덕과에서 강조되고 있는 도덕적 성찰 및 탐구 능력, 즉 도덕함의 제고와 밀접한 관련이 있어야 한다. 도덕과 평가에서 활용하는 선택형 문항, 서술형 및 논술형 문항을 제작할 때에는 수업 목표와 평가 목표의 일치, 학습 내용과 문항 내용의 일치, 학습 내용과 문항 내용의 초점 일치, 교육 내용의 중요도와 문항 수준의 일치를 확인하도록 한다. 특히 문항 내용과 기술하는 언어가 학생들의 발달 수준에 적합하도록 한다.

5. 성취기준을 평가의 기준으로 활용한다. 성취기준은 도덕 수업 내용의 범위와 수준, 도덕 수업을 통해 학생들이 성취해야 할 여러 기능, 평가의 목표와 초점, 문항 내용의 범위와 깊이를 정하는 준거가 된다. 따라서 평가 목표의 구체화, 문항 내용의 범위와 수준, 문항 정답률 설정, 문항 배점 결정의 기준으로 활용하도록 한다.

6. 평가 결과는 학생들의 인성과 도덕성 발달을 도모하고 교수·학습을 개선하는 데 필요한 자료로 활용한다. 즉, 평가 결과는 수업 목표의 도달 및 수업 내용의 성취 여부를 파악하고 이에 따른 앞으로의 수업 목표와 내용, 교수·학습 계획과 방법 등 전반적인 도덕 수업 활동을 개선하는 데 활용한다. 또한 교사의 자기 평가와 자기 성찰에 이용할 수 있다.

개념 05 평가 방법

1. 지필 평가법	① 지필 평가법은 학생들의 덕과 인격 형성, 발달과 관련하여 그 성취 정도를 필답시험으로 측정해 내는 방법을 가리킨다. ② 이 방법은 주로 도덕적 지식·이해, 도덕적 사고·판단력을 측정하는 데 유용하게 쓰일 수 있다. 그러나 논문형, 도덕적 문제 해결 검사 형식으로 할 때에는 정의적 측면에 대한 측정에도 이용될 수 있다. ③ 지필 검사는 교사 제작 검사와 표준화 검사, 객관식 검사와 주관식 검사, 선택형과 서답형 등 여러 가지 유형이 있다.
2. 면담법	① 면담법은 교사가 학생과 얼굴을 맞댄 상황에서 언어적 상호 작용을 통해 학생의 도덕 발달 상태와 변화에 관한 여러 가지 자료와 정보를 얻어내는 방법을 말한다. ② 면담법은 덕과 인격의 인지적, 정의적, 행동적 측면 모두를 측정하는 데 적용될 수 있지만, 특히 인지적, 정의적 영역의 특성을 파악하는 데 유용하다.
3. 자기 보고법	① 자기 보고법이란 조사하고자 하는 어떤 문제에 대해 피험자, 즉 학생이 이에 대해 자기 생각이나 의견을 답하게 하는 방법을 가리킨다. ② 자기 보고법은 누구보다도 자기 자신을 관찰하고 평가할 기회가 많이 생기고 또 스스로에 대한 경험을 축적할 수 있다. ③ 이러한 자기 보고 방법이 지필에 의해 일련의 질문에 답하는 방식을 취하게 될 때 이를 질문지에 의한 자기 보고법이라고 하는데, 자기 보고법 중에 가장 널리 사용되는 것이 이 방식이다.
4. 평정법	① 평정법은 평가자가 학생의 도덕적 특성을 어떤 척도상의 유목이나 숫자의 연속체 위에 분류, 기록, 정리함으로써 평가하는 방법을 말한다. ② 이 평정법은 어떤 특성의 존재 유무를 따지기보다는 그 정도나 수준을 측정하고자 할 때 주로 사용되는 것으로서, 그 자체가 독립적인 성격을 띤 측정 방법이라기보다는 관찰법, 면접법, 질문지에 의한 자기 보고법 등과 같은 다른 측정 방법에 결합되어 하나의 기법으로 활용되는 것이 보통이다.
5. 관찰법	① 관찰법은 평가 목적에 따라 평가 대상이 되는 사람이나 현상을 주의 깊게 그리고 가능한 한 정확하게 지각하고 기록하는 방법을 말한다. 좀 더 쉽게 말한다면 관찰법은 교사가 일정한 평가 목적을 가지고 학생들의 행동을 주의 깊게 관찰하고, 그 관찰한 사실의 구체적인 기록을 근거로 학생의 도덕적 성장과 변화 정도를 평가하는 방법이라고 할 수 있다. ② 이러한 관찰법은 인간의 심리와 행동을 이해하기 위한 측정 방법 중 가장 오래된 것이다.
6. 학생 상호 평가법	① 학생 상호 평가법은 넓은 의미의 사회성 측정법에 속한다. 사회성 측정법은 한 집단에서 그 집단 구성원들의 상호 작용 양상이나 집단의 성질, 구조, 의도성 등을 알아보기 위해 고안된 것으로서, 분석 방법에 따라 동료 평정법, 추인법, 지명법, 사회적 거리 추정법 등이 있다. 그런데 이 중에서도 특히 학교 현장에서 도덕과 평가를 위해 교사들이 쉽게 이용할 수 있는 것은 바로 추인법이다. ② 학생 상호 평가법은 교사가 아닌 학생들의 눈으로 그들 동료 학생의 도덕적 특성을 평가하게 하는 것으로서 뜻밖에 신뢰도와 타당도가 높게 확보될 수 있는 장점이 있다.
7. 서술형 검사	① 문제의 답을 선택하게 하는 것이 아니라, 학생들로 하여금 직접 서술, 구성하도록 하는 검사 형태를 말한다. ② 이 서술형 검사는 앞에서 본 여러 가지 도덕과 평가 방안 중 서답형의 평가 형태의 하나가 된다고 할 수 있다.
8. 구술 시험	• 면접법이나 자기 보고법의 한 형태로 분류될 수 있는 것으로서, 학생이 특정한 도덕적 내용이나 주제 또는 문제에 대해 자신의 의견이나 생각을 발표하도록 하여, 그의 도덕적 지식이나 가치·태도, 도덕적 행동 실천 성향을 알아보는 방법을 말한다. 이는 앞에서 본 면접법과 통하는 바가 있다.
9. 찬반 토론법	• 특정 도덕 문제에 관해 학생들로 하여금 토론하도록 하여, 그 과정에서 드러나는 학생의 도덕적 신념이나 태도, 도덕적 사고·판단력 등을 평가하는 방법을 가리킨다.
10. 실기 시험이나 실습법	① 학생들이 어떤 도덕적 행위 기능이나 능력 또는 실천 성향을 내보일 수 있는 기회나 장면을 제공하고, 그러한 계기를 통해 학생의 도덕적 덕성의 형성과 발달 정도를 평가하는 방법을 말한다. ② 이러한 것들은 앞에서 본 도덕과 평가 방법 중 관찰법의 한 하위 형태에 속하는 것으로 볼 수 있다.
11. 연구 보고서법	• 학생들이 자신의 흥미나 관심 그리고 능력에 적합한 도덕적 문제 또는 주제를 선택하도록 한 후, 이에 대해 자기 나름대로 자료를 수집하고 분석, 종합하여 연구 보고서를 작성, 제출토록 하여 이를 근거로 평가하는 방법을 말한다.
12. 포트폴리오법	① 도덕적 과제나 도덕 생활에 관해 자신이 직접 지속적으로 쓰거나 만들거나 기록한 결과를 작품집 또는 서류철로 체계적으로 정리하여 제출하게 한 후, 이를 근거로 학생의 도덕적 덕성의 형성과 발달 정도를 평가하는 방식을 말한다. ② 이러한 연구 보고서법이나 포트폴리오법은 넓게 보아 앞에서 살펴본 자기 보고법의 한 형태로 볼 수 있을 것이다.

4절 동·서양 윤리학

 유가 사상

1 공자

1 인(仁)

(1) 공자에 의하면, 인은 모든 인간의 내면에 있는 선천적이고 보편적인 덕으로서, 다른 모든 덕들을 포괄하는 최상의 덕이다.

> 천하에 공손, 너그러움, 믿음, 부지런함, 은혜로움의 다섯 가지를 능히 행할 수 있다면 인(仁)이 될 수 있다.

(2) 극기복례(克己復禮)가 인이다. 즉, '나를 이기어 예로 돌아감'이 곧 인이다.

> 자기를 이기어 예로 돌아가면(克己復禮) 인(仁)하게 된다. 하루라도 빨리 자기를 이기어 예로 돌아가면, 세상 사람들이 모두 인으로 귀의할 것이다.

  ① '자기(己)'란 절제하고 극복해야 할 사리사욕(私利私慾)의 주체이다. 공자는 예를 통해 사리사욕의 주체인 '자기'를 극복하는 것이야말로 인이라고 보고, 극기복례의 구체적인 실천 조목을 다음과 같이 제시한다.
  ② 예가 아니거든 보지도 말고, 예가 아니거든 듣지도 말고, 예가 아니거든 말하지도 말고, 예가 아니거든 움직이지도 말라.

2 예(禮)와 인(仁)과의 관계

(1) 공자에게 있어서 인이 선천적이고 보편적인 내면의 덕성이라면, 예는 제도, 의식(儀式), 법 등의 외재적인 행위 준칙 혹은 외면적인 사회 규범이다. 이러한 예의 근본은 인이다. 즉, 예의 근본은 사람에 대한 사랑과 공경과 조화의 정신이다. 그러므로 예는 인을 그 근본으로 삼을 때에만 참된 예가 된다.

> 공자께서 말씀하셨다. "사람으로서 인하지 못하다면 예는 무엇을 할 것이며, 사람으로서 인하지 못하다면 악(樂)은 무엇하겠는가?" 임방이 예의 근본을 묻자, 공자께서 말씀하셨다. "정말로 중요한 질문이다. 예란 사치스럽기보다는 차라리 검소해야 하며, 장례를 치를 적에는 형식을 갖추기보다는 차라리 슬퍼해야 한다."

(2) 예의 근본은 인이지만 인이 현실 세계에 실제로 구현되기 위해서는 반드시 예를 통해야만 한다. 이런 점에서 예는 인을 실현하는 근본이다.

(3) 이처럼 인과 예의 관계는 상보적이다. 인은 인간의 내면의 덕성이고, 예는 인을 현실에서 실현하는 이상적인 절도와 꾸밈새이다.

3 예와 중용(中庸)

(1) 인은 여타의 다른 덕을 통합하는 최상의 덕이다. 그런데 그러한 덕들이 현실에서 실현될때에는 반드시 예의 조절을 받아야 한다.

(2) 공자에 의하면 '중용'이란 지나침도 없고 못 미침도 없는 상태, 즉 과불급이 없는 상태를 말한다.
  ① 덕들은 중용을 잃게 되면, 더 이상 덕으로서의 성격을 잃고 악덕이 되어 버린다.
  ② 예는 인이 포괄하는 모든 덕들을 현실에서 중용에 맞게 조절하는 역할을 한다.

> 공손하되 예가 없으면 수고롭고, 신중하되 예가 없으면 두렵고, 용맹하되 예가 없으면 어지럽고, 강직하되 예가 없으면 박절하게 된다.

4　의(義)

(1) 공자에게 있어서 '의'란 마땅함, 도리, 정당함, 옳음의 의미를 가진 용어로서, 올바른 행위의 준칙이자 가치 선택의 기준이다.

> ① 군자는 의에 밝고 소인은 이익에 밝다.
> ② 의를 듣고 능히 실천하지 못하며, 선하지 못한 것을 고치지 못하는 것이 나의 근심이다.
> ③ 이익을 보면 의를 생각하고, 위태로움을 보면 목숨을 바치고, 오래된 약속일지라도 평소에 한 것처럼 잊지 않는다면 성인(聖人)이 될 수 있다.

(2) 의는 예의 근본이고 예는 의의 표현이다. 예라고 하는 인간 생활에 필요한 일체의 제도나 규범 등은 모두 의를 근본으로 삼아야 한다.

> 군자는 의로써 바탕을 삼고, 예로써 그것을 행하며, 겸손한 태도로 그것을 표현하며, 믿음으로써 그것을 이룩하니, 참으로 군자로다.

2 맹자

1 인간의 선천적 도덕성 : 사덕(四德)

맹자는 고자처럼 인간과 동물이 공유하고 있는 공통된 특성에 주목하지 않고 인간 특유의 본성에 초점을 맞추어 인간의 본성을 설명하려 한다.

> 사람이 금수와 구별될 수 있는 것은 극히 미미하다. 서민(庶民)들은 그것을 내버려두지만 군자(君子)는 그것을 보존한다. 순임금이 여러 사물에 밝고 인류을 잘 살피신 것은 인의(仁義)에 따라 행위한 것이지 인의를 실행한 것이 아니다.

(1) 여기서 맹자는 인간과 금수의 차이는 극이 미미하지만, 이 미미한 차이가 인간을 인간답게 하는 결정적인 요인이 된다고 말하고 있다. 그리고 그 미미한 차이의 내용으로 '인의(仁義)'를 제시하고 있다.

(2) 맹자에 의하면, 인의의 덕성이 인간을 인간답게 만드는 인간만의 본성이다. 맹자는 이러한 인의에 예(禮)와 지(智)를 더하여 사덕(四德)이라고 부르고, 이 사덕을 인간에게 선천적으로 내재하는 선한 도덕적 본성으로 간주한다.

 1) 인(仁)의 성격
   ① 맹자에 의하면, 인은 사람을 사람되게 하는 핵심 덕목으로서, 그 본질은 사람에 대한 사랑이다.
   ② 맹자는 어버이를 친애하는 마음(親親), 즉 어버이에 대한 사랑인 효를 인의 근본으로 간주한다. 따라서 인을 실천한다는 것은 그 근본인 부모에 대한 사랑에서 출발하여 백성을 사랑하는 데로 나아가고, 종국에는 자연 사물을 사랑하는 경지까지 나아가는 것을 의미한다. 이처럼 자기 자신을 넘어 타인, 나아가 만물에게로 퍼져가는 나의 관심과 사랑이 인이다.

 2) 의(義)의 성격
   ① 맹자는 의를 '사람의 바른 길'이라 한다. 이는 의의 본질이 인간 행위의 표준, 즉 옳고 그름을 분명하게 구분하는 사회적 정의임을 주장한 것이다.
   ② 인(仁)은 사람의 편안한 집이며, 의(義)는 사람의 바른 길이다. 대인(大人)이란 말로서 믿음을 기약하지 않고, 행위가 반드시 결실되어야 된다고 기대하지 않고, 오직 의를 살피는 것이다.
   ③ 맹자는 인간 행위의 표준인 의의 근본을 어른을 공경하는 마음, 즉 경장(敬長)으로 규정한다. 인과 마찬가지로 의도 한 가족인 형에 대한 공경심에서 출발하여 남을 공경하는 것으로 확장된다.
   ④ 인(仁)의 핵심은 어버이를 잘 섬기는 것이요, 의(義)의 핵심은 형을 잘 따르는 것이다.

 3) 인의(仁義)와 예지(禮智)의 관계
   ① 맹자에 의하면, 인과 의는 예와 지의 바탕이 되는 최고의 덕이고, 예와 지는 인과 의가 있기 때문에 비로소 발휘되는 내면의 덕이다.
   ② 인(仁)의 실질은 부모를 섬기는 것이고, 의(義)의 실질은 형에게 순종하는 것이고, 지(智)의 실질은 이 두 가지를 알아서 버리지 않는 것이고, 예(禮)의 실질은 이 두 가지를 절도에 맞게 하는 것이고, 악(樂)의 실질은 이 두 가지를 즐기는 것이다.

2 사단(四端)

맹자는 사덕을 본질로 하는 선한 본성의 존재를 모든 인간에게는 측은지심(惻隱之心), 수오지심(羞惡之心), 사양지심(辭讓之心), 시비지심(是非之心)이라는 네 가지 도덕적 마음, 즉 사단(四端)이 선천적으로 존재한다는 사실을 통해 입증하고자 하였다.

> 〈불인인지심(不忍人之心)〉
> 인간은 누구나 남의 고통을 차마 보지 못하는 마음(不忍之心)을 가지고 있다. 이제 어떤사람이 한 어린아이가 우물에 빠지려는 것을 보았다고 하자.
> - 그러면 누구나 깜짝 놀라서 측은한 마음을 갖게 될 것이다. 이것으로 보아 측은한 마음(惻隱之心)이 없으면 인간이 아니요,
> - 부끄러워하고 미워하는 마음(羞惡之心)이 없으면 인간이 아니요,
> - 사양하는 마음(辭讓之心)이 없으면 인간이 아니요,
> - 시비를 가리는 마음(是非之心)이 없으면 인간이 아니다.
> - 측은해 하는 마음은 인(仁)의 단(端)이요, 부끄러워하고 미워하는 마음은 의(義)의 단이요, 시비를 가리는 마음은 지(知)의 단이요, 사양하는 마음은 예(禮)의 단이다.

(1) 인의 단인 측은지심은 타인의 불행을 남의 일 같지 않게 느끼는 마음으로서, 타인의 고통에 대한 동정심이다.
(2) 의의 단인 수오지심은 자신과 타인이 올바름에서 벗어나는 것을 용납하지 않는 마음 혹은 올바름을 지향하는 마음으로서, 인간이 사사로운 이익 추구에서 벗어나 사회적 올바름을 실천할 수 있는 내적인 동기가 되는 것이다.
(3) 예의 단인 사양지심은 자신을 앞세우지 않고 상대방을 공경하는 마음이다.
(4) 지의 단인 시비지심은 옳고 그름, 선과 악, 인·의와 불인·불의를 판단하는 마음이다.

3 호연지기(浩然之氣)

(1) 맹자는 도덕적 본성을 어떻게 제대로 구현할 것인가를 중시했으며, 그 방법들로 호연지기(浩然之氣)를 기를 것, 욕심을 줄일 것 등을 강조한다.
(2) 맹자에 의하면, 존심양성(存心養性)하여 성인(聖人)이 되기 위해서는 내·외부의 부도덕한 요인의 영향력에서 벗어난 부동심(不動心)을 소유해야 한다. 부동심을 갖추려면 하늘을 찌를 만큼 굳센 기운을 키워야 하는데, 그것이 호연지기(浩然之氣)이다.
(3) 호연지기란 천지의 기운과 합일된 인간의 기로서, 인간이 하늘의 도를 깨닫고(知道, 明道), 하늘이 인간에게 부여한 도덕적 의무를 충실히 실천(集義)함으로써(配義與道) 길러지는 도덕적 신념의 기백이다.

3 순자

1 인성의 교화 : 화성기위(化性起僞)

(1) 순자의 도덕 교육은 본성(本性)을 변화시켜서 도덕인을 만드는 '화성기위(化性起僞)'의 개념으로 설명될 수 있다.
(2) '화성기위'는 자기 성찰을 통한 수양의 과정이며, 사회가 요청하는 이상적인 인간이 되기 위한 자기 변화의 과정이고 도덕 교육의 필요성과 목적으로서의 '화성(化性)' 그리고 도덕 교육의 내용과 방법으로서의 '기위(起僞)'로 구분할 수 있다.
(3) 성품은 본래 바탕으로서 가공되지 않은 것인데 반하여, 위(僞)는 인위적인 노력에 의한 것을 말한다. 성품이 없으면 인위적인 노력을 가할 곳이 없으며, 인위적 노력이 없으면 성품이 저절로 아름다워질 수가 없다.
(4) 사람의 본성은 악한 것이니 그것이 선하게 되는 것은 위(僞) 때문이다. 지금 사람들의 본성은 나면서부터 이익을 좋아하는데, 이것을 따르기 때문에 쟁탈이 생기고 사양함이 없어진다.
(5) 사람은 나면서부터 귀와 눈의 욕망이 있어 아름다운 소리와 빛깔을 좋아하는데, 이것을 따르기 때문에 지나친 혼란이 생기고 예의와 아름다운 형식이 없어진다. 그러므로 반드시 스승과 법도에 따른 교화와 예의의 교도가 있어야 하며, 그런 뒤에야 서로 사양하게 되고 아름다운 형식을 갖게 되어 다스림으로 귀결될 것이다. 이로써 본다면 사람의 본성은 악한 것이 분명하며 그것이 선하게 되는 것은 위(僞) 때문이다.

2 예(禮)의 성격

(1) 순자에 의하면, 인간은 생존하기 위해 사회를 조직했고, 사회를 안정적으로 운용하기 위해 사람의 타고난 이기적인 욕구를 제어해줄 행위 규범을 필요로 했다. 이러한 행위 규범이 바로 예다.
(2) 순자는 예의 기원을 성인(聖人)의 작위(作爲), 즉 성인의 후천적이고 인위적인 노력으로 본다. 이처럼 성인이 사회의 평화와 안정을 유지하기 위해 모든 인간에게 적용되는 행위의 표준으로 제정한 것이 예다.
(3) 예는 사회에서 인간의 행위를 규제하는 기능을 하는 것으로서, 인간이 반드시 지켜야 하는 사회생활의 최고 규범이다. 그리고 그것은 모든 덕의 근본이 되는 것으로서, 도덕의 극치는 예를 실천하는데 있다. 이러한 예는 귀천의 등분, 장유의 차별, 빈부의 경중 등 사회적으로 확립된 제도와 질서를 포함하며, 인간의 악한 성정을 규제하고 억제하여 교화하는 기능을 수행한다.

소크라테스와 플라톤

1. 소크라테스	(1) 덕=지식	① 소크라테스는 인간이 무엇인가를 열망하고 욕구한다는 사실 그 자체와 진정으로 추구해야 할 가치 사이에는 분명한 구별이 있어야 함을 강조하였다. ② 예컨대, 심한 상처를 입은 환자에게 고통을 수반하는 치료가 필요한 경우 그 환자는 이를 바라지 않겠지만, 그의 욕구나 바람에 관계없이 고통을 가져다주더라도 상처를 치료하는 일은 바람직한 것이다. ③ 따라서 참된 선과 가치는 인간의 감각적 경험이나 욕망으로부터 오는 것이 아니라, 진정한 선과 가치가 무엇인지 그것의 본질과 의미에 대한 합리적이고 이성적인 숙고를 통해서만 이 얻을 수 있는 것이다. ④ 소크라테스의 관점에서 볼 때 인간에게 진정 필요한 것은 이성적 숙고에 의해 그의 진정한 선과 가치를 아는 참된 지식이며, 인간이 이를 획득할 때 덕을 지니게 되는 것이다. 그러므로 소크라테스의 관점에서 볼 때 덕은 지식이다.
	(2) 문답 형태의 산파법	① 문제는 그러한 덕을 가르칠 수 있느냐 하는 점이다. 사실 메논이 소크라테스에게 달려와 덕은 가르침으로 얻을 수 있는지 아니면 그 밖의 어떤 다른 방법으로 얻는 것인지 물었을 때, 그의 대답과 논변과 태도는 여러 가지 해석을 낳을 수 있다. ② 그러나 전체적으로 볼 때 그의 입장은 덕이 선에 관한 참으로 깨달아 아는 지식을 말하는 한, 그것은 바로 그러한 참다운 깨달음을 얻을 때 가르칠 수 있는 것으로 볼 수 있다. ③ 소크라테스는 메논에게 문답 형태의 산파법이나 회상법으로 기하학의 원리를 터득하게 함으로써 깨달음의 과정을 직접 보여주고 있다.
2. 플라톤	(1) 이성적 숙고	① 플라톤은 사물과 현상의 본질을 초감각적 실재에 대한 이성적 숙고로만 파악할 수 있는 것으로 보았다. ② 우리가 추구해야 할 마땅한 선과 가치는 감각과 경험이 아닌 순수한 이성에 기초한 합리적 탐구를 통해 파악할 수 있다는 것이다. ③ 예컨대, 우리가 감각과 경험을 통해 어떤 사과를 지각하여 그것이 둥글고 빨갛다고 말하는 경우를 생각해 보자. 이때 그것이 진정 둥글고 붉은 사과이기 때문에 그리 말하는 것인가? 아니다. 단지 우리는 다소 울퉁불퉁하고 연두색이나 노란색이 섞여 있음에도 그 사과를 둥글고 빨간 사과라고 인식하여 적당히 그렇게 표현하고 있는 것이다. ④ 따라서 온전한 둥긂과 참된 붉음은 감각적 경험으로는 파악할 수 없는 것이다. 오히려 그것은 그러한 경험과 감각으로부터 초월하여 이성의 작용과 지성적 추론을 바탕으로 합리적이고도 반성적·비판적으로 숙고할 때만 가능해지는 것이다.
	(2) 국가론 (Republic)	① 플라톤에게 실재의 본질에 대한 인식은 그러한 경험적 감각으로부터 독립해 있는 인간 이성이 그것들로부터 방해받지 않고 온전히 작동할 때 가능해지는 것이었다. ② 말하자면, 플라톤은 사물과 현상의 본질은 초감각적 실재에 대한 이성적 숙고로만 진정으로 파악할 수 있는 것으로 보았던 것이다. 플라톤이 형상론(theory of form)을 통해 말하고자 한 바가 바로 이것이었다. ③ 사람이 사슬을 끊고 동굴 밖으로 나와 사물의 진정한 모습을 깨닫게 하는 일을 가능하게 하는 것이 바로 무지에 대한 깨달음과 단련된 높은 수준의 지성인 것이다. ④ 따라서 플라톤에게 덕을 이루는 지식은 특별한 종류의 고상한 지식이 되는 것이며, 덕은 바로 이러한 이성의 수련과 실천으로 선에 대한 참된 지식이 있을 때 얻을 수 있는 것이다. ⑤ 플라톤은 바로 이러한 관점에서 그의 「국가론(Republic)」에서 이성의 단련과 높은 수준의 지혜를 통해 참된 지식을 형성하고 그럼으로써 덕을 구유하게 되는 도덕 교육론을 전개하였던 것이다.

개념 08 아리스토텔레스

1. 행복	1. 아리스토텔레스는 그의 저서 「니코마코스 윤리학(Ethica Nicomachea)」의 첫머리를 모든 기술과 탐구, 모든 행동과 추구는 어떤 선(善, good)을 목적으로 한다는 말로 시작하고 있다. 2. 이 명제에는 적어도 두 가지 정도의 중요한 의미가 담겨 있으니 하나는 목적론적 관념이고 다른 하나는 선의 관념이다. 즉, 인간 존재와 그 활동은 어떤 목적을 지향하게 되어 있는바, 그 목적은 인간에게 좋고 옳은 것으로서의 선을 실현하는 데 있다는 것이다. 3. 이때 인간이 추구하는 목적들이 다양하게 있을 수 있는데 이 중에서도 보다 좋고 훌륭한 것으로서 사람들 모두가 공통으로 추구하는 최고의 궁극적인 목적과 선이 있을 수 있는바 이를 그는 '행복(eudaimon, happiness)'이라고 보았다.
2. 덕(virtue)	1. 여기서 주목해야 할 점은 이렇듯 인간이 그 고유한 기능과 능력 그리고 잠재 가능성을 실현하고 그럼으로써 자기 완성으로 행복에 이르는 일에 덕(virtue)이 필수적으로 관련된다는 점이다. 2. 원래 덕이란 그리스어의 아레테(arete)에서 온 말로서 인간을 포함하여 모든 존재가 그 기능과 목적 면에서 탁월성과 지님을 가리키는 데 사용되었던 것이다. 예컨대, 칼의 경우 그것이 물건을 베거나 자르는 데 탁월함으로 지니고 있을 경우 칼의 덕이 있다고 본 것이다. 3. 따라서 덕이란 어떤 사물이나 존재를 훌륭하고 좋게 만들어 주는 속성, 즉 그것의 고유한 기능을 가장 잘 수행하게 해 주거나 그것의 목적 또는 선을 증진하는 데 가장 잘 공헌하는 특성을 가리키는 것이다. 4. 이러한 덕의 관념은 그대로 사람에게도 적용된다. 그리하여 인간이 자기 실현과 자기완성을 도모하고 행복해지려면 그러한 목적을 추구하는 데 가장 잘 봉사하고 자신의 기능을 최고도로 발휘하게 해 주는 덕들을 발달시키지 않으면 안 된다. 5. 바로 이러한 이유에서 아리스토텔레스는 인간의 행복 실현에 덕이 필수 불가결하다고 보았던 것이다.
3. 덕=중용을 선택하는 인격의 상태	1. 아리스토텔레스의 관점에서 볼 때 덕은 정신의 각 부분이 최선의 상태에 있는 것, 즉 그 고유한 기능을 탁월하고도 훌륭하게 수행하는 상태에 있음을 의미하며, 행복은 인간이 이러한 덕을 길러 감으로써 유덕한 인격을 성숙시켜 갈 때 비로소 얻을 수 있다. 2. 아리스토텔레스는 사람이 이러한 덕과 인격을 길러 가려면 옳고 좋은 것을 잘 헤아려 바르게 선택할 수 있는 이성 능력과 올바른 정념을 갖추는 일, 그리고 바람직한 삶을 실제 행동으로 실천하는 자질과 품성을 기르는 일이 필요함을 지적한다. 3. 또한 그는 덕이 중용을 선택하는 인격의 상태임을 지적하면서, 이러한 중용 선택의 도덕적 덕이 제대로 이루어지려면 실천적 지혜와 이성적 원리에 따라 행위를 결정하는 성품을 길러 가야 함을 강조하고 있다.
4. 중용의 덕	(아래 표 참조)

관계 있는 것	모자람	중용	지나침
두려움과 태연함	무모함	용기	비겁
쾌락과 고통	무감각	절제	방종, 방탕
돈	인색	관후	낭비, 방탕
명예와 불명예	비굴	긍지	오만함, 허영
노여움	무성미, 무기력	온화함	성급함
진리	거짓 겸손	진실	허풍
유쾌함	무뚝뚝함	재치	익살
	심술궂음	친절	비굴, 아첨

개념 09 칸트

1. 의무 윤리학	① 칸트(I. Kant)는 인간이 도덕적인 존재가 되고자 하는 한, 타당한 도덕 법칙이 명령하는 바를 존중하고 그것에 따라야 한다고 말한다. 사람은 도덕 법칙을 존중하고 따를 때 비로소 인간다운 인간이 될 수 있으며, 그런 만큼 인간이 도덕 법칙을 준수하는 것은 하나의 필연적인 의무라고 보는 것이다. ② 이렇게 볼 때 타당한 도덕 법칙으로부터 주어지는 의무를 존중하고 준수하는 것이 칸트 윤리설의 한 핵심이 된다 할 수 있으며, 여기서 칸트의 윤리학이 의무의 윤리학이라고 불리는 이유를 알게 된다. ③ 그리고 이런 연유로 칸트의 관점을 따르는 도덕 교육은 도덕 법칙에 대한 의무감을 갖고 도덕적 행동을 실천하는 인간을 기르는 일을 중시하는 방향으로 나아가게 된다.
2. 콜버그 이론의 뿌리	① 인격교육이 아리스토텔레스와 성서적인 전통에 그 뿌리를 두고 있는 반면에 콜버그의 인지발달 이론은 칸트 철학에 뿌리를 두고 있다. 도덕적 추론을 강조하는 점, 하나의 원칙(롤즈의 정의원칙)에 중요한 위상을 부여하고 있는 점, 그리고 선보다는 옳음과 도덕을 동일시하는 점이 칸트주의와 일치하고 있다. ② 특히 칸트의 인간 존중 이념은 콜버그의 6단계 개념을 형성시켜 주는 데 결정적인 역할을 했다. 그는 칸트의 윤리학을 심리학적으로 증명하고자 했다고 해도 과언이 아니다. ③ 콜버그는 또한 자신이 도덕적인 행동보다는 도덕적 추론에 치중한 것을 정당화하기 위해서 소크라테스와 플라톤에게 의존한다. 그리고 그는 '정의공동체 학교'에 대한 제안을 지지하기 위해서 듀이와 뒤르켐에게 의존한다. ④ 과학뿐만 아니라 모든 행동들도 보편주의적 성격과 절대적 가치를 가지는 도덕원리에 의해서 지도되어야 한다. 이성적 행위자에 의해서 구체적 내용이 채워지는 실천이성은 보편적이고 절대적인 가치를 지닌 도덕원리의 형식적 특성을 규정해 준다. 이 형식적 원리가 그 유명한 정언명법(categorical imperative)이다. ⑤ 정언명법의 정식들 가운데 하나는 "인간성을 언제나 목적으로 대우하고 결코 단순한 수단으로 대우해서는 안 된다"는 것이다. 이 명법은 하나의 형식적 원리로서 그 내용을 양심에 의존하며, 결과적으로 특정 시기와 장소의 도덕적 규범에 의존한다. ⑥ 칸트의 정언명법은 규범 그 자체를 상술하지는 않는다. 정언명법은 사람들의 양심에 의해서 제시된 모든 규칙들을 여과하는 일종의 메타─규칙(meta─rule)이다.
3. 정언 명령 (categorial imperative)과 선의지 (good will)	① 칸트는 도덕 법칙의 근원을 인간의 이성에서 찾는다. 즉, 도덕 법칙은 감성과 오성으로부터 얻어진 경험적 인식을 토대로 하면서 동시에 그것을 넘어 예지계의 자유, 영혼 불멸, 신의 존재의 필연성 등 인간 삶의 이념을 인식하는 그러한 실천 이성에 근원을 두고 있다. ② 칸트의 관점에서 볼 때 실천 이성이 명령하는 인간 행동과 사회적 삶의 최고의 도덕 법칙은 정언 명령(categorical imperative)이다. 그의 관점에서 볼 때 도덕 법칙을 따르는 내적 동기는 선의지(good will)로부터 나온다. ③ 선의지는 오직 그것이 옳다는 이유만으로 실천하려는 의지를 지칭한다. 즉, 칸트의 관점에서 볼 때 어떤 행위가 도덕적인 것이 되려면 선의지에 입각한 것이어야 한다. ④ 따라서 도덕 법칙이 도덕적 행동을 성립시키는 객관적 조건이라면 선의지는 주관적 조건에 해당하는 것으로서 인간의 도덕적 삶의 관점에서 볼 때 동기의 엄격성을 표상하는 것이 된다. ⑤ 칸트의 윤리설에는 인간 존엄과 목적의 왕국, 그리고 덕과 행복을 통한 최고선의 관념이 자리 잡고 있다. 그의 윤리설은 궁극적으로 인간 존엄성을 고양하고 인간을 수단이 아닌 목적으로 대우하는 도덕적 공동체의 형성을 지향한다.

 뒤르켐

1. 사회화 (socialization)	① 뒤르켐(E. Durkheim)은 인간에게 개인적 존재와 사회적 존재의 두 측면이 있는바, 교육은 개인적 존재인 인간을 사회적 존재가 되게 하는 데 본질이 있는 것으로 보았다. 그는 개인적 존재를 사회적 존재가 되게 하는 과정을 사회화(socialization)라 지칭하였는데, 그에게 교육은 바로 사회화였다. 그의 도덕 교육론은 이러한 사회학적 교육 사상의 연장선상에서 이루어지고 있다. ② 뒤르켐은 도덕적 인격의 시작을 도덕 사회화로 파악하면서 인간의 도덕성 발달이 규율 정신(spirit of discipline), 사회 집단에 대한 애착(attachment to social group), 자율성(autonomy)으로 발전해 간다고 보았다. ③ 도덕적 인격은 궁극적으로 자율성을 획득할 때 완성되지만 이를 위해서는 그 이전에 규율 정신과 사회 집단에 대한 애착이 선행되어야 한다는 것이 그의 주장이다.	
2. 도덕성 요소 및 발달 순서	(1) 규율 정신	① 규율 정신은 도덕적 습관과 연결되며 사회 집단에의 애착은 도덕적 정서와 의지, 그리고 자율성은 도덕적 이성과 관련된다. ② 먼저, 규율 정신은 도덕적 습관의 교육이 필요함을 의미한다. 규율 정신은 규칙성과 권위에의 존중심이라는 두 가지 요소를 내용으로 하여 성립되는데, 이때 전자는 도덕 규범을 일관되게 준수하는 성향을 말하며 후자는 도덕규범이 명하는 바를 존중하고 의무로 받아들여 실천하는 것을 말한다.
	(2) 사회 집단에의 애착	① 사회 집단에의 애착은 도덕적 정서와 의지의 교육이 필요함을 뜻한다. ② 사회 집단에의 애착은 일차적으로 인간이 같은 인간에게 느끼는 애착의 감정을 기반으로 하며 선에 대한 사랑과 그 실현에의 의지를 또한 내포하고 있는 것이다. 그리고 이러한 것들을 기반으로 하여 타인에 대한 애타적 감정과 동정심, 공감, 공동체 정신 등으로 나타나게 된다.
	(3) 자율성	① 자율성은 도덕적 이성의 계발을 위한 노력이 필요함을 의미한다. ② 자율성은 의지의 자율을 뜻하는데 이것이 가능하려면 도덕 행위의 의미와 이유에 대한 합리적 이해가 선행되지 않으면 안 된다. ③ 이런 의미에서 규율 정신이 의무의 도덕을, 사회 집단에의 애착이 선의 도덕을 표상한다면 자율성은 합리적 도덕을 표상하는 것이며 이는 결국 도덕적 이상의 계발, 지성의 연마와 관련되는 것이라 하겠다.

 **듀이**

1. 도덕 교육	① 듀이는 도덕 교육은 단순히 도덕적 가치 규범을 잘 따르도록 하는 것을 넘어서서 도덕적 가치 규범을 올바로 판단하고 그것을 행동으로 실천하는 것이 되어야 한다고 보았다. ② 또한 도덕 교육은 도덕적 문제 해결과 합리적 의사 결정에 필요한 기능 및 민주적 절차를 습득하는 것이어야 하며, 사회적 규칙의 준수와 그런 규칙을 새로 만들고 개선할 수 있는 지적 관점과 능력을 기르는 것 등을 두루 포함하는 것이어야 한다고 생각했다.
2. 인격 구성 요소	① 듀이의 관점에서 볼 때 인격은 행동, 인지, 정의의 세 측면의 통합으로 이루어지는 것이라 할 수 있다. ② 그는 인간의 도덕성이나 인격이 본능적 또는 습관적 도덕의 단계, 사회적 관습의 도덕 단계, 자율적 도덕의 단계의 세 단계를 거쳐 발달하는 것으로 이해하였다. | 행동적 측면 | 어떤 실천의 힘, 실행의 효율성 또는 명백한 행동을 지니는 것이다. | | 지적 측면 | 올바른 판단력을 지니는 것이다. | | 정의적 측면 | 어떤 정서적 반응력, 도덕적 열정을 지니는 것이다. |
3. 도덕적 원리	① 학교 도덕 교육으로 형성해야 할 건전한 도덕성 내지 바람직한 인격을 이렇게 해명한 후, 듀이는 그의 유명한 저서 「교육에 있어서의 도덕 원리(Moral Principles in Education)」에서 학교 교육에서 중시해야 할 중요한 도덕적 원리를 두 가지로 제시하였다. ② 사회적 측면과 심리학적 측면에 대한 고려가 그것이다. | 사회적 측면 | • 학생을 지적, 사회적, 도덕적, 신체적으로 유기적 전체를 이루는 존재로 보면서도, 동시에 그들이 학교 교육을 통해 사회적 가치와 사회관계를 깨닫고 사회적 정신(social spirit)을 지님으로써 바람직한 사회의 한 구성원으로 자라나도록 하지 않으면 안 됨을 지적하였다. | | 심리학적 측면 | ⊙ 하나의 체제로서의 학교는 도덕적 실천과 행동, 습관을 기르기 위해 그에 적절한 교육적 경험을 제공하는 곳이 될 것, 학생들이 양질의 판단력을 기르는 데 필요한 조건을 제공할 것, 그리고 학생들이 정서적 감수성과 반응력을 기를 수 있도록 할 것 등을 강조하였다. ⓒ 그리고 듀이는 이러한 모든 도덕 교육적 활동에서 교사의 역할이야말로 실로 결정적인 요인이 된다고 보았다. 그는 교사는 그 사회가 가지고 있는 바람직한 가치의 전달자로서의 역할과 학생들의 도덕적 성장을 촉진하고 돕는 사람으로서의 역할을 수행해야 함을 강조하였다. |

 **프랑케나**

1. 윤리학적 입장	① 프랑케나(W. K. Frankena)는 현대적 도덕 개념의 본질을 비(非)이기성으로 파악하면서 자신의 윤리학적 입장을 의무 윤리학과 덕 윤리학의 종합을 추구하는 것으로 설정하고 있다. 윤리학 또는 도덕 철학을 도덕 및 도덕적 삶, 도덕 판단에 대해 철학적으로 성찰하는 것이라고 본 그는 그러한 성찰을 도덕적 책임 판단 혹은 도덕적 의무 판단과 도덕적 가치 판단 혹은 덕성 판단으로 구분했다. 이때 전자가 의무의 윤리학과 관련된다면 후자는 덕 윤리학과 연관되는데, 성품(traits) 없는 원리(principles)는 무력하며 원리 없는 성품은 맹독적인 것이기 때문에 양자는 상보적으로 종합되어야 한다고 본 것이다. ② 프랑케나의 이러한 윤리학적 입장은 그대로 그의 도덕 교육론으로 연결된다. 그가 지향하는 도덕 교육의 본질은 합리적이고 자율적인 도덕인을 길러 내는 데 있는데, 이를 위해서는 의무 윤리학에 기반을 둔 원리, 규칙 중심의 도덕 교육과 덕 윤리학에 토대를 둔 품성 중심의 도덕 교육이 통합적으로 이루어져야 한다고 본다. ③ 이때 전자의 도덕 교육을 MEX라고 한다면 후자의 도덕 교육은 MEY라고 할 수 있는데, MEX는 선악에 관한 지식(앎)을 갖게 하는 것 또는 어떻게 행위해야 할지를 사고하고 판단하게 하는 것을 과제로 하며, MEY는 자라나는 우리 학생들의 행위가 그 지식(앎)과 사고·판단에 따라 이루어지도록 품성과 실천을 보장하는 것을 말한다.
2. 의무 윤리 기반 도덕 교육 (MEX)	• 의무의 윤리에 기반을 두고 이루어지는 도덕 교육[MEX]에서 프랑케나는 선악에 관한 지식과 우리의 행위를 안내하고 지도하여 줄 어떤 원리 또는 목적들을 알게 하고 그 도덕적 명령의 근거를 이해하게 하는 일, 도덕 원리를 적용하거나 목적을 실현하는 데 필요한 지식을 제공하고 또 그러한 지식을 스스로 획득할 수 있는 능력을 갖추게 하면서 도덕적 의사 결정의 힘과 잘 단련된 지력을 기르도록 하는 일, 의무가 충돌하거나 갈등을 일으킬 때 원리(또는 규칙)를 결정하는 능력과 그것을 수정하는 능력을 길러 주는 일, 도덕적 삶의 전통과 역사적 흐름의 맥락에서 파악되는 어떤 거시적인 방향감 또는 도덕의 길(global sense of directedness, moral direction or way)을 가르치는 일 등이 이루어져야 한다고 보았다.
3. 덕 윤리 기반 도덕 교육 (MEY)	① 덕 윤리에 기반을 두고 이루어지는 도덕 교육[MEY]에서 프랑케나는 선악에 관한 지식에 일치하는 행위 성향과 의지, 습관 등을 형성하는 일, 학생들에게 습득시켜야 할 덕을 명료히 설정해 놓고 이를 집중적으로 추구하는 것 ② 즉 인격적 특성을 나타내는 제1차적 덕들로서 도덕 생활의 특정 측면에 적용되는 정직, 성실과 같은 덕들과 제2차적 덕들로서 도덕 생활 전체에 관련되는 양심, 통합성, 도덕적 민감성, 선의지, 도덕적 자율성 등과 같은 덕들을 분명하게 설정해 놓고 이를 함양해 가도록 하는 일, 거시적인 도덕적 방향감과 객관적 도덕 의식, 바람직한 도덕적 삶의 길을 따라 살아가려는 성향을 기르는 일, 그리고 덕스럽고 훌륭한 인간의 존재 모습을 따라 배우면서 어떤 종류의 훌륭한 존재가 되기를 지향하도록 하는 것, 이름하여 도덕적 이상(moral ideals)에 대한 학습과 경험의 기회를 제공하는 일 등이 중요함을 강조하였다.

개념 13 피터스

1. 인격 기능	입법적 기능	자신의 도덕 생활을 위해 규범을 정하는 기능
	집행적 기능	신념 또는 규범에 따라 도덕적 의무나 선행을 행하는 기능
	심판적 기능	집행적 기능이 실패했을 때의 자기 징벌과 갈등 사태에서 입법의 원리에 따라 판결하는 기능
2. 도덕성 발달 순서	자아중심적 단계	도덕 규칙을 자기중심적 관점에서 보고 행동하는 특징을 보인다.
	규칙 준수의 단계	도덕 규칙의 타당성에 대한 관념은 없으나 규칙을 그 자체로서 바라보고 이에 순응하는 태도를 갖게 된다.
	자율성의 단계	도덕 규칙을 그 타당성과 적절성의 측면에서 반성적·비판적으로 검토하여 받아들이고 또 그것에 기초하여 도덕 규칙에 대한 자기 자신의 진실되고 진정한 신념을 형성하게 된다.
3. 도덕 교육의 원리	① 건전한 인격으로서의 바람직한 도덕성을 형성하기 위해 피터스는 먼저 타율적·인습적 도덕성으로부터 자율적·합리적 도덕성으로의 발달을 도모하는 일이 순리임을 강조한다. ② 말하자면 사람은 먼저 그가 몸담고 있는 사회의 도덕 규칙과 생활 양식에 적응하여 일정한 가치관과 태도, 행위 성향을 형성해 가는 가운데, 점차 이성이 발달하면서 도덕 규칙의 의미와 근거에 대한 합리적 이해를 통해 비판적으로 검토하면서 자신의 합당한 판단과 결정의 토대 위에서 자율적으로 행동하는 힘을 길러 가도록 해야 한다는 것이다. ③ 피터스는 이러한 도덕 교육의 원리를 아리스토텔레스의 도덕 교육적 관점을 요약하여 '아동들은 전통과 습관의 뜰을 지나 이성의 궁전으로 들어갈 수 있고 또 들어가야만 한다'고 표현하였다.	
4. 도덕 교육의 역설	① 피터스의 이러한 관점은 도덕적 습관 형성으로부터 도덕적 이성 계발로 진보하는 것, 그리고 도덕 교육에서의 내용 학습으로부터 형식 학습으로 발전하는 것 등을 도덕 교육적 원리로 강조하는 데까지 나아가게 되는데, 여기서 대두되는 난점이 바로 '도덕 교육의 역설(paradox)'이 발생하게 된다는 점이다. 즉, 습관과 이성, 내용과 형식은 서로 이질적인 것인데 어떻게 해서 전자로부터 후자로의 발전이 가능해질 수 있느냐 하는 점이다. ② 그러나 피터스는 이 역설이 얼마든지 해소될 수 있다고 보았다. 즉, 습관의 계발과 이성의 함양 사이에 그리고 내용의 학습과 형식의 학습 사이에 연계와 조화가 가능하도록 하는 합리적인 도덕 교육 접근과 방법을 통해 극복이 가능하게 되며 이러한 과정을 통해 지속적이면서도 보다 질 높은 수준으로의 발전을 도모해 가게 된다는 것이다.	

5절 도덕 심리학

개념 14 정신분석 심리학

1. 정의적 영역 강조	① 정신분석 이론가들은 사회학습 이론가들과 인지발달 이론가들이 소홀히 하는 경향이 있는 인간발달의 감정적 혹은 정의적 영역을 강조한다. ② 정신분석 이론가들은 죄책감을 도덕적 행동의 일차적 동기로 여긴다. 도덕적 규범에서 일탈하고자 하는 유혹에 직면했을 때 죄책감을 강하게 느끼는 아동은 그러한 심리적 불안감을 피하기 위해 유혹에 저항한다고 본다. ③ 따라서 죄책감은 인간으로 하여금 도덕적 규범들을 준수하도록 이끄는 원동력인 것이다. 죄책감이 감정 혹은 정서에 해당된다는 점에서 정신분석 이론은 도덕성의 정의적 측면을 중시 여기는 이론으로 분류되고 있다.
2. 인성의 구조	• 정신 분석학적 도덕 심리학에서의 인성의 구조는 세 부분으로 구성된다. 원초아[id], 자아[ego], 그리고 초자아[super ego]가 그것이다. ① 도덕성은 원초아[id]의 비합리적이고 충동적인 힘을 적절히 규제하는 것으로 나타나는데 이를 내적 자제력이라 한다. 이러한 내적 자제력의 형성을 위해서는 정당한 권위로부터 비롯되는 합리적인 힘이 중요하다. 물론 이때의 권위는 아동이 그것을 지닌 인물에 대해 갖는 신뢰와 존경에서 비롯되어야 한다. ② 이 도덕 심리학에서 도덕 교육은 초자아[super ego] 형성에 유의할 것을 지적하고 있다. 초자아는 보통 양심이라고 일컫는 것으로서 일명 죄책감이라고 할 수 있다. 이는 어린 시절부터 부모나 성인들이 반복적으로 제시하는 금지의 소리가 내면화되어 형성된 것이다. 양심 또는 죄책감을 내용으로 하는 초자아와 이를 바탕으로 한 건전한 인격은 동일시와 내면화라는 기제를 통해 형성된다.
3. 초자아 (super ego)	① 프로이드에 있어서 도덕성의 획득은 아동의 초자아의 발달을 의미한다. 초자아는 아동들이 자신들과 가까운 성인들의 규준들을 내면화함으로써 형성되기 시작한다. 그리하여 초자아는 궁극적으로 도덕적 명령을 분출하는 기제(mechanism)가 된다. 이러한 도덕적 명령들은 무의식적인 원자아(id)의 충동을 통제하는 데 공헌하며, 특히 공격성이나 성적 충동들을 억제한다. 프로이드는 이러한 초자아가 구성되어졌을 때 비로소 도덕성이 형성된 것으로 보았다. ② 초자아는 양심과 자아이상으로 구성되며, 아동들의 행동 통제의 기능을 담당하게 된다. {{TABLE}} 나아가 아직 어린 아동들은 부모에 의해 일탈행동에 대해서는 벌을 받고 선한 행동에 대해서는 보상을 받는다. 그러나 아동들이 나이가 들어감에 따라 그들의 내면에 있는 초자아가 그 역할을 담당하게 된다. 그리고 스스로 벌을 가하거나 보상을 부여하는 역할을 담당한다. 그가 자기 자신의 것으로 받아들이고 있는 가치를 위반하게 되면 그의 양심이 죄의식이나 수치심, 공포의 감정으로 자기를 벌하게 된다. 반면에 도덕적 가치를 지키게 되면 그의 자아이상이 자기 상찬(賞讚)이나 과시감정으로 보상을 주게 된다. 따라서 초자아가 기능을 발휘하기 위해서는 사회규범들과 행동기준들이 내면화되어야만 가능하다.

양심(conscience)	자아 이상(self-ideal)
• 사회에서 '해서는 안 되는 것', 즉, 아동이 벌을 받을 일들을 대표한다.	• '해야만 하는 것', 즉 아동에게 가르쳐져 온 긍정적인 도덕적 가치들을 대표한다.

개념 15 행동주의 심리학

1. 개념		① 행동주의 도덕 심리학에서도 역시 인간은 그리 고상한 존재로 여겨지지는 않는다. 인간은 그저 쾌락을 추구하고 고통을 피하는 수준의 동기에 따라 움직이는 것으로 파악될 뿐이다. 또한 정신 분석학적 도덕 심리학과 마찬가지로 행동주의 도덕 심리학에서도 인간을 어떤 무의식적·비합리적 힘에 의해 휘둘리는 존재로 본다. 그 힘이 내부가 아닌 외부에 존재하는 것으로 본 점에서만 차이가 있을 뿐이다. ② 이러한 행동주의 도덕 심리학에서 도덕이란, 정신분석 이론에서와 마찬가지로 인간의 외부에 이미 존재하고 있는 전통, 관습, 가치, 행위 규범 등을 가리키는 것으로 파악된다. 선과 옳음 등은 개인의 내부에서 나오는 것이 아니라 밖으로부터 주어지는 것에 불과하다. 따라서 도덕성도 사회적으로 규정된 가치 및 행위 규범을 내면화하여 충실히 실천해 가는 성향으로 파악되는 것이다.
2. 사회 학습 이론 (Social Learning Theory)		① 밴듀라(A. Bandura), 시어스(R. W. Sears) 등의 학자들은 인간의 행동 변화와 학습이 강화나 벌에 의하지 않고 모범 행동을 관찰하고 모방함으로써도 이루어질 수 있음을 이야기하고 있다. ② 행동주의 심리학의 자극반응 결합 이론이 환경에서 오는 외적 자극과 그에 따른 수동적 반응만을 중시한 나머지 인간의 내적 특성으로서의 인지적 능력은 무시한 데 비해, 이들은 외적 자극과 반응 사이에 인간의 능동적인 인지적 특성과 여타의 개인적 요인들, 그리고 환경적 변수들이 작용하여 학습이 이루어진다고 주장한다. ③ 전체적으로 보면 행동주의 심리학의 범주에 속하지만 관찰과 모방, 그리고 인간의 인지적 특성에 의한 학습을 강조하는 이러한 이론을 사회 학습 이론(Social Learning Theory)이라고 부른다. ④ 사회 학습 이론에 따르면 도덕적 행동의 학습, 도덕성의 형성과 발달은 관찰, 모방, 동일시에 의해서도 이루어진다.
3. 원리	(1) 교사의 책임 있는 역할 수행	① 부모와 학교(교사)의 책임 있는 역할 수행이 강조된다. 학생들의 초기 사회화에서 부모와 학교 교사가 차지하는 비중이 엄청나기 때문이다. ② 부모와 교사는 그 사회에서 강조하는 가치와 도덕규범을 학생들에게 가르치는 기본적인 책임이 있음을 자각하고 이를 성실히 이행해야 할 책무가 있다.
	(2) 환경 조성	① 이 심리학은 인간의 본성이 본래 백지(tabula rasa 혹은 blank state)와 같은 것이어서 사회는 개인의 경험을 통해 그 백지 위에 무엇이라고 쓸 수 있다는 식의 환경 중심적 관점을 기반으로 한다. ② 도덕적 행동은 학습된 행동이며 그것은 학습의 원리에 의해 지배된다. 이때 그 학습 원리의 하나는 인간은 환경 속에서 태어나고 그 속에서 만들어진다는 것이다. ③ 따라서 행동주의 도덕 심리학은 도덕적 행동을 학습시키고자 한다면 먼저 그런 학습이 일어날 수 있는 환경부터 창출, 운영할 것을 강조하고 있는 것이다.
	(3) 직접적인 실천 행동과 체험	① 행동주의 도덕 심리학은 직접적인 실천 행동과 체험에 의한 도덕 학습을 강조한다. 인간 행동은 경험에 의해 학습되고 조형된 것이다. 그러므로 학생들의 행동을 도덕적인 행동으로 변화시키고자 한다면 먼저 변화되어야 할 그 행동을 경험시켜야 한다는 원리가 성립된다. 그리고 그 경험은 반복적이고 누적적일 필요가 있다. ② 이러한 반복 행동과 체험은 습관화를 가져올 뿐만 아니라 동시에 인지적 변화에도 영향을 미친다.
	(4) 강화와 모델 사용	① 행동주의 도덕 심리학은 또한 도덕 교육에 있어 적절한 강화를 주의 깊게 사용하는 일의 중요성을 알려 준다. 이 도덕 심리학은 모든 학습된 행동은 강화 경험의 소산이라고까지 말하고 있다. 나아가, 행동주의 도덕 심리학에 의하면 적절한 모델을 사용하는 일이 매우 중요하게 된다. ② 비록 전적으로 그러하다고는 할 수 없지만, 인간은 남의 행동을 보고 자기의 행동을 변화시키는 경우가 종종 있다. 그러므로 좋은 모범적 행동을 보게 하는 일은 매우 중요한 학습의 원리가 된다.

 **인지발달론적 심리학**

1. 피아제	(1) 타율적 도덕성 단계 =도덕적 실재론	\<위쪽 공통\>	1. 규칙에 대한 인식 : 규칙은 절대적인 것=어떠한 경우에도 예외 없음
			2. 규칙을 위반할 시
			  ① 잘못된 행동을 하면 벌을 받음(권위자에 의한 벌의 개념)
			  ② 내재적 정의 : 규칙을 어기면 반드시 벌이 따라 온다고 생각함
			3. 판단의 기준=<u>행동의 동기보다 결과</u>(과자를 훔치려는 의도를 가진 아이가 옆에 있던 컵 하나를 깨뜨리는 것보다 우연히 문을 열다 그 옆에 컵 12개를 깨뜨린 것이 더 나쁘다고 생각함)

			① 아주 어린 아동은 권위 있는 인물에 대한 일방적 존중에 근거하여 도덕적 판단을 내린다. 즉, 부모나 다른 성인들의 객관적인 규칙들에 근거하여 도덕적 판단을 내린다. ② 이 단계는 주로 강제의 도덕성, 절대적인 사고유형, 그리고 공정과 정의에 대한 내재적 개념들을 반영하고 있다.
		자기중심적 단계	• 자기중심적 도덕 단계의 아동은 가역적 인식 능력이 매우 제한되어 있어 자신의 입장과 타인의 입장을 구분하지 못하며 가치 세계의 도덕 법칙과 사실 세계의 자연 법칙을 혼동하는 동시에 도덕 법칙이 외부의 사물처럼 실재한다고 보는 등 모든 도덕적 사실주의의 경향을 나타낸다.
		권위주의 단계	① 권위주의 도덕 단계의 아동은 권위에 전적으로 의존하여 도덕판단을 하므로 모든 규칙과 규제를 자신들의 외부에서 부과되는 것으로 인식하며, 자신들의 외부에 그러한 규칙과 규제를 부여하는 절대적인 어떤 권위적 힘이 존재하는 것으로 믿는다. ② 그리고 이 단계에서는 권위에 대한 일방적인 존중이 두드러지게 나타난다.

	(2) 자율적 도덕성 단계 =도덕적 상대론	\<위쪽 공통\>	1. 규칙에 대한 인식 : 규칙은 상호 간의 약속=상황에 따라 달라질 수 있음
			2. 규칙을 위반할 시
			  ① 타인의 권리를 침해하는 것이 잘못이라고 생각(권위자에 의한 벌이 아닌 희생자의 보복을 당할 수는 있음)
			  ② 상호적 처벌 : 규칙을 위반했을 때 위반에 적합한 처치를 하는 것 → 책임감을 길러 줌.
			3. 판단의 기준=<u>행동의 결과보다 의도에 기초</u>(우연히 문을 열다 그 옆에 컵 12개를 깨뜨린 것보다 과자를 훔치려다 옆에 있던 컵 하나를 깨뜨리는 것이 더 나쁘다고 생각함.)

			① 아동 중기부터 청소년기에 있는 젊은이들은 자율성과 상호성에 대해 보다 주관적인 감각을 발달시키게 된다. ② 이 단계에서 사회적 경험(주로 동료 간의 상호 작용)은 협동적이고 박애적인 성숙을 더욱 증가시켜 주는 주요한 도구가 된다.
		상호성 단계	① 상호성의 도덕 단계는 인간 사이의 협력과 조화로운 삶을 영위하기 위한 방향으로 아동들의 도덕판단이 이루어지는 특징이 나타난다. 즉 도덕 규칙은 사회에서 만든 것으로 그것이 존중되어야 하는 이유가 사회의 안전과 조화로운 삶을 위한 데에 있음을 이해하게 된다. ② 이 단계의 아동들은 조작적 사고의 능력을 구비하게 되는데, 이러한 사고 능력은 도덕적 삶의 세계에도 적용되어 도덕 규칙을 모든 사람을 동등하게 대우하고자 하는 상호성의 표현으로 보게 된다.
		공정 단계	① 공정의 도덕 단계는 이타성과 사회애를 중심으로 하는 인간 사이의 진정한 평등의 추구라는 관점에서 도덕판단이 이루어지는 특징이 있다. ② 상호성의 도덕 단계에서의 평등은 정의나 공정을 기반으로 하는 법적 관계의 성격이 강한 반면 공정의 도덕 단계에서의 평등은 공감적 연민을 바탕으로 하는 도덕 관계로서의 성격이 강하다. 따라서 평등을 획일적으로 추구하기보다는 개인이 처해 있는 특수한 상황을 고려하면서 추구하고자 한다. ③ 이러한 도덕판단의 태도는 도덕적 자율성과 함께 도덕적 창의성으로 연결된다.

2. 콜버그 - 3수준 6단계	〈1단계〉	벌과 복종의 단계	① 이 단계는 벌과 복종에 의한 도덕성을 발달시키는 단계로서 구체적이고 외부적인 결과만으로 도덕적 판단을 하며, 벌이나 고통을 피하기 위해서 도덕적 행위를 하는 단계이다. ② 보상을 받는 행동은 옳은 것이고 벌을 받는 행동은 그른 것이라고 생각한다.
	〈2단계〉	도구적 목적과 교환의 단계	① 이 단계는 욕구 충족 수단으로서의 도덕성을 발달시키는 단계로 자신의 욕구를 만족시킬 수 있는지 없는지를 도덕적 판단의 근거로 택하는 단계이다. ② 자신의 욕구를 만족시켜 주는 것은 옳은 것이며 그렇지 않은 것은 그른 것이라고 판단한다.
	〈3단계〉	개인 간의 기대, 관계, 동조의 단계	• 이 단계는 대인 관계의 조화를 위한 도덕성을 발달시키는 단계로서 다른 사람의 인정을 받고 비난을 피하기 위해서 도덕적 행동을 한다.
	〈4단계〉	사회 체제 및 양심 유지의 단계	① 이 단계는 법과 질서 준수로 도덕성을 발달시키는 단계로서 법과 질서의 권위 및 책임을 존중하며 이를 준수하는 것을 절대 의무로 받아들일 뿐 아니라 이를 도덕적 판단의 근거로 삼는 단계이다. ② 법과 사회적 질서에 어긋나지 않는 것은 옳은 것이고, 그렇지 않은 것은 그른 것이라고 판단한다.
	〈5단계〉	권리 우선과 사회 계약 또는 유용성의 단계	① 이 단계는 사회 계약 정신으로서의 도덕성을 발달시키는 단계로서 법의 절대성과 고정성에서 벗어나 사회적 유용성을 고려하여 바꿀 수도 있음을 파악할 수 있고, 반면 개인을 희생시켜서라도 법을 존중할 줄 알게 된다. ② 개인의 권리를 존중하며 개인의 존엄성과 의견의 상대성을 인정하며 도덕적 판단을 할 수 있다.
	〈6단계〉	보편적 도덕 원리의 단계	① 이 단계는 인간의 존엄성을 가장 우선시하는 차원에서 보편적 도덕 원리에 대한 확신으로서의 도덕성을 발달시키는 단계로서 사회의 법과 질서를 준수할 뿐 아니라 스스로 선택한 양심의 결정을 도덕적 판단의 기준으로 삼는다. ② 여기에서 말하는 양심의 의미는 논리적이고 포괄적이며 일관성 있는 어떤 개인적 지상 명령을 의미한다.

 **배려와 책임의 심리학**

1. 여성학자 길리건	① 그녀는 그동안 남성들 위주로 연구된 도덕 발달론 외에 여성적 관점의 접근에 기반을 둔 도덕 발달론이 있을 수 있다는 점과 기존의 심리학 이론 구성에서 누락되었던 여성들의 삶과 경험에 관한 연구를 통해 양성의 도덕적 삶에 관한 보다 포괄적이고도 새로운 관점의 심리학 이론이 제공될 수 있다는 점을 주장하였다. ② 여기서 남성적 도덕과 여성적 도덕 사이에 차이가 대두되게 된다. 도덕 영역의 개념에 있어 남성의 도덕은 정의와 권리의 언어로 구성되는 데 비해, 여성의 그것은 따뜻한 배려와 책임의 언어로 나타난다. 또한 도덕적 갈등의 해결 양식에 있어 남성은 위계화된 기준과 논리적 연역, 대안들의 서열화 그리고 분리적독립적 개인의 숙고에 바탕을 두는 데 비해, 여성의 그것은 온정과 의사소통, 상호 연계성의 인간관계에 기초하여 이루어진다. ③ 연구 결과 배려의 도덕성은 대체로 3수준 2과도기를 거쳐 발달하는 것으로 파악되었다. 제1수준 : 자기 생존과 이기심 → 제1과도기 : 이기심에서 책임감으로의 이행 → 제2수준 : 책임과 자기희생 → 제2과도기 : 동조에서 새로운 내적 판단으로의 이행 → 제3수준 : 비폭력적 배려와 책임이 그것이다. ㉠ 길리건은 여성들은 인간관계와의 관련 속에서 자신들을 규정지을 뿐만 아니라 다른 사람들을 돌보는 능력과의 관련 속에서 자신들을 판단한다는 점, 여성의 도덕성은 권리보다는 책임을 강조하며 분리보다는 연결을 그리고 개개인의 독립보다는 상호 관계를 우선한다는 점, 여성들의 관점에서 볼 때 도덕 문제는 권리 사이의 충돌이라기보다는 책임들 사이의 갈등으로부터 비롯되는 것이며, 이를 해결하기 위해서는 형식적이고 추상적이기보다는 맥락적(contextual)이고 대화적(narrative)인 사고 양식이 필요하게 된다는 점, 그리고 남성의 도덕성 발달에서는 권리와 규칙에 대한 이해를 중심으로 하는 공정성의 관계가 핵심이 되는데 비해, 여성의 도덕성 발달에서는 책임과 인간관계에 대한 이해를 중심으로 하는 배려가 핵심이 된다는 점 등을 강조하였다. ㉡ 길리건은 도덕의 영역에는 남성의 도덕으로 이름할 수 있는 정의(justice)와 권리(right)의 도덕 외에 여성의 도덕이라 할 수 있는 따뜻한 배려(caring)와 책임(responsibility)의 도덕이 존재함을 밝혀냈다고 하겠다. 그리고 이를 바탕으로 이러한 정의 지향적 도덕성과 배려 지향적 도덕성은 상호 보완적이고 또 그렇게 접근되어야 함을 강조하는 한편, 이러한 현상과 관점들이 기존의 윤리학과 도덕 심리학 및 도덕 발달론 그리고 도덕 교육에서 고려 또는 보완되어야 한다는 점을 역설하였다고 하겠다.
2. 노딩스 → 실천 윤리	① 노딩스는 자신의 배려 윤리가 여성주의적 관점에서 비롯된 실천 윤리(practical ethics from the feminene view)라고 분명히 규정짓고 출발한다. ② 노딩스의 관점에서 배려는 관계적인 것으로서 배려하는 사람과 배려받는 사람 사이의 연결 또는 만남으로 정의된다. 이때 관계란 '서로를 정서적으로 인식하는 개인들의 연결' 또는 '관계를 맺고 있는 사람들이 서로에 대해 무엇을 느끼는 일련의 만남'이라고 정의된다. ③ 노딩스의 관점에서 관계는 존재론적 기초이며 배려 관계는 윤리적 기초가 된다. 이때 관계가 존재론적 기초가 된다는 것은 인간의 만남과 정서적 반응이 인간 존재의 가장 기본적인 사실이 됨을 의미한다. 이와 같은 배려 관계의 전형으로서 모자간의 배려 관계를 들고 있다. 배려는 배려받는 사람이 배려에 대해 반응을 보일 때 완성되므로 상호성이 매우 중요한 덕목이 된다. 이런 관계를 현실화하는 데 기쁨(joy)이 중요한 자리를 차지한다. 참된 배려 관계가 이루어지기 위해서는 배려하는 사람에게 몰두(engrossment)와 동기적 전치(motiviational replacement)의 의식 상태가 요구된다. 〈배려 윤리 교육의 구체적인 방법〉

	1. 모범 보이기 (modeling)	① 배려의 본보기를 보여 주고 경험하게 하는 가운데 이를 본받게 하는 것이다. ② 배려를 가르치기 위해 배려라고 말하기보다는 학생들과 배려의 관계를 형성하는 것을 통해 배려를 보여 주어야 한다. ③ 학교에서는 이러한 배려의 모범이 교사와 학생 사이 그리고 학생들 서로의 사이 및 학교 구성원들 사이 모두에서 두루 보여져야 한다.
	2. 대화 (dialogue)	① 이해와 공감 그리고 인식을 위한 공동의 탐색 활동을 말한다. ② 교육이 설교하는 것이 아니라 인간 상호간에 교류하고 반응하는 과정이라고 본다. ③ 도덕적 대화는 형식적 측면에서 의견의 교환보다 대화의 상대자에게 더욱 중점을 두어 서로 격려해 주고 도와주며 인도해 주는 것이며, 내용적 측면에서 도덕적 문제들을 개방적인 방식으로 토의하는 것이다.
	3. 실천 (practice)	① 도덕적 태도와 정신이 경험에 의해서 형성되는 것이기 때문에 중요하다. ② 배려에 대해 말하거나 글로 써 보거나 하는 것만으로는 실질적인 배려의 태도와 성향을 기르는 데 미흡하므로 직접 배려를 실천해 보면서 이를 배우고 익히도록 해야 한다.
	4. 인정과 격려 (confirmation)	① 다른 사람 속에 있는 최선의 것을 찾아 인정하고 격려, 고무해 주는 행동을 말한다. ② 다른 사람 또는 학생들 속에 있는 어떤 우수한 점, 존경할만한 점 또는 수용할만한 점, 그들이 잠재적으로 가지고 있는 더 훌륭한 자아 등을 찾아서 이를 인정하고 그 발달을 격려해 주는 것이다.

개념 18 길리건 도덕성 발달단계

발달 단계	특징
1수준 - 자기 생존과 이기성 - 개인적 이익(생존) 지향	① 이 수준에서 여성들은 실용주의적으로, 그리고 자기중심적으로 자기 이익과 생존에 집착한다. 요컨대 자기 자신을 돌보는 것에만 몰두한다. ② 이 수준에서 여성들은 도덕성을 사회에 의하여 무력한 주체에게 부과된 제재들을 준수하는 것으로 본다. ③ 이 수준에서는 자기중심적이고 실용적 관점에서 도덕 문제를 해결하려고 한다. 즉, 다른 사람에 대한 고려가 결여된 가운데 자신에게 최상의 것이 무엇인가에 의해 최종적인 결정이 이루어진다.
1과도기 - 이기심에서 책임감으로의 이행	① 과도기 1에서 여성은 그녀가 원하는 것(이기심)과 그녀가 해야만 하는 것(책임감)의 차이를 인식하기 시작한다. ② 즉, 다른 사람과의 관계를 인식하고 무엇이 자신분만 아니라 다른 사람에 대해서도 책임 있는 선택인지 생각하기 시작한다.
2수준 - 책임과 자기희생 - 선과 타인에 대한 책임감의 동일시 - 자기 희생으로서의 선 지향	① 이 수준에서 여성은 사회가 관습적으로 기대하는 여성적 미덕에 대해 생각한다. 이 같은 관습적인 여성적 미덕은 여성 자신이 원하는 것을 다른 사람이 원하는 바를 위해 희생하게 만든다. ② 이 수준에서 여성은 자신을 돌보는 것은 타인에게 해가 될 수 있고 비판의 대상이 되거나 버림받을 가능성이 있다고 생각되기 때문에 위험한 것으로 판단한다. ③ 이 수준에서 여성은 이기심으로부터 타인에 대한 관심, 타인에 대한 중요한 책임감, 그리고 자기희생의 능력을 발달시켜 간다. ④ 도덕성과 자아 가치는 타인들을 보호하고 타인들에 대해 따뜻하게 배려하는 능력과 결합된다. ⑤ 이 수준에서 여성은 선을 자기희생 혹은 타인들을 기쁘게 하거나 타인들에게 따뜻한 배려를 해주는 것과 동일시한다. 어떤 문제가 모든 사람들의 최상의 이해관계 안에서 해결될 수 없을 때, 여성들은 그 문제를 타인에 대한 따뜻한 배려와 책임감의 견지에서 재정의하기 위하여 그녀 자신들의 선호들을 희생한다.
2과도기 - 동조에서 새로운 내적 판단으로의 이행 - 착함에서 진실로	① 과도기 2에서 여성은 다른 사람의 욕구뿐만 아니라 자기 자신의 욕구도 고려한다. ② 과도기 2에서 책임감의 개념은 자기 자신의 욕구와 이해관계를 포괄할 수 있도록 확대된다. 즉, 여성은 다른 사람에 대해 책임짐으로써 '착하게' 되기를 원하지만, 자기 자신에게 책임짐으로써 '정직하게' 되고자 한다. ③ 과도기 2의 핵심은 선에 대한 새로운 개념과 – 자아의 인정과 결정을 위한 책임감의 수용이 외적인 관계보다는 자신이 내부로 향하려는 움직임 – 을 향한 변화에 있다.
3수준 - 비폭력적 배려와 책임 - 자아와 타인 사이의 역동성에 초점 - 비폭력의 도덕성 지향	① 이 수준에서 여성은 더 이상 자신을 무력하거나 복종적인 존재로 여기지 않고, 의사 결정 과정에 있어서 적극적이고 동등하게 참여하는 타당한 참여자로 간주한다. ② 자기 자신과 타인 양자에게 최선이 될 수 있는 방법을 모색한다. ③ 타인은 물론 자신에 대한 책임의 중요성을 인식하고 자신과 타인 모두에게 상처를 주지 않는 방안을 모색한다. ④ 이 수준에서 도덕적 기초는 비폭력에 대한 확약과 모든 관련된 사람들에게 고통을 최소화하려는 의무이다. 이 수준에서 따뜻한 배려는 하나의 보편적 의무가 된다.

6절 교수·학습

학습지도 원리

1. 정합성의 원리	① 정합성의 원리란 수업 목표와 내용, 방법 사이에 논리적·실제적 일관성과 통일성이 이루어져야 함을 말하는 것이다. ② 어떤 방법이든지 그것이 독립된 자체로서 의미가 있는 경우는 드물다. 따라서 지도 방법을 선택할 때에는 도달하려는 목표와 다루는 내용의 성격을 잘 살펴 그것에 적절한 수단을 취하는 일이 무엇보다도 중요하다.
2. 인지화의 원리	① 인지화의 원리란 도덕 수업을 통해 옳고 좋은 삶에 대한 지적 기반을 잘 마련해야 함을 뜻한다. ② 따라서 무엇이 옳은지 그른지, 무엇을 해야 하고 또 하지 말아야 하는지, 그 이유와 근거는 무엇인지 등을 명확히 알고, 나아가 도덕적 문제 사태에서 옳고 좋은 행동이 무엇인지 바르게 사고하여 판단하고 합리적으로 의사 결정을 할 수 있도록 이끌어야 한다.
3. 심정화의 원리	• 심정화의 원리란 어떤 도덕적 가치 규범과 관련하여 이를 지적으로 이해하고 도덕적 문제 사태에서 바르게 판단하는 정도를 넘어, 그 가치 규범을 좋아하고 존중하며 이를 기꺼이 실천하고자 하는 의욕과 열정, 의지를 지니도록 이끄는 학습 지도의 원리이다.
4. 행동화의 원리	• 행동화의 원리란 교사가 도덕과 학습 지도 과정에서 학생들이 도덕적 가치 규범을 알고, 이를 실천하고자 하는 의욕을 지니게 함은 물론 이를 바탕으로 구체적인 생활 장면에서 그 가치 규범을 행동으로 실천하는 데까지 나아가도록 그에 필요한 행위 성향을 증진시키기 위해 노력하는 원리이다.
5. 통합성의 원리	① 통합성의 원리란 도덕적 가치 규범을 지도함에 도덕적 덕성과 인격의 인지적·정의적·행동적 측면이 조화롭게 형성되도록 지도 방법과 교수·학습 과정을 고려하는 원리를 말하는 것이다. ② 앞에서 도덕과 학습 지도가 인지화·심정화·행동화의 원리에 따라야 함을 보았다. 도덕과 수업에서는 이렇게 덕을 구성하는 세 측면 각각에 초점을 맞춰 들어가는 동시에 학습 지도의 전체 과정에서는 이들 세 측면을 조화롭게 형성하기 위한 노력 또한 기울여야 한다.
6. 지적·도덕적 발달 단계 고려의 원리	① 지적·도덕적 발달 단계 고려의 원리는 학생들의 인지적·도덕적 발달 단계를 고려하여 그 특성에 맞는 적절한 학습 지도가 이루어져야 한다는 것을 의미한다. ② 도덕성 발달에 관한 이론들을 종합해 볼 때 대체로 초등학교 저학년에서는 어떤 도덕적 가치 규범을 제시하고 이를 모방하거나 수용하게 하면서 칭찬, 시인, 보상과 같은 강화 기제나 벌 등을 적절히 활용하면서 반복, 실천하게 하는 것이 효과적이다. ③ 그러나 고학년으로 갈수록 도덕적 가치 규범에 대한 합리적 이해를 도모하고 건전한 신념화를 꾀하는 동시에 스스로 판단하고 합리적으로 결정, 선택한 후 이를 실천에 옮기도록 하는 방법을 추구해야 한다.
7. 자율적 탐구 학습의 원리	① 자율적 탐구 학습의 원리는 도덕과 교육에서 학생들이 스스로 문제를 해결하고 발견하며 창조하는 가운데, 앎을 재구성하고 깊이 깨달아 주체적인 신념과 태도를 형성하게 하고자 하는 원리이다. ② 이는 학습자의 능동적이고 목적 지향적인 활동에 의해 재구성 또는 발명 내지 창조되는 것이라고 보는 구성주의 교수·학습 이론과 맥을 같이하는 것이기도 하다.

개념 20 도덕과 수업의 기본적 과정·절차

도입(문제의식화)
- 도덕적 문제의식 갖기
- 학습 동기 일으키기
- 학습 문제 인식하기

인지적 접근 과정 (인지화/도덕 이성)
- 도덕적 지식·이해 심화하기
- 도덕적 사고·판단력 및 합리적 의사 결정력 기르기

정의적 접근 과정 (심정화/도덕 심정)
- 도덕적 감정·정서 기르기
- 도덕적 열정·의지 기르기

행동적 접근 과정 (행동화/도덕 행동)
- 도덕적 행위 기능·능력 기르기
- 도덕적 행동 성향·습관 기르기

정리 (확대 적용 및 생활화)
- 학습 내용 정리하기
- 보충·심화 학습하기
- 생활 속 확대 적용과 실천 생활화 장려하기

 **4단계 심층화 모델과 6수업 과정·절차**

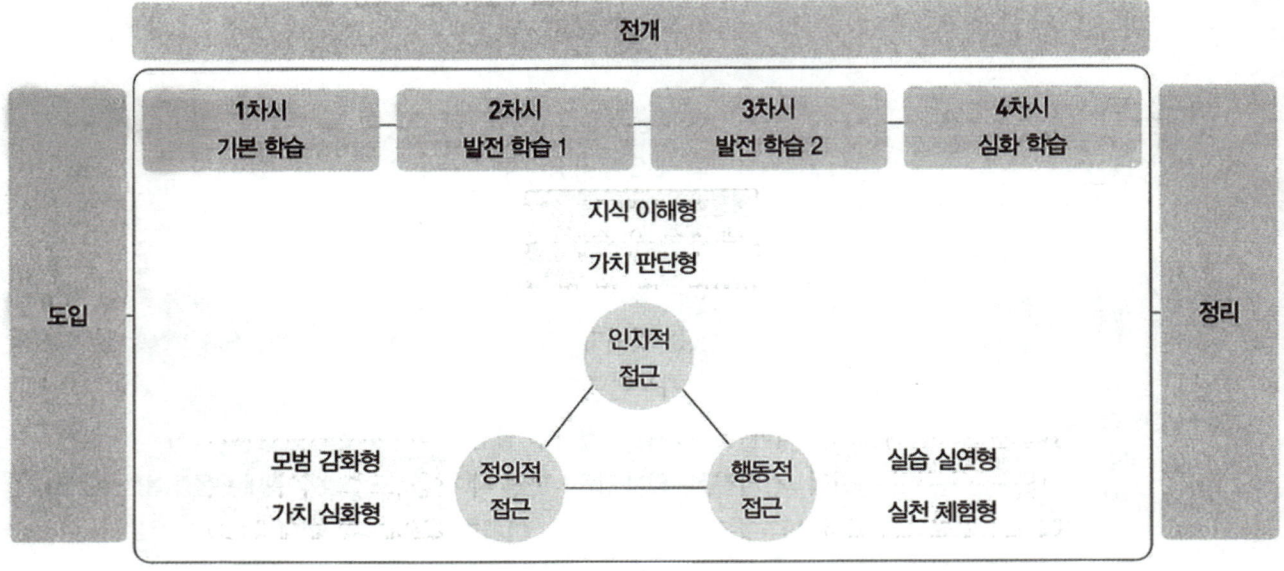

인지적 접근		정의적 접근		행동적 접근	
지식 이해형	가치 판단형	모범 감화형	가치 심화형	실습 실연형	실천 체험형
학습 문제 인식 및 동기 유발	학습 문제 인식 및 동기 유발	학습 문제 인식 및 동기 유발	학습 문제 인식 및 동기 유발	학습 문제 인식 및 동기 유발	학습 문제 인식 및 동기 유발
↓	↓	↓	↓	↓	↓
가치 사례 제시 및 관련 규범 파악	도덕적 문제 사태의 제시 및 분석	도덕적 모범의 제시와 관련 내용 파악	가치 사례의 제시 및 성찰	모범 행동의 제시 및 이해	실천 체험 주제 설정 및 계획
↓	↓	↓	↓	↓	↓
가치 규범 탐구 및 이해의 심화	도덕 판단·합리적 의사 결정의 학습	도덕적 모범의 탐구 및 감동 감화	가치 규범의 추구 및 심화	모범 행동의 실습 실연	실천 체험 학습 활동의 실행
↓	↓	↓	↓	↓	↓
도덕적 정서 및 의지의 강화	도덕적 정서 및 의지의 강화	도덕적 정서 및 의지의 강화	도덕적 정서 및 의지의 강화	도덕적 정서 및 의지의 강화	실천 체험 결과 발표 및 도덕적 정서·의지 강화
↓	↓	↓	↓	↓	↓
정리 및 확대 적용과 실천 생활화	정리 및 확대 적용과 실천 생활화	정리 및 확대 적용과 실천 생활화	정리 및 확대 적용과 실천 생활화	정리 및 확대 적용과 실천 생활화	정리 및 확대 적용과 실천 생활화

7절 수업 모형

개념 22 역할놀이 수업 모형

① 역할놀이는 샤프텔 부부(F. Shaftel and G. Shaftel)가 개발한 것으로서 학생들이 실제와 비슷한 도덕적 문제 상황과 그 속에서 있을 법한 생각과 행동, 그리고 해결 방안을 직접 연출하고 보고 느끼면서 도덕 학습을 해 나갈 수 있는 장점이 있다. 이런 점에서 역할놀이는 하나의 실제 연습이요, 사회 연습이라고도 할 수 있다.

② 역할놀이를 하면서 학생들은 주어진 사태에서 문제되는 것이 무엇인가, 어떤 생각과 행동을 할 수 있으며 그 결과는 어떠할 것인가, 어떤 가치와 규범을 택하는 것이 마땅한가, 이러저러한 의견과 행동에 대해 나와 다른 사람이 받는 영향은 무엇인가, 인간 상호 작용에는 어떤 태도와 기능이 필요한가, 또 인간 삶에 있어 일반적으로 존중받고 지켜져야 할 도덕적 가치 규범은 어떤 것들이어야 하겠는가 하는 등등에 대해 나름대로 깨달음을 얻고 이와 관련한 능력과 자세를 기르게 된다.

③ 학교 현장에서는 역할놀이와 함께 역할극도 많이 하는데, 양자는 극본의 제공 유무 및 자유로운 표현 여부와 관련하여 큰 차이가 있다.

역할놀이	역할극
• 역할놀이는 문제 상황만을 주고 등장인물들이 어떻게 말하고 행동할 것인지는 자유롭게 생각하고 판단하여 나타내도록 한다.	• 역할극은 문제 상황과 관련하여 극본을 미리 만들어 그에 따라 말하고 행동하도록 한다.

단계	내용
1. 역할놀이 준비	① 이 단계에서는 주로 역할놀이를 위한 분위기를 조성하고 문제 상황을 설정하는 일이 중심이 된다. ② 교사는 학생들의 생활 경험과 관련지어 다루고자 하는 문제나 주제에 대해 역할놀이를 해 보고 싶은 분위기를 조성하고 학생들의 학습 의욕을 높인다. ③ 예컨대, 정직과 관련하여 어떤 곤란한 상황이었던 경험 등을 상기시키면서 그러한 문제를 다루어 보고자 하는 학습 분위기와 문제의식을 조성하는 것이다.
2. 역할놀이 참가자 선정	① 준비가 끝나면 역할을 수행해 볼 학생들을 선정한다. ② 이때 어떤 역할을 할 것인지는 학생들의 의견과 자발적 참여에 맡기는 것이 바람직하다. ③ 연기를 적절히 수행할 수 있는 학생에게 맡기는 것도 좋은 방법이다. ④ 그러나 때에 따라서는 평소 행동이나 성격과 다른 역할을 맡았을 때, 의외로 이를 잘 소화해 효과를 배가시키는 학생들이 있으므로 이를 잘 고려한다. ⑤ 그러나 지나치게 모범 답안을 말하는 유형의 학생은 때로는 피하는 것이 좋으며, 학생들이 역할을 맡기를 두려워하거나 주저할 때는 적절히 격려하고 용기를 북돋워 줄 필요가 있다.
3. 무대 설치	① 역할놀이 참가자를 선정한 다음에는 무대 설치를 도모한다. ② 무대 장치라고 해서 본격적인 연극 무대와 같이 꾸밀 필요는 없다. ③ 칠판에 그림을 그리거나 붙이고 간단한 소도구를 이용하여 어느 정도 분위기를 조성하는 것으로도 무대는 꾸며질 수 있다.
4. 참여적 관찰자로서의 청중의 준비	① 청중의 자세를 잘 준비시키는 일도 매우 중요하며 특히 참여적 관찰자가 되도록 하는 일이 긴요하다. ② 무심한 방관자나 지나치게 간섭적인 관여자는 모두 바람직하지 못하다. ③ 또한, 집중해서 들으면서 놀이 과정을 정확하게 이해하고, 그 속에서 제기된 주장과 의견, 행동 등에 대해 주의 깊게 느끼고 생각하고, 판단하고 평가할 수 있는 청중이 되도록 할 필요가 있다.
5. 역할놀이 시연	① 연기자들은 주어진 상황에서 자기 맡은 역할을 시연하면서 다른 역할자가 하는 말과 행위에 대해 반응한다. ② 이때 중요한 것은 연기자의 훌륭한 연기력이 아니라 자연스러운 역할 수행, 표출되는 생각과 행동, 제시된 상황을 해결하는 방법이다. ③ 연기자들이 이러한 점에 유념하며 자기의 느낌과 생각, 견해를 나타내도록 지도해야 한다.
6. 토론 및 평가	① 역할놀이를 했으면 반드시 그 과정과 결과에서 일어난 것들을 중심으로 하여 토론하고 의미 있는 역할놀이였는지 평가해 본다. ② 이렇게 서로의 견해를 주고받으면서 보다 심층적으로 반추해 보는 과정을 통해 자신의 생각을 명료하게 인식하고 심화하고 정착시킬 수 있다. ③ 이러한 이유로 해서 우리는 이 단계를 역할놀이를 통해 얻은 경험을 음미하고 심화하는 단계라고 부를 수 있다.
7. 재연	① 일련의 역할놀이를 한 후 교사와 학생들은 다른 각도에서 역할놀이를 다시 해 볼 수 있는데 이를 재연이라고 한다. ② 이때 문제 해결의 관점, 방향, 방법 등을 달리 시도해 볼 수 있다. ③ 또한, 배역을 맡은 학생들은 토론 과정에서 다른 학생들이 내놓은 의견 등을 참조하여 자신의 주장이나 견해를 바꾸어 역할을 해 볼 수도 있다.
8. 경험의 공유와 일반화	① 역할놀이의 마지막 단계로 구성원들이 서로 논의하면서 경험을 나누고 일반화하는 것이다. ② 이 단계에서는 수업 목표와의 관련 속에서 그동안의 역할놀이 과정에서 의미 있게 제기된 점들과 중요한 논점들에 대해 전반적인 논의를 시도하면서 경험과 의미를 공유하고 일반화한다.

 **개념분석 수업 모형**

① 정의라는 가치규범과 관련하여 그것은 특별한 이유가 없는 한 사람을 차별하지 않는 것이라고 이해하고 있는 사람과, 정의란 우월한 힘을 가지고 있는 사람의 의사를 존중하고 따르는 것이라고 인식하고 있는 사람 사이에는, 문제를 보는 시각과 해결 방안 그리고 그 결과 산출에 엄청난 차이가 있게 된다. 이 차이가 도덕과 교육에서 개념 분석 모형이 필요한 이유이다.

② 여기서 개념 분석 모형은 윌슨(J. Wilson)이 개발한 것으로, 이러한 도덕 교육적 측면에서의 개념 분석 교육의 원형은 소크라테스에서 찾아볼 수 있다. 그는 도덕적 진리를 탐구하는 논쟁이나 아테네의 젊은이들을 가르치는 과정에서 덕, 용기, 정의 등과 같은 도덕적 개념들의 참다운 의미를 분석하면서 이에 대한 올바른 이해를 도모하고자 하였다.

1. 분석될 가치 개념의 확인	① 먼저, 개념적 문제와 규범적 문제를 분명히 구분하면서 분석될 가치 개념을 확인한다. ② 무엇을 해야 마땅한가 하는 규범적인 문제와 무엇이 어떤 의미가 있는지를 밝히는 개념적 문제를 구분하여 확인하는 것이다. ③ 예를 들어 우정을 위해 절약을 접어 두어야 하느냐는 규범적 문제 이전에 도대체, 우정과 절약이 각각 무엇을 의미하는가라는 개념적 문제를 확인해야 한다.
2. 개념의 전형적인 사례와 개념에 반대되는 사례 탐구	① 도덕적 가치 개념을 탐구하는 시간에 국어사전을 갖다 놓고 낱말 뜻을 풀이하는 것은 못할 일은 아니지만 그리 바람직한 일은 못 된다고 할 것이다. 그러한 방식은 개념의 언어적 의미를 단순하게 파악시키는 데는 공헌할지 몰라도, 그 개념의 도덕적 의미를 깊이 이해시키고 그 이해 과정에서 개념에 담겨 있는 가치와 규범적 함의를 자각하고 내면에 깊이 자리하게 하는 데에는 별로 도움이 되지 못한다. ② 여기서 권장할 만한 방안으로 제기되는 것이 그 개념과 관련도니 전형적인 사례와 반대되는 사례를 찾아보는 일이다. ③ 이는 어떤 개념을 제대로 이해하기 위해서는 그 개념에 해당하거나 해당하지 않는 속성, 특징, 본보기 등을 찾아내어 정확히 파악하는 일이 필요하다는 점에서 당연히 요청되는 것이기도 하다. 이러한 과정을 통해 학생들은 스스로 개념의 의미와 속성 및 특징을 구성해 낼 수 있게 된다.
3. 개념의 경계에 해당하는 사례 확인	① 그 개념에 해당하는 전형적인 그리고 반대되는 행동 사례를 구체적으로 들면서 의미를 형성한 후, 그 경계에 해당하는 경우들을 검토하면서 개념의 의미를 보다 명료화한다. ② 예를 들어, 절약이라고 하면 어디까지가 절약이며 어디서부터 인색 또는 낭비인지를 생각해 보도록 하는 것이다.
4. 그 개념과 관련된 개념의 분석	① 이는 도덕 개념을 보다 넓은 범위에서 논리적, 경험적으로 분석하는 것이다. ② 이렇게 확대 분석하면서 그 수업에서 다루고자 하는 주된 도덕 개념의 의미를 보다 명료화하고 깊이 이해할 수 있다. ③ 예를 들어 절약과 관련된 개념으로서 절제, 검소 등은 어떻게 관련되고 어떻게 차별화되는지 등을 살펴보는 것이다.
5. 가상적인 사태에의 적용	① 가상적인 사태를 검토하는 것은 그 도덕 개념의 실제적 적용을 생각하면서 의미를 깊이 이해하게 하고 또 내면화시키고자 하는 데 있다. ② 이것을 통해, 실제로 경험해 보지 않은 일까지 가상하여 개념의 의미를 점검해 볼 수 있다. ③ 예를 들어 마을에 홍수가 나서 수해를 입은 이웃이 있을 때 내가 그리 넉넉하게 살지 못한다고 해서 그 이웃을 돕지 않고 식량과 옷가지 등으로 그 이웃을 돕지 않고 아껴 두는 것이 진정 절약인가를 생각해 보도록 하는 것이다.
6. 분석된 의미의 수용 여부 검토와 정리	① 지금까지 분석된 도덕 개념의 의미를 일상적인 언어생활에 비추어 그것이 수용할 만한 것인가를 검토하는 것이다. ② 설사 수업과정에서 분석을 통해 개념의 의미에 합의를 보았다 하더라도 그것이 일상의 언어생활과 동떨어지거나 의사소통에 장애를 주는 정도라면 일단 그 수용 여부를 다시 생각해 볼 필요가 있기 때문이다. ③ 그리하여 이러한 과정을 거쳐 보다 타당하고 적절한 개념 이해를 도모하도록 한다.

개념 24 가치분석 수업 모형

① 이 모형은 도덕적 문제 해결을 위한 합리적 가치 판단과 결정에 대해 지적·경험적 접근을 추구하는 데 주요 특징이 있다. 특히 이 모형의 특징은 가치 판단의 합리성을 확보하기 위해 사실적 증거의 문제를 중시하는 한편 의사 결정에 사용된 가치 원리의 정당성을 확보하고자 노력한다는 점이다.

② 멧커프(L. E. Metcalf)와 쿰스(J. R. Coombs), 뮥스(M. O. Meux) 등과 같은 이 모형의 주창자들은 가치 문제를 자세히 분석하고 검토하는 목적은 바로 학생들이 가장 합리적인 의사 결정을 하도록 돕는 데 있다고 밝혔다. 그리고 이들은 학생들이 가치 문제에 대해 심사숙고하게 하고, 그들이 집단 내 타인들과의 사이에서 발생하는 가치 갈등을 해결하는 방법을 습득하도록 하는 한편, 합리적 가치 결정을 내리는 데 필요한 능력과 성향을 발달시키도록 필요한 학습 경험이 주어져야 함을 주장한다.

1. 도덕적 문제 사태의 제시	① 수업의 첫 단계는 도덕적 문제 사태를 제시하는 것으로부터 시작된다. 이때 문제 사태를 제시하는 방식은 다양하게 모색할 수 있다. ② 그리고 제시된 문제 사태는 충분히 그리고 정확하게 파악하도록 한다.
2. 가치 문제의 확인과 명료화	① 제시된 문제 사태에 관련된 가치 문제가 무엇인지 확인하고 명료화하는 단계로 나아간다. ② 이때 가치 문제를 분명히 진술하고 그 속에 담긴 용어, 개념을 분석하고 그 의미를 명확히 한다. ③ 이는 가치 문제에 부딪혔을 때 흔히 나타나는 혼란이 진술과 용어의 모호성으로부터 비롯되기 때문에 이를 제거하거나 감소시키기 위한 것이다.
3. 자기 입장의 설정 및 사실적 타당성 탐색	① 가치 문제에 대해 자기 뜻을 나타내도록 한다. ② 자기 뜻을 해당 가치 문제에 대한 찬성과 반대 또는 다른 어떤 대안의 제시 등으로 나타날 수 있다. ③ 입장 설정의 주체는 수업의 형태에 따라 학생 개인 또는 집단일 수 있다. ④ 어떤 경우이든 그것에는 사실적 근거에 의한 주장의 정당성이 확보되지 않으면 안 된다. ⑤ 그리고 자기 뜻을 뒷받침해 줄 사실적 근거의 진위를 확인하고 타당성을 탐색해 본다.
4. 잠정적 가치 결정 및 가치 원리의 검사	잠정적 가치 결정을 하고 그것의 밑바탕에 깔린 가치 원리를 새 사례 검사, 포함 관계 검사, 역할 교환 검사, 보편적 결과 검사 등을 통해 검토하면서 그 정당성을 생각해 보도록 한다. ① 새 사례 검사는 판단에 사용된 가치 원리가 유사한 다른 사례에 일관되게 적용될 수 있는지를 검토하는 것이다. ② 포함 관계 검사는 그 가치 원리가 더욱 일반적 가치 원리로부터 타당하게 추론될 수 있는지를 따져 보는 것이다. ③ 역할 교환 검사는 가치 원리에 기초한 결정에 따라 심각하게 영향을 받을 개인이나 집단들과 태도를 바꿔 놓고 생각해 보도록 하는 것이다. ④ 보편적 결과 검사는 모든 사람이 그러한 가치 원리에 따라 행동할 경우 그 보편적으로 나타날 결과를 받아들일 수 있겠는가를 검토해 보도록 하는 것이다.
5. 입장의 수정 및 의사 결정	① 자신이 의거한 가치 원리가 타당한지를 검사한 다음에는 입장의 수정 및 의사 결정의 단계로 나아간다. ② 학생들은 자신의 주장에 결함이 있거나 정당성이 부족할 경우 이를 수정하면서 더욱 타당한 관점에 입각한 가치 판단 또는 의사 결정을 추구하게 된다.
6. 실천 동기 강화 및 일상생활에의 확대 적용	• 마지막으로 교사는 가치 분석 수업을 통해 학생들이 내린 타당한 가치 판단이나 의사 결정과 관련해서 실천 동기를 부여하고 또 구체적인 생활 속에 확대 적용하면서 실천해 나가도록 이끈다.

 **가치 갈등 해결 수업 모형**

① 올리버(D. Oliver)와 쉐이버(J.P.Shaver)는 인간 사회에서 발생하는 대부분의 논쟁과 갈등은 사실의 문제와 정의의 문제 그리고 가치의 문제를 중심으로 발생한다고 보고, 이를 중심으로 차이와 갈등을 합리적으로 해결해 보도록 하자는 법리적 모형을 개발한 것이다.

② 따라서 이 모형에 뿌리를 둔 이른바 가치 갈등 해결 수업 모형은 사용되는 용어, 개념의 의미를 명확히 하거나 합의를 하는 일, 사실적 증거에 따라 부딪치는 관점과 주장들이 타당성을 확보하는 일, 각각의 가치 입장을 지지하는 사회적 가치 규범이나 도덕 원리가 무엇이며 어떤 가치 입장이 더 근원적인 원리로부터 지지를 받고 있고 또 어느 것을 우선하거나 아니면 조화를 모색해야 하는지 검토하는 일 등을 중심으로 가치 판단 내지 의사 결정을 도모해 가는 특징을 보이게 된다.

1. 도덕적 문제 사태 제시	① 첫 번째 단계는 도덕적 문제 사태를 제시하는 것이다. ② 이때 문제 사태에는 규범 간의 갈등이 내포되어 있어야 하며, 이 문제 사태는 학생들의 관심과 흥미를 끌고 이해 범위에 맞으며, 그들의 생활 경험과 관련되는 것일수록 좋다.
2. 관련 규범 확인 및 의미 파악	① 문제를 해결하려면 무엇이 문제를 일으키고 있는지를 명확하게 알아야 한다. ② 예컨대 물에 빠진 사람들을 구하는 생명 존중의 가치와 우승을 하여 금메달을 얻는 자기 성취 및 명예라는 가치 사이의 갈등과 같은 것을 확인하는 것이다. ③ 가치의 문제 측면에서 이렇게 관련 가치 규범을 확인했으면 그 규범이 의미하는 바가 무엇인지 명확하게 하는 일이 필요하다. ④ 이는 갈등 사태에 관련된 가치 용어, 개념의 의미를 명백히 할 필요가 있다는 점과 수업을 통해 가치 규범의 합리적 이해를 도모하는 일이 중요하다는 점에서 중요한 의의를 갖는다.
3. 문제 사태의 성격 분석	① 다음에는 문제 사태에 있는 여러 가지 사실 관계와 상황적 특성을 분석하는 일이 중요하다. ② 이처럼 문제 사태를 분석하는 일은 사실의 문제와 중요하게 관련되는데 가치 규범 간의 관련성에서 판단의 증거를 세우고 해결을 위한 다양한 방안을 생각하는 데 긴요한 요건이 된다.
4. 자기 입장의 선택과 정당화	① 이와 같은 과정을 거친 후 자기의 입장을 정하고 그것을 정당화한다. ② 갈등을 일으키는 규범 사이에서 자기가 어떤 규범에 따를 것인가를 결정하는 것이다. ③ 여기서 중요한 것은 단순히 자기의 입장을 정하는 정도가 아니라 그것을 나름 타당하다고 보는 사실적 근거에 의해서 그리고 자신이 옳다고 보는 가치 관점에 따라 자기 의견을 제시하도록 해야 한다는 점이다. ④ 이러한 자기 입장의 선택과 정당화는 학생 개인별로 이루어질 수도 있고 소집단별로 이루어질 수도 있을 것이다.
5. 자기 입장의 수정 및 대안 숙고	① 여러 논의의 과정을 통해 학생들은 자기의 입장이 도덕 원리와 가치 관점, 사실적 근거 등에 비추어 볼 때 타당한 것인지, 어느 관점과 그 근거가 보다 타당한지를 생각하게 된다. ② 그리고 자신의 입장을 바꾸거나 새로운 대안을 찾아야 할 필요성을 느끼게 될 수 있는데, 이러한 점을 고려하여 이 단계에서 교사는 그러한 입장 수정과 대안 모색의 기회를 부여하면서 보다 타당한 결정에 이르도록 수업을 이끌어 가게 된다. ③ 그리고 이 과정에서 이와 같은 수업을 하는 근본 이유, 즉 학생들의 도덕적 사고와 판단 능력의 성장을 꾀하고 합리적 도덕성으로의 발전을 도모하는 일을 추구해 갈 필요가 있다.

 **가치 명료화 수업 모형**

1. 특징	① 래스(L.E.Raths) 등에 의해 개발된 가치 명료화 수업 모형은 불확실성과 가치 혼동을 그 특징으로 하는 현대 사회에서 많은 사람들이 무엇이 바람직한 행위인지를 깊이 심사숙고해 보지도 않은 채 단순한 충동이나 감각적 선택에 의해 삶을 살아가고 있다고 진단한다. 그리하여 이를 극복하기 위해 학교는 학생들에게 이성적이고도 깊은 자기 성찰에 기초하여, 자신이 스스로 선택하고 이를 소중히 하고 존중하면서 생활 속에서 능동적으로 행위할 수 있는 능력을 길러 주어야 한다고 주장한다. ② 따라서 이 모형은 자기의 가치에 대한 명료한 인식과 이성적이고도 합리적인 의사 결정, 그것에 대한 정서적 애착과 존중, 그리고 이를 바탕으로 자기 주도적인 삶을 영위해 나갈 수 있는 개인의 능력을 강조하는 데 중요한 특징이 있는 것이다.	
2. 장점	① 이 모형은 특정 가치를 강조하여 가르치기보다는 가치를 획득하는 과정, 즉 개인의 가치화 과정을 중시하는 방향으로 나아간다. 그리하여 이 모형은 가치와 과정에서 중요 요소가 된다고 보는 선택(choosing), 존중(prizing), 행위(acting) 등의 측면에 따라 7단계 가치화 과정을 구상, 제안하고 있다. ② 이 모형은 도덕적 상대주의의 조장 위험 등 여러 가지 문제점이 지적되기도 하나 그 나름대로 중요한 장점들을 또한 지니고 있다. ③ 이 모형은 학생들의 올바른 가치 선택과 바람직한 태도 형성을 위해 수업 과정에서 쓸 수 있는 대화 전략, 쓰기 전략, 토론 전략, 결과 인식 확대 전략 및 그 외 다양한 방법들을 구안, 제시해 주는 장점이 있다.	
3. 단계	(1) 도덕적 문제 사태의 제시	① 문제 사태는 규범 간의 갈등 요소들이 담겨 있고, 여러 가지 행동의 방안들이 강구될 수 있는 것으로 제시한다. ② 물론 학생들의 생활과 관련되어 있고, 그들의 이해 범위에 알맞으면서 관심과 흥미를 일으키는 것이어야 한다.
	(2) 선택	① 문제 사태에서 어떤 행동 방안을 택할 것인지, 그 밑바탕에 깔린 가치 입장은 어떤 것인지, 왜 그렇게 해야 한다고 생각하는지 등의 자기 입장을 선택하고 그것을 정당화하게 한다. ② 이때 자유롭게 선택하고 여러 대안들로부터 선택하며 대안들의 결과를 심사숙고하여 선택하기 등의 과정을 거치는 것이 중요하다.
	(3) 존중	① 다음에는 자기가 선택한 바에 대해 그것을 스스로 받아들이고 공적으로 확인할 수 있는지를 생각해 보게 한다. ② 교사는 가치 선택의 정서적 측면을 고려하기 위해 선택한 바를 소중히 하고, 자기가 선택한 것이 만족스러운지, 그리고 선택한 바를 다른 사람들에게 기꺼이 확언할 수 있는지를 검토해 보게 함으로써 그 정당성과 수용 여부를 성찰해 보도록 한다.
	(4) 행동	① 가치 명료화 수업 모형에 따르면 가치에 대한 선택과 존중 다음에는 그것을 실제 행동으로 구현해 갈 것인지의 여부를 검토하는 단계로 나아가게 된다. ② 자기가 선택한 바를 행동으로 나타내고 또 그것이 생활 속에서 지속적으로 반복 실천되어야만 진정한 그의 가치라고 말할 수 있기 때문이다. ③ 따라서 교사는 이러한 측면들을 지어 보게 하면서 자기의 가치 입장을 보다 명료하게 하도록 이끄는 일, 학생 개인 차원이나 모둠 또는 학급 차원에서 바람직한 가치 추구의 방향을 존중하고 격려하여 실천으로 나아가도록 하는 일 등을 추구할 수 있다.

개념 27. 합리적 의사 결정 수업 모형

① 프랭켈(J.R.Fraenkel), 엥글(S.H.Engle) 등이 제시하고 있는 합리적·도덕적 의사 결정 모형은 선택해야 하는 갈등의 문제 사태에서 반성하며 숙고한 지식과 가치를 바탕으로 최선의 해결 방안을 도출해 내는 능력과 품성을 기르는데 주안점을 둔다.
② 프랭켈은 의사 결정에 있어 사실과 지식의 중요성과 그 활용, 대안의 고려와 결과의 탐색, 가치 갈등 분석의 일정한 절차와 활동, 감정과 느낌의 중요성 등을 강조하고 있으며, 엥글은 의사 결정 접근이 타당하게 되려면 두 가지 수준, 즉 사실을 다루는 수준과 가치를 다루는 수준이 적절해야 함을 역설하고 있다.
③ 이러한 점을 고려하여 여기에서는 적어도 사실적 정보와 지식을 중시하고 대안과 그 결과를 고려하여 선택과 결정을 도모하는 한편 그 선택과 결정에 사용된 가치 원리의 정당성을 확보하는 일 등을 중요하게 내포하는 도덕과 수업에서의 합리적 의사 결정 모형을 생각해 보고자 한다.

1. 도덕적 문제 사태의 제시와 분석	① 수업의 첫 단계는 문제 사태를 제시하고 사안을 구체적으로 분석하는 것으로 시작한다. ② 물론 문제 사태는 관점이나 견해의 부딪침과 가치 갈등, 여러 가지 해결 방안의 가능성 등이 담긴 것이어야 한다.
2. 관련 규범의 확인 및 그 의미와 타당성 파악	① 갈등을 일으키는 가치가 무엇인지를 파악하는 것은 문제 해결을 위해 중요한 일이기 때문에 관련 규범을 찾고 그 가치 규범의 의미와 타당성을 파악한다. ② 이때의 의미 파악은 개념분석 수업모형의 여러 방법을 동원하여 활용할 수 있다. ③ 가치규범의 타당성을 알아보는 경우에는 상위 도덕원리로부터 연역적으로 추론해 보는 방식과 학생들의 경험이나 사실적 지식, 정보 등을 통해 귀납적으로 검토해 보는 방식 모두를 활용할 수 있다.
3. 여러 대안의 설정과 각 대안의 결과 검토	① 가치갈등해결이란 하나 또는 그 이상의 바람직한 대안 중의 하나를 선택하는 것이다. ② 그것은 창조적 대안을 발견하는 일이라고 할 수 있다. ③ 따라서 합리적 의사 결정에는 어떤 대안이 가져올 장·단기적으로 가능한 결과를 고려한 선택이 요구되며, 학생들은 그러한 대안과 그것의 결과를 토론을 통해 검토할 기회를 가져야 하는 것이다.
4. 대안의 선택 및 정당화	① 문제 해결을 위한 대안을 마련하고 그 결과를 검토한 후에는 자기가 옳다고 보는 대안을 선택하고 그 정당성을 제시하면서 논의하는 단계로 나아간다. ② 이 단계에서 학생들은 자기가 대안의 정당성을 주장하기 위해 여러 가지 논리와 증거를 제시하고 이를 논의한다. 물론 이 과정에서 사실적 증거와 예측, 가치 관점에서 타당한 논변들이 제기되고 또 검토되도록 한다.
5. 대안 선택의 수정 및 잠정적 의사 결정	① 이러한 논의의 과정을 거친 후 마지막으로 자신이 선택한 대안과 입장을 수정하면서 의사 결정을 하는 단계로 나아간다. ② 이 단계에서 학생들은 여러 가지 요소를 고려해 보고 자신의 분석과 판단을 바탕으로 결정을 시도하게 된다. ③ 물론 내려진 결정에 대한 비판과 수정의 가능성은 항상 열려 있으며, 이러한 교육으로 자기 생각을 변화시키고 결정을 수정할 수 있는 민주 시민으로서의 태도와 자질을 기르게 되는 것이다.

개념 28 집단 탐구 수업 모형

① 집단 탐구 수업 모형은 집단 과정과 탐구 과정이 결합된 모형이다. 원래 이 집단 탐구 수업 모형은 두 부류의 학자들로부터 도출된 것이다. 하나는 학습에서 집단 과정의 교육적 가능성을 강조한 시카고 대학의 셀렌(H.A.Thelen) 등의 학자들이고, 다른 하나는 사회 과학 연구 방법으로서의 탐구 과정을 학습에 도입할 것을 강조한 미시간 대학의 리피트(R.Lippitt) 등의 학자들이다. 셀렌 등은 학생들은 그 대상이 무엇이든 간에 그들이 탐구하려고 하는 문제에 대해 도움을 받아야 하는바 집단 탐구는 이러한 필요에 부응할 수 있으며, 나아가 소집단 탐구를 통해 학생들은 교과목 내용의 학습분만 아니라 협동적인 학습 태도도 배울 수 있다고 보았다.
② 한편, 리피트 등은 학생들은 연구하는 과학자의 방법을 사용하여 정보를 처리할 수 있어야 하는바 집단 탐구가 이러한 능력을 기르는 데 공헌할 수 있으며, 동시에 그 같은 경험을 통해 학생들이 정보를 수집, 분석, 종합, 일반화함으로써 지식이 도출된다는 것을 알게 된다고 믿었다.
③ 이 집단 탐구 수업 모형은 사회과, 과학과 같은 사실을 다루는 학습 활동을 염두에 두고 고안된 것이지만, 문제를 탐구하는 과정에서 가치에 대한 자각과 신념화, 도덕적 사고, 판단력과 실천력 등도 함께 육성할 수 있기에 도덕과 교육에서도 유용하게 활용할 수 있다. 실제로 집단 탐구로 학습하면 배우는 내용을 더욱 잘 이해하게 되고 바람직한 태도를 형성하는 데에도 유리한 것으로 알려져 있다.
④ 또한, 집단 내에서 같은 목표를 향해 나아가는 과정에서 논의하고 해결을 추구하는 가운데 떠오르는 생각을 명료화하고 가치를 내면화하며 사회적 상호 작용에 필요한 기능들을 보다 능률적으로 습득하는 효과를 거둘 수 있게 된다.

1. 탐구 문제의 설정	① 집단 탐구를 하고자 할 때 우선 할 일은 문제 상황을 제시하는 것이다. ② 예컨대, 질서 있는 생활에 관한 수업을 하고자 하면 읽기 자료나 사진, 시청각 자료 등을 통해 그것과 관련된 상황을 부각하는 것이다. ③ 이 문제 설정은 이후에 전개될 집단 탐구의 과제가 되기 때문에 그 수업을 통해 학습되어야 할 내용과 관련하여 주의 깊게 선택돼야 한다.
2. 탐구 계획의 수립	문제가 파악되면 이어서 탐구를 위한 집단을 조직하고 탐구 문제를 세분화한 후 이를 어떻게 접근하여 결과를 산출하며 또 그 산출된 결과를 어떻게 보고할 것인지 등에 관해 계획을 세운다.
3. 탐구의 실시	① 이러한 과정을 거친 후에는 실질적인 탐구 활동에 들어가게 된다. ② 이 탐구 활동 기간은 과제의 성격과 계획 여부에 따라 단시간으로부터 더욱 긴 시간까지 다양하게 모색될 수 있다. ③ 중요한 것은 탐구 활동을 하는 중에 교사의 세심한 관심과 지도가 필요하다는 점이다. ④ 종종 집단 탐구란 모든 것을 학생들에게 맡겨 놓는 것으로 생각하는데 이것은 잘못된 생각이다. 교사는 탐구 활동이 제대로 추진되는지 살펴보면서 잘못된 방향은 잡아 주고 어려움이 있을 경우 격려와 지원 등을 해 주어야 한다.
4. 탐구 결과 발표 및 논의	① 탐구 활동이 끝나면 그 결과를 발표하고 논의한다. 이 과정은 경험의 정련화와 공유 및 일반화를 이루어내기 위해 반드시 거쳐야 한다. ② 각 집단은 그들이 탐구한 것을 요약, 정리하고 해석하여 결론을 내리고 그 근거와 이유를 밝히면서 발표한다. ③ 이 과정에서 각 집단이 탐구한 결과와 얻어진 경험들을 서로 논의하고 교류함으로써 세련화, 내면화될 수 있으며 나아가 최초에 설정한 학습 문제를 중심으로 종합하게 되는 것이다.
5. 종합 정리 및 평가	① 마지막으로 탐구 결과를 종합하여 정리하고 탐구 활동 및 결과를 평가하게 된다. ② 탐구 결과를 다양한 방식으로 발표하고 종합화된 결과를 게시한다. ③ 또한, 지금까지의 탐구 활동과 그 결과에 대한 평가도 해 본다. ④ 여러 가지 측면에 대한 반성과 검토를 통해 더욱 나은 탐구를 하는 데 필요한 능력과 자질을 기를 수 있도록 하는 것이다.

 **도덕적 토론 수업 모형**

1 개관

① 콜버그(L.Kohlberg)와 그 계열의 라이머(J.Reimer) 같은 학자들이 제시하고 있는 도덕교육 방안은 교실에서의 도덕 딜레마 토론을 통한 접근과 정의로운 공동체 학교를 통한 접근으로 크게 나눌 수 있는데 도덕 수업에 더 관련되는 것은 전자의 접근이라고 할 수 있다.
② 도덕 딜레마 토론 수업 모형은 바로 이러한 교실에서의 도덕적 문제에 관한 토론을 통해 도덕 판단력을 증진하고자 하는 데 중점을 두고 개발된 것이다.
③ 도덕 판단이란 주어진 문제 사태에서 무엇이 옳고 그른지, 무엇을 행해야 마땅한지를 결정, 선택하는 것을 의미한다. 이러한 인간의 도덕 판단 능력은 낮은 단계에서 높은 단계에 걸쳐 위계화되어 있다. 3수준 6단계론은 이를 가리키는 것이다.
④ 교실에서의 도덕적 토론을 통한 접근의 요체는 그러한 논의와 숙고의 과정을 통해 도덕적 사고력과 판단력을 증진하고 도덕 단계의 진보를 촉진하고자 하는 것이다.
⑤ 이때 도덕적 사고력·판단력을 증진시키기 위해서는 학생들이 가지고 있는 선에 관한 앎에 불만족·인지적 불균형을 불러일으키는 한편, 더 높은 단계와 접촉, 교류하는 일이 중요한데 이렇게 함으로써 인간의 바람직한 삶에 관한 학생들의 관점을 변화시키고 삶을 재구성하게 하며 도덕적 사고 구조와 판단 능력의 진보를 이루어 가고자 하는 것이다.
⑥ 이러한 수업에서 교사는 매우 중요한 역할을 하는 데 학생들의 도덕적 사고를 자극하고 촉진할 수 있도록 필요한 발문들을 적절히 하면서 탐색, 교수, 제시, 강조, 안내 등과 같은 일을 해야 한다.

2 좋은 딜레마 조건 (도덕교육론)

(1) Galbraith & Jones

딜레마 상황은 대상자들의 삶, 내용 혹은 오늘날의 사회생활에 초점을 두어야 한다.	왜냐하면 딜레마 상황은 실제 상황으로 고려되어야 하기 때문이다.
중심인물이 있어야 한다.	① 딜레마는 주인공 혹은 중심인물로 이루어진 주요집단이 있어야 한다. ② 학생들은 중심인물 혹은 주인공이 어떻게 해동해야 하는지에 대한 도덕 판단을 내려야 하기 때문이다.
선택 상황이 포함되어야 한다.	① 이야기 혹은 상황에는 주인공의 선택이 포함되어야 한다. ② 딜레마 속의 주인공은 갈등적인 두 가지 행동들 중에서 하나를 선택해야 한다. ③ 각 딜레마는 주인공에게 진정한 갈등이 되어야 한다.
도덕 주제들을 포함해야 한다.	① 도덕 딜레마에는 다음과 같은 주요한 도덕주제들을 포함해야 한다. ② 사회적 규범, 재산권, 시민자유, 사회적 수용, 생명, 권위, 개인의 양심, 처벌, 계약, 진리 등 딜레마를 접한 토론자들은 위의 한 주제에 초점을 두고자 할 것이다. ③ 이때 토론자는 딜레마에 포함되어 있는 각각의 도덕적 주제들과 관련 있는 적합한 인물들을 준비해야 한다.
"해야 하는가?"의 질문이 사용되어야 한다.	① 각각의 도덕적 딜레마의 끝에는 주인공이 이러한 상황에서 어떻게 해야 하는가를 묻는 질문을 포함해야 한다. ② "해야 하는가"로 묻는 이유는 토론자로 하여금 도덕적 판단을 내리도록 유도하기 위함이다.

(2) 콜버그와 셀먼(Kohlber & Selman, 1972)
　① 학습자에게 친근한 또래의 어린이나 동물이 등장하며 학습자의 흥미를 유발하는 내용으로 구성되어 있어야 한다.
　② 갈등을 유발하는 두 가지 이상의 선이 반드시 포함되어 있어야 하며, 이 갈등은 학습자의 도덕 수준에 맞아야 한다.
　③ 이야기 중에 사건이나 등장인물의 대화를 통해 다양한 수준의 도덕적 추론이 제시되어야 한다.

3 수업 절차

1단계 : 도덕적 문제 사태 제시

> 1. 문제 사태는 학생들의 생활 경험을 반영하고 그들의 이해 능력에 맞는 것이어야 한다.
> 2. 가상적인 것과 그 학급에서 당면하고 있는 현실적인 문제 모두 사용할 수 있다. 단 가치 탐구가 제대로 이루어지기 위해서는 그 문제 사태가 규범 간의 갈등을 내포하고 있는 성질의 것이어야 한다.

(1) 가상적인 문제 사태는 학생 자신이 직접적으로 관련되어 있지 않기 때문에 개인적인 이해관계를 넘어 다소 초연한 입장에서 탐구하면서 그 문제 사태와 관련된 도덕 원리를 일반화하기가 쉽다는 장점이 있는 반면, 현실감이 떨어지기 때문에 단순히 도덕 문제에 대한 지적인 탐색에 머무르게 되는 단점을 갖고 있기도 하다.

(2) 실제로 있는 또는 현실적으로 당면하고 있는 문제 사태는, 특히 후자일수록 학생들의 긴장감과 자기 관여성을 높일 수 있는 장점을 가지고 있다. 그러나 특정 인물이나 학생의 개인적인 권리와 사적 생활 영역의 문제까지 침해할 가능성이 있다는 점에서 이를 다룰 때는 세심한 주의가 요망된다.

2단계 : 도덕적 토론의 도입

> 1. 이 단계에서는 여러 가지 활동이 가능한데, 특히 도덕적 문제 부각하기, '왜'라는 질문하기, 상황을 복잡하게 하기 등은 중요하게 다룰 필요가 있다
> 2. 또한 개인적이고 자연스러운 시례 활용하기, 실제적 도덕 문제와 가상적 도덕 문제를 번갈아 사용하기 등과 같은 것도 도모해 볼 수 있다.
>   (1) 도덕적 문제 부각시키는 문제 사태에서 중요한 논윗거리를 드러내면서 초점을 명확히 하기 위해 자신의 견해를 정하도록 하는 것이다.
>   (2) '왜'라는 질문하기는 자기가 정한 태도의 근거가 무엇인지, 그것이 가능하며 타당한지 등을 간단하게나마 성찰해 보도록 하고자 하는 것이다.
>   (3) 상황을 복잡하게 하기는 원래의 문제에 새로운 정보 또는 상황을 부가함으로써 복잡성과 인지적 갈등을 증대시키기 위해 그리고 학생들이 문제에의 직면을 회피하는 것을 방지하기 위해 도입되기도 한다.

(1) 도덕적 문제를 부각시키기
① 곤란에 처한 사람을 보고 못 본 척 해야만 했을까? 친구의 잘못을 선생님에게 알려야만 할까? 하는 등의 당위적 질문을 하는 것이다.
② 이 같은 요구는 학생들의 문제 사태에 대한 인식과 자기 관련성을 높게 하는 동시에 그들로 하여금 갈등에 정면으로 직면하여 깊이 생각해 보도록 자극을 가하게 된다.

(2) '왜'라는 질문하기
① 왜 그렇게 해야 한다고 생각하는가? 그 해결 방안이 왜 좋다고 보는가? 등의 질문이 이에 해당한다.
② 이러한 정당화 요구는 도덕 판단의 핵심 요소인 도덕적 추론의 중요성을 인식시키고 그러한 능력을 기르는데 공헌을 하게 된다. 또한 이러한 질문을 통해 학생들은 같은 입장을 취하면서도 서로 그 근거와 이유가 다를 수 있음을 배우게 되는 한편, 그러한 차이로 말미암아 문제 해결에 더욱 흥미를 느끼게 되고 또 깊은 사고와 활발한 토론을 벌이도록 자극을 받게 되는 것이다.

(3) 상황을 복잡하게 하기
① '다른 아이의 가방에서 지갑을 훔친 친구는 벌써 여러 달 동안 그의 어머니가 병석에 누워 있는데 집이 가난하여 병원에 한 번 제대로 가보지 못하는 처지라는구나. 그렇더라도 너의 처음의 입장은 변함없으리라고 생각하니?' 하는 등의 질문을 하는 것이다.
② 이렇게 상황을 복잡하게 제시하는 일은 학생들로 하여금 도덕적 문제에 대해 보다 세밀한 사고를 하도록 하는 동시에 문제 해결의 다양한 측면들을 고려하도록 하는 자극제가 된다.

3단계 : 도덕적 토론의 심화

1. 토론을 도입한 후에는 이를 심화시켜 본격적인 논의 단계로 들어가게 된다. 그리고 이때 서로 대립하는 주장과 가치 입장, 그리고 그 근거를 중심으로 무엇이 더욱 타당하며 합리적인 해결방안인가를 따지는 데 중점을 두게 된다.
2. 이 과정에서 교사의 역할이 더더욱 중요하게 대두되는데, 교사는 학생들이 도덕적 갈등에 초점을 맞춰 그것에 대해 깊이 고민해 보도록 돕는 일, 학생들이 도덕적 갈등에 대해 추론하도록 하고 또한 그것을 해결할 수 있는 더 나은 방법을 찾도록 하는 일, 학생들이 채택한 사고 과정의 적절성과 부적절성을 비판적으로 검토하도록 하는 일, 그리고 학생들이 지금까지 해 온 것보다 더 효과적인 숙고와 문제 해결의 절차를 그들에게 제시하는 일 등을 수행할 필요가 있다.

(1) 심층적 질문하기

명료화를 위한 질문	'그렇게 하면 좋지 못한 결과가 올 것이에요'라고 학생이 말했을 때, '좋지 못한 결과란 구체적으로 무엇을 말하는지 좀 더 자세히 설명해 보겠니?'하고 말하는 것
특정 문제의 탐색을 위한 질문	협동에 의한 공동선이 관련된 문제에서 여러 사람의 행복을 위해 개인적 이익 추구를 자제할 이유는 무엇인가? 하는 등의 문제를 생각해 보도록 하는 질문
문제 간 탐색 내지 갈등 해소 질문	갈등을 일으키는 규범 사이에서 그 중요성과 우선순위를 정하게 하거나 조화를 찾아보게 하거나 아니면 모두를 해소할 수 있는 방안을 생각해 보게 하는 등의 질문
역할 바꿔 생각해 보기 질문	친한 친구가 다른 아이의 가방에서 지갑을 훔치는 것을 본 어떤 아이에 관한 문제 사태일 경우, 나의 정직성을 어떻게 지킬 것인가 하는 측면만 보았다면 친한 친구의 입장에서도 문제를 보게 하고 나아가 지갑을 도난당한 아이의 입장에서도 생각해 보도록 질문을 하는 것
보편적 결과 고려 질문	모든 사람들이 귀찮다고 자기 할 일을 하지 않고 책임을 누군가에게 미룬다면 그 결과는 어떠하겠는가? 이러한 질문은 학생들로 하여금 자기가 취한 입장의 보편화 가능성을 검토해 보도록 함은 물론 도덕 판단은 보편성에 근거할 때 정당성을 갖는다는 점을 인식하도록 하는 데 많은 도움을 준다.

(2) 인접 단계 논의 강조하기
2단계의 학생들은 자기 이익의 관점에서 선과 의무를 파악하는 것이 일반적 경향인데, 이러한 학생들에게 바로 그 윗단계인 3단계의 착한 소년·소녀의 관점을 생각해 보도록 하는 것이다. 말하자면, '네가 주장하는 바를 너의 어머니, 아버지가 아신다면 착한 아이라고 칭찬하실까? 너의 친구나 가족 또는 선생님은 너의 주장을 듣고 기뻐하시리라고 생각하니?' 하는 등의 질문을 하면서 자기 입장을 숙고해 보게 하는 것이다.

(3) 명료화와 요약하기
학생들의 발언을 명료화하고 요약하는 등의 역할을 하면서 토론을 밀도 있게 진행하는 것

(4) 역할 채택 강조하기
여러 입장의 관점에서 문제를 바라보고 판단하는 것으로 자기중심성에서 벗어나 타인의 생각과 감정과 권리와 이익을 고려하는 것이기도 하다.

4단계 : 실천동기 강화 및 생활에의 확대 적용

1. 실천 동기 강화는 그 수업에서 다룬 내용과 관련 있는 모범 사례를 제시하고 생각해 보게 하는 등 다양하게 강구될 수 있다.
2. 자기 생활을 반성해 보고 앞으로 더욱 노력할 수 있도록 실천 동기를 강화해 준다.

도덕 이야기 수업 모형

① 도덕 이야기 수업 모형이란 간단히 말해 도덕적인 이야기를 말하고 듣고 논의하면서 옳고 좋은 삶에 관해 탐구하는 도덕과 교수학습의 한 유형을 말하는 것이다.
② 이 모형은 근래에 들어와 덕인격 교육이 주목받으면서 특히 중요하게 강조되고 있는 이른바 내러티브 접근법(narrative approach)에 이론적·실제적 근거를 두고 있다.
  ※ narrative 접근법 : 학생들로 하여금 도덕적 이야기를 말하게 함으로써 자신이 이야기의 저자(authorship : 도덕적 사고, 감정, 행동에 대한 도덕적 권위를 주장)가 되기도 하고, 그러한 과정을 통해 자신의 권위(자신의 도덕적 관점을 표현, 궁극적으로 자신의 행동에 대해 책임감을 갖는 것)와 책임감을 높이는 기회를 부여할 수 있다.
③ 이 모형의 주안점은 도덕적 이야기를 통해 가치 규범과 덕에 관한 이해를 심화하고 도덕적 문제 해결에 필요한 사고력과 판단력을 높이는 동시에, 도덕적 모형의 제공과 감동, 감화를 바탕으로 도덕적 심정을 깊게 하고 실천 의욕과 행동 성향을 증진하고자 하는 데 있다.

1. 학습 문제 인식과 동기 유발	해당 차시에서 다루고자 하는 가치 규범과 관련하여 생활 속의 가치 사례나 있을 법한 사례 또는 깊이 생각해 볼 만한 거리가 담긴 가치 사례를 제시하고 문제의식을 느끼도록 한다.
2. 도덕 이야기의 제시와 주요 내용 파악	① 도덕 이야기를 본격적으로 제시하고 그 주요 내용을 파악하는 단계로 나아간다. ② 여기서 유의할 점은 이야기 자체가 좋은 것이어야 한다는 점이다. 즉, 학생들의 호기심을 자극하고 흥미를 유발할 수 있는 것, 갈등이나 극적인 요소가 있는 것, 깊은 감명을 줄 수 있고 도덕적 모범이 되는 것, 이야기의 전개가 짜임새 있고 흥미진진한 것, 학생들의 실제 삶과 연계성이 높은 것 등의 조건들을 갖추고 있어야 한다. 또한, 학생들의 발달 수준에 따라 그에 적절하게 이야기의 길이를 조절하여 제시할 필요가 있다. ③ 이야기의 주요 내용을 파악하도록 하는 것도 이 단계에서 중요한 활동인데 이는 그 이야기 속에서 어떤 일이 일어났고 사건이 어떻게 전개되었으며, 등장인물들이 누구이고 어떤 말과 행동을 했는지 등을 파악해 내는 것이다. 그리고 이야기 속에 담겨 있는 주요 문제와 그 원인은 무엇이고 어떤 것들이 주요 논의할 점들인지 등을 파악해 내도록 하는 일도 중요하다.
3. 도덕 이야기의 탐구 및 자신의 도덕적 경험 발표와 공유	① 도덕 이야기와 관련한 가치 탐구 및 자기 연관을 통해 이해 심화를 도모하는 단계로 나아간다. ② 자기 연관이 중요한 이유는 경험적 실험 연구 결과, 사람들이 자신의 주변에서 일어나는 실제적인 일과 관련지어 논의할 때 더 진지하게 참여하고 가치에 대한 이해와 감동 그리고 내면화가 더 깊어질 수 있기 때문이다. ③ 이 단계에서는 등장인물들에 대한 생각과 느낌 및 자신의 도덕적 경험을 발표하고 공유하도록 하는 활동을 주로 하게 된다. ④ 그리고 이 과정에서 도덕적 이해와 판단, 도덕적 모범을 보고 본받기, 도덕적 가치의 내면화와 의지의 강화 등이 집중적으로 추구된다 하겠다. ⑤ 도덕 이야기의 등장인물이나 사건 등과 관련하여 자기의 생각과 느낌을 말하는 과정에서는 무엇이 옳고 좋은 삶인지, 어떤 원리와 규칙 및 가치들을 추구하면서 살아야 하는지, 어떤 삶의 모습을 본받아야 하는지 등을 탐구하고 또 판단해야 하는 문제나 사안에 대해서는 올바른 추론과 깊은 사유를 통해 바람직한 결정과 선택을 해 보도록 이끈다. ⑥ 그리고 자신의 도덕적 경험을 발표하고 논의하면서 공유하는 과정에서는 도덕적 가치 규범과 바람직한 삶의 문제에 대한 자기 연관성을 높여 가치의 내면화를 깊숙이 도모하도록 한다.
4. 자신의 도덕 이야기 또는 유사한 상상의 이야기 구성	① 이 단계는 바람직한 가치 의식 및 도덕적 능력과 성향의 형성 측면에서 보면 대체로 도덕적 가치 규범의 내면화를 보다 심화하고 바람직한 삶의 자세에 대한 주체화와 개별화를 한층 깊이 도모하는 과정이 된다. ② 일찍이 태펀(M. Tappan) 등은 학생들이 자신의 도덕적 경험과 자기 이야기를 구성하여 말할 때 저자 의식(authorship)과 도덕적 권위가 발달할 수 있다는 점, 가치 의식과 분명한 도덕적 관점 및 도덕적 책임감을 형성하는 데 유리하다는 점, 그리고 도덕적 사고와 감정 및 행위의 주체화 등을 도모하는 데 크게 이바지할 수 있다는 점 등을 지적한 바 있다. ③ 이 단계에서의 주요 활동은 대체로 다음 두 가지 중의 하나가 된다. 하나는 그 수업에서 다루는 가치 규범과 관련하여 자신의 도덕적 이야기를 만드는 것이고, 다른 하나는 유사한 상상의 이야기를 만드는 것이다. ④ 전자는 자신이 직접 경험한 바를 바탕으로 도덕적 이야기를 만드는 것인데 비해, 후자는 직접 경험하지는 않았지만 보고 듣고 읽고 생각한 바들을 바탕으로 상상하여 도덕 이야기를 만드는 것이다. ⑤ 어떤 경우이든 이 과정에서 학생들이 인간의 바람직한 삶과 관련하여 자신을 더욱 깊이 성찰하고 어떤 자세로 어떻게 행동하고 생활해 갈 것인지에 대해 나름대로 관점과 태도를 주체적으로 정립하면서 개별화하도록 잘 이끄는 일이 중요하다.
5. 정리 및 확대 적용과 실천생활화	배운 것들을 생활 속으로 어떻게 확대 적용할 것인지 계획을 세우고 이를 발표하면서 실천 의지를 다지도록 한다.

 **경험 학습 수업 모형**

① 경험 학습이란 학생들이 학습 대상인 실재(reality)에 대해 읽거나 말하거나 듣거나 쓰는 정도에 그치지 않고 그것과 직접 접하면서 체험을 통해 배우는 학습 형태를 말하는 것이다. 예컨대, 비판적 사고를 배운다면 비판적 사고를 실제로 해 보면서 배우는 경우, 어떤 사물의 모습이나 형태에 대한 앎을 형성하는 학습이라면 그 사물을 직접 보면서 이해하는 경우, 어떤 이론이나 법칙에 관해 이해를 도모하고자 한다면 그 이론이나 법칙을 직접 적용하는 행동을 통해 어떤 결과가 일어나는지를 직접 보면서 배우는 경우 등이다.

② 도덕과 교육에서의 경험 학습 수업 모형은 학생들에게 적절한 도덕적 경험을 제공함으로써 그들의 도덕적 자각과 의식을 깊게 하고 사고와 판단 능력 및 행동 실천력을 높이려는 데 그 기본 관점이 있다. 이 모형은 원래 인지 능력을 중심으로 하는 수학과, 과학과, 사회과 등을 염두에 두고 개발된 것이지만 도덕 생활에 관한 인지적 변화는 정의적·행동적 영역에도 영향을 끼치고 또 이들 사이에는 밀접한 연계성이 있기 때문에 도덕 수업의 한 모형으로도 충분히 활용될 수 있다.

③ 이 모형은 인간은 그의 환경과의 상호 작용 경험을 바탕으로 하여 학습하고 성장, 변화한다고 보는 피아제의 이론에 기초하고 있다. 따라서 이 모형에 따를 때 교사는 학생들이 양질의 경험을 얻을 수 있는 학습 환경을 제공하는 일과 그 경험을 적절히 해석하고 교류하여 일반화할 수 있도록 하는 일에 주의를 기울일 필요가 있다. 그리고 이를 위해 교사는 교수학습 과정에서 단순한 지식이나 정보를 획득하게 하기보다는 사회적 영역에서의 사고 과정을 촉진할 수 있도록 하고, 학생들의 흥미와 경험을 토대로 학습 활동 계획을 수립하며, 학생들이 직접 조작해볼 수 있는 구체적이고 다양한 자료를 제공해 줌으로써 그들이 공동 작업 활동을 통해 학습을 수행해 나가도록 하는 일도 중요하다.

1. 경험 학습의 주제 설정하기	① 먼저 문제 사태를 제시하고 경험을 통해 학습할 문제를 설정한다. 이때 그 문제 사태는 학생들의 이해 수준에 맞고 관심과 흥미를 유발할 수 있는 것이어야 한다. ② 학습할 문제는 문제 사태의 개요를 파악하면서 무엇을 알아볼 것인가를 설정함으로써 찾아볼 수 있다. 예컨대, 과학자들의 이야기를 제시하고 개요를 파악하면서, 이들이 이러한 위대한 업적을 이루는 데 밑받침이 된 근면 성실하고 창의적이며 타인을 위한 봉사적인 생활 태도를 알아보자는 등의 학습 문제를 설정하는 것이다.
2. 경험 학습 계획 세우기	① 다음에는 창의적인 생활을 통해 자신과 이웃에 도움을 주는 자세와 관련한 경험 학습의 계획을 수립하도록 한다. 예컨대, '자신과 이웃을 위한 우리 반 발명 대회' 같은 것을 열어 보는 것이다. 이러한 계획 수립은 교사가 단독으로 할 수도 있고 학생들이 논의하여 결정하게 할 수도 있다. 다만 학생들이 협의하여 결정하도록 할 경우 교사는 그 계획이 해당 수업에서 다루고자 하는 도덕규범과 관련하여 양질의 경험을 할 수 있게 짜이도록 도와줄 필요가 있다. ② 그리고 중점을 두어야 할 경험, 경험한 내용을 정리하여 발표하는 방법에 관해서도 계획을 세우도록 한다.
3. 경험 학습 실행하기	① 다음에는 실질적인 경험 학습을 실시한다. 예컨대, 주제에 따른 관찰, 행동, 인터뷰, 실습, 실연 등의 활동을 통하여 궁금한 점에 대한 대답을 얻는 것이다. 또한 위의 예에 비춰 본다면 실제로 창의적으로 유용한 물건을 만들어 보는 활동이 그것이다. ② 이 과정에서 교사는 계획한 대로 경험 학습이 진행되고 있는지, 가르치고자 하는 근면, 성실, 인내 등의 도덕 규범과 관련하여 아동들이 중요한 경험을 하고 있는지 주의 깊게 살펴보면서 지도 조언을 해 줄 필요가 있다. 그리고 경험해야 할 것을 제대로 경험하면서 이를 잘 기록하고 발표 자료를 준비하며 정리해 나가는지도 살펴본다.
4. 경험의 교류와 논의를 통해 경험을 공유하고 일반화하기	① 이 단계는 경험 학습 수업 모형의 가장 중요한 부분이다. 이 단계에서 학생들은 자신의 경험을 다른 사람과 공유하는 한편 다른 사람의 경험에 공감하거나 다른 사람의 경험을 비판적으로 수용하기도 한다. 이러한 과정을 통하여 학생들의 개별 경험이 정련, 심화되고 확대되는 동시에 의미 있는 경험의 일반화가 이루어진다. 그런데 여기서 중요한 것은 이러한 경험의 교류와 논의가 반드시 가르치고자 하는 도덕규범과 관련지어서 전개되어야 한다는 점이다. ② 다시 말해, 위의 예와 같이 도덕적이고 창의적인 삶의 자세와 관련한 경험 학습을 운영해 왔다면, 그 과정에서 얻은 경험을 창의적인 생활의 의미와 중요성 등과 관련하여 사고파고 판단해 보는 일, 창의적 생활의 실천 의욕을 굳게 하고 또 실제로 실천하는 일, 개인적으로는 근면 성실과 인내하는 삶의 자세를 기르는 일, 그리고 나는 넘어 타인과의 관련 속에서는 이웃에게 도움을 주고 봉사하는 생활 태도를 함양하는 일 등과 관련하여 경험과 논의가 교류되고 공유되도록 잘 이끄는 일이 중요한 것이다.
5. 종합 정리 및 평가하기	① 이 단계에서는 학습 결과를 종합하여 정리하고 학습 과정과 결과에 대한 평가를 해 본다. 물론 이때의 종합, 정리도 역시 그 수업에서 다루는 도덕규범과 관련지어 이루어지는 것이 중요하다. ② 그리고 경험 학습이 충실히 이루어졌는지, 잘못된 점은 무엇인지, 앞으로 이러한 경험 학습을 한다면 무엇에 유념해야 하는지 등에 관한 논의를 하면서 학습 과정과 활동에 대한 반성을 함으로써 보다 발전적인 경험 학습이 이루어질 수 있는 기반을 다져 나가도록 한다.

8절 도덕과 교과용 도서

 **기본형 단원 전개 과정에서 도덕적 모범 학습과 행동 실천 기회의 증대**

1 변화

우리의 초등 도덕과에서는 전통적으로 교과서 체제 구성과 관련하여 지 → 정 → 행의 순서로 전개하는 방식을 추구해왔는데, 이번 도덕 교과서 개발에서는 이와는 다소 다르게 도덕적 모범 탐구 및 지식·이해 → 행 → 지 → 정의 순서로 체제, 구성 방식을 변화시키고자 한 것이다.

2 고려 사항

(1) 동양 윤리적 도덕 심리학

『대학』의 격물(格物), 치지(致知), 성의(誠意), 정심(正心)의 순서를 고려하고자 한 것이 그 예가 된다. 『대학』의 정신에 따르면 사물의 이치를 궁구하여 참된 앎에 이르고 뜻을 진실되이 가지고 정성을 다하며, 마음을 바로 세우고 올바른 삶을 추구해 갈 때 바른 인성의 사람으로 성장해 갈 수 있음을 가르치고 있다. 그리하여 이러한 정신에 기반하여 격물을 인간 삶의 참된 모습과 실천 방식에 대한 탐구, 치지를 제대로 된 앎 바른 판단, 성의를 진실한 도덕 심정, 그리고 정심을 바른 인성의 마음과 삶의 자세로 보고 이러한 순서를 고려하고자 한 것이다.

(2) 서양 윤리적 도덕 심리학

1) 아리스토텔레스

오늘날의 덕·인격 교육의 중요한 이론적 근거를 제공해 주고 있는 아리스토텔레스는 그의 『니코마코스 윤리학』에서 덕에는 지적 덕과 도덕적 덕의 두 가지가 있음을 언급한 후, 전자는 대체로 교육에 의해 발생도 하고 성장도 하는바 따라서 경험과 시간을 필요로 한다고 하면서, 후자를 먼저 논하는 방식을 취하고 있다. 특히 그는 덕은 우리가 먼저 실천함으로써 비로소 그것을 얻게 된다고 가르치고 있는데, 말하자면 집을 지어 봄으로써 건축가가 되고 거문고를 타 봄으로써 거문고를 연주하는 악사가 될 수 있다는 것이다. 그리하여 덕을 기르는 일과 관련하여 이렇게 행동과 실천의 우선성을 논한 후 이어 정념에 관해 말하고 마지막으로 실천지에 관해 논하는 방식을 취하고 있는 것이다.

2) 뒤르켐

뒤르켐(A. Durkheim)은 바람직한 인간으로서의 성장을 세 가지 도덕성, 즉 규율 정신과 사회 집단에의 애착 그리고 자율성을 길러감으로써 가능해지는 것으로 파악한다. 규율 정신은 도덕규범 이 명하는 바를 의무로 받아들이고 그것의 권위를 존중하여 이를 기꺼이 따르려는 경향성으로서 행위의 도덕성을 나타내며, 사회집단에의 애착은 사람들 속에서 그들과의 관계 맺음을 통해 자신의 정체성을 확립하고 서로 도우며 더불어 살아가는 마음의 성향으로서 심정의 도덕성을 표상한다. 그리고 자율성은 도덕에 대한 합리적 이해를 바탕으로 바람직한 삶을 영위해 가는 이성적 능력으로서 지적 도덕성을 구성한다.

3) 피터스

일찍이 피터스(R. S. Peters)가 지적한 대로 '습관의 뜰을 지나 이성의 궁전으로' 나아가는 도덕·인성 교육의 고전적 원리 또한 이를 강조하고 있다. 이러한 관점에 따라서 기본형 단원의 구성 방식을 재고해 볼 필요가 있는 것이다. 더하여, 이번 2015 개정 도덕과 교육과정에서는 교과 역량과 함께 관련 도덕적 행위 기능들을 명시적으로 설정하고 있으므로 이를 중점적으로 익히고 실천해 보도록 하는 학습 기회를 증대할 필요 또한 절실하다 할 것이다.

3 결론

이번 도덕 교과서의 기본형 개발에서는 바로 이러한 점을 고려하여 단원의 전개 순서를 기존처럼 지 → 정 → 행으로 하지 않고, 도덕적 삶의 참된 모습 탐구와 지식·이해 → 행동 수련 → 지혜 수련 → 마음 수련 과정으로 설정하였다. 그리하여 종래 행동과 실천에 대한 학습이 단원의 말미에 있어 단원이 끝나면서 행동 수련의 학습 기회가 사실상 종료되던 것에서 벗어나, 이를 단원의 앞부분으로 옮겨, 설정함으로써 단원 학습이 진행되는 중에 계속해서 생활 속에서 실천하면서 반복적으로 익혀갈 수 있도록 한 것이다.

개념 33 · 6교재 유형

1. 지식 이해형	① 옳고 좋은 삶이 무엇이고 어떤 가치관을 지녀야 하며 어떤 가치 규범에 따라 행동해야 하는지를 지적으로 이해하도록 하는 데 중점을 둔 교재 형태를 말한다. ② 우리들의 바람직한 삶을 이끌어 주는 도덕 원리가 가치 개념, 그 근거, 올바른 행동 방식 등에 대한 깊은 깨달음을 추구하도록 구성되어 있다.
2. 가치 판단형	① 도덕적 문제 사태에서 여러 가지 경우를 사려 분별하는 가운데 최선, 최적의 판단과 결정을 내리는 학습을 해 보도록 하는 데 중점을 둔 교재 유형이다. ② 보통 생활 속에서 일어난 또는 있을 법한 문제 사태를 제시하고 사안을 파악한 다음 최선의 해결을 찾는 등의 학습을 하도록 구성되어 있다.
3. 모범 감화형	① 바람직한 삶을 살았거나 살고 있는 도덕적 모범 또는 본보기를 탐구하면서 마음의 감동과 감화를 받고 가치를 깊이 내면화하여 도덕 심정화를 이루도록 하는 데 중점을 두는 교재 유형이다. ② 도덕적 모범을 제시한 후 그에 관한 탐구와 자기 성찰 그리고 본받기와 실천 생활화 등을 중심으로 구성 되어 있다.
4. 가치 심화형	① 옳고 좋은 삶에 대해 심정적으로 깊이 느껴 그것을 존중하고 사랑하는 마음을 풍부히 함으로써 도덕적 감정·정서를 기르고 도덕적 삶의 의지와 열정을 깊게 하는 데 중점을 두는 교재 형태를 말한다. ② 다양하고도 유익한 활동과 탐구를 통해 옳고 좋은 삶과 관련한 가치 내면화와 도덕 심정화를 이루도록 구성되어 있다.
5. 실습 실연형	① 바람직한 삶에 필요한 행위 기능과 능력을 기를 수 있도록 도덕 수업 중에 직접 도덕적 행동을 해 보면서 익히도록 하는 데 중점을 두는 교재 유형을 말한다. ② 예컨대, 평화적 갈등 해결 능력을 기르기 위해 올바른 대화 기능 등을 교실에서 직접 해 보면서 익히도록 하는 경우이다.
6. 실천 체험형	① 옳고 좋은 삶을 실제 생활 속에서 실천하면서 체험하고 깨닫고 익히도록 하는 데 중점을 두는 교재 형태를 말한다. ② 학생들이 도덕적 가치 규범이나 덕스러운 삶의 모습을 직접 생활 속에서 실천하고 그 과정과 결과를 개별 또는 집단으로 성찰한 후, 보다 발전적으로 확대 적용하면서 성숙시켜 가도록 구성되어 있다.

개념 34 기본형 단원

1 체제 · 구성

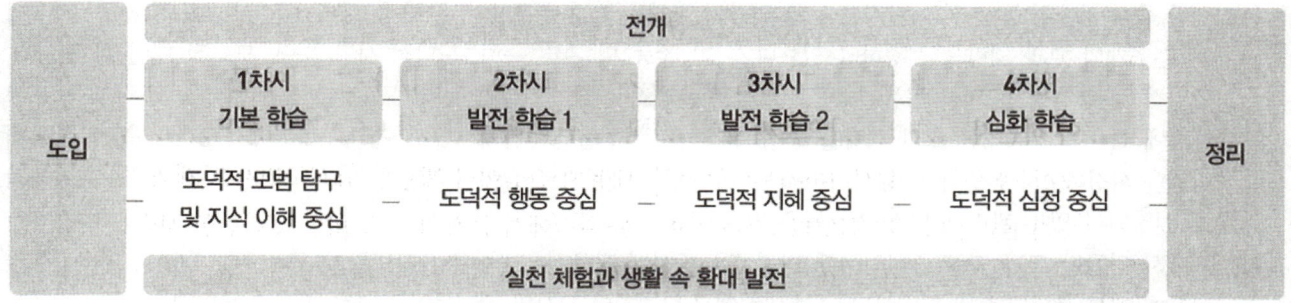

2 체제와 차시별 구성 내용

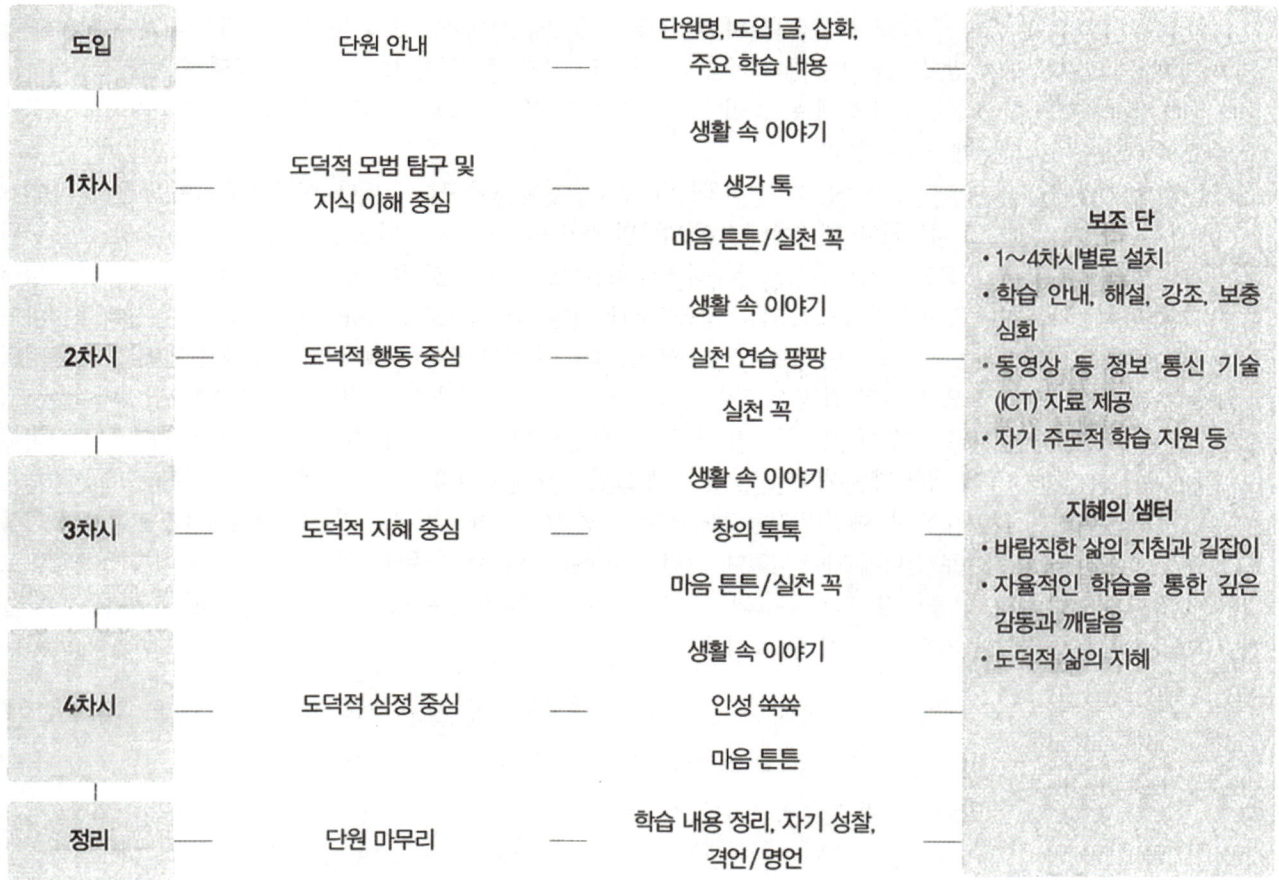

 **자율형 단원**

1 의미 및 특징

(1) 역량 중심 자율형 통합 심화 단원은 교과 역량의 함양을 직접 추구한다. 구체적으로 2015 개정 도덕과 교육과정에서는 6개의 교과 역량을 설정하고 있으니, 자기 존중 및 관리 능력, 도덕적 사고 능력, 도덕적 대인 관계 능력, 도덕적 정서 능력, 도덕적 공동체 의식, 그리고 윤리적 성찰 및 실천 능력이 그것이다. 이번 도덕과 교과용 도서 개발에서는 바로 이러한 교과 역량을 직접 추구하는 단원을 5학년에서 2개 단원, 6학년에서 2개 단원, 도합 4개 단원을 설정하고자 하였다. 이때 각 단원들은 추구하는 역량으로서 중심 역량과 관련 역량을 두고 도덕과 교육과정에 설정되어 있는 관련 도덕적 기능들을 기르도록 구성하고 있다.

(2) 위에서 언급한 교과 역량 중심의 4개 단원들은 동시에 자율적 도덕 수업을 또한 추구하도록 하였다. 자율적이라 함은 앞에서 본 기본형의 획일화된 구성 방식에서 탈피하여 교사와 학생들이 스스로 함께 만들어 가는 도덕 수업을 시도해 보도록 하는 것이다. 제4차 도덕과 교육과정기 이래 오늘날까지 전통적으로 도덕과에서는 이해-심정-행동이라는 단원 구성 틀을 고수해 왔다. 그런데 이렇게 하다 보니 교과서 단원들이 늘 같은 유형으로 반복되어 지루한 학습이라는 인상을 심어 주고 교사와 학생들의 창의성과 자율성을 저해하는 문제점을 발생시키게 되었다. 이에 따라 이번에는 그러한 구성 방식을 넘어 주제와 학습설계에 따라 자기 주도적이고도 창의적인 도덕 수업을 자율적으로 구성하도록 하는 방안을 강구해 보게 된 것이다. 이렇게 되면 프로젝트형 수업과 같은 접근을 실질적으로 추구해 볼 수 있는 길이 열리게 되는 것이다.

(3) 동시에, 역량 중심의 자율형 단원들은 가치·덕목들의 통합과 심화를 추구하게 된다. 여기서 통합이란 종래의 가치·덕목들을 별개의 것으로 다루어 한 단원에서 오직 하나의 가치·덕목만을 다루어 오던 방식에서 벗어나 한 개의 단원에서 여러 가지 가치·덕목들을 통합적으로 추구하면서 학습하도록 하는 것이다. 우리의 삶은 하나의 상황이나 일에 여러 가지의 가치·덕목들이 복합적으로 적용, 작동되는데 이를 인위적으로 분리하여 오직 하나의 현실에서 하나의 가치·덕목만이 관련되는 것으로 간주하여 도덕 수업을 설계, 운영해 왔다. 이제 이러한 한계를 넘어 보다 우리의 삶의 실제에 적합한 도덕 학습의 길을 열고자 여러 가지 가치·덕목의 통합적 접근을 모색하게 된 것이다.

(4) 아울러, 역량 중심 자율형 단원에서는 기본형 단원에서 학습한 가치·덕목들에 대해 보다 심화된 접근을 도모하게 된다. 이는 가치·덕목에 대한 학습 기회가 단 한 번에 그친 종래의 한계를 넘어 나선형의 심화 반복적 학습 기회를 더 부여한다는 데 의미가 있다. 예컨대 갈등 해결의 경우 종래에는 이를 다루는 기본형 단원에서 1년의 도덕 공부 중 단 한 차례의 학습으로 끝나게 되어 있었다. 그런데 이번에 역량중심 자율형 통합 심화 단원을 설치, 운영함으로써 갈등 해결을 사이버 공간 및 인권 존중과의 관련 속에서 복합적, 반복적으로 공부하면서 해당 능력을 함양할 학습 기회를 한 번 더 가질 수 있게 한 것이다.

2 자율형 단원 편성의 현황과 배치

역량 중심 자율형 통합 심화 단원은 5~6학년에서 각 학년별로 2개씩 총 4개 단원이 설정되었으며 각각 1학기와 2학기의 말에 배치하였다. 5~6학년에 설정된 역량 중심 자율형 통합 심화 단원의 배치 현황은 표와 같다.

학년	5학년(1)	5학년(2)	6학년(1)	6학년(2)
단원명	바르고 희망차게 가꾸어 가는 나의 삶	다 같이 행복한 우리들 세상	내 힘으로 일어서서 우리 모두의 행복을 위해	평화로운 세상을 향하여
핵심 가치	성실	배려	책임	정의
통합 가치·덕목	정직, 감정 표현과 충동 조절, 긍정적 태도	공감·존중(갈등 해결), 사이버 예절·준법, 인권 존중	자주·자율, 봉사, 윤리적 성찰	공정, 통일 의지, 존중·인류애
자기 존중 및 관리 능력	●			
도덕적 사고 능력				●
도덕적 대인 관계 능력		●		
도덕적 정서 능력	○			
도덕적 공동체 의식			○	○
윤리적 성찰 및 실천 능력		○	●	

※ ● 중심 역량, ○ 관련 역량

배재민
개념 서브
500제

5장

사회

1절 초등 기출분석

2절 중등 사회교육론 기출문항 129

3절 총론

4절 3~4학년 각론

5절 지리 각론

6절 일반사회 각론

7절 역사 각론

5장 사회

배재민
개념 서브
500제

1절 초등 기출분석

1 총론
2 각론 - 지리
3 각론 - 일반사회
4 각론 - 역사

2절 중등 사회교육론 기출문항 130

3절 총론

- 개념 1 사회과 유형
- 개념 2 현행 사회과 성격
- 개념 3 사회과 목표 영역
- 개념 4 사회과 목표 핵심요소와 학교급별 주안점
- 개념 5 내용 체계
- 개념 6 내용 구성 원리
- 개념 7 교육과정 조직 원리와 실제
- 개념 8 통합 방식
- 개념 9 개념 학습
- 개념 10 탐구 학습
- 개념 11 문제 해결 학습
- 개념 12 의사 결정 학습
- 개념 13 논쟁 문제 학습
- 개념 14 협동 학습
- 개념 15 현장 학습
- 개념 16 지도 학습
- 개념 17 사료 학습
- 개념 18 인물 학습
- 개념 19 극화 학습
- 개념 20 사회과 평가 원리와 내용
- 개념 21 지식 영역의 평가
- 개념 22 기능 영역의 평가
- 개념 23 가치·태도 영역의 평가
- 개념 24 수행 평가

4절 3~4학년 각론

- 개념 25 우리 고장의 모습 (3-1)
- 개념 26 우리가 알아보는 고장 이야기 (3-1)
- 개념 27 교통과 통신수단의 변화 (3-1)
- 개념 28 환경에 따라 다른 삶의 모습 (3-2)
- 개념 29 시대마다 다른 삶의 모습 (3-2)
- 개념 30 가족의 모습과 역할 변화 (3-2)
- 개념 31 지역의 위치와 특성 (4-1)
- 개념 32 우리가 알아보는 지역의 역사 (4-1)
- 개념 33 지역의 공공 기관과 주민 참여 (4-1)
- 개념 34 촌락과 도시의 생활 모습 (4-2)
- 개념 35 필요한 것의 생산과 교환 (4-2)
- 개념 36 사회 변화와 문화 다양성 (4-2)

5절   지리 각론

개념 37   지리교육의 목적
개념 38   지리적 사고력
개념 39   지도 학습 요소
개념 40   지리 정보
개념 41   국토와 우리 생활 (5-1)
개념 42   세계 여러 나라의 자연과 문화 (6-2)

6절   일반사회 각론

개념 43   인권 존중과 정의로운 사회 (5-1)
개념 44   우리나라의 정치 발전 (6-1)
개념 45   우리나라의 경제 발전 (6-1)
개념 46   통일 한국의 미래와 지구촌의 평화 (6-2)

7절   역사 각론

개념 47   역사 교육의 목표
개념 48   역사 의식 발달 단계
개념 49   역사적 사고력
개념 50   역사 영역 지도 방법

1절 초등 기출분석

1 총론

1. 사회과 유형
(1) 시민성 전달
  1) 개념(13)
  2) 단점(13)
	(1) 시민성 전달
	  1) 개념
	    - 김 교사는 널리 수용되는 관습과 가치 전수가 사회과 교육에서 중요하다고 생각하고 있으며, 수업 시간에 애국심이나 공동체 의식과 관련된 단원을 가르칠 때, 나라를 위해 헌신한 인물의 일대기나 교훈적인 사례를 강조하여 설명한다.
	  2) 단점
	    - 학습자를 전통적으로 바람직하다고 간주되어온 기본 가치를 전수받고, 이를 충실히 이행하는 존재로 본다.

(2) 사회 과학
  1) 내용(15)
  2) 내용조직원리(13)
  3) 지식의 성격(13)
	(2) 사회 과학
	  1) 내용
	    - 사회과학적 지식과 탐구 방법
	  2) 내용조직원리
	    - 나선형 교육과정 : 학습자의 시간 의식, 공간 의식, 사회 의식의 발달과 연계하여 배열하고, 단순한 것에서 복잡한 것으로, 구체적인 것에서 추상적인 것으로의 내용 배열 원리
	  3) 지식의 성격
	    - 가치중립적 지식은 가치와 관련된 행위를 제시해주기 어렵다.

(3) 반성적 탐구(20)	(3) 반성적 탐구
	  1) 학생들이 자신의 흥미와 필요에 따라 일상생활 속 문제의 해결 방안을 탐구하고 실천하면서 민주 주의를 경험적으로 학습한다.
	  2) 반성적 사고력
	    - 일상의 문제 상황을 현실적으로 파악하고 논리적·경험적으로 증명할 수 있는 증거에 의해 이를 해결하는 사고력

2. 목표 영역
(1) 지식
(2) 기능
  1) 의사결정능력(16)
	(2) 기능
	  1) 의사결정능력
	    - '경제 생활과 바람직한 선택' 단원 설정 이유
	      • 경제 활동에서 자원의 희소성으로 인해 선택의 문제가 발생하며, 경제적 선택에 따라 삶의 모습이 달라질 수 있다는 점에서 선택의 중요성을 인식하고 합리적으로 의사를 결정할 수 있는 능력을 신장시키기 위해

(3) 가치태도
  1) 개념 학습 한계점(21)
  2) 탐구학습에서 가장 도달하기 어려운 영역(09)
	(3) 가치태도
	  1) 개념 학습 한계점
	    - 인지적 수업 모형에 해당되는 것이기 때문에 의사 결정 학습이나 논쟁 문제 학습 등과 같은 수업 모형과는 달리 ( ) 영역을 직접 다루기 힘든 한계점이 있다. 그래서 사회과의 목표 영역 중에서 ( )에 가장 도달하기 어렵다.

3. 내용 체계
(1) 우리나라의 경제발전(18)
  ① 경제 주체의 역할과 우리나라 경제 체제의 특징
  ② 경제생활의 변화와 우리나라 경제의 성장
  ③ 세계 속의 우리나라 경제
(2) 현대사회의 가족(15)
  - 사회변화에 따른 가족 형태의 변화	

4. 내용 구성 원리
(1) 탄력적 환경확대법(22특수, 20, 16, 09모의, 11)
 	
(2) 주제 중심의 통합적 구성(19특수)
(3) 교육과정의 지역화
(4) 나선형 교육과정(13, 09모의)
	(1) 탄력적 환경확대법
	  ① 고장의 주요 명소와 세계의 명소를 함께 살펴보는 활동
	  ② 3~4학년군에서는 대체적으로 우리 고장과 지역을 중심으로 학습이 이루어지지만, 학생들에게 물리적 거리보다 경험적 거리가 더 중요하게 작용할 수 있다는 점도 함께 고려
	(2) 주제 중심의 통합적 구성
	  - 대주제 '우리 지역의 어제와 오늘'은 지역이라는 주제에 대해 지리적 특성, 역사적 내력, 정치 생활의 원리를 유기적으로 연결하도록 구성되어 있습니다. 다음 수업은 이 점을 고려한 것입니다.

5. 수업모형

(1) 개념 학습
　1) 속성 모형(12)
　2) 원형 모형(21)

(1) 개념 학습
　2) 원형 모형
　　① 특징(속성)이 모호하여 개념 이해가 어려운 경우에 적절한 예를 활용해 개념 이해도를 높일 수 있는 장점이 있으나 여러 사례들이 동일한 개념으로 분류되는 기준을 분명하게 제시하기 어려운 경우도 있다.
　　② 개념 학습은 인지적 수업 모형에 해당되는 것이기 때문에 의사 결정 학습이나 논쟁 문제 학습 등과 같은 수업 모형과는 달리 가치태도 영역을 직접 다루기 힘든 한계점이 있다. 그래서 사회과의 목표 영역 중에서 가치태도 영역에 가장 도달하기 어렵다.

　3) 상황 모형(18초특, 14)

　3) 상황 모형
　　① 어떤 사회적문화적 환경에서 학생이 직접 겪은 경험이나 기대, 행동 등을 중심으로 개념을 가르치려고 하는 것이다. 사회과에서는 정치, 경제, 문화와 관련한 많은 개념을 다루는데, 이러한 개념들은 그 사회의 특정한 역사적문화적 전통과 현실을 무시하고 이해하기에 어려움이 있다.
　　② 장단점 : 상황 모형은 사회과의 정치, 경제, 사회·문화와 관련된 여러 개념을 역사적 맥락과 사회·문화적 상황에서 구체적으로 이해하는 데 도움이 된다. 그러나 개념을 추상화하고 일반화하는 데에는 제한이 생긴다는 단점이 있으며, 기존의 속성 모형이나 원형 모형과 완전히 차별화되지 않는다는 비판을 받는다.
　　③ 국경일 개념 제시 방법 : 국경일 관련 경험에 대해 이야기 나누기, 국경일 관련 특별 행사 참여 경험 나누기, 국경일 관련 특별 프로그램 시청 경험 나누기
　　④ 소수자 의미 지도

(2) 탐구 학습
　1) 일반화(19)
　2) 증거를 통해 결론 내리기(17)

(2) 탐구 학습
　1) 결과를 요약하고 증거를 통해 결론을 내린다.
　2) 우리나라 지형의 특징
　　- 동쪽이 서쪽보다 높아 북쪽과 동쪽의 산에서 시작한 강은 주로 남쪽과 서쪽으로 흐른다. 따라서 강의 하류인 남쪽과 서쪽으로 갈수록 강의 폭이 넓어지고 물의 흐름이 느려져 넓은 평야가 나타난다.

　3) 가설설정(13)

　3) 가설설정
　　- 세계의 전통 가옥은 기후의 영향을 많이 받아 다양한 모습으로 나타난다.

　4) 탐색(13)
　5) vs 문제해결학습(09)

　4) 탐색
　　- 필요한 자료에는 어떤 것이 있으며 어떻게 수집할 수 있을까?

(3) 의사 결정 학습
　1) 대안개발(18)

(3) 의사 결정 학습
　1) 대안개발
　　- 문제의 사실적 측면과 가치적 측면을 분석하고, 가능한 대안을 개발한다.

　2) 최종 결정(18)

　2) 최종 결정
　　- 대안들 중 결론을 내리고 실천적 행위(실행)에 옮길 수 있는 계획을 수립한다.

　3) 개인적 의사결정모형의 전개 순서(17특수)

　3) 개인적 의사결정모형의 전개 순서
　　- ① 결정 상황 확인 ② 대안 개발 ③ 평가 기준 작성 ④ 대안 평가 ⑤ 최종 결정

　4) 상황 확인 단계 지도상 유의점(13특수)

　4) 상황 확인 단계 지도상 유의점
　　- 결과로 얻게 될 목표가 무엇인지 뚜렷하게 확인하게 한다.

　5) 대안 작성 단계에서 정보 수집 이유(13특수)

　5) 대안 작성 단계에서 정보 수집 이유
　　- 문제의 사실적 측면과 가치적 측면 분석하기

　6) 평가항목(12)

　6) 평가항목
　　- 가설을 기각하고 가설을 수립하는 단계는 탐구학습에서 이루어지는 절차이므로 적절하지 않다.

(4) 논쟁 문제 학습
　1) 논쟁문제(15)

(4) 논쟁 문제 학습
　1) 논쟁문제 : 사회적으로 의견이 대립되고 정답이 분명하지 않아 해결이 쉽지 않으며 사회 구성원 다수에게 영향을 미치는 문제이다.

　2) 발생 원인(15)

　2) 발생 원인 : 올리버(D. Oliver)와 쉐이버(J. Shaver)는 용어 정의, 사실 및 가치에 관한 의견의 불일치로 인해 논쟁과 같은 문제들이 발생한다고 보았다.

　3) 절차(10)

　3) 절차
　　- 분석 단계 : ① 정의와 개념의 명확화 ② 사실 확인과 경험적 증명 ③ 가치 갈등의 해결 ④ 비교 분석 ⑤ 대안 모색과 결과 예측

4) 가치 학습에서의 교사의 역할(D. Hawood)

4) 가치 학습에서의 교사의 역할(D. Hawood)

① 신념형	교사가 자유롭게 자신의 의견을 내세운다.
② 객관형	교사가 다양한 시각을 모두 서술하되 자신의 의견은 말하지 않는다.
③ 악마옹호형	교사 자신의 의견과는 상관없이 학생들의 의견에 대해 반대 입장만 취한다.
④ 옹호형	다양한 시각을 제시하고 이를 종합하여 교사 자신의 의견을 말한다.
⑤ 공정한 의장형	교사와 학생이 다양한 시각을 토론하되 교사가 자신의 의견은 말하지 않는다.
⑥ 관심형	교사가 먼저 자신의 입장을 말하고 난 후 다양한 의견을 객관적으로 소개해 준다.

→ Hawood는 '공정한 의장형'이 가장 바람직한 유형이라고 주장한다.

(5) 협동 학습
 1) 과제분담 협동학습(직소Ⅱ)(17특수)

(5) 협동 학습
 1) 과제분담 협동학습(직소Ⅱ)
  - 각 구성원이 획득한 점수의 평균이 아니라 과거 시험에 비해 향상된 점수에 따라 팀 점수를 산출한다.

(6) 지도 학습
 1) 백지도(19)

(6) 지도 학습
 1) 백지도
  - 각종 정보를 써 넣기 위한 기본 지도로 지도의 윤곽과 경계 등만 그리는 지도
 2) 세계지도와 지구본
  ① 지구본은 실제 지구의 모습을 아주 작게 줄여서 지구와 비슷한 모양으로 만든 것이고, 세계지도는 둥근 지구 표면의 모습을 평면으로 나타낸 것이다.
  ② 지구본은 실제 지구의 축소 모형으로 비교적 정확하게 세계 여러 나라의 위치, 거리, 면적 등을 표현하고 있지만, 한눈에 전 세계를 보기 어렵다는 단점이 있다.
  ③ 그러나 세계 지도는 한눈에 전 세계를 파악할 수 있지만, 대륙이나 바다의 모양, 거리가 실제와 달라진다는 단점이 있다. 왜냐하면 지구는 공 모양인데, 이것을 평면인 지도로 나타내면서 크기, 모양, 방향 등이 원래와 달라지기 때문이다.

 2) 세계지도와 지구본(18)

 3) 도해력(16)

 3) 도해력
  ① 도해력(graphicacy)이란 사회과 지리 교육에서 다루는 기본적인 기능 가운데 하나로 공간적 정보와 자료를 시각 자료(지도, 도표, 그래프 등)로 가공하고 변환시킬 수 있으며, 또한 시각 자료에 저장되어 있는 정보와 자료를 읽어낼 수 있는 기능(기능)을 말한다.
  ② 지도는 시각 자료 중 가장 정교한 형태이기 때문에 지도 학습이야말로 도해력을 길러주는 데 핵심적인 부분이 된다.

(7) 사료 학습
 1) 사료의 신뢰성 검토(22)
 2) 자료 준비시 교사가 고려할 사항(18)

(7) 사료 학습
 2) 자료 준비시 교사가 고려할 사항
  ① 역사학자가 다루는 사료들은 초·중등학교 역사 학습에서 그대로 활용하는 것이 아니다. 역사 교육의 목표 달성에 유용한 것을 선정해야 하고 학생의 발달 단계에 맞도록 재구성해야 한다.
  ② 역사 학습의 사료 활용은 학습자의 역사에 대한 흥미·관심을 제고하고, 역사적 사실을 깊이 있게 이해할 수 있게 하며, 나아가 사료를 활용하는 활동 중심 학습으로 역사적 사고 능력과 태도를 기를 수 있게 한다.

 3) 수업기법(18특수)

 3) 수업기법
  - 과거의 인간 활동과 사상이 담긴 다양한 형태의 자료를 활용

(8) 추체험 학습
 1) 개념

(8) 추체험 학습
 1) 개념
  - 직접 체험 대신 과거의 역사적 사실을 파악하고 그 시대 사람들이 겪었던 것과 같은 조건, 상황을 설정한 다음, 그들의 생각을 미루어 짐작함으로써 활동을 추적해 보는 역사 이해와 관련된 수업 활동으로 연기의 형태를 띠는 것(역할 놀이), 글쓰기에 관한 것(역사일기 쓰기, 주장문 쓰기), 역사 신문 만들기나 모형 만들기 등과 같은 제작 학습도 추체험적 역사 수업의 방안이다.

2) 장점(19특수)	2) 장점 - 학습자들은 사료를 바탕으로 재구성된 역사 속에서 역사적 상상력을 이용하여 역사 지식을 습득할 뿐만 아니라 역사 의식을 신장시킬 수 있다.
(9) 현장 학습과 면담 1) 개념(17)	(9) 현장 학습과 면담 1) 개념 - 현장학습은 사회현상을 직접 보고 경험하면서 교과서 내용과 실제 상황을 연결한다는 점에서 의미 있는 학습 활동이다. 이번 국회 방문에서는 국회의원들이 어떤 일을 하는지 살펴보고, 국회에서 일하는 사람과 면담을 통해 자료를 수집할 예정이다. 면담을 하기 위해서는 질문지 만들기, 녹음기와 카메라 등 자료 수집 도구 정하기, 시간 및 장소 예약하기 등 학생들과 함께 철저한 사전 준비를 해야 한다.
(10) 지역화 학습 1) 향토학습 2) 지역사회학습(18특수) 3) 신변지역 학습	(10) 지역화 유형 1) 향토학습 - 목표 : 지역에 대한 이해 2) 지역사회학습 - 목표 : 지역 사회 문제 해결 능력 향상 3) 신변지역 학습 - 목표 : 지역 사례를 통한 원리 발견

6. 평가

(1) 영역 1) 지식 ① 사실적 지식(15) ② 개념적 지식(15)	(1) 영역 1) 지식 ① 사실적 지식 - 다음 낱말 카드가 나타내는 국가는 어떤 대륙에 위치하는가?  ① 유럽 ② 아시아 ③ 아프리카 ④ 아메리카 ⑤ 오세아니아 ② 개념적 지식 - 〈보기〉에서 옳지 않은 설명을 모두 고른 것은 어느 것인가? 〈보 기〉 ㄱ. 영역이란 한 국가의 주권이 미치는 범위이다. ㄴ. 강우량이란 어떤 곳에 일정 기간 동안 내린 물의 총량이다. ㄷ. 열대 우림 기후란 연중 기온이 높고 건기와 우기가 뚜렷한 기후이다. ㄹ. 경선이란 본초자오선을 기준으로 일정한 간격으로 그은 남북 방향의 세로선이다. ① ㄱ, ㄴ ② ㄱ, ㄷ ③ ㄴ, ㄷ ④ ㄴ, ㄹ ⑤ ㄷ, ㄹ 오개념 평가 | 오개념1 | • ㄴ, 비, 눈, 우박, 안개로 일정 기간에 일정한 곳에 내린 물의 총량은 강수량이다. • ㄴ, 강우량은 일정 기간에 일정한 곳에 내린 비의 누적 높이(mm)이다. | | 오개념2 | • ㄷ, 열대 우림 기후는 1년 내내 기온이 높고 비가 많이 내리는 기후이다. • ㄷ, 연중 기온이 높고 건기와 우기가 뚜렷한 기후는 열대 초원(사바나) 기후이다. |
2) 기능(17) 3) 가차태도 ① 공감 능력, 친사회적 행동 실천 능력 (20특수)	2) 기능 ① 일반화를 도출할 수 있는 주제를 지도하기에 적합한 탐구 학습에서 중점적으로 기르고자 하는 기능은 탐구능력이다.
(2) 방법 1) 포트폴리오(18특수)	(2) 방법 1) 포트폴리오 - 학생 개개인의 변화과정을 종합적으로 평가하기 위해 일정 기간 지속적으로 평가

2 각론 - 지리

1. 기후와 인간 간 관계
(1) 환경결정론(22)

(2) 환경가능론(22)

(3) 생태학적 관점

(1) 환경결정론
- 인간의 생활 양식은 기후에 의해 결정된다.

(2) 환경가능론
- 인간은 자유의지에 따라 기후를 이용한다.

(3) 생태학적 관점
- 환경과 인간이 서로 영향을 주고받는다.

2. 쾨펜의 기후 구분 (22)
(1) 열대(15)
(2) 건조
(3) 온대
(4) 냉대
(5) 한대
(6) 고산

	1차 기후 구분	2, 3차 기후 구분	기후형		1차 기후 구분	2, 3차 기후 구분	기후형
수목기후	열대기후 (A)	최한월 평균 기온 18℃ 이상	2차 구분: 건조한 계절 f : 연중습윤 s : 여름건조 w : 겨울건조 m : 계절풍(몬순) 기후(f와 w의 중간형) 3차 구분(Cf 기후) a : 최난월 평균 기온 22℃ 이상 b : 최난월 평균 기온 22℃ 미만이고 10℃ 이상인 달이 4개월 이상	Af : 열대우림 Aw : 사바나 Am : 열대 계절풍	무수목기후	건조기후 (B)	연 강수량 500mm 이하 강수량 < 증발량	S : 스텝(연강수량 250~500mm) W : 사막(연 강수량 0~250mm)	BS : 스텝 BW : 사막
	온대기후 (C)	최한월 평균 기온 -3~18℃ 이상		Cfa : 온대습윤 Cfb : 서안 해양성 Cs : 지중해성 Cw : 온대 겨울 건조		한대기후 (E)	최난월 평균 기온 10℃ 미만	T : 툰드라 (최난월 0~10℃) F : 빙설 (최난월 0℃ 이하)	ET : 툰드라 EF : 빙설
	냉대기후 (D)	최한월 평균 기온 -3℃ 미만		Df : 냉대 습윤 Dw : 냉대 겨울 건조					

3. 기후요인
(1) 위도(22, 18)
(2) 수륙분포
(3) 해발고도

(1) 위도
① 위도가 높아짐에 따라 기온을 기준으로 열대, 온대, 냉대, 한대 기후 순으로 분포한다.
② 수리적 위치는 위도와 경도를 사용하여 나타내는 위치이다. 그 중 위도에 따라 일사량이 달라지기 때문에 위도는 기후를 결정짓는 중요한 인자이다.

4. 기후요소
(1) 기온(13)

(2) 강수량(15, 13)

(1) 기온
- 대기의 온도
(2) 강수량
- 비, 눈, 안개, 우박 등 일정 기간에 일정한 곳에 내린 물의 총량

5. 지리 정보
(1) 공간 정보

(2) 속성 정보(22)

(3) 관계 정보

(1) 공간 정보
- 지역의 위치와 형태처럼 공간을 전제로 하는 것
(2) 속성 정보
- 지형, 기후, 인구, 산업과 같이 지역의 특성을 나타내는 정보
(3) 관계 정보
- 지역과 다른 지역이 맺고 있는 것, 장소간 거리 등

6. 지도 기본 요소

(1) 기호(22특수, 16, 14)

(1) 기호
① 땅 위에 있는 건물이나 도로와 같은 것들을 간단하게 그린 그림으로, 모양을 본떠서 만든 것과 약속을 통해 만든 것이 있다.
② 지표면의 자연적·인문적 요소를 지도에 표현하는 약속

(2) 방위(22특수, 20, 16, 14)

(2) 방위
① 한 지점을 기준으로 삼아 나타내는 어떤 한 쪽의 위치
② 통상적으로 북쪽을 기본 방위로 표시하고 이것을 다시 진북, 자북, 도북으로 구분한다. 진북은 북극점을 가리키며, 자북은 나침반의 N극이 가리키는 방향, 도북은 지도상의 북쪽으로, 지리상의 북극을 기준으로 한다.

(3) 범례(22특수)

(3) 범례
- 지도에 쓰인 기호와 그 뜻을 나타냄. 지도에서 나타내는 정보를 더 쉽고 정확하게 알 수 있도록 도와줌

(4) 등고선(16)

(4) 등고선
- 지도에서 해발 고도가 같은 지점을 연결한 곡선으로, 이를 통해 땅의 높낮이를 알 수 있다.

(5) 축척(20, 16)

(5) 축척
- 땅의 크기를 줄인 정도

7. 인구분포 변화와 영향

(1) 도시화(21)

(1) 도시화
① 개념 : 도시 수의 증가, 도시 면적의 확대, 도시 주민 수의 증가를 의미
② 장점 : 소비 시장이 확대되어 다양한 산업 발달
③ 단점 : 주택 부족, 환경 오염 등의 문제가 심각
④ 산업화와 도시화 : 공업의 발달과 더불어 발전된 분업 체계 속에서 사람들의 경제 활동이 부분별로 전문화되는 과정을 산업화라고 한다. 산업화가 진전되면 자연적으로 1차 산업의 비중은 작아지고 2차와 3차 산업의 비중이 커지게 된다. 그러므로 산업의 발달은 결국 도시화를 의미한다. 도시화가 진행되어 일자리나 교육 각종 편의 시설의 이용 기회를 얻기 위해 도시로 인구가 모여들고 도시의 수는 늘어나는 대신 촌락의 인구는 줄어들게 된다.

(2) 행정기능 분산(21)

(2) 행정기능 분산
- 정부 청사를 다른 지역으로 이전

(3) 생활권(21)

(3) 생활권
- 통학, 통근 등 사람이 일상생활을 할 때 활동하는 범위

(4) 시간거리(21)

(4) 시간거리
- 어떤 교통수단을 이용할 때 어느 지점에서 특정 지점까지 소요되는 시간

(5) 초고령 사회와 실버산업(19, 12)

(5) 초고령 사회와 실버산업
① 65세 이상 인구가 총인구에서 차지하는 비율이 7% 이상이면 고령화 사회(aging society), 14% 이상이면 고령 사회(aged society)라고 하고, 20% 이상이면 후기 고령 사회(post-aged society) 혹은 초고령 사회라고 한다.
② 인구 고령화 현상이 진행될수록 실버산업이 성장할 것이다.

8. 우리 고장의 모습

(1) 심상지도

(1) 심상지도
① 사람의 머릿속에 있는 장소에 대한 정보를 지도처럼 그려서 나타낸 것으로 사람들은 자신이 좋아하고 중요하다고 생각하는 곳을 더 잘 기억하고 머릿속에 담아두기 때문에, 심상 지도를 보면 그것을 그린 사람의 생각을 알 수 있음.
② 학생들이 고장의 심상 지도를 그린 후, 친구들의 심상 지도와 비교하면 고장의 모습에 대한 공통점과 차이점을 알아볼 수 있다.

(2) 장소감(20)

(2) 장소감
- 고장이나 지역 등 어떤 곳에 대한 정서적 감정

9. 우리나라의 영역 　(1) 영토 　　1) 4극(19) 　(2) 영해 　　1) 영해 설정 기준선(19) 　(3) 영공	(1) 영토 　1) 4극 　　- 독도는 우리나라 영토의 극동에 위치해 있다. (2) 영해 　1) 영해 설정 기준선 　　- 독도는 통상 기선을 사용하여 영해를 설정하며 통상 기선으로부터 12해리까지이다.
10. 5대양 6대주 　(1) 오세아니아(19)	(1) 오세아니아 　① 위도 30°와 60° 사이에 위치한다. 　② 환태평양 조산대에 속한다. 　③ 우리나라가 여름일 때 겨울이다. 　④ 날짜 변경선의 서쪽에 위치한다.
11. 자연환경 　(1) 기후(14) 　(2) 지형(14)	(1) 기후 　- 어느 지역에서 오랜 기간에 걸쳐 나타나는 지속적이고 평균적인 대기 상태 (2) 지형 　- 자연환경은 인간의 힘이 가해지지 않은 자연 그대로의 환경을 말한다. 지형은 땅의 모양으로서 산지, 평야, 분지, 하천 등을 포함한다.

3 각론 - 일반사회

1. 공정무역(22)	– 일하는 사람들의 정당한 권리를 보장하려고 생겨난 사회 운동
2. 생산 활동과 소비 활동	
(1) 생산 활동(21, 16)	(1) 생산 활동

생활에 필요한 것을 자연에서 얻는 활동 – 자연으로부터 얻은 재료를 바탕으로 재화를 만들어내는 1차 산업	① 벼농사 짓기 ② 물고기 잡기 ③ 버섯 따기
생활에 필요한 것을 만드는 활동 – 1차 산업의 생산품을 재료로 가공·제조해 공장에서 다른 재화를 만들어 내는 2차 산업	① 자동차 만들기 ② 건물 짓기 ③ 과자 만들기
생활을 편리하고 즐겁게 해 주는 활동 – 서비스를 생산하는 3차 산업	① 공연하기 ② ★환자 진료하기 ③ 물건 팔기

(2) 소비 활동(21)	(2) 소비 활동 ① 필요한 물건을 구입하고자 돈을 쓰는 것 ② 생산한 물건을 쓰는 것을 뜻하며 물건뿐 아니라 눈에 보이지 않는 서비스에 돈을 쓰는 것도 포함된다. ③ 환자를 진료하는 것은 서비스를 생산하는 활동이지만, 환자가 병원에서 치료받는 것은 서비스를 이용하는 것이므로 소비 활동에 해당된다.
(3) 동위 관계(21)	(3) 동위 관계 ① 개념의 위계관계에서 동등한 위치를 갖고 비슷한 유형의 현상을 설명하는 것은 '동위개념'이다. ② 생산과 소비는 모두 경제 활동에 속한다. 생산과 소비는 서로에게 속하는 개념이 아니라 동위관계이다.
3. 우리나라의 민주 정치	
(1) 공정한 재판(20)	(1) 공정한 재판 : 재판과 관련된 여러 제도들이 공통적으로 추구하는 목적
(2) 심급 제도(20)	(2) 심급 제도 : 법원 간의 재판 순서 또는 위아래 관계를 두어 불복 시 상급 법원의 재판을 받을 수 있는 제도
(3) 견제와 균형(20)	(3) 견제와 균형 : 국회 vs 정부 ① 국회는 정부에 국정감사권과 탄핵소추권을 가진다. ② 정부는 국회에 법률안 거부권을 가진다.
(4) 국회(19특수)	(4) 국회 : 국가의 예산안을 심의·확정하는 권한과 입법권을 가진 기관
(5) 지방자치(18특수)	(5) 지방자치 ① 1991년 지방자치 제도의 부활 ② 지역 주민들과 그들이 뽑은 대표들이 지역의 일을 스스로 결정하고 처리하는 지방자치 제도의 본격적인 실시가 풀뿌리 민주주의를 정착시키는 계기가 되었다.
(6) 법과 도덕(17)	(6) 법과 도덕 ① 공통점 : 사회규범 ② 차이점 : 법은 국가가 강제력을 가지고 지키도록 요구
(7) 헌법 재판소(17)	(7) 헌법 재판소 – 법률의 위헌 여부를 심판하고, 국가가 하는 일들이 국민의 기본권을 침해하는지 여부를 판정하는 기관
(8) 기본권 ① 자유권(17) ② 청구권(17) ③ 사회권 ④ 평등권(14)	(8) 기본권 ① 자유권 – 모든 국민은 통신의 비밀을 침해받지 아니한다. ② 청구권 – 모든 국민은 헌법과 법률이 정한 법관에 의하여 법률에 의한 재판을 받을 권리를 가진다. ③ 사회권 – 모든 국민은 근로의 권리를 가진다. ④ 평등권 – 북한 출신이라는 이유로 취업이나 승진 등에서 차별받은 사례

4. 공공 기관 (1) 예가 아닌 이유(19특수, 10)	(1) 예가 아닌 이유 – 공공 기관이란 개인의 이익이 아닌 공적인 이익을 목적으로 하는 기관으로 국가 또는 지방 자치 단체의 공무를 수행하는 관공서는 물론 공기업과 준정부 기관(준정부 조직)까지 포함하는 개념이다.	
5. 전통 문화 (1) 개념(17)	– 어떤 집단이나 공동체에서 오랜 세월에 걸쳐 이어져 내려온 보전하고 발전시킬 만한 가치를 인정받은 문화로 과거와 현재를 이어 주면서 공동체 의식을 느낄 수 있도록 하는 역할을 함	
6. 자원의 희소성(16)	– 경제 활동을 하는 데에는 자원이 필요하다. 그러나 이러한 자원은 그것을 원하는 사람들의 욕구를 충족시킬 정도로 많지 않고 그 양이 정해져 있는데, 이것을 자원의 희소성이라고 한다.	
7. 문화 관련 오개념(11)	㉠에 포함된 문화에 관한 오개념	같은 민족끼리는 같은 문화를 형성한다는 오개념을 가지고 있음
	수정하기 위한 지도 내용	다양한 민족이 하나의 국가를 이루며 같은 문화를 형성하기도 한다. 문화는 같은 민족이라 하더라도 지역, 세대, 계층에 따라 다르게 형성된다.

4 각론 - 역사

1. 역사적 사고력

(1) 연대기적 사고력 　1) 연표 활용(22)	(1) 연대기적 사고력 　1) 연표 활용 　　- 역사적 사건들을 시간의 흐름에 따라 체계적으로 배열한 표
(2) 역사적 탐구력(22)	(2) 역사적 탐구력 　- 사료의 신뢰성 검토
(3) 역사적 상상력 　1) 감정이입(22) (4) 역사적 판단력	(3) 역사적 상상력 　1) 감정이입 　　① 역사적 사실이 일어난 상황에 대한 맥락적 이해를 바탕으로 하는 상상적 이해 방식 　　② 현재의 입장이 아닌 과거 사람들의 입장에서 증거와 자신의 경험을 토대로 과거의 상황과 행위자의 성향을 고려하여 과거의 제도나 행위자의 의도, 목적, 가치 등을 이해하는 역사적 사고 기능 　　③ 공감이나 동일시와 달리 사건이 일어난 상황에 대한 맥락적 이해와 참여한 사람들의 행위 의도나 동기, 관점을 파악하는 것

2. 교과서 내용

(1) 강화도 조약과 갑신정변(22) (2) 조선 사회의 새로운 움직임 　1) 정조의 왕권 강화 정책(14) 　2) 조선 후기 신분제도 변화(14) 　3) 허균의 홍길동전(14)	(1) 강화도 조약(1876), 갑신정변(1884)

3. 초등학교 역사의식 발달 단계

(1) 시대 의식(18)

학년	단계	특징
1~2	시원 의식	• 막연하게 옛 것을 느낌 • 역사적 시간이나 사건을 주관적으로 인식 • 고금(古今)의 구별이 불분명 • 현실과 허구의 구별이 불분명
3	고금 의식	• 고금(古今)의 차이를 자기 나름대로 설명 • 고금 사이의 시간의 흐름과 시간의 거리를 느낌 • 현실과 허구의 구별 가능
4	변천 의식	• 시간의 흐름에 따른 변천을 느낌 • 직접적 원인에 의해 인과관계를 파악하기 시작 • 연표의 사용 가능 • 영웅, 무용담에 관한 흥미를 갖기 시작
5	인과 의식	• 변천 의식의 심화, 역사성을 느끼면서 주제별 학습 가능 • 과거와 지금의 차이를 사회 생활의 의미로서 비교 • 역사적 인과관계를 초보적으로 파악하기 시작 • 주변의 현상에 대한 흥미가 커짐
6	시대 의식 (시대 구조)	• 인과 의식이 강화됨 • 인물과 시대를 연결 • 전기, 일화에 대한 흥미

2절 중등 사회교육론 기출문항 130

1 중등 일반사회 교육론

01. (가), (나)는 서로 다른 시기의 우리나라 사회과 교육과정 목표의 일부를 발췌한 것이다. 바, 바스와 셔미스(R. Barr, J. Barth, & S. Shermis)의 분류에 근거하여 (가), (나)에서 가장 강조되고 있는 사회과교육의 모형을 순서대로 쓰시오.

`2022 기출`

> (가) 우리나라의 발전을 위하여 노력한 조상의 불굴의 정신을 본받아 새나라 건설의 의욕을 북돋우고, 세계에 있어서의 우리나라의 지위를 이해시킴으로써 애국 애족의 정신과 반공 민주 국가 건설의 신념을 기른다. 사회생활의 변천과정과 민주적 제 원칙 및 기능을 이해시켜, 민주주의에 대한 확고한 신념을 갖게 하고, 우리나라가 발전하도록 하며 나아가서 국제 협조에 공헌하는 마음과 태도를 기른다. 인간 생활의 오랜 시간적 경과에 따른 역사적 발전을 이해시키고, 조상들의 노력으로 창조한 문화 유산을 계승하여, 새로운 문화 발전과 사회생활의 향상을 위하여 이바지하려는 마음과 태도를 기른다.
>
> (나) 사회생활에 관한 기본적 지식과 정치·경제·사회·문화 현상에 대한 기본적인 원리를 종합적으로 이해하고, 현대 사회의 성격 및 민주적 사회생활을 위하여 해결해야 할 여러 문제를 파악한다. 사회현상과 문제를 파악하는 데 필요한 지식과 정보를 획득, 분석, 조직, 활용하는 능력을 기르며, 사회생활에서 나타나는 여러 문제를 합리적으로 해결하기 위한 탐구 능력, 의사 결정 능력 및 사회 참여 능력을 기른다. 개인과 사회생활을 민주적으로 운영하고, 우리 사회가 당면한 문제들에 관심을 가지고 민주 국가 발전과 세계의 발전에 적극적으로 이바지하려는 태도를 가진다.

◆ **예시 답안**

시민성 전달, 반성적 탐구

02. (가)는 바, 바스와 셔미스(R. Barr, J. Barth, & S. Shermis)가 제시한 사회과 본질에 관한 3가지 전통에 대한 표이고, (나)는 2015 개정 사회과 교육과정의 일부 내용이다. <작성 방법>에 따라 서술하시오.

`2021 기출`

(가)

구분	교육 목표	교육 방법
A 전통	애국심 강한 시민	주입, 전달 등
B 전통	꼬마 사회과학자	과학적 탐구, 발견 등
C 전통	합리적으로 (㉠) 하는 시민	(㉡) 탐구, 토론 등

(나)
통합사회는 글로벌 지식 정보 사회와 개인의 일상에서 성공적으로 삶을 영위하기 위해 필요한 비판적 사고력 및 창의성, 문제 해결 능력과 (㉠) 능력, 자기 존중 및 대인 관계 능력, 공동체적 역량, 통합적 사고력 등과 같은 교과 역량을 육성하는 데 중점을 둔다. 문제 해결 능력과 (㉠) 능력은 다양한 문제를 인식하고 그 원인과 현상을 파악하여 합리적인 해결 방안들을 모색하고 가장 나은 의견을 선택하는 능력을 의미한다.

┤ 작성 방법 ├
(1) 괄호 안의 ㉠, ㉡에 해당하는 용어를 순서대로 쓸 것.
(2) (가)의 교육 방법에서 '과학적 탐구'와 '(㉡) 탐구'의 차이점을 탐구 영역과 관련하여 1가지 서술할 것.

◆ **예시 답안**

(1) ㉠ 의사결정 ㉡ 반성적

(2)
① 과학적 탐구는 가설을 설정하여 객관적 자료를 수집·분석·검증하고 객관적 지식을 형성하는 과정이고, 반성적 탐구는 가치갈등의 원인과 대립가치를 명료화하고 자료를 수집·분석하여 문제의 해결책을 검증하고 일반화하는 과정이다.
② 과학적 탐구는 사회과학자들이 관심을 갖는 사실문제로 탐구영역을 한정짓지만, 반성적 탐구에서는 일상생활 문제와 같은 사실과 가치가 모두 포함된 탐구영역을 다룬다는 점에서 차이가 있다.

03. (가)는 사회과 전통에 대한 교사 선호 조사 개요이고, (나)는 A, B, C 교사의 사회과 전통에 대한 선호 조사 결과이다. <작성 방법>에 따라 서술하시오.

2020 기출

(가)

바, 바스와 셔미스(R. Barr, J. Barth, & S. Shermis)는 사회과 전통을 시민성 전달, 사회과학, 반성적 탐구로 분류하면서 ㉠'학생들에게 옳은 신념을 가지라고 말하면서 동시에 여러 생각과 견해에 대한 비판적인 시각도 가져야 한다고 주장할 수 없고, 학생 의견을 존중해야 한다고 강조하면서 고정된 신념을 그대로 전달할 수도 없다.'라고 하였다. 그리고 세 전통별로 목표, 방법, 내용 부분을 각 5개의 5점 척도 문항으로 구성하여, 총 45개 문항의 검사지를 개발하였다. 문항별 점수를 합해서 부분별 소계와 유형 총계를 내는 방식으로 사회과 전통에 대한 교사들의 선호를 조사하였다. 그런데 한 전통만을 선호하는 교사들도 있었지만, ㉡두 전통이나 세 전통을 동시에 선호하는 교사들도 많이 나타났다.

(나)

구분	A 교사			B 교사			C 교사		
	시민성 전달	사회 과학	반성적 탐구	시민성 전달	사회 과학	반성적 탐구	시민성 전달	사회 과학	반성적 탐구
목표 소계	20	25	8	25	9	20	9	20	20
방법 소계	25	20	8	25	9	10	9	20	25
내용 소계	25	20	9	25	8	20	9	18	25
유형 총계	70	65	25	75	26	50	27	58	70

- 문항 척도: 1-강하게 동의함. 2-대체로 동의함. 3-불확실함. 4-대체로 동의하지 않음. 5-강하게 동의하지 않음.
- 부분 소계: 5~9-강하게 동의함. 10~15-약간 동의함. 16~20-약간 동의하지 않음. 21~25-강하게 동의하지 않음.
- 유형 총계: 15~30-강하게 동의함. 31~45-약간 동의함. 46~60-약간 동의하지 않음. 61~75-강하게 동의하지 않음.
- 선호 전통 분류: 유형 총계에서 강하게 동의하는 전통이 하나 있고 다른 두 전통을 강하게 동의하지 않거나 약간 동의하지 않으면, 강하게 동의하는 전통을 선호하는 것임.

<작성 방법>
- 밑줄 친 ㉠의 입장에서 사회과 전통에 대한 밑줄 친 ㉡의 유형을 평가할 것.
- A, B, C 교사가 각각 선호하는 전통이 강조하는 교육 내용을 1가지씩 서술할 것.

◆ 예시 답안

㉠의 입장에서 ㉡은 동시에 여러 전통을 선호하여 학생들에게 모순된 입장을 제공할 수 있다는 점에서 비판할 수 있다. A교사가 선호하는 반성적 탐구모형에서 교육내용은 개인적으로 의미 있고 사회적으로도 공유되는 사적이며 사회적인 문제이다. B교사가 선호하는 사회과학 모형에서 교육내용은 개별 사회과학에서 강조하는 지식의 구조와 탐구방법이다. C교사가 선호하는 시민성 전달모형에서 교육내용은 사회의 유지 및 존속에 필요하다고 여겨지는 지식과 가치 및 태도이다.

04. 다음 글을 읽고 <작성 방법>에 따라 서술하시오

`2019 기출`

교사1과 교사2는 바, 바스, 셔미스(R. Barr, J. Barth, & S. Shermis)가 제시한 사회과의 3가지 전통 중 각각 다른 하나의 전통에 대해 일관성 있게 강한 지지를 하고 있다. 다음은 사회과의 목표와 사회과에서 다루어야 하는 학습 내용에 대한 생각을 묻는 설문 조사에 교사1과 교사2가 응답한 결과이다.

항목		교사1	교사2
사회과의 목표	사회의 문화적 동질성 확보	4	1
	합리적 의사결정 능력 함양	1	2
	다원적 사회에서의 가치갈등 해결 능력 함양	1	1
	사회현상에 대한 가치중립적 분석 능력 함양	1	4
	사회의 기본가치에 순응하고 이를 따르는 시민 양성	4	1
	사회과학자들이 사용하는 분석적 사고 기술과 논리의 획득	1	4
사회과에서 다루어야 하는 내용	지식의 구조	2	4
	학생들의 필요와 흥미를 반영한 문제	1	1
	사회과학자가 실제로 연구하는 문제와 관심사	2	4
	우리 사회를 지탱시키는데 필수적인 원칙과 가치관	4	1
	우리 사회에서 계승되어야 할 내용으로 선정된 것	4	1
	학생들이 개인적 문제에 관한 의사결정 기능을 단련하도록 도와주는 내용	1	2

(4=매우 동의함, 3=동의함, 2=동의하지 않음, 1=전혀 동의하지 않음)

─────<작성 방법>─────
○ 교사1이 지지하는 전통을 제시하고, 이 전통의 특징을 교수학습 방법 면에서 1가지 서술할 것.
○ 교사2가 지지하는 전통을 제시하고, 이 전통의 특징을 교수학습 방법 면에서 1가지 서술할 것.

• _____
  _____
  _____

◆ 예시 답안
(1) 시민성 전달, 문화유산의 전달-주입 또는 교화이다.
(2) 사회과학, 가설을 설정하여 객관적 자료를 수집·분석하여 검증하고 일반화된 지식을 형성하는 탐구학습이다.

05. 다음은 바, 바스, 셔미스(R. Barr, J. Barth, & S. Shermis)가 제시한 사회과의 3가지 전통 중 하나를 지지하는 교사들의 교육 내용과 방법에 대한 대화이다. <작성 방법>에 따라 서술하시오.

`2018 기출`

두 선생님께서는 개인과 사회생활 단원을 어떤 내용과 방법으로 가르치고 계신가요?

저는 우리 사회의 역사와 전통을 통해 축적되어온 지식과 가치가 담긴 자료에서 수업 내용을 선정합니다. 또한 학생들이 사회의 바람직한 규범을 내면화할 수 있도록 설명과 해석을 통해 기본적인 지식과 가치를 전달하고 있습니다.

김 교사

저와 많이 다르군요. 저는 학생들이 개인적으로 의미 있고, 사회적으로 중요한 문제를 스스로 찾아내도록 한 후에 이를 수업 내용에 반영하고 있습니다. 그리고 학생들이 문제의 해결책을 개인적·집단적 의사결정 과정을 통해 찾을 수 있도록 토론을 활용하고 있습니다.

박 교사

─┤ 작성 방법 ├─
(1) 김 교사와 박 교사가 각각 지지하는 전통이 무엇인지 순서대로 제시할 것.
(2) 박 교사가 지지하는 전통의 입장에서 김 교사가 지지하는 전통에 대해 제기할 수 있는 비판점을 가치 교육 측면에서 2가지 서술할 것.

• _____
  _____
  _____
  _____
  _____

◆ 예시 답안
김 교사는 시민성 전달 모형을, 박교사는 반성적 탐구 모형을 지지하고 있다. 김 교사가 지지하는 전통은 첫째, 지식과 가치가 정해져 있고 생각하기 때문에 민주주의의 다원적 가치를 담보할 수 없고, 둘째, 가치 주입으로 인하여 학생들이 학습과 현실 간의 괴리를 느껴 가치 갈등을 경험할 수 있다는 비판을 받을 수 있다.

06. 다음은 하버드(법리) 모형에 대한 교사들의 대화이다. 넬슨과 마이클리스(J. Nelson & J. Michaelis)의 분류에 따르면, 김 교사와 박 교사는 각각 어떤 전통에 속하는지 순서대로 쓰시오. `2016 기출`

김 교사: 사회에는 기본 가치가 있고, 그것을 옹호하여 유지하는 것은 교육의 중요한 기능입니다. 사회의 기본 가치가 있기 때문에 사회가 안정적으로 발전할 수 있습니다. 그래서 저는 이 모형이 사회의 기본 가치를 전제하는 것에 동의합니다. 그러나 이 모형이 사회적 쟁점을 제시하고 공론화하는 것에는 반대합니다.

박 교사: 아니요. 저는 오히려 사회적 쟁점을 제시하고 공론화하는 것에 찬성합니다. 반면에 이 모형이 가치 갈등 해결 과정에서 사회의 기본 가치를 전제하는 것에 반대합니다. 종종 사회의 기본 가치라고 불리는 것도 알고 보면 특정 계층을 대변하는 부분적인 가치일 경우가 많습니다. 그러므로 사회의 기본 가치 그 자체도 비판과 대안 모색의 대상이 되어야 합니다.

◆ **예시 답안**
문화 유산 전달(시민성 전달), 사회비판과 사회적 행위

07. 다음은 '성범죄자 신상공개 제도, 찬성 혹은 반대'라는 주제로, 논쟁 문제 수업 모형 중 어느 한 모형을 적용하여 수업을 진행하려는 교사들의 대화이다. 밑줄 친 이 모형이 무엇인지 쓰시오. `2014 기출`

이 모형은 '성범죄자 신상공개 제도'와 같은 공적 쟁점을 다룸에 있어서 개념의 명료화, 사실의 경험적 확인, 가치 갈등 해결의 세 가지 측면이 중요하다고 강조하고 있어요.

하지만, 이 모형은 사회의 기본 가치를 지나치게 옹호한다는 점에서 보수적이라는 비판을 받기도 해요.

◆ **예시 답안**
법리모형, 공공 쟁점의 해결을 위해 개발

08. 다음 글에서 괄호 안의 ㉠, ㉡에 해당하는 용어를 순서대로 쓰시오. 2022 기출

- 1990년대 이후 미국 사회과 교육과정의 지배적인 추세는 표준화(standardization)였다. 학생들의 성취 수준 향상과 학교의 책무성 강화를 위해 거의 모든 주에서 사회과 표준을 제정하고, 학생들의 학업 성취 수준이 표준에 얼마나 도달하는지 평가하였다. 그리고 그 결과에 따라 학교 예산 지원과 교원 승급 등을 차등화하였는데 이러한 평가를 (㉠)(이)라고 한다.
- 우리나라의 2015 개정 교육과정은 미래 사회의 창의융합형 인재가 갖추어야 할 자기 관리, 지식 정보 처리, 창의적 사고, 심미적 감성 등 모두 여섯 가지의 핵심 (㉡)을/를 강조하고 있다. 총론의 이러한 취지에 따라 개별 교과에서도 각자의 성격에 부합하는 교과 (㉡)을/를 설정하였는데 사회과는 창의적 사고력, 비판적 사고력, 문제 해결력 및 의사 결정력, 의사소통 및 협업 능력, 정보 활용 능력을 제시하고 있다.

◆ **예시 답안**
고부담평가, 역량

09. 다음은 사회과 교육과정에 대한 강의 내용의 일부이다. <작성 방법>에 따라 서술하시오. 2022 기출

교 수 : 사회과 교육과정의 조직 형태로서 (㉠) 교육과정은 학습자를 둘러싸고 있는 일상의 생활을 중심으로 교육과정을 조직하는 방식입니다. 이는 듀이(J. Dewey)로 대표되는 진보주의 교육 철학의 영향을 받아 사회과에서 크게 유행하였습니다.

학 생 : 교수님, 그래도 사회과에서는 사회과학적 지식을 가르치는 것이 가장 중요하지 않습니까? 저는 ㉡ 학문중심 교육과정처럼 교육과정의 내용을 사실, 개념, 일반화, 이론 체계와 같은 (㉢)을/를 따라서 조직하는 것이 좋은 방식이라고 생각합니다.

교 수 : 예, 타당한 의견입니다. 또한 구체적인 사실과 일반화의 관계를 경험적으로 증명하는 일반화 학습은 (㉢)을/를 이해하는 좋은 방법의 하나입니다. 타바(H. Taba)는 일반화 학습을 위한 교수 기법으로, 구체적인 사례의 자료를 기록하는 표인 (㉣)을/를 개발하였습니다.

│작성 방법│
(1) 괄호 안의 ㉠, ㉢에 해당하는 용어를 순서대로 쓸 것.
(2) 밑줄 친 ㉡의 단점을 1가지 서술할 것.
(3) 괄호 안의 ㉣에 해당하는 용어를 쓸 것.

◆ **예시 답안**
(1) ㉠ 경험중심, ㉢ 지식의 구조
(2) 학생들의 실생활과 관련된 내용은 가르치지 못한다는 것이다. 학생의 필요, 요구, 흥미를 반영하지 못한다.
(3) 자료인출도표

10. 다음은 사회과 교육과정의 조직 원리에 대한 강의 내용의 일부이다. <작성 방법>에 따라 서술하시오.

2020 기출

교 수 : 우리는 지난 시간에 사회과 내용 조직 원리 중 하나인 통합의 원리에 대해 배웠습니다. 오늘은 이것이 현실에 어떻게 적용되는지 알아봅시다. 미국에서는 통합적 접근에 대한 관심이 지속적으로 이어져 왔습니다. 한 예로 1990년대 미국 사회과교육협회(NCSS)는 교육과정 표준을 자체적으로 개발하면서 ㉠ 사회과교육의 영역에 있는 개념, 주제, 문제, 이슈, 일반화, 법칙, 가치 등을 모두 종합하여 추출한 것을 중심으로 통합하는 형태로 교육과정을 조직하였습니다.

학생 1 : 그럼 우리나라 사회과 교육과정에서도 통합적 접근이 시도된 적이 있나요?

교 수 : 물론이지요. 우리나라 교육과정에서 통합적 접근 사례를 찾아봅시다.

학생 2 : 제4차 교육과정의 중학교 '사회' 과목은 1학년은 지리와 일반사회, 2학년은 지리와 역사, 3학년은 역사와 일반사회 내용으로 구성되었습니다.

교 수 : 잘 찾았네요. 다른 사례를 찾아보기 전에 어떻게 통합했는지 제4차 교육과정을 분석해 볼까요?

학생 1 : 저는 ㉡ 두 개 이상의 학문을 기초로 하여 그 속에 공통으로 들어가 있는 지식, 관점, 사고력 등을 추출하여 구성한 통합 유형에 해당한다고 생각합니다.

학생 2 : 저는 ㉢ 다학문적 통합(multidisciplinary approach)에 해당하는 것 같습니다.

교 수 : 서로 다른 의견이니, 교육과정을 다시 한 번 분석해 봅시다.

┤작성 방법├
(1) 밑줄 친 ㉠과 ㉡에 해당하는 용어를 순서대로 제시할 것.
(2) 밑줄 친 ㉢의 의미를 서술하고, 다른 학문적 형태의 통합 유형과 비교하여 문제점을 1가지 서술할 것.

◆ 예시 답안
(1) ㉠ 스트랜드, ㉡ 간학문적 통합(또는 학제적 통합)이다.
(2) ㉢은 하나의 주제에 대해 다양한 학문이 독립성을 유지하면서 각각의 관점에서 다루는 전문 지식을 결합하는데, 결합의 정도가 제일 낮으며 개별 학문의 전문 지식 자체를 학습하는데 그칠 우려가 있다.

11. 다음은 일반사회교육론 강의 장면의 일부이다. 이를 읽고, 2015 개정 사회과 교육과정의 특징을 <작성 방법>에 따라 논술하시오. `2018 기출`

교 수: 오늘은 지금까지 학습한 사회과 교육과정의 내용 조직 원리, 역사적 변천 과정에 대한 이해를 토대로 2015 개정 사회과 교육과정의 특징에 대해 살펴보겠습니다. 첫 번째 주제인 사회과 통합에 대해 발표하기 바랍니다.

학생1: 저는 사회과 교육과정의 역사적 변천 과정과 통합의 원리를 바탕으로 (가)와 같이 분석해 보았습니다.

(가) 고등학교 사회과 교육과정에서 통합 과목의 특징 비교
작성자: 학생 1

과목명	(㉠)	(㉡)
적용 시기	6차 교육과정	2015 개정 교육과정
내용 구성	사회: 시민사회의 형성과 발전 / 사회적 쟁점과 문제의 해결 방법 / 사회·문화 생활의 문제와 해결 / 정치·법·경제 생활의 문제와 해결	영역 / 핵심 개념 삶의 이해와 환경: 행복, 자연환경, 생활공간 인간과 공동체: 인권, 시장, 정의 사회 변화와 공존: 문화, 세계화, 지속가능한 삶
통합의 유형	(㉢)	(㉣)

교 수: 잘 정리했습니다. 통합의 유형을 분류할 때, 학문적 형태가 아니라 교육적 형태, 즉 '실제로 가르칠 수 있는 통합적 성격의 내용 요소를 어떤 구심점에 의해 선정하고 결합하느냐'를 기준으로 접근했군요. (㉡) 과목에 스트랜드 중심 통합의 성격이 나타난다고 보는 학자도 있으니 (㉣)(이)라고 분류한 근거를 내용 구성 면에서 찾아서 설명해 주세요. 또한 이러한 특징이 교육과정 수준에서뿐만 아니라 실제 교과서 수준에서도 나타나는지 추가로 분석해 보기 바랍니다. 다음으로 사회과 교육과정의 내용 조직 원리에 대한 발표를 들어볼까요?

학생2: 저는 교육과정 내용 체계표를 분석하였는데, (나)에서 볼 수 있는 것처럼 2015 개정 사회과 교육과정은 나선형 교육과정 원리를 반영하고 있다고 생각합니다.

(나) 2015 개정 교육과정 사회 과목 내용 체계표 일부(재구성)
작성자: 학생 2

핵심 개념	일반화된 지식	내용 요소		
		초등학교		중학교
		3–4학년	5–6학년	1–3학년
민주주의와 국가	현대 민주 국가에서 민주주의는 헌법을 통해 실현되며, 우리 헌법은 국가기관의 구성 및 역할을 규율한다.	·민주주의의 공공 기관 ·주민 참여	·민주주의의 국가기관 ·시민 참여	·민주주의 정부 형태 ·지방 자치 제도

교 수: 나선형 교육과정 원리가 반영되었다고 판단한 이유는 무엇인가요?
학생2: (나)를 보면, (㉤).
교 수: 나선형 교육과정의 정의에 근거하여 잘 설명했습니다.

─<작성 방법>─

○ 다음 내용을 모두 포함하여 2015 개정 사회과 교육과정의 특징을 짜임새 있게 서술할 것.
 - 괄호 안의 ㉠~㉣에 들어갈 용어를 모두 활용할 것.
 - 괄호 안의 ㉢, ㉣에 들어갈 통합의 유형에 대해서는 그렇게 분류한 판단의 근거도 각각 서술할 것.
 - 괄호 안의 ㉤에 들어갈 내용을 서술할 것.

◆ **예시 답안**

(1) ㉠ 공통사회, ㉡ 통합사회, ㉢ 문제(쟁점) 중심 통합, ㉣ 주제(개념) 중심 통합

(2) ㉢ 사회에서 중요한 사회문제 또는 쟁점을 합리적으로 해결하는 능력 함양에 강조점, 학생이 사회에서 실제로 경험하는 문제 또는 쟁점을 해결하는 방법과 사고 능력을 학습하게 하여 사회과 교육내용과 실제 생활을 연결시키는 특성 ㉣ 사회과학에서 중요한 주제 또는 개념을 추출하고 그것을 중심으로 내용 통합

(3) 핵심 개념을 폭과 깊이를 심화하여 계속적, 계열적으로 제시했다는 점에서

12. 다음은 수업 장학 협의회에서 교사들이 나눈 대화이다. 대화를 읽고 교사 전문성에 대해 <작성 방법>에 따라 논술하시오. `2016 기출`

김 교사: 선생님, 저는 사회과 수업이 참 어려워요.
박 교사: 경력이 꽤 된 저도 수업이 어렵긴 마찬가지죠. 어떤 점이 가장 어려운가요?
김 교사: 교과서 내용을 학생들의 관심과 흥미를 고려하여 재구성해서 가르치기도 어렵고요. 적절한 수업 방법을 찾는 것도 쉽지 않아요. ㉠그래서 저는 교과서 내용을 있는 그대로 가르쳐요. 선생님은 어떻게 하세요?
박 교사: 저는 개인적으로 아이들의 일상에서 출발해서 이와 관련된 사회과학 개념과 원리를 설명해 주고, 이를 다시 시사적인 쟁점에 적용하곤 해요.
김 교사: 그러면 사회과 수업에서는 어떤 방법을 사용하는 것이 좋을까요?
박 교사: 일단 기존의 수업 방법과 모형을 잘 활용하는 것이 좋습니다. 저는 개인적으로 사회과에서는 지식과 사고 같은 인지적인 능력도 길러 주어야 하고, 동시에 협동이나 공동체 의식의 함양도 필요하다고 생각해서 저만의 ㉡PCK(Pedagogical Content Knowledge)를 개발하려고 노력해요.
김 교사: 사회과 수업에서 다양하게 활용할 수 있는 수업 방법에는 무엇이 있을까요? 혹시 추천해 주실 수업 모형이 있나요?
박 교사: 잘 아시겠지만, 하나의 예로 ㉢직소(Jigsaw)Ⅱ 모형을 추천하고 싶어요. 이 모형에서는 교실 환경을 경쟁보다는 협력적 분위기로 만들고, 학생들이 관심이나 흥미를 가지고 잘할 수 있는 것을 선택하여 학습하게 해요. 그리고 자신이 학습한 내용을 다른 학생들과 서로 공유하는 방식을 취해요.
김 교사: 평가는 어떻게 하나요? 일반적인 방법으로 학습자의 성취를 평가할 경우 공부 잘하는 학생들만 신이 나서 공부하고, 못하는 학생들은 소외될 것 같아요.
박 교사: 그것은 평가와 보상 방법을 다르게 하면 어느 정도 개선할 수 있어요.
김 교사: 아! 기억나요. 대학에서 배웠었죠. 한 가지 더 궁금한 게 있어요. 사회과교육 목표 영역 중의 하나가 가치와 태도인데, 특히 학생들의 협동 정도는 어떻게 평가하나요?
박 교사: 수행평가를 활용할 수 있어요. 그리고 학생들에게 평가에 참여할 기회를 줘요. 그 일환으로 협동 과정의 참여 정도를 ㉣학생들이 스스로 평가하게 해요.
김 교사: 정말 많은 도움이 되었어요. 감사합니다.

<작성 방법>

1. 로스(E. Ross)는 교육 활동에서 교사가 교육과정과 어떤 관계를 형성하는지에 따라 교사의 역할을 3유형으로 분류하였다. 밑줄 친 ㉠에 근거할 때 김 교사는 어떤 유형에 해당하는지 설명할 것.
2. 밑줄 친 ㉡의 의미를 서술할 것.
3. 밑줄 친 ㉢의 특징을 모둠(집단) 조직 방식과 평가 및 보상 방식 측면에서 서술할 것.
4. 밑줄 친 ㉣의 2가지 평가 방법에 대해서 서술할 것.
5. 1~4의 내용을 짜임새 있게 구성하여 서술할 것.

◆ **예시 답안**

(1) 교육과정 전달자, 국가에서 만든 교육과정 및 교과서 내용을 있는 그대로 충실하게 전달하는 역할을 수행함으로써, 교과서 내용의 '수동적 전달자'의 역할을 한다.

(2) 내용 교수 지식, '아는 것'과 '가르치는 것'은 별개의 문제이다. 자신이 아는 것을 정확히 가르칠 수 있는 능력이 내용 교수 지식이다.

〈교사의 전문적 지식〉

내용지식 (CK)	• 정의: 교과 내용에 관한 지식 • 구성: 사회과학의 지식(개념, 일반화, 이론, 연구방법), 사고력과 사고기능
교수방법 지식 (PK)	• 정의: 교과 내용을 효과적으로 가르치는 교수 방법에 관한 지식 • 구성: 사회과의 내용을 효과적으로 가르치는 교수·학습방법 – 개념학습, 탐구학습, 의사결정수업, 논쟁문제수업, 가치수업, 체험학습, 토론수업 등
상황지식 (KC)	• 정의: 교과를 가르칠 때 고려해야 할 수업 상황에 관한 지식 • 구성: 학생의 지적 수준과 특성, 수업환경 등
교수법적 내용지식 (PCK)	• 정의: 교과 교육에 필요한 내용 지식, 교수방법지식, 상황지식이 통합된 실천적 지식 • 구성: 사회과에 대한 내용 지식, 교수방법지식, 수업 상황 지식의 통합

(3) 직소Ⅱ 모형은 학생들을 '모집단'과 '전문가 집단으로 구성하여, 학생이 전문가가 되어 학습 주제에 대해 집중적으로 학습하도록 모둠을 조직하는 것이 특징이다. 개별평가와 개별 보상을 하는 직소Ⅰ 모형의 한계를 극복하기 위해서 직소Ⅱ 모형은 향상점수에 의한 소집단 보상을 실시한다. 평가는 개별적으로 실시하지만 점수는 본래의 시험 점수가 아니라 기본 점수와 현재 점수를 비교하여 '향상점수'를 산출하고, 모둠구성원의 향상 점수를 종합하여 향상 점수의 합계가 가장 높음 모둠 전체에 보상하는 것이 특징이다.

(4) 자기 평가는 학생이 자신의 학습 과정 및 결과에 대하여 스스로 평가하는 방식이고, 동료평가는 학생들이 다른 동료 학생의 학습 과정 및 결과에 대하여 평가해주는 방식이다.

13. (가)는 사회과 모의재판 수업 장면의 일부이고, (나)는 수업 목표와 수업을 마친 학생이 작성한 자기 평가의 내용이다. <작성 방법>에 따라 서술하시오.

2022 기출

(가)

재판장: 다음으로 피고인에 대한 1심 재판의 신문을 시작하겠습니다.
(A): 피고인은 2021년 10월 10일 피해자의 집에 들어가 흉기로 협박하고 금품을 갈취한 사실이 있나요?
피고인: 예.
재판장: 피고인은 지금 죄를 인정하는 건가요?
피고인: …… 아, 아닙니다. 저는 그날 그 집에 들어간 적이 없습니다.
(A): 이상입니다.
… (중략) …
(B): 피고인에게 묻겠습니다. 피고인은 지금 너무나 억울한 심정이지요?
피고인: …….
(B): 피고인?
피고인: 아, 예. …… 억울합니다.
(B): 이상입니다.
재판장: 이것으로 피고인 신문을 마치겠습니다. 이어서 최종 의견 진술을 듣겠습니다.
(A): 재판장님. 피고인은 지금 증인의 명백한 증언에도 불구하고 거짓말을 하고 있습니다. 피고인에게 강도죄를 적용하여 징역 5년을 선고해 주시기 바랍니다.
(B): 재판장님. 피고인이 사건 현장에 있었다는 것은 증인의 일방적인 주장일 뿐입니다. 피고인에게 무죄를 선고해 주십시오.
재판장: 피고인은 최종 진술하세요.
피고인: …… 전 정말 억울합니다.
… (하략) …

(나)

○ 수업 목표: 재판의 절차와 등장인물의 지위에 맞게 모의 재판에서 실제 법률 용어를 사용하여 자기가 맡은 역할을 수행할 수 있다.
○ 학생의 자기 평가: 이렇게 수업을 해 보니 교과서를 통해 재판이 어떻게 진행되는지 배울 때보다 ㉠훨씬 잘 이해할 수 있었다. 그런데 다른 친구들은 실연 전에 재판 과정에 맞게 자기 대사를 정확하게 작성했는데, 나는 그러지 못해서 아쉬웠다.

─<작성 방법>─
○ 실제 재판에서 A, B에 해당하는 재판 절차상 지위의 명칭을 순서대로 쓸 것.
○ 모의재판의 장점을 활용하여 밑줄 친 ㉠의 이유를 서술할 것.
○ 학생의 자기 평가를 참고하여 수업을 보완하기 위해 교사가 무엇을 했어야 하는지 서술할 것.

◆ 예시 답안

(1) A 검사, B 변호인
(2) 모의 재판이 실제 재판을 모의적으로 체험하도록 함으로써 재판이 어떻게 진행되는지 직접적으로 체험하도록 돕기 때문
(3) 학생이 재판 이전 자신의 대사를 작성할 시간을 마련해주고, 정확하게 작성해도록 조력해주었어야 함. 형성평가와 피드백을 통해 목표에 맞게 준비하는지 점검, 교정 기회 제공

14. 다음 수업 협의록을 읽고 <작성 방법>에 따라 서술하시오. 2022 기출

교 사: '난민 수용'을 소재로 사회과 수업을 구현해 보고자 합니다. 어떤 수업 모형을 적용하는 것이 적절할지 말씀해 주세요.

교생 1: 정의적 영역의 문제를 탐구하기 위해 '뱅크스(J. Banks)의 가치탐구 모형'이 적절하다고 봅니다. 이 모형은 <문제 제기→가치 관련 행동의 진술→행동과 관련된 가치의 확인 및 진술→(㉠)→가치의 원천 진술→대안적인 가치의 진술→결과 예측→가치 선택→행동>의 절차로 진행할 수 있습니다. 난민 수용을 인권의 측면에서 보아야 하는지, 국가별 수용 난민 수는 얼마나 되는지 등의 문제를 이 모형을 통해 탐구해 보아야 합니다.

교생 2: 저는 인지적 영역의 문제를 탐구하기 위해 사회탐구 모형이 필요하다고 봅니다. 사회탐구는 <**문제 제기→가설 설정→용어 정의 및 개념화→자료 수집→자료 분석→가설 검증 및 일반화, 이론 도출**>의 절차로 진행할 수 있습니다. 국가별 난민 인정 기준에 차이가 있는지, 우리나라 난민 인정 비율은 매년 얼마나 되는지 등을 이 모형을 적용하여 알아보아야 합니다.

교 사: 두 분이 서로 다른 영역에 대해 말씀하고 계셔서 우선 (㉡)이/가 필요하군요. 제가 보기에 이 수업을 구현하기 위해서는 두 분이 제시한 모형을 모두 포함한 수업 모형 A가 적절합니다. A의 절차는 다음과 같습니다.

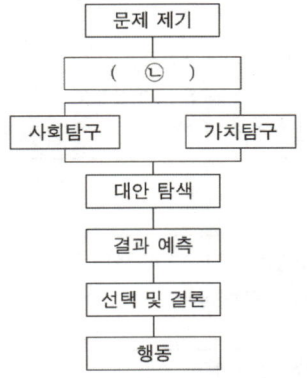

─<작성 방법>─

○ 괄호 안의 ㉠에 해당하는 단계를 쓸 것.
○ A 수업 모형이 무엇인지 쓰고, 괄호 안의 ㉡에 해당하는 단계를 쓸 것.
○ 교생 1의 발언 중에서 '뱅크스(J. Banks)의 가치탐구 모형'에 부합하지 않는 부분을 찾아 쓰고 그 이유를 서술할 것.

◆ **예시 답안**
(1) 대립 가치 확인
(2) 의사결정모형, ㉡은 지식과 가치 문제의 확인
(3) '국가별 수용 난민 수는 얼마나 되는지', 이는 사실을 검증하는 내용이기 때문에 가치를 탐구하는 뱅크스의 가치탐구 모형과 부합하지 않는다.

15. 다음은 개념학습의 유형에 대한 수업의 한 장면이다. <작성 방법>에 따라 서술하시오. 2022 기출

교수 : A 모형은 학생들에게 개념을 가르칠 때 개념의 속성을 중심으로 가르치는 것입니다. 이 모형에 따라 개념을 학습 하는 단계는 〈 문제 제기 → 속성 제시와 정의 → 결정적·비결정적 속성 검토 → (㉠) → 가설 검증 → 개념 분석 → 관련 문제 검토 → 평가 〉입니다. B 모형은 사회·문화적 환경에서 학생이 직접 겪은 경험이나 기대, 행동 등을 중심으로 개념을 가르치는 것입니다. 이 모형에 따라 개념을 학습하는 단계는 〈 문제 제기 → 상황 및 경험 진술 → (㉠) → 속성 검토 → 개념 분석 → 문제 분석 → 평가 〉입니다. 그렇다면, 민주선거의 원칙 중 '평등선거' 개념을 A 모형으로 설명할 경우, '평등선거' 개념의 속성은 무엇일까요?

학생 : 모든 유권자가 동일하게 1표씩 갖는 것입니다.

교수 : 그렇죠. 그런데 가상의 국가에 갑과 을, 2개의 선거구가 있고 각 선거구에서 1명의 대표를 선출하며 모든 유권자가 동일하게 1표씩 갖는다고 가정해 봅시다. 갑의 유권자가 100명이고 을의 유권자가 1,000명이면 갑의 유권자 1명은 을의 유권자 1명의 10배에 상응하는 표를 가진 셈입니다. 이런 점을 고려해 볼 때 '평등선거' 개념의 속성에는 (㉡)도 있습니다.

┤작성 방법├
(1) A, B 모형이 무엇인지 순서대로 쓸 것.
(2) 괄호 안의 ㉠에 해당하는 용어를 쓸 것.
(3) 괄호 안의 ㉡에 들어갈 내용을 서술할 것.

◆ 예시 답안
(1) A 속성, B 상황
(2) 사례(예와 비예) 검토
(3) 표의 등가성이 이루어져야 한다.

16. (가)는 A 모형의 수업 단계별 교수학습 활동이고, (나)는 A 모형에 대한 교수의 설명이다. <작성 방법>에 따라 서술하시오. 2020 기출

(가)

■ 단원 : 중학교 '사회 1'
　　　　Ⅸ-3. 민주 정치 제도와 정부 형태 ②정부 형태
■ 개념 : 대통령제
1. 문제 제기
 • 대통령 선거 관련 동영상을 보면서 당선자는 어떤 역할을 하게 되는지 질문한다.
2. (㉠)
 • 미국의 경우를 제시하고, 미국이 입법부와 행정부를 어떻게 구성하여 운영하고 있는지에 대해서 설명한다.
3. (㉡)
 • 영국, 프랑스의 경우를 제시하고, 영국과 프랑스의 경우를 대통령제로 분류할 수 있는지에 대해 질문한다.
4. 속성 검토
 • 선거와 정부 구성, 입법부와 행정부의 관계, 권력 분립 등의 측면에서 대통령제의 속성을 살펴본다.
5. 개념 분석
 • 대의 민주주의, 선거, 의원내각제, 이원집정부제, 대통령, 총리(수상) 등 관련 개념과 대통령제의 관계를 설명하도록 한다.
6. 관련 문제 검토
 • 우리나라의 경우를 분석하여 미국과의 차이점을 파악하게 하고, 현행 대통령제의 문제점과 해결 방안을 토의하도록 한다.
7. 평가
 • 독일, 멕시코의 경우가 대통령제인지 판단하도록 하여, 오개념 형성 여부를 확인한다.

(나)

　여기서 사용된 A 모형은 구체적인 대상이나 경우를 제시함으로써 개념 학습을 쉽게 유도할 수 있습니다. 특히 ㉢A 모형은 속성이 모호하거나 속성을 발견하기 어려울 때 개념을 손쉽게 학습할 수 있다는 장점이 있습니다.

─────<작성 방법>─────
○ 괄호 안의 ㉠과 ㉡에 들어갈 내용을 순서대로 제시할 것.
○ 밑줄 친 ㉢의 이유를 속성 모형의 수업 단계를 활용하여 서술할 것.

◆ 예시 답안
(1) ㉠ 원형 제시, ㉡ 예가 아닌 것 제시
(2) 속성 모형은 결정적 속성과 비결정적 속성을 분석한 후 예를 제시하지만, 원형모형은 속성 제시 과정 전에 원형을 통해 개념을 학습하기 때문에 추상적인 개념이나 결정적 속성이 명확하지 않은 개념학습에 적합하다.

17. 밑줄 친 '이 모형'을 활용한 수업 단계로서 가장 적절한 것은?　　　2009 기출

이 모형을 제안한 이들은 우리 사회의 주된 임무가 '인간의 존엄과 가치를 증진하는 일'이라고 생각했다. 이들은 '개인의 자유와 인간의 존엄성이 왜 사회의 중심적인 목표가 되어야 하는가'를 정당화하거나 합리화하는 것은 근본적으로 불가능한 문제라고 주장했다. 이들에 따르면 우리는 인간의 존엄성을 서로 약속함으로써 인간을 수단이 아니라 목적으로 대하는 것이 가능하다. 결국 이들에게 있어서는 이처럼 우리가 약속한 가치들이 가치와 관련된 갈등을 해결해 줄 수 있는 결정적인 기준이 된다.

① 문제 인식-대안 탐색-비용·편집 분석-대안 선택 및 결론-행동
② 문제 인식-가설 설정-용어 정의-자료 수집 및 분석-가설 검증-일반화
③ 문제 인식-개인적 차원의 의사 결정-만장일치에 의한 모둠 차원의 의사 결정-평가 및 반성
④ 문제 인식-정의와 개념의 명료화-사실 문제의 확인-대립되는 가치 확인-기본적 가치 확인-가치 갈등 해결
⑤ 문제 인식-자신의 입장 발표-반대 관점 및 개념 갈등과 불확실성 경험-지적 호기심과 관점 채택-재개념화와 종합 및 통합

◆ **정답**
④. 법리모형(논쟁문제수업)

18. (가)는 교사가 자기 수업을 성찰한 기록지이고, (나)는 어떤 개념 학습 모형의 수업 단계이다. <작성 방법>에 따라 서술하시오.　　　2018 기출

(가)

○ '헌법 개정을 통한 정부 형태 변경'을 쟁점으로 설정한 논쟁 문제 수업을 실시하였다. 먼저 학생들에게 논의하고자 하는 논쟁 문제가 무엇인지 설명한 후 사실과 가치 문제를 확인하도록 하였다. 그 후 사실 문제에 대해서는 자료를 수집·분석하여 이를 경험적으로 검증하도록 하였으며, 가치 문제에 대해서는 대립되는 가치를 분석하여 가치 갈등을 해결하도록 하였다. 다음으로 비슷한 다른 경우와 비교하고, 대안을 모색하여 결과를 예측한 후, 최종 대안을 선택하여 정당화하도록 하였다.

○ 학생들의 활동을 관찰하였는데, 일부 학생이 정부 형태에 대한 오개념을 가지고 자신의 주장을 펼쳤다. 내가 논쟁 문제 수업의 (㉠) 단계를 빠뜨려서인 것 같다. 다음 수업에서는 (나)와 같은 모형을 활용해야겠다.

(나)

1단계: 문제 제기
2단계: 속성 제시와 정의
3단계: (㉡)
4단계: (㉢)
5단계: 가설 검증
6단계: 개념 분석
7단계: 관련 문제 검토
8단계: 평가

<작성 방법>

○ 논쟁 문제 수업의 일반적 단계와 비교할 때, 괄호 안의 ㉠에 들어갈 내용을 서술할 것.
○ (나)에 해당하는 개념 학습 모형이 무엇인지 쓰고, 괄호 안의 ㉡, ㉢에 들어갈 내용을 순서대로 서술할 것.

◆ **예시 답안**
㉠은 개념의 명확화와 용어의 정의이다.
(나)는 속성 모형이며, ㉡은 결정적 속성과 비결정적 속성 검토이고 ㉢은 예와 비예 제시이다.

19. 다음은 서로 다른 가치교육 접근법 A~C에 대한 토론 내용이다. <작성 방법>에 따라 서술하시오.

`2021 기출`

이 교수 : 래쓰, 하민과 사이먼(L. Raths, M. Harmin, & S. Simon)은 가치 문제를 개인의 가치 결핍으로 간주하고, 가치 문제를 겪는 사람들의 징후를 무관심, 변덕, 자신감 부족 등의 8가지 범주로 설명하였습니다. 이들은 가치 혼란 행동 징후를 감소하는 방안으로 선택의 단계, 선택을 소중하게 여기는 단계, 행동의 단계로 이어지는 A를 제안하였습니다.

권 교수 : 하지만 A는 가치 상대주의를 전제하고 있어 한계가 있습니다. 진정한 가치교육 방법이라면 옳은 것을 옳다고, 그른 것을 그르다고 말할 수 있어야 합니다. 우리 사회의 핵심적 가치와 도덕을 주입 또는 교화와 같은 방식으로 가르치는 B가 필요합니다.

임 교수 : 콜버그(L. Kohlberg)는 B가 덕목 주머니(bag of virtues)를 통째로 주입하는 것에 불과하다고 비판했습니다. A와 B의 한계를 고려할 때, 뱅크스(J. Banks)가 제안한 C가 타당한 방법이라고 생각합니다. C에서는 학생들이 자신의 가치 원천과 다른 사람들의 가치 원천을 인식하고 가치 충돌 양상을 살펴보도록 합니다. 그리고 대안 가치를 모색하고 그 결과를 예측해 봄으로써, 인식 가능한 여러 가치들로부터 자유롭게 선택하도록 합니다.

┤작성 방법├
(1) A와 C의 명칭을 순서대로 쓸 것.
(2) '교사 역할'과 관련하여 B의 입장에서 A에 대한 비판점을 서술할 것.
(3) '가치 갈등 해결'과 관련하여 밑줄 친 주장의 이유를 설명할 것.

◆ 예시 답안

(1) 가치명료화, 가치탐구

(2) 교사의 역할을 지나치게 소극적으로 인정한다.

(3)
① 사회적 기본가치에 위반하는 결정을 내리는 경우에도 교사는 이를 제재하지 못하고 용인해야 하기 때문이다.
② 가치명료화는 가치 상대주의를 전제하기 때문에, 학생 개개인이 가치명료화의 과정에 따라 어떤 가치와 대안을 선택하고 행동했다면, 그 가치 선택과 행동은 모두 정당한 것이 된다. 따라서 가치명료화 모형은 개인이 자유롭게 가치를 선택하고 소중히 여기게 한다는 장점이 있지만, 그 가치선택이 정당한지를 판단할 수 있는 기본적 가치 또는 보편적 원칙을 제시하지 못하는 한계를 지니고 있다. 이로 인해, 가치 선택과 정당화가 가치 상대주의 회의론에 빠지기 쉬우며, 실질적으로 가치갈등을 해결하지 못할 수도 있다.

20. (가)는 가치명료화 접근법의 의의와 한계를 설명한 것이고, (나)는 가치명료화 접근법의 단계와 교사 반응 예시이다. <작성 방법>에 따라 서술하시오.

2020 기출

(가)

가치명료화는 자신이 스스로 결정하는 것에 어려움을 느끼는 사람들을 위한 것이다. 이 접근법은 우리가 직면하는 가치문제의 상당수는 개인 내부의 혼란에서 비롯되는 것으로, 자신의 가치를 명확히 하여 일관성 있게 행동하는 것만으로 충분히 해결할 수 있다고 본다. 그러나 우리가 경험하는 가치문제가 모두 개인의 자기 결정만으로 해소될 수는 없다. 특히 가치명료화는 명확하고 일관된 신념을 가지고 서로 다투는 개인이나 집단 간의 가치 갈등을 해결하는 데는 한계가 있다. 그래서 가치명료화는 사회적으로 찬반이 나뉘고 사회의 다수와 관련되며, 선택 가능한 대안들 중 하나를 결정해야 하는 논쟁문제의 가치 갈등을 해결하는 데 미흡하다. 올리버와 셰이버(D. Oliver & J. Shaver)에 따르면 이러한 논쟁문제에서는 개인 및 집단 간 대립되는 가치가 있을 때 (㉠)을/를 기준으로 가치 갈등을 해결한다. 하지만 가치명료화에서는 이를 제대로 다루지 않는다.

(나)

단계		교사 반응(질문) 예시
선택하기	① 자유로운 상황이 보장되어야 한다.	• 선택할 때 누구의 어떤 반대도 없었니?
	② 다양한 대안이 마련되어야 한다.	• 가능성 있는 대안들을 모두 고려했니?
	③ 각 대안의 결과에 대한 충분한 검토가 있어야 한다.	• 각 대안의 결과는 무엇이니?
선택을 소중히 하기 (존중하기)	④ ㉡자기가 선택한 것을 소중하게 여기고 기쁘게 생각해야 한다.	• 그것이 네게 정말로 중요하고 즐거운 거니?
	⑤ 선택한 것을 다른 사람들에게 기쁘게 발표해야 한다.	• ㉢교실에서 그것을 기꺼이 옹호하면서 설명할 수 있니?
행동하기	⑥ 선택에 따라 행동해야 한다.	• 그것을 위해 할 수 있는 일은 무엇이니?
	⑦ (㉣)	• 그것을 얼마 동안 할 계획이니?

─<작성 방법>─

○ 괄호 안의 ㉠에 들어갈 용어를 제시할 것.
○ 밑줄 친 ㉡이 괄호 안의 ㉠과 충돌할 때 나타날 수 있는 가치명료화의 문제점을 교사 역할 측면에서, 밑줄 친 ㉢으로 인해 나타날 수 있는 가치명료화의 문제점을 학생 인권 측면에서 서술할 것.
○ 괄호 안의 ㉣에 들어갈 내용을 제시할 것.

◆ 예시 답안

㉠은 사회의 기본 가치이다. 가치명료화는 교사의 역할을 지나치게 소극적으로 인정하여 학생들의 가치 선택이 정당한지를 판단할 수 있는 기본적 가치 또는 보편적 원칙을 제시하지 못한다는 한계를 지닌다. 또한 학생 개인의 가치를 공개적으로 발표하게 하는 것이 사생활의 비밀과 자유를 침해할 수 있다. ㉣은 선택과 행동이 삶의 한 유형이 되도록 생활에서 계속 반복해야 한다는 것이다.

21. (가)~(다)는 가치 교육의 서로 다른 접근법에 대한 설명이다. 이에 대해 <작성 방법>에 따라 서술하시오.

2017 기출

(가) ㉠ 전통적인 가치 교육 접근법에서는 모범 보여주기, 설득하기, 양심에 호소하기 등의 방법을 활용하였다. 이러한 가치 교육 접근법을 비판하며 가치화 과정을 강조하는 접근법이 등장하였다. 가치화 과정은 일반적으로 선택, 존중, 행위의 과정으로 구성된다. 이 관점에서는 가치를 학습자들이 직접 선택하고 평가해서 내재화시키는 데 주안점을 두며, 개인적 관심사를 주로 다룬다.

(나) 학생들이 겪는 가치 문제는 선악을 구분하지 못하기 때문이 아니라, 선한 가치들 중에서 어느 하나를 선택해야만 하기 때문에 발생한다. 따라서 학생 개인이 가치를 선택할 때 선택의 논리성과 이유를 충분히 밝힐 수 있도록 가치 교육을 해야 한다.

(다) 개인주의가 심화되는 현대 사회를 살아가는 학생들이 타인을 배려하고 감사하는 마음을 가질 수 있도록 교육해야 한다. 이를 위해서는 감정이입 훈련, 역할 학습, 모의 학습 등과 같은 수업 방법을 활용한다.

┤작성 방법├
(1) 밑줄 친 ㉠에 해당하는 접근법의 명칭을 쓸 것.
(2) (가), (나)의 가치 교육의 접근법이 가지고 있는 공통적인 한계점을 (다)의 관점에서 2가지 서술할 것.

◆ 예시 답안
(1) 가치전수
(2) 개인의 가치 선택을 평가할 객관적 기준이 없다.

22. (가), (나)는 가치 교육의 2가지 접근법(모형)이고, (다)는 이에 대한 교수와 학생의 대화이다. (가), (나)의 명칭을 쓰고, 괄호 안의 ㉠, ㉡에 들어갈 내용을 순서대로 서술하시오.

2016 기출

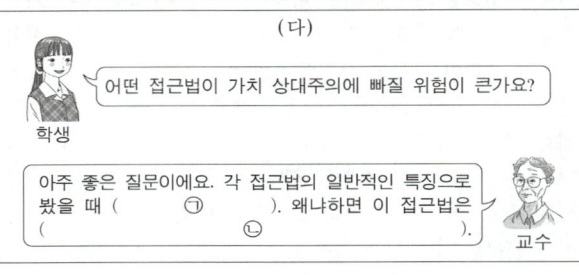

(가) 학생 자신이 원하는 가치가 무엇이며 이와 관련된 대안들에는 어떤 것이 있는지를 검토하고, 그것들 사이에서 가치 판단을 하도록 하는 방법이다. 자신이 진정으로 좋아하는 가치를 확인하여 선택하고, 그것에 대해 긍지를 갖고 행동하도록 돕는다.

(나) 학생 자신이 가치를 선택할 때 왜 그런 가치를 추구하는지 충분히 밝히고, 가능하다면 관련 근거도 제시하여 가치 판단을 하도록 하는 방법이다. 왜 자신이 그런 가치를 선택하는가에 대한 충분한 이유에 근거하여 판단하도록 돕는다.

(다)
학생: 어떤 접근법이 가치 상대주의에 빠질 위험이 큰가요?
교수: 아주 좋은 질문이에요. 각 접근법의 일반적인 특징으로 봤을 때 (㉠). 왜냐하면 이 접근법은 (㉡).

◆ 예시 답안
(가) 가치 명료화 모형
(나) 가치 탐구 모형
(다) ㉠은 가치 명료화 모형 ㉡ 보편적 가치, 원리는 존재하지 않는다고 보고, 학생 개인이 선호하는 가치에 의거해 자유로운 선택과 그에 따른 행동을 강조하기 때문
- 가치 명료화 모형은 가치 상대주의에 기초하여 '개인이 자신의 가치에 기초하여 자유로운 선택, 존중, 행동이라는' 가치화 과정'을 통해 자신의 고유한 가치에 도달할 수 있다고 가정한다.

23. 김 교사와 이 교사는 가치 교육에 대한 입장이 서로 다르지만 A 교수·학습 모형에 대해서는 비판적이다. 다음은 김 교사와 이 교사가 각각 자신의 입장에서 A 교수·학습 모형에 대해 평가한 인터뷰 내용이다. A 교수·학습 모형이 무엇인지 쓰고, 이 교사의 입장에서 ( ) 안에 들어갈 A 교수·학습 모형의 비판점을 2가지 쓰시오. 2015 기출

두 선생님께서는 A 교수·학습 모형에 대하여 어떻게 생각하세요?

김 교사

A 교수·학습 모형은 학생들에게 자신들의 가치나 혹은 다른 사람의 가치에 대하여 비판적으로 평가할 기회를 충분히 제공하지 않습니다. 여러 대안들의 결과를 심사숙고하도록 강조하지만, 합리적인 대안 평가를 위한 기준이 제시되지 않아 어떤 대안이 바람직한지 비교하기 어렵습니다. 더구나, 개인의 가치 선택을 공개적으로 확인하게 하는 것은 사생활을 공개해야 한다는 부담 때문에, 오히려 자유로운 가치화 과정을 저해할 수 있습니다. 결국 학생 개개인의 자아 인식에 초점을 두고 있어 결과적으로 개인의 가치를 확증하는 과정에 지나지 않습니다.

학생들은 아직 미성숙한 존재이므로 자신의 문제라 하더라도 충분히 심사숙고하기는 어려울 것입니다. '훈시적 방법(didactic method)'이 필요하며, 때로는 교훈이 들어있는 이야기를 통해서 학생들이 극적으로 감화될 수 있도록 해주어야 합니다. 그래서, 저와 같은 입장을 가진 사람들은 김 교사의 지적 이외에도 A 교수·학습 모형에 대하여 여러 가지 비판을 할 거예요. 저는 그 중에서 두 가지의 비판점을 말하고자 합니다.
(   )

이 교사

◆ 예시 답안

가치명료화 모형
① 가치는 상대적인 것인데 자신이 선호하는 가치 선택을 다른 학생들에게 공표하게 함으로써 개인의 사상의 자유 및 표현의 자유를 침해할 우려가 있다.
② 개인이 선택한 가치와 행동의 옳음을 객관적으로 평가할 기준으로 기본적 가치와 보편적 가치의 원칙을 제시하지 못한다.

24. 다음은 논쟁문제 수업에 대한 강의 내용의 일부이다. <작성 방법>에 따라 서술하시오. 2020 기출

교 수 : 오늘은 지난 시간에 배운 논쟁문제 수업 모형을 실제 사회과 수업에 적용하는 방식에 대해 학습하도록 하겠습니다. 혹시 이와 관련하여 질문이 있습니까?
학생 1 : 저는 논쟁문제 수업을 진행할 때 교사가 어떤 입장을 취하고 어떤 역할을 수행해야 하는지가 고민입니다.
교 수 : 네. 그건 논쟁문제 수업에서 중요하면서도 아주 민감한 문제입니다. 학자마다 이에 대해서 다르게 생각하는 경우가 있습니다. 여러분은 어떻게 생각하십니까?
학생 2 : 저는 논쟁문제 수업에서 교사가 ㉠ 다양한 시각의 논쟁 문제를 학습하도록 하되, 어떠한 입장도 취해서는 안 된다고 생각합니다.
학생 1 : 저는 생각이 다릅니다. 교사는 학생들에게 사고 과정을 알려주는 모델의 역할을 해야 한다고 생각합니다. 그렇기 때문에 교사는 (㉡)하는 것이 더욱 바람직하며, 민주적이라고 생각합니다.
교 수 : 둘 다 좋은 의견입니다. 여러분이 교사가 되어서 학교 현장에서 논쟁문제 수업을 하면서 교사의 역할에 대해서 지속적으로 고민해 보시기 바랍니다.

┌ 작성 방법 ┐
(1) 켈리(T. Kelly)의 교사 역할 유형 중 밑줄 친 ㉠에 해당하는 유형을 제시하고, 켈리가 비판한 이 유형의 가정을 1가지 서술할 것.
(2) 켈리의 교사 역할 유형에 기초하여 괄호 안의 ㉡에 해당되는 교사의 행동을 서술할 것.

◆ 예시 답안

㉠은 중립적 공정형이며 학생들이 교사의 영향을 크게 받는다고 가정한 점을 켈리가 비판하였다. ㉡은 논쟁문제의 다양한 시각을 다루되 교사도 학생과 동등한 입장에서 토론에 참여하며 근거를 들어 논리적으로 자신의 입장을 표명하는 것이다.

25. (가)는 예비교사 갑의 수업 실습 중 일부 장면이고, (나)는 이 장면에 대한 지도교수 을의 컨설팅 내용이다. <작성 방법>에 따라 서술하시오.

2019 기출

(가)

갑: '선거권 연령을 18세 이상으로 바꾸어야 하는가?'라는 쟁점에 대해서 알아봅시다. 현재 우리나라는 19세부터 선거권을 부여하고 있습니다. 그런데 우리나라보다 선거권 연령이 높은 나라는 OECD 국가 중 1개에 불과합니다. 선거권 연령을 18세 이상으로 바꾸게 되면 투표율이 높아질 수 있을 것입니다. 따라서 선거권 연령을 18세 이상으로 바꾸어야 합니다. 그럼, 다음 쟁점을 살펴보겠습니다.

(나)

을: 수업 내용 중 '선거권 연령' 쟁점과 관련된 부분에서 다음과 같은 개선이 필요합니다. 첫째, 수업 방법 면에서는 ㉠교사가 일방적으로 주도하는 설명 중심의 강의식 수업을 진행하였으나 논쟁 문제 수업의 단계에 따라 교사가 조력하고 학생이 주도하는 토론 수업으로 수업의 방법을 바꾸는 것이 좋겠습니다. 둘째, 교사의 역할 측면에서는 쟁점에 대한 긍정적 입장과 부정적 입장을 균형 있게 제시해야 합니다. 셋째, 수업 과정 면에서는 쟁점을 명확히 할 필요가 있습니다. 먼저 불분명한 용어와 개념의 명료화 과정이 필요합니다. 다음으로 쟁점에 대한 찬반 양측의 주장을 ㉡사실 확인과 경험적 검증이 필요한 사실 문제와 가치 갈등의 해결이 필요한 가치문제로 구분하여 각각을 해결할 수 있도록 수업을 구성해 보길 바랍니다. 특히 가치 갈등의 해결이 중요한데, 뱅크스(J. Banks)가 제시한 ㉢대립되는 가치의 원천을 구체화하여 가치 갈등을 확인하고, 갈등을 해결하기 위한 대안을 검토하며 그 결과를 예측하여 자신이 선택한 가치를 논리적으로 정당화하는 가치교육 방법을 활용할 수도 있습니다. 그리고 학생이 선택한 가치를 정당화할 때 사회의 기본가치를 준거로 제시하는 것이 좋겠습니다.

──<작성 방법>──

○ 논쟁 문제 수업의 의의에 비추어 볼 때 밑줄 친 ㉠이 지니는 단점을 1가지 서술할 것.
○ 밑줄 친 ㉡이 필요한 구체적인 예시를 (가)에서 찾아 2가지 서술할 것.
○ 밑줄 친 ㉢에 해당하는 사회과 가치교육 방법의 명칭을 제시할 것.

◆ **예시 답안**

(1) 논쟁 문제 수업을 통해서 학생들은 자신의 입장을 명확하게 하는 과정에서 지적 분석 능력과 비판적 사고력을 키울 수 있다. 하지만 강의식 수업을 진행하는 경우 학생은 자신의 입장에 대해 스스로 생각해보는 과정을 경험하지 못하므로 비판적 사고력을 키우는데 한계가 있다.

(2) ① '우리나라 보다 선거권 연령이 높은 나라가 OECD 국가 중 1개에 불과하다.'
② '선거권 연령을 18세 이상으로 바꾸게 되면 투표율이 높아질 수 있을 것이다.'이다.

(3) 가치 분석 모형

26. (가)는 예비 교사가 만든 교수·학습 지도안이고, (나)는 이에 대한 지도 교사의 평가 내용이다. 이에 대해 <작성 방법>에 따라 서술하시오.

2017 기출

(가)

단원	IV. 사회 계층과 불평등 4. 사회적 소수자
학습 목표	• 사회적 쟁점에 대하여 합리적 의사 결정을 할 수 있다.
단계	교수 · 학습 내용
도입	• 전시 학습 내용의 확인 • 동기 유발: 장애인 차별과 관련한 동영상 시청 • 본시 학습 목표의 확인
전개	• 가치문제 확인: 장애인 차별과 관련하여 사실과 가치 문제를 구분한다. • 용어의 정의: '장애인', '차별' 등 관련 용어와 개념을 정의한다. • 사실 확인과 객관적 검증: 장애인 차별에 관련된 당사자들의 주장을 검증할 수 있는 객관적 자료를 수집하고 분석한다. • (㉠): 장애인 차별과 관련한 쟁점에서 대립하는 가치 중 어떤 가치를 우선할지 선택한다. • 대안 모색과 결과의 예측: 대안을 모색하고 그것의 장단점을 분석하여 결과를 예측한다. • 대안 선택과 결론: 합리적 대안을 선택하고 이를 정당화한다.
정리	• 학습 정리 및 평가: 아래 평가 기준표에 따라 평가한다. | 평가 내용	우수 (3)	보통 (2)	미흡 (1)
---	---	---	---
1. 진술들 사이의 일관성과 모순을 확인한다.			
2. 주장이나 진술에 포함된 편견을 찾아낸다.			
3. 주장 뒤에 숨어 있는 가정을 확인한다.			
4. 서술한 주장이 사실과 일치하는지를 판단한다.				

(나)

　논쟁 문제 수업에 적합한 학습 주제를 선정하였고, 수업 절차 역시 논쟁 문제 수업의 일반적인 절차를 따르고 있는 지도안이라고 생각합니다. 그러나 제시된 지도안의 평가 계획에는 부족한 점이 있습니다. 일반적으로 평가 계획은 학습 목표 달성 여부를 확인할 수 있는 준거를 제시해야 합니다. 그런데 지도안을 보면, 학습 목표로 합리적 의사 결정 능력 함양을 설정하고 있으나 평가에서는 비판적 사고력 측정에 초점을 두고 있습니다.

<작성 방법>

○ ㉠에 들어갈 내용은 무엇이며, 이를 해결하기 위해 올리버 (D. Oliver)와 셰이버(J. Shaver)가 제시한 준거를 서술할 것.
○ 평가 도구가 갖추어야 할 조건들 가운데 (나)에서 지도 교사가 부족하다고 지적한 것은 무엇이며, 그것의 정의를 서술할 것.

◆ 예시 답안

(1) ㉠ 대립가치의 분석, 준거 :
① 논쟁문제와 관련된 사실과 가치를 구분하여 각각 사실의 객관적 검증과 대립 가치의 확인을 통해 해결하는 것이다.
② 가치와 관련된 증거 자료를 제시하여 그 가치를 정당화하는 것이다.
③ 대립하는 가치가 특수한 가치와 일반적 가치, 개인적 가치와 사회적 가치 중 어디에 해당되는지 가치의 우선 순위를 비교하는 것이다.
④ 대립 가치가 모두 일반적, 사회적 가치에 해당될 경우에, 민주사회에서 공유된 '궁극적 가치', 즉 인간의 존엄성에 근거하여 우선 순위를 정하는 것이다.

(2) '평가도구의 타당도' 또는 '평가문항과 학습 목표의 정합성'
① '평가의 타당도'는 사회과 수업에서 학습 목표와 내용 요소의 달성도를 측정할 수 있도록 그에 적합하게 평가 도구가 제작되어 있는 정도를 나타낸다.
② '평가문항과 학습목표의 정합성'(일치성)은 사회과 수업에서 의도한 학습 목표-내용-방법의 정합성 또는 일치성을 지녀야 한다는 것이다. 사회과에서 평가 문항은 수업이 의도한 학습 목표-내용-방법을 정확하게 측정할 수 있도록 학습 목표-평가 문항이 일치되게 만들어져야 한다.

27. 다음은 쟁점을 중심으로 학급 토론을 진행할 때, 교사가 취할 수 있는 특정 역할 유형을 지지하는 주장이다. 다음에서 말하는 교사의 역할 유형이 무엇인지 쓰시오. **2015 기출**

> 과연, 교사들이 자신들이 가슴으로 느끼고 있는 사회적 쟁점들에 대해 자신의 감정을 철저히 배제하여 이를 드러내지 않을 수 있을까? 대부분 그렇게 할 수 없다는 쪽에 동의할 것이다. 그래서 켈리(T. Kelly)는 교사의 영향을 아예 없애려고 하기보다는 민주적인 모델을 수립하는 것이 더 중요하다고 보았다. 교사가 어느 한 입장을 취하기를 거부하다 보면 자칫 소신 있게 자신의 생각을 말하려는 학생들에게 좌절감을 안겨 줄 위험이 생긴다. 따라서 교사는 자신의 의견을 말하되, 학생들이 교사가 말한 그대로 따라 하게 하지 않고, 오히려 반대 의견을 제시하도록 장려할 필요가 있다. 그렇게 하면, 학생들은 교사의 의견에 무조건 동조하지 않게 되며 오히려 학급 토론의 기법을 제대로 익힐 수 있게 된다.

◆ 예시 답안
신념을 가진 공정형

28. 다음은 바, 바스, 셔미스(Barr, Barth & Shermis)가 제시한 사회과의 세 가지 전통 중 하나를 지지하는 학자들의 대화이다. 을이 지지하는 전통이 무엇인지 쓰고, 이 전통에 대해 갑이 제기할 수 있는 비판점을 2가지만 서술하시오. (단, 갑과 을은 서로 다른 전통을 지지하고 있다.) [4점]

> 갑: 현대 다원주의 사회의 시민들은 다양한 형태의 개인적·사회적 문제를 접하기 때문에, 사회과 수업 내용은 일상생활에서 겪는 문제들로 구성되어야 합니다. 학생들은 자신의 신념에 대해 끊임없이 질문하고, 자신의 결정을 바꿀 수도 있는 용기를 지니고 있어야 합니다. 이와 같은 측면을 고려하여 사회과 교사는 듀이(J. Dewey)의 학생관으로부터 많은 것을 배워야 합니다.
> 을: 당신의 주장을 따를 경우 가치 상대주의의 문제가 발생할 수 있으며, 이는 우리 사회가 합의한 가치의 계승을 불가능하게 합니다. 학생들은 우리 사회를 지속시키는 데 필수적인 기본적 가치와 사회 규범을 내면화해야 합니다.

◆ 예시 답안
- 을 : 반성적 탐구
- 비판 :
① 시민성 전달로서의 사회과는 아동의 흥미를 무시하고 전통 가치를 주입시키는 위험이 있고 아동이 일상생활에서 경험하는 문제를 반성적 사고를 통해 스스로 해결하는 아동 중심의 교육을 하지 못한다.
② 교사가 주도해 전통적 가치와 규범을 주입하기 때문에, 기존의 사회 질서와 문화를 재생산한다.

29. (가)는 예비 교사가 만든 교수·학습 지도안의 일부 내용이고, (나)는 이에 대한 예비 교사와 지도 교사의 대화 내용이다. <작성 방법>에 따라 서술하시오.

2021 기출

<작성 방법>
○ (가)의 자료를 토대로 밑줄 친 ㉠에서 하나의 원모둠을 몇 명씩 구성하는 것이 가장 적절한지 쓰고, 그 이유를 설명할 것.
○ (나)의 (   ) 안에 들어갈 평가학적 용어를 쓰고, 밑줄 친 ㉡의 이유를 설명할 것.

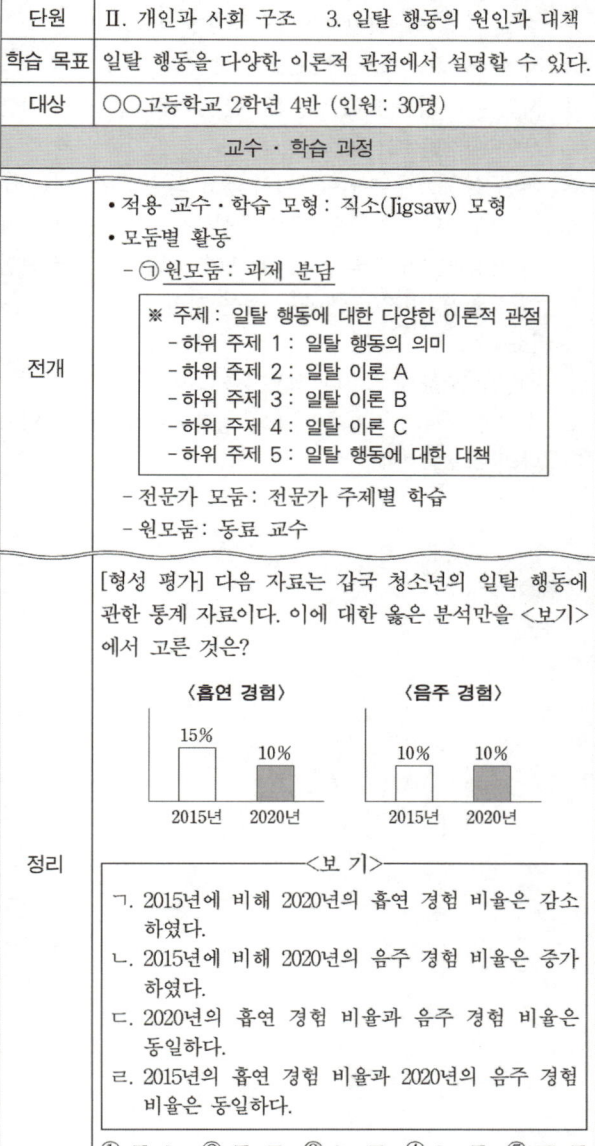

◆ 예시 답안

(1) 5명, 하위주제가 5개이며 각각의 주제마다 전문가가 1명씩 배치되기 위함이다.

(2) 타당도, 학습목표와 수업내용은 일탈의 대책과 같은 고차사고력을 함양하기 위한 수업이었으나 평가는 자료를 해석하는 저차사고력의 수준에 그치기 때문이다. 평가도구가 재고자 하는 내용을 정확히 재지 못하는 경우 타당도가 떨어진다.

30. (가)는 예비 교사 갑이 작성한 수업지도안의 일부이고, (나)는 지도 교사 을이 (가)에 대해 평가한 내용의 일부이다. 괄호 안의 ㉠과 ㉡에 해당하는 용어를 순서대로 쓰시오. 2020 기출

(가)

토론 주제: 복지 제도, 축소해야 하는가?
… (중략) …

4. 평가 계획: 학생들의 찬반토론 과정을 관찰하며 다음 평가 기준표에 따라 평가한다.

<평가 기준표>

평가 요소	평가 항목	우수 (3)	보통 (2)	미흡 (1)
(㉠)	• 주장에 포함된 편견을 찾아내었는가? • 주장의 일관성과 모순성을 확인하였는가? • 숨겨진 가정이나 전제를 확인하였는가? • 타당하고 충분한 근거를 들어 주장을 입증하였는가?			

(나)

… (상략) …
　찬반 토론의 과정에서 관찰되는 행동의 특성을 평가함으로써 고차사고력의 습득 여부를 평가하는 데 타당도가 높은 평가 계획을 수립하였습니다. 특히 사회과에서 강조하고 있는 고차사고력의 유형 중 (㉠)을/를 평가하기에 적합한 항목으로 평가 기준을 구성하였습니다. 하지만 이러한 수행평가는 채점 과정에서 평가자의 주관이 개입될 소지가 크기 때문에 (㉡)이/가 저하되는 문제에 유의해야 합니다. 이 점에서 갑은 평가 항목을 미리 상세하게 정해서 이러한 문제를 줄일 수 있을 것 같습니다. 더 나아가 학생들에게 평가 기준을 공지하고, 평가자들끼리 평가 항목별로 어떻게 채점할 것인지 사전에 협의하고 미리 연습을 하는 등 (㉡) 향상을 위한 노력이 필요합니다.

◆ **예시 답안**

㉠ 비판적 사고력 ㉡ 신뢰도

◆ **해설**

1. 비판적 사고력
   ① 오늘날 수많은 정보의 진위, 유용성, 적합성, 신뢰성, 타당성 등을 분석하고 평가할 수 있는 능력
   ② 사회현상을 과학적으로 조사하기 위해 필요
   ③ 사회문제, 쟁점을 해결하기 위한 대안의 합리성과 적합성을 평가할 때 필요
   ④ 어떤 것을 그대로 받아들이지 않고 의문을 제기하는 것
   ⑤ 사실과 의견(가치주장) 구분 / 신뢰성 / 타당성 / 숨겨진 가정과 의도 파악 / 논리적 모순성 발견 / 다른 관점에서 왜곡, 편견, 고정관념 등을 파악

2. 신뢰도
   ① 측정의 오차가 얼마나 적은가를 의미
   ② 수집한 검사의 점수가 얼마나 정확하고 일관성이 있느냐의 정도를 의미

31. (가)는 '사회문제 탐구' 과목의 평가 계획의 일부이고, (나)는 평가 후 교사 협의록의 일부이다. <작성 방법>에 따라 서술하시오. 2022 기출

(가)

A	학교 공동체에서 발생하는 폭력 문제의 심각성을 인식하고, 사회문제 탐구 절차를 적용하여 학교 폭력 문제에 대한 탐구 계획을 수립한다.

평가 유형	지필 평가	B	
반영 비율	30%	60%	10%
평가 방법	선다형	탐구 계획서 작성 - 자신이 설정한 학교 폭력 문제에 대한 탐구 계획 수립하기	체크 리스트

(나)

교사 1: 저는 A, 교수·학습 방법, 평가가 연계성을 갖는 것이 중요하다고 생각합니다. A는 7차 교육과정에서부터 제시되었는데 기존의 교육과정에서 단원명과 내용 요소를 나열했던 것과 달리 진술문의 형태로 내용 요소와 행동 요소를 결합하여 제시하고 있습니다.

교사 2: 객관성 측면에서 보면 지필 평가의 비율이 B보다 더 높았어야 할 것 같다는 생각이 듭니다. 왜냐하면 B의 경우, 채점자의 주관적 판단이 개입할 가능성이 지필 평가보다 크기 때문입니다.

교사 1: 저는 지필 평가보다 ㉠B가 A 도달 여부를 확인하기에 더 적절한 평가 유형이라고 생각합니다. 예를 들어 '토론 기능'을 평가할 때 토론에 대한 지필 평가보다는 실제 토론을 하는 과정에서 발현되는 기능을 평가하는 것이 더 적절하기 때문입니다.

교사 2: 지필 평가 문항 분석 결과도 살펴보아야 한다고 생각합니다. 정답률이 90% 이상인 문항이 전체 10문항 중 8문항이나 되는 것으로 보아서 난이도 조절을 잘못한 것 같습니다. 이렇게 정답률이 높으면 결과적으로 (㉡)에 문제가 발생할 가능성이 높습니다. 성취도가 높은 학생과 낮은 학생을 구분해 내기가 어렵습니다.

─<작성 방법>─
○ A, B에 해당하는 용어를 순서대로 쓸 것.
○ A의 행동 요소에 근거하여 밑줄 친 ㉠의 이유를 서술할 것.
○ 괄호 안의 ㉡에 해당하는, 문항 분석에서 고려해야 할 용어를 쓸 것.

◆ 예시 답안
(1) A 성취기준, B 수행평가
(2) A의 행동요소는 탐구 계획을 수립하는 것을 목표로 하는데, 탐구 계획의 수립을 위해서 창의적 사고력 등 고차사고력을 기를 필요가 있고, 이는 과정과 결과를 모두 측정하는 수행평가를 통해 더 잘 이루어질 수 있다. 탐구 계획 수립하기라는 행동목표를 선다형만으로는 도달여부를 판단하기 어렵다. 직접 수행을 한 결과를 평가하는 수행평가가 더 적합하다.
(3) 변별도

◆ 해설
1. 변별도
   ① 문항이 피험자를 변별하는 정도를 나타내는 지수
   ② 능력이 높은 피험자가 문항의 답을 맞히고, 능력이 낮은 피험자가 문항의 답을 틀렸다면, 이 문항은 피험자들을 제대로 변별하는 문항이다.
   ③ -1~+1 사이에 분포하는데, 음수면 부적 변별력이 된다. 그러므로 검사에서 제외되어야 한다.
   ④ 0.20 미만이면 수정하거나 제거되어야 하며, 0.30이상이면 변별력이 있고, 0.40이상이면 변별력이 높은 문항이다.

32. 다음 대화를 읽고 <작성 방법>에 따라 논술하시오.
2019 기출

박 교사 : '정보화 사회의 변동 양상과 문제점, 그리고 해결 방안'을 주제로 실행한 최 선생님 수업에 대하여 수업을 관찰하신 선생님들이 피드백을 하는 시간을 갖도록 하겠습니다.

정 교사 : 프로젝트 수업과 같이 활동 중심 수업을 하다보면 단원에서 다루어야 할 지식을 소홀하게 다루고 지나가는 경우가 있습니다. 이런 점에서 ㉠'정보화'를 충분히 이해할 수 있도록 수업을 구성하신 점이 의미 있다고 생각합니다. 특히 정보화의 '예와 예 아닌 것을 검토하기'에 앞서 이에 대한 자신들의 경험을 진술하도록 수업의 단계를 구성한 점은 매우 좋았다고 생각합니다. 최 선생님의 수업을 보면서 수업 내용을 학생들이 잘 이해할 수 있도록 해석하고 변환시키는 교사의 능력이 매우 중요하다는 것을 확인했습니다.

이 교사 : 저는 프로젝트 학습을 수행하는 학생들의 모습을 관심 있게 살펴보았습니다. 어떤 학생은 '사이버 폭력'에 관해 태블릿 PC를 활용하여 자료를 수집하면서 연구 보고서를 작성하던데, 그 모습이 어찌나 진지하던지요. 그 학생이 자신의 보고서를 발표할 때 스스로 성취감을 느꼈다고 말하는 것을 보고 활동 중심 수업이 역시 학생들의 참여를 촉진한다고 생각했습니다. 그것만으로도 충분히 성공적인 수업이었다고 생각합니다.

박 교사 : 정보화 사회의 문제점과 해결 방안에 관하여 학생들이 획득한 지식 정도를 평가하기 위하여 개념도를 활용한 것은 매우 신선했습니다. 그리고 오늘 학생들이 제출한 연구보고서 평가에서 그 기준으로 내용의 적합성, 자료 수집 능력, 자료 분석 능력, 보고서 작성 능력, 창의적 사고력을 포함한 것은 적절했다고 생각합니다. 또한 평가 방법으로 오늘과 같은 ㉡연구보고서법 외에 ㉢포트폴리오법도 활용하신다니 너무 좋은 아이디어입니다.

김 교사 : 프로젝트 수업에서 ㉣자기평가 방법을 활용한 것이 좋았다고 생각합니다. 더불어 우리도 다른 선생님의 수업을 관찰하고 피드백하는 과정에서 자신을 성찰하는 기회를 가지듯이, 학생들에게도 이러한 과정을 경험할 수 있도록 평가 기회를 줄 것을 제안합니다. 그 경험이 학생들의 학습에 더욱 도움을 줄 수 있다고 생각합니다.

최 교사 : 선생님들의 좋은 의견에 감사드립니다. 선생님들과 함께 수업 관찰을 하고 피드백을 공유하는 이 시간이 저의 전문성 신장에 많은 도움이 됩니다. 다음 모임도 기대가 됩니다.

<작성 방법>

○ 다음 내용을 모두 포함하여 짜임새 있게 서술할 것.
○ 지식의 구조를 이루는 구성 요소 중에서 밑줄 친 ㉠에 해당하는 것의 명칭을 제시하고, 그 의미를 서술할 것.
○ 최 교사가 활용한 개념학습모형의 명칭을 제시하고, 다른 개념학습모형과 비교할 때 이 모형이 가지는 장점을 1가지 서술할 것.
○ 밑줄 친 ㉡과 ㉢을 포괄하는 평가 방법의 명칭을 제시하고, 이 평가 방법 중에서 ㉢이 가지는 장점을 1가지 서술할 것.
○ 김 교사가 최 교사에게 제안한 평가 방향을 반영하기 위하여 활용해야 할 평가 방법의 명칭을 제시하고, 이 평가 방법과 밑줄 친 ㉣의 공통점을 평가 주체의 측면에서 1가지 서술할 것.

◆ **예시 답안**

(1) 개념

① 유사한 대상, 사건, 관념 등을 하나의 집합으로 분류하여 범주화하는데 유용한 추상적 용어

② 여러 대상이나 현상의 공통된 특성에 기초하여 하나의 범주로 분류하기 위해 인위적으로 만든 추상적 용어

③ 공통된 특성을 기준으로 다양한 대상이나 사건을 유사한 것끼리 범주화하는 용어

◆ **해설**

지식의 구조

1. 브루너(J.S. Bruner)의 《교육의 과정》에서 교육내용을 지칭한 용어로 「지식의 구조」가 각 학문의 「기본개념」, 「일반적 원리」, 「핵심적 아이디어」 등으로 설명되어 있다.
2. 사회과학적 지식의 구조는 사실, 개념, 일반화, 이론, 탐구 방법으로 구성되는데, 그 중에 개념이 중요한 비중을 차지한다.
(2) 상황모형, 사회과의 사회과의 정치, 경제, 사회·문화와 관련된 여러 개념을 역사적 맥락과 사회·문화적 상황에서 구체적으로 이해하는 데 도움이 된다. 그러나 개념을 추상화하고 일반화하는 데에는 제한이 생긴다는 단점이 있다.
(3) 수행평가
① 학생은 자신이 제작한 포트폴리오를 통해 자신의 변화 과정을 쉽게 파악할 수 있으며, 자신의 장단점, 잠재 가능성, 변화 과정 등을 스스로 인식할 수 있다.
② 교사는 학생의 과거와 현재 상태를 쉽게 파악할 수 있으며, 미래의 발전 방향에 대해 조언하기 위한 자료를 얻을 수 있다.
(4) 동료평가, 학생 참여의 수행평가 방법

33. (가), (나)를 읽고, <작성 방법>에 따라 서술하시오.

2018 기출

(가) 교사의 교수·학습 과정

단계	교수·학습 내용
문제 제기	• 교사는 사회 문제와 관련된 자료를 보여 주며, 학생이 문제를 인식할 수 있도록 질문한다. • 학생은 사회 문제 중 하나를 연구 대상으로 선정한다.
(㉠)	• 학생은 연구할 문제를 질문의 형태로 만들고 이에 대한 잠정적인 결론을 진술한다.
자료 수집	• 학생은 잠정적인 결론을 증명하기 위한 객관적 자료를 수집한다.
자료 분석	• 학생은 자료를 통해 잠정적인 결론의 타당성을 검증한다.
결론 도출 및 일반화	• 학생은 검증된 결과를 바탕으로 결론을 도출한다. • 학생은 결론을 바탕으로 일반화를 도출한다.

(나) 교사의 한 학기 평가 계획

○ 타당도와 신뢰도를 제고할 수 있는 평가를 실시한다.
 - 수행평가: 단원마다 (가)와 같은 과정으로 교수·학습을 실시한 후, ㉡학생들이 수업 시간마다 수집한 자료와 결과물을 정리한 문서집을 평가한다.
 - 지필평가: 학기 말에 ㉢선다형 평가를 실시한다.

<작성 방법>

○ 교사가 활용한 수업 모형의 명칭을 쓰고, 괄호 안의 ㉠에 들어갈 단계가 무엇인지 제시할 것.
○ 수행평가 방법 중 밑줄 친 ㉡의 명칭을 제시할 것.
○ 일반적으로 밑줄 친 ㉡이 밑줄 친 ㉢에 비해 신뢰도가 낮다고 평가되는 이유를 서술할 것.

◆ 예시 답안

(1) 탐구 학습, 가설 설정
(2) ㉡은 '포트폴리오 평가'이며 명확한 평가 기준이 없어 교사의 주관이 개입될 수 있기 때문에 신뢰도가 낮다고 평가된다.

34. 다음은 가상의 온라인 학술대회 장면이다. 괄호 안의 ㉠, ㉡에 해당하는 용어를 순서대로 쓰시오.

2021 기출

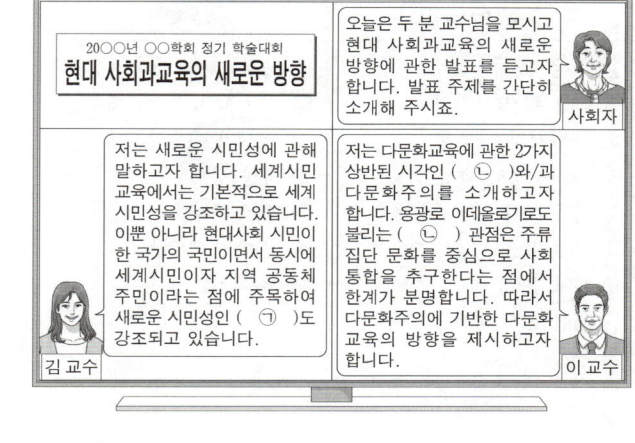

◆ 예시 답안

다중 시민성, 동화주의

◆ 해설

1. 다중 시민성
 ① 여러 가지 공동체의 수준에서 다중적인 지위를 갖는 한 시민에게 요구되는 다양한 형태의 시민의 자질로 국가 시민성 + 세계시민성 + 지역 시민성이 결합된 것
 ② 세계화와 지역화가 급속하게 진전되면서 각 시민은 지역사회, 국가, 세계 공동체의 수준에서 다중적인 지위를 중첩적으로 갖게 됨

2. 동화주의
 소수 문화를 주류 문화에 일방적으로 흡수시키려는 생각이나 그를 지지하는 정책 등을 아우르는 개념으로 소수 문화의 일방적 변화를 강요한다는 점에서 각 문화의 다양성을 인정하는 문화 상대주의와 상반된다.

35. 다음은 개념 학습의 2가지 모형이다. 밑줄 친 ㉠과 ㉡의 차이점, ㉢과 ㉣의 차이점을 각각 설명하시오. [4점]

속성 모형	원형(전형) 모형
① 문제 제기 ② 속성 제시와 정의 ③ ㉠결정적 속성과 　㉡비결정적 속성 검토 ④ 예와 예가 아닌 것 검토 ⑤ 가설 검증 ⑥ 개념 분석 ⑦ 관련 문제 검토 ⑧ 평가	① 문제 제기 ② ㉢원형 또는 예 제시 ③ ㉣예가 아닌 것 제시 ④ 속성 검토 ⑤ 개념 분석 ⑥ 관련 문제 검토 ⑦ 평가

• _____

◆ **예시 답안**

(1) ㉠은 개념의 속성 들 중에서 그 대상이나 사건에 속하는 '본질적 속성'으로 다른 것과 구별하는데 결정적으로 중요한 속성이다. ㉡은 개념을 정의할 때 포함되지만 다른 대상이나 사건도 '함께 지닌 특성'이기 때문에 다른 것들과 구별할 때 결정적으로 중요하지 않는 특성이다.

(2) ㉢은 실제로 존재하는 대상이 아니라 그 개념에 속한 대상이나 사례의 공통된 속성을 지닌 이상적인 유형이다. 원형이 없는 개념의 경우에는 대표적 예를 제시할 수 있다. '대표 예'는 그 개념의 공통된 속성을 모두 갖고 있는 전형적인 사례이다.
㉣은 그 개념의 결정적 속성은 없지만 비결정적 속성을 갖고 있기 때문에, 그 개념에 해당 되는 것처럼 보이지만 실제로는 포함되지 않는 사례이다.

◆ **해설**

개념학습

1. 결정적 속성
   한 개념으로 분류되는 대상들이 공통적으로 갖는 고유한 특성

2. 비결정적 속성
   그 개념에 속한 특성이지만, 다른 대상들 또한 그 특성을 가지고 있다. 그러므로 비결정적 속성은 다른 대상과 구별할 때 결정적으로 중요한 특성이 되지 못한다.

3. 원형
   ① 어떤 대상이나 사례의 속성을 가장 잘 드러내주는 이상적인 현상 또는 대표적 사례
   ② 구체적인 대상이나 사건을 파악, 분류하는 기준

36. 다음은 교사의 전문성에 관한 사회과 교사들의 대화이다. 교사의 전문성과 관련하여 <작성방법>에 따라 논술하시오. [10점]

박 교사: 작년에 개정된 사회과 교육과정이 고시되었어요. 개정된 사회과 교육과정이 학교 현장에서 성공적으로 정착되려면 교사들의 실행이 제대로 이루어져야 해요.

김 교사: 수업을 계획하는 단계부터 수업 이후의 평가로 이어지는 전 과정은 교사 수준의 교육과정을 개발하는 과정이라고도 볼 수 있죠.

최 교사: 그런데 교사 수준의 교육과정을 바라보는 관점이 달라지고 있어요. 교사가 교육과정 전달자로서의 역할을 수행하기를 기대했던 이전과는 달리, 교사들에게 ㉠교육과정 조정자로서의 역할을 요구하고 있어요.

이 교사: 교사가 교육과정 조정자로서의 역할을 수행하려면 교육 내용을 선정하고 구성할 때 어떤 원리가 있는지에 대해서 지식을 갖추어야 해요.

박 교사: 그렇죠. 무엇을 가르쳐야 하는지, 그리고 내용 구성 원리가 무엇인지도 분석할 수 있는 역량이 필요하죠.

김 교사: 교육 내용이 사회과학의 핵심 개념을 중심으로 ㉡나선형 교육과정 원리에 따라 구성되었는지, ㉢통합 원리로 구성되었는지에 따라 교육과정을 재구성하는 방향도 다를 것 같아요.

최 교사: 교육 내용을 구성하는 두 가지 원리 모두 장단점이 있으니, 단점을 보완할 수 있도록 교육 내용을 재구성하면 더욱 의미가 있겠어요.

이 교사: 정말 그렇겠네요. 저는 교육과정의 성취 기준과 교과서를 분석하여 수업 방법을 정하려고 노력해요. 지식의 구조를 구성하는 요소 중의 하나인 ㉣일반화를 다룰 경우에는 ㉤브루너(J. Bruner)의 탐구 학습 모형을 활용하곤 합니다.

최 교사: 어떤 학생들은 자신의 경험을 토대로 개념을 습득하기 때문에 오개념이나 상투 개념을 갖고 수업에 임하는 경우가 제법 많아요. 그래서 핵심 개념에 대한 학생들의 이해 수준을 파악하고, 학생들이 정확한 개념을 습득할 수 있도록 다양한 발문 기법을 활용합니다.

박 교사: 저도 그런 경험을 가끔씩 해요. 저로서는 나름 치밀하게 수업을 설계했는데도, 수업 실행 과정에서는 설계 과정에서 예상하지 못했던 상황에 종종 직면해요. 그럴 때는 '왜 그러지', '뭐가 문제야'라고 속으로 생각하면서 계획을 변경하여 수업을 실시해요. 수업 실행 후에도 '내가 무엇을 놓쳤을까' 등을 생각하면서 수업 과정을 재구성하려고 노력해요. 그렇게 노력하는데도 늘 뭔가 부족하다는 느낌을 떨쳐 버릴 수가 없어요.

김 교사: 많은 교사들이 겪는 경험일 것 같은데요. 저도 그런 상황을 경험할 때가 많아요. 노력하다 보면 교사의 전문성이 강화되지 않겠어요. 저는 그러리라고 믿어요.

이 교사: 결국 교육과정은 교실에서 거듭나네요. 많은 사람들이 공을 들여 개정한 '2015 개정 교육과정에 따른 사회과 교육과정'도 그렇겠죠. 개정 방향이나 내용을 미리 살펴봐야겠어요.

<작성 방법>

1. 로스(E. Ross)가 교육 활동에서 교사와 교육과정의 관계를 분류한 유형 중에서 밑줄 친 ㉠의 정의를 서술할 것.
2. 밑줄 친 ㉡원리의 정의와 장점을 서술하고, 밑줄 친 ㉢입장에서 평가할 것.
3. 밑줄 친 ㉣의 정의를 쓰고, 밑줄 친 ㉤에서 탐구 문제의 성격을 서술할 것.
4. 박 교사가 반성적 실천가의 자질을 겸비했는지를 쉰(D. Schön)이 주장한 '실천 중 반성'의 정의를 포함하여 평가할 것.
5. 1~4의 내용을 짜임새 있게 서술할 것.

◆ 예시 답안

(1) ㉠: 자신의 교육관, 내용의 이해도에 기초하여 교육과정 또는 교과서를 능동적으로 해석하고 재구성하여 가르친다. 교사는 사회과 교육과정의 수동적 전달자가 아니라 능동적 수행자의 역할을 한다.

(2) ㉡: 여러 사회과학의 핵심 개념을 중심으로 학년이 올라갈수록 관련 내용의 범위와 깊이를 확장시키며 구성하는 방식이다. 핵심 개념을 중심으로 각 학년마다 반복되면서 내용의 복잡성과 추상성 , 깊이가 점증하도록 체계적으로 구성할 수 있고 핵심 개념은 복잡한 사회 현상을 분명하게 이해하고 문제를 합리적으로 해결할 수 있도록 도와준다.
㉢: 민주 시민이 사회생활에서 겪는 사회문제나 쟁점을 합리적으로 해결할 수 있는 능력을 기르도록 주제 또는 문제 중심의 통합적 접근에 따라 교육과정을 구성하지 못하는 한계를 지닌다. 추상적인 개념은 사회 문제를 해결하는데 직접적인 기준이나 해결책을 제시해주지 못하기 때문이다.

(3) ㉣: 개념들 사이의 상관관계를 진술한 것이다.
㉤: 과학자처럼 과학적 조사를 통해 검증할 수 있는 '과학적 문제'이고 객관적 자료에 의해 검증할 수 있는 '사실문제'이다. 과학적 문제, 사실문제'는 과학적 조사를 통해 객관적으로 증명할 수 있는 문제라는 점에서 개인의 주관적인 판단을 포함하는 '가치문제'와 다르다.

(4) 겸비했다고 평가할 수 있다. 왜냐하면 실천 중 반성은 실천이 이루어지는 상황 속에서 자신의 실천 기저에 놓여있는 실천 중 앎을 표면화하고 비판적으로 성찰하여 재구성하는 것이고, 또한 재구성한 실천 중 앎을 현 상황에서 즉시 검증하는 즉석 실험을 통해 실천을 변화시키는 과정이다. 이러한 실천 중 반성에 따라 박 교사는 수업 실행 과정에서 예상 못한 상황에 대해 머리 속으로 '무엇이 문제인가'를 반성적으로 성찰하고 즉석에서 바로 수업 계획을 변경하여 수업을 실시하며 검증했기 때문에, '반성적 실천가'의 자질을 겸비했다고 할 수 있다.

37. 다음 글을 읽고 <작성방법>에 따라 서술하시오. [4점]

(가) 올리버와 쉐이버(D. Oliver & J. Shaver)는 논쟁 문제를 해결하기 위해 재판 과정을 수업에 적용한 (㉠) 모형을 개발하였다. 이 연구를 주도한 연구자나 학교의 명칭을 따서 올리버-쉐이버 모형 또는 하버드 모형이라고도 불린다.

… (중략) …

올리버와 쉐이버는 공공의 논쟁 문제가 발생하는 데에는 ㉡3가지 차원의 불일치가 있다고 보았다. 예를 들어 과거 공무원 채용 시 제대 군인에게 가산점을 부여하던 제도에 관한 논쟁을 가정해 보자. 이에 대해 가산점이란 무엇인가, 가산점으로 인해 제대 군인의 공무원 시험 합격률이 얼마나 달라졌는가, ㉢병역의 의무, 평등권, 직업 선택의 자유 중 어느 것을 우선시할 것인가 등에 대한 다양한 이견이 존재한다.

(나) 논쟁 문제 수업 모형은 보수주의자들로부터는 지나치게 급진적이라는 비판을 받고 있다. 이 모형은 학생들에게 공연히 사회적 쟁점을 제시하여 오히려 사회 질서에 의문을 갖게 하고 심지어 혼란스럽게 만든다는 것이다. 그러나 ㉣진보주의자들로부터는 도리어 보수적이라고 비판을 받기도 한다.

―<작성 방법>―

○ 괄호 안의 ㉠에 해당하는 용어를 쓰고, ㉠ 모형이라고 명명한 이유를 서술할 것.
○ 밑줄 친 ㉢이 밑줄 친 ㉡의 어느 차원에 해당하는지 쓸 것.
○ 밑줄 친 ㉣의 이유를 '사회의 기본적 가치'라는 용어를 활용하여 1가지 서술할 것.

◆ **예시 답안**

(1) 법리, 사회적 기본가치를 바탕으로 가치문제를 해결한다고 전제할 때, 사회적 기본가치가 곧 그 나라의 헌법적, 윤리적 가치를 의미하기 때문
(2) 3가지는 용어정의문제, 사실문제, 가치문제인데 ㉢은 가치문제이다.
(3) 합의된 '사회적 기본가치'가 있다고 전제하기 때문이다. 진보주의자들은 사회적 기본가치 자체를 비판의 대상으로 삼아야 한다고 생각한다.

2 중등 지리교육론 기출

38. (가)는 예비 교사가 의사결정 수업 모형을 참고하여 작성한 세계지리 수업 설계용 메모의 일부이고, (나)는 수업 읽기 자료별 활용 방안을 요약한 것이다. <작성 방법>에 따라 서술하시오. [4점]

2020 기출

(가)

- 수업 주제 : 지구촌 환경 문제로서 지구 온난화
- 수업 목표 : 지구 온난화에 대처하기 위한 국제적 노력과 생태 발자국을 조사하고, 공정한 세상을 만들기 위해 우리가 일상에서 실천할 수 있는 방안을 제안할 수 있다.
- 수업 방향 : ㉠사실은 객관적으로 확인하고 경험적 자료로 증명할 수 있는 정보나 자료를 의미하고, (㉡)은/는 개인의 신념 속에서 판단하고 평가하는 기준을 가리킴. 지리적 쟁점은 ㉠사실 문제와 (㉡) 문제가 모두 관련되어 있어 이를 동시에 탐구해야 함.
- 수업 전개별 소주제

수업 전개	소주제
문제 제기	지구 온난화를 해결하는 데 왜 공정함이 필요할까?
㉠사실 탐구 ↓ (㉡) 탐구 ↓ 의사결정	A. 국가별 1인당 GDP는 1인당 CO_2 누적 배출량에 따라 차이가 있는가? B. 지구 온난화로 인한 피해는 누가 더 큰 책임을 져야 공정한가? C. 지구 온난화의 피해가 집중된 국가는 주로 어느 위도대에 위치하는가? … (하략) …
행동·실천	지구 온난화에 대한 책임 당사자가 생태 발자국 줄이기에 노력한다.

(나)

읽기 자료	수업에서의 활용 방안
지난 50년간(1961~2010년) CO_2 누적 배출량이 1인당 300t을 넘는 중·고위도의 부유한 여러 나라에서는 1인당 GDP가 증가했고, CO_2 누적 배출량이 1인당 10t 미만인 저위도의 가난한 여러 나라에서는 1인당 GDP가 감소하기도 했다. … (하략) …	㉢'1인당 CO_2 누적 배출량이 많은 국가들은 대체로 1인당 GDP가 증가했다'는 점을 학습할 수 있는 자료로, 소주제 A의 탐구 자료로 적절함.
인간 활동이 지구에 피해를 주는 정도는 생태 발자국으로 나타낼 수 있다. 생태 발자국은 자원을 생산하고 폐기하는 데 드는 모든 비용을 토지 면적으로 환산한 지수이다. 산업이 발달하고 자원 소비가 큰 국가일수록 생태 발자국이 크다. … (하략) …	㉣'생태 발자국은 대체로 가난한 국가들이 부유한 국가들보다 크다'는 점을 학습할 수 있는 자료로, 소주제 B의 탐구 자료로 적절함.
전 세계 온실가스의 약 80%는 선진국이 배출하는데, 지구 온난화로 인한 피해는 저위도의 가난한 국가들에 집중된다. 가난한 국가의 산업은 농업을 비롯한 1차 산업의 비중이 큰데, 이러한 1차 산업은 다른 산업에 비해 환경 변화에 따른 피해가 더 크기 때문이다. … (하략) …	㉤'저위도의 1차 산업 비중이 높은 가난한 국가들에게 지구 온난화로 인한 피해가 집중된다'는 점을 학습할 수 있는 자료로, 소주제 C의 탐구 자료로 적절함.

<작성 방법>
- 괄호 안의 ㉡에 해당하는 용어를 쓸 것.
- (가)의 소주제 A, B, C가 밑줄 친 ㉠과 괄호 안의 ㉡ 중 어디에 해당하는지 모두 구분하여 제시할 것.
- 밑줄 친 ㉢, ㉣, ㉤의 진술 중 오류가 있는 것을 1가지 찾아 기호를 쓰고, 오류를 바르게 수정하여 다시 서술할 것.

◆ 예시 답안

(1) 가치
(2) B는 ㉡, A와 C는 ㉠에 해당된다.
(3) ㉣. 생태 발자국은 대체로 부유한 국가들이 가난한 국가보다 크다.

◆ 개념 해설

생태발자국(Ecological Footprint)

1. 사람이 길을 걸어간 자리에 발자국이 남는 것처럼 사람이 살면서 환경에 미치는 직·간접적인 영향을 발자국이라고 상징적으로 표현한 것으로, 생태발자국의 면적이 넓을수록 환경문제가 심각하다는 것을 의미한다.
3. 생태발자국을 줄이기 위해서는 친환경적인 소비생활이 권장되고 있는데, 예컨대 ▷일회용품 사용 지양 ▷친환경 인증 제품 사용 ▷대중교통 이용 ▷절전·절수하는 습관 등이 이에 속한다. 또 에너지 소비를 줄여 환경문제를 완화하고 자원 고갈을 예방하기 위한 대체에너지 개발도 생태발자국을 줄이기 위한 중요 요소로 꼽힌다.

39. (가)는 피아제(J. Piaget)와 아동의 대화이고, (나)는 지리 내용 조직 방법(원리)에 대한 내용이다. <작성 방법>에 따라 서술하시오. 2022 기출

(가)

피아제: 너는 어느 나라 사람이니?
아 동: 스위스 사람이요.
피아제: 어째서 그렇지?
아 동: 스위스에 살고 있으니까요!
피아제: 너는 제네바 사람이기도 하니?
아 동: 아뇨, 그럴 순 없어요. 난 이미 스위스 사람인 걸요. 스위스 사람이면서 또 제네바 사람일 수는 없잖아요.

(나)

피아제의 인지발달 이론은 지리 교육과정의 내용을 계열적으로 조직하는 데 단서를 제공했다. 아동의 경험이 자신과 가까운 곳에서 점차 먼 곳으로 확대되어 간다는 피아제의 공간 인지발달 이론에 근거하여, (㉠)은/는 가르칠 지리 내용을 자기 동네, 자기 지역, 자기 나라, 세계 순으로 조직하는 방법이다. 그러나 (㉠)은/는 비판을 받기도 한다. 왜냐하면, 최근 세계화와 지역화가 동시에 일어나면서 지역을 분절적·파편적으로 이해하는 것은 의미가 적기 때문이다. 그리하여 세계의 여러 지역을 상호의존의 관점에서 관계적으로 바라보아야 한다는 주장이 설득력을 얻으면서 그 대안으로 (㉡)이/가 등장했다. (㉡)은/는 자기 동네에 대한 학습을 시작으로, 국가와의 상호관계 속에서 지역의 생활모습을 다루고, 지구촌의 상호의존 관계 속에서 자기 나라의 지리적 현상을 고찰한 후, 세계에 대한 학습으로 나아간다.

―<작성 방법>―

○ 피아제의 인지발달이론에 근거하여 (가)의 아동의 인지발달 단계의 명칭을 쓰고, 이 아동이 갖고 있는 공간 인지의 문제점을 서술할 것.
○ 괄호 안의 ㉠, ㉡에 해당하는 지리 내용 조직 방법을 순서대로 쓸 것.

◆ 예시 답안
(1) 전조작기, 제네바와 스위스 간의 공간적 위계구조를 파악하지 못한다.
(2) ㉠ 지평확대법(환경확대법, 동심원확대법)
    ㉡ 탄력적 환경확대법

40. 다음은 중학교 사회 수업에 사용한 탐구활동지이다. <작성 방법>에 따라 서술하시오. 2022 기출

학습목표	1. ㉠지구온난화의 원인과 그에 따른 지역 변화를 이해하고, 해결 방안을 제시할 수 있다. 2. ㉡지구 환경의 보전을 위해 노력하는 지역시민, 국가시민, 세계시민으로서의 자질을 함께 기른다.

모둠활동	1. 4~5명의 모둠을 구성한다.
	2. ㉢모둠별로 지구온난화의 원인과 지역 변화에 관해 함께 토론해 모둠의 의견을 도출한다. 모둠별로 여러 가지 해결 방안을 제시하고 생활 속에서 실천 가능한 사례를 선정해 본다.
	3. 모둠별 토의 내용을 정리하고, 8절지에 (㉣)을/를 그려 본다.
	
	• 준비물: 8절지, 색연필, 형광펜, 유성펜
	• 순서
	  1) 중심 이미지 설정: 가운데 중심 이미지(핵심 주제)를 기록한다.
	  2) 주가지 만들기: 중심 이미지와 바로 연결되는 굵은 가지로, 가지 위에 핵심 단어를 쓴다.
	  3) 부가지 만들기: 주가지를 명확하게 하거나 상세하게 한다.
	  4) 세부 가지 만들기: 부가지에 연결되어 부가지를 더욱 자세하게 나타내 준다.
	
	<예 시>
	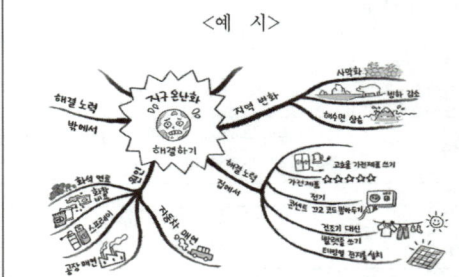
	
	4. 모둠별로 그린 것을 발표하고 교실 벽면에 전시한다.

정리	이번 시간에 그린 (㉣)은/는 정보나 개념을 상위범주와 하위범주로 계층적으로 유목화/분류하는 데 더욱 초점을 둔다.

―<작성 방법>―

○ 밑줄 친 ㉠과 ㉡을 지리교육의 내재적 목적과 외재적 목적의 관점에서 비교하여 서술하고, 밑줄 친 ㉡을 통해 함양하고자 하는 시민성의 명칭을 제시할 것.
○ 밑줄 친 ㉢과 관련된 핵심역량을 2015 개정 사회과 교육과정(교육부 고시 제2018-162호)에 근거하여 제시하고, 괄호 안의 ㉣에 해당하는 용어를 쓸 것.

◆ 예시 답안
(1) ㉠은 지구 온난화의 원인과 결과에 대해 이해하고 해결책을 찾는 내재적 목적이고 ㉡은 다중 시민성을 기르고자 하는 외재적 목적이다.
(2) ㉢과 관련된 핵심 역량은 의사소통 및 협업 능력이다.

41. 다음은 지도 제작에 대한 자료이다. 괄호 안의 ㉠, ㉡에 해당하는 용어를 순서대로 쓰시오.

2022 기출

3차원인 지구 표면을 2차원 평면상 지도로 변환하는 것을 지도 (㉠)(이)라고 한다. 이 과정에서 발생하는 왜곡은 지도 내의 지점과 방향에 따라 차이가 있는데, 이에 관한 정보를 표현하기 위해 축척계수 또는 티소 지표(Tissot indicatrix)를 사용한다. 축척계수는 특정지점의 축척과 표준축척의 비율을 계산한 값으로, 이 값이 1이면 왜곡이 발생하지 않았다고 해석한다. 티소 지표는 (㉠)된 지도의 격자망에 각 지점의 왜곡 정도를 시각적으로 나타낸다.

(가)는 몰바이데(Mollweide) 도법에 의한 세계지도이다. (가)는 형태, 거리, 방위 등의 속성은 왜곡되지만, 지도상의 두 위선과 두 경선에 의해 이루어지는 도형의 면적이 지표상에서와 같도록 유지되기 때문에 (㉡) 도법으로 분류된다.

(가)

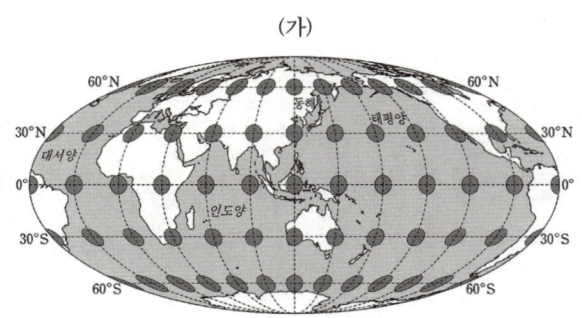

◆ **예시 답안**

㉠ 투영, ㉡ 정적

◆ **해설**

1. 지구본 특성
   (1) 정형성(정각성)
      ① 두 지점 간 나침방향이 지구상에서와 같고, 지도상에서의 형성과 지구상에서의 모양과 닮은 꼴이다.
      ② 조건 : 경선과 위선이 정각으로 교차해야 하고, 지도상 어떤 주어진 지점으로부터 모든 방향으로 축척이 동일해야 한다.
      ③ 이 두 조건은 지구본상에서만 존재하고, 지도상에서는 면적이 매우 좁은 지역에서만 충족된다.
   (2) 정적성
      ① 지도상 면적과 지구상 면적이 같은 비례이다.
      ② 한 방향으로의 축척 변화가 다른 방향으로의 축척의 변화에 의해 상쇄되어야 정적성을 유지할 수 있다.
      ③ 정적성을 유지하기 위해서는 위선과 경선이 정각으로 교차할 수 없다. 따라서 정적성과 정형성이 동시에 유지될 수 없다.
   (3) 정거성
      ① 지도상의 두 지점간의 직선의 길이가, 두 지점을 연결하는 대권 상에서의 거리가 되도록 해야 한다.
      ② 정거성은 모든 지점에서 유지될 수 없다. 대부분 어떤 특정 한 지점 또는 두지점으로 부터 다른 지점들 간의 거리가 실제와 같이 그대로 유지되는 것이다.
   (4) 진방위
      ① 지도상에서의 각 지점들 간 방위가, 지표면상에서의 방위와 같이 나타나는 경우이다.
      ② 조건 : 지도상 나타난 두 지점 간 그려진 직선이 두 지점을 연결하는 대권이어야 하고, 진방위선 이어야 한다. 경선의 방향이 북극을 나타내는 방향이어야 한다.
      ③ 세계 전체를 투영한 경우 모든 방향이 진방위로 나타날 수 없다. 심사도법에서는 한정된 좁은 지역만 직선의 대권으로 나타난다.

42. 다음은 국가균형발전 차원에서 추진된 신도시 조성 정책에 관한 자료이다. 괄호 안의 ㉠, ㉡에 해당하는 용어를 순서대로 쓰시오. 2022 기출

◆ 예시 답안
㉠ 혁신, ㉡ 기업

	(㉠)도시	(㉡)도시
정책목적	국가균형발전과 국가경쟁력 강화에 기여	공공복리 증진 및 국민경제와 국가균형발전에 기여
법적근거	(㉠)도시 조성 및 발전에 관한 특별법	(㉡)도시개발 특별법
추진전략	수도권의 공공기관 이전	민간기업 주도형 자족적 도시 개발

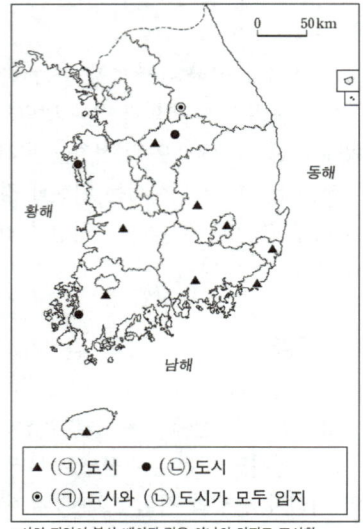

▲ (㉠)도시 ● (㉡)도시
◉ (㉠)도시와 (㉡)도시가 모두 입지
* 사업 지역이 분산 배치된 경우 하나의 입지로 표시함.

43. 다음은 교사전문성에 대한 지리교사들의 대화이다. <작성 방법>에 따라 서술하시오. `2022 기출`

김 교사 : 선생님, 저는 요즘 수업에 대해 고민이 많아요.
박 교사 : 저도 선생님처럼 초임 교사 시절에 비슷한 경험이 있어요. 어떤 어려움이 있으신가요?
김 교사 : 이론적으로 배운 것과 학교 현장에서 가르치는 것은 다르니까 새롭게 공부해야 하는 영역인 것 같아요.
박 교사 : 동의합니다. 그렇다고 해서 이론적 지식이 필요 없는 것은 아니에요. 실천적 지식은 이론적 지식을 현장의 실제 상황에 적용하는 과정에서 여러 시행착오를 통해 체득하게 되는 것이지요. 즉, 실천을 수반한 (㉠), 그리고 (㉠)을/를 통한 실천을 토대로 교사의 전문성이 개발된다고 봅니다. 선생님이 어떻게 수업을 설계하고, 실행하시는지 조금 더 구체적으로 말씀해 주세요.
김 교사 : 저 나름은 꼼꼼하게 수업을 설계한다고 했는데도 수업을 막상 실행하는 과정에서는 예상치 못한 상황과 맞닥뜨리곤 합니다. 깜짝 놀라서 그럴 때는 '뭐가 문제지?' '어떻게 해야 하지?'라고 속으로 생각하면서 계획을 수정하며 수업을 진행해요. 수업이 끝난 뒤에도 '내가 놓친 부분은 무엇일까?' 등을 생각하면서 일지를 쓰고 있지만 늘 부족하다는 느낌을 받아요.
박 교사 : 선생님은 이미 (㉠)적 실천가로서의 자질을 겸비하셨네요. ⓐ저도 지리 교과서 내용을 있는 그대로 가르쳤어요. ⓑ이제는 저만의 교수내용지식을 개발하려고 노력하고 있어요.
김 교사 : 아직은 어려워요.
박 교사 : 이번 주 제가 속한 지리교사 전문적 학습공동체(이하 학습공동체)에서 독도의 날을 대비해서 신문, 소설 등 읽기자료, 지도, ㉡독도 모형 만들기 등 다양한 교수·학습 자료와 수업설계를 소개하는 시간을 가질 예정이에요. ⓒ선생님도 함께 해 보시면 좋을 것 같아요.
김 교사 : 예, 감사합니다. 재미있고 의미 있는 지리수업을 하고 싶었는데, 혼자서는 어디서부터 무엇을 시작해야 할지 막막했거든요.
박 교사 : ⓓ학습공동체 속에서 협력적으로 지리교사의 전문성을 키워 가면 좋을 것 같아요. 저도 얼마 전까지는 ㉢지리 교육과정 전달자였지만, 이제부터는 지리 교육과정 조정자로, 한발 더 나아가 ㉣지리 교육과정 이론가가 되고 싶은 포부가 생겼어요.
김 교사 : 예, 선생님. 교사는 일단 잘 가르치는 사람이기 이전에 잘 배우는 사람이어야 한다는 말씀이시죠?
박 교사 : 예, 맞습니다.

<작성 방법>

- 쇤(D. Schön)의 용어를 사용하여 괄호 안 ㉠에 해당하는 용어를 쓰고, 밑줄 친 ㉡에 해당하는 표상 방식을 브루너(J. Bruner)의 용어로 쓸 것.
- 밑줄 친 ㉢의 모습을 관찰할 수 있는 사례를 밑줄 친 ⓐ~ⓓ 중에서 1가지 찾아서 쓸 것.
- 밑줄 친 ㉣의 의미를 로스(E. Ross)가 사용한 교육과정 관련 교사의 역할에 근거하여 서술할 것.

◆ 예시 답안

(1) ㉠ '반성'이고 ㉡에 해당하는 브루너의 표상 방식은 영상적 표상이다.
(2) ㉢의 모습을 관찰할 수 있는 사례는 ⓐ~ⓓ 중 ⓐ이다.
(3) ㉣의 의미는 교육과정을 재해석하고 반성적으로 실천하는 교육과정 전문가를 의미한다.

◆ 해설

영상적 표상은 경험한 것이나 알고 있는 사실을 그림, 모형, 사진(지도 포함) 등으로 표현하는 것이다.

44. (가)는 야외학습을 통한 교수·학습의 유형이고, (나)는 야외 학습에 기반한 지리 프로젝트 수업을 안내하는 장면이다. <작성 방법>에 따라 서술하시오.

2022 기출

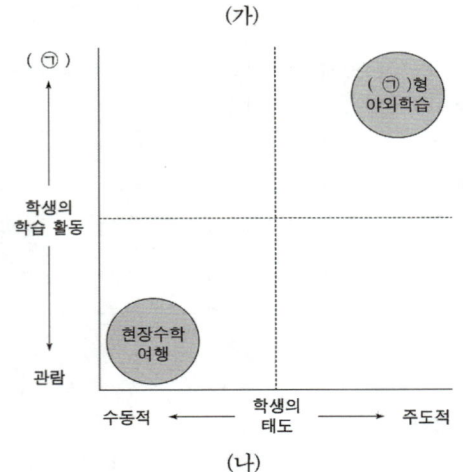

<작성 방법>

○ 괄호 안의 ㉠에 해당하는 용어를 쓰고, ㉠형 야외학습에서 교사의 역할을 서술할 것. (단, 현장수학여행에서 교사의 역할과 차별화되는 교사의 역할을 쓸 것.)

○ 괄호 안의 ㉡에 해당하는 학습의 단계를 쓰고, 밑줄 친 ㉢에 해당하는 용어를 쓸 것.

◆ 예시 답안

(1) ㉠의 용어는 탐구이고, 학생 중심의 야외 조사에서 교사의 역할은 조언자, 활동 장려자이다.

(2) ㉡에 해당하는 학습의 단계는 자료수집이고 ㉢의 용어는 참평가이다.

◆ 해설

1. 참평가
   (1) 개념
      ① 교육의 실제적 성취를 측정하는 것
      ② 교육의 실제성 : 교육이 가르치려고 목표하는 바를 정말로 가르치느냐와 관련된 것
      ③ 평가 대상 : 학생들이 교실 밖에서 경험하게 되는 실제적 과제
   (2) 특징
      ① 상황학습과 관련되어 상황평가에 초점 : 평가 상황, 내용이 가능한 한 실제 세계와 유사해야 한다.
      ② 단순한 지식보다는 고차사고력이나 문제해결력을 얼마나 실제 생활에서 발휘할 수 있는 수준으로 습득하고 있는지를 측정하는 평가
      ③ 수행평가에 포함되는 개념 : 수행평가 중에서도 실제성 또는 실제적 과제에 초점을 둔 방식

45. (가)는 오개념(misconception)에 대한 설명이고, (나)는 학생들의 개념화에 대해 두 교사가 나눈 대화이다. <작성 방법>에 따라 서술하시오.

2022 기출

(가)

> 오개념은 학습자가 특정 개념(concept)에 대해 개념화(conception)를 잘못한 것을 의미한다. 교사가 학생들에게 학습할 내용을 제시할 때, 학생들은 일상적인 경험을 통해 이미 형성된 개념인 (㉠)을/를 바탕으로 지식을 구성해 간다. 이에 대해 오수벨(D. Ausubel)이 학생의 (㉠)이/가 학습에 미치는 영향을 지적한 이래, 학자들은 학습자가 이미 형성한 (㉠)이/가 그 시대의 과학적 지식과 다를 경우, 이를 오개념이라고 하였다.

(나)

김 교사: ㉡태영이는 풍화(風化)는 바람에 의해 일어나는 지형 형성작용이라고 알고 있어 놀랐어요.

박 교사: 맞아요. 철수는 '삼각주는 삼각형 모양의 퇴적지형만을 의미한다'라고 알고 있어요.

김 교사: 그뿐만 아니에요. 민준이는 '공업도시는 2차 산업 종사자 비율이 가장 높다'고 했어요.

박 교사: 민정이는 ㉢'인도네시아의 자와섬에서 화산이 자주 폭발한다'고 배운 후 ㉣'인도네시아의 보르네오섬 역시 화산이 자주 폭발한다'고 얘기하더군요.

김 교사: 그래요. 해인이는 '간석지와 간척지는 같다'고 알고 있어 당황했어요.

<작성 방법>

- 괄호 안의 ㉠에 해당하는 용어를 쓸 것.
- (나)의 인용문(작은 따옴표로 묶인 문장) 중에서 오개념이 아닌 사례를 찾아 1가지 쓰고, 밑줄 친 ㉡에서 태영이가 오개념을 갖게 된 원인을 학습자 요인에 한정하여 서술할 것.
- 밑줄 친 ㉢에서 ㉣로 전개된 것처럼 선행학습이 후행학습에 영향을 주는 인지 과정을 의미하는 용어를 쓸 것.

◆ **예시 답안**

(1) ㉠에 해당하는 용어는 선개념이다.

(2) (나)의 인용문 중 오개념이 아닌 사례는 '인도네시아의 자와섬에서 화산이 자주 폭발한다'이다. ㉡ 원인은 한자어의 음에 의존하여 의미를 용어의 의미를 이해했기 때문
  - 보루네어 섬은 판의 경계부에 위치하지 않아 하산 활동이 발생하지 않는다.

(3) 전이, 동화

◆ **해설**

1. 선개념
   형식적인 교수가 일어나기 전에 어떤 주제에 관해 학생들이 가지고 있는 '불완전하거나 순진한 개념'을 의미한다.

2. 오개념 전환 전략
   오개념 치유의 대표적 방안은 인지적 갈등 전략이다. 학습자들이 자신의 선개념에 의해 설명할 수 없는 현상을 직면하게 함으로써, 자신의 생각이 잘못된 것임을 명확히 인식시키는 교수전략이다.

3. 전이
   ① 선행학습이 후행학습이나 문제해결에 영향을 미치는 현상을 의미
   ② 어떤 상황에서 학습한 내용을 새로운 상황에 적용하는 것

4. 동화
   ㉢과 ㉣에서 학생이 자신의 인지구조를 다른 대상에도 그대로 적용했다. 이는 도식의 양적 확장으로 '동화'에 해당한다. 반면 조절은 도식의 질적변화를 말한다. 즉 자신의 인지구조를 수정하는 행위이다.

5. 오개념 유형

사실 관련	① 아프리카와 아메리카는 거리상 제일 멀다. ② 한국에서 인도보다 호주가 가깝다. ③ 북극이 남극보다 더 춥다.
개념 관련	① 삼각주는 삼각형이다 ② 풍화는 바람에 의해서만 일어나는 작용이다. ③ 간석지와 간척지를 동일하다.
일반화 관련	① 보르네오섬은 환태평양 조산대의 일부이므로 화산이나 지진이 자주 발생한다고 생각 ② 공업도시는 2차산업 종사 인구비율이 가장 높다. ③ 후진국은 산업구조상 3차산업의 비율이 가장 적다.

46. 다음은 인구구조에 관한 설명과 A 국가의 인구 자료이다. <작성 방법>에 따라 서술하시오.

2022 기출

(㉠)(이)란 (㉡)이/가 부양해야 할 인구의 비율을 말하는 것으로 유소년 부양비와 노년 부양비를 합한 값이다. 이때, 유소년 부양비는 유소년 인구를 (㉡)(으)로 나누어서 구하고, 노년 부양비는 노년 인구를 (㉡)(으)로 나누어서 계산하게 된다.

<A 국가의 연령대별 인구 비율>

(단위 : %)

연령		전국	(가) 지역	(나) 지역
전체		100	100	100
	65세 이상	20	10	40
	15~64세	60	60	50
	0~14세	20	30	10

─<작성 방법>─
○ 괄호 안의 ㉠, ㉡에 해당하는 용어를 순서대로 쓸 것.
○ (가) 지역의 유소년 부양비 특징을 전국과 비교하여 서술할 것.
○ (나) 지역의 노년 부양비 특징을 전국과 비교하여 서술할 것.

◆ 예시 답안
(1) ㉠ 총부양비 ㉡ 청장년층
(2) (가) 지역의 유소년 부양비는 전국과 비교하여 높고, (나) 지역의 노년 부양비는 전국과 비교하여 높다.

47. 다음 지도는 우리나라의 1월과 8월 평균기온 분포를 나타낸 것이다. 1월 평균기온 분포에서 동해안과 서해안의 기온 차이를 가져온 기후 인자 2가지만 쓰시오. 그리고 여름철과 겨울철에 지배적인 기단들 간의 세력 범위를 비교 설명하시오.

2006 기출

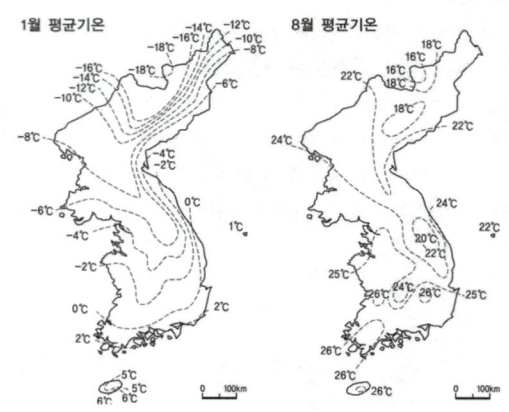

· 기후 인자 :

· 비교 설명 :

◆ 예시 답안
동해안과 서해안의 1월 평균기온 차이를 유발하는 기후인자는 수심, 지형, 해류이다. 그리고 1월 평균기온의 지역 차이가 8월 평균기온의 지역 차이보다 크게 나타나는 이유는 북태평양 기단의 세력 범위가 시베리아 기단의 세력 범위보다 크기 때문이다.

◆ 해설
① 동일한 위도 상에서 서해안과 동해안의 기온 차이가 발생하는 것은 수심, 지형, 해류 때문이다.
② 한국은 여름 기온의 지역 차이보다 겨울 기온의 지역 차이가 더 크게 나타난다. 이는 북태평양 기단과 시베리아 기단의 세력 범위가 다르기 때문이다. 따라서 연교차와 연평균 기온에 더 많은 영향을 미치는 것은 겨울 기온이다.

48. 다음은 북반구 기온의 연교차 분포도이다. 괄호 안의 ㉠~㉢에 알맞은 용어를 순서대로 쓰시오.

2014 기출

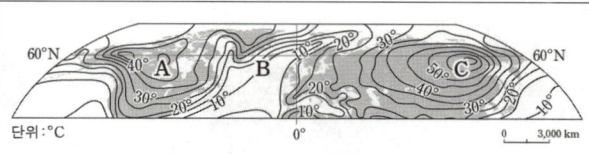

동일 위도 상 기온의 연교차는 지구 표면의 상태와 그 규모에 따라 달라진다. 가령, A 지역의 연교차는 B 지역보다 20℃ 이상 더 크다. 이는 물체의 열 수용량을 나타내는 (㉠)이/가 평균적으로 육지보다 바다에서 4배 정도 크기 때문이다. 반면, 대륙 규모가 더 큰 C 지역의 연교차는 A 지역보다 10℃ 이상 더 크다.

북반구 육상의 계절별 지표 피복의 변화는 동일 위도 상의 기온의 연교차에 영향을 미친다. 유라시아 대륙의 동안-서안 간 연교차의 차이는 연교차를 산출하는 변수 중 (㉡) 평균기온 차이보다 (㉢) 평균기온의 차이에 의해 더 좌우된다.

◆ **예시 답안**
㉠-비열, ㉡-최난월, ㉢-최한월

◆ **해설**
① 동일 위도에서 연교차의 차이를 유발시키는 기후요인은 수륙분포와 지리적 위치이다.
② 중위도의 대륙 동안과 대륙 서안 간에 연교차 차이를 유발시키는 기후요인은 지리적 위치이며, 두 지역 간의 온도 차이는 최난월 평균기온보다는 최한월 평균기온의 차이가 더 크다.

49. 다음은 동아시아 여름철 기후 시스템에 관한 자료이다. 괄호 안의 ㉠, ㉡에 해당하는 용어를 순서대로 쓰시오. 그리고 밑줄 친 ㉢을 가리키는 용어를 쓰고, 밑줄 친 ㉣의 이유를 주변 지표 피복의 에너지 저장 속성과 관련된 용어를 사용하여 설명하시오.

2018 기출

6월 하순~7월 중순에 A와 같이 동아시아에서는 남북의 서로 다른 기단 사이에 힘의 균형이 이루어져 (㉠) 전선이 자주 형성되는데, 우리나라에서는 이를 장마전선이라고 한다. 여름 장마 기간에 지상 850~700 hPa 기압면을 따라 남서풍의 하층 제트가 A 전선에 많은 수증기를 유입시켜 우리나라에 강한 호우 현상이 자주 발생하게 된다.

7월 하순~8월 초순에 A 전선이 한반도 북쪽으로 북상하면 북태평양 고기압이 한반도로 확장한다. 이때, 많은 복사에너지가 유입되고 단열승온 현상이 지속되면 우리나라에는 강한 고온 현상이 자주 발생하게 된다. 주간에는 높은 기온과 (㉡)이/가 결합되어 열지수(heat index)가 높은 값을 보인다. 이러한 높은 체감온도가 수일 동안 지속되면 노약자들은 열파(폭염)에 의해 사망에 이를 수 있다. 또한, ㉢야간에 일최저기온이 25℃ 이상인 고온 현상이 자주 발생하면 숙면을 방해하여 피로가 누적되기 쉽다. 특히, ㉣이 현상은 장마가 약하게 발달한 늦여름(8월)에 한반도 남부 내륙 지역보다는 남해안 또는 제주도 해안 지역에서 더 자주 발생한다.

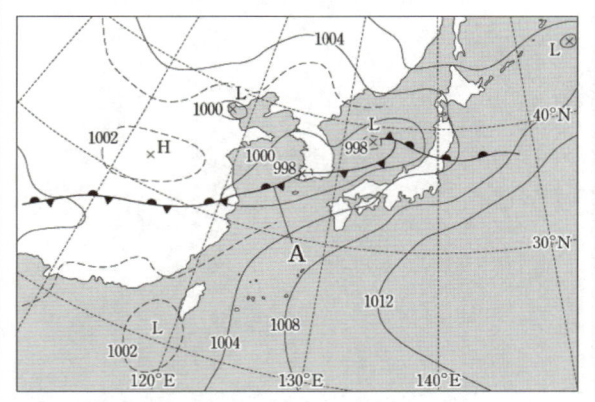

◆ **예시 답안**
㉠-높은 수온(27℃ 이상의 수온), ㉡-잠열

◆ **해설**
수증기가 상승하면서 응결되면 잠열이 방출되고, 그로 인해 주변의 온도가 더 상승하여 상승기류가 더 활발하게 발생한다.

50. 다음은 어느 국가의 인구변화 자료이다. 제시된 합계출산율과 성비에 근거하여 ㉠을 구하시오. (합계출산율은 한 여성이 가임 기간 동안 출산한 자녀의 수를 의미하며, 총재생산율은 한 여성이 가임 기간 동안 출산한 여아의 수를 의미한다.) `2014 기출`

구분	2000년	2010년
합계출산율	1.4	1.2
성비	90	100
총재생산율	0.74	㉠

※ 단, 전체 성비는 출생 시 성비와 같으며, 모든 연령의 가임기 여성이 출산한 자녀의 성비는 동일하다고 가정함.

◆ 예시 답안

0.6

◆ 해설

성비는 여성 100명에 대한 남성의 수를 의미한다. 따라서 성비가 100이라는 것은 여성과 남성의 수가 동일하다는 것을 의미한다. 따라서 성비가 100일 경우에 출산한 여아의 비율은 0.5이다. 그러므로 총재생산율은 [합계출산율(1.2)×0.5] 이다.

51. 다음은 인터넷에서 제공되는 지도에 대한 자료이다. 괄호 안의 ㉠, ㉡에 해당하는 용어를 순서대로 쓰시오. `2014 기출`

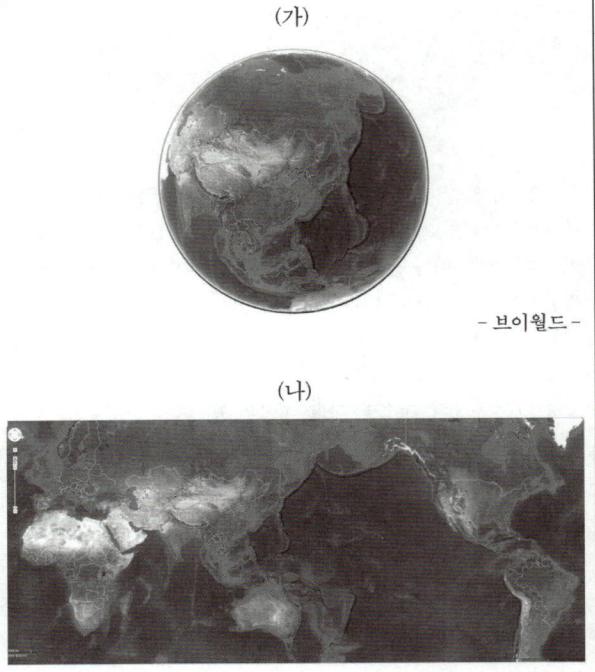

(가)는 '지구의(地球儀)'와 같이 지구를 3차원으로 표현한 형상이며, (나)는 지구를 2차원의 평면으로 표현한 것이다. (가)를 (나)와 같이 표현하기 위해서는 (㉠)의 과정을 거쳐야 하며, 이 과정에서 (㉡)성, 정적성, 정거성, 정방위성을 동시에 유지시키는 것은 불가능하다. (㉡)성이 유지된 메르카토르 도법으로 제작한 지도는 항해용으로 사용되었다.

◆ 예시 답안

㉠-투영, ㉡-정각(정형)

◆ 해설

1. 3차원의 구를 2차원의 평면으로 표현하기 위해서는 투영법을 사용해야 한다. 이 과정에서 필연적으로 왜곡이 발생할 수밖에 없다.
2. 정각성(정형성)
두 지점 간 나침방향이 지구상에서와 같고, 지도상에서의 형성과 지구상에서의 모양과 닮은 꼴이다.

52. 다음은 지도 투영법에 대한 자료이다. 괄호 안의 ㉠, ㉡에 해당하는 용어를 순서대로 쓰시오.

2015 기출

(가)

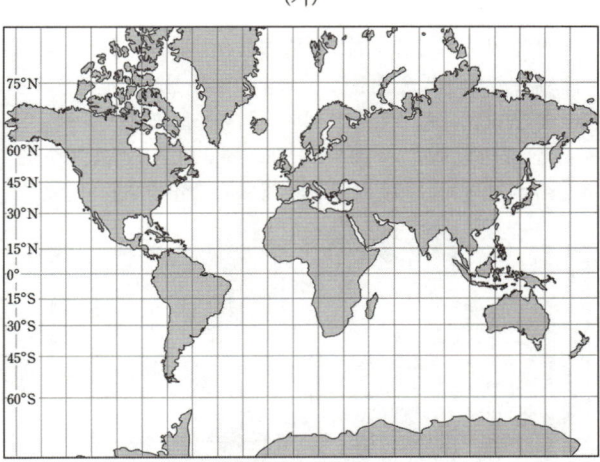

(나)

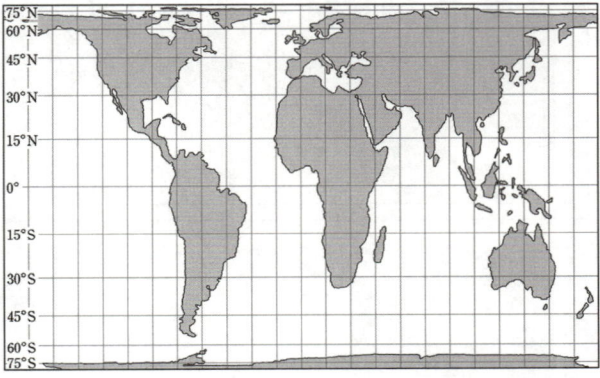

구형의 지구를 평면의 종이에 표현하기 위하여 수많은 지도 투영법이 고안되었다. (가)는 경선과 위선이 직각으로 교차하는 원리를 이용하여 항정선이 직선으로 나타나도록 고안되어 항해도로 이용된 지도이다. (㉠) 도법으로 알려진 이 지도는 대륙의 형상이 지구상의 모양과 닮은꼴로 나타나기 때문에 내셔널 지오그래픽 협회에서 거의 1세기 동안 세계 지도로 채택할 정도로 널리 사용되었다. 그러나 이 지도는 당시 제국주의 국가가 위치한 중위도 지역의 면적이 과장되게 표현되어 제국주의적 지도라는 비판을 받았다. 이러한 비판의 중심에 페터스 지도가 있었다. 이 지도는 (나)와 같이 극 지역의 형상은 납작하게 줄이고 적도 지역의 형상은 길게 늘어나도록 하여 (㉡)성을 유지하도록 제작되었다. 이 지도의 지지자들은 열대 지역에 위치한 제3세계 국가들도 동등한 크기로 표현해야 한다는 주장을 하였다.

◆ **예시 답안**

㉠-메르카토르, ㉡-정적

◆ **해설**

1. 메르카토르 도법은 적도에서 멀어질수록 면적이 확대된다. 따라서 정각성은 충족되지만 정적성은 충족되지 않는다.
2. 원통 도법
   (1) 메르카토르 도법
     ① 1569년 네덜란드 지도학자인 메르카토르(Gerardus Mercator)가 고안한 도법으로 원통 도법의 원리를 개량하여 개발하였다.
     ② 수평의 위선과 수직한 경선으로 인해, 정각성을 지니며, 방위가 정확한 등각도법이다
     ③ 지도상에서 도착지와 출발지를 직선으로 연결한 항정선(선박이 일정한 경로를 유지하면서 지구표면에 그리는 항적)을 따라가면 목적지에 도착할 수 있으므로, 항해용 지도에 많이 쓰이면서 널리 알려지게 되었다.
     ④ 이 도법은 지구의 적도와 맞닿은 세로형의 원통도법을 기본으로 사용하기 때문에, 적도 부분은 실제 거리와 똑같으나, 고위도로 갈수록 실제 거리보다 길어지고 왜곡된다.
     ⑤ 보통 60°의 위도에서 2배, 80°에서는 57.3배가 확대되어 나타나므로, 지도의 축척이 위도에 따라 다르게 나타난다.
     ⑥ 직사각형 모양의 지도로 표현되기 때문에 세계전도의 제작에 널리 사용되어 왔으나, 위도에 따른 면적 왜곡과 같은 단점으로 인해 최근에는 다른 도법을 사용한 세계전도도 함께 제작되고 있다.
   (2) 횡축 메르카토르 도법
     ① 현재 대한민국전도는 횡축메르카토르도법(Transverse Mercator projection)을 사용하여 제작하고 있다.
     ② 이 도법은 원통이 적도가 아닌 남극과 북극을 지나는 자오선을 따라 맞닿게 하여 투영한 것으로, 기존 메르카토르 도법의 남북 방향 극지방 왜곡을 최소화 시켜준다.
     ③ 또한, 자오선이 기준이기 때문에, 나라별 지도 제작 시 그 지역을 통과하는 자오선을 기준으로 제작하여, 왜곡을 최소화할 수 있다.
     ④ 횡축메르카토르도법으로 제작된 나라별 지도를 연결하기 위하여, UTM(Universal Transverse Mercator)이라는 본초 자오선을 기준으로 6도마다 자오선을 설정한 도법이 고안되고, 이를 가로 방향으로 나눈 후 숫자를 매겨준 것이 널리 사용되는 UTM 좌표계이다.

53. 다음은 두 학생이 나누는 대화 내용이다. 괄호 안의 ㉠, ㉡에 알맞은 용어를 순서대로 쓰시오.

`2016 기출`

> 성혁: 미라야, 내가 가진 지도에서는 두 지점 사이의 경로가 경선과 항상 일정한 각도로 유지된다고 하던데, 내가 이 지도를 통해서 세계 각국의 크기를 정확하게 비교할 수 있을까?
>
> 미라: 지구를 평면의 지도로 표현하는 과정에서는 모양, 각도, 면적, (㉠), 방향(방위) 중 최소한 하나 이상이 왜곡되기 때문에, 지도는 지도 사용자에게 잘못된 지리 정보를 전달할 수도 있어. 네가 가진 지도는 항해용으로 많이 사용되었는데, 정각 도법으로 불리는 방법으로 제작되었기 때문에 잘못된 면적 정보가 담겨 있을 수도 있어. 시뉴소이드(Sinusoidal) 도법과 몰바이데(Mollweide) 도법을 병합한 구드(Goode) 도법으로 만든 이 지도를 사용해 봐. 이 지도는 (㉡) 도법으로 제작되었기 때문에 각국의 크기를 매우 정확하게 비교할 수 있어.

- _____

◆ **예시 답안**
㉠-거리, ㉡-정적

◆ **해설**
시뉴소이드(상송) 도법, 몰바이데 도법, 구드(호몰로사인) 도법은 모두 정적 도법에 해당된다. 시뉴소이드 도법은 상대적으로 저위도의 왜곡이 적은 반면에, 몰바이데 도법은 상대적으로 고위도의 왜곡이 적다. 그래서 두 도법을 통합한 구드 도법이 등장하게 되었다.

54. 다음은 지도의 투영법과 그에 따른 왜곡에 관한 내용이다. 괄호 안의 ㉠에 해당하는 용어를 쓰고, 아래 지도가 투영법의 4가지 속성 중 어느 것을 정확하게 나타내는지 쓰시오.

`2017 기출`

> 구형의 지구를 평면의 지도로 투영할 때 왜곡이 생긴다. 다음 지도에서 표현된 많은 원들은 지도상의 여러 지점에서 발생하는 왜곡을 시각적으로 표현한 것이다. 이 원들을 프랑스 수학자의 이름을 따서 (㉠) 지표(지수)라고 하는데, 이 지표(지수)는 투영에 의해 생기는 왜곡의 종류와 정도에 관한 정보를 제공한다.

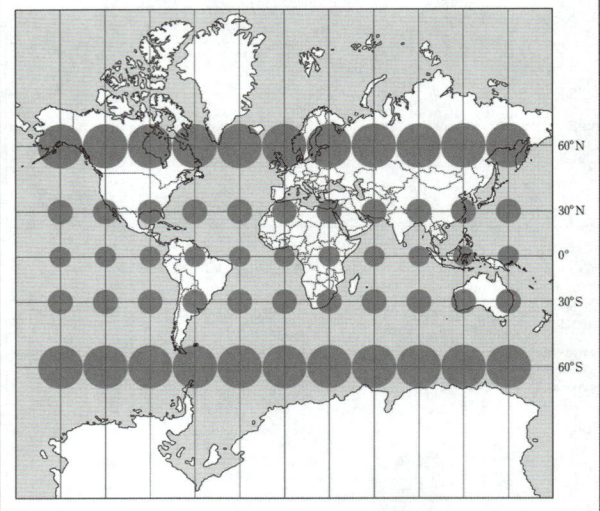

- _____

◆ **예시 답안**
㉠-티솟(Tissort), 정형성

◆ **해설**
1. 투영법의 4가지 속성이란 정형성(정각성), 정적성, 정거성, 정방위를 의미한다.
2. 티솟지수
   ① 각도와 면적의 왜곡도를 그림으로 표현한 것이다.
   ② 투영된 격자망에 각 지점들의 왜곡도를 나타내는 지표를 수학적으로 산출하는 방법
   ③ 왜곡의 정도를 수치화하여 비교할 수 있다.
   ④ 정적, 정각 이외의 방위나 거리의 왜곡정도를 측정할 수 없다.

55. 다음은 우리나라 지리정보 자료에 관한 설명이다. 괄호 안의 ㉠에 해당하는 용어와 ㉡에 해당하는 도법의 이름을 순서대로 쓰시오.

2020 기출

적도 반경과 극 반경으로 표현하는 가상의 지구 형상을 지구 (㉠)(이)라고 한다. 지구 (㉠)은/는 지리정보의 위치를 표현할 때 사용되며, 지도 제작에 사용되는 종류에 따라서 동일한 지점에 대한 위치 값이 달라진다. 각각 서로 다른 지구 (㉠)을/를 적용하여 우리나라의 건물 자료와 도로 자료를 제작한 경우, 두 자료를 중첩하면 서로 일치하지 않는 현상이 아래 그림처럼 나타날 수 있다.

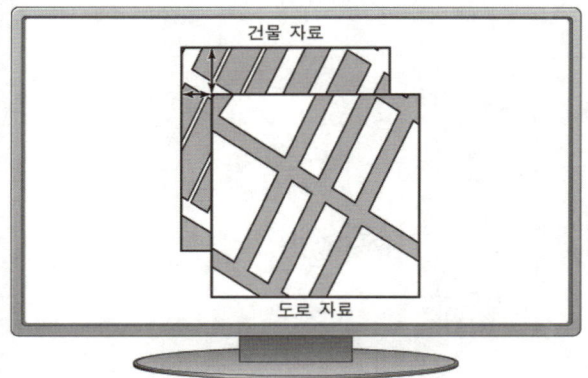

지도를 제작할 때 고려해야 할 지도학적 요소 중 하나가 도법이다. 우리나라의 수치지도에는 원통 도법 중 하나인 (㉡) 도법을 주로 적용하고 있다. (㉡) 도법은 원통의 투영면을 90° 회전하여 적도가 아니라 경선이 원통에 접하는 선이 되게 한다.

◆ 예시 답안

㉠- 타원체, ㉡-횡축 메르카토르

◆ 해설

적도 반경과 극 반경으로 표현하는 가상의 지구 형상을 지구 타원체라고 한다.

56. 다음은 지도 투영법에 관한 자료이다. 괄호 안의 ㉠, ㉡에 해당하는 용어를 순서대로 쓰시오. 그리고 A와 B 지도에서 표준선으로부터 북쪽으로 갈수록 나타나는 왜곡의 특성을 면적 측면에서 각각 서술하시오.

2021 기출

A는 표준선이 적도를 지나는 (㉠) 도법으로 제작된 지도이다. 메르카토르 도법은 (㉠) 도법의 일종이다. B는 표준선이 북위 25°를 지나는 (㉡) 도법으로 제작된 지도로, 동서 방향으로 넓은 범위를 갖는 국가나 지역의 지도를 제작하는 데 널리 사용된다. A와 B에 적용된 도법의 공간적 특성은 특정 지역을 중심으로 각의 관계를 보존하여 동일한 위선에서의 축척은 일정하다. 이러한 공간적 특성을 정각성 또는 정형성이라고 한다. 그러나 표준선을 기준으로 정각, 정형 외에는 지도 상에서 남북 방향으로 갈수록 왜곡이 발생한다.

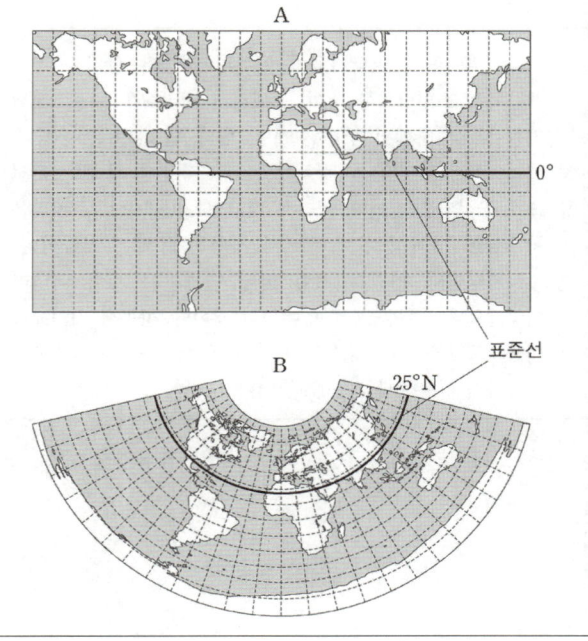

◆ 예시 답안

① ㉠-원통, ㉡-원추

② 왜곡의 특성: A와 B 지도 모두 표준선으로부터 북쪽으로 갈수록 면적이 확대된다.

◆ 해설

- 제시문에서 A와 B는 정형성을 충족한다는 내용이 서술되어 있기 때문에 정형성 측면에서 접근해야한다.
- 원추 도법에서는 표준 위선에서 멀어질수록 경선 간의 간격은 확대된다. 정형성을 충족하기 위해서는 위선 간의 간격도 확대해야 한다.

57. (가)와 (나)는 지리지식에 대한 두 관점을 도식화한 것이다. (가)와 (나)에 대한 설명으로 옳은 것을 <보기>에서 골라 바르게 짝지은 것은?

2011 기출

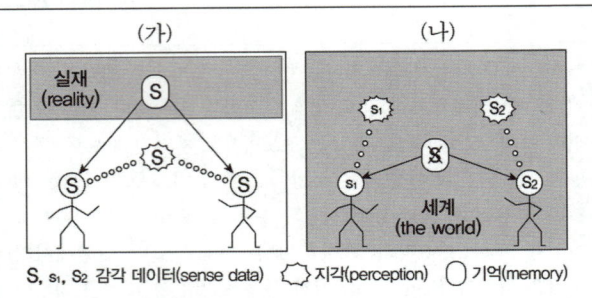

- (가) 실재란 두 사람의 외부에 존재하며, 두 사람은 현상을 동일하게 지각하고 기억한다.
- (나) 두 사람은 세계 속에 함께 존재하지만, 현상을 서로 다르게 지각하고 기억한다.

<보 기>

ㄱ. 지리지식이란 지리학자들이 일련의 검증과 합의를 통해 객관화하고 일반화한 것이다. 따라서 지리교육 내용으로서 지식은 모학문에서 구축된 개념, 원리, 법칙, 이론 등이다.
ㄴ. 지리지식이란 다른 사람들과의 상호작용에 의해 사회적으로 구성되는 것이다. 따라서 지리교육 내용으로서 지식은 학생들이 사회적 관계 속에서 경험하게 되는 것들이다.
ㄷ. 지리지식이란 인간의 경험 밖에 존재하는 것이 아니라 일상생활의 경험을 통해 얻어지는 것이다. 따라서 지리교육 내용으로서 지식은 '장소감'과 같이 학생들 개인이 장소에서 독특하게 경험하게 되는 것들이다.

(가) - (나) (가) - (나)
① ㄱ - ㄴ   ② ㄱ - ㄷ
③ ㄴ - ㄷ   ④ ㄷ - ㄱ
⑤ ㄷ - ㄴ

◆ 정답

②

◆ 해설

- (가)는 실증주의에, (나)는 인간주의에 해당된다.
- ㄴ은 사회적 구성주의에 대한 설명이다.

58. (가)는 '나의 장소에 대한 글쓰기'를 주제로 한 교수·학습 지도안이고, (나)는 학생의 글쓰기 결과물의 일부이다. <작성 방법>에 따라 서술하시오.

2020 기출

(가)

단계		교수·학습 활동
도입		○ 나의 장소에 대한 글쓰기 주제와 방법에 대해 안내한다.
전개	나의 장소 찾기	○ 가장 좋아하는(혹은 소중한) 장소를 적은 종이를 상자에 넣는다. ○ 상자 안에 든 종이를 섞은 후 무작위로 한 장씩 뽑는다.
	장소 소개하기	○ 자신이 뽑은 종이의 주인공을 찾는다. ○ 왜 그 장소를 좋아하는지, 어떤 경험 때문이었는지, 언제 그 장소에 가고 싶은지, 그 장소에 가면 기분은 어떤지 등 장소에 대한 질문과 답을 한다.
	장소에 대한 글쓰기	○ 장소에 대한 경험과 느낌을 정리하여 나의 장소에 대한 글쓰기를 한다.
정리		○ 나의 삶에서 장소의 의미와 소중함을 이해한다.

(나)

내게 의미 있는 장소는 도구머리길인데, 바로 집 앞에 위치하고 있다. 이곳은 엄마 뱃속에 있을 때부터 자주 왔던 곳이고, 내가 태어나고 계속 이 길로 산책을 했던 곳이다. 유치원 시절 식목일 날 산 위에 올라가서 나무를 심었던 것이 기억에 남고, 강아지를 키웠을 때 여기서 산책을 자주 했었던 이 길이 이제는 나의 하굣길이 되어 버렸다. 요즘 도구머리길을 걷다 보면 낙엽이 많이 떨어져 있어서 혼자 가을을 즐기곤 한다.
… (하략) …

<작성 방법>

○ (가)와 같이 인간에 대한 공감적 이해 발달을 강조하는 핵심 역량을 2015 개정 교육과정 총론(교육부 고시 제2018-162호.)에 근거하여 제시할 것.
○ (나)에 나타난 하버마스(J. Habermas)의 지식의 유형과 브루너(J. Bruner)의 사고 양식을 서술할 것.
○ (나)와 같은 장소감과 공감적 이해를 지향하는 지리교육학의 패러다임을 쓸 것.

◆ 예시 답안

① 핵심 역량 : 심미적 감성 역량
② 하버마스의 지식 유형 : 해석학적 지식
③ 브루너의 사고 양식 : 내러티브 사고(서사적 사고)
④ 지리교육의 패러다임 : 인간주의 지리교육

◆ 해설

- 총론 수준에서 제시한 핵심 역량(일반 역량)에는 자기관리 역량, 지식정보처리 역량, 창의적 사고 역량, 심미적 감성 역량, 의사소통 역량, 공동체 역량이 있다.
- 하버마스의 지식 유형은 경험·분석적 지식, 해석학적 지식, 비판적 지식으로 구분된다.

59. (가), (나)는 중학교 사회1 교과서에 제시된 탐구활동 사례이다. 이에 대한 설명으로 옳은 것만을 <보기>에서 있는 대로 고른 것은?   2013 기출

(가)

○ 다음 사물들을 위에서 본다면 어떤 모습일지 상상해서 빈칸에 그려 보자.

(나)

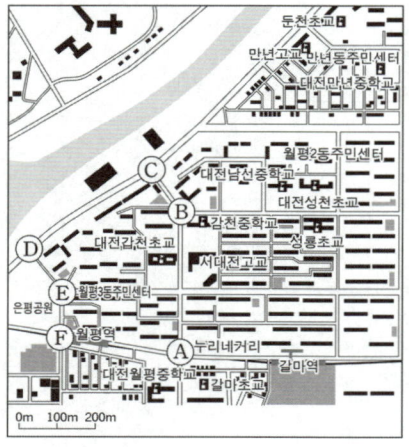

※ 다음 지도를 보고 활동해 보자.

○ 이곳을 처음 방문한 친구가 A 지점에 있다고 가정하자. 친구는 휴대폰 통화에만 의지해서 B, C, D, E 지점을 지나 F 지점에 도달해야 한다. 친구에게 전화를 걸어 찾아오는 방법을 어떻게 설명할 수 있을지 생각해 보자.

―<보 기>―

ㄱ. (가)는 동일한 사물일지라도 보는 위치에 따라 형태가 다르게 보인다는 것을 알게 하는 활동이다.
ㄴ. (가)는 항공사진이나 입체지도를 읽는 데 도움을 줄 수 있는 사전 활동이다.
ㄷ. (가)는 (나)보다 정향능력(orientation ability)을 측정하는 데 적절한 평가도구이다.
ㄹ. (나)는 사물의 위치를 표현할 때 사용되는 방향과 거리에 대해 학습하는 활동이다.

① ㄱ, ㄴ   ② ㄱ, ㄷ   ③ ㄷ, ㄹ
④ ㄱ, ㄴ, ㄹ   ⑤ ㄴ, ㄷ, ㄹ

◆ 정답

④

◆ 해설

(가) 활동을 통해서 조망능력을, (나) 활동을 통해서 정향능력을 향상시킬 수 있다.

1. 조망능력
동일한 사물일지라도 보는 위치에 따라 형태가 다르게 보인다는 것을 아는 능력으로 항공사진, 입체지도 읽는데 도움이 된다.
2. 정향능력
정확한 방향과 거리를 파악할 수 있는 능력

60. (가)는 지리교육의 목적을 설명한 글이고, (나)는 지리교육의 대표적인 외재적 목적을 공간 스케일로 표현한 것이다. 괄호 안의 ㉠, ㉡에 해당하는 용어를 순서대로 쓰시오. 그리고 ㉡의 의미를 기술하고, (가)에 근거하여 이것이 특히 현대사회에서 부각되는 이유를 설명하시오. 　2014 기출

(가)

지리교육의 목적은 내재적 목적과 외재적 목적으로 구분할 수 있다. 내재적 목적은 학생들이 지리를 배우는 경험 그 자체가 가치 있는 학습이라는 것을 강조한다. 반면 외재적 목적은 지리 학습을 통해 기대되는 가치와 태도의 변화에 초점을 두는 것으로 사회적 효용성 또는 도구적 가치와 관련된다. 사회적 효용성과 관련하여 지리는 사회 구성원이 지역, 국가, 세계라는 공간 스케일에 따라 각각 그것의 발전에 기여할 수 있는 (㉠)을/를 기르는 데 공헌한다. 근대 국민국가는 국민 모두에게 동일한 국가 (㉠)을/를 요구했다. 그러나 20세기 후반 이후에는 국가 간의 교류가 더욱 활발하게 일어나고, 한 국가 내에서 지역적 특성이 강조되면서 이러한 (㉠)은/는 다양성을 띠고 중첩되어 나타나기도 하였다.

(나)

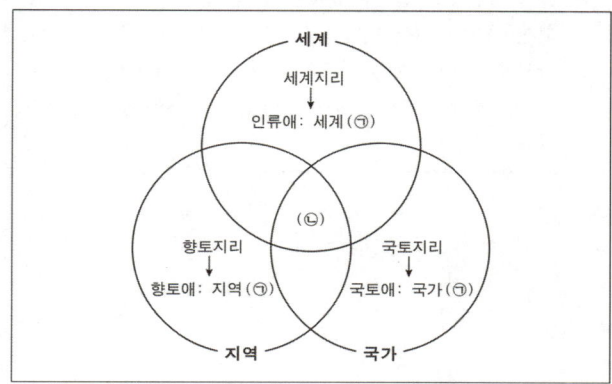

◆ 예시 답안
㉠의 용어는 시민성이고, ㉡의 용어는 다중시민성이다. 다중시민성이란 한 사람이 지역주민, 국민, 세계시민이라는 다중적인 지위를 갖는 시민에게 요구되는 다양한 형태의 시민의 자질을 말하며, 다중시민성이 현대사회에서 부각되는 이유는 세계화와 지역화가 동시에 진행됨에 따라 지역, 국가, 세계라는 공간 스케일에 따라 요구되는 시민의 자질이 달라졌기 때문이다.

◆ 해설
다중 시민성이 부각되는 것은 정보통신 기술의 발달로 세계화와 지역화가 진행되었기 때문이다. 즉, 공간적 스케일이 다양해짐에 따라 요구되는 시민의 자질이 달라진다.

61. 지리교육의 목적을 내재적 목적과 외재적 목적으로 구분할 때, (가), (나)에서 설명하는 지리교육의 내재적 목적을 나타내는 개념을 순서대로 쓰시오. 　2015 기출

(가) 이것은 지도, 그래프, 그림 등의 시각적 표현을 읽고 이해하는 능력으로, 시각 자료가 풍부한 지리 학습을 통해 잘 함양될 수 있다고 평가되는 능력이다. 발친(W. Balchin)은 이것을 영국 지리교육학회장 취임 연설에서 '언어나 숫자로 전달할 수 없는 공간적 정보와 아이디어를 기록하고 전달하는 하나의 의사소통'이라고 정의하였다.

(나) 이것은 공간적 패턴을 정확하게 지각하고 비교하여 방향을 잘 설정하며 대상을 공간 속에서 배열시키는 능력을 의미한다. 셀프와 골리지(C. Self and R. Gollege)는 이것을 공간적 가시화, 공간 정향, 공간관계 파악의 3가지로 제시하였다.

◆ 예시 답안
(가)-지리도해력, (나)-공간능력

◆ 해설
내재적 목적은 크게 장소감, 공간능력, 도해력으로 구분된다. 이 3가지가 내재적 목적의 유형 중에서 가장 대표적인 것이다.

62. 다음은 지리적 개념에 대한 것이다. 괄호 안의 ㉠, ㉡에 해당하는 용어를 순서대로 쓰시오.

2014 기출

개념의 사전적 의미는 여러 관념 속에서 공통된 요소를 뽑아 종합하여 얻은 하나의 보편적인 관념 또는 어떤 사물에 대한 대강의 뜻이나 내용을 말한다. 지리교육에서는 지리적 개념에 대한 다양한 접근과 분류를 하고 있는데, 그레이브스(N. Graves)는 가네(R. Gagné)의 개념분류를 준거로, 하천, 공장, 백화점 등의 '관찰에 의한 개념'과 인구밀도, 입지계수 등의 '(㉠)에 의한 개념'으로 분류했다.

그리고 네이쉬(M. Naish)는 개념의 (㉡)적 특성을 강조하였는데, 도로, 교통 등 관찰 가능한 개념들을 하위에 두고 공간적 상호작용과 같은 조직개념을 최상위에 놓아 지리적 개념들 간의 수준 차이를 제시하였다.

- _____
  _____

◆ **예시 답안**
㉠-정의, ㉡-위계

◆ **해설**
제시문을 통해서 ㉡을 추론해야 한다. 제시문에 '관찰 가능한 개념을 하위에 두고 공간적 상호작용 같은 조직개념을 최상위에 놓는다.' 내용을 고려하면 추론이 가능하다.

63. 학생들의 지리 오개념에 관한 두 교사의 대화이다. ㉠~㉤에 대한 설명으로 옳은 것만을 <보기>에서 모두 고른 것은?

2011 기출

교사 A: ㉠'풍화'는 바람에 의해서만 일어나는 것으로 알고 있는 학생들이 많아 놀랐어요.
교사 B: 맞아요. 학생들은 ㉡'삼각주'는 꼭 삼각형일거라 생각하죠.
교사 A: 그뿐만 아니에요. ㉢학생들이 제3세계 국가는 주로 1차 산업 상품만 수출하는 줄 알아요. 실제로 인도, 파키스탄, 말레이시아 등 3개국의 수출품은 70% 정도가 공산품인데 말이죠.
교사 B: ㉣'제주도는 화산지형이라 토양의 투수성이 높아 논농사가 어렵다.'고 배운 한 학생이 ㉤'철원의 용암 대지에서도 밭농사가 주로 행해진다.'고 얘기하더군요.

<보 기>

ㄱ. ㉠, ㉡과 같이 생각하는 이유는 '지형도를 지형정보만 나타내는 지도'라고 해석하는 이유와 같다.
ㄴ. ㉢과 같은 생각은 과학적 사고는 아니지만 학생의 인지구조와 정합적이고 논리적인 관계를 맺고 있다.
ㄷ. ㉣과 같은 오개념을 수정하기 위해 학생의 오개념과 상충되는 자료나 현상을 지속적으로 제시하는 것이 중요하다.
ㄹ. 학생의 생각이 ㉣에서 ㉤으로 전개된 것은 피아제(J. Piaget)의 인지발달 이론에 의하면 '조절(accommodation)'에 해당한다.

① ㄱ, ㄷ   ② ㄴ, ㄹ   ③ ㄱ, ㄴ, ㄷ
④ ㄱ, ㄷ, ㄹ   ⑤ ㄴ, ㄷ, ㄹ

◆ **정답**
③

◆ **해설**
1. 일반적으로 제 3세계 국가는 선진국에 비해 공업이 발달하지 못한 반면에, 1차 산업 비중은 높은 경향이 뚜렷하다. 학습자들이 이러한 지식(인지구조)을 바탕으로 제 3세계 국가는 주로 1차 산업 상품만 수출할 것으로 생각하는 것은 논리적으로 모순은 없다. 그래서 ㄴ 선지에 대한 내용은 맞다.
2. ㉣에서 ㉤으로 전개되는 것은 '동화'에 해당된다.
3. 피아제 인지기능 - 적응
   (1) 동화
       ① 기존에 갖고 있는 도식에 근거하여 해석, 새로운 것을 이미 알고 있는 것에 맞추어서 이해, 새로운 정보를 자신의 인지구조(도식)에 흡수하는 도식의 양적 성장
       ② 자료해석, 탐구과정
   (2) 조절
       ① 새로운 상황에 반응하기 위해 기존의 도식을 수정하거나 새롭게 형성
       ② 도식의 질적 성장

64. 다음은 개념도에 관한 자료이다. 괄호 안의 ㉠, ㉡에 해당하는 용어를 순서대로 쓰고, 제시된 개념도에서 ㉠의 사례를 2가지 찾아 그것들이 ㉠인 이유를 개념도 작성 방법을 고려하여 서술하시오.

2017 기출

> 개념도는 주요 개념이나 용어들 간의 관계를 선으로 연결하여 그 관계와 위계를 보여 주는 그림이다. 개념도는 지리적 지식 체계를 구성하는 사실, 개념, 이론 등의 관계를 도식적으로 나타낼 수 있어 지리 수업에서 다양하게 이용된다. 개념도는 학생이 가지고 있는 (㉠)을/를 확인하는 데 이용될 수 있다. (㉠)은/는 학생이 알고 있는 개념이 과학적으로 검증된 지식과 다른 것을 의미하는데, 학생의 사전 경험, 고정관념, 잘못된 언어 사용 등 다양한 원인으로 발생한다.
>
> 그리고 개념도는 자신의 인지 활동에 대한 의도적인 조정과 통제를 의미하는 (㉡)을/를 발달시키는 데 도움을 준다. (㉡)은/는 자기가 하는 사고가 잘되고 있는지 판단하고, 또는 잘못되고 있다면 어떻게 하면 잘되게 할 수 있는지 반성하는 정신적인 활동으로서, 학습 과정에서 자신의 학습 활동을 스스로 돌아보면서 조정하고 통제할 수 있는 기회를 제공한다.

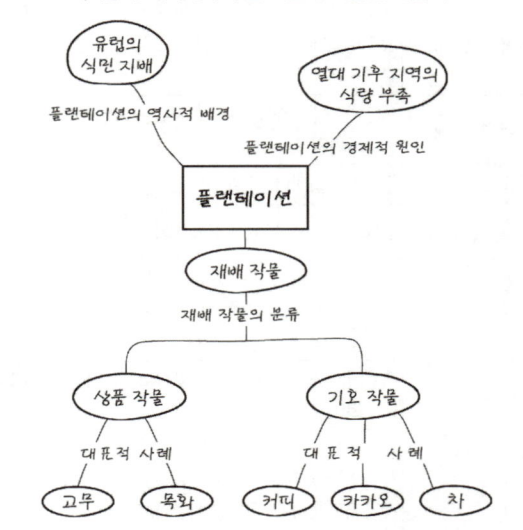

〈학생이 세계지리 수업 시간에 작성한 개념도〉

◆ **예시 답안**

㉠의 용어는 '오개념'이고, ㉡의 용어는 '메타인지'이다. 오개념의 사례는 플랜테이션의 경제적 원인을 열대기후지역의 식량 부족으로 규정한 것과 플랜테이션의 재배 작물을 상품작물과 기호작물로 분류한 것이다. 왜냐하면, 열대기후 지역의 식량 부족은 플랜테이션의 발생 원인이 아니라 플랜테이션의 부정적인 영향에 해당되며, 플랜테이션 작물은 모두 상품작물이며 상품작물은 고무, 목화와 같은 원료작물(공업 원료)과 커피, 카카오, 차와 같은 기호작물로 분류되어야 하기 때문이다.

◆ **해설**

플랜테이션과 관련된 전체적인 내용(발생 요인, 진행 과정, 영향 등)을 알지 못하면 오개념을 찾을 수 없다. 따라서 이 문제를 해결하기 위해서는 플랜테이션에 대한 내용 숙지가 필수적이다.

65. 중학교에서 지리를 담당하는 김 교사는 중학교 1학년 학생들의 지리교과와 관련된 공간인지의 발달 상태를 조사하였다. 조사한 어느 학생의 인지상태는 다음과 같았다.

2007 기출

> 학생은 자신으로부터 연결되는 고정된 지표물을 중심으로 공간을 파악하며, 자기 자신과 경험에 의하여 연결된 지표물이 다른 (가)장소나 공간을 파악하는 중요한 틀이 되며, 자신과 이 지표물로 연결된 통로가 공간인지를 확장하는 중요한 근거가 된다.

이 학생의 인지상태는 하트와 무어(R. Hart & G. Moore)에 따르면 어떤 단계인지를 쓰고, 이 단계에 상응하는 피아제(J. Piaget)의 공간인지발달단계는 어떤 것인지를 적고, (가)를 지칭하는 용어를 쓰시오. [4점]

· 인지상태의 단계 :

· 피아제의 단계 :

· 용   어 :

◆ **정답**

(1) 고정된 준거체계
(2) 투영적 단계
(3) 준거 단계

66. (가)와 (나)는 같은 지역에 거주하는 연령대가 다른 두 학습자가 '우리 동네 그리기'를 한 결과물과 이에 대한 발표문 중 일부이다. 피아제(J. Piaget)와 캐틀링(S. Catling)의 공간인지발달단계에 대한 논의에 근거하여 형태와 위치, 자기 중심성, 정향력 측면에서 두 학습자의 공간인지발달수준을 비교 설명하시오.　　　　　　　　　　　2017 기출

(가)

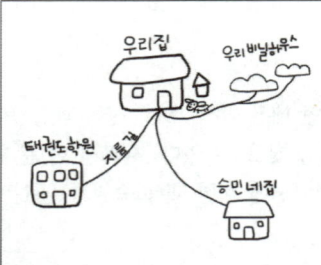

"우리 동네는 우리집이 가운데 있고요. 여기는 우리 강아지 집입니다. 제가 다니는 태권도 학원은 이 길을 따라가면 있고요. 저 길로 가면 제 친구 승민네 집입니다. 그리고 여기는 우리 비닐하우스입니다."

(나)

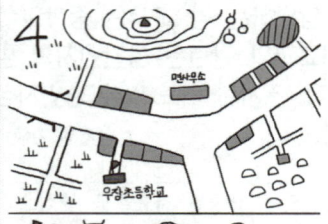

"저는 우리 동네를 기호를 사용해서 그려보았습니다. 마을 중심에는 면사무소가 있습니다. 면사무소를 중심으로 북쪽으로는 우장산이 있고, 북동쪽으로 300 m 정도 가면 저수지가 있습니다."

◆ **예시 답안**

1. 공간인지발달단계

(가)는 형상적 단계, (나)는 기하학적 단계에 해당되는 학습자가 작성한 것이다.

2. 형태와 위치

(가)는 지리적 현상을 입체적으로 표현하고 위치가 부정확한 반면, (나)는 평면적 표현, 위치가 비교적 정확하다. 이는 조망 능력의 발달 정도의 차이가 반영된 것이다.

3. 자기 중심성

(가)는 자기중심적으로 위치를 파악한 반면에, (나)는 추상적인 좌표 체계를 이용하여 탈중심적으로 위치를 파악하였다.

4. 정향력

(가)는 방향(방위)에 대한 개념이 반영 되지 않은 반면에, (나)는 방위표를 사용하고 지리적 현상(우장산, 저수지)의 구체적인 방향을 언급하였다. 즉, (나)를 작성한 학습자의 정향력이 더 뛰어남을 알 수 있다.

◆ **해설**

공간인지 발달단계

1. 피아제 : 입지와 형태로 파악

형상적 단계	자기중심적으로 지리 현상 파악, 입지에 대한 이해보다 형태의 이해가 앞서 발달(위치보다는 모양을 먼저)
투영적 단계	자신이 직간접적으로 알고 있는 사물을 기준으로 입지를 파악
유클리드 단계	입지와 형태를 객관적으로 정확하게 표현

2. 캐틀링 : 지도 그리기로 공간인지 파악

위상적 단계	① 자기중심적으로 공간 파악 ② 지도에 지리적 현상을 입체적으로 표현하며, 정향이나 축적은 고려X
투영적 단계	① 타자중심적 관점에서 파악하기 시작, 좀 더 추상적인 용어로 표현 ② 부분적으로 좌표체계로 사물을 인식, 정향, 거리, 축적을 부분적으로 반영한 조망 능력이 표현됨 ③ 지리적 현상을 평면 형태로 표현하기 시작하지만, 건물은 아직도 입체적으로 표현
기하학적 단계	① 탈중심화(자신과 타자 중심에서 벗어남) ② 추상적인 준거 틀을 사용하여 종합적으로 정확하게 이해, 설명 ③ 조망능력, 정향력 발달, 위치 정확

67. 다음은 지리 교수·학습에 관한 내용이다. 괄호 안의 ㉠, ㉡에 해당하는 용어를 순서대로 쓰시오.
2015 기출

> 1970년 무렵 학생들을 대상으로 한 (㉠)에 대한 학문적 관심이 증가하였다. 이 개념은 사람들이 자신의 주변에 존재하는 것들에 대한 경험으로 머릿속에 도식화되어 있는 이미지를 말한다. (㉠)에 대한 연구는 피아제(J. Piaget)의 인지 발달이론으로부터 많은 아이디어를 끌어왔다. 교사들은 이러한 연구들을 통해 학생들의 지리학습을 이해하는 데 많은 도움을 받았다. 특히 지리교육에서는 학생들의 (㉠)을/를 파악하기 위해 (㉡)을/를 많이 활용하였다. 교사들은 학생들이 만든 (㉡)을/를 통해 학생들의 사전 학습 정도, 현재의 지각 상태, 학생들의 지각 능력에 관한 지식을 파악하기도 하였다. 또한 (㉡)은/는 학생들의 (㉠)에 영향을 주는 요인, 특히 가까운 지역과 먼 지역을 지각하는 데 영향을 주는 장애 요인과 한계가 무엇인지를 이해할 수 있는 평가 도구로 간주되었다. (㉡)은/는 집, 학교 등과 같이 자신이 알고 있는 장소에 대한 기억의 재현이다.

•_____

◆ **예시 답안**
㉠ - 공간 인지, ㉡ - 심상지도

◆ **해설**
심상지도는 학습자의 공간 인지뿐만 아니라 장소감도 파악할 수 있는 도구이다.

68. (가)와 (나)는 고등학교 지리교육과정의 내용구성 사례이다. (가)와 (나)의 지리 내용구성 방식을 각각 제시한 후, (가)와 비교하여 (나) 내용구성 방식의 장점과 단점을 각각 설명하시오.
2014 기출

(가)	(나)
○ 지도와 지리정보	○ 핀란드의 산성비 문제
○ 기후와 식생	○ 네덜란드와 지구온난화
○ 지형과 해양	○ 나이지리아의 빈부 격차 문제
○ 촌락과 도시	○ 중국의 인구 문제
○ 인구와 이주	○ 인도의 빈곤 문제
○ 다양한 문화	○ 부탄의 개발 쟁점
○ 자원과 산업	○ 홍콩의 신공항 건설 문제
○ 교통과 유통	○ 타이완의 산업 오염 문제
○ 지역 개발과 환경 보전	○ 싱가포르의 교통 문제

•_____
_____
_____
_____
_____
_____
_____

◆ **예시 답안**
(1) (가)는 개념중심 방법이고, (나)는 쟁점(문제)중심 방법이다.
(2) (가)와 비교한 (나)의 장점은 지역성을 파악할 수 있다는 것이다. 즉, (가)는 개념(주제)을 내용으로 구성하여 지역성을 파악하기 어려운 반면에, (나)는 지리적 쟁점이 뚜렷하게 나타나는 지역을 내용으로 구성함에 따라 지역의 특정을 파악할 수 있다.
(3) (가)와 비교한 (나)의 단점은 지리적 사고력(일반화 능력)을 함양하기 어렵다는 것이다. 즉, (가)는 핵심개념(지식의 구조)을 내용으로 구성하여 지리적 사고력을 함양할 수 있는 반면에, (나)는 지역의 쟁점을 내용으로 다루기 때문에 지리적 개념을 바탕으로 한 일반화나 지리적 사고력을 함양하기 어렵다.

69. (가)는 2015 개정 교육과정에 따른 사회과 교육과정 내용 체계에서 중학교 지리 영역에 대해 기술한 표의 일부이고, (나)는 고등학교 「세계지리」 단원 내용 체계표이다. 괄호 안의 ㉠, ㉡에 해당하는 핵심 개념을 순서대로 쓰시오. 그리고 (나)의 2009 개정 교육과정과 비교하여 2015 개정 교육과정의 내용 조직이 가지는 장점 2가지를 서술하시오. **2018 기출**

(가)

영역	핵심 개념	일반화된 지식	내용 요소 중 1~3학년
지리 인식	지리적 속성	지표상에 분포하는 모든 사건과 현상은 절대적, 상대적 위치와 다양한 규모의 영역을 … (하략) …	• 위치와 인간 생활
	(㉠)	다양한 공간 자료와 도구를 활용한 지리 정보 수집과 지리 정보 시스템의 활용은 지표상의 현상과 사건들을 분석하고 해석하며 추론하는 데에 필수적이다.	• 지도 읽기 • 지리 정보 • 지리 정보 기술
	지리 사상	지표상의 일정한 위치와 영역을 차지하는 인간 집단들은 자신들을 둘러싼 주변의 장소와 지역, 다양한 세계에 대한 … (하략) …	• 자연-인간 관계
장소와 지역	장소	모든 장소들은 다른 장소와 차별되는 자연적, 인문적 성격을 지니며, … (하략) …	• 우리나라 영역 • 국토애
	지역	지표 세계는 장소적 성격의 동질성, 기능적 상호 관련성, 지역민의 인지 등의 측면에서 다양하게 구분되며, …(하략)…	• 세계화와 지역화
	(㉡)	장소와 지역은 인구, 물자, 정보의 이동 및 흐름을 통해 네트워크를 형성하고 상호작용한다.	• 인구 및 자원의 이동 • 지역 간 상호 작용

(나)

2009 개정 교육과정	2015 개정 교육과정
1. 세계화와 지역 이해 2. 세계의 다양한 자연환경 3. 세계 여러 지역의 문화적 다양성 4. 변화하는 세계의 인구와 도시 5. 경제활동의 세계화 6. 갈등과 공존의 세계	1. 세계화와 지역 이해 2. 세계의 자연환경과 인간 생활 3. 세계의 인문환경과 인문 경관 4. 몬순 아시아와 오세아니아 5. 건조 아시아와 북부 아프리카 6. 유럽과 북부 아메리카 7. 사하라 이남 아프리카와 중·남부 아메리카 8. 평화와 공존의 세계

◆ **예시 답안**

㉠의 용어는 '공간분석'이고, ㉡의 용어는 '공간관계'이다. 그리고 2015 개정 교육과정의 내용 조직이 갖는 장점은 주제를 먼저 학습하고, 이를 바탕으로 여러 지역을 학습함에 따라 1) 주제(개념) 중심으로 내용이 파편화되는 것을 막을 수 있고, 2) 주제와 지역을 통합하여 지역 학습을 배제하는 계통적 방법의 문제점을 극복할 수 있다.

◆ **해설**

- 2015 개정 교육과정에서는 영역별 핵심 개념을 중심으로 내용 체계를 구성하였다. 핵심 개념은 교과의 해당 영역에서 학습자가 교과 고유의 체계나 탐구 방식을 이해할 수 있도록 하는 가장 상위의 개념이다. 지리 영역에 따른 핵심 개념은 다음과 같다. 1) 지리인식 영역에서는 지리적 속성, 공간분석, 지리 사상(事象)을, 2) 장소와 지역 영역에서는 장소, 지역, 공간 관계를, 3) 자연 환경과 인간 생활 영역에서는 기후 환경, 지형 환경, 자연-인간 상호작용을, 4) 인문 환경과 인간 생활 영역에서는 인구의 지리적 특성, 생활공간의 체계, 경제활동의 지역 구조, 문화의 공간적 다양성을, 5) 지속가능한 세계 영역에서는 갈등과 불균등의 세계, 지속가능한 환경, 공존의 세계를 핵심 개념으로 제시하였다.

- 2015 개정 교육과정의 내용 조직의 특징은 1~3 단원은 계통적 방법(개념중심방법)으로, 4~7 단원은 지역적 방법으로 내용을 구성했다는 것이다.

70. 다음은 박 교사가 조이스, 웨일, 캘혼(B. Joyce, M. Weil, E. Calhoun)의 선행조직자 모형에 근거하여 작성한 고등학교 지리 수업과정안이다. ㉠에 들어갈 단계의 명칭을 쓰고, 학습자의 지식 수용 방법의 관점에서 암기 학습과 비교하여 서술하시오. 그리고 학습자 지식의 구성과정을 브루너(J. Bruner)가 주장한 발견학습과 비교하여 서술하시오.

    2015 기출

    ┌───┐
    │ 관련 단원 : 도시의 공업 활동   │
    │   │
    │ 공업 도시 선행조직자 선정   │
    │ - 공업 도시는 원료가 중간재와 소비재로 │
    │   전환되는 공장이 많이 모여 있는 지역 │
    │   이다.   │
    │ - 선행조직자 : 원료, 중간재와 소비재, │
    │   전환   │
    │   │
    │ 수업의 실행   │
    │ (가) 선행조직자 제시 단계   │
    │ - 공업 도시에 있는 공장들이 원료를 제품│
    │   으로 전환하여 소비자에게 전달하는 과 │
    │   정에 대한 개념을 제시한다.   │
    │   │
    │ (나) 학습 자료의 제시 단계   │
    │ - 공업이 발달된 도시의 구체적인 특징이 │
    │   드러나는 실제 사례가 포함된 학습 자 │
    │   료에 선행조직자 개념을 적용하고 확인 │
    │   한다.   │
    │   │
    │ (다) (㉠   ) 단계   │
    │ - 다른 사례를 추가로 제시하고, 선행조직│
    │   자 개념들과 다시 관련시켜 확실하게   │
    │   이해한다.   │
    │ - 다른 사례 학습에 적용한다.   │
    └───┘

◆ 예시 답안

(1) ㉠의 명칭은 '인지구조 강화'이고, 선행조직자 모형(유의미학습)을 학습자의 지식 수용 방법의 관점에서 암기학습과 비교하면 다음과 같다.

(2) 암기학습은 학습자의 기존 인지구조와 새로운 학습 과제와 관련된 개념이 존재하지 않기 때문에 암기를 통해서 새로운 지식을 수용한다. 반면에, 선행조직자 모형(유의미학습)은 학습자의 기존 인지구조에 새로운 학습 과제를 정착시킴으로써 새로운 지식을 수용한다.

(3) 선행 조직자 모형(수용–학습)을 지식 구성과정 측면에서 발견학습과 비교하면 다음과 같다. 발견학습에서는 구체적인 사실에서 일반적인 원리를 발견하는 과정을 통해서 지식을 구성하는 반면에, 선행조직자 모형(수용학습)에서는 학습자의 독자적인 발견은 허용되지 않으며, 교사가 전달한 학습 내용을 내면화하는 과정을 통해서 지식을 구성한다.

◆ 해설

논제에서 제시한 '학습자의 지식 수용 방법의 관점'은 '유의미학습' 측면에서, '학습자 지식의 구성과정의 관점'은 '수용학습' 측면에서 서술하라는 것이다.

71. 다음은 고등학교 한국지리를 담당한 이 교사의 수업 설계이다. ㉠ 단계의 명칭을 쓰고, ㉠ 단계에서 제시된 과제 중 탐구과정의 성격이 다른 1가지를 찾아 쓰고, 그 이유를 서술하시오. 그리고 교수·학습 활동 중 교사의 비계설정(scaffolding) 활동에 해당하는 내용을 찾아 쓰시오. `2017 기출`

단원	Ⅱ. 우리나라의 산지지형과 인간생활
학습 목표	여름철 배추 재배에 유리한 대관령 일대의 지리적 조건과 고랭지 농업이 그 주변 환경에 미치는 영향을 조사할 수 있다.
학습 단계	교수·학습 활동
문제 제기	• 대관령 일대의 배추밭 사진을 제시한다. • 탐구 문제: 대관령 일대에서 왜 여름철에 배추를 많이 재배할까?
가설 설정	• 대관령 일대에서 왜 여름철에 배추를 많이 재배하는지 생각하고 모둠별로 가설을 설정하도록 한다.
자료 수집	• 다음 자료를 수집하여 모둠별로 제시한다. 배추의 생육조건에 관한 읽기 자료, 대관령 일대의 지형도, 우리나라의 지역별 여름철 기온 분포도, 중부지방 도로 지도, 영동고속도로 개통 전후의 배추 재배 면적 통계자료, 대관령 일대의 토양 침식에 관한 신문 기사
㉠	• 제시한 자료를 바탕으로 다음 과제를 순서에 따라 모둠별로 수행한다. 과제 1. 배추는 어떤 생육조건에서 잘 자라는가? 과제 2. 대관령 일대와 전라남도 해남의 여름철 기온은 얼마나 차이가 나는가? 과제 3. 대관령 일대와 전라남도 해남 중 여름철에 배추 재배가 유리한 지역은 어디인가? 과제 4. 영동고속도로 개통 전후로 배추 재배 면적에 어떤 변화가 있는가? 과제 5. 배추 재배 면적의 증가가 토양 침식에 어떤 영향을 미치는가? 과제 6. 대관령 일대에서 배추 재배 면적을 늘려야 하는가? • 과제 수행에 어려움을 겪고 있는 학생들에게 주어진 자료를 과제별로 연결해 보도록 한다.
가설 검증	• 수행한 과제를 바탕으로 대관령 일대에서 여름철에 배추를 많이 재배하는 이유를 찾고, 모둠별로 자신들이 설정한 가설과 비교한다.
결론 도출	• 대관령 일대에서 여름철에 배추를 많이 재배하는 이유와 그 영향을 정리하여 발표한다.

◆ **예시 답안**

㉠의 명칭은 '자료 분석'이고, ㉠ 단계에서 성격이 다른 과제는 '과제 6'이다. 왜냐하면, 다른 과제는 가치 판단이 수반되지 않는 반면에, '과제 6'은 가치 판단이 수반되기 때문이다. 그리고 교사의 비계 활동에 해당되는 것은 '과제 수행에 어려움을 겪고 있는 학생들에게 주어진 자료를 과제별로 연결해 보도록 한다.'이다.

◆ **해설**

탐구학습에서는 가치중립적인 과학적인 문제만 다룬다.

72. (가)는 탐구학습에 대한 설명이고, (나)는 탐구학습 모형을 적용한 『사회』 '12. 지구상의 지리적 문제' 단원의 수업 계획서이다. <작성 방법>에 따라 서술하시오.
   2021 기출

(가)

> 탐구학습의 주요 단계는 일반적으로 '문제 제시→(㉠)→자료 수집 및 분석→검증→결론 도출(일반화)'의 순으로 이루어진다. 하지만 모든 교과가 이러한 단계를 획일적으로 수용하는 것은 아니며, 학습 문제의 성격이나 학습 상황에 따라 수업 절차와 단계는 다양할 수 있다. ㉡브루너(J. Bruner)가 강조한 탐구(발견)학습은 ㉢문제중심학습(PBL: problem-based learning)과 수업 절차는 유사하지만, 몇 가지 관점에서 다르다. 특히 문제중심학습(PBL)은 ㉣학생 스스로 자신감을 가지고 자기 주도적으로 학습하는 능력이 중시된다.

(나)

단계	교수·학습 활동 내용
문제 제시	• 생물 다양성 감소가 생태계와 인간 생활에 미치는 영향
(㉠)	• 생물 다양성의 감소는 생태계 안정성을 해치고 인간 삶의 질을 저하시킨다.
탐색	• 생물 다양성 감소로 인한 생태계 영향과 관련한 자료 탐색 계획 세우기 • 생물 다양성 감소로 인한 인간 삶의 변화와 관련한 자료 탐색 계획 세우기

자료
수집·분석
및 검증
	• 탐색 계획에 따른 모둠별 활동 분담
	• 자료 수집·분석 및 검증
	  - 탄소 배출량 등 생태계 안정성과 관련된 자료 수집
	  - 인간 삶의 질과 관련된 국제 통계 자료 수집
	  - 탄소 배출량의 증가에 따른 생태계 안정성 변화 분석
	  - 인간 삶의 질에 관한 유엔개발계획(UNDP)의 '인간개발지수' 및 '행복지수' 분석
	  - 위 분석 결과의 상호 관련성 검증

결론 도출	• 생물 다양성의 감소는 생태계 안정성을 해치고 자정 능력을 떨어뜨리며, 장기적으로는 생태계 구성원인 인간 삶의 질의 저하로 이어진다.

<작성 방법>

○ 괄호 안의 ㉠에 공통으로 해당하는 용어를 쓸 것.
○ 밑줄 친 ㉡과 관련된 주된 교육과정 사조를 쓰고, ㉡과 대비되는 밑줄 친 ㉢의 '문제' 특성을 서술할 것.
○ 밑줄 친 ㉣과 관련된 핵심역량을 2015 개정 교육과정의 총론에 근거하여 제시할 것.

◆ 예시 답안

① ㉠ : 가설 설정, ㉡ : 학문중심
② ㉢ : ㉡은 학문적 문제를 대상으로 하는 반면에, ㉢은 일상적 문제를 대상으로 한다.
③ ㉣ : 자기관리역량

◆ 해설

브루너의 탐구학습(발견학습)은 학문중심 교육과정을 바탕으로 등장하였다.

73. (가)는 박 교사가 고등학교 1학년을 대상으로 '촌락 경관' 단원을 수업하기 전에 학습과제를 분석한 것이고, (나)는 같은 학년을 가르치는 김 교사와의 대화 중 일부이다. (나)에서 밑줄 친 ㉠과 ㉡은 개념학습 모형 중 무엇인지 순서대로 쓰고, 이 모형을 지리 수업에 적용했을 때 한계점을 각각 제시하시오.

2014 기출

(가)

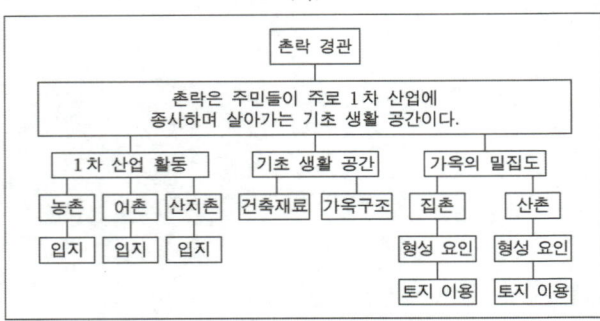

(나)

박 교사 : 선생님, 촌락 경관 단원에 대해서 학습과제를 분석해 보았습니다.
김 교사 : 수업설계의 기초 작업을 하신 것이군요. 가옥의 밀집도 부분은 개념학습 모형 중 무엇을 적용하실 계획이신가요?
박 교사 : 가옥의 밀집도 부분은 ㉠집촌, 산촌이 가지고 있는 고유한 특징을 중심으로 하는 학습모형을 적용하여, 특징을 먼저 설명한 후, 사례와 비사례를 제시하는 방법으로 수업을 진행할까 합니다.
김 교사 : 제 생각에는 ㉡집촌, 산촌의 최적 사례를 중심으로 수업하는 것이 더 좋을 것 같습니다. 먼저 각 촌락의 유형이 잘 나타나는 대표 사례 지역을 보여주고, 그 특성을 설명한 후에 기타 지역을 보여 주는 순으로 수업을 하는 거죠.

·

◆ 예시 답안

㉠은 속성모형에, ㉡은 원형모형에 해당된다. 속성모형의 한계점은 결정적인 속성이 없는 개념에는 적용할 수 없다는 것이다. 반면에, 원형모형의 한계점은 하나의 개념에 속하는 사례들이 어떠한 공통점이 있는지 설명하기 어렵다는 것이다. 즉, 사례들 간의 일반화가 어렵다.

◆ 해설

㉠에서 '집촌, 산촌이 가지고 있는 고유한 특징'이 결정적 속성에 해당된다.

74. 다음은 학교 밖 지리교사학습공동체에서 나눈 대화 중 일부이다. 밑줄 친 ㉠, ㉡을 가네(R. Gagné)의 개념 분류에 근거하여 설명하고, 밑줄 친 ㉢, ㉣에 해당하는 개념학습모형을 서술하시오.

2020 기출

A 교사 : 한국지리는 주로 계통적 방법을 중심으로 내용이 구성되어 있다 보니 가르쳐야 할 개념이 많아 고민입니다.
B 교사 : 맞습니다. 특히 지형과 도시 단원은 다른 단원에 비해 개념 수가 많습니다. 학생들은 지형 단원에서 ㉠하천, 해식애, 주상절리, 침식분지 등의 개념을 학습하고, 도시 단원에서도 ㉡주간인구지수, 배후지, 집적이익, 도시화 등의 개념을 학습합니다.
A 교사 : 선생님들은 이러한 개념들을 어떻게 가르치고 계시나요?
C 교사 : 지형 관련 개념들은 주로 ㉢개념의 정의와 고유한 특징을 설명한 뒤 관련 사례를 제시합니다. 예를 들어 침식분지의 경우, 암석의 차별 침식으로 형성된 분지라는 정의와 고유한 특징을 설명하고 사진, 동영상, 위성 영상, 입체 지도 등을 활용하여 양구 분지, 춘천 분지 등을 사례로 제시합니다. 그런데 도시 관련 개념 중에는 사진 한 장으로 이해시킬 수 없는 개념이 많아 난감합니다.
D 교사 : 그래서 저는 도시 관련 개념들은 주로 ㉣대표적인 사례나 이상적인 형상을 먼저 제시한 후 개념의 특징을 설명하고 다른 사례를 제시합니다. 가령 도시화의 경우, 먼저 도시화가 빠르게 진행된 지역의 인구 및 2, 3차 산업 종사자 비율이 증가한 그래프, 그 지역 사람들의 생활 방식의 변화를 다룬 신문기사를 제시한 후, 도시화의 정의와 특징을 설명합니다. 그 다음 신문기사, 문학작품, 그래프, 표 등을 활용하여 김포시, 용인시, 김해시 등의 도시화 현상을 사례로 제시합니다.

·

◆ 예시 답안

① ㉠-관찰에 의한 개념, ㉡-정의에 의한 개념
② ㉢-속성 모형, ㉣-원형 모형

◆ 해설

가네는 개념을 관찰에 의한 개념과 정의에 의한 개념으로 구분했다.

75. 다음은 세계지리를 담당하는 김 교사의 '열대 몬순 아시아의 전통적 생활 모습'에 대한 수업 설계이다. ㉠~㉢과 관련하여 아래의 <작성 방법>에 따라 논술하시오. **2017 기출**

단원	Ⅷ. 몬순 아시아와 오세아니아
학습 목표	㉠열대 몬순 아시아의 전통적 생활 모습을 이해하기 위하여 열대 몬순 기후가 문화에 미친 영향을 조사한다.
학습 단계	교수·학습 활동
㉡ 전시학습 확인	○ 열대 몬순 기후에 속한 미얀마 양곤의 기온과 강수량의 특징을 예(example)로, 열대 우림 기후에 속한 싱가포르의 기온과 강수량의 특징을 비예(non-example)로 선택한다. ○ 두 지역의 기후그래프를 보여준 후, 열대 몬순 기후와 열대 우림 기후의 연중 기온과 강수량의 특징을 비교한다. ○ 열대 몬순 기후의 특징을 결정적 속성과 비결정적(일반적) 속성으로 구분하여 설명한다.
1단계: 모둠 구성하기	○ ㉢지리 학습에 대한 흥미와 성취 수준이 서로 다른 4명의 학생으로 모둠을 구성한다.

2단계:
탐구 과제와
학습지 배분하기
	○ 모둠 구성원 각자가 '열대 몬순 아시아 지역의 전통적 생활 모습과 기후'에 관한 다음 탐구 과제 중 하나씩 맡는다.
	   탐구 과제:
	   • 기후와 전통 음식 • 기후와 의복 문화
	   • 기후와 가옥 구조 • 기후와 토지 이용
	○ 탐구 과제를 맡은 학생에게 탐구 과제별 학습지를 각각 배분한다.

㉣ 3단계: 전문가 집단에서 학습하기	○ 동일한 탐구 과제를 맡은 학생끼리 전문가 집단을 형성하여 자신들이 맡은 과제를 함께 조사하고 논의한다.
4단계: 모둠으로 돌아와 설명하기	○ 전문가 집단의 활동이 끝났으면 원래 모둠으로 돌아와 자신이 맡은 탐구 과제를 다른 모둠원에게 설명해 준다.
5단계: 모둠별 학습 내용 정리하여 발표하기	○ 4가지 탐구 과제에 관한 학습 내용을 모둠원이 함께 학습활동지에 정리한 후 발표한다.
6단계: 개별적으로 퀴즈 풀고, 평가하기	○ ㉤열대 몬순 아시아의 생활 모습과 기후 특징에 대한 퀴즈를 풀고, 각 학생이 받은 점수를 개인별 성적에 반영한다.

<작성 방법>
○ ㉠을 문화생태론적 관점에서 비판적으로 서술할 것.
○ ㉡에서 사용한 예(example)와 비예(non-example)를 근거로 제시하여, 열대 몬순 기후 특성을 결정적 속성과 비결정적 속성으로 구분하여 서술할 것.
○ ㉢에 들어갈 협동학습모형을 쓰고, 이 모형의 한계를 ㉣, ㉤ 활동과 관련하여 각각 논술할 것.
○ 내용을 짜임새 있게 구성하고 논리적으로 표현할 것.

◆ **예시 답안**

- ㉠의 학습목표는 기후가 인간생활(열대몬순 아시아의 전통적 생활 모습)에 일방적으로 영향을 미쳤다는 입장에서 서술되었다. 즉, 전통적 생활 모습에는 인간이 자연환경을 능동적으로 이용하면서 형성된 측면도 있다는 것을 간과하고 있다.

- 열대몬순 기후의 결정적 속성은 우기와 건기가 뚜렷하다는 것이고, 비결정적 속성은 최한월 평균기온이 18℃ 이상이라는 것이다.

- ㉢의 용어는 '직소Ⅰ모형'이며, 이 수업모형의 한계는 ㉣처럼 이질적인 학생으로 모둠을 구성할 경우에는 학생들의 수준에 따라 탐구 과제에 대한 전문가 집단의 학습 결과 차이가 심하게 나타날 수 있다는 것이다. 따라서 모둠 구성원들이 4개의 탐구 과제 중에서 일부를 제대로 학습하지 못하는 상황이 발생할 수 있다.

76. (가)는 『한국지리』 '4. 공업의 입지와 지역 변화' 단원의 교수·학습 활동 계획이고, (나)는 수업 후 작성한 교사 성찰 일지이다. <작성 방법>에 따라 서술하시오.　　　　　　　　　　2021 기출

(가)

교수·학습 활동 계획

1. 주제: 공업의 입지
2. 학습목표: 공업의 다양한 입지 유형과 특성을 설명할 수 있다.
3. 학습 내용: 공업의 다양한 입지 유형과 특성
4. 수업 모형: 직소Ⅱ(JigsawⅡ)
  ▷ 5명으로 이루어진 모집단을 구성한다.
  ▷ 모집단에 서로 다른 전문가용 소주제를 배부한다.
   　소주제1(원료 지향 공업), 소주제2(시장 지향 공업),
   　소주제3(적환지 지향 공업), 소주제4(노동력 지향 공업),
   　소주제5(입지 자유형 공업)
  ▷ 같은 소주제를 가진 전문가 집단을 구성하여 토론한다.
  ▷ 각자가 모집단으로 돌아와 전문가 집단을 통해 배운 공업 입지에 대한 정보를 공유한다.
  ▷ 평가 활동: 1) 퀴즈와 개별 평가를 한다.
   　　　　　　 2) (　　ⓐ　　)
   　　　　　　 3) 개인과 모집단에 보상한다.

(나)

교사 성찰 일지

직소Ⅰ 모형과 (　ⓑ　) 모형의 평가 방식을 결합한 직소Ⅱ 모형으로 수업을 했는데 몇 가지 문제점이 발견되었다. 첫째, 모둠 활동 시간이 부족했다는 점, 둘째, 학생들에게 ⓒ칭찬이나 격려하는 말을 많이 못해 줬다는 점, 셋째, 우려했던 ⓓ봉 효과(sucker effect)가 나타났다는 점 등이었다.

――<작성 방법>――
○ 제시된 수업 모형에 근거했을 때, 괄호 안의 ⓐ에 들어갈 주요 활동을 쓸 것.
○ 괄호 안의 ⓑ에 들어갈 협동학습 수업 모형을 쓸 것.
○ 밑줄 친 ⓒ을 플랜더스(N. Flanders)가 제시한 용어로 쓰고, 밑줄 친 ⓓ의 의미를 서술할 것.

예시 답안

① ⓐ: 개인별 기본점수와 개별 평가 결과를 비교하여 개인별 향상 점수를 집단별로 산출한다.
② ⓑ-STAD(모둠 성취 분담), ⓒ-비지시적 발언
③ ⓓ: 학습능력이 높은 학습자가 자기 노력이 다른 학습자에게 돌아가서 학습에 소극적으로 참여하는 현상이다.

해설

플랜더스는 교사의 발언을 지시적 언어(발언)와 비지시적 언어로 구분하였다. 지시적 언어에는 강의, 지시, 비판 등이 포함되고 비지시적 언어에는 칭찬, 격려, 발문 등이 포함된다.

77. 지리 교사의 평가방법과 평가의도를 제시한 것이다. (가)~(다)의 평가방법으로 가장 적절한 것은?

2011 기출

평가 방법	평가의도
(가)	학생들이 특정 주제인 '공업입지이론' 단원을 학습하는 동안 지리적 이해가 발달하는 과정을 전체적으로 평가하고 싶습니다. 또한, 학생 스스로의 반성적인 자기 평가도 이루어지면 좋겠습니다.
(나)	학생 개개인이 스스로 문제를 찾고, 이를 해결하기 위해 자신의 추론 능력이나 도해력, 야외조사를 할 수 있는 능력, 자신의 아이디어를 다른 사람에게 전달하는 능력을 평가하고 싶습니다.
(다)	지도 보는 것을 좋아하고, 지리공부 하는 것을 재미있어 하는데, 성적은 항상 낮은 학생이 있습니다. 그 학생을 꾸준히 살펴보면서 왜 그러한 결과가 나오는지를 알아보고 싶습니다.

	(가)	(나)	(다)
①	포트폴리오	프로젝트	참여관찰과 면담
②	포트폴리오	참여관찰과 면담	프로젝트
③	참여관찰과 면담	프로젝트	포트폴리오
④	프로젝트	참여관찰과 면담	포트폴리오
⑤	프로젝트	포트폴리오	참여관찰과 면담

◆ 정답

①

◆ 해설

포트폴리오는 과제 수행 과정을, 프로젝트는 과제 수행 결과(보고서)를 중시하는 수행평가 방식이다.

78. 다음은 지리 학습에 대한 평가를 설명한 글이다. ( ) 안에 공통으로 들어갈 용어를 쓰시오.

2014 기출

> 지리 학습에 대한 평가는 무엇보다도 학생들이 교실 밖의 실생활에서 경험하게 되는 실제적 세계(상황)에 기반해야 한다. 왜냐하면 지리는 특히 우리가 살고 있는 구체적이고 실제적인 세계에 대해 배우는 교과이기 때문이다. 예를 들면, 학생들이 교실 안에서 지형도와 모식도를 통해 선상지를 학습한 경우, 야외조사에서 자신이 서 있는 곳이 선상지인지 알지 못하는 경우가 많다. 이는 학생들이 교실 밖에서 실제적 과제를 수행하지 않았기 때문이다. 따라서 지리 교사는 실제로 야외에서 선상지를 찾아 조사하는 실제적 과제를 평가해야 한다. 학생들의 입체모형 만들기와 야외조사 과제에 대한 평가는 모두 수행평가이지만, 야외조사와 같은 실제적 과제의 수행에 대한 평가는 ( )(이)라고 불리기도 한다. 그러므로 학생들이 교실 밖의 실생활에서 수행한 능력만을 평가 대상으로 하는 ( )은/는 수행평가의 부분 집합이라고 할 수 있다.

◆ 예시 답안

참평가

◆ 해설

참평가는 수행평가의 부분 집합이면서 단순한 지식보다는 고차사고력이나 문제해결력을 얼마나 실제 생활에서 발휘할 수 있는 수준으로 습득하고 있는지를 측정한다.

79. (가)는 『한국지리』 '6. 인구 변화와 다문화 공간' 단원의 수업 계획이고, (나)는 교사용 채점 기준표의 일부이다. <작성 방법>에 따라 서술하시오.

2021 기출

(가) 수업 계획

단원명	6. 인구 변화와 다문화 공간	
성취기준	[12한지 06-03] 외국인 이주자 및 다문화 가정의 증가와 이로 인한 사회·공간적 변화를 조사·분석한다.	
차시	교수·학습 활동	평가 활동

1	• 성취기준 확인
	• 동기유발: 다문화 사회와 관련된 동영상 보기
	• 다문화 사회와 관련된 자료 수집 및 활용하기
	  - 신문, 인터넷, 책 등 여러 매체를 활용해 다양한 자료 수집하기
	  - 수집된 자료의 분석 및 해석을 통해 다문화 사회의 특징 정리하기
		• (ⓒ) 참조 평가와 과정 중심 평가 실시
		- 채점 기준표(루브릭)를 활용한 교사 평가 결과를 학생에게 제공
		- 질문지법을 활용한 동료 평가와 자기 평가

2	• 다문화 공간 지도 만들기
	  - 통계 자료를 근거로 백지도에 다문화 공간 표시하기
	  - 주어진 급간을 활용하여 단계구분도 ㉠ 완성하기
	  - 모둠별로 제작한 지도 발표하기	

3	• 다양한 입장을 반영한 다문화 정책에 대해 토론하기
	  - 모둠별로 다양한 입장을 선택하여 각각의 관점에서 자료 준비하기
	  - '지속가능한 다문화 사회를 위해 어떤 노력이 필요할까?'라는 주제로 토론하기
	• 정리	

(나) 1차시 교사용 채점 기준표 중 일부

교과 역량 평가요소 \ 수준	상	중	하
㉢	다양한 자료와 테크놀로지를 활용하여 자료를 수집하였고, 이를 활용하여 다문화 사회의 특징을 정리한 것이 우수하며, 출처를 분명히 밝히고 있다.	일부 자료를 수집하여 다문화 사회의 특징을 정리하였으나, 출처가 불분명하다.	자료 수집, 활용, 출처 제시 등 전반적으로 부족하다.

―<작성 방법>―

○ ㉠과 같은 활동을 통해 얻을 수 있는 지리적 기능은 무엇인지 보드만(D. Boardman)이 제시한 용어로 쓸 것.
○ 괄호 안의 ㉡에 해당하는 용어를 쓰고 이러한 평가의 목적을 제시할 것.
○ ㉢에 가장 적절한 사회과 교과 역량을 2015 개정 사회과 교육과정에 근거하여 제시할 것.

◆ 예시 답안

① ㉠-지리도해력(도해 기능)
② ㉡의 용어는 준거이며, 성취기준(학습목표)의 달성 여부를 평가한다.
③ ㉢-정보활용능력

80. 다음은 우리나라 주요도시의 인구 부양비를 나타낸 자료이다. 괄호 안의 ㉠, ㉡에 해당하는 도시명을 순서대로 쓰시오. [2점]

(가) (단위 : %)

구분	서울	부산	대구	인천	광주	대전
노년 부양비	13	16	14	12	13	12
총 부양비	31	34	36	34	38	35

인구 부양비란 생산 연령층 인구가 부양하여야 하는 인구의 비율을 말한다. 인구 부양비는 총 부양비, 유소년 부양비, 노년 부양비로 구분된다. 2010년 인구 총 조사에서 우리나라 주요 도시의 인구 부양비는 (가)와 같다. (가)에서 유소년 부양비가 가장 높은 도시는 (㉠)이다. 한편 노년 인구의 증가로 우리나라 주요 도시의 노령화 지수도 높게 나타났다. (가)에서 노령화 지수가 가장 높은 도시는 (㉡)이다.

◆ 예시 답안
㉠-광주, ㉡-부산

◆ 해설
'총 부양비 = 유소년 부양비 + 노년 부양비'이며, '노령화 지수 = (노년층 ÷ 유소년층) × 100% = 노년 부양비 ÷ 유소년 부양비'이다.

81. 다음은 인구구조에 관한 설명과 A 국가의 인구 자료이다. <작성 방법>에 따라 서술하시오. [4점]

(㉠)(이)란 (㉡)이/가 부양해야 할 인구의 비율을 말하는 것으로 유소년 부양비와 노년 부양비를 합한 값이다. 이때, 유소년 부양비는 유소년 인구를 (㉡)(으)로 나누어서 구하고, 노년 부양비는 노년 인구를 (㉡)(으)로 나누어서 계산하게 된다.

<A국가의 연령대별 인구 비율>
(단위 : %)

		전국	(가) 지역	(나) 지역
	전체	100	100	100
연령	65세 이상	20	10	40
	15~64세	60	60	50
	0~14세	20	30	10

─<작성 방법>─
○ 괄호 안의 ㉠, ㉡에 해당하는 용어를 순서대로 쓸 것.
○ (가) 지역의 유소년 부양비 특징을 전국과 비교하여 서술할 것.
○ (나) 지역의 노년 부양비 특징을 전국과 비교하여 서술할 것.

◆ 예시 답안
• ㉠-인구 부양비(총 부양비), ㉡-청장년층
• (가) 지역은 전국보다 유소년 부양비가 높으며, (나) 지역은 전국보다 노년 부양비가 높다. 따라서 (가) 지역은 전국 평균보다 유소년 비중이 높으며, (나) 지역은 전국 평균보다 노년층 비중이 높다.

◆ 해설
유소년 부양비가 높은 지역은 유소년 비중이 높다는 것이며, 노년 부양비가 높은 지역은 노년층 비중이 높다는 것이다.

82. 아래 표에서 (가)는 구체적인 사례를 관찰하고 대조함으로써 학습이 이루어지는 개념들인 반면, (나)는 구체적인 사례와는 거리가 먼 개념들이다. (나)와 같은 개념들을 가녜(R. Gagné)가 지칭한 용어로 쓰시오. 그리고 (나) 개념들을 귀납적 방법으로 수업하기 어려운 이유를 20자 이내로 설명하시오. [2점]

(가) 개념	(나) 개념
가옥구조, 도로, 다목적 댐, 하안단구, 해안단구, 돌리네, 자연제방, 배후습지	인구밀도, 출생률, 사망률, 상대습도, 입지계수, 대륙도, 인구부양비, 자연증가율

· 용어 :
· 이유 :

◆ **예시 답안**
(나)는 정의에 의한 개념에 해당된다. 그리고 (나)에 제시된 개념들은 현실에서 경험할 수 없는 수식으로 정의된 개념이기 때문에 귀납적 방법으로 수업하는 것이 부적절하다.

◆ **해설**
관찰에 의한 개념은 반드시 연역적 방법으로, 정의에 의한 개념은 반드시 귀납적 방법으로 학습을 하는 것은 아니다. 정의에 의한 개념에는 추상적인 개념들이 많이 포함되어서 구체적인 사례를 제시(귀납적 방법)하면서 개념을 이해시키는 경우가 많은 것이지, 반드시 귀납적 방법을 적용해야 한다는 것은 아니다.

83. 강 교사는 '생활공간의 형성과 변화' 단원을 가르치고 난 뒤, 학생들이 개념들을 학습한 결과에 대해 다음과 같이 정리하였다.

> 학생들은 자동차, 도로 등과 같은 (가)관찰할 수 있는 개념들을 알고 있었으며, 이를 토대로 하여 교통망, 교통량, 거리마찰과 같은 구체적인 개념들을 파악하고, 이를 바탕으로 일반성이 높고 중심적인 개념인 (   )에 대해 이해하고 있었다.

위의 내용을 토대로 지리개념학습의 일반적인 원리를 수준과 순서를 고려하여 하나의 문장으로 진술하시오. 그리고 (가)와 같은 개념들 중 육안으로 직접 관찰하기 힘들 경우, 이를 학습하기 위해 지리수업에서 사용할 수 있는 시각적 매체를 적고, (   )에 들어가기에 적합한 지리개념을 1가지만 쓰시오. [4점]

· 원리 :

· 매체 :
· 개념 : (   )

◆ **예시 답안**
개념학습의 일반적인 논리는 '관찰에 의한 구체적인 개념을 먼저 학습한 후에 정의에 의한 추상적인 개념을 학습한다.'이고, 지리 수업에서 사용할 수 있는 시각적 매체는 '사진'이다. 그리고 (   ) 안에 들어가는 용어는 '공간적 상호 작용'이다.

◆ **해설**
개념학습의 일반적인 원리가 반드시 구체적 개념을 학습한 후에 추상적 개념을 학습하는 것은 아니다. 제시문의 내용을 고려해서 개념학습의 일반적인 원리를 추론해야 한다.

84. 다음은 지리 수업에 활용되는 자료에 대한 설명이다. (가)와 (나)에 해당하는 표현 방식은 <보기 A>에서, (다)와 (라)에 해당하는 기능 유형은 <보기 B>에서 골라 바르게 연결한 것은?

> 지리 수업에서 활용되는 자료는 대부분 (가)인쇄된 단어나 글자와 같은 문자적 형태를 띠거나, 숫자나 통계와 같은 수치적 형태를 띠고 있다. 전자의 사례로는 신문, 잡지, 소설 등이 있으며, 후자의 사례로는 총인구수, 인구 밀도, 출생률, 사망률, 연평균 기온, 연평균 강수량 등이 있다. 특히 후자의 경우 다양한 기호와 결합되어 (나)지도, 그래프, 단면도, 다이어그램 등의 형태로 표현된다. 이에 따라 지리 학습에서는 (다)지리적 정보를 점, 선, 면을 이용하여 그래픽 형태로 전환하는 능력과 (라)그래픽 형태로 제시된 표현을 해석하는 능력을 중시하고 있다.

─<보기 A>─
ㄱ. 영상적 표현 방식(iconic representation)
ㄴ. 행동적 표현 방식(enactive representation)
ㄷ. 상징적 표현 방식(symbolic representation)

─<보기 B>─
a. 사회적 기능(social skills)
b. 실천적 기능(practical skills)
c. 인지적 기능(intellectual skills)

	(가)	(나)	(다)	(라)
①	ㄱ	ㄴ	a	b
②	ㄱ	ㄷ	b	c
③	ㄴ	ㄷ	a	b
④	ㄷ	ㄱ	b	c
⑤	ㄷ	ㄱ	c	a

◆ 정답
④

◆ 해설 1
(나)는 브루너의 표상 방식 중에서 영상적 방법에 해당되며, (다)와 (라)는 슬레이터의 지리적 기능 중에서 실천적 기능과 인지적 기능에 해당된다. 즉, 지리 도해력 중에서 지리적 정보를 그래픽 자료로 표현하는 것은 실천적 기능에, 그래픽 자료를 해석하는 것은 인지적 기능에 해당된다.

◆ 해설 2
브루너의 표현 양식
(1) 행동적 : 직접 체험
(2) 영상적 : 사진, 지도
(3) 상징적 : 언어

◆ 해설 3
슬레이터의 기능
(1) 인지적 : 지각과 관찰, 비판적이고 성찰적으로 사고하기
(2) 사회적 : 의사소통하고 계획 세우기
(3) 실천적 : 말하기, 읽기, 쓰기, 행동하기

3 중등역사교육론

85. 슐만은 교사에게 필요한 지식을 세 가지로 분류하였다. 다음에 제시된 교실대화 구조를 보고 슐만이 제시한 분류에 대하여 답하시오.

> 교사 : 여러분. (가) 로마가 지중해 세계에서 카르타고를 물리치고 대 제국으로 성장할 수 있었던 계기는 바로 포에니전쟁이었습니다.
> 학생 : 선생님 잘 모르겠어요. 지중해를 차지하는 것이 로마가 대 제국으로 성장하는 것과 무슨 관련이 있죠?
> 교사 : (가) 음~ 최근에 문제되고 있는 '동해' 표기법이나, 일본의 독도 영유권 주장 등을 생각해 보면, 정치·경제적으로 동해가 갖는 중요성이 얼마나 큰지 짐작할 수 있을 거에요. 지중해도 마찬가지에요.
> ⋯(중략)⋯
> 교사 : 지금까지 포에니전쟁 이후 로마가 성장하는 과정에 대해서 살펴보았어요. (다) 파워포인트 자료를 보고 정리해 볼까요?

(1) 슐만이 제시한 분류를 (가), (나), (다)에 적용해 써 보시오.

(가) _____, (나) _____, (다) _____

(2) 슐만의 분류 중 (나)는 가르치기 위한 지식으로 학생들에게 교과를 이해하게끔 제시하고 조직하는데 유용한 방식 및 이를 이용한 지식내용을 말한다. 유용한 방식 세 가지만 쓰시오.

• _____

◆ 예시 답안
(1) (가) 내용지식
　　(나) 교수내용지식
　　(다) 교육과정지식
(2) 유추, 은유, 직유

86. ㉮자료를 성격에 따라 4가지로 구분하여 쓰고, 1차사료와 2차사료의 구분이 어려운 경우와 활용에 따라 1차사료도 되고 2차사료도 되는 경우를 사례(『삼국유사』, 『삼국사기』, 『발해고』)를 들어 각각 2줄씩 쓰시오.

> 사료는 거기에 담겨있는 역사적 사실이 일어났던 때와 같은 시대에 만들어졌는가의 여부에 따라 1차사료와 2차사료로 구분된다. ㉮ 1차사료는 그 안에 담겨진 역사적 사실이 일어난 것과 거의 같은 시기에 제작된 유물이나 쓰여진 저작물을 가리킨다. 1차사료는 역사가에게 원론적인 정보나 지식을 제공해 주는 기본 자료로, 역사가가 해석을 하는데 기초가 되는 것이다. ㉯ 2차사료는 담고 있는 역사적 사실이 일어났던 시기보다 나중에 만들어진 자료이다. 1차사료에 대한 설명이나 판단, 견해, 의견 등이 담겨 있는 자료가 2차사료이다.

• _____

◆ 예시 답안
(1) 1차사료
① 현장적 성질을 지닌 것(메모, 계산서, 유서, 신문보도, 낙서)
② 용의주도한 계획 아래 논리를 전개하는 이론적 논문(정치사상, 경제)
③ 당시대의 기술적 설명물(연대기, 연표, 역사물, 자서전)
④ 문학이나 비언어적 자료(고고학적 미술자료, 회화, 조각)

(2) 1차사료와 2차사료의 구분이 어려운 경우
『삼국사기』나『삼국유사』는 고구려, 백제, 신라가 존재했던 시기보다 한참 뒤에 만들어졌지만 흔히 1차사료로 활용된다. (사료의 불충분성 때문)

(3) 활용에 따라 1차사료도 되고 2차사료도 되는 경우
유득공의『발해고』를 발해의 역사나 지리를 연구하는데 이용한다면 2차사료가 되지만, 유득공의 학문이나 사상을 연구하기 위한 자료로 이용한다면 1차사료가 된다.

87. 외적비판은 사료를 역사연구의 자료로 이용하기 위한 가장 기초적인 작업으로 (A)이라고 불리기도 한다. 외적비판은 대체로 다음과 같은 절차를 통해 이루어진다. (A)와 (가), (나)를 쓰시오.

> 1. 사료의 저자나 작가를 확인한다.
> 2. 사료의 연대를 확정한다.   (가)
> 3. 원저작의 보존상태(조작, 위작, 표절, 오류 등 포함)를 검토한다.
> 4. 사료에 들어 있는 문장의 부분적인 차이점들을 추론한다.
>   (나)

- A : _____
- 가 : _____
- 나 : _____

◆ **예시 답안**
- A : 역사적 비판(=외적 비판)
- 가 : 원사료의 진위 여부를 가리는 작업
- 나 : 원문의 복구 시도

◆ **해설**
(1) 외적 비판(역사적 비판, 하급비판)
① 사료의 저자나 작가를 확인
② 사료의 연대를 확장
③ 원저작의 보존상태(조작, 위작, 표절, 오류 등 포함)를 검토
④ 사료에 들어있는 문장의 부분적인 차이점들을 추론(원문의 복구 시도)

(2) 내적 비판(역사적 분석, 상급비판)
① 의미
  ㉠ 소극적 의미 : 사료를 만드는 저작자의 능력이나 자격을 규명하는 것
  ㉡ 적극적 의미 : 사료 내용의 축자적 의미와 참다운 의미를 규명하는 것
② 구분
  ㉠ 텍스트 비판 : 사료의 신뢰도를 결정하는 작업으로, 사료에 의식적으로나 무의식적으로 거짓이나 잘못된 내용, 과정, 말 등이 섞여있는가를 검토하는 것
  ㉡ 문맥 비판 : 사료에 나타나 있는 문맥의 진짜 의미를 파악하는 작업으로, 단순히 문장이 함축하고 있는 의미를 해석하는 것을 넘어서 광범하고 다양한 의미의 도출을 목적으로 함.(이를 위해 그 사료가 만들어진 당시의 사회문화적 환경에 유의해야 함)

88. 역사의식은 역사에서 다루는 각 시대와 사회의 성격을 명확히 파악하는 시간적 감각이며 역사에 대한 예리한 의식이라고 할 수 있다. 다음은 일반적으로 역사의식의 요소 각각이 의미하는 바를 제시한 것이다. 그 의미에 맞는 요소들을 쓰시오.

> ① _____ : 자신이 역사의 가운데 위치한다는 의식
> ② _____ : 역사는 끊임없이 변화 발전한다는 의식
> ③ _____ : 자신이 역사를 이끄는 주체의 하나라는 의식
> ④ _____ : 역사는 각 시대마다 사람들의 사상이나 행동에 따라 특성을 지닌다는 의식

◆ **예시 답안**
① 존재의식
② 변화 또는 발전의식
③ 자아의식
④ 시간의식

89. 다음은 사료비판과 관련하여 가상의 상황을 구성한 것이다. 이와 관련하여 물음에 답하시오.

2003 기출

> 13세기 후반에 육로로 원에 가서 17년간 중국에 머무르다 해로로 귀국하였던 마르코 폴로가 자신의 여행과 관련된 기록을 남긴 것이 최근에 발견되었다. 새로 발견된 자료를 사료로 활용하기 위해서 역사가는 사료비판을 하였다. 먼저 이 역사가는 ㉠ 인접 학문의 도움을 받아서 이 자료가 진본 또는 원본인지를 확인하였다. 진본임이 확인되자 그는 사료의 내용을 분석하여 신뢰성을 결정하는 작업을 진행하였다. 먼저 사료에 의식적으로나 무의식적으로나 거짓이나 잘못된 내용, 과정, 말 등이 섞여있는가를 검토하였다. 다음으로는 ㉡ 사료에 나타나 있는 문장의 진정한 의미를 파악하기 위하여, 단순히 문장이 함축하고 있는 의미를 해석하는 것을 넘어서 당시의 사회문화적 환경을 고려하면서 광범하고 다양한 의미를 찾아보았다.

1) 사료 비판의 과정 중에서 ㉠과 ㉡을 각각 무엇이라고 하는지 쓰시오.

• _____

2) 사료학습을 탐구식으로 진행할 학생들이 ㉡을 수행하는 단계를 2가지 쓰시오.

• _____

◆ **예시 답안**

(1) ㉠ 외적비판, ㉡ 문맥비판

◆ **해설**

지금 존재하고 있는 역사적 사실(事實)이 모든 역사적 사실을 담고 있지 않고 있을 뿐만 아니라 그 사실 조차도 저자가 왜곡되었거나 전승하는 과정에서 조작과 왜곡될 가능성이 많다. 역사가는 새로운 사료를 발견했을 때 그 안에서 사료비판을 통해 역사적 사실(史實)을 추출할 필요가 있다. 사료비판은 외적 비판과 내적 비판 두 가지 단계로 이루어진다.

㉠ 외적비판은 사료 그 자체에 진위여부를 가리는 작업으로 금석학, 문장학, 계보학, 연대학 등 인접학문의 도움이 필요하다. 사료가 담고 있는 내용의 의미를 검토하지 않기 때문에 외적비판이라고 한다. 외적비판의 과정은 사료의 저자 확인, 사료 연대 확정 등을 통해 원사료의 진위여부를 가린다. 그리고 원저작 원래 보존 상태를 검토한다. 그 과정에서 조작, 위작, 표절, 오류 등을 파악한다. 도중에 사료가 위작이나 조작될 경우에는 사료에 들어 있는 문장의 부분적인 차이점을 들어 추론할 수 있다. 예를 들어서 고대시대 문헌에 근대에 들어와서 쓰는 문장과 용어가 자주 쓰이면 도중에 첨가되었거나 그 책 자체가 위작일 가능성이 많다. 내적비판은 사료의 내용을 분석하여 그 신뢰성을 결정하는 작업이다. 사료에 적극적 가치를 부여하기 때문에 상급비판이라고 한다. 내적비판은 다시 텍스트 비판과 문맥비판 2단계로 나눈다. 텍스트 비판은 사료의 신뢰도를 결정하는 작업으로 사료에 의식적으로나 무의식적으로 거짓이나 잘못된 내용, 과정 말 등이 섞여 있는 가를 검토한 것이다.

㉡ 문맥비판은 사료에 나타나 있는 문맥의 진짜 의미를 파악하는 작업이다. 단순히 문장이 함축하고 있는 의미를 해석하는 것을 넘어서 광범위하고 사료가 만들어진 당시의 사회문화적 환경을 고려하면서 다양한 의미를 도출한다. 사료학습과 탐구학습은 '지식의 과정' 강조한다는 점에서 서로 연계시켜 진행시킬 수 있다. 탐구학습은 문제인지→ 가설설정 → 자료수집과 분석→ 가설확인(검증) → 일반화 단계로 진행된다.

㉡ 문맥비판을 탐구학습에 대입할 경우 가설에 맞는 자료수집 및 분석을 하고, 가설확인(검증) 단계에 해당한다.

(2) 자료수집과 분석, 가설확인(검증)

90. 다음 중 사료의 내적 비판(internal criticism)에 해당되는 것은?
1994 기출

① 사료의 저자가 진실을 말하고 있는가?
② 사료가 작성 당시와 같은 상태에 있는가?
③ 사료가 어디서 나왔으며 훼손된 곳은 어디인가?
④ 사료의 저자는 누구며 그것이 언제 저술되었는가?

◆ 정답

①

◆ 해설

① 지문에 '사료의 저자가 진실성을 말하고 있는가?'는 내적 비판의 소극적 의미와 텍스트 비판과 연결된다. 역사에서 사료의 신뢰성 확보는 중요하다.

◆ 오답 해설

구체적인 내용을 보면 사료의 저자나 작가 확인, 사료 연대 확정, 원저작의 보존 상태, 원문의 복구 시도(사료에 들어 있는 문장의 부분적인 차이점 추론) 등이다. 문제 지문 ②, ③, ④ 지문에 해당한다.

91. 박 교사는 사료 (가)와 (나)를 학습 자료로 활용한 수업을 다음과 같이 전개하였다. 물음에 답하시오.
2009 기출

[수업 상황]
일제 강점기에 국내에서는 다양한 민족 운동이 벌어졌어요. 선생님이 지금 나누어 준 자료는 일제 강점기 어느 민족 운동과 그 이후 일제의 통치 방식 변화에 관한 사료랍니다. 일반적으로 사료를 자료로 활용할 때는 사료 자체에 대한 검토가 먼저 이루어져야 해요.
왜냐하면 _____㉠_____ ……. 사료에서 어떤 내용을 알 수 있지요? 학습지에 각자 정리한 후 발표해 봅시다.

[학습자료]
사료 (나) 이제부터 공명정대한 정치를 베풀어 형식에 구애됨 없이 많은 사람들의 편익과 민의의 창달을 도모하고, 조선인의 임용과 대우 등에 관해서 더욱 고려하여 각각 그 할 바를 얻게 하고 조선의 문화 및 옛 관습 중 채택할 것이 있다면 이를 채택하며 통치의 자료로 제공할 것이다. 나아가 제반 행정을 쇄신하고 장래 기회를 보아 지방자치제도를 실시하여 국민 생활을 안정시키고 일반 복리를 증진시킬 것이다.

박 교사의 수업에서 밑줄 친 ㉠에 적절한 설명을 2가지 쓰고, 그 설명에 근거하여 사료(나)의 내용을 비판적으로 검토하여 서술하시오. 그리고 이와 같은 사료학습 유용성을 서술하시오.

◆ 예시 답안

- ㉠ 설명 : 사실과 견해 혼용, 사료는 만든 사람에 의해 왜곡되어 있다는 사실을 유의시킴/ 사료의 내용은 사료를 이용하는 사람에 따라 달리 해석될 수 있음
- (나) 비판적 검토 : 실질적으로 조선인 관료 임용은 별로 없었다. 지방자치 기구의 권한이 별로 없었고, 재산에 따라 선거권 제한 등으로 한국인들이 지방 자치에 참여하지 않았다. 민족분열정책으로 이용하였다.
- 사료 학습 유용성
① 사실(과거의 사료 속에 기술된 내용)과 견해(역사가들이 해석한 내용) 구별
② 지식의 생성과정 경험, 균형적인 시각 양성
③ 과거에 대한 질문 자극하고 해답 제공(현실 문제 해결책 제시)
④ 역사 사실의 해석과 견해를 달리하거나 다른 역사 인식을 보이는 사료 비교 → 역사적 관점 배양(비교학습)

92. 다음은 ○○중학교 역사교사 학습공동체 자료이다. 괄호 안의 ㉠과 ㉡에 들어갈 용어를 순서대로 쓰시오.

2022 기출

> 학습주제 : 역사 이해 이론을 중학교 수업에 어떻게 적용할 수 있을까?
>
> 콜링우드(R. Collingwood)는 역사가의 과업을 상상적 구성의 그물을 짜는 것이라고 하면서, 과거인의 사고를 알기 위한 방법으로 그들의 마음속으로 들어가 과거인이 되어 다시 사고하는 재연(re-enactment)을 제시하였다.
>
> 재연은 딜타이(W. Dilthey)가 말한 (㉠)와/과 같은 것으로 볼 수 있다. 딜타이의 (㉠)은/는 다른 사람의 체험을 상상적으로 다시 체험하거나 재구성하는 것이다. 딜타이는 역사 이해의 과정이 체험 – (㉡) – 이해의 순환적인 구조를 갖는다고 하였다.
>
> ○ 딜타이의 이론에 기반한 역사교사들의 공동 수업 계획
>
> <수업주제 : 항일 의병의 삶>
>
> | 체험 | 학생들에게 드라마 ○○○에서 의병 활동 부분을 편집하여 보여 주고, 의병이 된 자신을 상상해 보게 함 |
> |---|---|
> | (㉡) | 의병의 삶을 주제로 4컷 만화 그리기, 가상 인터뷰 대본 쓰기, 노래 가사 만들기, 일기 쓰기 |
> | 이해 | 나의 삶에 의병의 삶을 비추어 봄 |

- _____

◆ **예시 답안**

㉠ 추체험, ㉡ 표현

---

93. 다음은 상이한 역사 인식을 서술한 글이다. ㉮의 역사 인식을 배경으로 조선 중기에 국가가 제작 배포하였던 초등용 역사·윤리 교재명을 쓰시오. ㉯의 밑줄 친 역사 연구 과정에 맞추어 역사 수업을 구상하고자 할 때 가장 적절한 학습 모형을 쓰되, 학습 활동을 기준으로 분류한 명칭으로 제시하고, ㉰의 관점에서 역사적 사실에 관한 ㉯의 입장을 줄로 비판하시오.

2007 기출

> ㉮ 역사는 삶의 교훈이다 역사가는 인간 사회에서 일어난 일을 통해 잘한 일은 칭송하고 잘못한 일은 비판하여 삶의 근거로 삼는다.
>
> ㉯ 역사란 과거의 사실을 있는 그대로 밝히는 것이다. 역사가는 자신을 죽이고 과거의 본래 모습을 밝히는 것을 지상 과제로 삼아야 한다. <u>역사 연구란 사료에 담긴 역사적 사실들을 밝혀내는 것이며 그 과정은 사료 비판과 분석으로 이루어진다.</u>
>
> ㉰ 역사란 과학이라기보다는 세계와 인간에 관해 의미 지우는 하나의 담론이다 역사 지식은 상이한 집단의 이해관계를 반영하는 '사적 구성물'이다.

- 교재명 : _____
- 학습 모형 : _____
- 비판 : _____
  _____

◆ **예시 답안**

- 교재명 : 동몽선습
- 학습 모형 : 탐구학습
- 비판 : 사료에 적힌 역사적 사실은 역사가의 시대의 언어로 구성되기 때문에 주관적이다.

94. 다음은 역사 탐구 및 역사 학습의 특성에 관한 글이다. ㉮를 단계가 반영된 개념으로 쓰고, ㉯와 ㉰에 들어갈 적절한 내용을 각각 쓰시오.

2008 기출

> 역사 학습은 낯설고 당혹스러운 과거에 익숙해 가는 과정이다. 낯선 과거를 익숙한 것으로 인식해 가는 방법의 하나는 과거인의 마음 속으로 들어가 보는 것이다. 인간의 사고는 본질적으로 시간과 공간을 넘어설 수 있기 때문에 당시 거기에 존재했던 사람의 처지에서 사고할 수 있다. 즉, ㉮<u>당시 상황에 대한 이해를 바탕으로 그들의 정서와 관점에서 당대를 보게 되는 것이다.</u> 그러기 위한 전제 조건으로 우선 과거인들의 생각이 (㉯)는 점과 그들의 행동이 (㉰)는 점을 인정해야 한다.

- ㉮ 개념 : _____
- ㉯의 내용 : _____
- ㉰의 내용 : _____

◆ **예시 답안**
- ㉮ 개념 : 맥락적(역사적) 감정이입
- ㉯의 내용 : 다르다
- ㉰의 내용 : 합리적

◆ **해설**
감정이입은 다른 사람의 감정, 정서, 심리 상태를 아는 것이다. 감정이입은 사회과학, 문학, 미학 등 다른 학문에서도 많이 사용하는 방법론이지만, 역사학은 다른 학문에서 쓰이는 방법론과 다른 감정이입을 사용하고 있다. 문학과 미학은 감정 이입 대상 간의 동일시와 공감을 중요시하고, 사회과학에서는 현재적 관점에서 상대방의 감정을 파악하는 것을 강조한다. 그러나 시공간을 달리하는 역사적 감정이입은 정확한 사료분석(인지적)을 통해서 상황을 재구성하고(맥락적) 그 사람의 입장에서 내면을 재구성한다. 감정이입의 단계는 크게 5단계로 나눠볼 수 있다. 감정이입을 하지 않으려고 하는 단계, 고정관념에 입각한 감정이입, 일상적 감정이입, 제한적인 맥락적 감정이입, 완전한 맥락적 감정이입의 단계를 밟는다. 학생들이 완전한 맥락적 감정이입을 하려면 그 당시의 역사적 상황에 대한 지식이 풍부해야 하며 역사적 상상력을 통해서 사실을 최대한 정확하게 재구성할 줄 알아야 한다. 문제에서 ㉮ 단계의 역사적 행위자의 입장에서 봤기 때문에 감정이입은 맥락적 감정이입에 속한다. ㉯는 감정이입을 하기 전에 전제조건으로 4가지(또는 5가지)를 제시하였다. 과거인과 현재인이 인간의 보편적인 감성과 정서 등을 공유하고 있다는 점(보편성), 그 당시 처해진 상황이나 조건 때문에 과거인과 현재인의 사고방식이 다르다는 점 (특수성), 과거인도 그 당시 상황과 조건에서 목적-상황-수단에 맞게 합리적으로 행동했다는 점(합리성), 과거의 삶과 현재의 삶은 서로 떨어지는 것이 아니라 역사를 통해서 서로 관련을 맺고 있다는 점(계통성)이다.

95. 다음의 예에서 교사가 권유와 질문을 통하여 공통적으로 활용하고 있는 방법은?   `1996 기출`

> 어느 교사는 고려 말기의 농민들이 가혹한 부세 때문에 겪어야 했던 생활의 어려움을 학생들에게 알려주기 위하여 "지배층에게 이중 삼중으로 고통을 받고 있던 농민들이 얼마나 힘들게 살았는지 생각해 보세요" 혹은 "여러분들이 만일 이 당시의 농민들이었다면 어떻게 했을까요?"라는 권유나 질문을 이용하여 학생들의 학습 동기를 유발하고 그들에게 과거의 상황을 생생하게 전달하려고 하였다.

① 유추 ② 직관
③ 외포 ④ 감정이입

◆ 정답
④

◆ 해설
교사의 수업 내용 중에 교사가 학생들에게 '여러분들이 만일 이 당시의 농민이었다면 어떻게 했을까요?'라고 질문을 던지고 있다. 이것은 타인의 감정을 자신이 느껴 보는 감정이입이다. 감정이입은 세 가지로 분류해 보는데 해당 대상을 보지 않고 선입견이나 관습적인 사고방식에 입각한 고정관념 감정이입, 행위와 제도 등 특정한 상황에 대한 증거에 의해서 이해한 일상적 감정이입, 광범한 맥락과 배경에서 이해하는 맥락적 감정이입 등이 있다. 여기에서는 학생들의 살고 있는 현재적 입장에서 고려 말의 농민들의 감정을 이해하는 방법이기 때문에 일상적 감정이입에 속한다.
① 유추는 둘 이상의 대상 사이에서 보이는 유사성을 가지고 설명하는 방식이다. 예를 들어 고려의 대농장을 설명하려고 로마의 라티푼디움을 설명한다.
② 역사학에서 말하는 직관은 단순히 주관적 느낌이 아니라 축적된 경험과 지식을 바탕으로 일어난 상황을 보고 한순간에 전체의 모습을 알아내는 능력을 말한다.
③ 외포(외삽삽입)는 검토하고 있는 증거에 토대로 두고 있지만 겉으로는 드러나지 않은 어떤 아이디어를 파악하기 위해 이미 알고 있는 것을 사용하는 인지적 활동을 말한다. 보간이라고도 한다. 주로 역사학이나 천문학에서 많이 사용되어 있다.

96. 역사교육에서 감정이입에 대해 바르게 말한 것은?   `1993 기출`

① 과거시간에 대한 기록에 저자의 감정이 개입되어 있는가를 검토하는 것
② 과거인의 행위가 그 당시의 상황을 통해서 객관적으로 이해될 수 있다는 것
③ 일정기간 동안 계속된 일련의 변화를 이해하기 위해 공감에 필요한 개념을 상상하는 것
④ 과거 사건의 당사자들과 자신을 동일시하고, 그들의 생각과 감정을 공유하는 것

◆ 정답
②

◆ 해설
역사적 감정이입(맥락적 감정이입)은 증거와 자신의 경험을 토대로 과거의 상황과 행위자의 성향을 고려하여 과거의 제도나 행위자의 의도, 목적, 가치 등을 이해하는 역사적 기능이다. 행위자의 대한 이해와 역사적 상황은 객관적 사료를 바탕을 하기 때문에 인지적 성격이 강하다. (②지문 관련)
① 사료 속에 저자의 관점과 감정이 개입되었는가를 살피는 것은 사료비판에서 내적비판(텍스트비판)에 속한다.
③ 공감, ④ 동일시는 역사적 감정이입이 될 수 없다.

97. 다음 글을 읽고 밑줄 친 ㉮, ㉯와 같은 활동을 무엇이라고 하는지 쓰고, ㉯가 아래와 같은 단계를 거친다고 할 때, ㉰에 들어갈 활동을 채우시오.

2002 기출

> 역사는 인간의 활동을 소재로 한다. 따라서 어떤 역사적 사실을 올바로 이해하기 위해서는 그와 관련된 인간의 내면, 즉 의도나 목적, 사상, 심지어 감정까지도 중요한 고려의 대상이 되어야 한다. 그러나 교과서 서술이나 사료에 나타나 있는 내용만으로 이를 알기는 어렵다. 때문에 역사적 행위자의 내면에 대해 알기 위해서 학생들은 역사수업에서 ㉮직접 과거의 인물이 되어 역사적 행위를 해보거나, ㉯알려진 역사적 사실이나 자료를 토대로 행위자의 생각을 이해하기도 한다.

과거 사람의 행위를 미신이라거나 미개하였기 때문이라면서 제대로 이해하려고 하지 않는다.
↓
신이나 종교, 관습같은 특정한 고정관념에 의해 이해하려고 한다.
↓
㉰
↓
당시의 상황을 고려하지만, 어떤 특정한 요인에 초점을 맞추어 이해한다.
↓
당시의 상황과 관련된 여러 가지 요인을 종합적으로 고려하여 이해한다.

㉮ _____
㉯ _____
㉰ _____

◆ **예시 답안**
- ㉮ : 추체험(유사답안 : 역할극)
- ㉯ : 감정이입(감정이입적 이해)
- ㉰에 들어갈 활동 : 당시의 상황과 역사적 행위를 상식적 수준의 일상생활로부터 이해한다.(일상적 감정이입)

◆ **해설**
역사적 감정이입의 방법은 추체험과 감정이입 이해가 있다. 이 문제는 추체험과 감정이입(감정이입적 이해)의 개념 차이를 물어 보고 있다.
- ㉮ 추체험은 자신이 직접 역사적 행위자가 되어 역사적 사건이나 현상을 체험함으로써 역사적 행위자를 이해하는 방식이다. '당신이 ~이었다고 가정하고, ~하시오' 가정으로 하고 있는 수업활동이다. 교수학습방법으로 극화학습, 역할극, 시뮬레이션, 역사신문제작, 모형 만들기, 상상적 글쓰기, 역사일기 등이 있다.
- ㉯ 감정이입(감정이입적 이해)는 과거 행위자의 입장에서 역사적 사실을 생각해 봄으로써 역사적 사실을 이해하는 것이다. 사료분석이 여기에 속한다. 자신의 직접 행동을 통해서 이해하는 추체험과 달리 사고를 통해서 이해한다는 것이 특징이다.
- ㉰ 일상적 감정이입은 과거의 역사적 행위자를 현재 일상의 상식적 수준에서 감정이입을 하는 경우이다. 행위의 이유를 오늘날 관점과 증거로 이해하기 때문에 시대착오적 이해가 나타나기도 한다.

98. 다음은 박 교사의 수업 일지이다. ㈀~㈃에 대한 설명으로 적절한 것만을 <보기>에서 모두 고른 것은?

2011 기출

2010년 ○월 ○일
오늘 수업한 단원은 원의 간섭과 공민왕의 개혁이다. 먼저 원 간섭기에 고려의 관제가 격하되고 여러 간섭 기구가 만들어졌으며 땅의 일부를 빼앗겼다는 설명을 해 주었다. ㉠ 칠판에 우리나라 지도를 그린 후 원이 고려 땅에 설치한 쌍성총관부, 동녕부, 탐라총관부의 위치를 표시해 주었다. 그리고 ㉡ 고려 여자들이 공녀가 되어 원으로 끌려 가게 된 상황과 그 심정을 생각해 보게 하였다. 더불어 ㉢ 기황후와 같은 인물도 있다며 내가 평소 알고 있던 그녀의 삶에 대해 이야기해 주었다. 한편, 원 간섭기에 권문세족의 농민 수탈에 대해서도 설명해 주었다. 그들이 농장을 소유하게 된 과정을 말해 주고 ㉣ 학생들이 중학교 때 배워서 잘 알고 있는 라티푼디움과 관련지어 농장에 대해 설명해 주었다.

┤보기├
ㄱ. ㉠-교사는 이 지도를 통해 역사적 변화를 계통적으로 보여 주었다.
ㄴ. ㉡-교사는 학생들에게 추체험과 감정이입을 유도하였다.
ㄷ. ㉢-교사는 기황후에 대한 이야기에 학생들이 무비판적으로 매몰되기 쉽다는 점에 유의할 필요가 있다.
ㄹ. ㉣-교사는 농장과 라티푼디움의 유사점을 찾아 학생들에게 농장의 특징을 이해시켰다.

① ㄱ, ㄴ ② ㄱ, ㄹ ③ ㄴ, ㄷ
④ ㄱ, ㄷ, ㄹ ⑤ ㄴ, ㄷ, ㄹ

◆ 정답
⑤

◆ 해설
㉠ 교사가 칠판에 원나라가 고려에 설치한 쌍성총관부, 동녕부, 탐라총관부의 위치를 간단한 지도에 표시하고 있다. 이와 같이 학생들의 이해를 돕기 위해 칠판에 간단하게 그린 지도를 스케치지도라고 한다. 스케치 지도는 수업의 필수적인 정보를 담고 있어서 학습효과 상승에 도움을 준다. 역사지도 활용측면에서는 역사적 사실(위치)를 지리적으로 파악하는데 활용하고 있다.
일정한 공간과 관련된 역사의 변화를 시간적, 계통적으로 파악하기 위해서 역사지도를 활용하는 방법이다. 예를 들어서 삼국시대의 세력판도를 각 시기별로 몇 장의 역사지도나 아니면 한 장의 지도로서 파악할 수 있다. 그러나 위에 지문은 단순히 역사적 지명에 대한 지리적 위치를 파악하는데 활용했기 때문에 맞지 않다.
㉡ 교사는 고려여자들이 공녀로 끌려가는 심정을 생각해 보라는 식으로 감정이입(추체험)을 유도하였다. 감정이입을 통해서 상대방의 내면을 학생들이 파악하도록 하였다.
㉢ 교사는 내러티브의 방식으로 기황후의 삶에 대해서 학생들에게 말해주었다. 내러티브를 통한 수업 방식은 학생들에게 쉽게 접근할 수 있고, 다양한 의견을 제시할 수 있다. 하지만 화자(교사)의 권위에 맹목적으로 추종할 경우에 화자가 말하는 그럴듯한 이야기를 역사적 사실로 알고 무비판적으로 받아들이는 문제점이 존재한다. (자의적 진실성의 부과)
㉣ 둘 이상의 대상 사이에 보이는 유사성을 통해 학생들을 이해시키는 유추적 설명방식이다. 지문에서는 고려시대의 농장과 라티푼디움의 유사성을 들어서 역사상 존재했던 대규모의 농장의 특징을 이해시키고 있다.

99. 박 교사는 교과서 내용 A를 가지고 B와 같이 수업하였다. B수업에서 알 수 있는 박 교사의 교과서관을 쓰고, ㉮를 통해 중점적으로 기르고자 하는 역사적 사고력의 하위 범주를 쓰시오. 그리고 박 교사가 수업에서 가장 중점을 둔 것을 ㉯에서 찾아 쓰시오. `2008 기출`

A. [교과서 내용] 대한제국은 구본신참의 개혁 방향을 제시하고, 대한국 국제를 제정하여 황권을 강화하였다. 또한, 양전 사업을 실시하여 지계를 발급하고, 상공업 진흥책을 추진하였다.

B. [수업 내용] 교과서에는 대한제국의 정책이 옛 제도를 근본으로 하여 근대적 개혁을 추진한 것이라는 의미로 서술되어 있네요. 하지만 대한제국의 정책은 전제 군주권을 강화하고 독립협회의 민권 운동을 탄압하는 보수적 반동 정책이었다는 의견도 있어요. ㉮ 각자 자료를 더 조사해 보고 광무 개혁이 당시 상황에서 적절한 정책이었는지 생각해 봅시다.

C. '역사를 안다'는 의미는 ㉯ 개별적인 역사적 사실에 대한 기억, 역사적 사실들 간의 인과 관계 파악, 역사적 행위의 동기나 목적에 대한 이해, 역사적 사실에 대한 평가로 구분할 수 있다. 그런데 실제 수업에서는 이들 네 가지 중 교사의 역사관에 따라 그 중점을 두는 것이 달라질 수 있다.

- 교과서관 : _____
- 역사적 사고력의 하위 범주 : _____
- 수업의 중점 : _____

예시 답안
- 교과서관 : 도구적 교과서관(교과서는 참조자료에 불과하다)
- 역사적 사고력의 하위범주 : 역사적 판단력
- 수업의 중점 : 역사적 사실에 대한 평가 (유사답안 : 역사적 탐구력)

해설
B 지문에서 박 교사는 교과서와 다른 상반된 해석을 제시하고, 학생들에게 다양한 역사 해석을 유도하려고 했다. 역사적 판단력에 해당한다. 박 교사의 교과서관은 교과서를 절대적인 지침으로 보지 않고, 교과서를 역사적 사고력을 육성(역사교육의 목적)을 위한 하나의 도구로서 생각하고 인식하고 있다.

100. 역사적 사고력은 역사적 탐구 기능과 역사적 상상력으로 구분될 수 있다. <보기>에서 역사적 상상력에 속하는 것을 모두 고른 것은? `1996 기출`

| 보기 |
㉠ 역사적 판단력　　㉡ 결과 적용능력
㉢ 문제 파악 능력　　㉣ 감정 이입 능력

① ㉠, ㉡　　　　② ㉠, ㉣
③ ㉡, ㉢　　　　④ ㉢, ㉣

◆ 정답

②

◆ 해설

역사적 사고력과 하위범주에 대한 논의는 학자마다 다르다. 역사적 상상력을 '상상적 이해'와 '역사적 판단력'으로 다시 분류하는 경우, '상상적 이해'는 구조적 상상(보간과 삽입·대안적 해석), 감정이입적 상상 (과거인의 사상과 감정고려)로 구분했다. '역사적 판단력'은 역사연구방법과 자료의 선택, 자료의 용도에 대한 직관적 선택, 탐구 결과의 상상적 서술 등이다. 위에 지문에서 역사적 상상력에 속한 것은 ㉠ 역사적 판단력과 ㉣ 감정이입적 능력(상상적 이해에 속함)이다.

101. 밑줄 친 ㉠, ㉡의 설명 방식을 '일반적 역사 설명'의 범주에서 순서대로 쓰시오. `2018 기출`

〈최 교사와 박 교사의 한국사 수업과 수업 협의회〉

(가) 최 교사의 한국사 수업 장면
○ 최 교사: 1894년 동학농민운동의 원인은 무엇일까요? 개항 이후 외세의 경제적 침투와 지배층의 가혹한 수탈로 농민의 생활이 어려워지고 있었습니다. 동학의 교세도 크게 확장되고 있었고요. 그 과정에서 고부 군수 조병갑의 학정은 고부 봉기가 일어나는 직접적 원인이 되었습니다.

(나) 박 교사의 한국사 수업 장면
○ 박 교사: 1894년 동학농민운동이 있었습니다. 1884년에는 갑신정변이 있었고요. 두 사건에는 어떤 유사점과 차이점이 있을까요? 유사점으로는 두 사건 모두 신분제 등 일부 봉건적인 요소들을 타파하고자 했다는 점입니다. 차이점으로는 동학농민운동이 농민들 중심으로 이루어진 반면, 갑신정변은 급진개화파라고 하는 소수 정치인들이 중심이 되었지요.

(다) 수업 협의회 장면
○ 강 교사: ㉠최 선생님의 역사 설명 방식은 동학농민운동을 배경, 원인 등과 관련시키고 있어 학생들의 역사 이해에 특히 유용했습니다.
○ 문 교사: ㉡박 선생님의 역사 설명 방식은 동학농민운동과 갑신정변 두 개 사건을 놓고 유사점과 차이점을 밝혀 학생들이 사건의 성격을 더욱 폭넓게 이해하도록 했습니다.

◆ 예시 답안

㉠ 인과적 설명, ㉡ 비교적 설명

102. 역사교육의 궁극적 목표라고 할 수 있는 역사적 사고력의 신장과 관련하여 다음 물음에 답하시오.

1999 기출

1) 역사적 사고에 관한 최근의 연구 결과에서는 역사적 사고가 과학적 사고와 다르다고 하면서 역사적 사고의 특수한 성격을 강조하는 경향이 있다. 이러한 경향을 인정하는 입장에 서서 역사적 사고가 어떠한 점에서 과학적 사고와 다른지 200자 내외로 서술하시오.

2) 사료학습과 탐구학습을 통해 역사적 사고를 촉진시키려고 한다. 이 경우에 학습의 주안점을 어디에 두어야 할 것인지 성취목표를 중심으로 각기 100자 내외로 서술하시오.

◆ 예시 답안

(1) 과학적 사고가 법칙의 추구를 목표로 하여 논리적, 분석적인 사고를 특징으로 하는데 비해 역사적 사고는 역사적 사실의 개별성과 다양성을 추구하며, 상상적, 직관적, 감정이입적 사고를 그 특징으로 한다.

(2) 사료 학습에서는 사료의 분석, 해석, 비판 기능 등의 역사적 사고력의 신장에 주안점을 두어야 하며, 탐구학습에서는 문제의 설정, 가설의 수립, 자료의 수집 및 분석, 자료의 검증, 일반화 기능 등의 역사적 사고력의 신장에 주안점을 두어야 한다.

103. 역사교육의 중요한 목표 가운데 하나는 역사적 사고력과 역사의식을 육성하는 것이다. 역사적 사고력은 역사의식의 발달을 전제로 하며, 역사의식은 역사적 사고력을 신장시킴으로써 높아지는 상호보완적인 관계에 있다. 다음 물음에 답하시오.

2000 기출

1) 역사교육의 목표를 달성하기 위해서 학생들의 역사의식 단계를 파악하는 것은 필수적인 선결 과제이며, 최종적인 평가의 대상이기도 하다. 역사 교육과 관련지어 역사의식의 발달 과정을 다섯 단계로 나누어 세 줄 이내로 서술하시오.

•

2) 역사 교과에서 일반화(generalization)를 중심으로 내용을 구조화하면 학습자의 역사적 사고와 이해에 도움을 줄 수 있다. 다음의 역사적 개념을 바탕으로 역사적 일반화를 추출하여 한 줄로 서술하시오.

- 장시의 발달
- 서당 교육의 보급
- 한글 소설의 보급
- 민화의 유행
- 이앙법의 보급
- 사설시조의 등장
- 풍속화의 대두
- 판소리의 유행

•

◆ 예시 답안

(1) 감고의식- 고금상위의식-변천의식-인과 관계 의식-시대발전의식

(2) 조선후기의 장시의 발달과 이앙법의 보급 등 경제 발달로 인해 서당교육의 보급, 사설시장의 등장. 풍속화의 대두, 민화의 유행, 한글 소설의 보급 등 서민문화가 발달하였다.

◆ 해설

(1) ① 감고의식은 막연하게 예전 것을 느낀 것이고, ② 고금상위의식은 옛것과 오늘날의 것을 구별하는 것이다. 피아제 이론의 전조작기에 해당되고 초등학교 저학년학생들에게 보인다. ③ 변천발달의식 단계는 시간의 거리를 느끼고 시간의 흐름을 어느 정도 인식하는 것이다. ④ 인과관계 의식 단계는 시간의 흐름을 종적으로 파악하고, 역사적 사실에 대한 인과관계를 파악할 수 있다. 변천발달의식과 인과관계의식은 구체적 조작기에 해당되고 초등학교 고학년학생들에게 보인다. 시대구조의식 단계에서는 인과의식이 심화되고 인물을 시대와 관련지어 파악할 수 있다. ⑤ 발전의식 단계에서는 시대구조와 시대관련 파악, 사회의식 확대, 세계의식 확대, 인간성의 고찰 등 다양한 능력을 보인다. 피아제 이론의 형식적 조작기 해당되고, 중학교 이상 학생들에게 보인다.

(2) 일반화는 두 개 이상의 사건이나 현상들 사이의 관계에 관한 진술로 개념들 사이의 관계를 나타내는 것이다. 일반화시키려면 개념(현상)과 개념(현상) 사이의 관계를 지어 줄 필요가 있다. (2) 예문에 나와 있는 서당교육의 보급, 사설시조의 등장, 한글소설보급 등 문화적 현상과 이앙법의 보급, 장시의 발달 등 경제적 발달을 서로 연결시켜 주면 이앙법의 보급, 장시의 발달 등 조선 후기의 경제력을 바탕으로 서당교육의 보급, 사설시조의 등장, 한글소설의 보급, 민화의 유행 등 서민문화가 발달했다는 식으로 일반화시키면 된다.

104. 아동의 성장 및 사회성의 발달에 따라 계열화한 역사 의식에 발달 단계 중, <보기>와 같은 특징을 갖는 단계는? `1994 기출`

―|보기|―
- 주제별 학습이 가능하다.
- 사회 생활의 의미를 비교할 수 있다.
- 시간의 흐름을 종적으로 파악하는 것이 가능하다.
- 생활 주변의 문화 현상에 대한 역사적 관심이 커진다.

① 감고의식(感古意識) 단계
② 고금의식(古今意識) 단계
③ 변천의식(變遷意識) 단계
④ 인과의식(因果意識) 단계

◆ **정답**
④

◆ **해설**
피아제는 아동의 성장 및 발달에 따라 역사의식을 계열화 하였다. 일본의 사이토 히로시는 피아제 이론을 바탕으로 소학교와 중학교 학생을 대상으로 조사를 하였다. 그리고 연구결과를 바탕으로 금석상위(今昔相違)의식 → 변천의식 → 역사적 인과관계의식 → 시대구조의식 → 역사적 발전의식 등으로 역사의식 단계를 구분하였다. 사이토는 역사의식이 시간관념의 이해에서 인과관계, 변화, 발전을 이해하는 방향으로 발달한다고 생각했다. 역사의 발전에 대한 이해는 늦어 청소년 중기(16-18살)에 들어와야 가능하다고 봤다. 문제 예문에 해당하는 역사 인식 단계는 인과 관계의식이다. 인과관계 의식은 초등학교 5학년 때 나타나고 피아제 발전 단계에 비춰 볼 때 구체적 조작기에 해당한다.

105. 다음 글에서 밑줄 친 ㉮에 입각한 내용조직 원리가 무엇인지 쓰고, ㉯의 입장에서 삐아제-피일-할람 모델과 같은 유형의 인지이론에 대하여 제기하는 비판을 2가지만 쓰시오. 또 ㉰의 이론을 적용할 때, 단군신화에 대한 이해에서 이항적 대립구조는 무엇인지 설명하시오. **2002 기출**

> ㉮ 일반적으로 학생들은 경험할 수 있는 구체적 사실을 더 쉽게 학습하고, 경험과 거리가 먼 추상적 문제일수록 배우기 어려워 한다는 견해가 있다. 이러한 견해는 발달심리학을 이론적 배경으로 하고 있다. 발달심리학 이론 중 교육에 가장 커다란 영향을 미친 것은 Jean Piaget 의 인지발달론이라고 할 수 있다. Piaget의 인지발달론은 역사교육 연구에도 적용되어 흔히 Piaget-Peel-Hallam 모델이라고 부르는 역사적 사고 발달의 이론이 성립되었다. 그러나 이에 대한 여러 가지 반론도 나오고 있다. ㉯ 영역특정 인지이론이나, ㉰ 학생들이 가장 먼저 학습하는 것은 구체적으로 경험할 수 있는 문제가 아니라, 이항적 대립구조(binary oppsite)로 구성되어 있는 이야기라는 견해도 그 중 하나이다.

1) ㉮에 입각한 내용조직 원리 : _____

2) ㉯의 입장에서 삐아제-피일-할람 모델과 같은 유형의 인지이론에 대하여 제기하는 비판
① _____
② _____

3) ㉰의 이론에 의거한 단군신화의 이항적 대립구조
_____

◆ **예시 답안**

- ㉮ 환경확대법
- ㉯ 영역고유의 인지방식의 피아제 이론 비판
- ㉰ 성급한 호랑이와 참을성 있는 곰이 동굴에 갇혔다가 호랑이는 기일을 채우지 못하고 도망가고 곰은 약속을 지켜 환웅과 결혼했다.

◆ **해설**

(1) ㉮ 내용 조직 방식은 환경확대법(지평확대법)이다. 환경확대법은 심리적 접근방법(피아제의 연령발달단계)에 따라 학습자의 인지발달 단계에 따라 내용을 조직한 것이다. 학습자의 성장 속도에 맞춰 학습자의 생활 주변 소재에서 국가나 국제사회의 범위로 확대하여 학습 내용을 조직하는 것이다.

(2) 환경확대법은 영고론자(영역고유인지론자)들로 부터 많은 비판을 받고 있다. 환경확대법에서는 초등학생은 자신과 멀리 떨어지고 경험세계에서 벗어난 추상적인 고대사는 배우기 어렵고, 세계사가 국사보다 어렵다고 주장한다. 영고론자들은 구체적이고 경험할 수 있는 것이 쉽고, 추상적이고 경험할 수 있는 것이 어려운 가에 대해 의무를 제기한다. 초등학생들도 자신과 멀리 떨어져 있는 추상적인 역사적 사실을 학습할 수 있고, 세계사가 어렵고 국사는 쉽다는 근거가 미약하다는 것이다. 영고론자들은 가르치는 방법만 달리하면 역사적 배경지식(발달단계가 아닌)이 부족한 학생들도 상고사도 배울 수 있다는 것이다. 그 구체적인 예가 이간의 이항대비적인 방법을 통해 상고사인 단군신화를 학습할 수 있다고 말한다.

(3) 이항대비적인 방식은 선과 악, 사랑과 믿음, 용기와 비겁함 등 양분법적인 방법으로 극적인 내러티브 구조 속에서 단군신화의 역사적 사실을 배울 수 있다. 교사는 이항대비 방식으로 역사 배경지식이 부족한 학생들에게 가르칠 때는 할머니가 어린 손자들에게 옛날 이야기를 (내러티브) 들려주는 방식으로 학생들에게 제시해야 한다. 곰과 호랑이 토템으로 하는 부족들이 환웅부족들과 연합했다가 호랑이 부족이 도중에 나가고 곰부족과 연합해서 국가를 건설했다는 분석적 설명 방식보다는 성급한 호랑이와 참을성 있는 곰이 동굴에 갇혔다가 호랑이는 기일을 채우지 못하고 도망가고 곰은 약속을 지켜 환웅과 결혼했다란 식으로 이야기를 해야 한다.

106. <보기>와 같은 역사적 사고의 형태는?

1994 기출

| 보기 |
가장 널리 유행하였고 잘 알려진 고대 사회 초기의 노예 형태는 광업, 농업, 수공업에 종사하던 노예가 아니라 집안에 딸린 노예이다. 왜냐하면 인류 학자들에 의하여 보통 연구되듯이 초기 그리스·로마에서는 가족이 사회의 기초이기 때문이다.

① 기술적 사고　　② 설명적 사고
③ 집중적 사고　　④ 직관적 사고

◆ 정답

②

◆ 해설

예문에서 말한 역사적 사고형태는 피일의 '설명적 사고'이다. 설명적 사고는 피아제의 형식적 조작기에 해당하고 대표적인 역사적 사고로 파악하고 있다. 그 사고가 가능한 시기는 중학교 시기라고 보고 있다. 예문에서 가장 널리 유행하고~집안에 딸린 노예이다'까지는 가내노예 중심의 고대 노예제의 상황에 대한 기술에 불과하다. 그러나 '왜냐하면' 이라는 문장에서 인류학자들이 생각하는 고대 노예제의 원인을 서술했기 때문에 설명적 사고에 해당한다.

107. 다음 설명에서 교사가 의도하고 있는 '수업 목표'와 '수업 방법'을 적절하게 제시한 것을 고른 것은?

2010 기출

광해군은 명나라가 약해지고 후금이 강해지자 신중한 외교정책을 썼어요. 명나라에서 원군을 요청했을 때 강홍립을 보내 정세에 따라 대처하도록 했지요. 그래서 조선은 후금과의 전쟁을 피할 수 있었어요. 그런데 인조반정을 일으킨 서인은 광해군 때와는 달리 명을 가까이하고 후금을 배척하는 외교 정책을 펼쳤어요. 그래서 조선은 두 차례에 걸쳐 침략을 받게 된 것이지요.

	수업 목표	수업 방법
(가)	후금의 침입원인을 조선의 대외 정책과 관련지어 파악할 수 있다.	당시 상황을 보여주는 사료를 분석하여 발표하는 수업을 전개한다.
(나)	광해군이 중립 외교 정책을 추진한 이유를 설명할 수 있다.	인물의 행위결정분석모형을 적용하여 수업을 전개한다.
(다)	서인이 일으킨 인조반정의 과정을 알 수 있다.	이야기 자료를 재구성하여 극화 수업을 전개한다.
(라)	광해군과 서인의 외교 정책을 평가할 수 있다.	역사 개념을 인식시키는 수업을 전개한다.

① (가), (나)　② (가), (다)　③ (나), (다)
④ (나), (라)　⑤ (다), (라)

◆ 정답

①

◆ 해설

- (가) 수업목표는 후금의 침략원인을 조선의 대외정책과 연관시켜 학생들에게 이해시키려는데 중점을 두고 있다. '사건의 원인'을 규명하기 위한 좋은 수업방법으로 여러 사건들의 비교와 분석을 통해 그 사건의 원인을 규명하고 학생들이 사료를 수집하여 분석하는 사건학습과 사료를 바탕으로 하는 탐구학습이 적절한 것 같다.
- (나) 광해군의 중립외교정책인 '사건과 행위자의 이유'를 파악하려면 목적-상황-수단을 파악하려는 합리적 설명 이론을 가지고 접근해야 한다. 합리적 설명이론을 바탕으로 하는 인물학습 방법은 행위결정분석모형이다. 그 당시 광해군의 목적은 임진왜란 이후에 피폐해진 전후복구가 목적이었고, 명·청 교체기 때 혼란한 국제정세에서 중립정책을 유지하는 것이 합리적 판단이었다.
- (다) 인조반정의 사건의 과정을 파악하려면 교수학습 방법으로 사건의 과정을 파악할 수 있는 총괄 학습과 사건학습이 적합하다. 총괄 학습은 사건의 이유뿐만 아니라 사건의 과정 또한 파악할 수 있다는 것이 장점이다. 극화수업은 감정이입과 추체험을 강조하기 때문에 인물의 내면 파악에 중점을 두고 있고, 사건의 과정보다는 사건이나 행위자의 이유를 판단하는데 적합하다.
- (라) 광해군과 서인의 외교 정책 평가 같은 역사적 평가를 할 수 있는 교수학습 방법은 두개의 대립된 관점을 부각시킬 수 있는 토론학습이 적합하다. 역사 개념을 인식시키는 수업 방법으로는 설명식 학습, 개념학습, 비교학습, 문답학습 등이 적합하다.

108. 다음 자료를 읽고 교사의 역사인식과 수업 방안의 문제를 <작성 방법>에 따라 서술하시오.

`2018 기출`

(가) '역사를 안다'의 의미는 4가지로 나눌 수 있다. 교사가 어떤 의미를 학생들에게 가르치고자 하는가에 따라서 그에 적합한 교수·학습 방법도 달라진다.

<임오군란 주제에서 '역사를 안다'의 4가지 의미>

(㉠)	• 1882년 임오군란이 일어났다. • 별기군의 일본인 교관이 살해되었다.
(㉡)	• 임오군란 이후 청의 간섭이 심화되었다. • 임오군란 결과 개화 세력 사이에 갈등이 커졌다.
역사적 행위의 이해	• 성난 도시 빈민들이 임오군란에 적극 가담하였다. • 흥선대원군이 일부 신문물 도입 정책을 즉각 중단시켰다.
역사적 사실에 대한 평가	• 임오군란은 개화를 둘러싼 갈등 사건으로 평가된다. • 임오군란은 도시 민란의 연장선상에 있는 사건으로 평가된다.

(나) 임오군란 수업 방안

수업 유형	(㉢)
교수·학습 활동	• 임오군란이 개화 세력에 미친 영향에 의문 갖기 • 가설 세우기 • 관련된 ㉣사료 수집하기, 사료 분석하기 • 가설 확인 또는 수정하기 • 임오군란이 개화 세력에 미친 영향에 대해 글쓰기

<작성 방법>
- ㉠과 ㉡의 내용을 순서대로 쓸 것.
- ㉢의 수업 유형이 무엇인지를 교수·학습 활동에 따른 수업 유형으로 쓸 것.
- 드레이크(F. Drake)가 수업 활용에 제안한 역사적 사고 과정 4단계를 적용할 때, 저자의 신뢰성 등에 의문을 제기하는 것으로 ㉣ 과정에서 해야 할 첫 단계의 활동을 쓸 것.

◆ **해설**

(1) '역사를 안다(역사인식)'는 의미는 교사가 역사적 사실 중에 어떤 부분을 중점으로 학생들이 알았으면 하는 부분이다. 똑같은 역사적 사실이라도 각 교사의 역사 인식에 따라 접근하는 방법이 다르고 이에 따라 교수학습방법도 4가지 유형으로 구분할 수 있다. 4가지 유형에 따르면 예문에 ㉠ '1882년 임오군란이 일어났다', '별기군의 일본인 교관이 살해되었다' 문장과 관련된 역사적 사실은 개별적인 역사적 사실에 대한 기억에 속한다. 그리고 ㉡ '임오군란 이후 청의 간섭이 심화되었다.', '임오군란 결과 개화 세력 사이에 갈등이 커졌다' 문장과 관련된 역사적 사실은 역사적 사실의 인과관계 파악에 속한다. (뒤에 나오는 임오군란 수업 방안은 ㉡ 유형과 관련되어 있다)

(2) ㉢에 들어갈 교수학습 방법에 따라 수업 유형은 ㉢ 탐구학습방법이다.
문제인지('임오군란이 개화세력에 미친 영향에 의문 갖기') → 가설설정(가설세우기) → 자료수집(관련된 사료 수집하기, 사료분석하기) → 가설확인(가설확인 또는 수정하기) 등 예문에 나오는 학생활동 내용을 보면 탐구학습 절차와 일치하다. 다만 마지막에 '임오군란 개화세력에 미친 영향에 대한 글쓰기'만 다를 뿐이다. 그러나 그것은 탐구학습이 다른 학습방법과 결합되어 사용되기 때문에 보이는 모습일 뿐이다. 기본적으로 앞에 언급한 탐구학습 절차 과정이 포함되어 있으면 탐구학습방법을 사용했다고 볼 수 있다. 글쓰기 수업(특히 역사가 되어 글쓰기 수업)이라는 견해도 있지만 글쓰기 수업에 중요한 분류기준이 되는 예상독자가 나와 있지 않고 글쓰기 수업은 '글쓰기 과정'이 중심을 놓고 수업 내용을 조직한다. 그러나 예문은 글쓰기 수업이 중심이 아니라 탐구학습의 절차가 중심이 되고 글쓰기 과정은 마지막으로 보조적인 역할을 수행하기 때문에 ㉢ 내용을 글쓰기 수업이라고 파악할 수 없다.

(3) 드레이크가 수업활용에 제안한 역사적 사고 과정 4단계는 출처확인, 확증, 맥락화, 비교적 사고이다. 저자의 신뢰성을 제기하는 단계로 ㉣ 과정(사료 수집하기·사료분석하기)에서 해야 할 첫 번째 작업은 출처확인이다. 출처확인은 저자의 신뢰성, 의도, 사건 당시의 상황 등에 대해 의문을 가지고, 사료가 누구를 위한 것인지 그 의도를 검토하는 작업이다. 내용 이해를 위해 읽기 전에 행해지고 지금의 관점과 과거의 관점을 구분할 필요가 있다.

◆ **예시 답안**

㉠ 내용 : 개별적인 역사적 사실에 대한 기억
㉡ 내용 : 역사적 사실간의 인과 관계 파악
㉢ 수업유형 : 탐구학습 (탐구식 수업)
㉣ 첫 단계 활동 : 출처 확인

109. 표는 콜담(J.B.Coltham)과 파인스(J.Fines) 등의 견해를 참고하여 재구성한 역사교육 목표 구성 요소의 일부이다. 이 표를 바탕으로 영역별 국사교육 목표를 적절하게 제시한 것만을 <보기>에서 모두 고른 것은?　　　　　　　　　　　2011 기출

영역	구성요소
A. 지식과 이해	A1. 역사적 사실
	A2. 역사적 용어와 개념
B. 지적 기능-일반적 탐구기능	B1. 분석
	B2. 종합
C. 지적 기능-역사적 기능	C1. 연대기 기능
	C2. 감정이입
D. 가치와 태도	D1. 발전적 관심
	D2. 자기 이해

┤보기├
ㄱ. A-'백범일지'를 읽고 대한민국 임시정부 시절 김구의 역할을 평가할 수 있다.
ㄴ. B-한말 계몽단체들이 발간한 회보들을 읽고, 그 내용을 비교·검토할 수 있다.
ㄷ. C-개화파와 척사파의 주장 가운데 자신이 지지하는 입장뿐만 아니라 그 반대파의 입장에서도 생각할 수 있다.
ㄹ. D-고구려, 백제, 신라 불상들의 특징을 분류하여 표를 작성할 수 있다.

① ㄱ, ㄴ　　② ㄴ, ㄷ　　③ ㄷ, ㄹ
④ ㄱ, ㄴ, ㄹ　　⑤ ㄱ, ㄷ, ㄹ

◆ **정답**
②

◆ **해설**
A. 지식의 이해에서 지식은 '학생들이 교육과정 속에서 경험한 아이디어나 현상을 기억, 재상, 재인 등 하는 능력이다'. 이해는 '학생이 의사전달을 받게 되면 전달되는 내용을 갖게 되고 또 거기에 조합된 자료나 아이디어를 이용할 수 있는 능력이다'
A1. 역사적 사실은 '인명, 지명과 같이 비교적 단순한 사실에서부터 실학, 개화와 보수의 갈등과 같이 복잡한 사건이나 운동에 이르기까지 다양하게 구성되어 있다.'
A2. 용어와 개념은 다양한 대상 중에 공통된 기준을 통해서 추출된 아이디어와 정신상이다. 속성을 중심으로 한 내포적 측면과 사례를 중심으로 외연적 측면으로 구성되어 있다.

ㄱ. '~대한민국 임시정부 시절 김구의 역할을 평가할 수 있다'내용은 현상에 대한 기술이나 개념에 대한 설명이 아니라 역사적 판단력에 해당되고 콜담과 파인즈 목표 분류에서는'기능과 능력' 안에 있는 '판단과 평가'에 유사하다.
B. 지적기능에서 일반적 탐구기능은 역사과외에 다른 교과에도 보편적으로 적용될 수 있는 기능이다.
B1. 분석은 일반적의 의미는 '얽혀 있거나 복잡한 것을 풀어서 개별적인 요소나 성질로 나누는 행위'이다. 콜담파인즈 분석의 구성 요소 안에 증거내에서 불일치를 알아내고, 증거 내에서 편견, 관점, 가치판단 등을 확인하기 등이 있다.
B2. 종합은 관련된 자료들을 수집해서 자료들을 연결하여 원리를 추출하는 행위 등이 포함되어 있다.
ㄴ. '한말 계몽단체들이 발간한 회보들을 읽고, 그 내용을 비교·검토할 수 있다'지문은 발간한 회보들의 자료를 수집하여 비교와 검토를 통해 그 내용 속에서 원리를 추출하고, 증거 내에 편견과 관점 등을 찾아낼 수 있기 때문에 종합과 분석에 해당된다.
C. 지적기능에서 역사적 기능은 다른 교과에 적용되지 않고 역사과에서만 있는 기능을 말한다.
C1. 연대적 기능은 역사적 사고력의 하위범주로 하나이다. '역사가가 시간에 따른 변화를 중시하고 인간의 삶과 여러 현상을 연대기 속에서 이해하고자 하는 능력으로 역사가의 기본적인 능력에 속한다'
C2. 감정이입은 역사과에서 사회과학에서도 사용하지만 여기에서 말하는 감정이입기능은 역사과만 사용하고 있는 맥락적 감정이입을 말한다. 맥락적 감정이입은 '증거와 자신의 경험을 토대로 과거의 상황과 행위자의 성향을 고려하여 과거의 제도나 행위자의 의도, 목적, 가치 등을 이해하는 역사적 기능'이다.
ㄷ. 개화파와 척사파의 주장 가운데 자신이 지지하는 입장 뿐만 아니라 반대파 입장도 생각할 수 있는 능력은 자신의 입장을 떠나서 행위자 입장에서 과거 사실을 살펴볼 수 있는 능력이기 때문에 역사적 감정이입에 속한다.
D. 가치와 태도는 콜담, 파인즈 목표 분류학에서 역사학습의 태도와 학습의 교육적 결과 부분에 속하고 정의적 영역에 해당된다.
ㄹ. 고구려, 백제, 신라의 불상의 특징을 파악하여 표로 작성할 수 있는 능력은 자료를 다른 용어, 언어, 형태로 전환하는 번역에 속한다. 예를 들어서 영어의 문장을 한국어로 옮기는 능력, 2차함수를 그래프로 옮기는 능력 등이다.

110. 다음 글을 읽고 밑줄 친 부분처럼 말할 수 있는 이유를 수업 목표와 평가를 연관시켜 쓰시오.

2005 기출

> 수업 목표는 행위 동사를 이용하여 달성해야 할 목표의 수준을 명시적이고 구체적으로 나타내는 것이 좋다. 그리고 수업 목표를 진술할 때는 내용과 행동을 함께 진술하는 것이 바람직하다. 행동 목표는 교사의 행동이 아니라 학생의 행동으로 진술하되, 학습을 통해 학생들에게 길러주고자 하는 행동의 형태로 제시되어야 한다. 이를테면 "세계 4대 문명의 특징을 안다."라는 수업 목표보다는 "세계 4대 문명의 특징을 열거할 수 있다."라는 수업 목표가 더 유용하다.

◆ **예시 답안**

학생들이 학습 목표를 어느 정도 도달했는지를 알 수 있다.(타당도와 신뢰도를 높일 수 있다)

◆ **해설**

수업목표를 구체적인 행위동사를 이용하여 명시적으로 나타낸 것은 교육목표 상세화이다. 이러한 상세한 목표는 절대 평가기준 평가의 준거로 활용할 수 있고, 학생이 교수학습 목표를 얼마나 도달할 수 있는지를 측정할 수 있다. '~안다' 같은 암시적인 동사를 쓸 경우에는 학생이 실제로 얼마나 알았는지 측정할 수도 없고, 목표 달성여부도 알 수 없다. 교사 입장에서는 내용과 행동을 분명히 파악하여 수업을 체계적으로 조직하고 전개할 수 있다. 학생 입장에서는 무엇을 어떻게 공부해야 할 것인지 보다 명확히 앎으로써 학습 동기를 부여 받을 수 있다.

111. ㉠, ㉡의 개념을 순서대로 쓰고 ㉢의 활동을 쓰시오. 그리고 교사가 ㉣에서 중점을 두고 지도해야 할 사항을 1가지 쓰시오.

2018 기출

(가) 학생들이 역사적 사실을 자신의 삶으로 느끼도록 하는 가장 좋은 방법은 학생들이 과거의 그 인물이 되어 보는 것이다. 이때 역사교사들은 (㉠) 또는 (㉡)을/를 활용한 수업을 계획한다. 여기서 전자는 역사적 인물이 되어서 어떤 행동을 하는 것이고, 후자는 역사적 인물이 왜 그런 행동을 했을지 추론하는 것이다. 즉 전자는 당사자의 입장에서 역사적 상황 속에 들어가는 것이고, 후자는 제삼자의 입장에서 생각하는 것이다. 이 두 가지를 활용한 대표적인 역사 수업 방법에는 극화 수업이 있다.

(나) 3·1운동 극화 수업 사례

차시	수업 활동	수업 내용
1차시	(㉢)	• 3·1운동 관련 자료 수집 • 3·1운동 발생 배경과 전개 과정 조사 • 3·1운동 당시 상황 정리
	역사적 행위의 의도나 목적의 이해	• 3·1운동 참가자의 동기 파악 • 3·1운동 참가자의 내면 이해 • 모둠 별 3·1운동 대본 작성 및 교정
2차시	학습 활동의 표현	• 1모둠 역할극: 탑골공원의 만세 시위 • 2모둠 역할극: 일제의 3·1운동 탄압과 제암리 학살 • 3모둠 역할극: 3·1운동 옥중 투쟁
	토의	(㉣)
	평가	• 학생들의 상호 평가(체크리스트 활용)

◆ **예시 답안**

- ㉠ 추체험, ㉡ 감정이입 (감정이입적 역사이해)
- ㉢ 활동 : 역사적 상황의 맥락적 이해
- ㉣ 지도해야 할 사항 : 학생들이 극을 보면서 가게 된 의문 또는 극을 통해 이해하게 된 상황 등을 생각해보도록 안내하고, 토론에 능숙하지 않은 학생들에게 구체적인 질문을 제시해 토론을 유도할 필요가 있다. 교사가 지나치게 개입하는 것보다는 자율적인 참여와 준비를 유도하면서 지원하고 방향을 안내하는 것이 좋다.

112-1. 연대기적 방법에 의한 역사교과 교육과정 편성에 대하여 많은 단점이 제시되고 있다. 다음 중 그 단점이라고 할 수 없는 것은? `1995 기출`

① 오히려 시간감각을 혼돈시킬 수 있다.
② 관련이 있는 과목과의 연결성이 무시될 수 있다.
③ 학생들의 심리적·지적 성숙 정도와 적합하지 않을 수 있다.
④ 학생들의 흥미와 동기 유발을 통한 능동적인 문제해결 방법을 제시하지 못한다.

◆ 정답
①

112-2. <보기>에서 역사교과 내용 조직의 전통적 유형인 연대기적 방법에 관한 옳은 설명을 고른 것은? `1993 기출`

보기
㉠ 시간의 흐름에 따른 변화를 이해하는 데 용이하다.
㉡ 제도사는 정치·외교사보다는 생활사나 문화사에 더 적합하다.
㉢ 수업이 연속성을 가질 수 있고 학생들의 시간의식상의 혼동을 방지할 수 있다.
㉣ 사례에 대한 학습을 통하여 학생들의 탐구능력을 향상시키는 데 유리하다.

① ㉠, ㉢ ② ㉡, ㉢
③ ㉡, ㉣ ④ ㉠, ㉣

◆ 정답
①

◆ 해설
(1) 연대기적 방법은 역사적 사실을 고대에서 현대까지 정치, 경제, 사회, 문화 등으로 일어난 순서대로 조직하는 방식이다. 역사사실을 깊게 이해하거나 특정 문제를 집중적으로 탐구하는 데 적합하지 않고, 역사적 사건들에 대한 학생들의 이해가 피상적일 수 있다. 연대기 통사를 여러 학년 배치할 경우 내용이 중복되어 학습자의 관심과 흥미 유발을 어렵게 만들 수 있다. (④ 지문 관련)

역사를 학년별로 시기를 배치할 경우 각 시대에 심도 있는 학습은 가능하지만 학년별로 다른 역사를 서로 연결하여 전후 시대사를 이해하기에 어려움이 있다. 그리고 관련 교과목과의 연결성을 무시할 수 있다. (②지문 관련) 예를 들어 1학년 고대사. 2학년 중세사, 3학년 근현대사를 배치할 경우 1학년 때 고대사 내용과 2학년 때 중세사 내용이 서로 연결되어 이해하지 못한다.

③ 내용이 단순한 고대사가 복잡한 근현대사보다 다루기 쉽기 때문에 연대기적 방법이 학생들의 지적 성숙도에 맞는다는 의견이 있다. 그러나 한편으로는 고대사 부분은 학생들이 살고 있는 현대와 다르기 때문에 학생들의 지적 성숙도와 맞지 않는다는 견해도 있다.

① 연대기적 방법은 시간의 변화, 사건의 변천 과정을 익히는 데 제일 효율적인 내용조직 방법이기 때문에 사실과 맞지 않다.

(2)
㉠ 시간개념에 대한 이해를 촉진하고 역사의 핵심개념인 변화와 계속성을 알 수 있다.
㉢ 수업의 연속성을 가질 수 있고, 학생들의 시간 의식상의 혼동을 방지할 수 있다. 학문적 성과를 종합하여 총체적인 역사 제시에 효과적이다. 그러나 사건들의 발생순서에 따라 학습하기 때문에 역사적 사건들에 대한 학생들의 이해가 피상적이다. 그리고 역사사실을 깊이 있게 이해하거나 특수한 문제를 집중적으로 탐구하는 데에는 적합하지 않다
㉡ 생활사나 문화사는 연대기적 방법보다는 분절법(시대사)나 분야사에 적합하다.
㉣ 연대기적 방법은 역사상의 중요한 사건, 제도, 사상 등의 변천과정을 살펴보기 때문에 사례중심이 아니고, 탐구학습 방법에는 적합하지 않다. 탐구학습방법에 적합한 조직 방법은 주제중심방법, 분절법 등이 있다.

113. <보기>는 '정치의 근대화(1875-1890)' 단원을 재구성한 것이다. 이에 적용된 방법은? **1995 기출**

보기
• 정치제도사   • 헌정사 • 민주정치사   • 민족주의 운동사

① 시대구분에 따른 방법
② 분류사적 방법
③ 문제해결식 접근 방법
④ 생활주제 접근 방법

◆ **정답**

②

◆ **해설**

문제 내용조직 방법은 분야사(분류사적) 방법이다. 정치사, 경제사, 사회사, 문화사 등 특정한 분야의 발달과정을 순서대로 탐구할 수 있도록 내용을 조직하는 방법이다.
① 시대구분에 따른 방법은 연대기적 방법이다.
③ 문제해결식 접근방법에 속하는 방법은 역연대기방법 등이다.
④ 생활주제 접근 방법은 시대사(분절법)이다.

114. (가)는 ○○고등학교 서 교사의 한국사 연간 수업 계획표이고, (나)는 이에 대한 교과 협의회 장면이다. ㉠, ㉡에 들어갈 역사교육 내용의 조직 방법을 순서대로 쓰시오. **2019 기출**

(가)

수업 시기	주요 수업 내용
3월	• 광복 이후 현재까지 민주화 운동의 과정과 민권 향상
4월	• 일제 강점기 일제의 인권 탄압과 민(民)의 저항 • 일제 강점기 사회·경제적 운동으로 보는 민(民)의 평등 의식 향상
5월	• 근대 국가 수립 운동과 국권 수호 운동 과정에 나타난 민권 향상 요구
12월	• 고대 국가에서 민(民)의 지위와 역할

(나)
서 교사 : 학생들이 과거를 현재와의 연관 속에서 인식하는 데 도움이 되도록 (㉠) 방법으로 내용을 조직했어요.
남 교사 : 또한 분야사 방법으로 내용을 조직했다고 볼 수도 있겠네요.
정 교사 : 그런 측면도 있지만, '민(民)의 성장'이라는 공통된 특징을 중심으로 유사한 사실들을 함께 묶었기 때문에 (㉡) 방법으로 조직했다고 보는 것이 더 적절하지요.

◆ **예시 답안**

• ㉠ 역사교육 내용 조직 방법 : 역연대기
• ㉡ 역사교육 내용 조직 방법 : 주제 중심

◆ **해설**

서 교사 발언 ㉠에 들어갈 내용 조직 방법은 역연대기 방법이다. 예문 수업 내용에서 광복 이후 현재 민주화 운동 → 일제 강점기 때 민의 저항과 평등의식 향상 → 근대국가 수립 운동과 국권수호 운동 과정에서 민권 향상 요구 → 고대 국가에서 민(民)의 지위와 역할 순서로 내용이 조직되어 있다. 이와 같이 역연대기 방법은 특정한 주제를 현재에서 과거로 거슬러 올라가면서 내용을 조직하는 방법으로 과거에서 현대로 내용을 조직하는 연대기적 방법과 다른 모습을 띠고 있다.
정 교사 발언 ㉡에 들어갈 내용 조직 방법은 주제중심방법이다. 주제중심 방법은 '민의 성장'과 같이 유사한 역사적 사건들을 하나로 주제로 묶어 조직하는 방법이다. 이때 개별적인 역사적 사실들을 공통된 특징과 결부시켜 분류하는 형식을 취한다. 조직 유형 방법으로 단원명 조직, 종적조직(발전계열법), 횡적조직 등으로 분류해 볼 수 있다. 주제중심 방법의 장점, 단점, 유의점(고려해야 할 점 점)은 다음과 같이 정리해 볼 수 있다.

115. 박 교사는 14-15세기 중국 해상 무역에 관한 (가)~(다) 사료를 활용하여 다음과 같이 수업을 계획하였다. 다음 물음에 답하시오. 2009 기출

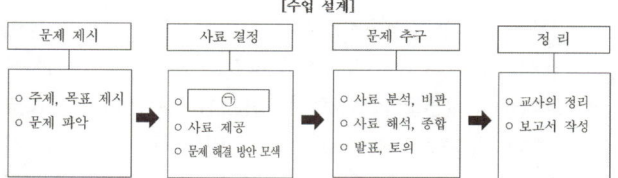

박 교사가 수업에 (가)~(다) 사료를 활용할 때 나타날 수 있는 문제점에 유의하여 ㉠ 단계에서 교사의 역할을 서술하시오. 그리고 사료 학습의 유용성을 설명하시오.

● _____
_____
_____
_____

◆ 예시 답안
㉠ 단계는 사료 정선(선정) 단계에서 교사의 역할

◆ 해설
① 역사적 사고력과 역사의식을 기르는 데 필요한 사료를 선전해야 한다. (목표성)
② 사료는 학습내용에 직결되는 것으로서 학습과제나 문제 해결에 알맞은 것을 선정해야 한다. (내용성)
③ 사료는 학습자의 능력과 발달단계에 맞는 것을 선정해야 한다. (능력과 발달성)
④ 사료는 역사가에 의하여 그 가치와 증빙성이 인정되는 것을 선정해야 한다. (가치와 증빙성)
⑤ 사료는 시기와 작자 및 출처가 분명한 것을 선정하여야 한다. (근원성)
⑥ 문헌 및 문서자료는 학습자의 능력을 고려하여 번역된 권위있는 단행본이나 문고판을 선정해야 하며, 번역의 정확성을 고려해야 한다. (정확성)
⑦ 사료는 문자에 의해 서술된 자료 외에도 비서술적 자료와 보조과학적 사료도 선정하여 활용하여야 한다. (다양성)

116. 한 역사교사가 수업에서 문헌 사료를 이용하고자 한다. 이 때 역사교사가 학습자료로 쓸 사료를 선정한 후, 그것을 학생들에게 제시하기 전에 해야 할 일을 2가지 이상 쓰시오. 2001 기출

● _____
_____
_____
_____
_____

◆ 예시 답안
진단검사 : 관심도, 흥미도, 기존학습도, 학습 능력, 욕구도
지도계획 : 목표설정, 과제분석, 사료 준비, 지도안 작성, 시간 배당 등

◆ 해설
사료학습의 단계는 5단계로 나눠 볼 수 있다.

1단계는 사료학습 단원 및 사료 선정한다.
2단계는 학생의 관심도, 흥미도, 기존학습도, 학습능력, 욕구도 등을 고려하여 진단검사를 한다.
3단계는 지도계획을 수립을 학습목표 구상, 앞으로 수업할 과제분석 및 사료준비, 지도안작성, 시간 배당을 정한다.
4단계는 실제 교수학습 상황에서 학생을 지도한다. 목표 및 과제 제시, 사료전성 및 제공, 방법제시, 사료 분석 및 비판, 해석, 종합, 발표, 토의 등을 진행한다.
마지막으로 5단계는 평가 단계로 교사조언, 정리, 보고서작성, 관심도·능력태도·이해도 등을 평가한다.
문제 지문에서 사료 선정은 1단계에서 해당하고, 학생들에게 사료 제시는 4단계에 해당한다. 2단계인 진단검사와 3단계인 지도계획에 해당된다.

117. ⊙~㉣과 관련된 설명으로 적절한 것만을 <보기>에서 모두 고른 것은?   2011 기출

> ⊙ 사료는 역사적 사실이 일어났던 때와 같은 시기에 작성되었는가의 여부에 따라 1차 사료와 2차 사료로 나눌 수 있다.
> ⓒ 사료 중에는 역사적 사실을 압축적으로 서술하거나 비유적으로 표현하는 경우가 있어 유의할 필요가 있다.
> 사료를 활용하는 수업을 할 때, ⓒ 교사는 학습자의 수준을 고려하여 적절한 지도 방안을 마련하여야 한다. 또한 ㉣ 교사는 같은 역사적 사실이나 인물을 놓고 사료들 간에 해석의 차이가 나타난다는 점에도 유의하여야 한다.

|보기|

ㄱ. ⊙-안정복의 『동사강목』을 고구려의 역사를 연구하는 데 이용한다면 1차 사료가 되지만, 안정복의 학문이나 사상을 연구하기 위한 자료로 이용한다면 2차 사료가 된다.
ㄴ. ⓒ-독재체제 하에서 발간된 신문을 사료로 활용할 경우, 당시의 사회 상황에 비추어 해석하는 것이 바람직하다.
ㄷ. ⓒ-교사는 수업 자료로 선택한 사료에 학생들이 해석하기 어려운 한자나 외국어가 있을 경우 알기 쉽게 표현하여 제시할 수 있다.
ㄹ. ㉣-교사는 『선조실록』과 류성룡의 『징비록』에 서술된 이순신에 관한 서로 다른 평가를 학생들에게 소개하여 비교해 보도록 할 수 있다.

① ㄱ, ㄷ   ② ㄱ, ㄹ   ③ ㄴ, ㄷ
④ ㄱ, ㄴ, ㄹ   ⑤ ㄴ, ㄷ, ㄹ

◆ 정답

⑤

◆ 해설

ㄱ. 역사적 사실이 일어난 시점과 기록된 시점의 일치 여부에 따라서 1차 사료와 2차 사료로 분류된다. 1차 사료는 역사적 사실이 일어난 것 같은 같은 시기에 제작된 유물이나 기록된 저작물을 말한다. 2차 사료는 역사적 사실이 일어난 시기보다 나중에 만들어진 사료를 말한다. 역사가들은 똑같은 사실(事實)을 기록하더라도 1차 사료와 2차 사료 서술이 다를 경우에는 1차 사료에 있는 사실을 역사적 사실(史實)로 받아들인다. 예를 들어서 4세기 한반도의 정치 사회생활을 기록된 1차 사료는 삼국지위지동이전이고, 2차 사료는 삼국사기이다. 대개 역사가들은 4세기 한반도 상황에 대해서는 2차 삼국사기 기록보다는 1차 사료인 삼국지위지동이전 기록을 더 신뢰한다. 똑같은 사료라도 목적에 따라서 사료의 성격이 달라질 수 있다. 예를 들어서 유득공의 발해고는 발해의 역사를 연구할 때는 종전의 발해의 기록을 정리한 2차 사료이지만 유득공의 역사관을 연구할 때 1차 사료적 성격을 가지게 된다. 따라서 지문에서 안정복의 동사강목을 고구려 역사를 연구하는 데 이용한다면 2차 사료이지만 안정복의 학문과 사상을 연구한다면 1차 사료가 된다. 잘못된 내용이다.

ㄴ. 지문에서 독재체제하에서 발간된 신문을 사료로 해석할 경우에는 당시의 사회적 배경을 깔고 봐야 하기 때문에 문맥비판에 해당 한다. 예를 들어서 전두환 시대 때 신문과 방송 등은 정부의 보도지침에 따라서 표현수위와 편집방향을 결정된다는 것을 알고 있어야 신문 기사에 밑바탕에 깔려 있는 의미를 제대로 알 수 있다.

ㄷ. 교사가 역사학습에 필요한 사료를 선택할 때 여러 가지를 고려해야 한다. 역사적 사고력과 역사의식을 기르는데 필요한 사료인지, 학습 내용에 직결되며 학습과제나 문제해결에 알맞은 것인지 등을 고려해야 한다. 또한 예전에 문헌사료는 외국어나 한자로 적혀 있는 것이 대부분이기 때문에 번역된 사료를 선택해야 하는데 번역된 사료 중에 한문 투로 된 번역이나 어려운 글로 되어 있을 경우에는 교사가 적절하게 풀어서 학생들에게 제시해서 이해를 도울 필요가 있다.

ㄹ. 교사가 사료 활용할 때 사서마다 역사적 사실 서술과 해석의 차이점을 파악하고 학생들에게 소개하여 비교할 수 있도록 해야 한다. 그럼으로써 학생들에게 역사를 해석하는 다양한 관점을 제공할 수 있다. 임진왜란을 다루는 선조실록과 징비록에 대한 이순신의 관점을 좀 다르다. 선조실록에서는 이순신의 전공도 다루고 있지만 공을 세운 이순신을 못마땅하게 생각하는 선조의 시각이 담겨 있는 반면에 징비록에서는 이순신의 우국충정에 중심으로 호의적으로 다루고 있다.

118. 김 교사는 중학교 역사 수업을 위해 (가)의 수업 계획을 세웠다. (나)를 참고하여 ㉠을 구성하고, 교사가 수업 진행 과정에 ㉡을 설정한 의도를 쓰시오. 그리고 ㉢의 사료탐구학습지에 들어갈 사료의 내용 선정 기준 2가지와 ㉣의 기준 3가지를 제시하시오.

2012 기출

(가) 김 교사의 수업 계획

주제	"갑신정변은 왜 일어났을까?"
목표	• 급진 개화파가 정변을 일으킨 배경과 목적, 정변의 과정과 결과를 이해한다. • 갑신정변에 관한 다양한 사료를 읽고 분석할 수 있다. • 갑신정변에 대한 자기 생각을 논리적으로 표현할 수 있다.
자료	교과서, 사료탐구학습지
진행	㉠ 갑신정변에 대한 교사의 이야기식 설명 (15분) ㉡ 사료탐구학습지 활동 (10분) ㉢ 역사 글쓰기(15분) : "급진 개화파는 반드시 정변을 일으켰어야만 했을까?"
평가	㉣ 수행평가로 학생이 쓴 글의 내용을 평가

(나) 〈김 교사와의 대담〉

문 : 수업의 전반부를 이야기식 설명으로 계획하신 이유는 무엇인가요?
답 : 학생들이 역사적 사건을 생동감 있게 이해하고, 과거 인물의 입장에서 당시 상황을 바라보도록 하는 데 이야기 수업이 유용하기 때문입니다
문 : 학생들이 사료를 탐구하고 글쓰기를 하는 이유는 무엇인가요?
답 : 사료를 읽고 이해하면서 역사적으로 생각하는 힘을 기를 수 있습니다. 역사 글쓰기는 수업 시간에 학습한 내용에 대한 자기 생각을 정리하고 표현하는 능력을 기르는 데 중요하다고 봅니다.

◆ 예시 답안

(1) ㉠ 갑신정변 이야기 서술 예문
(2) ㉡ 의도
　① 사료를 접하여 분석·비판·해석·종합해 봄으로써 사상(事象)을 공정하게 판단하고 이해력 함양
　② 사료 학습을 통해 사고력과 탐구능력을 양성
　③ '역사에 대한 이미지를 풍부히 하고 독사능력(讀史能力) 육성
(3) ㉢ 기준
　① 학습자의 능력과 발달단계 적합성
　② 역사적 사고력과 역사의식 함양에 적합한 자료
(4) ㉣ 기준
　① 글의 목적, 의도, 주제가 명확한가?
　② 글 내용의 논리적 비약이나 지나친 일반화는 없었는가?
　③ 글쓰기 과정에 적극 참여했는가?

119. 다음 글에서 밑줄 친 부분을 실현하기 위해 반드시 필요한 것이 무엇인지를 생각하여 ㉠과 ㉡에 들어갈 말을 쓰시오.
2005 기출

> 미국의 사회과 교육학자인 에드윈 펜턴(Edwin Fenton)은 역사 교육에서 중요한 것은 역사적 지식의 내용이 아니라 그것이 만들어지는 과정이라고 주장하였다. 이렇게 볼 때, 역사 교육의 목표는 학생들 스스로를 역사가로 만드는 것이다. 1970년대에 들어와 이러한 주장은 영국에서도 받아들여져서, 영국 학교교육협의회 역사교육연구위원회는 역사 수업에서의 역사의 (㉠) 방법, (㉡)의 이용, 역사적 개념이 강조되어야 한다고 천명하였다.

◆ 예시 답안

㉠ 탐구
㉡ 사료

◆ 해설

'학생들 스스로 역사가로 만드는 것'의 밑줄 친 지문의 뜻은 단지 학자들이 연구한 역사적 지식을 인지하는 것이 아니라 학생 스스로 역사해석 과정에 참여하여 역사적 지식을 생성하고 습득한다는 뜻이 있다. 탐구방법은 지식의 결과의 인지와 이해를 중요시 여기는 강의식 수업과는 달리 학생 스스로가 가설의 설정, 자료수집, 자료검증을 단계를 통해서 지식을 스스로 만들어 낼 수 있는 과정에 직접 참여할 수 있다. 탐구은 '사실'에 대한 관찰과 검증을 바탕으로 하고 있다. 역사학습에서 사실에 바탕이 되는 것은 사료이고, 사료의 해석과 검증을 통해서 역사적 지식을 산출한다.

120. H 교사는 고등학교 세계사 수업에서 (다) 사료를 선정하여 아래와 같이 수업을 구상하였다. 학습목표 ⓐ를 달성하기 위한 교사의 사전 활동을 사료 학습의 문제점을 보완하는 측면에서 2가지만 기술하시오. 그리고 ⓒ에서 교사가 설명할 내용을 ⓑ의 학습 주제와 관련지어 구성하시오.
2013 기출

학습목표	중세 도시의 경제 활동을 설명할 수 있다. ⓐ 다양한 사료를 읽고 분석할 수 있다.
활동	• ⓑ 학습 주제 : 길드의 경제 활동 • 모둠 활동 : 사료의 분석 및 해석 • 모둠별 발표 : 모둠별 결론 공유
정리	모둠별 결과 정리 및 ⓒ 학습 내용 확인

◆ 예시 답안

사료 학습의 문제점 보완

첫째, 학생들이 사료의 내용을 이해하는 데 어려움을 느낄 수 있기 때문에 교사는 내용을 검토해서 학생 수준에 적합하도록 표현을 바꾸고 편집할 필요가 있다.
둘째는 사료가 역사적 사실을 압축적으로 서술하거나 비유적으로 표현하고 있는 경우가 많다. 배경 지식이 없으면 이러한 사료의 내용을 이해하기 어렵다. 이런 사료들은 교사가 추가 설명을 단다거나 다른 관련 자료들을 함께 활용하는 것이 바람직하다.

121. 사료학습에 관하여 바르게 설명한 것은?

1996 기출

① 사료를 활용하는 방법에 따라 강의법, 토론법, 탐구법 등 다양한 학습형태를 가질 수 있다.
② 분산적 접근법은 역사연구 방법을 이해하기 위해 1년에 4~5회 정도 실시하는 것이 좋다.
③ 사료 학습 진행시 교사가 사료비판과 사료해석을 하는 것이 사료학습의 목적을 살릴 수 있다.
④ 단원 접근법은 통사 학습과정에서 본시 학습 내용과 관련이 있는 사료를 수시로 활용하는 사료 학습법이다.

◆ 정답

①

◆ 해설

① 사료학습방법은 강의식, 토론법, 탐구법 등 다양한 학습방법과 결합시켜 진행될 수 있다. 교과서 중심으로 진행된 강의식 수업에서는 교과서의 설명 텍스트 위주에서 벗어 사료의 분석과 해석을 통해 역사적 사실 이해 및 탐구 활동 강화할 수 있다. 탐구방법과 결합된 사료학습은 역사 지식이 만들어가는 과정을 학생이 스스로 행함으로써 역사가의 연구과정을 익힐 수 있고, 역사적 사고력을 육성할 수 있다. 사료학습 접근방법은 분산적 접근법과 단원접근 방법으로 분류할 수 있다. 분산적 접근법은 본시수업 과정에서 필요할 때마다 수시로 사료를 활용하는 방법이다. 3단계 수업(도입·전개·정리) 과정에 따른 일반적인 지도안 적용하는 방법이다. 교재의 평면적인 내용을 보충 및 심화학습할 수 있다. 특별한 수업모형이나 지도안이 필요하지 않는다. 단원접근 방법은 사료학습 자체를 한 단원을 설정하여 연중 4회 - 6회 정도를 진행하는 방식이다. 별도로 수업모형이 필요하다.
② 단원적 접근방법, ④ 분산적 접근방법이기 때문에 사실과 맞지 않다.
③ 사료학습의 목표는 사료비판과 해석을 통해 학생들의 역사적 사고력을 향상시키는 데 있다. 교사 중심의 사료학습은 사료학습 목표에 맞지 않는다. 사료비판과 해석은 교사가 아니라 학생이 해야 한다. 교사는 옆에서 보조해 주는 역할을 해야 한다.

122. 다음의 A~C는 역사지도의 대표적인 3가지 형태이다. 기능 측면에서 A, B와 차별될 수 있는 C의 두드러진 특징을 1가지만 쓰시오.

2006 기출

A. 통일신라의 9산

B. 조선 말기의 농민 봉기 발생지

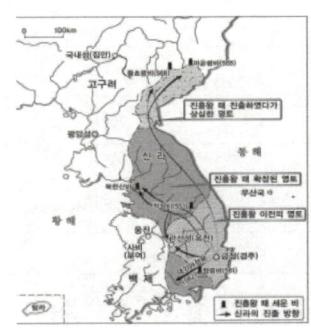

C. 신라의 영토 확장

• _____

◆ 예시 답안

역사의 시간적 변화를 계통적으로 파악 / 입체적 역사 이해 가능 / (지리적 이동) 상상적 이해 유도 / 공간적 이해 증진

◆ 해설

지도 A와 지도 B는 단편적인 역사 사실을 지리적으로 파악한 지도이고, 지도 C는 역사의 시간적 변화를 계통적으로 파악한 지도이다. 지도 C는 입체적 역사 이해가 가능하며, 역사적 상황이 지리적으로 이동했는지를 보여 주기 때문에 상상적 이해 및 공간적 이해를 신장시킬 수 있다.

123. 다음은 일제강점기에 대한 교수·학습 활동 중에 교사가 학생들에게 나누어 준 학습 자료이다. (가), (나)에 대한 설명으로 옳은 것만을 <보기>에서 모두 고른 것은?

2011 기출

(가)

1910-1919

- 1910 · 8월. 국권피탈, 조선총독부* 설치.
  · 9월. 토지조사사업 시작.
  · 10월. 데라우치 마사타케[寺內正毅], 초대 조선총독에 임명됨.
  · 12월. 회사령 공포.
- 1911 · 8월. 제1차 조선교육령** 공포.
- 1915 · 12월. 조선광업령 공포.
- 1917 · 1월. 이광수, 장편소설『무정』매일신보에 연재.
- 1919 · 3월. 3·1운동 일어남.
  · 10월. 경성방직 주식회사 설립.

(조선총독부 건물)

* **조선총독부** 총독부는 총독관방 외에 총무부·내무부·탁지부·농상공부·사법부의 5부로 구성되었다. 조선 총독은 최고 권력자로서 행정권, 입법권, 사법권 및 군사 통솔권을 지녔다.

** **제1차 조선교육령** 1911년 8월 23일 칙령 제229호로 제정되었다.「교육에 관한 칙어」의 취지에 의거하여 "충량(忠良)한 국민을 육성하는 것"과 "시세(時勢)와 민도(民度)에 맞도록 교수하는 것"을 그 목적으로 삼았다. 이에 따라 일본어 보급을 위한 보통교육을 실시하고 실업교육을 강조하는 등 차별적인 교육을 실시하였다.

(나)

학습 활동: 중요한 역사적 사실들을 백연표에 채워 보자.

	한국사				세계사
	정치	경제	사회	문화	
1910 ⋮					
1920 ⋮					
1930 ⋮					
1940 ⋮ 1945					

<보 기>

ㄱ. (가)는 역사적 사건의 발생 시기는 물론 그 사건의 내용을 보여주므로 참고 자료의 역할을 할 수 있다.
ㄴ. (가)는 개별적인 역사적 사실들을 영역별로 분류하여 역사적 사실 간의 위계와 인과관계를 이해하는 데 효과적이다.
ㄷ. (나)는 학생들이 직접 작성하는 작업을 통해 어떤 역사적 사실이 중요한지 판단하고 그 이유를 생각하도록 돕는다.
ㄹ. (나)는 학생들이 학습을 끝낸 후 배운 내용을 중심으로 작성하면 역사적 사실의 흐름과 연관성을 정리하는 데 유용하다.

① ㄱ, ㄴ   ② ㄱ, ㄷ   ③ ㄴ, ㄹ
④ ㄱ, ㄷ, ㄹ   ⑤ ㄴ, ㄷ, ㄹ

◆ **정답**

④

◆ **해설**

(가)는 해설연표이고, (나)는 백연표이다.

ㄱ. (가) 해설연표는 역사적 사건의 발생 시기 및 그 사건의 내용을 보여주기 때문에 사전이나 참고자료로 이용할 수 있다. 또한 해당 사건이 서술되어 있는 책의 쪽수를 제시하여 연표와 본문 내용을 유기적으로 연계시킬 수 있어 학습 효과를 높일 수 있는 장점이 있다.

ㄴ. 개별적인 역사적 사실을 영역별로 분류한 것은 해설연표가 아니라 분야별 연표이다. 분야별 연표는 각 영역별로 역사흐름을 읽을 수 있고 사실 간의 인과관계를 이해하는 데 효과적이다.

ㄷ, ㄹ. (나) 백연표는 연표의 전체적인 틀과 형식만 존재하고 있기 때문에 학생들이 연표에 들어갈 역사적 내용을 직접 쓸 수 있다. 이런 과정 속에서 역사적 사실의 중요성을 판단하고 이유를 생각할 수 있다. 역사적 사실의 관련성을 정리하는 데 효과적이다. 평가측면에서 볼 때 정리용이나 형성평가용으로 이용할 수 있다.

124. (가)를 바탕으로 (나)의 ㉠에 들어갈 제작 학습 활동을 쓰고, (다)의 밑줄 친 ㉡에서 '평가자 내 신뢰도'를 높일 수 있는 방안을 1가지만 쓰시오.

`2014 기출`

(가) 김 교사의 역사교육관
- 학습자가 사람들의 일상생활이 역사의 큰 흐름 속에 있음을 파악하고 스스로가 역사의 주체임을 인식할 수 있도록 한다.

(나) 김 교사의 단원 학습지도 계획

차시	학습 주제	학습 활동
1차시	• 8·15 광복과 대한민국 정부의 수립	• 교사의 설명과 학생의 토론
2차시	• 6·25 전쟁과 그 영향	• 교사의 설명과 학생의 토론 [과제] 조부모님의 6·25 전쟁 경험담 조사
… (중략) …		
5차시	• 민주주의의 발전	• 교사의 설명과 학생의 토론 [과제] 부모님이 기억하는 민주화 운동에 대한 인터뷰
… (중략) …		
10차시	단원 마무리 • 내가 생각하는 현대사	• 현대사 10대 사건을 선정하고 발표하기
11차시	• 현대사의 흐름과 우리 가족의 삶	• (㉠)

(다) 김 교사의 수행평가 계획
- 수행 과제 : 우리 고장에서 오랫동안 살아오신 할아버지, 할머니의 전기문을 써 봅시다.

내용 \ 시기		
학생 : 과제 수행 활동	• 활동 계획서 제출 • 과제 수행 활동 : 우리 고장의 현대사 조사하기, 전기문 대상 인물을 선정하고 면담하기 • 중간 보고서 제출	• 전기문 쓰기 • 전기문 돌려 읽기 • 전기문 제출하기
교사 : 평가 활동	• 활동 계획서와 중간 보고서의 정시 제출 여부와 분량을 평가한다. • ㉡ 전기문의 평가 기준을 설정하고 평가를 실시한다.	

◆ **예시 답안**

㉠ 가족(가계) 연표(나의 연표) 만들기
㉡ 명확한 평가기준 확립

◆ **해설**

(1) ㉠에 들어갈 우리 가족의 삶에 현대사의 흐름을 파악할 수 있는 제작활동 학습은 나의 연표, 가계 연표 등의 연표제작 방법이 적합하다. 나의 연표와 가계 연표는 백연표를 활용하여 학생들이 직접 제작한다. 학생들은 사회와 자신의 삶에 중요하다고 생각하는 사건을 선택하는 과정에서 판단력과 사회의식을 육성할 수 있고, 사회적 자아의식을 가질 수 있다. 또한 나의 연표와 가계연표는 학생 자신이나 가정에서 일어난 사건들을 국가나 지역적 사건들과 연계시킴으로써 역사의 변화가 자신이나 가정에 어떠한 영향을 주는지를 알 수 있다. 이 때 교사는 연표에 넣어야 할 중요한 사건이 무엇인지를 지도해야 한다.

(2) 신뢰도는 평가 점수의 일관성과 정확성 정도를 말하며, 동일한 대상에게 동일한 평가를 반복적으로 실시하거나 동형검사를 실시해서 얻은 결과들의 일관성이 있거나 측정오차가 적으면 신뢰도가 높다고 평가된다. 그 일환으로 실시한 평가자 신뢰도(객관도)는 '평가자가 주관적 편견 없이 얼마나 일관성 있게 공정하게 채점하는가'를 보는 것이다. 그 안에는 다시 평정자 간(내) 신뢰도, 채점자 간(내) 신뢰도, 관찰자 간(내) 신뢰도 등으로 나누어 볼 수 있다. 등급에 의한 평가결과라면 평정자 간(내) 신뢰도이고, 평가의 결과가 관찰에 의한 것이라면 관찰자 간(내) 신뢰도이다. 평가자 간 신뢰도는 한 평가자가 다른 평가자와 얼마나 유사하게 평가 했는가 여부를 파악하는 것이고, 평가 내 신뢰도는 한 평가자가 모든 측정대상에 대한 지속적·일관성 있게 평가를 유지하는가를 보는 것이다.

(3) 주관적 판단이 개입될 여지가 많은 수행평가와 서술형 평가를 채점 할 때 평가자 신뢰도를 중요시 여긴다. 2명 이상 교사가 서술형 평가 문항이나 수행과제를 공동으로 제작하고, 비슷한 내용의 답안에 점수를 매길 때 점수 차가 크다면 평가자 간 신뢰도가 낮은 것이고, 동일한 교사가 비슷한 유형을 쓴 학생들에게 다른 점수를 부과했다면 평가자 내 신뢰도가 낮은 것이다. (다) 김 교사의 수행평가 계획에 밑줄 친 ㉡ 평가 내 신뢰도를 높일 수 있는 방안은 역사교사가 명확한 평가 기준을 확립해야 한다.

125. (가)는 <한국사> 수업 계획의 일부이고, (나)는 그 수업 계획에 대한 교사들의 대화이다. <작성 방법>에 따라 서술하시오. `2021 기출`

(가)

대주제 : 근대 국가 수립 운동		
차시	주제	교재 및 수업 방법
1-2	• 대주제 도입	연표를 활용한 이야기식 수업
3	• 위기의 조선 왕조를 구하라	사료를 활용한 인물 탐구 수업
4	• 개화정책을 둘러싼 갈등	사료를 활용한 극화 수업
9	• 주권을 어떻게 지킬 것인가?	사료를 활용한 설명식 수업
10	• 누구에게 망국의 책임을 물을까?	논쟁식 토론 수업
11-12	• 대주제 마무리	연표 제작과 역사 이야기 쓰기

(나)

A교사: 대주제 도입 1-2차시에는 사료 활용 수업의 기초를 마련합니다. 먼저 ㉠<u>이야기식 수업으로 시간의 흐름에 따라 주요 사건을 파악하는 데 중점을 둡니다</u>. 이야기 방식이 학생들에게 친숙한 인지도구라는 점에 착안한 것이지요. 교재로는 ㉡<u>연표</u>를 활용하려고 합니다.

… (중략) …

B교사: 9차시에는 ㉢<u>국채보상운동이나 정미의병 등을 그 성격에 주목하여 당시에 진행되고 있던 역사적 흐름의 한 부분으로 설명하도록 합니다</u>. 시대적 지향을 공유하는 사건들을 함께 묶을 수 있는 '국권회복운동'이라는 개념을 형성해 낼 수도 있겠지요.

C교사: 대주제 마무리에서는 역사적으로 사고하면서 학습 내용을 종합적으로 정리합니다. ㉣<u>학생이 연표를 제작한 다음, 그 연표를 이용하여 '내가 쓰는 근대사 이야기'를 작성합니다</u>.

― <작성 방법> ―

○ 밑줄 친 ㉠에 대한 밑줄 친 ㉡의 유용성을 1가지 서술할 것.
○ 밑줄 친 ㉢을 위해 활용할 수 있는 설명 방식을 쓰고, 그 교육적 유용성을 1가지 서술할 것.
○ 밑줄 친 ㉣의 교육적 의도를 1가지 서술할 것.

◆ **예시 답안**

(1) ㉡ 유용성 : 역사적 사건의 연대적 위치와 시간적 거리감을 파악하는데 도움을 준다. 역사적 사실들 간의 종적 관련성을 파악할 수 있다. 역사의 흐름을 계통적으로 이해할 수 있다. 어떤 역사적 사건을 다른 사건과 비교하여 인식함으로써 시대관념을 기를 수 있다.

(2) 설명방식 : 총괄적 설명방식
유용성 : 사건을 종합, 분류하거나 자료를 정리하는 데 필요하며 역사학습의 구조화 도움을 줄 수 있다. 특수한 사건을 일정한 이념과 동향 관련시켜 이해하여 사건을 상호 관련된 전체 일부 파악할 수 있다. (사건들 간의 관계 의미 파악할 수 있다), 사건들 간의 관계를 알 수 있으며 관련 정보를 찾는 데 정보를 찾는데 유용하며, 역사적 사고력 기여할 수 있다. 과거의 구체적인 모습을 되살리고, 과거 사람들의 생각하고 행동하였던 방식을 이해할 수 있다 등

(3) ㉣ 교육적 의도 : 어떤 역사적 사실이 중요한지 판단하고 그 이유를 생각함으로써 역사적 사고력을 기를 수 있기 때문이다. (역사의 전체적 흐름이나 사건 사이의 전후관계를 파악하기 힘든 경우에) 역사적 관련성을 정리하기 위해서이다.

126. 다음 빈 칸 ㉮에 들어갈 용어를 쓰고, 영상 자료를 역사 수업에 활용할 때 ㉮를 고려한 지도상의 유의점을 1가지만 쓰시오.   `2006 기출`

> 영화와 다큐멘터리 드라마와 같은 영상 자료를 역사 수업에 활용할 경우, 학습자의 학습동기와 흥미를 자극할 수 있다. 또한 학생들의 역사적 상상력을 구체화하여 생생하고 오래 기억되는 학습 경험을 제공할 수 있다.
> 일반적으로 영상 자료를 활용한 역사 이해는 ① 역사적 사실과 정보의 이해, ② 역사적 시간성의 이해, ③ 맥락과 상황의 이해, ④ 감정이입적상상적 이해, ⑤ 자료에 담겨 있는 역사적 사실에 대한 (㉮)(을)를 추구한다.

- ㉮ : _____
- 유의점 : _____

◆ **예시 답안**
- ㉮ 비판적 이해
- 유의할 점 : 영화 자료에 무비판적으로 몰입하지 않고, 가상으로 재현된 현실과 역사적 사실 간의 차이를 유의해야 한다.

127. ㉠~㉣과 관련하여 교사가 유의할 점으로 적절한 것만을 <보기>에서 있는 대로 고른 것은?   `2012 기출`

> <김 교사의 수업 계획안>
> 1. 이번 단원에서 학습한 인물 가운데 한 사람을 선정하도록 한다.
> 2. ㉠해당 인물과 관련된 자료를 조사하고 인물이 역사적 행위를 결정하게 된 과정을 분석하도록 한다.
>   - 인물의 생애 및 성향
>   - ㉡인물이 살았던 시대적 상황
>   - ㉢인물의 대표적인 역사적 행위
> 3. ㉣역사적 맥락 속에서 행위의 의미를 평가하도록 한다.
> 4. 분석 및 평가 내용을 보고서로 작성하고 발표하도록 한다.

<보 기>
ㄱ. ㉠ - 역사 자료에는 자료를 만든 사람의 해석이나 관점이 개입되어 있다는 점에 유의하도록 한다.
ㄴ. ㉡ - 인물이 행위를 결정하는 데 영향을 미친 시대적인 조건을 강조한 나머지 개인의 주체적인 의지를 과소평가하지 않도록 한다.
ㄷ. ㉢ - 과거의 관점을 배제하고 현재의 관점에서 인물의 행위를 이해하도록 한다.
ㄹ. ㉣ - 인물에 대한 다양한 해석이나 평가가 가능하다는 점에 유의하도록 한다.

① ㄱ, ㄴ   ② ㄴ, ㄷ   ③ ㄷ, ㄹ
④ ㄱ, ㄴ, ㄹ   ⑤ ㄱ, ㄷ, ㄹ

◆ **정답**
④

◆ **해설**
ㄱ. 사료는 인간이 만들었기 때문에 필연적으로 만든 사람의 해석이나 관점이 개입된다. 따라서 사료의 진위와 신뢰성을 확보하기 위해서는 사료 비판 과정이 필수이다. 교사가 교재를 만들 때 이점을 유의하면서 만들어야 한다.
ㄴ. 인물 학습 행위의 유의점 중에 하나가 시대적 조건들을 강조하다 보면 개인의 주체적 의지를 과소평가할 수 있다는 점이다. 역으로 개인의 성향이나 개성에 집중한 반면에 각 인물의 시대상황과 조건 등을 도외시할 수 있다. 인물학습을 할 때는 한 개인의 성향과 개성과 함께 그 인물이 처해져 있는 시대상황과 조건을 동시에 고려해야 인물을 통해 정확한 역사상을 그려낼 수 있다.
ㄷ. ㉢ 과거의 관점을 배제하고 현재의 관점에서 인물의 행위를 이해하는 것은 역사적 이해로는 맞지 않다.
ㄹ. 한 인물을 평가하는 데는 다양한 해석과 평가 가능할 수 있다. 그리고 시대가 요구하는 가치에 따라서 그 인물에 대한 평가가 달라질 수 있다.

128. (가)를 근거로 (나)의 ⓒ과 ⓒ에 들어갈 학습 활동을 구체적으로 쓰고, '역사 지식'의 성격과 관련지어 밑줄 친 ㉠과 ㉣의 차이점을 쓰시오. 현장학습 활동 계획에 나타난 최 교사의 학습자관(學習者觀)을 쓰고, 경복궁과 같은 '역사 현장'을 학습 자료로 활용할 때 기대할 수 있는 장점을 2가지만 쓰시오.　　　　　　　　　　　　　　　　2014 기출

<최 교사의 중학교 현장학습 활동 계획>

나도 역사가 : 경복궁 탐구

(가) 학습 목표

1) 경복궁을 답사하면서 학교에서 배운 지식을 확인하고, 더 알고 싶은 탐구 주제를 찾을 수 있다.
2) 경복궁에 대하여 알고 있던 지식과 주어진 정보를 새롭게 해석하고, 다른 자료를 탐색하여 탐구 주제를 해결할 수 있다.
3) 경복궁에 대하여 새롭게 알게 된 점을 다양한 방식으로 표현하고, 다른 사람의 생각과 비교할 수 있다.

(나) 교수·학습 활동 개요

단계	학습 활동
현장학습활동	◦ 경복궁 ㉠ 안내 자료를 가지고 모둠별로 답사한다. 　– 교과서 사진 자료와 실제 모습을 비교한다. 　– '경복궁 건물 배치도'를 보고 경복궁의 건물 위치를 확인한다. 　– 주요 건물의 형태와 기능, 특징 등을 안내 자료에서 찾아본다. ◦ 경복궁 안내 자료를 여러 각도에서 살펴본다. ◦ (　　　ⓒ　　　)
사후활동	◦ 경복궁에 대한 추가 자료를 수집하고, 안내 자료에 들어갈 정보를 선별한다. ◦ (　　　ⓒ　　　) ◦ 모둠별로 새로운 안내 자료를 제작한다. ◦ 완성된 ㉣ 안내 자료를 발표하고, 다른 모둠의 안내 자료와 비교해 본다.

◆ 예시 답안

- 구체적 활동 : (나) ⓒ 경복궁의 역사적 변천과정을 살펴보기로 한다/ ⓒ 임진왜란 이후 경복궁이 소실되었다가 흥선대원군 이후 재건되었다는 사실을 제시해 본다.
- 역사지식 성격 : ㉠ 역사적 지식은 외부로부터 그대로 수용(고정적)된 것이다/ ㉣ 역사지식은 인식주체에 따라 상대적으로 구성(상대적·변화가능성)
- 최 교사의 학습자관 : 역사를 하나의 해석이며, 학생들도 역사 수업을 통해 이를 알고 자기 나름의 역사해석을 해야 한다고 생각하는 교사는 학생 활동 강조
- 역사현장 학습 기대 : 역사를 생생하게 이해할 수 있다/ 역사적 사실을 주체적으로 이해하게 된다.

129. 다음 A의 내용으로 수업을 하려고 할 때, 내용 구성의 측면에서 가장 적절한 수업 모형을 쓰고, 이 수업 모형을 활용할 때 유의할 점 2가지를 각각 1줄 이내로 쓰시오. 그리고 질문의 유형으로 볼 때 B와 C 질문은 어떤 특징을 지니는지 각각 1줄 이내로 쓰시오. **2008 기출**

> A. 고려 시대에는 군현과 진에 지방관을 파견하였으나 지방관이 파견되는 주현보다 파견되지 않는 속현이 더 많았다. 한편, 조선 시대에는 지방 행정 구역을 정비하는 과정에서 일부 군현을 통합하였으며 모든 군현에 수령을 파견하였다.
> B. 고려 시대에 모든 군현에 지방관이 파견되지 않은 근본적인 원인은 무엇일까?
> C. 조선 시대에는 전국을 몇 개의 도로 나누었지?

- 수업 모형 : _____
- 유의할 점 : _____
- B 질문의 특징 : _____
- C 질문의 특징 : _____

◆ **예시 답안**
- 수업 모형 : 비교학습
- 유의할 점 : 비교 대상에 대한 선호의 감정이나 우열의 판단을 요구하지 말 것, 비교 평가를 할 때는 기준을 다양하게 선정할 것, 비교 판단의 결과 다시 해석할 수 있는 가능성을 열어 둘 것
- B 질문의 특징 : 사고 내용을 정리하거나 하나의 결론과 방향을 이끌기 위한 질문(수렴적 질문)
- C 질문의 특징 : 학생들의 기억 여부를 확인하기 위한 질문(인지 기억 질문)

130. 다음은 역사 서술과 이를 통해 수행할 수 있는 학습 활동을 제시한 것이다. 이를 읽고 물음에 답하시오. 　　　　　　　　　　　　2004 기출

역사 서술	역사 학습 활동
A. • 676년에 신라는 대동강 이남 땅에서 당군을 몰아냈다. • 936년 고려는 후백제의 내분 상황을 이용하여 신검의 군대를 격파하였다.	과거 사실의 인식
B. • 문신 중심의 정치 운영과 무신에 대한 차별 대우가 결국 무신 정변을 불러왔다. • 구제도의 모순으로 말미암아 프랑스 혁명이 일어났다.	(㉠)
C. • 안록산은 현종이 양귀비의 오빠를 총애하는 데 소외감을 느껴 반란을 일으켰다. • 김부식은 정지상이 자신보다 학문적 능력이 뛰어난 것을 시기하여 묘청의 난을 더욱 혹독하게 진압하였다.	(㉡)
D. • 이집트 문명은 나일강이 내려준 선물이다. • 묘청의 난은 조선 역사 천년 이래의 제일 큰 사건이다.	역사 해석(판단)의 인식

역사 서술 B와 C를 통해 수행하는 학습활동을 ㉠과 ㉡에 쓰시오. 그리고 C의 서술을 학습할 때 유용하게 쓰이는 역사적 상상의 방법을 쓰고, 효과적인 교수·학습 활동 유형을 1가지만 쓰시오.

• ㉠ : _____
• ㉡ : _____
• 역사적 상상의 방법 : _____
• 교수학습 활동 유형 : _____

◆ **예시 답안**

(1) • B : 역사적 인과관계 파악 (원인파악)
　　• C : 행위자의 의도와 동기 파악
(2) 역사적 상상의 방법 : 추체험(감정이입)/ 교수학습활동 유형 : 역할극(역할놀이)

◆ **해설**

(1) 역사서술 B는 프랑스혁명과 무인정변에 대한 객관적 사실에 대한 기술에서 머물지 않고 사건의 원인을 진술하고 있다. 과학에서 인과관계는 보편적 법칙으로 환원하지만 역사에서 인과관계 파악은 특정한 시간과 공간상에 한정해서 적용된다는 점이 다르다. 역사서술 C는 역사가가 역사적 행위자의 입장에 서서 행위자의 의도와 동기를 서술하고 있다.

(2) 역사적 상상에는 감정이입, 구조적상상(보간, 삽입), 역사적 판단 등이 있다. 역사학습C는 안록산과 김부식의 표면적 행동이 아니라 행동 밑에 깔려 있는 내면을 파악하는 방법이기 때문에 객관적 사료의 실증으로서만 파악할 수 없다. 객관적 사료와 역사가의 경험을 바탕으로 행위자의 성향과 상황을 고려해서 파악해야 한다. 감정이입은 사료와 행위자의 성향을 연결시켜주는 상상적 이해 활동에 속한다. 교수 학습 활동으로 역할극이 적당하다. 역할극은 외면적인 규칙과 절차를 강조하는 시뮬레이션과는 달리 역사적 행위자의 역할을 서로 바꿔서 함으로써 역사적 행위자의 내면을 이해할 수 있는 기회를 가질 수 있다. 인물학습은 교수 학습 내용을 바탕으로 하는 수업모델이기 때문에 교수 학습 활동 유형과는 방향이 다르다.

3절 총론

개념 01 사회과 유형

1 국정 지도서

구분	시민성 전달로서의 사회과	사회 과학으로서의 사회과	반성적 탐구로서의 사회과
목적	의사 결정의 틀이 되는 올바른 가치의 주입으로 시민성 육성	사회 과학적 개념, 과정, 문제 해결에 바탕을 둔 의사 결정 훈련으로 시민성 육성	의사 결정과 문제 해결에서 요구되는 지식을 도구로 한 탐구 과정으로 시민성 육성
방법	전수 : 교과서 암송, 강의, 질의 응답, 구조화된 문제 해결, 시험 등의 방법에 의한 개념, 가치의 전수	발견 : 개별 사회 과학들이 다룬 지식을 수집·입증하는 고유한 방법을 발견하고 응용	반성적 탐구 : 통찰 방법에 따라 갈등 문제와 응답을 정합화하고자 하는 반성적 탐구로 지속적인 의사결정 훈련
내용	권위로 선정되고 교사가 해석한 지식, 가치, 신념, 태도 등	개별 혹은 통합적 사회 과학의 구조, 개념, 문제 등	사회 문제를 분석하여 관련된 시민적 가치를 스스로 선택하는 문제

2 검정 지도서

구분	시민성 전달 모형	사회 과학 모형	반성적 탐구 모형
기원과 배경	• 원시 가부장적 시대 • 가장 오래됨	• 1960년대 • 자유 교과	• 20세기 초 • 급격한 사회 변동
특징	• 대중이 널리 지지함 • 전달해야 할 가치와 지식의 목록이 분명함	학문에 내재하는 구조와 탐구 과정 강조	• 상대주의적 가치관 • 가치 갈등은 당연한 현상
목표	애국심 강한 시민(올바른 지식, 적절한 행동, 권위 존중, 참여, 수용과 복종)	꼬마 사회 과학자(과학적으로 사고하고 행동)	합리적으로 의사 결정을 하는 시민(반성적으로 문제 해결)
내용	문화 내에서 전통으로 굳어진 지식과 가치와 행위 등	• 사회 과학의 탐구 방식(문제 제기-가설 설정-자료 수집- 가설 검증-해석 및 결론) • 사회 과학적 개념	흥미, 가치, 비판적 사고, 시사 문제, 논쟁점 등
방법	• 전달, 훈화, 설명 • 잠재적 교육과정	사회 과학자의 탐구 방식을 수행	지속적 의사 결정 훈련과 토론
교사관	• 하나의 신념 수용 • 학생과 일심동체 • 내용의 전달자 • 대체로 보수적	• 방법의 전달자 • 결론에 간섭하지 않음	• 조력자 • 주제, 내용, 방법 선정에 깊이 간섭하지 않음
문제점	• 특정 신념과 가치에 대한 지나친 확신 • 학생들의 흥미와 관심에 소홀함	• 가치 중립 불가능 • 소수 엘리트에게 유리함	• 교사에게 너무 많은 것을 요구 • 전통 파괴 위험

3 개념과 장·단점

(1) 시민성 전달로서의 사회과	1) 개념	① 이 유형은 의사 결정의 바탕이 되는 지식이나 올바른 가치를 주입함으로써 시민성을 육성하려고 한다. 이 관점에서의 훌륭한 시민이란 자국의 역사, 지리, 정치, 경제, 사회 체제 등을 잘 알고 인권 존중, 정의, 평등 등과 같이 국가 또는 사회가 지향하는 가치를 공유하는 시민이다. ② 따라서 규범의 준수, 타인에 대한 관용 등과 같이 권위로 선정되고 해석된 바람직한 시민성의 특성들이 사회과의 내용이 되며, 교수·학습 방법으로는 가치가 있다고 판단되는 사건, 사상, 인물에 대한 설명이나 가치의 정당성을 주입하려는 설득, 암송 등이 주로 사용된다.
	2) 장·단점	① 이 관점에 따르면 학생들은 사회과 교육으로 사회 구성원으로서의 책임을 받아들이고 민주적인 생활 방식에 따르게 됨으로써 결국 현재의 문화유산이 다음 세대로 전달되고 보존된다고 본다. ② 하지만 이 관점은 실제 상황에서 지식의 전달과 주입이 구체적인 행위로 이어지는 직접적 연관성이 불분명하다는 점, 가치를 절대시하며 비판적 사고를 무시한다는 점, 사실의 생략과 왜곡, 과장 등으로 교육 내용을 미화하는 경향이 있다는 점, 기존 사회 질서와 문화의 재생산에 치중한다는 점이 비판으로 제기된다.
(2) 사회 과학으로서의 사회과	1) 개념	① 이 유형은 사회 과학의 개념 과정 그리고 문제들을 터득하여 의사 결정을 내리는 훈련을 하여 시민성을 기르고자 한다. ② 이 관점에서의 훌륭한 시민이란 사회 과학자의 관점, 탐구 방법, 사고방식을 습득하고 이러한 과학적 절차와 방법으로 사회 과학의 개념과 일반화된 지식을 발견하는 시민이다. ③ 따라서 개별 혹은 통합적 사회 과학의 구조, 개념, 문제 등이 사회과의 내용이며, 교수 학습 방법으로는 개별 사회 과학들의 지식을 수집하고 입증하며 이것들을 고유한 방법으로 응용하는 방법이 사용된다.
	2) 장·단점	① 이 관점에 따르면 학생들은 과학적 탐구 방법으로 지식이 어떻게 획득되는지를 평가할 수 있고, 과학적 지식의 습득과 태도 형성으로 사회 현상을 과학적으로 이해하고 사회 문제를 합리적으로 해결할 수 있다. ② 하지만 이 관점은 과학적 탐구력과 행위의 실행이 불분명하다는 점, 가치중립적 탐구와 지식은 가치와 관련된 행위를 지시하기 어렵다는 점, 객관적 지식은 구체적 행위를 지시하기 어렵다는 점에서 비판을 받는다.
(3) 반성적 탐구로서의 사회과	1) 개념	① 이 유형은 다양한 상황 속에서 사회 문제를 확인하고 그와 관련된 자료를 수집·분석하고 합리적인 의사 결정을 할 수 있는 시민성을 기르고자 한다. ② 이 관점에서의 훌륭한 시민이란 일상생활 속에서 부딪치는 개인적·사회적 문제들에 대해서 문제를 확인하고, 반성적인 탐구 과정으로 문제를 합리적으로 해결할 수 있는 문제 해결 능력 및 합리적 의사 결정 능력을 지닌 시민이다. ③ 따라서 내용은 학습자의 흥미, 필요에 기초한 사회 문제와 관련 있는 탐구 자료, 정보 혹은 의사 결정 과정 그 자체로 구성되며, 의사 결정 과정, 의사 결정에 포함된 내용을 분석하는 반성적 탐구가 주요 학습 방법이 된다.
	2) 장·단점	① 이 관점에 따르면 학생들은 다양한 사회 문제들에 직면하는 생활 속에서 사회과 교육으로 합리적 의사 결정을 내리는 과정을 경험할 수 있다는 장점이 있다. ② 하지만 이 관점은 의사결정 능력과 사회적 행위 사이의 연관성이 불명확하다는 점, 의사 결정과 행위의 옳음을 판단할 보편적 기준과 원리를 제시하지 못한다는 점, 학생의 흥미에 기초한 교육 내용의 구성이 어렵다는 점에서 비판을 받는다.

 **현행 사회과 성격**

1. 정의	• 사회과는 학생들이 사회생활에 필요한 지식과 기능을 익혀 이를 토대로 사회 현상을 정확하게 인식하고, 민주 사회 구성원에게 요구되는 가치와 태도를 지님으로써 민주 시민으로서의 자질을 갖추도록 하는 교과이다.	
2. 사회과에서 기르고자 하는 민주 시민	• 사회과에서 육성하고자 하는 민주 시민은 사회 현상을 이해하고 사회생활을 영위하는 데 필요한 지식을 습득하여 인권 존중, 관용과 타협의 정신, 사회 정의의 실현, 공동체 의식, 참여와 책임 의식 등의 민주적 가치와 태도를 함양하고 나아가 개인적·사회적 문제를 합리적으로 해결하는 능력을 길러 개인의 발전은 물론, 사회·국가·인류의 발전에 기여할 수 있는 자질을 갖춘 사람이다.	
3. 내용 요소	① 사회과는 지리, 역사 및 제반 사회 과학의 개념과 원리, 사회 제도와 문화, 사회 문제와 가치 그리고 연구 방법과 절차 등에 관한 요소를 통합적으로 선정·조직하여 사회 현상을 종합적으로 이해하고 탐구하도록 한다. ② 사회과는 우리 삶의 터전인 지역을 이해하여 우리 민족의 역사, 우리 국토와 환경, 한국 사회 제도의 현실과 변화, 지구촌의 특징과 변화 등을 탐구하여 한국인으로서의 정체성과 세계 시민으로서의 자질을 갖추도록 구성되었다.	
4. 핵심 역량	창의적 사고력	새롭고 가치 있는 아이디어를 생성하는 능력
	비판적 사고력	사태를 분석적으로 평가하는 능력
	문제 해결력 및 의사 결정력	다양한 사회적 문제를 해결하고자 합리적으로 결정하는 능력
	의사소통 및 협업 능력	자신의 견해를 분명하게 표현하고 타인과 효과적으로 상호작용하는 능력
	정보활용능력	다양한 자료와 과학 기술을 활용하여 정보를 수집·해석·활용·창조할 수 있는 능력

개념 03 사회과 목표 영역

1. 지식 (Knowledge)	① 개인적·사회적 문제에 대해 합리적으로 의사를 결정하고 실천하여 사회에 참여하기 위해서는 지식이 필요하다. ② 사회과의 내용은 다양한 사회 과학, 인문학, 자연 과학 등에서 사회과의 목표를 달성하고자 선택된 지식들로 구성된다. 이러한 지식은 사회 현상에 대한 기초적인 지식(사실)에서부터, 각각의 현상으로부터 공통적·일반적 성질을 추출하여 이루어진 개념, 그리고 둘 또는 그 이상의 개념들의 상호 관계를 표현한 일반적인 보편성을 가진 원리(일반화)로 나눌 수 있다. ③ 후자로 갈수록 더 추상적이고 고차적인 지식이다. 따라서 학생들이 의사 결정을 반성적이고 합리적으로 하려면 사실을 다룬 지식보다는 개념과 원리처럼 고차적인 지식을 습득해야 한다. 이러한 지식들은 교사가 일방적으로 주입하기보다는 학생들이 탐구하여 스스로 발견할 때 의미가 있다.
2. 기능(Skills)	① 사회생활에서 부딪치는 문제를 해결하려면 사회 문제를 탐구하고 해결하는 능력이 필요하다. ② 사회과에서 기능은 사회 생활 내지 사회사상을 이해하고 인식하는 능력, 사회 생활 속에서 부딪치는 문제를 합리적으로 해결하는 데 필요한 능력이다. ③ 정보화·세계화로 특징짓는 현대사회에서 문제를 합리적으로 해결하려면 사회 과학적 지식과 그러한 지식을 활용할 수 있는 능력을 비롯해서 문제 해결 능력, 의사 결정 능력 등을 길러야 한다. ④ 예컨대, 미국 사회과 교육자 협회(NCSS, 1994)는 정보 획득 기능, 정보의 조직과 이용 기능, 인간관계와 사회 참여 기능 등을 다루었다. 우리나라의 현행 사회과 교육과정의 목표와 내용 체계표에도 사회과에서 습득해야 할 다양한 기능을 제시하였다. 이러한 기능은 사회과 교실 수업에서 실제 사회 현상을 탐구하거나 다양한 사회 문제를 해결하는 활동 과정에서 자연스럽게 습득되어야 한다.
3. 가치·태도 (Value·Attitude)	① 사회 문제를 합리적으로 해결하려면 문제와 관련된 가치를 이해하고 수용, 명료화 과정 등을 거쳐 자기 나름대로 체계화한 행위의 절차에 관한 지식, 판단 기준, 신념, 태도 등이 필요하다. ② 그동안 사회과 목표로서의 가치·태도는 특정 가치를 주입하는 데 그치거나 지식이나 기능 목표에 비해 상대적으로 소홀히 다루어졌다. 사회과는 단순히 사회 인식 과정이나 결과로서 지식과 기능을 단순히 습득하는 것보다 실제 학생들이 사회생활에서 배운 지식과 기능을 실천하는 것이 중요하다는 점에서 가치와 태도의 형성이 중요하다. ③ 사회 문제에서 학생들이 합리적으로 의사를 결정하고 그에 따라 행동하려면 민주적 가치와 태도를 가치 탐구 과정에서 제대로 배워야 한다.

개념 04 사회과 목표 핵심 요소와 학급별 주안점

	목표 항	영역		핵심 요소
1. 핵심요소	가	지식	통합	• 사회의 여러 현상과 특성의 통합적 이해
	나		지리	• 지표 공간의 자연 및 인문 환경에 대한 이해 • 지역에 따른 인간 생활의 다양성 파악 • 지역적·국가적·세계적 수준의 지리 문제와 쟁점에 관심
	다		역사	• 우리나라의 역사적 전통과 문화의 특수성 파악 • 민족사의 발전상에 대한 체계적 이해 • 인류 생활의 발달 과정과 각 시대의 문화적 특색 파악
	라		일반 사회	• 사회생활에 관한 기본적 지식 이해 • 정치·경제·사회·문화 현상의 기본적 원리에 대한 종합적 이해 • 현대 사회의 성격 및 사회 문제들의 파악
	마	기능		• 지식과 정보 획득, 분석, 조직, 활용 능력 • 탐구 능력, 의사 결정 능력 및 사회 참여 능력 육성
	바	가치·태도		• 개인과 사회생활의 민주적 운영 • 우리 사회가 당면한 문제들에 관심 • 민주 국가 발전과 세계의 발전에 적극적으로 이바지하려는 태도

	학교급별	사회과 목표의 주안점
2. 학교급별 주안점	초등학교	• 주변의 사회 현상에 대한 관심과 흥미 • 생활과 관련된 기본적 지식과 능력을 습득 • 기본적 지식과 능력을 주변 환경이나 문제에 적용할 수 있는 적극적인 태도
	중학교	• 각 영역에서 중요시하는 지식을 과학적 절차에 의하여 발견·적용 • 개인적·사회적 문제를 해결하는 능력 • 적극적인 공동체 구성원으로서의 자질을 함양

 내용 체계

	대주제	중주제
1. 3~4학년	(1) 우리가 살아가는 곳	① 우리 고장의 모습 ② 우리가 알아보는 고장 이야기 ③ 교통과 통신 수단의 변화
	(2) 우리가 살아가는 모습	① 환경에 따라 다른 삶의 모습 ② 시대마다 다른 삶의 모습 ③ 가족의 모습과 역할 변화
	(3) 우리 지역의 어제와 오늘	① 지역의 위치와 특성 ② 우리가 알아보는 지역의 역사 ③ 지역의 공공 기관과 주민 참여
	(4) 다양한 삶의 모습과 변화	① 촌락과 도시의 생활 모습 ② 필요한 것의 생산과 교환 ③ 사회 변화와 문화 다양성

	대주제	중주제
2. 5~6학년	(1) 국토와 우리 생활	① 국토의 위치와 영역 ② 국토의 자연환경 ③ 국토의 인문 환경
	(2) 인권 존중과 정의로운 사회	① 인권을 존중하는 삶 ② 인권 보장과 헌법 ③ 법의 의미와 역할
	(3) 옛사람들의 삶과 문화	① 나라의 등장과 발전 ② 독창적 문화를 발전시킨 고려 ③ 민족 문화를 지켜 나간 조선
	(4) 사회의 새로운 변화와 오늘날의 우리	① 새로운 사회를 향한 움직임 ② 일제의 침략과 광복을 위한 노력 ③ 대한민국 정부의 수립과 6·25 전쟁
	(5) 우리나라의 정치 발전	① 민주주의 발전과 시민 참여 ② 일상생활과 민주주의 ③ 민주 정치의 원리와 국가 기관의 역할
	(6) 우리나라의 경제 발전	① 경제 주체의 역할과 우리나라 경제 체제의 특징 ② 경제생활의 변화와 우리나라 경제의 성장 ③ 세계 속의 우리나라 경제
	(7) 세계의 여러 나라들	① 지구, 대륙 그리고 국가들 ② 세계의 다양한 삶의 모습 ③ 우리나라와 가까운 나라들
	(8) 통일 한국의 미래와 지구촌의 평화	① 한반도의 미래와 통일 ② 지구촌의 평화와 발전 ③ 지속 가능한 지구촌

 **내용 구성 원리**

1. 환경 확대법의 탄력적 적용	1. 환경 확대법(동심원 확대법, 지평 확대법, 공동체 확대법)은 사회과 교육 내용의 범위(scope)와 계열(sequence)이 학년이 높아지면서 환경(공간)을 확대하는 방식으로 구성하는 원리를 말한다. 2. 즉, 교육 내용의 범위가 '가족 → 이웃 → 고장 → 지역 사회 → 국가 → 지구촌'과 같은 순서와 수준으로 학년이 높아지면서 자기 자신을 중심으로 가까운 곳, 손쉽게 경험할 수 있는 곳에서부터 시작하여 먼 곳으로 확장하는 내용 구성의 원리를 말한다. 3. 환경 확대법은 사회과 교육 내용을 구성해 온 전통적인 사회과 교육과정 구성 원리이지만, 사회 현상은 공간적 환경의 확대만으로 설명될 수 없는 복잡하고 다원적인 성격을 가지고 있으며, 특히 현대 정보화 사회에서는 원근의 판단 기준으로 물리적 거리보다는 시간적 거리나 경험적 거리가 더 중요하게 작용할 수 있기 때문에 환경 확대법은 탄력적으로 적용될 필요가 있다. 4. 2015 개정 초등 사회과 교육과정에서는 학습자의 공간 인지 발달, 사회적 경험 세계 등을 고려한 환경 확대법을 탄력적으로 적용되어야 한다.
2. 주제 중심의 통합적 구성	1. 통합적 구성은 지리, 역사, 일반 사회(정치, 경제, 사회·문화, 법) 등 사회과의 다양한 영역에 해당하는 내용들을 상호 연관시켜 구성하는 원리를 말한다. 2. 특히 현대 사회의 생활은 상호 연관성이 높고, 복잡성이 크므로 종합적인 안목과 문제 해결력 증진을 위해서는 분과적인 지식에 의존하기보다는 통합적 관점이 요구된다. 3. 2015 개정 초등 사회과 교육과정에서는 지리, 역사, 일반 사회 영역 내용에 대한 균형 있게 학습하되, 대주제 중심의 통합적 구성을 모색하도록 하였다. | 3~4학년	학기에 1개의 대주제를 설정하여 최소한 한 학기 내에서 중주제 간 통합적 접근이 용이하도록 구성하였다.
5~6학년	통합이 가능할 경우 영역 간 통합 주제를 구성하도록 하되, 영역의 특성에 따라 학년 및 학기에 특정 영역만 배치되는 방식도 병행하였다.	
3. 교육과정의 지역화	1. 교육과정 지역화의 원리는 학습자가 살고 있는 지역의 자원과 소재를 활용하여 학습 내용을 구성하는 것을 말한다. 2. 교육과정 지역화의 원리를 내용의 지역화와 방법의 지역화로 구분하여 제시하면 다음과 같다. | 내용의 지역화 (혹은 목적으로서의 지역화)	학습자가 거주하고 있는 고장이나 지역을 체계적으로 정확하게 이해하고, 지역 정체성을 형성하거나 향토애를 제고하는 것을 목적으로 사회과 학습 내용을 지역 사회의 실정과 특성에 적합하게 구성하는 방식이다.
방법의 지역화 (혹은 수단으로서의 지역화)	사회 현상의 일반적인 원리를 쉽게 이해하거나 관련 문제 해결 능력을 제고하는 것을 목적으로 지역 사회의 소재나 제재를 수업 자료로 활용하는 사회과 내용 구성 방식이다.	

 **교육과정 조직 원리와 실제**

1 거시적 조직과 미시적 조직

1. 거시적 조직
(1) 정의
과목이나 대단원 수준의 내용 조직으로 1학년에서 12학년에 이르기까지 배우게 될 과목의 선정 및 배열의 문제이다.
(2) 대표 사례
거시적 내용 조직의 대표적인 사례는 환경 확대법이다. 이것은 저학년에서 고학년에 이르기까지 가족 → 이웃 → 고장 → 지역 사회 → 국가 → 지역 → 세계의 순으로 학년별 학습 주제가 배열된다.

2. 미시적 조직
(1) 정의
소단원이나 수업 차원의 흐름을 결정하는 것으로 한 시간 수업 내에서 하나의 학습 주제를 어떠한 개념, 사실 혹은 기능을 통해 어떠한 순서로 가르칠 것인지의 문제이다.
(2) 대표 사례
수업 차원에서 다루어질 미시적 차원의 구조는 사실 → 개념 → 일반화 및 법칙의 순으로 전개되는 귀납적 수순의 배열이나, 가설 → 자료 → 검증의 연역적 수순의 배열 등이 있다.

2 수평적 조직과 수직적 조직

수평적 조직 (스코프)	• 하나의 내용 단위 속에 어떤 주제와 내용 요소를 어느 수준에서 다룰 것인지를 결정하는 것 • 통합성 고려 어떤 내용을 어느 수준에서 가르칠 것인가(스코프) 이외에도 선정된 내용을 어떻게 일관성 있게 관련지을 것인지를 결정하는 통합성의 문제를 고려
수직적 조직 (시퀀스)	• 주제나 내용 요소들을 어떤 순서로 가르칠 것인지를 결정하는 것 • 연속성 고려 선수 학습 내용과 후수 학습 내용이 어떻게 누적적으로 잘 조화를 이룰 것인지를 결정하는 연속성의 문제도 함께 고려

1. 스코프(scope)
(1) 스코프는 내용의 폭과 깊이를 결정하는 활동이다. 즉, 교육과정에 어떤 내용을 포함할 것인지를 결정하는 활동이다.
(2) 일반적으로 스코프는 학습 주제를 선정하는 일로 여겨 왔는데, 학습 주제 이외에도 다양한 내용 요소들이 선정될 수 있다. 그리고 이때 내용 요소라는 것은 학습 주제, 소재, 개념은 물론 학생들의 학습 경험까지 포함한다.
(3) 스코프란 한 교육과정의 내용 단위 속에서 다루어질 내용 요소 모두를 선정하는 작업이다. 또 지적인 요소 이외에도 정서적 요소, 기능적 요소를 선정하는 것도 스코프를 결정하는 작업 속에 포함한다.

2. 통합성(integrity)
(1) 정의
통합성은 교육과정 조직에서 선정된 모든 형태의 지식 혹은 학습 경험을 서로 일정한 관련성을 갖도록 조직해야 한다는 것을 의미한다. 예를 들어, 하나의 단원에서 가르칠 여러 가지 개념, 사례, 기능, 가치 및 태도 등의 요소들이 하나의 통합적 구조 속에서 가르쳐져야 한다는 것이다.
(2) 장점
이를 통해 여러 가지 내용 요소나 지식이 서로 연결 고리를 갖게 함으로써 지식이 학습자의 인지 구조 속에 안정적으로 자리 잡을 수 있고, 내용에 대한 깊이 있는 이해가 가능할 수 있다.
(3) 지도방법
가장 이상적으로 통합성을 실현하는 방법은 궁극적으로 학습자 스스로 내용 간의 관계를 찾아가는 과정을 통해 나름대로 '의미'를 형성할 수 있도록 돕는 것이다. 특히 초등 사회과의 교육과정은 어린이의 생활 세계나 활동 내용을 중심으로 내용이 구성되는 경우를 자주 발견할 수 있다.

3. 시퀀스(sequence)
(1) 정의
시퀀스는 말 그대로 내용의 계열성 혹은 순서를 말한다. 어떤 순서로 학습하느냐에 따라 학습이 쉬워지거나 어려워질 수 있다.
(2) 대표 원리
① 사회과에서 가장 많이 사용되어 온 시퀀스의 원리로는 환경 확대법을 들 수 있다. 저학년에서 고학년으로 진행되면서 가족 → 이웃 → 공동체 → 지역 사회 → 국가 → 세계의 순으로 학습 대상이 넓어진다.
② 역사에서는 고대사 → 중세사 → 근현대사와 같이 연대기 순에 따라 내용을 구성하는 경우가 많다.
③ 지리에서는 동 → 서 → 남 → 북과 같이 방위의 순서에 따라 구성하는 경우도 있다.

4. 연속성(continuity)
(1) 정의
① 연속성은 시퀀스와 함께 교육과정의 수직적 구조를 결정하는 원리이다. 학습 요소가 누적적으로 반복되어 학습자의 균형 있는 발달을 이룰 수 있도록 한다.
② 그러나 연속성은 단순한 내용의 반복 혹은 중복과는 다른 차원으로 동일한 학습 요소가 깊이와 넓이를 달리하여 학년이 올라갈수록 세련되고 정교해진다는 의미에 가깝다.
(2) 대표 사례
연속성의 문제가 가장 극명하게 드러난 예가 브루너의 '나선형 교육과정'이다. 예를 들면, 지렛대의 원리를 가르칠 때, 저학년의 어린이에게는 시소에 직접 타 보게 하는 방법(작동적 표현)으로, 중학년 어린이에게는 그림을 통하여(영상적 표현), 고학년의 학생에게는 수식이나 기호(상징적 표현)를 통해 가르칠 수 있다.

개념 08 통합 방식

1. 학문적 형태 통합 방식	(1) 다학문적 통합	① 다학문적 통합은 다양한 학문적 요소의 내용이 독립성을 유지하면서 하나의 문제나 주제에 대하여 각 학문적 관점에서 파악할 수 있는 전문적인 지식을 결합한 형태의 통합을 말한다. ② 하나의 내용에 대하여 다양한 학문의 관점에서 전문 지식을 활용한다는 점에서는 장점이지만 개별 학문의 전문적인 지식 자체를 학습하는 형태가 될 수 있다는 문제점이 있다.
	(2) 학제적 통합 (간학문적)	① 학제적(간학문적) 통합은 몇 개 이상의 학문을 기초로 하여 그 속에 공통으로 들어 있는 지식이나 기술, 관점, 사고력 등을 추출하여 이것을 결합한 형태를 말한다. ② 개별 학문 요소를 고려하기는 하지만 기본적으로는 학문 간의 연계성을 통해 학문의 개별성보다는 통합의 모습이 강조된다.
	(3) 초학과적 통합	① 초학과적 통합은 학문 간의 독립된 영역을 초월하여 학습의 내용이 되는 주제나 문제를 중심으로 관련된 내용을 체계화시켜 독립된 내용으로 결합하는 형태를 말한다. 따라서 내용 구성 결과를 보면, 기존의 학문적 지식 체계가 거의 존재하기 어렵기 때문에 완전히 다른 내용처럼 보일 수 있다. ② 따라서 이 방법에서는 개별 학문에서 강조하는 지식은 새롭게 형성된 주제를 학습하는 하나의 수단으로 보일 수 있다.
2. 학문의 형식 고려한 통합 방식	위에 제시한 세 가지 학문적 형태의 통합과는 달리, 학문(교과)의 내용을 어떤 방식으로 결합하느냐 하는 '형식' 측면에 초점을 둔 방법으로는 '합산', '상관', '융합' 중심의 통합 방식이 있다.	
	(1) 합산 중심 통합	하위 과목들(지리, 역사, 일반 사회)을 공통의 명칭(사회) 아래 묶어 놓은 데 불과한 형태
	(2) 상관 중심 통합	서로 기여할 수 있는 공통적 요소들을 모은 것으로 사실, 원리, 규범 등을 고려한 통합
	(3) 융합 중심 통합	어떤 연결 원칙이나 공통적인 상호 관심 영역에 기초를 두고 각 교과가 구분선을 제거하고 새로운 교과로 재탄생 (예 기존 교육과정의 '슬기로운 생활', 2015 개정 교육과정의 '봄', '여름', '가을', '겨울')
3. 교육적 형태 통합	(1) 개념 또는 주제 중심 통합	① 개념 중심 통합은 사회 교과의 기본 개념을 중심으로 발달 과정을 고려하여 통합하는 형태를 말한다. ② 주제 중심 통합은 학생의 흥미와 사회의 요구를 두루 반영하여 하나의 주제를 정하고 이를 중심으로 전체 학습 내용을 통합하는 형태를 말한다. 여기서 말하는 주제는 사물을 연결하는 포괄적이고 추상적인 의미를 지닌다.
	(2) 이슈 또는 문제 중심 통합	이슈 또는 문제 중심 통합은 사회적 쟁점이나 사회 문제 등을 중심 소재로 하면서 다양한 관련 지식이나 자료를 통해 그것을 해결할 수 있도록 내용을 구성하는 방법이다.
	(3) 스트랜드 중심 통합	① 스트랜드는 사회과 교육의 핵심적 요소를 나타낸다. ② 스트랜드 중심 통합은 사회과의 목표인 시민성 함양을 위한 과제 수행에 기여하는 교과들의 방법과 관점들을 함께 엮는 준거로서 스트랜드를 추출하고 그와 관련한 다양한 개념, 주제, 쟁점, 사고방식 등을 결합하여 학년별, 학교급별로 배치하는 통합으로 수평적 통합과 수직적 통합이 결합된 형태이다. ③ 2007 개정 교육과정이 처음 고시되었을 때 고등학교 1학년 사회에서 제시했던 문화, 정의, 인권, 세계화, 삶의 질 등이 스트랜드 중심 통합의 모습을 일부 보여 주었다. 2015 개정 교육과정에서는 고등학교 통합사회에서 이러한 특징을 확인할 수 있다.

 개념 학습

	1. 속성 모형	2. 원형 모형	3. 상황 모형
(1) 개념	① 개념 학습 모형 중에서 가장 오래되고 전통적인 것으로, 개념을 학생들에게 가르칠 때 예나 사회적 상황보다도 개념이 가지고 있는 특징을 중심으로 가르치는 것이다. ② 이 모형은 개념의 형성 과정에서 그 개념이 가지고 있는 고유한 특징이 가장 중요한 요소라고 보고, 이 특징을 중심으로 개념을 이해하게끔 한다.	① 개념의 대표적 사례(원형)를 활용해 개념을 학습하는 것이다. ② 속성 모형이 갖는 한계를 극복하기 위한 대안으로 등장하였으며, 속성 모형이 제시하는 속성의 진술을 두고는 개념이 불명확한 경우 개념을 설명하는 데 활용된다.	① 어떤 사회적·문화적 환경에서 학생이 직접 겪은 경험이나 기대, 행동 등을 중심으로 개념을 가르치려고 하는 것이다. ② 사회과에서는 정치, 경제, 문화와 관련한 많은 개념을 다루는데, 이러한 개념들은 그 사회의 특정한 역사적·문화적 전통과 현실을 무시하고 이해하기에 어려움이 있다. ③ 이러한 이유로 최근 사회과의 개념 학습에서 상황 모형에 관한 관심이 높아지고 있다.
(2) 절차	• '문제 제기 → 속성 제시와 정의 → 결정적 속성과 비결정적 속성 제시 → 예와 예 아닌 것 검토 → 가설 검증 → 개념 형태, 종류, 관계 등 개념 분석 → 평가'	• '문제 제기 → 원형 또는 예 제시 → 예가 아닌 것 제시 → 속성 검토 → 개념 분석 → 문제 검토 → 평가'	• '문제 제기 → 상황 및 경험 진술 → 예와 예 아닌 것 검토 → 속성 검토 → 개념 분석 → 문제 분석 → 평가'
(3) 장·단점	① 논리적이고 비교적 간단하며 인간의 인지적 활동에 맞고 대부분의 일반적 개념을 설명하는 데 적합하다고 평가받는다. ② 명확한 특징을 제시하기 어렵거나 복잡한 특징을 가진 추상적인 개념을 학습하기에 어려움이 있다는 비판도 받는다.	① 원형 모형은 속성 모형으로 다루기 어려운 개념을 교수할 수 있다는 장점이 있다. ② 원형 모형에서는 대상의 특징을 나열하고 예를 통해 개념을 자연스럽게 이해하면 되기 때문에 속성 모형과 같이 속성을 나열하여 정의하고 결정적, 비결정적 속성을 골라내는 복잡한 과정을 생략할 수 있다. ③ 또한 개념의 속성이 모호하거나 발견하기 어려울 때 적절한 예를 활용하여 개념을 이해하도록 한다는 장점도 있다. ④ 그러나 예만을 사용해서는 추상화나 일반화하기 어렵다는 단점이 있다.	① 상황 모형은 사회과의 정치, 경제, 사회·문화와 관련된 여러 개념을 역사적 맥락과 사회·문화적 상황에서 구체적으로 이해하는 데 도움이 된다. ② 그러나 개념을 추상화하고 일반화하는 데에는 제한이 생긴다는 단점이 있으며, 기존의 속성 모형이나 원형 모형과 완전히 차별화되지 않는다는 비판을 받는다.

 **탐구 학습**

1 탐구	① 일반적으로 탐구란 어떤 사람이 지금가지 모르고 있던 새로운 지식을 획득하는 과정혹은 그러한 과정을 재현해 보는 활동을 가리킨다. ② 수업 모형 혹은 수업 방법의 원리로서 사용되는 탐구 학습은 학생들로 하여금 새로운 지식을 발견하거나 새로운 이론을 만들어 내라는 것이 아니라 최초의 탐구자(학자)가 그 지식이나 이론을 발견할 때 거쳤던 사고의 과정이나 방법을 가급적 충실하게 재현해 보는 의미를 갖는다. ③ 따라서 사회현상 중에서도 법칙성이 강한 이론이나 일반화를 도출할 수 있는 주제는 모두 탐구 학습의 적용이 가능하다. ④ 그러나 학년에 따라 학습자의 인지 발달 수준이 다르기 때문에 그 적용 수준을 적절히 조절해야 한다.
2 탐구 학습	① 사회과에서의 탐구 학습은 학생들이 사회 현상에 관한 경험적 자료를 활용하여 보편성 있는 법칙이나 원리와 같은 일반화된 지식을 발견하는 학습을 의미한다. ② 탐구 학습 모형은 사회 현상을 설명하고 예측하는 데 도움이 되는 일반화된 지식을 획득하게 하는 과정을 학습하는 수업 모형이다.
3 등장	① 사회과에서 탐구 학습은 1960년대 학문 중심 사회과를 표방한 신사회과(New Social Studies)의 등장과 더불어 나타났다. 즉, 탐구 학습은 지식의 구조를 가르치는 방법으로서 등장하였는데, 브루너(Bruner)가 제시한 발견 학습은 과학자들이 자연 현상을 탐구하는 방법과 논리를 따르는 과학적 탐구를 지향하였다. ② 브루너가 책임을 맡은 하버드 교육 개발 센터는 학생들이 학자들의 탐구 과정에 따라 수업을 전개할 수 있도록 MACOS(Man: A Course of Study)라는 사회과 교육과정을 개발하기도 하였다. 그리고 펜톤(Fenton)은 과학자들의 탐구 모델인 귀납적 발견의 과정을 사회과에 적용하는 탐구 학습 모형을 제시하기도 하였다.
4 비판	① 브루너와 펜톤의 신사회과 교육과정과 과학적 탐구 모형은 시민 교육(citizenship education)이라는 사회과의 전통적 목표에 대해서 소홀하다는 지적이 제기되었다. 즉, 지나친 과학적 접근보다는 사회과의 목표에 부합되도록 가치문제를 비롯한 정의적 영역을 포함하여, 사회 과학을 재구성해서 가르쳐야 한다는 주장이 제기된 것이다. ② 이러한 주장은 앵글(Engle)을 필두로 하여 그의 제자인 마시알라스(Massialas)와 콕스(Cox), 그리고 헌트(Hunt)와 메트카프(Metca1f) 등에 의해 제기되었다, 이들의 주장은 듀이(Dewey)의 반성적 사고(reflective thinking) 논리에 바탕을 둔 탐구 모델을 제시하였다는 점에서 공통점이 있다. 즉 사회과에서의 탐구 학습은 과학자들의 엄밀한 탐구 방법을 따르려는 브루너 계열(과학적 탐구)과 사회 문제 해결을 강조하는 듀이 계열(사회적 탐구로 구분될 수 있다. ③ 사회과에서 그 이후 개발된 울레버와 스콧(Woolever & Scott, 1988)의 탐구 학습을 포함하여 대부분의 탐구 학습 모형은 후자에 속하며, 이들 모형은 수업 과정이나 수업 활동에 있어서 큰 차이 없이 유사하다.
5 수업 과정	① 사회과 탐구 학습은 크게 과학적 탐구를 따르는 브루너 계열과 사회 문제에 대한 반성적 탐구를 추구하는 듀이 계열로 구분된다. 전자에 해당하는 펜톤(Fenton)의 탐구 학습은 "자료로부터 문제 인식 → 가설 형성 → 가설의 논리적 함의 인식 → 자료 수집 → 자료 분석·평가·해석 → 자료에 비추어 가설 평가'의 과정으로 전개된다. ② 후자에 해당하며 우리나라 사회과에 가장 영향을 마친 마시알라스·콕스(Massialas & Cox)의 탐구 학습 모형은 '안내 → 가설 → 탐색 → 증거 제시 → 일반화'의 순서로 수업이 진행된다. 이 모형은 제3차 교육과정기인 1970년대에 한국 교육 개발원 사회과 연구실과 정세구 교수에 의해 우리나라에 소개·보급된 이래 오늘날까지 학교 현장에서 가장 많이 적용되고 있다.
6 장점, 교사 역할	① 탐구 학습은 학생 스스로 학습 과정을 설제하고 주체적으로 수업에 임하기 때문에 학생의 관심과 흥미를 고취할 수 있다는 장점이 있다. ② 이를 위해서는 학생들은 능동적으로 문제 해결에 참여하고, 교사는 학생들의 능동적인 탐구가 이어지도록 안내하고 지원하는 역할을 해야 한다.

7 마시알라스·콕스의 탐구 학습 모형

단계	교수·학습 활동	유의점
	• 학습 주제: 인구 분포 변화 요인 탐구	
(1) 탐구 문제 파악	• 탐구 상황을 제시한다. 　- 시대별 인구 분포 변화를 보여 주는 자료(예 인구 분포도)를 제시한다. • 탐구 문제를 파악하여 학습 문제를 설정한다. 　- 학습 문제로 '인구 분포 변화의 요인 탐구'를 설정한다.	• 탐구해야 할 문제를 구체적으로 제시한다.
(2) 가설 설정	• 탐구 문제 상황 발생의 이유를 사고한다. 　- 인구 분포에 영향을 줄 가능성이 있는 이유(예 지형, 산업, 교통 등)를 사고한다. • 가설 검증의 가능성이 높은 가설을 세워 제시한다. 〈가설〉 예 (1) '지형적 요인이 인구 분포 변화에 영향을 미쳤을 것이다.' 　　(2) '산업 발달이 인구 분포 변화에 영향을 미쳤을 것이다.' 　　(3) '교통 발달이 인구 분포 변화에 영향을 미쳤을 것이다.'	• 탐구 문제가 발생한 이유를 자유롭게 발언하고 경청하도록 안내한다. • 가설은 인과 관계를 포함하거나 경향성을 나타내는 일반화의 형태를 갖추도록 안내한다.
(3) 탐색	• 제시된 가설의 타당성을 검토한다. 　- 제시된 가설이 제대로 설정되었는지 점검한다. • 탐구 계획을 수립한다. 　- 적절한 자료의 종류(예 국토의 지형 분포, 산업 구조 변화, 교통의 변화, 인구 구조 변화 등) 및 자료 수집 방법(통계청 자료, 사회과 부도 등 문헌 분석)을 탐색한다.	• 자료의 종류는 개념(변수)의 대표성, 수집 가능성 등을 기준으로 결정한다. • 자료 수집 방법 숙지를 위한 교사의 시범 및 안내가 요구된다.
(4) 증거 제시	• 가설 검증에 필요한 자료를 수집한다. 　- 가설 검증에 필요한 자료를 찾아서 수집한다. 　- 자료를 적절한 형태(예 도표, 주제도, 그래프 등)로 가공한다. • 자료를 평가하고 분석한다. 　- 자료의 완성도, 신뢰도, 대표성 등에 대해 평가하고 수집된 자료와 가설의 관계에 대해 분석한다.	• 자료 수집 및 가공 작업이 가설 검증과 밀접하게 관련되어 진행되도록 안내한다.
(5) 일반화	• 결과를 요약하고 증거를 통해 결론을 내린다. 　- '지형적 요인과 산업, 교통의 발달이 인구 분포 변화에 영향을 미쳤다.'	• 가설이 기각될 경우 가설의 수정 및 추가 자료 수집 계획에 대해 논의하도록 안내한다.

8 뱅크스, 올레버·스콧 등의 탐구 학습 모형

단계	교수·학습 활동	유의점

(1) 문제 제기	• 학습 주제: 농촌의 인구 감소 요인 탐구
	• 탐구 문제 상황을 예화로 제시한다.
	  – 인구가 점점 감소하고 있는 농촌 현황을 소개한 신문 기사를 재구성한 예화를 제시한다.
	• 탐구 주제를 제시한다.
	  – "농촌의 인구 감소 요인은 무엇인가?"를 탐구 주제로 제시한다.
		• 탐구 문제를 학생들 스스로 조사할 필요성을 인식하도록 유도한다.

(2) 가설 설정	• 제기된 문제에 대한 잠정적 결론인 가설을 설정한다. 〈가설 예〉 (1) "농촌의 일자리 부족 문제가 농촌의 인구 감소에 영향을 줄 것이다." (2) "농촌의 자녀 교육 여건 부족 문제가 농촌의 인구 감소에 영향을 줄 것이다."	• 교사는 가설 설정에 필요한 정보를 제공할 수 있다. • 교사가 제공한 정보와 학생들 자신이 인지하거나 경험한 정보를 종합하여 가설을 설정하도록 안내한다.
(3) 용어 정의 및 개념화	• 탐구 문제와 관련된 농촌, 인구 이동 등 주요 용어나 개념의 의미를 명확하게 정의한다.	• 용어 정의나 개념화는 가설 검증에 필요한 자료의 종류나 방법을 고안할 때 유용하다는 점을 인식하도록 한다.
(4) 자료 수집	• 가설 검증에 필요한 자료를 수집한다. – 가설 검증에 적합한 자료 수집 방법(예 통계청 자료나 연구 보고서 등 문헌 조사, 농촌에서 도시로 이주한 사람들을 대상으로 이주 이유 조사 등)을 선택하고, 관련 자료를 수집하도록 한다.	• 가설 검증에 필요한 자료를 학생들이 찾을 수 있도록 자료 수집 방법, 자료 목록, 자료 원천 등을 상세하게 안내해 주거나 학생들 수준에 적합하게 자료를 재구성하여 직접 제공해 줄 수 있다.
(5) 자료 분석	• 수집된 자료를 분석하고 평가한다. – 수집된 자료의 신뢰성과 타당성을 분석하고, 가설 검증의 적합성 여부를 평가하고, 수집된 자료를 분석한다.	• 수집된 자료가 가설을 증명하는 경험적 증거로 활용할 수 있는지를 검토한다.
(6) 가설 검증 및 일반화	• 수집된 자료에 기초하여 가설을 검증하고 일반화를 도출한다. – "사람들이 일자리 부족과 자녀 교육 문제로 인해 농촌에서 도시로 이주하였다."	• 가설 검증은 수집된 자료에 한정하여 증명된 결론이므로 임시적 성격을 띠고 있음을 인식하도록 한다.

 문제 해결 학습

1. 개념	① 문제 해결 학습은 학생들이 일상생활에서 직면하는 사회 문제를 다루고, 관련된 정보를 활용하여 사회 문제를 해결하는 능력을 기르도록 하는 교수·학습 방법이다. 학생이 직면하는 '일상적 문제'를 해결하는 사고의 과정을 가르치는 데 초점을 두며, 일상적 문제를 합리적으로 해결하는 문제 해결력의 신장을 목표로 한다. 문제 해결 학습에서는 특정한 문제 또는 문제의 해결 방안 자체를 가르치는 것이 아니라 문제를 합리적으로 해결하는 일반적인 방법이나 능력을 가르치고자 한다. ② 문제 해결 학습은 듀이(J. Dewey)의 '반성적 사고' 개념에 기초하여 발달한 것이다. 반성적 사고는 우리가 해 보는 것과 그 결과로 일어난 것 사이의 관계를 구체적으로 파악함으로써 그 둘이 연속적인 것이 되도록 하는 의식적인 사고 활동이다. 그에 따르면 우리는 실제로 무엇을 해보는 것과 반성적으로 생각하는 것이 융합된 경험의 과정에서 문제 해결력이 발달한다. 문제 해결 학습은 학생이 일상생활에서 직면하는 문제를 해결하는 경험을 통해 문제 해결력을 신장하고자 한다.
2. 수업 과정	① 문제 해결 학습의 문제 해결 과정에 대해서는 여러 학자의 논의가 있으나, 가장 단순화하면 '문제 표상의 구성 → 해결안의 탐색 → 해결안의 실행과 점검'으로 정리할 수 있다. ② 문제 해결 학습의 수업 과정을 보다 구체적으로 제시하면, '문제 확인 → 문제의 잠정적 해결책 설정 → 자료 수집 → 문제의 해결책 결정 → 문제 해결의 실천'의 순으로 전개된다.
3. 장·단점	① 문제 해결 학습은 일상생활의 문제를 해결하는 데 유용한 지식을 학습할 수 있고, 학생들의 문제 해결력을 신장할 수 있다는 장점이 있다. ② 일상생활의 문제를 해결하는 과정이기 때문에 과학적으로 조사하는 탐구력 발달이 어렵고, 문제와 관련된 일반적 원리나 구조를 파악하도록 가르치기 어려우며, 문제 해결의 과정이 너무 열려 있다는 한계를 갖는다.
4. 비교	아래 표 참조

구분	탐구 학습	문제 해결 학습
문제의 성격	• 과학적 문제 : 과학자들이 객관적 방법으로 조사하여 증명할 수 있는 사회 문제 • 가설=객관적 자료에 의해 검증할 수 있는 '사실 문제'	• 일상적 문제 : 학생이 경험하는 일상적 사회 문제 • 가설=일상적 문제의 원인에 대한 잠정적 해결책
탐구의 과정	• 과학적 탐구의 절차 : 문제 제기 → 가설 설정 → 용어의 정의 및 개념화 → 자료 수집 → 자료 분석 → 가설 검증 및 일반화, 이론 도출	• 일상적 문제의 해결 방법 : 문제 확인 → 문제의 잠정적 해결책 설정 → 자료 수집 → 문제의 해결책 결정 → 문제 해결의 실천
자료의 성격	• 과학적·객관적 자료	• 일상적 자료와 정보
결론의 성격	• '일반화된 지식'의 형성 : 가치 중립적 지식	• '문제 해결책'의 제시 : 가치 포함된 진술

의사 결정 학습

1 개념	① 의사 결정 학습은 사실과 가치가 혼재된 문제를 합리적으로 해결하는 방법과 능력을 기르는 교수·학습 방법이다. 따라서 의사 결정 학습에서는 사실의 탐구와 가치의 탐구를 종합하여 여러 가지 대안을 비교·검토한 후 합리적 대안을 선택하는 과정과 방법을 가르친다. 즉, 사회 속에서 살아가면서 직면하게 되는 여러 가지 문제에 대한 의사 결정력을 발달시키고, 선택한 대안을 행위로 실천할 수 있도록 하는 것을 목표로 한다. ② 사회과의 의사 결정 학습은 사회 과학적 탐구 과정과 가치 탐구 과정의 두 과정을 포함하고 있다. 의사 결정을 하기 위해서는 사실을 인식하는 데 필요한 지식이나 정보가 있어야 하고, 동시에 의사 결정에는 선택해야 할 가치가 반드시 개입되어 있기 때문이다. 결국, 의사 결정은 이러한 두 개의 서로 다른 성격의 과정을 거쳐서 최종적으로 이루어진다고 볼 수 있다.
2 장·단점	① 의사 결정 학습은 문제에 관한 사실 탐구와 가치 탐구를 통해 합리적 대안을 선택하는 능력인 의사 결정력을 향상하는 데 도움이 된다. ② 그러나 의사 결정력을 기르는 것만으로는 사회 문제를 합리적으로 해결하고 실천하는 시민이 되기 어렵다는 점, 의사 결정 절차와 단계에 따라 결정된 합리적 결정이 항상 옳거나 공동체 전체의 이익이 되는 것은 아니라는 점 등의 한계를 갖는다.
3 수업 과정	(1) 뱅크스(Banks, 1990)의 합리적 의사 결정 모형	① 사회과에서 의사 결정 학습의 수업 과정은 크게 '문제 상황에 대한 정보 파악 → 문제 상황에 대한 대안 모색 → 여러 대안 선택의 결과예측에 기반한 최종적인 결정'의 순서로 전개된다. ② 문제 상황의 특성이나 문제 해결의 접근방식 등에 따라 다양한 유형의 의사결정 학습 모형이 활용될 수 있다. 대표적인 의사 결정 학습 모형으로 사실에 대한 인식과 가치에 대한 탐구 과정으로 합리적인 문제 해결을 강조하는 뱅크스(Banks, 1990)의 '합리적 의사 결정 모형'을 들 수 있다. ③ 이 학습 모형은 '문제 제기 → 사회 탐구 → 가치 탐구 → 의사 결정'의 순서로 전개된다.
	(2) 의사 결정 매트릭스 (decision-matrix) 모형	① 여러 가지 선택 기준에 따라 선택 가능한 다양한 대안들을 구인해서 최적의 대안을 결정해야 하는 문제 상황에 직면했을 때에 유용한 의사 결정 학습 모형으로 의사 결정 매트릭스 (decision-matrix) 모형을 들 수 있다. ② 이 학습 모형은 '문제 정의 → 대안 나열 → 선택 기준 작성 → 대안 평가 → 의사 결정'의 순서로 전개되는데 특히 학습자 자신이 구성한 선택 기준에 따라 여러 대안들을 평가하는 데 유용한 의사 결정 도표(matrix)를 활용하는 것이 특징이다.

4 뱅크스(Banks, 1990)의 합리적 의사 결정 모형

단계	교수·학습 활동	유의점
	• 학습 주제: ◇◇ 마을 입구의 좁은 도로를 확장하기 위해 도로에 인접한 은행나무를 어떻게 처리할 것인가?	
(1) 문제 제기	• '◇◇ 마을에서는 마을 입구의 좁은 진입 도로 때문에 교통사고가 빈번하게 발생되는 문제를 해결하기 위해 도로 확장 공사를 진행하기로 하였다. 그런데 마을 입구 진입 도로에 인접한 커다란 은행나무를 어떻게 처리할지에 대한 의사 결정이 필요하다.'라는 문제 상황을 제시한다.	• 문제 상황은 사실적 측면과 가치적 측면이 혼재되어 있음을 인식하도록 안내한다.
(2) 사회 탐구 (가설 설정 → 자료 수집 → 자료 분석 → 가설 검증)	• 의사 결정을 위한 지식 획득을 위해 사회 탐구를 수행한다. – '은행나무를 보존할 경우 교통사고 위험성이 증가하는가?', '은행나무를 이식하고 관리하는 비용이 많이 드는가?' 등 사실 여부(효과성 여부) 확인을 위한 사회 탐구를 수행한다.	
(3) 가치 탐구 (가치 문제 및 가치 갈등 확인 → 대안의 검토와 결과 예측 → 가치 선택)	• 가치 문제 해결을 위한 가치 탐구를 수행한다. – 가치 문제 및 가치 갈등: 예 은행나무 제거 : 은행나무 보존 : 은행나무 이식[주민 안전 ↔ 생명 보호 및 감상 권리 ↔ 주민 안전 및 생명 보호] – 대안 검토와 결과 예측: 예 '주민 안전', '생명 보호 및 감상 권리', '주민 안전 및 생명 보호'라는 가치를 선택했을 때 각 가치가 가져올 결과를 예측한다. – 가치 선택: 최적의 가치를 선택하고, 가치 선택의 근거를 정당화한다.	
(4) 의사 결정 (대안 검토와 결과 예측)	• 문제 상황 해결을 위해 각 대안들을 검토하고 결과를 예측한다. 예 | 대안 | 결과 예측 | |---|---| | 은행나무 제거 | | | 은행나무 보전 | | | 은행나무 이식 | |	• 사회 탐구와 가치 탐구 과정에서 분석한 각 대안 선택의 결과(사실+가치)들을 종합하여 결과를 예측한다.
(5) 행동	• 가장 적절한 대안을 선택하고, 선택한 대안에 따라 행동한다.	

5 의사 결정 매트릭스(decision-matrix) 모형

단계	교수·학습 활동	유의점
	• 학습 주제: 합리적 소비	
(1) 문제 정의	• 주어진 용돈으로 가장 합리적으로 소비해야 하는 의사 결정 상황을 제시한다.	
(2) 대안 나열	• 주어진 용돈으로 합리적으로 소비할 수 있는 대안을 나열한다. 〈대안〉 ⑩ 모형 비행기, 모형 활과 화살, 게임기, 축구공, MP3 등	
(3) 선택 기준 작성	• 나열한 대안들 중에서 최상의 대안을 선택할 수 있도록 선택 기준을 작성한다. 〈선택 기준〉 ⑩ 내구성, 안전성, 사용 가능 시간, 추가 비용 등	• 대안 평가 과정이 과도하게 복잡하지 않도록 선택 기준의 개수를 적정하게 유지하도록 안내한다.
(4) 대안 평가	• 작성한 선택 기준에 따라 대안을 평가한다. – 선택 기준에 따라 대안별 점수를 작성한다. 〈의사 결정 매트릭스(matrix)〉 ⑩ <table><tr><td rowspan="2">대안</td><td colspan="4">기준</td></tr><tr><td>내구성</td><td>안전성</td><td>사용 가능 시간</td><td>추가 비용</td></tr><tr><td>모형 비행기</td><td></td><td></td><td></td><td></td></tr><tr><td>모형 활과 화살</td><td></td><td></td><td></td><td></td></tr><tr><td>게임기</td><td></td><td></td><td></td><td></td></tr><tr><td>축구공</td><td></td><td></td><td></td><td></td></tr><tr><td>MP3</td><td></td><td></td><td></td><td></td></tr></table>	• 문제 상황의 특성, 교육 여건 및 필요 등에 따라 개인별 혹은 모둠별로 자유 선택하여 진행하도록 안내한다.
(5) 의사 결정	• 의사 결정 매트릭스에서 평가 점수가 가장 높은 대안을 선택한다.	

 논쟁 문제 학습

1 개관	① 논쟁 문제는 찬반 의견 대립이 팽팽히 맞서고, 사회의 다수에 영향을 미치는 문제로 정답이 없는 것을 말한다. 논쟁 문제는 개념의 불명확을 둘러싼 의견 대립, 사실 여부에 대한 의견 대립, 우선시하는 가치를 둘러싼 의견 대립 등의 측면에서 발생하므로 세 가지 측면에서의 의견 대립 문제를 해결해야 합리적인 대안을 모색할 수 있다. ② 사회과의 논쟁 문제 학습 모형은 사회적으로 찬반 의견 대립이 있거나 논쟁적인 공공 문제에서 어느 하나의 입장을 합리적으로 선택하고, 그러한 선택을 옹호할 수 있는 능력을 기르는 데 주안점을 두는 교수 학습 방법으로 가치 갈등 해결 기준으로 헌법적 가치와 같은 법률적 원칙과 가치를 기준으로 제시했다는 점에서 윤리-법률 모형, 법리 모형 등으로 불리기도 한다. ③ 특히 논쟁 문제가 수업으로 제대로 구현되기 위해서는 '사회적으로 중요한가?', '학생들에게 개인적으로 의미 있는 문제인가?', '탐구를 요구하는 도전적 질문인가?', '실제 수업에서 다룰 수 있는가?' 등과 같은 논쟁 문제 선정 준거를 고려할 필요가 있다.
2 개념	① 사회적으로 찬성과 반대의 의견이 나누어져 있고, 그 결정이 개인에게 영향을 미치는 데 그치지 않고 사회의 다수와 관련되어 있으며, 여러 개의 선택 가능한 대안 중에서 어느 하나를 결정해야 하는 문제를 논쟁 문제 또는 공공 문제라고 한다. 논쟁 문제는 다수의 대안 중 어느 하나를 선택해야 하지만 그 어느 쪽도 분명한 정답이라고 보기 어렵다. ② 논쟁 문제 학습은 사회적으로 찬성과 반대의 의견이 나누어져 있고, 여러 개의 대안 중에서 어느 하나를 선택해야 하는 논쟁적인 공공 문제에서 어느 하나의 입장을 합리적으로 선택하고, 그러한 선택을 옹호할 수 있는 능력을 기르는 교수·학습 방법이다. 논쟁 문제 수업에서 이루어지는 선택 역시 일종의 의사 결정이라고 할 수 있으나, 논쟁 문제 학습은 의사 결정 중에서도 사회 문제, 찬반으로 대립하는 문제, 지속해서 논의되어 온 심각한 문제에 대해 다룬다는 특징이 있다.
3 올리버와 쉐이버	① 논쟁 문제 학습과 관련된 많은 연구 중 가장 대표적인 것이 올리버(D. W. Oliver)와 쉐이버(J. P. Shaver)의 연구이다. 그들은 교실 수업에서 제기된 논쟁 문제를 1) 개념의 명료화, 2) 경험적 증거에 의한 사실의 증명, 3) 가치 갈등의 해결 등 세 가지 방법으로 해결하고자 하였다. ② 이들은 특히 가치 갈등의 해결을 가장 어려운 것으로 보고, 이를 위해 인간 존중이라는 사회의 기본 가치, 헌법에 제시된 여러 가지 민주적 원리, 가치의 위계적 차이, 가치의 보편성과 구체성 등 다양한 기준을 제시하였다. 이처럼 가치 갈등의 해결 기준으로 윤리적·법률적 원칙과 가치를 기준으로 제시했다는 점에서 윤리-법률 모형 또는 법리 모형으로 불리기도 한다.
4 장·단점	① 논쟁 문제 학습은 논쟁 문제나 공공 문제에 대해 과학적 방법으로 탐구하고 토론하여 해결할 수 있는 의사 결정력을 발달시키는 데 도움이 된다. ② 하지만 의사 결정력을 기르는 것만으로는 쟁점을 합리적으로 해결하고 실천하는 시민이 되기 어렵고, 논쟁 문제가 기본적 가치에 따라 명확하게 해결되기 어려울 뿐만 아니라 논쟁 문제를 해결하기 위한 기준으로서 모두가 인정할 수 있는 보편적 기준과 원리를 찾기 어렵다는 한계가 있다. ③ 또한 논쟁 문제 학습으로 사회에 대한 부정적 시각이나 보수적 가치와 규범을 주입할 위험이 있다는 비판을 받는 동시에, 공연히 사회적 쟁점을 제시하고 공론화하여 사회 질서에 의문을 갖게 하고 혼란스럽게 하는 급진적 수업 모형이라는 비판을 받기도 한다.

5 가치 갈등 해결 방법	① 논쟁 문제를 분석하는 과정에서 제기되는 주장과 근거가 아래의 기준에 부합하는지 살펴보아야 한다.
	  ㉠ 인간의 존엄성은 사회가 보편적으로 지향하는 기본 가치라고 할 수 있다. 따라서 우리가 추구하는 모든 가치가 이러한 기본 가치와 관련이 있는지, 그리고 거기에 부합하는지 검토할 필요가 있다.
	  ㉡ 민주주의적 가치, 예컨대 권력 분립, 기본권, 법 앞의 평등, 다수결, 시민의 정치 참여, 사법권의 독립 등은 자유 민주주의가 지향하는 기본 가치라고 할 수 있다.
	  ㉢ 보편적 가치, 사회적 가치, 추상적 가치와 특수한 가치, 개인적 가치, 구체적 가치의 관계가 검토되어야 한다.
	② 이러한 민주주의적 가치와 사회적 가치들은 결국 인간의 존엄성이라는 기본 가치와 깊은 관계를 가지고 있다. 민주주의적 가치나 사회적 가치 등은 인간의 존엄성이라는 가치를 지지하는 것이다. 따라서 두 개 이상의 가치가 서로 충돌하는 경우 인간의 존엄성이라는 기본 가치를 가장 적게 침해하는 가치, 인간의 존엄성을 가장 많이 보장할 수 있는 가치를 선택하는 것이 가치 갈등을 해결하는 한 방법이 될 수 있다.

6 수업 과정

단계	교수·학습 활동	유의점
(1) 문제 제기	• 학습 주제: 온라인 게임 셧다운제 찬반 논쟁 • 온라인 게임 셧다운제 찬반 논쟁 문제를 소개한다. – 온라인 게임 셧다운제 찬반 논쟁 문제의 발생 배경이나 이유, 논쟁의 핵심 내용을 인식한다.	• 문제 해결 관련 다양한 시청각 자료를 제시한다. • 문제 상황이 학생 개인에 미치는 심각성을 숙고하여 해결의 필요성을 느끼도록 안내한다.
(2) 개념의 명확화	• 온라인 게임 셧다운제의 의미를 명확히 규정한다. – 의미: '온라인 게임 셧다운제는 게임 제공 업자가 16세 미만의 청소년에게 오전 0시부터 오전 6시까지 인터넷 게임의 제공을 제한하는 제도이다.' ※ 온라인 게임 이용 제한 대상(연령), 온라인 게임 이용 제한 시간, 온라인 게임 이용 제한 대상 사이트 및 프로그램 등을 명확히 규정한다.	• 논쟁 문제와 관련된 개념 정의가 불명확할 경우 토론 자체가 어렵거나 의견이 대립될 수 있음을 인식하도록 안내한다.
(3) 사실의 경험적 확인	• 온라인 게임 셧다운제 실시의 효과 여부를 경험적 자료를 통해 검증한다. – 경험적 자료: 온라인 게임 중독 감소 효과, 오프라인상의 폭력 행위 감소 효과 여부 등	
(4) 가치 갈등의 해결(대립 가치 분석)	• 온라인 게임 셧다운제 실시 여부와 관련하여 대립 가치를 비교하여 우선순위를 결정한다. – 대립 가치: 청소년의 건강 보호와 청소년의 행복 추구, 사회 질서의 유지와 청소년의 차별 금지 ※ 사회의 기본 가치(예 인간 존엄)가 가치 갈등의 해결 기준이 될 수 있다.	• 개방적인 토론을 통해 가치 갈등 문제가 해결될 수 있도록 안내한다.
(5) 대안 모색 및 결론	• 사실의 경험적 확인, 대립되는 가치 분석 결과를 종합하여 해결 대안을 모색한다. • 대안들이 가져올 긍정적 결과와 부정적 결과를 비교·분석하여 최적의 대안을 선택한다. | 해결 방안 | 긍정적 결과 | 부정적 결과 | |---|---|---| | 온라인 게임 셧다운제 실시 | | | | 온라인 게임 셧다운제 폐지 | | | | 온라인 게임 셧다운제 시간 조절 | | |	• 대안을 선택하고 정당화하는 과정에서 논리적 일관성을 유지하도록 안내한다.

 **협동 학습**

1. 과제 분담 학습 모형 I (JIGSAW I)	① 과제 분담 학습 모형은 조각 그림 맞추기 퍼즐(Jigsaw Puzzle)에서 유래한 것으로, 학습 내용을 4~6개의 하위 주제로 나누어서 학생들이 한 주제를 집중적으로 학습하여 전문가가 된 후에 서로 가르치고 배우는 협동 학습의 한 형태이다. 애론슨(E. Aronson) 등은 전통적인 경쟁 학습의 구조를 전환하기 위하여 직소 모형을 개발하였다. 그들은 한 명의 교사와 다수의 학생으로 구성된 경쟁 학습 구조를 소집단의 협동 학습 구조로 바꾸고, 소집단 구성원들이 다른 학생의 도움 없이는 학습할 수 없도록 구성하였다. 이에 따라 구조화된 학습 방식이 과제 분담 학습 모형 I이다. 이 모형은 고안된 전문가 학습지, 전문가 집단 및 모집단의 활동과 의사소통, 학생전문가에 의한 학습 등의 특징을 갖는다. ② 과제 분담 학습 모형 I의 수업 과정은 '소집단(모집단) 형성 및 전문가 학습지 배부 → 전문가 집단 학습 → 모집단 학습 → 전체 학습지 작성 및 정답지 확인 → 개별 평가와 개별 보상'의 순으로 전개된다. ③ 과제 분담 학습 모형 I은 학습 내용을 하위 주제와 문제로 세분화하고, 학생들이 모집단과 전문가 집단 학습을 통해 협력하여 학습하도록 하는 장점이 있지만, 학습 결과에 대해 개별 보상이 이루어지기 때문에 보상을 위한 상호 의존성은 매우 낮다.
2. 과제 분담 학습 모형 II (JIGSAW II)	① 슬라빈(R. E. Slavin)은 과제 분담 학습 모형 I의 개별 평가가 모둠 내 협동과 의사소통의 동기를 감소시킬 수 있다고 보고, 과제 분담 학습 모형 I에 모둠 보상 구조를 포함하여 개발하였는데, 이것이 과제 분담 학습 모형 II이다. 과제 분담 학습 모형 II에서는 향상 점수에 의한 소집단 보상, 성취 결과의 균등 배분 등을 도입하여 과제 분담 학습의 효과를 더 높이고자 하였다. ② 과제 분담 학습 모형 II의 수업 과정은 '소집단(모집단) 형성 및 전체 학습지와 자료 배부 → 전문가 집단 학습 → 모집단 학습 → 전체 학습지 작성 및 정답지 확인 → 개별 평가와 집단 보상'의 순으로 전개된다. ③ 과제 분담 학습 모형 II는 구성원의 역할과 책무성이 더 명확하고, 과제 해결뿐만 아니라 보상의 상호 의존성이 높으며, 사회적 관계의 증진에 효과적이다.
3. 집단 성취 분담 모형 (STAD)	① 집단 성취 분담 모형(STAD)은 소집단 구성원들이 서로의 학습에 대한 책임을 지고 학습 목표를 함께 달성함으로써 얻는 소집단 보상을 강조하는 협동 학습으로, 협동 학습에서 가장 오래되고 널리 사용되는 수업 모형이다. 집단 성취 분담 모형은 소집단 보상을 통해 학생들에게 학습의 동기를 부여하고 학습 효과를 높이고자 한다. 이때 보상 방식은 다양하게 존재(예 성공에 가장 기여도가 크거나 가장 성취가 향상된 학생에게 최대로 보상하기, 기여도 및 점수와 관계없이 모두에게 같이 보상하기, 학생들의 능력이 아닌 필요에 따라 차별적으로 보상하기)하며, 집단 성취 분담 모형에서는 이러한 보상 체제를 적절하게 조화시켜 활용한다. ② 집단 성취 분담 모형의 수업 과정은 '소집단 구성 및 수업 안내 → 소집단 학습 → 학습지 작성 및 정답지 확인 → 개별 평가 → 향상 점수에 의한 소집단 보상'의 순으로 전개된다. ③ 집단 성취 분담 모형은 수업 절차가 비교적 간단하고, 소집단 보상을 통해 협동 학습의 효과를 쉽게 달성할 수 있다는 장점이 있다

 현장 학습

1. 개념	① 현장학습은 교과 내용과 실제 상황을 연결하여 지식을 생생하게 이해하도록 돕는 것을 목표로 학교 밖으로 나가서 직접 경험을 하는 것뿐만 아니라 실질적인 사회 현장을 교실 안으로 가져오는 것까지 두루 포괄하는 개념이다. ② 사회과에서의 현장학습은 학습자 자신이 살고 있는 세계를 관찰·조사·검토하면서 이론적 지식을 구체적 실천과 연결할 수 있으며 학습의 능동적 참여자가 되게 하는 교수·학습 방법이다.
2. 장점	• 현장학습은 학교와 지역 사회를 밀접하게 연계하고 교실에서 배운 지식을 실제 생활 환경에 적용함으로써 학습 결과와 생활과의 정합성을 높일 수 있으며, 협동심과 사회 참여 능력을 신장할 수 있다는 점에서 교육적 의의가 있다.
3. 수행할 때 유의사항	① 사전에 관찰 및 조사 주제, 세부 내용, 대상 등을 확인한다. ② 학생들에게 학습 목적을 충분히 인식시키고 무엇을 관찰하고, 질문하고, 청취할 것인지 계획하도록 안내한다. ③ 한 학급을 몇 개의 모둠으로 나누어 각각의 모둠에서 과제를 제시하는 방안을 강구한다. ④ 관찰 및 조사 내용을 기록하는 요령을 지도하고, 녹음 및 사진 촬영을 준비한다. ⑤ 현장학습이 끝난 후에는 관찰 및 조사 내용을 학급 전체에서 확인하도록 안내한다.

 지도 학습

1. 개념	① 지도 학습은 지도의 본질과 목적을 이해하고, 지도를 이용할 수 있게 함으로써 도해력을 길러 주는 교수·학습 방법이다. ② 도해력(graphicacy)은 공간적 정보와 자료를 시각 자료(지도, 도표, 그래프 등)로 가공·변환할 수 있으며 시각 자료에 저장된 정보를 해석할 수 있는 기능을 말한다.	

2. 종류	(1) 위치 학습	① 위치는 어떤 사물이나 장소가 차지하는 자리를 의미하는데, 어떤 현상의 특성을 규정하고 설명하는 기본적인 실마리를 제공한다는 점에서 의의가 있다.
		② 위치 학습은 크게 3단계로 이루어진다.
		  ㉠ 학생들이 지도를 보고 주어진 사물이 있는 위치를 정확하게 가리킬 수 있다.
		  ㉡ 지도에 나와 있는 특정 물건을 기준으로 해서 상대적인 위치 감각으로 주요 사물이 지도의 어디쯤에 위치해야 하는지를 인식할 수 있다.
		  ㉢ 사물의 절대적인 위치를 정확히 표현할 때 수리적 좌표를 사용하여 표시할 수 있다.

	(2) 방향 학습	① 방향 학습은 지도에서 방향과 관련된 학습을 하는 것을 말한다. ② 예컨대, 길 찾고 설명하는 연습을 하기, 길 찾기에 관련된 어휘 익히기, 나침반을 갖고 정북 방향 찾기, 야외에서 자신의 위치를 지도를 보고 찾아내기, 지도상의 지형지물의 위치를 알아내기, 안내 표지 형태의 그림지도 그리기 등이 있다.
	(3) 기호 학습	• 기호 학습에서는 기호가 지도라는 작은 도면에 많은 지역 정보를 표현할 때 필요하며, 지도상에 표시된 기호는 일종의 약속이라는 점을 인식할 수 있도록 지도한다.
	(4) 거리 학습	① 거리 학습은 학생들에게 거리 감각을 익히게 하는 것이다. ② 초등학교에서는 절대적 축적 개념을 학습하기는 어려우나 어느 정도는 쉽게 느껴지는 상대적 축적 개념은 학습할 수 있다.
	(5) 투영법 학습	① 투영법은 구면인 지구 전체를 평면상에 나타내는 방법이다. ② 수리 기하학적인 방법을 동원한 투영법을 직접적으로 학습하기에 무리가 있으므로 지구상의 모습이 학생이 보는 각도에 따라서 다르게 보임을 이해하는 수준으로부터 점차 지도의 투영, 등고선 개념 등을 학습하는 수준으로 나아가도록 한다.

개념 17 사료 학습

1. 개념	① 사료란 과거의 인간 활동과 사상이 담긴 다양한 형태의 흔적을 뜻한다. 이 사료를 매개로 하여 직접 체험할 수 없는 과거의 사실에 대해 문제의식을 느끼고, 증거 자료로서의 사료에 대한 비판과 해석을 통해 역사적 사실을 확인하고, 그 사실의 의미를 깊이 있게 이해하는 과정에서 역사적 사고를 하도록 안내하는 학습이 사료 학습이다. ② 사료 학습은 이상적으로는 역사학자의 역사 연구 방법, 즉 사료의 수집·비판·해석의 과정을 교실에 적용하는 교사가 학생의 발달 수준에 맞게 재구성한 사료를 토대로 일련의 탐구 과정을 거치도록 안내하는 방식을 택하게 된다.
2. 사료 분류	① 사료의 분류 사료는 그 형태와 가치에 따라 다음과 같이 분류된다. | 형태상의 분류 | 가치에 따른 분류 | | --- | --- | | • 문헌 및 문서 자료 • 구비 전승 • 유물 및 유적 자료 • 언어 및 문학적 자료 | • 1차 사료(원사료) • 2차 사료 • 3차 사료 • 보조 과학 자료 | ② 사료는 거기에 담겨 있는 역사적 사실이 일어났던 때와 같은 시대에 만들어졌는가의 여부에 따라 1차 사료와 2차 사료로 구분된다. 1차 사료는 그 안에 담긴 역사적 사실이 일어난 것과 거의 같은 시기에 제작된 유물이나 쓰인 저작물을 가리킨다. 이러한 1차 사료는 역사가가 역사 해석을 하는 데 기초가 된다. ③ 2차 사료는 역사적 사실이 일어났던 시기보다 나중에 만들어진 자료이다. 1차 사료에 대한 설명이나 판단, 견해, 의견 등이 담겨 있는 사료가 2차 사료이다. 즉, 1차 사료가 목격자의 생생한 증언이라고 한다면, 2차 사료는 전해 들은 이야기라고 할 수 있다. 그런데 역사학자에 의해 다루어지는 사료들은 초·중등학교 역사 학습에서 그대로 활용되는 것이 아니다. 역사 교육의 목표 달성에 유용한 것이 선정되어야 하고 학생의 발달 단계에 적합하도록 재구성되어야 한다.
3. 교육적 의의	① 역사 학습에서의 사료 활용은 학습자의 역사에 대한 흥미와 관심을 높이고, 역사적 사실을 깊이 있게 이해할 수 있게 하며, 나아가 사료를 활용하는 활동 중심 학습으로 역사적 사고 능력과 태도를 기를 수 있게 한다. ② 그 밖에 사료 활용은 역사적 사실의 인식이 사료에서부터 시작된다는 점을 인식하게 하고, 과거에 대한 시간 의식을 기르는 데 도움을 주며, 교과서에 기술된 내용이 역사적 사실의 전부가 아니라는 것을 깨닫게 해 준다는 점에서 교육적 의의가 크다
4. 사료 활용의 효용성	① 사료를 직접 대하고 경험함으로써 역사에 관한 관심과 흥미를 불러일으키고 지적 호기심을 유발할 수 있다는 점 ② 사료를 접하여 분석·비판·해석·종합해 봄으로써 사상(事象)을 공정하게 판단하고 이해할수 있다는 점 ③ 사료를 접하여 역사적 연구의 방법을 체득함으로써 사실을 객관적으로 인식하고, 역사적 태도와 능력, 역사의식과 역사적 사고력을 기를 수 있다는 점 ④ 다양한 사료를 활용하여 사실을 실증적으로 파악함으로써 학습의 파지가 오랫동안 계속될 수있다는 점 ⑤ 실증적 자료를 활용함으로써 역사에 대한 이미지를 풍부히 하고 독사능력(讀史能力)을 기를수 있다는 점
5. 수업 과정	① 문제의 제기 : 교사와 학생이 협의하여 의문점을 해결하기 위한 탐구 문제를 제기한다. ② 전개 과정(사료의 수집, 비판, 해석) : 교사는 사료의 종류, 출처 및 이용 방법 등에 대하여 충분한 사전 지도를 한다. 학생들은 도서관, 인터넷 및 기타 정보 매체를 이용하여 관련 사료를 수집하고 이를 분류·채택한다. 역사가의 연구 과정에서 거치는 사료 비판 과정은 교사의 사료 비판의 필요성에 대한 설명으로 대신한다. 교사는 적절한 질문과 설명을 통해서 사료에 담긴 내용에 대하여 해석하게 한다. ③ 보고서 작성 및 발표, 토의, 정리 : 사료의 비판과 해석 및 학습 문제의 탐구 성과를 정리·발표 하고, 질의응답 및 상호 토론을 통하여 과정을 명료하게 한다. 이때 제기되었던 학습 문제가 구체적 사료를 통하여 어떻게 해결되었는가를 밝힌다.

 **인물 학습**

1. 개념		① 과거나 현재의 인물을 학습의 제재로 삼는 학습이다. 여기서 인물(figure)은 그의 가치와 신념이 사회에 의해서 추앙을 받고, 명성과 도덕적인 힘을 가진 개인을 의미한다. 인물은 사회과 외에 국어과, 도덕과에서도 다루어지나, 특히 사회과의 역사 영역 학습에서 역사적 인물이 소재로 선정된다. ② 사회과에서의 인물 학습은 인물의 역사적 업적과 사상을 이해하거나, 그 인물이 관련된 역사적 사건이나 시대 정신을 심층적으로 이해하는 데 목적이 있다. 이런 까닭에 역사 교육에서의 인물 학습은 '인물사 학습'이라고도 규정된다.
2. 종류	(1) 인물 학습	• 인물 학습은 한 역사 인물의 생애나 인간상, 의지, 고난, 업적, 인물이 지닌 도덕적·윤리적 가치관이나 인생관(인간관) 등을 파악하여 학습자의 자기 인생관 또는 인간관의 바탕으로 삼으려는 이른바 순수한 인간 탐구에 그 목적을 두고 있다.
	(2) 인물사 학습	① 인물사 학습은 인물을 통해 인간 탐구와 역사 규명이란 양면성, 즉 개성적인 존재로서의 인물을 독립적으로 파악하지 않고, 그 인물이 활동한 시대적 배경, 사회적 기반과 관련지어 그 시대의 역사를 객관적으로 파악하고자 하는 것이다. ② 그래서 역사 발전에서의 개인과 집단의 역할을 인식시키고 시대적 조건이나 그 사회적 배경과 관련지어 그 인물의 창조성과 개성적 의미를 다각적인 면에서 역사적으로 고찰하고자 하는 역사 규명에 그 목적이 있다.
		• 개념상 인물 학습과 인물사 학습은 구분될 수 있으나, 최근의 연구 경향이 통합 교과 측면을 바탕으로 두 개념을 모두 수용하려고 한다. 인물 학습이란 역사상에 나타나는 여러 인물을 학습 교재로 하여 이를 탐구하고, 그 인물들을 통해 역사적 배경을 파악하는 역사 교육 활동이라 할 수 있다
3. 인물 선정 기준		① 인물(사) 학습의 소재로 어떤 인물을 선정할 것인가는 크게 국가·사회적 요청으로 영향을 받게 될 것이나, 사회과 또는 역사과 교육과정 개발 과정에서 합리적인 선정 준거에 따라 선정되는 것이 바람직할 것이다. ② 역사 학습 내용으로서의 중요성은 한마디로 당대 사회와 후대에 끼치는 영향력을 의미한다.
4. 인물 학습의 단계	도입 단계	교사는 교재의 내용과 관련된 인물을 선정하고 전기, 소설, 드라마, 초상화, 보충 학습 자료 및 학생들의 사전 지식을 활용하여 인물 학습을 유도하고 학습 문제를 결정한다.
	전개 과정	문제 해결을 위해서 도서관, 서점, 가정 등에 있는 관련 인물의 전기, 인터넷에서의 참고 자료, 인명사전, 초상화, 기타 자료를 수집한다.
	정리 단계	조사한 내용을 검토·확인·분석하여 정리하고, 정리된 내용을 반 전체의 학습에서 발표 한다. 학생들은 상호 질문과 답변을 통해 의문점을 좀 더 명확하게 하고, 인물과 관련된 최초의 문제 제기에 대한 해답을 이끌어 낸다.

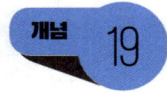 **극화 학습**

1. 개념		① 사회과에서 극화 학습이란 병원 놀이, 가게 놀이와 같은 놀이 학습, 구성 학습에서 작성된 모형을 이용한 학습, 어린이가 출연자로서 역할을 담당하여 실제 사회의 문제 상황을 인식하고 해결책을 찾으려는 역할놀이(Role-Playing), 실제 사회생활의 조건이나 가치를 의제로 한 상황 속에서 학습 활동을 전개하는 시뮬레이션 게임(Simulation Game) 등을 모두 포함하는 개념이다. ② 놀이 학습, 역할놀이, 시뮬레이션 게임 등은 각기 다른 과정을 거치지만, 다음과 같은 공통 적인 의미를 가진다. ㉠ 복잡한 사회사상을 단순화하여 구체적으로 이해할 수 있는 장을 제공한다. ㉡ 언어뿐만 아니라 그 이외의 모든 커뮤니케이션 수단까지 동원함으로써 종합적이고 실감 나는 사회 인식을 기대할 수 있다. ㉢ 어린이 자신이 직접 그 상황의 주인공으로 활동하기 때문에 어린이의 흥미와 주체성을 살릴 수 있다. ㉣ 직접 사회 가치를 수용하고, 협력적인 사회적 태도의 형성에 효과적이다.
2. 종류	(1) 역할놀이 학습	① 역할놀이 학습은 학생들에게 학습 내용과 관련된 가상의 상황을 주고, 주어진 상황에서 인물의 역할을 대신 수행해 본 후 그 과정과 결과를 평가해 봄으로써 다른 사람의 입장이나 생각에 대한 감정 이입 능력을 제고하며 문제 상황을 현실감 있게 인식하고 해결 방안을 모색하는 데 도움을 주는 교수·학습 방법이다. ② 역할 놀이 학습의 수업 과정은 '문제 상황을 인식하고 분석하는 상황 설정 단계 → 역할 분석과 역할수행을 위한 창작을 통한 준비 단계 → 역할에 따른 실연을 하는 공연 단계 → 정리 및 평가 단계'의 순서로 전개된다.
	(2) 모의 학습	① 모의 학습은 직접 경험으로 학습할 수 없을 때 복잡한 상황을 단순화함으로써 상황을 잘 이해할 수 있고, 간접 경험으로 사고와 행동을 연습할 수 있는 기회를 제공하는 교수·학습 방법이다. ② 모의 학습은 학습자가 직접 경험하지 못하는 것을 가상의 상황에서 체험하도록 하여 다양한 학습 기회를 제공하고 문제 해결력 신장을 도와주는 학습 형태라는 점에서 의의가 있다. ③ 모의 학습의 수업 과정은 '학습 주제의 결정 → 목표의 설정 → 적용단계(도입, 전개, 정리)의 결정 → 활동준비(역할분담, 활동순서 결정, 도구 및 자료준비 등) → 활동 전개 → 정리 및 반성'의 순서로 전개된다.

 **사회과 평가 원리와 내용**

1. 사회과 평가 원리	① 사회과 평가는 교육과정에 제시된 목표와 내용, 교수·학습 방법과의 일관성을 유지하도록 한다. ② 사회과 평가는 교육과정에 제시된 목표를 준거로 하여 추출된 내용 요소에 따라 이루어지도록 한다. ③ 평가는 개개인의 학습 과정과 성취 수준을 이해하고 발달을 돕는 차원에서 실시한다. ④ 학습의 과정 및 학습의 수행에 관한 평가가 이루어지도록 한다. ⑤ 평가 내용은 지식 영역에만 치우쳐서는 안 되며, 기능과 가치·태도 영역을 균형 있게 선정한다. ⑥ 지식 영역의 평가에서는 사실적 지식의 습득 여부와 함께 사회 현상의 설명과 문제 해결에 필수적인 기본 개념 및 원리, 일반화에 대한 이해 정도 등을 평가하는 데 중점을 둔다. ⑦ 기능 영역의 평가에서는 지식의 습득과 민주적 사회생활을 하는 데 필수적인 정보의 획득 및 활용 기능, 탐구 기능, 의사 결정 기능, 비판적 사고 기능, 집단 참여 기능 등을 평가하는 데 초점을 둔다. ⑧ 가치·태도 영역의 평가에서는 국가적·사회적 요구와 개인적 요구에 비추어 바람직한 가치와 합리적 가치의 내면화 정도, 가치에 대한 분석 및 평가 능력, 공감 능력, 친사회적 행동 실천 능력 등을 평가하는 데 중점을 둔다.
2. 사회과 평가 내용	① 사회 현상의 이해와 문제 해결에 필수적인 지리, 제 사회 과학의 기본 개념 및 원리, 일반화에 대한 습득 정도를 평가한다. ② 지리적 현상, 현대 사회의 현상과 특성에 대한 통합적 종합적 이해 정도와 사회 현상을 탐구하는데 필요한 각종 정보와 자료를 획득·조직·활용하는 능력을 평가한다. ③ 인간 행위와 사회 환경에 대한 다양한 관점의 이해와 수용, 사회적으로 바람직하고 수용 가능한 가치의 탐색 및 사회의 기본 가치에 대한 이해와 존중, 공감 능력, 친사회적 행동 실천 능력을 평가한다. ④ 지역, 국가, 인류의 당면 문제 해결과 관련된 의사 결정력 및 실천 능력 그리고 문제 해결 과정에서 상호 협력 및 참여 태도를 평가한다. ⑤ 사회과의 기본 지식에 대한 이해를 확장하는 학습자의 흥미, 관심, 학습 동기와 습관을 평가한다.

지식 영역의 평가

사회과에서의 지식은 사회 현상에 관한 기본적 지식과 정치·경제·사회·문화 등 제 사회 과학에 관한 지적 탐구에서 얻은 사실, 개념, 일반화를 의미한다. 따라서 지식 영역의 평가는 사실, 개념, 일반화 지식의 획득 여부를 평가하는 것이다.

1. 사실 지식 평가	① 사실 지식 평가는 객관적·주관적으로 존재하는 것이나 일어났던 특정한 일들로서 '누가, 무엇을 했을까?. 무엇이 있었을까?. 어떻게, 왜, 언제, 무엇이 일어났는가?' 등과 같이 일어난 일의 규모나 일의 상태로 정보의 획득 여부를 평가하는 것이다. ② 사실을 다루는 문항은 사건의 특징, 현장, 시기, 장소, 인물 등을 물어 보며 종래의 평가에서 많이 활용하는 형태이다 예 다음 중 우리나라의 전통문화가 아닌 것은? ① 한복 ② 발레 ③ 김장 ④ 태권도 ⑤ 판소리
2. 개념 지식 평가	• 개념 지식 평가는 단어나 용어에 관련된 속성을 알고 있는지, 여러 가지 사물, 사례의 공통된 속성을 추출하여 추상화한 단어나 용어를 알고 있는지를 평가하는 것이다. 예 다음에서 설명하는 것은? 나라와 나라 사이에 서로 필요하여 물자나 기술 등을 사고파는 것을 말한다. ① 생산 ② 소비 ③ 무역 ④ 저축 ⑤ 유통
3. 일반화 지식 평가	① 일반화 지식이란 사실과 개념을 포괄하면서 어떤 현상과 현상 간 또는 현상 내에서 관찰되고 진술된 관계를 나타내는 어떤 원리나 법칙과 같은 것을 의미한다. ② 이러한 일반화 지식 평가는 사회 현상을 이해하는 고등 정신 능력을 평가하는 것으로서 선택형보다는 서답형으로 출제하는 것이 바람직하다. 예 다음의 사실들을 통해 알 수 있는 것을 적으시오. • 수박값은 여름에 싸고 채솟값은 가을에 싸다. • 쌀은 가을에 많이 생산되기 때문에 가격이 떨어진다. • 여름에 에어컨값이 오르는 것은 수요자가 많기 때문이다. • 겨울에는 딸기가 많이 생산되지 않기 때문에 값이 올라간다.

개념 22 기능 영역의 평가

기능 영역의 평가는 사회 과학적인 여러 가지 방법과 절차를 활용하여 사회 현상에 관한 지식을 찾아내거나 습득된 지식을 새로운 사태에 적용하는 능력을 평가하는 것이다.

1. 기초 기능의 평가	① 지도나 연표, 도표, 통계 표, 그래프 등을 그리고 해석하거나 인터넷, 백과사전, 도서관, 지역 사회 등의 각종 정보원에서 필요한 자료를 찾거나 이용하는 기능 등은 사회과 학습을 하는 데 기초적이다. ② 기초 기능의 평가는 이 기능의 습득 여부를 평가는 것이다. **예** 다음은 현수네 고장을 그림 지도로 나타낸 것이다. 현수네 고장의 특징으로 알맞지 않은 것은 어느 것인가? ① 마을에 절이 있다. ② 마을 뒤에 산이 있다. ③ 학교의 북쪽에 강이 있다. ④ 논농사가 많이 이루어지고 있다. ⑤ 과수원이 있어 과일을 재배한다.
2. 탐구 기능의 평가	① 탐구 기능은 반성적 사고(reflective thinking) 기능이며 탐구 학습을 할 때 각각의 단계에서 문제 해결에 필요한 기능이다. ② 구체적으로는 문제를 바르게 인지하고(문제 파악 기능), 가설을 설정하며(가설 설정 기능), 증거를 제시하고(증거 제시 기능), 결론을 도출하는 기능(결론 도출 기능)을 평가하는 것이다. **예** 다음의 강 유역에 대한 설명을 읽고 얻을 수 있는 결론은 무엇인가? 가) 섬진강 상류의 댐에 가두어진 물은 전기를 일으키는 데 쓰이고, 노령산맥을 뚫은 터널을 통하여 동진강 쪽으로 보내어져 호남평야의 농업용수로도 쓰인다. 나) 한강 상류에 댐을 건설하여 가뭄과 홍수의 걱정을 덜게 되었으며, 가정과 공장에서도 댐에 가둔 물을 이용하게 되었다. 또 그 물을 이용하여 전기를 일으키는 발전소까지 만들어, 일상 생활과 산업 발전에 큰 도움을 얻고 있다. 다) 영산강의 하구에서는 바다의 물이 거슬러 올라와 농사에 피해를 주자 하굿둑을 만들었다. 하굿둑에 가두어진 물은 농업용수로 쓰이고 있다. ① 강 유역에는 비가 많이 내린다. ② 우리나라의 강은 겨울에 물의 양이 많다. ③ 우리나라의 강은 농업용수로만 이용하고 있다. ④ 우리나라의 강은 그 특징에 알맞게 이용되고 있다.
3. 민주적 결정·참여 기능 (의사 결정 기능)	① 공동의 문제 해결을 요하는 사태에서 민주적 원칙에 따라 결정을 내리고 다른 사람과 협조적으로 행동하며 설득하고 타협할 줄 아는지, 그런 방법을 알고 있는지를 평가하는 것이다. ② 기능 평가에서 인지적인 면이 강한 영역은 지필 평가로도 가능하지만 행동 특성이 강한 경우는 관찰법을 이용하는 것이 효과적이다. **예** 소집단 활동에서 적극적으로 참여하는가? | 번호	이름	소집단 활동에 적극 참여하는가?				
---	---	---	---	---	---	---
		아주 적극임	적극적임	보통임	소극적임	아주 소극적임
1						
2						
3						
...							 관찰 일자 : 상황 : ※ 소집단 활동 시 교사는 학생들 사이를 돌아다니며 해당란에 표시를 한다. ■ 현장학습 장소를 정할 때 여러 곳이 추천되었다. 이럴 때에는 장소를 어떻게 결정하면 좋을지 써 보시오.

가치·태도 영역의 평가

1. 바람직한 가치·태도의 평가	한 지역이나 사회, 국가 구성원 대다수가 그 사회의 안정 및 유지, 발전시키려면 반드시 지켜야 하는 당위적인 가치·태도의 내면화 정도를 평가한다. **예** 다음 중 지역의 문제를 해결하는 가장 바람직한 태도는? ① 나의 생각을 끝까지 주장한다. ② 대화를 통해 양보하고 타협한다. ③ 다른 사람의 의견은 듣지 않는다. ④ 다수결의 원칙을 따를 경우 소수의 의견은 무시한다.
2. 합리적인 가치·태도의 평가	당면한 문제나 제기된 가치 선택 문제 상황에서 합리적이고 논리적으로 타당한 근거를 제시하면서 자신의 입장을 선택할 수 있는지를 평가한다. **예** 여러분은 다음 상황에서 어떤 입장을 택할 것이며, 그 까닭은 무엇인지 쓰시오. > 현수네 마을은 공기가 맑고 한적한 곳으로 마을 사람들은 대부분 농사를 지으며 살아가고 있다. 그런데 군청에서는 이곳에 쓰레기 소각장을 설치할 것이라고 한다. 마을 사람들은 쓰레기 소각장이 필요하다고 인정하면서도 마을에 소각장이 설치되면 환경이 오염되고 농사는 물론 마을 사람들의 건강도 해칠 수 있다고 하며 반대를 하고 있다.
3. 공감 능력, 친사회적 행동 실천 능력	① 공감 능력, 친사회적 행동 실천 능력은 2009 개정 교육과정에서 학교 폭력 문제 등으로 인성 교육이 강조되면서 등장하였다. ② 공감(empathy)은 타인의 감정이나 기분, 의견에 따라 자기도 그렇다고 느끼는 행위이기 때문에 타인을 이해하는 방식이라 할 수 있다. 타인과 더불어 살아가려면 상호 연대와 상호 의존이 요구되는 현대 사회에서 공감은 필수적 요인이며, 아울러 친사회적 행동의 필수 요소가 되기도 한다. ③ 친사회적 행동(prosocial behavior)은 어려움에 처한 타인을 돕는 다양한 형태의 행동으로 구체적으로는 도와주기, 나누어 주기, 기부, 위안, 협동 등이 있다. ④ 공감 능력, 친사회적 행동 실천 능력과 같은 인성적 요소에 대한 평가는 수행 평가를 확대해서도 할 수 있다. 예를 들어 체험 학습, 토론법, 보고서법, 포트폴리오, 프로젝트 등의 방법을 활용할 수 있다.

 수행 평가

1. 개념			• 수행 평가(Performance Assessment)란 학생이 학습 과제를 수행하는 과정이나 그 결과를 보고, 그 학생의 지식이나 기능, 태도 등에 대해 전문적으로 판단하는 평가 방식이다. 즉 학생 스스로가 자신의 지식이나 기능을 나타낼 수 있도록 산출물을 만들거나 행동으로 나타내거나 답을 작성(서술 혹은 구성)하도록 요구하는 평가를 의미 한다(교육부. 1998: 2~7).
2. 장점			① 학생이 인지적으로 아는 것도 중요하지만, 그들이 아는 것을 실제로 적용할 수 있는지 여부를 파악하는 것도 중요하다. 아는 것과 행하는 것의 차이를 흔히 '볼 줄 아는 것'과 '할 줄 아는 것'의 차이로 설명하기도 한다. 수행 평가는 학생들이 할 줄 아는 것에 중점을 두고 실시해야 한다. ② 수행 평가는 여러 측면의 지식이나 능력을 지속적으로 평가할 수 있는 장점이 있다. ③ 학습자 개인에게 의미 있는 학습 활동이 이루어진다. ④ 교수·학습 목표와 평가 내용을 보다 직접적으로 관련지을 수 있다. ⑤ 교육 평가의 과정이 학생의 학습과 이해력을 직접적으로 조장할 수 있다. ⑥ 창의성이나 고등 사고 기능에 대한 평가나 학습의 과정에 대한 평가를 하기에 적합하다.
3. 종류	(1) 면접		① 면접법은 교사가 학생과 대화하면서 정보를 수집하여 평가한다. ② 면접법은 교사의 질문에 학생이 대답하는 과정을 평가한다는 점에서 구술시험과 유사하다. 그러나 구술시험은 주로 특정 주제나 문제에 대한 인지적 능력을 평가하는 방법이고, 면접법은 주로 '정의적 영역'이나 '행동적 영역'을 평가하는 방법이다. ③ 면접법은 학생들의 민주적 가치에 대한 신념과 태도, 문제를 합리적으로 해결하려는 태도, 공공선에의 헌신, 사회성이나 협동 정신, 사회 참여의 태도 등을 확인하려고 사용될 수 있다.
	(2) 토론		① 토론법은 교수·학습 활동 과정을 종합적으로 측정하는 평가 방법으로서, 어떤 주제 또는 문제에 대해 학생들이 토론하는 과정을 평가하는 방법이다. ② 토론법은 주제나 문제에 대한 탐구력, 비판적 사고력, 문제 해결력 같은 고차 사고력뿐만 아니라 토론과정에서 나타나는 의사소통 능력, 협동 능력 등을 파악할 수 있다. ③ 특히 찬반 대립 토론 평가법은 개인별 또는 소집단별로 찬반 토론을 하고, 교사는 자료의 다양성이나 충실성, 토론 내용의 충실성과 논리성, 반대 의견을 존중하는 태도, 토론의 진행 태도 등을 종합적으로 평가하는 방법이다. 찬반 대립 토론법을 시행할 때에는 평가 기준표를 작성하여 학생들에게 미리 알려 주고 공정하게 평가한다.
	(3) 논술		① 논술은 개인이 자신의 생각과 주장을 창의적이고 설득력 있게 조직하여 작성하는 것을 측정하는 평가 방법이다. ② 논술형 검사는 서술된 내용의 깊이와 넓이뿐만 아니라 글을 조직하고 구성하는 능력을 동시에 평가하는 것이다.
	(4) 관찰		① 관찰은 학생의 학습 상황에 관한 정보를 수집하려고 교사가 학생의 행동을 주의 깊게 살펴 보는 것이다. ② 교사는 수업을 하면서 학생들의 얼굴에서 흥미도, 이해도, 수줍음, 학습 참여에 대한 동기의 정도 등을 관찰할 수 있다. 또 학습 자료의 적절성, 교수 방법의 적절성, 학생들의 학습 진행 상황 등도 파악할 수 있다.
	(5) 연구 보고서		① 연구 보고서법은 일반적으로 '프로젝트법'(project)으로 시용되기도 한다. ② 연구 보고서법은 학생들이 다양한 연구 주제에 대하여 스스로 자료를 수집하여 분석한 후 최종적으로 연구 보고서를 제출하도록 하는 평가 방법이다. ③ 연구 보고서의 제출은 연구의 주제와 범위에 따라 개별적으로 할 수도 있고, 소집단을 형성해 함께 할 수도 있다. 학생들은 연구를 수행하고 보고서를 작성하는 과정에서 가설 설정, 자료 수집과 분석 방법, 결론 도출 방법, 보고서의 작성법 등을 학습하고 연구 보고서의 발표회나 상호 교환으로 표현력이나 의사소통 능력 등을 습득할 수 있다
	(6) 포트폴리오	1) 개념	① 포트폴리오는 학생의 논술문, 작품, 시험 답안지 등을 일정 기간 모아서 학생이 얼마나 성장했으며, 교사의 수업이나 교육과정은 적절했는지를 평가할 수 있는 문서집을 말한다. 예컨대 화가 지망생이 화가에게 지속적으로 지도를 받으면서 그린 그림을 순서대로 모아서 평가를 받거나 그 작품집으로 자신의 변화 과정을 스스로 파악할 수 있는 것과 유사하다. ② 교사는 학생의 수집 자료, 보고서, 활동 사진 등을 정리한 자료집을 이용하여 평가할 수 있다. ③ 포트폴리오는 특정한 영역을 일회적으로 평가하는 것이 아니라 학생 개인의 변화 과정을 종합적으로 평가하는 방법이다. 이를 위해 일정 기간 지속적으로 활동 과정을 평가한다.
		2) 장·단점	① 학생들은 자신이 제작한 포트폴리오를 통해 자신의 변화 과정을 쉽게 파악할 수 있으며 자신의 장단점, 잠재 가능성, 변화 과정 등을 스스로 인식할 수 있다. ② 교사는 학생들의 과거와 현재 상태를 쉽게 파악할 수 있으며 미래의 발전 방향을 조언할 때 필요한 자료를 얻을 수 있다.

4절 3~4학년 각론

개념 25 우리 고장의 모습 (3-1)

1. 공간과 장소	① 공간은 객관적으로 파악되는 지표 범위이고, 장소는 개인의 경험과 인지에 따라 주관적으로 가치가 부여되는 지표 범위이다. ② 공간은 장소보다 추상적인 개념이다. 차별화 되기 전의 '공간'은 우리가 그 공간을 더 잘 알고 가치를 부여함에 따라 '장소'가 된다. ③ 장소는 개인이 구성하는 의미의 세계이므로, 누군가에게는 의미 있는 장소가 다른 사람들에게는 '장소'가 되지 못할 수도 있다.
2. 장소감	① 장소감이란 어떤 장소에 관한 개인의 감정, 태도 등을 말한다. ② 장소감은 장소와 개인, 집단, 자연환경, 인문환경과의 상호 작용을 통해 형성된다. 장소감은 고정된 것이 아니라, 장소와 주변 환경에 관해 개인이 어떤 경험을 하고 어떻게 인식하는지에 따라 변할 수 있다. ③ 그리고 같은 장소라고 하더라도 개인 혹은 집단마다 장소에 부여한 주관적 의미는 다를 수 있다. 이러한 장소감의 차이는 나이, 성별, 가치관, 직업, 사회 계층 등에 따라 발생한다.
3. 심상지도	① 심상 지도는 고장이나 지역의 객관적 실체를 그대로 나타낸 것이 아니라, 개개인의 머릿속에 있는 장소에 관한 정보를 지도처럼 그려 나타낸 것이다. ② 어린이가 그린 심상 지도에는 어린이들의 생활 세계가 담겨 있다. 이것을 교사가 읽어 내면 어린이들이 경험하는 세계의 범위, 어린이들이 선호하는 장소 등에 관한 정보를 얻을 수 있다. 심상 지도에는 자신이 가장 잘 알고 있는 지점이나 장소를 자세하게 그리고, 또 자신의 삶 속에서 매우 중요하다고 생각하는 사항들을 표현하며, 그렇지 않은 사항들은 그리지 않는 경향이 나타난다. 그래서 심상 지도를 보면 그것을 그린 사람의 생각을 알 수 있다.
4. 디지털 영상 지도	① 디지털 영상 지도란 항공 사진이나 위성 사진을 지도 형식으로 바꾸고, 컴퓨터와 같은 디지털 기기에서 이용할 수 있도록 디지털 정보로 표현한 지도이다. ② 디지털 지도는 종이 지도를 디지털 기기에서 이용할 수 있도록 디지털 정보로 나타낸 지도이며, 영상 지도는 항공 사진이나 위성 사진의 지형 기복을 정사 보정하여 지도 형식으로 바꾼 것이다. 정사 보정은 왜곡을 고려해 자료 안의 모든 지점이 지도처럼 수직으로 내려다본 것으로 형태를 바로잡는 것이다. ③ 디지털 영상 지도는 종이 지도보다 알아보기 쉽고, 여러 정보와 융합하여 훨씬 많은 정보를 표현할 수 있다. 또한 통신 기술과 결합하여 최신의 지도 정보를 유지할 수 있다.
5. 랜드마크와 지형지물	① 랜드마크는 어떤 지역을 대표하는 지형이나 건물이다. 보통 주위 경관 가운데 두드러지게 눈에 띄는 것이 자연스럽게 랜드마크가 된다. ② 지형지물은 땅의 생김새와 땅 위에 있는 모든 물체를 이르는 말인데, 주요 지형지물이 랜드마크 역할을 한다. 원래 랜드마크는 탐험가가 여러 지역을 돌아다니다가 다시 특정 장소로 돌아올 수 있도록 만든 표식을 의미하였으나, 오늘날에는 그 의미가 더욱 확대되어 지형, 시설물, 문화유산 등과 같이 어떤 곳을 상징적으로 대표하는 것을 일컫는다. ③ 파리의 에펠탑, 런던의 빅벤, 뉴욕의 자유의 여신상, 두바이의 부르즈 칼리파, 우리나라 서울의 남산 서울 타워 등이 세계적으로 유명한 랜드마크이다.

6. 백지도	① 각종 정보를 기입하기 위한 작업용 기본도로, 해안선만 표시한 것, 해안선·하천·호수 등의 물 부분만 표시한 것, 행정 경계만 있는 것 등 여러 종류가 있고, 축척도 다양하다.
	② 장점과 단점
	  ㉠ 백지도에 학생 스스로 비교적 간단한 작업으로 지도를 완성시켜 봄으로써 학습 내용을 직접 정리하거나 확인해 볼 수 있다.
	  ㉡ 활동 중심의 학습을 함으로써 주어진 과제를 완성시키는 데서 오는 성취감을 얻게 되어 학습 의욕을 고취하고 학습의 효과를 크게 증진시킬 수 있다.
	  ㉢ 적절한 과제물로써의 백지도는 학생들에게 효과적인 예습이나 복습의 기회를 제공할 수 있다.
	  ㉣ 그러나 백지도는 「사회과 부도」의 지도들에 비해 내용이 간단하고 정밀도가 떨어지며 학생들에게 지도를 그릴 기회를 빼앗는다는 제한점이 있다.

7. 공간 인식력을 기르는 지도 읽기와 그리기	공간 구조를 인식하는 과정은 크게 3단계이다. 먼저 공간을 조망하고, 그리고 공간 요소를 속성별로 분류하며, 그것에 토대하여 공간 구조를 인식하는 것이다. 이들을 각각 공간 조망력, 공간 요소 분류력, 공간 구조 이해력이라고 한다.	
	(1) 공간 조망력	① 공간 조망력은 마치 새가 되어 하늘에서 땅을 보듯이 공간을 전체적으로 살피는 것이다. ② 지리적인 공간 조망은 현실에서는 비행기를 타지 않고는 어려우므로, 항공 사진과 위성 사진을 토대로 제작된 지도를 보는 것 자체가 공간을 조망하는 것이 된다.
	(2) 공간 요소 분류력	① 공간 요소 분류력은 지표상의 공간 요소들을 어떤 기준을 토대로 분류하는 것이다. ② 도시의 경우, 일반적으로 주요 도로와 주요 건물들을 중심으로 공간 정보들을 분류한다. ③ 이 단계에서는 공간 정보를 기호로 단순화하는 훈련이 필요하다. 이를 위해 색연필이나 사인펜 등으로 동일한 속성은 동일한 색으로 나타내도록 한다.
	(3) 공간 구조 이해력	① 공간 구조 이해력은 공간 요소들을 위치, 거리, 형태, 크기 등의 관점에서 그 관계를 살피는 것이다. ② 예를 들어, '학교 북쪽에는 동에서 서로 이어지는 큰길이 있고, 학교 서쪽에는 ○○ 건물이 있다. 이 건물은 우리 학교 건물보다 넓이가 3배는 된다.'가 공간 구조를 살피는 과정이다.
	공간 인식력을 기르는 핵심은 지도 읽기이고, 지도 읽기의 궁극적 목적은 공간 구조를 정확하게 인식하는 것이다. 따라서 지도 읽기를 통해 인식된 공간 구조가 어느 수준인지 파악해야 한다. 학생들은 자기 스스로를 파악하고, 교사는 학생들의 수준을 파악하기 위해서 눈에 보이는 무엇이 있어야 한다. 그것이 지도 그리기이다.	
8. 지리 정보 기술 (Geographic Information Technologies)	① 지리 정보 기술이란 다양한 지리 정보를 수집하고 다루는 기술로, 지리 정보 시스템(GIS), 원격 탐사, 위성 위치 확인 시스템(GPS) 등이 있다. ② 지리 정보 기술은 스마트폰 등을 이용한 버스 도착 예정 시각 검색, 주변의 각종 편의 시설 정보 검색 등 일상생활에 다양하게 활용되고 있다.	

개념 26 우리가 알아보는 고장 이야기 (3-1)

1. 지역사 학습의 장점과 주의할 점	① 3, 4학년에서 지역사 학습은 학생들이 지역의 구체적인 유적과 유물, 인물을 통하여 직접적인 역사 이해를 경험할 수 있게 한다. 학생들은 지역 문화유산과 주변 역사에 관한 관심과 흥미를 기를 수 있고, 나와 주변 사람들의 삶이 모여 지역의 역사와 국가 전체의 역사가 된다는 것을 알 수 있다. 또한 학생들은 지역사 체험 학습을 통하여 역사와 문화유산에 관한 존재 가치와 의미를 발견하고, 이를 소중히 여기는 태도와 지역에 관한 자긍심을 기를 수 있다. ② 지역사 교육은 주로 초등학교 3, 4학년 사회과의 몇 개단원에서 산발적으로 교수하고 있다. 초등학교에서 지역사 학습을 적용할 때 오해하고 있는 부분들이 몇 가지 있다. 지역사 교육도 연대법이어야 역사라고 생각하거나, 지역사는 곧 시(市)·도(道)사나 군(郡)사로 생각하는 것, 지역사 내용이 지역 홍보와 자랑에 치우쳐야 한다는 것 등이다. 이러한 지역사 학습에 관한 오해로 지역사 내용 선정이 학생의 삶이나 경험과 가까운 역사를 중심으로 되기보다는 지역의 전통을 자랑하는 쪽으로 치우치기 쉬우므로 주의해야 한다.
2. 문화재와 문화유산	① 문화 활동에 의하여 창조되어 가치가 뛰어나다고 인정 되는 유형·무형의 축적물을 '문화재'라고 한다. 문화재는 어원적으로 문화(文化, Culture)라는 단어와 재산(財産, Property)이라는 단어가 합쳐진 말이다. 문화재라는 말은 일본으로부터 도입되었다. 우리나라에서는 1961년 문화재 관리국 직제가 공포되면서 공식적으로 문화재라는 말을 처음 사용하였다고 한다. ② '재산'으로서의 의미가 강했던 문화재 개념은 인류의 문화 활동에 의한 산물로서 보존할 만한 가치가 있는 문화유산, 그리고 과학과 보존, 경관의 측면에서 특별한 가치가 있는 자연 유산의 두 개념으로 분화되었다. 문화재라는 용어가 소유권이 분명한 사회적 자산의 의미를 담고 있다면, 문화유산이라는 용어는 인류 공동의 범민족적이고 범세계 적인 사회적 자산의 의미를 담고 있다.
3. 문화재의 종류	• 문화재는 크게 유형 문화재, 무형 문화재, 기념물, 민속 문화재 네 가지로 구분할 수 있다. 성곽·옛 무덤·불상·옛 그림·도자기 등을 비롯한 유형 문화재가 있고, 판소리·탈춤과 같이 사람들의 행위를 통해 나타나는 무형 문화재가 있다. 자연 유산으로서 보존할 만한 가치가 있는 것들을 기념물이라고 한다. 또한 일상생활의 발전 과정을 이해하는 데 중요한 것들을 민속 문화재라고 한다. | 유형 문화재	국보 | |---|---| | | 보물 | | 민속 문화재 | 국가 민속 문화재 | | 기념물 | 사적 | | | 명승 | | | 천연기념물 | | 무형 문화재 | 국가 무형 문화재 |
4. 문화유산 교육	① 문화유산 교육은 '문화재에 대한 교육'과 '문화재를 통한 교육'으로 구분할 수 있다. ② 전자는 문화재 자체에 대한 역사적 사실과 정보를 파악하는 것을 말하며, 후자는 문화재를 소재로 조상들의 생활 문화 역사를 학습하고 만들기 체험이나 따라 배우기 등을 통해 문화 창조의 과정에 참여하여 문화의 의미를 깨닫도록 하는 내용의 수업을 말한다.

5. 문화유산 교육의 필요성	① 문화재 교육의 필요성 • 개인 또는 공동체 구성원으로서 자신의 정체성을 확인 한다. • 다양한 인간 활동 영역 – 사회·정치·과학 기술·경제·철학·종교·미학 – 을 이해한다. • 전통문화의 가치와 의미에 대해 이해하고 문화유산을 아끼고 보존하는 태도를 함양한다. ② 문화유산 교육의 의의 • 문화재는 1차 사료로, 역사 수업에서 탐구 학습에 유용한 자료를 제공한다. • 교과서 내용의 평면성이라는 한계를 극복하고 당시의 문화를 생활 속에서 접할 수 있도록 생동적인 학습의 장을 제공한다. • 문화재를 학습함으로써 민족문화에 대한 자긍심을 키워 나가며, 조상에 대한 존경심을 기르고 향토애와 민족애를 기른다.	
6. 여러 가지 조사 방법		장점	단점

		장점	단점
6. 여러 가지 조사 방법	인터넷 검색	• 언제든지 필요한 정보를 얻을 수 있다. • 사진, 영상 자료에 대한 빠른 이해가 가능 하다.	• 정보의 양이 많아 원하는 자료를 찾기 어렵다. • 신뢰할 수 없는 정보도 많이 섞여 있다.
	문헌 조사	• 비교적 비용, 시간, 노력을 절약할 수 있다. • 자료의 분석 없이 즉시 활용 가능하다.	• 집필자의 주관적인 생각이 담겨 있다. • 얻을 수 있는 자료가 한정되어 있다.
	면담	• 구체적이고 자세한 자료를 얻을 수 있다. • 면담 중 궁금한 점을 즉시 해결할 수 있다.	• 조사자의 생각이 반영될 수 있다. • 자료를 수집하는 데 많은 시간과 노력이 필요하다.
	답사	• 다양한 것을 직접 경험할 수 있다. • 다른 조사 방법으로 얻은 정보를 확인할 수 있다.	• 비용, 시간, 노력이 많이 필요하다. • 답사를 위한 사전 조사가 반드시 필요하다.

 **개념 27 교통과 통신수단의 변화 (3-1)**

1. 교통과 교통수단	① 교통 경제학자들은 교통이 '경제활동에서 공간을 극복하는 것'이라 하고, 사람과 물자의 물적 이전과 통신과 같은 비물적 이전을 넓은 의미로 교통이라 하였다. ② 그러나 가장 좁은 의미로서 교통은 통신을 제외한 사람과 재화의 장소간 물적 이동이며, 물적 이전은 교통수단에 의해 이루어진다.
2. 교통의 경제적 기능	① 교통의 기능은 경제적 기능, 사회적 기능, 전략적 중요성의 세 측면으로 구분할 수 있다. 그중 교통의 경제적 기능은 장소적 거리를 극복하여 생산과 소비의 효율성을 높이는 것이다. ② 19세기 후반 해상 수송의 발전을 계기로 산업의 지역적 전문화 경향과 선두 산업 분야에서의 생산성 증대 현상이 뚜렷이 나타나기 시작하였다. 근대화와 시장 권의 확대는 화물 수송의 신속화와 대량화를 유도하였고, 수송의 정기성과 운송 빈도의 증가는 운송비를 절감하는 효과를 낳음으로써 더 합리적인 경제활동을 추구할 수 있는 여건을 조성하였다. 다양한 운송 수단의 발달로 각 수단들 간의 경쟁이 나타나 더 나은 서비스와 저렴한 운임 체계로 공간을 극복할 수 있게 되었다. 결과적으로 교통의 발달은 산업 생산력의 증대와 시장의 형성 및 확대를 가져온다.
3. 교통의 발달과 시공간의 수렴화	① 새로운 교통수단의 등장과 효율적인 교통 체계로 운송비가 저렴해지면서 멀리 떨어진 지역과도 상호 작용이 활발하게 일어나게 되었다. ② 교통수단의 발달은 단지 비용 절감만을 가져온 것이 아니다. 19세기 중반부터 새로운 교통수단이 등장할 때마다 주행 속도는 급속도로 증가하였으며, 그 결과 거리 극복 효과가 매우 커지면서 지역 간 상대적 거리(시간 거리)는 아주 짧아졌다. ③ 이에 따라 세계는 점점 좁아지게 되었는데, 이러한 현상을 쟈넬(Jannelle)은 시공간의 수렴화라고 정의하였다.
4. 교통수단의 발달에 따른 생산 활동에서의 변화	① 교통수단의 혁신으로 거리에 따른 운송비 절감 효과가 생산 활동에 미치는 영향을 살펴보면 　㉠ 운송비가 저렴해지면서 상대적으로 다른 지역에서 생산되는 상품을 더 많이 얻을 수 있게 되었다. 일례로 신선한 야채 공급이 부족할 경우 거리가 먼 지역으로부터도 살 수 있게 되었으며, 흉년으로 식량이 부족할 경우 멀리 떨어진 다른 지역으로부터도 식량을 살 수 있게 되므로 식량난을 완화할 수있게 되었다. 　㉡ 운송비의 절감은 생산 면적과 시장 면적을 확대하고 있다. 시장에 상품을 공급하는 기업의 경우 운송비가 절감됨으로써 이윤의 한계 지점이 더 확장되어 시장 면적이 늘어나게 된다. 또한 특정 작물 재배의 이윤의 한계 면적도 늘어나게 된다. 일례로 미국에서 철도 운임이 절감되어 곡물 가격이 하락되었던 경우 영국의 농부나 지주들까지도 곡물 가격 하락의 영향력을 경험하게 되었다. 　㉢ 운송비가 절감될 경우 상품 가격이 저렴해져 운송비의 절감 효과가 소비자들에게도 돌아간다. 이러한 이유는 몇 가지 관점으로 분석할 수 있다. 우선 운송비의 절감은 원료 구입비와 최종 생산물을 소비자에게까지 공급하는 데 드는 배달 비용을 줄여 주게 된다. 또한 국가적·국제적으로 노동의 공간적 분업화가 크게 활성화된다. 즉, 각 지역마다 가장 유리한 생산 조건을 가진 상품만을 전문화하여 생산한 후 상호 교류하는 경향이 더욱 강화된다. ② 한편, 수송비가 저렴해질 경우 대량 생산을 촉진하여 규모 경제를 통해 가격을 낮출 수 있게 된다. 그 이유는 더 먼 곳으로부터 원료를 구입해 올 수 있고, 제품 시장도 확대할 수 있기 때문이다.

5. 통신	① 통신이란 일반적으로 의사소통을 말한다. 의사소통이란 자신의 생각을 언어나 문자 등의 수단으로 상대방에게 전달하여 이해시키는 것을 말한다. ② 초창기 인간들은 생명에 관한 위협으로부터 벗어나기 위해서 다양한 방식으로 의사소통을 하였다. 예를 들어, 소리나 불빛 혹은 연기 등을 이용한 것이었다. 이러한 원시 형태의 통신은 인간의 감각 능력을 이용한 것이었다.
6. 통신수단의 발달과 생활 모습의 변화	① 옛날에는 대개 사람이 직접 가서 소식을 전했다. 하지만 오늘날에는 텔레비전이나 인터넷 등을 통해 소식을 주고받는다. ② 이에 따라 사람들은 가까이 있는 이웃뿐만 아니라 전 세계의 모르는 사람의 소식까지 알 수 있게 되었다. 특히 스마트폰이 보급되면서 많은 정보를 시공간적 제약 없이 주고받을 수 있게 되었다.
7. 교통과 통신의 역할	① 교통과 통신은 우리 사회를 지탱하는 두 기둥이다. 도시가 제대로 작동하려면 매일 끊임없이 물자와 정보가 흐르고 사람이 움직여야 한다. 이런 흐름을 돕는 것이 바로 교통과 통신이다. ② 또한 교통과 통신은 장기적으로 보면 도시의 성장을 이끄는 견인차 노릇을 한다. 국토 계획 사업에서 교통과 통신 시설이 항상 투자 우선순위로 꼽히는 것도 이들이 현대 사회에서 막중한 비중을 차지하기 때문이다
8. 통신에 의한 시공간의 수렴화	① 통신 기술이 발달함에 따라 시공간적으로, 비용-공간적 으로 상당한 통합화, 수렴화가 이루어졌다. ② 일례로 1920년에는 뉴욕에서 4,600km 떨어져 있는 샌프란시스코까지 통화하는 데 14분이 소요되었다. 그러던 것이 1930년에는 2.1분, 1940년에는 1.5분, 1960년에는 1분밖에 걸리지 않을 정도로 발달하여 시공간의 수렴화를 촉진하였다.

 **환경에 따라 다른 삶의 모습 (3-2)**

1. 환경	① 환경은 크게 기후, 지형 등의 자연환경과 문화, 정치, 교통, 통신 등 인간에 의해 만들어지거나 변형된 인문환경으로 나뉜다. ② 인간을 비롯한 지구상의 모든 생물은 환경의 영향을 받으며 환경에 적응하여 살아간다. 이러한 점에서 '환경'이란 '인간과 생물을 둘러싸고 있으며, 그들이 살아가는 데 직간접적으로 영향을 미치는 바깥의 것들'을 의미한다고 볼 수 있다. 더 간결하게는 '우리(인간)를 둘러싸고 있는 모든 것'으로 표현할 수 있다. 지리학은 이러한 인간과 환경의 상호작용에 관심을 두고 있다. ③ 우리는 일상생활에서 환경(環境)이라는 용어를 다양한 의미로 사용한다. 오늘날 전 세계적으로 중요한 이슈 중의 하나인 '환경 문제', '환경 오염'이라는 용어에서의 환경은 일반적으로 사람이나 동식물에게 영향을 미치는 산, 강, 바다, 공기, 햇빛, 흙 등의 자연환경을 의미한다. 그러나 '학급 환경 미화', '가정 환경'이라는 말에서의 환경은 사람이 생활하는 주위의 상태, 분위기, 여건 등을 의미한다. ④ 한편, 지리학이라는 학문에서 '환경'은 우리 주변을 둘러 싸고 인간 생활에 영향을 미치는 모든 조건을 말하는데, 크게 '자연환경'과 '인문환경'으로 구분한다.
2. 자연환경	① 자연환경이란 인간의 생활·활동·생산에 관련된 자연적 배경의 총칭이다. 자연환경은 많은 요소로 구성되며 지형, 기후, 물, 식생, 토양 등은 중요한 요소이다. 이 중 지형과 기후가 자연환경의 대표적 요소이다. ② 자연을 지배하는 작용을 크게 나누면 지구 외부의 것과 지구 내부의 것 두 가지인데, 전자는 태양으로부터의 복사 에너지이다. 이것이 지표면에 이르러 직간접적으로 모든 생물의 생명을 유지하는 근원이 되고, 이에 따라 이루어진 기후는 자연환경의 기본적 구성 요소가 된다. 그다음으로 기초적인 것은 지형이다. 따라서 자연환경은 기후 중심의 환경과 지형 중심의 환경으로 나뉜다.
3. 인문환경	① 인문환경이란 자연환경에 대비되는 개념으로, 인간이 자연을 토대로 만들어 낸 환경을 말한다. 학교, 공장, 건물 등의 시설과 교통, 문화, 산업 등의 환경이 여기에 속한다. ② 따라서 같은 호수라도 사람이 인공적으로 만든 호수는 인문환경으로 구분되며, 논과 밭, 과수원 등과 같이 자연환경을 토대로 인간이 만들어 낸 경관 또한 인문환경에 포함 된다.
4. 지형	① 지형(地形)은 한마디로 말하면 '땅의 생김새', 즉 땅의 생긴 모양과 높낮이 등 지표면의 여러 형태를 말한다. ② 높이가 높고 경사가 급한 산, 산지가 길게 연속적으로 나타나는 산맥, 경사가 완만하고 평평한 들(평야), 높은 산으로 둘러싸여 사발처럼 오목한 분지, 높이는 높지만 경사가 급하지 않고 비교적 평평한 고원, 물이 있는 하천(강 또는 시내)·호수·바다, 모래나 자갈 등으로 이루어진 사막, 그외에도 바다와 육지가 만나는 해안과 그곳의 갯벌이나 모래사장 등이 모두 지형에 해당한다. 이러한 지형은 인간 생활에 영향을 미치는 중요한 자연환경이다.
5. 날씨와 기후	① 기후(氣候)는 어떤 장소에서 오랜 기간 나타난 기온, 강수, 바람 등의 종합적이고 평균적인 상태를 말한다. 그렇다면 일기 예보에서 알려 주는 '날씨'와 '기후'는 같은 것일 까, 다른 것일까? 날씨는 그날그날의 대기 상태를 말하는 것으로, 하루 또는 짧은 기간의 기온, 강수, 바람 등의 상태이다. 반면, 기후는 어떤 지역에서 오랫동안 나타난 기온, 강수, 바람 등의 대기 상태이다. 즉, 기후는 어느 지역 에서 주기적으로 반복되는 날씨의 기록을 모아 평균을 낸 것이라고 할 수 있으며, 대체로 과거 30년 평균값을 사용한다. ② 날씨와 기후는 적용되는 기간이 다르지만 모두 자연환경에 해당한다. 또한 날씨나 기후에 영향을 미치는 기온, 강수, 바람 등의 기후 요소들 역시 자연환경이라고 할 수 있다.
6. 기후 요소	기후를 구성하는 요소에는 기온, 강수, 바람, 습도, 햇볕의 양 등 여러 가지가 있다. 그중 가장 중요한 것은 기온, 강수, 바람이다. • 기온 : 기온은 지표면 공기의 온도를 말한다. 기온은 해가 뜨면서 점차 올라가 하루 중 오후 1시에서 4시 사이에 가장 높고, 그 후 점차 내려가 일출 직후에 가장 낮다. • 강수 : 강수는 땅 위에 떨어지는 눈, 비, 우박, 이슬, 서리, 안개 등을 모두 포함한다. • 바람 : 바람은 공기가 움직이는 것을 말한다. 밀집해 있던 공기는 덜 밀집된 곳으로 이동하는데, 이것이 바람이다.
7. 우리나라의 기후	① 지역마다 기온, 강수, 바람과 같은 기후 요소가 다르게 나타나는 것은 위도, 해발 고도, 지리적 위치, 수륙 분포, 해류, 계절풍, 기단 등 다양한 요인들이 지역에 따라 다르게 영향을 미치기 때문이다. ② 우리나라의 대표적인 기후 특성은 사계절이 뚜렷하고 강수가 여름에 집중된다는 것이다. 또 기온은 일반적으로 태양 복사 에너지의 양과 낮 길이의 차이로 인해 위도에 따라 달라지는데, 우리나라의 경우 남북으로 길게 뻗어 있는 지형 특성상 동서보다 남북 간 기온 차이가 크다. 비슷한 위도인 경우 해발 고도가 높은 곳이 평균 기온이 낮다.

7. 우리나라의 기후	③ 계절풍은 대륙과 해양의 비열 차이로 발생하는데, 겨울철에는 대륙의 영향으로 한랭 건조한 바람이 불어오고, 여름철에는 북태평양의 영향으로 고온 다습한 바람이 불어온다. 겨울에 한랭한 북서 계절풍이 탁월할 때는 영동 지역과 영서 지역의 기후 차이가 두드러진다. 태백산맥이 장벽 역할을 하여 영서 지역의 기온이 영동 지역보다 더 낮기 때문이다. 한편, 북동 기류가 태백산맥을 만나 상승하면 영동 지역에 많은 눈이 내리기도 한다. ④ 이 밖에 내륙과 해안 지역의 기후 차이, 난류와 한류에 따른 해류 주변 지역의 기후 차이도 나타난다.		

	구분	촌락	도시
8. 촌락과 도시의 상대적 비교	토지 이용	농경지, 산림, 나지 등이 많으며, 토지를 조방적으로 이용함.	비교적 고층 건물이 많으며, 토지를 집약적으로 이용함.
	인구	농림어업을 중심으로한 1차 산업 종사자의 비율이 높고, 인구 밀도가 낮음.	제조업과 서비스업 등을 중심으로 한 2·3차 산업 종사자의 비율이 높고, 인구 밀도가 높음.
	주택	저층 주택이 많으며, 마을 규모가 작음.	고층 주택이 많으며, 계획적으로 조성된 주거 지역이 많음.
	경관	자연환경 중심의 경관이 나타남.	인문환경이 두드러진 경관이 나타남.

9. 어촌, 농촌, 산지촌의 개념	① 일반적으로 촌락 지역을 지형에 따라 해안 지역은 어촌, 평야 지역은 농촌, 산지 지역은 산지촌으로 일대일 대응하여 분류하는 경향이 있다. 그러나 촌락은 기능에 따라 어촌, 농촌, 산지촌으로 구분하는 것이 옳다. 즉, 주민들이 주로 어업에 종사하는 경우 어촌, 농업에 종사하는 경우 농촌, 임업이나 광산업 등에 종사하는 경우 산지촌으로 구분할 수 있다. ② 해안 지역 중 집들이 해안선을 따라 일렬로 분포해 있고 주민들이 대부분 어업에 종사하는 곳을 어촌이라 부른다. ③ 그러나 해안 지역 중에는 인천이나 부산과 같은 대도시가 있고, 포항이나 울산과 같은 공업 도시도 있다. 또한 주민들은 소규모로 농사를 지으며 살아가기도 한다. ④ 평야 지역 중 물을 구하기 쉬운 고른 땅에서 주민 대부 분이 농사를 지으며 모여 살 경우 농촌이라고 부른다. 그러나 예로부터 평야 지역은 물을 구하기 쉽고 넓은 땅이 있어 큰 도시로 발달한 경우가 많다. 이렇게 도시가 발달한 지역의 주민들은 주로 제조업이나 서비스업에 종사하며 살아간다. ⑤ 산지 지역 역시 산속에 몇 집씩 옹기종기 모여 있고 주민들이 밭농사나 목축업, 광업 등에 종사할 경우 산지촌이 라고 부른다. 그러나 교통, 인구, 접근성 등 여러 요인에 따라 주민 대부분이 관광업이나 서비스업에 종사하는 도시가 발달하기도 한다. ⑥ 따라서 여러 고장의 특징을 파악할 때는 고장의 자연환경 및 인문환경 요소를 종합적으로 고려할 수 있도록 지도해야 한다. 이를 통해 '해안 지역은 어촌, 평야 지역은 농촌, 산지 지역은 산지촌'과 같이 단편적인 사고를 하지 않도록 올바른 지리적 안목을 길러 주어야 한다.
10. 촌락의 변화	① 도시에서 떨어진 산속이나 바닷가, 강가에 위치한 촌락은 정부의 농어촌 개발 사업과 교통의 발달에 따라 많이 변화하고 있다. 전통 가옥은 현대적 양옥이나 아파트로 바뀌고, 넓은 도로가 새로 건설되면서 교통이 편리해졌다. ② 그리고 각종 편의 시설과 문화 시설의 이용이 쉬워지고 물자가 빠르게 전달되고 있다. 또 비닐하우스나 건조 시설, 최신 기계가 농가에 도입되면서, 힘을 덜 들이고 더 많은 생산을 하게 되어 수입이 늘고 여가 시간을 즐길 수 있어 여유 있는 생활이 가능해졌다. 요즘은 도시에 살던 사람들이 농촌으로 이사 가서 농작물을 기르며 생활하는 귀농 현상이 나타나기도 한다.
11. 자연환경과 인간 생활	① 인간은 기후, 지형, 식생 등 자연환경의 영향을 받으며 살아간다. 인간은 땅이나 물에서 나는 것들로 음식을 만들어 먹으며 살고, 또 그것들로부터 얻은 재료로 옷을 지어 입거나 집을 지어 삶의 터전을 마련한다. 그 외에 에너지, 자원 등도 자연으로부터 얻어 생활을 영위한다. 이처럼 자연환경은 인간이 살아가는 데 꼭 필요한 토대를 마련해 준다. 특히 기후와 지형은 의식주를 비롯하여 인간 생활에 많은 영향을 미친다. ② 이 단원의 핵심은 의식주의 개념이나 필요성을 이해하는 것이 아니다. 의식주를 소재로 환경에 따라 다양하게 나타나는 생활 모습을 이해하는 것이다. 오늘날에는 과학 기술이 발달하면서 옛날에 비해 자연환경이 사람들의 생활 모습에 주는 영향이 줄어들었다. 하지만 과학 기술의 발달로도 극복하기 어려운 문제들이 있기 때문에 자연환경은 여전히 인간 생활에 많은 영향을 미친다.

	• 세계 각 지역의 전통 의복은 자연환경, 특히 기후의 영향을 많이 받는다. 또 지역마다 주변에서 얻기 쉬운 재료가 무엇인지에 따라, 종교·역사 등 문화적 배경에 따라 의복이 다양하게 나타난다.
12. 세계의 기후와 의생활	<table><tr><th>기후</th><th>의생활</th></tr><tr><td>열대 기후</td><td>기온과 습도가 높은 지역이어서 더위를 이겨 내기 위해 옷을 최소화하여 열과 땀을 배출하고, 그 대신 다양한 장신구를 사용한다.</td></tr><tr><td>건조 기후</td><td>사막에서는 모래바람과 강한 햇볕을 막기 위해 온몸을 감싸는 헐렁한 옷을, 스텝에서는 주로 유목을 하기 때문에 가축의 가죽이나 털을 이용한 옷을 입는다.</td></tr><tr><td>온대 기후</td><td>계절의 변화가 뚜렷하여 계절에 따라 다양한 의생활 모습이 나타난다.</td></tr><tr><td>냉·한대 기후</td><td>추위로부터 몸을 보호하기 위해 동물의 털이나 가죽으로 만든 두꺼운 옷을 입는다.</td></tr><tr><td>고산 기후</td><td>일교차가 크기 때문에 여러 옷을 겹쳐 입는다.</td></tr></table>
13. 탄력적 환경확대법 적용	**● 사우디아라비아의 기후와 의생활** |교과서 40쪽| 사우디아라비아는 전체적으로 건조 기후, 특히 사막 기후가 나타난다. 쾨펜에 의하면 건조 기후는 연 강수량 500mm 이하인 기후를 말하며, 연 강수량 250mm 이하인 사막 기후와 연 강수량 250mm 이상인 스텝 기후로 구분된다. ▲ 사우디아라비아의 기후 사막 기후 지역의 사람들은 강한 햇볕과 모래바람을 막기 위해 온몸을 감싸는 헐렁하고 긴 옷을 입고 머리에 천을 두른다. 사우디아라비아의 남자들은 외출 시 천으로 된 전통 의복을 입는데, 주로 흰색을 입지만 갈색, 검정색 등 다양한 색의 의복도 착용한다. 그리고 천을 머리에 두르는데, 이를 고정하기 위해 끈을 사용한다. 여자들의 의복은 이슬람교의 영향으로 검은색 겉옷이 일반적이며, 히잡과 같은 천을 둘러 얼굴을 가린다. **● 베트남의 기후와 의생활** |교과서 40쪽| 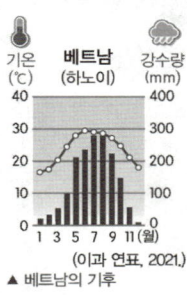 ▲ 베트남의 기후 베트남은 대체로 연중 기온이 높고 계절풍의 영향을 받는 열대 계절풍(몬순) 기후의 특징이 나타난다. 그러나 국토가 남북으로 길게 뻗어 있고 동쪽으로는 바다와 인접해 있어 지역별로 기후의 차이가 큰 편이다. 베트남 북부는 사계절이 있는 몬순 기후이며, 남부는 우기와 건기 두 계절만 있는 열대 몬순 기후가 나타난다. 보통 덥고 비가 많이 내리는 고장에서는 바람이 잘 통하는 옷을 입고 챙이 넓은 모자를 쓴다. 베트남 여성의 대표적인 전통 의복인 '아오자이'는 긴(자이) 옷(아오)이라는 뜻이다. 원래 아오자이는 얇은 천으로 만든 치마처럼 긴 옷옷만 가리킨다. 아래에 입는 바지는 '쿠완'이라고 불린다. 또 베트남 사람들이 쓰는 모자인 '논' 또는 '논라'는 나뭇잎(라) 모자(논)라는 뜻이다. 논은 비가 오는 날에는 우산으로, 맑은 날에는 양산으로, 더울 때는 부채로도 쓰인다. 논과 아오자이는 베트남을 상징한다. **● 캐나다의 기후와 의생활** |교과서 41쪽| 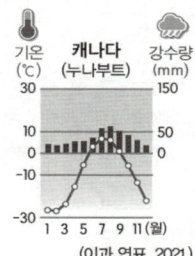 ▲ 캐나다의 기후 캐나다는 고위도 지역에 위치해 있어서 냉대 기후가 넓게 나타나며, 북극해 연안에서는 한대(툰드라) 기후가 나타난다. 툰드라 기후 지역은 일 년에 여덟 달 이상이 겨울이다. 겨울이 길고 봄, 여름, 가을은 몹시 짧기 때문에 농경이 불가능하고 수렵에 의존한다. 툰드라 기후가 나타나는 캐나다 북부의 북극해 주변 지역 사람들은 유목이나 수렵을 하기 때문에 동물의 털과 가죽으로 옷을 만들어 입는다. 이는 추위로부터 몸의 온도를 유지하기 위해서이다. 옷을 만드는 데에는 순록이나 바다표범, 북극곰 등의 가죽이 사용되며, 이는 모자, 장갑, 신발 등에도 사용된다. 옷과 신발을 만들 때 사용하는 가장 튼튼한 실은 순록의 힘줄이다. **● 페루의 기후와 의생활** |교과서 41쪽| 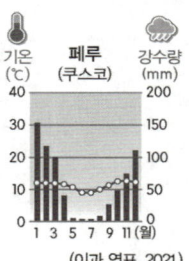 ▲ 페루의 기후 페루는 위도상으로 열대와 아열대 기후가 나타나는 지역이지만, 지형의 영향으로 페루의 기후는 위도와 평행하게 나타나지 않는다. 해안 지대는 하층 공기가 한류에 의해 냉각되어 안정되어 있으므로 강수량이 적지만, 기온이 낮아 습도가 높고 안개가 많은 편이다. 산림 지대는 일 년 내내 고온 다습한 열대 기후가 나타난다. 산악 지대는 해발 고도가 매우 높으며, 연교차는 작지만 일교차가 크게 나타난다. 낮과 밤의 기온 차가 큰 산악 지대의 사람들은 낮의 뜨거운 햇볕을 막고 밤의 추위를 견디려고 망토와 같은 긴 옷을 입고, 모자를 쓴다. 페루의 원주민들 역시 손수 짠 모직으로 판초를 만들어 입는데, 판초는 모포 가운데에 구멍을 내어 머리가 나오도록 뒤집어쓰는 형태의 옷이다. 또 페루나 멕시코 등 라틴 아메리카 국가에서는 남녀 모두 챙이 넓고 춤이 높으며 뾰족한 모자인 '솜브레로'를 쓴다. 솜브레로는 그늘이라는 뜻의 에스파냐어 '솜브레'에서 따왔다. 솜브레로를 쓰는 이유는 강한 태양볕을 피하기 위해서이다.

시대마다 다른 삶의 모습 (3-2)

1. 세시 풍속	① 세시 풍속은 음력 정월부터 섣달까지 해마다 같은 시기에 반복되어 전해 오는 의례를 말한다. 세시 풍속은 농경 문화를 배경으로 하고 있기 때문에 농경의례라고도 한다. ② 명절, 24절기와 이에 따른 의례와 놀이 등 다양한 내용이 여기에 포함된다. 놀이 역시 오락성보다는 의례의 하나로서 풍농을 예측하거나 기원하는 행사로서의 의미를 강조하였다. ③ 세시 풍속은 흔히 음력을 기준으로 한다고 생각하지만 양력을 완전히 배제한 것은 아니다. 우리가 일반적으로 말하는 음력은 음력이 중심을 이루되 양력도 가미한 것이다. ④ 세시 풍속은 대체로 1년을 주기로 반복되는데, 예외도 있다. 예를 들면, 윤년이 드는 해에 행하거나, 3년, 5년, 또는 10년 단위로 행하는 별신제도 세시 풍속으로 볼 수 있다. ⑤ 세시 풍속은 명절과 깊은 관련을 맺고 있다. 전통 사회 에서 명절은 의례를 행하는 특별한 날로 여겨졌으며, 이때 행했던 여러 의례가 세시 풍속이 되었다. ⑥ 종종 세시 풍속을 연중행사라고 부르는 경우가 있다. 우리나라의 경우 연중행사라고 하면 연중에 행하는 모든 행사를 의미하기 때문에 이와 같은 표현은 피하는 것이 바람직하다. 세시 풍속은 사계절에 따라 행하므로 계절제 라고 불리는데 여기서 연중행사와의 차이점을 알 수 있다. ⑦ 오늘날은 농업 중심 사회가 아니라 정보 산업 사회로서, 생업이 다양하다. 전통적인 세시 풍속도 시대 변화에 적응 하여 전해 오기도 한다. 오늘날 세시 풍속을 행하는 세시 명절은 설날과 추석으로 축소되었다. 2대 명절이라고 하지 만, 가정에서는 차례를 지내고 성묘하는 세시 풍속이 일반 적이다. 명절을 실감 나게 하는 장소는 민속박물관이나 민속 마을과 같은 곳으로, 설날과 추석 연휴에 많은 사람이 우리의 놀이를 즐긴다. 오늘날에 들어서 윷놀이, 씨름, 연날리기 등의 세시 놀이는 명절에만 행하는 것이 아니라 시간과 공간의 제한 없이 다양하게 행한다. 또한 민속 신앙 의례면서 세시 풍속이기도 한 동제가 '지역 축제'로 활성화 되는 것도 세시 풍속이 변화·전승 되고 있는 모습이다.

 **가족의 모습과 역할 변화 (3-2)**

1. 가족 다양성에 관한 관점	① 현대 사회에서 나타난 가족의 변화를 가족의 약화 또는 가족의 해체로 보는 관점이 있다. 재혼 가족, 한 부모 가족 등 여러 형태의 가족이 등장하고 전형적인 부부 가족이라도 살아가는 모습이 달라짐에 따라 가족 제도 자체가 붕괴하고 있다는 주장이 나오기도 한다. 즉, 전통적인 방식의 가족생활이 붕괴하면서 가족적 유대 자체가 사라지고 사회에 개인주의가 만연하여 자녀 양육이나 노약자 부양과 같은 가족 내의 부양 활동이 위축되었다는 것이다. ② 이런 관점은 핵가족을 전형적인 유형으로 고려하는 경우에만 가능한 주장이며, 다양한 가족의 등장이라는 시각에서는 이러한 변화를 개인의 행복과 자유의 실현 기회 확대로도 볼 수 있다.
2. 정상 가족 이데올로기	• 현대의 가족 이데올로기는 이성애 부부와 아이들로 이루어진 핵가족을 '이상적이고 자연스러운 가족'으로 전제하며, 그 외의 가족 형태를 '비정상적 가족'으로 배제한다.
3. 공동체 가족	① 현대 사회에서는 독신으로 지내면서 많은 사람과 자유롭게 공동체를 결성하기도 하고, 때로는 취미나 가치관이 유사한 사람들이 공동 가족을 결성하기도 한다. 이런 가족은 열린 가족, 개방 가족, 느슨한 가족이나 제도나 관습에 얽매이지 않고 상대를 소유의 대상으로 간주하지 않는다는 의미에서 차가운 가족으로 불릴 수 있다. 그리고 이런 가족은 가장이라는 특정 인물을 중심으로 한 일방적이고 권위적인 의사소통이 아니라, 가족 구성원 모두가 적극적으로 참여하는 의사소통이 이루어진다는 점, 응집된 집단으로서가 아니라 개인의 연결망으로서 기능한다는 점에서 네트워크 가족이라는 명칭도 가능하다. ② 공동 가족도 구성원 상호 간 친밀감과 상호 도움을 주고 받는다는 면에서는 전통적 가족과 다를 바 없다. 그러나 전통 가족처럼 혈연, 상대방에 대한 구속, 의무, 위계적 관계, 의존, 몰입 등에 기초하지 않고 개인의 선택, 자율, 수평적 관계, 개방성 등을 기초로 한다는 점에서 다르다. 따라서 전통적인 의미의 가족은 약화하고 있지만 이를 대체할 수 있는 새로운 가족이 등장하고 있다는 점에 주목할 필요가 있다.

 **지역의 위치와 특성 (4-1)**

1. 지역	① 개인, 집단 혹은 기관에 의해 일정한 목적에 따라 구획된 특색 있는 지표면의 범위를 의미한다. 지역은 내적으로 오랜 기간에 걸쳐 형성된 문화의 지층이 나타나며, 인간 생활의 정신적, 경제적, 사회·문화적, 역사적, 지리적 측면들이 통합된 동질적인 생활 공간이다. 반면, 외적으로는 인접한 생활 공간과 구분되는 특징이 나타난다. ② 우리나라에서는 넓게는 시·도, 좁게는 시·군·구 단위의 지역 공간이 형성되어 있고, 지역 내외적으로 주민들 사이의 상호 작용이 이루어진다. 이 단원에서는 4학년 학생들의 발달 수준과 경험을 고려해 지역의 공간적 범위를 시·도로 규정한다.	
2. 지도의 기본 요소	① 지도를 구성하는 주요 요소들, 즉 방위, 기호, 범례, 축척, 등고선을 배우는 것은 지도를 올바르게 읽기 위해서이다. 지도를 올바르게 읽는다는 것은 지도 속의 공간을 올바르게 읽는다는 뜻이다. 이러한 점에서 방위, 기호, 범례, 축척, 등고선은 지도를 읽는 도구가 된다. ② 도구는 지속적으로 사용할 때 빛이 난다. 따라서 방위, 기호, 범례, 축척, 등고선은 한 번 학습하는 것이 아니라, 지도를 읽을 때마다 이들을 활용하여 공간의 특징을 읽어야 한다.	
	(1) 기호가 만들어지는 과정	① 지도에 사용되는 여러 기호들은 실제 모습을 본떠서 만들거나 약속을 통해 만든다. ② 실제 모습을 본떠 만든 기호에는 교회, 등대, 산, 논, 학교 등이 있다. 예를 들어 논(ㅛ) 기호는 평평한 논바닥과 벼를 베고 난 그루터기의 모습을 본떠 만들었다. 또 학교(⚑) 기호는 학교 건물과 그 위에 걸린 태극기의 모습을 본떠 만들었다. ③ 실제 모습을 본뜨지 않고 약속을 통해 만들어진 기호에는 시청, 소방서, 우체국, 공장 등이 있다. 시청(◎) 기호를 비롯한 이 기호들은 실제 모습을 본뜨기가 어려워 약속에 따라 간단하게 만든 것이다.
	(2) 기호와 범례	① 지도의 목적은 사용자로 하여금 지구상의 어느 한 지역을 생생하게 그릴 수 있도록 하는 데 있다. 그러므로 가장 이상적인 방법은 어떤 지역 내의 모든 지형지물의 실제 위치와 모양을 유지하면서 비율만 축소하여 표시하는 것이 다. 그러나 이런 방식은 크기와 모양이 축소되어 알아보지 못할 수 있다는 문제점이 있다. ② 따라서 지도를 만들 때에는 지구 표면의 지형과 인공 구조물 등에 나타나 있는 자연적, 사회·문화적인 특성을 표현하기 위해 일정한 기호나 색깔을 사용한다. 그리고 지도에 사용한 기호와 색깔들의 의미를 지도의 한쪽에 표시하여 지도를 읽을 때에 참고하도록 하고 있다. 이를 범례라고 한다. ③ 지도에는 다양한 형태의 지형과 여러 가지 시설을 점, 선, 면으로 된 각종 기호로 표시한다. 기호는 실제 지형지물의 모양과 비슷하게 하여 표시하며, 모든 기호의 중심 위치는 특별한 경우를 제외하고는 그 지형이나 시설물의 실제 위치에 표시한다. 또한 지도상에 사용되는 기호는 여러 가지 색으로 인쇄되어 여러 지형과 시설물을 구분하기 쉽게 하고 있다.
	(3) 축척의 표현 방법	① 지도를 그리는 약속을 정할 때 지도를 보는 사람이 이해 하기 쉽게 만들기 위해 가장 밑바탕이 되는 아주 중요한 것이 있다. 바로 축척이다. 축척은 지도를 만들 때 어떤 지역을 실제보다 축소한 정도를 말한다. 다시 말해 축척이 란, 실제 거리와 지도상에서의 거리 사이의 관계이다. ② 축척을 표현하는 방법은 주로 세 가지로 분류된다. 첫째, 문자식(서술식)으로 표현되는 축척은 '1cm는 1km'와 같이 그 크기를 설명한다. 둘째, 일반적으로 많이 사용되는 도표 척도식(그래프식) 표현 방법이 있다. 이는 지도상에 막대그래프 같은 것을 가로로 놓고 '0⊢⊣1km'와 같이 눈금과 단위로 표시한다. 셋째, 비율식(분수식) 표현 방법으로 '1:100,000' 또는 '$\frac{1}{100,000}$'과 같이 표현한다. 여기서 분자 '1'은 지도상에서의 거리를 나타내고, 분모 '100,000'은 실제 거리를 나타낸다. ③ 두 지점 간 실제 거리는 지도의 축척과 비례식으로 구할 수 있다. 하지만 축척 학습은 대상 간의 거리를 재어 실제 공간을 상상하게 하는 것에 의미가 있다. 다시 말해, 축척을 실제 거리나 면적 계산에 활용하기보다는 지도상에 나타난 두 지점 간의 거리를 통해 대상들의 공간적 관계를 살피고, 지역의 위치와 영역적 특징을 파악하는 데 활용하는 것이 바람직하다.

2. 지도의 기본 요소	(4) 축척에 따른 지도의 분류	① 축척은 지표를 얼마나 줄였느냐에 따라 적게 줄인 것은 대축척 지도, 많이 줄인 것은 소축척 지도라고 한다. 부연 설명을 하면 1:50,000 = 0.00002이고, 1:1,000,000 = 0.000001이므로 0.00002 > 0.000001이기 때문에 1:50,000이 1:1,000,000보다 대축척 지도가 된다. 즉, 분모가 작을수록 대축척 지도가 되는 것이다. ② 일반적으로 지도는 1:50,000 이하인 대축척 지도와 1:500,000 이상인 소축척 지도로 분류한다. 그러나 지도의 축척은 상대적인 것으로, 축척이 다른 두 개의 지도가 있을 경우 하나는 대축척 지도가 되고 다른 하나는 소축척 지도가 된다. ③ 보통 교실에 걸려 있는 대한민국 전도는 축척이 1:1,000,000 이다. 이것은 지도상에서의 1cm의 실제 거리는 1,000,000cm (10km)라는 말이다. ④ 국토지리정보원에서 제작하여 배포한 세계 지도는 축척이 1:40,000,000인 소축척 지도이다. 서울에서 미국의 수도 워싱턴까지는 지도상에서 약 27.9cm이다. 이를 실제 거리로 환산하면 11,172km이다.

구분	대축척 지도	소축척 지도
장점	관찰하고자 하는 지역을 자세히 볼 수 있음.	지역 전체의 모습 및 주변 간의 관계를 볼 수 있음.
단점	지역 전체의 모습이나 주변 간의 관계를 파악하기는 어려움.	지역에 대한 자세한 정보를 알기는 어려움.
활용	지역의 자세한 정보를 파악하고자 할 경우	지역의 위치를 파악하고자 할 경우

	(5) 등고선	① 지도에서는 지형의 모양 및 지표면의 특징, 즉 높이, 경사, 요철 등을 도면에 색깔이나 등고선(等高線)으로 표현 한다. 여기서 등고선이란 높이가 같은 지형을 연결해 놓은 선이다. 등고선은 평균 해수면을 기준으로 수직 고도가 같은 지점을 연결하여 폐곡선 형태로 나타낸다. ② 등고선은 평면상에 높이를 표시하지만, 곡선의 모양을 보고 땅의 높낮이나 지형의 형태, 사면의 경사 정도 등을 파악할 수 있다. (국토지리정보원, 2007.)
	(6) 해발 고도	① 땅의 높이를 나타낼 때 사용하는 해발 고도는 해수면에 서부터의 수직 높이를 의미한다. 우리나라는 인천만의 평균 해수면을 0m로 보고, 이를 기준으로 땅의 높이를 잰다. ② 그러나 바닷물의 평균 높이를 매번 재는 것은 어렵기 때문에 인천에 있는 인하공업전문대학 교정에 '대한민국 수준 원점'이라는 것을 설치하여, 이를 기준으로 땅의 높이를 재고 있다. 이 대한민국 수준 원점은 인천만 평균 해수면의 높이로부터 26.6871m에 있다.
3. 다양한 지도 표현 방법		① 점묘도 : 같은 양을 나타내는 동일한 형태와 크기의 점들을 해당 현상이 위치하는 곳에 찍어 표현한 지도 ② 도형 표현도 : 특정 지역에서 발생하는 현상의 양에 따라 도형의 크기를 달리하여 표현한 지도 ③ 유선도 : 선의 방향과 거리 및 너비를 이용하여 물자나 인구의 이동 방향과 양을 나타낸 지도 ④ 단계 구분도 : 무늬나 색의 차이를 이용하여 지역 간 자료의 차이를 나타낸 지도

4. 커뮤니티 매핑 (Community Mapping)		① 커뮤니티 매핑은 사회 구성원들이 함께 특정 주제에 관한 정보를 현장에서 수집하고, 이를 지도로 만들어 공유하는 과정이다. 최근 태블릿 피시와 스마트폰의 보급으로 어디서나 네트워크 접속이 가능해지고, 일상적인 지리 정보의 수집이 쉬워지면서, 커뮤니티 매핑을 위한 최적의 환경이 조성되었다. ② 커뮤니티 매핑은 지역 안전, 재난 관리, 공공 서비스 등 다양한 영역에서 활용된다. 실례로 많은 시민의 자발적인 참여로 만들어진 '마스크 시민 지도'는 코로나바이러스 감염증-19 확산에 따른 사회적 혼란을 완화하는 데 큰 도움이 되었다.
5. 중심지		① 중심지는 어떤 일이나 활동의 중심이 되는 곳으로, 경제적·사회적·행정적·문화적 기능이 밀집해 있다. 중심지는 고장(지역) 사람들이 다양한 필요나 욕구를 해결하기 위해 일정한 곳에 모였다가 흩어지기를 반복하면서 형성된다. 그리고 교통의 발달, 인구의 변화, 도시 계획 등에 따라 중심지가 새롭게 형성되거나 변화하기도 한다. ② 크리스탈러의 중심지 이론에서 중심지는 도시 또는 도시적 취락과 같이 주변 지역에 상품과 서비스를 제공하는 기능을 가지고 있는 지역을 가리킨다. 그리고 중심지가 제공하는 상품과 서비스를 소비하는 주변 지역을 배후지라고 한다. 중심지는 배후지의 규모에 따라 다양하게 나타나며, 대도시의 경우 도시 내의 기능이 분화되면서 한 도시 안에 여러 개의 중심지가 형성되기도 한다.
6. 랜드마크		① 랜드마크란, 원래 탐험가들이 탐험을 출발한 장소로 안전하게 돌아오기 위해 만든 표식을 가리키는 말이었다. 그러나 오늘날에는 특정 지역을 식별하는 데 이용할 수 있을 만큼 눈에 띄거나 잘 알려진 시설 및 구조물, 조형물 등을 의미한다. ② 랜드마크는 전 세계인들에게 잘 알려진 관광 명소에서부터 동네 주민들 사이에만 잘 알려져 위치나 거리의 기준으로 이용되는 것까지 모든 범위를 포함하는 개념이다. ③ 세계적인 랜드마크로는 미국 뉴욕의 자유의 여신상, 프랑스 파리의 에펠탑, 영국 런던의 빅 벤, 중국 베이징의 천안문, 오스트레일리아 시드니의 오페라 하우스 등을 들 수 있다. 작은 지역 내에서 이용되는 랜드마크로는 이 주제에서 중심지에 있는 시설들로서 제시되는 역, 터미널, 공공 기관, 시장 등을 들 수 있다.
7. 답사	(1) 개념	① 답사는 조사하고자 하는 장소에 실제로 가서 보고 듣고 조사하는 것을 말한다. ② 답사를 통해 교과서에서 학습한 내용 또는 중심지에 관해 더 알고 싶은 내용 등을 직접 눈으로 확인하고 경험하며 해석해 보는 능력을 기를 수 있다.
	(2) 과정	① 현지 조사 혹은 답사는 말 그대로 조사하고자 하는 지역(현장)에 가서 직접 조사하는 것을 의미한다. ② 따라서 '야외(현장)', '조사' 두 가지가 답사를 구성하는 중요한 요소가 된다. 그러나 견학과 같이 실내가 아닌 '실외'에서 '활동'만 하면 모두 답사가 되는 것은 아니다. ③ 엄밀히 이야기하면 답사는 '조사의 깊이'에 초점을 맞추어야 한다. 이 같은 맥락에서 보면 답사란 조사 목적에 맞는 조사 대상과 조사 지역을 설정하고, 조사 목적 규명과 관련된 조사 항목을 설정하고, 이에 토대하여 현지에 가서 관련된 자료를 찾고, 그것을 실내로 가져와 분석과 해석을 하는 활동을 의미한다. 조사를 얼마나 진지하게 하느냐에 따라 결과의 깊이가 달라진다. 따라서 핵심은 '실외에 나간다'는 것이 아니라, '어떻게 조사하느냐'이다.

조사 계획 수립	• 조사 지역, 조사 대상 선정 • 조사 목적, 조사 항목, 조사 방법 계획	
지역 정보 수집	실내 조사	• 인터넷, 문헌 자료를 통한 조사 • 설문지 작성 등
	현지 조사	관찰, 실측, 면담, 설문 등
지역 정보 정리 및 보고서 작성	통계 자료, 사진 자료, 면담 자료 등을 정리하여 보고서 작성	

8. 중심지

(1) 이론

① 독일의 학자 크리스탈러는 중심지에 관한 이론을 발표한 대표적인 학자이다. 그의 중심지 이론에 따르면, 도시 간에는 일정한 체계가 있다. 중심지는 상업, 업무, 행정, 서비스 등 도시의 중심 기능이 공간적으로 집적해 있는 지역을 의미하며, 주변 지역에 상품과 서비스를 공급하고 교환하는 역할을 담당한다.

② 그리고 이러한 중심지의 배후에 있으면서 중심지의 여러 기능이 미치는 주변 지역을 배후지라고 한다.

(2) 형성

▲ 공간 분화와 발달 (지리학의 기초, 2007.)

① 지역 간에는 물자나 정보의 이동과 같은 공간적 상호 작용이 이루어진다. 이런 상호 작용이 안정적으로 이루어지면 물자가 왕래할 수 있는 교통로가 생기고 여러 교통로가 교차하는 결절이 생기면서, 공간 구조가 형성된다.

② 사람들이 많이 이동하는 결절에는 사람들이 이용할 수 있는 다양한 상가나 편의 시설이 등장하게 되며, 도시가 발달하기에도 좋다.

③ 결절은 중심지(도시)로 발달하며 주변에 필요한 상품과 서비스를 제공하는 역할을 하게 된다. 즉, 도로, 역, 터미널 등 교통의 발달은 중심지의 형성에 결정적인 역할을 하게 된다.

(3) 변화

① 중심지의 위치, 기능, 경관 등은 끊임없이 변해 간다. 중심지에 속하지 않았던 곳이 중심지로 발전하기도 하고, 번화한 중심지였던 곳이 쇠락하기도 한다.

② 새로운 중심지가 형성되는 데에는 주택 단지의 조성, 상업 시설물의 건설, 종합적 지역 개발 등 다양한 요인이 영향을 끼친다. 그중에서도 오늘날에는 교통의 발달이 많은 영향을 끼치고 있다.

③ 오늘날 교통의 발달과 더불어 중심지와 관련해 나타나는 변화를 살펴보면 다음과 같다. 첫째, 교통의 발달로 사람들의 이동 범위가 넓어지면서, 한 고장에 기능이 분화된 여러 중심지가 생기기도 한다. 과거에는 고장 안에서 교통이 가장 편리한 곳에 복합적 기능을 지닌 중심지가 형성되었으나, 오늘날에는 접근성과 효율성에 따라 한 고장 안에 서도 여러 중심지가 발달하기도 한다. 둘째, 다양한 교통수단이 등장함에 따라 대체로 가까운 중심지만을 이용하던 기존의 모습에 변화가 나타났다. 오늘날 사람들은 생활 속 욕구와 필요에 따라 다른 고장 혹은 다른 지역의 중심지를 찾아 멀리까지 이동하기도 한다.

(4) 계층성

① 중심지 이론을 발표한 크리스탈러는 중심지가 계층 구조를 이루고 있다고 보았다. 일례로 빵이나 우유, 신선한 야채 등은 자주 구입되는 상품이며 가격도 비교적 저렴하다. 따라서 이런 상품을 취급하는 상점의 경우 인근 지역 주민들만을 대상으로 하여 상품을 공급하게 된다. 반면, 자동차나 대형 전자 제품 등은 매우 드물게 구입되는 상품이며 가격이 매우 비싼 편이다. 따라서 소비자들은 이런 상품을 구입하는 경우 다소 멀리 떨어져 있더라도 다양한 종류의 상품을 갖추고 있는 상점까지 기꺼이 통행하여 더 좋은 상품을 구입하려고 한다. 이 경우 전자의 상점 들은 좁은 범위의 중심지 기능을 수행하는 저차 중심지이 고, 후자의 상점들은 전문적이며 상권의 범위가 넓은 고차 중심지가 된다. 이러한 형태로 중심지 간에는 계층성(hierarchy)이 형성된다. 일반적으로 고차 중심지는 저차 중심지에 비해 그 수가 적고 중심지 간의 간격도 넓다.

8. 중심지	(4) 계층성	▲ 저차위 중심지와 고차위 중심지의 계층성과 시장 면적 — 1차 중심지(■)의 상권 ---- 2차 중심지(●)의 상권 — 3차 중심지(•)의 상권 (경제 지리학, 2010.) ② 이러한 중심지는 변화·발전하며 쇠퇴하기도 한다. 만약 어떤 지역에 인구나 사람들의 소득이 늘어나면 유동 인구가 많아지고 수요가 많아질 것이다. 이에 따라 저차 중심지가 더 많이 생기고, 중심지 간의 간격이 좁아져 배후지가 좁아지게 된다. 또 교통이 발달하면서 사람들이 고차 중심지로 가는 것이 쉬워지면, 더 전문적이고 규모가 큰 고차 중심지는 더욱 발달하고 저차 중심지는 쇠퇴하기도 한다.
	(5) 기능	① 사람들은 생활에 필요한 것을 구하거나 어떤 일이나 활동을 하기 위해 중심지에 모인다. 지역에는 사람들이 행정 업무를 처리하기 위해 모이는 행정의 중심지, 일자리를 찾아 모이는 산업의 중심지, 필요한 물건을 사려고 모이는 상업의 중심지, 관광이나 문화생활을 즐기기 위해 모이는 관광·문화의 중심지, 그리고 교통 시설이 집중되어 있는 교통의 중심지 등이 있다. ② 이 밖에도 교육의 중심지, 의료의 중심지 등 기능별로 다양한 중심지가 있다. 또 지역에 따라 하나의 중심지가 여러 가지 기능을 복합적으로 담당하기도 한다. | 중심지의 대표 시설 | 중심지의 기능 | |---|---| | 시·도청, 교육청 | 행정의 중심지 : 행정 업무를 처리할 수 있는 곳 | | 백화점, 대형 할인점 | 상업의 중심지 : 필요한 물건을 살 수 있는 곳 | | 문화유산, 박물관, 영화관 | 관광·문화의 중심지 : 관광을 하거나 문화생활을 즐길 수 있는 곳 | | 버스 터미널, 기차역, 공항 | 교통의 중심지 : 다른 곳으로 이동할 수 있는 곳 |

우리가 알아보는 지역의 역사 (4-1)

1. 문화재와 문화유산	(1) 개념	① 과거에는 문화재라는 용어를 흔히 사용하였으나, 최근에는 문화유산이라는 용어를 문화재의 대체 개념으로 널리 사용하고 있다. ② 문화재의 사전적 의미는 '문화 활동에 의하여 창조된 가치가 뛰어난 사물'이라고 할 수 있다. 문화재는 어원적으로 문화(文化, Culture)라는 단어와 재산(財産, Property)이라는 단어가 합쳐진 말이다. ③ 문화재라는 용어는 일본에서 도입되었다. 우리나라에서는 1961년 문화재 관리국 직제가 공포되면서 문화재라는 말을 처음 공식적으로 사용하였다고 한다. 세계적으로도 문화재라는 용어는 어떤 민족이나 국가에서 역사적·예술적·과학적으로 중요하다고 인정한 모든 산물과 작품, 자연물까지 포함하는 방대한 개념으로 이해한다. 그러나 그 개념 속에는 가치적 중요성과 함께 '재산'이라는 재화적 가치도 포함되어 있다. ④ 1970년대부터 문화유산(Cultural Heritage)이라는 용어를 본격적으로 사용하면서, 문화유산 개념은 자연유산과 분리되어 사용되었다.
	(2) 필요성	① 문화유산 교육은 '문화유산에 관한 교육'과 '문화유산을 통한 교육'으로 구분할 수 있다. 전자는 문화유산 자체에 관한 역사적 사실과 정보를 파악하는 것이고, 후자는 문화유산을 소재로 조상들의 생활·문화·역사를 학습하고 체험하면서 문화 창조의 과정에 참여하고 문화의 의미를 깨닫도록 하는 내용의 수업을 말한다. ② 문화유산 교육은 첫째, 개인 또는 공동체 구성원으로서 자신의 정체성을 확인할 수 있게 한다. 둘째, 다양한 인간 활동 영역에 관해 이해할 수 있게 한다. 셋째, 전통문화의 가치와 의미를 이해하고, 문화유산을 아끼고 보존하는 태도를 함양하게 한다.
	(3) 답사 활동의 의미	① 문화유산을 실견하고 오감을 활용해서 접하는 활동을 함으로써 역사에 관한 관심과 흥미, 역사적 상상력을 현실적인 수준으로 향상할 수 있다. ② 문화유산을 통해 스스로 문제를 제기하고, 자료를 수집하고 추론하며, 해석하는 과정에서 역사적 사고력을 신장할 수 있다. 이것이 더 숙달되면 자신만의 역사의식을 갖출 수 있으며, 이를 기반으로 다른 사람과 소통함으로써 더욱 확장된 의미의 공유된 역사의식으로 다듬어 나갈 수있다. ③ 실증적 자료를 사용함으로써 문자와 사진으로만 학습하는 평면적, 간접적인 지식의 한계를 극복할 수 있다. 답사 활동은 교과서 내용을 떠나 입체적인 역사를 경험하도록 함으로써 더욱 심도 있고 상세한 수준에서 역사를 이해하도록 한다. ④ 우리 문화유산에 관한 인식을 재고하고 문화유산 보전과 보수의 필요성을 실감할 수 있다. 올바른 역사 가치관과 태도를 갖추도록 하고, 후손들에게 물려줄 문화유산 보호의 필요성을 일깨울 수 있다.

2. 유네스코 등재 유산	① 1946년에 발족한 유네스코의 정식 명칭은 국제연합 교육과학문화기구(UNESCO)이며, 본부는 프랑스 파리에 있다. 유네스코에서는 인류를 위해 반드시 지키고 보호해야할 유산들을 모아 유네스코 등재 유산으로 지정하는 제도를 운영하고 있다. 세계 유산은 세계적인 가치를 지닌 각국의 부동산 유산을 지칭하며, 문화유산, 자연 유산, 그리고 복합 유산(문화유산과 자연 유산의 특성이 섞여 있는 유산)으로 구분한다. 세계 각국에서는 인류의 보편적이고 뛰어난 가치를 지닌 자기 나라의 부동산 유산을 세계 유산으로 등재하였거나 등재를 추진하고 있다. ② 유네스코 등재 유산은 세계 유산과 인류 무형 문화유산, 세계 기록 유산 등으로 나눈다.	
	세계 유산 (World Heritage)	1972년에 채택된 일명 세계 유산 협약(유네스코 세계 문화 및 자연 유산의 보호에 관한 협약)에 의거하여 세계 유산 목록에 등재된 유산을 지칭한다.
	인류 무형 문화유산 (Intangible Cultural Heritage)	2003년 유네스코 무형 문화유산 보호 협약에 의거하여 문화적 다양성과 창의성이 유지될 수 있도록 대표 목록 또는 긴급 목록에 각국의 무형 유산을 등재하는 제도이다. 이 제도는 문화 다양성의 원천으로서 무형 문화유산의 중요성에 관한 인식을 높이고, 무형 문화유산 보호를 위한 국제적 협력과 지원을 확대하는 것을 목적으로 하고 있다.
	세계 기록 유산 (Memory of the World)	전 세계의 귀중한 기록물을 보존하고 활용하기 위하여 1997년부터 2년마다 유네스코에서 세계적 가치가 있는 기록 유산을 선정하는 제도이다. 세계 문화에 영향을 주는 기록물 가운데 미적·사회적·문화적 가치가 높은 자료가 선정되며, 세계 기록 유산에는 서적이나 문서, 편지, 필름 등 여러 종류의 동산 유산을 포함한다.
3. 역사 인물을 통한 역사 학습	① 역사는 사람들의 이야기이다. 사람이 빠지면 역사가 아니다. 역사 연구나 역사 학습에서 사건의 결과를 확인하는 것만으로는 큰 의미가 없다. 역사 연구나 학습은 인과 관계를 따지는 것이 본질이다. 역사 학습이 단순한 사건의 암기여서는 안 되는 이유다. 인과 관계나 의미를 따지고 사건에 관련된 여러 인물의 마음을 고려하면서 역사를 음미할 때 진정한 학습이 이루어진다고 할 수 있다. ② 인물을 통해 역사에 접근하는 것은 어떻게 가능할까? 어떤 인물을 택할 것인가? 인물을 통해 그 시기의 어떤 역사를 접하게 할 것인가? 무엇보다 가장 근본적인 물음은 "우리는 과거 인물의 마음속에 들어갈 수 있는가?"라는 것이다. 역사 교육 이론에서는 이를 추체험 혹은 감정 이입이 라고 한다. ③ 초등학교 역사 교육에서는 제1차 교육과정기 이후 인물사 학습을 강조해 왔다. 제3차 교육과정기에 들어서 인물사·생활사로 구성한다는 교육과정의 방향이 설정되었고, 그 틀은 크게 바뀌지 않고 오늘에 이르렀다. 교과서도 우리나라의 역사적 인물을 많이 소개하고 있다. 제6차 교육과정기에는 대단원을 인물사 위주로 구성하였다. '역사를 빛낸 조상들', '외적을 물리쳐 나라를 지킨 조상들' 등이 그것이다. 학생들의 역사 인식과 역사적 사고는 역사에 관한 흥미와 관심에서 시작한다. 그런데 비인격적이고 딱딱한 사실적 서술로 채운 역사 교과서는 옛이야기를 생동감 있게 살려 내고 그려 내는 데 한계가 있다. 따라서 아이들이 역사 공부에 흥미와 관심을 잃어버리는 것을 아이들의 탓으로 돌릴 수 없다. 역사를 만들었고 역사를 이끌어 갔던 역사적 인물을 되살려 내 그들의 생생한 목소리와 움직임을 보여 주는 것은 아마도 우리 아이들에게 잃어버린 흥미와 관심을 되찾아 줄 방법 중 하나일 것이다. 역사 교육에서 인물 학습은 학생들이 친밀감을 갖고 역사에 접근할 수 있는 계기를 마련해 주며, 역사 인물을 통해 시대 상황과 역사 현상을 이해하는 데 도움을 준다.	

지역의 공공 기관과 주민 참여 (4-1)

1. 공공 기관	① 공공 기관이란 개인의 이익이 아닌 공적인 이익을 목적으로 하는 기관으로, 국가 또는 지방 자치 단체의 공무를 수행하는 관공서는 물론 공기업과 준정부 기관(준정부 조직)까지 포함하는 개념이다. 그러나 교과서에서 다루는 좁은 의미의 공공 기관은 정부의 투자·출자 또는 정부의 재정 지원 등으로 설립·운영되는 기관으로서, 『공공 기관의 운영에 관한 법률』 제4조 제1항 각호의 요건에 해당해 기획재정부 장관이 지정한 기관을 가리킨다. ② 『공공 기관의 운영에 관한 법률』 제4조 제1항에 따르면 ㉠ 다른 법률에 따라 직접 설립되고 정부가 출연한 기관 ㉡ 정부 지원액이 총수입액의 2분의 1을 초과하는 기관 ㉢ 정부가 100분의 50 이상의 지분을 가지고 있거나 100분의 30 이상의 지분을 가지고 임원 임명 권한 행사 등을 통하여 해당 기관의 정책 결정에 사실상 지배력을 확보하고 있는 기관 등이다.
2. 지방 자치 단체	▲ 우리나라 지방 자치 단체의 구성
3. 조선 시대의 공공 기관	**(1) 포도청** ① 조선 시대에 경찰 업무를 보던 관청이다. 성종 2년에 처음으로 설치되었으며, 중종 때 이르러 포도청이라고 불리게 되었다. ② 포도청은 도적의 예방 및 체포를 위한 야간 순찰이나 기타 금지 조항에 위반되는 행위를 적발하는 임무를 수행하였다. 포도청에는 양반집 수색과 여자 도적 체포를 위해 '다모'라는 여자 관비도 두었다. **(2) 선혜청** • 광해군 때 대동법(공물을 쌀로 통일하여 바치게 한 납세 제도)이 경기도에 처음으로 시행되면서 이를 관리하기 위해 설치한 관청이다. **(3) 유향소 (향청)** ① 양반들의 자치 조직이다. 마을 기강을 바로잡고, 수령의 통치를 도와주는 역할을 했으나, 때로는 수령의 권한을 넘어서기도 하였다. ② 이 때문에 1406년(태종 6) 유향소를 폐지하는 등 그 힘을 약화하려고 하였으나 이것이 뜻대로 잘 실현되지는 않았다. 이후 폐지와 복구를 반복하다 사림들이 점차 세력을 키우면서 1488년(성종 19) 정식으로 복구되었다.
4. 지역 문제	① 여러 사람이 모여 사는 지역에서 발생하는 문제로, 교통 문제, 주택 문제, 환경 문제 등이 있다. ② 지역 문제를 해결하기 위해서는 대화와 타협, 다수결의 원칙, 소수 의견 존중 등 민주적인 절차와 방법을 따라야 한다.
5. 주민 참여	① 지역 주민들이 지역의 정책 결정 또는 집행 과정에 참여하는 것이다. ② 지역의 정치 과정에 지역 주민의 의견을 적극적으로 반영함으로써 주민들이 지역의 일에 능동적으로 참여하도록 하는 데 목적이 있다.

6. 지방 자치 제도의 시행 과정	① 도입기(1948~1960년) : 제헌 의회는 1948년 8월 20일부터 지방 자치법 제정을 논의하였으며, 1949년 지방 자치법이 제정·공포되었다. 그러나 정부는 치안 유지와 국가의 안정, 국가 건설 과업의 효율적 수행 등을 구실로 지방 자치의 시행을 연기하다가 1952년 지방 의원 선거를 통하여 비로소 지방 자치를 시행하게 되었다. ② 중단기(1961~1990년) : 군사 혁명 위원회는 도입기의 지방 자치가 민주주의에의 이바지라는 성과에도 불구하고, 예산 낭비, 효율적 행정 수행 곤란 등 다양한 현실적 문제를 일으키는 것으로 판단하여, 지방 의회를 해산하고 지방 의회의 기능을 상급 기관장이 대신하게 함으로써 사실상 지방 자치 제도는 중단되었다. ③ 부활·발전기(1991년~현재) : 1988년 지방 자치의 시행을 위한 논의가 본격적으로 전개되었다. 1991년 3월에 시·군·구·자치구 의원 선거가, 6월에는 시·도 의원 선거가 시행됨으로써 지방 자치가 30년 만에 부활하게 되었다. 이후 1995년 5월에는 지방 자치 단체장(광역, 기초)과 지방 의회 의원(광역, 기초)을 동시에 주민이 직접 선출하는 4대 지방 선거가 시행됨으로써, 완전한 민선 자치 시대가 막을 열게 되었다.
7. 정치 참여의 형태	① 정치 참여는 투표 참여에서 선거 운동, 그리고 공무원이나 정치 엘리트와 직·간접적 접촉, 서명, 시위, 테러 등 다양한 형태를 띠고 있다. 정치 참여의 유형 분류는 여러 가지가 있는데, 한 가지 분류는 직접적 참여와 간접적 참여로의 구분이다. 직접적 참여는 중간적인 매개 없이 정치적 의사 결정 과정에 시민들이 직접 영향을 행사할 수 있는 행위를 지칭하고, 간접적 참여는 정치적 대표에게 자신의 정치적 권한을 위임하는 행위를 의미한다. ② 정치 참여를 '전통적(관습적) 참여'와 '비전통적(비관습적) 참여'로 구분하기도 한다. 전통적 정치 참여는 제도화된 선거와 관련이 있는 정치적 행위를 의미하는 것으로 선거 운동에 참여하거나 당원으로 활동하는 것 등을 포괄한다. 전통적 정치 참여는 국가 지향적인 형태이면서 단순하고 일반적인 정치적 의사 표현이라는 특징을 가진다. 비전통적 정치 참여는 서명, 시위, 불매 운동, 점거, 그리고 정치적 폭력 등과 같이 제도화되지 못한 정치 참여 행위를 지칭한다. 비전통적 정치 참여는 다시 서명, 시위와 같은 합법적인 정치 참여와 정치적 폭력과 같은 비합법적인 정치 참여로 나눌 수 있다.

촌락과 도시의 생활 모습 (4-2)

1. 생산 활동		① 생산 활동에는 사람들이 살아가는 데 필요한 것을 자연에서 얻는 활동, 생활에 필요한 것을 만드는 활동, 생활을 편리하고 즐겁게 해 주는 활동이 있다. ② 촌락에서 주로 행하는 농업, 어업, 임업, 목축업은 사람들이 살아가는 데 필요한 것을 자연에서 얻는 활동이다. ③ 도시는 제조업, 건설업 등 생활에 필요한 것을 만드는 활동과 서비스업, 운수업, 금융업 등 생활을 편리하고 즐겁게 해 주는 활동이 주가 된다.
2. 정주 공간과 취락		① 사람들이 삶을 살아가는 터전을 정주(settlement) 공간이라고 한다. 이 정주 공간에는 다양한 크기와 형태를 갖춘 정주 단위들이 형성되어 있는데, 주거나 경제 등 다양한 활동을 위한 건물이나 시설, 토지 등으로 구성된다. 이런 정주 단위를 전통적으로 취락(聚落)으로 불러 왔다. ② 취락은 좁은 의미에서는 주택들이 군집을 이루고 있는 '마을'을 일컫지만, 넓게는 주택들이 군집을 이루지 않는 경우까지도 아우르며 도로나 경지 등의 토지 등도 포함하는 개념이다. ③ 취락 중에서 시골의 성격이 강하고 1차 산업의 경제활동이 주를 이루면 촌락이라고 부르며, 높은 건물이 많고 인구가 많으며 2·3차 산업의 경제활동이 주를 이루면 도시라고 부른다.
3. 촌락	(1) 개념	① 일반적으로 촌락은 도시와 대칭되는 개념이다. ② 도시가 주택, 상가, 공장, 관공서, 업무용 빌딩 등이 빼곡히 들어차 있고, 많은 사람이 상대적으로 비좁은 지역에서 분주히 사는 장소라면, 촌락은 농가, 경지, 삼림지 등 넓고 넉넉한 공간에 많지 않은 사람이 여유롭게 생활하는 시골의 의미를 지닌다.
	(2) 촌락의 상대적 중요성	① 오늘날 도시 인구는 증가하는 반면 촌락의 절대 인구는 감소하고 있다. 통계청에 따르면 2019년 기준, 우리나라 인구의 90% 이상이 도시에 거주한다. ② 하지만 국토 면적의 80% 이상은 촌락이 차지한다. 이처럼 촌락은 면적에서 도시보다 우위를 차지하므로 반드시 고려해야 할 영역이다.
	(3) 촌락의 유형	① 촌락은 가옥의 밀도, 평면 형태, 기능 등에 따라 다양한 유형으로 구분할 수 있다. 이 단원에서는 촌락의 자연환경과 생활 모습과의 관계를 알아보기 위해 기능에 따라 촌락을 구분하였다. 기능이라 함은 촌락의 주민들이 어떤 생산 활동을 하고 있느냐는 것이다. 즉, 촌락의 주민들이 농업을 주로 하는 경우에는 농촌, 어업을 주로 하는 경우에는 어촌, 임업을 주로 하는 경우에는 산지촌으로 구분한다. ② 여기서 주의해야 할 것은 촌락을 지형에 따라 평야 지역은 농촌, 해안 지역은 어촌, 산간 지역은 산지촌으로 여기면 안 된다는 점이다. 평야, 해안, 산간은 지형에 따라 구분한 것인 반면, 농촌, 어촌, 산지촌은 그곳에 거주하는 주민들의 생산 활동에 따라 구분한 것이다. 따라서 평야 지역에 위치한 마을은 농촌, 바닷가에 위치한 마을은 어촌, 산간 지역에 위치한 마을은 산지촌이라고 암기하는 것은 지양해야 한다. ③ 같은 평야 지역이라고 하더라도 주민 대부분이 농업에 종사한다면 농촌, 주민들이 주로 2·3차 산업에 종사하고 있다면 도시라고 할 수 있다. ④ 또 해안 지역에는 주민들이 대부분 어업에 종사하는 어촌도 있으나, 부산과 목포와 같은 항구 도시가 있고, 광양과 울산과 같은 공업 도시도 있다. 따라서 해안 지역에 어촌만 있다고 생각하지 않아야 한다. ⑤ 산간 지역 역시 주민들이 밭농사, 고랭지 채소 재배, 약초 재배, 목축업 등에 종사하는 경우 산지촌이라고 할 수있으나, 주민 대부분이 관광업이나 서비스업에 종사하여 도시인 곳도 있다. ⑥ 따라서 촌락의 유형은 주민들의 생산 활동에 따라 농촌, 어촌, 산지촌으로 구분해야 한다.

4. 도시	(1) 개념	① 촌락과 더불어 가장 일반적인 거주 형태인 도시는 비교적 좁은 지역에 많은 사람이 모여 정치·경제 활동을 영위 하는 공간을 의미한다. ② 도시는 촌락보다 인구가 밀집되어 있고, 기능이 분화되는 것이 일반적이다. 경제생활에서는 2·3차 산업에 종사하는 사람들의 비중이 50% 이상이며, 직업과 생활 방식이 다양하게 나타난다.
	(2) 도시화와 도시화율	① 도시화는 생활 형태나 사회 상황의 변화 등을 두루 포함 하는 개념이지만, 단적으로 보자면 전체 인구 중 도시에 거주하는 인구 비중이 높아지는 것을 말한다. 도시 인구의 증가는 도시 내 인구의 자연 증가에서 비롯되기도 하지만, 도시로의 인구 집중, 즉 이촌 향도로 이루어지는 경우가 많다. ② 널리 사용되는 도시화의 객관적 지표는 도시화율이라 일컬어지는 총인구 대비 도시에 사는 인구의 비율이다. 도시화율의 증가는 도시화의 진전으로 해석되는데, 도시 인구의 증가율이 전체 인구의 증가율보다 커야 한다. ③ 국토교통부에서 발표한 2019년 도시 계획 현황 통계에 따르면, 우리나라의 총인구 5,185만 명 중 도시 지역에 거주하는 인구는 4,759만 명에 이른다. 우리나라는 도시화율이 91.8%로, 도시화율이 매우 높은 국가 중 하나다.
	(3) 도시의 유형	① 도시는 그 특성에 따라 몇 가지 유형으로 구분할 수 있다. 규모에 따라 대도시(특별시, 광역시 등)와 중소 도시 로, 중심 기능에 따라 일반적 도시와 공업 도시, 관광 도시, 행정 도시, 군사 도시 등으로 그리고 도시의 생성 과정에 따라 자연발생적 도시와 계획적 신도시로 구분할 수 있다. ② 우리나라의 산업화 과정에서 발전한 울산, 포항, 구미, 창원, 여수 등은 신도시로 개발된 공업 도시라고 할 수 있으며, 세종특별자치시는 행정 기능에 특화된 신도시라고할 수 있다. ③ 한편, 우리나라는 행정 단위로서의 시와 생활공간으로 서의 도시가 정확히 일치하지 않는다. 특히 우리나라는 행정상의 편의를 위해 여러 개의 도농 복합시가 있으며 대부분 '시'와 '군'의 결합으로 이루어져 있다. 예를 들어, 경상남도 울산시와 울주군이 통합하여 울산시가 되었다가, 그후 더 성장하여 지금의 울산광역시가 되었다.
			공업 도시	자동차, 기계 등 산업 시설과 공장이 많은 도시이다. 1962년 석유 화학 공업 단지가 들어서고 곧이어 자동차, 조선 공장이 세워지며 우리나라의 대표적인 중화학 공업 도시로 자리 잡은 울산이 대표적이다.
		관광 도시	각종 유적이나 문화재, 지역의 특색 있는 축제가 많은 도시이다. 독특한 자연환경과 문화를 간직하고 있어 우리나라뿐만 아니라 외국에서도 많이 찾는 제주와 신라의 역사를 간직한 경주가 대표적이다.
		계획 도시	자연 발생적으로 성장한 도시와 다르게 계획적으로 건설한 도시를 말한다. 정치·경제·산업 등의 이유로 새로운 도시를 계획하기도 하고, 대도시 가까이 임해 공업 지대나 뉴타운(새로운 교외 주택지)을 건설하는 등의 부분적인 계획을 행하기도 한다. 대표적인 계획 도시로는 경상남도 창원시, 경기도 과천시, 세종특별자치시 등이 있다. 특히 세종특별자치시는 수도권에 지나치게 집중된 기능을 지방으로 분산하고 국토의 균형 발전을 추진하기 위해 조성한 신도시이다.
	(4) 과도시화	① 과도시화는 도시의 기반 시설에 비하여 지나치게 많은 인구와 기능이 도시에 집중하는 현상이다. 도시 내의 산업 및 경제 기반이 미약한 상태에서 농촌 인구의 유입으로 도시 인구가 급증할 때 나타난다. ② 개발도상국의 대도시는 도시 기반 시설이 낙후되어 있어서 주택 부족, 위생 및 공공 서비스의 부족 등의 문제와 환경오염이 발생한다.

5. 촌락과 도시	(1) 구분	① 사람들은 보통 도시와 촌락이 명확히 구분된다고 이분법적으로 생각하는 경향이 있다. ② 흔히 인구, 시가지의 연속성, 백화점과 같은 시설의 여부 등을 근거로 도시인지 촌락인지 분류하지만, 전형적인 도시라고 인식되는 지역의 외곽, 즉 도시 주변에는 촌락적인 성격과 도시적인 성격이 혼재하는 지역들이 상당히 많다. ③ 서울에 인접한 경기도 광명시의 경우, 도시와 촌락의 경관이 함께 나타나고 있다. 따라서 촌락과 도시는 이분법적으로 구분되기보다는 도시와 촌락, 그 사이에 매우 다양한 특성을 가진 정주 단위가 연속적으로 존재한다고 이해하는 것이 적절하다.

	(2) 구별	① 촌락과 도시는 모두 인간이 집단으로 자리를 잡고 생활을 이어 가는 기본적인 삶의 터전, 즉 '취락'이라는 점에서는 같다.
		② 그러나 촌락과 도시는 인구수나 인구 밀도, 행정 구역, 주민의 경제활동, 경관 및 토지 이용 등에서 차이점이 있다. 촌락과 도시를 구분하는 기준을 좀 더 구체적으로 살펴보면 다음과 같다.
		  ㉠ 촌락과 도시는 인구 규모로 구별한다. 인구가 많고 인구 밀도가 높은 취락을 도시라고 부르고, 그렇지 못한 취락을 촌락이라고 부른다.
		  ㉡ 촌락과 도시는 행정 구역으로 구별한다. 우리나라의 행정 구역은 현재 특별시, 광역시, 도, 시, 군, 구, 읍, 면, 동, 리로 나누어져 있는데, 면(面) 단위 지역은 촌락으로, 읍(邑, 인구 2만 명 이상)과 시(市, 인구 5만 명 이상) 단위 지역은 도시로 분류하는 경우가 많다.
		  ㉢ 촌락과 도시는 주민들의 경제활동으로 구별한다. 전통적으로 촌락 지역의 주민들은 농업, 임업, 어업, 목축업과 같은 1차 산업을 하면서 살아가는 반면, 도시 지역은 제조업, 서비스업 등 2·3차 산업에 종사하는 사람의 비중이 상대적으로 크다.
		  ㉣ 촌락과 도시는 경관과 토지 이용으로 구별한다. 도시의 중심지에서는 높은 건물들이 연속적으로 그리고 빽빽하게 들어서 있는 모습을 볼 수 있다. 좁은 면적의 땅에 많은 사람이 살고 있기 때문에 건물을 높게 세워 토지를 집약적으로 이용하는 것이다. 이와 대조적으로 촌락 지역에서는 비어 있는 땅이나 낮은 건물이 많고 논, 밭 등의 자연적인 풍경을 많이 볼 수 있다.

6. 교류의 의미		① 교류(交流)의 사전적 의미는 근원이 다른 물줄기가 서로 섞이어 흐르는 것 또는 그런 줄기이다. 이 단원에서는 물건이나 문화, 기술 등을 개인, 지역, 나라 사이에 서로 주고받는 것을 교류라고 말한다. ② 교류라는 용어는 정치, 경제, 문화 교류 등과 같이 서로 정보나 물자를 주고받는 여러 분야에서 사용된다. 지역 간의 교류는 각 지역이 가지는 자연환경, 인문환경 등의 차이 때문에 이루어진다. 오늘날에는 교통과 통신의 발달, 세계화의 진전 등으로 예전보다 지역 간 교류가 활발히 이루어지고 있다.
7. 상호 의존		① 상호는 '서로', '모두'라는 뜻이며, '의존'은 '다른 것에 의지하여 존재한다.'는 뜻이다. ② 따라서 상호 의존은 서로 돕고 교류하며 의지하는 것을 말한다. 국가와 국가, 지역과 국가, 지역과 지역은 서로 관계를 맺으며 필요한 부분을 보완함으로써 도움을 주고받고 있다
8. 촌락과 도시	(1) 상호 의존	① 촌락과 도시는 여러 부문의 교류를 통해 상호 의존 하고 있다. 도시는 촌락에 각종 공산품과 문화·경제·행정·편의 시설을 제공하며, 촌락은 도시에 농수산물과 원료, 휴양 지를 제공한다. 도시는 촌락의 생산물 소비 시장의 역할을 하며, 촌락은 도시의 공산품 소비 시장의 역할을 한다. ② 촌락과 도시는 경제적 측면에서 서로에게 소득을 제공하는 역할을 하며, 촌락 경제와 도시 경제의 유기적인 협력 관계는 국가 전체의 경제 발달에도 긍정적 영향을 미친다. ③ 또 지역 축제나 농촌 체험 마을 운영 등은 도시 사람들에게 자연과 함께 여가를 즐길 기회를 제공하며, 촌락 사람들 역시 도시의 여러 문화 시설을 이용하여 여가 활동을 한다.
	(2) 교류 유형	① 자매결연형 : 사회적 교류의 측면을 강조하는 것으로, 대표적인 예로 1사 1촌 운동, 제2의 고향 갖기 운동, 고향 방문 행사, 법률 및 의료 서비스 등의 순환 지원, 일손 돕기 등이 있다. ② 상품 거래형 : 경제적 측면에 중점을 둔 것으로, 농산물 직거래, 특산물 거래, 농지나 주택의 거래, 농촌 지역 개발 투자 상품의 거래 등이 있다. ③ 농촌 문화 교육형 : 농촌의 생활 문화 및 환경과 관련된 교육으로 전통 체험 교육, 농사 체험 교육, 농촌의 자연 및환경 교육 등이 있다. ④ 농촌 관광형 : 일종의 서비스를 매개로 하여 이루어지는 거래 또는 교류로, 농촌 주민이 농촌 관광 휴양 서비스를 제공하고 도시민이 그것은 즐기는 것을 중심 내용으로 한다. 농촌 관광형 도농 교류의 대표적인 예로는 농촌 휴양 관광이나 농촌 체험 관광을 들 수 있다.

 **필요한 것의 생산과 교환 (4-2)**

1. 경제활동	① 경제활동이란 생활에 필요한 재화와 서비스를 얻기 위해 생산, 분배, 소비하는 활동을 말한다. 공부하려면 책이 있어야 하고, 몸이 아플 때는 다른 사람의 간호가 필요하듯이, 인간이 살아가려면 다양한 재화와 서비스가 필요하다. 그래서 인간은 생활에 필요한 재화와 서비스를 스스로 만들거나, 다른 사람으로부터 산다. 이러한 경제활동은 인간의 필요에 따라 이루어지는 행위이므로 경제활동의 주체는 경제활동에 참여하는 개인 또는 집단이며, 경제활동의 대상이 되는 상품인 재화와 서비스가 경제활동의 객체이다. 현대 경제에서의 경제 주체는 주로 소비를 담당하는 가계와 생산을 담당하는 기업, 공공 서비스를 제공하는 정부, 그리고 세계화 시대에 그 중요성이 증대되고 있는 해외로 분류해 볼 수 있다. ② 세상에 존재하는 자원은 우리가 필요로 하는 형태로 존재하는 것이 아니므로, 필요한 형태로 변환되어야 한다. ③ 풀이 음식이 되기 위해서, 바닷속 물고기가 식탁 위에 오르기 위해서, 누에고치가 실이 되고 옷감이 되기 위해서는 노동 등 인간의 노력이 더해져야 한다. 노력이 더해지면서 필요한 형태에 가까워질수록 그 재화의 가치가 증대되는데 이렇게 재화와 서비스를 새롭게 만들거나 가치를 증대하는 모든 활동을 생산이라 한다. 생산 활동에 참여하여 가치를 증대한 만큼 대가를 받는 것을 분배라고 한다. 소비는 필요에 따라 재화와 서비스를 사거나 사용하는 활동 이다. 소비는 생산의 밑바탕이 되며, 생산은 분배로 이어지고, 분배는 소비의 기반이 된다. 이렇게 생산·분배·소비는 서로 긴밀히 연결되어 순환하고 있다.
2. 재화와 서비스	① 재화란 책, 책상, 의자, 컴퓨터 등과 같이 눈에 보이는 상품을 말한다. 이런 재화 중에서 햇빛이나 맑은 물처럼 존재량이 무한히 많아 돈이나 노력을 들이지 않고도 얻을 수 있는 재화를 자유재, 인간의 욕망에 비해 그 양이 한정 되어 돈을 지불하거나 노력을 해야 얻을 수 있는 재화를 경제재라고 한다. ② 시간과 장소에 따라 경제재와 자유재는 변할 수 있다. 예를 들어 과거에는 물을 자유롭게 얻을 수 있었지만, 환경이 오염된 오늘날에는 이러한 물이 돈 주고 사야 하는 경제재로 변해 가고 있다. ③ 서비스는 의사의 진료, 음악가의 연주, 노동자의 노동, 도매·소매 판매와 같이 재화의 생산·교환·분배·소비와 관련된 사람의 유용한 행위를 말한다. 서비스도 경제재와 같이 돈이나 노력을 들여야 얻을 수 있다.
3. 생산	① 사람들이 소비하는 재화나 서비스는 누군가가 만들어낸 것이다. 또, 이들 재화나 서비스를 우리 동네의 시장이나 집에서 소비할 수 있게 해 준 것 역시 다른 사람들이 노력한 결과이다. ② 이처럼 사람들이 필요로 하는 재화나 서비스를 새로 만들거나 그 가치를 증가시키기 위한 모든 활동을 생산 활동이라고 한다.
4. 소비	**(1) 개념** ① 사람들은 분배 과정을 통해서 얻은 소득을 가지고 자신에게 필요한 재화나 서비스를 소비함으로써 만족을 얻는다. ② 이처럼 자신의 만족을 얻기 위해서 필요로 하는 재화나 서비스를 사거나 사용하는 것을 소비 활동이라고 한다. **(2) 합리적인 소비 교육에서 고려할 점** ① 합리적인 소비라고 하면 흔히 적당한 가격의 질 좋은 상품을 선택하는 행위라고 생각하기 쉽다. 그러나 상품 소비는 상품이나 물질적 존재를 구매하는 행위에 그치는 것이 아니라 그 상품이 지닌 의미를 수용하는 의미 교환의 행위라고 볼 수 있다. 즉 소비는 경제적 차원의 상품 구매 과정 이자 문화적 차원의 의미 교환 과정이라고 할 수 있다. ② 합리적인 소비 교육이 되기 위해서는 교과서가 제시하는 것처럼 완전 정보 아래에서 한계 효용이 균등하도록 소비하는 행위라고 가르치는 것만으로는 충분하지 않다. 상품의 기호적 속성과 소비의 문화적 성격에 눈을 돌림으로써 청소년들만의 개성 있고 센스 있는 건전한 또래 문화의 창조에도 깊은 관심을 가져야 한다. 나아가 지구적 환경 문제에 대처하기 위해 환경 상품의 구입을 생활화하는 지혜를 발휘할 수 있는 녹색 소비자로서 행동할 수 있는 교육이 이루어져야 할 것이다.

4. 소비	(3) 합리적 소비와 바람직한 소비	① 한정된 용돈으로 무엇을 사는 것이 가장 좋을까? 여러 가지 고민 끝에 선택하게 될 것이다. 소비했을 때 만족감이 더 큰 쪽이 어느 것인지, 또 소비를 함으로써 발생하게될 기회비용이 어떤지를 고민하고 최종적인 선택을 하게 되는데, 이러한 소비를 합리적 소비라고 한다. 한정된 소득 안에서 최소의 비용으로 최대한의 만족을 얻을 수 있도록 소비할 때 그 소비를 합리적 소비라고 한다. ② 자신의 소득 수준 안에서 더 큰 만족을 얻고자 하는 구성원들의 자유로운 선택에 의한 소비 행위는 존중되어야 한다. 그러나 나의 소비 행위가 다른 사람에게 영향을 미칠 수 있다는 사실도 간과해서는 안 되는 부분이다. 나의 합리적 소비가 반드시 바람직한 소비가 되는 것은 아니다. ③ 개인은 소득 수준 안에서 최소의 비용으로 최대한의 만족을 얻기 위한 소비를 하면서도 자신의 소비 행위가 각 가계는 물론 나아가 사회와 국가에까지 영향을 미친다는 점을 인식해야 한다. 즉 소비 행위가 사회 전체에 미치는 영향을 고려하면서 공익을 추구하는 방향으로 소비하는 것이 바람직하다. 그렇다고 개인이 사회 전체만을 생각하고 자유로운 선택을 하지 말아야 한다는 것이 아니다. 합리적인 소비를 하면서 그 소비 행위가 얼마나 바람직한지를 생각하고, 바람직한 소비를 하면서 그것이 얼마나 합리적인지를 생각해야 할 것이다. 합리적 소비와 바람직한 소비의 두 입장에서 조화와 균형을 추구하는 소비, 개인 및 가계는 만족을 극대화하면서도 공익을 추구하고 사회에 긍정적인 영향을 주는 소비를 해야 할 것이다.
	(4) 비합리적 소비	• 실제 생활에서 이루어지는 비합리적 소비에는 의존 소비, 과시 소비, 과소비(과잉 소비), 모방 소비, 충동 소비 등이 있다. ① 의존 소비 : 꼭 필요하지 않은 것을 광고나 주변 사람들의 의견에 이끌려서 소비하는 것 ② 과시 소비 : 자신에게 필요한 것이 아닌데도 자기를 드러내거나 다른 사람에게 자랑하기 위해서 소비하는 것 ③ 과소비(과잉 소비) : 지금 가지고 있는 돈과 앞으로 벌 수 있는 돈을 생각하지 않고 지나치게 소비하는 것 ④ 모방 소비 : 자신에게 필요한지 따져 보지도 않고 연예인이나 주변 사람을 따라서 소비하는 것 ⑤ 충동 소비 : 물건을 살 계획이 없었는데 갑자기 사고 싶은 마음이 들어서 바로 소비하는 것
	(5) 윤리적 소비	① 우리는 민주주의 국가의 시민인 동시에 자본주의 사회의 소비자이기도 하다. 따라서 소비자인 우리가 어떤 선택을 하는가에 따라 경제활동의 방향이 달라진다는 것이 윤리적 소비를 강조하는 사람들이 주목하는 점이다. ② 윤리적 소비는 소비자가 구매 행위를 할 때 가격과 품질이라는 경제적 측면만을 고려하는 것이 아니라, 자신의 도덕적 판단에 따라 올바른 선택을 하는 것을 의미한다. 현재 우리나라는 윤리적 소비가 발전하기 시작하는 단계에 있어 그 의미가 명쾌하게 정립되지는 않았으나, 생활 협동조합에서는 다음과 같이 기준을 정하고 있다. ㉠ 사람과 노동이다. 이는 민주주의, 어린이 강제 노동 금지, 인간적인 일자리 만들기, 공정 무역 등을 기준으로 판단한다. ㉡ 식품 안전이다. 이는 화학 첨가물의 엄격한 관리, 농약과 화학 비료의 최소화, 항생제 및 성장 촉진 물질 사용하지 않기 등이 포함된다. ㉢ 농업과 환경이다. 지구 온난화를 막기 위해 화석 에너지 사용 줄이기, 친환경 농사짓기 등이 포함된다.

5. 희소성	(1) 개념	① 희소성이란 드물고 적은 특성으로, '부족함'을 뜻한다. 사람들은 원하는 것을 모두 다 가질 수 없다. 돈이 없기 때문일까? 열심히 돈을 모아 부자가 된다면 원하는 것을 모두 가질 수 있을까? 아무리 돈을 벌어도 우리는 끊임없이 부족할 것이다. 사람들의 욕구는 무한하기 때문이다. 반면에 무한한 욕구를 충족해 줄 자원은 한정되어 있으므로 원하는 것을 다 가질 수 없고, 무엇인가 선택하기 위해서 동시에 무엇을 포기해야 할지 결정해야 하는 경제 문제가 발생한다. ② 경제 문제란 '희소한 자원 중 무엇을 포기하고, 무엇을 선택할 것인가' 그리고 '희소한 자원을 어디에 분배할 것인가'와 같은 '선택의 문제'를 말한다. ③ 희소성은 사람들의 욕구와 상황에 따라 상대적으로 나타난다. 매우 희귀한 물건이라 할지라도 그 물건을 찾는 사람이 없다면 희소하지 않다. 사막에서 목마른 자에게 주는 한 모금의 물은 집에서 마시는 정수기의 물보다 더 희소하다.
	(2) 오개념	① 흔히 사람들은 자원이나 물건, 돈 따위가 부족한 것을 '희소하다.'라고 이야기하는데, 잘못된 생각이다. 아마도 국어 사전에서 '희소하다.'라는 표현에 대해 '찾아보기 힘들 정도로 드문 것을 뜻함.'이라고 정의하고 있는 탓인 듯하다. ② 그러나 경제학에서는 절대적인 개수에 의해서가 아니라, 상대적인 의미에서 희소성을 정의한다. 어떤 재화가 아무리 많더라도 사람들의 욕망을 충족하기에 부족하다면 경제학에서는 그 재화를 희소하다고 부른다. 반대로 재화의 개수가 아무리 적더라도 사람들이 그 재화를 필요로 하지 않는다면 그 재화를 희소하지 않다고 이야기한다.
	(3) 희소성의 문제	① 자원 배분의 문제는 자원이 부족할 때 발생한다. 자원이 부족하지 않다면 나눌 필요도 없기 때문이다. 하지만 대부분의 자원은 우리가 필요로 하는 양보다 훨씬 적다. ② 사람은 누구나 햇빛이 잘 드는 넓고 쾌적한 집에서 살기를 원한다. 그런데 햇빛이 잘 드는 장소는 어디에나 있는 것이 아니다. 또한 토지라는 자원은 양이 정해져 있고, 토지가 충분하더라도 집을 짓는 데 필요한 자원 역시 무한정 있는 것이 아니다. ③ 이렇게 자원이 부족하여 발생하는 문제를 희소성의 문제라고 한다. 희소성의 문제는 결국 나누는 문제이다. 희소성이 없으면 자원 배분을 할 필요가 없다. 당연히 희소성이 없으면 경제활동의 대상도 되지 않는다. 왜냐하면 경제활동은 자원의 배분을 근본 문제로 삼기 때문이다. 따라서 경제의 관심은 오로지 희소한 자원에만 집중된다. 한마디로 경제학은 희소성을 전제로 성립된 학문이다.
	(4) 기본적인 경제 문제	① 인간의 욕망은 무한한데 이를 충족해 줄 수 있는 자원은 한정되어 있는 상태를 자원의 희소성이라고 한다. 자원은 재화와 서비스를 생산하기 위해 쓰이는 노동, 자본, 토지와 천연자원 등을 말하는데, 희소성의 정도는 자원의 양보 다는 인간의 필요나 욕구에 의해 결정된다. ② 이러한 자원의 희소성으로 인해 세 가지 경제 문제가 발생한다. ㉠ 무엇을 얼마나 생산할 것인가(생산물의 종류와 수량 선택에 관한 문제), ㉡ 어떻게 생산할 것인가(생산 조직과 생산 기술의 선택에 관한 문제) ㉢ 누구를 위하여 생산할 것인가(생산물의 분배에 관한 문제)이다. ③ 최근에는 재생할 수 없는 자원의 시간적인 배분에 관심이 높아지면서 언제 생산할 것인가(시간의 배분 문제)도 네 번째 문제로서 중요성이 부각되었다.
6. 기회비용		① 경제 문제의 핵심은 선택의 문제이고 희소한 자원의 효율적인 배분에 관한 문제이다. 선택에는 항상 무엇인가를 포기해야 하는 대가가 따른다. 즉, 선택과 선택의 대가인 포기가 언제나 함께 일어난다. 예를 들어, 일하려면 노는 것을 포기해야 한다. 한 곳에 돈을 더 쓰면 다른 곳에 쓸돈이 줄어든다. 이처럼 모든 경제적 선택에는 대가를 지급 해야 한다. ② 따라서 최고의 선택을 하려면 각각의 다른 선택 대안에 대하여 이득과 손실, 편익과 비용을 따져 보고 서로 비교할 필요가 있다. 여기서 경제적 선택을 하는 데 고려되어야 하는 올바른 비용의 개념은 그 선택으로 직접 발생하는 명시적 비용분만 아니라 그 선택에 따른 암묵적 비용도 반드시 포함해야 한다. 즉, 다른 선택의 기회를 포기함으로써 발생하는 모든 비용을 합하여 생각해야 한다. 이를 기회비용이라고 한다. ③ 어떤 선택의 결과로 치르는 희생, 즉 기회비용이 그 선택의 결과로 누리게 되는 편익보다 적은 것을 선택하는 것이 합리적 선택이 된다. 여러 가지 선택의 대안 가운데 같은 비용이 들어간다면 편익이 가장 큰 대안을, 그리고 편익이 같은 크기라면 비용이 가장 적게 드는 대안을 선택하는 것이 합리적 선택이다.

7. 거래와 상호 의존	① 자급자족 경제에서는 혼자서 필요로 하는 모든 재화와 서비스를 필요한 만큼만 생산하지만, 특화를 통해 사람들은 특정한 재화나 서비스를 자신이 필요로 하는 것보다 더많이 생산한다. 이때, 자신이 생산한 재화나 서비스를 다른 사람이 생산한 것과 거래할 필요가 생긴다. 거래를 함으로써 사람들의 생활 수준이 향상되고, 거래에 참여한 사람들이 서로 이익을 얻는 교환 경제가 가능해진다. ② 또한 특화는 교환 경제 속에서 다른 사람들과 상호 의존 하면서 살아가고 있음을 의미한다. 이러한 상호 의존 관계는 사람들 사이에서뿐만 아니라 기업과 기업 사이, 지역과 지역 사이, 더 나아가 국가와 국가 사이에서도 성립한다. ③ 상호 의존으로 인해서 한 지역이나 한 산업에서 발생한 사건이 다른 지역이나 다른 산업에 영향을 끼친다. 새로운 관광지의 발굴은 여행 산업에 긍정적인 영향을 끼치며, 이는 자동차, 석유, 음식 등 산업의 생산과 고용의 증대에 이바지한다. ④ 개인, 기업, 산업, 지역, 국가 사이에 상호 의존이 심화 됨에 따라 협력의 필요성도 커진다. 협력이 제대로 이루어 지지 않아 재화나 서비스의 제공이 위협받게 될 경우에 이들 사이에 긴장이 발생한다.
8. 지역 간의 교류와 협력	① 교통수단의 발달은 거리를 크게 단축하여 세계를 한마 을처럼 가깝게 만들었다. 고속 전철, 초음속 비행기 등이 실용화되고 기술의 혁신으로 운송비가 낮아지면서 교통량이 증가해 지역·국가의 상호 교류가 더욱 활발해졌다. ② 또한 통신 기술의 발달은 지식·정보의 처리와 전달 속도를 빠르게 하여 세계 각 지역의 공간적 거리를 좁혔다. ③ 교통과 통신 기술이 발달하면서 개별 국가의 역할은 줄어 들고 국가 간의 관계가 중요해지면서 지구촌 공동체로서의 성격이 강해지고 있다.

 사회 변화와 문화 다양성 (4-2)

1. 합계 출산율		① 합계 출산율이란 한 여성이 가임 기간(15~49세)에 낳을 것으로 예상되는 평균 출생아 수를 나타낸 지표로 연령별 출산율을 모두 합하여 산출한다. ② 우리나라의 합계 출산율은 2016년에 1.17명, 2017년에 1.05명, 2018년에 0.98명으로 점점 줄어들고 있다.
2. 고령화 사회	(1) 개념	① 국제 연합(UN)에서는 총인구 중 65세 이상 노인 인구가 차지하는 비율이 7% 이상이면 고령화 사회, 14% 이상이면 고령 사회, 20% 이상이면 초고령 사회로 분류한다. ② 우리나라는 2000년에 노인 인구의 비율이 7.2%로 고령화 사회로 진입했으며, 2018년에는 14.3%로 고령 사회에 진입 했다. 통계청 추계에 따르면, 2026년에는 노인 인구 비율이 20.8%로 초고령 사회에 진입할 것으로 보인다.
	(2) 두 가지 관점	① 다수의 인구 문제가 서로 다른 관점이 대립하는 논쟁적 인 성격을 갖는 것처럼, 고령화 사회에 대해서도 부정적인 관점과 긍정적인 관점이 대립하고 있다. 먼저 고령화 사회에 관한 부정적인 관점에서는 고령화 사회를 사회의 균형과 발전을 저해하는 위기이자 위험 요소로 파악한다. 고령화 사회의 도래가 개인 생활 및 사회 전반에 걸쳐 커다란 변화를 초래한다는 점에서 이를 '문제'로 인식하는 시각이 일반적이다. 구체적으로 연금 수요 및 의료비 증가 등 노인층에 대한 부양 부담의 증가, 생산 인구 감소에 따른 국가 경쟁력 약화, 노인층과 비노인층 간의 갈등 심화 등이 고령화 사회가 직면한 대표적인 문제로 지적된다. 한국 사회에서는 고령화 사회에 대한 위기론적 담론이 지배적인 데, 이는 '압축적인 고령화'라고 불릴 만큼 고령화의 속도가 급속하게 진행되고 있다는 사실과 무관하지 않다. ② 이와 달리 고령화 사회에 관한 긍정적 관점에서는 고령화 사회로의 변화를 사회적으로 대응이 가능한 도전이자 기회 요소로 파악한다. 이 관점에서는 고령화 사회에 관한 위기론적 전망이 과장되어 있거나 사회 변화에 관한 잘못된 예측에 따른 것이라는 점을 비판한다. 예를 들어, 노인층에 대한 부양 부담을 측정하는 부양 지수와 같은 척도의 오류 가능성이나, 노인 의료비 증가에 대한 과장된 예측 등을 문제로 제시한다. 또한 고령화 사회에 관한 관점 전환은 노인 및 노화에 대한 중립적이거나 긍정적 인식의 출현과도 관계가 깊다. 이는 노인 및 노화에 대한 인식이 사회적으로 구성된 것이라는 점에서 노인층을 단지 의존적 집단으로 규정하는 것을 비판하며 노인의 생산 능력, 가족 내 비공식 돌봄 노동, 자원봉사 등을 통한 사회적 기여 등을 강조한다는 특징이 있다. 그리고 경제적 측면에서 노인층이라는 새로운 시장과 이들을 위한 산업의 성장이라는 관점에서 고령화 사회를 기회로 인식하기도 한다.
3. 저출산·고령화 정책의 방향 전환		① 우리나라는 저출산·고령화 현상에 대응하려고 2006년부터 3차에 걸쳐 저출산·고령 사회 기본 계획을 수립하여 시행해 왔다. 최근 기존의 정책 방향이 잘못되었다는 반성과 함께, 정책의 패러다임을 '출산 장려'에서 '모든 세대의 삶의 질 보장, 모든 아동을 존중하고, 포용적 가족 문화를 조성'하는 방향으로 제3차 계획을 수정하였다. ② 1994년에 개최된 카이로 국제 인구 회의에서는 가족계획이 출산 조절 중심에서 개별 여성과 남성의 욕구, 열망, 권리에 초점을 맞추는 방향으로 전환되어야 하고, 재생산 권리를 포함해 인권, 성 평등, 여성 권한 강화, 삶의 질 향상이 정책의 근본이 되어야 한다고 지적한 바 있다. 국제 인구 정책 패러다임이 바뀌었지만, 우리나라의 저출산 정책은 개인의 구체적 삶에 관한 관심보다 인구 통제 측면에 초점이 맞추어져 있다는 비판이 있었다. 이와 관련하여 2020년에 수립되는 제4차 저출산·고령 사회 기본 계획(2021~2025년)은 합계 출산율 목표를 내세우는 대신 삶의 질 향상으로 정책 패러다임의 전환을 예고하고 있다.

		1·2차	2006~2010년	출산·양육에 유리한 환경 조성 및 고령 사회 대응 기반 구축
			2011~2015년	점진적 출산율 회복 및 고령 사회 대응 체계 확립
			2016~2030년	OECD 국가 평균 수준 출산율 회복 및 고령 사회 성공적 대응

▲ 제1·2차 저출산·고령 사회 기본 계획상 정책 목표

3. 저출산·고령화 정책의 방향 전환	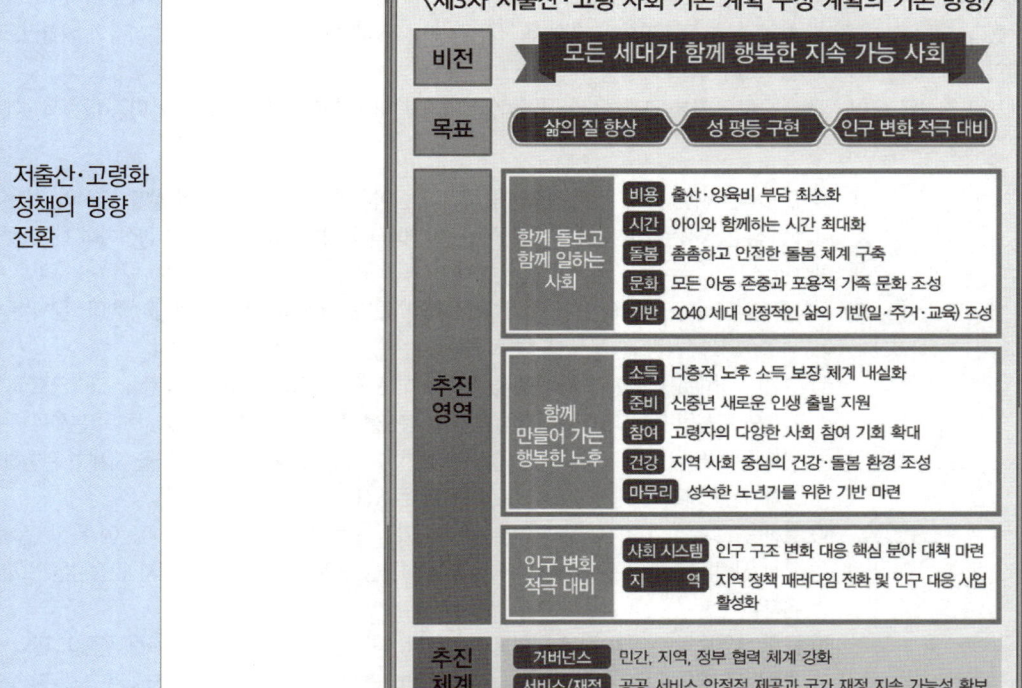 ▲ 제3차 저출산·고령 사회 기본 계획 수정 계획의 기본 방향 – 대한민국 정부, 《제3차 저출산·고령 사회 기본 계획(수정본)》 –

4. 정보 사회	(1) 개념	① 정보 사회는 정보 기술의 혁신에 의해 정치, 경제, 문화 등 사회 전반에 걸쳐 정보와 지식의 가치가 높아지는 사회이다. ② 정보 사회에 관한 최초의 학문적 접근은 1950년대 중반 미국 경제학자들에 의해 이루어졌다. 그들은 1차 산업과 2차 산업에 비해 3차 산업, 그중에서도 지식과 관련 한 산업의 비중이 커지는 것에 주목했다.
	(2) 성격	① 정보 사회가 산업 사회와는 다른 새로운 사회라고 보는 시각이 있다. 다니엘 벨은 정보 기술이 경제를 포함한 사회 구조, 정치 체계, 문화 유형의 기본 골격을 변화시키고 있다고 주장하였으며, 정보 사회가 산업 사회와는 다른 새로운 원리, 즉 자원 배분의 효율성과 극대화를 지향하는 경제성, 다수의 정치적 참여, 자아 만족과 자기 발전의 원리로 운영된다고 보았다. ② 다른 학자들도 정보 통신 기술에 기반을 둔 뉴 미디어의 확산을 통해 산업 사회와는 다른 사회가 도래할 것이라고 내다보았다. 그들은 산업 사회의 표준화, 대량화, 동시화, 권력 집중의 원리가 정보 사회에서는 분권화, 탈집중화, 개인화와 같은 원리로 대체될 것이라고 주장한다.

4. 정보 사회	(3) 정보 사회를 바라보는 두 가지 입장	① 정보 사회를 낙관하는 입장은 정보 기술의 발달이 정보의 공유, 의사 결정의 참여, 창조적인 직업, 생활의 편리성, 지식의 발달, 의사소통의 활성화, 문화의 다양화, 문화 교류의 확대, 지구촌 공동체 의식의 증진 등을 가져다줄 것으로 기대한다. ② 이와 달리, 비판적인 입장에서는 정보 기술의 사회적 활용으로 발생할 수 있는 문제점들에 주목한다. 정보의 독점과 정보 불평등, 감시와 통제, 정보의 과잉, 정보의 왜곡, 사이버 공간의 상업화, 자동화로 인한 실업, 문화의 편식과 파편화, 문화적 종속, 각종 사이버 범죄와 비윤리적 행위, 사생활 침해 등이 발생할 수 있다고 본다.
5. 세계화		① 세계화라는 개념은 미국 하버드 대학교의 경제학자 시어도어 레빗(Theodore Levitt) 교수가 1983년에 처음으로 사용했다. 그는 정치, 경제, 사회, 문화 등 다양한 분야에서 국가 간 교류가 활발해져 전 세계가 점점 하나의 생활권으로 결합하는 현상을 세계화라고 했다. ② 세계화 현상은 특히 재화, 서비스, 자본, 지식, 노동력이 여러 나라 사이에서 활발하게 교환되고 이동하는 과정에서 뚜렷하게 드러난다.
6. 문화	(1) 의미	① 언어, 음식, 예절, 종교, 친족 관계 등 인간이 살아가면서 누리는 다양한 생활 양식이 있는데, 이러한 생활 양식은 선천적으로 주어지는 것이 아니라 사회 속에서 개인이 성장하며 배운 것들이다. ② 문화를 잘 이해하기 위해서는 문화가 가진 총체적인 성격을 파악할 수 있어야 한다. 문화는 언어, 예절, 의식주, 종교, 지식, 도덕, 예술 등 수많은 요소로 이루어져 있다. ㉠ 문화는 대체로 집단이나 지역 등을 매개로 하는 특정 사회 속에서 향유된다. 그러므로 특정 사회의 구성원 들은 대체로 동질적인 생활 양식을 갖게 된다. 따라서 그 사회의 문화로 구성원 개인의 일반적인 특성을 어느 정도 이해할 수 있고, 반대로 특정 개인을 자세히 관찰하면 그가 속한 사회 전체를 어느 정도 이해할 수 있게 된다. ㉡ 문화는 그 문화의 향유자들과 다른 문화를 가진 사람들을 구별한다. 이 때문에 특정 문화를 가진 사람들은 해당 문화권에 소속감과 동질감을 느끼게 되고, 그 속에서 안정감을 느끼게 된다. ㉢ 문화는 일종의 권리와 같은 역할을 담당한다. 특정한 문화적 정체성을 가진 사람이 만약 그 문화를 향유한 다는 이유로 차별을 받는다면 또 다른 권리인 참정권, 사회권, 노동권 등을 행사하기 어렵게 된다. 그러한 기본적 권리를 행사하는 과정에서 요구되는 것이 바로 문화에 대한 인정이며, 이것은 일종의 권리로 볼 수 있다. 문화적 권리는 주류 언어와 문화에 전면적으로 접근할 수 있는 권리, 소수자로서 자신의 문화를 유지할 수 있는 권리, 강제 적인 문화 통합에 반대하여 주류 문화를 거부할 권리 등을 포함한다.
	(2) 보편성과 특수성	① 문화의 보편성이란 인간 문화가 가진 공통적인 성향을 말한다. 대부분의 사회에서 적정한 연령이 되면 결혼을 하며 도둑질이나 살인을 금기시하는 것이 그 예이다. ② 그러나 시대나 사회마다 결혼 풍습의 세부 내용은 모두 다르다. 문화의 세부 내용이나 형태가 다른 이유는 인간 집단의 고유한 환경이나 역사에 따라 문화가 독자적으로 발전했기 때문이다. 시대나 사회에 따라 문화의 세부 내용이 다르게 나타나는 것을 문화의 특수성이라고 한다. 문화의 특수성으로 인해 문화의 다양성이 나타난다.

6. 문화	(3) 전체 문화와 하위문화	① 한국 문화는 영동 문화, 호남 문화, 영남 문화 등 지역별로도 차이가 난다. 또한 60대와 10대의 문화는 너무나 이질적이어서 이해하기 어려운 경우가 많다. 상류층의 문화와 하류층의 문화가 다르고, 변호사들의 문화와 의사들의 문화도 다르다. 이런 현상이 한국에만 있는 것이 아니다. ② 한 사회 전체에 해당하는 문화 양상이 전체 문화 또는 주류 문화라면 특정 사회를 이루는 집단 구성원들에게 나타나는 문화를 부분 문화 또는 하위문화라고 한다. 예를 들어, 한국 문화라는 전체 문화에서 호남 문화는 하위문화 이지만, 그것은 전북 문화와 전남 문화로 또다시 구분할 수 있다. 이러한 점에서 호남 문화가 전체 문화라면 전남 문화는 하위문화가 되는 셈이다. 이처럼 전체 문화와 하위문화는 상대적인 개념이다. ③ 하위문화는 전체 문화 속에 존재하는 것이기에 전체 문화와 긴밀한 영향을 주고받는다. 반면, 하위문화도 전체에 반영되므로 새로운 하위문화가 나타나면 전체 문화가 변하기도 한다. ④ 하위문화는 집단의 정체성을 알려 주는 문화로서 중요한 삶의 양식이 된다. 따라서 어떤 사회를 이해하기 위해 서는 전체 문화를 살펴보는 것도 중요하지만, 그 사회의 밑거름이 되는 다양한 하위문화의 양상을 살펴보는 것도 필요하다.
	(4) 타문화를 이해하는 잘못된 관점	① 문화를 이해할 때 자기의 문화나 상대의 문화를 절대적인 기준으로 우열을 판단하는 것에는 자민족 중심주의(자 문화 중심주의)와 문화 사대주의가 있다. ② 자민족 중심주의는 자기 민족의 관점에서 다른 민족을 비하하는 것을 말한다. 세계의 중심이라는 중화사상을 내세운 중국이 대표적이다. 자신의 영역을 기준으로 동양과 서양을 구분한 유럽의 관점도 이에 기반한 것이다. ③ 자문화 중심주의는 문화적으로 다른 문화를 판단할 때자기 민족의 문화를 기준으로 다른 문화를 비하하는 것 이다. 자민족 중심주의가 심각해지면 두 가지로 변화할수있다. 하나는 다른 인종이나 문화를 무시하고 자신의 것만을 중시하는 경우로, 이는 국수주의로 흐를 수 있다. 유대인 학살을 자행한 독일 나치즘이 대표적인 예이다. 반대로 자신의 문화 우월성을 강조하면서 다른 문화에 자신의 문화를 강요하는 문화 제국주의로 흐를 수 있다. 개별 민족이나 국가가 갖는 문화의 고유성을 인정하기보다는 자신의 문화를 우월하다고 생각하여 다른 문화에 지배적인 영향력을 행사하기도 한다. ④ 이와 달리 다른 문화를 기준으로 자신의 문화를 비하하는 문화 사대주의가 있다. 이는 다른 문화를 숭상하면서 자신이 속한 문화를 업신여기는 태도를 말한다. ⑤ 자문화 중심주의와 문화 사대주의적 태도의 문제는 기본적으로 문화의 다양성과 그 문화가 가진 사회적 맥락을 고려하지 않는 데서 시작한다. 문화의 다양성과 맥락을 고려한다면 하나의 절대적 기준을 가지고 문화를 평가하는 일은 없어질 것이다
7. 차별		① 차별이란 사회적으로 희소한 자원에 대한 권리나 기회가 모든 집단에 허용되는 것이 아니라, 특정한 집단에게는 허용되는 반면 다른 집단에는 허용되지 않는 상황을 말한다. 즉, 차별은 다른 집단의 구성원에게는 허용되는 기회를 특정한 집단의 구성원에게는 허용하지 않는 행위이다. ② 예를 들어, 남자에게는 허용되는 일자리가 여자에게는 허용되지 않을 때 여성에 대한 차별이 발생했다고 말할 수 있다. 이렇게 볼 때 차별은 비교 대상을 전제로 하는 상대적 개념이다.
8. 편견		① 편견이란 공정하지 못하고 한쪽으로 치우친 생각을 의미한다. 편견에는 부정적인 편견도 있고 긍정적인 편견도 있다. 일반적으로 적대적인 집단에 관해서는 부정적인 편견을 형성하고, 우호적인 집단에 관해서는 긍정적인 편견을 형성하는 것으로 알려져 있다. 특정 집단에 관한 편견은 외부로부터 주어지는 정보를 도식적으로 처리하여 잘못된 해석이나 반응을 유도할 수 있다는 위험이 있다. ② 우리가 특정 인종 및 민족 집단에 대해 형성하는 편견은 감정적·인지적·능동적 요소로 구성되어 있다. 감정적 요소는 특정 집단 구성원에 대한 싫은 감정을 의미한다. 인지적 요소는 특정 집단 구성원의 특성과 관련된 믿음, 인식, 그리고 고정 관념을 말한다. 능동적 요소는 사회적 거부, 차별, 공격과 같은 특정 집단 구성원을 향한 부정적 행동 성향을 말한다.

5절 지리 각론

개념 37 지리교육의 목적

1 서태열(2010)

(1) 장소감
(2) 지리 도해력(geo-graphicacy)
(3) 공간 능력
(4) 지리적 상상력

2 이경한(2007)

목표	주요 내용	주요 개념
지리적 통찰력	• 지역 인식 능력의 배양 • 지역의 특성 이해 • 지리학의 기본 개념 이해 • 지리학적 기능, 분석 방법 습득	• 인간과 자연의 상호관계 • 지역성 • 지리적 사고력
개인의 자아 실현	• 자아 인식 • 행동화 • 공간 지각 능력	• 관찰력 • 도해력 • 표현력
민주 시민 정신 신장	• 지리적 문제 해결에 참여하는 자세 • 비판적, 건설적인 사회 구성원의 육성 • 국제 시민정신의 고양 • 국토에 대한 이해와 사랑	• 문제해결능력, 의사결정력 • 비판적 사고력 • 국제 이해 • 국토애와 향토애

3 초등학교 지리 교육 내용

학년	과목	내용 요소	
3~4년	사회	• 우리 고장의 모습 • 교통 수단의 발달과 생활 모습 • 촌락과 도시의 생활 모습	• 환경에 따른 다른 삶의 모습 • 지역의 위치와 특성
5~6년	사회	• 국토의 위치와 영역 • 국토의 인문 환경 • 세계의 다양한 삶의 모습 • 지구촌의 평화와 발전	• 국토의 자연 환경 • 지구, 대륙 그리고 국가들 • 우리나라와 가까운 나라들 • 지속 가능한 지구촌

4 지리 교육의 내재적·외재적 목적

1. 장소감	(1) 개념 　① 장소에 대한 개인적인 느낌, 지각, 가치 등 　② 인간주의 지리학의 등장으로 학생들의 환경에 대한 개인적 반응이 강조되면서 중시됨 　③ 장소에 대한 느낌의 강도는 소속감 여부에 따라 달라짐, 안정감, 소속감을 부여해줌 　④ 장소의 인식에 따라 그 사람의 정체성이 달라지므로 장소감을 통해 개인을 이해할 수 있음 (2) 장소학습 　① 자연과 인간 간 상호작용에 대한 이해를 바탕으로, 장소와 삶의 터전, 생활무대가 달라짐에 따른 인간생활의 다양성을 파악하는 것 　② 이를 위해 자연 및 인문 환경적 특성을 체계적으로 이해하는 것이 중요하다. 장소간의 차이점, 특정 장소의 변천과정, 경관의 의미 등을 다룬다.
2. 공간능력	(1) 개념 　공간적 패턴을 정확하게 지각, 비교하여 방향을 잘 설정하며, 대상을 공간 속에서 배열시키는 능력 (2) 종류 　① 공간 관계 파악 : 공간적 패턴, 지리적 현상의 규칙성을 파악하는 능력 　② 정향능력 : 정확한 방향과 거리를 파악할 수 있는 능력 　③ 공간적 가시화 : 주어진 공간적 정보를 머릿속에서 가시화하여 그려보는 능력 　④ 조망능력 : 동일한 사물일지라도 보는 위치에 따라 형태가 다르게 보인다는 것을 아는 능력으로 항공사진, 입체지도 읽는데 도움이 된다.
3. 지리 도해력 (비주얼 리터러시)	① 언어나 숫자로 전달하기 어려운 공간적 정보와 아이디어를 기록하고, 전달하는 하나의 의사 소통 ② 그림, 도표, 지도, 그래프 등 시각적으로 표현된 지리적 정보를 해석하거나, 그렇게 표현할 수 있는 능력
4. 지리적 상상력	① 장소와 공간에 대한 감수성 ② 장소와 그곳에 거주하는 사람들의 이미지를 정확하게 재구성하는 능력 ③ 장소감 발달에 도움
5. 다중 시민성	① 여러 가지 공동체의 수준에서 다중적인 지위를 갖는 한 시민에게 요구되는 다양한 형태의 시민의 자질, 국가 시민성 + 세계시민성 + 지역 시민성 ② 세계화와 지역화가 급속히 진전되면서 각 시민은 지역사회, 국가, 세계 공동체의 수준에서 다중적인 지위를 중첩적으로 갖게 됨
6. 다문화 시민성	① 민주사회에서 민족 집단, 이민자집단들이 국가의 시민문화에 참여할 권리뿐만 아니라, 자기 고유의 문화와 언어를 유지할 수 있는 권리를 가져야 한다는 것을 의미 ② 자문화중심의 편견과 고정관념이 형성되면, 갈등과 차별이 발생하게 될 것이므로, 다양한 문화에 대한 이해와 수용의 자세를 위한 교육이 필요
7. 생태 시민성	① 전 지구적 성격을 가지는 환경문제에 대한 각성으로 등장 ② 권리보다 책임과 의무를 강조

개념 38 지리적 사고력

1. 분포적 사고	① 지리적 대상인 지역이 어떤 공간적 특징을 지니고 지표상에 놓여 있느냐를 살펴 헤아릴 수 있는 사고 능력을 말한다. 분포적 사고는 지리적 사고 중에서 가장 초보적인 사고력이자, 지리적 사고 과정에서 가장 먼저 나타나는 사고이다.
	② 초등학생들에게 분포적 사고는 지리적 대상의 위치, 거리, 방위, 형태 등을 토대로 대상 지역과 그 속에 놓여 있는 자연환경과 인문환경 요소들이 어디에, 어떻게 놓여 있는지를 생각하게 하는 것이다.
	  ㉠ 학생들은 우리 마을, 우리 고장, 우리 지역, 우리나라, 세계 속에 살고 있다.
	  ㉡ 하지만 자신들이 살고 있는 지역과 그 속에 놓여 있는 많은 환경 요소들이 어디에, 어떻게 존재하는지 의식하고 살아가지 않는다.
	③ 분포적 사고를 길러 주기 위해서는 공간의 분포 패턴을 한눈에 내려다보는 조망적 시각을 제공해주는 도구가 필수적이다. 이것이 바로 지도이다.

2. 관계적 사고	① 어떤 대상이 그곳에 있게 됨을 주변 요소들과 관련지어 해석하는 사고이다. 인간과 자연과의 관계, 자연과 자연과의 관계, 인간과 인간과의 관계 등을 해석하는 것이다. 예를 들어, 시장의 입지를 주변 교통이나 인구 등과 관련지어 해석하는 것이 그 예이다. 또 가옥의 구조를 기후와 관련지어 살피는 것도 한예라 하겠다. ② 쉽게 말해 '왜'라는 의문을 품고, 그것에 대한 답을 구하려는 사고 과정이다. • '시장은 왜 거기에 있지? 시장이 그곳에 있는 것은 주변의 인구, 교통과 어떤 관련이 있을 거야. 시장이 있는 곳을 지도에서 찾아 표시해 보고, 그 주변의 인구 분포와 교통 시설들을 조사해 보자. 시장이 있는 곳 주변에는 인구가 많고(특히 유동 인구), 교통이 편리해. 시장의 입지는 인구, 교통과 밀접한 관련이 있구나.' 이러한 과정으로 사고가 진행될 수 있도록 안내해 준다면, 관계적 사고를 촉진하는 수업의 예라 할 것이다.
3. 지역적 사고	① 지역의 특성을 살필 수 있는 능력이다. 다시 말해 한 지역의 특성(지역성)을 헤아릴 수 있는 사고 능력이다. ② 세계 각 지역을 기후적 특징으로 분류할 수 있는 능력, 우리나라를 도시와 촌락으로 구분할 수 있는 능력, 공업 지역과 상업 지역을 나눌 수 있는 능력 등이 지역적 사고에 해당된다.

개념 39 지도 학습 요소

(1) 지도 : 지표상의 여러 가지 지리적인 현상들을 일정한 비율로 줄인 후 기호를 이용하여 평면상에 표현한 것

분류 기준	지도	특징	예
제작 방법	실측도	실제 측량에 의해 제작한 지도	지형도, 지적도, 해도 등
	편찬도	실측도를 편집하여 제작한 지도	세계 전도, 지방도 등
사용 목적	일반도	자연·인문 현상을 종합적으로 나타낸 지도	지형도, 지세도, 지방도 등
	주제도	특정 내용만을 나타낸 지도	기후도, 지질도, 교통도 등
축 척 (상대적)	대축척 지도	좁은 지역을 자세하게 나타낸 지도	1 : 5000 지형도
	중축척 지도	좁은 지역을 비교적 자세하게 나타낸 지도	1 : 25,000, 1 : 50,000 지형도
	소축척 지도	넓은 지역을 간략하게 나타낸 지도	우리나라 전도, 세계 전도

(2) 축척 : 실제 거리를 지도상에 줄여 놓은 비율

→ 줄인자법(0 500m), 비례법(1 : 50,000), 분수법(1/50,000)으로 표현

① 실제 거리와 면적 계산에 이용
- 실제 거리=지도상 거리×축척의 역수
- 실제 면적=지도상 거리×축척의 역수 제곱

② 축척이 크다는 것은 더 많이 축소한 것이 아니라 더 크게 그린 것 → 1 : 50,000보다 1 : 25,000 지형도의 축척이 2배 더 큼(지도 면적은 축척 증가의 제곱만큼 증가 → 4배 더 큼)

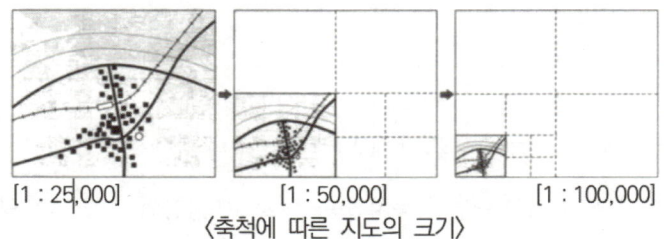

〈축척에 따른 지도의 크기〉

(3) 기호 : 지표상의 여러 가지 지리적 현상들을 지도에 표현하는 약속된 그림

논	밭	습지	둘레	갯벌	사빈	광산	학교	제방	공장
과수원	침엽수림	활엽수림	성	문화재	권질	해수욕장	능묘	철도	다리

형상적 기호	① 형상적 기호는 다양한 경관의 모습을 실제적인 그림으로 표현하는 것으로 그림기호라고도 한다. 형상적 기호는 지도상에 표현되어야 하는 형상을 인식할 수 있는 그림으로 나타내어 범주 간의 차이를 보여주는데 적합하다. ② 광산, 학교, 교회, 공장, 비행장 등을 형상적인 기호로 나타내는 경우, 범례의 설명이 없이도 독도자들이 쉽게 인식할 수 있다는 장점이 있다. ③ 형상적 기호는 일반적으로 점으로 기호화되는 현상들을 나타내는데 효과적이다.	
언어적 기호	① 언어적 기호란 지도상에 주어진 현상을 대표하여 나타낼 수 있는 문자를 사용하여 독도자들에게 정보를 전달하는 것이다. 흔히 정보의 다양한 범주를 나타낼 때 문자체를 달리하여 기호화한다. ② 면적으로 나타나는 형상들도 언어적인 기호로 표현할 수 있다. 예를 들면 문자나 단어로 각각의 현상을 나타낼 수 있도록 하는 것이다. 즉, 농사 지대인 경우 중 밀농사 지대는 밀이라는 글자를, 옥수수 지대는 옥수수라는 글자를 반복적으로 사용하여 나타낼 수 있다.	
추상적 기호	① 어떤 정보들은 형상이나 언어적인 기호로 나타내는 것이 적합하지 않은 경우가 있다. 이런 경우에는 원, 네모, 세모, 점 등과 같은 기하학적 형태로 표현하는 추상적인 기호가 사용된다. 따라서 추상적 기호는 지도상의 범례에서 정보를 제시해 주어야만 각 기호에 대한 의미를 알 수 있으며 지도에 나타난 현상들을 읽을 수 있게 된다. ② 실제로 지도를 제작하는 데 있어서 추상적인 기호가 가장 많이 활용되고 있다. 이는 기하학적 형태의 추상적 기호가 보다 유연하며, 나타내고자 하는 형상의 크기에 관계없이 어떤 축척의 지도에서도 표현할 수 있기 때문이다.	

(4) 방위 : 지도의 방향을 표시, 방위(⊕) 표시가 없으면 위쪽이 북쪽

(5) 등고선 : 해발 고도가 같은 지점을 연결한 등치선 → 해발 고도, 땅의 모양, 경사의 정도 등을 파악할 수 있음(절벽을 제외하고는 서로 겹치지 않음)
　① 등고선의 모양 : 등고선이 고도가 높은 쪽으로 구부러져 있으면 계곡(골짜기, 하천 방향), 낮은 쪽으로 구부러져 있으면 능선(산등성이, 등산로 이용)을 나타냄
　② 등고선의 간격 : 등고선의 간격이 좁으면 급경사, 간격이 넓으면 완경사

지형도	등고선	간격	
		1 : 50,000	1 : 25,000
	계곡선	100m	50m
	주곡선	20m	10m
	간곡선	10m	5m
	조곡선	5m	2.5m

개념 40 지리 정보

1. 개념	지표상에 나타나는 각종 지리적 현상을 다른 사람들이 이용할 수 있도록 체계화시켜 놓은 정보			
2. 종류	구분	의미	예	표현 방법
	위치 자료 (공간 정보)	• 한 장소의 공간적인 위치를 나타내는 자료 • 공간 정보란 '어디에 있는가?'에 관한 것으로 위도, 경도 등이 대표적이다.	경위도, 행정 구역상의 위치 등	점, 선, 면
	속성 자료 (속성 정보)	• 한 장소의 특성을 표, 그래프, 문자 등을 사용하여 나타내는 자료 • 속성 정보란 '어떤 특성을 지니는가?'로서 기후, 인구 등을 예로 들 수 있다.	자연 환경(지형, 기온, 강수량 등), 인문 환경(토지 이용, 인구 등)	지도, 표, 그래프
	관계 자료 (관계 정보)	• 다른 장소 및 현상들과의 관계를 나타내는 자료 • 관계 정보는 지리 정보 간의 관계를 알려 주는 정보로 '장소 간 거리' 등이 있다. • 오늘날 정보·통신 기술의 발달 등으로 광범위하고 접근이 어려운 지역의 지리 정보의 획득이 이전에 비해 수월해지고 있다.	다른 지역과의 접근도 등	인접성, 계층 관계

공간 자료	속성 자료	관계 자료
점 선 면	인구 교통 ⋯	인접성 계층

⟨원격 탐사⟩

| 3. 정보 수집 | ① 수집 방법 : 지도, 문헌, 통계 자료, 현지 답사, 항공 사진, 인공 위성 자료 등을 통해 얻음
② 원격 탐사 : 연구 지역의 지리 정보를 항공기, 인공 위성(주기적으로 반복되는 영상 정보를 통해 시간에 따른 경관의 변화 분석이 쉬움)을 통해 먼 거리에서 얻는 기법 → 사람이 접근하기 어렵거나 광범위한 지역의 정보를 수집할 수 있음 |

개념 41 국토와 우리 생활 (5-1)

	구분	뜻	우리나라의 위치
1. 위치	지리적 위치	대륙이나 해양 등의 지형을 기준으로 나타내는 위치이다.	아시아 대륙의 동쪽에, 북태평양의 서쪽에 위치한다.
	수리적 위치	위도와 경도를 사용해 나타내는 위치이다.	북위 33°~43°, 동경 124°~132°이다.
	관계적 위치	주변 국가들과의 상대적인 관계를 나타내는 위치로, 주변 국가와의 관계에 따라 수시로 변할 수 있는 상대적이고 가변적인 특징을 지닌다.	우리나라는 동북아시아의 지리적 요충지이며 태평양 시대의 중심 국가이다.
2. 영토	(1) 개념	① 국가의 주권이 미치는 육지의 범위를 영토라고 한다. 대한민국 「헌법」 제3조에는 '대한민국의 영토는 한반도와 그부속 도서로 한다.'라고 명시되어 있다. 여기서 부속 도서는 한반도 주변 섬들을 말한다. ② 우리나라의 영토를 말할 때에는 남북한을 포함한 한반도 전체를 포함한다. 북한을 포함해 우리나라의 영토는 남북으로 약 1,100km이고 동서로 약 300km이다. 총면적은약 22.3만km2이고 그중 남한의 면적은 약 10만km2으로 북한 면적보다 조금 더 좁다.	
	(2) 우리나라의 4극	• 동서남북의 끝이 어디인지를 설정하는 것은 영토의 한계를 정하는 것이며 영토가 어디인지에 따라 영해와 영공이 정해지기 때문에 우리 영토의 끝이 어디까지인지 아는 것이 중요하다.	

위치	지명
극동	경상북도 울릉군 독도
극서	평안북도 용천군 마안도
극남	제주특별자치도 서귀포시 마라도
극북	함경북도 온성군 유원진

3. 영해

영해는 국가의 주권이 미치는 바다의 범위로, 해수면과 해저를 모두 포함한다. 바다는 육지처럼 선을 그어 경계선을 표시할 수 있는 것이 아니므로 영해를 설정하는 기준선을 이용한다. 영해를 설정하는 기준선에는 통상 기선과 직선 기선 두 가지가 있다.

▲ 우리나라의 영해

3. 영해	(1) 통상 기선	① 통상적으로 사용되는 기준선으로, 썰물일 때의 해안선이 기선이 된다. ② 통상 기선은 우리나라 동해안처럼 해안선이 단조로운 곳에서 사용된다. 따라서 제주도와 울릉도, 독도는 통상 기선을 기준으로 영해가 설정된다.
	(2) 직선 기선	• 황해안이나 남해안과 같이 해안선이 복잡한 곳은 일일이 해안선을 긋기가 힘드므로 가장 바깥에 있는 섬들을 직선으로 이어서 기선을 만드는데, 이것을 직선 기선이라고 한다.
	(3) 해리	① 해리는 항해, 항공 등에서 사용하는 길이의 단위로, 영국의 천문학자 건터(Edmund Gunter)가 제안해 17세기부터 사용하기 시작했다. ② 위도 1도의 평균 거리를 1해리로 하여 그 거리가 위도에 따라 달랐지만, 1929년에 열린 국제 수로 회의에서 1해리를 1,852 m로 통일했다.
	(4) 배타적 경제 수역	① 기준선에서 12해리(약 22.224km)까지의 영해에서는 경찰권, 자원 관할권 등 모든 권리가 해당 국가에 있다. 배타적 경제 수역은 해당 국가가 경제적 권리를 가지는 수역으로, 영해 기선으로부터 200해리까지 중 영해를 제외한 188 해리이다. ② 배타적 경제 수역 안에서는 자원 채굴권, 어업권, 환경 보호권 등과 같은 권리가 해당 국가에 있지만, 외국 선박이나 항공기의 통행은 자유롭다. 나라들 간에 배타적 경제 수역이 겹치면 갈등이 일어나는 경우가 많다.
	(5) 우리나라 영역을 나타내는 지도에 북한 영해가 빠진 까닭	① 「국제법」에서는 영해를 각 영토의 기점 혹은 지선에서부터 12해리로 정하고 있다. 그러나 다른 나라와 겹칠 경우두 나라가 상의해 경계를 정한다. 예를 들면, 우리나라와 일본은 쓰시마섬 부근의 영해를 3해리로 결정했다. ② 북한의 경우 중국과 러시아와 각각 협상해 영해를 결정 하고 있다. 이 때문에 정확한 위치와 면적을 표시해야 하는 지도에 북한의 영해를 표시하기 어려운 점이 있다. 이러한 문제는 남한과 북한이 분단되어 있는 현실을 나타내며 통일이 된다면 해소될 수 있을 것이다.
4. 영공		① 영공은 영토와 영해의 수직 상공이다. 영공을 처음 설정한 목적은 비행기가 발명되면서 국토방위에 중요해졌기 때문이다. 현재 영공은 국토방위뿐만 아니라 항공 교통에서도 매우 중요한 역할을 하며 영공을 통과하는 다른 나라의 비행기로부터 영공 통과료를 받는다. ② 영공은 일반적으로 대기권 내를 말한다. 인공위성이 비행 하는 대기권 바깥의 외기권은 포함하지 않으며 외기권은 우주 이용을 위해서 자유롭게 통과할 수 있도록 하고 있다.
5. 지형		① 산, 평야, 하천, 해안과 같은 땅의 모양을 지형이라고 한다. ② 지형은 끊임없이 변화하는데 이러한 변화의 원동력은 유수(흐르는 물), 빙하, 바람, 파도 등이다. ③ 이번 차시에서 학습한 지형 이외에 고원과 분지 지형도 있다.
	(1) 고원	① 고원은 해발 고도가 높은 평평한 땅으로, 원래 평평했던 땅이 점차 높아지면서 만들어진 것이다. ② 우리나라의 고원은 백두산 부근의 개마고원과 태백산맥의 대관령 일대에 분포한다. ③ 대관령 일대의 고원에서는 여름철 기온이 평지 보다 낮아 배추, 무 등의 채소를 재배하는 고랭지 농업이 이루어지며, 소나 양을 기르는 목축업이 활발하다.
	(2) 분지	① 분지는 주위가 산으로 둘러싸여 있는 낮고 평평한 땅으로, 오목한 그릇과 같이 생겼다. ② 여러 개의 강이 만나면서 땅이 많이 깎인 곳에 분지가 생기기도 한다. ③ 우리나라의 대표적인 분지로는 춘천, 남원, 청주, 구례, 곡성, 김천, 대구, 상주 등이 있다.
	(3) 평야	① 기복이 거의 없는 넓은 토지를 말한다. 형성 원인에 따라서 퇴적 평야와 구조 평야로 크게 나눈다. 퇴적 평야는 하천의 퇴적 작용만으로 형성된다. 구조 평야는 침식 평야라 고도 하며, 오랜 지질대의 침식으로 형성된다. ② 한국의 평야는 김해평야를 제외하면 대부분 침식 평야이다. 평야는 낮고 평탄한 지형을 이루는 곳이 많기 때문에 교통의 발달이나 인간의 거주 지역으로 적당하므로 기후 조건이 좋은 곳에서는 농업을 비롯해 상공업이 일어나고 도시가 발달해 인구 밀도가 높은 지역을 형성한다.

6. 기후에 영향을 미치는 요인	① 우리는 각 기후의 특색을 이야기할 때, 주로 기후의 3요소라고 불리는 기온이나 강수량, 바람을 중심으로 설명한다. <u>기온, 강수량, 바람 외에도 습도, 일사량, 안개, 서리 등과 같이 대기의 상태를 설명하는 것들을 일컬어 기후를 구성하는 기후 요소</u>라고 한다.
	② 각 기후 요소는 지역에 따라 다르게 나타나는데, <u>지역에 따라 위도, 지형, 해발 고도, 수륙 분포, 해류, 기단과 전선 등의 기후 요인(기후 인자)이 다르기 때문이다.</u>
	③ 그렇다면 기후 요소와 기후 요인은 어떠한 관계가 있으며, 지역의 기후를 이해하는 데 어떤 의미를 지닐까?
	   ㉠ 적도가 지나는 아프리카 기니만 연안에 있는 카메룬은 연평균 기온이 25~30℃에 이르고, 연평균 강수량은 1,500mm일 정도로 연중 덥고 비가 많이 내리는 열대 우림 기후가 나타난다. 이는 카메룬의 위도가 낮은 것과 관련이 깊다. 저위도일수록 태양이 좁은 범위에 수직으로 내리쬐어 기온이 높은 반면, 고위도로 갈수록 태양이 넓은 범위에 비스듬하게 내리쬐면서 태양의 복사 에너지 양이 줄어들어 기온이 낮다.
	   ㉡ <u>하지만 적도 부근이라고 해서 모두 기온이 높은 것은 아니다. 적도 가까이에 있는 케냐의 킬리만자로산 정상은 연중 흰 눈이 덮여 있는데, 이것은 해발 고도가 높기 때문이다.</u> 해발 고도가 100m 상승할 때마다 기온은 약 0.65℃씩 낮아지는데, 킬리만자로산 높이가 5,895m임을 감안하면 산 정상의 기온은 산 아래보다 약 38.35℃ 정도 낮다. 즉 산 아래가 30℃라면, 산 정상은 −8.35℃ 정도로 낮아 쌓인 눈이 녹지 않는 것이다.
	   ㉢ <u>이처럼 기후를 구성하는 주요 기후 요소인 기온은 위도와 해발 고도 등의 기후 요인에 따라 달라진다. 따라서 어떤 지역의 기후를 이해하기 위해서는 기후를 구성하는 기후 요소의 특색을 잘 알고, 그에 영향을 미치는 기후 요인과의 관계를 살펴보는 종합적인 이해가 필요하다.</u>

7. 기후도	① 대개 각 기후 요소별로 등치선을 사용해 나타낸 것이 많다. 등온선도, 등우량선도, 등압선도, 등습도선도, 등운량 선도 등이 이에 속한다. 다만, 바람은 풍향과 풍속을 함께 표시해 화살표 방향으로는 풍향을 나타내고 길이나 화살표에 붙인 날개의 수 등으로 풍속을 나타낸다. ② 이 밖에 갠 일수, 비 온 일수, 눈 온 일수, 첫눈·첫서리 일자, 끝눈·끝 서리 일자 등을 나타낸 지도도 있다. 이것들은 각 기후 요소별 분포도인데, 기후 자체의 분포를 나타내려면 이를 적절하게 짜맞춘 기후형을 토대로 각각의 기후구나 기후 지역으로 나눈 기후도를 만들어야 한다. 예를 들면, 독일의 기상학자 쾨펜은 기후의 특징을 몇 개의 문자를 기상 기호로 나타냄으로써 기후의 분포 상태를 밝혔다.

기후대	기후형	기후의 특색
열대 기후 (A)	Af(열대 우림 기후)	연중 다우
	Am(열대 몬순 기후)	Af와 Aw의 중간형, 긴 우기와 짧은 건기
	Aw(사바나 기후)	건기와 우기가 뚜렷
건조 기후 (B)	BS(스텝 기후)	연평균 강수량 250~500 mm
	BW(사막 기후)	연평균 강수량 250 mm 이하
온대 기후 (C)	Cf(온대 습윤 기후)	연중 습윤
	Cfa(온난 습윤 기후)	하계 고온 다우
	Cfb(서양 해양성 기후)	하계 냉량, 동계 온난
	Cs(지중해성 기후)	하계 고온 건조, 동계 온난 습윤
	Cw(온대 동계 건조 기후)	동계 온난 건조
냉대 기후 (D)	Df(냉대 습윤 기후)	연중 습윤
	Dw(냉대 동계 건조 기후)	동계 한랭 건조
한대 기후 (E)	ET(툰드라 기후)	최난월 평균 기온 10℃ 미만
	EF(빙설 기후)	최난월 평균 기온 0℃ 미만

8. 기온 차이의 발생		① 지구는 둥글기 때문에 지역에 따라 일사량의 차이가 발생해 위도별 기온 차이가 나타난다. 따라서 적도 부근에서 극지방으로 갈수록 일사량이 줄어들어 연평균 기온이 낮아진다. ② 우리나라 역시 남북으로 긴 형태라 지역에 따라 기온 차이가 발생한다. 대개 북쪽으로 갈수록 기온이 낮아지고 남쪽으로 갈수록 기온이 높아진다. ③ 기온 이외에도 지형, 해류 등의 영향을 받아 기온 차이가 발생해 기후도의 등온선은 직선이 아닌 곡선을 나타낸다.
9. 인문 환경	(1) 인구	① 일정 지역에 사는 사람의 총수를 말하며, 한 사회나 국가를 구성하는 기본적인 요소이다. ② 인구수, 인구 구성, 인구 분포, 인구 밀도, 인구 이동 등은 그 나라의 자연환경분만 아니라 정치, 경제, 사회, 문화 등 여러 가지 여건을 반영한다. ③ 인구를 지리적 관점에서 바라보는 것은 각 지역의 특성과 관련지어 고찰한다는 의미이며, 궁극적으로 각 지역의 구조를 파악하는 것을 목적으로 한다.
	(2) 산업	① 우리 생활에 필요한 재화나 용역을 생산하고 보관하며 운반하는 등 생산에 관계되는 모든 활동을 일컫는다. ② 산업에는 일반적으로 물적 재화의 생산과 더불어 서비스의 생산도 포함된다. 이처럼 산업이란 여러 분야의 모든 생산적 활동을 뜻하며, 전체 산업을 구성하는 각 부문, 즉 각 업종을 가리키는 말로도 사용된다.
	(3) 교통	① 교통은 한 장소에서 다른 장소로 사람이나 물자가 이동하는 것을 말하며, 넓은 의미에서는 통신도 포함된다. ② 따라서 교통수단과 교통망이 발달하면 사람이나 물자의 이동은 더욱 빠르고 쉬워진다. ③ 교통 수요가 증가하고 교통수단이 개선되면서 교통망은 점차 조직화되어 간다. 교통망의 발달로 사람과 물자 이동이 활발해지면서 산업화와 도시화는 더욱 촉진된다.
10. 인구 성장률		① 인구 성장률은 지난해에 비해 인구가 몇 % 증가했는지를 나타내는 지표이다. 0보다 크면 인구가 늘어난다는 의미이고 0보다 작으면 인구가 줄어든다는 뜻이다. ② 우리나라의 인구 성장률은 1970년 이후에 계속 낮아지고 있으며 2030년에는 인구 성장률이 0이 되어 인구 성장이 멈출 것으로 예상된다.
11. 인구 절벽		① 미국의 경제학자 해리 덴트가 제시한 개념으로 어느 순간을 기점으로 한 국가나 구성원의 인구가 급격히 줄어들어 인구 분포가 마치 절벽이 깎인 것처럼 역삼각형 분포가 된다는 내용이다. ② 생산 가능 인구(15~64세)의 비율, 특히 소비를 가장 많이 하는 40대 중후반 인구가 줄어 대대적인 소비 위축 현상이 발생하는 것을 말한다. ③ 인구 절벽 현상이 발생하면 생산과 소비가 줄어드는 등 경제 활동이 위축돼 심각한 경제 위기가 발생할 수 있다. 통계청에 따르면 한국은 2016년에 생산 가능 인구가 3,704만 명으로 정점을 찍은 후 급속히 감소할 예정이다.

12. 산업화와 도시화	① 도시화는 도시 수의 증가, 도시 면적의 확대, 도시 주민 수의 증가를 의미한다. 한국의 도시화율이 90%라고 말할 때, 도시화는 앞에서 말한 세 가지 의미에서의 양적 증가를 뜻한다. 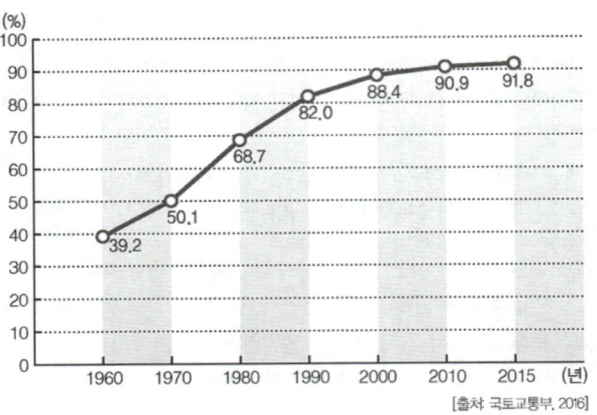 ▲ 도시 지역의 인구 비율 ② 공업의 발달과 더불어 발전된 분업 체계 속에서 사람들의 경제 활동이 부분별로 전문화되는 과정을 산업화라고 한다. 산업화가 진전되면 자연적으로 1차 산업의 비중은 작아지고, 2차와 3차 산업의 비중이 커지게 된다. 그러므로 산업의 발달은 결국 도시화를 의미한다. 도시화가 진행되어 일자리나 교육, 각종 편의 시설의 이용 기회를 얻기 위해 도시로 인구가 모여들고 도시의 수는 늘어나는 대신 촌락의 인구는 줄어들게 된다. 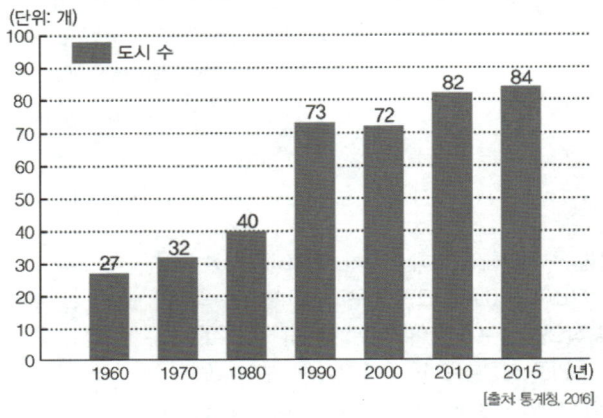 ▲ 우리나라 도시 수의 변화
13. 시간 거리	① 어떤 교통수단을 이용할 때 어느 지점에서 특정 지점까지 소요되는 시간을 말한다. 시간 거리는 크게 두 가지 변화에 따라 줄어든다. 첫째로 교통수단의 발달로 이동 속도 자체가 빨라지면서 시간 거리가 줄어들 수 있다. 예를 들면 서울 ~ 부산을 이동할 때 고속 버스를 이용하면 4시간 조금 넘게 걸리지만 고속 열차는 2시간 조금 넘게 걸린다. 둘째로 교통 시설의 물리적인 변화이다. 건설 기술의 발전으로 터널이나 다리 등을 건설해 지형적 제약을 극복함으로써 이동 경로의 물리적 거리를 줄일 수 있다. ② 오늘날에는 물리적인 거리보다 지역 간의 상대적 거리가 점차 강조되고 있으며 산업에서 인건비나 물류비 등이 더 싼 지역으로 공장을 옮기는 것도 교통의 발달로 시간 거리가 줄어듦에 따라 가능해진 것이다.
14. 빨대 효과	① 고속 도로나 고속 철도의 개통으로 컵의 음료를 빨대로 빨아들이듯이 대도시가 주변 중소 도시의 인구나 경제력을 흡수하는 대도시 집중 현상을 가리킨다. ② 빨대 효과는 고속 도로나 고속 철도 개통의 부작용 중 하나로 자주 거론되고 있다. 1960년대 일본에서 고속 열차인 신칸센이 개통된 후 연계된 중소 도시의 발전 기대감과 달리 도쿄와 오사카 양대 도시로 인력과 경제력이 집중되었고, 이로 인해 제3의 도시인 고베가 위축되는 현상이 발생했는데 이를 빨대 효과라고 부른 데서 비롯된 말이다.

세계 여러 나라의 자연과 문화 (6-2)

1. 공간 자료		본 주제에서는 세계 지도, 지구본, 디지털 영상 지도를 의미하지만 다양한 형태의 공간 표현물을 포함하는 개념이다.
2. 지리 정보		① 지표 공간의 자연적·인문적 현상들이 공간상에 어떻게 분포되고 배열되어 있으며 어떻게 상호 작용 하고 조직되고 있는 가에 대한 체계적 지식과 자료를 말한다. 즉 지표 공간상의 모든 정보를 뜻하는 것으로, 지리 정보는 한 장소의 위치와 공간 형태를 나타내는 공간 자료, 장소의 특성을 나타내는 속성 자료, 다른 장소와 현상들과의 관계를 나타내는 관계 자료로 구분된다. 정확한 지리 정보의 획득은 지역 개발과 환경 영향 평가 등의 성공적인 수행에 매우 중요하다. ② 지리 정보란 공간이나 지역에 관한 모든 지식과 정보를 뜻한다. 구체적으로 공간 정보, 속성 정보, 관계 정보로 나뉠 수 있다. 공간 정보란 '어디에 있는가?'에 관한 것으로 위도, 경도 등이 대표적이다. 속성 정보란 '어떤 특성을 지니는가?'로서 기후, 인구 등을 예로 들 수 있다. 관계 정보는 지리 정보 간의 관계를 알려 주는 정보로 '장소 간 거리' 등이 있다. 오늘날 정보·통신 기술의 발달 등으로 광범위하고 접근이 어려운 지역의 지리 정보의 획득이 이전에 비해 수월해 지고 있다.
3. 로빈슨 도법의 세계 지도		① 현재 교과서에 제시된 세계 지도는 대부분 로빈슨 도법의 세계 지도이다. 세계 지도는 지구를 펼쳐 놓는 방법(도법)에 따라 나라의 크기가 실제와 다르게 나타날 수도 있고 모양 또한 실제와 다르게 보일 수 있다. ② 로빈슨 도법의 세계 지도는 다른 도법의 세계 지도보다 각 나라의 모양과 면적을 비교적 정확하게 나타내지만 둥근 지구의 모습을 평평한 종이에 완전하게 나타냈다고 할 수는 없다. 둥근 지구를 하나의 왜곡도 없이 평평한 종이에 나타내 는 것은 불가능하기 때문이다.
4. 인간과 자연과의 관계		• 인간과 자연과의 관계를 바라보는 관점은 크게 환경 결정론, 환경 가능론, 문화 결정론, 생태학적 관점 네 가지가 있다. ① 환경 결정론은 인간의 생활 양식이 기후, 지형, 식생 등의 자연환경에 의해 결정된다고 보는 입장이다. ② 환경 가능론은 자연은 가능성을 제공할 뿐 그중에서 어떤 것을 선택하고 이용하느냐는 인간의 자유 의지에 달렸다는 입장이다. ③ 문화 결정론은 자연을 변형하거나 이용하는 모습이 그 지역에 거주하는 사람들이 지닌 문화적 배경과 역사적 전통에 의해서 결정된다는 입장이다. ④ 생태학적 관점은 인간과 자연이 서로 영향을 주고받는다는 입장이다.
5. 기후 요인	(1) 개념	지구의 기후를 다르게 하는 요인
	(2) 종류	① 위도 : 적도를 기준으로 남북으로 가른 위치 표시선 ② 수륙 분포 : 지구상에서 육지와 해양이 배열되어 있는 상태 ③ 격해도 : 바다의 영향을 얼마나 받는지를 따지는 수치 ④ 해발 고도 : 바닷물의 평균 높이에서 재기 시작한 땅의 높이 ⑤ 기단 : 같은 날씨를 보이는 큰 공기의 덩어리 ⑥ 전선 : 발생지가 다른 두 기단의 경계인 전선면과 지표 면이 마주치는 선

6. 기후 요소	(1) 개념	지역의 기후 특색이 보여 주는 지표
	(2) 종류	① 기온 : '해발 고도가 높아서 기온이 낮다.', '시베리아 기단이 내려와서 기온이 낮아졌다.' 등 ② 바람 : '수륙 분포상 반도에 위치해 있어서 계절풍 기후가 나타난다.' 등 ③ 강수 : '계절풍 기후로 장마 전선이 몰려와 여름에 비가 많이 온다.' 등 ④ 운량(구름의 양) ⑤ 습도 ⑥ 일조량(햇볕이 쬐는 양) ⑦ 증발량(수분이 증발되는 양)
7. 세계의 기후 구분 방법	(1) 쾨펜의 기후 구분 방법	① 가장 대표적인 방법으로 식생을 기준으로 기후를 구분 ② 식생의 분포에 영향을 미치는 기후 요소인 기온과 강수량의 평균값을 이용해 기후를 구분
	(2) 성인적 구분 방법	① 동기후적 요인(대기 대순환, 기단, 전선 등 기후 차이를 유발)에 기초를 두고 기후를 구분 ② 범위의 경계를 명확하게 설정하기 어렵다는 단점이 있음.
8. 기후 분포의 원인	(1) 적도와의 거리	① 기온은 대체적으로 적도와 가까울수록 덥고 북극이나 남극과 가까울수록 춥다. 적도 부근은 태양의 고도가 높아 태양 열을 다른 지역보다 많이 받기 때문이다. ② 따라서 적도와의 거리, 즉 위도에 따라 기후가 다르게 나타난다.
	(2) 대륙과 바다와의 영향	① 대륙은 온도가 빨리 데워지고 빨리 식지만 바다는 온도가 천천히 데워지고 천천히 식는다. ② 그래서 대륙이 바다와 가까울수록 기온의 차이가 적고, 대륙이 바다와 멀수록 기온의 차이가 크다. 또한 따뜻하거나 차가운 해류의 영향을 받기도 한다.
	(3) 해발 고도와 높은 산맥	① 해발 고도가 높을수록 태양 에너지를 받은 지표에서 방출하는 복사 에너지의 양이 적어져 기온이 낮아진다. 그래서 높은 산은 평지보다 기온이 낮다. ② 또한 바람이 높은 산을 타고 올라가면 기온이 떨어지는데 겨울에는 눈이 많이 내리게 된다.
9. 기후별 기온과 강수량		키상가니 (콩고 민주 공화국) ▲ 열대 기후 / 리야드 (사우디아라비아) ▲ 건조 기후 / 칭다오 (중국) ▲ 온대 기후 / 하바롭스크 (러시아) ▲ 냉대 기후 / 맥머도 (남극 대륙) ▲ 한대 기후 / 보고타 (콜롬비아) ▲ 고산 기후

10. 다른 나라 문화를 보는 관점	(1) 문화 상대주의	① 문화의 다양성을 인정하고 한 사회의 문화를 그 사회가 처한 특수한 환경과 역사적·사회적 맥락 속에서 이해하려는 태도이다. ② 즉, 그 문화를 공유한 사람들의 입장에서 문화를 바라보고 이해하는 태도이다. 각 사회의 문화는 그 나름의 고유한 특성과 가치를 지니기 때문에 문화 간의 우열을 가릴 수 없다는 것이다.
	(2) 자문화 중심주의	• 자기가 속한 사회의 문화만이 우월하다고 생각하며 다른 사회의 문화를 부정적으로 평가하고 배척하는 태도를 말한다.
	(3) 문화 사대주의	• 다른 사회의 문화를 수준 높고 우수한 것으로 여기고 자기가 속한 사회의 문화를 부정적으로 여기는 태도를 말한다.
11. 지구촌 교육		① 자국 중심의 사고나 행동에서 벗어나 지구촌 시민으로서 사회 현상을 이해하고 공동의 문제를 해결하고자 협력하는 등의 자질을 육성하는 교육을 뜻한다. ② 지구 전체가 하나의 생활권으로서 개인, 집단, 국가 간에 긴밀하게 연관되어 있음을 체계적으로 인식하고 더불어 지구촌 문제를 공동의 문제로서 수용하고 이것의 해결을 위한 지식, 능력, 시민으로서의 참가 태도 등을 다루는 것을 목표로 한다.
12. 신문 활용 수업(NIE)		① 신문 활용 수업(NIE) 방법은 신문 활용의 난이도에 따라 찾기, 이해하기, 평가하기, 창조하기의 네 가지로 분류할 수 있으며 행동 목표는 다음과 같다. • 찾기 : 열거하기, 구별하기, 횟수 계산하기 • 이해하기 : 인과 관계 확인하기, 역할 이해하기, 계열성 이해하기 • 평가하기 : 의견 평가하기, 선별하기, 비교하기 • 창조하기 : 새로운 관점이나 자신의 관점에서 기사 다시 쓰기, 새로운 기사 쓰기 ② 찾기와 이해하기 중심이던 NIE 수업을 평가하고 창조하기의 고차원적 활동으로 전환하려면 차시당 수업 시간의 제한이 있기 때문에 플립드 러닝(Flipped Learning)을 접목해 보완할 수 있다.
13. 탐구력		① 탐구력(inquiry skill)이란 다양한 자료를 활용해 새로운 지식을 도출하거나, 기존 지식의 타당성을 현실 사회에서 확인하는 능력을 뜻한다. 탐구력은 대표적인 고차 사고력의 일종으로서 사회과 수업의 목표로서 강조되고 있다. ② 탐구 학습은 탐구력 향상이 주된 교육 목표가 되는 수업 방법으로서 탐구 결과보다는 과정이 중심이 되며, 가설을 검증한다는 도달 가능한 목표가 있고 과정으로서의 지식을 추구한다는 특성이 있다. 수업 단계는 '문제 파악-가설 설정-탐색-입증(증거 제시)-일반화' 순으로 진행된다. ③ 우리나라와 관계 깊은 나라의 지리 정보를 조사하고 우리나라와의 관계성을 탐구하는 과정은 지식을 도출하거나 검증하는 성격으로서 이를 주제로 한 수업을 구성할 때 지식의 획득보다는 탐구력을 목표로 수업을 설계하는 것이 적절하다
14. 거꾸로 수업		① 거꾸로 수업은 학생들이 가정에서 교사가 제작한 영상을 자기 주도적으로 학습하고, 교실에서 영상과 연계된 보충 및 심화 학습, 협력 학습, 탐구 학습 등과 같은 학습을 수행 하는 온오프라인 융합 수업 방법이다. ② 19-20차시 수업은 학생들의 활동 과제(신문 만들기)가 중심이 되는 활동이므로 거꾸로 수업으로 설계하여 실행할 수 있다. 해당 차시를 거꾸로 수업을 활용하여 수업한다면 다음과 같은 단계로 실행 가능하다.

장소	학생	교사
집 (수업 전)	동영상 강의 듣기, 퀴즈 풀기, 수업 준비	10분 내외 동영상 강의 준비(우리나라와 지리적으로 멀리 떨어져 있지만 관계 깊은 나라에 관한 간략한 소개 및 교류 사례 등)
교실 안 (수업 중)	모둠별 신문 만들기(상호 질의와 토의, 탐구 등)	촉진자 또는 조력자로서 프로젝트 과제 지원 및 피드백 제공
교실 밖 (수업 후)	심화 활동 및 온라인 질의응답 안내	심화 활동 과제(교류 현황 조사, 나라 카드 가져 가기 놀이 등)안내 및 온라인 학습 게시판 운용

6절 일반사회 각론

개념 43 인권 존중과 정의로운 사회 (5-1)

1. 개념 및 용어	(1) 인권	• 사람이라면 누구나 태어나면서부터 당연히 가지는 기본적 권리로서 외모, 성별, 나이, 건강 상태 등에서 오는 서로의 차이점과 개성이 존중되고, 사람으로서 당연히 인간답게 살 권리를 말한다.
	(2) 인권 신장	① 인권을 존중하는 의식이 점차 확대되고 성장하는 것을 말한다. ② 과거에는 신분 제도나 장애인, 어린이, 노약자, 여성, 인종 등에 편견을 가지고 차별하는 일이 있었으나, 옛사람들의 노력과 여러 사회 제도로 점차 인권에 대한 의식이 확대·성장했다.
	(3) 인권 보장	① 인간으로서 존중받고 행복하게 살아가기 위해 가지고 있는 기본적인 권리인 인권의 보장을 말한다. ② 인권은 크게 시민적·정치적 권리인 자유권과 경제적·사회적·문화적 권리인 사회권으로 나눌 수 있는데, 전자인 자유권은 국가가 간섭하지 않아야 보장이 되며, 후자인 사회권은 국가가 적극적으로 조치해야 보장받을 수 있다.
2. 인권	(1) 개념	① 인권은 인간의 존엄성을 유지할 수 있는 삶의 필수 조건으로 한마디로 정의한다면 '인간으로서 태어난 이상 당연히 갖는 권리'이다. ② 인권은 인간이 인간다운 삶을 영위하는데 필요한 필수적인 권리이다. 여기서 인간다운 삶을 영위한다는 것은 그냥 먹고 생명을 유지하는 것뿐만 아니라 '인간의 존엄성'을 유지할 수 있는 삶의 조건이 충족되어야 함을 의미한다. ③ 이러한 인간의 존엄성은 구체적인 법적 권리로서, 혹은 한 국가나 공동체, 국제 사회가 합의한 규범적 질서 속에서 마땅한 도덕적 권리로서 승인되어야만 보장되고 발현될 수 있는 것이다.
	(2) 역사적 개념	① 오늘날 우리가 알고 있는 '인권'은 갑자기 하늘에서 떨어진 것이 아니라 약 200년의 역사 동안 형성되어 온 것이다. 즉 인권은 일정한 시대적·사회적 조건 속에서 탄생했으며, 여러 시대적·사회적 조건에 의해 규정되면서 발전해 왔다. ② 따라서 인권은 궁극적으로는 지배 계급의 지배 의지의 반영된 것이지만 동시에 인민들의 투쟁으로 새로운 외연과 새로운 의미가 쟁취되는 개념이다. 인권은 부단히 그 내포를 확장하면서, 또 발전해 나가는 개념이다.
	(3) 인권 존중의 역사	① 세계적으로 인권을 존중하자고 주장한 움직임은 옛날부터 있어 왔다. 두 번의 세계 대전을 겪으면서 수많은 사람이 희생되자 인권을 보호해야 한다는 생각이 전 세계적으로 퍼졌다. 전쟁이 끝난 후인 1948년, 국제 연합(UN)은 '세계 인권 선언'을 선포하면서 인권을 인류가 추구해야 할 보편적인 권리로 채택했다. ② 세계는 인간의 자유와 평등을 추구하고 정의를 유지하기 위해서는 인간의 존엄성이 인간 삶의 바탕이 되어야 한다고 강조했다.
3. 인권 신장 제도	(1) 상언과 격쟁	상언(上言)과 격쟁(擊錚)은 백성들의 억울하고 원통한 사정을 왕에게 직접 호소하는 합법적인 소원 제도이다. 상소가 사회 전반적인 문제를 다루는 것에 비해 상언과 격쟁은 주로 개인적인 사정을 소원하는 수단이었다.
	(2) 신문고	백성들의 억울한 일을 풀어 줄 목적으로 궁궐 앞에 북을 매달아 백성들이 억울한 일을 당하면 북을 치게 한 제도이다. 북이 울리면 관리가 나와 문제를 해결해 주었다.
	(3) 삼복제	고려·조선 시대 형법 중의 하나로 사형은 초심, 재심, 삼심으로 반복해 심리한 뒤에 결정해야 한다는 형사 절차상의 제도이다. 근대 이후로 시행된 삼심제와는 생명의 존엄성을 수호한다는 의미에서 근본 취지가 같다.
	(4) 손변의 재판	고려 시대에 있었던 재산 상속에 관한 공평한 재판
	(5) 제생원	인권 보호를 위한 조선 시대의 의료원

3. 인권 신장 제도	(6) 인권 보호 법규	① 국민 기초 생활 보장법 ② 재해 구호법 ③ 의료 보호법 ④ 아동 복지법
4. 인권 신장 탐구 학습	(1) 인권 신문 만들기	① 인권 보장 관련 인물이나 제도 선정하기 ② 자료 찾기 및 정리하기 ③ 인권 신문 제목 쓰기 ④ 제목에 맞는 신문 내용 작성하기
	(2) 인권 신장 역할극 하기	① 인권 관련 인물의 일화와 내용 정하기 ② 대본 작성하기 ③ 역할 분담하기 ④ 활동하기
5. 인권 보호 실천 활동의 예		① 공정 무역은 일하는 사람들의 정당한 권리를 보장하려고 생겨난 사회 운동이다. ② 어린이 노동이 없는 제품, 일하는 사람들에게 정당한 대가를 지급하는 제품, 환경을 덜 파괴하면서 생산된 제품에 이 마크를 붙여 준다. ③ 지구 반대편에 있는 아이들에게까지 긍정적인 영향을 미칠 수 있는 공정 무역은 만드는 사람과 쓰는 사람 모두 행복해진다는 의미로 '착한 소비'라 불리기도 한다.
6. 주제의 개념 및 용어	(1) 법	① 사람들이 사회생활에서 지켜야 할 행동 기준을 사회 규범이라 한다. ② 사회 규범에는 관습, 종교, 도덕, 법 등이 있다. 이 중 법은 국가에 속한 사람들이면 누구나 무조건 지켜야 하는 사회 규범이다.
	(2) 법의 성격	① 법은 다른 사회 규범과 달리 국가가 강제적으로 지키도록 요구하는 특징이 있다. ② 또한, 법은 인간 내면의 동기와 양심을 중시하는 도덕과는 달리 외적으로 보이는 행동을 규율 하며, 이를 지키지 않는 경우 일정한 제재를 받는다. ③ 법은 고정불변의 절대적인 규범이 아니라 사회의 변화에 따라 달라질 수 있는 가변성을 갖는다.
	(3) 법의 역할	• 법이 개인이나 사회를 위해 마땅히 해야 하는 일 또는 맡은 임무를 말한다.
	(4) 준법정신	• 법을 잘 지키려는 마음의 자세와 태도를 말한다.
7. 법	(1) 의미	① 사람들이 사회생활에서 지켜야 할 행동 기준을 사회 규범이라고 한다. ② 사회 규범에는 관습, 종교, 도덕, 법 등이 있는데 이들 중 법은 국가가 강제적으로 지키도록 요구한 다는 특징이 있다. 또한, 법은 인간 내면의 동기와 양심을 중시하는 도덕과는 달리 외적으로 보이는 행동을 규율하며 이를 지키지 않을 경우 일정한 제재를 한다.
	(2) 분류	① 법은 '개인과 개인 간의 관계'를 규율하는지 '개인과 국가 간의 관계'를 규율하는지에 따라 크게 사법, 공법, 사회법 으로 구분된다. 교육 과정의 성취 기준을 보면 "법(예 민법, 형법)이 우리 생활과 연관되어 있음을 이해할 수 있다."라고 하여 「민법」, 「형법」이 나오는데, 민법은 사법에, 형법은 공법에 속한다. ② 「민법」은 사법 중에서 가족 관계와 재산 관계를 규정한 법이다. 사법에는 민법 외에 기업의 경제생활 관계를 규정한 「상법」 등이 있다.

7. 법	(2) 분류	③ 「형법」은 공법 중에서 범죄의 종류와 형벌의 정도를 정해 놓은 법이다. 공법에는 형법 외에 재판의 절차를 정해 놓은 「소송법」, 행정의 조직과 작용 및 구제에 관한 「행정법」 등이 있다. 국가의 최고 법규인 「헌법」도 공법에 속한다. ④ 사회법은 사법, 공법과 달리 개인 생활 영역에 국가가 개입해 권리와 의무 관계를 규정한 것이다.
	(3) 사회적 약자의 권리 보호를 위해 필요한 사회법	① 우리 사회는 사회·경제적으로 불리한 위치에 있는 약자의 권리를 보호하기 위해 새로운 법을 만들었다. 대표적인 법이 바로 「노동법」, 「사회 보장법」과 같은 사회법이다. ② 사회적 약자인 청소년이나 장애인, 외국인 노동자를 위한 법률을 따로 제정해 이들의 권리가 침해되지 않도록 예방하고 권리를 구제받을 수 있는 길을 열어 놓았다. 오늘날은 국민 누구나 인간답게 살 권리를 보장받을 수 있도록 국가가 적극적으로 기본권을 보장해야 한다는 공감대를 형성하고 있으므로 이러한 사회적 약자를 위한 법의 중요성이 점차 커지고 있다.
8. 주제의 개념 및 용어	(1) 헌법	① 헌법은 국민의 자유와 권리를 보장해 국민이 진정한 국가의 주인이 되는 민주주의를 실현하기 위해 만든 법이다. ② 헌법은 국민이 누려야 할 권리와 지켜야 할 의무, 국회, 정부, 법원 등과 같은 국가 기관을 운영하는 기본 원칙을 정해 놓고 있다.
	(2) 기본권	① 기본권이란 인간이 살아가는 데 기본적으로 충족되어야 하는 자유와 권리를 헌법으로 보호하는 것이다. ② 우리 헌법은 기본권을 규정하고 있는 헌법 제10조부터 제36조까지 개별적인 기본권을 규정하고 있다.
	(3) 권리	① 권리란 어떤 일을 하거나 누릴 수 있는 힘이나 자격을 말한다. ② 국민의 권리를 헌법으로 보장함으로써 국가가 함부로 국민의 권리를 침해할 수 없게 한다.
	(4) 의무	① 의무 중에서 헌법이 규정하고 있는 의무를 '기본 의무'라고 말한다. ② 일반적으로 '국민의 4대 의무'라 하면 국방의 의무, 근로의 의무, 교육의 의무, 납세의 의무를 말하며, '국민의 6대 의무'라 하면 여기에 환경 보전의 의무, 재산권 행사의 의무가 더해진다. ③ 이 중 국방의 의무, 납세의 의무를 제외하고는 권리인 동시에 의무에 해당한다.
9. 헌법	(1) 전문	유구한 역사와 전통에 빛나는 우리 대한국민은 3·1 운동으로 건립된 대한민국 임시 정부의 법통과 불의에 항거한 4·19 민주 이념을 계승하고, 조국의 민주 개혁과 평화적 통일의 사명에 입각하여 정의·인도와 동포애로서 민족의 단결을 공고히 하고, 모든 사회적 폐습과 불의를 타파하며, 자율과 조화를 바탕으로 자유 민주적 기본 질서를 더욱 공고히 하여 정치·경제·사회·문화의 모든 영역에 있어서 각인의 기회를 균등히 하고, 능력을 최고도로 발휘하게 하며, 자유와 권리에 따르는 책임과 의무를 완수하게 하여, 안으로는 국민 생활의 균등한 향상을 기하고 밖으로는 항구적인 세계 평화와 인류 공영에 이바지함으로써 우리들과 우리들의 자손의 안전과 자유와 행복을 영원히 확보할 것을 다짐하면서 1948년 7월 12일에 제정되고 8차에 걸쳐 개정된 헌법을 이제 국회의 의결을 거쳐 국민 투표에 의하여 개정한다.

9. 헌법	(2) 다른 법과의 관계	① 헌법은 민주주의 실현을 위해 우리나라가 나아갈 방향을 제시해 주는 우리나라 최고의 법이다. 실생활에 적용할 수 있는 구체적인 법들이 헌법을 바탕으로 제정되어 있다. ② 법률은 국회에서 만들며 민법, 형법, 상법, 민사 소송법, 형사 소송법 등이 있다. 명령은 대통령, 총리, 장관 등이 만드는 자치 단체의 법이며, 규칙은 지방 자치 단체의 장이 만드는 법이다.	헌법 / 법률 / 명령 / 조례, 규칙
	(3) 기본권	① 평등권 • 법을 공평하게 적용받아 차별받지 않을 권리	제11조 제1항 모든 국민은 법 앞에 평등하다.
		② 자유권 • 자유롭게 생각하고 행동할 수 있는 권리	제15조 모든 국민은 직업 선택의 자유를 가진다. 제14조 모든 국민은 거주 이전의 자유를 가진다.
		③ 참정권 • 국가의 정치 의사 형성 과정에 참여할 수 있는 권리	제24조 모든 국민은 법률이 정하는 바에 의하여 선거권을 가진다. 제25조 모든 국민은 법률이 정하는 바에 의하여 공무 담임권을 가진다.
		④ 청구권 • 기본권이 침해되었을 때 국가에 어떤 일을 해 달라고 요구할 수 있는 권리	제27조 제1항 모든 국민은 헌법과 법률이 정한 법관에 의하여 법률에 의한 재판을 받을 권리를 가진다. 제26조 제1항 모든 국민은 법률이 정하는 바에 의하여 국가 기관에 문서로 청원할 권리를 가진다.
		⑤ 사회권 • 인간답게 살 수 있도록 국가에 요구할 수 있는 권리	제31조 제1항 모든 국민은 능력에 따라 균등하게 교육을 받을 권리가 있다. 제35조 제1항 모든 국민은 건강하고 쾌적한 환경에서 생활할 권리를 가진다.
	(4) 의무	① 교육의 의무	모든 국민은 자녀가 잘 성장할 수 있도록 교육을 받게 할 의무가 있다.
		② 납세의 의무	모든 국민은 세금을 내야 할 의무가 있다.
		③ 근로의 의무	모든 국민은 개인과 나라의 발전을 위해 일할 의무가 있다.
		④ 국방의 의무	모든 국민은 나와 가족, 우리 모두의 안전을 위해 나라를 지킬 의무가 있다.
		⑤ 환경 보전의 의무	모든 국민, 기업, 국가는 환경을 보전하기 위해 노력해야 할 의무가 있다.
	(5) 헌법에 열거되지 않은 자유와 권리	① 모든 헌법이 궁극적 이념인 인간으로서의 존엄과 가치를 보장하기 위해 인간이 가지는 기본권을 열거하고 있다. 헌법에 규정되지 아니한 자유와 권리는 현행 헌법 제37조 제1항에서 "국민의 자유와 권리는 헌법에 열거되지 아니한 이유로 경시되지 아니한다"라고 하여, 자유와 권리의 전국 가성과 포괄성을 명문으로 확인하고 있다. ② 구체적으로는 오늘날 문제가 되는 생명권, 신체를 훼손 당하지 아니할 권리, 평화적 생존권, 일반적 행동의 자유, 소비자의 단결·단체 교섭 및 불량 식품 불매 운동권과 같은 소비자 기본권, 일조권, 휴식권, 수면권, 스포츠권, 저항권 등이다.	

9. 헌법	(6) 기본권의 제한	① 기본권의 제한은 기본권 규정에 따라 보장된 기본권 보유자의 기본권 행사 범위를 한계 짓는 것을 의미한다. 국가는 여러 사람으로 구성된 집합체이므로, 개개인의 자유와 권리도 중요하지만, 사회 전체의 이익을 도모하기 위해서는 국민 개개인의 권리를 제한할 필요성이 대두되기도 한다. ② 우리 헌법은 기본권 제한에 관한 규정을 두고 있다. 헌법 제37조 2항은 국민의 모든 자유와 권리는 국가 안전 보장, 질서 유지 또는 공공복리를 위해 필요한 경우에 한해 법률로 제한할 수 있으며, 제한하는 경우에도 자유와 권리의 본질적인 내용은 침해할 수 없다고 규정하고 있다. 이 조항의 의미는 헌법은 제한의 목적을 국가 안전 보장과 질서 유지 또는 공공복리를 위해서 제한할 수 있다는 한계를 정했다는 것과 국민의 기본권을 제한할 때에는 법률로써 제한할 수 있다는 것이다. 즉, 기본권은 국민의 대표 기관인 국회에서 제정한 형식적 의미의 법률에 따라서만 제한할 수 있고, 법률의 근거가 없거나 위임 없이 명령, 조례, 규칙 등으로는 국민의 기본권을 제한할 수 없다.
	(7) 국방의 의무와 병역 의무 구별하기	① 대한민국 국민 중 남성은 '병역 의무'를 진다. 병역 의무는 '국방의 의무'의 일부로 병역 의무가 국방의 의무와 같은 것으로 인식되지 않도록 한다. 대한민국 여성은 병역 의무는 없지만, 국방의 의무는 지고 있다. ② 헌법 재판소 판례(헌재 1995.12.28, 91헌마80, 판례집 7-2, 851, 868)에는 "국방의 의무는 외부 적대 세력의 직·간접적 침략 행위로부터 국가의 독립을 유지하고 영토를 보전하기 위한 의무로서, 현대전이 고도의 과학 기술과 정보를 요구하고 국민 전체가 협력해야 하는 이른바 총력전인 점에 비춰 단지 병역법에 따라 군 복무에 임하는 등의 직접적 병력 형성 의무만을 가리키는 것이 아니라 병역법, 향토 예비군 설치법, 민방위 기본법, 비상 대비 자원 관리법 등에 의한 간접적인 병력 형성 의무와 병력 형성 이후 군작전 명령에 복종하고 협력해야 할 의무도 포함한다."라고 나와 있다.
	(8) 기본권의 충돌	① 기본권의 충돌은 이해관계를 달리하는 두 기본권의 보유 당사자가 국가를 상대로 자신의 기본권을 주장하게 되고, 국가는 두 기본권의 주장을 해결해야만 한다. 국가는 어느 한 기본권을 우선시해서는 안 되며, 어느 일방의 기본권 보장을 위해 타인의 기본권을 박탈해서도 안 된다. 국가는 양당사자의 기본권 주장을 합리적 방법으로 해결해야 하는 문제를 안게 되는 것이다. ② 단, 당사자가 주장하는 기본권이 보호 범위를 이탈할 것일 때에는 기본권 충돌이 아니다. 진정한 의미에서의 기본권 충돌은 기본권 보호 영역 안에서 개인의 기본권 행사가 다른 기본권을 제한하게 되는 경우를 말한다. 예를 들어 음란물을 제작해 발행한 사람이 자신의 행위가 예술의 자유에 해당한다고 주장하는 것은 기본권의 행사인 것처럼 외견을 가지고 있으나 이것은 예술의 자유의 보호 범위에 해당하지 않기 때문에 기본권 충돌 문제가 아니다.

우리나라의 정치 발전 (6-1)

1. 역사 교육에서의 감정 이입		① 역사 수업에서 교사는 학생들 스스로 과거의 상황에 대입해 보도록 하거나 과거인과 동일시하도록 유도하는 경우가 흔하다. ② 역사에서의 감정 이입은 감정 이입적 이해로써 우리 자신을 타인과 동일시하려는 시도이며, 타인의 행위를 우리가 기억하거나 상상하는 유사한 상황 속에서 겪는 동기와 태도로 설명하려는 것이다. 이를 위해 학생들은 인물의 동기와 관심, 상황 등을 파악해야 하며 특정인의 특정 상황을 상상해 자신에게 비추어 볼 수 있어야 한다. 이를 통해 학생들은 역사 속 상황을 더 깊게 이해할 수 있다.
2. 주민 소환제	(1) 의미와 장단점	① 주민 소환제는 공직의 정해진 임기가 끝나기 전에 해당 선출직 공직자를 유권자의 고발이나 청원, 그리고 투표로써 그 공직으로부터 해임하는 절차 또는 유권자가 선출직 공직자를 해임하고 교체하는 제도이다. ② 이 제도는 지방 선출직 공직자의 활동이 주민의 복리에 큰 손해를 끼칠 수 있는 경우 그 공직자를 통제할 수 있는 수단이 된다는 점과 지방 자치 단체의 정책 결정과 집행 과정에서 집행 기관 또는 의결 기관의 폐쇄적인 의사 결정으로 생길 수 있는 주민 소외를 완화해 주고 주민의 참여 의식을 높이는 데 기여한 다는 점에서 긍정적인 측면이 있다. ③ 하지만 정치적으로 악용될 소지가 있다는 점과 소환 대상자에게 과도한 제약이 가해질 수 있다는 점 그리고 공직자로 하여금 장기적·계획적인 공공사업보다는 단기적·전시 효과적인 사업이나 선심성 사업에 치중하게 할 수 있다는 점, 소환제로 선출직 공직자가 대체되는 경우 선거 비용 등 관련 정부 비용이 증가해 궁극적으로 납세자에게 부담이 된다는 등의 부정적인 측면 또한 있다.
	(2) 주민 소환 요건	① 주민 소환 투표권자 총수의 3분의 1 이상의 투표와 유효 투표 총 수 과반수의 찬성으로 확정된다. ② 전체 주민 소환 투표자의 수가 주민 소환 투표권자 총 수의 3분의 1에 미달 하는 때에는 개표를 하지 아니한다.
3. 정치와 민주 정치		① 좁은 의미의 정치는 국가를 다스리는 권력을 차지하려는 모든 활동을 말하 며, 넓은 의미의 정치는 사회생활을 하면서 사람들 사이의 의견 차이나 갈등을 해결하는 활동을 말한다. 민주 정치는 주권이 국민에게 있고 국민에 의해 주권이 행사되는 정치 형태이다. ② 이는 군주나 소수의 귀족이 주권을 가지는 정치 형태와는 구분된다.
4. 민주적인 문제 해결 과정		• 민주 시민은 공동체 문제를 민주적인 문제 해결 과정으로 해결할 수 있어야 한다. 그 과정은 다음과 같다. ① 공동체 문제에 참여하고 문제의 성격을 규명하는 '문제 확인 단계'이다. ② 의견을 듣고 자신의 생각에 근거를 들어 논리적으로 말하는 '대화 단계'이다. ③ 각 대안의 장단점을 객관적으로 살펴보는 '반성 단계'이다. ④ 다른 의견을 설득하고 타협안을 만드는 '설득과 타협의 단계'이다. ⑤ 각 대안과 타협안을 검토한 후 다수결로 최선의 대안을 선택하는 '집단 의사 결정 단계'이다. ⑥ 선택한 대안을 실현할 구체적 방안들을 모색하고 실천하는 '실천 단계'이다.
5. 대의 민주주의		① 현대 사회에서는 공동의 문제가 발생했을 경우 관련 당사자들이 모두 모여 대화와 토론으로 의사를 결정하기가 어렵다. 왜냐하면 인구 증가로 모여야 하는 사람들이 많아 졌고 그 범위 또한 넓어졌기 때문이다. 이러한 문제를 해결 하려고 도입된 것이 대의 민주주의이다. ② 대의 민주주의에서는 국민의 의견을 대변하는 공동의 문제를 숙고해 결정하고 시행하게 될 사람들을 선출해 이들 에게 일을 맡긴다. ③ 대의 민주주의에서는 대의자들이 국민의 의견을 잘 반영 하도록 하는 것이 매우 중요하다. 대의자들이 국민의 뜻을 원활히 반영할 수 있도록 돕는 기관에는 정당, 시민 단체, 여론 기관 등이 있다.

6. 민주주의의 바탕을 이루는 기본정신	(1) 인간의 존엄	① 국민은 누구나 인간으로서 존엄을 지키며 행복하게 살아갈 권리가 있다. 인간의 존엄은 모든 인간이 태어날 때부터 지니고 있는 존엄한 가치를 인정하는 것이다. ② 민주주의의 바탕을 이루는 세 가지 정신 중에서 가장 기본이 되는 정신 이다.
	(2) 자유	① 남에게 얽매이거나 간섭받지 않고 자신의 바람과 의지에 따라 결정하고 행동하는 것을 말한다. ② 하지만 지나치게 나의 자유만 내세우다 보면 자칫 다른 사람에게 피해를 줄 수도 있다. 따라서 자유에는 반드시 책임과 의무가 따른다.
	(3) 평등	① 모든 사람이 사회적 지위나 신분, 성별, 종교 등을 이유로 차별받지 않고 동등하게 대우받을 권리를 말한다. ② 그중 가장 중요한 것은 자신이 원하는 일을 할 수 있는 기회를 갖는 것이다.
7. 민주 정치의 원리	(1) 개념	① 민주 정치는 모든 인간이 인간이라는 이유만으로 동등하게 대우받아야 한다는 '인간의 존엄'을 구현하는 것을 핵심 이념으로 하고 있다. 이를 실현하기 위해 몇 가지 원리를 추구하면서 역사적으로 발전해 왔다. ② 이는 구체적으로 국민 주권의 원리, 입헌주의의 원리, 대의제의 원리, 권력 분립의 원리, 지방 자치의 원리로 초등학교에서는 국민 주권과 권력 분립의 원리를 중심으로 다른 세 가지 원리를 사례 속에서 통합해 지도한다.
	(2) 종류 1) 국민 주권의 원리	① 절대 왕정 시기에 국가 의사를 최종적으로 결정할 수 있는 주권은 절대 군주가 소유했으며, 국민들은 인간의 존엄을 보장받지 못했다. ② 그러나 시민 혁명으로 절대 군주의 권력이 무너지고 국민 주권의 원리가 자리 잡으면서 국민의 지배를 의미하는 민주주의 시대가 등장했다. 헌법 제1조 ② 대한민국의 주권은 국민에게 있고, 모든 권력은 국민으로부터 나온다.
	2) 입헌주의의 원리	① 군주의 절대 권력을 효과적으로 견제 하는 방법은 법으로 국민의 자유와 권리를 보장하는 것이었다. 이에 따라 국가 권력은 헌법에 의해 정당화되고, 헌법에 의해 제한된다는 입헌주의의 원리가 등장했다. ② 또한 시민의 자유와 권리가 헌법으로 보호받게 되었다.
	3) 대의제의 원리	• 국가의 영토가 넓어지고 인구가 증가하 면서 직접 민주 정치를 실행하기 어렵게 되었다. 따라서 대표를 선출해 국민 주권을 실현하는 대의제의 원리가 자리 잡게 되었다. 헌법 제41조 ① 국회는 국민의 보통·평등·직접·비밀 선거에 의하여 선출된 국회 의원으로 구성한다.
	4) 권력 분립의 원리	• 정치권력의 분산과 균형을 추구한다. 정치권력의 집중은 인간의 존엄과 자유, 평등을 침해하기 쉽기 때문이다. 헌법 제40조 입법권은 국회에 속한다. 제66조 ④ 행정권은 대통령을 수반으로 하는 정부에 속한다. 제101조 ① 사법권은 법관으로 구성된 법원에 속한다.
	5) 지방 자치의 원리	• 중앙 정부로의 권력 집중을 방지하고 지방의 자율성과 균형 발전을 추구하기 위한 원리이다. 헌법 제117조 ① 지방 자치 단체는 주민의 복리에 관한 사무를 처리하고 재산을 관리하며, 법령의 범위 안에서 자치에 관한 규정을 제정할 수 있다.

8. 삼권 분립 제도

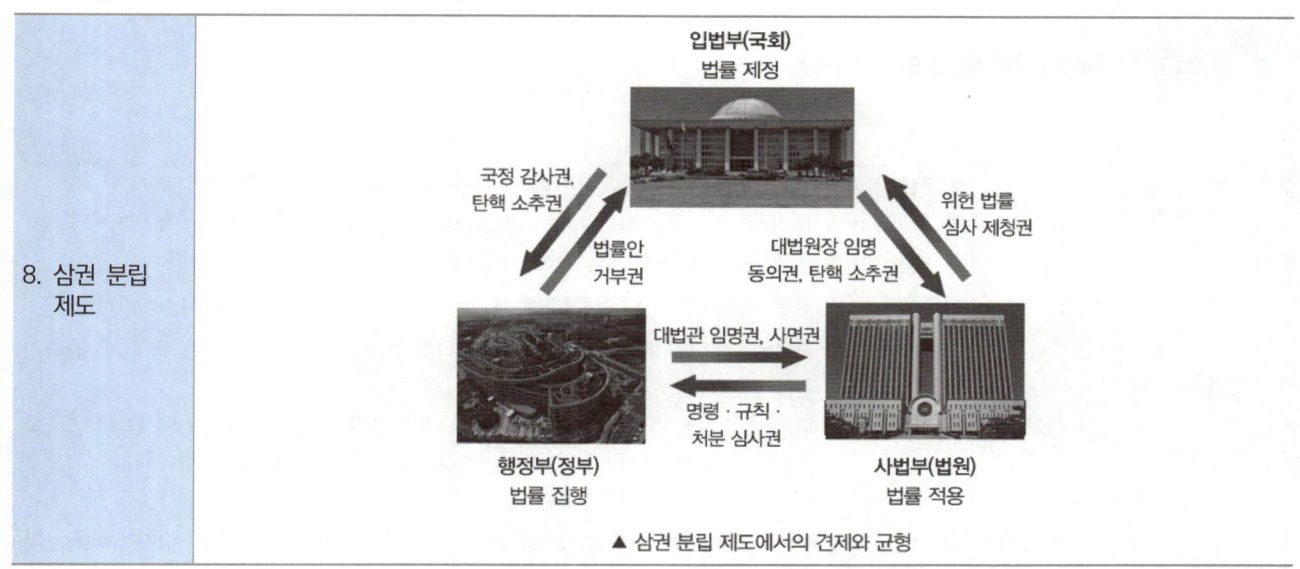

▲ 삼권 분립 제도에서의 견제와 균형

 우리나라의 경제 발전 (6-1)

1. 생산활동	(1) 생산자		① 생산은 재화나 서비스를 만드는 것이며, 생산 활동을 하는 사람을 생산자라고 한다. ② 공장에서 일하는 근로자, 사무실에서 일하는 회사원, 버스를 운전하는 운전기사, 음식을 만드는 요리사, 병을 치료하는 의사는 모두 생산 활동을 하는 생산자이다.
	(2) 생산 요소	1) 노동	• 노동은 재화나 서비스를 생산하는 데 들어가는 사람들의 노력을 말한다.
		2) 자본	① 자본은 사람이 이미 만들어 놓은 것으로 다른 재화나 서비스를 생산하는 데 다시 사용되는 것을 말한다. ② 예를 들어 자동차를 만들 때 들어가는 유리와 엔진, 학교에서 공부할 때 필요한 칠판과 교실은 모두 사람이 이미 만들어 놓은 것이다. 그런데 우리는 또 다른 재화나 서비스를 생산하려고 그런 것들을 이용한다.
		3) 천연 자원	• 천연자원은 생산에 들어가는 원재료나 자연환경을 말하며 땅, 물, 공기, 철광석, 석유, 날씨 등이 있다.
2. 가치 소비의 확산			① 전 세계적으로 지속 가능 체계가 떠오르면서 국내에서도 환경 보호와 자원의 영속성을 고려한 가치 소비가 확산되었다. ② 신세계 백화점 영등포점은 밸런타인데이에 아동 노예 노동이나 저개발국의 착취 없이 생산되는 공정 무역 초콜릿을 특별 판매 했으며, 톰스 슈즈는 한 켤레를 살 때마다 빈곤 국가에 한 켤레의 신발을 기부한다는 철학으로 사람들의 소비를 이끌어 냈다.

3. 경제 체제

◎ 헌법에 나타난 우리나라의 경제 체제

제23조 ① 모든 국민의 재산권은 보장된다. 그 내용과 한계는 법률로 정한다.
제119조 ① 대한민국의 경제 질서는 개인과 기업의 경제상의 자유와 창의를 존중함을 기본으로 한다. ② 국가는 균형 있는 국민 경제의 성장 및 안정과 적정한 소득의 분배를 유지하고, 시장의 지배와 경제력의 남용을 방지하며, 경제 주체 간의 조화를 통한 경제의 민주화를 위해 경제에 관한 규제와 조정을 할 수 있다.

◎ 경제 체제

개인이 경제 문제에 직면하는 것처럼 사회도 희소성에 따른 경제 문제에 직면하게 되며 그 형태는 사회에 따라 차이가 날 수 있다. 경제 체제는 '사회가 무엇을, 어떻게, 누구를 위해 생산할 것인가.'라는 경제의 기본 문제를 해결하고자 희소한 자원을 어떻게 사용할지 결정하는 방식이다. 경제 체제에는 경제 문제를 해결하고자 만든 조직, 관련 법규, 가치관 등이 포함된다.

• 시장 경제 체제

경제 주체들이 시장 가격에 따라 자유롭게 경제 활동을 하다 보면 경제 문제가 해결되는 경제 체제로, 개인은 이기심이 있고 경제 활동의 자유를 보장함을 전제로 이루어진다. 누구나 자신의 사적인 이익을 추구할 수 있는 자유가 보장되고 그 결과는 모두 개인의 소유임을 인정하는 체제이다. 각 경제 주체들은 더 많은 소유를 위해 노력하며 때로는 경쟁한다. 가격은 개인들의 의사가 반영되어 결정되며 각 경제 주체들에게 최선의 이익을 얻으려면 어떻게 행동해야 하는지를 알려 준다. 가격에 따라 개인의 이익뿐만 아니라 사회 전체적으로도 이익을 얻을 수 있는 경제적 선택을 하게 된다.

시장 경제 체제는 경제 활동의 자유를 보장하고 경쟁을 촉진하므로 창의성이 존중받으며 효율성이 높은 편이다. 그러나 선택의 자유를 강조한 나머지 경제적 무질서가 나타날 가능성이 있으며, 효율성을 중시해 소득 분배의 불평등이 초래될 수 있는 단점이 있다.

• 계획 경제 체제

경제 문제를 중앙 정부의 통제와 계획에 따라 해결하는 경제 체제이다. 국가는 생산 수단을 소유하고 활용해 경제 문제를 해결할 계획을 세우고 각 경제 주체들에게 지시한다. 개인들은 각자 판단할 필요 없이 국가의 지시에 따라 행동하기만 하면 된다. 계획 경제 체제는 계획을 세우는 중앙 정부가 충분히 합리적인 선택을 할 경우 시장 경제 체제보다 효율적인 결과를 낳을 수도 있지만, 현실적으로 합리적인 선택을 할 수 있을 만큼의 충분한 정보를 얻기 힘들다. 누가 어떤 일을 더 잘할 수 있을지, 누가 어떤 물건을 얼마나 필요로 하는지에 대한 모든 정보를 얻기란 불가능에 가깝기 때문이다. 충분한 정보를 얻는다 해도 이를 바탕으로 합리적인 판단을 할 수 있는 사람이 많지 않다는 것도 문제이다. 국가에서 개인의 자유에 각종 제약을 가하기 때문에 개인의 의욕을 제한할 가능성이 높다.

구분	시장 경제 체제	계획 경제 체제
생산 수단 소유	개인	국가, 공공 단체
의사 결정 주체	개별 경제 주체	중앙 정부
경제 문제 해결 수단	시장의 가격	중앙 정부의 계획
경제 활동의 동기	개인의 이익 추구	사회 전체의 공익 실현

▲ 시장 경제 체제와 계획 경제 체제의 비교

• 혼합 경제 체제

시장 경제 체제가 경제 문제를 효율적으로 해결할 것이라는 믿음은 오랜 시간 동안 이어졌으나 1930년대 대공황을 겪으면서 시장 경제 체제도 완벽하지 않음을 알게 되었다. 케인스(Keynes)는 시장은 완벽하지 않기 때문에 대공황을 해결하려면 정부의 적극적인 개입이 필요하다고 주장했다. 그의 주장에 따라 실시된 미국의 뉴딜 정책은 대공황에서 벗어나는 데 큰 역할을 했다. 이와 같이 시장 경제 체제의 문제점을 정부의 적극적인 개입으로 완화시켜 나가는 형태의 경제 체제를 혼합 경제 체제 또는 수정 자본주의라고 한다. 시장 경제 체제와 계획 경제 체제의 요소 중에서 어느 것을 더 강조하는지는 차이가 있지만 오늘날 많은 국가가 혼합 경제 체제를 채택하고 있다.

4. 경제 성장

① 재화나 서비스의 생산이 지속적으로 증가하고 확대되는 현상을 말한다. 경제 성장을 측정하는 척도로는 일반적으로 국민 총생산(GNP; Gross National Product)이 사용된다.
② 또 다른 관점으로는 경제 성장을 1인당 국민 총소득(GNI; Gross National Income)으로 측정하기도 한다. 경제 성장은 단순한 양적 변화가 아닌 질적 변화의 과정도 포함한 개념이다.

5. 경제적 양극화

① 한 계층이나 집단은 높은 경제적 성과를 내지만 다른 한 계층이나 집단은 침체의 늪에서 빠져 나오지 못하는 현상을 말한다.
② 중간 집단이 줄어들고 상위 집단과 하위 집단이 늘어나거나 상위 집단은 점점 더 형편이 좋아지는데 하위 집단은 점점 더 나빠지는 현상으로 서로 다른 계층 또는 집단이 점점 더 달라지고 멀어지는 현상을 말한다.

6. 국내 총생산	(1) 개념	① 한 나라의 국경 안에서 일정한 기간(보통 1년)에 걸쳐 새로이 생산한 재화와 용역의 부가 가치나 모든 최종 재의 값을 화폐 단위로 합산한 것이다. ② 경제 교류가 점차 국제화·세계화되면서 자본이 국경을 초월해 활발히 이동하므로 경제 주체의 국적보다 한 나라 안에서 생산한 총산출이 경제 활동을 정확하게 반영한다고 본다. 따라서 국민 경제를 가늠하는 지표로 국민 총생산보다 국내 총생산이 더 많이 사용된다. ③ 예를 들어 다국적 기업이 국내에서 법인체를 설립하고 생산해 수출한다 하더라도, 국내의 노동력을 고용해 생산 활동이 이루어지기 때문에 국내의 고용 수준이 높아지고 그만큼 국내 경기가 활발해진다고 할 수 있다. 따라서 국내 경제의 성적표라 할 수 있는 국내 총생산을 활용해 국내 사정을 보다 정확히 반영할 수 있으며 그에 따른 올바른 정책 대안이 도출될 수 있다. 국내 총생산은 국민 경제의 경기 변동이나 경제 성장의 대외 비교에도 이용된다.
	(2) 계산	• 다음 이야기를 읽으며 국내 총생산을 계산해 보자. ① 농부가 밀을 경작하는 데 필요한 밀 종자·농약·농사 도구 등의 원료를 80만 원을 들여 구입해 밀을 경작했다. ② 이후 농부는 수확한 밀을 제분업자에게 200만 원을 받고 팔았다. 그리고 제분업자는 밀을 원료로 밀가루를 만들어 제빵업자에게 300만 원에 팔았으며, 제빵업자는 빵이라는 최종 생산물을 만들어 소비자에게 450만 원에 팔았다. ③ 이 경우 국내 총생산은 모든 생산자가 얻은 수입의 합계 950만 원이 아니라 각 단계에서 새롭게 만들어진 가치의 합계, 즉 최종 생산물의 가치인 450만 원이며 이는 이중 계산을 피하기 위함이다.
	(3) 한계	① 국내 총생산에는 계산상의 어려움 때문에 시장을 통하지 않고 거래되는 재화와 용역은 계산에서 제외된다. 주부의 가사 활동이나 스스로 소비하는 생산 활동은 국민 생활을 윤택하게 하고 삶의 질을 높이지만, 그 가치를 돈으로 평가 하기 어려워 국내 총생산에는 포함되지 않는다. ② 또 국내 총생산의 수준이 높다고 해서 무조건 국민 생활과 복지 수준이 높은 것은 아니다. 예를 들어 최근에 자가 용이 널리 보급되어 교통사고로 자동차 수리가 크게 증가할 경우 정비 공장의 수입이 국내 총생산에 포함되어 국내 총생산은 증가하지만, 결코 국민 복지의 수준이 높아졌다 고는 말할 수 없다. 또 공장에서 상품을 생산하는 과정에서 유해 물질이 배출되어 환경을 오염시킨 경우에도 국내 총생산은 증가하지만, 쾌적한 환경을 그 대가로 지불한 셈이 된다. ③ 국내 총생산은 총량 개념이기 때문에 소득이 누구에게 분배되었는지는 알기 어렵다. 두 나라의 국내 총생산 수준이 동일하다 하더라도 한 나라에서는 비교적 평등하게, 다른 나라에서는 불평하게 분배될 수 있다. 따라서 총량 개념인 국내 총생산만으로는 두 나라 간의 국민 개개인의 소득 격차 등의 차이점을 알 수 없다.
7. 국민 총소득 (GNI; Gross National Income)		① 대표적인 경제 성장 지표가 국내 총생산(GDP)이라면 국민 총소득(GNI)은 국민 소득을 더 정확하게 반영하려고 사용하는 경제 지표이다. ② 국민 총소득은 한 나라의 국민이 국내외 생산 활동에 참여하거나 생산에 필요한 자산을 제공한 대가로 받은 소득의 합계이다. 이 지표에는 자국민(거주자)이 국외에서 받은 소득(국외 수취 요소 소득)은 포함되는 반면 국내 총생산 중에서 외국인(비거주자)에게 지급한 소득(국외 지급 요소 소득)은 제외된다. ③ 국민 총소득은 한 나라의 경제 규모를 파악하는 데 유용 하지만 국민의 평균적인 생활 수준을 알아보는 데는 적합 하지 않다. 국민들의 생활 수준은 전체 국민 소득의 크기보 다는 1인당 국민 소득의 크기와 더욱 밀접한 관계가 있기 때문이다. 일반적으로 국민들의 생활 수준을 알아보려고 사용하는 것은 1인당 국민 총소득이다. ④ 1인당 국민 총소득은 명목 국민 총소득을 한 나라의 인구수로 나누어 구하며 국제적인 비교를 위해 일반적으로 시장 환율로 환산해 달러($)로 표시한다.

8. 무역	① 나라 사이에 필요한 물건이나 서비스를 사고파는 일이다. ② 일반적으로 무역은 서로 비교 했을 때 조금이라도 더 이익이 되는 쪽, 즉 비교 우위에 있는 품목을 선택해 이루어진다. 예를 들어 A 나라는 넓은 농토가 있기 때문에 농산물을 생산하는 데 돈이 적게 들지만 자동차를 만드는 기술은 떨어지는 편이다. B 나라는 자동차 만드는 산업이 발달해서 비교적 저렴한 가격에 자동차를 생산하지만 농산물을 생산하는 데 돈이 무척 많이 든다. A 나라와 B 나라가 무역을 하게 된다면 A 나라는 농산물을 수출하고 그 돈으로 자동차를 사들이는 것이 자국에서 비싸게 자동차를 생산하는 것보다 더 이익이며, B 나라 역시 자동차를 수출하고 그 돈으로 농산물을 사들이는 것이 전체적으로 봤을 때 이익이 될 수 있다.
9. 상호 의존과 상호 경쟁	① 서로 좋은 기술이나 제품을 수출하고, 각 나라에 없거나 부족한 기술, 제품, 노동력을 수입하면서 경제적으로 도움을 주고받는다. ② 반면 같은 종류의 제품이나 기술로 세계 시장에서 치열하게 경쟁하기도 한다.
10. 세계 무역 기구	① 1995년에 나라 간에 자유로운 무역을 확대하고자 만든 국제기구이다. ② 회원국들 간에 무역과 관련된 다툼이 일어날 경우 이를 조정하는 역할을 하며, 다툼을 조정하는 재판을 열고 재판의 결과에 따라 벌금을 매길 수도 있다.
11. 자유 무역 협정	① 회원국 간 상품, 서비스, 투자, 지재권, 정부 조달 등에 대한 관세, 비관세 장벽을 완화해 상호 간 교역 증진을 도모하는 특혜 무역 협정을 의미하며 특히 관세 철폐에 주요 초점이 맞춰져 있다. ② 자유 무역 협정(FTA)이란 가맹국 간에 자유롭게 상품을 이동하고자 관세 및 비관세 장벽을 완화하거나 철폐하는 특혜 무역 협정으로 가장 느슨한 경제 통합 형태이다. 경제 통합은 가맹국 간의 밀착 정도에 따라 네 단계로 구분한다. ③ 그동안 자유 무역 협정은 유럽 연합(EU)이나 북미 자유 무역 협정(NAFTA) 등과 같이 대개 인접 국가나 일정한 지역을 중심으로 이루어졌기 때문에 흔히 지역 무역 협정 (RTA; Regional Trade Agreement)으로 불렸다. 그러나 최근에는 원거리 자유 무역 협정(FTA) 체결도 늘어났다. ④ 자유 무역 협정은 크게 두 가지 형태가 있는데, 하나는 FTA의 모든 회원국이 자국의 고유한 관세 및 수출입 제도를 완전히 철폐하고 역내의 단일 관세 및 수출입 제도를 공동으로 유지하는 방식으로 유럽 연합이 대표적인 예이다. 다른 하나는 회원국이 역내의 단일 관세 및 수출입 제도를 공동으로 유지하지 않고 자국의 고유 관세 및 수출입 제도를 계속 유지하면서 무역 장벽을 완화하거나 철폐하는 방식으로 북미 자유 무역 협정이 대표적인 예다. 한편, FTA는 자유 무역 지대를 지칭하기도 하며 이는 당사국간 무역에 영향을 미치는 관세 및 거의 모든 비관세 장벽을 철폐한 둘 이상의 국가가 맺은 협정을 말한다.
12. 절대 우위론	① 절대 우위론은 애덤 스미스가 주장한 이론으로 생산비가 타국에 비해 절대적으로 적은 상품을 각각 특화해 교역하면 양국 모두에게 이익이 발생한다는 것이다. ② 절대 우위론에 따르면 A 나라는 밀 생산을 특화하고, B 나라는 쌀 생산을 특화한다. A 나라는 밀 생산에 7명을 전부 투입해 3.5(=7/2)단위의 밀을 생산하고, B 나라는 쌀생산에 9명을 투입해 3(=9/3)단위의 쌀을 생산한다. 특화 이후 A 나라와 B 나라가 쌀과 밀 1단위를 서로 교환하면 A 나라는 특화 전에 비해 1.5단위의 밀을 더 가지고, B 나라는 1단위의 쌀을 더 가지면서 양 나라 모두 이득을 얻는다. | 나라\물건	쌀	밀	총노동 유입량
---	---	---	---
A	5명	2명	7명
B	3명	6명	9명	 ▲ A 나라와 B 나라의 생산 비용

13. 비교 우위론	① 비교 우위론은 리카도가 주장한 이론으로 절대 우위론의 한계를 극복하고자 고안했다. 절대 우위론의 한계는 양국 중 한 나라가 모든 재화에 절대 우위가 있는 경우에는 무역의 발생을 설명할 수 없다는 점이며 이는 비교 우위론으로 해결할 수 있다. ② 비교 우위론이란 한 나라가 두 상품 모두 절대 우위에 있고 상대국은 두 상품 모두 절대 열위에 있더라도 생산비가 상대적으로 더 적게 드는, 즉 기회비용이 더 적은 상품을 특화해 교역하면 상호 이익을 얻을 수 있다는 것이다. 	나라 \ 물건	핸드폰	명품 의류
---	---	---
A	8시간	9시간
B	12시간	10시간 | ▲ A 나라와 B 나라의 생산성 | 나라 \ 물건	핸드폰 1단위	명품 의류 1단위
---	---	---
A	명품 의류 0.89	핸드폰 1.125
B	명품 의류 1.2	핸드폰 0.83	 ▲ A 나라와 B 나라의 기회비용

14. 수입 할당제	① 수입 할당제는 비자유화 품목에 수입량을 할당해서 수입 제한을 실시하는 제도이다. 수입 쿼터제라고도 하며, 아이 큐(IQ ; Import Quota)제라고 약칭한다.
	② 수입 할당제는 다음과 같은 경우에 실시된다.
	   ㉠ 정부가 자주적으로 또는 상대국과의 협정에 따라 국내 산업의 보호·구제, 국제 수지의 개선, 환 관리를 실시하는 경우이다.
	   ㉡ 상대국에 대한 차별 대우나 보복의 수단으로서 일정 기간에 걸쳐 일정한 수입 상대국 또는 모든 수입 상대국의 상품의 수입 수량, 수입액을 직접 할당하거나 자국의 수입량에도 수입량을 할당해 수입을 제한·관리하려고 할 때이다.
	③ 1931년 7월에 프랑스가 대마 수입에 이 제도를 채택한 이후 오늘날까지 각국에 널리 보급되었다.

15. 관세 장벽	① 관세 장벽은 수입품에 장벽과 같은 효과가 있다는 의미이다. 관세 장벽은 제1차 세계 대전 후 세계적인 공황이 일어났을 때, 여러 후진국에서 악화되어 가는 국제 수지를 극복하고 불경기로 어려워하는 국내 산업을 보호·유지하고자 채택했다. 그러나 이러한 조치는 선진국에서의 관세 인상이라는 연쇄 반응적인 대응으로 이어져 결국 관세 전쟁이 되고 말았다. ② 제2차 세계 대전 후, 각국은 관세 장벽으로 야기되는 어려움을 재연하지 않으려고 관세율 인하 조절을 도모하는 국제 기구로 관세 및 무역에 관한 일반 협정(GATT)을 설정해 무역의 자유화 증진을 위해 노력했다. 특히 1994년 우루과이 라운드(UR) 협정 타결로 관세 장벽은 무너졌으며, 1995년에 세계 무역 기구(WTO)가 등장하면서 시장 개방과 자유 무역이 더욱 강도 높게 요구되었다.

개념 46 통일 한국의 미래와 지구촌의 평화 (6-2)

1. 분단 비용	① 분단 비용은 분단 상황이 지속됨으로써 발생하는 경제적·비경제적 비용이다. ② 분단 비용은 통일이 되지 못하고 분단된 상황에서 지불하는 일종의 기회비용이라고 볼 수 있다. 그러므로 통일이 되면 분단 비용은 소멸된다.
2. 통일 비용	① 통일 비용은 통일에 수반되는 경제적·비경제적 비용의 총합이다. 통일 비용을 크게 제도 통합 비용, 위기관리 비용, 경제적 투자 비용으로 구분할 수 있다. 제도 통합 비용은 정치, 행정 제도, 금융·화폐 통합 비용 등을 가리킨다. 위기관리 비용은 치안 비용과 인도적 차원의 긴급 구호 비용, 실업 등 초기 사회 문제 처리 비용을 일컫는다. ② 경제적 투자 비용은 사회적 기반 시설을 갖추고 생산 시설을 구축하는 데 필요한 비용을 의미한다. 통일 비용은 통일 시기, 방법 등에 따라 차이가 발생한다. 통일 후 일정 기간 발생할 수 있으며, 기본적으로 미래를 위한 투자 성격의 비용이다.
3. 통일 편익	① 통일 편익은 통일로 얻는 경제적·비경제적 보상과 혜택을 말한다. ② 경제적인 부분에서 취할 수 있는 편익은 분단 비용을 즉시 해소할 수 있고, 규모의 경제가 실현되며, 토지, 기술, 자본, 노동력 등 생산 요소의 보완성을 증대할 수 있다는 장점이 있다. ③ 비경제적인 부분에 기대할 수 있는 편익으로는 이산가족 문제를 해결할 수 있고, 국제 사회에서 통일 한국의 위상이 높아지며, 전쟁 위험을 해소할 수 있다. ④ 통일 편익은 통일 이후 영구적으로 발생하게 된다.
4. 지구촌 갈등	① 국가나 민족 등이 충돌을 일으켜 긴장 관계에 있는 상황이다. 이 주제에서 지구촌 갈등은 지구촌 문제와 구분해 사용된다. ② 지구촌 문제가 지구 온난화나 환경 문제, 멸종 동물이나 황사 등 지구의 안녕을 위협하는 여러 문제들을 모두 포함한다면, 이 주제에서 다루는 지구촌 갈등은 다양한 원인으로 집단이나 국가 간에 충돌을 일으킨 경우를 중점적으로 다루고 있다. 심각한 갈등이 긴장 관계를 일으키는 경우는 대부분 내전이나 전쟁 등이 원인이지만 그 원인은 자원, 인종, 민족, 종교, 언어, 역사, 정치 등의 여러 가지가 복합적으로 얽혀 있다.
5. 행위 주체	① 지구촌 갈등 문제를 해결하기 위한 노력을 행하는 주체로 행위자로서 대상을 구분한 용어이다. 크게 개인, 국가, 국제기구, 비정부 기구의 네 가지로 구분할 수 있으나 이는 노력의 주체를 이해하기 위한 편의상의 구분으로 명확하게 이를 구분하는 노력은 이 단원에서 큰 의미는 없다. ② 다만 주제가 국가들의 노력과 이 국가들의 협력이 만들어 낸 국제기구를 한 차시로, 개인의 노력과 뜻이 맞는 개인들이 모인 민간단체인 비정부 기구를 묶어 또 한 차시로 구성되어 있으므로 이를 고려해 행위 주체를 설명할 때 참고할 수 있다.
6. 비정부 기구 (Non-Governmental Organization)	① 정부와 관계된 단체가 아닌 순수한 민간 조직으로, 공익을 목적으로 활동하며 기부와 자원봉사로 운영되는 비영리 단체이다. 정부가 미처 개입하거나 관리하지 못하는 사회 깊숙한 곳에서도 활동하고 있다. 지역, 국가, 종교에 상관없이 조직된 자발적인 시민 단체로 정치, 인권, 환경, 보건, 성차별 철폐 등 다양한 목적을 위해 활동한다. ② 비정부 기구(NGO) 가운데 국제적 목표를 가지고 3개국 이상에 사무소를 두고 활동하는 비정부 기구를 국제 비정부 기구(INGO : International NGO)라고 하며 국제기구나 다른 비정부 기구와 협력해 국가 간의 이해관계를 넘는 활동을 진행해 하나의 국가 범위를 벗어나는 지구촌 문제 해결에 큰 역할을 하고 있다. ③ 최근에는 비정부 기구의 숫자뿐 아니라 그 역할이 사회 곳곳에서 커지면서 정부와 기업에 대응하는 '제3섹터'라고 불릴 정도로 그 역할이 중요해지고 있다.

7. 세계 시민	① 세계 시민은 도시, 지역, 국가의 한 사람이 아닌 지구촌의 한 사람으로서 지구촌에서 나타나고 있는 여러 가지 현상에 책임감을 가지고 있으며 지구촌의 문제에 관심을 가지고 해결하고자 실천하는 사람이다. ② 세계 시민은 한 개인으로서 좁은 시야로 세상을 바라보는 것을 넘어서서 지구촌의 구성원으로 문제를 바라볼 수 있어 넓은 시야로 세상을 바라볼 수 있다.
8. 지속 가능한 미래	① 환경을 생각하고 자연을 파괴하지 않으면서 지속적으로 발달을 이루는 미래를 말한다. 지속 가능한 미래는 현재 세대의 필요성을 충족시키면서 미래 세대가 발전을 도모할 수 있는 능력에 피해를 주지 않는 발달을 추구하는 지속 가능한 발달로 이루어진다. 지속 가능한 미래는 단지 환경뿐만 아니라 경제, 사회, 문화 등을 포함한다. ② 지속 가능한 미래를 건설하기 위해서는 지구촌의 모든 살아 있는 생명체가 살아갈 수 있도록 환경을 보존해야 한다. 또한 친환경적 생산 방법을 통해 환경을 보호하면서 발전을 이루려는 노력이 필요하다. 빈곤, 기아, 문화적 편견과 차별 등의 문제를 해결하고 자유, 평등, 평화, 인권을 보장하는 사회를 만들어야 한다.
9. 에너지 하베스팅	① 에너지 하베스팅이란 일상에서 발생하는 진동, 실내 조명광, 자동차에서 발생하는 열, 방송 전파 등 우리 주변에서 버려지는 에너지를 전기 에너지로 변환해 사용하는 친환경 에너지 기술을 말한다. ② 에너지 하베스팅의 종류로는 신체 에너지 하베스팅, 열 에너지 하베스팅, 위치 에너지 하베스팅, 전자파 에너지 하베스팅, 진동 에너지 하베스팅이 있는데 이 중 진동 에너지 하베스팅은 비교적 발전 효율이 높고, 응용 범위도 넓기 때문에 향후 실용 에너지로 전망이 밝다.
10. 지속 가능 발전 교육	① 지속 가능 발전 교육(ESD)은 지역 사회와 세계가 직면 하고 있는 빈곤, 물, 에너지, 기후 변화, 재해, 생물 다양 성, 문화 다양성, 식량, 보건, 사회적 취약성 등 여러 부문의 다층적인 문제를 지속 가능한 미래를 위해 해결하고자 새롭게 대두되었다. ② 지속 가능 발전 교육은 지속 가능 발전이나 지속 가능성과 관련된 지식을 얻고 이해할 수 있도록 돕고, 삶 전반에 걸쳐 지속 가능 원칙을 적용해 실천하는 소양을 기를 수 있게 하는 것이 목적이다.

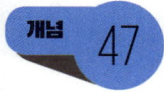

7절 역사 각론

개념 47 역사 교육의 목표

1. 최상훈 (2010)	① 역사적 교훈의 획득 ② 유전의 전승 ③ 현재의 이해 ④ 인격과 교양의 육성 ⑤ 역사의식과 역사적 사고력
2. 역사 의식	역사가 무엇인가에 대한 관점을 비롯하여 역사 속에서 자신의 존재를 파악하고, 문제를 발견하고 실천하려는 의식 ① 역사관 : 역사란 무엇인가에 대한 관점 ② 자아의식 : 역사 속에서 자신의 실제를 파악하는 의식 ③ 존재의식 : 역사 속에서 자신의 위치에 대한의식 ④ 시간의식 : 역사 속에서 시간의 존재와 시대의 차이에 대한 인식 ⑤ 변화의식 : 역사의 변화와 발전에 대한 의식 ⑥ 실천의식 : 역사 속에서 인간과 사회의 문제해결과 실천에 관한 의식
3. 역사적 사고력	어떤 문제에 처했을때 역사적 지식을 활용하여 역사문제에 가설을 세우고 해결 방안을 모색하면서 역사를 이해하려는 능력 ① 연대기 파악력 : 시간에 따른 변화를 중시하고 인간의 삶과 여러 현상을 연대기속에서 이해하는 능력 ② 역사적 탐구력 : 사료를 근거로 과거 사건이나 행위에 대한 해석과 설명을 통해 이해를 도출하는 능력 ③ 역사적 상상력 : 사료의 불완전성을 보완하기 위해 관련 근거를 토대로 증거의 간극을 채워가거나 과거 인물의 심적 상황을 추체험하는 능력 ④ 역사적 판단력 : 증거의 중요성을 판별하고 자료를 해석하고 추론하는 과정에서 편견을 찾아내고 균형 잡힌 결론을 도출하는 능력

 역사 의식 발달 단계

학년	단계	1학기
1~2	시원 의식 (감고)	- 막연하게 옛 것을 느낌 - 역사적 시간이나 사건을 주관적으로 인식 - 고금(古今)의 구별이 불분명 - 현실과 허구의 구별이 불분명
3	고금 의식	- 고금(古今)의 차이를 자기 나름대로 설명 - 고금 사이의 시간의 흐름과 시간의 거리를 느낌 - 현실과 허구의 구별 가능
4	변천 의식	- 시간의 흐름에 따른 변천을 느낌 - 직접적 원인에 의해 인과관계를 파악하기 시작 - 연표의 사용 가능 - 영웅, 무용담에 관한 흥미를 갖기 시작
5	인과 의식	- 변천 의식의 심화, 역사성을 느낌 - 과거와 지금의 차이를 사회 생활의 의미로서 비교 - 역사적 인과관계를 초보적으로 파악하기 시작 - 주변의 현상에 대한 흥미가 커짐
6	시대 의식 (시대 구조)	- 인과의식이 강화됨 - 인물과 시대를 연결 - 전기, 일화에 대한 흥미

역사적 사고력

종류	의미	기능
1. 연대기적 사고력	① 시간에 따른 변화를 중시하며 인간의 삶과 여러 현상을 연대기 속에서 이해하는 능력 ② 역사적 사고력의 기본	① 과거, 현재, 미래의 구별 ② 시간 관련 용어의 이해와 사용 ③ 연표 활용과 연도의 계산 ④ 연호의 이해와 사용 ⑤ 연속성과 변화 및 발전의 이해 ⑥ 시대 구분의 이해
2. 역사적 탐구력	① 사료를 근거로 하여 과거 사건이나 행위에 대한 해석과 설명을 통해 이해를 도출하는 능력 ② 역사적 사고력 중 가장 큰 비중 차지	① 역사적 개념 사용 - 계속성, 변화, 인과관계, 발전, 시간, 유사성, 차이점, 일반성, 고유성 등의 개념에 대한 이해 및 적용 ② 역사적 자료 활용 - 1차 사료와 2차 사료, 사료 비판, 정보의 중요도 평가, 역사지도 및 연표 활용 ③ 역사적 연구 방법 수행 - 연구 절차의 계획 및 조직, 연대기 능력, 역사적 편견 인식
3. 역사적 상상력	① 사료에 직접 드러나 있지 않은 사항을 파악하기 위한 추론 및 해석 능력 ② 사회과에서 역사를 구별해 주는 독특한 범주 ③ 사료 및 역사적 탐구력의 불완전성에 대한 보완	① 구조적 상상 - 관련 정보를 통해 증거의 간격 메움, 증거에 대한 새로운 해석 ② 감정이입적 이해 - 역사적 행위의 동기나 이유, 역사적 인물의 사상이나 감정 파악, 과거의 관점에서 역사적 사건 인식, 과거 사회의 관습과 생활 방식 이해
4. 역사적 판단력	① 역사적 사건이나 행위의 진위, 경중, 선악 등에 대해 평가하는 능력 ② 역사적 사고력 중 가장 높은 수준에 위치 ③ 역사 학습의 궁극적인 목표	① 연구 문제의 중요성 판단 ② 사료의 적합성 판단 ③ 사료 간의 관계 판단 ④ 사건과 행위에 대한 도덕적 가치 판단

개념 50 역사 영역 지도 방법

1. 초등학생의 역사 의식 발달 단계	5학년	인과 의식	역사적 사실에 대한 인과 관계를 파악할 수 있고, 생활 주변의 문화적 현상에 대한 역사적 관심이 커지며, 주제별 학습이 가능하므로 생활사 중심의 역사 교육이 바람직하다.
	6학년	시대 의식	인물을 시대와 관련지어 파악할 수 있고, 전기적 일화에 대한 관심이 고조되며, 통사 학습을 통한 체계적인 역사 학습이 가능하다.
2. 초등학교 역사 영역의 목표			• 인물과 유물을 통해 한국사의 전통과 문화적 특수성, 생활상의 변화와 발전상을 체계적으로 이해하는 것 ① 궁극적으로는 한국사의 체계적 이해를 통한 국민적 정체성의 함양에 초점 ② 하지만, 역사 영역의 학습은 국민적 정체성의 함양뿐만 아니라, 민주 시민의 자질 육성을 위해 필요한 다양한 지식, 기능, 태도의 습득과 육성도 목표로 삼아야 한다.
3. 역사 영역의 교육을 통해 민주 시민의 자질 육성이란 목적을 달성하는 방법			• 역사는 ① 정체성의 형성, ② 역사적 통찰력과 판단력의 육성, ③ 현대 사회의 역사적 이해, ④ 민주주의에 대한 역사적 인식 등을 통해 민주 시민의 자질 육성에 기여한다.
	정체성 형성		자신이 속한 집단(지역, 국가, 사회, 세계)의 문화 유산, 전통, 사건, 생활 모습 등에 대한 역사적인 학습을 통해 정체성을 형성할 수 있다. 그와 같은 정체성도 균형 있게 형성되어야 하며, 폐쇄적이거나 배타적이지 않고 타자와의 협력과 공존을 지향하는 방향으로 추구되어야 한다.
	역사적 통찰력과 판단력 육성		다양한 역사적 증거와 사건들을 분석하고 판단하는 역사 학습 과정을 통해 습득하게 되는 역사적 통찰력과 판단력은 현대 사회의 다양한 문제들과 쟁점들을 해결하고 판단하는 데에 활용될 수 있다.
	현대 사회 이해		역사 학습을 통해 현대 사회의 형성 과정과 특징, 과정 등을 이해하는 것도 민주 시민의 자질 육성을 위해 필수 불가결한 요소이다.
	민주주의 인식		민주주의의 발전 과정과 지향하는 가치, 특징 등에 대해 역사적인 관점에서 이해하도록 하는 것은 민주 시민의 자질을 육성하는 데 핵심적인 사항 중 하나라고 할 수 있다.
4. 역사 영역 학습 방법	(1) 인물 학습		1. 의의 ① 초등학생에게 친밀한 대상인 인간을 매개로 하여 역사에 대한 흥미를 갖게 한다. ② 인물 이야기를 통한 쉽고 재미있는 학습이 가능하다. ③ 인물의 행위에 대한 추체험을 통해 역사적 상황에 대한 이해와 역사는 인간이 만드는 것이라는 인식을 갖게 된다. ④ 역사적 인물을 통해 당시 사람들의 정신세계나 문화 등을 이해할 수도 있다. 2. 지도 방법
		분산적 접근법	통사 학습 과정에서 연간 진도 계획에 따라 수업을 전개해 가다가 교재와 관련 인물이 나오면 그 인물에 대해 4~5분 정도 교과서의 내용보다 좀 더 보충 설명을 하고, 계속 본시 수업을 진행해 가는 방법이다.
		주제적 접근법	인물을 주제 단원으로 선정하여 그 인물 교재를 지도하기 위한 자료를 개발하고, 구체적인 계획을 세워 2~3시간 이상 인간 탐구와 역사 규명을 집중적으로 지도하는 방법이다.

4. 역사 영역 학습 방법	(2) 문화유산 학습	1. 개념 ① 초등학교 역사 영역에서는 유물과 유적 등의 문화유산을 활용하여 각 시대의 문화, 생활 모습, 사회상 등을 이해하도록 하고 있다. ② 이처럼 초등학교 단계에서 문화유산을 통한 역사 이해를 강조하는 이유는 초등학생들이 문화유산을 통해 추상적인 과거의 역사를 보다 구체적으로 체험하고 인식할 수 있으며, 흥미와 호기심을 자극할 수 있기 때문이다. ③ 문화유산은 역사를 탐구하는 사료가 되는 동시에, 역사적 사고력을 배양하는 효과적인 역사 학습의 교재라고 할 수 있다. 2. 의의 ① 역사 학습 자료 중 가장 1차적이고 근원적인 가치를 지니며, 탐구 학습에 유용한 자료를 제공한다. ② 학생들에게 역사에 대한 흥미를 갖게 하며 생동감 있는 학습의 장을 제공할 수 있다. ③ 문화유산에 대한 체험적 활동을 통해 학생들은 고정된 지식이나 기능을 전수받는 종래의 학습과는 질적으로 다른 새로운 의미의 학습을 경험하게 된다. ④ 민족 문화에 대한 자긍심, 조상에 대한 존경심을 기르고 향토애와 민족애를 기를 수 있다. 나아가 문화적 주체성의 확립에 기여할 수도 있다.

배재민
개념 서브
500제

6장

영어

1절 초등 기출분석

2절 중등 영어교육론 기출문항 44

3절 영어교육론

4절 듣기

5절 말하기

6절 읽기

7절 쓰기

8절 평가

6장 영어

배재민
개념 서브
500제

1절 초등 기출분석

1. 영어교육론
2. 듣기
3. 말하기
4. 읽기
5. 쓰기
6. 수업 관찰 일지 분석

2절 중등 영어교육론 기출문항 44

3절 영어교육론

- 개념 1 제2언어 습득이론과 모형 LINE-UP
- 개념 2 선천주의 모형(An Innatist Model) : Krashen's Input Hypothesis
- 개념 3 인지주의 모형(Cognitive Models & Hypothesis)
- 개념 4 구성주의 모형(Constructivism Model)
- 개념 5 학습자 변인(Learner Variables) LINE-UP
- 개념 6 초등학교 학습자의 인지 특성(Halliwell)
- 개념 7 결정적 시기(The Critical Period)
- 개념 8 인지적 요인(Cognitive Domain), 학습 스타일(Learning Style)
- 개념 9 학습자 전략(Learner strategy) LINE-UP
- 개념 10 학습 전략(Learning strategy)
- 개념 11 의사소통 전략(Communication strategies)
- 개념 12 직접·간접 전략(Direct/Indirect Strategy)
- 개념 13 정의적 요인(Affective Domain)
- 개념 14 사회문화적 요인(Sociocultural Factor)
- 개념 15 교사 영어 LINE-UP
- 개념 16 영어로 진행하는 영어 수업(T.E.E)
- 개념 17 드라마 기법(drama techniques)
- 개념 18 스토리텔링(storytelling)
- 개념 19 Teacher Talk
- 개념 20 교사 질문 유형(Teacher's Question types)
- 개념 21 영어 교수법 LINE-UP
- 개념 22 발음 중심 교수법(Phonics Approach)
- 개념 23 청각구두 교수법(The Audiolingual Method)
- 개념 24 전신반응 교수법(Total Physical Response)
- 개념 25 자연적 교수법(The Natural Approach)
- 개념 26 의사소통 중심 교수법 (Communicative Language Teaching)
- 개념 27 과제 해결형 교수법 (Task-based Approach)
- 개념 28 총체적 언어 교수법 (Whole Language Approach)
- 개념 29 형태 초점 교수법(Focus-on-Form Approach)
- 개념 30 어휘 접근법(Lexical Approach)
- 개념 31 발음 지도 LINE - UP
- 개념 32 어휘 지도 LINE - UP

4절 듣기

- **개념 33** 내용 체계
- **개념 34** 언어 재료
- **개념 35** 성취기준과 교수·학습 방법
- **개념 36** 듣기 지도 실제 LINE-UP
- **개념 37** 스키마 이론
- **개념 38** 듣기 처리 과정
- **개념 39** 듣기 유형
- **개념 40** 듣기에서 실제적 자료 (Authentic Materials) 사용

5절 말하기

- **개념 41** 내용 체계
- **개념 42** 성취기준과 교수·학습 방법
- **개념 43** 말하기 지도 실제 LINE-UP
- **개념 44** 정확성(Accuracy) vs 유창성(Fluency)
- **개념 45** 3P 모형
- **개념 46** 오류 개념
- **개념 47** 오류 원인
- **개념 48** 오류 수정 방법

6절 읽기

- **개념 49** 내용 체계
- **개념 50** 성취기준과 교수·학습 방법
- **개념 51** 읽기 지도 실제 LINE-UP
- **개념 52** 읽기 처리 과정
- **개념 53** 과정 중심 읽기 지도
- **개념 54** 읽기 유형과 전략
- **개념 55** 일견 어휘

7절 쓰기

- **개념 56** 내용 체계
- **개념 57** 성취기준과 교수·학습 방법
- **개념 58** 쓰기 지도 실제 LINE-UP
- **개념 59** 쓰기 지도 어려움과 쓰기 유형
- **개념 60** 쓰기 지도 순서
- **개념 61** 과정 중심 쓰기의 절차(Linse, 2005)

8절 평가

- **개념 62** 평가 방향
- **개념 63** 평가 방법
- **개념 64** Glossary

1절 초등 기출분석

1 영어교육론

1. 습득 이론

(1) pushed output(22)	(1) pushed output • 학습자 자신의 발화와 자신보다 언어적 수준이 높은 학습자와의 발화 차이를 인식하면서 자신의 발화를 보다 개선시켜 출력한 것
(2) Negotiation of Meaning(20)	(2) Negotiation of Meaning(의미 협상) • For example, S1 repeated the word 'place' to <u>confirm</u> what I said. S2 noticed the discrepancy between 'long tower' and 'tall tower' and <u>requested clarification</u>, which was followed by my repetition of the word 'tall.' • S1 : confirmation checks(확인 점검), S2 : clarification requests(명료화 요구)
(3) scaffolding(15)	(3) scaffolding • 비계(Scaffolding)는 보다 뛰어난 학습자 혹은 성인이 의사소통과정에서 제공하는 도움 • I used the patterns communicatively at a level that is within their reach. I provided the (s) necessary for the children to communicate more competently.

2. 수업 운영

(1) modeling(22)	(1) modeling • 인형극(puppetry)이란 조형적 물체인 인형(puppet)을 사람이 조정해서 연기하는 것으로 시연해 보여주는 것을 보고 배우는 기법이 모델링이다. • <u>학습 활동 시연자(demonstrator)로서의 초등 영어 교사</u> 학습자들은 교사가 시연해 보여주는 것을 보고 배우는(modeling)것을 좋아한다. 아동은 인지발달이 충분하지 않기 때문에 언어와 논리로 하는 추상적인 설명보다는 구체적인 모습을 눈으로 보고 직접 몸으로 모방해 봄으로써 쉽게 이해할 수 있다.
(2) 질문과 피드백 ① 개방형 질문(19) ② 간접적 피드백(19)	(2) 질문과 피드백 ① 개방형 질문 •Why did you choose it? ② 간접적 피드백 • 최 교사는 pianoboy라는 잘못된 발화 오류에 대해 발화 오류를 직접적으로 지적하지 않고 pianist라고 <u>고쳐 말하기(Recast) 전략</u>을 활용하여 간접적으로 피드백을 주고 있다.
③ Display question(17)	③ Display question • 질문자가 미리 답을 알고 있는 질문
(3) 게임 활용 시 유의점(18)	(3) 게임 활용 시 유의점 •지나치게 경쟁적인 게임은 오히려 역효과가 날 수 있으므로, 경쟁적인 게임보다는 협동할 수 있는 활동이 되도록 한다.
(4) 스토리텔링(17,13) ① Rhyme(17)	(4) 스토리텔링 ① Rhyme • ( ) is frequently used in children's songs, poems or stories, especially at the end of lines. • In the above story, the words – cat, fat, mat, and sat –are its example.
② refrain(13)	② refrain • It is picked up easily, because the story contains ( ) which makes it more noticeable. • Songs, rhymes and stories often use ( ) to make target expressions salient. ★ <u>스토리텔링은 강세, 리듬, 억양 등 초분절 음소를 지도하는 데 적합하다.</u>
(6) 세 가지 감각 선호에 따른 학습 유형(17)	(6) 세 가지 감각 선호에 따른 학습 유형 ① Visual learners ② Auditory learners ③ Kinesthetic learners
(7) 교사가 'warm-up' 활동을 한 이유(17)	(7) 교사가 'warm-up' 활동을 한 이유 • 동기 부여(motivation techniques), 동기유발(motive)은 여러 욕구(need)에 의하여 촉진되고 욕구를 만족시킬 수 있는 목표지향적 행동을 일으킨다.

3. 교수법

(1) CLT
① expression(21)
② Discourse competence(21)
③ CLT vs ALM(14)

(1) CLT
① While performing this activity, they likely learn the function of this <u>target expression</u>.
② <u>Discourse competence</u> mastery of how to combine grammatical forms and meaning to achieve unity of a spoken or written text

(2) 어휘 접근법
① collocation(20)

② chunk(14)

(2) 어휘 접근법
① collocation
- 학생들이 함께 어울려 사용되는 단어들의 조합을 몰라서 short rain, long tower 같은 어색한 표현을 할 때가 있어요.
② chunk
ⓐ <u>몇 개의 단어들이 묶여 하나의 의미로 인식되는 단위로 의미 전달 능력을 기를 수 있다.</u>
ⓑ In the given activity the phrase, '<u>went camping</u>', <u>is not analysed</u> into component parts or manipulated in any way.
ⓒ <u>초등학교 학습자는 개별 단어의 의미를 몰라도 말의 의미를 전체적으로 파악하는 능력이 뛰어나다.</u>

(3) TPR(18,13)
① physical, motor(18)

② meaning(13)

③ 장점(13)

(3) TPR
① According to the theory linked to this method, it was claimed that memory is increased if it is stimulated through association with (　　) activity
② Unlike other methods that reflect a grammar—based or structural view of language, this method requires initial attention to (　　) rather than to the form of items.
③ 장점
ⓐ 교사 측면 : 학습자의 이해 여부를 바로 알 수 있다.
ⓑ 학습자 측면 : 긴장을 풀고 학습에 몰두하여 흥미를 느낄 수 있다.

(4) ALM
① dialogues(14)

(4) ALM
- In classrooms where the method is adopted learners memorize (　　) and perform drills.
- (　　) and drills form the basis of classroom practices.

4. 학습 전략

(1) 초인지적 전략
(2) 인지적 전략
　① Inferencing(22)
(3) 사회정의적 전략

(2) ① 추론

> Using available information to guess meaning of new items, predict outcomes, or fill in missing information.

- 내용 체계 : 기능 항목
　(① 파악하기 ② <u>추론하기</u>)

5. 의사소통 전략

(1) 회피 전략
(2) 보상 전략
　① word coinage(19)

(2) 보상 전략
① word coinage
- 단어 만들기(조어, word coinage) 전략을 사용하여 pianist라는 단어 대신 piano와 boy를 합친 pianoboy라는 새로운 단어로 의사소통을 진행하고자 한다.

6. 정의적 요인

(1) Anxiety(22)

(2) Motivation(17)

(1) Anxiety
- 학급 전체를 대상으로 발표를 하기 전에, 짝 활동을 통해 불안을 낮출 수 있다.
(2) Motivation
- 교사가 'warm-up' 활동을 한 이유는 동기 부여(motivation techniques)이다.

2 듣기

1. schema(19)	① Schemata (singular schema) can be described as the 'mental frameworks' we hold as individuals, and which we bring with us when we read or listen to a text. ② One of the key processes in L2 listening is to use background information that listeners bring to the text. This information, often called (㉠), includes what the listeners know about people, the world, culture, and the universe. In Mr. Park's class, when the students were asked questions about Snow White, they could activate their (㉠) to predict what the story would contain.
2. 성취 기준(17, 15, 13) (1) 과업을 수행한다. (2) 이야기를 듣고 중심 내용을 이해한다. (3) 지나간 일에 관한 쉽고 간단한 지시, 명령을 듣고 행동한다.	(2) 이야기를 듣고 중심 내용을 이해한다. ① 중심 내용은 줄거리, 목적이고 세부 정보는 주변의 사람이나 사물, 일상 생활 관련 주제, 그림, 도표 등이다. ② 세부 정보는 사실적 정보가 명확한 광고, 안내문, 메모, 감사 카드 등이 제재가 된다.

3 말하기

1. 오류 (1) Overgeneralization 　① I want to be a cooker(22) (2) 지도 방법(21,14)	(2) 지도 방법 ① 김 교사는 학생의 발화 오류가 의미 전달에 지장을 주지 않는 경우 그 오류를 교정하지 않고 의사소통 중심으로 활동을 지도하였다. 이러한 지도 방식이 가장 잘 나타난 김 교사의 발화는 Who is your favorite singer?이다. ② 의사소통에 지장을 주지 않는 한 교사의 즉각적인 오류 수정을 피하고, 가급적 학생 스스로 오류를 발견하고 수정할 수 있도록 지도한다.
2. 말하기 연습 활동 (1) controlled practice (2) guided practice(22)	(2) guided practice • 교사가 "I want to be a(n)…"이라는 문형을 안내하고 학생이 'police officer'라는 직업을 스스로 떠올려 말하도록 하고 있다.
3. 정확성 VS 유창성 (1) fluency(20)	(1) fluency • 'read it faster with confidence.', 'speed and expression to carry the meaning effectively.'
4. 성취 기준(19)	① 영어의 강세, 리듬, 억양에 맞게 따라 말할 수 있다 ② 이 성취기준을 달성하기 위해서는 영어에는 낱말 내에 강세가 있는 소리가 있다는 것과 문장 내에서도 강세가 있는 낱말과 약하게 발음하는 낱말이 있다는 것도 알아야 한다.
5. 발음 지도 (1) 최소 대립쌍(16) (2) 발음 지도 요소(16) (3) 강세박자언어(13)	(1) 최소 대립쌍 • big과 pig은 /b/와 /p/가 다름으로 해서 서로 다른 의미의 단어가 되는데, 이때 /b/와 /p/를 각각 음소라 부르고 이렇게 두 단어 사이에 구별되는 음소 이외의 다른 자질은 모두 같은 한 쌍의 단어들을 '최소대립쌍(minimal pair)'이라고 한다. (2) 발음 지도 요소 • 성취 기준 : 영어의 강세, 리듬, 억양에 맞게 말한다. (3) 강세박자언어 ① 스토리텔링은 강세, 리듬, 억양 등 초분절 음소를 지도하는 데 적합하지만, 후속활동은 분절 음소를 지도하는 데 적합하다. ② 소리와 철자와의 관계를 이해하여 바르게 읽기 위해서는 음소를 식별하는 것이 우선시되어야 한다.

4 읽기

1. 전략	
(1) Inferencing(22)	(1) Inferencing • Using available information to guess meaning of new items, predict outcomes, or fill in missing information.
(2) scanning(21)	(2) scanning ① 찾아읽기(scanning)는 특정한 정보를 자료에서 빠른 시간에 찾아 내어 읽는 행위로, <u>The purpose of scanning is to extract specific information without reading through the whole text</u>.이다. ② Look at p.5 and find out when Shakespeare died. ③ Listen and quickly search for the answers in the reading part. Who is introducing the first camp?
(3) skimming(20)	(3) skimming ① skimming(훑어 읽기)은 자료 전체를 빠른 시간에 훑어보면서 전체적 내용을 개략적으로 읽어 파악하는 행위로, <u>Skimming consists of quickly running one' eyes across a whole text (such as an essay,article, or chapter) for its gist.</u> 이다. ② Look through the text quickly to guess what happens in the story.
(4) reading aloud 단점(15)	(4) reading aloud 단점 ① 영어의 발음과 억양, 리듬을 익히면서 소리와 문자의 관계를 익히기에 적합한 유형 ② 소리내어 읽기에 집중하여 이야기의 내용 이해를 소홀히 한다.
(5) silent reading(15) • Imagination	(5) silent reading ① 발음에 대한 부담을 가지지 않고 의미 파악에 주력하여 읽는 방법 ② At the post-reading stage, I tried to help the students develop creativity. For this, I asked them to make use of their (㉠). In addition, I wanted them to practice speaking skill as well, and led them to tell a story.
2. sight words(11)	
(1) 개념	(1) 개념 • 단어의 철자를 읽으려고 노력하지 않아도 바로 그 의미를 알게 되는 단어
(2) 성취기준	(2) 성취기준 • 쉽고 간단한 낱말을 소리내어 읽는다.
(3) 예시 활동	(3) 예시 활동 • 알맞은 그림과 낱말을 연결하고, 큰 소리로 읽는다.

5 쓰기

1. 성취 기준	
(1) 알파벳 대소문자를 문장에서 바르게 썼나요? (20)	(1) 구두로 익힌 문장 바르게 쓰기 • 철자를 바르게 썼나요? • 구두점을 바르게 썼나요? • ( )
(2) 예시문을 참고하여 간단한 초대, 감사, 축하 등의 짧은 글을 쓴다.(18)	(2) Use these model sentences and write your invitation card.
2. 쓰기 지도 단계(15)	
(1) Controlled writing (2) Guided writing (3) Free writing	(1) 통제 쓰기 : 예시문을 읽고 그림에 맞게 빈칸에 낱말 채워 쓰기 (2) 유도 쓰기 : 예시문을 읽고 상황에 맞게 완성하는 활동) (3) 자유 쓰기 : 제시문에 나타난 write freely ★ 통제적 쓰기 연습이나 유도적 쓰기 연습은 주로 의미의 표현보다는 언어의 형태를 바르게 쓰느냐에 그 초점을 두지만, <u>자유쓰기 연습에서는 의미의 표현에 보다 큰 비중을 둔다</u>.

6 수업 관찰 일지 분석(21,20,19,18,17,16,14)

1. 21 지문	ⓐ 선호하는 음식을 주제로 듣기·말하기 활동이 이루어졌음. ⓑ 듣기 전 활동에서 하향식 처리 과정을 돕기 위한 지도가 이루어졌음. ⓒ 수업 중 학생과 학생 간 상호작용이 이루어졌음. ⓓ 학생들 스스로 학습에 대한 계획을 세워 볼 수 있도록 지도가 이루어졌음. ⓔ 학습 목표에 따라 상호 평가가 이루어졌음.
2. 21 지문 • 세부 정보	<table><tr><td>학습 목표</td><td colspan="2">캠프에 대한 글을 읽고 ( )을/를 파악할 수 있다.</td></tr><tr><td>읽기 전</td><td>ⓐ 학생들에게 읽기 topic을 소개한다.</td><td>ⓑ 교과서를 보며 '찾아 읽기' 활동을 진행한다.</td></tr><tr><td>읽기 중</td><td>ⓒ 주어진 시간에 묵독을 마쳤는지 확인한다.</td><td>ⓓ 교사 질문으로 학생들의 읽기 이해도를 점검한다.</td></tr><tr><td>읽기 후</td><td colspan="2">ⓔ 언어 기능 중 듣기를 제외한 세 가지 기능을 활용한다.</td></tr></table>
3. 20 지문	ⓐ 교사 A : 의미 이해 뿐만 아니라 소리 내어 읽기를 포함하여 읽기 수업을 구성하였어요. ⓑ 교사 B : 읽기 전 단계에서 상향식 처리과정을 돕기 위한 지도가 이루어지지 않았어요. ⓒ 교사 C : 읽기 중 단계에서 읽기와 함께 다른 언어 기능을 통합하여 구성하였어요. ⓓ 교사 D : 줄거리 요약하기에 대한 스캐폴딩으로 그래픽 조직자를 제공하였어요. ⓔ 교사 E : 읽기 후 단계에서 낱말의 소리와 철자 관계를 명시적으로 지도하였어요.
4. 19 지문	ⓐ 교사 A : 박 선생님의 수업에서는 듣기 전 활동에서 시각적 자료를 활용했어요. ⓑ 교사 B : 박 선생님이 사용한 활동지는 사실적 이해를 묻는 질문뿐만 아니라 추론적 이해를 묻는 질문을 포함해서 좋았어요. ⓒ 교사 C : 김 선생님은 듣기 전 활동을 따로 하지 않고 바로 학생들에게 이야기를 들려줬어요. ⓓ 교사 D : 김 선생님은 이야기를 들려준 후 세부정보를 파악하는 질문을 했어요. ⓔ 교사 E : 김 선생님의 수업에서는 들려준 내용 다음에 이어질 내용을 학생들이 만들어 보도록 한 점이 인상적이었어요.
4. 19 지문 • 문장 내에서도 강세가 있는 낱말과 약하게 발음하는 낱말이 있다.	교사 A : S1이 ㉠과 같은 오류를 보인 것은 3~4학년군 말하기 영역의 성취기준인 '영어의 강세, 리듬, 억양에 맞게 따라 말할 수 있다.'와 관련이 있어요 교사 B : 맞아요. 최 선생님의 반에는 이 성취기준을 달성하지 못하는 학생들이 있었어요. 교사 A : 이 성취기준을 달성하기 위해서는 영어에는 낱말 내에 강세가 있는 소리가 있다는 것을 학생들이 알아야 해요. 교사 B : 네. 또한 (ⓐ)는 것도 알아야 하는데 이것을 몰라 ㉠과 같은 오류가 나타난 것 같아요. 교사 A : 노래나 찬트를 활용하여 학생들이 자연스럽게 강세, 리듬, 억양에 익숙해지도록 지도하면 좋을 것 같아요.
6. 18지문	ⓐ Today students made invitation cards. I chose this activity because an invitation card is a kind of text the students are likely to encounter in the real world. ⓑ Every student participated in this writing activity. It was a way of getting the students to write short meaningful pieces of writing. ⓒ I controlled the writing activity, so the students were not allowed to express their own ideas. ⓓ Although the writing activity was structured, the students could practice communicating using the model sentences
7. 18지문	ⓐ 예비 교사 A : 박 선생님 수업에서는 학생들이 발화하기 전에 먼저 듣고 이해하는 것을 강조하는 이해중심 교수 방법 중 하나가 적용되었어요. ⓑ 예비 교사 B : 민 선생님 수업에서는 학생과 학생 간의 영어 말하기를 통한 상호작용이 활발하게 이루어지고 있었어요. ⓒ 예비 교사 A : 반복 연습이 지루할 수 있는데, 민 선생님 수업에 서는 동작과 발화의 속도를 달리하여 말하기 활동을 진행한 점이 좋았어요. ⓓ 예비 교사 C : 최 선생님 수업에서는 말하기 활동과 읽기 활동이 연계된 게임 활동이 인상적이었어요. ⓔ 예비 교사 B : 맞아요. 최 선생님 수업에서는 학생들이 문장 따라 읽기 활동을 게임을 통해 할 수 있었어요.
8. 17지문	ⓐ 선생님은 이야기를 들려주기 전에 학생들에게 시각 자료인 그림을 활용하여 이야기의 내용을 추측하게 하였다. ⓑ 선생님은 동사의 과거 시제 규칙을 제시하고 이야기를 통해 듣기 자료를 제공하는 방식으로 지도하였다. ⓒ 학생들은 이야기의 내용에 맞게 활동지에 있는 그림의 순서를 정하는 듣기 활동을 하였다. ⓓ 선생님은 어휘와 어구를 지도한 후에 이야기의 내용을 파악하도록 하였다.

9. 17지문 ⓐ 과업을 수행한다. ㉠ 정보 질문 ⓑ 전시형 질문	예비 교사 A : 수업 목표와 학습 활동은 2009 개정 영어과 교육과정의 3~4학년군 듣기에 해당하는 영역 성취기준 중 '(ⓐ)'을/를 달성하기 위한 것이네요. 예비 교사 B : 도입 단계의 대화 도중에 선생님이 질문을 하고 나서 모든 학생에게 잠시 생각할 수 있는 시간을 주는 것은 다인수 학급에 효과적인 것 같아요. 예비 교사 C : 그런데 파티에 대해서 묻고 답할 때에는 ㉠과 같이 질문자가 모르는 정보를 요구하는 질문이 많았지만, 과일 카드를 이용한 본 수업에서는 ㉡과 같이 ⓑ 질문자가 미리 답을 알고 있는 질문이 더 많이 사용되고 있어요. 예비 교사 D : 맞아요. 교수법에 따라 정도의 차이는 있지만 가르치는 교사의 입장에서는 확인하는 질문을 할 수밖에 없는 것 같아요. 그런데 이 수업에서 특히 좋았던 점은 활동 시간이 3학년 학생들에게 적절하고 활동이 지루하지 않게 연결된 것이에요.
10. 16지문	ⓐ 발음을 읽기와 연계하여 지도하고 있다. ⓑ 낱말 카드를 활용하여 발음을 지도하고 있다. ⓒ <u>학생의 발음 오류를 비명시적인 방법으로 지도하고 있다.</u> ⓓ 학생들이 소도구를 활용하여 발음을 연습하게 하고 있다. ⓔ <u>발음을 문장 내, 단어 내, 개별 소리의 순으로 지도하고 있다.</u>
11. 14지문	예비교사 A : ㉠ 박 선생님 수업에서는 학생들 사이에 상호 작용이 이루어지고 있네요. 　　　　　　 ㉡ 이런 활동은 3P모형의 두 번째 단계에 적합할 것 같아요. 예비교사 B : ㉢ 박 선생님 수업에서 학생들이 조사 결과를 함께 표로 만드는 활동은 2009 개정 교육과정에 따른 영어과 교육과정에서 권장하는 협동 학습에도 부합하는것 같습니다. 예비교사 A : ㉣ 최 선생님의 수업은 교사 주도여서 학생들이 수동 적인 것 같습니다. 　　　　　　 ㉤ 학생들은 동일한 형식의 표현을 반복적으로 따라 하고 있네요. 예비교사 B : ㉥ <u>하지만 반복적으로 따라하니까 학생들이 실제 의사소통 상황에서 정확한 영어 표현을 유창하게 사용할 수 있을 것 같아요.</u>

2절 중등 영어교육론 기출문항 44

1 영어교육론

01. 　　2022 기출

Read the conversation and follow the directions. 【2 points】

> T1: Hello, Ms. Kim. You seem to be in deep thought. Anything bothering you?
> T2: Good morning, Mr. Lee. I'm thinking of how to make my English class more effective.
> T1: Yeah, I've been thinking about that, too.
> T2: You know, our textbook is organized by separate language skills. But the four skills are rarely separable from each other, I think.
> T1: True. Speaking almost always implies a listener, and writing and reading share obvious links.
> T2: That's exactly what I mean.
> T1: Actually, I've been adapting the textbook since last semester so that my students can be exposed to the language they will encounter in the real world.
> T2: Sounds great. How have you been doing it?
> T1: For example, I usually have pre-reading discussion time to activate schemata. It helps to make links between speaking, listening, and reading. My students actively engage in those kinds of tasks.
> T2: That can be a good way. Or I could create a listening task accompanied by note-taking or followed by a group discussion.
> T1: Great idea. I think just a slight change can make a big difference.
> T2: Right. I'll try to make some changes and let you know how it goes. Thanks for sharing your experience!
>
> *Note*: T = teacher

Fill in the blank with the ONE most appropriate word.

> In the above conversation, the two teachers are talking about the ＿＿＿＿ approach, which is now typical within a communicative, interactive framework. The approach can give students greater motivation and make them engage more actively, which can convert to better learning outcomes.

◆ 정답
Integrated/Integrative

◆ 해설
T1과 T2의 대화에서 가장 main point가 되는 것은 결국 separate language skills를 하나로 연결하고자 한다는 것이다. 가장 핵심이 되는 문장은 "But the four skills are rarely separable from each other, I think." 이고 두 화자가 집중하는 것은 four skills를 통합하고자 하는 것임을 알 수 있다.

① Speaking almost always implies a listener, and writing and reading share obvious links.
② It helps to make links between speaking, listening, and reading
③ Or I could create a listening task accompanied by note taking or followed by a group discussion.

◆ 관련 개념
1. Integrated / Integrative Approach
- Integrated approach의 하위 단원으로 discourse 교육, Content based Teaching, Task-based teaching and Learning, Literature-based teaching 등이 제시되고 있다.
- Task-based의 경우 integrated approach에서 활용되는 교수법임을 여기서 파악할 수 있다. 즉, integrated approach가 더 넓은 개념이다.

2. Whole Language Education
- one of the collaborative approach
- emphazises the interconnections between oral and written language
- language is not the sum of its many dissectible and discrete parts
- integrate four skills language is a system of social practices that both constrain and liberate

02.

2022 기출

Read a teacher's and a student's journal entries and follow the directions. 【2 points】

Ms. Ahn's Journal

I think I need to change my approach to teaching speaking skills. In my conversation class, I usually have my students listen to dialogues and then practice the main expressions using pattern drills, which I thought would help them speak with both accuracy and fluency. However, when I assessed their speaking performance last week, most students had difficulties speaking fluently. They frequently had long pauses in their speech, but were quite accurate. In order to address this issue, I'm going to add more fluency activities such as discussion, role-plays, and information-gap activities.

Nayun's Journal

Today, I got my final exam results. Compared to the mid-term exam, my score has improved a lot. I'm very proud of myself because I studied a lot for the test. My English teacher usually includes lots of reading comprehension questions on exams, so this time I read all the reading texts in the textbook multiple times and took many practice tests. However, I'm a bit disappointed with the test in a way. I really want to improve my English writing skills, but I just don't have time to practice them. Well… I don't know…. I want to change how I'm studying, but I can't give up on getting good English test scores.

Fill in the blank with the ONE most appropriate word.

The above two journal entries demonstrate _____ effect in that the teacher and the student each write about what they do for their teaching and studying with regard to tests.

◆ 정답
washback

◆ 지문 해설
- 교사는 시험에서 주로 reading comprehension questions 를 출제하였고, 이것이 Nayun의 학습 방식에 영향을 주어 이러한 시험에 대비하는 학습을 했고 실제로 시험에서 좋은 점수를 받았다. Nayun은 이러한 방식에 아쉬움을 느끼지만, 시험에서 좋은 점수를 얻기 위해 기존의 학습 방식을 유지한 다. 이는 전형적으로 평가가 학습에 영향을 주는 현상이다.

◆ 관련 개념

1. washback(역류 효과)
   ① 평가란 원래 교수·학습의 결과가 얼마만큼의 목표를 달성했는가를 점검하여 이후의 목표 설정에 피드백을 제공하기 위한 것이다. 따라서 평가는 교수·학습의 영향을 받는다. 그러나 반대로 교수·학습이 평가의 영향을 받아 달라질 수도 있는데 이처럼 평가가 교수·학습에 미치는 영향을 세환(washback)이라고 한다.
   ② 언어 평가는 교수 과정에 반드시 필요한 일부분으로서 학생들에게 유용한 피드백을 제공해 줄 수 있어야 한다. 이러한 유용한 피드백의 개념을 역류 효과라고 부르는데 이것은 교수와 학습 과정에 평가가 미치는 영향을 의미한다.

2. Principles of Language Assessment

Principles	Explanation
Practicality	- costs & time to construct and to administer the test must be appropriate - clear administrative details - ease of scoring and interpreting the results
Reliability	- consistent and dependable - given to the same student, the test should have the same results - clear direction for scoring evaluation - clear rubrics
Validity	- the extent to which the test measures what it intends to measure - appropriate, meaningful, and useful in terms of the purpose of the assessment
Authenticity	- correspondence of the features of a language test task to the features of a target language task - "real-world" connection - natural language - contextualized - meaningful, relevant topics
Washback	- the effect of the test on learning - promotion and inhibition of learning - formative test

03.

2018 기출

Read the dialogue and follow the directions. 【2 points】

(A teacher and a student are talking after seeing a video-clip of a baseball game.)

T: What was happening in the video?
S: A ball, uh, a ball.
T: A ball was thrown.
S: Thrown?
T: Yes, thrown. A ball was thrown.
S: A ball thrown.
T: And who threw the ball?
S: Pitcher. Thrown pitcher.
T: Thrown by the pitcher.
S: By pitcher.
T: Yes, by the pitcher. A ball was thrown by the pitcher.
S: Ball thrown by pitcher.

Note: T=teacher, S=student

Fill in the blank with the FOUR most appropriate words.

From a socio-cultural perspective, effective learning takes place when what a student attempts to learn is within his or her _____. This is the distance between what a student can do alone and what he or she can do with scaffolded help from more knowledgeable others like teachers or more capable peers. For learning to be effective, such help should be provided to a student through interaction like the teacher's utterances offered to aid the student in the above dialogue.

◆ 정답

Zone of Proximal Development

◆ 개념 해설

Zone of Proximal Development(ZPD)
- the metaphorical distance between a learner's existing developmental state and his or her potential development - the domain of knowledge or skill where the learner is not yet capable of independent functioning, but can achieve the desired outcome given relevant scaffolded help.

* important components of the ZPD

1) Scaffolding is the process of simplifying tasks for learners, of guiding learners in appropriate directions, of marking critical features of language e.g., form-ocused activity), and structuring a task for success as opposed to failure.

2) This process is a "two-way street," accomplished as a collaborative effort between teacher and learner, one that neither could accomplish on their own.

04.

2009 기출

Read the following and answer the question.

NS: Did you get high marks last semester?
NNS: High marks?
NS: Good grades. A's and B's. Did you get an A in English last semester?
NNS: Oh no in English yes um B.
　　　*NS (Native Speaker); NNS (Non-Native Speaker)

Which of the following is NOT correct based on the dialogue?

① The NNS notices an unfamiliar word phrase.
② The trouble source is reformulated by the NS.
③ The NNS is pushed to produce accurate output through meaning negotiation.
④ Interactional structure is modified for the input to be comprehensible.
⑤ The NNS sends a signal that indicates a communication difficulty.

◆ 정답

③

◆ 해설

① NNS는 'high mark'를 모른다.
② Good grades, A's and B's 라고 reformulate 해 주고 있다.
③ NS의 negative feedback은 없었다. (Pushed output에 대한 설명인데, 이는 학생이 잘못 발화했을 때 교사가 학생의 self-correction을 유도하려 할 때 발생하지만 이 지문은 해당되지 않는다) → 오답
④ 'high mark'를 재구성해서 말해 준 결과 학생에게 이해 가능한 발화가 되었다.
⑤ NNS 의 첫 번째 발화에서 자신이 이해 못했다는 signal을 보낸다.

◆ 개념 해설

1) 제 2언어 습득이론

Hypothesis	강조점	how?
Input hypothesis	Input	I+1 (provide comprehensible input)
Interaction hypothesis	Input	meaning negotiation → T's interactional modification → provide comprehensible input
	Output	meaning negotiation + negative feedback → Ss modify utterance
Output hypothesis	Output	Pushing → Ss' noticing of the gap → find better ways to say(metacognitive) → Ss modify utterance

2) negotiation of meaning

① to resolve communication breakdowns and to work toward mutual comprehension
② help Ss to obtain comprehensible input
③ feedback on their use of L2(from more competent interlocutor) → attempt to reformulate
④ prompts Ss to adjust, manipulate and modify their own output(Ss are pushed into producing more comprehensible output
⑤ sequence : trigger → indicator → response → reaction

05.

Read the passage and follow the directions. [1.5점]

> The first stage in the negotiation of meaning is a 'trigger' that begins the sequence. This is followed by a 'signal' that draws attention to a communication breakdown. Stage 3 is a 'response,' in which the speaker attempts to repair the miscommunication. Finally, the 'follow-up' marks the closing of the sequence.

Match each sentence below with its corresponding stage of negotiation.

> a. Sorry?
> b. Yeah, but I saw her at a party yesterday.
> c. She's a loner.
> d. She stays away from others.

	Trigger	Signal	Response	Follow-up
①	b	a	d	c
②	b	c	a	d
③	c	a	d	b
④	c	d	a	b
⑤	d	b	a	c

◆ 정답 해설

(c → a → d → b)

'c'의 발화에서 loner가 문제가 되고(Trigger), 'a'와 같이 communication breakdown이 일어나게 되어 이해하지 못했다는 것을 표현하게 된다. (signal) 그 breakdown을 해결하기 위해 'd'처럼 다시 발화를 수정해주고(Response), 그에 대한 closing 응답으로 'b'와 같이 발화하는(follow-up) 예문이다.

06.   2020 기출

Read the passage in <A> and the interaction in <B>, and follow the directions. 【4 points】

<A>

When problems in conveying meaning occur in conversational interactions, interlocutors need to interrupt the flow and negotiate meaning in order to overcome communication breakdowns and to understand what the conversation is about. A negotiation routine may have a sequence of four components:

- A *trigger* is an utterance that causes communication difficulty.
- An *indicator* alerts the speaker of the trigger that a problem exists.
- A *response* is the component through which the speaker of the trigger attempts to resolve the communication difficulty.
- A *reaction to response* can tell the speaker of the trigger whether or not the problem has been resolved.

<B>

(The following is a student-student talk occurring in the morning.)

S1: You didn't come to the baseball practice yesterday. What happened?
S2: Nothing serious. I had to study for an exam.
S1: I am sorry you missed the practice. Have you taken the exam yet?
S2: Yes. I took it a little while ago.
S1: How did you do?
S2: Hopefully I did OK. I didn't get any sleep last night.
S1: I guess you must be drained.
S2: Drained? What do you mean?
S1: It's similar to 'tired.'
S2: Oh, I see. Yeah, I am very tired.
S1: You need to take a break.
S2: I sure do, but I think I am going to eat something first.

Note: S = student

Identify an utterance from <B> that is a *response* mentioned in <A>, and explain how the speaker attempts to resolve the communication difficulty with the identified utterance. Then, identify an utterance from <B> that is a *reaction to response* mentioned in <A>, and explain whether the communication difficulty is resolved with the identified utterance.

◆ 정답

First, the utterance of 'a response' is *"It's similar to 'tired'"* said by S1. When S2 does not understand what 'drained' means, S1 reformulates it with the easier synonym 'tired' (to resolve S1's communication difficulty). Second, the utterance of 'a reaction to response' is *"Oh, I see. Yeah, I am very tired."* said by S2. Here, S2's communication difficulty is resolved as S2 assures S1 that S2 understands what S1 meant by 'drained'.

◆ 해설

'negotiation of meaning' 자체가 communication breakdown이 일어난 후 서로의 이해를 위한 작업이므로, (B) 대화에 뭔가 문제가 생겼던 부분을 빠르게 찾으면 "I guess you must be drained"에서 시작되었다는 것을 알 수 있다. 여기서 'drained'는 상대방이 이해할 수 없는 표현이었으므로 'trigger'라고 볼 수 있고, 그 다음 S2가 drained를 이해 못한다는 말을 하는 부분이 'indicator'가 된다. 그래서 S1이 다시 'tired'라는 더 쉬운 단어로 바꿔서 이야기해줬는데 이 부분은 상대방의 어려움을 해결하기 위한 노력이므로 'response'가 된다. 그 이후 S2 가 "oh, I see. Yeah I am very tired" 라고 한 부분은 이제 의사소통 문제가 해결되었음을 알렸기 때문에 'reaction to response'에 해당된다.

07.

Read <A> and <B> and answer the question. [2.5점]

<A>

In the middle of a class, the teacher provides feedback when talking to Minho and Sujin.

[1] T: Minho, I hear you went to Jeju last month. Did you buy anything?
S: Yes. Uh, I have brother. I bought chocolate for brother.
T: You bought chocolate for your brother.
S: Right. Chocolate for brother. I bought small pretty doll, too. It's for sister.
T: I'm sure your sister liked it.

[2] T: Sujin, why don't you read page 24?
S: I have no book today. Jinho borrowed book yesterday. He lost book.
T: Pardon? I'm confused. Lost whose book?
S: U-uh, umm, my book. He lost my book.
T: Sorry to hear that.

T: teacher, S: student

<B>
a. Positive evidence is provided through the teacher's feedback in [1].
b. The teacher attempts to resolve a communication breakdown in [1].
c. The student is provided with an opportunity for pushed output in [2].
d. The teacher offers assistance beyond the student's zone of proximal development in [2].
e. The students make self-repair following the teacher's feedback in [1] and [2].

Which of the following lists all and only correct statements in <B> about the interactions in <A>?

① a, b, e   ② a, c   ③ a, d
④ b, c, e   ⑤ c, d

정답 해설

	Feedback	Communication braeakdown	Evidence	ZPD	Modified output	Self-repair
[1]	recast	X	positive	beyond	X	X
[2]	clarification request	O	negative	within	O	O

a) positive evidence는 학생들에게 전해지는 well-formed된 문장들이다. 교사가 [1]의 교사의 두 번째 발화에서 'your brother', 마지막 발화에서 'your sister'라고 올바른 문장을 제공해 주고 있다 ' → 정답

b) [1]에서는 교사가 communication breakdown을 일으키지 않고 recast만 던지고 있다. (x)

c) 학생이 'he lost book'이라고 하자 교사가 clarification request를 통해 'pushing'하였고, 학생은 그것을 통해 좀 더 정확한 발화를 하도록 'pushed output'의 기회를 제공받았으며, 결국 'he lost my book'이 라고 발화를 수정하였다. (modified output + enhanced output) → 정답

d) 교사가 학생의 잘못된 발화를 직접적으로 고쳐주지 않고 스스로 발화를 수정할 수 있도록 도움을 제공 하였다. 즉, 학생의 ZPD를 'beyond'한 것이 아닌 'within'이라고 볼 수 있다.

e) [1]에서는 학생이 self-repair를 하지 못하고 있다.

개념 해설

1) Pushed output : output that reflects what learners can produce when they are pushed to use the target language accurately and concisely. It occurs when Ss experience communicative failure and they are forced to make their output more coherent in an effort to prevent further communication failure or to improve the interaction.(*Pushed output does not necessarily include modification of the initial non-targetlike utterance because it could be a Simple repetition*)

2) Modified output : language produced by the learner that is modified from the initial utterance either in response to feedback or without feedback, irrespective of the extent to which the reformulation is targetlike (*modified output could include successful uptake, partially successful uptake, and even unsuccessful uptake*)

08. `2011 기출`

Read <A> and <B> and follow the directions. [2.5점]

<A>

(Before the teacher starts his lesson in a middle school English class, he asks students questions to warm up, starting with Mina.)

T: What did you do last weekend, Mina?
S: I visit my uncle in the hospital.
T: You visited your uncle in the hospital?
S: Yes, I visit him.
T: I see. Did you do anything else?
S: Yeah. Um, I see a movie.
T: You saw a movie?
S: Yes.
T: Great. What movie did you see?
S: I see the movie *Avatar*.

T: teacher, S: student

<B>

a. From the perspective of the output hypothesis, the student's output reflects her acquisition of past-tense rules through pushed output.
b. From the behaviorist point of view, the student needs more repetition and drill of past-tense forms.
c. From the viewpoint of the focus-on-form approach, more focused intervention is needed to draw the student's attention to proper use of function words.
d. According to the input hypothesis, the student needs more comprehensible input containing past-tense forms while her affective filter is kept low.

Choose all and only the correct statements about the student in <A> from the list in <B>.

① a, b   ② a, c   ③ b, c
④ b, d   ⑤ c, d

◆ 정답 해설

a) Output hypothesis에서 보면 학생은 자신의 잘못된 발화로 인하여 교사의 계속된 recast(negative feedback)을 받고 있지만 그 이후에 나타나는 pushed output은 modified되지 않고 past tense를 결국 사용하지 않는다. 그러므로 학생의 발화가 past-tense rule의 습득을 reflect한다고 볼 수 없다.

b) behaviorism은 언어습득은 반복을 통한 습관 형성으로 본다. 이 측면에서 보면 학생이 past tense를 사용하지 못하는 것은 습관이 되지 않았기 때문이며, drill을 이용한 반복적인 연습으로 습관화를 시켜야 한다. → 정답

c) Focus-on-form(FonF)은 의사소통적 맥락을 유지하면서 필요에 따라 form 에 초점을 돌리는 방식 이다. 특히 이 지문에서는 사전에 미리 form 지도를 계획한 후 실행하는 'pre-emptive FonF'이 아니고, 계획을 했다기보다는 학생의 잘못된 발화 이후에 form에 즉각적인 초점을 맞추는 'Reactive FonF'이라고 볼 수 있으며, 그 방안으로 recast를 사용하고 있다. 그러나 그럼에도 학생은 결국 잘못된 동사 사용을 반복하고 있다. (function word가 아닌 content word이므로 오답) 이를 해결하기 위해서는 학생이 form에 관한 주의를 더 기울이도록 조금 덜 implicit한 방법(예 학생의 error를 특히 톤을 높여 강조하면서 repeat한 후 recast를 다시 던지기)이 필요하겠다.

d) input hypothesis 측면에서 보면 comprehensible input을 제공하는 것이 language acquisition에도움이 된다고 보기 때문에 past tense가 담긴 comprehensible input을 계속 적용해 줘야 하며, 대화문의 학생이 affective filter 가 높아서 습득이 이루어지지 않을 수 있기 때문에 affective filter 또한 낮춘 상태에서 제공해야 한다.(affective filter hypothesis) → 정답

09.   2016 기출

Read the online discussion about Hyun's opinion and fill in the blank with TWO words from the passage. 【2 points】

Hyun: As an international language, English has many varieties used and taught around the world. Have you ever thought about English varieties?

like it 28 | recommend it 15

Sarah: Yes! There are many varieties of English. Americans, Australians, Brits and Canadians have many variations in how they use English. Naturally, this exists between non-native speakers, too. I think we should be aware of this reality. Many English teachers in the world today are non-native speakers of English. We need to consider this issue for teacher training and language instruction.

Bill: I agree. Although I am a native English teacher, like many of you, we need to recognize the validity of a variety of Englishes, or better known as, _____. These include established outer-circle varieties such as Indian English, Singaporean English, and Nigerian English.

Min: Perhaps, but what about standardization? Shouldn't we focus on one clearly understood form of the language for consistency and intelligibility?

Jun: I don't think that is applicable in all cases, Min. The needs and attitudes of students, teachers, and administrators have an influence on the norm or standard adopted for instruction; it is thus best that local norms be respected whenever possible.

10.

2020 기출

Read the passage in <A> and the conversation between two teachers in <B>, and follow the directions. 【2 points】

<A>

The way you speak is affected in many ways. For example, how much attention you are paying to your speech may be one factor. When you are not paying much attention to the way you are speaking, your speech may be more casual. By contrast, if you are conscious about the way you are speaking, your output will be less casual. The social position of the person with whom you are engaging in conversation may also affect your language output. It is natural to use more formal language when you speak to someone whose social position is above yours. The sociolinguistic concept of solidarity should also be considered. If your interlocutor comes from the same speech community or shares a similar social or cultural identity with you, you will feel connected to him or her, and this will affect the way you deliver your message. In addition, where you are affects the formality of your output. When you are in a formal situation, such as a business meeting, you naturally use more formal language, and the opposite is true as well. Lastly, the channel or medium of language, that is, whether you deliver your message through speech or writing, can be another critical factor that affects your speech. All of these things need to be considered carefully, because they constitute what is called pragmatic competence which relies very heavily on conventional, culturally appropriate, and socially acceptable ways of interacting.

<B>

T1: What are you writing?
T2: Oh, this is a recommendation letter for Miri.
T1: I see. She is very active in school activities, so you must have a lot to write about her.
T2: Yes, she is a good student, but she doesn't know how to adapt her conversational style when making a request.
T1: Hmm... what do you mean by that?
T2: When Miri approached me, she said, "Hi, teacher, can you write me a recommendation letter?"
T1: Haha... I understand what you mean. Some of my students also seem to have trouble making their speech style appropriate to the situation. Miri is just one example.
T2: Exactly! Still, I feel it's my responsibility to show them how speech styles differ across various situations. Hey, why don't we offer a special lecture on this topic?
T1: Definitely! We can invite a guest speaker who can show the importance of selecting the appropriate conversational style to match the _____ of the situation.

Note: T = teacher

Fill in the blank in <B> with the ONE most appropriate word from <A>.

◆ 정답

formality

◆ 해설

language competence에는 language 자체, 형식적인 면에 초점을 맞추는 organizational competence와 맥락/상황에 맞는 표현을 사용하는 능력인 pragmatic competence가 있는데 pragmatic competence 중에서도 sociolinguistic competence는 context에 맞는 formality, register, appropriateness of the attitude, cultural aspects를 고려하여 언어를 사용하는 것을 강조한다. 이 내용이 (A)에 'pragmatic competence' 라는 개념을 직접 언급하며 나와 있으며, 특히 'the social position'을 고려하는 것, 'more formal language'를 사용하는 것, 즉 'formality'를 강조하고 있다. (B)에서도 학생이 교사에게 부탁을 할 때 언어 사용이 교사에게 부탁하는 상황과는 적절하지 않은 informal한 언어를 사용했다는 점을 언급하면서, 이를 위해 상황의 'formality'에 맞는 언어사용을 가르쳐야겠다는 말을 하고 있다.

11.   2014 기출

Read the interaction between a teacher and a student, and follow the directions. 【2 points】

(The teacher asks her student, Dongho, what he did over the weekend.)

T: Hi, Dongho, how was your weekend?
S: Hello, uh, have, had fun.
T: You had fun, oh, good. Did you go anywhere?
S: Yeah, uh, I go, go, went to uncle, uncle's home.
T: What did you do there? Did you do something interesting?
S: I play, played with childs. Uncle have childs, three childs.
T: Your uncle has three children?
S: Yeah, uh, one boy and two girls. So three childs.
T: Do you like them?
S: Yeah. They're fun. They're good to me.

* T = teacher, S = student

Complete the comments on the interaction by filling in the blank with ONE word.

Language errors may occur as a result of discrepancies between the learner's interlanguage and the target language. One main source of such errors is called _____, one example of which is seen in the student's use of *childs* in the given interaction.

◆ 정답

Overgeneralizaion

◆ 개념 해설

the process of generalizing a particular rule or item in the Second Language, irrespective of the native language beyond conventional rules or boundaries

12.   2011 기출

Read <A> and <B> and follow the directions.

―<A>―

(*In a class, a teacher and students are talking about what makes them unhappy.*)

S1: When it rain I am unhappy.
T: Why does rain make you unhappy?
S1: When I walk to school, I wet.
T: Oh, I see. Do you live close to school?
S1: Yeah. 10 minute.
(S2 *raises a hand.*)
S2: When mosquitoes ... eat me.
T: Oh, mosquitoes bite me. Bite me!
S2: Oh, OK. When mosquitoes bite me. They bite me everyday's evening.
(S3 *interrupts the conversation.*)
S3: Yeah, me, too. Everyday's evening, mosquitoes bite me, too.
T: That's terrible. I think mosquitoes make many people unhappy.

T: teacher, S: student

―<B>―

a. Display questions are used by the teacher.
b. An uptake occurs after the teacher's corrective feedback.
c. Students are exposed to the interlanguage of other students.
d. A clarification request is used by the teacher for meaning negotiation.

Choose all and only the correct statements about the classroom interaction in <A> from the list in <B>.

① a, b   ② a, c   ③ b, c
④ b, d   ⑤ c, d

◆ 해설

a. display Q이 아니고 Referential Q이다. (학생의 개인 경험에 대한 질문)

b. 학생이 교사의 피드백 이후에 "mosquitoes bite me"라고 발화를 수정한다. → 정답

c. S2가 사용한 "everyday's evening"이라는 콩글리쉬, 즉 완벽하지 않은 interlanguage가 다른 학생 에게도 노출이 되어서, S3가 그것을 그대로 받아서 쓰는 것을 볼 수 있다. → 정답

d. clarification request는 "What?"과 같은 말과 함께 교사가 잘 못 알아들었음을 알리면서, 학생이 스스로 정확한 재발화를 하도록 유도하는 피드백이지만, 여기서는 "Bite me!"를 반복하며 교사가 직접 명시적으로 발화를 수정해 주고 있다.

◆ 개념 해설

uptake

⟨Successful uptake – Repetition⟩	⟨Unsuccessful uptake – Repetition⟩
S : Sometimes that our students leader will keep the will keep the, er. T : Order S : Order.	S : Uncon, er. T : Unconditionally, unconditionally S : Uncon, er.
⟨Successful uptake – Modification⟩	⟨Unsuccessful uptake – Modified but still unsuccessful⟩
S : Is it well-known? (pronunciation error) T : er?? S : Well-known (pronunciation error) T : Very what?? (clarification request) S : WELL-KNOWN T : Ah, well known, ah famous	S : he need to be help. T : needs to be helped. S : yeah, he needs to help.

13. 2009 기출

Read the following and answer the question. [2.5점]

> T: Do you like to see movies? What's your favorite movie?
> S: BIG.
> T: BIG! That was a good movie. That was about a little boy inside a big man, wasn't it?
> S: Yeah. Boy get surprise all the time.
> T: He was surprised. Usually little boys don't do the things that men do, right?
> S: No, little boy no drink.
> T: That's right. Little boys don't drink.

Which of the following is correct based on the dialogue?

① The teacher gives implicit negative feedback on the student's errors.
② The student immediately responds to the teacher's corrective feedback.
③ The dialogue consists of a single Initiation-Response-Evaluation (IRE) exchange.
④ The student's last turn indicates that she is in the final stage in the acquisition of negation.
⑤ The tag question in the teacher's second turn functions as a referential question.

◆ 해설

① recast를 연속으로 제공하고 있으며 이는 학생의 잘못된 발화를 직접적으로 지적하지 않는 implicit negative feedback이다. → 정답
② 학생은 교사의 feedback을 눈치 채지 못하고 uptake 하지 못하고 있다.
③ 위에 출제의도에 써 놨듯이 I-R-E패턴이 딱 한 번 (single)이 아닌 여러 번 일어나고 있다.
④ acquisition of negation은 '(1) 부정하고 싶은 대상 앞에 No , not 만 붙이기 → (2) 부정 대상 앞에 don't 도 붙이기 시작 → (3) aux 뒤에 부정어 붙일 수 있으나 don't가 항상 시제, 수일치 하지는 못함 → (4) do의 수, 시제일치가 잘 되고 대부분 완벽', 이 순서로 진행된다고 한다. 그러나 지문의 학생은 이 중 1단계에 해당하는 것 같으므로 'final stage'는 절대 아니다.
⑤ 교사는 이미 그 영화내용을 알고 물어봤으므로 display question이다.

14.   2016 기출

Read the passage in <A> and the conversation in <B>, and follow the directions. 【5 points】

<A>

In negotiation of meaning, "uptake" refers to an interlocutor's immediate response to his or her partner's signal of noncomprehension. In uptake, the interlocutor often uses a variety of communication strategies such as message abandonment, topic change, circumlocution, word coinage, foreignizing, and code switching.

<B>

The following is part of a teacher-student interaction that contains negotiation of meaning.

T: Hi, Sangjee. How was your weekend?
S: Hello. Well, I had a busy weekend.
T: Did you go anywhere?
S: No, I stayed home all weekend.
T: Why were you busy, then?
S: I had to fly ten chickens.
T: Uh, what? What did you do?
S: Uh, you know, put chickens in oil, very hot oil, kind of bake them.
T: Oh, you FRIED them!
S: Yeah, I fried them with my mother.
T: Why did you have to fry that many chickens?
S: We had a big party on Sunday. My grandfather's birthday. Many people came.
T: Oh, so that's why you fried so many. The party must have been a lot of fun.

Note: T = teacher, S = student

Identify where the uptake takes place by writing the specific utterance from <B>, and select the strategy used in the uptake from those in <A>. Then explain how the utterance in the uptake shows the selected strategy.

◆ 정답 해설

학생이 'fry'를 'fly'라고 하자 교사가 'What did you do?'라고 말했고, 이 부분은 교사의 clarification request를 사용한 noncomprehension signal이다. 그러므로 uptake가 일어나는 부분은 학생의 "Uh, you know, put chickens in oil, very hot oil, kind of bake them" 발언이다. 이 과정에서 학생은 말하고자 하는 "Fry"를 "put in oil, bake them"과 같은 다른 말로 돌려서 부연 설명하는 circumlocution이라는 compensatory strategy를 사용하고 있다.

The uptake takes place in the student's utterance "Uh, you know, put chickens in oil, very hot oil, kind of bake them." The student used circumlocution strategy by describing the meaning of the target word 'fry' indirectly with many words.

15. 2019 기출

Read the questionnaire in <A> and the teacher's note in <B>, and follow the directions. 【2 points】

<A>

This questionnaire is designed to identify students' learning styles. Each category (A, B, C, D) has 10 items. Students are asked to read each item and check their preferences.

	Learning Style Questionnaire	4	3	2	1
A	1. I understand better when I hear instructions.				
	2. I remember information better when I listen to lectures than when I read books.				
	3. I like to listen to radio shows and discussions more than reading the newspaper.				
	⋮				
B	1. I like to look at graphs, images, and pictures when I study.				
	2. I follow directions better when the teacher writes them on the board.				
	3. I can easily understand information on a map.				
	⋮				
C	1. I enjoy working with my hands or making things.				
	2. I remember things better when I build models or do projects.				
	3. I like to 'finger spell' when I learn words.				
	⋮				
D	1. I like activities that involve moving around.				
	2. I prefer to learn by doing something active.				
	3. I learn the best when I go on field trips.				
	⋮				

Note: 4=strongly agree, 3=agree, 2=disagree, 1=strongly disagree

<B>

Based on the findings of the questionnaire conducted in my class, I have noticed that four students each have a major learning style.

Scores of the four students			
Youngmi	Minsu	Taeho	Suji
A=38	A=18	A=15	A=13
B=11	B=36	B=12	B=14
C=10	C=10	C=40	C=12
D=12	D=12	D=11	D=36

This week, I am going to teach names of wild animals, like 'ostrich' and 'rhinoceros,' by trying different activities to address these students' different learning styles. Youngmi scored the highest in category A, showing that she is an auditory learner. So I will let her listen to a recording and say the names of animals out loud. Minsu's high score in category B shows that he is a visual learner. I will let him look at images of animals and read the corresponding names. The person who had the highest score in C was Taeho, who is a tactile learner. I am going to use origami so he can use his hands to fold papers into animal shapes. This will help him learn their names better. Lastly, Suji's score in category D shows that she is a(n) _____ learner. For her, I am planning to do an animal charade activity where she acts like different animals and others guess the names of them. I think she will enjoy moving around the classroom. In these ways, I want to maximize students' learning outcomes in my class.

Based on the information in <A> and <B>, fill in the blank in <B> with the ONE most appropriate word.

◆ 정답

kinesthetic

◆ 개념 해설

Visual, Auditory, Kinesthetic style

① Visual learners : tend to prefer reading and studying charts, drawings, and other graphic information.

② Auditory learners: tend to listening to lectures and audiotapes.

③ Kinesthetic learners: show a preference for demonstrations and physical activity involving bodily movement.

16.

Read the following and answer the question. [1.5점]

In today's English class, Minji and her partner were asked to read a newspaper article and retell the story to each other. Their performance was video-recorded. Minji wrote the following in her learning log after watching the video.

Minji's Learning Log

Mistakes and difficulties I had during the task
The newspaper article had a lot of new words that I've never seen before. I was worried if I could accurately retell the story.

Strategies I used to complete the task
Since I didn't have time to look up words in the dictionary, I had to guess their meanings based on the context. I thought I understood the story. When I didn't have enough words to describe it, I simply used Korean words.

Overall assessment of my performance on today's task
I paused a lot without speaking while I was telling the story because I didn't know what to say in English. When I was listening, I didn't understand my partner's story clearly. But I didn't ask her to repeat it because I wasn't sure if it was okay.

Strategies I will practice
In the past, I wrote down new words at least ten times to memorize them. It didn't work very well, but I don't know how else I can remember the words. I will try to read more so I can learn more new words.

Which of the following is correct about Minji's strategy use?

① She did not use code-switching during speaking.
② She used memory strategies effectively to learn the vocabulary.
③ She appealed for help to overcome her limited speaking ability.
④ She used metacognitive strategies in evaluating her learning process.
⑤ She used social strategies to make herself understood during the pair-work.

17.
2016 기출

Read the lesson procedure and follow the directions.
【2 points】

Lesson Procedure
1. Ss listen to a recorded conversation about the topic of the lesson.
2. T asks Ss to make associations among key words and to guess the meaning of the words from context. Then T teaches new vocabulary.
3. Ss read passages and find semantic clues to get the main idea.
4. Ss reread the passages and scan for specific information.
5. Ss, in groups, do categorizing activities.
6. Ss discuss the topic and write a short comment on it.
7. T hands out the checklist and has Ss keep a daily log after school for one week.

A Daily Learning Log
Name: Jihae Park
* Respond to each of the following statements with a checkmark (✓).

	Day 1	Day 2	Day 3	Day 4	Day 5
	1 2 3	1 2 3	1 2 3	1 2 3	1 2 3
1. I make guesses to understand unfamiliar words.					
2. I first read over passages quickly, and then go back and reread them.					
3. I make summaries of the text that I read in English.					
19. I ask a friend questions about schoolwork.					
20. I write down my feelings in a language learning diary.					

Note: 1 = Never, 2 = Sometimes, 3 = Always

Note: T = teacher, S = student

Complete the comments by filling in the blanks with the SAME word.

The lesson procedure shows that the students are instructed to practice various kinds of _____ during the class. Also, they are encouraged to be aware of their use of _____ by keeping a daily learning log.

◆ 정답

Strategies

◆ 해설

교사는 학생들이 수업 중에 guessing(2번), scanning(4번)과 같은 learning strategies를 계속 연습하게 하고 있다. 그리고 지문의 learning log 내용을 보면 guessing, skimming, summarizing과 같은 cognitive strategies 사용뿐만 아니라 친구에게 물어보는 socioaffective strategy 사용까지 점검해볼 수 있도록 구성되어 있다.

18.
2009 기출

Read <A> and <B> and follow the directions. [1.5점]

— <A> —
In this teaching method, the learners repeat aloud the teacher's utterances of the examples below as they have heard them. They do this without looking at a printed text. The utterances must be brief enough to be retained by the ear. Sound is as important as form and order.

Example:

I borrowed *a book*.　　I borrowed *books*.
He plays the piano.　　She plays the piano.
I *like* apples.　　　　I *don't like* apples.

— <B> —
a. Dialogues center on communicative functions and are not normally memorized.
b. The target linguistic system is learned through the practice of language patterns.
c. Sequencing is determined by the consideration of content or meaning which will maintain interest.
d. 'Language is viewed as a set of habits,' so errors must be prevented at all costs.
e. Explicit grammatical explanation is generally kept to a minimum.

Choose all the correct pedagogical principles about the teaching method in <A> from the list in <B>.

① a, d　　　② b, c　　　③ b, d
④ b, d, e　　⑤ c, d, e

◆ 정답 해설

a. not memorized → memorized
b. behaviorism을 토대 → language pattern 반복 연습 → 정답
c. structuralism 토대 → sequencing은 문법순서이고, 흥미를 고려하지는 않는다.
d. behaviorism → language는 habit formation, error 인정 X. → 정답
e. 문법 설명 거의 하지 않고 patten 반복이 주가 된다. → 정답

19.

2012 기출

Read <A> and <B> and answer the question.

―――――――――<A>―――――――――

Two middle school English teachers instruct their classes.

Teacher A: "Today I'm going to show you how to set a table. Before I do, I'll pass out spoons, forks, plates, and knives.... Now watch what I do and follow along. I'm putting a plate on the table.... Now put a plate on the table. On the table. OK?... Good job! Now I'm putting the fork on the left side of the plate. [*Teacher continues with other utensils.*] Well done! Now, what I'd like you to do is practice setting a table in pairs. One partner tells the other what to do and that partner follows the commands..."

Teacher B: "Everybody, today we have a mystery to solve. I have six picture clues. You will each be given just one picture. Then find a partner and exchange information in your own words. After that, find another partner and do the same until you have sufficient clues or the alloted time runs out. After gathering information, you will form groups of four and come up with a solution to the mystery. There are many possible solutions. You'll have 15 minutes. Finally, one member from your group will report your group's solution back to the class."

―――――――――<B>―――――――――

a. Teacher A models preposition use.
b. Teacher A speaks and students respond verbally.
c. The language practiced in both classes is predetermined by the teachers.
d. Teacher B employs accuracy-based activities.
e. In Teacher B's class, students are encouraged to communicate actively to exchange information.

Which of the following lists all and only correct statements in <B> about the classes described in <A>?

① a, b, c   ② a, b, d   ③ a, e
④ b, e   ⑤ c, d, e

20.

2018 기출

Read the dialogue and follow the directions. 【2 points】

T1: There's no doubt that young children beginning school need the basics of reading, writing, and math.

T2: I agree, but the big problem is determining the best way for them to get it. I think the classic mode of a teacher at the chalkboard, and books and homework is outdated.

T1: True. That's why I have been looking at some teaching literature based on the ideas Jonathan Bergman and Aaron Sams came up with.

T2: What do they suggest?

T1: Well, they have reconsidered the role of the traditional classroom and home. So home becomes a classroom, and vice versa in this way of learning. Students view lecture materials, usually in the form of videos, as homework before class.

T2: That's interesting. What's the focus in class?

T1: That's the best part. Class time is reserved for activities such as interactive discussions or collaborative work supervised by the teacher.

T2: I like it. But how does it benefit the students?

T1: They can study the lectures at home at their own pace, or re-watch the videos, if needed, or even skip parts they already understand.

T2: Right. And then, in class the teacher is present when they apply new knowledge. What about traditional homework?

T1: That can be done in class, too. So, the teacher can gain insights into whatever concepts, if any, their students are struggling with and adjust the class accordingly.

T2: What does the literature say about its effectiveness?

T1: Amazingly, according to one study, 71% of teachers who have tried this approach in their classes noticed improved grades, and 80% reported improved student attitudes, as well.

T2: That's fantastic. Let me read that when you're done. I want to look further into this.

Note: T=teacher

Fill in the blank with the ONE most appropriate word.

The teaching approach discussed by the two teachers is known technically as _____ learning in educational settings.

◆ 정답

Flipped

◆ 해설

전통적으로 교실에서 수업과 수업활동이 진행되고 그와 관련된 과제를 집에서 했던 패턴을 뒤집어서 수업과 학습활동을 집에 하고, 집에서 했던 과제를 수업시간에 하자는 것이다.

21.   2021 기출

Read the conversation and follow the directions. 【2 points】

T : Today, we are going to read a text about cooking. Are you interested in cooking?
Ss : Yeah.
T : Great. Let's study today's key words first. (*The teacher brings out kitchen utensils from a box.*) I brought some cooking utensils.
S1 : Wow! Are those yours?
T : Yes, they are. I use them when I cook. (*showing a saucepan*) You've seen this before, right?
S2 : Yes. My mom uses that when she makes jam.
T : Good. Do you know what it's called in English?
S3 : It's a saucepan.
T : Excellent, it's a saucepan. Everyone, repeat after me. Saucepan.
Ss : Saucepan.
T : And, (*showing a cutting board*) what's this in English?
S4 : A board?
T : Right, it's a cutting board. Good job. I also brought a couple of things from my refrigerator. This is one of my favorite vegetables. (*The teacher holds up an eggplant.*)
S5 : Umm.... It's an egg...
T : Nice try! It's an eggplant.

Note: T = teacher, S = student

Fill in the blank with the ONE most appropriate word.

In this lesson, the teacher is using a type of supplementary materials called _____ to teach key vocabulary. Along with other visuals, these materials are expected to attract students' attention and to aid understanding and retention of vocabulary.

◆ 정답

realia

◆ 해설

교사는 cooking에 관한 지문을 읽기 전에 saucepan, cutting board, eggplant 등의 단어를 가르치기 위해 '실제 물건'으로 보여주고 있다. 이는 실제 교실 밖(real life)에서 사용하는 물건인 'realia'를 통한 어휘지도이다.

22.   2014 기출

Read the passage and follow the directions. 【2 points】

At a high school English writing contest, contestants were given the instructions in the box and completed their compositions.

> Listen to a taped radio interview of Barbara Carrel, a famous writer, about her adventure to Africa. While listening, take notes. Then using the notes, write a story about her adventure. You will be given 30 minutes to complete the story.

Each contestant's composition was evaluated by two English teachers using the same rating scale. Below is part of the two teachers' scoring results.

Ratings of Contestants' Compositions

Students	Criteria	Teacher A	Teacher B
Giho Lim	Content	2	5
	Organization	1	4
	Vocabulary	3	4
	Grammar	2	5
Bomi Cho	Content	3	1
	Organization	5	1
	Vocabulary	4	2

* 1 = lowest ↔ 5 = highest

Complete the comments on the situation above by filling in each blank with ONE word. Write your answers in the correct order.

The procedure used in the contest exemplifies ① _____ testing in terms of the number of skills assessed. One potential problem with the scoring process is low ② _____ reliability, which is most likely due to the subjectivity of the raters.

◆ 정답

① integrative ② inter-rater

◆ 해설

① "in terms of the number of skills assessed"가 힌트이다. skill의 숫자를 고려하면 integrative를 물어본 것이다.
② reliability의 종류를 물어보았다. Teacher A와 B가 같은 학생을 두고 다른 점수를 주고 있으므로 채점자 간의 신뢰도를 다루는 inter-rater reliability가 낮게 된다. (반면 한 교사의 여러 학생에 대한 채점 신뢰와 관련된 개념은 'intra-rater'이다) inter-rater 와는 다르게 intra-rater reliability는 여러 명이 아닌 한 명의 교사가 다수의 학생의 작품을 채점할 때의 일관성/정확성을 나타내는 용어이다. 채점 기준대로 정확하게 모든 학생을 채점하면 문제가 없지만, 학생에게 편견이 있거나, 매우 피곤한 상태이거나, 채점 기준이 불명확하거나 한다면 채점의 정확성이 낮아질 수도 있다.

23.

2018 기출

Read the dialogue and follow the directions. 【4 points】

T: Come here, Sumin. How was your vacation?
S: Pretty good. Thank you, Ms. Kim. Actually, I'm so happy to be taking English classes from you this year.
T: Good! You're really welcome in my class. Okay, then, let's talk about the test you had.
S: You mean the reading test you gave us in the first class? Actually, I was wondering why you gave us a test instead of going directly into the textbook.
T: Right, your class hasn't had a lesson yet. It was mainly to see how much you are ready for this semester and give you individual attention for any strong and weak points you have.
S: I see. So, how were the results?
T: Hmm … . Overall, you did quite well. Especially, you did well on the grammar questions. But it appears you had a bit of trouble with some words in the reading texts.
S: You're right. Some words are really hard to memorize although I keep trying.
T: I understand. Well, why don't you try to learn them through a context particularly relevant to you? That will be helpful, I believe.
S: Thank you for your advice, Ms. Kim.

Note: T=teacher, S=student

Fill in the blank with the ONE most appropriate word. Then, support your answer with evidence from the dialogue.

Tests can be categorized according to the purposes for which they are carried out. In this respect, the test that Ms. Kim and Sumin are talking about is an example of a(n) _____ test.

◆ 정답

diagnostic test

Diagnostic, As seen from the dialogue, the test was conducted in the first class of the semester and the teacher said it was designed to diagnose how much the student is ready for the semester and to identify student's strength and weakness, Based on the test result, the teacher could give the student feedback on his weakness in vocabulary,

◆ 해설

초반부에 '첫 시간에 본 시험', '이번 학기에 얼마나 준비가 되었는지 알아보고 장점이나 단점을 알기 위해서'라는 말만봐도 Diagnostic Test라는 점을 알 수 있다. Diagnostic Tests는 학생들이 현재 어떤 수준이고 앞으로 어떤 내용이 필요할지 파악하고 그 내용을 curriculum에 담으려는 목적이 있기 때문에 보통 학기 초에 실시한다.

24.

2019 기출

Read the dialogue and follow the directions. 【2 points】

Student–teacher Meeting

T: Well, looking back over the last twelve weeks, I can see that you have written many drafts for the three essay writing assignments.
S: Yes, I have. I have a lot of things here.
T: Of all your essays, which one do you think is the best?
S: I think the persuasive essay I wrote is the best.
T: What makes you think so? Maybe you can tell me how you wrote it.
S: Well … I think the topic I chose was quite engaging. I enjoyed the writing process throughout. And it feels good being able to see the progress I've made.
T: Yes, that's the benefit of this kind of project. I can see some improvement in your use of transitions. Your ideas are nicely connected and organized now.
S: Thanks. What else should I include?
T: Well, did you work on the self-assessment form and the editing checklist?
S: Yes, I did. I completed them and included them with all of my drafts right here.
T: Perfect! I'll be able to finish grading all of your work by the end of next week.

Note: T = teacher, S = student

Complete the following by filling in both blanks with ONE word. (Use the SAME word.)

_____ can include essays, reports, journals, video- or audio-recorded learner language data, students' self-assessment, teachers' written feedback, homework, conference forms, etc. As collections of these items, _____ can be useful for assessing student performance in that they can lead students to have ownership over their process of learning and allow teachers to pay attention to students' progress as well as achievement.

◆ 정답

Portfolios

25.

2012 기출

Read <A> and <B> and answer the question.

---<A>---

The teacher has been working with first year high school students and decides to test their speaking ability using an oral task. The students who get over 10 out of 16 will pass the conversation course.

Procedure
1) The students are divided into five groups and each group writes a script for an English drama.
2) Each group hands in a copy of the script and rehearses.
3) On the evaluation day, each group takes turns performing in front of the class.
4) The teacher observes the performance and scores each student according to the following criteria:

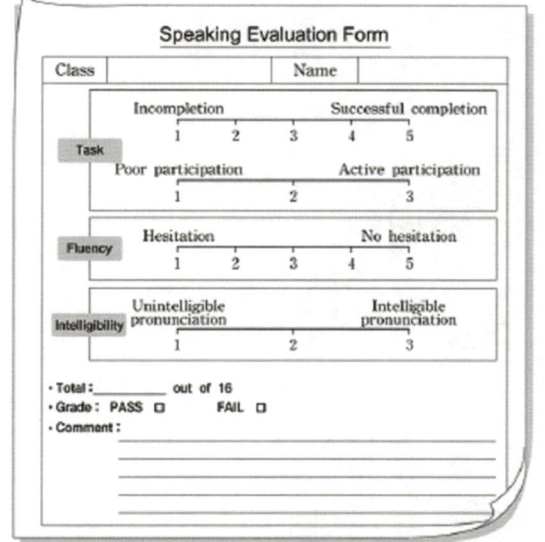

5) The teacher reports the grades as 'PASS' or 'FAIL' and gives comments to each student.

---<B>---

a. The teacher uses analytical rating scales.
b. The task calls for the integration of language skills.
c. The teacher focuses on the correct answer when scoring.
d. The teacher provides norm-referenced reporting to students.
e. The task is evaluated through direct observation by the teacher.

Which of the following lists all and only correct statements in <B> about the assessment in <A>?

① a, b, d   ② a, b, e   ③ a, c
④ b, d, e   ⑤ c, d

◆ 해설

a. task, fluency, intelligibility로 나누어서 각각 점수를 매기는 방식은 analytic이다. → 정답
b. 수행평가의 특징 중에 하나이다. 지문에서도 writing과 speaking을 동시에 요구한다 → 정답
c. 수행평가의 특징과 반하는 보기이다 drama를 시연하는데 참여도, 유창성 등을 평가하지 correct answer가 있는 것은 아니다.
d. 16점 중 10점 이상 전부 통과 가능하므로 criterion-referenced이다.
e. 수행평가는 교사가 직접 관찰하는 특징이 있다. 4) 에서도 언급되어 있다. → 정답

◆ 개념 해설

Analytic vs Holistic scoring

(1) Analytic scoring - Separate the features of a performance that is each scored separately. The separate components can be given different weights provide specific feedback to Ss(S/W points) + diagnostic information to T for planning instruction

(2) Holistic scoring - use a variety of criteria to produce a single score(A scoring procedure in which the reader reacts to Ss composition as a whole) - total quality of performance is more than the sum of its components

26. 2019 기출

Read the conversation between two teachers and follow the directions. 【2 points】

> T1: My students are having trouble with plural nouns. I'm thinking of trying a new task.
> T2: What's your idea?
> T1: I'm planning to give a short text where every seventh word is blanked out. Students have to guess the correct word for each blank to make a complete sentence.
> T2: Well, that might be a bit difficult for beginning level students. I did a similar activity last semester. I gave a text where I blanked out only plural nouns so that students could focus on them.
> T1: Oh, I see.
> T2: You can also give students only parts of words in the blanks and ask them to restore each word in the text.
> T1: Hmm, that seems interesting. Well, then, for my students, I'll try to use only plural nouns in the written text and ask my students to fill in the blanks. Thanks for the suggestion.
>
> *Note*: T1=teacher 1, T2=teacher 2

Complete the comments by filling in the blank with the ONE most appropriate word.

> In the above dialogue, the two teachers are talking about teaching plural nouns through three types of gap-filling tasks which require students to read the texts and fill in the blanks. The gap-filling described by the teachers here is _____, which can be readily adapted for pedagogical tasks in classrooms.

◆ 정답
Cloze

◆ 해설
T1은 모든 7번째 단어를 빈칸으로 두는 fixed-ratio 방식을 먼저 이야기하고 있고, T2는 특정 문법 포인트만 빈칸으로 두는 rational deletion 방식과 빈칸에 들어갈 단어의 일부만 삭제해 놓는 c-test 방식을 이야기하고 있다. commentary의 빈칸에는 "교사들이 설명하는 gap-filling (The gap-filling described by the teachers)"을 물어봤으므로 빈칸을 채우는 이런 활동을 무엇이라고 부르는지 물어본 것이고, 상위개념인 "Cloze"가 정답이다.

2 듣기

27. [2012 기출]

Read <A> and <B> and answer the question. [2.5점]

―<A>―

A high school English teacher's beliefs on how listening should be taught are described as follows:

When I teach listening, I want my students to focus more on trying to infer meaning from contextual clues rather than the recognition of sounds, words, or sentences. I believe that the process of listening is more heavily influenced by world knowledge that a listener brings to a text, called schematic knowledge, as opposed to the language items that are available within the text itself. I advise students to rely on content and formal schemata when unsure about the speaker's message. For more effective listening, I often encourage my students to use strategies such as predicting and inferencing to get the meaning.

―<B>―

The following is the procedure of a lesson that she has tried to design based on her beliefs for listening in <A>.

a. Before listening, the teacher shows students the title 'Kyle's Shopping Trip' of a DVD clip to be viewed, and asks students to discuss in their mother tongue the last time they were out shopping.
b. The teacher plays the clip once without the sound, and asks students to guess what the purpose of the conversation is, what the relationship between the speakers is and so on.
c. The teacher illustrates how certain words may be linked in natural speech. Then, the teacher plays the clip with the sound on and asks students to find words that are linked in the speech stream.
d. The teacher replays the clip and asks students to confirm or reject the prediction that they have made.
e. The teacher plays the clip again and students listen attentively for some phrasal verbs to identify specific details of the conversation.
f. The teacher summarizes what happened in the conversation.

Which stages of the procedure in <B> are NOT in accordance with the teacher's beliefs described in <A>?

① a, b ② a, d ③ b, c
④ c, e ⑤ d, e

◆ 해설

a. activate background knowledge → top-down
b. global understanding + inferencing → top-down
c. focus on vocabulary, pronunciation → bottom up → 오답
d. focus on meaning + predicting → top-down
e. listen for details + vocabulary → bottom up → 오답
f. summarize → 이미 배운 지식 정리 → top-down

28.   2013 기출

Read the following and answer the question.

> Below is an excerpt of a listening lesson developed by a middle school English teacher. The listening text is from a talk given by a famous plant expert.
>
> **Lesson Procedure**
>
> **Pre-listening Activity**
> 1. Have Ss think about the following questions:
>   • Do you like plants? Why or why not?
>   • Have you ever grown a plant?
> 2. Introduce the talk and its topics.
>   • Amazing qualities of plants
>   • The benefits of growing plants
> 3. Have Ss guess about the content of the talk.
>
> **While-listening Activity**
> 1. Have Ss listen to the talk and check whether their predictions are correct.
> 2. Have Ss listen again to find out key information, jotting down important words.
>
> **Post-listening Activity**
> 1. Have Ss read the listening script where several words and phrases are blanked out, and then reconstruct it in pairs.
> 2. Have Ss discuss in groups whether they agree or disagree with the speaker of the talk and why.
>
> Ss = students

Which of the following is NOT a correct statement about the lesson procedure described above?

① The teacher provides multiple opportunities to listen for analysis of genre and language.
② The teacher promotes cooperative learning during the post-listening activity.
③ The teacher encourages students to use listening strategies such as note-taking.
④ The teacher activates students' schematic knowledge relating to the talk.
⑤ The teacher integrates reading, listening, speaking, and writing.

◆ 해설
[수업분석]
1) Pre-listening
- Schema-activation : help Ss develop a schema that they can apply to a subsequent listening task
- Predicting strategy : Ss think about the task they'll attempt → Raise task awareness + motivation → the quality and depth of listening is enhanced when Ss have the right 'mental set'(foresight to what the listening is likely to contain)
2) While-listening
- Confirm their prediction
- Listen for key information+note-taking strategy
3) Post-listening
- Cloze test : integrative
- Group Discussion : opinion gap+personalization → Ss may use and re-use the language they've heard → motivation ↑ (they make the language real)
※ Ss listen for key words(while-listening)
- check them with script
- notice the gap between what they heard and the original script
- apply what they noticed to their speaking language(Restructuring activity)

① genre와 language를 분석하기 위해 듣는 활동은 없다. 이는 보통 formal schema를 활성시키기 위한 듣기인데, 이 활동에서는 key information과 같은 content schema에 초점을 맞춘다 → 오답
② pair와 group work
③ while-listening 에서 note-taking을 한다.
④ pre-listening에서 주제에 관해 생각해 보게 하며 content schema를 활성시킨다.
⑤ while에서는 listening과 writing, post에서는 reading, speaking이 들어가 있다.

3 말하기

29. 2021 기출

Read the passage in <A> and the teacher's log in <B>, and follow the directions. 【4 points】

<A>

In an attempt to better understand language development, a three-tiered approach has been proposed, encompassing the following components for investigating production changes: complexity, accuracy, and fluency. Complexity generally refers to the lexical variety and syntactic elaborateness of the learner's linguistic system. Accuracy involves the correct use of the target language, while fluency concerns a focus on meaning, automatization, and real-time processing. These three constructs can be applied to appraise written or spoken language skill (i.e., performance) as well as to assess the state of the linguistic knowledge that supports this performance (i.e., proficiency).

<B>

Teacher's Log

In order to evaluate the progress of their speaking ability, I usually have my students read a story and then tell about it in their own words. It's not easy to measure all aspects of their speech at once. On the part of the students, it's also not easy to focus on more than one aspect simultaneously. So, I usually give my students two presentation opportunities and ask them to pay more attention to one aspect over the others in each presentation session. In the first presentation session, I focus on how naturally and clearly the content is delivered. To that end, I evaluate students' presentations based on the speed of their talk and the number of pauses and false starts. For the second presentation session, I record and transcribe the students' oral performance for a closer look. At this point, the presentation is evaluated especially by calculating the ratio of independent and dependent clauses and tallying the number of different verbs used.

Based on <A>, identify the component that the teacher focuses on in each presentation session mentioned in <B>, respectively. Then, support your answer with evidence from <B>. Do NOT copy more than FOUR consecutive words from <A> and <B>.

◆ **정답**

보통 speaking 능력을 이야기할 때 크게 fluency와 accuracy 2가지 영역으로 이야기하곤 하는데 다양한 어휘와 문장구조를 사용하는 정도인 'complexity'까지 3가지 영역으로 나눠서 이야기하는 경우도 많다. 우선 교사는 첫 presentation에서 'how naturally and cleary the content is delivered,'에 중점을 두고, 'the speed of their talk and the number of pauses and false starts'를 중점으로 평가했다고 하므로 'fluency'에 초점을 맞추었다. 두 번째presentation에서는 'independent and dependent clauses'의 사용, 'different verbs'를 사용하는 수를 자세히 평가했다고 했으므로 'complexity'에 초점을 맞췄다고 볼 수 있다.

◆ **개념 해설**

- Complexity : the ability to use a wide and varied range of sophisticated structures and vocabulary in the second language.
- Accuracy : the ability to produce target-like and error-free language
- Fluency : the ability to produce the L2 with native-like rapidity, and without unnatural pausing, hesitation, or reformulation.

30. `2015 기출`

Read the conversation and follow the directions. 【2 points】

> T: The other day we were talking about the Battle of Waterloo. And we've already talked about the two main generals in that war. Does anybody remember who they are?
> S1: Napoleon and Wellington.
> T: Correct, but don't forget that Wellington is a title which he received for his military successes. Born Arthur Wesley, he became the Duke of Wellington in 1814. He received that title for ending the Peninsular War by storming what city?
> S2: Toulouse.
> T: That's right. Shortly after, Napoleon abdicated and was imprisoned on Elba. And when did the Battle of Waterloo take place?
> S3: 1815.
> T: Very good. Napoleon escaped Elba and was attempting to restore his rule. It wasn't until his defeat at Waterloo by Wellington that Napoleon's reign finally came to an end. Now we're going to see . . .
>
> *Note*: T = teacher, S = student

Complete the comments on the conversation above by filling in the blank with ONE word.

> The conversation above is part of a teacher-student talk in the classroom in which a teacher and students mainly give and receive specific information. Among types of speaking functions, the type shown in the conversation refers to situations where the focus is on information rather than on the participants. The conversation above serves a(n) _____ function in that its priority is not the interpersonal function of speaking but information exchange.

◆ 정답

transactional
Battle of Waterloo, Napoleon, Wellington....를 보면 서로의 관계유지 대화가 아니라 정보교환을 위한 대화이다.

◆ 개념 해설

① Transactional purpose: for the purpose of conveying or exchanging specific information.
② Interpersonal purpose: for the purpose of maintaining social relationships.

31. `2017 기출`

Read the passage and fill in each blank with TWO words. (Use the SAME answer for both blanks.) 【2 points】

> S: Could you give me some advice on how I can improve my pronunciation?
> T: Yes, of course. Are you having trouble pronouncing a particular word?
> S: I can't think of any right now, but there are a lot of sounds in English that I can't pronounce.
> T: Can you give me an example?
> S: The word *right*. *R* is very difficult for me.
> T: Oh, that's because the consonant *r* doesn't exist in the Korean sound system. Then, you should practice pronunciation with a lot of _____. For example, the words *river* and *liver* have only one sound difference in the same position, but it makes a big difference in meaning.
> S: Oh, I see. So, I guess *fine* and *pine* would be another example of _____, right?
> T: Yes, you're right. If you want to be able to pronounce *right*, you first need to be able to hear the difference between *right* and *light*. There are so many other examples, like *rice* and *lice*, *rode* and *load*, etc.
> S: I can't hear the difference between those words, either.
> T: I know they are difficult, but with enough practice, you will be able to hear the difference and pronounce them correctly.
>
> *Note*: T = teacher, S = student

◆ 정답

minimal pairs

◆ 개념 해설

Minimal pairs : a set of two words that are alike except for one sound. (also differ in meaning)
※ Minimal pairs can be used to 1) help Ss develop an awareness of the distinction between two sounds 2) improve Ss' production of this distinction

32.

2011 기출

Read <A> and <B> and follow the directions. [1.5점]

<A>

Student A's Worksheet

Directions: Read sentences 1-4 to your partner, and then circle the words you hear in sentences 5-8 as they are read by your partner.

1. He gave me a hug.
2. Hand me the pin.
3. This room is full of cats.
4. The men will come soon.
5. I'd like to see the chimp/champ.
6. That's my luck/lock.
7. They spun/spin around.
8. I fell over a rock/rack.

Student B's Worksheet

Directions: Circle the words in sentences 1-4 as they are read by your partner, and then read sentences 5-8 to your partner.

1. He gave me a hug/hog.
2. Hand me the pen/pin.
3. This room is full of cots/cats.
4. The man/men will come soon.
5. I'd like to see the champ.
6. That's my lock.
7. They spun around.
8. I fell over a rock.

<B>

a. The activity focuses on phonemic differences of vowel sounds.
b. The activity requires students to distinguish suprasegmental features.
c. The activity places greater importance on accuracy than on fluency.
d. The activity forces students to practice different registers.

Choose all and only the correct statements about the activity in <A> from the list in <B>.

① a, b ② a, c ③ a, c, d
④ b, c ⑤ b, d

◆ 해설

a. 한 가지의 vowel sound만 다른 minimal pair를 연습하고 있다 → 정답
b. minimal pair 활동은 phoneme 구별을 위한 것이며 segmental 측면이다.
c. phoneme(vowel)의 차이를 정확하게 구별하는 것이 목적이다. (accuracy 강조) → 정답
d. register는 상황, 문맥의 변화에 따라 달라지는 언어사용이다. 지문의 minimal pair는 context를 고려하지 않는 behavioristic minimal pair이기 때문에 register와는 관련이 없다.

- Segments: vowels and consonants
- Suprasegmental(prosody) : aspects of pronunciation which span more than one segment or which are the property of stretches of speech rather than individual sounds → stress, intonation, length, tone

33.   2012 기출

Read the following and answer the question.

> An English teacher developed the following procedure for teaching pronunciation. (Prominent syllables are marked by large-size capital letters.)
>
> **Step 1**
> a. The teacher writes the following three versions of the sentence *I'm listening* on the board.
>   – I'm LIStening.   – I'M listening.   – I AM listening!
>
> b. Students practice producing all three versions.
>
> | Teacher asks: | Student should respond: |
> |---|---|
> | What are you doing? | I'm LIStening. |
> | Who's listening? | I'M listening. |
> | Why aren't you listening? | I AM listening! |
>
> **Step 2**
> With an explanation on how to chunk, the teacher asks students to listen and circle the prominent words.
>
>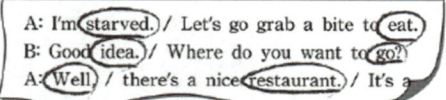
>
> A: I'm (starved.) / Let's go grab a bite to (eat.)
> B: Good (idea.) / Where do you want to (go?)
> A: (Well,) / there's a nice (restaurant.) / It's a
>
> **Step 3**
> a. Students write down words for the items that they want to bring for a picnic.
>
> apple, pasta, napkin, pear, pepper, popcorn, pizza, spoon, soup...
>
> b. The teacher asks students to play a game called 'The perfect picnic' with the whole class, using the words that they chose.
>
>
>
> Example: Student A says, "We're having a picnic, and I'm bringing pears." Student B says, "We're having a picnic. A is bringing pears, and I'm bringing popcorn." Student C says,...

Which of the following is correct about the teaching procedure above?

① Students learn chunking implicitly in Step 2.
② The activities focus on minimal pairs of segments.
③ The activities encourage students to focus on stress at the word level.
④ The activity in Step 3 is constructed to be a mechanical pronunciation drill.
⑤ The procedure facilitates students' movement from controlled to automatic processing or production of L2 phonology.

◆ 해설

① Step 2에서 보면 교사가 직접 chunk 설명을 exp1icit하게 하고 있다.
② phoneme을 구별하는 minimal pair 활동은 없고, suprasegmental 측면에 강조점이 있다.
③ word level 에서 단어의 강세에 초점이 있는 것이 아니고, 질문에 따른 답변에서의 stress의 변화에 대하여 연습하고 있으므로 discourse level 이라고 볼 수 있다.
④ mechanical drill은 학생이 발화를 이해할 필요 없이 meaningless한 발화를 반복하는 drill 이다. 그러나 Step 3에서는 picnic 이라는 context도 존재하며, 학생들이 자신이 가지고 오고 싶은 item을 직접 생각 하고 말하는 meaningful한 발화를 하게 되므로 틀린 진술이다.
⑤ Step 1~2를 통해 prominence, chunking과 같은 것을 배우고 통제된 활동에서 연습한 이후, Step 3에서 게임을 통해 이런 것들을 자동화 시킬 수 있게 연습하게 된다. (예를 들면, "A is bringing pears, and I'm bringing popcorn"에서는 "popcorn"이 가장 prominent word 이므로 강하게 발음하게 될 것이며, 여러 문장을 한 번에 말해야 하므로 적절한 chunking도 연습하며 자동화 가능하다. → 정답

4 읽기

34.   2015 기출

Read the conversation between two high school English teachers, and identify the type of reading that Ms. Kim recommends to Mr. Hong. Use TWO words. 【2 points】

◆ 정답

Extensive Reading

◆ 개념 해설

① Intensive Reading은 Bottom-up approach를 바탕으로 reading skill 이나 vocabulary 등을 다소 짧은 text로 가르치는 방식이고, 주로 comprehension exercise가 따라 나온다.
 - students are taught reading skills, vocabulary, and phonological instruction through short reading passage followed by reading comprehension exercise, → Bottom-up approach
② Extensive reading은 단순한 정보 및 흥미를 위한 읽기이고 top-down approach가 바탕이 된다.
 - reading many books for enjoyment or information without focusing on classroom exercise.
   → Top-down approach

35.

2011 기출

Read the following and answer the question.

> Below is an excerpt of a reading lesson based on a three-part framework. The reading passage, about 300 words long, is about a boy's adventure. The ending of the story is intentionally omitted by the teacher so that students can learn how to construct a cohesive and coherent text.
>
> **Lesson Procedure**
>
> Pre-reading Activity
> • Have Ss watch a 2-minute English video clip related to the reading passage and then answer questions about the clip.
> • Give Ss half a minute to find previously learned discourse markers (e.g., *however*, *therefore*, *as a result*, etc.) in the passage while reading quickly through it.
>
> Reading Activity
> • Have Ss first read the story by themselves, complete the story in pairs by predicting the ending based on the storyline, and then write it down in about 50 words. While they carry out the task on their own, T circulates, offering feedback, suggestions, or language help Ss may need to accomplish the task.
>
> Post-reading Activity
> • Have each pair make a presentation about their version of the ending of the story in English.
> • Have Ss vote for the most interesting ending.
>
> T: teacher, Ss: students

Which of the following is NOT a correct statement about the lesson procedure?

① It helps the students develop cooperative learning skills.
② The teacher assumes the role of facilitator and resource.
③ It activates the students' background knowledge.
④ The students are asked to determine the accuracy of their predictions.
⑤ The students are led to use the scanning strategy.

◆ 해설

① pair work로 진행하며 협동이 필요하다.
② 학생이 주가 되어 진행하며 교사는 학생 과업 수행 중 피드백을 주는 역할을 수행한다.
③ pre-reading에서 video clip을 활용한다.
④ prediction은 발표 후 정확성을 결정하기보다는 가장 흥미 있는 결론을 투표만 한다. 사실 이 lesson에서는 학생들이 Story를 읽고 나름대로의 결론을 예상한 것이기 때문에, 결론의 정확성을 맞춰보는 것 보다는 가장 흥미 있는 결론을 투표하는 것이 학생의 창의성을 위해서 더 좋은 post활동으로 볼 수 있다. → 오답
⑤ pre단계에서 discourse marker를 scanning한다. 이는 학생들의 cohesion에 대한 noticing을 위한 것이다. 이를 통해 학생들이 글을 읽어 내려갈 때 cohesion에 좀 더 주의를 기울이며 읽을 수 있고, 결론을 쓸 때 이런 marker들을 활용할 수도 있게 되는 효과가 있다.

36.

Read the following and answer the question.

> Below is an excerpt of a reading lesson. The teacher selected two different reading texts from a magazine. The texts shared a common topic on nature conservation. Each text had 10 sentences and was about 100 words long. She combined the two original texts and scrambled the sentences.
>
> **Lesson Procedure**
>
> **Step 1**
> - Show Ss several pictures about environmental pollution, and then have them talk about why it happens and what they can do to prevent it.
> - Have Ss read the newly-formed text quickly, for about 30 seconds, to find out what the text is about, without focusing on every word.
>
> **Step 2**
> - Have Ss read the text individually, but now more carefully.
> - Explain that the text is a combination of two shorter ones.
> - In groups of three, have Ss divide the text into two separate ones that make sense.
> - Have a member of each group give a presentation about how and why they divided the text the way they did.
>
> **Step 3**
> - Show Ss the original versions of the two texts, and have Ss compare them with their own.
> - Have Ss vote for the most accurately restored versions.
>
> Ss = students

Which of the following is a correct statement about the lesson procedure above?

① The students are led to use the scanning strategy for details.
② It involves a one-way information-gap task to promote meaning negotiation.
③ It helps students to be aware of how coherent texts are constructed.
④ It serves to increase students' passive vocabulary through extensive reading.
⑤ The teacher uses simplified reading materials to provide comprehensible input.

37.

2019 기출

Read <A> and <B> and follow the directions.

―――――― <A> ――――――

After reading a story, the students build a mind map of the story in a post-reading group activity. Students discuss the content of the story first and then go on-line to create mind maps using a computer program. This program provides templates to help build thoughts and information using pictures, images, words and multimedia. Here is an example of the template:

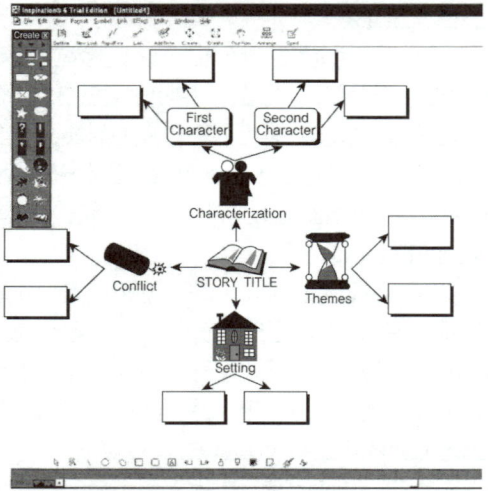

How to use this template:
1. Type the title of the story in the symbol labeled 'STORY TITLE'.
2. Type appropriate information about characterization, themes and so forth into the subsymbols.
3. Add symbols to further explain your ideas using the Create tool box.

―――――― <B> ――――――

a. This activity requires a bottom-up processing of input for reading.
b. This activity is based on the assumption that reading involves a passive and linear processing of information.
c. This activity uses the organization of hypertext that mirrors different aspects of schema.
d. This activity allows users to visualize and organize the story they have read.
e. This activity promotes the mastery learning of each sublevel before learning the whole concept.
f. This activity helps to show how characters, setting, themes and conflicts are connected in a story.

Choose all the correct statements about <A> from the list in <B>.

① a, b, c, d   ② b, d, e   ③ c, d, f
④ c, e   ⑤ d, e, f

◆ 해설

a. 언어적 정보를 인식하며 의미를 파악하는 활동이 아니고, 이미 읽은 내용을 바탕으로(schema) reading을 분석(analysis)하는 활동이므로 Top-down 에 더 가깝다.

b. 이미 읽은 text를 다시 분석하고, graphic organizer에 따라 분류하는 활동 자체가 reading을 passive하게 읽고 받아들이기만 하는 것이 아닌, 학생들(reader)가 직접 text와 interaction하며 critical reader가 될 수 있도록 하는 데 목적이 있는 것이다. (reading as a complex, interactive process)

c. hypertext란 단순히 1차원적 text를 뛰어 넘는다는 것이다. text 자체를 읽는 것으로 끝나는 것이 아닌, 온라인 컴퓨터 프로그램을 활용하여 작품의 인물, 주제, 배경 등의 서로 다른 스키마를 graphic으로 나타내도록 하고 있다. → 정답

d. graphic organizer의 특징을 써 놓았다.(visualize +organize story) → 정답

e. 'before' reading이 아니고, reading 후에 (after) 하는 활동이다.

f. graphic organizer를 통해 character, conflict, theme, setting을 분석하도록 하고 있다. → 정답

38.

2012 기출

Read the following and answer the question.

> Below is a reading activity in a high school English class.
>
> 1) The teacher introduces the topic of the lesson by showing the class two photos, one with students wearing school uniforms, and the other with students wearing everyday clothes. After that, the teacher asks students if they like wearing uniforms or not.
> 2) The teacher distributes to each student a school newspaper article on school uniforms and a worksheet.
> 3) The teacher asks students to form pairs, read it, and take notes. One student from each pair finds and writes down the advantages of uniforms from the article and the other student does the same for disadvantages.
> 4) Students can look up unknown words in the dictionary, or ask their partners or the teacher.
> 5) Students tell their partners their findings and the partners fill in the information they do not have on the worksheet.
> 6) The teacher asks students to add their own opinions about the advantages or disadvantages of school uniforms.
> 7) Finally, the teacher asks students to debate their opinions with their partners.
>
> | Worksheet: School Uniforms | |
> |---|---|
> | Advantages | Disadvantages |
> | - | - |
> | [Your opinions] | [Your opinions] |
> | - | - |
>
> 8) After the debate, students individually write a paragraph on whether or not they agree with their school policy on uniforms.

Which of the following is NOT correct about the activity described above?

① Authentic materials are used in the activity.
② Students are encouraged to use integrated skills.
③ Students' previous knowledge is activated in the activity.
④ Argumentative discourse structures are explicitly taught in this activity.
⑤ Personalized writing is included to consolidate what students have learned.

◆ 해설

① school newspaper 활용
② reading, writing, speaking 통합
③ 1)에서 사진을 활용해 학생들의 스키마 활성
④ argumentative discourse structure란 의견이 나뉘질 수 있는 topic에 관하여 한 position을 선택하고 support / defend 할 때 사용하는 구조이다 School uniform에 관한 debate를 진행하기는 하지만, argumentative structure를 직접 명시적으로 가르치지는 않는다. → 오답
⑤ 마지막에 학생들이 자신의 의견으로 debate를 진행하며 personalization이 포함된다.

39. 2017 기출

Read the passage and follow the directions. 【2 points】

> The following is part of a lesson procedure that aims to facilitate students' comprehension of a text concerning global warming.
>
> Steps:
> 1. Before reading the text, T activates Ss' background knowledge concerning global warming and provides other relevant information to help Ss to have a better comprehension of the text.
> 2. T instructs Ss to read the text quickly in order to grasp the main ideas. In doing so, T tells them not to read every word.
> 3. T asks Ss to reread it quickly for specific information, such as the type of disasters caused by global warming.
> 4. T instructs Ss to read the text again at their own pace.
> 5. T checks Ss' overall comprehension by having them write a brief summary of the text.
> 6. T then checks Ss' understanding of the details by using a cloze activity.
>
> Note: T = teacher, S = student

Identify the two kinds of expeditious reading that the teacher instructs students to use in steps 2 and 3 with ONE word, respectively. Write them in the order that they appear.

◆ 정답
Skimming, Scanning

◆ 개념 해설
Skimming, Scanning 둘 다 빠르게 읽는 전략이고, Skimming은 main idea와 같은 overview를, Scanning은 specific information만을 찾기 위해 읽는 전략이다. 항상 'language content' 뿐만 아니라 'learning process'까지도 가르치는 것이 중요한데, 그런 점에서 Reading strategy를 어떠한 읽기 목적을 위해, 어떤 전략을, 어떻게 사용해야 하는지 상세히 지도할 필요가 있다. 그 후 학생들은 conscious하게 Reading Strategy를 연습할 수 있고, 점점 자동화가 되어서 unconscious하게 전략을 사용하게 될 수 있다. ('strategy'가 점차 'skill'이 될 수 있다)

> ① skimming : read the text quickly to gain a main idea (overall impression) from a passage,
> ② scanning : read the text quickly for a particular piece of information without necessarily understanding the rest of a text

40. 2014 기출

Below are an excerpt from a reading text and part of a student's think-aloud data generated while reading it. Based on the think-aloud data, identify the reading strategy that the student is using. Use ONE word. 【2 points】

> Computers have the potential to accomplish great things. With the right software, they could help make science tangible or teach neglected topics like art and music. They could help students form a concrete idea of society by displaying on screen a version of the city in which they live.
>
> In practice, computers make our worst educational nightmares come true. While we bemoan the decline of literacy, computers discount words in favor of pictures or video. While we fret about the decreasing cogency of public debate, computers dismiss linear argument and promote fast, shallow romps across the information landscape. While we worry about basic skills, we allow into the classroom software that will do a student's arithmetic or correct his spelling.

> Well, nightmares? The author thinks computers do harm to education.

> Hmm... the author is blaming computer software for a decline in basic skills.

◆ 정답
Inferencing

◆ 해설
본문의 'educational nightmare'라고 쓴 단어를 보면서 작가가 "컴퓨터가 교육에 좋지 않은 영향을 미치고 있다는 의견"을 가지고 있음을 추론하였다. 이는 본문에는 직접 언급된 내용은 아니기 때문에, 추론(Inferencing)을 통해서만 파악 가능하다. (identify ideas that are not explicitly stated)

> Reading strategy: Inferencing
> - identify ideas that are not explicitly stated
> - involves using what you know to learn something new
> - look for the clues in the text and use these clues to guess about the text and about the writer's ideas

41.   2009 기출

Read <A> and <B> and follow the directions. [1.5점]

―――― <A> ――――
(1) Students actively monitor their comprehension processes when processing a reading text. In doing so, they verify the strategies that assist them in getting at the meaning of what they are reading. Verbal reports are often used as a method of getting at the mental processes that readers use to understand the language. Students think aloud or hear others think aloud, which can provide insights into the various options for responding to texts.

(2) This is based on the belief that when students read for general understanding, their reading fluency will consequently improve. Students choose reading materials that interest them, and they read for real-world purposes such as obtaining information or finding out what is going on in the world. In addition, reading materials should be well within the linguistic competence of the students in terms of vocabulary and grammar.

―――― <B> ――――
a. critical reading   b. metacognitive awareness
c. intensive reading   d. skimming
e. extensive reading

Match each description in <A> with the most appropriate term in <B>.

	(1)	(2)		(1)	(2)
①	a	d	②	a	e
③	b	c	④	b	e
⑤	d	c			

◆ 해설

(1) 학생들이 자신이 reading을 할 때 어떤 전략을 사용하며 읽고 있는가, 읽는 과정 자체에 초점을 맞추는 metacognitive awareness. 이를 통해 학생들이 자신의 읽기 전략을 효율적으로 잘 사용하고 있는지 점검할 수 있고, 더 효율적인 전략을 선택할 수 있도록 도울 수 있다.

(2) text를 읽고 여러 comprehension check activity를 진행하는 intensive가 아닌, 정말 실생활에서 책을 읽는 것과 같이 학생들이 흥미를 느끼는 text를 골라 general understanding을 위해 읽기를 하는 extensive reading.

◆ 개념 해설

- critical reading : reader reacts critically to the text through relating the content of the reading to personal standards, values, attitudes, and belief. The reader focuses on the analysis of underlying textual ideologies and cultural messages.

- Intensive reading : involves a short reading passage followed by textbook activities to develop comprehension and particular reading skill.

- extensive reading : reading in quantity to gain a general understanding of what is read without focusing on classroom exercises → intended to develop good reading habit and encourage a liking for reading.

- skimming : skim for the main idea from a passage. It involves the use of strategies for guessing where important information might be in a text and then using basic reading comprehension skills on those parts of the text until a general ideal of its meaning is reached.

42.

Read the passage in <A> and the lesson plan in <B>, and follow the directions. 【4 points】

<A>

Teachers can employ a variety of techniques when teaching reading that will help enhance students' reading comprehension. For instance, at the preparation stage, the prediction technique can be used: Pictures or photos and titles can be viewed quickly to give the students an idea of the overall content of the text. While reading, if students find some words difficult, the teacher may help them to guess their meanings by looking at the surrounding words. Also, as for the reading content, the teacher can employ the outlining technique, which can help the students see the overall organization of the text by reconstructing the ideas or events. After reading, diverse techniques can be used in order to check the students' level of comprehension: scrambled stories, finding the author's purpose, and examining grammatical structures.

<B>

(Below is part of Mr. Kim's lesson plan. He is preparing a handout for his students.)

Objectives		• Students will read the text about modern tourists and find the main idea. • Students will identify the topic and the details of the text based on the handout. • Students will write a summary about the text based on information given in the handout.
Teaching-Learning Activities		
Introduction	Greeting & Roll-call	• T and Ss exchange greetings. • T checks if all the Ss are present.
Development	Activity 1	• T hands out a reading text, "Tourists Today." • T asks Ss to skim through the text. • T asks if Ss understand the gist of the text. • T asks Ss to read the text again. • T distributes the handout about the reading text.

Note: T = teacher, S = student

Tourists Today

Many contemporary tourists avoid encountering reality directly but thrive on psuedo-events in their tourism experiences thus affecting tourism entrepreneurs and indigenous populations. For one, many tourists prefer to stay in comfortable accomodations, thereby separating themselves from the local people and environment. For instance, sleeping in a hotel filled with the comforts of home may insulate them from the fact that they are in a foreign land. In addition, much of the tourism industry is bolstered by the use of tourist-focused institutions such as museums and shopping centers. The needs of the contemporary tourists have induced entrepreneurs to build tourist attractions for the sole purpose of entertaining visitors. This detracts from the colorful local culture and presents a false view of the indigenous cultures. The other group affected by modern tourism is the local population. These people find themselves learning languages in a contrived way based on the changing tides of tourist groups solely for marketing purposes. Furthermore, when curious visitors do venture outside their cultural bubbles, they enjoy, albeit intrusively, watching locals doing their daily tasks, thereby making them the subject of the tourist gaze. In sum, while tourism is on the rise, the trend is to maintain a distance from the real environment rather than to see the locations for their own values, and this negatively affects tourism entrepreneurs and local people.

Handout

Topic sentence: Modern tourists' demands _____
_____

A. Effects on tourism entrepreneurs
 • Provide comfortable accommodations
 • Create tourist-focused entertainment attractions

B. Effects on local populations
 • Learn tourists' languages
 • Become the objects of the tourist gaze

Based on <A>, identify the technique that the teacher employed in the handout in <B>. Then, complete the topic sentence in the handout. Do NOT copy more than FOUR consecutive words from <B>.

◆ **정답**

outlining

◆ **해설**

대표적 Reading strategy에는 inferencing, skimming, scanning, outlining이 있다. 지문의 topic sentence와 supporting detail을 정리하면서 글 전체의 organization을 볼 수 있도록 했으니 소개된 reading strategy 중 'outlining'에 해당된다.

Outlining technique

The key to outlining is being able to distinguish between the main ideas and supporting details and examples, In an outline, readers are listing the main ideas and supporting evidence of a text, It is especially important to be able to distinguish between the two, This technic helps readers identify see how structure orders a given text and gives them an organized representation of the information in the text

① Identifies the text's main ideas.
② Distinguish between the text's main ideas and supporting material(examples, quotations, comparisons and reasons)
③ Decide whether to use writer's words or your own or combination of both.

5 쓰기

43. 2014 기출

Read the lesson procedure and complete the objectives by filling in each blank with TWO words. Write your answers in the correct order. 【2 points】

Students: 2nd year middle school students
Approximate time: 45 minutes
Lesson objectives:

Students will be able to:
- to describe a daily routine using correct verb forms and ____①____ from a sample paragraph
- to revise writing through ____②____ on first drafts

Lesson Procedure
1. The teacher asks students what they do when they get home every day.
2. Students take turns asking and answering questions about their daily routine in pairs. Students take notes on each other's answers.
3. The teacher provides a sample paragraph, and students choose the correct expressions.

> (As soon as/Since) Taebin finishes school, he goes to taekwondo. When he arrives, he puts on his workout clothes, and (first/then) he practices. (After/Before) he finishes, he rides his bike home. (As soon as/After that), he takes a shower. (After/Next), he eats his dinner. (Before/When) he finishes dinner, he does his homework. (Before/While) he goes to bed, he brushes his teeth.

4. Students use their notes to write a short paragraph about their partner's daily routine.
5. Students exchange writings and underline their partner's mistakes using the checklist.
   - Are the present forms of verbs used correctly?
   - Are the events described in time order?
   - Is time order indicated using the expressions focused upon in the sample paragraph?
   - Is punctuation used correctly?
6. Students rewrite their paragraph based on Step 5.

◆ **정답**
① time expressions ② peer feedback

◆ **해설**
Process-oriented writing 이지만 마치 product-oriented 처럼 model text를 주었다. 그러나 다른 점은 product-oriented 처럼 model을 imitate하는 것이 아니고, model에서 활용한 표현(time expressions)을 숙지한 후 time order 에 맞추어서 자신의 일상생활을 쓰는 것에 목적이 있는 수업(personalization) 이다. peer feedback도 그러한 time order와 관련된 구조, 표현, 그리고 present tense같은 것에 초점을 맞추어서 피드백 제공하도록 checklist가 주어졌다.

44.

2013 기출

Read <A> and <B> and answer the question.

---<A>---

The following excerpts are two students' writing samples with feedback from their teachers:

Sample [1]

> Do you remember your middle school's life? Well, compared to high schools, middle schools end up more earlier. also, middle school students don't worry about their future as much as high schoolers. However, there is a big similarity between middle school and high school, which is both students have to study a lot, and the fact that most of them go to academy.

Teacher comments:
Nice work! You started with an attractive question, which is a good organizational skill for the introduction of an essay. When you rewrite, please try to add your own story about your school life to make the essay more appealing.

Sample [2]

> All Koreans <u>enters</u> school, and <u>learns</u> many things. They
>   Agr   Agr
> <u>entered</u> elementary school, Middle school, High school.
> Tns
> Total, there <u>is</u> twelve <u>grade</u>. In elementary school,
>   Agr   Agr
> Koreans <u>learned</u> six <u>year</u>. In middle school, they <u>learned</u>
>   Tns   Agr   Tns
> three <u>year</u> and same in high school.
>   Agr

Agr = Agreement; Tns = Verb tense

---<B>---

a. In Sample [1], the teacher provides feedback on organization and content.
b. In Sample [2], the teacher gives feedback selectively focusing on specific types of errors.
c. In Sample [2], the teacher uses error codes as a means of corrective feedback.
d. Both teachers provide reformulations of students' language to assist their revision process.

Which of the following lists all and only the correct statements in <B> about teacher feedback in <A>?

① a, b   ② a, b, c   ③ a, c
④ b, c, d   ⑤ c, d

◆ 해설

a. organization skill이 좋다는 피드백 + your own story 를 추가해라. → 정답
b. 주어 동사 Agreement와 verb tense 에 대해서만 피드백 을 주었다. → 정답
c. "Agr, Tns"와 같은 error code 가 곧 essay correction code이다. → 정답
d. 둘 다 학생의 오류에 관해 reformulation을 주지 않고, 학생의 self-correction을 유도하였다.

◆ 개념 해설

(1) Oral feedback : "Conferences"
- directly question Ss about intended message which are often difficult to decipher
- uncover potential misunderstanding Ss might have about prior written feedback or issues discussed in class

(2) Written feedback
a. point out specific errors by using a mark or symbol (correction code)
b. correct specific errors by writing in the corrected form
c. to label specific errors according to features they violate
d. indicate the presence of error but not the precise location

3절 영어교육론

개념 01 제2언어 습득 이론과 모형 LINE-UP

1. Innatist [Krashen]	2. Cognitive [McLaughlin/Bialystok]	3. Constructivist [Long]
• Subconscious acquisition superior to "learning" and "monitoring" • Comprehensible input (i+1) • Low affective filter • Natural order of acquisition • "Zero option" for grammar instruction	• Controlled/automatic processing(McL) • Focal/peripheral attention(McL) • Restructuring(McL) • Implicit vs. explicit(B) • Unanalyzed vs analyzed knowledge(B) • Form-focused instruction	• Interaction hypothesis • Intake through social interaction • Output hypothesis (Swain) • HIGs(Seliger) • Authenticity • Task-based instruction

1 선천주의 모형 - Krashen "Input Hypothesis"(입력가설)

- (1) Acquisition-Learning Hypothesis
- (2) Comprehensible Input Hypothesis
- (3) Affective Filter Hypothesis
- (4) Natural Order Hypothesis
- (5) Monitor Hypothesis

2 인지주의 모형 - 들어온 정보가 학습자의 머리에 저장되는 과정을 설명하는 모형

- (1) Mclaughlin "Attention-Processing Model"
- (2) Bialystock "Implicit and Explicit Model"
- (3) Schmidt "Noticing Hypothesis"

3 구성주의 모형

- (1) Long "Interaction Hypothesis"

〈초기 입장〉 - input 강조	〈후기 입장〉 - output으로 중심 이동
① negotiation of meaning ② modified interaction ③ teacher talk (= input modification + interaction modification)	① negotiation for meaning ② corrective feedback

- (2) Swain "Output Hypothesis", "Pushed Output"
- (3) Vygotsky "Sociocultural Theory"
  - ① Zone of Proximal Development
  - ② Scaffolding

4 제 2언어 습득 이론 정리

Krashen	Input
Swain	Input + Output
Long	Input + Output + Interaction(comprehensible input + feedback)
Vygotsky	Input + Output + Interaction(ZPD, Scaffolding)

선천주의 모형(An Innatist Model) : Krashen's Input Hypothesis

1 개념

(1) 외국어 습득과 관련하여 입력 언어와 그 언어의 이해의 중요성에 초점을 맞춘 것이 Krashen의 입력 가설이다.
(2) Krashen의 Input Hypothsis는 이해 가능한 입력 자료를 언어 습득의 가장 중요한 요소로 보고 자연스러운 의사소통의 상황을 통해 언어를 습득하게 된다고 보았다.
(3) Krashen은 '단순화된 입력 언어(modified input)'가 이해 가능성을 높여 주므로, 최적의 입력 언어는 학습자의 언어 발달 수준을 약간 넘는 언어라고 주장했다.
(4) 그는 이해 가능한 입력 언어의 사례를 'i+1'의 형태로 제시한다. 이때 그 언어 입력 자료는 문법적인 난이도순으로 학습 내용이 배열되는 것을 의미하지는 않는다. 이 가설에서 제시하는 바에 의하면 학습자들은 모국어를 습득하는 것과 같이 자연스럽게 외국어에 노출되어야 한다는 것이다.
(5) Krashen에 의하면 이해 가능한 교사의 언어(teacher talk)가 중요하며 외국어 수업이 언어 형태보다 의사소통에 초점을 둘 때 진정한 의미의 습득이 일어난다는 것이다.

2 5가지 가설(Krashen의 SLA Model)

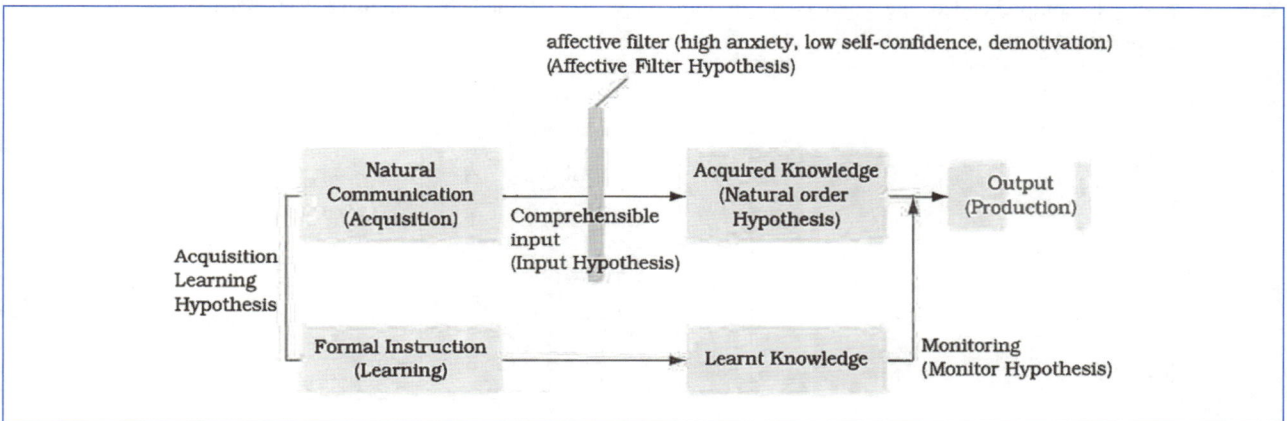

(1) 습득-학습 가설(Acquisition-Learning Hypothesis)
　① Krashen은 성인 제2 언어 학습자가 목표어를 내재화하는 과정에는 두 가지 방법이 있다고 보고 있다.

'습득' Acquisition	'학습' Learning
무의식적이고 직관적으로 언어 체계를 구조화하는 과정을 말한다. 이는 언어를 '얻기 위해서' 어린이가 사용하는 과정과 다르지 않다.	학습자가 언어 형태에 관심을 갖고, 언어 규칙을 공부하고, 일반적으로 자신의 언어 습득 과정을 의식하는 경우를 말한다.

　② Krashen에 따르면, "제2 언어 수행에서 유창성은 우리가 무엇을 습득했느냐에 따라 결정되는 것이지, 무엇을 학습했는가에 따라서 결정되는 것은 아니다." 따라서 성인이 유창하게 의사소통을 하기 위해서는 가능한 한 습득을 해야 한다. 그렇지 않으면 그들은 규칙을 배우고 언어 형식과 자기 발전에 지나치게 의식적으로 주의를 기울이게 됨으로써 수렁에 빠지고 말 것이다.

(2) 입력 가설(Input Hypothesis)
   ① 언어 습득은 학습자의 현재 수준보다 한 단계 높은 입력자료 (comprehensible input, i+1)가 제공될 경우 일어난다.
   ② 언어적 입력자료는 학습자의 배경지식, 상황, 몸짓(gesture)이나 억양 등으로 학습자에게 이해 가능하도록 제시될 수 있다. 이러한 입력자료가 제공된 후 학습자는 침묵기(silent period)를 거쳐 발화를 하게 된다.

   > According to the Input Hypothesis, the learners improve and progress along the "natural order" when they receive comprehensible input Comprehensible input is defined as second language input just beyond the learner's current second language competence, in terms of its syntactic complexity. If a learner's current competence is i then comprehensible input is i+1, the next step in the developmental sequence. Input which is either too simple (already acquired) or too complex (*i* + 2/3...) will not be useful for acquisition. Krashen views the Input Hypothesis as central to his model of second **language** acquisition.

   ③ Input vs Intake

   > Some theorists suggest that mere exposure to English input may not necessarily facilitate English language acquisition. This is because not all input leads to language development. Just presenting a certain linguistic form to a learner does not necessarily qualify it for the status of intake, since intake is what is processed by the learner; it is not simply available for processing. In other words, intake is the subset of the input that is comprehended and attended to in some way. It contained the linguistic data that are made available for acquisition.

   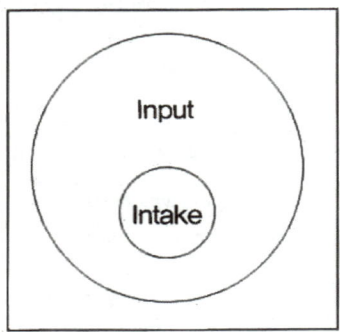

   ★ Factors thought to affect how items pass from input to intake include
   ① Complexity : Items should be at an appropriate level of difficulty.
   ② Saliency : Items must be noticed or attended to in some way.
   ③ Frequency : Items must be experienced with sufficient frequency.
   ④ Need : The item must fulfil a communicative need.

(3) 정의적 여과 가설(Affective Filter Hypothesis)
   ① 정의적 여과막이란 학습자가 지닌 학습에 대한 정의적인 변인이 학습에 장애가 되는 방향으로 작용하는 것을 말하며, 낮은 동기와 낮은 자신감, 높은 불안감 등을 들 수 있다.
   ② 따라서 성공적인 언어 습득을 위해서는 이러한 정의적 여과막이 낮아야 한다.

   > The affective filter is "a mental block" that prevents acquires from fully utilizing the comprehensible input they receive for language acquisition. A number of affective variables such as motivation, self-esteem and low anxiety can play a facilitative role in successful second language acquisition. Low motivation, low self-esteem, and high anxiety, on the other hand, can work to raise an affective filter. In other words, when the filter is up it hinders language acquisition.

(4) 자연 순서 가설(Natural Order Hypothesis)

문법 체계는 예측 가능한 순서대로 습득되는데 이러한 자연적인 발달 순서는 문법 구조의 복잡성이나 의도적인 문법 지도와는 별개로 발달한다.

> The natural order hypothesis states that the acquisition of grammatical structures in a second language follows a predictable natural order. This orders is independent of instructional sequences or even of the complexity of the structures to be acquired. Thus, when the learners are engaged in natural communication tasks they will manifest the standard order.

(5) 모니터 가설(Monitor Hypothesis)

① 학습자의 발화에서 오류를 감지하여 잘못된 표현을 개선하거나 수정하는 장치이다. Krashen에 따르면 학습된 언어적 지식(learnt knowledge)이 학습자의 언어 출력을 감시하는 모니터 역할을 수행한다.

② 모니터란 학습자의 학습된 발화에서 오류(error)를 감지해서 잘못된 표현을 개선하거나 수정하기 위하여 학습자의 언어 출력을 감시하는 장치이다. 즉, 모니터는 학습자가 자신의 언어 수행을 수정하기 위해 사용하는 장치로 극히 제한된 기능만을 가지고 있다.

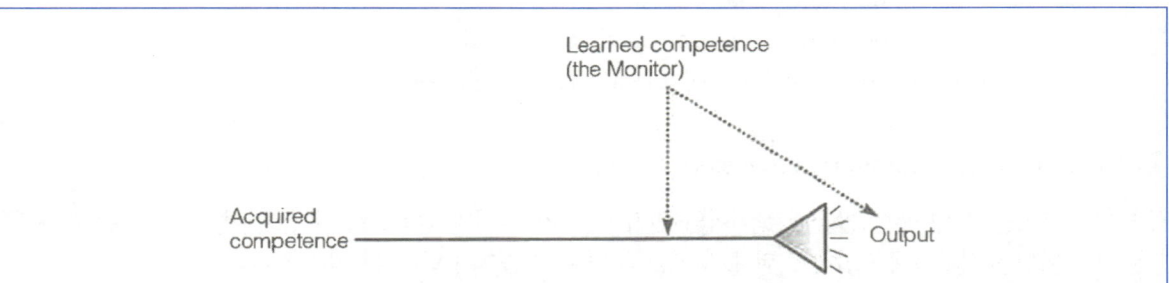

> Learning has only one function, and that is as a monitor or editor to make changes in the form of our utterance, after it has been produced by the acquired system. Acquisition initiates the speaker's utterances and is responsible for fluency. Thus, the monitor is thought to alter the output of the acquired system before or after the utterance is actually written or spoken.

③ 성공적인 모니터를 위한 조건
- 학습된 규칙을 선택하고 적용하기 위한 충분한 시간이 있어야 한다.

   There must be sufficient time.
- 언어 출력의 정확성과 형태에 초점을 맞춰야 한다.

   The focus must be on form and not meaning.
- 출력된 언어에 적용된 규칙을 알아야 한다.

   The user must know the rule.

개념 03 인지주의 모형(Cognitive Models & Hypothesis)

1 개념

Second language learning is the acquisition of a complex cognitive skill, just like the acquisition of any other complex skills.

1 Like Universal Grammar, cognitive learning theory is in direct opposition to Behaviorist theory because, from a cognitive perspective, learning is believed to result from internal mental activity rather than from something imposed from outside the learner.

2 Learning of a skill initially demands learners' attention, and thus involves controlled processing.
  (1) Controlled processing requires considerable mental "space", or attentional effort.
  (2) Learners go from controlled to automatic processing with practice. Automatic processing requires less mental "space" and attentional effort.

3 Along with development from controlled to automatic processing, learning also essentially involves restructuring or reorganization of mental representations.

2 McLaughlin의 Attention-Processing Model

정보처리모형은 제2언어 학습을 해당 언어의 인지적인 처리과정의 습득으로 본다. 언어적인 정보는 통제된 처리과정을 거쳐 자동화된 처리과정에 도달하게 된다. McLaughlin은 학습자의 언어사용범주에 따라 외국어 학습을 4개 범주로 분류하고 있다. 즉 언어형태의 관심 정도에 따라 집중적(focal)인 관심과 부수적(peripheral)인 관심으로, 정보처리 단계에 따라 일시적인 능력인 통제된 정보처리 능력(Controlled Processing)과 영구적인 능력인 자동화된 처리 능력(Automatic Processing)으로 분류하고 있다.

1 정보처리과정(Information Processing)

(1) Controlled Processing
처음에 익숙하지 않은 언어 형태를 배우고 사용할 때 나타나는 한정적인 언어 수행 능력 또는 형식적인 수업이 진행되어 처음 학습자료가 제시되었을 경우, 일시적으로 갖게 되는 언어능력에 의한 정보처리과정이다. (Learning)

> Capacity limited and temporary: learning a brand new skill in which only a very few elements of the skill can be retained.

(2) Automatic Processing
오랫동안 사용하여 익숙해진 상태로 한정된 지식에 대한 정보처리에서 벗어나 자동화된 언어 수행 능력 또는 연습에 의해 일상적인 언어능력으로 되어 무의식적인 과정을 통해 이루어지는 정보처리과정이다. (Acquisition)

> a relatively permanent skill: processing in a more accomplished skill, where the "hard drive" of your brain can manage hundreds and thousands of bits of information simultaneously.

2 언어형태에 대한 집중도(Attention to formal properties of language)

(1) Focal attention : 언어 형식에 집중적인 관심을 보인다.
    deliberate attention to language form
(2) Peripheral attention : 언어 형식에 부수적으로 관심을 보인다.
    peripheral attention to language form

3 주의 집중·처리 모형의 실제 적용

언어의 형식적 특성에 대한 주의 집중	CONTROLLED : New skill, capacity limited 통제된 : 새로운 기술, 용량이 제한적인	AUTOMATIC : Well trained, practiced Skill capacity is relatively unlimited 자동화된 : 잘 훈련되고, 연습된 기능, 용량이 상대적으로 제한되어 있지 않음
	A	B
Focal Intentional attention 중점적 의도적인 정신집중	① Grammatical explanation of a specific point (특정 항목에 대한 문법적 설명) ② Word definition (어휘 정의) ③ Copy a written model (쓰여진 모형을 그대로 모방) ④ The first stages of "memorizing" a dialog (대화를 '암기'하는 첫 단계) ⑤ Prefabricated patterns (이미 만들어진 유형) ⑥ Various discrete-point exercises (다양한 분리된 항목을 연습)	① "Keeping an eye out" for something (어떤 것에 대해 '눈을 두지 않음') ② Advanced L2 learner focuses on modals, formation, etc (상위 제 2 언어 학습자는 법, 형태 등에 초점을 둠) ③ Monitoring oneself while talking or writing (말하거나 쓰는 동안에 자기 자신의 활동을 관찰함) ④ Scanning (찾아보기) ⑤ Editing, peer-editing (교정, 동료에 의한 교정)
	C	D
Peripheral 주변적	① Simple greeting (단순한 인사) ② The later stages of "memorizing" a dialog (대화를 '암기'하는 나중 단계) ③ TPR/Natural Approach (전신 반응 교수법/자연적 접근법) ④ New L2 learner successfully completes a brief conversation (새로운 제 2 언어 학습자가 간단한 대화를 성공적으로 완수함)	① Open-ended group work (주제의 제한이 없는 집단 학습) ② Rapid reading, skimming (속독, 훑어보기) ③ Free writes (자유 작문) ④ Normal conversational exchanges of some length (일정한 길이의 정상적인 대화 교환)

(1) 아동의 언어 학습은 상황이나 맥락에 의한 언어 학습을 선호하므로 C에서 D의 유형으로 학습의 단계를 이어가며 언어 형태에는 부수적인 관심을 두지만, 성인의 경우에는 분석적인 학습을 보다 선호하므로 A유형에서 시작하여 C와 B의 혼합을 거쳐 D단계에 이르게 된다.
(2) <u>McLaughlin에 의하면 외국어 학습의 궁극적인 목적은 언어 형태에 관한 부수적인 관심과 의사소통 상황에서의 정보의 자동처리가 조합된 D유형이다.</u> 그러므로 교사는 D유형에 해당하는 수업활동으로 개방적 그룹과제, 속독, 훑어 읽기, 자유 작문, 어느 정도 긴 정상적인 대화에 참여할 수 있는 기회 등을 제공하여 학습자들이 외국어 학습을 보다 유의미한 상황에서 할 수 있도록 한다.

3 Bialystock의 Implicit and Explicit Model

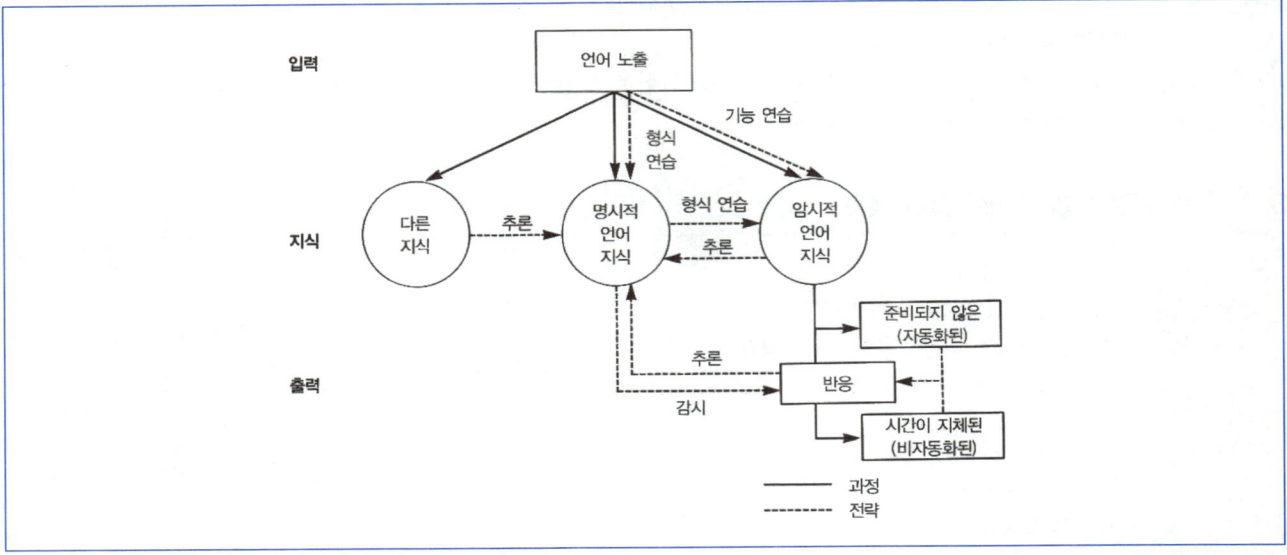

1 개념

(1) 이 모형에 의하면 언어 접촉을 하면 언어 이외의 다른 지식이 추론을 통하여 명시적 언어 지식의 생성을 촉진하고, 한편 규칙 연습을 통하여 명시적 지식이 생긴다. 명시적 지식은 다시 규칙 형식 연습을 통하여 암시적 언어 지식으로 바뀌고, 언어 접촉 시 기능적 연습을 하면 언어 사용에 필요한 암시적 언어 지식이 습득된다는 설명이다. 실제 언어 사용시 즉석에서 반응을 보이기도 하고 지연적으로 반응을 보이기도 하는데, 이런 언어 행동의 기반이 되는 것은 암시적 지식뿐만 아니라 명시적 지식도 포함된다는 것이다.

(2) Bialystok은 Krashen이 주장한 습득과 학습과 유사한 개념으로 암시적 지식(묵시적, Implicit knowledge)과 명시적 지식(Explicit knowledge)의 개념을 기초로 외국어 과정을 설명했는데, 명시적 지식은 연습을 통하여 습득과 유사한 개념인 암시적 지식으로 전환될 수 있다고 한다.

> Explicit and implicit knowledge are not unrelated to the distinction between declarative and procedural knowledge. Declarative memory can be based on explicit knowledge and procedural knowledge underlies implicit knowledge. The difference, however, is that in the case of explicit knowledge, awareness is a key issue. Through practice and exposure, explicit knowledge can become implicit and vice versa.

2 지식의 종류

(1) 명시적 언어지식(Explicit knowledge)
언어에 대해 알고 있으며 그것을 말로 설명할 수 있는 지식

> Knowledge to know about language and the ability to articulate those facts in some way.

(2) 암시적 언어지식(묵시적 지식, Implicit knowledge)
유의미한 학습 상황에서 언어를 사용할 때 자동적으로 사용되는 지식

> Information that is automatically and spontaneously used in language tasks.

(3) Declarative knowledge
   명시적으로 언어에 대해서 아는 지식

   > knowing about the language, factual information about the L2 such as explicit knowledge of L2 grammatical rules.

(4) Procedural knowledge
   실제로 언어를 자연스럽게 구사 할 수 있는 지식

   > knowing how to use the language. It is used in contrast to declarative knowledge to refer to knowledge that has become proceduralized so that it is available for automatic and unconscious use.

3 Automization

효율적인 제2언어 학습은 소수의 언어 형태에 대한 통제를 하던 것에서 비교적 무한의 언어 형태에 대한 자동화된 과정을 처리하는 것으로 적시에 옮겨 가는 것을 포함한다. 언어를 조작하는 것, 그 형태에 관해 너무 많이 생각하는 것, 언어 규칙에 머무는 것은 모두 이러한 점진적인 자동성에 방해가 된다.

> Through practice and the application of learning strategies, declarative knowledge can become proceduralized so that it becomes automatic.

4 Schmidt "Noticing Hypothesis"

> Learning cannot take place without noticing - the process of attending consciously to linguistic features in the input.

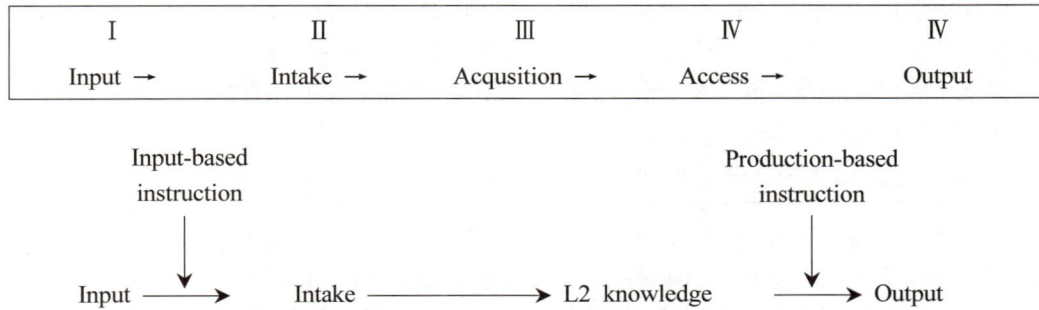

(1) Learning cannot take place without noticing. Thus the role of consciousness plays a critical role in the process of L2 learning.
(2) Input and intake are different : While input is whatever sample of L2 that learners are exposed to, intake is made available only when learners actually pay attention to the language features consciously.
(3) The process of attending consciously to linguistic features in the input promotes intake.
(4) Whether learning is intentional (conscious and deliberate attention to L2 features) or incidental (picking up L2 knowledge through exposure), it involves conscious attention to features in the input.

 구성주의 모형
(Constructivism Model)

1 Long의 상호작용 가설(Interaction Hypothesis)

1 개념

> • 주로 Long(1983, 1985)에 의해 주장된 상호 작용 가설(Interaction Hypothesis)은 이해 가능한 언어 입력도 중요시하지만 그보다도 그 입력 자료들이 학생들과 교사와의 상호 작용을 통해 의미가 협상되고 메시지가 정확히 전달되므로 언어 습득이 일어난다고 보는 입장이다.

(1) 이 가설은 언어 습득이 상호 교류보다는 인간의 내재적 언어 능력에 기초한다고 보는 생득주의적 입장(Innateness)과 크게 대조가 된다고도 볼 수 있다. 이 상호 작용 가설이란 학습자가 언어를 교류하는 과정에 참여함으로써, 다시 말해 언어적 문제를 조율하는 의미 협상(negotiation of meaning) 과정에 참여함으로써 제2언어 습득이 유도된다는 가설이다.

(2) 이 가설에 의하면, 의미 조율 과정은 새로운 언어 자료를 이해 가능한 언어 입력(comprehensible input)으로 만들어 주고, 이해 가능한 언어 입력 자료는 언어 습득을 유도하기 때문에 결국 의미 조율의 과정에서 언어 습득이 더 효과적으로 일어난다는 것이다.

(3) 상호 작용이 언어 습득에 큰 영향을 준다는 사실을 고려할 때 교사는 교실에서 적극적인 의미 협상이 일어날 수 있도록 학생들의 언어 수준에 맞추어 교사의 언어를 조절할 필요가 있다.

> 이것은 즉, "I don't understand.", "Could you please repeat that?", "Did you mean that …?", "Could you please speak more slowly?" 등과 같은 의사소통 전달 과정에서 의미 협상이 가능하도록 조절하는 표현들을 학습자들이 익히는 것을 의미한다.

(4) 실제 교실 상황에서는 일어나는 상호 작용의 유형들을 볼 때 교사의 언어(teacher talk)는 학생들의 중간 언어 습득에 중요한 역할을 하는데 단순히 학습자의 의미나 발화를 조율해 주는 데 그치지 않는다.

(5) Johnson(1995)은 한 걸음 더 나아가서 학습자들이 스스로 의미를 구성하면서 계속적으로 대화를 유지할 수 있도록 교사가 학생의 반응(response)에 더 보태어서 거듭 반복하거나 되풀이해서 말해 주는 방식, 즉 버팀목 세우는(scaffolding) 역할을 해야 한다고 주장한다.

> - 이 버팀목 세우기(scaffolding)란 보호자(caretakers) 또는 좀더 언어 능력이 뛰어난 또래 그룹이 학습자가 현재의 언어 능력 그 이상을 요구하는 사회적인 의사소통 상황에 참여할 수 있도록 구두로 이끌어 주는 것을 의미한다.
> - 이 버팀목은 언어 습득에 있어서 학습자의 수준에 맞는 이해 가능한 입력 자료를 제공하게 되고 학습자가 아직 도달하지 못한 언어 수준에서도 의미 있는 상호 작용을 가능하게 한다.

2 Long 초기 입장 : Importance of comprehensible input

언어 습득에 기여하는 상호작용(interaction)의 기능을 강조한다. 언어의 습득은 상호작용 과정 중에 발생하는 의미의 협상(Negotiation of meaning)과 수정된 상호작용(Modified interaction)에 의하여 언어적 입력이 보다 이해 가능해진다는 것이다. long의 Interaction Hypothesis는 현재 의사소통 중심 언어수업(Communicative Language Teaching)을 기반으로 하는 교실수업을 뒷받침한다.

> According to Interaction Hypothesis, conversational interaction is an essential for second language acquisition. Long agreed with Krashen that comprehensible input is necessary for language acquisition but argued that modification of the interactional structure of conversation is a better candidate for a necessary (not sufficient) condition for acquisition. The role of it plays in negotiation for meaning helps to make input comprehensible while still containing unknown linguistic elements, and, hence, potential intake for acquisition.

(1) Modified interaction과 언어 습득의 관계
   ① Interaction modification makes input comprehensible.
   ② Comprehensible input promotes acquisition.
   ③ Therefore, Interaction modification promotes acquisition.

(2) The role of interaction in the classroom
   ① Comprehensible input을 보다 많이 접할 수 있게 한다.
   ② Comprehensible oulput의 재생을 돕는다.
   ③ Negotiation of meaning을 유발한다.
   ④ 자신의 언어 규칙을 검증하는 기회를 제공한다.
   ⑤ 상황에 따른 제2언어 사용의 기회를 제공한다.

3 Long 후기 입장 : Importance of corrective feedback

후기 입장은 의사소통과정에서 일어나는 교정적인 정보(corrective feedback)의 중요성이 강조되었다. 대화 참여자들은 '의미의 협상'의 과정을 통해 의사소통의 어려움을 해결할 뿐 아니라 언어를 발달시킬 수 있는 기회를 얻는다고 본다.

> In Long's (1996) revised version of the Interaction Hypothesis, more emphasis is placed on the importance of corrective feedback during interaction. When communication is difficult, interlocutors must "negotiate for meaning", and this negotiation is seen as the opportunity for language development. Merrill Swain (1985) extended this thinking when she proposed "the comprehensible output hypothesis". She observed that it is when learners must produce language that their interlocutor can understand that they are most likely to see the limits of their second language ability and the need to find better ways to express their meaning. The demands of producing comprehensible output, she hypothesized, "push" learners ahead in their development.

2 Swain의 출력 가설(Output Hypothesis)

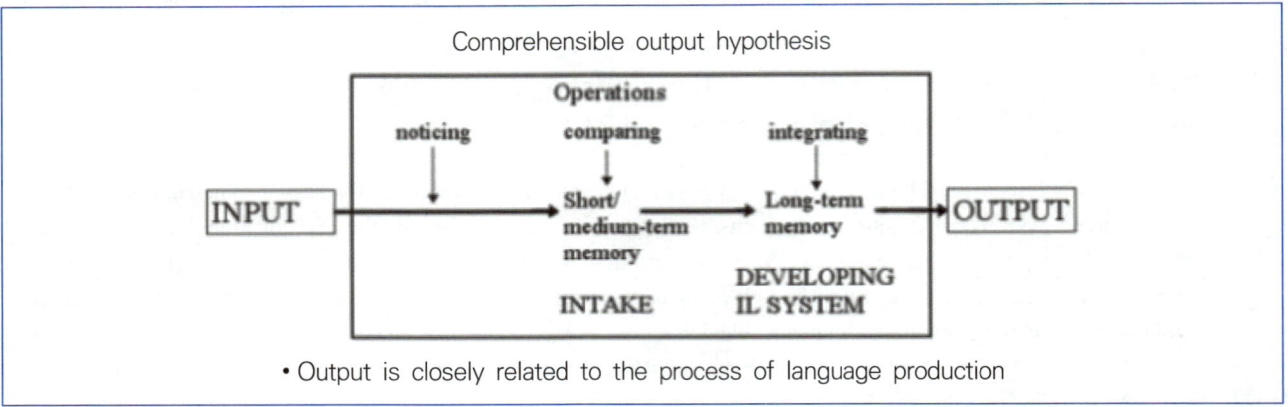

- Output is closely related to the process of language production

1 개념

(1) Swain(1985)은 Krashen의 주장에서 한 걸음 더 나아가서 학습자에 의한 출력 언어(output)의 중요성을 강조했다. 그는 Krashen의 입력 가설에 대한 반응으로 출력 언어의 중요성을 지적하고, 학습자들이 통사적 과정 없이 외국어 입력 언어의 의미를 이해할 때도 있지만, 확대된 담화(extended discourse)에 참여하기 위해서는 자신의 출력 언어를 문법적으로 재조직해서 유의미하게 사용할 수 있는 기회가 필요하다고 주장한다.

(2) Merrill Swain이 개발한 '이해 가능한 출력 가설'(Comprehensive Output Hypothesis)은 제2언어 습득(L2)에 대한 이론으로 그녀는 학습자가 제2언어의 언어 지식에서 차이(gap)를 만날 때 학습이 일어난다고 주장한다. 학습자는 자신의 출력을 인지하고 수정할 수 있게 되어 언어에 대한 새로운 것을 배우게 된다는 이론이다.

(3) Swain에 의하면 "출력 가설은 언어 생산의 활동(speaking과 writing)은 어떠한 상황 아래에서 제2언어 학습의 과정을 구성한다."

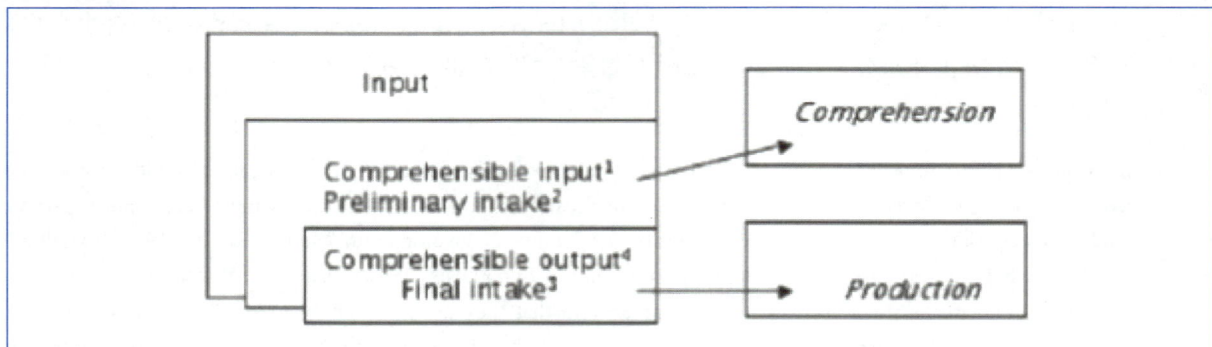

The output hypothesis claims that the act of producing language (speaking and writing) constitute uner circumstances, part of the process of second language learning"   - Merrill

2   강요된 출력(pushed output)

- 자신의 발화와 원어민이나 기타 자신보다 언어적 수준이 높은 언어사용자의 발화의 차이를 인지하면서 보다 자신의 발화를 보다 개선 시켜 출력한 발화를 의미한다.

> Swain suggests that "pushed output"(i.e., output that is accurate and sociolinguistically appropriate) may be necessary for learners to achieve higher level of linguistic and sociolinguistic competence. According to Swain, pushed output facilitates acquisition, as it ⓐ helps learners to discover that there is a gap between what they want to say and what they are able to say, ⓑ provides a way for learners to try out new rules and modify them accordingly, and ⓒ helps learners to actively reflect on what they know about the target language system.

> ① Pushed output may encourage learners to move from semantic (top-down) to syntactic (bottom-up) processing.
> ② Whereas comprehension of a message can take place with little syntactic analysis of the input, production forces learners to pay attention to the meaning of expressions if they are 'pushed' to produce message that are concise and socially appropnate.
> ② If they are 'pushed' to produce language at a level slightly beyond their present level, they are forced to pay attention to features of the grammar that they might otherwise not notice. Pushed output facilitates acquisition, because it helps learners to discover that there is a gap between what they want to say and what they are able to say (→ Obliging learners to pay attention to the language features lacking in their interlanguage system).
> ④ A role for output plays L2 acquisition because modified output constitutes evidence of learning. There are two kinds of modified output : other—initiated (→ uptake) and self-initiated (→ monitoring). Either way, modified output demonstrates the internalization of new linguistic forms or increased control over partially acquired forms.

3   Swain 주장 output 3가지 기능

(1) The noticing

> 의미 전달에 필요한 것을 정확하게 말하고 쓸 수 없을 때 학습자가 발견하는 인지 또는 "noticing(깨달음)" 학생들이 의미를 전달하기 위해 그들이 필요한 것을 정확하게 말하고 쓰지 못할 때 그 차이를 발견하는 것이다. 이 기능을 사용하여 학습자들은 그들이 관리할 필요가 있는 어떤 언어적 문제가 있음을 깨닫게 되고 이 새롭게 발견된 차이(gap)를 처리하기 위해 필요한 적절한 지식을 찾게 된다.

목표 언어를 사용하려고 시도하는 동안, 학습자들은 의미를 전달하기 위한 자신들의 잘못된 시도를 알아차릴 수 있고, 언어를 생산하는 행동 자체는 학습자들로 하여금 언어적 약점을 인식 하게 할 수 있다는 주장이다. 여기에서 학습자들은 자신의 출력을 통해서 스스로 정보를 제공받게 된다.

(2) The hypothesis-testing function

> 학습자가 피드백을 받을 것으로 예상되는 자신의 생산(production)을 테스트하기 위해 "trial and effor, 시행착오"의 방법을 사용할 수 있다. 어떤 것을 발화함으로 학습자는 이 가설을 테스트하고 대화자(청자)의 피드백을 받는다.

출력이 지금 형성되고 있는 다양한 가설을 시험하기 위해서 자신의 언어를 '시험해 보는' 수단의 역할을 한다는 것이다.

(3) The metalinguistic function

> 학습자는 자신이 학습하는 언어를 되돌아보고 출력은 학습자가 언어 지식을 통제하고 내재화시킬 수 있도록 한다.

SLA의 사회적 구성주의 견해에 들어맞는다. 즉, 말하기와 쓰기는 학습자가 동료와의 상호 작용 과정에서 언어 자체에 대해 (생산적으로) 생각해볼 수 있는 수단을 제공한다. 이것이 바로 교실의 소집단에서 흔히 나타나는 출력의 상위 언어적 기능인데 "언어에 대한 학생의 말은 그의 생각을 구체적으로 드러내는 것이며, 일관성이 없는 것을 명확하게 해준다".

▸▸ 원문

> Swain (2005, 1995) has suggested three major functions of output in SLA. The first is the claim that while attempting to produce the target language, learners may notice their erroneous attempts to convey meaning, and that the act of producing language itself can prompt learners to recognize linguistic shortcomings. Here learners become self-informed through their own output. The second function of output, according to Swain, is that output serves as a means to "try out" one's language, to test various hypotheses that are forming. The thrid function fits appropriately in a social constructivist view of SLA: speech (and writing) can offer a means for the learner to reflect (productively) on language itself in interaction with peers. This is a metalinguistic function of output that is often manifested in small groups in classεs in which "a student's talk about language crystallizes ideas and …. makes inconsistencies clear"(Swain, 2005, p. 479).

4 Input vs Output

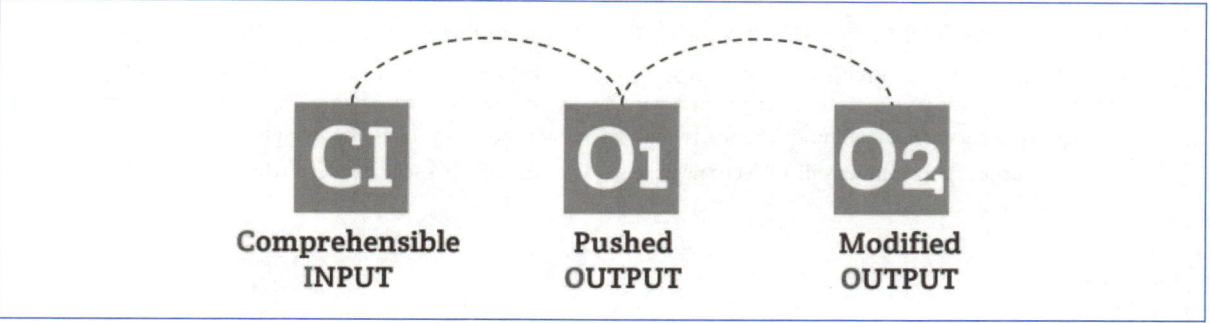

(1) Pushed output is the output that learners are 'pushed' to produce message that are concise and socially appropriate.

> 예 A : I go cinema.
> B : You what?
> A : I went to the cinema.

In the Example, A is led to reformulate her initial utterance, <u>producing a more grammatical version of it, as a result of B's clarification request</u>. Thus, this kind of exchange provides an opportunity for what Swain has called pμshed output, i.e. output that reflects what learners can produce when they are pushed to use the target language accurately and concisely.

(2) Modified output occurs when learners modify a previous utterance. This may occur following feedback or as a result of self-monitoring. The modification may occur immediately following the original utterance or feedback or some turns later. It may involve repair of an initial error or some other change.

(3) Uptake is a move undertaken by the learner in response to the feedback the learner receives from another speaker on his/her previous utterance that contained an error.
Uptake can involve 'repair' or 'no repair' depending on whether the learner successfully corrects his/her original error.

③ Vygotsky의 사회문화적 가설(Sociocultural Hypothesis)

Long과 마찬가지로 언어 습득에서의 상호작용의 역할을 중시하면서 상호작용이 언어 습득에 끼치는 영향을 근접발달영역(The Zone of Proximal Development)과 비계(Scaffolding) 등의 개념으로 설명한다.

> A key concept in Sociocultural Theory is that interaction not only facilitates language learning but is a causative force in acquisition; further, all of learning is seen as essentially a social process which is grounded in sociocultural settings.

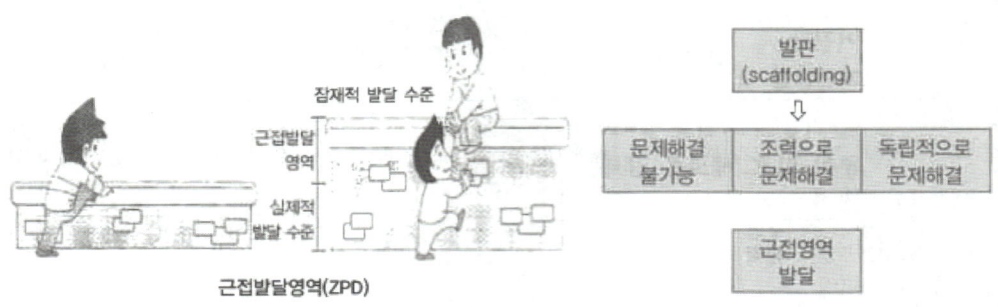

1 근접발달영역(The Zone of Proximal Development)

학습자가 혼자서는 해결할 수 없지만 자신보다 뛰어난 동료 혹은 성인의 도움으로는 해결할 수 있는 잠재적인 학습 영역을 뜻한다.

> The distance between the actual developmental level as determined by independent problem solving and the level of potential development as determined through problem solving under adult guidance or in collaboration with more capable peers. What this means is that learning results from interpersonal activity.

2 Scaffolding Hypothesis

비계(Scaffolding)는 보다 뛰어난 학습자 혹은 성인이 의사소통과정에서 제공하는 도움을 뜻한다. 이는 학습자에게 언어적 입력을 보다 이해 가능하게 만들어 의사소통의 문제를 해결할 뿐만 아니라 ZPD 내에서의 언어발달을 촉진하는 기능을 한다.

> One way in which others help the learner in language development within the ZPD is through scaffolding. This includes the vertical constructions, in which experts commonly provide learners with chunks of talk that the learners can then use to express concepts which are beyond their independent means. More generally, the metaphor of scaffolding refers to verbal guidance which an expert provides to help a learner perform any specific task, or the verbal collaboration of peers to perform a task which would be too difficult for any one of them individually.

3 Collaborative Learning (Scaffolding)

> The following constructed dialogue illustrates the negotiation of meaning in a typical one-to-one communication. In this kind of collaboration, the "stretching" to higher levels of development become more obvious.
> S : I throw it -box. (He points to a box on the floor.)
> T : You threw the box.
> S : No, I threw in the box.
> T : What did you throw in the box?
> S : My ... I ... paint ...
> T : Your painting?
> S : Painting?
> T : You know ... painting?
> T : you know ... painting. (The teacher makes painting movements on an imaginary paper.)
> S : Yes, painting.
> T : You threw your painting in the box.
> S : Yes, I threw my painting in box.

The teacher's input is near the student's i + 1. It provides scaffolds upon which the student can build. The conversation is about the immediate environment, the vocabulary is simple, repetitions are frequent, and acting out is used.

 **학습자 변인(Learner Variables) LINE-UP**

1 초등학교 학습자의 인지 특성
- (1) 의미 파악 능력
- (2) 창의적 언어 사용 능력
- (3) 간접 학습 능력
- (4) 놀이와 재미를 추구하는 충동
- (5) 풍부한 상상력
- (6) 움직이고 말하고자 하는 충동

2 결정적 시기
- (1) 개념
- (2) 반구편중화(Lateralization)

3 인지적 요인(Cognitive Domain)
- (1) 학습 스타일(Learning Style)
    1) 장독립형(field independence) vs 장의존형(field dependence)
    2) 좌뇌(left brain) vs 우뇌(right brain)
    3) 모호함에 대한 관용(ambiguity tolerance)
    4) 숙고형(reflectivity) vs 충동형(impulsivity)
    5) 시각적, 청각적, 운동감각적 유형
    6) 영어교실에서 보이는 학습스타일 분류
- (2) 학습자 전략(Learner strategy)
    1) 학습 전략(Learning strategy)
        ① 초인지적 전략(metacognitive strategy)
        ② 인지적 전략(cognitive strategy)
        ③ 사회정의적 전략(socio-affective strategy)
    2) 의사소통 전략(Communication strategy)
        ① 회피 전략(Avoidance strategies)
        ② 보상 전략(Compensatory strategies)
    3) 직접·간접 전략
        ① 직접 전략
        ② 간접 전략

4 정의적 요인(Affective Domain)
- (1) 동기(Motivation)
- (2) 자신감(Self Confidence), 자아존중(Self-esteem)
- (3) 자아 방어기제(Inhibition & Language ego)
- (4) 불안감(Anxiety)
- (5) 모험시도(Risk-taking)
- (6) 외향성과 내향성(Extroversion & Introversion)
- (7) 감정이입(Empathy)

5 사회문화적 요인(Sociocultural Factor)
- (1) 문화변용(acculturation)
- (2) 문화간 의사소통(intercultural communication)

 ## 초등학교 학습자의 인지 특성(Halliwell)

1   의미 파악 능력
(1) 아동들은 개별 단어의 의미를 정확하게 파악하지 못하더라도 말의 의미를 전체적으로 파악하는 능력을 이미 갖고 있다. 따라서 아동은 상대방의 억양, 몸짓, 표정, 행동 및 주변 상황들을 이용하여 아직 잘 모르는 단어나 구문이 의미하는 바를 개략적으로 파악한다.
(2) 또 아동들은 잘못 알아들었거나 잘 이해하지 못한 말은 자신의 목적에 맞게 되묻거나 확인하는 등의 의사소통 전략(communication strategy)을 사용할 줄 안다.
(3) 교사는 아동들이 이런 기술을 잘 개발할 수 있도록 뒷받침을 잘 해 주어야 한다.

2   창의적 언어 사용 능력
(1) 아동들은 자신들이 이미 익힌 제한된 언어자료를 나름대로 자신의 목적에 맞게 창의적으로 이용할 줄 안다.
(2) 다음의 예에서 보는 바와 같이, 아동은 자기가 모르는 개념이나 생각을 표현하고 싶을 때 나름대로의 문법이나 개념을 만들어서 장황하게 말하는 경우가 종종 있다.

> ① 실제로 4세 아동이 전화를 받고 상대방이 전화를 끊지 말고 기다리기를 바라면서 "Don't unring"이라고 말하였다. 아동은 전화를 끊지 말고 기다리라는 'hold on'은 아직 모르는 상태이기 때문에 자기가 알고 있는 극히 제한된 어휘 'ring'에 부정의 접두사 un을 붙이고 여기에 또다시 부정명령 'don't'를 써서 자기가 전하고 싶은 의미를 어느 누구도 사용하지 않은 방법으로 표현한 것이다.
> ② 또 깜깜한 방에 들어선 어떤 아동은 불을 켜라는 의미로 "Switch off the dark. I don't like the dark shining"이라고 말했다. 그는 "Turn on the light"가 생각나지 않아 'light'의 반대 개념인 'dark'를 사용하여 의도한 뜻을 표현한 것이다.

(3) 이러한 창의적 언어사용 현상은 언어 발달 과정에서 흔히 볼 수 있는데, 영어를 가르칠 때는 창의적 언어사용 기술을 사용하도록 유도해야 한다. 이를 위하여 교사는 아동들에게 ① 의사전달 욕구를 가지고 자신의 의사를 영어로 표현하려고 애쓰는 기회를 많이 만들어주고, ② 특정한 학습 활동에서 필요한 언어 표현에 대한 예측을 어렵게 하여 관용적으로 널리 쓰이는 표현만을 골라 사용하지 않고 적극적으로 자신의 영어를 구사하도록 해 주어야 한다.

3   간접 학습 능력
(1) 아동들은 흔히 직접적이고 의식적인 학습 상황에서 배우는 것보다 간접적이고 무의식적인 상황에서 배우는 것이 효과적인 경우가 있다. 그래서 경직된 수업시간에 학습한 내용보다 쉬는 시간에 우연히 벽의 게시판에서 본 것이 더 강렬하게 뇌리에 남을 수가 있다.
(2) 왜냐하면 일반적으로 아동은 성인에 비해 언어의 형태나 문법 사항들을 의식적으로 배우는 능력은 덜 발달된 반면에, 간접적인 학습능력은 뛰어나기 때문이다. 따라서 아동들에게는 편안하고 수용적인 분위기에서 게임 형식으로 단어 학습을 하면, 단어나 어구를 공부한다는 인식이 없이 즐기는 가운데 간접적인 학습에 의해 습득이 일어난다.
(3) 직접적 또는 의식적으로 배운 내용은 정확성을 요구하는 상황에서 사용되는 반면에, 간접적 또는 무의식적으로 배운 내용은 실제의 언어사용 상황에서 즉각적이고 유창하게 사용된다.

4   놀이와 재미를 추구하는 충동
(1) 아동들은 놀이를 본능적으로 좋아한다. 아동들은 친구들과 함께 하는 일 속에서 재미를 발견하거나, 재미를 만들어 내는 능력이 우수하다.
(2) 아동들은 어떤 일에 빠져들기만 하면 그 속에서 흥미를 발견하고 집중하는 특성을 가지고 있다. 성인들의 눈으로 보면 실제로 존재하지도 않고 실용적인 가치가 없는 가상적인 상황에서의 놀이라도 아동들의 눈에는 현실처럼 보이고 재미가 있는 경우가 흔하다.

(3) 놀이는 재미가 있을 뿐만 아니라 그 속에 규칙을 가지고 있다. 놀이는 아동이 하고 싶어서 자발적으로 하는 행위이면서도 막상 놀이 과정에서는 규칙 때문에 자기 마음대로 할 수 없는 경우가 많다. 자유로운 놀이이면서도 규칙에 따라 자율적 행동을 해야 하기 때문에 욕구 만족을 포기하거나 미루는 것을 배운다. 이처럼 놀이는 아동의 지적 발달과 규칙 학습에 중요한 역할을 한다.

5 풍부한 상상력

(1) 아동은 항상 상상할 준비가 되어 있고, 상상과 환상에 젖으면서 큰 기쁨을 느낀다. 아동들이 상상하고 환상을 가지는 것은 그들의 생활의 일부이다. 따라서 공룡이나 반인반마와 같은 괴물을 묘사하는 것은 실생활에서는 있을 수 없지만, 아동은 상상 속의 대상을 그들의 언어(어휘나 문법 등)로 표현할 수 있다.

(2) 이처럼 아동은 행동과 실체로부터 사고를 분리하여 실물의 의미나 기능과 전혀 다른 의미 또는 기능을 부여하는 능력을 가지고 있다. 가령 막대기로 총을 벽돌로 전화기를 흉내 내는 가상놀이를 통해 추상적 사고가 발달한다.

(3) 다른 한편으로는 초등학교 아동들은 자기 주변의 세계를 이해하고 나름대로의 의미를 찾느라 매우 분주하다. 그들은 주변에서 일정한 패턴을 찾아내기도 하지만 패턴에서 벗어난 일도 찾아낼 줄 안다.

6 움직이고 말하고자 하는 충동

(1) 아동은 또래와 같이 활동하고 함께 말하기를 본능적으로 좋아한다. 아동은 끊임없이 말하고 움직인다. 아동의 움직임을 극히 정상적인 현상이나 전통적인 교사중심 교육에서는 학습의 방해 요소로 인식되어 이를 억제해 왔다.

(2) 그러나 움직임은 아동의 본능적인 특성이기 때문에 이를 억제하기보다는 긍정적으로 받아들여 생산재인 학습에너지원으로 인식하는 것이 필요하다. 아동이 참지 못하여 움직이게 하기보다는 짧은 주의집중 시간을 고려하여 움직이면서 하는 활동을 적절히 배려하면 주의집중을 요하는 활동을 할 때에도 효과가 있을 것이다.

(3) 아동의 이런 특성 때문에 교사가 힘들 때도 있지만, 오히려 이 특성을 적극적으로 잘 이용하여 아동에게 영어 학습과 관련된 긍정적 동기를 부여해야 할 것이다. 말하지 않고 말하기를 잘 할 수는 없기 때문에, 교사는 아동들에게 초기부터 적절히 움직이면서 말할 수 있는 분위기를 조성하여 영어를 사용할 수 있는 능력을 잘 개발해 주어야 한다.

 결정적 시기(The Critical Period)

1 개념

결정적 시기는 언어를 보다 쉽게 습득할 수 있도록 생물학적으로 결정되어 있는 시기로 이 시기가 지나면 언어습득이 점차 어려워지게 되는 시기를 의미한다.

> A biologically determined period of life when language can be acquired more easily and beyond which time language is increasingly difficult to acquire.

2 반구편중화 (Lateralization)

사춘기 무렵 인간의 뇌는 반구편중(lateralized)이 마무리 되고 뇌의 위치에 따라 기능이 분화된다. 대체로 언어적, 지적, 분석적인 기능은 좌반구가 담당하고 정서적, 사회적 욕구와 관련된 기능은 우반구가 담당한다.

> Within the first ten years of life, the brain retains plasticity. But with onset of puberty this plasticity begins to disappear. This is the result of the lateralization of the language function in the left hemisphere of the brain. That is, the neurological capacity for understanding and producing language, which initially involves both hemisphere of the brain, is slowly concentrated in the left hemisphere for most people.

08 인지적 요인(Cognitive Domain), 학습 스타일(Learning Style)

1 장독립형(Field Independent) vs 장의존형(Field Dependent)

(1) 장독립형인 사람은 여러 항목들이 흩어져 있는 장 속에서 세부적인 부분을 구별하여 분석적으로 파악할 수 있다. 반면 장의존형인 사람은 전체적인 윤곽은 쉽게 파악하지만 전체 윤곽에 숨어 있는 부분을 분석적으로 파악하는 데에는 어려움을 겪는다.

(2) 따라서 장독립적인 학습자는 교실수업 상황과 같은 형식적인 교육에 적합한 반면 장의존적 학습자는 의사소통 중심의 비형식적 교육에 적합하고 교사의 도움이 필요하며 협력 학습을 선호하고 타인의 생각이나 감정에 민감하다.

	Field Independent	Field Dependent
Processing	- Particularistic - analytic	- Global - holistic
Preferred learning envlronment	- Decontextualized analytic approaches - formal instruction	- Contextualized interactive - commumcatlve expenences

2 좌뇌(left brain) vs 우뇌(right brain)

(1) 좌뇌 : 논리적, 분석적 사고 및 수사학적, 선형적 정보처리에 능한 학습유형으로, 장독립형 학습 환경에 적합하다.

(2) 우뇌 : 시각, 촉각, 청각적 이미지로 지각, 기억하여 통합적, 전체적, 정서적 정보처리에 효과적인 학습유형으로 장의존형 학습 환경에 적합하다.

> Most of the time, when we are 1earning something we use both the 1eft and right brain. Remember, it is important for you to know which side or the brain you usually use more, but it is a1so important for you to use both sides of your brain, depending on the situation, Your 1eft and right brain are members of a team. Use both sides and your brain will stay balanced

③ 좌뇌와 우뇌는 그 기능을 달리하지만 언어 학습에는 두 기능이 하나의 팀으로 작용하기 때문에 좌뇌와 우뇌의 균형을 맞추는 전략적인 수업이 필요하다.

3 모호함에 대한 관용(ambiguity tolerance)

외국어 학습 시 모국어와 다른 언어 규칙이나 문화에 대해 관용적인 태도를 취해야 보다 성공적으로 제2언어를 습득할 수 있다.

> It entails an ability to deal with ambiguous new stimuli without frustration and without appeals to authority. Successful language necessitates tolerance of such ambiguities, at 1east for interim periods or stages, during which time ambiguous items are given a chance to become resolved.

4 숙고형, 성찰형(reflectivity) vs 충동형(impulsivity)

(1) 숙고형(reflective) 학습자 : 체계적이고 논리적인 사고에 의해 학습하기 때문에 문제 해결에 시간이 다소 걸리지만 충동형보다 오류를 적게 발생시킨다.

> - prefer doing things more slowly and moving ahead in logical steps.
> - like to thing quite a lot before making a decision.
> - need to be certain of the right answer before trying it out.
> - usually make fewer comprehension error in reading.

(2) 충동형(impulsive) 학습자 : 신속하며 직관적으로 과제를 처리하며, 문맥을 통한 유추가 뛰어나기 때문에 오류가 발생하더라도 유추를 통해 과제를 처리할 수 있다.

> - like to do things fast.
> - enjoy making guesses and are willing to be wrong sometimes.
> - are often good at guessing the meanings of words and sentences.
> - are fast readers since they often ignore words that they don't immediate understand.

(3) 성찰형 학습자는 외국어 발화에서 오류가 적은 대신 답을 하는데 시간이 걸린다. 이에 반해 충동형 학습자는 읽기나 말하기를 할 때 대답을 빨리 하지만 오류가 많다. 그러므로 교사는 학습자의 유형에 따라 적절히 대처하는 것이 필요한데, 충동형 학습자에게는 임의적인 추측보다는 현명한 추측(intelligent guessing)을 하여 정확한 답을 생각해 내도록 하고 숙고형 학습자에게는 생각할 시간을 충분히 주도록 한다.

	Reflective Style	Impulsive Style
Advantages	• More accurate speaking • More accurate reading • Think carefully before acting	• More willing to speak in class • Faster reading • Better in timed tests
Disdvantages	• Wait too long to speak • Read more slowly • Slower in timed tests	• Less accurate in speaking • Less accurate in reading • Act without thinking enough

5 시각적, 청각적, 운동감각적 유형

교실 상황에서 두드러지게 나타나는 유형으로, 바로 학습자가 시각적(visual), 청각적(auditory), 또는 운동 감각적(kinesthetic) 언어 입력 자료 중 어느 것을 더 선호하는가에 관한 것이다.

시각적(visual) 학습자	도표, 삽화, 기타 도식적 정보를 읽고 공부하는 것을 선호한다.
청각적(auditory) 학습자	강의나 오디오 테이프를 듣는 것을 선호한다.
운동 감각적(kinesthetic) 학습자	신체 움직임이 포함된 실연이나 신체적인 활동을 선호하는 경향을 보일 것이다.

> Yet another dimension of learning style—one that is salient in a formal classroom setting—is the preference that learners show toward either visual, auditory, and/or kinesthetic input.
>
> | Visual learners | Visual learners tend to prefer reading and studying charts, drawings, and other graphic information. |
> | --- | --- |
> | Auditory learners | Auditory learners prefer listening to lectures and audiotapes. |
> | Kinesthetic learners | Kinesthetic learners will show a preference for demonstrations and physical activity involving bodily movement. |

6 영어교실에서 보이는 학습스타일 분류

Type 1 : Cognitive Styles	Type 2 : Sensory Styles	Type 3 : Personality Styles
Field Dependent learns best when information is presented in context. They are often more fluent language learners Field Independent learns most effectively step-by-step and with sequential instruction. They are often more accurate language learners.	Perceptual : Visual learns best when there is visual reinforcement such as charts, pictures, graphs, etc. Auditory learns more effectively by listening to information. Tactile learns more effectively when there is an opportunity to use manipulative resources. Kinesthetic learns more effectively when there is movement associated with learning.	Tolerance of Ambiguity refers to how comfortable a learner is with uncertainty; some students do well in situations where there are several possible answers; others prefer one correct answer.
Analytic works more effectively alone and at his/her own pace. Global works more effectively in groups.	Environmental : Physical sensitive to learning environment, such as light, temperature, furniture. Sociological sensitive to relationships within the learning environment.	Right and Left Hemisphere Dominance: Left-brain dominant learners tend to be more visual, analytical, reflective, and self-reliant. Right-brain dominant learners tend to be more auditor, global, impulsive, and interactive.
Reflective learns more effectively when they have time to consider new information before responding. Impulsive learns more effectively when they can respond to new information immediately; as language learners, they are tisk takers.		

개념 09 학습자 전략(Learner strategy) LINE-UP

1 학습 전략(Learning strategy)

- (1) 초인지적 전략(metacognitive strategy)
  - ① 사전 조작자
  - ② 유도된 주의 집중
  - ③ 선택된 주의 집중
  - ④ 자기 관리
  - ⑤ 기능적 계획
  - ⑥ 자기 감시
  - ⑦ 지연된 발화
  - ⑧ 자기 평가
- (2) 인지적 전략(cognitive strategy)
  - ① 반복
  - ② 자료 활용
  - ③ 번역
  - ④ 집단화
  - ⑤ 노트 정리
  - ⑥ 연역
  - ⑦ 재결합
  - ⑧ 형상화
  - ⑨ 청각적 표상
  - ⑩ 핵심어
  - ⑪ 문맥화
  - ⑫ 상세한 설명
  - ⑬ 전이
  - ⑭ 추론
- (3) 사회정의적 전략(socio-affective strategy)
  - ① 협동
  - ② 확인 질문

2 의사소통 전략(Communication strategies)

- (1) 회피 전략(Avoidance strategies)
  - ① 통사적, 어휘적 회피
  - ② 음운적 회피
- (2) 보상 전략(Compensatory strategies)
  - ① 조립식 문형
  - ② 도움 요청
  - ③ 언어전환
  - ④ 우회적 표현
  - ⑤ 근사어 사용
  - ⑥ 조어
  - ⑦ 비언어적 표현
  - ⑧ 직역
  - ⑨ 시간 끌기

3 직접·간접 전략(Direct/Indirect Strategy)

- ① 직접 전략
- ② 간접 전략

개념 10 학습 전략(Learning strategy)

1 상위 인지 전략(Metacognitive Strategies) - 8개

직접적으로 학습 자체에 관여하지는 않으나 학습 계획을 세우거나 학습자가 자신의 발화와 이해 여부를 모니터하고 학습이 끝나고 난 후에 학습 과정을 평가하는 전략이다. 즉 학습의 전체적인 과정을 관장하는 역할을 한다.

> Strategies that involve planning for learning, thinking about the learning process as it is taking place, monitoring of one's production or comprehension and evaluating learning after an activity is completed.

Metacognitive Strategies	Description
① Advance Organizers 선행 조직자	Making a general but comprehensive preview of the organizing concept or principle in an anticipated learning activity 예상되는 학습 활동과 관련된 조직적 개념이나 원리에 대해 일반적이면서도 포괄적인 사전 검토를 함
② Directed Attention 유도된 주의 집중	Deciding in advance to attend in general to a learning task and to ignore irrelevent distractors 일반적으로 학습 과업에 전념하고 관계가 없는 사항들은 무시하도록 사전에 결정함
③ Selective Attention 선택된 주의 집중	Deciding in advance to attend to specific aspects of language input or situational details that will cue the retention of language input 언어 입력 자료의 특정한 측면이나 언어 입력 자료를 기억해내기 위해 필요한 상황적인 세부 사항에 주의를 집중하도록 사전에 결정함
④ Self-Management 자기 관리	Understanding the conditions that help one learn and arranging for the presence of those conditions 학습을 도와줄 수 있는 조건들을 이해하고 이 조건들이 조성되도록 조치함
⑤ Functional Planning 기능적 계획	Planning for and rehearsing linguistic components necessary to carry out an upcoming language task 앞으로의 언어 과업을 수행하기 위해 필요한 언어적 요소들을 계획하고 미리 시연해 봄
⑥ Self-Monitoring 자기 감시	Correcting one's speech for accuracy in pronunciation, grammar, vocabulary, or for appropriateness related to the setting or to the people who are present 발음, 문법, 어휘를 정확하게 사용하기 위해, 또는 주어진 환경과 사람들에 따라 적절하게 사용하기 위해 자신의 발화를 교정함
⑦ Delayed Production 지연된 발화	Consciously deciding to postpone speaking in order to learn initially through listening comprehension 청해를 통한 언어 학습을 먼저 하기 위해 발화를 하지 않도록 의식적으로 결정함
⑧ Self-Evaluation 자기 평가	Checking the outcomes of one's own language learning against an internal measure of completeness and accuracy 완전함과 정확성이라는 내적 기준을 가지고 자신의 언어 학습 결과를 점검함

2 인지 전략(cognitive strategy) - 14개

선행 학습과 연관시키기, 언어 자료들을 의미 있는 그룹으로 분류하기 등과 같이 학습 과제나 자료를 직접 조작하는 것과 관련된 전략이다.

> Strategies that are more limited to specific learning tasks and involve more direct manipulation of the learning material itself.

cognitive Strategies	Description
① Repetition	Imitation a language model, including overt practice and silent rehearsal
반복	겉으로 드러나는 명시적 연습이나 속으로 하는 시연을 포함하여 언어 표현 모델을 모방해 봄
② Resourcing	Using target language reference materials
자료 활용	목표 언어 참고 자료를 활용함
③ Translation	Using the first language as a base for understanding and/or producing the second language
번역	제2 언어를 이해하고 산출하기 위한 근거로 제1 언어를 활용함
④ Grouping	Reordering or reclassifying and perhaps labeling the materials to be learned on common attributes
집단화	공통 속성을 근거로 학습할 수 있도록 자료의 순서를 다시 매기거나, 다시 분류하거나 또는 명명함
⑤ Note Taking	Writing down the main idea, important points, outline, or summary of information presented orally or in writing
노트 정리	구두로 또는 문자 언어로 주어진 정보의 주요 내용, 요점, 개요, 요약을 기록함
⑥ Deduction	Consciously applying rules to produce or understand the second language
연역	제2 언어를 발화하고 이해하는 데 의식적으로 규칙을 적용함
⑦ Recombination	Constructing a meaningful sentence or larger language sequence by combining known elements is a new way
재결합	이미 아는 요소들을 새로운 방식으로 조합하여 유의한 문장 또는 더 긴 언어 단위를 구축함
⑧ Imagery	Relating new information to other visual concepts in memory via familiar, easily retrievable visualizations, phrases, of locations
형상화	친숙하고 쉽게 기억해낼 수 있는 시각화, 관용구, 또는 위치 소재를 통해 새로운 정보를 기억 속의 시각적 개념과 연관시킴
⑨ Auditory representation	Retention of the sound or a similar sound for a word, phrase, or longer language sequence
청각적 표상	단어, 구, 좀더 긴 언어 단위의 발음이나 유사한 발음을 기억 보존함
⑩ Keyword	Remembering a new word in the second language by (1) identifying a familiar word in the first language that sound like or otherwise resembles the new word and (2) generating easily recalled images of some relationship between the new word and the familiar word
핵심어	(1) 새로운 제2 언어 단어와 발음이 비슷하거나 유사한 제1 언어의 친숙한 단어를 찾아냄으로써, 그리고 (2) 이미 친숙한 단어와의 관계를 쉽게 기억해낼 수 있는 형상을 만들어냄으로써 제2 언어의 새로운 단어를 기억함
⑪ Contextualization	Placing a word of phrase in a meaningful language sequence
문맥화	단어나 구를 문장, 단락과 같은 더 넓은 범위의 유의한 언어 단위 안에 배열해 봄
⑫ Elaboration	Relating new information to other concepts in memory
상세한 설명	새로운 정보를 기억하고 있는 기존의 다른 개념과 연관시킴
⑬ Transfer	Using previously acquired linguistic and/or conceptual knowledge to facilitate a new language learning task
전이	새로운 언어 학습 과업을 용이하게 하기 위해 기존에 습득한 언어적 또는 개념적 지식을 사용함
⑭ Inferencing	Using available information to guess meaning of new items, predict outcomes, or fill in missing information
추론	새로운 요소의 의미를 추측하거나 결과를 예측하거나 빠진 정보를 메우기 위해 이용 가능한 정보를 사용함

3. 사회정의적 전략(socioaffective strategy) - 2개

학습을 돕기 위하여 다른 사람과 상호작용하는 전략으로서 질문하기, 협력하기 등이다.

> Strategies that have to with social-mediation activity and transacting with others.
> - Seeking opportunities to interact with native speakers
> - Working cooperatively with peers to obtain feedback or pool information
> - Asking questions to obtain clarification
> - Requesting repetition, explanation, or example

socioaffective Strategies	Description
① Cooperation	Working with one or more peers to obtain feedback, pool information, or model a language activity
협동	피드백을 얻고, 정보를 공유하고 언어 활동 모델을 제시하기 위해 동료와 함께 일함
② Question for clarification	Asking a teacher or other native speaker for repetition, paraphrasing, explanation, and/or examples
확인 질문	교사나 다른 원어민에게 반복, 바꿔 말하기, 설명이나 예를 요청함

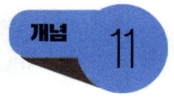

의사소통 전략(Communication strategies)

언어의 출력(output)과 관련된 것으로 학습 과정의 측면에서 볼 때, 의사소통 전략은 학습자가 대화를 지속할 수 있도록 돕는다는 점에서 매우 중요하다. 이 전략은 대개 학습자가 의사소통하고자 하는 내용과 학습자의 지식 간의 차이가 있을 때 주로 사용된다.

> Communication strategies pertain to the employment of verbal or non-verbal mechanism for productive communication of information.
> Communication strategies are called into action either to enhance the effectiveness of communication or to compensate for breakdowns in communication due to limiting factors in actual communication or to insufficient competence in one or more of the other components of communicative competence. As L2 learners become more proficient in the target language, they need to learn ways to generally become more active in keeping a conversation going.

1 Avoidance strategies

(1) 통사적, 어휘적 회피 : 자신의 제2언어 활용 능력의 부족으로 어휘가 떠오르지 않을 경우 사용한다.

> 예 L: I lost my road. (Instead of 'way')
> NS: You lost your road?
> L: Uh ... I lost. I lost. I got lost.

(2) 음운적 회피 : 발음과 같은 음운적 어려움이 생길 때 사용하는 전략이다.

> 예 L : My uncle is selling his boat.
> NS : He is sailing his boat?
> L : Sell not sail.
>
> L : Somebody will buy his boat.

(3) 주제 회피 : 자신의 제2언어 능력으로 감당하기 어려운 주제에 직면했을 경우 사용한다.

2 Compensatory strategies - 9개

(1) 조립식 문형(prefabricated pattern) : 초보자들이 주로 사용하며, 흔히 사용되는 구 또는 문장을 통째로 암기하는 경우

> - Using memorized stock phrases usually for "survival" propose.
>   예 How much does this cost?
>   Where is the toilet?

(2) 도움 요청(appeal for help) : 의사소통의 문제가 발생할 때 즉각적으로 도움을 요청하는 경우

> Asking for aid from the interlocutor directly.
>   예 What do you call X in English?

(3) 언어전환 (code-switching) : 제2언어로는 표현이 어려운 부분을 자신이 알고 있는 제1언어 또는 제3언어로 사용하는 경우

> - Using a L1 word with L1 pronunciation or a L3 word with L3 pronunciation while speaking in L2 while speaking in L2.
>   예 I want to have 점심.
>   예 S1 : What did you do in your summer vacation?
>   S2 : I went to 시골집 which my grand parents have lived.
>   S1 : Wow, I bet you had great time there.
>   S2 : Absolutely.
> - If a learner is speaking to someone with whom he or she has a language in common, a word or phrase taken from the common language may be used to overcome a communication difficulty as in the sentence 'Did you have 밥?'.

(4) 우회적 표현(circumlocution) : 학습자가 전하고자 하는 내용을 돌려서 표현

> - Describing or exemplifying the target object of action
>   예 S1 : There aren't many kids in my neighborhood, so my younger sister doesn't have anyone to play with.
>   S2 : Maybe, she needs a, a, a dog or a cat to play with, some kind of animal.
> - The learner describes the characteristics or elements of the objects or action instead of using the appropriate target language structure
>   예 She is, uh, smoking something. I don't know what's its name. That's, uh, Persian, and we use in Turkey, a lot of

(5) 근사어 사용(approximation) : 나타내고자 하는 표현과 유사한 언어를 사용

> - Using an alternative term which express the meaning of the target lexical item as closely as possible.
>   예 S1 : Can I borrow your counting-machine?
>   S2 : I see. You mean the calculator, don't you?
> - Primarily a lexical strategy, learners may replace an unknown word with one that is more general (using 'went' for 'drove', 'worm' for 'silkworm', or use exemplification ('tables' and 'chairs' for 'furniture').

(6) 조어(word coinage) : 학습자 나름의 규칙에 의해 존재하지 않는 표현을 생성

- Creating a nonexisting L2 word based on a supposed rule.
  - 예) vegetarianist for vegetarian
- Sometimes, learners invent a new word for an unknown word, as in the common example of using 'air ball' for 'balloon', 'picture place' for 'gallery'.

(7) 비언어적 표현(nonlinguistic signals) : mime, gesture, facial expression

예) Guest : I need, you know the thing. I do this (gestures brushing her hair and blow-drying it) after I and washing my hair.

(8) 직역(literal translation) : 제 2 언어를 모국어로 그대로 직역하여 표현

예) pig meat for fork

(9) 시간 끌기(stalling or time-gaining strategies)

예) well, let's see, now... 등의 시간을 벌기 위한 표현

 **직접·간접 전략(Direct/Indirect Strategy)**

1 직접 전략(Direct Strategies)

학습에 직접적으로 관여하는 전략으로 학습 내용의 기억과 내재화 그리고 현재 자신의 목표어 지식의 한계를 보완하기 위해 쓰는 전략

> They consist of memory, cognitive, compensation strategies.
> ① Memory strategies help students store and retrieve new information.
> ② Cognitive strategies enable learners to understand and produce new language by many different means.
> ③ Compensation strategies allow learners to use the language despite their often large gaps in knowledge.

2 간접 전략(Indirect Strategies)

직접적으로 학습에 관여하지 않으나 학습을 지원하고 가능케 하는 전략

> They consist of metacognitive, affective, social strategies.
> ① Metacognitive strategies allow learners to control their own cognition - that is, to coordinate the learning process.
> ② Affective strategies help to regulate emotions, motivations, and attitudes.
> ③ Social strategies help students learn through interaction with others.

13 정의적 요인(Affective Domain)

■ 동기(Motivation)

(1) 개념
- 동기란 특정 행동을 유발, 유지시키는 욕구 및 감정을 말한다.

> - An inner drive, impulsive, emotion or desire that moves one to a particular action
> - Motivation concerns factors that energize behavior and give it direction.
> - More specifically, it concerns :
>   • the choice of a particular action
>   • the persistence with it
>   • the effort expended on it.

(2) Three views of motivation

Behavioristic	cognitive	constructivist
- Anticipation of reward - Desire to receive positive reinforcement - External, individual forces in control	- Driven by basic human needs (exploration, manipulation, etc.) - Degree of effort expended - Internal, individual forces in control	- Social context - Community - Social status - Security of group - Internal, interactive forces in control

(3) 종류

① 내재적 동기(intrinsic motivation)
외적 보상을 기대하지 않고 그 활동 자체를 위해 하려는 욕구

> Learners are studying because they want to do it or they have made their own choice to learn. They don't need a reward from someone else to do well.
> - no apparent reward except the activity itself
> - motivated to succeed in a task itself
> - motivated to carry out a task in anticipation of a reward from oneself

② 외재적 동기(extrinsic motivation)
외부로부터 보상을 받는 것에 목적

> extrinsic motivation is when other influences such as teachers or school requirements, push learners to study L2. In this case, learners often need to receive rewards such as good grades, high scores, and praise. Without rewards, you may not be motivated enough to study L2 very hard.
> - Extrinsically motivated to succeed in a task
> - motivated to carry out a task in anticipation of a reward from outside and beyond the self
> - money, prizes, grades, positive feedback, etc.

(4) 학습과의 관계
외국어 학습에 대한 동기가 높은 학습자일수록 빠르고 성공적인 학습 결과를 보인다.

> Individuals who are motivated will learn another language faster and to a greater degree. And some degree of motivation is involved in initial decisions to learn and maintain learning. Furthermore, motivation is a predictor of language-learning success.

2 자아존중(Self-esteem), 자신감(Self Confidence)

자아존중은 자신이 갖고 있는 태도 속에서 나타나는 가치성에 대한 개인적 판단을 의미하고, 자신과 자신의 능력에 대한 자신감은 제2언어 습득에서 중요한 요소로 방어기제(Inhibition), 위험감수(Risk-taking), 긴장감(Anxiety) 등과 영향을 주고받는다.

> Self-esteem is a personal judgement of worthiness that is expressed in the attitude that individuals hold toward themselves. Self-esteem refers to the degree to which individuals feel confident and believe themselves to be significant people. Closely related to the notion of self-esteem is the concept of inhibition and language ego, risk-taking, anxiety, empathy and so on.

3 자아 방어기제(Inhibition)

(1) 인간의 자아에는 언어 자아(Language ego)도 포함되어 있으며 제2언어 습득 역시 포함한다. 따라서 유의미한 언어 습득 과정을 학습자 자신이 새롭게 습득한 능력과 함께 새로운 정체성을 가지게 되면서 정체성에 대한 어느 정도의 갈등(identify conflict)도 수반된다. 이때 적응할 수 있는 언어 자아는 학습자들의 성공적인 언어 학습을 저해할 수 있는 억제의 장벽을 낮게 할 수 있다.

(2) 학습자는 외국어 학습 시 자신감과 자아를 보호하기 위한 수단으로 억압(Inhibition)이라는 방어기제를 사용한다. 보다 효과적인 언어습득을 위해서는 억압의 기제를 적절한 수준으로 낮추어야 하는데 이를 위해 교사는 수업 중 guessing game, communication game을 진행할 수 있다.

> - All human beings build set of defenses to protect their ego: body ego; language ego.
> - The extent to which individuals build defences to protect their egos. People vary in how adaptive their language egos are, i. e., how able they are to deal with the identity conflict involved in L2 learning. When people began to speak their native language, they have learner to understand themselves in their own language. The close connection between language and ego is called language ego: the way language helps you to understand and express yourself.

4 불안감(Anxiety)

긴장감은 근심, 좌절, 자기 의심, 우려, 걱정과 관련된 두려운 감정들이다. 여기에는 언어습득을 촉진하는 facilitative anxiety와 학습을 저해하는 debilitative anxiety가 있다. 교사는 학습을 저해하는 불안감이나 초조감 등은 없애고, 경쟁심 등을 자극하여 학습을 촉진하는 긴장감을 활용하도록 한다.

> - The subjective feelings of tension, apprehension, nervousness, and worry associated with an arousal of the autonomic nervous system.
> - Learner anxiety is the feeling of worry, nervousness, and stress. Anxiety is not always a negative factor in learning like many other factors ; low levels help, whereas high levels hurt.

① Facilitative (helpful) Anxiety motivates learners to fight the new learning task, prompting them to make extra efforts to overcome their feelings of anxiety.

② Debilitative (harmful) Anxiety causes the learners to flee the learning task in order to avoid the source of anxiety.

5 모험시도(Risk-taking)

(1) 성공적인 언어 학습자들의 두드러진 특성들 중 하나는 지적인 추측(intelligent suess)을 할 수 있는 능력이다. 적절한 수위의 위험을 감수하도록 학습자의 Inhibition을 낮추도록 도와 주어야 하며 정확성보다는 유창성 중심의 활동을 장려하도록 한다.

(2) Risk-taking이란 오류를 범할 수 있는 약간의 모험을 감수하며 언어를 사용하는 것을 말하는데 적절한 수준의 위험 감수는 성공적인 학습에 큰 영향을 끼친다. Risk-taking을 위한 수업 분위기 조성을 위하여 교사는 자발적 추측을 장려하고 유창성에 초점을 둔 활동을 많이 활용하도록 한다.

> - It is more useful for language learners to take moderate but intelligent risks, such as guessing meanings based on background knowledge and speaking up despite the possibility of making occasional mistakes.
> - Risking-taking is an important characteristic of successful of second language. Learners have to be able to gamble a bit to be willing to try out hunches about the language and take the risk of being wrong. Risk-takers show less hesitancy, are more willing to use complex language, and are more tolerant of errors. The concepts of risk-taking, anxiety, and extroversion would appear to be related, as would those of self-esteem and inhibition.

6 Extroversion & Introversion

자신의 정체성을 찾는 정도에 따라 다른 사람으로부터 스스로의 자긍심과 만족도를 얻는 사람은 외향성이라고 하며, 자신의 정체성을 자아로부터 얻어 내는 성향이 있는 학습자는 내향적인 사람이다.

외향성(extroversion)은 만족감이나 자긍심을 타인으로부터 얻어내려는 성향으로서 말하기와 의사소통 능력에 유리하며, 내향성(introversion)은 자아로부터 이를 얻어내려는 성향으로서 듣기, 읽기, 쓰기 수업에 능하다.

> Extroversion is the extent to which a person has a deep-seated need to receive ego enhancement and self-esteem from others. On the other hand, introversion is the extent to which a person derives a sense of wholeness and fulfillment apart from a reflection of this self from other people. Extroverts are sociable, risk-taking, lively, and active ; introverts are quiet and prefer non-sociable activities.

7 Empathy

(1) 감정이입이란 상대방을 이해하는 능력이다. 언어는 감정이입의 주요한 수단으로 감정이입이 뛰어난 학습자는 외국어 학습 상황에 있어 협동학습과 상호작용에 유리하다.

(2) 감정이입이란 자신의 자아를 뛰어넘어 타인을 이해하는 과정으로, '언어'를 감정이입의 과정의 중요한 수단으로 삼는다. 감정이입이 뛰어난 학습지는 협동학습과 상호작용적 수업에 능하기 때문에 원어민으로부터 진정성 있는 발음을 용이하게 습득할 수 있다.

> - Empathy is the process of putting yourself into someone else's shoes. That is, it is the process of reaching beyond the self to understand what another persons' feeling.
> - Empathy concerns the ability to put oneself in the position of another person in order to understand him or her better.

 **사회문화적 요인(Sociocultural Factor)**

1 문화변용 모델(Acculturation Model)

(1) 문화변용(acculturation)

문화변용은 새로운 문화에 적응해 가는 과정이다. 문화 변용에 가장 큰 영향을 끼치는 요인으로는 사회적 거리감(social distance)과 심리적 거리감(psychological distance)이 있다. 사회적 거리감은 두 문화 사이의 인지적, 정의적 측면에서의 거리감이다.

> Acculturation means the process of becoming adapted to a new culture.
> ① Social distance : The cognitive and affective proximity of two cultures that come into contact within an individual.
> ② Psychological distance : The extent to which individual learners are comfortable with the learning task, therefore, a personal rather than a group dimension.

문화변용 이론을 주창한 Schumann에 의하면 제 2 언어 학습은 문화변용의 한 부분이며 학습자가 목표 문화에 성공적으로 적응해 가는 정도에 따라 제2 언어 학습의 성공여부가 결정된다. 이러한 문화변용과 제2언어 학습은 학습자와 목표 문화 간에 사회적, 심리적인 거리의 정도에 따라 결정된다. 예를 들어 목표 언어와 학습자가 서로를 사회적으로 동등하다고 간주하고 학습자가 목표 문화에 동화하려는 의지가 있으며 서로에 대해 긍정적인 태도를 가지고 있으면 외국어 학습에 좋은 환경인 것이다.

> According to Acculturation Model, second language learning involves the acquisition of a second identity and requires learning the culture of that community and adapting to those values and behavioral patterns. The extent to which learners acculturate depends on two sets of factors: social distance and psychological distance, which limit acculturation, and thus inhibit L2 learning.

(2) 문화변용의 단계

① 흥분과 행복감

> A period of excitement and euphoria over the newness of the surroundings.

② 문화충격(culture shock) : 자신의 문화와 목표 문화 간의 차이를 인식

> Individuals feel the intrusion of more and more cultural differences into their own images of self and security

③ 문화압력(culture stress)

문화충격이 점진적으로 회복되면서 맞는 문화적 긴장의 단계로 초기에 아노미(anomie, cultural homeless) 현상을 겪는다. 제 2 언어 문화에 적응해 가는 과정에서 문화적인 충격(culture shock)을 거친 후 culture stress를 느끼게 된다. 이때 학습자는 자문화에도 속하지 않고 목표 문화에도 속하지 않는 anomie 상태를 경험한다. 이러한 culture stress는 효과적인 언어습득을 위해서 반드시 필요하다. 왜냐하면 이 시기의 stress는 학습자로 하여금 각 문화(L1, L2)에 대해 적정 수준의 사회적 거리 (Optimal Social Distance)를 유지하면서 적정 수준의 긴장감을 갖고 언어습득을 하도록 도와주기 때문이다. 이 단계를 잘 극복하면 제 2 언어 문화에 성공적으로 적응할 수 있다는 점에서 이 시기를 언어습득에 있어 문화적으로 결정적인 시기라고 할 수 있다.

> Brown's Optimal Distance Model
> - Culturally based critical hypothesis: There is a socio-culturally based critical period which provides the optimal social distance and anomie, & the optimal cognitive and affective tension to produce necessary pressure to acquire the language, yet pressure that neither too overwhelming nor too weak.

④ 문화동화(acculturation)
  문화충격에서 완전히 회복되어 목표문화에 동화되고 제2의 자아를 갖게 된다.

> Near or full recovery either, assimilation or adaptation, acceptance of the new culture and self-confidence in the "new" person that has developed in this culture.

2 문화간 의사소통 (intercultural communication) 능력

(1) 지구어 혹은 국제어
  ① 오늘날의 영어는 하나의 외국어가 아니라 지구어 혹은 국제어이다. 그리하여 영어로 의사소통하는 상황이 영어 원어민과 비원어민 간에 일어나는 경우보다 비원어민 상호 간에 일어나는 경우가 더 많다는 것이다.
  ② 이때의 비원어민은 서로 다른 문화를 배경으로 하고 있기 때문에 문화간 의사소통(intercultural communication)이 될 것이며, 문화간 의사소통에서 상대방이 이해할 수 있게 말할 수 있는 사람을 문화간 화자(intercultral speaker)라고 한다.

(2) 문화간 화자(intercultral speaker)
  • 문화간 화자(intercultral speaker)는 문화간 의사소통에서 상대방이 이해가능한 범위 내에서 자기의 문화를 반영한 영어를 사용하여 의사소통할 수 있는 사람이다.

(3) 문화 간 의사소통 능력
  ① 영어교육의 목표 수준을 '영어 원어민(native speaker of English)'이 아니라 '문화 간 화자(inter-cultural speaker)'로 설정하고, 문화 간 화자가 영어로 국제적인 의사소통을 할 때 문화적인 차이에 대처하는데 도움을 줄 수 있는 문화 간 의사소통 능력을 중요시하고 있다.
  ② Chen과 Starosta(1998)는 문화간 화자가 영어로 국제적인 의사소통을 할 때 문화적인 차이에 대처하는데 도움을 줄 수 있는 능력을 문화간 의사소통 능력이라고 정의하고, 4개 차원에서 16개의 구성요소를 제시하였다.

Intercultural Communicative Competence	
Dimensions	Components
Personal attributes (개인적 자질) 자아를 표현하고 의식하며, 사교적으로 긴장을 완화하는 특질	Self-disclosure
	Self-awareness
	Self-concept
	Social relaxation
Communication skills (의사소통 기술) 전달할 내용을 다루는 사교적 기술과 융통성 및 상호 교류를 잘 관리하는 능력 포함	Message skills
	Social skills
	Flexibility
	Interaction management
Psychological adaptation (심리적 적응력) 좌절, 스트레스, 고립감 및 모호함 등에 잘 대처하는 능력	Frustration
	Stress
	Alienation
	Ambiguity
Cultural awareness (문화적 의식) 사회의 가치, 관습, 규범 및 체제를 인식하는 능력 포함	Social values
	Social customs
	Social norms
	Social systems

 교사 영어 LINE-UP

1 영어로 진행하는 영어 수업(T.E.E)
- (1) 배경
- (2) TEE가 원활히 이루어지기 위한 조건
- (3) 장점

2 드라마 기법(drama techniques)
- (1) 개념
- (2) 종류
- (3) 인형극(Puppetry)
- (4) 교사 역할

3 스토리텔링(storytelling)
- (1) 개념 및 특징
- (2) 장점
- (3) 교사 역할

4 Teacher Talk
- (1) Input modification
- (2) Interaction modification (negotiation of meaning)
  ① Confirmation checks
  ② Comprehension checks
  ③ Clarification requests
  ④ Repetition
  ⑤ Reformulation
  ⑥ Completion
  ⑦ Backtracking

5 교사 질문 유형
- (1) Display question
- (2) Referential question
- (3) 수업 장면

16 영어로 진행하는 영어 수업(T.E.E)

1 배경
(1) 의사소통능력을 배양하기 위한 필수조건들은 언어에 대한 자연스런 노출과 입력, 언어를 사용할 수 있는 기회 즉 상호작용의 기회 제공 등이다.
(2) 그런데 우리나라와 같은 EFL 상황의 언어학습 환경에서는 학습자의 수준에 적합한 언어에 노출될 기회와 자연스런 언어 입력의 양 그리고 영어를 사용할 기회가 부족하기 때문에, Littlewood(1981)가 제시한 의사소통교수법의 조건 즉, 교실수업 관리를 영어로 할 것(using the foreign language for classroom management), 영어 교실 수업언어 자체가 영어로 되어야 할 것, 수업에서 대화나 토론의 과정을 거칠 것 (conversation or discussion session), 및 학습자들의 학교생활이나 일상생활에 바탕을 둔 대화나 의사소통활동(basing dialogue and role-plays on school experience)이 제공되어야 할 것 등의 조건들이 충족되어야 한다.

2 TEE가 원활히 이루어지기 위한 조건
(1) 교사와 학습자간의 자연스런 의미전달을 위해 교사는 학습자의 언어 수준을 정확히 파악하고 있어야 하며 수시로 수업 목표 도달이나 상호작용활동에 대한 이해점검이 이루어져야 한다.
(2) 교사는 기초적인 생활영어나 흔히 쓰이는 교실영어의 패턴을 연습하고 비슷한 상황에서는 같은 표현, 비슷한 표현을 반복적으로 사용하여 자신감을 가지고 다양한 표현들을 익혀야 한다.
(3) 교사의 언어 사용에 있어 비록 문법적으로는 맞지 않지만 학습자들의 이해를 촉진할 수 있다면 짧은 구나 낱말 등을 사용하는 교사 언어(teacher talk)을 사용하는 것이 바람직하며 학습자들의 중간 언어 사용에 대한 부정적인 시각을 너무 의식할 필요는 없다.

3 장점
(1) 영어로만 수업이 진행되면, 교사가 교실 운영(classroom management)이나 학습과제의 수행과 관련된 설명을 학생의 언어수준에 맞게 영어로 진행하는 과정에서 학생들이 스스로 영어표현의 의미를 구성하고 문장 및 문단의 논리적 구조를 형성하도록 이끌어 주는(verbal scaffolding) 역할을 하게 된다.
(2) 교사와 학습자간 상호작용을 통해 의미협상(negotiation of meaning)이 이루어지는 과정에서 학습자들이 영어표현들을 자연스럽게 반복적으로 사용하는 환경에 노출됨으로써 무의식적으로 영어를 습득할 수 있다.

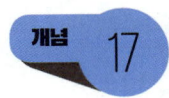 **드라마 기법 (drama techniques)**

1 개념
(1) 드라마 기법은 실제 일어날 수 있는 일정한 상황과 그에 따른 대화로 이루어져 학생들로 하여금 영어로 말을 주고받는다는 목적 의식을 갖게 하며 영어로 말하기, 듣기를 할 수 있는 장을 마련해 줄 수 있다.
(2) 학생들은 앵무새처럼 반복하는 언어 훈련보다는 대화와 행동, 몸짓, 표정이 함께 어우러지며 의상, 소품 등의 시각 자료들이 포함된 드라마 기법에 흥미를 갖고 적극적으로 임할 것임은 당연한 일이다. 그렇게 되면 영어에 흥미와 자신감을 가지며 자연스럽게 의사소통을 할 수 있는 기본 능력을 기른다는 교육과정의 교육 목표에도 부합한다.

2 종류
역할극(role play), 드라마(drama), 마임(mime), 연극(theater), 인형극(puppetry), 즉흥극(improvisation) 등이 있다.

3 인형극(Puppetry)
(1) 인형극은 생명이 없는 물체를 조작함으로써 생명감을 주어 간접적으로 연기하는 형태이다. 인형을 통해 대화를 함으로써 내가 아닌 다른 사람이나 사물이 말하는 것으로 느껴 심리적인 부담을 줄일 수 있다.
(2) 인형극에 사용할 인형들은 장난감, 브러시, 롤리팝, 숟가락, 빗자루 등 어떤 물건이든 사용할 수 있으며 종이 인형을 만들어 OHP를 이용해 그림자 인형을 사용하는 것도 효과가 있다. 또한 양말이나 깡통, 요구르트 병, 장갑 등으로도 간단히 만들어 사용할 수 있는데, 아동은 직접 만든 인형을 통해 대화함으로써 친숙함을 느끼게 되고 그럼으로써 보다 큰 성취감을 얻게 할 수 있다.
(3) 인형극을 학습 내용을 제시할 때 사용할 경우 일반적으로 손가락 인형을 많이 사용하는데 교사가 인형으로 다양한 표정과 몸짓을 보여주기 위해서는 인형 조종에 능숙해야 한다. 또한 종류를 달리해가며 사용하는 것이 흥미 유발에 효과적이다.

4 교사 역할

> 학습 활동 시연자(demonstrator)로서의 초등 영어 교사

(1) 학습 스타일에는 여러 가지가 있다. 학습자는 문화의 영향을 받는 고유의 학습스타일이 있다. 중국이나 우리나라의 학습자들은 교사가 시연해 보여주는 것을 보고 배우는(modeling) 학습 스타일을 좋아한다. 특히 초등학교의 아동에게는 더욱 그러하다.
(2) 아동은 인지발달이 충분하지 않기 때문에 언어와 논리로 하는 추상적인 설명보다는 구체적인 모습을 눈으로 보고 직접 몸으로 모방해 봄으로써 쉽게 이해할 수 있다.
(3) 초등 영어 교육은 활동 중심으로 행해지고 있으며, 이런 활동은 정신적인 활동이라기보다도 물리적인 움직임을 수반하는 육체적인 활동이다. 활동 중심 학습을 유도하기 위해서는 교사가 활동을 하는 것은 물론 아동이 보고 따라하는 모델이 될 수 있어야 한다.
(4) 초등 영어 교사가 하는 활동에는 여러 가지가 있지만 그 중에서도 쉬운 악보를 보고 노래 부를 수 있어야 하며, 짧은 시간 내에 의도한 사물을 간단히 그릴 수 있어야 하며, 역할극과 이야기를 실감나게 시연할 수 있는 능력이 무엇보다도 중요하다. 대체로 아동에게 노래가 없는 영어 수업은 즐거움을 주지 못한다. 그림을 사용하고 그림을 직접 그리는 영어 수업은 실제적인 의사소통의 상황을 제공해주며, 역할극이나 이야기(storytelling)가 있는 영어수업은 학습자에게 풍부한 상상력을 불러일으키면서 기다려지는 학습 분위기를 조성한다.

개념 18 스토리텔링(storytelling)

1 개념 및 특징

스토리텔링은 기본적으로 텍스트를 사용하지 않고 구두로 이야기를 해주는 방식으로, 스토리텔링에서 이야기꾼은 자신들만의 이야기 이미지를 개발하면서 음성 언어를 사용하여 자연스런 방법으로 이야기를 전달한다.

The educational value of stories	① Stories help children relate new things to what they know already. ② Stories can link English to other subjects across the curriculum. ③ The imaginative experiences in the stories can enable children to develop their thinking and creative skills.
The linguitic value of stories	<u>Children enjoy listening to stories over and over again. This frequent repetition allows certain language items to be acquired while others are being overtly reinforced.</u> ① Stories can introduce new language in context ideally with pictures and gestures. ② Stories help children become aware of the key words and structures of the language. ③ Stories help children acquire intonation and pronunciation by listening. ④ Listening to stories develops children's listening and concentrating skills.
The affective value of stories	① Stories can help children enjoy learning English. ② Story-telling can let children share their experiences with the group-everyone listens and feels sad or happy. ③ Story-telling can help build up children's confidence and encourage social and emotional development.
The socio-cultural value of stories	① Stories can introduce children to other cultures. ② Stories can help develop positive attitudes towards the foreign language and language learning, and create a desire to continue learning.

2 장점

(1) 일반적으로 어린이는 이야기를 좋아한다. 이야기는 아동에게 풍부하고도 지속적인 언어 경험을 제공하며, 진정한 의사소통이 이루어지는 자연스런 상황을 제공한다. 그래서 어린이는 같은 이야기를 여러 번 들어도 좋아한다. 이야기를 들으며 상상의 날개를 펴고 이야기 속에 쉽게 몰입하기 때문에 동기의 유발과 자발적인 참여를 유도하는 데 매우 효과적이다.

(2) 이야기 속에는 주요 어휘나 문장 구조가 자연스럽게 반복되므로, 의식하지 못하는 가운데 언어를 습득하게 도와준다.

> - 어린이가 이야기에 재미를 느끼고 쉽게 몰입하는 것은 이야기는 바로 의미의 집합이기 때문이다. 이야기를 듣고/읽고, 그 속에서 의미를 발견하면, 재미가 있고, 재미가 있으면, 집중할 수가 있고, 집중이 지속되면, 의미 이해 능력이 늘어나고, 더불어 자연히 언어 이해 능력도 늘어나게 된다.
> - 어린이는 스토리텔링에 사용되는 언어의 구조, 단어 등을 많이 접하게 되지만, 그것들을 모두 꼭 발화해 보지 않아도 되기 때문에 언어에 대한 과도한 부담감을 받지 않는다. 또, 이야기를 듣고, 좋거나 싫다든지, 혹은 어떤 생각이나 느낌을 표현하고 교환할 수도 있다. 그렇게 되면, 다른 언어 활동으로 자연스럽게 연계시켜 나갈 수가 있게 된다.

3 교사 역할

(1) 스토리텔링을 할 때에는, 이야기의 맥락과 주인공에 대하여 먼저 소개하여, 학생들이 이야기에 대하여 대강의 사전 지식을 갖고 듣도록 하는 것이 좋다.

(2) 또, 아무런 자료 없이 말로만 하는 것보다는, 이야기의 줄거리를 몇 조각의 그림으로 나타낸 시각 자료를 사용하면서 이야기하면 훨씬 더 효과적이다. 그런 시각 자료들이 이야기 줄거리에 대한 이해와 기억을 돕기 때문이다.

(3) 이야기를 하는 도중에 학생들이 잘 알아듣지 못한다고 판단되는 부분이 있으면, 맥락과 중요 단어를 학생의 모국어로 제시하거나 설명하여도 된다. 스토리텔링은 학생의 수준에 맞게 표현을 단순화하여 반복을 자주 하며, 리듬 및 억양 속도를 조절하고, 시각 자료를 적절히 활용하여 이해 가능한 입력(comprehensible input)을 풍부하게 하는 방법이다.

 **Teacher Talk**

1 Input modification

학습자의 이해를 돕기 위해 제공하는 입력을 단순하게 하는 것으로, 보다 쉬운 어휘와 명확한 발음, 단문 사용 및 비언어적 상황 등이 해당된다.

Vocabulary	• use of more common vocabulary • use of nouns rather than pronouns	• avoidance of idioms
Grammar	• shorter utterances • more regular surface structure	• less complex utterances • increased use of present tense
Pronunciation	• slower speech • more frequent use of standard forms • greater stress differentiation • more pauses/longer pauses	• clear articulation • less vowel-reduction • sider pitch range
Non-verbal	• increased use of gesture	• increased use of facial expression

2 Interaction modification(Negotiation of Meaning)

학습자의 이해를 돕기 위하여 학습자와의 상호작용 중 대화의 구조를 조정함으로써 입력을 이해 가능하게 만드는 경우이다.

(1) Confirmation checks(확인 점검)
앞선 발화에 대해서 청자가 자신의 이해의 정도를 확인하는 경우

> One speaker seeks confirmation of the other's preceding utterance through repetition, with rising intonation, of what was perceived to be all or part of the preceding utterance.
> Ex_ You mean ...?

(2) Comprehension check(이해 점검)
발화자가 자신의 발화에 대한 청자의 이해 여부를 확인하는 경우

> One speaker attempts to determine whether the other speaker has understood a preceding message.
> Ex. Do you understand?

(3) Clarification requests(명료화 요구)
앞선 발화에 대해서 청자가 추가적인 설명이나 정보를 요구하는 경우

> One speaker seeks assistance in understanding the other speaker's preceding utterance through questions, statements or imperatives
> Ex. Pardon?

(4) Repetition : 교사가 한 말이나, 학습자의 말을 반복하면서 대화의 구조를 조정한다.
(5) Reformulation : 교사가 한 말을 다시 표현하면서 대화의 구조를 조정한다.
   Ex. I am going to be there. - I will be there.
(6) Completion : 학습자가 중도에 발화를 끝낼 경우. 학습자의 발화를 완성한다.
   Ex. I went to the (supermarket).
(7) Backtracking : 학습자가 이해할 때까지 처음으로 돌아가는 경우

개념 20 교사 질문 유형(Teacher's Question types)

1 Display question(전시형 질문)
- 교사가 자신도 알고 있는 정답을 학생으로부터 이끌어내기 위해 학생에게 하는 질문

> ① a question which is not a real question but which serves to elicit language practice. (such as Is this a book? Yes, it's a book.)
> ② Display questions are those to which we know the answer. The purpose of a display question to evaluate learners'. knowledge about language (words or grammar) or content. Outside the classroom, they are virtually never used.

2 Referential question(정보 질문)
- 교사도 모르는 답을 학생으로부터 이끌어내기 위해 하는 질문

> ① a question which asks for information which is not known to the teacher,
>   (such as What do you think about animal rights?)
> ② Referential questions are those to which the asker does not know the answer.
>   The use of a referential question usually results in significantly longer and syntactically more complex responses that are more like natural real-world interaction.

★ In a language classroom, "display" questions were determinant in teacher's interaction with learners, and that "referential" questions were more conducive to the production of lenghtier and more complex responses by learners. It has been suggested that one way to make classes more communicative is for teachers to use fewer display questions and more referential questions.

3 수업 장면

> T : Last week we were reading "Kee Knock Stan" [title ofa Story]. What is "Kee Knock Stan", Hyunsoo?
> S : I cannot understand.
> T : Yes.
> T : What do you think the postman at the post office would do?
> S : 1 think 1 would divide it if the letters are to Hong Kong or other places.
> T : Yes, 1 think that's a sensible way, right? Good.

★ Both questions asked by the teacher are "what" questions, but the first one is a "display" question which has only one correct answer, hence "closed". The second is a "referential" question with no pre-determined answer, hence "open".

 **영어 교수법 LINE-UP**

1 전통적 교수법

- 1. 문법번역식 교수법 (The Grammar-Translation Method)
- 2. Gouin and the Series Method
- 3. 직접 교수법 (The Direct Method)
- 4. 청화식 교수법 (The Audiolingual Method)
- 5. Situational Language Teaching
- 6. The Cognitive Approach

2 혁신적 접근법

- 1. Humanistic Approach
    - (1) Community Language Learning
    - (2) 암시 교수법 (Suggestopedia)
    - (3) 침묵 교수법 (The Silent Way)
- 2. Comprehension-based Approaches
    - (1) Total Physical Response
    - (2) The Natural Approach

3 의사소통 접근법

- 1. 의사소통 언어교수법 (Communicative Language Teaching)
- 2. Task-Based Language Teaching
- 3. Content-Based Instruction
- 4. Lexical Approach
- 5. Multiple Intelligence Language Learning
- 6. Experiential Learning
- 7. Episode Hypothesis
- 8. Whole Language Approach
- 9. 형태 초점 교수법(Focus-on-Form Approach)
- 10. Integrated/Integrative Approach

개념 22 발음 중심 교수법(Phonics Approach)

1 영어는 글자와 그 글자가 나타내는 소리가 항상 1 : 1로 대응되지 않는다.
(1) 우리말은 24자의 자모가 결합할 때 글자와 소리는 거의 1 : 1로 대응된다. 구체적인 음가(sound value)는 약간 달라질 수 있지만 같은 글자는 어디에 위치하든지 기본적으로 같은 소리를 가지고 있다.
(2) 그러나 영어의 알파벳 26자는 서로 결합이 되었을 때 글자가 나타내는 소리는 44개 정도나 된다. 즉 그래서 영어에는 알파벳이라는 기본 글자 이외에 발음기호라는 것이 존재한다. IPA식이니 Jones식이니 하는 것이 그것이다. 우리말은 글자 그 자체를 읽기 때문에 발음기호라는 것이 따로 존재하지 않는다. 이러한 점에서 우리말의 문자 체계는 영어의 그것보다 훨씬 더 과학적이다.

2 글자와 소리가 1 : 1로 대응되지 않는 언어를 모국어로 가진 학생에게는 매우 유용한 것으로 알려져 있다.
(1) 파닉스란 기본적으로 알파벳의 문자를 알고 그 문자의 결합체가 내는 소리를 익히는 것이다. 이를테면 알파벳 c, a, n, t는 조합의 방식에 따라서 can[kæn], can't[kænt], cat[kæt], tan[tæn], ant[ænt] 등으로 발음될 수 있다는 것을 알려 주는 것이 파닉스의 기본적 원리이다.
(2) 더 나아가서는 dear, year, hear, near, ear 등의 단어에서 동일한 철자 부분은 같은 소리를 낸다는 것을 기계적으로 익히는 것이다. 발음 중심은 영어교육의 초보 단계에서 부분적으로는 매우 효과적인 방법이다.

3 문자와 발음 간의 규칙성 강조
(1) 영어는 규칙 이외에 존재하는 예외가 매우 많은 언어이다. 특히 발음의 경우 발음기호라는 것이 따로 존재하고 있을 정도로 글자와 발음 간에는 전체적인 규칙성을 찾기가 어렵다.
(2) 그렇기 때문에 영어교육에서는 발음 교육이 매우 어렵고, 따라서 중요하다. 그래서인지 의미를 배제한 채 글자 혹은 단어 수준의 글자를 보고 인식할 수 있게 훈련시키는 것을 주요 목표로 삼는데, 이것은 현대 언어교육에서 제한적으로만 사용해야 할 수업 기술이라 할 것이다. 어린 아동들에게 무의미 반복 학습(rote learning)은 너무나 지루하고 재미없고 비효과적인 방법이기 때문이다.

4 덩어리째로(in chunk) 모방
(1) 새로운 음을 배울 때 어린이는 단순히 흉내나 반복에 의해 무의식적으로 배운다. 의식적으로 규칙을 찾아 적용하지 않는다.
(2) 또 개별적인 음보다는 낱말이나 구절, 굳어진 표현 등을 있는 그대로의 한 다음, 그 뜻이 무엇인지를 알고 싶어 한다. 어린이들에게는 그냥 듣고 따라해 보는 것이 매우 자연스러운 학습법이다.

 청각구두 교수법(The Audiolingual Method)

제2차 세계 대전 중 미국이 연합군과의 의사소통을 위해서 뿐만 아니라 적국에서의 정보 수집 등을 위해 여러 가지의 외국어(특히 구어)에 능통한 군사 요원을 많이 필요로 하면서 설치한 군사 특별 훈련반(The Army Specialized Training Program)에서 사용한 방법에서 유래한 교수법이다. 청화식 교수법은 탄탄한 이론적인 배경을 가지고 있다. 언어면에서는 구조주의 언어학이, 방법면에서는 행동주의 심리학이 뒷받침해 주면서 오랫동안 중요한 언어 교육 방법으로 자리를 잡았다.

1 특징
(1) 목표 언어의 정확한 발음 지도를 중시하면서 문형 구조의 모방과 반복 연습에 의한 암기를 강조한다.
(2) 새로운 학습 목표는 대화문(dialogue) 형식을 통해 제시하고 모국어의 사용을 자제하면서 듣기와 말하기, 즉 음성 언어 기능을 문자 언어 기능에 앞서 강조한다.
(3) 문법은 설명이 거의 없이 학생들이 충분히 문형 연습을 하고 난 뒤 귀납적으로 제시되며, 제한된 어휘를 문맥 속에서 지도한다.
(4) 시청각 자료의 활용을 극대화하며 목표 언어의 문화 지도에 관심을 둔다.
(5) 학습자의 오류 발생을 최소화시키기 위해 노력할 뿐만 아니라 성공적인 반응에 대해서는 즉각적인 강화를 하고 보상을 한다.

2 장·단점
(1) 반복 학습을 강조하기 때문에 초보자에게 효과적이고 다수의 평범한 학생들에게 지도가 가능하다.
(2) 언어의 네 기능 분리 지도(듣기 - 말하기 - 읽기 - 쓰기)로 조직적인 훈련이 가능하고, 자동적이고 습관적인 언어 반응 유도도 용이하다는 장점이 있다.
(3) 그러나 문형 연습과 같은 기계적 연습에 치중하며, 지나친 반복으로 (특히, 우수한) 학습자들에게 싫증을 초래할 수 있다.
(4) 또한 암기한 구문은 실제 생활에의 응용력이 빈약하여 의사소통을 원활하게 하는 데 큰 도움이 안 된다는 문제점이 있다.
(5) 학습 활동의 다양성과 적절한 설명의 부족 등도 단점으로 들 수 있다.
(6) 목표 언어에 능통한 교사가 필요한 점도 문제가 된다.

3 초등 영어 교육에의 적용 가능성
(1) 청화식 교수법은 초보자에게 효과적이고 다수의 평범한 학생들에게 사용이 가능한 방법이기 때문에 초등 영어 교육에서 그 장점을 살리면서 사용할 수 있다.
(2) 사실, 청화식 교수법에서 강조하는 많은 사항들, 즉 새로운 학습 목표가 대화문을 통해 제시되고 음성 언어 기능을 문자 언어 기능에 앞서 강조하는 점, 시청각 자료의 활용을 극대화하며 목표 언어의 문화 지도에 관심을 두는 점, 문법이 귀납적으로 제시되며, 제한된 어휘를 문맥 속에서 지도하는 점 등이 초등 영어 교육에서 활용되고 있다.
(3) 특히, 정확성을 기르기 위한 연습(practice) 단계에서는 청화식 교수법이 효과적이긴 하나 무조건적인 암기, 기계적인 반복을 피하고 의미 있는 반복을 통해 기본 문형을 익힐 수 있도록 해야 한다. 발화(production) 단계에서는 유창성을 기르는 데 중점을 두고 즉각적인 오류 수정은 자제하되 성공적인 반응에 대해서는 즉각적인 강화를 하고 보상을 해 주는 것이 바람직하다.

4 행동주의에 따른 교실 지도

> 행동주의는 프로그램 학습과 통제된 연습, 수많은 pattern drill이 사용된 청화식 교수법 (Audiolingual Method) 의 토대가 되었다. 따라서 교사는 학습환경을 조성하고 모방과 연습, 강화 스케줄을 마련하여 자신이 의도하는 방식으로 학습자가 반응하도록 반복적이고, 기계적으로 언어학습을 하여 해당 언어를 습관화시키도록 한다. 즉, 문형을 반복연습시켜 외우게 한 다음, 필요에 따라, 습관적으로 그 문형을 사용할 수 있도록 한다.

(1) 대화를 통해 새로 나온 어휘와 구조들을 제시한다.
(2) 대화는 모방과 반복을 통해 학습된다.
(3) 대화에 나타난 문형을 기초로 다양한 활동을 수행한다.
(4) 문법은 주어진 예문에서 얻어지며 명시적 문법규칙들은 제시되지 않는다.
(5) 문화정보는 대화의 문맥 또는 교사에 의해 제시된다.
(6) 읽기와 쓰기 공부는 이전에 연습했던 구두연습에 기초한다.

> Behaviorism is the theory that human beings learn new behaviors through a stimulus and response cycle. In language learning it holds that language is learned mimicry and memorization of form which leads to habit formation. It suggests that the goal of instruction is to replace bad habits(errors) with good ones(grammatical utterances). This theory resulted in the creation and extensive use of drills for teaching foreign languages. This method of teaching relied heavily on the use of memorization of set dialogues and extensive repetition and drilling. It was developed in the 1950s as a method for teaching foreign languages to military personnel very quickly. However, when used in the public schools and universities throughout the world, it fell short of producing competence users of foreign languages. Why is that? Language production is not based on predictable, set dialogues. Language use can be unpredictable and it will varγ depending on the contexts in which is produced.

 **전신반응 교수법(Total Physical Response)**

1 개념

(1) James Asher가 창안한 방법으로, 교사는 학생이 알아들을 수 있는 정도의 목표 언어를 사용하여 지시나 명령을 하고, 이 지시나 명령을 받은 학생은 말로 반응을 할 필요 없이 행동으로 반응을 보이게 함으로써 목표 언어를 이해하도록 하는 방법이다.

(2) 이 방법은 청취 이해를 강조하는 특성이 있으므로 '이해 접근법'이라고도 할 수 있다.

> ① 언어 교육에서 4기능 중 어느 하나 소홀히 다루어도 되는 것은 없지만, 이 전신 반응 교수법(Total Physical Response)은 학생들에게 말하기를 하도록 요구하지 않고, 먼저 듣기를 훈련시켜서 청취 이해 능력이 어느 정도 길러졌다고 판단되었을 때 말하기 훈련을 시키는 것이 보다 자연스러운 언어 습득 방법이라는 전제에서 출발한다.
> ② 어린 아이가 모국어를 배우는 과정을 살펴보면, 이미 복잡한 명령을 듣고 이해하여 행동으로 반응을 보일 수는 있으나, 언어로는 표현하지 못하는 침묵기가 상당 기간 존재한다.

(3) 어린 아이가 모국어를 배울 때의 예를 원용해 보면, 영어 교육에서 듣기를 먼저 집중적으로 시키면, 나중에는 자연스럽게 말도 할 수 있을 것이라고 가정해 볼 수 있다.

(4) 음성 언어를 이해하는 기능인 듣기는 다른 기능으로의 전이력이 가장 크기 때문에, 문자 언어를 대상으로 하는 읽기나 쓰기에 앞서, 먼저 듣기를 가르쳐야 한다는 것이 일반적으로 받아들여지고 있다. 특히, Postovsky(1975 : 21)는 외국어 학습의 초보 단계에서의 집중적인 발화 연습은 학생의 언어 발달에 비효율적이라고 지적하면서, 구어의 이해력이 충분해지기 전까지는 발화 연습을 연기하여야 한다고 주장했다.

(5) 언어 습득은 모국어든지 외국어든지 이해가 표현보다 앞서고, 이해의 폭과 양이 표현의 질과 양을 훨씬 능가한다는 기본적이고 일반적인 사실에 근거하여, 영어로 말을 하라고 요구하기 전에 충분히 많은 양의 언어를 이해하도록 요구한다. 따라서, 전신 반응 교수법은 명령이나 지시를 영어로 하고, 그것을 '이해하였으면 해 보라'는 방법을 취한다.

2 장점

(1) 간단한 명령을 영어로 하여 명령대로 하는지를 보면, 그 학생이 영어 명령어를 이해했는지 못했는지를 바로 점검할 수 있을 것이다.

(2) 매우 기본적인 동작시키기에서부터 점검 수준을 높여 나가면, 학생들은 그런 영어 표현들을 듣고 이해하여 내재화할 수 있고, 나중에 실제로 표현할 수 있는 능력을 기를 수가 있다.

(3) 교사의 명령에 의해 충분히 연습을 하고 난 다음, 학생 상호간에 이 방법을 적용시키면 학생의 표현 또는 듣기 연습과 이해 연습이 동시에 이루어지는 효과를 얻을 수 있다.

(4) 이 방법은 듣기 연습만 시키면 학생들이 금방 지루함을 느껴 학습에 흥미를 잃게 될 가능성이 있지만, 교사의 명령에 학생들이 실제로 움직여 행동으로 반응을 나타내어야 하므로 듣기를 위한 집중력을 기를 수 있을 뿐만 아니라, 자기의 성취를 행동으로 확인할 수 있어 학습 강화의 효과가 크다.

(5) 직접 행동하고 만져 보면서 이루어진 학습이기 때문에, 보다 오랫동안 기억할 수 있는 효과적인 학습 방법이다.

3 학습 이론

(1) The Bio-Program

우리의 두뇌와 신경 체계는 생리학적으로(biologically) 어떤 특정한 '순서'와 '형식'을 따라 언어를 습득하도록 프로그램이 되어 있는데, 여기서 '순서(sequence)'란 말하기보다는 듣기가 먼저 습득된다는 것을 의미하고, 듣는 것(listening)을 이해하는 시기가 되면 말(speaking)은 노력 없이도 자연스럽게 나오게 된다는 것이다. 또한, '형식(mode)'이 의미하는 바는, 언어 습득은 명령에 육체적으로 반응하는 형식으로 이루어진다는 것이다.

- Children's ability in listening comprehension is acquired because children are required to respond physically to spoken language in the form of parental commands.
- Once a foundation in listening comprehension has been established, speech evolves naturally and effortlessly out of it.

(2) Brain Lateralization

① Asher는 보통의 외국어 교수법이 좌뇌(left brain)를 자극하는 학습을 지향하는 데 반하여, '우뇌(right brain)'에 초점을 맞춘 학습을 내놓았다.

② 우리는 보통 언어 기능은 주로 좌뇌가 맡아 보고, 운동과 같은 육체적인 행동은 우뇌가 맡아 본다고 알고 있으며, 다른 교수법들도 이를 전제로 하고 있다. 그러나 Asher는 어린아이는 육체적 행동 또는 반응을 통하여 언어를 습득하기 때문에, 결국 언어를 맡아 보는 기관도 우뇌라고 주장을 하고 있다. 따라서, 외국어 학습자들도 초기에는 우뇌를 자극하는 학습 활동을 많이 해야 하며, 그러는 동안 좌뇌는 이를 보고 배운다는 것이다.

③ 다시 말하여, 좌뇌가 말을 할 수 있고 보다 추상적인 언어 기능을 맡아 보려면, 우뇌를 겨냥한 학습 활동이 먼저 충분히 이루어져야 한다고 보는 가설이다.

- Asher sees Total Physical Response as directed to right-brain learning, whereas most second language teaching methods are directed to left-brain learning.
- The child language learner acquires language through motor movement – a right-hemisphere activity.
- Right-hemisphere activities must occur before the left hemisphere can process language for production.
- When a sufficient amount of right-hemisphere learning has taken place, the left hemisphere will be triggered to produce language and to initiate other, more abstract language processes.

(3) Reduction of Stress

① 성공적인 언어 학습의 중요한 조건은 스트레스가 없는 환경을 조성하는 데 있다.

② 추상적으로 언어의 규칙이나 문법을 배우는 것보다는 행동을 통하여 이해한 "의미"에 초점을 맞춤으로써, 학습자는 심리적으로 편안한 상태에 있게 되고, 걱정이 없어진 학습자는 자신의 모든 집중력을 언어 학습에 쏟게 된다.

- An important condition for successful language learning is the absence of stress.
- First language acquisition takes place in a stress-free environment, whereas the adult language learning environment often causes considerable stress and anxiety.
- By focusing on meaning interpreted through movement, rather than on language forms studied in the abstract, the learner is said to be liberated from self-conscious and stressful situations and is able to devote full energy to learning.

개념 25. 자연적 교수법(The Natural Approach)

1. 개념
(1) 자연적 교수법(The Natural Approach)은 Krashen과 Terrel(1983)이 창시한 언어 교육 접근법으로 자연적(natural)이라는 말을 사용한 것처럼 어린아이가 모국어를 자연스런 환경에서 자연스럽게 배우듯이 외국어도 모국어 습득 상황과 같은 자연스러운 환경이 설정되면 습득될 수 있다고 본다.
(2) <u>이 교수법은 Krashen의 습득-학습 가설, 모니터 가설, 자연적 순서 가설, 정의적 여과 가설, 입력 가설 등의 다섯 가지 가설에 기초하고 있다.</u>
(3) 자연적 교수법은 특히 학생들이 목표 언어에 관한 연습보다는 목표 언어 자체를 가능한 한 많이 접촉하도록 하고, 언어를 배우려고 하는 심리적 태도를 극대화하며, 발화보다는 듣기에 더 큰 비중을 둔다.
(4) 또, 이해 가능한 투입의 자료로서 글이나 그림 등의 여러 가지 자료를 적극적으로 이용한다는 것이 특징으로 이해 중심의 교수법이라 할 수 있다
(5) Krashen과 Terrell(1983 : 19)은 언어의 성질에서 의미의 중요성을 특히 강조하였는데, 그것은 언어 교육에서 어휘의 역할을 강조한 것으로 이어진다.
(6) 언어란 본질적으로 어휘이며, 문법은 의미를 어떻게 생성하고 전달하는지를 부수적으로 결정할 뿐이라는 것이 이들 견해의 근저를 이루고 있다.
(7) 언어란 의미와 메시지 소통의 수단이며, 언어의 습득은 목표 언어의 의미를 이해하여야만 가능하다는 견해를 가졌으나, 결과적으로 나타난 그들의 교수 방법의 기본 원리는 청각 구두 교수법의 원리와 비슷한 '언어 구조의 단계적 숙달'이라는 것으로 요약된다.

2. 특징
(1) 자연스러운 의사소통 상황 속에서 목표 언어를 사용하여 가르친다.
(2) 학생들로 하여금 목표 언어에 관한 연습보다는 가능한 한 이해 가능한 언어 입력 자료(comprehensible input)에 많이 노출되도록 한다.
(3) 적합한 상황을 제시하고, 학생들의 생활에 관련된 소재나 흥미와 관심을 보이는 소재를 가지고 질문과 응답을 통해 상황과 의미를 이해시킨다.
(4) 학생들이 정서적으로 불안하지 않고 긴장을 낮출 수 있도록 초기에는 말하기보다는 듣기에 중점을 둔다는 점에서 전신 반응 교수법과 마찬가지로 이해 중심 교수법에 속한다.
(5) 정확한 발음을 강조하거나 실수 교정을 즉시 해주지 않는다.

3. 장·단점
(1) 문장 구조 훈련이나 연습 문제 등을 듣기 테이프와 과제에 의존하기 때문에 구조 연습에 따른 시간이 절약되고, 즉각적인 교사의 도움을 받을 수 있으며, 수업 후 스스로 많은 연습이 가능하다는 점을 장점으로 들 수 있다.
(2) 그러나 제한된 구조 내에서의 어휘 사용으로 부정확한 의사소통을 유도할 가능성이 있고, 오류 수정에 대한 관심이 결여되어 있다는 점을 단점으로 지적할 수 있다.

4 초등 영어 교육에의 적용 가능성

(1) 우리나라의 초등학생들은 영어 습득에 결정적인 영향을 미치는 자연적이고 비형식적인 상황이 아닌 학교 등과 같이 자연스럽게 영어에 노출되지 않는 형식적인 상황에서 배우기 때문에 단지 영어 학습으로 끝나 버릴 가능성을 배제할 수 없다.
(2) 그러나 학습보다는 습득도 가능할 수 있도록 자연스러운 분위기를 조성하여 그림과 동작의 활용, 명확한 상황과 어휘 등을 통하여 이해 가능한 입력을 많이 제공하는 것이 필요하다.
(3) 말하기가 아직 준비되지 않은 학생들에겐 침묵기(silent period)를 허용해 줌으로써 불안감과 긴장감을 해소할 수 있도록 해 주는 것이 바람직하다.

5 원리

- 자연적 교수법은 습득·학습 가설(Aquisition-Learning Hypothesis), 모니터 가설(Monitor Hypothesis), 자연 순서 가설(Natural Order Hypothesis), 입력 가설(Input Hypothesis), 정의적 여과 가설(Affective Filter Hypothesis)에 근거한다.

(1) 습득·학습 가설(The Acquisition/Learning Hypothesis)
  ① 영어의 습득이란 어린이가 모국어를 습득해 가는 자연스러운 방법으로 무의식적으로 언어를 이해하고 상황에 맞게 사용하면서 점차 유창해지는 과정을 말한다.
  ② 그러나 학습은 영어에 관한 규칙을 의식적으로 배워 발달해 가는 과정이다.
  ③ 즉, 영어의 습득이란 언어를 들으면서 자기도 모르는 사이에 터득하는 것을 말하지만, 학습은 형식 교육을 통해 언어 형태에 관한 지식을 축적하는 과정이다.
  ④ 영어 교육에서 형식적 교육을 통한 학습을 선호하는 경향이 있는데 영어의 습득은 학습과 다른 과정이므로 학습을 통해 습득이 되는 것이 아니라는 가설이다.
  ⑤ '습득'이란 유의미한 의사소통 상황에서 목표 언어의 의미를 이해하고 사용함으로써 생기는 자연적 언어 발달의 무의식적인 과정이고, '학습'이란 목표 언어의 규칙에 관한 지식이 의식적으로 발달하는 것으로서 언어의 형태에 대한 지식을 명시적으로 설명할 수 있는 능력을 포함한다고 정의하고 있다.
  ⑥ 학습을 위해서는 공식적으로 가르치는 일이 필요하며, 학생이 실수하면 교정해 주어야 한다고 보았다. 학습은 습득으로 이어질 수 없다고 본다.
(2) 모니터 가설(점검 가설=The Monitor Hypothesis)
  ① 성인들이 영어를 배울 때에는 의식적으로 학습을 하는데, 의식적 학습은 자기가 표현한 말을 점검하고, 검색해서 스스로 수정하는 목적에 필요하다.
  ② 학습자에 따라 모니터를 많이 사용하는 사람과 모니터를 거의 사용하지 않는 사람이 있다.
  ③ 모니터를 지나치게 많이 사용하는 사람은 표현상의 오류와 실수를 많이 범하지 않지만 대신에 문법적 오류가 생길까 봐 두려워 말을 하지 않는 경향이 있으며, 모니터를 너무 사용하지 않으면 말을 많이 하지만 표현에 오류와 실수가 많다.
  ④ 그러므로 모니터를 적절하게 사용하는 것이 이상적이다.
  ⑤ 습득된 언어 규칙은 언어를 사용할 때 발화를 주도적으로 이끌어 낼 수 있지만, 의도적인 학습은 습득된 언어를 발화했을 때 그것을 점검하거나 수정하는 역할만 할 수 있다고 보았다.

(3) 자연 순서 가설(The Natural order Hypothesis)
　① 영어의 습득 과정을 보면 모국어나 외국어로 습득하는 경우에 모두 문법 구조와 문법적 어형은 예견할 수 있는 순서에 따라 습득한다.
　② 영어 학습자는 습득 과정에서 모국어의 배경에 상관없이 유사한 오류를 범하는 것으로 보아 오류는 자연적인 발달 과정으로 이해해야 한다.
　③ 문법 구조의 습득은 어떤 예측된 순서에 따라 이루어지며, 모국어에서 먼저 습득하는 언어 구조나 형태소가 있듯이 목표 언어의 습득에서도 먼저 습득되는 요소들이 분명히 존재한다는 가설이다.
　④ 실수를 한다는 것은 자연적 발달 과정이 존재한다는 것을 보여 주는 증표라고 본다.

(4) 입력 가설(투입 가설 = The Input Hypothesis)
　① 영어 학습자는 현재 알고 있는 세상 지식과 지금까지 습득한 영어의 수준을 약간 상회하는 언어 입력을 받아야 쉽게 습득할 수 있다. 영어 학습자의 현재 언어 능력을 'i'라고 한다면 이를 약간 상회하는 '$i+1$'을 포함하는 언어를 이해함으로써 다음 높은 수준의 단계로 이행하면서 자연스럽게 습득해 간다. 이는 영어 학습자가 자기의 언어 수준보다 약간 높은 언어 입력, 즉 이해 가능한 입력(comprehensible input)을 들으면 상황과 언어 외적 정보, 세상에 관해 이미 알고 있는 지식으로부터 단서를 얻어 이해할 수 있기 때문이다.
　② 이와 같은 단계에 따라 이해 가능한 입력을 학습자에 제공하면 말하기를 직접 가르치지 않아도 시간이 지나면서 저절로 유창하게 말할 수 있게 된다. 그러므로 학습자가 상황에 근거하여 이해할 수 있는 언어 입력을 충분히 제공해 주는 것이 필요하다.
　③ 앞에서 논의한 $i+1$ 수준의 언어 자료를 충분히 접하게 되면 언어 습득이 일어난다. 말을 하는 능력은 직접적으로 가르칠 수가 없고, 투입되는 언어 자료의 의미를 이해함으로써 학생이 언어적 능력(linguistic competence)을 얻게 되면 독자적으로 생겨나는 것이라고 본다. 따라서 학생에게는 '엄밀 조정 언어 자료' 대신에 '대략 조정 언어 자료'를 충분히 공급하는 것이 중요하다고 본다.

(5) 정의적 여과 가설(정서적 여과막 가설 = The Affective Filter Hypothesis)
　① 영어 습득에서는 학습자가 언어 입력을 자유스럽게 받아들일 수 있는 감정 상태와 태도가 매우 중요하다. 감정 상태란 영어 습득에 대한 강한 동기와 성공적으로 습득할 수 있다는 자신감, 낮은 불안감을 말한다.
　② 불안감을 느끼는 영어 학습자는 정의적 여과가 높아 습득을 하지 못하므로 정의적 여과를 낮추어 주어야 한다. 영어의 습득 과정에서는 정의적 여과 장치가 낮아야 언어 입력을 쉽게 받아들이고, 많은 언어 입력을 받아들일 수 있으며, 자신감을 갖고 의사소통을 할 수 있다. 이러한 관점에서 본다면 공포감, 당혹감, 수치감 등은 사춘기가 되면 매우 높아지므로 초등학교 어린이가 중등 학생이나 성인들보다 영어를 쉽게 습득할 수 있다.
　③ 학생 개인의 정서적 상태나 태도는 습득에 필요한 투입 언어 자료의 투과를 조절하는 기능을 하는 여과막과 같은 것으로 본다. 이 정서적 여과막은 학생의 학습 동기, 자신감, 심적 불안감 등의 세 가지 요소와 관련이 깊은데, 이 여과막은 투과가 잘 될수록 습득에 효과적이라고 본다.

 **의사소통 중심 교수법(Communicative Language Teaching)**

1 개념과 특징

> 의사소통 중심 접근법(Communicative Language Teaching: CLT)은 현행 영어과 교육과정의 기본이 되는 교수 방법이다. 1960년대 후반에 영국의 응용언어학자들은 언어의 기능과 의사소통적인 특성에 주목하고, 언어교육은 언어의 구조, 형태, 지식보다는 의사소통 능력, 의미, 사용에 중점을 두어 가르쳐야 한다고 보았다.
> CLT의 기본 단위는 의사소통 기능이며 언어 항목을 맥락화하여 제시한다. 발음도 원어민과 같은 발음보다는 이해 가능한 발음을 습득하는 것을 목표로 한다. 교수요목은 의미나 기능 중심의 교수요목을 사용하고, 정확성도 중요시하지만 유창성을 보다 강조한다.
> 초등 영어 교실에서는 영어를 의사소통의 도구로 사용할 수 있도록 교사가 영어 사용을 최대화하고 학생들의 영어 사용을 장려하는 것이 좋다. 또한 다양한 의사소통 활동을 개발하고 시행하여 학습자들에게 의사소통의 기회를 많이 제공하도록 한다.
> 교사는 이야기책, 애니메이션 등 실제적인 자료를 도입하는 등 실생활에서 영어가 사용되는 맥락을 제공하여 언어 습득을 돕는다. 오류는 의사소통을 저해할 경우에 주로 교정함으로써 학생들의 유창성을 장려한다. 한편, 학습 목표와 관련이 있는 언어형식의 오류가 있을 경우에는 의사소통의 정확성을 위해 학생들의 오류 유형을 관찰하여 적절한 피드백을 준다. 이처럼 교사는 학습자를 통제하기보다는 학습을 촉진시켜 주고 도움을 주는 조력자의 역할을 한다.

1 의사소통 언어 교수법은 언어의 기능(function)을 중요시한다.
　최근의 영어 교과서나 참고서를 보면 영어의 기능이 큰 부분을 차지하는 것을 볼 수 있는데, 예를 들면 교과서에서 '칭찬하기', '사과하기', '요청하기', '인사하기', '설득하기' 등의 기능이 각 과마다 설정이 되어 있는 것이 그것이다.

2 의사소통 언어 교수법이 강조하는 것은 사회적 상황, 또는 맥락(social context)이다.
　(1) 말하는 이는 대화 상대의 나이, 성별, 사회적 지위, 친한 정도, 사건의 심각성, 자신의 의도 등에 따라 언어의 기능을 수행하게 되는데, 이에 따라 말하는 스타일이 달라짐은 물론이다. 위의 사회적 요인에 따라서 말하는 이는 좀더 정중하게 말할 것인지, 아니면 좀 무례하고 강하게 말할 것인지 등을 결정하게 된다. 따라서, 한 가지의 기능을 수행하는 데 가능한 언어 형태는 여러 가지가 있다.
　(2) 창문을 열어 달라고 부탁을 할 때에도, "Open the window!"부터 "Could you open the window?", "I would appreciate it if you could open the window." 등의 다양한 언어 형태가 가능한데, 의사소통 능력의 중요한 부분을 차지하는 것이 상황에 적합한 언어 형태를 고를 줄 아는 능력이다. 이 능력은 사회 언어적 능력(sociolinguistic competence)이라고도 하는데, 기존의 직접적 교수법이나 청화식 교수법은 사회적 상황을 고려하지 않았다.

3 의사소통 언어 교수법은 의사소통의 성격이 근본적으로 과정(process)이라는 것을 인식한다.
　(1) 기존의 청화식 교수법은 정해진 패턴의 기계적인 암기에 의한 결과를 중시했었다. 그러나 의사소통이란 영어 학습자들이 암기한 일련의 구문들을 사용하여 기계적으로 대화를 나누는 것이 아니라, 상대방과의 의미 협상(negotiation of meaning)을 위하여 서로 상호 작용을 하면서 서로가 말하고자 하는 것을 이해하고자 일련의 노력을 하는 것이다. 여기서 중요한 것은 '피드백'인데, 대화자들은 서로에게 상대방의 말을 잘 이해하였는지 하지 못했는지를 알리고, 이에 따라 말하는 이는 자신이 말한 것을 수정하고 자신이 의도한 것을 좀더 명확하게 표현하고자 하는 노력을 기울인다.
　(2) 이러한 의사소통을 위한 일련의 노력들은 언어의 습득으로 이어진다. 이것은 "영어를 습득하기 위해서 영어를 사용한다."(Howatt, 1984 : 279)는 의사소통 언어 교수법의 이념을 반영하는 것이다.

4 가능하면 실제적인 언어(authentic language)를 수업 시간에 사용해야 한다.

(1) 실제적인 언어란 학습자를 위해서 부자연스럽게 만들어진 교과서적 언어가 아니라 실제 상황에서 영어 원어민들이 그대로 사용하는 살아 있는 언어를 말한다.

(2) 이를 위해 교사들은 교과서 이외에 영어 신문이나 잡지, 영화, 노래 등을 적극적으로 이용한다.

> Authentic materials and media offer a way to contextualize language learning. When lessons are centered on comprehending a repair manual, a menu, a TV weather report, a documentary, or anything that is used in the real world, students tend to focus more on content and meaning than on language.

배재민 만점 전략

Morrow(1979)는 언어 학습 활동이 진정으로 의사소통을 위한 것이 되려면 다음 세 가지의 조건을 충족시켜야 한다고 하였다.

① 정보의 공백(information gap)이 있어야 한다. 위의 예와 같이 "Is this a chair?", "Yes, it is."와 같은 대화는 대화자 사이에 아무런 정보의 공백이 없다. 정보의 공백이 없는 언어 연습은 아무런 의미가 없으며, 학생들에게 의사소통을 할 아무런 의미나 동기를 부여해 주지 못한다. 말하기 연습을 할 때에는 정보상의 공백이 주어지는 자연스러운 상황을 조성해 주어야 할 것이다.

② 말하는 이는 무엇을 말할지, 그리고 이를 어떻게 말할지에 대한 선택권(choice)이 있어야 한다. 예를 들어, 청화식 교수법에서와 같이 교사가 "What do you like?"라고 묻고 학생에게 플래시 카드나 사진으로 'apple'이라는 큐를 주고 그대로 말하게 한다면 (예 "I like apples"), 이는 학생에게 무엇을 말할 것인지에 대한 선택권을 주지 않은 것이 된다. 학생들은 자신의 생각이나 의견을 표현할 수 있는 기회를 부여받아야 한다.

③ 의사소통은 목적이 있고 이를 달성하기 위해서는 피드백이 있어야 한다. 이 피드백은 상호 작용(interaction)이라고 바꾸어 말할 수도 있겠다. 오류(error)는 의사소통 기술을 발전시켜 나가는 데 자연스럽게 나타나는 현상으로 본다. 청화식 교수법에서 실수란 용납할 수 없는 것이었다. 실수란 나쁜 습관을 형성하는 것이라 믿었기 때문이다. 그러나 의사소통 언어 교수법에서는 언어의 정확성(accuracy)보다는 유창성(fluency)을 중시하기 때문에, 학생들에게 너무 실수를 지적하면 이것이 유창성의 신장을 방해할 것이라고 본다.

2 의사소통 중심 교수법의 언어관

1 의사소통 중심 교수법이 기반을 두고 있는 언어관은 대체로 다음의 세 가지로 정리해 볼 수 있다.

(1) 언어 능력을 의사소통 능력으로 파악하는 것이다. Hymes(1972)는 이전의 Chomsky의 문법적 능력(linguistic competence)에다 기능주의와 사회 언어학을 배경으로 하여 새로운 개념의 의사소통 능력(communicative competence)을 소개하고, 언어를 배운다는 것은 의사소통 능력을 기르는 것이라 역설하였다. Canale and Swain(1980)은 의사소통 능력이 문법적, 사회 언어학적, 담화적, 전략적 능력을 포괄하는 것으로 보았는데, 각 세부 능력을 살펴보면 다음과 같다.

> ① 문법적인 능력(grammatical competence) : 언어의 어휘, 음운 및 문법 체계에 관한 지식
> ② 사회 언어학적 능력(social linguistic competence) : 언어가 사용되는 상황(대화 참가자, 상호 작용의 기능 등)에 대한 지식
> ③ 담화적 능력(discourse competence) : 구두 언어나 문자 언어에서 연결지어 표현할 수 있는 능력
> ④ 전략적 능력(strategic competence) : 효과적인 의사소통을 위한 언어적, 비언어적인 전략을 사용할 수 있는 능력

(2) 언어 기능의 중요성이다. Halliday는 제2언어를 배운다는 것은 언어의 서로 다른 기능들을 수행하기 위한 것으로 보았다.

(3) 언어 사용시 의사소통적인 면의 부각이다.

2 언어 학습에 대한 의사소통적인 견해의 특징은 다음 네 가지로 간추릴 수 있다.

> ① 언어란 의미를 표현하기 위한 체계이다.
> ② 언어의 주요한 기능은 상호 작용(interaction)과 의사소통(communication)이다.
> ③ 언어의 구조는 언어의 기능적이고 의사소통적인 사용(use)을 반영한다.
> ④ 언어의 주요한 단위(units)들은 단지 문법적이고 구조적인 특징들이 아니라, 담화에서 예시되어지는 기능적이고 의사소통적인 의미들이다.

3 청화식 교수법과의 차이점

- Finocchiaro와 Brumfit(1983)는 CLT를 종합적인 교수법이라고 할 수 있는 청화식 교수법과 비교했는데 대표적인 특징을 보면 다음과 같다.

청화식 교수법	의사소통 중심 교수법
언어의 형식 중시	의미 중시
구조 중심으로 짜여진 대화문의 암기	의사소통 기능을 중심으로 짜여진 대화문의 사용
원어민과 같은 발음의 습득 추구	알아들을 수 있는 정도의 발음 추구
정확성과 언어학적인 능력	유창성과 의사소통 능력의 함양, 시행 착오에 의한 언어의 생성 강조, 다른 사람과의 상호 작용

4 A.L.M (청화식 교수법) vs C.L.T (의사소통적 접근법)

Table 3.1. A comparison of the Audiolingual Method and Communicative Language Teaching (Finocchiaro & Brumfit, 1983, pp. 91–93)

Audiolingual Method	Communicative Approach
1. Attends to structure and form more than meaning.	Meaning is paramount.
2. Demands more memorization of structure-based dialogues.	Dialogues, if used, center around communicative functions and are not normally memorized.
3. Language items are not necessarily contextualized.	Contextualization is a basic premise.
4. Language learning is learning structures, sounds, or words.	Language learning is learning to communicate.
5. Mastery or "overlearning" is sought.	Effective communication is sought.
6. Drilling is a central technique.	Drilling may occur, but peripherally.
7. Native-speaker-like pronunciation is sought.	Comprehensible pronunciation is sought.
8. Grammatical explanation is avoided.	Any device that helps the learners is accepted—varying according to their age, interest, etc.
9. Communicative activities come only after a long process of rigid drills and exercises.	Attempts to communicate are encouraged from the very beginning.
10. The use of the student's native language is forbidden.	Judicious use of native language is accepted where feasible.
11. Translation is forbidden at early levels.	Translation may be used where students need or benefit from it.
12. Reading and writing are deferred until speech is mastered.	Reading and writing can start from the first day, if desired.
13. The target linguistic system is learned through the overt teaching of the patterns of the system.	The target linguistic system is learned through the process of struggling to communicate.
14. Linguistic competence is the desired goal.	Communicative competence is the desired goal.
15. Varieties of language are recognized but not emphasized.	Linguistic variation is a central concept in materials and methods.
16. The sequence of units is determined solely by principles of linguistic complexity.	Sequencing is determined by any consideration of content function or meaning that maintains interest.
17. The teacher controls the learners and prevents them from doing anything that conflicts with the theory.	Teachers help learners in any way that motivates them to work with the language.
18. "Language is habit," so error must be prevented at all costs.	Language is often created by the individual through trial and error.
19. Accuracy, in terms of formal correctness, is a primary goal.	Fluency and acceptable language are the primary goals; accuracy is judged not in the abstract but in context.
20. Students are expected to interact with the language system, embodied in machines or controlled materials.	Students are expected to interact with other people, either in the flesh, through pair and group work, or in their writing.
21. The teacher is expected to specify the language that students are to use.	The teacher cannot know exactly what language the students will use.
22. Intrinsic motivation will spring from an interest in the structure of language.	Intrinsic motivation will spring from an interest in what is being communicated by the language.

	청화식 교수법	의사소통적 접근법
1.	의미보다는 구조와 형태에 관심을 기울인다.	의미가 최고로 중요하다.
2.	구조 중심의 대화를 보다 많이 암기할 것을 요구한다.	대화가 사용된다면 의사소통을 중심으로 하고, 꼭 암기해야 하는 것은 아니다.
3.	언어 항목들이 반드시 맥락속에서 주어져야 하는 것은 아니다.	맥락을 제공하는 것은 기본 전제이다.
4.	언어를 배운다는 것은 구조, 소리, 단어를 배우는 것이다.	언어를 배운다는 것은 의사소통 하는 법을 배우는 것이다.
5.	완전 학습 혹은 "과잉 학습"을 모색한다.	효과적인 의사소통을 모색한다.
6.	훈련은 핵심적인 교수기법이다.	훈련이 있을 수는 있으나, 주변적인 것이다.
7.	원어민과 같은 발음에 도달하려고 한다.	이해 가능한 발음에 도달하려고 한다.
8.	문법 설명은 피한다.	학습자를 돕는 것이면 어떤 장치라도 용납한다-학습자의 연령, 흥미 등에 따라서 다르다.
9.	의사소통 활동은 오직 엄격한 훈련과 연습을 오랜 기간 거친 후에 한다.	의사소통을 하려는 시도를 아주 초기부터 장려한다.
10.	학생들의 모국어 사용은 금지한다.	가능한 경우에는 모국어의 분별 있는 사용이 용납된다.
11.	초급 수준에서는 번역을 금지한다.	학생들이 필요하거나 도움을 얻을 경우에는 번역을 사용한다.
12.	말하기가 완전 학습될 때까지 읽기와 쓰기를 미룬다.	요구된다면 첫 날부터도 읽기와 쓰기를 시작할 수 있다.
13.	목표어의 체계는 그 체계의 패턴들에 대해 명시적으로 가르쳐서 학습시킨다.	목표어의 체계는 의사소통을 하려고 애를 쓰는 동안에 학습된다.
14.	언어적인 능력이 요망되는 목표이다.	의사소통 능력이 요망되는 목표이다.
15.	언어의 다양성이 인식은 되지만 강조되지는 않는다.	언어적 변이가 교육 자료와 교수법에서 핵심 개념이다.
16.	단원의 순서는 오직 언어적 복잡성 원리에 의해서 결정된다.	흥미를 유지시키는 내용 기능이나 의미의 고려라면 어떤 것이라도 순서를 결정한다.
17.	교사가 학습자를 통제하고, 교육이론과 상치되는 행동을 못하도록 막는다.	교사는 학습자가 언어를 가지고 행동하도록 동기 유발을 하는 모든 방법을 사용하여 돕는다.
18.	"언어는 습관이다." 따라서 어떤 대가를 치르더라도 오류는 막아야 한다.	개별 학습자는 가끔 시행착오를 통하여 언어를 만들어낸다.
19.	형태적 정확성이라는 의미로 정확성이 일차적인 목표이다.	유창성과 수용할 만한 수준의 언어가 일차적인 목표이다. 정확성은 추상적인 개념이 아니라 맥락에서 판단한다.
20.	학생들에게 기계나 통제된 교육자료에 구현된 언어 체계와 상호작용하도록 기대한다.	학생들에게 짝 활동이나 모둠 활동을 통하여 육성이나 혹은 문자로 사람들과 상호작용하도록 기대한다.
21.	교사에게 학생들이 사용하게 될 언어를 명시하도록 기대한다.	교사는 학생들이 어떤 언어를 사용할지 정확히 알 수 없다.
22.	내적 동기가 언어 구조에 대한 흥미에서 나오게 될 것이다.	내적 동기는 언어를 통하여 의사소통되는 내용에 대한 흥미에서 나올 것이다.

5 Canale & Swain 의사소통능력

1. 문법적인 능력 Grammatical competence	① 영어의 어휘, 음운 및 문법 체계에 관한 지식 ② 어휘, 형태소, 통사구조, 의미 및 음운 체계에 관한 지식을 뜻하며, Chomsky(1965)의 언어 능력과 상응한다. • This refers to what Chomsky call linguistic competence and what Hymes intends by what is "formally possible".(words and rules) ③ 언어의 음운적, 통사적, 의미적 체계에 대한 지식과 이 지식을 활용할 수 있는 능력
2. 사회· 언어학적 능력 Sociolinguistic competence	① 언어가 사용되는 상황(대화 참가자, 상호 작용의 기능 등)에 대한 지식 ② 언어의 사회문화적 규칙에 대한 지식, 즉 언어가 사용되는 상황에서 대화 참가자의 역할, 상호 작용의 기능 등에 따라 발화의 적합성을 판단할 수 있는 능력을 말한다. • This refers to an understanding of the social context in which communication takes place, including role relationships, the shared information of the participants, and the communicative purpose for their interaction. (appropriateness) ③ 사회문화적 규칙과 담화규칙에 대한 지식을 포함한다. 즉, 주어진 상황에 적절하게 구두 및 문자 언어를 이해하고 표현할 수 있는 능력을 말한다. 예 NS : You are so lovely today! 　NNS : I'm shy(⇨ Thank you) : 상황에 적절한 언어(칭찬⇨감사)를 사용하지 못한 예
3. 담화적 능력 Discourse competence	① 구두 언어나 문자 언어에서 연결지어 표현할 수 있는 능력 ② 구두언어나 문자언어에서 말이나 글을 조리있게 연결하여 표현할 수 있는 능력을 말하며, 문법적 능력을 보완하는 능력이다. 문법적 능력은 문장 수준의 문법에 관한 능력이며, 담화적 능력은 문장/발화간의 관계에 관한 능력이다. • This refers to the interpretation of individual message elements in terms of their interconnectedness and of how meaning is represented in relationship to the entire discourse or text.(cohesion and coherence) ③ 문장 단위 이상인 담화의 유형 및 특징들을 알면서 적절하게 담화를 구성하거나 이해할 수 있는 능력으로, 글의 구성능력(결합성, cohesion)과 표면적으로 관계가 없는 듯이 보이는 발화의 의미관계를 이해하는 능력인 일관성(Coherence)에 관한 능력이다. ㉠ Cohesion의 실례: 각 문장이 임의적으로 구성되어 있는 것이 아니라, 결합적 장치(reference : Mr. Smith ⇨ he, a jewelry box ⇨ it conjunction ; however 등)에 의하여 긴밀하게 구성되어 있다. 예 One day, Mr. Smith bought a jewelry box for his wife. After being home, he put it in the drawer. However, he forgot where he put. ㉡ Coherence의 실례: 표면적인 결합장치가 보이지 않으나, 기능적인 측면에서 통일성을 보여주고 있다.(A : 요구, B : 요구에 응할 수 없는 변명, C : 변명에 대한 수락). 예 A : This is a call for you.(Request) 　B : I'm in the bath.(Excuse) 　C : OK.(Accept)
4. 전략적 능력 Strategic competence	① 효과적인 의사소통을 위하여 언어적·비언어적인 전략을 사용할 수 있는 능력 ② 초기 개념은 상황적 변인이나 언어 능력의 부족으로 인한 대화의 단절(breakdown)을 피하기 위하여 언어적, 비언어적 전략을 사용할 수 있는 보상적 성격의 능력을 의미하였다. 그러나 Swain(1984 : 189)은 전략을 능력의 개념을 적극적으로 확대하여 대화 단절의 예방 뿐만 아니라 의사소통의 효율성을 기하기 위하여 의사소통 전략을 사용하는 능력으로 정의하였다. | 모국어 직역 | balloon → airball | | 바꾸어 말하기(circumlocution) | 예 They toast each other. → They invite to drink. | | 풀어 말하기(paraphrase) | 예 cork-screw → the thing you open bottles with | | 상대방에게 도움 요청(appeal for help) | 예 What's this in English? | | 말 대신에 몸짓 사용 | 예 It's about this long. | • This refers to the coping strategies that communicators employ to initiate, terminate, maintain, repair, and redirect communication.(appropriate use of communication strategies) ③ 언어 지식의 부족으로 의사소통이 중단되려고 할 때 의사소통을 계속 이어가기 위하여 또는 의사소통의 효율을 향상시키기 위하여 사용하는 의사소통 전략의 활용 능력을 말한다. ④ 의사소통의 문제가 발생하자, 비언어적 수단을 사용하여 의사소통의 단절을 해소하는 예 예 Operator : This is a collect call from Sandra. 　Mother : Sorry, she is not here! 　Operator : (adapting a child voice) It's from Sandra. 　Mother : Oh, I see. I'll get it!

과제 해결형 교수법(Task-based Approach)

1 의사소통의 최소 단위인 두 사람에게 상호 협조하여 해결해야 할 어떤 문제(과제)를 제시하고, 그 문제의 해결을 위해 꼭 필요한 정보를 참여하는 두 사람에게 상호 보충적으로 배분해 준다면, 참여자는 주어진 문제를 해결하기 위해 서로 의사를 교환하지 않을 수 없을 것이다.

(1) 두 사람 간에 정보의 공백(information gap)을 만들어 주면, 이 정보의 공백을 메우기 위해서는 스스로 생각도 많이 해야 하고, 또 상대방이 가진 정보를 이용하기도 해야 한다.

> 김 교사는 Jinsu와 Mina가 말하기 과업(task)을 수행할 수 있도록 다음 표를 준비하였다. 빈 칸 ①~④에 알맞은 내용을 쓰시오.
>
> | Jinsu의 표 | | | Mina의 표 | |
> | --- | --- | --- | --- | --- |
> | City ↔ City | Hours | | City ↔ City | Hours |
> | Y ↔ Z | 5 | | ① | |
> | T ↔ Q | 2 | | ② | |
> | X ↔ Y | | | ③ | ④ |

(2) 학생에게 이러한 조건을 충족시키는 문제를 주고 해결하도록 요구하면, 우리말을 사용하지 않고 실제의 의사소통에 매우 근접하게 영어를 사용하게 할 수 있다. 이것은 문제 해결형 혹은 과제 해결형의 방법의 한 예이다.

(3) 이 문제 해결을 위한 활동에서 학생들은 어떤 문형 연습을 하고 있는 것이 아니고, 의미의 전달을 위해서 자신이 동원할 수 있는 여러 가지 표현을 적극 사용하지 않을 수 없게 된다. 이것은 보통의 의사소통 모습을 충실하게 반영하는 것이고, 언어를 실제로 사용하게 하는 과정이다.

2 이를 위해서는 한 학급의 전체 학생을 여러 개의 모둠이나 소집단으로 나누어 팀별로 활동을 시켜야 할 필요가 있다.

(1) 사실 매우 얌전한 학생도 한 시간 내내 가만히 앉아서 교사의 지시나 설명을 듣고 수업 받는 것을 좋아하지 않는다. 그러나 팀별로 활동을 하게 되면, 진정한 의미의 언어 사용을 할 수 있는 동기를 제공해 줄 수 있을 뿐만 아니라, 언어 연습의 경우에도 학생들이 같은 형태의 질문이나 대답을 반복하는 데 대한 이유를 제공해 줄 수 있다.

(2) 교사가 전체 학생을 대상으로 질문하고 대답하는 것보다, 학생들이 팀별로 질문하고 대답하게 하면 학생들 개개인의 언어 연습의 기회가 훨씬 많아진다. 또한 학생들이 팀별 활동을 함으로써 학생들 개개인이 사용하는 언어 전체의 양이, 그렇지 않은 경우보다 훨씬 많아지게 된다.

(3) 이것은 언어 사용의 실제성을 보다 크게 반영하는 방식이기도 하며, 학생들의 학습 활동 참여 강도를 높여서 언어 연습의 질을 높이는 방법이기도 하다.

(4) 팀별 활동을 하면, 학생들 자신이 학습 과정에 참여하게 되므로 그 학습에 대하여 자신이 책임을 지는 셈이 되고, 자신이 그 학습 과정에 책임을 가지면 가질수록 학습한 내용은 그만큼 학생들 자신의 것이 된다.

(5) 처음에는 이러한 활동에 잘 적응하지 못하거나 실제로 잘하지 못하는 학생들도 많이 있다. 그러나 이런 활동을 계속 하다 보면 의사소통 능력을 기르는 데 훨씬 효과적이라는 결론이다.

 **총체적 언어 교수법(Whole Language Approach)**

> - '총체적 언어 교육'이란 말은 Harste & Burke(1977)가 처음 사용했는데, 아이들이 읽기를 어떻게 배우는가에 관해 연구하면서 사용한 말이다.
> - 즉, 독자는 다음에 나올 내용을 미리 예측하면서 읽고, 의미적, 문법적, 형태 음운적 체계에서 실마리를 찾으면서 읽고, 또 자신이 글을 읽는 목적을 염두에 두고 자신의 세상 지식을 적극 활용하여 글과 상호 작용함으로써 의미에 도달한다고 보았다(Harste & Burke, 1977). 그렇기 때문에 언어란 근본 자체가 전체이지 부분 부분으로 나눌 수 있는 것이 아니라고 하였다.

1 이들의 견해는 앞에서 살펴본 대로 지식이란 일방적으로 주입되거나 발견하는 것이라기보다는 사회적으로 재구성되는 것이라고 보는 구성주의 지식관을 반영하고 있는 것이다. 따라서 총체적 언어 교육에서는 언어의 궁극적 목적은 의미의 창조와 소통이라고 보며, 언어를 사용해서 의미를 창조하고, 언어를 사용해서 그 의미를 소통하는 것이라고 본다.

2 우리의 실생활에서 언어 사용의 모습은 사실 매우 통합적이고 총체적이다. 즉, 언어의 4기능이 따로따로 분리되어 하나씩 차례대로 사용되는 것도 아니고, 문법 구조나 어휘 등의 언어 형태도 어떤 순서에 따라 차근차근 사용되는 것도 아니다.
 (1) 실제의 언어 사용에서는 '의미의 전달과 수수'가 무엇보다 중요하기 때문에 의미를 소통시키는 수단으로서의 언어 기능이나 언어 형태 등은 부차적인 것이 될 수밖에 없다.
 (2) 실제 언어 사용의 모습은 네 가지 기능으로 분리되지 않고, 의사소통이라는 본원적인 목적을 향해 서로 보완하며 보충하는 위치에 있게 된다.
 (3) 이러한 논리에 따라 총체적 언어 교육에서는 듣기, 말하기, 읽기, 쓰기 등의 기능을 인위적으로 분리하지 않고, 실제의 언어 사용 모습과 같이 언어를 가르치는 것이 보다 효과적이라고 제안한다.
 (4) 즉, 언어의 4기능을 분리하여 하나씩 다루는 것이 아니라 필요와 목적에 따라 2~4가지 기능을 한꺼번에 다루는 방식을 선호한다.

3 총체적 언어 교육은 Krashen(1982)의 습득 및 학습의 가설과도 관련이 있다.
 - Krashen은 의식적인 언어 학습이 아닌 자연적인 언어 습득이 이루어지려면, 학생들이 실제적인 목적을 위해서 언어를 사용할 수 있도록 해 주어야 하고, 이를 위해서 학습의 장(場)인 교실을 자연스런 언어 사용의 장소가 되도록 만들어야 한다고 주장한다.

4 실제적인 목적을 위해서 언어를 사용할 수 있도록 한다.
 - 언어의 형태나 구조, 문법 등을 직접적으로 가르치기보다는 언어 사용의 실제 모습에 충실하게 언어 기능을 통합적으로 제시하고 사용하도록 해야 한다는 것을 의미한다.

 **형태 초점 교수법(Focus-on-Form Approach)**

1 특징
(1) 학생들이 어떤 상황에서 무슨 이유로 어떤 문법 조항을 배우는지는 전혀 고려하지 않고 문법을 위한 문법 학습을 시키는 것이 아니라, 학생들에게 정말 하고 싶은 말을 하면서 문법 공부를 할 수 있도록 적절한 상황을 제시하면서 문법을 가르치는 새로운 문법 중심 교수법이 '형태 중심 교수법'이다.
(2) 언어의 3요소인 형태, 의미, 기능을 균형적으로 학습할 수 있도록 고안됐다(Long, 1991).
(3) 이 접근 방법은 학습자의 의사소통 능력을 의미나 기능에만 초점을 맞추기보다는 목표 언어의 문법과 구조 등 형태에 초점을 맞추어 의사소통 활동을 수행할 때 더 효과적으로 습득될 수 있다는 것을 중요시한다.
(4) 1980년대부터 형성된 이 교수법은 Long(1981)이 제안한 상호작용 가설(Interaction Hypo-thesis)을 근간으로 하고 있다.
(5) 이는 언어 능력을 향상시키기 위해서는 학습의 초기 단계부터 다른 화자와 상호작용을 해야 하며, 그 상호작용의 본질은 의미 협상(negotiation of meaning)에 있다는 것이다.
(6) 즉, 상대방과의 대화 중에 이해나 진행에 어떤 문제가 발생한다면 학습자는 상대방이 이해하기 쉽도록 자신의 표현을 쉽게 바꾸어 말하게 되는데, 이때 자신도 모르게 언어적 형태에 주의를 기울이게 될 가능성이 있으며 이는 의미 중심 교수법을 바탕으로 하는 형태 초점 교수법의 핵심이 된다.
(7) 목표 언어 구문에 대하여 여러 가지 방법으로 많은 입력을 반복적으로 주어, 학습자로 하여금 목표 언어 형태에 무의식적으로 주목하게 만든다.
(8) 읽기 자료나 의사소통 과제 활동 등 담화 수준의 입력 자료 속에서 목표 언어 형태를 시각적 혹은 청각적으로 두드러지게 처리함으로써 목표 언어 형태에 대한 주의 집중을 향상 시킨다.
(9) 학생들이 학습 과정에서 제공 받은 자료들을 통해 스스로 문법 규칙을 찾아내도록 유도한다.

2 배경
(1) 최근에 부각되고 있는 형태 초점 교수법은 이해 중심 교수법으로 대표되는 의사소통 접근법의 문제점을 보완하기 위해 대두된 것이다.
(2) 이해 중심 교수법에서는 다량의 이해 가능한 입력에 노출되면 학생이 목표 언어를 자연스럽게 습득하여 유창하고 정확하게 발화할 수 있을 것이라고 믿었다. 하지만 이해 가능한 입력과 의미 중심의 상호작용이 정확성 함양에 충분하지 못하다는 사실이 밝혀졌으며, 특히 우리나라처럼 노출 및 상호작용 기회가 상대적으로 적은 상황에서는 필요에 따라 형태에 초점을 둔 교수법이 효과적이고 효율적이라는 의견이 주류를 이루고 있다.
(3) 형태 초점 교수법에서는 학생이 학습 목표에 해당하는 형태를 인식(noticing)하여 더 잘 습득할 수 있도록 도와주기를 권장한다. 과거처럼 암기식 문법 학습은 지양하되, 배워야 할 형태에 초점을 두면서 의사소통 활동을 하도록 지도해야 한다는 것이다.
(4) 형태에 초점을 두게 만드는 방법은 교사의 상상력에 따라 매우 다양하다고 하겠다.
  ① 음성언어의 경우, 억양을 높여 큰 소리로 또렷하게 발화하거나, 반복하여 말하거나, 학생의 정확하지 않은 말에 대해 적절하게 피드백을 제공하거나, 이해와 산출의 어려움을 해결하기 위해 의미협상을 하는 등의 방법을 활용할 수 있다.
  ② 문자언어의 경우, 활자체나 글자의 크기, 밑줄, 굵기, 색채 등을 조절하여 형태에 초점을 두도록 유도할 수 있다.

3 수업 적용

- 이 교수법을 활용하는 교사는 아동이 언어 형태를 의식하면서 의사소통 활동을 수행하도록 유도해서 아동의 언어 사용 능력을 내재화할 수 있도록 돕는다.

(1) 교사가 쓰고 있던 안경을 벗은 후 아동들이 변화된 모습을 가리키면 다음과 같이 설명하도록 하여 과거 시제와 현재 진행형 시제를 가르칠 수 있다.

> 예 She wore glasses. She is not wearing glasses.

(2) wash my face, go to school 등 아동의 일상에 대해 가르친 후 어제 몇 시에 세수를 했는지, 오늘은 몇 시에 세수했는지, 주로 언제 세수하는지 등을 물어서 과거 시제와 현재 시제의 차이를 연습시킨다.
(3) 숫자를 가르치기 위해 손가락을 활용한다.
(4) 미술책에 나온 그림을 짝에게 설명하여 짝이 그 그림이 나온 쪽수를 알아맞힌다.
(5) 주말에 무엇을 할지 물어서 미래 시제를 가르친다.
(6) 한 사람의 일과를 설명한 후 아동들이 그 사람의 직업을 알아맞힌다.
(7) 활동 (6)에서 never(가능성 0%), maybe(가능성 50%), surely(가능성 95%)를 익힌다.
(8) 한 달 동안의 날씨를 살펴서 날씨 달력을 만든 후 과거 시제와 날씨 단어를 익힌다.

> 예 A : What's the weather like last Tuesday?
> B : It was rainy.

(9) 한 학생이 뛰거나 걷고 있으면 아동들은 He/She is walking. He/She is running.이라고 말하면서 He/She와 함께 현재 진행형을 익힌다.
(10) 아동들의 주머니나 가방에서 특이한 물건 세 개를 꺼내서 책상에 놓으며 누구의 것인지 알아맞히는 놀이를 하면서 새로운 단어도 익히고 소유격도 익힌다. 물건들이 누구의 것인지 알고 나면 물건의 소유주가 어떤 사람일지 생각해 볼 수 있다. 즉, 다음과 같은 유추 활동 놀이를 할 수 있다.

> 예 She must be very busy because she has many keys.
> She had an art class today, because she has a crayon box in her bag.

4 정원길 전략(The Garden Path strategy)

(1) The activity is designed to recognize form.
　① In order to encourage students to process the target structure somewhat more deeply than they might otherwise do, the task is set up to get students overgeneralize.
　② Giving students information about structure without giving them the full picture, thus making it seem easier than it is, or in other words, "leading them down the garden path."
　③ The reason for giving students only a partial explanation is that they are more likely to learn the exceptions to the rule if they are corrected at the moment the overgeneralization error is made than if they are given a long list of "exceptions to the rule" to memorize in advance.

(2) 활동 절차
　① Students study examples of the language and come to an hypothesis or generalization.
　② The generalization is too broad.
　③ Students are given disconfirming evidence and then have to modify their hypothesis.

개념 30 어휘 접근법(Lexical Approach)

> 제2 외국어 교육에서의 어휘 접근법은 최근 수년간 연구자들과 언어학자들이 전통적인 접근법인 문법 중심 접근법(grammar-based approach)의 대안으로서 관심을 받고 있다.

1 개념
(1) 이 접근법은 어휘나 연어와 같은 단어와 단어 사이의 조합, 또는 고정된 표현들을 통해서 학습자들의 숙련도를 높일 수 있다고 생각하고 어휘(lexis)와 낱말 및 낱말들의 조합을 습득할 수 있는 방법을 개발하는 것에 집중한다.
(2) 언어 습득의 중요한 부분은 분석되지 않은 전체 또는 '덩어리'(chunk)로 어휘 구문을 이해하고 생성 할 수 있는 능력이며, 이러한 덩어리는 학습자가 전통적으로 문법이라고 생각한 언어 패턴을 인식하는 원시적인 데이터가 된다는 개념에 기초가 된다.

2 연어(collocation)의 정의
(1) 연어는 라틴어 cum(with)+locus(place)라는 뜻으로 서로 함께 놓이는(place with) 단어들을 말한다.

> They are loosely fixed, arbitrary recurrent word combinations and the meaning of the whole do reflect the meaning of the parts.

(2) 연어는 추측·예측이 가능한 단어와 단어의 결합이나 조합을 말하며 다른 말로 대체성이 낮은 조합을 뜻한다.

> 'A collocation is a predictable combinations of words.'

(3) 단어나 구가 서로 함께 어울려 나타나는 것으로, 결합된 단어 혹은 구를 통해 그 의미를 추출하지 못하는 경우도 있다. 예를 들어 'a hard frost' 라고는 하지만 'strong frost' 라고는 말하지 않는다.
(4) 연어는 결합성이 느슨하고 반복되는 단어의 조합이며 의미 예측성의 측면으로 보면 개별 어휘가 전체 의미를 만들어 내는 것이라 언급했다.

> 예를 들면 pure chance, to commit murder, close attention, keen competition 등이 있다. pure chance는 개별적 어휘의 뜻을 보면 '순수한' 이라는 뜻과 '기회'의 뜻을 가진다. 이 두 단어의 의미를 조합해보면 순수한 기회라는 것은 '우연, 순전히' 라는 뜻으로 두 단어의 의미가 예측이 된다.

3 연어(collocation)의 중요성
(1) 연어는 임의적인 표현이 아니라 단어와 단어 간의 결합이 되어 핵심적인 언어를 수행한다(Hill, 2000).
(2) 어휘 선택은 예측 가능하며 화자가 선택하여 사용하는 단어에 따라 청자는 많은 어휘 중에 예상을 할 수 있다고 언급했다.
(3) 연어는 예측성(predictability)으로 하나의 패턴, 묶음으로 작용되어 학습하기에 매우 쉬울 것이라고 주장했다. 학습자들은 이러한 예측 가능한 패턴을 알아둘 필요가 있다.
(4) 연어가 중요한 또 다른 이유는 예측 가능성인데 이 부분이 하나의 mental lexicon을 형성하고 의미적으로 결합되기 때문에 더 기억하기 쉽고 익숙한 표현으로 간주된다고 주장했다.

> why collocation is important is because the way words combine in collocations is fundamental to all language use. The lexicon is not arbitrary. To an important extent vocabulary choice is predictable. there are patterns to collocations which can make learning easier. there are parts of the lexicon which are organised and patterned, and classrooms are, by definition, places where learning is encouraged by using the most efficient means known to teachers and where learners need to be encouraged to notice predictable patterning. (Hill, 2000)

개념 31 발음 지도 LINE-UP

1 Intelligibility

2 분절음소와 초분절음소

3 최소대립쌍(minimal pair)

4 발음 지도 내용
- (1) 강세
- (2) 리듬
- (3) 억양

5 발음 지도 원칙

6 노래
- (1) 멜로디(melody)
- (2) 리듬(rhythm)
- (3) 흥미(fun)

7 챈트
- (1) 리듬(rhythm)
- (2) 라임(rhyme)
- (3) 반복(repetition)
- (4) 흥미(fun)

1 Intelligibility

1 개념

If you are intelligible, other people can understand what you are saying. In the teaching of pronunciation, it is generally accepted that intelligibility should be the standard to aim for.

2 영향을 주는 요인

Generally speaking, the suprasegmental features of a speaker's accent - i.e., their rhythm, stress, and intonation - have a greater impact on intelligibility than the segmental features, such as the pronunciation of individual sounds. Thus, a speaker can mispronounce individual vowel and consonant sounds, but still be largely intelligible so long as the stress is correctly placed on the appropriate syllables and words.

> ① Segmental features: Consonants and vowels are segmental phonemes.
> ② Suprasegmental features: Stress, rhythm and intonation are suprasegmental phonemes. They carry meaning differences and operate "above" the segmental phonemes.

2 분절음소와 초분절음소

1 영어 발음은 크게 분절음(分節音, segment)과 초분절음(超分節音, suprasegment)으로 나눌 수 있다.
 (1) 분절음이란 영어 철자로 나타낼 수 있으며 말 그대로 나누어서 인식할 수 있는 음을 말한다. 즉, 자음(子音, consonant)과 모음(母音, vowel)을 통합해서 쓰는 용어이다.
 (2) 이와는 대조적으로 초분절음은 영어 철자로 나타낼 수 없으며 분절음처럼 나누어서 인식할 수 없는 음으로서, 강세, 리듬, 억양 등을 통합해서 쓰는 용어이다. 시중에서 흔히 볼 수 있는 영어 교재나 광고에서 "영어 발음과 억양"이라는 모순된 말에서 볼 수 있듯이, 일반적으로 "영어 발음"이라고 하면 억양은 제외하고 분절음만을 의미하는 잘못된 경향이 있다. 억양은 초분절음의 한 가지 예에 불과하며 발음이라는 더 넓은 개념에 속하는 것이다.

2 소리는 일반적으로 분절 음소와 초분절 음소로 나누어진다.
 (1) 분절 음소에는 모음, 자음, 반모음이 있으며 초분절 음소에는 강세, 리듬, 억양 등이 포함된다. 분절 음소 중에서 자음의 경우 영어와 우리말의 가장 두드러진 차이는 /f, v, θ, ð/에 상응하는 우리말 자음이 없다는 점이다.
 (2) 또한 영어의 /r/와 /l/ 발음도 우리말에서는 차이가 없으나 영어에서는 의미의 차이를 가져오므로 구별하여 발음한다. 모음의 경우 영어와 우리말을 엄밀한 기준으로 비교해 볼 때 똑같은 것이 없다. 가장 큰 차이로는 /으/에 해당하는 음이 영어에 없다는 것이다.

3 영어에서는 소리뿐만 아니라 강세, 억양 등과 같은 초분절 음소가 발화의 의미를 다르게 전달할 수 있으므로 이들 초분절 음소에 대한 이해가 중요하다.
 (1) 초분절 음소 중에서, 강세의 경우 대체로 영어 낱말에서 강세가 붙은 음절은 시끄러운 정도가 더 세고, 더 높고, 음이 길어진다. 반면, 우리말은 낱말 단위로 음절 간의 뚜렷한 차이가 나지 않아 낱말 강세가 없다고 할 수 있다.
 (2) 리듬의 경우, 영어는 거의 주기적으로 강세가 오기 때문에 강세 박자 리듬 언어(stress-timed language)로 불린다. 그러나 우리말은 각 음절을 거의 똑같은 길이와 강도로 또박또박 발음하는 음절 박자 리듬 언어(syllable-timed language)이다.

4 따라서, 학생들이 학습 활동 과정에서 영어의 소리와 강세, 리듬, 억양을 듣고 식별할 수 있도록 정확한 발음을 가급적 많이 들려주어야 하는데, 딱딱한 이론적 설명에 의해서가 아니라, 녹음 테이프, 비디오테이프 등 듣기 자료와 교사가 사용하는 교실 영어를 통하여, 자연스럽게 영어의 다양한 소리와 강세, 리듬, 억양 등을 익히도록 하는 것이 바람직하다.

5. 지도의 실제

〈교사 A〉	〈교사 B〉
My children love songs, chants, and rhymes. Even simple repetition of them can help children motivated and accustomed to the suprasegmental features when done in combination with body movements or with objects or pictures. For example, I encourage children to clap the beat as they go along or say rhymes.	Intonation patterns do vary but certain general patterns prevail. By offering my children at least some generalized patterns for specific contexts, I try to provide repeated exposure to natural speech for the children to internalize them.

6. 관련 성취기준 분석: 영어의 소리와 강세, 리듬, 억양을 듣고 식별한다.

(1) 영어는 강세 박자 언어(stress-timed language)로서 분절 음소(segmental phoneme)뿐 아니라 강세, 리듬, 억양 등의 초분절 음소(suprasegmental phoneme)가 의사소통에 중요한 기능을 한다.

(2) 음절 박자 언어(syllable-timed language)를 모국어로 하는 우리나라 학습자들에게 초분절 음소의 습득은 낯설고 어려울 수 있으므로 영어 학습 초기부터 익숙해지게 할 필요가 있다. 찬트나 노래는 영어의 리듬감을 익히게 하는데 좋은 자료가 될 수 있다.

(3) 교사는 학생들이 자연스럽게 강세와 억양, 리듬이 들어간 찬트와 노래를 따라 하면서 영어의 다양한 소리와 리듬을 익히고 강세와 억양을 내재화할 수 있게 해 줄 필요가 있다.

(4) 또한 이론적인 설명보다는 다양한 듣기 자료를 통해 영어를 접하게 하고 반복하여 들려주도록 한다. 학습 활동으로는 같은 소리가 나는 낱말을 듣고 손을 들게 한다든지 신체로 반응하게 하는 활동 등을 들 수 있다.

3 최소대립쌍(minimal pair)

1 음소(phoneme)는 한 단어를 그와 형태가 유사한 다른 단어와 구별해 줄 수 있는 소리의 최소 단위(the smallest unit of speech that can be used to make a word different from another that is the same in every other way)를 가리킨다.

2 이를테면 big과 pig은 /b/와 /p/가 다름으로 해서 서로 다른 의미의 단어가 되는데, 이때 /b/와 /p/를 각각 음소라 부르고 이렇게 두 단어 사이에 구별되는 음소 이외의 다른 자질은 모두 같은 한 쌍의 단어들을 '최소대립쌍(minimal pair)'이라고 한다.

Minimal pair 최소대립쌍 (같은 위치의 한 가지 소리만 다른 한 쌍의 낱말) → 영어의 특정 소리 식별 능력 ↑	A minimal pair is a pair of words which differ in meaning when only one sound is changed. Pair and bear are minimal pairs, since their difference in meaning depends on the different pronunciation of their first sound : /p/ versus /b/. Minimal pairs are widely used in pronunciation teaching to help learners discriminate between sound contrasts, for the purposes of both recognition and production. 하나의 다른 음운으로 인해서 의미차이가 발생하는 단어 쌍을 말한다. 최소대립쌍은 특히 발음교육에 있어서 대립하는 두 음의 연습에 drilling의 형태로 많이 사용된다.

(1) 이 두 음소는 발음을 할 때 두 입술을 붙였다가 떼면서('파열'한다고 함) 입 밖으로 공기가 방출되어 나오면서 생성되는 소리이다. 그런데 /b/는 발음을 할 때 성대가 울리고 /p/는 성대가 울리지 않는다는 점이 다르다. 앞의 것을 유성음이라고 부르고 뒤의 것을 무성음이라 부른다.
  ① 음소 /b/와 /p/를 구별하는 것은 유성음, 무성음의 자질뿐만이 아니라 발음할 때 입 밖으로 나오는 공기의 소리('기음'이라고 함 : aspiration)와 그와 연결된 모음의 길이도 큰 중요도를 가지기도 한다.
  ② 단어의 첫머리에 나오는 /b/를 발음할 때는 무성음화하는 경향이 있어도 기음이 나오지 않지만 단어 첫머리에 오는 /p/는 항상 기음을 동반한다(입술 바로 앞에 손가락을 위치한 다음 big와 pig를 발음해 보면 기음의 유무를 바로 확인할 수 있다).
(2) 한편 단어의 끝에 오는 /b/와 /p/를 살펴보면 예를 들어 cap을 발음할 때는 두 입술이 떨어지지 않고 닫혀 있는 상태고 있게 된다(이때 /p/는 파열되지 않는다고 한다). 그런데 /p/의 최소대립쌍에 해당하는 cab의 경우도 발음할 때 두 입술은 파열되지 않는다. 따라서 cap과 cab이라는 두 단어의 구별은 /p/와 /b/음의 차이가 아니라 각 음소의 바로 앞에 오는 모음의 길이에서 차이가 나타나는데, /b/ 앞의 모음이 /p/ 앞의 모음보다 더 길다.

3 이와 같은 최소대립쌍의 대조 연습은 음소 구별에 매우 유용하기는 하지만 음소들이 다양한 발화의 맥락에서는 최소대립쌍에서와는 다른 양상으로 나타날 수 있다는 점을 간과하는 단점도 있다.

4 지도의 실제

> In order to discern or figure out auditory patterns, children must be aware of similarities and differences in words. So I sometimes have my children listen to minimal pairs and tell whether they are the same or different by holding up yes/no cards.

4 발음 지도 내용 - 강세, 리듬, 억양

- 영어에서는 흔히 음절의 중심에 모음이 있고 모음의 앞뒤로 자음이 있다. 예를 들어, man은 하나의 음절로 이루어져 있고, paper(pa-per)는 두 개, national(na-tio-nal)은 세 개, 그리고 philosophy (phi-lo-so- phy)는 네 개의 음절로 이루어져 있다. 이 낱말들을 천천히 말하면서 책상을 두드리면서 음절의 수를 세어 보도록 한다.

1 강세(stress)

(1) 낱말 강세(word stress) : 영어에서는 낱말의 강세가 청자로 하여금 낱말을 식별하도록 도움을 주는데, 영어 낱말을 말할 때 다른 음절보다 길게, 그리고 크게 소리 나는 음절이 강세가 오는 음절이다. 특히, 영어에서는 강세가 오는 음절은 강세가 오지 않는 음절보다 대체로 길게 발음되고, 좀 더 힘 있게, 그리고 높게(on a higher pitch) 발음되는 경향이 있다. 강세 패턴을 연습시키기 위하여 다양한 크기의 점(●●)을 사용할 수 있다.

- 낱말 강세의 연습
    ① 칠판에 낱말을 써 놓고 큰 점이 강세를 받는 음절을 나타내도록 하고, 작은 점은 강세를 받지 않는 음절을 나타내도록 한다. 그리고 책상을 두드리면서 선생님을 따라 발음해 보도록 한다.

    > 예 ●● ●●
    >   April today

    ② 강세를 나타내는 점만 남겨 두고(a, b로 번호를 매긴 후, 즉 a ●● ; b ●●) 낱말을 지운 다음에 선생님이 낱말을 말하면 듣고 a인지 b인지 말하도록 한다.

    > 선생님 : Today
    > 학　생 : b
    > 선생님 : April
    > 학　생 : a

(2) 문장 강세(sentence stress) : 문장에서의 강세는 그 문장에서 어떤 낱말이 중요한지 알려 주는 역할을 하는데, 중요하지 않은 낱말들, 이를테면 문법적인 기능을 하는 전치사, 관사, 접속사, 조동사 등은 강세를 받지 않는다. 따라서, 학생들이 문제에서 너무 많은 낱말에 강세를 주는 경향이 있다면 문장을 칠판에 쓸 때 강세를 받는 낱말은 대문자로 쓰고 그렇지 않은 낱말은 소문자로 쓸 수 있다.

> 예 I WANT a baNAna.
>   The BUS is COMING.

2 리듬(rhythm)

(1) [그림]에서 보듯이 어떤 언어에서는 모든 음절이 비교적 같은 강세를 받지만([그림 2] 참조), 영어와 같은 언어에서는 일부 음절은 강하게 발음되지만 나머지 음절은 강세를 받지 않는다.

(2) 리듬은 강하고 약한 박자의 패턴(pattern of strong and weak beat)이라고 할 수 있다.

[그림 1]   [그림 2]

(3) 영어의 리듬은 강세를 받는 음절과 강세를 받지 않는 음절이 교대로 나타나기 때문에 생긴다.

(4) 영어에서는 [그림 1]에서 보는 것과 같이 모든 음절의 길이가 동일하지 않고 강세를 받는 음절이 길게 발음된다.

(5) 리듬은 낱말의 강세만이 아니라 문장 강세에 따라서도 달라지는데, 강세, 길이, 발성 시점(timing), 그리고 구나 문장 속에서 낱말을 어떻게 묶느냐에 따라 결정된다. 우리는 말할 때 각각의 낱말 뒤에서 쉬지 않고 한 단위의 생각을 나타내는 구로 끊어 발음을 한다. 예를 들어, 'I left in the morning.'이라는 문장에서 I left와 in the morning을 각각 하나의 단위로 끊어 발음한다.

(6) 대체로 의미와 문장 길이가 어떤 낱말들이 함께 묶일지를 결정하는데, 일반적으로 서로 가깝게 관련된 낱말들, 이를테면 관사와 명사, 또는 형용사와 명사 등이 함께 묶인다.

(7) 이처럼 생각의 단위를 기준으로 하여 끊어 읽기를 하기 때문에 예를 들어 'Boys play it.'이라는 문장과 'The boys are playing a ball.'이라는 문장을 말하는 데 걸리는 시간은 거의 같다.

3 억양(intonation)

(1) 억양은 말할 때 목소리가 올라가고 내려가는 패턴을 가리키는데, 의미 전달(평서문, 의문문, 감탄문 등)이나 감정이나 태도를 표현하는 데 있어 매우 중요하다.

(2) 손을 써서 올라가거나 내려가는 표시를 할 수도 있고, 화살표를 써서 억양을 표시할 수도 있다.

(3) 만약 학생들이 어려워하면, 우선 억양이 올라가는 것과 내려가는 것을 구분하도록 하기 위해 화살표 ↗, ↘를, 그리고 억양을 달리 하면서 coffee?, tomorrow., Maria? 등을 발음하고 학생들은 ↗인지 ↘인지를 가리킬 수 있을 것이다.

5 발음 지도 원칙

1. 일반 원칙	(1) 어린이들은 일반적으로 성인들보다 쉽게 영어 모델(녹음 또는 교사)의 발음을 모방하고 익힌다. 때에 따라 발음 교정 학습이 필요하기도 하지만, 발음 지도는 대체로 학습 단원에서 새로운 단어와 문장 유형들을 제시하고, 이어서 연습 활동을 하면서 이루어지는 통합적 과정의 한 부분이다. 그러므로, 발음 지도에 있어서는 좋은 발음 모델을 제시해 주는 것이 무엇보다 중요하다. (2) <u>어린이들에게 영어가 어떻게 소리나는가를 이해시키기 위해서 노래나 운문(rhyme)을 활용하는 것이 좋다. 발음 지도에 있어서 교사들이 특히 유념할 것은 대조되는 발음을 지닌 단어나 문장들을 연습할 때, 단순히 문자 자체에만 초점을 두고 기계적으로 반복하는 훈련을 시켜서는 안 된다는 점이다. 어린이들이 금방 싫증을 낼 뿐만 아니라 별로 학습 효과를 기대할 수 없기 때문이다.</u> (3) 의미를 구별해 주는 그림 등의 시각 자료를 함께 제시해서 흥미를 지속시키고, 또한 여러 가지 다양한 연습 활동을 통해서 자연스럽게 반복하도록 해야 한다.
2. 개별음 (자음·모음) 지도의 원칙 (Individual Sounds)	(1) 영어에는 한국어에 없는 자음이 몇 개 있는데 이 음들을 숙달하는 것이 좀 어려울지 모르지만 반드시 문제가 되지는 않는다. ① 하나의 예를 들면 /ð/의 경우, 영어 원어민 목소리로 녹음된 발음을 들려만 주고 어린이들이 따라하게 하면 될 것이라고 간단히 생각해서는 안 된다. ② 교사는 입술, 혀, 그리고 이의 움직임이나 모습을 보여 주거나 알기 쉽게 설명해 주어야 한다. 이것도 역시 그림 자료를 활용하면 좋을 것이다. (2) 모음의 발음은 자음보다 더 문제가 될 수 있다. 왜냐하면 모음을 발음할 때 혀가 놓이는 위치를 정확히 이해시키는 것이 쉽지 않기 때문이다. 그러나 입을 어느 정도 벌리라든가, 입술을 둥글게 하라든가 하는 설명을 덧붙이면서 교사가 직접 시범을 보임으로써 어린이들이 충분히 이해하고 연습하게 할 수 있다. ① 예를 들면, 한국어에서는 별 문제가 안 되지만 영어에서 별개의 음소인 /I/와 /i/의 차이를 어린이가 이해하는 데에는 시간이 걸릴지도 모른다. ② 두 발음을 실제로 다르게 들을 수 없다면 두 발음의 차이를 알지 못할 것이다. 이런 경우에는 단어를 반복해서 들려 주고 같은 발음인가 아니면 서로 다른 발음인가를 알아맞히게 하거나, 같은 단어의 발음을 여러 번 하는 가운데 다른 단어의 발음을 하나 포함시켜서 그것을 찾아 내게 하는 'Odd One Out' 게임을 할 수 있다. ③ 발음 빙고(Phonetic Bingo) 게임을 이용할 수도 있다. 발음 빙고는 보통 빙고 게임과 같지만 잘 혼동이 될 수 있는 음을 가진 어휘들을 포함하는 것이어서 소리의 식별 연습에 유용한 게임이다.

3.
연속음 지도의
원칙
(Sounds in Connected Speech)
	(1) 발음 지도에 있어서 개별음의 이해와 표출에만 전적으로 매달려서는 안 된다. 음이 문장 수준에서 어떻게 섞여 발음되는가를 연습하는 것도 역시 중요하다.
	(2) 영어에 나타나는 음성 현상 중의 하나는 '연음 현상'인데, 이는 발음이 부자연스럽게 단절되는 방지해 주지만, 우리 배우는 데에는 많은 어려움을 준다. 이러한 연음 현상은 단어가 자음으로 끝나고 그 다음에 오는 단어가 모음으로 시작할 때 주로 일어난다. 즉, 앞 단어 끝에 있는 자음이 뒤따르는 단어의 첫음절에 속하는 것처럼 연결되어 발음된다.
	(3) 다음 운문(rhyme)에서 예를 들어 보자.
	
	Chop, chop, choppity-chop
	    Cut_off the bottom
	    And cut_off the top.
	    What there_is left we will
	    Put_in the pot.
	    Chop, chop, choppity-chop
	
	이런 방법으로 소리를 연결하는 것은 영어의 흐름을 매끄럽게 하는 데 도움을 준다.

4. 강세와 리듬 (Stress and Rhythm) 지도의 원칙	(1) 영어는 강세 박자 언어이다. 이 말은 강세가 대체로 ☆ 규칙적인 간격으로 나타난다는 뜻이다. 강세를 받는 강한 울림이 오는 음절 사이에 있는 약한 음절의 수에 관계 없이 강음절과 강음절 사이의 ☆ 발음 간격이 거의 같다는 것이다. 강세를 받는 단어를 강형이라고 하는데, 이러한 박자가 규칙적으로 반복되어 리듬을 이룬다. 이것이 바로 한국어 발음과 큰 차이를 보이는 현상 중의 하나이다. 한국어는 소위 음절 박자 언어이기 때문에 모든 음절을 같은 길이로 발음하지만, 영어에서는 강세받는 음절은 강세를 받지 않는 음절에 비해서 더 강하고 길게 발음한다. (2) 영어에서 강세를 연습시키는 한 가지 유용한 방법은 강음절을 발음할 때 손뼉을 치게 하거나 책상을 두드리게 하는 것이다. 그리고 음절 수를 점점 늘려가면서 박자 수를 더해 가면 강세 감각을 자연스럽게 익힐 수 있다. (3) 다음 예에서, 대문자로 쓴 것이 강음절, 즉 강하게 손뼉을 치면서 박자를 맞추는 곳이다. 강음절 중간에 기능어(약음절)들이 들어와도 같은 리듬으로 발음한다. | ONE | TWO | THREE | FOUR | |---|---|---|---| | ONE and | TWO and | THREE and | FOUR | | ONE and a | TWO and a | THREE and a | FOUR | | ONE and then a | TWO and then a | THREE and then a | FOUR | (4) 노래, 운문, 찬트 등이 영어에서 강세와 리듬 현상을 보여 주는 데 효과적이다. 이 때에도 어린이들이 리듬에 맞추어 손뼉을 치게 하는 것이 좋다. (5) 영어 문장에서 강세를 받는 단어는 주로 ☆ 내용어인데, 이는 메시지 전달에 있어서 중요한 부분이 된다. ☆ 내용어에 해당하는 것은 명사, 동사(be, have 제외), 형용사, 부사, 대명사(의문, 지시, 부정 대명사) 등이다. 단어가 강세를 받으면 다음과 같이 3가지 현상이 일어난다. ① 강세를 받는 단어는 그렇지 않은 단어보다 약간 더 크게 발음된다. ② 강세가 오는 음절의 모음은 뚜렷하게 발음된다. ③ 따라서, 강세가 오는 음절의 모음은 더 길게 발음된다. (6) 이와 같은 현상은 앞의 예에서도 볼 수 있다. 강세를 받지 않는 단어는 상대적으로 더 빨리, 더 짧게 발음되고, 모음은 명확하게 발음되지 않는다. 실제로 강세를 받지 않는 모음은 종종 발음이 쉬운 /ə/, /I/, /U/로 변화된다. 이렇게 강세를 받지 않는 단어를 약형(weak form)이라고 하는데, 이 약형에 해당하는 것은 문장에서 대개 문법적 역할을 하는 기능어이며, 관사, 조동사, 대명사(인칭, 관계, 재귀 대명사), 전치사 등이 이에 속한다. (7) 문장 강세가 내용어에 놓이고 기능어에는 놓이지 않는다고 하는 것은 결국 내용어가 기능어보다 의사소통에서 더 중요하다는 뜻이다. 경우에 따라 내용어에 문장 강세가 오지 않고 기능어에 문장 강세가 오는 수도 있는데, 이것은 기능어의 내용이 강조되어 내용어처럼 쓰인 경우에 해당한다. 주어진 문장 안에서 차지하는 중요도에 의해 문장 강세의 기준이 달라질 수 있는 것이다.

5.
억양
(Intonation)
지도의 원칙
	(1) 억양의 가장 중요한 기능은 문장에서 가장 강한 강세를 받는 단어를 강조하도록 도와 주고, 문장의 문법적 기능을 나타내 주며, 느낌과 정서를 나타내는 것이다. 영어에서 가장 보편적인 억양은 하강조와 상승조이다.
	(2) 하강조의 쓰임
	   ① 서술문 Here is a house.
	   ② 의문사 의문문 Where's the pencil?
	   ③ 명령문 Cut off the bottom.
	(3) 상승조(rising tone)의 쓰임
	   ① 요청 Can we come?
	   ② 서술문으로 물어 볼 때 He's going out?
	   ③ Yes/No 질문 Would you like some sweets?
	   ④ 주절 앞에 오는 구나 종속절 What there is left we will put in the pot.
	(4) 교사는 발음 지도를 할 경우, 녹음된 대화나 운문을 주의 깊게 듣고 나서 다음과 같은 질문을 해 보는 것이 필요하다.
	   ① 교사(또는 학생들)가 특별히 어렵다고 생각하는 개별음들이 있는가?
	   ② 연음 현상이 있는가?
	   ③ 예상하는 대로 문장의 강세가 주어지는가?
	   ④ 약형의 예는 있는가?
	   ⑤ 하강조나 상승조의 억양을 몇 개씩 들을 수 있는가?

6 노래와 챈트

1. 영어 교육을 위한 노래		언어 학습을 위한 가사와 멜로디로 이루어진 음악의 한 양식
		• 노래 : a piece of melody and words for language learning • 영어 교육을 위한 노래 : 멜로디(melody)+리듬(rhythm)+흥미(fun)
2. 영어 교육을 위한 챈트		언어 학습을 위해 언어에 내재한 리듬을 살려 강세, 리듬, 억양들이 강조되어 드러나도록 만든 일종의 노래 형식
		• 챈트 : 3Rs[리듬(rhythm)+라임(rhyme)+반복(repetition)] • 영어 교육을 위한 챈트 : 3Rs[리듬(rhythm)+라임(rhyme)+반복(repetition)]+흥미(fun)
		(1) 챈트는 원어민들이 자연스러운 대화 가운데 나누는 말들을 그대로 본떠서 만든 것으로 언어 자체에 내재되어 있는 리듬을 살려 운을 맞추고 반복적으로 언어 내용을 구성하여 만든 것으로 볼 수 있다. 여기에서 유념해야 할 것이 언어 자체에 내재되어 있는 리듬을 살린다는 것이다. (2) Carolyn Graham(1996, p.3)에 의하면 '재즈챈트는 언어에 내재되어 있는 고유한 자연스러운 리듬과 함께 제시되는 실제 사용되는 언어의 한 단편'이라고 정의하고 있다. 그러므로 영어라는 언어의 특성인 강세, 리듬, 억양들이 왜곡되지 않고 나타나야 한다. (3) 단지 언어에 나타나 있는 리듬이 묘사된 것뿐만이 아니라 그 언어 내용들이 잘 표현되도록 좀 더 리듬을 강조해 주고 그 언어 내용들의 운을 맞추며 반복 사용함으로써 재미를 더하여 주는 것을 챈트가 갖는 고유한 특성이자 기제라고 할 수 있다.
3. 효과	(1) 좌우뇌의 상호 작용을 보완시켜 준다.	① 노래는 언어와 음악이 결합된 형태로 좌뇌와 우뇌 사이에 상호소통이 발생하는 상태를 의미한다. ② 더불어 음악은 정서적인 면의 감흥을 불러일으키고 언어는 논리적인 성격의 것이지만 이 둘이 합쳐질 때는 상호보완이 되어 그 영향력이 커진다. ③ 언어 습득에 있어서도 좌뇌는 논리적이면서 분석적이어서 언어에 관한 기능과 관련이 있고, 우뇌는 감각적이고 직관적이어서 감성적인 기능과 연관이 있다. 즉 좌뇌와 우뇌 기능이 함께 자극을 받는다면 단일 기능이 자극을 받을 때 보다 더 큰 영어 교육 학습 효과를 기대할 수 있다.
	(2) 영어 강세의 효과적 습득이다.	① 한국어는 음절 리듬을 지닌 반면, 영어는 강세 리듬을 갖고 있어서 음절의 수가 아닌 강세의 수에 따라 말하는데 걸리는 시간도 결정된다. 특히 의미 전달적인 측면에서 영어의 강세는 상당히 중요한 역할을 한다. ② 학습자들이 가장 효과적으로 영어 교육의 자연스러운 억양과 패턴, 그리고 그에 따른 강세와 리듬을 익힐 수 있도록 선택하는 방법이 바로 노래와 챈트이다. ③ 노래와 챈트의 차이점이 있다면 노래의 멜로디, 리듬, 화음 3요소 중 리듬만을 가진 노래와 말하기의 중간 단계가 챈트인 것이다. 따라서 멜로디를 생략하고 언어의 강약과 고저의 변화를 담은 형태인 챈트를 노래와 함께 사용하는 것은 언어를 배우는 사람들에게 듣고 말하는 능력을 자연스럽게 가르치기 위해 매우 중요한 일이다.
4. 챈트 구성 요소	(1) 리듬 (Rhythm)	① 리듬(rhythm)은 언어에 강세가 주어짐으로 인해 나타나는 것으로 장단, 고저, 강약, 잇고 끊음 등이 이미 언어 내용 안에 있다. ② 챈트는 그러한 언어에 내재되어 있는 리듬을 적극적으로 살려 표현해 주는 것이다. 그러므로 강약 간 리듬이 강조되어 나타나는 데 그 점으로 인해 흥미를 유발할 수 있다.
	(2) 라임 (Rhyme)	① 라임(rhyme) 즉 운을 맞춘다고 했을 때 우리는 주로 각운을 생각하기 쉽지만 각운 외에 압운 혹은 두운이라고 부르는 alliteration이 있고, 또 assonance라는 모운이 있다. ② 보통 라임(rhyme)이라고 부르는 각운은 주로 시에서 볼 수 있는데 챈트에서도 이것이 잘 나타나면 흥미있는 챈트가 된다. My mom is tall. She is beautiful. My dad is cool. He is wonderful. 이렇게 beautiful, wonderful로 운을 맞추면 훨씬 리듬감이 살고 발화하기 편안하고 기억하기 좋은 챈트가 된다. 이러한 운을 살린 예는 실제 미국의 초등연령 학습자에게 인사말로도 쓰여 지는 예를 쉽게 볼 수가 있다. 왜냐하면 라임(rhyme)은 영어를 쓰는 미국에서도 중요하기 때문이다. ③ 원어민 어린이도 처음부터 말을 잘하는 것이 아니고 자연스런 언어 환경 가운데 무의식적인 끝없는 훈련과 무수히 많은 연습을 통해 언어 능력을 키워 나가기 때문이다. 이 과정에 재미있게 발화할 수 있도록 또 잘 기억할 수 있도록 라임(rhyme)을 활용한다. ④ 다음의 구체적인 예는 선생님이 어린이에게 하는 인사말로 끝의 운을 맞춘 라임(rhyme)을 고려해 만들어진 것이다. See you later, alligator. In a while, crocodile. 위의 인사말은 "또 보자 악어야. 얼마 후에. 악어야"라기보다는 "또 보자, 얼마 후에"라는 인사이다. 이 인사말에 그다지 쉽지 않은 발음인 alligator나 crocodile을 잘 익히고 또 재미있게 애칭처럼 부르느라 쓴 것이며 또 그 인사에 있는 later나 while과 운을 맞추어 활용된 것이다. 소리를 내어 발화를 해보면 See you later에 alligator가, In a while에 crocodile이 함께 발화됨으로 언어를 하나의 패턴처럼 음악적으로 반복하게 함으로 그 단어의 맛을 높여 주고 기억을 용이하게 해 준다는 것을 알 수 있다. 바로 라임(rhyme)이 갖는 효과인 것이다. ⑤ 다음과 같이 영어 모국어권 어린이가 술래를 뽑거나 차례를 정할 때 쓰는 다음과 같은 챈트에서도 라임(rhyme)을 살린 예를 볼 수가 있다. Eeny Meeny Miny mo. Catch a tiger by the toe. If he hollers, let him go. Eeny Meeny Miny mo. My mother said to pick the very best one and you are it. 그런데 이러한 끝을 맞추는 라임(rhyme) 즉 각운도 주요하지만 영어가 모국어권이 아닌 학습자의 경우는 정확하게 두운이라고 할 수는 없지만 두운(alliteration)의 감을 살리는 것도 초기 발화에 수월성을 더해주고 장기기억할 수 있게 해준다.
	(3) 반복 (Repetition)	① 반복(Repetition)은 챈트의 또 하나의 특성인 데 언어 습득을 위해서 반복은 필수적이다. 챈트를 통해 반복을 지루하지 않게 연습하여 익히고자 하는 언어에 익숙해지도록 반복 형식(a redundant style)을 띠는 경우이다. 같은 내용을 한 챈트 안에서 반복해 줌으로 EFL 학습자에게 언어 내용을 쉽게 익히도록 해줄 수 있다. ② 물론 언어 능력의 수준에 따라서 반복 정도는 달라질 수 있을 것이다. 그러나 EFL 환경과 같이 언어를 익히기 어려운 환경에서는 같은 구문을 반복 연습해 숙달될 수 있도록 하는 것이 필요하다. 챈트는 기능상 듣기나 말하기에 직접적인 연습이 되므로 목표어를 반복하여 쉽게 익힐 수 있도록 고려해야 한다.

개념 32 어휘 지도 LINE-UP

1 **2015 개정 영어과 교육과정**

2 **최근 어휘 지도 방법**
- (1) 문법 역할 최소화
- (2) Semantic mapping(Clustering)

3 **Chunk 개념**

4 **Chunk 유형**
- (1) polywords
- (2) collocation
- (3) idiom
- (4) lexical phrases
- (5) sentence frame

5 **교과서 분석**

6 **어휘 지도 3단계**
- (1단계) Convey meaning
- (2단계) Check understanding
- (3단계) Consolidate

1   2015 개정 영어과 교육과정

(1) 내용 체계의 '언어 재료' 항목에서 어휘를 독립적으로 다룸으로써 영어 학습에 있어서 어휘 습득의 중요성을 강조하고 있다.

(2) 학년별로 사용할 수 있는 새로운 어휘수를 제한하고 있다. 새로운 어휘는 3~4학년군 240 낱말 내외, 5~6 학년군은 260낱말 내외를 다루도록 되어 있고, 초등학교 3학년부터 6학년까지 4년 동안의 영어 학습 기간 동안 어휘는 모두 500 낱말을 넘지 않게 제한되어 있다.

2   최근 어휘 지도 방법

(1) 문법 역할 최소화

문법 중심의 교수법이나 청화식 교수법(Audio-Lingual Method)에서는 문법이나 구조 연습을 강조하고 어휘를 개별 낱말이나 숙어로 한정시켜 문장을 구성하는 부수적인 요소로 어휘를 간주하는 반면에 최근의 어휘 중심 교수법에서는 개별 낱말뿐만 아니라 연어(collocation), 고정표현(fixed expressions), 반고정표현(semi-fixed expressions)등으로 어휘의 개념을 확장하여 문법의 역할을 최소화하고 어휘의 기능을 더욱 강조하고 있다.

(2) Semantic mapping(Clustering)

Semantic mapping is very useful. for building students' vocabulary skills. The teacher can begin by writing a key concept in the middle of the chalkboard. 1t can be used not on1y as a vocabulary building too1, but a1so as advance organizers. The goal of the activity is to tap into relevant students' background know1edge to he1p them anticipate the new information to be 1earned and thus to create a link between what the readers know and the topic of the text.

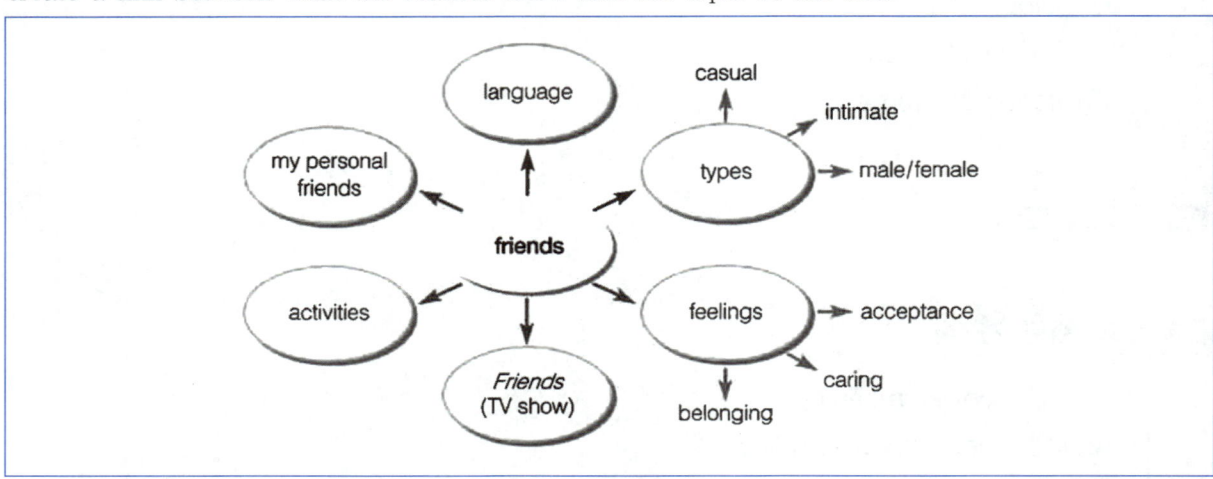

3   Chunk 개념

(1) chunk는 Miller(1956)가 처음 만든 단어로 그는 청취력 검사에서 청자들이 문장의 단어들을 하나하나씩 해독하거나 이해하는 것이 아니라 두 개 이상의 단어를 하나의 단위로 인식한다는 데 주목하고 이러한 이해 의미 단위를 chunk라고 지칭하였다.

(2) 몇 개의 단어들이 묶여 하나의 의미로 인식되는 단위로서 낱개 단위의 어휘가 아니라 어휘와 어휘가 의사소통을 목적으로 조립되어 최소한의 기능적 내용적 의미를 지니는 하나의 덩어리라 정의할 수 있다.

4   Chunk 유형

(1) 다어 또는 다항어(polywords)
   ① 두 개 이상의 낱말로 구성되어 의미 단위를 이루는 약간 확장된 형태의 낱말 집합을 말한다.
   ② 하나의 의미 단위로 거의 굳어져 마치 개별 어휘처럼 사용되는 낱말 집합으로 통사적 규칙에 의해 분석 되지 않으며 단일어로 대치가 가능하다. 다어의 예로 'all at once', 'by the way'등을 들 수 있다.

(2) 연어(collocation)
   ① 연어(collocation)는 두 개 이상의 낱말이 자주 결합되어 쓰이거나 굳어진 표현을 형성하는 어휘 관계를 말한다.
   ② 예컨대, 영어에서 'turn off the light'라고는 하지만,'*close the light'라고는 하지 않는다. 다시 말해, 연어란 함께 어울려 어휘궁합을 이루어 뭉칫말로 자주 쓰이는 어휘 단위를 말한다.
   ③ 두 개 이상의 낱말이 함께 규칙적으로 쓰이는 방식을 말한다. 즉 어느 동사가 특정한 명사와 어울려 쓰일 수 있는지 어느 동사가 특정한 전치사와 어울려 쓰일 수 있는지 그 제한적인 연결 관계를 일컫는 말이다. 'beautiful'이라는 형용사는 'woman'이라는 명사와는 어울려 쓰이지만 'man' 과는 같이 쓰이지 않는 경우를 예로 들 수 있다
   ④ 연어는 어떤 언어에서 개별적인 어휘 항목이 문맥에서 다른 어휘 항목과 습관적으로 연합 또는 결합하는 현상으로, 단어가 다른 단어와 의미적으로 꼭 지켜야 하는 공기관계(co-occurence)를 말한다. 즉, 어느 동사가 특정한 명사와 어울려 쓰일 수 있는지, 어느 동사가 특정한 전치사와 어울려 쓰일 수 있는지 그 제한적인 관계를 일컫는 말이다.

(3) 관용어(idiom)
   ① 관용어는 구성요소의 의미 부분을 반영하지 않는, 비교적 굳어진 표현을 말한다.
   ② Lewis는 관용어가 매우 사실적이고 생생한 표현(picturesque expressions)이라 정의하며 그 예로 'It's raining cats and dogs.','He threw in the towel.'등의 표현을 들었다.
   ③ 또 관용어에 대해 개별적인 의미를 잃고 총체적으로 새로운 의미를 갖는 표현이라고도 설명 하였다. 가령 'kick the bucket'은 'die'의 의미로만 쓰이고 'blow one's mind'는 'astonish'의 의미만을 갖게 된다.
   ④ 즉 관용어는 겉으로 보기에는 일반적인 어휘들이 단단한 형태로 묶여 있어서 연어처럼 동의어나 대체어를 쓸 수도 없고, 단어들의 순서를 바꿀 수도 없이 고정된 의미로만 이루어진다.

(4) 어휘구(lexical phrases) 또는 관습화된 발화(institutionalized utterances)
   ① 문어보다 구어에서 많이 나타나는 어휘 형태로서 학습자들이 유사한 문장을 만들어내는 데 모델이 될 뿐 아니라 의사소통능력을 신장시키는데 기여한다.
   ② 'You're welcome.', 'Take care.', ' I'll get it.'등과 같이 관습적으로 사용되는 표현을 지칭한다.
   ③ 'Good morning.'이나 'How are you?'와 같은 어휘구는 개별 단어 'good, morning, how, are, you'의 의미의 합성만으로는 알 수 없다.

(5) 문장 틀(sentence frame) 혹은 문두어(sentence heads)
   ① 대부분 발화의 첫 단어이며 복잡하고 긴 말이나 글을 이해하는데 중요한 역할을 한다.
   ② 'Let's ~', 'I can~', ' Would you like to~' 등의 문장 틀은 제도화된 발화와 같이 학습자의 의사소통능력 신장을 촉진하는 자원을 제공한다.

5 교과서 분석

단원명	의사소통 기능	다어	연어	제도화된 발화 (상황적 발화)	문장틀 (문두어)
1. My name is Minho.	소개하기 인사하기		my name my teacher new classmate over there	Good morning. I'm sorry. Nice to meet you. That's Okay.	I'm ~ My name is ~ This is ~ What's ~
2. It's in the box.	사물의 위치 묻고 답하기	look at	in the box my glove my watch on the table under the bed your lunch box	Here it is.	Here's ~ It's ~ Let's ~ Where's ~ You're ~
3. Oh, I'm very happy.	감정 표현하기	look at	look angry look happy look sad look tired new bike new watch	come on. This is for you.	Are you ~ I'm ~
4. What are you doing?	사실 확인, 묘사		have some snacks play computer games		Are you ~ing? I'm ~ing. Let's ~ What ~ing.

6 어휘 지도 3단계

〈1단계〉 Convey meaning

① 1단계는 학생들에게 가르치고자 하는 어휘 항목의 의미를 제시하는 단계라 할 수 있다. 그림, 몸짓, 실물, 설명 등 다양한 방법을 동원하여 학생들에게 단어의 의미를 알려 주는 단계이다.

② 예를 들어, 'boring'이라는 단어를 가르친다고 할 때 교사는 다음과 같이 단어의 의미를 설명할 것이다.

> 교사 : When you go to the movies sometimes the movies is not very interesting, it makes you want to go to sleep. (교사는 입에 손을 대고 하품을 한다.) The movie is very boring. Or sometimes you have a teacher who speaks very slowly and who never makes you laugh and whose lessons make you go to sleep. The teacher is so boring.

〈2단계〉 Check understanding

① 2단계는 학습자가 과연 단어의 의미를 제대로 이해했는지 확인하는 과정으로서, 교사는 1단계에서 제시했던 단어와 관련된 일련의 질문들을 한다. 만약 학생들이 일관성 있게 이러한 질문들에 올바른 대답을 한다면 교사는 학생들이 단어의 의미를 이해하고 있다고 판단해도 될 것이다.

② 위에서 제시했던 'boring'이라는 단어와 관련하여 교사는 다음과 같은 질문을 하게 될 것이다.

> 교사 : (A학생에게) 1) Do you like boring teacher?
> (B학생에게) 2) Is this lesson boring?
> (C학생에게) 3) Is this book boring?
> (D학생에게) 4) Are you a boring person?
> (E학생에게) 5) Am I a boring teacher?

③ 또 다른 예로서, 'pet'이라는 단어의 경우 교사가 할 수 있는 질문들을 다음에서 보도록 한다. 이러한 일련의 질문들을 함으로써 학생들은 새로운 어휘 항목에 더 많이 접하게 되며 그 단어의 쓰임에 익숙해 질 수 있게 된다.

> 교사 : What do we call a domestic animal? That's right, a pet. Inho, ask Sumi if she has any pets. Who has a pet? Anyone? You do, Younghee? What is it? What's his name? Tell us about your animals, Kiho. What sort of animals do people keep in Korea? Which pets are best if you live in a city? What about farmers?

〈3단계〉 Consolidate

① 3단계는 학습한 새로운 어휘를 연습을 통하여 강화함으로써 학습자가 능동적 어휘로서 그것을 사용할 수 있도록 하는 단계이다. 이 단계에서 교사는 학습자에게 의미 있는 맥락에서 학습한 어휘를 사용해 볼 수 있는 기회를 주어야 할 것이다.

② 'boring'이라는 단어와 관련하여 교사는 다음의 활동을 지시할 수 있다.

> 교사 : Turn to the person next to you and ask them if they had a boring weekend. If they say "yes," find out why. (잠시 후에) Now ask the person next to you what television shows they think are boring.

4절 듣기

개념 33 내용 체계

핵심 개념	일반화된 지식	내용 요소		기능
		3~4학년군	5~6학년군	
소리	소리, 강세, 리듬, 억양을 식별한다.	• 알파벳, 낱말의 소리 • 강세, 리듬, 억양	• 알파벳, 낱말의 소리 • 강세, 리듬, 억양	• 식별하기
어휘 및 문장	낱말, 어구, 문장을 이해한다.	• 낱말, 어구, 문장	• 낱말, 어구, 문장	• 파악하기
세부 정보	말이나 대화의 세부 정보를 이해한다.	• 주변의 사람, 사물	• 주변의 사람, 사물 • 일상생활 관련 주제 • 그림, 도표	• 파악하기
중심 내용	말이나 대화의 중심 내용을 이해한다.		• 줄거리 • 목적	• 파악하기 • 추론하기
맥락	말이나 대화의 흐름을 이해한다.		• 일의 순서	• 파악하기 • 추론하기

개념 34 언어 재료

구분	내용	초
문화	문화 요소	• 타 문화 이해
소재	[별표 1] 소재 참조	• 자기 주변의 일상생활 주제
의사소통 기능 예시문	[별표 2] 제시된 '의사소통 기능과 예시문' 참조	초등 권장 예시문 참조
어휘	[별표 3] 기본 낱말 목록에서 권장 낱말수의 90% 이상 사용.	500 낱말 내외 *초등 권장 낱말 사용
언어 형식	[별표 4] '의사소통에 필요한 언어 형식' 참조	초등학교 권장 언어 형식 참조

• 자연스러운 언어 활동을 위하여 아래의 소재, 언어, 어휘, 단일 문장의 길이를 참고한다.

구분	내용
소 재	• [별표 1]의 '소재'를 참조하여 적절한 것을 선택하여 사용 • 학습자들의 흥미, 필요, 인지적 수준 등을 고려하여 학습 동기를 유발할 수 있는 내용 • 의사소통 기능을 이해하고 활용하는데 도움이 되는 내용 • 주제, 상황, 과업 등을 고려한 내용 • 상호 작용에 적합한 내용 • 영어권 및 비영어권 문화 이해에 적합한 내용 • 창의력 및 논리적, 비판적 사고력 배양에 도움이 되는 내용
언 어	• 자연스러운 언어 습득과 실제적인 의사소통 활동에 도움이 되는 언어 • 일상생활에서 많이 쓰이는 언어 • 학습자들의 나이와 인지적인 수준을 고려한 언어 • 소리와 문자의 관계, 소리와 의미의 식별, 말의 연결, 말의 속도에 따른 음운 변화, 상황에 따른 음운 변화 및 자연스러운 발화 등에 도움이 되는 언어
어 휘	각 학년에서 사용할 수 있는 새로운 어휘 수는 다음과 같다. 초등학교 3~4학년군 : 240 낱말 내외 초등학교 5~6학년군 : 260 낱말 내외 (누계 : 500 낱말)
단일 문장의 길이	• 초등학교 3~4학년군 : 7 낱말 이내 • 초등학교 5~6학년군 : 9 낱말 이내 (단, and, but, or를 사용하는 경우에는 예외로 한다)

 **35 성취기준과 교수·학습 방법**

1 3~4학년군

1 성취기준

(1) [4영01-01] 알파벳과 낱말의 소리를 듣고 식별할 수 있다.
(2) [4영01-02] 낱말, 어구, 문장을 듣고 강세, 리듬, 억양을 식별할 수 있다.

> 강세 박자 리듬 언어인 영어의 분절 음소와 강세, 리듬, 억양 등의 초분절 음소를 익히게 하려는 데 초점이 있다. 노래나 찬트 등을 따라하면서 낱말, 어구, 문장을 듣고 자연스럽게 강세, 리듬, 억양을 익히는 수준을 말한다.

(3) [4영01-03] 기초적인 낱말, 어구, 문장을 듣고 의미를 이해할 수 있다.
(4) [4영01-04] 쉽고 친숙한 표현을 듣고 의미를 이해할 수 있다.

> 인사하기, 안부 묻고 답하기, 질문하고 답하기 등 일상생활에서 가장 기본적으로 수행해야 하는 관용적인 표현을 상황과 함께 반복하여 듣고 자연스럽게 익히는 수준을 말한다.

(5) [4영01-05] 한두 문장의 쉽고 간단한 지시나 설명을 듣고 이해할 수 있다.
(6) [4영01-06] 주변의 사물과 사람에 관한 쉽고 간단한 말이나 대화를 듣고 세부 정보를 파악할 수 있다.

> 주변의 사물과 사람에 관한 친숙한 내용이 담긴 말이나 대화를 듣고, 주변 사물과 사람에 관한 모양, 크기, 개수, 색깔 등 특정한 정보를 파악하는 수준을 말한다.

(7) [4영01-07] 일상생활 속의 친숙한 주제에 관한 쉽고 간단한 말이나 대화를 듣고 세부 정보를 파악할 수 있다.

> 학습자에게 친숙하며 흥미와 관심을 가질 수 있는 내용을 듣고, 대화가 일어난 장소, 시간, 방향, 종류, 관계 등 특정한 정보를 파악하는 수준을 말한다.

2 교수·학습 방법 및 유의사항

(1) 알파벳 소리를 지도할 때에는 친숙한 낱말 및 다양한 듣기 자료를 통해 알파벳의 소리를 자연스럽게 식별할 수 있도록 지도한다.
(2) 노래, 찬트, 대화 등의 듣기 자료를 통해 영어의 다양한 강세, 리듬, 억양을 자연스럽게 익힐 수 있도록 지도한다.
(3) 실물, 그림, 동작 등을 활용하여 낱말, 어구, 문장의 의미를 추측하거나 파악하게 한다. 특히 학습 초기에는 교실 및 주변에서 쉽게 접하는 사물의 이름, 가족 호칭, 인사말 등의 낱말, 어구, 문장을 이해할 수 있도록 지도한다.
(4) 쉽고 친숙한 표현을 상황과 함께 제시하여 이해를 돕고, 필요한 경우 다양한 멀티미디어 자료를 활용하여 자연스럽고 흥미로운 학습이 이루어지게 한다.
(5) 교실 내의 여러 가지 실물을 이용하여 다양한 지시나 설명을 하고, 학습자가 듣고 이해한 것을 얼굴 표정, 자세, 동작 등을 이용하여 표현할 수 있도록 지도한다.
(6) 영어 학습에 대한 흥미와 자신감을 부여할 수 있도록 듣고 행동으로 반응하기, 듣고 지시대로 행동하기 등 듣고 이해한 정도를 여러 가지 과업 수행으로 나타낼 수 있도록 지도한다.

2 5~6학년군

1 성취기준

(1) [6영01-01] 두세 개의 연속된 지시나 설명을 듣고 이해할 수 있다.
(2) [6영01-02] 일상생활 속의 친숙한 주제에 관한 간단한 말이나 대화를 듣고 세부 정보를 파악할 수 있다.
(3) [6영01-03] 그림이나 도표에 대한 쉽고 간단한 말이나 대화를 듣고 세부 정보를 파악할 수 있다.

> 그림이나 도표에 관한 설명이나 묘사하는 말, 대화를 듣고 대상, 개수, 크기, 길이, 생김새, 색깔, 선호도 등 특정한 정보를 파악하는 수준을 말한다.

(4) [6영01-04] 대상을 비교하는 쉽고 간단한 말이나 대화를 듣고 세부 정보를 파악할 수 있다.
(5) [6영01-05] 쉽고 간단한 말이나 대화를 듣고 줄거리를 파악할 수 있다.

> 쉽고 간단한 말이나 대화를 듣고 말이나 대화에 나타나는 전체 흐름, 즉 중심 되는 내용을 파악하는 수준을 말한다. 줄거리는 핵심이 되는 중요한 내용 또는 사건이 일어난 순서를 의미한다.

(6) [6영01-06] 쉽고 간단한 말이나 대화를 듣고 목적을 파악할 수 있다.
(7) [6영01-07] 쉽고 간단한 말이나 대화를 듣고 일의 순서를 파악할 수 있다.

> 쉽고 간단한 말이나 대화를 듣고 사건이 일어난 순서를 파악하는 수준을 말한다. 그림이나 만화 등을 이용하여 사건이 일어난 순서에 따라 연결 및 배열하기, 일이 일어난 순서대로 번호쓰기 등의 활동을 활용한다.

2 교수·학습 방법 및 유의사항

(1) 대화가 일어나는 상황, 전후 관계, 배경 지식 등을 활용하여 의미를 파악하도록 지도하고 듣기 전 활동, 듣기 중 활동, 듣기 후 활동으로 나누어 단계별로 지도한다.
(2) 연속된 두세 개의 지시나 설명을 들은 뒤 순서에 맞게 동작으로 나타내고 실물, 그림, 인형 등을 이용하여 이해한 것을 표현하게 지도한다.
(3) 영어 학습에 대한 흥미와 자신감을 가질 수 있도록 듣고 행동으로 반응하기, 듣고 지시대로 행동하기 등 듣고 이해한 정도를 다양한 과업 수행하기로 나타내도록 지도한다.
(4) 간단한 말이나 대화를 듣고 내용을 이해하는 데 도움이 되는 인물, 행동, 장소, 시간, 감정 등 세부 정보를 파악하도록 지도한다.
(5) 비교 표현이 사용된 말이나 대화를 듣고 알맞은 그림에 표시하기, 그림 그리기, 번호쓰기, 순서 정하기 등의 다양한 활동을 통해 비교하는 표현을 익힐 수 있도록 지도한다.
(6) 말이나 대화를 듣고 상황을 파악한 뒤, 주요 낱말 및 배경 지식 등을 활용하여 그림이나 도표에 담긴 세부 정보를 파악하도록 지도한다.
(7) 대상을 비교하는 표현이 담긴 말이나 대화를 듣고 알맞은 그림 찾기, 틀린 부분 표시하기, 그림을 그리거나 번호 표시하기 등의 다양한 방법으로 지도한다.
(8) 말이나 대화를 듣고 겉으로 드러나는 세부 정보, 줄거리, 목적, 일이 일어난 순서 파악하기 및 내용에는 나오지 않으나 장소나 인물을 추측하기 등으로 발전시킬 수 있도록 지도한다.

 **개념 36** 듣기 지도 실제 LINE-UP

1 스키마 이론
- (1) 스키마 개념
- (2) 듣기와 스키마

2 과정 중심 듣기/읽기 지도
- (1) 듣기 전/읽기 전 단계
- (2) 듣기 중/읽기 중 단계
- (3) 듣기 후/읽기 후 단계

3 Intelligibility

4 듣기 처리 과정
- (1) 상향식(Bottom-up Processing)
- (2) 하향식(Top-down Processing)
- (3) 상호작용식(Interactive Processing)

5 듣기 유형
- (1) 반사적 듣기(Reactive Listening)
- (2) 집중적 듣기(Intensive Listening)
- (3) 반응적 듣기(Responsive Listening)
- (4) 선택적 듣기(Selective Listening)
- (5) 확장적 듣기(Extensive Listening)
- (6) 상호작용적 듣기(Interactive Listening)

6 실제적 자료(Authentic Materials)

개념 37 스키마 이론

1 스키마 개념

(1) 인지 심리학 분야에서 처음으로 현대적 의미로서의 스키마 개념을 사용한 사람은 Bartlett(1932)이다. 그에 의하면 "스키마는 잘 발달된 유기체 속에 항상 작용하는 과거 경험과 반응의 능동적 조직"이라고 정의한다.
(2) 스키마라는 말은 '사전지식' 또는 '배경지식'이라는 말로 쓰이며,(Anderson & Pearson, 1984) 인간의 기억 속에 저장되어 있는 세상 모든 지식에 관한 경험의 총체를 말한다.

> Schemata (singular schema) can be described as the 'mental frameworks' we hold as individuals, and which we bring with us when we read or listen to a text.
> ① Comprehension is a process of making sense of a text, in the most cost-effective (but not necessarily the most thorough) way. And schema makes it possible to do so.
> ② Schema, or background knowledge, is about the world that is derived from personal experiences and learning. This type of knowledge allows listeners or readers to make the most likely interpretation of a text by filing in gaps in their comprehension with what they know about the topic.
> ③ Schemata play an important part in comprehension since we do not logically work through all possible interpretations of a text before deciding what it means. Instead, we take short-cuts. We use background knowledge to select the most likely interpretation, often without even being aware of other possible interpretations.

2 듣기와 스키마

(1) 언어 능력 못지 않게 청해 능력에 중요한 영향을 미치는 요인이 배경지식이다. 배경 지식은 구체적으로 문화에 관한 지식, 학문 분야에 관한 지식, 논제에 관한 지식을 의미한다(Jensen&Hansen, 1995).
(2) 배경 지식이 청해 능력에 중요한 이유는 청해란 단어를 듣고 여러 개의 단어를 문법 능력에 의하여 의미가 통하도록 분석하는 것 외에도 분석한 내용의 의미를 기존의 배경 지식과 일치하도록(matching) 해석하는 과정이 필요하기 때문이다.
(3) 따라서 만약 듣는 내용에 대한 배경 지식이 충분히 있을 때는 잘 듣게 되고 그 내용을 장기간 기억할 수 있겠지만 배경 지식이 없을 때는 이와 반대로 잘 들을 수도 없고 들은 내용을 장기간 기억할 수도 없을 것이다.

 듣기 처리 과정

1 상향식(The bottom-up model)

(1) 개념

상향식 처리과정에서는 듣기를 할 때, 먼저 철자, 기호 등을 익히도록 하고 단어나 관용 어구를 설명하고 문장 단위의 의미를 이해시키는 과정의 순서로 듣기를 지도한다.

> According to bottom-up processing, in order for listeners to understand the message, they should start by tackling the sounds, words, and structures. Without linguistic knowledge, he/she can not figure out what is heard.
> a. Discriminate Between Intonation Contours in Sentences
> - Listen to a sequence of sentence patterns with either rising or falling intonation. Place a check in column 1 (rising) or column 2 (falling), depending on the pattern you hear.
> b. Discriminate Between Phonemes
> - Listen to pairs of words. Some pairs differ in their final consonant, and some pairs are the same. Circle the word "same" or "different," depending on what you hear.
> c. Selective Listening for Morphological Endings
> - Listen to a series of sentences. Circle " yes" if the verb has an -ed ending, and circle" no" if it does not.
> - Listen to a series of sentences. On your answer sheet, circle the one (of three) verb forms contained in the sentence that your hear.

(2) 활동

① 문장의 억양 구별하기
- Listen to a sequence of sentence patterns with either rising or falling intonation.
- Place a check in column 1 (rising) or column 2 (falling), depending on the pattern you hear.

② 음소 구별하기
- Listen to pairs of words. Some pairs differ in their final consonant(stay/steak), and some pairs are the same (laid/laid). Circle the word "same" or "different" depending on what you hear.

③ 어미의 선택적 듣기
- Listen to a series of sentences. Circle "yes" if the verb has an -ed ending, and circle "no" if it does not.
- Listen to a series of sentences. On your answer sheet are three verb forms. Circle the verb form that is contained in sentence that you hear.

④ 단어 식별하기
- Match a word that you hear with its picture.
- Listen to a weather report. Look at a list of words that you hear.
- Listen to a sentence that contains clock time. Circle the clock time that you hear, among three choices(5:30, 5:45, 6:15).
- Listen to an advertisement, select out the price of an item, and write the amount on a price tag.
- Listen to a series of recorded telephone messages from an answering machine.
- Fill in a chart with the following information from each caller : name, number, time and message.

⑤ 정상적인 어순의 문장 듣기
- Listen to a short dialog and fill in the missing words that have been deleted in a partial transcript.

2 하향식(The Top-down model)

(1) 개념

① 전체적인 내용의 이해를 돕기 위해 배경 지식을 적극적으로 사용하여 입력을 해석하는 과정을 가리킨다.

② 듣기란 청취자가 문맥에서 취한 정보와 기존 지식으로부터 단서를 이용해서 의미를 구성 하는 능동적이고 의식적인 과정이며, 이 과제를 완수하기 위해서는 청자는 많은 전략적 수단에 의존하게 된다. 듣기의 과정에서 청자는 자신의 언어학적 지식, 세상 지식, 문맥을 활용한다.

> It emphasizes the use of contextual knowledge and background knowledge in processing a message rather than depending upon linguistic knowledge. Even though students do not have sufficient linguistic knowledge for understanding the text, he/she can predict what is heard.
> a. Discriminate Between Emotional Reactions
> - Listen to a sequence of utterances. Place a check in the column that describe the emotional reaction that you hear: interested, happy, surprised, or unhappy.
> b. Get the Gist of a Sentence
> - Listen to a sentence describing a picture and select the correct picture.
> c. Recognize the Topic
> - Listen to a dialogue and decide where the conversation occurred. Circle the correct location among three multiple-choice items.
> - Listen to a conversation and look at the pictured greeting cards. Decide which of the greeting cards was sent. Write the greeting under the card.

(2) 활동

① 정서적 반응 구별하기

- Listen to a sequence of utterances. Place a check in the column that describes the emotional reaction that you hear : interested, happy, surprised, or unhappy.

② 한 문장의 요점 파악하기

- Listen to a sentence describing a picture and select the correct picture.

③ 주제 파악하기

- Listen to a dialog and decide where the conversation occurred. Circle the correct location among three multiple choice items.
- Listen to a conversation and look at a number of greeting cards that are pictured. Decide which of the greeting cards was sent. Write greeting under the appropriate card.
- Listen to a conversation and decide what the people are talking about. Choose the picture that shows the topic.

3 상호작용식(The interactive model)

(1) 개념
- 청자가 듣기 정보 처리를 위하여 이 두 가지 방법의 정보 처리 방식을 적절하게 혼합하여 활용하기도 하는데 이를 상호작용적 처리라고 한다.

> a. Build a semantic network of word associations
> - Listen to a word and associate all the related words that come to mind.
> b. Recognize a familiar word and relate it to a category
> - Listen to words from a shopping list and match each word to the store that sells
> c. Follow directions
> - Listen to a description of a route and trace it on a map.

(2) 활동

① 관련된 단어 연상하기
- Listen to a word and associate all the related words that come to mind.

② 친숙한 단어를 인식하고 한 범주에 관련 짓기
- Listen to words from a shopping list and match the words to the store that sells it.

③ 지시에 따르기
- Listen to a description of a route and trace it on a map.

개념 39 듣기 유형

1 반사적 듣기(Reactive Listening)
(1) 단순히 따라 말하기 위해 학습자가 발화의 표층 구조를 들을 때가 있다. 이런 반사적인 듣기는 청자가 의미를 이해할 필요가 거의 없지만, 교실의 상호작용적인 의사소통 활동에서는 부수적인 역할을 한다.
(2) 의미의 생성자로서 기능을 다하지 못하는 단순한 녹음기로서의 청자의 역할은 최대한 한정되어야 한다. 반사적인 듣기는 발음 연습에 많이 이용된다.

2 집중적 듣기(Intensive Listening)
(1) 학습자에게 음소, 단어, 억양, 담화 표지 등과 같은 요소에 집중하게 하여 그것을 선별해 내도록 하는 기법이다.
(2) 집중적 듣기의 예
   ① 학생들이 전체나 개인 연습에서 특정한 단서를 듣기
   ② 학생들의 마음 속에 단어나 문장을 새겨 넣기 위해 교사가 여러 번 반복하기
   ③ 문장이나 긴 발화를 듣고 억양, 강세, 축약, 문법 구조 등의 특정 요소에 주목하기

3 반응적 듣기(Responsive Listening)
(1) 교실에서 듣기 활동의 중요한 부분은 즉각적인 반응을 끌어 내기 위해 교사가 질문을 하는 것이다. 이러한 듣기에서 학생은 교사의 질문을 즉시 이해하여 적절히 반응하게 된다.
(2) 반응적 듣기의 예

질문하기	How are you today? What did you do last night?
명령하기	Take out a sheet of paper and a pencil.
명확히 하기	What was that word you said?
이해의 점검	So, how many people were in the elevator when the power went out?

4 선택적 듣기(Selective Listening)
- 일정한 시간 동안 일방향적인 듣기를 할 때, 학생들은 들려 오는 모든 것을 처리하는 것이 아니라 어떤 정보를 얻기 위해 선택적으로 듣게 된다. 이러한 행위의 목적은 일반적인 의미가 아니라, 여러 가지의 정보 중에서 필요한 정보를 찾아 내는 것이다.

5 확장적 듣기(Extensive Listening)
(1) 집중적인 듣기와는 달리 확장적 듣기는 구어의 하향식 처리 기능을 개발하는 데 목적을 둔다.
(2) 확장적인 듣기 수행은 긴 강의와 대화의 청취에서부터 포괄적인 메시지나 목적 등을 유도해 내는 것까지를 포함한다.

6 상호작용적 듣기(Interactive Listening)
- 학습자가 토론, 토의, 대화, 역할 분담, 집단 활동 등에 능동적으로 참여할 때 앞에서 언급한 다섯 가지의 듣기 유형이 전부 포함되는 상호작용적인 듣기 활동이 이루어질 수 있다.

 듣기에서 실제적 자료(Authentic Materials) 사용

1 개념

A useful redefinition of authenticity is the distinction between "genuine authentic" "imitation authentic." Genuine authentic features unadapted, natural interaction among native speakers, whereas imitation authentic refers to an approximation of real speech that takes into account the learners' level of ability. Learners can learn best "from listening to speech which, while not entirely authentic, is an approximation of the real thing, and is planned to take into account the learners' level of ability and particular difficulties" (Ur, 1984).

2 장점

(1) They can reinforce for students a direct relation between the language classroom and the outside world.

(2) Authentic materials and media offer a way to contextualize language learning. When lessons are centered on comprehending a repair manual, a menu, a TV weather report, a documentary, or anything that is used in the real world, students tend to focus more on content and meaning than on language.

(3) This offers students a valuable source of language input, as students can be exposed to more than just the language presented by the teacher and the text.

5절 말하기

개념 41 내용 체계

핵심 개념	일반화된 지식	내용 요소		기능
		3~4학년군	5~6학년군	
소리	소리를 따라 말한다.	• 알파벳, 낱말 • 강세, 리듬, 억양	• 알파벳, 낱말 • 강세, 리듬, 억양	• 모방하기
어휘 및 문장	낱말이나 문장을 말한다.	• 낱말, 어구, 문장	• 낱말, 어구, 문장	• 모방하기 • 표현하기 • 적용하기
담화	의미를 전달한다.	• 자기소개 • 지시, 설명	• 자기소개 • 지시, 설명 • 주변 사람, 사물 • 주변 위치, 장소	• 설명하기 • 표현하기
	의미를 교환한다.	• 인사 • 일상생활 관련 주제	• 인사 • 일상생활 관련 주제 • 그림, 도표 • 경험, 계획	• 설명하기 • 표현하기

 **성취기준과 교수·학습 방법**

1 3~4학년군

1 성취기준

(1) [4영02-01] 알파벳과 낱말의 소리를 듣고 따라 말할 수 있다.
(2) [4영02-02] 영어의 강세, 리듬, 억양에 맞게 따라 말할 수 있다.

> 영어는 낱말 내에 강세가 있는 소리가 있으며, 문장 내에서도 강세가 있는 낱말과 약하게 발음하는 낱말이 있음을 학습자들이 자연스러운 발음을 통해 인지하고 강세, 리듬, 억양을 익히는 수준을 말한다.

(3) [4영02-03] 그림, 실물, 동작에 관해 쉽고 간단한 낱말이나 어구, 문장으로 표현할 수 있다.

> 실물이나 그림을 보거나 동작으로 표현하면서 해당하는 낱말이나 어구, 문장을 말하는 학습 초기에 쉽게 할 수 있는 수준을 말한다.

(4) [4영02-04] 한두 문장으로 자기소개를 할 수 있다.
(5) [4영02-05] 한두 문장으로 지시하거나 설명할 수 있다.

> '[4영02-04] 한두 문장으로 자기소개를 할 수 있다.'와 '[4영02-05] 한두 문장으로 지시하거나 설명을 할 수 있다.'는 한두 문장의 영어로 간단하게 자신을 소개하고, 지시하거나 명령하는 문장들을 자연스럽게 말할 수 있는 수준을 말한다.

(6) [4영02-06] 쉽고 간단한 인사말을 주고받을 수 있다.
(7) [4영02-07] 일상생활 속의 친숙한 주제에 관해 쉽고 간단한 표현으로 묻거나 답할 수 있다.

> 학습자들에게 친숙한 개인의 일상생활과 관련된 내용들을 어휘와 언어 형식이 쉬운 짧고 간단한 문장을 이용하여 적절하게 묻고 답할 수 있는 수준을 말한다.

2 교수·학습 방법 및 유의사항

(1) 친숙한 낱말을 통해 영어의 음소를 바르게 소리 낼 수 있도록 하고 노래와 찬트 등을 통해 영어의 강세, 리듬, 억양을 자연스럽게 익힐 수 있도록 지도하도록 한다. 노래와 찬트는 영어의 강세, 리듬, 억양을 익히기에 좋은 언어 자료로서, 학습자들이 노래와 찬트를 듣고 내용을 이해하고 반복적으로 들으면서 자연스럽게 따라 부르도록 한다. 낱말 수준에서부터 문장, 간단한 대화 등의 순으로 들려주면서 자연스럽게 영어의 강세, 리듬, 억양에 익숙해지도록 한다.
(2) 주변의 친숙한 물건이나 사물의 그림을 보고 이름을 말하거나 문장으로 말하는 활동, 해당 단어를 동작으로 표현해 보고 다른 학습자가 맞히게 하거나 소집단으로 나누어 추측하기 등의 게임을 통해서 쉽고 간단한 낱말이나 어구, 문장의 말하기에 흥미를 가지도록 한다.
(3) 작은 종이 인형을 만들어 사용하게 하거나 동물 그림 등에 이름표를 달아주고 소집단 활동으로 발표하는 등의 협동 학습을 통해 학습자들이 소개하기 활동에 흥미롭게 참여하도록 한다. 또한 자신의 이름이나 좋아하는 물건, 색깔이나 음식, 운동이나 가족 등도 소개해 보도록 한다.
(4) 교사가 교실 영어로 지시하거나 요청하는 말을 자주 들려주는 것이 필요하며 이러한 표현에 자주 노출된 학습자들이 교실에서 일어나는 활동이나 필요한 행동에 관하여 자연스럽게 말할 수 있도록 한다.
(5) 인사말을 주고받을 수 있는 유의미한 상황을 조성하고 인사하기 표현들을 사용함으로써 학습자들이 내재화할 수 있도록 한다.
(6) 학습자 상호 간의 협력을 요하는 다양한 과업 제시를 통해 학습자와 학습자 간의 영어 말하기를 통한 상호작용이 활발하게 이루어지도록 하고, 대인 관계 능력 및 타인에 대한 배려와 관용을 함께 신장시킬 수 있도록 지도한다.
(7) 의사소통에 지장을 주지 않는 한 교사의 즉각적인 오류 수정을 피하고, 학습자 스스로 오류를 발견하고 수정할 수 있도록 다양한 교정적 피드백을 제공한다.

2 5~6학년군

1 성취기준

(1) [6영02-01] 그림, 실물, 동작에 관해 한두 문장으로 표현할 수 있다.
(2) [6영02-02] 주변 사람에 관해 쉽고 간단한 문장으로 소개할 수 있다.
(3) [6영02-03] 주변 사람과 사물에 관해 쉽고 간단한 문장으로 묘사할 수 있다.

> 가족이나 친구 등의 주변 사람과 좋아하는 사물과 같은 친숙한 대상에 관하여 한두 문장의 길이로 묘사하는 수준을 말한다.

(4) [6영02-04] 주변 위치나 장소에 관해 쉽고 간단한 문장으로 설명할 수 있다.
(5) [6영02-05] 간단한 그림이나 도표의 세부 정보에 대해 묻거나 답할 수 있다.

> 간단한 그림이나 도표를 보고 해당 그림이나 도표가 담고 있는 사실적 정보들에 대해서 묻거나 답하며 의미를 교환하는 능력을 기를 수 있는 수준을 말한다.

(6) [6영02-06] 자신의 경험이나 계획에 대해 간단히 묻거나 답할 수 있다.
(7) [6영02-07] 일상생활 속의 친숙한 주제에 관해 간단히 묻거나 답할 수 있다.

> 3~4학년군 말하기의 성취기준이 상향 조정된 것으로 예를 들면 물건 사기와 음식 주문하기 등 일상생활에서 빈번하게 쓰이는 표현을 적절하게 사용할 수 있는 수준이다. 물건 사기와 음식을 주문하는 표현과 함께 영어 문화권과 타 문화권 화폐의 종류를 소개하는 활동 등 관련된 문화 학습도 할 수 있으며 맥락 속에서 적절하게 묻고 답할 수 있는 수준을 말한다

2 교수·학습 방법 및 유의사항

(1) 듣고 따라 말하기, 묻고 답하기 등의 활동을 통해 듣기와 말하기 활동이 자연스럽게 연계되도록 지도하고 게임, 역할놀이 등의 활동을 통해 유창성을 기르도록 지도한다.
(2) 동작이나 그림을 보고 한 문장 이상으로 표현하는 활동을 하거나 문장 릴레이 등을 통해 학습자들이 말하기 활동에 대해 흥미를 가질 수 있도록 한다. 또한 학습자들이 자신이 좋아하는 물건을 보여주며 말하기 활동을 하게 할 수 있는데 이때 교사는 학습 동기를 자연스럽게 유발시켜 편안하게 말할 수 있는 분위기를 조성한다.
(3) 자기 가족이나 친구의 생김새, 옷차림, 직업이나 장래 희망에 대해 말하기와 자신이 살고 있는 집, 교실 및 학교 등을 묘사하는 활동을 게임이나 역할놀이 등과 연계하여 3~4학년군에서의 학습 활동을 발전시켜 유창성을 기를 수 있도록 한다.
(4) 초등학생이 관심을 가질만한 도표나 그림, 경험이나 계획, 친숙한 주제 등 적합한 내용을 선정하여 협동학습이나 과제수행, 프로젝트 학습 등의 활동을 계획해보도록 한다. 예를 들어 기차표나 비행기 표를 예약해야 하는 상황, 가족들과 여행을 계획해야 하는 상황 등을 제공하고 학습한 표현들을 질문하기와 대답하기를 통해 자연스럽게 발화해 볼 수 있게 한다.
(5) 교사는 듣고 말하기, 묻고 답하기 등의 활동을 통해 듣기와 말하기 활동이 자연스럽게 연계되도록 지도하되 의미 전달에 중점을 두고 학습자들의 흥미와 관심을 고려하면서 지도한다. 또한 학습자 개개인이 좋아하거나 관심을 갖는 활동과 학습자들의 일상 활동 등에 관한 질문과 대답을 할 수 있게 한다.

 말하기 지도 실제 LINE-UP

1 정확성(Accuracy) vs 유창성(Fluency)

2 3P 모형
- (1) 새로운 언어의 제시(Presentation)
- (2) 말하기 연습(Practice)
    1) 통제적 말하기 연습(Controlled practice)
    2) 유도적 말하기 연습(Guided practice)
- (3) 자유 발화(Free production)

3 오류 지도
- (1) Errors vs Mistakes
- (2) 오류의 원인
    1) 언어간의 전이(Interlingual transfer)
    2) 언어내 전이(Intralingual transfer)
    3) 학습환경(context of learning)
    4) 의사소통 전략(communication strategies)

4 오류 수정 방법
- (1) 고쳐 말하기(recast)
- (2) 설명 요청(clarification request)
- (3) 상위 언어적인 피드백(metalinguistic feedback)
- (4) 유도해내기(elicitation)
- (5) 명시적 교정(explicit correction)
- (6) 반 복(repetition)

 **정확성(Accuracy) vs 유창성(Fluency)**

1 개념

(1) Accuracy

The extent to which the language produced in performing a task conforms with target language norms.

(2) Fluency
- The unfettered flow of language production or comprehension usually without focal attention on language forms
- Fluency is primarily the ability to produce and maintain speech in real time. Classroom activities that target fluency need to prepare the learner for real-time speech production. Learning and memorizing lexical chunks, including useful conversational gambits, is one approach. Drills may help here, as will some types of communicative activity tat involve repetition.

2 강조점

유창성과 정확성 두 가지 모두 배양해야 한다. 의사소통 중심 교육에서 우선적으로 유창성 배양에 초점을 맞추지만 학습자에게 음성학, 문법, 담화 등 개별적인 요소에 관심을 기울이게 함으로써 어느 정도 정확성도 함께 배양이 가능하다.

> Fluency and accuracy are both important goals to pursue in CLT and/or TBI. While fluency may in many communicative language courses be an initial goal in language teaching, accuracy is achieved to some extent by allowing students to focus on the elements of phonology, grammar, and discourse in their spoken output.

3 특징

유창성은 의미 지향적이고 정확성은 언어 지향적이다. 둘 사이 균형을 맞추는 일이 쉽지 않은데, 현재의 언어교육은 언어 용법이 부수적 역할을 하는 가운데 일차적으로 의미 지향적이다.

> The fluency/accuracy issue often boils down to the extent to which our techniques should be message oriented (or, as some call it, teaching language use) as opposed to language oriented (also known as teaching language usage). Current approaches to language teaching lean strongly toward message orientation with language usage offering a supporting role.

개념 45 3p 모형

1 개요

- 말하기 지도에서 사용하는 전통적인 PPP 수업 모형은 반복 연습을 통해 목표 언어를 자동화한다는 행동주의적 학습관에서 유래하였지만, 학습자에게 언어 형태를 가르쳐서 그것을 사용할 수 있게 하는 점에서 아직도 유용하다. 제시(Presentation) 단계에서 교사가 학습자에게 학습할 언어를 제시하고, 연습(Practice) 단계에서 학생들이 다양한 활동을 통해 목표 구문을 연습하면, 발화(Production) 단계에서 학생들이 익힌 표현을 자유로운 상황, 즉 놀이나 역할놀이에서 사용하는 것이다.

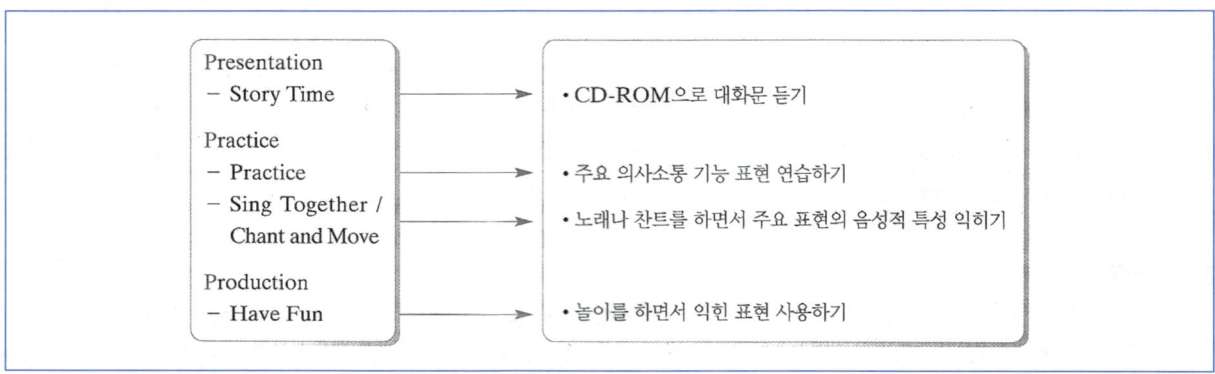

제 시 (presentation)	대화의 상황을 충분히 이해하게 하고, 대화에 필요한 언어 요소를 상황 속에서 그림 등을 이용하여 제시하여 준다.
연 습 (practice)	① 교사의 지도하에 전체 학생들이 함께 교사의 말을 따라 연습하고 교사와 한두 명의 학생이 연습하고 다음으로 학생들이 자신의 짝이나 조별로 연습한다. ② 이 단계에서 학생들의 실수는 명시적으로 교정을 해 주는 것이 필요한데, 교정 시 학생들이 위축되거나 좌절감을 느끼지 않도록 세심함 배려가 필요하다. ③ 이 단계에서 학생들이 연습하는 문장들은 짧고 단순해야 하며, 궁극적으로는 창의적인 의사소통의 기반을 마련해 줄 수 있는 것이어야 한다. 또, 학생들에게 왜 이러한 문장들을 연습하는지를 주지시키고, 실제적으로 사용되는 문장들을 연습시킴으로써 의미 있는(meaningful) 언어 연습이 되도록 한다.
발 화 (production)	① 학생들이 이미 연습한 요소들을 사용하여 자유롭고 창의적으로 의사소통을 하도록 지도한다. ② 교사는 학생들이 교사에 의해서 말하도록 요청받았을 때만 말할 수 있는 것이 아니라는 점을 염두에 두어야 할 필요가 있다. 교사는 학생들이 스스로 대화를 적절히 자연스럽게 시작하고 끝맺고 질문하는 방법 등을 자연스럽게 터득할 수 있도록 지도해야 할 것이다. ③ 학생들이 대화를 할 때, 어법보다는 의미(meaning), 유창성(fluency), 효과적이고 유의미한 상호 작용(meaningful interaction)에 역점을 둘 수 있도록 지도한다.

2 지도 순서

(1) 새로운 언어의 제시 단계(Presentation)
   ① 초등 영어에서 언어 자료는 주로 CD-ROM의 대화를 통해 제시되는데, 대화에는 학생들이 자신들의 실생활과 연결시킬 수 있는 다양한 등장인물과 상황, 사건들이 반영되어 있어 학생들의 흥미와 호기심을 일으키고, 그 맥락을 통해 의미 파악을 수월하게 하는 등의 장점을 가지고 있다.
   ② 제시 단계에서 교사가 주의할 점은 언어 자료를 제시하기 전, 시각 자료나 대화 내용과 관련된 질문을 통해 학생들이 앞으로 접하게 될 언어자료에 집중할 수 있도록 해야 한다는 것이다

(2) 말하기 연습 단계(Practice)

연습 단계의 목적은 학생들로 하여금 제시된 언어 자료를 이해하고 연습을 통해 발음, 강세, 억양, 구조 등에 익숙해지도록 하는 데 있다. 특히, 학생들에게 말할 수 있는 충분한 연습 기회를 제공하기 위해 수업에서 자주 사용되는 연습의 형태는 전체 학생들을 대상으로 한 연습과 소그룹별, 짝별, 개별 연습으로 나눌 수 있고, 통제 정도에 따라 통제된 연습과 유도된 연습으로 나눌 수 있다.

가. 통제된 연습(Controlled practice)

① 통제된 말하기 연습은 교사의 주도 하에 목표로 하는 언어적 표현을 학생들이 어떤 정해진 상황이나 맥락 속에서 지속적으로 연습하도록 하는 것을 말한다. 학생들은 목표 언어를 지속적으로 반복해 말하고 교정적 피드백을 받음으로써 말하기의 정확성뿐만 아니라, 자신감도 어느 정도 향상시킬 수 있다.
② 이는 말하기 기능의 기초를 제공한다는 점에서 중요한 연습 활동이지만, 학생들의 의사나 선택권을 반영하지 못하기 때문에 교사의 주의가 필요하다. 통제된 말하기 연습의 예를 들면 제시된 대화를 짝과 함께 역할을 나누어 말해 보는 것이다.
③ 대표적 활동
- 물건의 소유를 묻고 답하는 의사소통 기능에 대해 A 학생이 물건 그림 카드 중 하나를 골라 "Is this your pencil?"이라고 묻고, B 학생이 O, X 카드 중 하나를 골라 "Yes, it is." / "No, it isn't."로 답한 뒤 역할을 바꾸어 묻고 답하는 활동을 한다.
- 그림 자료를 제시하고, 그것을 보면서 일정한 문형을 묻고 일정한 문형으로 대답하도록 한다. 이를테면, "(시계를 보며) What's the time?", "It's ten thirty.", "(수영하는 그림을 보며) What is he doing?", "He is swimming." 등으로 묻고 대답하게 하는 방식이다. 이러한 활동은 말하기 활동의 기초를 제공하지만 영어의 실제적 사용은 아니다. 어떤 정해진 상황이나 맥락 속에서 영어를 정확하게 모방하여 이해하도록 하는 데 주목적이 있다.

나. 유도된 연습(Guided practice)

① 유도된 말하기 연습은 교사가 학생들이 어떤 언어적 표현을 어떠한 상황과 맥락에서 연습할지 대략의 윤곽을 정하는 등 어느 정도 통제를 하고 안내를 하되, 학생들에게 일정 부분 선택권과 자유를 부여하는 것이다.
② 통제적 연습보다는 학생 쪽에서 선택의 여지가 지금 있는 형태의 활동이다. 이를테면, 시각 묻기를 할 때, 시각을 그림으로 그려서 한 가지 시각만을 가지고 학습하는 것이 아니라 시계의 모형을 만들어서 시침, 분침을 자유롭게 움직여 가면서 수시로 다른 시각을 제시할 때 학생들이 각기 대답을 할 수 있도록 하는 것이 이에 속한다.
③ 대표적 활동
- 물건의 소유를 묻고 답하는 의사소통 기능에 대해 교사가 상자를 마련하고 학생들이 자신의 물건 중 하나를 상자에 넣는다. 학생들은 상자에서 물건 하나를 골라 교실을 돌아다니며 물건의 주인을 찾을 때까지 친구들과 묻고 답하는 활동을 한다. 즉, 학생들은 자신이 원하는 물건을 상자에 넣고, 또한 원하는 물건을 고를 수 있으므로 좀 더 의미 있고 실질적인 대화를 나눌 수 있다.
- 그림 카드나 낱말 카드를 이용하여 교사의 지시에 따라 여러 학생이 카드를 집어들어서 대답하는 것이 서로 연쇄적으로 연결되도록 하는 방법도 있다. 이것은 어순 등을 가르칠 때에 효과적으로 사용할 수 있다.

(3) 자유 발화 단계(Free production)

A: How are you?
B: I'm fine. Thank you. And you?

① 인사나 안부를 묻고 답하는 다양한 상황들과 표현들이 있음에도 불구하고, 영어 사용에서 위에 언급된 대화와 같이 틀에 박힌 대화가 주를 이루는 것은 연습 단계 이후의 발화 혹은 표현 단계에서의 활동이 충분히 이루어지지 않았기 때문이다. 즉, 연습 단계에서 익힌 언어와 그동안 배운 모든 언어적 요소와 지식들을 총동원하여 새로운 상황에서 자신만의 말을 만들어 표현해 보는 기회가 학생들에게 충분히 제공되지 않았기 때문이다.
② 이러한 이유 때문에 학생들이 창의적으로 표현해 보는 발화 단계는 말하기에서 매우 중요하며, 교사는 학생들이 말하고 싶은 동기를 끄집어내고, 자신의 언어적 역량을 총동원하여 자유롭게 말로 표현해 볼 수 있는 게임, 역할놀이, 스토리, 노래 등 다양한 활동이나 과업을 구상하여 발화 단계에서 제공해야 한다.

개념 46 오류 개념

1. 보통 우리말로 오류나 실수라고 하는 것을 영어로는 errors, mistakes, slips 등으로 칭한다. 이 용어들은 보통 학습자가 스스로 수정을 할 수 있느냐 없느냐에 따라 차이가 난다.

2. <u>오류(errors)는 학습자들이 새로운 발화를 구성하기 위해 지능을 이용하면서 발생하는데 어떤 규칙을 잘못 적용할 때 생긴다. 오류는 학습에 긍정적인 진보가 일어나고 있음을 보여 주는 근거도 된다.</u>

   (1) 원어민 아동들도 어느 시점에 이르면 평소에 잘 사용하던 go, sleep, eat 등과 같은 불규칙 동사의 과거형인 went, slept, ate 대신 한 번도 접해 보지 않은 goed, sleeped, eated 등과 같이 불규칙 동사의 과거형을 규칙 동사의 과거형처럼 과잉 일반화시켜 사용하는 오류를 범하는 것으로 알려져 있다. 이런 종류의 오류는 학습자가 규칙을 나름대로 정립하고 있음을 보여 주기 때문에 칭찬해 주면서 동시에 수정해 주는 것이 바람직하다.

   (2) 반면에, 어떤 오류는 규칙을 무시하고 있음을 보여 주는 근거가 되기도 하는데 모국어에 바탕을 두고 나름대로 구나 문장을 구성하는 데서 발생하는 경우가 많다. 예를 들면, 우리말에서 대명사는 특별히 강조할 때를 제외하고는 잘 사용하지 않는 경향 때문에 우리말 사용자들이 영어 구사 시에 대명사를 탈락시키는 현상을 종종 보인다(예 Yesterday went to a restaurant.). 오류는 스스로 고치기 어렵기 때문에 자유 표현과 상호 작용 전략을 구사할 때도 불가피하게 나타나게 된다.

3. <u>실수(mistakes)는 학습자가 규칙을 알기 때문에 스스로 고칠 수 있다.</u> 그러나 완전히 내재화되어 있지 않아 일관되게 규칙을 적용하지 못하는 경우가 많다. slips(또는 lapses)는 잠깐 동안의 부주의로 인한 실수로서 무시해도 좋다.

4. 학생들이 범하는 대부분의 오류는 문법적인 것이다. 공공연한 오류 수정이 학생들의 언어 능력을 향상시키는 데 중요하다고 구체적으로 보여 주는 연구 근거가 미미하기 때문에 오류 수정에 관해서는 의견이 분분하다. 그러나 <u>오류 수정은 교수 활동의 필요한 요소이며 완전히 무시할 경우엔 화석화(fossilization) 현상이 일어날 수 있기 때문에 초점을 맞춘 오류 수정은 바람직하다.</u>

5. 오류 수정 시에는 언제 어느 경우에 고쳐야 바람직한지를 면밀히 고려하여야 한다.

   (1) 무엇보다도 학생들이 반복하여 범하는 오류, 의사 전달에 장애가 되는 오류, 수업 목표나 내용과 관련된 오류 중심으로 교정하는 것이 원칙이다.

   (2) Hendrickson(1980)은 오류를 전면적 오류(global error)와 지엽적 오류(local error)로 구별하였다.

   > 전면적 오류는 단어 순서를 잘못 사용하는 것과 같이 의사소통에 장애가 되는 오류이고, 지엽적 오류는 문장의 한 요소(예 관사, 3인칭 단수 등)에 의한 실수로 의사소통에 큰 장애가 되지 않는 오류이다. 전면적인 오류는 정확한 피드백을 주고 수정하도록 하지만 지엽적인 오류는 수정을 할 경우 의사소통의 흐름을 막을 수 있기 때문에 수정하기보다는 그대로 두는 것이 더 바람직하다. 그러나 어떤 상황에서든지 오류 수정은 의사소통의 흐름을 방해하지 않는 범위 내에서 학생이 처해 있는 정의적, 언어적인 위치를 민감하게 고려하면서 다양한 방법을 사용하여 수정하는 것이 바람직하다.

개념 47 오류 원인

1 언어간의 전이(Interlingual transfer)
- 모국어의 간섭현상으로 인해 출현하는 오류를 일컫는다.
  - 예 ① take an exam → see an exam으로 표현하는 경우
  - ② 한국인이 영어를 배우는 경우 발음상의 어려움, 관사, 전치사의 올바른 사용, 통사적 규칙 등에 어려움을 겪는 것은 영어와 다른 한국어라는 선지식이 내재되어 간섭을 일으키기 때문이다.

2 언어내 전이(Intralingual transfer)
- 목표어 자체 내에서 오는 간섭현상으로 출현하는 오류이다. 규칙을 잘못 적용한 경우로, 과잉일반화(Overgeneralization)가 전형적인 예이다.
  - 예 I goed to the store.

3 학습환경(context of learning)
- 교재나 교사의 오류로 인해 학습자의 잘못된 수행이 일어난 경우이다.
  - 예 교실 학습에서 'point to'와 'point out'의 차이에 대한 불분명한 교수가 이루어질 경우 실제 언어 사용시 오류가 발생할 수 있다.

4 의사소통 전략(communication strategies)
- 자신의 언어적 한계를 극복하기 위한 방편으로 사용하는 전략적 방법으로, 의사소통 전략에 의해 발생하는 오류
  - 예 조어를 만들어 사용하는 경우(word coinage—vegetarianist for vegetarian)

 **오류 수정 방법**

1 고쳐 말하기(recast)
- 비정형적이거나 미완성적 발화를 조심스럽게 다시 고쳐 말하거나 확장시키는 교정적 피드백(corrective feedback)의 암시적 유형.

> 예 1 학습자 : I lost my road.
> 교 사 : Oh, yeah, I see, you lost way. And then what happened?
>
> 예 2 S1 : When you're phone partners, did you talk long time?
> T : When you were phone partners, did you talk for a long time?
> S2 : Yes, my first one I talked for 25 minutes.
>
> 예 3 S1 : Why you don't like Marc?
> T : Why don't you like Marc?
> S2 : I don't know, I don't like him.
>
> 예 4 T : Would you close the door please, Bernard? Claude, what is he doing?
> S1 : Close the door.
> T : He is closing the door. What are you doing, Mario?
> S2 : I listen to you.
> T : You're listening to me.
> S : Yes.
>
> 예 5 S1 : Mylene, where you put your 'Kid of the Week' poster?
> T : Where did you put your poster when you got it?
>
> 예 6 T : How are you all today?
> Ss : Fine, thanks, and you?
> T : Very well, thank you. Did you have a good weekend?
> Ss : Yes.
> T : Well, what did you do at the weekend, Minsoo?
> Minsoo : ... er ... I ... er ... go to the park.
> T : Oh, you went to the park last weekend. What was it like? Did you have fun?
> Minsoo : Yes. I ... er ... have fun.
> T : Oh, ... (The teacher tries to say something, but some students interrupt while she's speaking.) Be quiet, please.

2 설명 요청(clarification request)

- 학습자가 고쳐 말하거나 반복하기를 유도하기.

> 예 1 학습자 : I want practice today, today. (문법적 오류)
>   교 사 : <u>I'm sorry</u>? (설명 요청)
> 예 2 T : How often do you wash the dishes?
>   S : Fourteen.
>   T : <u>Excuse me</u>. (설명 요청)
>   S : Fourteen.
>   T : <u>Fourteen what?</u> (설명 요청)
>   S : Fourteen for a week.
>   T : <u>Fourteen times a week?</u> (고쳐 말하기)
>   S : Yes. Dinner and supper.

3 상위 언어적인 피드백(metalinguistic feedback)

- '학습자 발화의 정형성과 관련된 해설, 정보 또는 질문' 제공하기.

> 예 1 학습자 : I am here since January.
>   교 사 : Well, okay, <u>but remember we talked about the present perfect tense</u>?
> 예 2 S : We look at the people yesterday.
>   T : <u>What's the ending we put on verbs when we talk about the past</u>?

4 유도해내기(elicitation)

- 학습자 스스로 수정하도록 유도하는 교정 기술.

> 예 1 학습자 : (다른 학습자에게) What means this word?
>   교 사 : Uh, Luis, how do we say that in English? <u>What does...?</u>
>   학습자 : Ah, what does this word mean?
> 예 2 S : My father cleans <u>the plate</u>.
>   T : Excuse me, he cleans <u>the ……</u>.
>   S : Plates?

5 명시적 교정(explicit correction)

- 학습자에게 형태 오류를 명확하게 지적하거나 교정된 형태를 제공하는 것.

> 예 1 학습자 : When I have 12 years old...
>   교 사 : <u>No, not have. You mean, "when I was 12 years old..."</u>
> 예 2 S : The dog run fastly.
>   T : <u>'Fastly' doesn't exist. 'Fast' does not take '-ly'. That's why I picked 'quickly'</u>.
> 예 3 S : When you get-
>   T : When you <u>got-</u> <u>it's past</u>.
> 예 4 S1 : Is your favourite house is a split-level?
>   S2 : Yes.
>   T : <u>You're saying 'is' two times dear</u>. 'Is your favourite house a split-level?'
>   S1 : A split-level.
>   T : OK.

6 반복(repetition)

- 학습자 발화의 비정형적 부분을(보통 억양 바꿔서) 교사가 반복하는 것.

> 예 1 S : He's in the bathroom.
> T : Bathroom?(반복) Bedroom. He's in the bedroom.(고쳐 말하기)
>
> 예 2 S : We is……
> T : We is? (반복) But it's two people, right? You see your mistake? You see the error? (상위언어적 피드백) When it's plural it's we are. (명시적 교정)
>
> 예 3 S1 : Is your mother play piano?
> T : 'Is your mother play piano?' (반복) OK. Well, can you say 'Is your mother play piano?' or 'Is your mother a piano player?' (설명 요청)
> S1 : 'Is your mother a piano player?'
> S2 : No.

6절 읽기

개념 49 내용 체계

핵심 개념	일반화된 지식	내용 요소		기능
		3~4학년군	5~6학년군	
철자	소리와 철자 관계를 이해한다.	• 알파벳 대소문자 • 낱말의 소리, 철자	• 알파벳 대소문자 • 낱말의 소리, 철자 • 강세, 리듬, 억양	• 식별하기 • 적용하기
어휘 및 문장	낱말이나 문장을 이해한다.	• 낱말, 어구, 문장	• 낱말, 어구, 문장	• 파악하기
세부 정보	글의 세부 정보를 이해한다.		• 그림, 도표 • 일상생활 관련 주제	• 파악하기
중심 내용	글의 중심 내용을 이해한다.		• 줄거리, 목적	• 파악하기 • 추론하기
맥락	글의 논리적 관계를 이해한다.			• 파악하기 • 추론하기
함축적 의미	글의 행간의 의미를 이해한다.			• 추론하기

 **성취기준과 교수·학습 방법**

1 3~4학년군

1 성취기준

(1) [4영03-01] 알파벳 대소문자를 식별하여 읽을 수 있다.
(2) [4영03-02] 소리와 철자의 관계를 이해하여 낱말을 읽을 수 있다.

> - 낱말을 구성하고 있는 철자가 낱말 안에서 어떤 음가를 갖고 있는지 이해하고 이를 바탕으로 낱말을 스스로 읽을 수 있는 것을 말한다.
> - 학습자들은 여러 낱말들을 접하면서 각 철자가 어떤 소리를 내며, 같은 철자라도 낱말에 따라 달라진다는 것을 인식하게 된다. 처음에는 낱말의 첫 글자를 나타내는 소리만 인식하다가 점차 낱말의 끝 글자를 나타내는 소리도 인식하게 된다. 나아가 낱말이 자음과 모음으로 구성된다는 것을 알고 모음의 소리까지도 인식하게 된다. 모음의 소리를 인식하게 되면 낱말의 음절을 구분할 수 있게 되어 소리와 철자와의 규칙을 적용하여 낱말을 스스로 읽을 수 있게 되며, 점차 독자적인 읽기의 기초가 되어 문장이나 글을 읽을 수 있는 수준으로 발전하게 된다.
> - 소리와 철자와의 관계는 여러 낱말들을 접하면서 어느 정도 자연스럽게 인지하게 되지만 간단한 낱말 중에서 비슷한 철자 구조를 가지고 있는 낱말을 통해 좀 더 명확하게 인식하도록 한다.

(3) [4영03-03] 쉽고 간단한 낱말이나 어구, 문장을 따라 읽을 수 있다.

> 교사나 교과서에서 제공하는 원어민 음성을 따라서 소리 내어 읽는 것을 말한다. 소리 내어 읽는 과정을 통해 영어의 발음, 강세, 리듬, 억양을 자연스럽게 익히게 된다. 이때 소리 내어 읽는 것이 의미를 이해하는 수준을 요구하는 것이 아님을 유의해야 한다.

(4) [4영03-04] 쉽고 간단한 낱말이나 어구를 읽고 의미를 이해할 수 있다.
(5) [4영03-05] 쉽고 간단한 문장을 읽고 의미를 이해할 수 있다.

> 읽기의 범위가 낱말과 어구에서 문장으로 확대되는 단계로 스스로 문장을 읽고 그 의미를 이해하는 수준을 말한다. 문장 수준의 읽기라고 하여도 음성 언어로 익힌 표현이어야 하며 그림이나 도표 등 시각적 자료를 함께 제공하면 읽기에 대한 부담을 줄이고 읽기의 즐거움을 느낄 수 있다.

2 교수·학습 방법 및 유의사항

① 대소문자의 모양이 차이가 나는 알파벳은 특별히 유의하여 지도한다. 모양이 비슷한 알파벳은 서로 짝을 지어 제시하여 그 차이점을 분명하게 알도록 한다. 알파벳 대소문자 짝짓기, 해당하는 알파벳 찾기, 알파벳 모형을 활용한 활동, 알파벳 노래 부르기 등 다양한 활동을 활용하여 재미를 느끼면서 익힐 수 있도록 한다.

② 소리와 철자의 관계를 지도할 때에는 여러 낱말을 예시로 제시하여 소리와 철자 관계의 규칙을 스스로 찾아보도록 하며 대응 관계가 규칙적인 낱말, 철자 패턴이 같은 낱말 등을 우선 적용하여 지도한다. 그러나 소리와 철자 관계의 규칙성을 지나치게 강조하면 오히려 역효과가 날 수도 있으므로 여러 가지 활동 속에서 자연스럽게 인식하도록 한다. 낱말을 듣고 첫소리나 끝소리가 같은 낱말 찾기, 소집단 활동으로 첫소리나 끝소리가 같은 낱말 사전 만들기, 첫소리가 같은 낱말 릴레이 등의 다양한 활동을 활용할 수 있다.

③ 소리 내어 읽기를 단순하게 반복하게 되면 지루할 수 있으므로 혼자 읽기, 짝과 교대로 읽기, 목소리 바꾸어서 읽기 등 다양한 방법을 활용하도록 한다. 찬트를 활용하여 소리 내어 읽기를 하는 것도 효과적이다. 다른 학습 활동 속에서 연계하여 기계적이고 반복적인 읽기에만 그치지 않도록 한다.

④ 어구를 읽을 때에는 개별 낱말보다 어구 전체의 의미를 이해하는데 중점을 둔다. 낱말이나 어구를 읽기로 제시할 때에는 개별로 제시하는 것 외에도 다양한 의사소통 상황 속에서 제시하는 것이 효과적이다. 읽기 활동을 말하기나 쓰기 등 다른 언어 기능과 연계하면 자연스럽게 다른 언어 기능과 통합이 될 수 있다. 낱말이나 어구 카드 놀이나 게임, 컴퓨터 자료 등을 활용하여 재미있으면서도 유의미한 읽기 학습이 되도록 한다.

⑤ 문장 읽기를 지도할 때 유의할 점은 문장 내에 있는 내용어 외에도 be 동사, 인칭대명사, 전치사, 의문사 등의 기능어가 포함되어 있다는 것을 고려하여 학습자들에게 부담이 되지 않도록 한다. 문장 수준의 읽기는 구체적인 상황과 연결 지어 학습자들의 흥미를 높이도록 한다. 문장과 알맞은 그림 찾기, 컴퓨터를 활용한 읽기 게임, 모둠 협력 활동 등을 활용할 수 있다.

⑥ 놀이나 게임은 학습 참여를 높이고 흥미를 지속시키는 긍정적인 효과가 있으므로 카드, 컴퓨터를 이용한 게임 등 다양한 활동을 활용하도록 한다. 다만, 지나치게 경쟁적인 게임은 오히려 역효과가 날 수 있으므로 유의하여야 하며 경쟁적인 게임이나 놀이보다는 협동할 수 있는 활동이 될 수 있도록 한다.

2 5~6학년군

1 성취기준

(1) [6영03-01] 쉽고 간단한 문장을 강세, 리듬, 억양에 맞게 소리 내어 읽을 수 있다.

> 문장을 소리 내어 읽음으로써 영어의 발음, 강세, 리듬, 억양을 자연스럽게 익힐 수 있게 되는 것을 의미한다. 특히 이 성취기준에서는 문장을 읽고 그 의미를 이해하는 것을 요구하는 것이 아니라는 것에 유의해야 한다.

(2) [6영03-02] 그림이나 도표에 대한 쉽고 짧은 글을 읽고 세부 정보를 파악할 수 있다.

(3) [6영03-03] 일상생활 속의 친숙한 주제에 관한 쉽고 짧은 글을 읽고 세부 정보를 파악할 수 있다.

> - '[6영03-02]'보다 글의 주제가 좀 더 다양하며 시각적 자료의 도움 정도가 약화된 성취기준이다.
> - 글의 수준은 몇 개의 문장으로 구성된 쉽고 짧은 글이며 주제는 학습자가 일상생활 속에서 쉽게 접할 수 있는 것으로 선정한다. 주변에서 쉽게 접할 수 있으며 사실적 정보가 명확한 광고, 안내문, 메모, 감사 카드 등이 제재가 될 수 있다.

(4) [6영03-04] 쉽고 짧은 글을 읽고 줄거리나 목적 등 중심 내용을 파악할 수 있다.

> 사실적 문자 정보에 대해 그 줄거리나 목적을 파악하는 수준을 말한다. 이 성취기준에서 다루는 글의 수준은 '[6영03-03]'보다 장르가 확대되어 다양하지만 초등학교 5~6학년 수준에 적절한 쉽고 짧은 글에 한정하며 소재는 학습자들에게 친숙한 것으로 줄거리가 명료하고 목적을 파악하기 쉬운 것으로 한다.

2 교수·학습 방법 및 유의사항

(1) 다양한 자료를 활용하여 읽기의 즐거움을 느낄 수 있도록 지도하고 읽기 전 활동, 읽기 중 활동, 읽기 후 활동으로 나누어 단계별로 지도한다.
(2) 소리 내어 읽는 과정이 기계적이고 반복적인 연습만이 되지 않도록 다른 언어 기능과 통합하여 의미 있는 활동이 되도록 한다.
(3) 쉽고 짧은 글을 읽을 때에는 세부 정보를 파악하기 위해 사실적 이해를 바탕으로 수행할 수 있는 참과 거짓 문장 가리기, 퀴즈, 읽고 과제 완성하기 등의 활동을 적용할 수 있다. 초등학교 고학년 학습자의 인지적 특성을 고려하여 단순하게 사실적 정보를 확인하는 수준을 넘어 이해한 것을 바탕으로 인지 능력을 활용할 수 있는 창의적이고 흥미 있는 과제를 제시하여 흥미를 유발시키도록 한다.
(4) 글 수준의 읽기 단계에서 초등학생 수준에 알맞은 학습 전략을 활용하도록 지도하면 학습자들 스스로 읽기 능력을 향상시키는 데 효과적이다.
(5) 줄거리나 목적을 파악하기 위한 읽기는 쉽고 짧은 글을 읽고 대강의 줄거리 파악하기, 친숙한 이야기를 읽고 문장을 순서대로 배열하기, 글을 읽고 간단한 메모 작성하기 등의 다양한 학습 활동으로 구안하여 학습자들에게 흥미 있고 유의미한 활동이 되도록 한다.
(6) 학습자들 수준에 적합한 놀이나 게임을 활용하여 학습 효과를 높이되 지나치게 경쟁적인 게임은 오히려 역효과가 날 수 있으며 영어에 자신감이 부족한 학습자들이 소외될 수 있으므로 협동 활동을 다양하게 활용하도록 한다. 게임을 활용할 때에는 불예측성 및 불확실성을 적절히 활용하여 흥미와 학습 효과를 함께 거두도록 한다.
(7) 읽기 활동을 다른 언어 영역과 자연스럽게 통합이 되도록 구성하여 언어 습득에 긍정적인 효과를 거두도록 한다.

 개념 51 읽기 지도 실제 LINE-UP

1 읽기 처리 과정

- (1) 상향식(Bottom-up Processing)
- (2) 하향식(Top-down Processing)
- (3) 상호작용식(Interactive Processing)

2 과정 중심 읽기 지도

- (1) 읽기 전 활동(pre-reading activities)
- (2) 읽기 중 활동(While-reading activities)
- (3) 읽기 후 활동(post-reading activities)

3 읽기 유형과 전략

- (1) 소리 내어 읽기(reading aloud)
- (2) 묵독(silent reading)
- (3) 정독(intensive reading)과 다독(extensive reading)
- (4) 찾아읽기(scanning)와 훑어읽기(skimming)
- (5) Semantic Mapping (= Clustering)
- (6) Think-aloud Strategy

4 일견 어휘

 읽기 처리 과정

1 상향식(Bottom-up Processing)
핵심 : Individual letters and sounds

The reader begins with the smallest elements and builds up to comprehension of what is being read.

> a. Intensive reading
> - Intensive reading involves a short reading passage followed by textbook activities to develop comprehension and/or a particular reading skill.
> b. A phonics approach
> - For successful reading, readers must be able to break a word down into its smallest parts, the individual sounds. When a reader comes to an unknown word he or she can sound out the word because of the knowledge of the individual units that make up the word.

2 하향식(Top-down Processing)
핵심 : Reading begins with reader background knowledge

No reader is a blank slate when approaching a text. As readers, we all bring along general knowledge of the world, which is primed by our experiences and upbringing within a sociocultural environment. Top-down models begin with the idea that comprehension resides in the reader. The reader uses background knowledge, makes predictions, and searches the text to confirm or reject the predictions that are made.

> a. A literature-based approach
> - Books are used which contain authentic language. Readers are exposed to a wide range of vocabulary. The focus is on the individual reader choosing what he or she wants to read. Also, reading is integrated with writing. Finally, the focus should be on meaning and keeping the language whole, as opposed to breaking it down into smaller units.
> b. Whole language approach
> - In a whole language approach, students first t:ty to understand the meaning of the overall text before they work on the linguistic forms. Thus, its focus is on meaning and keeping the language as a whole as opposed to breaking it down into smaller pieces.

3 상호작용식(Interactive Processing)
핵심 : Reader background knowledge(Schema) + Individual letters and sounds

The best second language readers are those who can efficiently integrate both bottom-up and top-down processes.

> In the process of trying to understand a written text the reader has to perform a number of simultaneous tasks : decode the message by recognizing the written signs, interpret the message by assigning meaning to the string of words, and finally, understand what the author's intention was. But if the writer includes too many unchecked assumptions about the knowledge of the readers, the communication between the writer and the reader will fail. Also, on the part of the readers, the efforts to bring their prior knowledge to the reading is essential for their understanding of the writer's message. Reading is, therefore, inherently interactive, involving the three participants: writer, text, reader

과정 중심 읽기 지도

1 읽기 전 활동(pre-reading activities)
글의 내용과 관련된 정보를 제공하여 학생들의 배경지식(schema)을 활성화한다.

- 그림 보고 이야기하기(Looking at picture and talking about them)
- 제목 보기(Looking at the title)
- 예측하거나 가능성 만들어 보기(Predicting and making lists of possibilities)
- 소재나 화제에 대해 이야기하기(Talking about the topic)
- 소재나 화제에 대해 질문 만들어 보기(Pre-questions about the topic)
- 찾아 읽기와 훑어 읽기(Scanning and skimming)
- 문화적 차이에 대해 이야기하기(Talking about the cultural differences)

배경 지식 활성화 활동 및 과제
- Questions about discourse structures (What kind of a text is it? Is it a newspaper article, a story, an advertisement, a textbook, a recipe, a letter? How is the text divided? What are its parts?)
- Questions about titles, accompanying pictures, or graphics
- Asking students to read the first sentence of each paragraph
- Asking students to read the last paragraph or last sentence
- Asking students to scan parts of a text for specific information such as names, numbers, dates, key words, cognates or words that stand out, or discourse markers such as conjunctions (e.g., and, as, because), or adverbial phrases (e.g., first, then, later on, last)

2 읽기 중 활동(While-reading activities)
자연스러운 읽기 과정이 이루어지도록 유도한다.

- 소리 내어 읽어 보기(Reading aloud)
- 소리 없이 읽어 보기(Silent reading)
- 모르는 어휘의 의미 추측해 보기(Guessing the unknown words in context)
- 본문 내용 이해하기(Understanding the text organization)
- 예측한 내용 점검하기(Checking predictions)
- 특별한 정보 찾아보기(Seeking specific informations)

3 읽기 후 활동(post-reading activities)
글에 대한 이해 정도를 확인하거나, 심도 있는 이해 또는 차시 읽기 학습에 필요하다고 예측되는 내용을 지도한다.

- 본문 이해를 위한 질문에 답하기(Comprehension check up questions)
- 다시 이야기하기(Retelling the story)
- 주요 화제나 중심 생각 찾기(Finding the topic or main ideas)
- 그림 그리기(Working with picture)
- 어휘 확장(Word expansion)
- 토의하기(Discussion)

 읽기 유형과 전략

1 소리 내어 읽기(reading aloud)
(1) 국어교과까지 포함하여, 초등학교의 교실에서 하는 읽기의 대부분이 여기에 속한다.
(2) 이런 읽기는 발음과 억양 및 리듬을 익히면서 소리와 문자를 연결 짓는 훈련 과정이다.
(3) 전체나 소그룹에서 한 아동씩 돌아가면서 읽게 함으로써 아동 하나하나가 읽는 것에 교사가 주목할 수 있으며, 읽은 부분의 의미를 물음으로써 이해도를 측정할 수 있다.
(4) 대화문이나 챈트와 노래 등은 아동이 읽기 전에 녹음테이프나 교사가 읽는 것을 모범독으로 듣고 전체가 소리 내어 이를 따라 읽게 할 수도 있다.

2 묵독(silent reading)
(1) 낭독이 교실에서 유용한 방법인데 비해 묵독은 많은 사람들이 교실 밖에서 즐기는 읽기의 한 유형이다. 그러나 초등학교 어린이들이 누구나 처음부터 책을 적극적으로 읽는다고는 볼 수 없기 때문에 읽을거리를 많이 접할 수 있게 영어 코너를 만들어 가능한 한 많이 이용하게 하면 효과적이다.
(2) 묵독은 발음에 대한 부담을 가지지 않고 의미만 파악하기 때문에 영어에 대한 자신감을 갖게 할 수 있다.
(3) 읽을거리는 이전에 들어 알고 있는 이야기나 아동의 관심을 끌 수 있는 내용이 효과적이다. 교사는 읽은 내용에 대해 질문도 하고 읽은 후에 모국어로 줄거리를 말해주어 어려운 점을 해소시켜 준다. 또한 내용에 초점을 맞추어서 읽어감으로써 아동들의 읽기에서 언어가 걸림돌이 되지 않게 이끌어주어야 한다.

3 정독(intensive reading)
(1) 정확하고 자세한 내용 파악을 목적으로 어휘적, 통사적 언어 관계를 익히면서 읽는 활동이다.
(2) 이런 면에서 정독은 이후의 독서를 위한 훈련과정이라고 할 수 있으며, 교실에서 행해지는 대부분의 읽기 활동이 이에 속한다.

4 다독(extensive reading)
(1) 언어적 관계를 익히기보다는 글의 전체적이고 개략적인 내용파악을 목적으로 눈으로 빨리 읽어가는 활동이다.
(2) 어휘의 의미는 전체적인 내용을 이어가는데 어려움이 없을 정도로만 문맥 속에서 개략적으로 짐작할 수 있으면 넘어간다.
(3) 일반적으로 교실 밖에서 일어나는 읽기 활동이지만 전체적인 내용을 묻는 질문과 함께 보다 쉬운 자료를 숙제로 내어주고 점검함으로써 지도할 수 있다.

5 찾아읽기(scanning)
(1) 개념
독자가 생각하고 있는 특정한 정보를 자료에서 빠른 시간에 찾아내어 읽는 행위이다.
(2) 목적
The purpose of scanning is to extract specific information without reading through the whole text.
(3) 훈련
Scanning exercises may ask students to look for names or dates, to find a definition of a key concept, or to list a certain number of supporting details.
(4) 장점
For academic English, scanning is absolutely essential. In vocational or general English, scanning is important in dealing with genres like schedules, manuals, forms, etc.

(5) 연습 활동
　　a. Look at p.5 and find out when Shakespeare died.
　　b. How many times does the word this occur on p.27?
　　c. (Using the index) On what page is topic X mentioned?

6　훑어읽기(skimming)

(1) 개념
자료 전체를 빠른 시간에 훑어보면서 전체적 내용을 개략적으로 읽어 파악하는 행위이다. 따라서 모든 글자를 다 읽지 않고 전반적인 내용을 나타내는 목차나 표제만을 읽어 개략적인 내용을 파악하게 된다.

(2) 목적
Skimming consists of quickly running one' eyes across a whole text (such as an essay, article, or chapter) for its gist.

(3) 훈련
You can train students to skim passages by giving them, say, 30 seconds to look through a few pages of material, close their books, and then tell you what they learned.

(4) 장점
　① Skimming gives readers the advantage of being able to predict the purpose of the passage, the main topic, or message, and possibly some of the developing or supporting ideas.
　② This gives them a head start as they embark on more focused reading.

(5) 연습 활동
　a. Supply a text and several titles.
　　Task : Which title fits the text best?
　　(The titles must not differ in subtle ways, or careful reading would be needed.)
　b. Supply a text and a list of topics.
　　Task : Which topics are dealt with in this text?
　c. Supply a text and several figures (photographs, diagrams, etc).
　　Task : Which figure(s) illustrate the text?

7　Semantic Mapping (= Clustering)

(1) Readers can easily be overwhelmed by a long string of ideas or events. The strategy of semantic mapping, or grouping ideas into meaningful clusters, helps the reader to provide some order to the chaos.

(2) Making such semantic maps can be done individually, but they make for a productive group work technique as students collectively induce order and hierarchy to a passage.

8　Think-aloud Strategy

(1) Think-aloud procedure is for collecting information about student learning processes.
(2) The learner is asked to verbalize all of his or her thoughts while reading the text of those words and thoughts that form part of the task of text production.
(3) To assess use of reading comprehension strategies, teachers can use think-alouds.
(4) Think-alouds are interactive and focus on active construction of meaning that emphasizes the use of prior knowledge.

 일견 어휘

1 개념

(1) 일견단어(sight word)는 단어를 읽을 때 읽는 순간 의미의 파악이 가능하여 의도적으로 뜻을 이해하려고 노력하지 않아도 되며, 보는 순간 즉시 이해 가능한 단어를 말하며 일반적으로 학습자가 단어를 보고 있는 동안 교사는 그 단어를 여러 번 읽어 줌으로써 학생들이 단어를 기억하게 되므로 'look and say' 방법이라고 하기도 한다.

(2) 일견 단어는 학습자의 의식적인 노력 없이 단어를 자동으로 식별하는 과정에서 철자와 의미를 한 눈에 바로 파악할 수 있는 단어들을 가리킨다.
   ① 일견 단어들은 문자와 소리가 대응되는 규칙성의 정도에 따라 규칙적인 것(⑩ in, it, up, make, on, them, will)과 비규칙적인 것(⑩ guess, could, thought, why, their, were)으로 구분할 수 있다.
   ② 일견 단어는 단어의 특징들에 대한 자극과 이에 대한 학습자의 반응이 연결되면서 연상적으로 학습 (paired-associate learning)된다. 학습자들은 단어의 모양, 특징, 특성을 단서로 발음과 연상적으로 기억하게 되는데 실제로 학습자가 구체적으로 어떤 단서를 사용하는지는 알 수 없다. 그러나 한 가지 분명한 것은 학습자 나름대로 선택적인 가설(selectional hypothesis)을 통해서 단어를 인식하는 방법을 조금씩 확장해 나간다는 것이다.

(3) 일견 단어를 많이 알고 있다는 것은 곧 묵독(silent reading)에 이르는 지름길이 되는데, 그것은 묵독을 할 때에 학습자는 단어 속에 포함되어 있는 문자를 하나하나 인식하지 않고 하나의 패턴을 가진 여러 문자의 조합으로서 단어를 인식하기 때문이다.
   ① 이러한 이유 때문에 일견 단어 중심의 단어 지도를 전체 단어 접근법(whole-word approach)으로 분류하기도 한다.
   ② 전체 단어 접근법은 이름 자체가 보여주듯이 음철 분석, 규칙 혹은 음절 분석 등의 미시적 기술들을 강조하기보다는 단어 혹은 간단한 문장 전체를 초기의 읽기에 도입한다는 것을 의미한다.

(4) Sight words들은 초기 리더(early reader)를 유창한 리더(fluent reader)로 이끌어주는 핵심 컨텐츠라고 할 수 있다.

2 특징

(1) 글감(meaningful context) 안에 빈번하게 등장하는 단어들이다.
(2) 형용사, 전치사, 대명사, 부사, 접속사, 관사 등 대부분 그림으로 쉽게 표현되지 않는 단어들이다.
   ⑩ for, with, to, be, so, and, but …
(3) 대개의 경우 문자 규칙에 따라 발음되지 않는 단어들이다.
   ⑩ do, get, here, are, the …
(4) 단어와 단어 사이에 들어가 하나의 phrase나 clause 등 문자 구성을 위한 기초 형태를 만들어준다.
   ⑩ to the park, with my daddy, on the chair …
(5) 기초 문형(pattern) 안에서 다루어지기 때문에 글쓰기의 기본적인 틀, 즉 문장을 구성하기 위한 기초적인 틀을 잡아 준다.
(6) Sight words들은 대부분 의미 있는 문장을 통해 학습해야 실제 문장 안에서 어떻게 사용되고 있는지, 또는 상황에 따라 어떤 다른 뜻을 가지는지 알 수 있다.

7절 쓰기

개념 56 내용 체계

핵심 개념	일반화된 지식	내용 요소		기능
		3~4학년군	5~6학년군	
철자	알파벳을 쓴다.	• 알파벳 대소문자	• 알파벳 대소문자	• 구별하기 • 적용하기
어휘 및 어구	낱말이나 어구를 쓴다.	• 구두로 익힌 낱말, 어구 • 실물, 그림	• 구두로 익힌 낱말, 어구 • 실물, 그림	• 모방하기 • 적용하기
문장	문장을 쓴다.		• 문장부호 • 구두로 익힌 문장	• 표현하기 • 적용하기
작문	상황과 목적에 맞는 글을 쓴다.		• 초대, 감사, 축하 글	• 표현하기 • 설명하기

개념 57 성취기준과 교수·학습 방법

1 3~4학년군

1 성취기준

(1) [4영04-01] 알파벳 대소문자를 구별하여 쓸 수 있다.

> 읽기의 '[4영03-01] 알파벳 대소문자를 식별하여 읽을 수 있다.'와 연계되는 성취기준으로 개별 철자의 모양과 특징에 대한 구체적인 인식을 바탕으로 쓸 수 있는 수준을 말한다.

(2) [4영04-02] 구두로 익힌 낱말이나 어구를 따라 쓰거나 보고 쓸 수 있다.
(3) [4영04-03] 실물이나 그림을 보고 쉽고 간단한 낱말이나 어구를 쓸 수 있다.

> 구두로 익힌 것을 쓰는 것에서 발전된 수준으로 학습자들이 실물이나 그림이 나타내는 의미를 이해하고 그 의미를 담고 있는 낱말이나 어구를 스스로 쓸 수 있는 단계까지 포함한다.

2 교수·학습 방법 및 유의사항

(1) 다양한 활동을 통해 알파벳 대소문자를 바르게 쓰도록 지도한다. 철자의 모양을 식별하고 그 특징을 인식할 수 있도록 철자의 크기, 획의 방향, 쓰는 순서, 4선 공책에서의 글자 위치 등 다양한 특징을 이해하도록 지도한다. 알파벳 모양 안에 색칠하기, 알파벳 베껴 쓰기, 몸으로 알파벳 쓰기, 짝을 이루는 대문자 또는 소문자 쓰기 등의 활동을 할 수 있다.
(2) 구두로 익힌 낱말이나 어구를 쓰는 활동을 할 때는 학습자들의 음성 언어와 문자 언어가 연계될 수 있도록 도와주도록 한다. 이때 주의할 사항은 학습자들에게 낱말을 쓰도록 시킨 후 그대로 내버려 두지 말고 교사가 학습자들과 함께 단어를 읽고 칠판에 쓰는 활동을 통해 그 과정에서 학습자들이 소리와 철자의 관계를 내면화하는 데 도움을 받도록 한다. 학습 활동으로는 단어 읽는 소리를 들으면서 베껴 쓰기, 점선 연결하여 낱말 만들기, 일부만 제시된 단어의 나머지 철자 채우기, 여러 사람이 돌려가면서 낱말 따라 쓰기 등의 활동이 가능하다.
(3) 쓰기는 듣기, 말하기, 읽기와 연계하여 지도하되, 쓰기 활동의 수준은 음성 언어 및 읽기 활동 수준보다 약간 낮추어 지도할 수 있다.
(4) 듣고 쓰기 활동을 할 경우에는 소리와 철자 관계를 생각하며 써 보도록 유도한다.
(5) 초기에는 반복적인 따라 쓰기 등의 통제 쓰기를 통해 쓰기에 대한 자신감을 증진하도록 하며, 점진적으로 통제를 줄여가면서 쓸 수 있도록 지도한다.
(6) 쓰기에 대한 흥미와 관심을 잃지 않도록 알파벳과 일상생활에서 자주 접할 수 있는 쉬운 낱말 위주로 쓰게 하며, 쓰기 결과물은 가능한 한 학습자 수준에 맞추어 개별적으로 교정해 주도록 한다.
(7) 3~4학년은 우리말을 쓸 때에도 시간이 많이 필요한 시기임을 감안하여, 쓰기 활동을 할 때는 시간을 넉넉히 주도록 한다.

2 5~6학년군

1   성취기준

(1) [6영04-01] 소리와 철자의 관계를 바탕으로 쉽고 간단한 낱말이나 어구를 듣고 쓸 수 있다.

> 알파벳 쓰기 수준보다 한 단계 높은 단어를 듣고 쓰는 단계이며 학습자들이 낱말이나 어구의 철자를 기계적으로 외우지 않고 소리와 철자의 관계를 바탕으로 유추해서 쓸 수 있는 단계를 의미한다.

(2) [6영04-02] 알파벳 대소문자와 문장부호를 문장에서 바르게 사용할 수 있다.

> 영어의 표기법을 익히며, 문장 안에서 그 처음과 끝을 알파벳 대소문자와 문장부호를 통해서 바르게 표기할 수 있다는 것을 의미한다. 표정, 말의 억양, 강세 등을 사용하여 의사 전달을 명확하게 할 수 있지만 글에서는 의문이나 감탄의 표현 등을 기호를 사용하여 나타내므로 문장을 쓸 때에는 기호를 적절하게 쓰는 것이 중요하다는 것을 이해하고 바르게 사용할 수 있는 수준을 의미한다.

(3) [6영04-03] 구두로 익힌 문장을 쓸 수 있다.
(4) [6영04-04] 실물이나 그림을 보고 한두 문장으로 표현할 수 있다.
(5) [6영04-05] 예시문을 참고하여 간단한 초대, 감사, 축하 등의 글을 쓸 수 있다.

> 학습자들이 예시문을 보면서 그대로 혹은 응용하여 실제 초대, 감사, 축하의 글을 써 볼 수 있는 단계이며 학습자들의 생활과 밀접한 연관이 있는 초대, 감사, 축하의 내용을 영어로 써 보게 함으로써 영어로 글 쓰는 것에 흥미를 붙일 수 있는 단계이다.

2 교수·학습 방법 및 유의사항

① 쓰기는 듣기, 말하기, 읽기와 연계하여 지도하되, 쓰기 활동의 수준은 음성 언어 및 읽기 활동 수준보다 약간 낮게 구성할 수 있다. 이와 관련하여, 쓰기 활동에 사용되는 어휘 및 언어 형식 수준이 교육과정에서 요구되는 수준보다 높아지지 않도록 주의한다.

② 초기에는 반복적인 따라 쓰기, 통제 쓰기 등을 통해 쓰기에 대한 자신감을 증진하고, 점차 유의미한 쓰기 활동을 통해 쓰기의 가치와 즐거움을 알 수 있도록 지도한다.

③ 듣고 쓰기에서는 소리와 철자 관계를 생각하며 써 보도록 유도하고, 학습자 스스로 철자 오류를 발견하고 수정할 수 있도록 다양한 교정적 피드백을 제공한다.

④ 구두로 익힌 문장을 지도할 때 짧고 쉬운 문장부터 쓰게 하고, 표현이 쉬워도 단어의 구조가 어려운 것은 나중에 지도한다. 학습자들의 쓰기 능력이 신장되는 시기이므로 다양한 쓰기 활동을 활용하되 따라 쓰기, 보고 쓰기, 완성하여 쓰기, 듣고 쓰기의 순으로 점진적으로 수준이 높아지도록 한다. 특히 실물이나 그림과 같은 시각적 도움을 제공함으로써 학습자들이 영어로 문장을 쓰는데 있어서 인지적 부담감을 줄여 쓰기에 지속적으로 흥미를 가질 수 있도록 유도한다.

⑤ 다양한 쓰기 과제와 협력적 글쓰기 활동을 통해 쓰기에 대한 흥미와 관심 및 학습자 상호간의 협력을 유도하되 결과물로서 쓰기와 과정으로서의 쓰기를 모두 즐길 수 있도록 유도한다.

⑥ 교사의 교정 및 학습자 상호간의 교정을 통해 알파벳 대소문자와 문장 부호 등 영어 표기법을 이해하고 바르게 쓸 수 있도록 지도할 수 있다. 예를 들면 단어와 단어 사이를 띄어 쓰는 것, 단어, 구, 문장에서 대문자와 소문자를 구별하여 쓰는 것 등을 익힐 수 있도록 지도하고, 문장의 첫 글자와 나(I)는 항상 대문자로 시작한다는 것을 지도한다. 또한 쉼표, 물음표, 따옴표 등 구두점의 사용을 바르게 할 수 있도록 지도한다. 학습 활동으로는 소문자로 된 문장을 고쳐 쓰기, 문장의 종류에 맞는 구두점 골라 쓰기, 각자 쓴 문장이나 글을 교환하여 대소문자, 문장부호, 띄어쓰기를 서로 고쳐주기 등이 가능하다.

⑦ 영어의 표기법을 익히는 활동을 할 때 국어의 표기법과 공통점, 차이점을 비교하면서 학습하는 것도 효과적일 수 있다.

⑧ 감사 카드나 생일 초대 카드는 생활 주변에서 익숙하게 접하는 쓰기 자료들이다. 학습자들의 수준에 맞는 카드를 양식에 맞게 써 보도록 한다. 학습 활동으로는 생일 카드 만들기, 스승의 날, 어버이날, 크리스마스 등 특별 행사에 맞는 카드를 만들고 영어로 적절한 말 쓰기 등, 학습자들의 수준에서 실생활과 관련된 쓰기 활동이 가능하다. 예시문을 제시하되 단순히 베끼거나 따라 쓰는 것을 넘어, 각자 쓰고 싶은 내용을 써보는 단계로까지 확장하고 필요 시 교사가 적절하게 도움을 주며 활동을 마무리 할 수 있도록 유도한다.

⑨ 학습자가 쓰기의 과정을 충분히 즐길 수 있도록 계획 단계, 쓰기 단계, 수정 단계 혹은 쓰기 전 활동, 쓰기 중 활동, 쓰기 후 활동으로 구성하여 단계적으로 지도할 수 있다.

개념 58 쓰기 지도 실제 LINE-UP

1 쓰기 지도 어려움

2 쓰기 유형
- (1) 전시용 작문(Display Writing)
- (2) 실제 작문(Real Writing)

3 쓰기 지도 순서
- (1) 통제된 쓰기(controlled writing)
- (2) 유도된 쓰기(guided writing)
- (3) 자유쓰기(Free writing)

4 과정 중심 쓰기의 절차(Linse, 2005)
- (1) Prewriting or Planning
- (2) Drafting or Writing
- (3) Revising
- (4) Editing
- (5) Publishing

 **쓰기 지도 어려움과 쓰기 유형**

1. 어려움

(1) 쓰기는 말하기와는 달리, 몸짓이나 억양, 소리의 조절, 눈길 등이 없으므로 의미를 전달하기가 말하기보다 상대적으로 어렵다. 많은 경우, 쓰기는 '여기 지금(here and now)'의 사고에 머물러 있는 어린 학생들과는 거리가 상대적으로 먼 활동일 경우가 많다. 따라서 이러한 점은 쓰기 활동을 시킬 때 충분히 고려되어야 할 것이다.

(2) 영어쓰기에 있어서 교사가 중점을 두는 분야는 일반적으로 실수의 교정이다. 교사들은 글씨, 문법, 철자, 구두점 등의 오류를 내용의 표현에 우선하여 교정하려 한다. 그러나 진정한 의미에서의 쓰기를 가르치려면, 학생들이 쓴 글의 틀린 부분을 교사가 혼자 빨간 펜으로 수정하여 나누어 주는 것보다는 글의 내용에 초점을 두고 학생들과 함께 틀린 부분을 협동하여 교정해 나가거나, 수준이 조금 높은 학생들의 경우에는 학생들간의 상호 교정(peer correction)을 시키는 것이 효과적이다.

2. 유형

(1) 전시용 작문(Display Writing)
단답형 문제 답 쓰기, 주관식 답안 작성 등 자신이 아는 지식을 보여주기 위한 작문

① Short-answer exercises, essay examinations, and even research reports will involve an element of display.

② For academically bound ESL students, one of the academic skills that they need to master is a whole array of display writing techniques.

(2) 실제 작문(Real Writing)
정보를 필요로 하는 독자에게 그 정보를 전달하는 진정한 의미의 의사소통을 위한 쓰기

① Real writing is writing when the reader doesn't know the answer and genuinely wants information.

② If EFL courses strive to be more content-based, theme-based, or task-based, students are more likely to be given the opportunity to convey genuine information on topics of intrinsic interest. In that case, teachers should incorporate more real writing in our classroom.

개념 60 쓰기 지도 순서

- 통제적 쓰기 연습이나 유도적 쓰기 연습은 주로 의미의 표현보다는 언어의 형태를 바르게 쓰느냐에 그 초점을 두지만, 자유쓰기 연습에서는 의미의 표현에 보다 큰 비중을 둔다.

1 통제된 쓰기(controlled writing), 통제적 쓰기 연습(Controlled practice)

> 통제된 쓰기는 학생들이 부담을 갖지 않도록 쉽고 간단한 활동들이 주를 이룬다. 듣기, 말하기 활동을 통해 음성 언어로 익힌 낱말이나 어구, 문장을 눈으로 보고 그대로 베껴 쓰거나 교사가 들려주는 낱말이나 어구 등을 받아쓰는 활동을 예로 들 수 있다.

(1) 베껴쓰기 : 말로 배운 단어나 문장 등을 그대로 베껴 쓰게 하는 것이다. 이것은 이미 배운 단어나 문장 등을 강화 학습시키는 데 도움이 된다. 이 때 베껴 쓰면서 소리내어 읽기를 하도록 하면 글자와 소리와의 관계를 학생들이 이해하는 데 도움이 된다. 보고 베껴 쓰기도 잘 못하는 학생의 경우는 투사지를 위에 놓고 그대로 베끼기를 시켜도 된다.

(2) 낱말 쓰기 : 학생들에게 물건, 사람 등의 구상물을 그림으로 제시하여 보여 주고, 그것을 영어로 쓰게 한다. 그림으로 제시된 구체물을 나타내는 낱말들의 음성 언어는 이미 충분히 연습된 것이어야 한다.

> - 그림을 보고 그림을 나타내는 낱말을 영어로 쓰기
> - 낱말을 위나 아래의 반을 가린 다음, 반만 보이는 낱말을 완성하기
> - 철자가 틀린 낱말을 바로 고쳐 쓰기(예 housa → house)
> - 빈칸에 빠진 철자 써 넣어 완성하기(예 de_k, pen_il, r_ler, _ook)
> - 앞 낱말의 끝 글자에 이어 다른 낱말 쓰기(예 yellow → watch → hot → tiger …)
> - 첫 낱말을 읽고 연상되거나 관계 있는 낱말 이어서 써 나가기
>   (예 book → notebook → pencil → pen → …)

2 유도된 쓰기(guided writing), 유도적 쓰기 연습(Guided practice)

> 유도된 쓰기는 "… 교사의 통제가 줄어든 것으로서 교사가 글을 쓰는 윤곽(frame)이나 내용(의사소통 기능 및 언어 형식) 등에 대한 지침을 제공하고 학생이 이를 바탕으로 글을 쓰는 것"을 말한다. 짧은 문장이나 글에서 2~3군데 정도의 빈칸을 주고, 학생들이 문장이나 글의 내용을 바탕으로, 혹은 함께 주어진 그림을 힌트로 삼거나, 더 나아가서는 자신의 의견과 생각을 반영하여 알맞은 낱말을 채워 넣도록 하는 활동을 예로 들 수 있다. 또, 문장 완성하기도 유용한 활동인데, 문장의 일부를 제시하고 나머지 부분을 써서 완성하도록 하는 활동이다(I love _____ because _____.).

(1) 문장 쓰기 : 학생들에게 익숙한 주제에 관한 간단한 그림을 그리게 하고, 그 그림을 설명하는 글을 한 문장으로 쓰게 한다. 이를테면, 자신의 아버지의 모습을 그리고 "This is my father.", 혹은 수영하는 누나의 모습을 그리고 "My sister likes swimming." 등과 같은 문장 수준의 글을 쓰게 한다.

(2) 완성하기 : 문장의 일부만을 미리 제시하고, 나머지 부분을 완성하게 한다. 이때 문장의 내용을 잘 나타내는 그림 등의 자료를 함께 제시하면, 학생들의 글쓰기 방향을 올바르게 유도할 수 있다. 제시하는 문장의 일부는 전체 문장의 전반, 중반, 후반 등의 어느 부분이라도 상관없다. 학습의 목표와 내용에 따라 교사가 판단하여 제시하면 될 것이다.

(3) 기억해 쓰기 : 조금 큰 종이에 몇 개의 단어나 간단한 문장을 쓰고, 읽을 수 있는 시간을 충분히 준 다음, 그 종이를 치워 버리고, 종이에 쓰여 있던 것을 외워서 쓰게 하는 방법도 있다. 학생들의 시각 기억력을 증진시키는 훈련이다.

(4) 받아 쓰기 : 간단하고 짧으며, 한숨에 말할 수 있는 정도의 문장을 정상 속도로 읽거나 말해 주고, 그것을 정확하게 받아 쓰게 한다. 같은 속도, 같은 억양으로 두 번 정도 읽어 주는 것도 좋다.

(5) 카드나 초대장 쓰기 : 어떤 기념일이나 행사 등을 가정하고, 그에 관련된 카드나 초대장을 직접 쓰게 한다. 물론 이것을 쓰는 요령은 미리 가르쳐야 한다. 같은 학급 내의 어느 친구에게 생일 카드나 초대장 등을 써서 학급 내 우편배달부를 통해 전달하게 하는 방식으로 진행한다.

3 자유쓰기(Free writing)

> 특정 주제에 대해 교사의 도움이 거의 없이 자유롭게 쓰기를 하는 경우인데, 초등학교에서는 주로 감사카드, 생일 초대 카드, 초대장, 편지, 일기 쓰기 등 학생들의 실생활과 관련된 내용들로 쓰기 활동이 이루어진다.

(1) 사물이나 사건 등 묘사하거나 일기쓰기 등이 일반적으로 많이 사용되는 자유쓰기의 형태이다.
(2) 자유쓰기에는 매우 다양한 형태가 있을 수 있다. 미리 글의 주제나 제목을 교사가 정해 줄 수도 있고, 학생들의 의견을 들어서 학생들과 함께 정할 수도 있다. 가급적 학생들의 의견을 들어서 글쓰기의 주제를 정할 것을 권장한다.
(3) 통제적 쓰기 연습이나 유도적 쓰기 연습은 주로 의미의 표현보다는 언어의 형태를 바르게 쓰느냐에 그 초점을 두지만, 자유쓰기 연습에서는 의미의 표현에 보다 큰 비중을 둔다.
(4) 따라서 학생들이 자유롭게 쓰고 싶은 내용을 쓰도록 하는 것이 실제적인 글쓰기를 통한 의사소통의 진정한 단면을 반영하는 것이 된다.

과정 중심 쓰기의 절차(Linse, 2005)

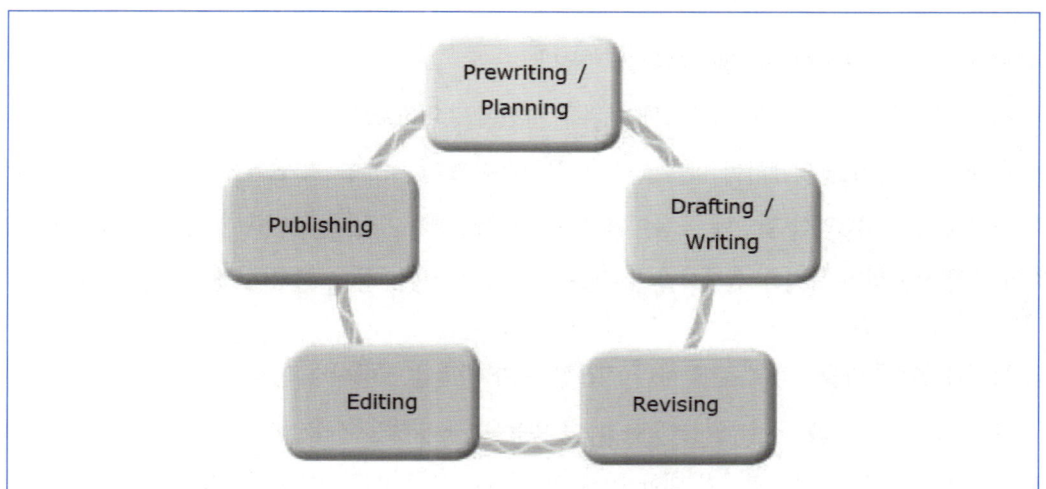

1 **Prewriting or Planning**
   - 글을 쓰기 전, 학생들의 동기를 유발하고, 쓸 내용에 대한 생각과 아이디어를 산출하고 모으는 준비 단계

2 **Drafting or Writing**
   - 문법적 형태나 정확성, 순서 등을 염려하지 않고 최대한 빨리 쓰고자 하는 내용, 생각 등을 종이에 쓰는 단계

3 **Revising**
   - 교사나 다른 학생들과의 피드백 교환을 통해 글의 전개가 자연스럽고, 생각이 제대로 표현되었는지 등을 살펴보고 수정하는 단계

4 **Editing**
   - 글의 내용이나 흐름에 초점을 맞춘 revising 단계와 달리, 지엽적인 문법적 오류, 문장 부호나 철자 오류 등을 교사 및 다른 학생들과 함께 점검하는 단계

5 **Publishing**
   - 깨끗한 종이에 옮겨 적거나 책의 형태로 만들어 전시하거나 발표함으로써 쓰기 활동의 결과물을 공유하는 단계

8절 평가

개념 62 평가 방향

1. 영어과 평가의 원리를 반영하여 평가 계획을 세운다.
2. 평가 목적을 달성하고 그 효과를 극대화하기 위해 사전에 준비하고 계획한다.
3. 교수·학습 활동과 평가를 연계하여 학습 과정과 성취기준 도달 여부를 평가한다.
4. 창의적 사고력 계발 및 인성 함양에 도움이 되도록 다양한 평가 방법을 구안하여 평가를 계획한다.
5. 학습자의 통합적인 영어 능력을 신장시킬 수 있도록 듣기, 말하기, 읽기, 쓰기의 개별 기능에 대한 평가뿐 아니라 두 가지 이상의 기능을 통합한 평가도 적절히 실시한다.
6. 평가의 목적과 종류, 학습자의 수준에 따라 적절한 평가 방법을 사용한다.
7. 언어 및 배경지식, 의사소통 전략 등을 활용할 수 있는 평가 방법을 사용한다.
8. 영어과 평가 내용에 있어서는 영어에 대한 이해 및 영어 사용 능력을 평가할 수 있다.
9. 표현기능(말하기, 쓰기) 평가는 수행평가를 통해 가급적 직접 평가 방법을 활용한다.
10. 평가 문항 제작, 평가의 시행과 채점에서 적정한 신뢰도를 유지하도록 한다.
11. 학습자가 영어 능력을 충분히 발휘하도록 다양한 평가 방법을 사용한다.

   - 교사평가, 학생 상호 평가, 자기평가
   - 지필평가(선택형 문항 : 진위형, 선다형, 연결형, 배열형 / 서답형 문항 : 단답형, 제한적 논술형, 논술형)
   - 수행평가(관찰, 구술, 면접, 시연 등)

12. 평가 절차는 평가계획서에 제시된 방법과 절차를 따르며 학습자가 평가의 세부 절차와 유의 사항을 분명히 알 수 있도록 사전에 명확하게 안내한다.
13. 학습 목표에 따라 형성평가와 총괄평가를 적절하게 시행한다.
14. 수행평가를 실시할 때에는 평가의 목표, 내용, 과제 유형, 채점 기준 등을 명확히 한 후에 실시한다.
15. 평가 문항 제작, 평가의 시행과 채점에 관한 사항을 평가 계획서에 근거하여 점검표로 만들고 각 항목을 하나씩 점검함으로써 적정한 신뢰도를 유지하도록 한다.
16. 실제로 사용되는 진정성 있는 언어와 유의미한 과업을 평가 내용에 포함시킨다.
17. 평가의 결과는 차후 평가 계획 수립에 반영하고, 교사의 교수·학습의 개선 및 학습자의 학습 동기 유발 및 개별지도에 활용하도록 한다.
18. 평가는 영어 학습에 대한 긍정적인 환류 효과(Washback effect)를 줄 수 있도록 구안한다.

개념 63 평가 방법

1 관찰 평가(observation)

교사는 수업 시간에 학습자의 행동, 반응, 태도, 수행, 다른 학생과의 상호작용 등을 관찰한다. 미리 계획된 과업이나 자발적인 활동 모두 관찰의 자료로 쓰일 수 있고 교실 상황에서 이루어질 수 있다는 장점이 있다. 수업 후 짧은 메모를 하거나 평가 척도에 따라 관찰 내용을 체계적으로 기록하거나 체크리스트를 이용하여 표시한다.

(1) 체크리스트(checklists) ◎ Very good ○ Good △ Not so good

Language Skills \\ Name \\ Learning Activities	Listening				Speaking				
	Look and Listen	Rap Chant	Listen and Do	Listen and Play	Look and Say	Sounds Fun	Song Time	Talk Together	Speak and Play
소나무	◎	○	○	△	○	○	◎	○	○

① 체크리스트는 특정 언어 수행 능력의 유무를 표시하는 방법으로 교육 목적과 목표, 내용을 분석하여 평가 항목을 작성하고 이렇게 작성된 평가 항목들에 대해서 학생들의 해당 여부를 관찰하여 점검표에 표시하는 관찰평가 방법이다.

② 평정척도법이 단계를 나누어서 좀 더 세밀하게 판단하데 반해 체크리스트는 평가 항목에 대한 해당 여부를 표시하는 방법이기 때문에 사용이 용이하며 좀 더 다양하고 전체인 평가가 가능하다.

(2) 일화기록법(Anecdotal records)

Name	Date	Note
김세나	4월 1일	Sounds Fun 활동 시, /θ/를 발음할 때 앞니 사이로 혀를 내밀며 하는 발음의 위치와 방법을 정확히 알고 있음.
	5월 2일	역할놀이에 주도적으로 참여하였고, 본인의 대사를 정확히 외웠으나, 조금 더 자신 있고 큰 목소리로 활동했으면 함.

① 장점
- 보다 체계적인 평가를 할 수 없는 중요한 자발적인 행동을 자연스러운 조건하에서 얻을 수 있다는 것과 문자 언어를 사용할 수 없는 단계에서도 사용할 수 있는 방법이며 학생의 성장과 발달에 대한 누가적인 정보를 제공해 줄 수 있고 양적인 자료들에 대한 보완자료로서의 의미도 크다는 것이다.

② 단점
- 상당한 시간과 노력이 소모되며 특이 사항을 기록할 때에 긍정적인 것보다 부정적인 특성을 기록하는 경향이 있다는 점에 주의를 해야 한다.

2 포트폴리오 평가(portfolio assessment)

(1) 일정 기간에 걸쳐 학습자가 산출한 작업의 샘플들을 일정한 기준에 따라 선정한 것이다. 읽은 책의 제목과 내용 기록, 프로젝트, 쓰기 결과물, 그림, 녹음/녹화물, 자기 평가 기록 등이 포함될 수 있으며 어느 것을 선정하느냐는 교사와 학습자가 동의한 기준에 따라 학습자가 고르도록 한다. 자신의 학습에 대한 진보를 보여 주며 학습자 스스로 자신의 학습을 인식하고 관리하고 평가하는 능력을 기름으로써 자기 주도적인 학습자로 성장하는 데 도움이 된다.

(2) 학습지의 학습, 성장, 발달 등을 보여줄 수 있는 작품이나 수행 결과, 기록물 등을 지속적이고 체계적으로 수집하는 것이며, 이것을 통하여 학습지들의 성취와 학습 과정을 파악해 볼 수 있다.

> - A portfolio is "a purposeful collection of students' work that demonstrates ... their efforts, progress, and achievements in given areas".
> - Portfolios can include essays, reports, journals, video or audio-recorded learner language data, students' self-assessment, teachers' written feedback, homework, conference forms, etc. As collections of these items, portfolios can be useful for assessing student performance in that they can lead students to have ownership over their process of learning and allow teachers to pay attention to students' progress as well as achievement.

3 프로젝트 평가(projects)

프로젝트는 능력이 다양한 집단을 평가하는 데 적합하다. 학습자의 관심과 능력에 따라 프로젝트를 선택할 수 있으며 소집단이나 개인별로 진행한다. 음성 언어나 문자 언어로 결과를 발표하거나 산출한 결과물을 전시하는 과정을 포함한다. 언어 기능의 통합과 창의성을 촉진하고 협력 학습의 경험을 할 수 있다는 이점이 있다.

4 자기 평가(self-assessment)

자기 평가는 학습자가 자신의 발달을 모니터하고 자신의 능력과 학습 스타일을 숙고하며, 자신의 목표를 설정하고 조정하도록 촉구함으로써 독립적인 학습자로 성장하는 데 도움이 된다. 학습자가 자기 평가의 중요성을 이해하고 자기 평가를 실행하여 자신의 학습에 책임을 질 수 있도록 교사의 지원과 안내가 필요하다. 평가의 영역과 수준을 미리 학습자에게 알려 주어 학습자가 자신의 성취 정도를 스스로 자각하고 관리할 수 있게 돕는다. 널리 사용되는 자기 평가 방법은 포트폴리오, 설문지, 저널, 교사와의 회의, 그래픽으로 나타내기 등이다.

> assessment carried out by students themselves designed measure their own performance and progress(Harris & McCann, 1994, p92).

5 동료 평가(peer assessment)

학습자가 서로를 평가하는 것으로 상호 평가라고도 부른다. 동료 평가는 학습 분위기에 긍정적 영향을 미칠 수 있는데 학습자들이 서로의 작업을 평가함으로써 서로를 존중하고 용인할 수 있기 때문이다. 또한 교실이 같은 목표를 향해 함께 학습하는 공동체라는 느낌을 갖게 해 준다. 짝 활동이나 소집단 활동에서 동료 평가를 경험함으로써 학습자는 교사에게서뿐 아니라 동료에게서 배울 수 있음을 알게 되며, 평가 기준의 적용에 더 많은 통찰을 얻고 책임감을 배울 수 있다. 초기에는 자기 중심적이고 미성숙한 평가를 할지 모르지만 일정한 기준에 따라 객관적 평가를 하도록 연습을 반복한다면 동료 평가는 자기 평가와 마찬가지로 초등 학습자들이 독립적인 학습자로 성장하는 데 도움이 될 수 있다.

모둠 친구의 이름을 적고 해당 칸에 ◎, ○, △ 표 하세요.

◎ Very good ○ Good △ Not so good

모둠	이름	태도			참여도		
Four Starts	김지호	◎	○	△	◎	○	△
	최유미						
	이윤서						
	홍수현						

6 지필 평가(paper and pencil test)

전통적으로 오랫동안 이용해 왔던 평가 방식이다. 외국어의 경우 외국어에 대한 지식과 외국어를 사용하는 능력도 중요한데 지필 평가는 외국어 사용 능력은 간과한 채 지식 측정에만 치우쳤던 문제점이 지적되었다. 이에 대한 대안으로 수행 평가(performance assessment)가 등장하였는데 수행 평가는 실제로 외국어를 사용하여 과업을 수행하는 과정과 결과를 측정함으로써 외국어 사용 능력을 평가한다. 지필 평가는 객관적이고 채점이 쉽다는 이점이 있지만 초등 학습자들에게 정서적으로 부정적 영향을 미칠 수 있고 시험의 결과가 학습자가 무엇을 할 수 있는지를 알려 주지 못한다는 단점이 있다.

7 형성 평가(formative test)

형성 평가는 총괄 평가(summative test)와 상대되는 용어로 평가 시점과 평가 기능이 서로 다르다. 총괄 평가는 학기말, 학년말처럼 교육의 종료 시점이나 프로그램의 종료 단계에서 교수 목표의 달성, 통달 여부를 측정함으로써 교육의 효과를 총합적으로 판정하고자 한다. 반면에 형성 평가는 교수·학습이 진행되는 과정에서 학습자에게 피드백을 주고 교과 과정과 수업 방법을 개선하기 위해서 실시하는 평가이다. 수업 중 실시하는 퀴즈나 학습 진행 과정을 점검하는 평가 등으로 학습 목표가 달성된 정도를 확인한다면 이들은 형성 평가이다.

8 진단 평가(diagnostic test)

진단 평가는 학생의 강점과 약점을 알기 위한 목적으로 시행한다. 학년 초와 학기 초, 단원 시작 부분에 학생의 수준을 확인하고 적절한 지도 내용과 방법을 결정하기 위해 이용할 수 있다. 시험의 목적에 따른 분류로 진단 평가 외에 성취도 평가(achievement test), 숙달도 평가(proficiency test), 배치 평가(placement test)가 있다.

9 washback(역류효과)

(1) 개념
   ① 평가란 원래 교수·학습의 결과가 얼마만큼의 목표를 달성했는가를 점검하여 이후의 목표 설정에 피드백을 제공하기 위한 것이다. 따라서 평가는 교수·학습의 영향을 받는다. 그러나 반대로 교수·학습이 평가의 영향을 받아 달라질 수도 있는데 이처럼 평가가 교수·학습에 미치는 영향을 세환(washback)이라고 한다.
   ② 언어 평가는 교수 과정에 반드시 필요한 일부분으로서 학생들에게 유용한 피드백을 제공해 줄 수 있어야 한다. 이러한 유용한 피드백의 개념을 역류 효과라고 부르는데 이것은 교수와 학습 과정에 평가가 미치는 영향을 의미한다.

> - A facet of consequential validity "the effect of testing on teaching and learning", otherwise known among language-testing specialists as washback.
> - Washback occurs when assessment provides the information that "washes back" to students in the form of useful diagnoses of strengths and weaknesses.
> - Washback includes the effects of an assessment on teaching and learning prior to the assessment itself, that is, on preparation for the assessment.

(2) 종류
   평가가 몹시 중요하고 그 결과가 심각한 영향을 미치는 경우 평가는 교수·학습 활동을 지배하게 된다.
   ① 해로운 세환
      심하면 평가의 내용과 기법이 코스의 목표를 좌우하게 되는데 이는 해로운 세환이다. 예를 들자면 쓰기 능력을 기른다는 목표 달성을 위해 쓰기 활동 위주로 교수·학습 활동을 하였으나 평가는 객관식 지필검사로 시행할 경우, 다음 교수·학습 활동에서 쓰기 활동에 대한 학습자들의 동기는 훨씬 감소될 것이다.
   ② 이로운 세환
      평가가 교수·학습의 잘못된 방향을 바로잡을 수도 있다. 예를 들어 교수·학습은 문법 설명과 암기로만 이루어졌으나 의사소통 과제 수행을 평가하는 시험을 도입하면 그 이후의 수업은 의사소통 과제 중심의 접근으로 바뀌게 될 것이다.

(3) 좋은 평가
   Davies(1968)는 '좋은 평가는 교수·학습을 따르고 모방하기 때문에 교수·학습의 충실한 기준이다.'라고 하였다. 그러나 교수·학습과 평가의 올바른 관계는 협력 관계이다. 좋은 평가는 올바른 교수·학습을 지원하여야 하며, 필요하다면 잘못된 교수를 교정하는 역할을 하는 것이어야 한다.

10 인터뷰(Interview), 구두면접 평가

(1) 개념

　구두면접 평가는 질문에 대한 이해력을 포함해 듣기와 말하기가 모두 포함되는 통합 평가이며 영어 말하기 기능에 대한 직접 평가의 대표적인 수행평가 방법이다.

(2) 구술형 평가와의 차이점

　구두면접 평가를 구술형 평가와 혼동해서 인식하는 경우가 있는데, 구두면접 평가가 주로 인지적 영역을 중심으로 하는데 반해 구술형 평가는 인지적 영역을 포함하여 정의적 영역과 심동적 영역을 주로 평가하기 위한 방법으로 활용된다는 점에서 구별된다.

(3) 장점

　① 구두면접 평가는 교사와 학생간의 질문과 대답의 과정을 통해서 평가가 이루어지므로 기존의 지필식 평가를 통해서는 알 수 없는 것들을 평가를 통해 파악할 수 있다.

　② 이렇게 구두면접 평가는 학생들에 대한 다양하고 깊이 있는 정보를 제공해줄 수 있으며 학생 개개인의 개성과 흥미 등을 파악하는데 유용하고 학생의 특성과 평가가 진행되는 상황에 맞도록 시행할 수 있다.

(4) 유형

　① 자유면접(Free interview)

　　구두면접 평가의 유형은 자연스러운 상황하에 교사와 학생간의 질문과 대답이 행해지는 것

　② 통제면접(Controlled interview)

　　주제가 정해지고 주제에 따른 질문이 미리 짜여져서 준비된 상황에서 면접이 이루어지는 것

 **Glossary**

1	Acculturation	Learning the culture of the L2 community and adapting to those values and behavior patterns.
2	정확성 Accuracy	• 학생이 문법, 어휘, 발음을 올바르게 사용하는 정도 The degree of correctness which a student achieves when using grammar, vocabulary and pronunciation.
3	습득 Acquisition	• 무의식적으로 내재화되어 자동적으로 사용할 수 있도록 의미·이해 중심으로 언어를 배우는 것 Acquisition refers to an unconscious process that involves the naturalistic development of language proficiency through understanding language and through using language for meaningful communication. Learning, by contrast, refers to a process in which conscious rules about a language are developed.
4	인접쌍 Adjacency pair	• 담화분석이나 대화분석에서, 서로 다른 화자들에 의해 발화되었으며 기능적 측면에서 서로 관련된 발화쌍 예 There's more coffee in the pot. (제의) 　I'm OK, thanks. (거절) In discourse and conversational analysis, a pair of utterances produced by different speakers that are related in functional terms.
5	Authenticity	A pedagogic task is situationally authentic if it matches a situation found in the real world and it is interactionally authentic if it results in patterns of interaction similar to those found in the real world.
6	Automatization	This refers to the process by which declarative knowledge become proceduralized through practice. Automatization results in the development of automatic processes which allow for L2 knowledge to be accessed easily and rapidly with minimal demands on the learner's information-processing capacity.
7	Automatic processing	After an initial stage of controlled processing, automatic processing is a stage in learning that requires less mental " space" and attentional effort on the learner's part.
8	상향식 처리 과정 Bottom-up processing	• 음소나 글자와 같은 가장 작은 요소를 해독하여 이를 단어, 절, 문장, 나아가 텍스트 전체를 해석하는데 사용하는 과정 Decoding the smallest elements (phonemes and graphemes) first, and using these to decode and interpret words, clauses, sentences, and then whole texts.
9	말뭉치 Chunk	A unit of language that is often perceived or used as a single unit. Chunks include formulaic expressions such as 'thank you' or 'Hi, how are you?' but also bits of language that frequently occur together, for example, 'ice cream cone' or 'bread and butter'.
10	Collocation	A form of lexical cohesion in which two or more words are related by virtue of their belonging to a particular semantic field. In the following text, the underlined words belong to the semantic field of " gardening. " The bulbs should be planted in winter. The flowers will appear in spring.
11	명료화 요구 Clarification request	• 청자가 화자의 말을 더 명시적으로 파악하기 위해 사용하는 전략. A strategy used by the listener for a more explicit formulation of the speaker's last utterance. A : Did y'see Theo last night? He was as pleased as a lizard with a gold tooth. B : Sorry? What do you mean by that exactly?

12	통일성 Coherence	• 의사소통에서 사용하는 언어의 형태가 의미상으로 연결성과 통일성이 있어서 의미가 효과적으로 전달되는 현상을 가리키는 말로서, 반드시 언어 형태상으로 호응하거나 대응하지 않더라도 의미 전달이 잘 이루어지는 것이 일반적이다. The language and organization of the text are appropriate, especially when we know that the text was written to be read in an airport restroom. Moreover, the two sentences of the text have a logical relation. 예) A : Telephone! B : I'm in the bathroom. A : OK. 이 경우 언어 형태상으로 호응되거나 대응하는 것이 없어도 의사소통이 원활하게 이루어지고 있다.
13	응집성 Cohesion	• 의사소통에 사용하는 언어의 형태가 구조적으로 호응되거나 대응되는 형태를 띠는 것을 말한다. 결합력이란 글의 요소들이 연관되어 있는 정도로 주로 단어의 반복, 상위 단어, 인칭 대명사, 지시 대명사의 사용 등에 의해 결정된다. 응집력은 통일성을 보완하는 요소이지만 응집성이 있다고 해서 반드시 통일성 있는 text라고 할 수는 없다. If a text is cohesive, its elements are connected. Cohesion is the use of grammatical and lexical means to achieve connected text, either spoken or written. Unlike coherence, which different readers or listeners may experience to varying degrees, cohesion is a stable property of text. And while cohesion may help make a text coherent, it cannot guarantee it. 예) A : Do you like apples? B : Yes, I do. 이 경우 언어 형태상으로 A가 사용한 언어 형태에 대응되도록 B는 대답하고 있다.
14	이해 점검 Comprehension check	• 청자가 제대로 이해했는지를 확인하기 위해 화자가 사용하는 전략 A strategy used by the speaker to ensure that the listener has understood correctly A : The paper should go on the outside of the packet-know what I mean? B : Mmm.
15	내용어 Content word	• 내용어는 문장에서의 주요 의미를 담고 있는 단어로 문법적 기능만을 담당하고 있는 function word와 반대되는 개념이다. 명사, 동사, 형용사, 부사가 해당되며 주로 문장에서 강세를 받는다. Also known as lexical words, content words are the main carriers of meaning in written and spoken texts. They belong to four main word classes : noun, verbs, adjectives, and adverbs. They contrast with function words which have a grammatical function but little or no easily definable 'dictionary meaning.'
16	담화 Discourse	• 문장 수준을 넘은 언어(말하기, 쓰기)로서, 의사소통적 맥락에서 문장들의 연결과 상호 관련성을 지배하는 관계와 규칙 a language(either spoken or written) beyond the sentence level;relationships and rules that govern the connection and interrelationship of sentences within communicative contexts
17	담화적 능력 Discourse competence	• 연속된 담화 속에서 문장들을 연결하고, 일련의 발화들로 유의미한 전체를 형성해내는 능력 the ability to connect sentences in stretches of discourse and to form a meaningful whole out of a series of utterances
18	전시형 질문 Display question	• Display question은 교사가 자신도 알고 있는 정답을 학생으로부터 이끌어내기 위해 학생에게 하는 질문이다. 이와 반대로 referential question은 교사도 모르는 답을 학생으로부터 이끌어내기 위해 하는 질문으로 주로 학생과 관련된 질문이 대부분이다. display question은 주로 학생들이 수업내용을 이해하고 있는지, 영어의 수준이 어느 정도인지 파악을 하기 위해 실시하는 경우가 많으며 교사의 질문은 학생들의 발화와 의사소통을 촉진하는 수단으로 많이 사용된다. display question보다는 referential question이 보다 확장적인 발화와 학생의 사고를 필요로 한다. A question intended to elicit a display of language as opposed to providing information. A display question is typically ' closed', i. e. the person asking the question already knows the answer.

19	Declarative knowledge	Processing of this knowledge is usually relatively slow and under attentional control. Knowledge that can be stated or "declared," such as grammatical rules. It contrasts with "procedural knowledge," which has to do with the ability to use the knowledge to get things done, for example, being able to use grammatical rules and principles to communicate meaning.
20	유도해내기 Elicitation	• 학습자의 자기 교정을 촉진시키는 교정기술 a corrective technique that prompts the learner to self-correct
21	장 독립성 Field independence	• 산만한 항목들로 이루어진 '장'에서 개별적이고 관련 있는 항목이나 요인을 지각하는 능력 ability to perceive a particular, relevant item or factor in a "field" of distracting items
22	장 의존성 Field dependence	• 전체적인 '장'에 의존하는 경향으로서, 그 '장'에 내포된 부분들을 쉽게 지각하지 못하지만 전체의 '장'을 하나의 통합된 전체로서 조금 더 잘 인식하는 경향 the tendency to be "dependent" on the total field so that the parts embedded in the field are not easily perceived, although that total field is perceived more clearly as a unified whole There can be two different kinds of language learning. One kind of learning implies natural, face to face communication the kind of communication that occurs too rarely in the average language classroom. The second kind of learning involves the familiar classroom activities – drills, exercises, tests, and so forth. It could well be that natural language learning, beyond the constraints of the classroom, requires a(n) field-dependent style and the classroom type of learning requires, conversely, a(n) field-independent style.
23	유창성 Fluency	• 언어 형태에 대하여 중점적 주의 집중을 하지 않는 자유로운 언어 표현이나 이해의 흐름 The unfettered flow of language production or comprehension usually without focal attention on language forms Fluency is primarily the ability to produce and maintain speech in real time. Classroom activities that target fluency need to prepare the learner for real-time speech production.
24	Function words	A limited set of terms that carry primarily grammatical information. These words form part of the core vocabulary in every language.
25	화석화 Fossilization	• 제2언어 능력에 비교적 영속적으로 결합되는 부정확한 언어 형태들 the relatively permanent incorporation of incorrect linguistic forms into a person's second language competence ; also referred to as stabilization It is common experience to witness in a learner's language various erroneous features which persist despite what is otherwise a fluent command of the language. This phenomenon is ordinarily manifested phonologically in "foreign accents" in the speech of many of those who have learned a second language after adolescence. We also commonly observe syntactic and lexical errors persisting in the speech of those who have otherwise learned the language quite well. The relatively permanent incorporation of incorrect linguistic forms into a person's second language competence has been referred to as fossilization.
26	총체적 오류 Global error	• 의사소통을 방해하거나 청자(혹은 독자)가 메시지의 어떤 측면을 이해하지 못하게 하는 오류 an error that hinders communication or prevents a hearer (or reader) from comprehending some aspect of a massage
27	상호작용 가설 Interaction hypothesis	• Long에 의한 주장으로서, 언어 능력은 입력에 의한 결과뿐만이 아니라 학습자의 입력과 출력 사이의 상호작용에 의한 결과라는 주장 학습자들이 서로 대화를 통해 의사소통을 할 때 상호작용이 일어난다. Long의 상호작용 가설에 따르면 언어 습득은 타인과의 상호작용—발화와 피드백을 통한 의미의 협상, 타인의 도움 등을 통해 가능하다. 교사는 학생들의 상호작용을 촉진하기 위해서 display question, referential question을 통해 먼저 상호작용을 시작하여 학생들 간의 상호작용으로 연결할 수 있다. the claim, by Long, that language competence is the result not only of input, but also of interaction between a learner's input and output

28	간섭 Interference	• 선행 학습한 항목들이 부정확하게 전이 되거나 학습할 항목들과 부정확하게 관련되는 부정적인 전이 negative transfer in which a previous items is incorrectly transferred or incorrectly associated with an item to be learned Transfer is a general term describing the carryover of previous performance or knowledge to subsequent learning. Positive transfer occurs when the prior knowledge benefits the learning task, that is, when a previous item is correctly applied to present subject matter. Negative transfer occurs when the previous performance disrupts the performance on a second task. The latter can be referred to as interference.
29	언어간 전이 Interlingual transfer	• 다른 언어(주로 제2 언어)에 미치는 한 언어(주로 모국어)의 영향 the effect of one language (usually the first) on another (usually the second)
30	억양 Intonation	• 의미적 측면을 전달하기 위해 어조를 높이거나 내리는 것으로 억양은 발음의 초분절(suprasegmental) 요소 중 하나이다. Raising and lowering voice pitch to convey aspects of meaning. Intonation is one of the suprasegmental aspects of pronunciation.
31	Intake	Input which is attended to.
32	Implicit learning	Learning that takes place without awareness.
33	지엽적 오류 Local error	• 메시지를 이해하는데 방해를 주지 않는 오류로서, 보통 한 문장의 일부분에 대한 사소한 위배에 기인하며, 청자나 독자는 의도된 의미를 정확히 추측할 수 있음 an error that does not prevent a message from being understood, usually due to a minor violation of one segment of a sentence, allowing the hearer/reader to make an accurate guess about the intended meaning
34	최소 대립쌍 Minimal pair	• 한 개의 음의 차이로 인해 의미가 서로 달라지는 두 단어 하나의 다른 음운으로 인해서 의미 차이가 발생하는 단어 쌍으로 특히 발음교육에 있어서 대립하는 두 음의 연습에 drilling의 형태로 많이 사용된다. Two words in a language whose meaning is signalled by differences in a single word or consonant, for example, /bit/ /pit/. ⓔ /bit/ /pit/ A minimal pair is a pair of words which differ in meaning when only one sound is changed. Pair and bear are minimal pairs, since their difference in meaning depends on the different pronunciation of their first sound : /p/ versus /b/. Minimal pairs are widely used in pronunciation teaching to help learners discriminate between sound contrasts, for the purposes of both recognition and production.
35	수정된 상호 작용 Modified interaction	• 원어민과 다른 대화자가 그들의 표현을 학습자에게 이해할 수 있도록 하기 위하여 행하는 다양한 적용 형태로서, Krashen의 이해 가능한 입력과 유사함 the various modification that native speakers and other interlocutors create in order to render their input comprehensible to learners, similar to Krashen's comprehensible input
36	동기 Motivation	• 언어 학습에서, 동기란 학습자가 언어 학습에 투여하고자 하는 노력의 양을 결정해주는 심리적 제 요소 In language learning, the psychological factors determining the amount of effort a learner is prepared to put into language learning.

37	의미 교섭 Negotiation of Meaning	(1) 의사소통 상황에서 화자는 의미나 정보를 올바르게 효과적으로 전달하기 위해서 상대방의 이해 여부를 살펴서 거기에 맞게 전달하려 하고, 청자는 화자의 의미나 정보를 올바르게 이해하려고 노력한다. 이와 같이 의사소통 당사자들이 모두 의미의 전달과 수수를 효과적으로 하기 위해 상대방의 이해를 점검·확인하고, 상대방에게는 반복, 다시 말하기 등을 요구하는 행위를 의미 교섭이라고 한다. (2) 담화에서 청자와 화자가 서로 주고받는 의미에 대해 공통된 이해가 이뤄지는지를 확인하기 위해 화자와 청자가 취하는 상호적 작업. 널리 사용되는 대화상의 책략으로는 이해점검(comprehension check), 확인 점검(confirmation check), 명료화 요구(clarification request)가 있다. The interactional work done by speakers and listeners to ensure that they have a common understanding of the ongoing meanings in a discourse. Commonly used conversational strategies include comprehension checks, confirmation checks, clarification requests.
38	Modified output	Output is modified when a participant in a task changes something initially said or written as a result of feedback from another participant. Output modification can result in more grammaticallanguage production. (See uptake.)
39	Noticing	A cognitive process that involves attending to linguistic form in the input learners receive and the output they produce. Schmidt (1990) argues that noticing is necessarily a conscious process and is a prerequisite for learning to take place.
40	고쳐 말하기 Recast	• 잘못된 혹은 미완성된 발화를 방해가 되지 않는 방법으로 재발화하거나 확장하는 암시적인 형태의 교정적 피드백 an implicit type of corrective feedback that reformulates or expands an ill-formed or incomplete utterance in an unobtrusive way
41	대략 조정 투입 자료 Roughly-tuned Input	• 학습 내용을 계획하거나 제시할 때 학습자의 능력과 수준 혹은 교육 과정에 정해진 수준에 꼭 맞지는 않더라도 학습 목표의 달성에 필요하고 효과적이라고 판단될 경우, 학습자의 능력과 수준에 대략적으로 맞춰 학습의 내용과 범위를 정했을 때, 그렇게 계획된 혹은 제시된 학습 내용
42	Repair	The correction or clarification of a speaker's utterance, either by the speaker (self-correction) or by someone else (other correction). These repairs serve to prevent communication breakdowns in conversation.
43	Realia	Objects and teaching " props" from the world outside the classroom that are used for teaching and learning.
44	Referential question	A question intended to obtain information. A referential question is typically 'open', i. e. the questioner does not already know the answer. (Compare with display question.)
45	비계 Scaffolding	• 비계는 보다 뛰어난 학습자 혹은 성인이 의사소통과정에서 제공하는 도움을 뜻한다. 이는 학습자에게 언어적 입력을 보다 이해 가능하게 만들어 의사소통의 문제를 해결할 뿐만 아니라 ZPD 내에서의 언어발달을 촉진하는 기능을 한다. - One way in which others help the learner in language development within the ZPD is through scaffolding. This includes the vertical constructions, in which experts commonly provide learners with chunks of talk that the leaners can then use to express concepts which are beyond their independent means. More generally, the metaphor of scaffolding refers to verbal guidance which an expert provides to help a learner perform any specific task, or the verbal collaboration of peers to perform a task which would be too difficult for any one of them individually. - Scaffolding is the temporary support that surrounds a building under construction. It is interactional support-from teachers, parents, or 'better others'-that enables them to perform a task at a level beyond their present competence.
46	Schemas	Mental structures that map the expected patterns of objects and events.
47	Semantic network	A network of words in which individual items are related in terms of their meaning.

48	교사 발화 Teacher talk	• 수업활동에서 사용되는 교사의 언어를 교사발화라 총칭하는데 보다 좁은 의미로는 학생에게 언어적 입력을 제공하고 의사소통에 사용되는 발화를 가리킨다. Teacher talk은 학습자에게 보다 정확성과 유창성을 갖춘 언어적 입력을 제공한다는 점에서 foreigner talk (원어민 화자가 비원어민 화자에게 제공하는 발화), caretaker talk (motherese, 부모가 아동에게 사용하는 발화)과 공통점이 있다. 교사의 발화는 특히 상호작용 가설에서 학생에게 언어적 입력과 상호작용의 수단을 제공하므로 언어습득에 중요한 요소로 간주된다. Teacher talk is the term used to describe the variety of language used by teachers when addressing learners. More generally, teacher talk refers to the way that teachers interact with their learners by providing a source of input as well as of feedback. Teacher talk has a number of different functions which include managing, explaining, checking, modeling, giving feedback, proving input, and interpersonal talk.
49	하향식 처리 Top-down processing	• 담화의 해석을 돕기 위해 배경지식(background knowledge), 텍스트 구조의 지식, 세상 지식 등을 사용하는 것. The use of background knowledge, knowledge of text structures, and/or knowledge of the world to assist in the interpretation of discourse.
50	흡수 Uptake	(1) Uptake 과정은 교사가 가르친 내용 혹은 노출된 언어의 입력 중에서 학습자가 주의 집중하여 내재화, 습득하는 과정을 말한다. 학습자는 모든 input을 uptake로 받아들이지 않는데, input에 대한 학습자의 주의 집중 즉, noticing이 필요하다. 　The output that learners produce as a result of the feedback they receive on their preceding utterance. Uptake may or may not consist of modified output. (2) 교사의 피드백을 즉시 따르는 학생의 발화로서, 어떤 측면에서는 학생의 최초 발화의 어떤 면에 주의를 기울이려는 교사의 의도에 대한 반응으로 구성됨 　a student utterance that immediately follows a teacher's feedback and that constitutes a reaction in some way to the teacher's intention to draw attention to some aspect of the student's initial utterance
51	타당도 Validity	The degree to which a test measures what it was designed to measure or can be successfully used for the purposes for which it was intended. Different types of validity can be distinguished, such as 'construct validity' and 'face validity'
52	환류효과 Washback effect	The effect that a test has on teaching. The design and content of a high-stakes test may result in teachers seeking to focus their efforts on the particular types of tasks included in the test. (Also known as backwash effect.)
53	근접 발달 영역 The Zone of Proximal Development	• 학습자가 혼자서는 해결할 수 없지만 자신보다 뛰어난 동료 혹은 성인의 도움으로는 해결할 수 있는 잠재적인 학습 영역 The distance between the actual developmental level as determined by independent problem solving and the level of potential development as determined through problem solving under adult guidance or in collaboration with more capable peers. What this means is that learning results from interpersonal activity.

MEMO

정가 45,000원

배재민 개념 서브 500제 상권

ISBN 979-11-92105-71-0

발행일 · 2022년 6월 27일 초판 1쇄
저 자 · 배재민 | 발행인 · 이용중
발행처 · 도서출판 배움 | 주소 · 서울시 영등포구 영등포로 400 신성빌딩 2층 (신길동)
주문 및 배본처 | Tel · 02) 813-5334 | Fax · 02) 814-5334

저자와의
협의하에
인지생략

본서의 無斷轉載·複製를 禁함. 본서의 무단 전재·복제행위는 저작권법 제136조에 의거 5년 이하의 징역 또는 5,000만 원 이하의 벌금에 처하거나 이를 병과할 수 있습니다. 파본은 구입처에서 교환하시기 바랍니다.

정가 45,000원